여러분의 합격을 응원하는
해커스공무원의 특별 혜택

FREE 공무원 행정법 특강
해커스공무원(gosi.Hackers.com) 접속 후 로그인 ▶
상단의 [무료강좌] 클릭 후 이용

FREE 소방 행정법 특강
해커스소방(fire.Hackers.com) 접속 후 로그인 ▶
상단의 [무료강좌 → 소방 무료강의] 클릭하여 이용

해커스소방 무제한 수강상품[패스] 5만원 할인쿠폰

68BE69E74AEC7CNK

해커스소방(fire.Hackers.com) 접속 후 로그인 ▶ 상단의 [내 강의실] 클릭 ▶
좌측의 [인강 → 결제관리 → 쿠폰 확인] 클릭 ▶ 위 쿠폰번호 입력 후 이용

* 등록 후 7일간 사용 가능(ID당 1회에 한해 등록 가능)
* 특별 할인상품 적용 불가

해커스공무원 온라인 단과강의 20% 할인쿠폰

CBA49297FCD8CE3X

해커스공무원(gosi.Hackers.com) 접속 후 로그인 ▶
상단의 [나의 강의실] 클릭 ▶ 좌측의 [쿠폰등록] 클릭 ▶
위 쿠폰번호 입력 후 이용

* 등록 후 7일간 사용 가능(ID당 1회에 한해 등록 가능)

해커스소방 온라인 단과강의 20% 할인쿠폰

B77ADADFC7DCB5T5

해커스소방(fire.Hackers.com) 접속 후 로그인 ▶
상단의 [내 강의실] 클릭 ▶ 좌측의 [인강 → 결제관리 →
쿠폰 확인] 클릭 ▶ 위 쿠폰번호 입력 후 이용

* 등록 후 7일간 사용 가능(ID당 1회에 한해 등록 가능)

합격예측 온라인 모의고사 응시권 + 해설강의 수강권

48EA69DE6698XMKT

해커스공무원(gosi.Hackers.com) 접속 후 로그인 ▶ 상단의 [나의 강의실] 클릭 ▶
좌측의 [쿠폰등록] 클릭 ▶ 위 쿠폰번호 입력 후 이용

* ID당 1회에 한해 등록 가능

쿠폰 이용 관련 문의 1588-4055

단기 합격을 위한 해커스공무원 커리큘럼

입문
탄탄한 기본기와 핵심 개념 완성!
누구나 이해하기 쉬운 개념 설명과 풍부한 예시로 부담없이 쌩기초 다지기
TIP 베이스가 있다면 **기본 단계**부터!

기본+심화
필수 개념 학습으로 이론 완성!
반드시 알아야 할 기본 개념과 문제풀이 전략을 학습하고
심화 개념 학습으로 고득점을 위한 응용력 다지기

기출+예상 문제풀이
문제풀이로 집중 학습하고 실력 업그레이드!
기출문제의 유형과 출제 의도를 이해하고 최신 출제 경향을 반영한
예상문제를 풀어보며 본인의 취약영역을 파악 및 보완하기

동형문제풀이
동형모의고사로 실전력 강화!
실제 시험과 같은 형태의 실전모의고사를 풀어보며 실전감각 극대화

최종 마무리
시험 직전 실전 시뮬레이션!
각 과목별 시험에 출제되는 내용들을 최종 점검하며 실전 완성

PASS

* 커리큘럼 및 세부 일정은 상이할 수 있으며,
자세한 사항은 해커스공무원 사이트에서 확인하세요.

단계별 교재 확인 및
수강신청은 여기서!
gosi.Hackers.com

해커스
홍대겸
행정법총론 기본서

해커스공무원

홍대겸

약력

변호사

현 | 해커스공무원·소방 행정법·헌법 강의
현 | 법무법인 한원 변호사
현 | 대한변호사협회 이사
현 | 대한변호사협회 대의원
현 | 대한변호사협회 청년변호사특별위원회 부위원장
현 | 대한변호사협회 공보위원
현 | 대한변호사협회 광고심사위원
현 | 대한변호사협회 성년후견법률지원 특별위원
현 | 서울시 공익변호사
한양대학교 법학과 졸업, 동대학원 법학석사 수료

저서

해커스 홍대겸 행정법총론 기본서
해커스 홍대겸 행정법총론 단원별 기출문제집

공무원 시험 합격을 위한 필수 기본서!

공무원 시험의 합격을 위해서는 '공부'가 아닌 '수험'을 하는 것이 중요합니다. '공부'가 지적 호기심을 충족하는 모든 행위라면, '수험'은 합격과 불합격이라는 결과만 존재하는 목표지향적 행위로 합격선을 넘는 것이 중요한 의미를 지닙니다.

그렇다면 합격과 불합격만 존재하는 이 수험에서 성공하는 방법이 있을까요?
수험은 객관식 시험에서 일정 점수를 받으면 되는 것이 목표이기 때문에 "핵심적인 부분만 집중적으로 반복하는 것"입니다. 공무원 시험과 같은 객관식 시험에 접근하는 방식에는 크게 두 가지가 있습니다. 첫째는 시험범위에 해당하는 모든 양의 내용을 적게 회독하는 방식(100점을 맞기 위해 150의 분량을 2회독하는 것)이고, 둘째는, 시험 출제가 예상되는 중요 내용만을 보다 더 많이 회독하는 방식(70~80의 분량을 4~5회독하는 것)입니다. 결과적으로 명백히 후자의 방법이 수험에 성공할 확률이 높고, 바로 이 방법이 수험을 성공으로 이끄는 최적의 방법입니다.

본 교재는 시험에 합격할 수 있는 수험을 효율적으로, 체계적으로 수행할 수 있도록 다음과 같은 강점을 가지고 있습니다.

첫째, 방대한 양의 행정법을 컴팩트하게 정리하였습니다.
본 교재는 앞서 말씀드린 수험의 본질을 철저히 반영하여 시험에 반드시 필요한 부분만을 포함시키는 반면, 불필요한 부분들을 과감히 배제하였습니다. 수험생 여러분들의 효율적인 학습 및 합격을 위해 저자인 제가 할 수 있는 것은 분량을 과감히 줄여주고, 이를 철저히 반복·훈련시키는 것이라는 소신이 반영된 결과입니다.

둘째, 출제 가능한 판례의 비중을 늘렸습니다.
결국 시험장에서 보게 되는 지문은 대부분 판례입니다. 판례지문에 익숙할 수 있도록 중요도를 선별하여 최대한 많은 판례를 수록하였습니다.

셋째, 출제 가능한 법조문이 전부 반영되어 있습니다.
행정기본법이 제정된 이후로 법령에 대한 출제 비중 자체가 늘고 있습니다. 이에 따라 법령을 철저히 정리해야 하는바, 기본서 자체로 이러한 법령을 한 번에 정리할 수 있도록 하였습니다.

더불어, 공무원·소방 시험 전문 사이트 해커스공무원(gosi.Hackers.com) 및 해커스소방(fire.Hackers.com)에서 교재 학습 중 궁금한 점을 나누고 다양한 무료 학습 자료를 함께 이용하여 학습 효과를 극대화할 수 있습니다. 또한, 저자가 직접 운영하는 유튜브 채널(공부하는 변호사 홍대겸) 및 카페를 통해 수험생 여러분과 수험에 대해 소통하고 있으니 적극적으로 활용하시기 바랍니다.

부디 『해커스 홍대겸 행정법총론 기본서』와 함께 행정법 시험의 고득점을 달성하고 합격을 향해 한걸음 더 나아가시기를 바랍니다.

홍대겸

목차

제1편 행정법통론

제1장 행정법의 관념 ... 10
- 제1절 행정법의 의의 ... 10
- 제2절 행정법의 성립과 유형 ... 15
- 제3절 행정법에 대한 헌법상의 원리 ... 18

제2장 행정법의 법원 ... 19
- 제1절 법원의 관념 ... 19
- 제2절 행정법의 효력 ... 25

제3장 행정법의 일반원칙 ... 31
- 제1절 법치주의 ... 31
- 제2절 행정법의 일반원칙 ... 40

제4장 행정상 법률관계 ... 67
- 제1절 행정상 법률관계의 관념 ... 67
- 제2절 사법 형식의 행정작용 ... 83
- 제3절 행정법관계의 내용 ... 88
- 제4절 행정법관계의 발생·변경·소멸 ... 102

제2편 행정작용법

제1장 행정입법 ... 128
- 제1절 개설 ... 128
- 제2절 법규명령 ... 129
- 제3절 행정규칙 ... 144
- 제4절 입법형식과 법률사항의 불일치 ... 150

제2장 행정행위 ... 157
- 제1절 행정행위의 관념과 종류 ... 157
- 제2절 기속행위와 재량행위 ... 166

제3장 행정행위의 내용 ... 182
- 제1절 법률행위적 행정행위 ... 182
- 제2절 준법률행위적 행정행위 ... 210
- 제3절 행정행위의 적법요건 ... 220
- 제4절 행정행위의 효력 ... 223
- 제5절 행정행위의 하자 ... 231
- 제6절 행정행위의 폐지 ... 251
- 제7절 행정행위의 실효 ... 260
- 제8절 부관 ... 261

제4장 기타 행정의 행위형식 ... 276
- 제1절 확약 ... 276
- 제2절 공법상 계약 ... 279
- 제3절 행정계획 ... 285
- 제4절 공법상 사실행위(사실행위론 1) ... 295
- 제5절 행정지도(사실행위론 2) ... 298
- 제6절 자동화 행정결정 ... 303

제3편 행정의 실효성 확보수단

제1장 행정상 강제집행 ... 308
- 제1절 일반론 ... 308
- 제2절 대집행 ... 310
- 제3절 이행강제금 ... 320
- 제4절 직접강제 ... 324
- 제5절 행정상 강제징수 ... 326

제2장 행정상 즉시강제 ... 332
- 제1절 개념 ... 332
- 제2절 행정상 강제집행과의 구별 ... 332
- 제3절 법적 근거 ... 332
- 제4절 행정상 즉시강제의 요건과 한계 ... 334
- 제5절 행정상 즉시강제에 대한 구제 ... 336

제3장 행정벌 ... 337
- 제1절 개념 ... 337
- 제2절 특징(다른 벌과의 구별) ... 337
- 제3절 법적 근거 ... 338
- 제4절 종류 ... 338

제4장 행정조사 ... 353
- 제1절 의의(자료나 정보 확보가 목적) ... 353
- 제2절 종류 ... 353
- 제3절 위법한 조사의 효과 ... 354
- 제4절 한계 ... 354
- 제5절 권리구제 ... 356
- 제6절 행정조사기본법 ... 357

제5장 새로운 의무이행확보수단 364
제1절 새로운 실효성 확보수단의 등장 배경	364
제2절 금전상 제재	364
제3절 제재적 행정처분(관허사업의 제한)	370
제4절 공급거부	371
제5절 행정상의 공표	373

제4편 행정절차법 · 정보공개 · 개인정보 보호

제1장 행정절차법 380
제1절 행정절차의 의의	380
제2절 행정절차의 적용범위	381
제3절 행정절차의 일반원칙	384
제4절 행정절차의 내용	384
제5절 행정절차의 하자	415
제6절 민원처리제도	419

제2장 정보공개제도 429
제1절 총론	429
제2절 정보공개청구권	430
제3절 공공기관의 정보공개에 관한 법률	431

제3장 개인정보의 보호 456

제5편 행정구제법

제1장 사전구제제도 476
제1절 청원	476
제2절 옴부즈맨 제도	477

제2장 손해전보제도(사후적 구제) 484
제1절 국가배상제도	484
제2절 손실보상제도	532
제3절 손해전보제도의 보완	560

제6편 행정쟁송법

제1장 행정심판법 570
제1절 개설	570
제2절 행정심판의 종류	575
제3절 행정심판의 대상	578
제4절 행정심판위원회	579
제5절 당사자와 관계인	585
제6절 행정심판의 청구	589
제7절 심판청구기간(행정심판법 제27조)	594
제8절 행정심판청구의 효과	597
제9절 행정심판의 심리	602
제10절 행정심판의 고지제도	614
제11절 특별행정심판	619
제12절 기타	622

제2장 행정소송법 623
제1절 개념	623
제2절 행정소송의 종류	624
제3절 항고소송	625
제4절 무효등확인소송	744
제5절 부작위위법확인소송	747
제6절 당사자소송	749

이 책의 구성

『해커스 홍대겸 행정법총론 기본서』는 수험생 여러분들이 행정법총론 과목을 효율적으로 학습할 수 있도록 상세한 내용과 다양한 학습장치를 수록·구성하였습니다. 아래 내용을 참고하여 본인의 학습 과정에 맞게 체계적으로 학습 전략을 세워 학습하기 바랍니다.

이론의 세부적인 내용을 정확하게 이해하기

최근 출제 경향 및 개정 법령, 최신 판례를 반영한 이론

1. 최근 출제 경향 반영
철저한 기출분석을 통해 도출한 최신 출제 경향을 바탕으로 주요 이론을 짜임새있게 수록하였습니다. 이를 통해 방대한 행정법총론 과목의 내용 중 시험에 나오는 이론만을 효과적으로 학습할 수 있습니다.

2. 개정 법령 및 최신 판례 수록
최근 개정된 법령과 최신 판례를 수록하고 교재 내 관련 이론에 이를 전면 반영하여 실전에 효율적으로 대비할 수 있습니다.

풍부한 관련판례를 통해 판례 학습하기

이론의 핵심인 중요·최신 판례 학습

실제 시험에서 보게 되는 대부분의 지문이 판례인 점을 고려하여, 중요 판례는 물론 최신 판례까지 다양한 판례를 유기적으로 수록하였습니다. 다양한 판례를 반복적으로 학습함으로써 판례 및 이론의 내용이 선명해져 오지문을 정확히 골라낼 수 있고, 논리의 핵심을 자연스럽게 이해하게 되어 몰랐던 판례들까지도 그 정오를 판단할 수 있게 될 것입니다.

③ 다양한 학습장치를 활용하여 이론 완성하기

한 단계 실력 향상을 위한 다양한 학습 장치

1. 참고
중요도가 높은 핵심 이론 또는 학습에 도움이 되는 여러 내용들을 일목요연하게 정리하여, 행정법총론의 이론을 보다 빠르게 파악하고 전략적으로 학습할 수 있습니다.

2. 심화학습
더 알아두면 좋은 내용이나 주요 이론의 비교·정리 등 회독을 거듭할수록 학습하여야 할 내용을 심화학습에 수록하였습니다. 이를 통해 빈틈 없이 내용을 학습하고 응용하여 문제를 풀이할 수 있습니다.

④ OX 문제를 통해 다시 한 번 이론 정리하기

취약점을 보완하기 위한 간단 점검하기

행정법총론 이론을 학습하면서 스스로 실력을 점검할 수 있도록 주요 핵심내용을 OX 문제로 변형하여 수록하였습니다. 문제풀이를 통해 학습한 내용을 바로 점검함으로써 자신의 취약점을 파악·보완할 수 있으며, 주요 지문을 암기함으로써 효과적인 학습이 가능합니다.

해커스공무원 학원·인강
gosi.Hackers.com

해커스소방 학원·인강
fire.Hackers.com

해커스 홍대겸 행정법총론 기본서

제1편
행정법통론

제1장 행정법의 관념
제2장 행정법의 법원
제3장 행정법의 일반원칙
제4장 행정상 법률관계

제1장 행정법의 관념

제1절 행정법의 의의

1 행정법이란?

행정이란 국민과 국가와의 관계를 다루는 법을 말하며, 다른 측면으로는 국가작용 중 입법과 사법을 제외한 작용을 말한다. 행정법이란 이러한 행정에 관한 법을 말한다. 이는 구체적으로 행정의 조직, 작용 및 구제에 관한 국내 공법을 의미한다.

2 행정 관념의 성립(권력분립주의)

1. 의의

행정법이란 행정에 관한 법으로서 행정법을 공부하기 위해서는 먼저 행정의 개념을 파악하는 것이 중요하다. 근대국가가 성립되기 이전인 15~16세기의 절대군주 국가에서는 모든 국가권력이 절대군주에게 있었으므로 행정과 입법, 사법 모두가 단지 군주의 작용으로 분류되었다. 오늘날의 행정의 개념은 권력분립제도를 채택한 근대입헌 국가에 의하여 비로소 확립된 역사적 관념이다. 결국, 행정은 국민의 기본권을 보장하려는 권력분립제도를 이념적·역사적 배경으로 하고 있으므로 행정을 배우기에 앞서 권력분립에 대한 고찰이 필요하다.

2. 권력분립 이론

(1) **권력분립 이론의 기능**
권력의 남용 또는 권력의 자의적 행사를 방지하기 위해 권력 상호간 견제와 균형에 중점을 둔 원리로서 소극적이며 수단적이다.

(2) **고전적 권력분립 이론**
몽테스키외(Montesquieu)는 "법의 정신"에서 입법권, 사법권, 행정권의 3권을 구분하여 삼자를 평면적이고 정적이면서 상호 견제와 균형적인 것으로 파악하였다.

(3) **권력분립의 현대적 의의**
① **권력분립 기반의 변화**: 권력분립은 권력에 대한 불신에서 출발하였기 때문에 개인의 자유를 보장하기보다는 국가기능 소극화에 치중할 수밖에 없었다. 하지만 오늘날 현대국가는 정당국가화 경향과 적극국가화 경향의 요청에 따라 국가권력의 통합화 양상을 띠게 되었다.

② 현대적 권력분립론
　㉠ **뢰벤슈타인의 동태적 권력분립론**: 동태적 권력분립론은 국가기능을 정책결정·정책집행·정책통제의 동적인 기능분립으로 파악한다. 이는 국가권력의 분립 대신 국가기능의 분할에 중점을 둔 이론이다.
　㉡ 그러나, 국가권력의 비대화와 남용을 방지함으로써 국민의 자유와 권리를 보장하려는 고전적 권력분립론의 의의는 오늘날에도 여전히 중요하다.

> **참고** 근대와 현대의 비교

구분	근대	현대
시기	17C ~ 19C	20C 이후
사건	프랑스대혁명 등 시민혁명	세계대전, 경제대공황
주권론	형식적 국민주권	실질적 국민주권
법치주의	형식적 법치주의: 법의 형식만을 중요시함	실질적 법치주의: 법의 형식뿐 아니라 내용까지도 중요시함
권력분립	기관중심으로 엄격한 삼권분립	기능중심으로 실질적 권력분립
기본권	자유권, 재산권	사회적 기본권, 생존권적 기본권
경제	자유방임주의, 국가는 시장에 개입할 수 없음	국가가 시장에 적극 개입하는 것을 허용함
행정	소극적 행정, 최소한의 행정작용만 수행함	적극적 행정, 행정부의 조직과 권한이 확대됨

3 행정에 관한 법으로서의 행정법

행정법이란 '행정에 대한 특유한 국내법으로서의 공법'을 말한다. 즉, 국내법 중 행정에 관한 법을 의미하며 동시에 공법인 법을 말한다. 이하에서는 먼저 행정법의 대상인 행정에 대해서 살펴보고자 한다.

1. 행정의 의의

(1) 행정의 개념

　행정의 개념은 외형적 또는 제도적 측면에서 그 개념을 찾으려는 형식적 의미의 행정과 작용의 내용적 측면에서 개념을 찾으려는 실질적 의미의 행정으로 나누어진다.
① **형식적 의미의 행정(누가 하는지에 따른 분류: 주체)**: 형식적 의미의 행정이란 권력분립을 전제로 하여 담당 기관을 기준으로 실정법상 행정부에 해당하는 기관이 행하는 모든 작용을 의미한다. 즉, 행정부에서 하는 작용은 행정으로 분류하고 입법부에서 하는 작용은 입법으로, 사법부의 작용은 사법으로 분류한다.

② **실질적 의미의 행정(무엇을 하는지에 따른 분류: 내용)**: 실질적 의미의 행정이란 행정작용의 성질과 그 기능상의 차이를 기준으로 행정을 정의하는 것을 말한다. 이는 어느 기관의 행위인지는 상관없이 법을 집행하고 있으면 행정으로, 법통제 기능을 수행하면 사법으로, 법을 정립하고 있으면 입법으로 분류한다.

③ **구체적인 예**

조세부과처분	형식적 의미의 행정	실질적 의미의 행정
운전면허취소처분	형식적 의미의 행정	실질적 의미의 행정
법규명령의 제정	형식적 의미의 행정	실질적 의미의 입법
국회의장의 사무총장 임명	형식적 의미의 입법	실질적 의미의 행정
국회의 법률제정	형식적 의미의 입법	실질적 의미의 입법
대법원장의 직원 임명	형식적 의미의 사법	실질적 의미의 행정
법원의 재판	형식적 의미의 사법	실질적 의미의 사법

(2) 행정의 특징

① 행정주체가 공익을 실현하기 위해 하는 사회형성작용
② 장래에 대한 미래지향적인 형성작용
③ 능동적이고 적극적인 형성작용
④ 행정은 다양한 법형식에 의함
⑤ 행정의 형식으로서의 구체적 처분성(행정은 개별적·구체적 사안에 대한 규율인 데 비해 입법은 일반적·추상적 규율임)

2. 행정의 분류

(1) 주체에 의한 분류

국가행정	국가가 직접 자기기관에 의하여 하는 행정
자치행정	공공단체가 주체로서 자치적으로 행하는 행정
위임행정	국가 또는 공공단체가 다른 공공단체 또는 사인에게 위임하여 행하는 행정

(2) 수단에 의한 분류

공법 행정	권력적 행정	행정주체가 개인에 대하여 일방적으로 명령·강제하거나 개인의 법적 지위를 일방적으로 형성·변경·소멸시키는 행정
	관리행정	공행정작용이기는 하나, 행정주체가 공권력주체로서가 아니라 공기업·공물 등의 경영·관리주체로서 국민과 대등한 지위에서 행하는 작용
사법행정	국고 행정	행정주체가 사법상 재산권의 주체와 같은 지위에서 행하는 작용

(3) 목적에 의한 분류

전통적 분류	사회적 목적적 행정	사회질서 유지 및 공공복리 증진을 직접 목적으로 하는 행정(내무행정)·질서행정(경찰행정)과 복리행정(급부행정, 규제행정, 공용부담행정)
	국가 목적적 행정	국가 자체의 존립과 유지를 직접 목적으로 하는 행정·군사, 사법행정, 재무, 외무
새로운 분류	질서 행정	공공의 안녕과 질서를 유지하기 위한 행정(주로 경찰이 담당)
	급부행정	행정주체가 개인 또는 단체를 돌보며 그들의 이익 추구를 촉진시켜 주는 행정(공급행정, 사회보장행정, 조성행정) • 공급행정: 공업화·기술화·도시화를 특색으로 하는 현대사회에 있어서 사회구성원의 일상생활에 필요한 재화·역무·시설 등을 공기업·공물 등을 통하여 공급하는 급부 활동 • 사회보장행정: 개인의 건강하고 문화적인 생활을 확보하게 하기 위한 활동 • 조성행정: 국가 또는 공공단체 등의 행정주체가 공공복리를 증진하기 위하여 개인의 경제·문화 활동을 조성하는 자금·정보 등의 수단을 공여하는 비권력적 행정작용
	규제행정	사인의 자유와 권리를 침해·제한하거나 혹은 의무부담을 과하는 행정
	유도행정 / 계획행정	사회·경제질서 등을 일정한 방향으로 유도하기 위하여 국민의 사회·경제활동을 규제·조정·보호·지도하는 활동(행정계획, 행정지도)
	공용부담행정	특정한 공익사업을 추진하기 위해 그 사업에 이해관계를 가진 사람에게 부담시키는 것으로 공법상의 의무이며 인적 공용부담과 물적 공용부담이 있음
	공과행정	행정주체가 임무 수행을 위하여 필요한 자금을 조달할 목적으로 국민에게 조세 및 기타 공과금을 부과·징수하는 행정
	조달행정	행정주체가 행정 목적 달성에 필요한 인적·물적 수단의 취득·유지 및 관리 활동

(4) 법적 효과에 의한 분류

침익행정	국가가 사인의 자유나 권리를 침해·제한하거나 의무부담을 과하는 행정
수익행정 (급부행정)	개인에 대해 금전이나 편익을 제공하거나 이미 과해진 의무나 부담을 해제하여 주는 행정
복효적 행정	하나의 행정행위로 한 사람에게는 이익을 주나, 다른 사람에게는 불이익을 발생시키는 행정

4 공법으로서의 행정법

1. 개괄
공법(공적인 것)은 주로 국가적·공익적·윤리적·타율적·권력적·비대등적 관계를 규율하는 법을 말하고 사법(사적인 것)은 주로 개인적·사익적·경제적·자율적·비권력적·대등적 관계를 규율하는 법을 말한다. 공법은 일반적으로 국민과 국가와의 생활 관계를 규율하는 법으로서 넓게 말하면 헌법·행정법·형법·국제법 등을 모두 포함한다. 사법은 공법에 대립하는 법으로서 일반 개인 상호간의 권리·의무 관계를 규율하는 법을 총칭하며 민법과 상법이 대표적이다.

2. 공법과 사법의 구별 필요성
우리나라는 대륙법계 국가의 영향으로 국가의 법체계를 공법과 사법으로 구별하여 그 적용영역을 달리하고 있다. 다만, 공법(관계)과 사법(관계)의 구별은 상대적이며 법 제도상의 구별로서, 시간과 장소를 초월한 선험적·절대적인 것이 아니다.

(1) 행정절차법상 구별 필요성
① 처분 등의 공법상 절차에는 행정절차법이 적용되나,
② 사적영역에 해당하는 경우에는 행정절차법이 적용되지 않는다.

(2) 실체법상 구별 필요성
① **적용되는 법원리**
  ㉠ **공법관계에는 공법원리**: 공법의 원리는 공공복리를 이유로 국가가 사인을 적극적으로 강제하고 규율·개입하는 것(수직적 관계, 국가가 상위, 사인은 그 하위)이다.
  ㉡ **사법관계에는 사법 원리**: 사법의 원리는 사인과 사인 사이의 자유로운 법률관계를 보장, 보호하는 원리(수평적인 관계)로, 사인 간의 문제에 대하여 법은 관여하지 않고 자유롭게 놓아두면서 분쟁이 있는 경우만 당사자의 신청에 따라 소극적으로 개입한다.
② **자력 강제**: 법 관계의 상대방이 의무를 불이행하는 경우
  ㉠ 행정청은 자력 강제를 할 수 있으나,
  ㉡ 사인은 자력 강제를 할 수 없다.
③ **배상책임**
  ㉠ 공무원의 직무상 불법행위에 대한 배상책임은 국가배상에 의하지만,
  ㉡ 사인의 불법행위에 대한 배상책임은 민사상 손해배상에 의한다.

(3) 소송법상 구별 필요성(절차법상 구별 필요성)
① 공법관계의 법적 분쟁은 행정소송에 의하지만,
② 사인 간의 법적 분쟁은 민사소송에 의한다.

3. 공법과 사법의 구별 기준

(1) 학설

① 전통적 견해

㉠ **주체설**: 주체설은 법률관계의 주체를 기준으로 법률관계의 일방 당사자가 국가 등 행정주체면 공법관계로 보고 그 당사자가 모두 사인인 경우는 사법관계라고 보는 견해이다. 그러나 행정주체가 일방당사자인 경우(국고행위)에도 사법관계가 성립될 수 있고, 당사자 모두가 사인(공무수탁사인)인 경우에도 공법관계가 성립될 수 있음을 설명하지 못하고 있다.

㉡ **이익설(목적설)**: 이익설은 공익목적에 봉사하는 관계이면 공법관계로 보고 사익 목적에 봉사하는 관계이면 사법관계로 보는 견해이다. 그러나 이 견해에 따를 경우, 공익적 요소를 포함한 사적 활동 등을 설명하지 못한다.

㉢ **성질설(권력설, 복종설, 종속설, 지배 관계설)**: 성질설은 당해 법률관계가 대등 관계인지 지배 복종 관계인지의 여부에 따라 지배 복종 관계이면 공법관계이고 대등 관계이면 사법관계로 본다. 그러나 공법상 계약과 같이 공법관계임에도 대등 관계가 존재함을 설명하지 못한다.

② **신주체설(귀속설, 특별법설, 법규설)**: 볼프가 구주체설을 보완하여 주장한 신주체설은 행정주체에 대해서만 권리를 부여하거나 의무를 부과하면 공법관계이고, 모든 권리주체에게 권리를 부여하거나 의무를 부과하면 사법관계로 보는 견해이다.

(2) 검토

① **구별 기준**: 공법관계와 사법관계의 구별을 위해서 무엇보다도 당해 법률관계에 적용되는 실정법 규정을 살펴보아야 한다. 그 후에 위의 학설을 종합적으로 고려하여 판단하는 것이 타당하다.

② **공법과 사법의 교착·융합**: 공법인지 사법인지 구별하기 어려운 노동법, 사회법, 경제법 등의 법률들이 점증하고 있어 공법관계와 사법관계가 혼합되어 나타나는 경우가 많으므로 양자의 구별은 상대적으로 변모해 가고 있다.

제2절 행정법의 성립과 유형

1 개괄(대륙법계와 영미법계)

오늘날 세계에서 양대 법계를 이루고 있는 것이 대륙법계와 영미법계이다. 양자는 서로 대조적인 특색을 가진다. 영미법은 게르만법의 관습법을 토대로 한 보통법에 의거하여 개개의 판결로 이루어진 판례를 중심으로 판례법·불문법주의로 발전하였고 일반법의 지배에 따라 공법과 사법을 구별하지 않았다. 따라서 제2차 세계대전 이전의 영미에서는 공법인 행정법이 성립하지 못했다.

이에 비해 대륙법은 로마법의 영향을 많이 받아 개인주의적이며 분석적·논리적으로 발전하였다. 법전주의·성문법주의인 것이 특색이며 공법과 사법을 구별하여 공법인 행정법이 성립·발전하였다.

2 대륙법계

1. 성립의 전제

(1) 법치국가사상의 발전

법치국가사상의 발전은 행정법의 성립을 촉진시키는 계기가 되었다.

(2) 행정제도의 발전

행정제도란 행정에 대한 특수한 법체계의 형성이나 행정재판소 제도의 존재를 말한다. 행정관리가 통상법원의 통제나 일반법률에 복종하는 것이 아니라 집행권에 속하는 상사의 감독을 받으며 특별한 법령에 의해 규율 받는 것을 말한다. 즉, 행정제도는 일반법률과는 별도의 행정에 관한 특수 고유한 법의 형성과 통상법원과는 별도의 행정법원의 설치를 말한다. 프랑스에서는 이러한 행정제도를 기반으로 사법과는 다른 독자적 법체계로서의 행정법이 발달하였다.

2. 대륙법계의 유형

법치주의가 확립된 이후 행정의 발동은 법률에 근거해서만 가능하다는 생각이 지배적이었다. 이에 따라 행정을 규율하는 행정법 정립의 필요성이 대두되었고 이로 인하여 행정법이 성립하게 되었다.

(1) 프랑스 행정법(자유주의적 개인주의 사상을 배경) – 판례를 통해 성립, 공공역무 중심으로 발전

최고행정재판소인 국 참사원(Conseil d'etat)의 판례와 학설을 중심으로, 공공역무(Public service) 개념에 기초하여 행정법이 가장 먼저 성립·발달되었다.

> **관련판례** Blanco 판결
>
> Blanco라는 소녀가 길을 걸어가다 담배 운반차에 치여 부상당하여 민사재판소에 손해배상을 청구하였다. 이러한 소송에 대해서 재판권의 관할이 어디인지가 문제되었다. 국 참사원과 최고사법재판소의 대표자로 구성된 관할재판소는 이 사건을 공역무과실이론에 바탕을 둔 국가 배상책임으로 확정하였고, 따라서 관할은 행정재판소라고 인정하였다. 이 판결은 행정재판의 관할권을 결정하였으며 그 범위 확대의 초석을 마련한 판결로 평가되고 있다.

(2) 독일 행정법(권위주의적·관료주의적 사상을 기초) – 제정법을 기초로 성립, 공권력을 중심으로 발전

독일의 행정법은 행정권의 사법권에 대한 우월적 지위를 보장하기 위해 성립되었는데, 프랑스가 판례를 중심으로 발전한 것에 비해 독일 행정법은 학설과 제정법을 중심으로 성립하였다. 또한 독일 행정법은 공권력을 중심으로 하여 발전하였다.

이에 따르면, ① 국가가 사경제 주체와 같은 지위에서 국고작용을 행하는 경우에는 사법 작용을 받지만 ② 공권력의 주체로 국가의 우월성이 인정되는 경우에는 행정법의 적용을 받는다고 한다. ③ 또한 제2차 세계대전 이전까지는 소송 사항에 관하여 열기주의를 취하고 있었으나 본 기본법 아래에서는 개괄주의를 취하여 공권력에 대한 사법적 구제가 일반적으로 인정되게 되었다.

3 영미법계

1. 영미법계 국가에서의 행정법의 성립

영미의 경우, 19C 말까지 보통법(Common law)이 지배하였기 때문에 특별히 행정법이 생성·발전되지는 않았으나 20C 행정위원회를 중심으로 행정법이 성립되기 시작하였다.

2. 영미법계의 유형 - 20C 행정위원회가 절차법 중심으로 성립

영미에서는 보통법의 원리(법 앞에 평등)가 모든 분야에 적용되었다. 즉, 행정주체에게도 보통법이 적용되어 다른 영역과 같은 법의 지배를 받았기에 독립된 행정법의 성립이 다소 지연되었다. 그러나 제2차 세계대전 이후 사회가 더욱 다양화·전문화되면서 행정의 기능이 확대·강화되었고 사회영역에 행정권의 개입이 요구되었다. 이에 따라 행정위원회를 중심으로 행정법이 성립·발달하게 되었다. 그러나 다이시의 "영국에는 행정법이 없다."라는 말처럼 영국의 행정법은 여전히 보통법에 대한 예외(특별법) 정도로 인식되고 있으며, 내용상으로도 사법 통제를 중심으로 하고 있다.

4 우리나라

(1) 공·사법의 구별(공·사법 이원주의)
(2) 사법국가(司法國家) 주의(행정사건도 일반법원이 관할, 다만 행정사건에 대하여는 민사사건과 다른 특수성이 인정되는 등 행정 국가적 요소 가미)
(3) 실체법 중심으로 발달하였으나, 최근 절차적 규율이 강조되고 있다.

5 행정법의 특징 - 형식상의 특수성

1. 성문성

행정법은 장래에 대한 예측 가능성 및 법적 생활의 안정성을 도모하기 위해 성문의 형식을 원칙으로 한다.

2. 형식의 다양성

행정법은 규율 대상이 복잡·다기하며 유동적이므로 단일법전화되어 있지 않다. 하지만 최근에는 행정절차법 분야에서 법령의 해석·운영의 통일과 편의를 위하여 법전화가 이루어지고 있다.

3. 강행규범성(단속규범성)

법규정은 합의로 배제할 수 있는지 여부에 따라 임의규정과 강행규정으로 나뉘는데, 합의로 배제할 수 없는 것이 강행규정이다. 행정법의 대부분은 강행규정에 해당한다. 따라서 합의를 통해 행정법의 내용을 달리 규율할 수는 없다. 그리고 강행규정은 효력규정과 단속규정으로 나뉘게 된다. 예컨대, 허가를 요하는 영업에서 허가 없이 영업하는 자가 있으면 단속의 대상은 되나 그 영업행위가 무효로 되지는 않는다. 즉, 사법이 주로 효력규정(능력규정)으로 되어 있는 데 반해 행정법은 주로 명령규정(단속규정)으로 구성되어 있다. 따라서, 행정법상의 의무를 불이행하면 행정상 강제집행 또는 행정벌의 대상이 될 수 있다.

4. 행위규범성

행정법은 법치주의 원칙에 의해 행정권의 활동기준이 되는 행위규범으로서 기능하는 성격이 상대적으로 강하다. 반면 사적 자치(私的自治)를 원칙으로 하는 사법(私法)은 주로 당사자 간의 분쟁을 해결하는 재판규범으로 기능하는 성격이 강하다.

제3절 행정법에 대한 헌법상의 원리

1 헌법에 대한 행정법학자들의 견해

행정법은 합목적적으로 행정 목적을 실현하기 위한 절차를 정하는 것이므로 헌법에 비하여 정치적 변동에 민감하지 않다. 마이어는 "헌법이 변해도 행정법은 존속한다."라고 하여 헌법에 대한 행정법의 무감수성을 표현하였고, 베르너는 "행정법은 헌법의 구체화법이다."라고 하여 헌법과 행정법의 밀접한 관련성을 강조한다. 전자는 행정법의 불변성에 초점을 두었고, 후자는 행정법의 가변성에 초점을 두고 있다. 다수의 학자는 헌법과 행정법의 관련성이 높음에 중점을 둔 베르너(F. Werner)의 견해를 지지한다.

2 헌법과 행정법의 관계

헌법은 국가 전체를 관심의 대상으로 하고, 행정법은 행정권을 주된 관심의 대상으로 한다. 헌법은 국가의 통치구조와 국민의 기본권을 규정한 기본법으로서의 성격을 가지므로 모든 법은 헌법의 집행법으로서의 성격을 가지고 있다. 그리고 행정은 입법이나 사법과 달리 계속적으로 사회질서를 형성하는 것으로서 행정법은 헌법의 구체화 법(F. Werner)이라 표현되고 있다. 따라서, 헌법은 행정법의 기본이 되므로 행정법은 헌법상의 기본원리를 준수해야 한다.

제 2 장 행정법의 법원

제1절 법원의 관념

1 법원의 의의

1. 법원의 개념
행정법에서 법원이란 행정권의 조직과 작용에 관한 실정법의 존재 형식을 말한다.

2. 법원의 특징
행정법은 명확성과 예측 가능성 담보를 위해 성문법주의를 원칙으로 한다. 하지만, 행정의 다양화·전문화로 인하여 모든 행정작용을 성문법으로 규정하기에는 많은 한계가 존재한다. 그 때문에 행정법은 단일법전이 존재하지 않고 개별적으로 수많은 법규가 존재한다. 이러한 현대 행정의 특징과 행정법의 특수성 때문에 불문법에 의한 보완이 필요하다.

2 법원의 종류

1. 성문법원

(1) 헌법
헌법은 국가의 기본법으로서 행정법의 최고법원이 되며 근본적인 사항을 규정한다. 헌법은 국가의 조직과 작용 및 구제에 관한 국내 공법을 말한다.

(2) 법률
법률은 형식적 의미의 법률로서 의회가 헌법이 정한 절차에 따라 제정한 법형식이다.

(3) 조약 및 국제법규
① **조약의 의의**: 조약은 국가 간의 문서에 의한 구속력 있는 합의를 말한다. 헌법 제6조 제1항에 따르면 헌법상 절차에 따라 체결·공포된 조약과 일반적으로 승인된 국제법규는 국내법과 같은 효력을 가지고, 그것이 국내 행정에 관한 사항이면 행정법의 법원이 된다(조약이나 국제법규는 그 내용이 국내 행정에 관한 것일 때에는 별도의 국내법 제정 절차 없이 국내에 직접 적용됨).
② **일반적으로 승인된 국제법규의 의의**: 일반적으로 승인된 국제법규라 함은 국제사회의 보편적 규범으로서 세계 대다수 국가가 승인하고 있는 법규이다. 여기에는 국제관습법과 우리나라가 당사자가 되어 체결한 조약은 아니지만, 일반적으로 규범력이 인정되고 있는 조약이 포함된다. 예컨대 ㉠ 국제관습법(Custom, 국제관습법에 해당하는 것으로서 포로의 살해금지와 그 인도적 처우에 관한 전시국제법상의 기본원칙, 외교관의 대우에 관한 국제

법상의 원칙, 국내문제 불간섭의 원칙, 민족자결의 원칙, 조약준수의 원칙 등), ⓒ 국제사회에서 일반적으로 승인된 국제조약(세계 우편연맹 규정, 항공운송에 관한 협정, 포로에 관한 제네바협약, 집단학살금지협약 등)이 있다.

③ **조약의 법원성**

> 헌법 제6조 ① 헌법에 의하여 체결·공포된 조약과 일반적으로 승인된 국제법규는 국내법과 같은 효력을 가진다.
>
> 헌법 제60조 ① 국회는 상호원조 또는 안전보장에 관한 조약, 중요한 국제조직에 관한 조약, 우호통상항해조약, 주권의 제약에 관한 조약, 강화조약, 국가나 국민에게 중대한 재정적 부담을 지우는 조약 또는 입법사항에 관한 조약의 체결·비준에 대한 동의권을 가진다.

헌법 제6조 제1항에 따르면, 헌법에 의하여 체결·공포된 조약과 일반적으로 승인된 국제법규는 국내법과 같은 효력을 가진다. 헌법에 의하여 체결·공포된 조약이라 함은 헌법 제60조에 따라, 국회의 동의를 요하는 조약을 말한다. 따라서 국회의 동의를 요하는 조약은 법률로서의 효력을 갖는다. 반면, 국회의 동의를 요하지 않는 조약은 법률로서의 효력을 갖지 못하고, 명령으로서의 효력을 가짐에 그친다.

> **관련판례**
>
> 1. 조약은 '국가·국제기구 등 국제법 주체 사이에 권리의무관계를 창출하기 위하여 서면형식으로 체결되고 국제법에 의하여 규율되는 합의'인데, 이러한 조약의 체결·비준에 관하여 헌법은 대통령에게 전속적인 권한을 부여하면서(헌법 제73조), 조약을 체결·비준함에 앞서 국무회의의 심의를 거쳐야 하고(헌법 제89조 제3호), 특히 중요한 사항에 관한 조약의 체결·비준은 사전에 국회의 동의를 얻도록 하는 한편(헌법 제60조 제1항), 국회는 헌법 제60조 제1항에 규정된 일정한 조약에 대해서만 체결·비준에 대한 동의권을 가진다(헌재 2008.3.27. 2006헌라4).
>
> 2. **대한민국과 아메리카합중국 간의 상호방위조약 제4조에 의한 시설과 구역 및 대한민국에서의 합중국 군대의 지위에 관한 협정 사건**
>   이 사건 조약은 그 명칭이 '협정'으로 되어 있어 국회의 관여 없이 체결되는 행정협정처럼 보이기도 하나 우리나라의 입장에서 볼 때에는 외국군대의 지위에 관한 것이고, 국가에 재정적 부담을 지우는 내용과 입법사항을 포함하고 있으므로 국회의 동의를 요하는 조약으로 취급되어야 한다(헌재 1999.4.29. 97헌가14).
>
> 3. 1994년 관세 및 무역에 관한 일반협정(General Agreement on Tariffs and Trade 1994, 이하 'GATT'라 한다)은 1994.12.16. 국회의 동의를 얻어 같은 달 23. 대통령의 비준을 거쳐 같은 달 30. 공포되고 1995.1.1. 시행된 조약인 '세계무역기구(WTO) 설립을 위한 마라케쉬협정'(Agreement Establishing the WTO)(조약 1265호)의 부속 협정(다자간 무역협정)이고, '정부조달에 관한 협정'(Agreement on Government Procurement, 이하 'AGP'라 한다)은 1994.12.16. 국회의 동의를 얻어 1997.1.3. 공포시행된 조약(조약 1363호, 복수국가간 무역협정)으로서 각 헌법 제6조 제1항에 의하여 국내법령과 동일한 효력을 갖는다(대판 2005.9.9. 2004추10).

4. 남북 사이의 화해와 불가침 및 교류협력에 관한 합의서는 남북관계가 '나라와 나라 사이의 관계가 아닌 통일을 지향하는 과정에서 잠정적으로 형성되는 특수관계'임을 전제로, 조국의 평화적 통일을 이룩해야 할 공동의 정치적 책무를 지는 남북한 당국이 특수관계인 남북관계에 관하여 채택한 합의문서로서, 남북한 당국이 각기 정치적인 책임을 지고 상호간에 그 성의 있는 이행을 약속한 것이기는 하나 법적 구속력이 있는 것은 아니어서 이를 국가 간의 조약 또는 이에 준하는 것으로 볼 수 없고, 따라서 국내법과 동일한 효력이 인정되는 것도 아니다(대판 1999.7.23. 98두14525).

5. 대통령이 피청구인 외교통상부장관에게 위임하여 2006.1.19.경 워싱턴에서 미합중국 국무장관과 발표한 '동맹 동반자 관계를 위한 전략대화 출범에 관한 공동성명은 한국과 미합중국이 상대방의 입장을 존중한다는 내용만 담고 있을 뿐, 구체적인 법적 권리·의무를 창설하는 내용을 전혀 포함하고 있지 아니하므로, 조약에 해당된다고 볼 수 없으므로 그 내용이 헌법 제60조 제1항의 조약에 해당되는지 여부를 따질 필요도 없이 이 사건 공동성명에 대하여 국회가 동의권을 가진다거나 국회의원인 청구인이 심의표결권을 가진다고 볼 수 없다(헌재 2008.3.27. 2006헌라4).

④ **조약과 국내법의 충돌**: 국회의 동의를 요하는 조약은 법률의 효력을 가지므로, 일반적인 법 충돌 시 해결방법인 신법우선의 원칙과 특별법우선의 원칙에 따라 이를 해결할 수 있다. 만약 조례로 국회의 동의를 요하는 조약을 위반하는 경우, 그 조례는 법률에 위반하는 것으로 무효가 된다.

관련판례

1. '1994년 관세 및 무역에 관한 일반협정(GATT)'과 '정부조달에 관한 협정(AGP)' - 국회의 동의를 얻어 공포 시행된 조약으로 국내법과 동일한 효력
'1994년 관세 및 무역에 관한 일반협정(General Agreement on Tariffs and Trade 1994, 이하 'GATT'라 한다)'은 … 헌법 제6조 제1항에 의하여 국내 법령과 동일한 효력을 가지므로 지방자치단체가 제정한 조례가 GATT나 AGP에 위반되는 경우에는 그 효력이 없다.
특정 지방자치단체의 초·중·고등학교에서 실시하는 학교급식을 위해 위 지방자치단체에서 생산되는 우수 농수축산물과 이를 재료로 사용하는 가공식품(이하 '우수농산물'이라고 한다)을 우선적으로 사용하도록 하고 그러한 우수농산물을 사용하는 자를 선별하여 식재료나 식재료 구입비의 일부를 지원하며 지원을 받은 학교는 지원금을 반드시 우수농산물을 구입하는 데 사용하도록 하는 것을 내용으로 하는 위 지방자치단체의 조례안이 내국민대우원칙을 규정한 '1994년 관세 및 무역에 관한 일반협정'에 위반되어 그 효력이 없다(대판 2005.9.9. 2004추10).

2. '1994년 국제무역기구 설립을 위한 마라케쉬협정'(Marrakesh Agreement Establishing the World Trade Organization, WTO 협정)의 일부인 '1994년 관세 및 무역에 관한 일반협정(General Agreement on Tariffs and Trade, GATT 1994) 제6조의 이행에 관한 협정' 중 그 판시 덤핑규제 관련 규정을 근거로 이 사건 규칙의 적법 여부를 다투는 주장도 포함되어 있으나, 위 협정은 국가와 국가 사이의 권리·의무관계를 설정하는 국제협정으로, 그 내용 및 성질에 비추어 이와 관련한 법적 분쟁은 위 WTO 분쟁해결기구에서 해결하는 것이 원칙이고, 사인(私人)에 대하여는 위 협정의 직접 효력이 미치지

간단 점검하기

학교급식을 위해 국내 우수농산물을 사용하는 자에게 식재료나 구입비의 일부를 지원하는 것 등을 내용으로 하는 지방자치단체의 조례안이 '1994년 관세 및 무역에 관한 일반협정'을 위반하여 위법한 이상, 그 조례안은 효력이 없다.
(○)

간단 점검하기

회원국 정부의 반덤핑부과처분이 WTO협정 위반이라는 이유만으로 사인이 직접 국내 법원에 회원국 정부를 상대로 그 처분의 취소를 구하는 소를 제기할 수 있다.
(×)

아니한다고 보아야 할 것이므로, <u>위 협정에 따른 회원국 정부의 반덤핑부과 처분이 WTO 협정위반이라는 이유만으로 사인이 직접 국내 법원에 회원국 정부를 상대로 그 처분의 취소를 구하는 소를 제기하거나 위 협정위반을 처분의 독립된 취소사유로 주장할 수는 없다</u>(대판 2009.1.30. 2008두17936).

(4) 명령(행정입법)

명령이란 행정권에 의하여 제정된 법형식으로서 법규의 성질을 가지는 법규명령(대통령령, 총리령, 부령, 중앙선거관리위원회규칙, 대법원규칙, 헌법재판소규칙 등)과 법규의 성질을 가지지 않아 행정조직 내부에서만 효력을 가지고 국민에게는 구속력이 없는 행정규칙(훈령, 예규 등)으로 구분된다.

(5) 자치법규

자치법규는 지방의회의 의결을 거쳐 제정하는 조례와 지방자치단체의 장이 제정하는 규칙 및 교육감이 제정하는 교육 규칙이 있다.

2. 불문법원

(1) 관습법

① **개념**: 관행 + 법적 확신

행정영역에 있어 계속적·장기적으로 관행(사실인 관습)이 반복되고, 그 관행이 국민 일반의 법적 확신을 얻어 법규범으로서 승인된 것(관습법)을 말한다.

> **관련판례**
>
> 1. 관습법이란 사회의 거듭된 관행으로 생성한 사회생활규범이 사회의 법적 확신과 인식에 의하여 법적 규범으로 승인·강행되기에 이른 것을 말하고, 그러한 관습법은 바로 법원으로서 법령과 같은 효력을 가져 법령에 저촉되지 아니하는 한 법칙으로서의 효력이 있는 것인바 사회의 거듭된 관행으로 생성한 어떤 사회생활규범이 법적 규범으로 승인되기에 이르렀다고 하기 위하여는 그 사회생활규범은 헌법을 최상위 규범으로 하는 전체 법질서에 반하지 아니하는 것으로서 정당성과 합리성이 있다고 인정될 수 있는 것이어야 하고, 그렇지 아니한 사회생활규범은 비록 그것이 사회의 거듭된 관행으로 생성된 것이라고 할지라도 이를 법적 규범으로 삼아 관습법으로서의 효력을 인정할 수 없다고 할 것이다(대판 1983.6.14. 80다3231).
>
> 2. 사회의 거듭된 관행으로 생성된 사회생활규범이 관습법으로 승인되었다고 하더라도 사회 구성원들이 그러한 관행의 법적 구속력에 대하여 확신을 갖지 않게 되었다거나, 사회를 지배하는 기본적 이념이나 사회질서의 변화로 인하여 그러한 관습법을 적용하여야 할 시점에 있어서의 전체 법질서에 부합하지 않게 되었다면 그러한 관습법은 법적 규범으로서의 효력이 부정될 수밖에 없다(대판 2005.7.21. 2002다1178).

② **종류**

㉠ **행정선례법**: 행정청의 선례가 오랫동안 반복됨으로써 형성되는 것을 말한다. 행정선례법이 구체화된 법으로는 국세기본법의 규정을 들 수 있다.

간단 점검하기

사회의 거듭된 관행으로 생성된 사회생활규범이 관습법으로 승인되었다고 하더라도 사회 구성원들이 그러한 관행의 법적 구속력에 대하여 확신을 갖지 않게 되었다면 그러한 관습법은 법적 규범으로서의 효력이 부정될 수밖에 없다. (○)

> **관련판례**
> 1. 비과세 관행을 일종의 행정선례법으로 볼 수 있으나 착오로 인한 장기간의 과세 누락은 비과세 관행 부정(대판 1985.3.12. 84누398)
> 2. 종전의 행정 선례에 따라 업무를 처리한 공무원에 대한 징계처분은 위법(대판 1985.11.26. 85누676)

ⓒ **민중적 관습법**: 민중 사이에 장기적으로 계속됨으로써 형성된 법을 말한다. 이에 대한 예로는 입어권(수산업법 제40조 제1항상 관행 어업권), 하천 용수에 관한 관습법(지하수 사용권, 음용 용수권, 관개용수리권, 유수권, 하천 용수권) 등을 들 수 있다(관행에 의해 인정되는 입어권과 달리 어업권은 관습법이 아님).

ⓒ **인정 범위(효력)**: 보충적 효력설과 개폐적 효력설(대등적 효력설)이 대립하고 있다. 대법원은 보충적 효력설의 입장을 취하는 것으로 보이나, 헌법재판소는 개폐적 효력을 갖는다는 입장이다.

> **관련판례**
>
> 1. **대법원 판례**
>   가족의례준칙 제13조의 규정과 배치되는 관습법의 효력을 인정하는 것은 관습법의 제정법에 대한 열후적, 보충적 성격에 비추어 민법 제1조의 취지에 어긋나는 것이다(대판 1983.6.14. 80다3231).
>
> 2. **헌법재판소 판례**
>   어느 법규범이 관습헌법으로 인정된다면 그 개정가능성을 가지게 된다. 관습헌법도 헌법의 일부로서 성문헌법의 경우와 동일한 효력을 가지기 때문에 그 법규범은 최소한 헌법 제130조에 의거한 헌법개정의 방법에 의하여만 개정될 수 있다(헌재 2004.10.21. 2004헌마554·566).
>
> 3. **위 판례 보충**
>   ① 관습헌법이 성립하기 위하여서는 관습이 성립하는 사항이 단지 법률로 정할 사항이 아니라 반드시 헌법에 의하여 규율되어 법률에 대하여 효력상 우위를 가져야 할 만큼 헌법적으로 중요한 기본적 사항이 되어야 한다.
>   ② 관습헌법이 성립하기 위하여서는 관습법의 성립에서 요구되는 일반적 성립 요건이 충족되어야 한다. 첫째, 기본적 헌법사항에 관하여 어떠한 관행 내지 관례가 존재하고, 둘째, 그 관행은 국민이 그 존재를 인식하고 사라지지 않을 관행이라고 인정할 만큼 충분한 기간 동안 반복 내지 계속되어야 하며(반복·계속성), 셋째, 관행은 지속성을 가져야 하는 것으로서 그 중간에 반대되는 관행이 이루어져서는 아니 되고(항상성), 넷째, 관행은 여러 가지 해석이 가능할 정도로 모호한 것이 아닌 명확한 내용을 가진 것이어야 한다(명료성). 또한 다섯째, 이러한 관행이 헌법관습으로서 국민들의 승인 내지 확신 또는 폭넓은 컨센서스를 얻어 국민이 강제력을 가진다고 믿고 있어야 한다(국민적 합의).
>   ③ 우리나라의 수도가 서울이라는 점에 대한 관습헌법을 폐지하기 위해서는 헌법이 정한 절차에 따른 헌법개정이 이루어져야 한다.

④ 이 사건 법률은 헌법개정사항인 수도의 이전을 헌법개정의 절차를 밟지 아니하고 단지 단순법률의 형태로 실현시킨 것으로서 결국 헌법 제130조에 따른 헌법개정에 있어서 국민이 가지는 참정권적 기본권인 국민투표권의 행사를 배제한 것이므로 동 권리를 침해하여 헌법에 위반된다.

(2) 판례법

① **판례법의 의의**: 특정한 사건에 대하여 내린 판결이 그 후의 유사한 사건에 대한 재판에서 기준으로 사용되는 경우, 그 판결을 판례라고 부른다. 따라서 판례법이 법원이 되기 위해서는 선례구속의 원칙(이는 어떠한 사건에 대하여 내린 상급법원의 판결은 그 이후의 그와 동일 또는 유사한 사건에 대하여 구속력을 가진다는 것으로서 영미법의 두드러진 특징의 하나이다)과 법관의 법규창조력을 인정할 때 가능하게 된다.

② **법원 판례의 법원성 인정 여부**: 법원의 판결은 행정 법규를 구체화하여 장래 동종의 사건에 대하여 재판의 근거가 되는바, 법원성을 인정할지에 대해서 견해가 나뉜다.
  ㉠ **영미법계**: 판례가 그 자체로서 행정법의 법원이 되는 선례구속의 원칙이 확립되어 있다.
  ㉡ **대륙법계 국가**: 대륙법계 국가는 판례의 선례구속 원칙을 부정하여 판결은 당해 사건에 한하여 하급심만을 구속하므로 법원으로서의 의미는 없지만, 대법원의 판결은 사실상의 구속력을 가지고 있으므로 판례의 법원성이 다소 인정된다고 볼 여지가 있다.
  ㉢ **우리나라**: 우리나라는 선례구속성의 원칙이 채택되어 있지 않고, 법원조직법 제8조는 "상급법원의 재판에 있어서의 판단은 당해 사건(동종사건 아님)에 관하여 하급심을 기속한다."라고 하여 장래의 동종사건은 구속하지 않아 법적 구속력이 없으므로 법원성을 부정하는 것이 다수의 견해이다. 그러나, 행정권의 법률 해석과 적용 그리고 소액사건 심판 절차에서는 대법원의 판례에 따르지 아니할 수 없는 사실상의 구속력이 있다. 따라서 법원으로 볼 수 있는 측면도 없지 않다.
    ⓐ **제도적 관점**: 법적 구속력 부정
    ⓑ **실질적 관점**: 사실상 구속력 인정

> **관련판례**
> 대법원의 판례가 법률해석의 일반적인 기준을 제시한 경우에 유사한 사건을 재판하는 하급심법원의 법관은 판례의 견해를 존중하여 재판하여야 하는 것이나, 판례가 사안이 서로 다른 사건을 재판하는 하급심법원을 직접 기속하는 효력이 있는 것은 아니다(대판 1996.10.25. 96다31307).

③ **헌법재판소 판례의 법원성**: 헌법재판소 판례의 경우에는 일반효(헌재의 위헌결정은 법원 기타 국가기관이나 지방자치단체를 기속)를 갖기 때문에 법원성이 인정된다.

> **관련판례** 헌법재판소 위헌결정의 법원성 인정
>
> 헌법재판소의 위헌결정 효력은 위헌 제청을 한 당해 사건, 위헌결정이 있기 전에 이와 동종의 위헌 여부에 관하여 헌법재판소에 위헌 여부 심판제청을 하였거나 법원에 위헌 여부 심판제청신청을 한 경우만이 아니라 따로 위헌 제청신청은 하지 아니하였지만 당해 법률 또는 법률의 조항이 재판의 전제가 되어 법원에 계속 중인 사건과 위헌결정 이후에 위와 같은 이유로 제소된 일반사건에도 미친다(대판 2003.7.24. 2001다48781).

(3) 조리

① **의의**: 재량의 영역에서 큰 의미를 가지는 조리는 일반사회의 정의감을 기준으로 하여 마땅히 그래야 할 것이라고 인정되는 사항을 말한다. 따라서 조리는 행정법 해석의 기본원리이며, 성문법과 관습법이 부재할 경우에 최후의 보충적 법원으로서 중요한 기능을 가진다. 오늘날에는 행정법의 일반원칙으로 많이 불리운다.

② **기능**: 조리는 ⊙ 행정 법규 해석상 기본원리, ⓒ 행정법의 법원, ⓒ 재량권의 한계설정 기능을 수행한다.

③ **종류**: 행정법의 일반원칙으로는 ⊙ 평등의 원칙, ⓒ 행정의 자기구속의 원칙, ⓒ 비례의 원칙, ⓔ 신뢰보호의 원칙, ⓜ 부당 결부 금지의 원칙을 들 수 있다.

이하에서는 행정법의 일반원칙 각각에 대해서 자세히 살펴보고자 한다.

제2절 행정법의 효력

1 개설

행정법의 효력이 행정법의 관계자를 구속하는 것은 시간적·지역적·대인적으로 한계를 갖는다. 행정법은 규율할 대상이 자주 변하기 때문에 법령의 개정이 잦으며, 경우에 따라서는 특정 시간이나 특정 지역만을 규율하기도 한다. 행정법의 이러한 특성으로 말미암아 다른 법들과는 달리 독특한 효력을 갖는다.

2 시간적 효력

1. 발효시기

(1) 공포시점과 시행시점의 분리 원칙

① 법령의 내용을 일반인에게 주지시키고 준비를 위한 시간적 여유를 주기 위하여 법령의 공포시점과 시행시점 사이에 일정한 유예기간을 두는 것이 일반적 관행이다.

② 다만, 국민에게 이익이 되거나 급속한 실시를 요하는 경우에는 공포 즉시 시행하는 경우도 있다.

> **간단 점검하기**
>
> 국민의 권리 제한 또는 의무 부과와 직접 관련되는 법률, 대통령령, 총리령 및 부령은 긴급히 시행하여야 할 특별한 사유가 있는 경우를 제외하고는 공포일부터 적어도 30일이 경과한 날부터 시행되도록 하여야 한다. (O)

(2) 당해 법령의 시행시점에 관하여 특별한 규정이 있는 경우는 그에 따른다.

(3) 당해 법령의 시행시점에 관하여 특별한 규정이 없는 경우

> 법령 등 공포에 관한 법률 제13조【시행일】 대통령령, 총리령 및 부령은 특별한 규정이 없으면 공포한 날부터 20일이 경과함으로써 효력을 발생한다.
>
> 제13조의2 【법령의 시행유예기간】 국민의 권리 제한 또는 의무 부과와 직접 관련되는 법률, 대통령령, 총리령 및 부령은 긴급히 시행하여야 할 특별한 사유가 있는 경우를 제외하고는 공포일부터 적어도 30일이 경과한 날부터 시행되도록 하여야 한다.

① 법령과 조례·규칙은 시행일에 관한 특별한 규정이 없는 한 공포(공포란 확정된 법령을 국민에게 알리기 위해 국가의 법령과 조약을 관보 또는 신문에 게재하는 행위를 말함)한 날로부터 20일을 경과함으로써 효력을 발생한다(헌법 제53조 제7항, 법령 등 공포에 관한 법률 제13조, 지방자치법 제26조 제7항).

② 국민의 권리제한 또는 의무 부과와 직접 관련되는 법률·대통령령·총리령 및 부령은 긴급히 시행하여야 할 특별한 사유가 있는 경우를 제외하고는 공포일로부터 적어도 30일이 경과한 날로부터 시행되도록 하여야 한다(법령 등 공포에 관한 법률 제13조의2).

(4) 공포일과 시행일

공포일과 시행일이 다른 경우에 판례는 공포일을 관보가 실제로 인쇄된 날이라고 본다. 그러나 양자가 같은 경우에 통설과 판례는 최초구독 가능 시점을 공포된 날로 본다(법 규정에는 발행일을 공포일로 정해 놓았으며 이를 판례가 최초구독 가능 시로 해석함).

> **관련판례** 발행된 날의 의미: 통설·판례는 최초구독가능시설의 입장
>
> 1. 광업법 시행령 제3조의 "관보 게재일"이라 함은 관보에 인쇄된 발행일자가 아니고 관보가 실제 인쇄되어 관보보급소에 발송 배포되어 이를 일반인이 열람 또는 구독할 수 있는 상태에 놓이게 된 최초의 시기를 뜻한다(대판 1969.11.25. 69누129).
>
> 2. 공포한 날부터 시행하기로 한 법령 등의 시행일은 그 법령이 수록된 관보의 발행일자가 아니고 그 관보가 정부간행물 판매센터에 배치되거나 관보취급소에 발송된 날이다(대판 1970.7.21. 70누76).

(5) 공포·공고절차

① 헌법개정·법률·조약·대통령령·총리령 및 부령의 공포와 헌법개정안·예산 및 예산외국고부담계약의 공고는 관보에 게재하여 이를 한다(법령 등 공포에 관한 법률 제11조 제1항).

② 국회의장이 법률을 공포하고자 할 때(대통령이 공포를 하지 아니한 때)에는 서울특별시에서 발행되는 일간신문 2 이상에 게재함으로써 한다(동법 제11조 제2항).

③ 지방자치법 제26조에 따른 조례와 규칙의 공포는 당해 지방자치단체의 공보에의 게재로써 한다. 다만, 지방의회의 의장이 공포하는 경우에는 공보나 일간신문에 게재하거나 게시판에 게시한다.

2. 소급 금지의 원칙

법률이 개정된 후 소급하여 적용하는 것은 원칙적으로 금지된다. 그러나 국민에게 권익을 부여하거나 국민의 기득권에 영향을 주지 않을 때는 예외적으로 인정된다. 효력발생일 이전에 이미 완성된 사항에 소급하여 적용하는 것을 진정소급이라 하고 효력발생일까지 진행 중인 사항에 대하여 소급하여 적용하는 경우를 부진정소급이라 한다.

> 행정기본법 제14조【법 적용의 기준】① 새로운 법령등은 법령등에 특별한 규정이 있는 경우를 제외하고는 그 법령등의 효력 발생 전에 완성되거나 종결된 사실관계 또는 법률관계에 대해서는 적용되지 아니한다.

(1) 진정소급효

① **의의**: 진정 소급효는 효력발생 이전에 이미 완성 또는 종결된 사항에 대하여 소급 적용하는 것을 말한다.
② **원칙적 금지**: 이미 종료된 것에 대한 소급을 의미하는 진정 소급효는 개인의 신뢰보호차원에서 원칙적으로 금지된다. 다만 예외적으로 중대한 공익상의 이유로 허용될 수는 있다.
③ **진정소급이 허용되는 예외적인 경우**: ㉠ 일반적으로 국민이 소급입법을 예상할 수 있었거나, ㉡ 법적 상태가 불확실하고 혼란스러워 보호할 만한 신뢰이익이 적은 경우와, ㉢ 소급입법에 의한 당사자의 손실이 없거나 아주 경미한 경우 그리고 ㉣ 신뢰보호의 요청에 우선하는 심히 중대한 공익상의 사유가 소급입법을 정당화하는 경우, ㉤ 국민의 기득권을 침해하지 않는 경우이거나 당사자에게 이익을 주는 경우 등에는 예외적으로 진정소급입법이 허용된다(헌재 1999.7.22. 97헌바76).

> **관련판례**
> 1. 법령이 변경된 경우 신 법령이 피적용자에게 유리하여 이를 적용하도록 하는 경과규정을 두는 등의 특별한 규정이 없는 한 헌법 제13조 등의 규정에 비추어 볼 때 그 변경 전에 발생한 사항에 대하여는 변경 후의 신 법령이 아니라 변경 전의 구 법령이 적용되어야 한다(대판 2002.12.10. 2001두3228).
> 2. 친일재산을 그 취득·증여 등 원인행위시에 국가의 소유로 하도록 규정한 친일재산귀속법 제3조 제1항 본문(귀속조항)은 진정소급입법에 해당하지만, 진정소급입법이라 할지라도 예외적으로 국민이 소급입법을 예상할 수 있었던 경우와 같이 소급입법이 정당화되는 경우에는 허용될 수 있다. 친일재산의 취득 경위에 내포된 민족배반적 성격, 대한민국임시정부의 법통 계승을 선언한 헌법 전문 등에 비추어 친일반민족행위자측으로서는 친일재산의 소급적 박탈을 충분히 예상할 수 있었고, 친일재산 환수 문제는 그 시대적 배경에 비추어 역사적으로 매우 이례적인 공동체적 과업이므로 이러한 소급입법의 합헌성을 인정한다고 하더라도 이를 계기로 진정소급입법이 빈번하게 발생할 것이라는 우려는 충분히 불식될

간단 점검하기

진정소급입법이라 하더라도 예외적으로 국민이 소급입법을 예상할 수 있었거나 신뢰보호의 요청에 우선하는 심히 중대한 공익상의 사유가 소급입법을 정당화하는 경우 등에는 허용될 수 있다. (○)

간단 점검하기

개정 법령이 기존의 사실 또는 법률관계를 적용대상으로 하면서 국민의 재산권과 관련하여 종전보다 불리한 법률효과를 규정하고 있는 경우에도 그러한 사실 또는 법률관계가 개정 법령이 시행되기 이전에 이미 완성 또는 종결된 것이 아니라면 개정 법령을 적용하는 것이 헌법상 금지되는 소급입법에 의한 재산권 침해라고 할 수는 없다. (○)

수 있다. 따라서 이 사건 귀속조항은 진정소급입법에 해당하나 헌법 제13조 제2항에 반하지 않는다(헌재 2011.3.31. 2008헌바141·2009헌바14·19·36·247·352·2010헌바91).

3. 5·18민주화운동등에 관한 특별법 조항은 헌정질서파괴범죄자들에 대하여 국가가 실효적으로 소추권을 행사할 수 있는 기간을 다른 일반국민들에 대한 시효기간과 동일하게 맞춤으로써, 그 범죄행위로 인하여 초래되었던 불평등을 제거하겠다는 것에 불과하여, 위 범죄행위자들을 자의적으로 차별하는 것이 아닐 뿐만 아니라, 오히려 실질적 정의와 공평의 이념에 부합시키는 조치라고 할 수 있다(헌재 1999.7.22. 97헌바76).

4. 1945.8.9. 이후 성립된 거래를 전부 무효로 한 재조선미국육군사령부군정청 법령과 1945.8.9. 이후 일본 국민이 소유하거나 관리하는 재산을 1945.9.25.자로 전부 미군정청이 취득하도록 정한 재조선미국육군사령부군정청 법령이 헌법에 위배되는지 여부(소극)

   심판대상조항은 진정소급입법에 해당하지만 진정소급입법이라 할지라도 예외적으로 법적 상태가 불확실하고 혼란스러웠거나 하여 보호할 만한 신뢰의 이익이 적은 경우나 신뢰보호의 요청에 우선하는 심히 중대한 공익상의 사유가 소급입법을 정당화하는 경우에는 허용될 수 있다. 심판대상조항은 소급입법금지원칙에 대한 예외로서 헌법 제13조 제2항에 위반되지 아니한다(헌재 2021.1.28. 2018헌바88).

(2) 부진정소급효
① 의의: 부진정소급효는 효력발생일까지 계속 또는 진행 중인 사항에 대하여 소급 적용하는 것을 의미한다. 행위가 종료되는 시점에서 적용할 법리 개정된 신법밖에 없으므로, 이를 적용하는 것은 엄밀히 말하면 소급은 아니나, 진정소급과 유사하여 부진정(가짜) 소급이라고 부른다.
② 원칙적 허용: 부진정소급은 원칙적으로 허용된다. 다만, 개인의 신뢰의 보호가치가 크다면 예외적으로 제한될 수 있다.

> **관련판례**
>
> **1. 부진정소급효 - 입법형성권이 우선**
> 부진정소급효 입법의 경우에는 구 법질서에 대하여 기대했던 당사자의 신뢰보호보다는 광범위한 입법권자의 입법형성권을 경시해서는 안 될 일이므로 특단의 사정이 없는 한 새 입법을 하면서 구법 관계 내지 구법상의 기대이익을 존중하여야 할 의무가 발생하지는 않는다고 할 것이다(헌재 1989.3.17. 88헌마1).
>
> **2. 조세 법령 불소급 원칙의 적용 범위**
> 조세나 부담금에 관한 법령의 불소급의 원칙은 그 법령의 효력발생 전에 완성된 요건사실에 대하여는 특별한 사정이 없는 한 당해 법령을 적용할 수 없다는 의미일 뿐 계속된 사실이나 그 이후에 발생한 요건사실에 대한 법령적용까지를 제한하는 것은 아니다(대판 2007.7.26. 2005두2612).

3. 성적 불량을 이유로 한 학생징계 처분에 있어서 수강 신청 이후 징계요건을 완화한 학칙개정의 소급효 허용

　　대학이 성적 불량을 이유로 학생에 대하여 징계처분을 하는 경우에 있어서 수강 신청이 있은 후 징계요건을 완화하는 학칙개정이 이루어지고 이어 당해 시험이 실시되어 그 개정학칙에 따라 징계처분을 한 경우라면 이는 이른바 부진정소급효에 관한 것으로서 구 학칙의 존속에 관한 학생의 신뢰보호가 대학 당국의 학칙개정의 목적달성보다 더 중요하다고 인정되는 특별 한 사정이 없는 한 위법이라고 할 수 없다(대판 1989.7.11. 87누1123).

4. 법인세가 불리하게 개정된 경우 새로운 법의 적용(불리하게 개정된 경우에도 부진정소급은 인정)

　　법인세는 과세기간인 사업 연도 개시와 더불어 과세요건이 생성되어 사업 연도 종료 시에 완성하고, 그때 납세의무가 성립하며 그 확정 절차도 과세기간 종료 후에 이루어지므로, 사업 연도 진행 중 세법이 개정되었을 때에도 그 사업 연도 종료 시의 법에 의하여 과세 여부 및 납세의무의 범위가 결정되는바, 이에 따라 사업 연도 개시 시부터 개정법이 적용된다고 하여 이를 법적 안정성을 심히 해하는 소급과세라거나 국세기본법 제18조 제2항이 금하는 납세의무 성립 후의 새로운 세법에 의한 소급과세라 할 수 없고, 신의성실의 원칙에 위배되는 것이라 할 수도 없다(대판 1996.7.9. 95누13067).

3. 효력의 소멸

(1) 한시법인 경우

　　일정한 유효기간이 정해진 한시법의 경우에는 기간이 도래하면 효력이 소멸된다. 다만 유효기간 내의 위법행위에 대해서는 한시법의 실효 이후에도 그 법령의 벌칙 규정을 적용할 수 있다는 것(추급효: 신법이 아닌 행위 시 법인 구법을 적용하는 것)이 판례의 태도이다. 또한 신뢰보호와 관련해 한시적 법인세액 감면제도를 시행하다가 새로운 조문을 신설하면서 법인세액 감면 대상이 되지 아니하는 업종으로 변경된 기업에 대하여 아무런 경과규정을 두지 아니하였더라도 한시법은 실효가 예정되어 있으므로 신뢰보호의 원칙에 위반되지 않는다.

(2) 한시법이 아닌 경우

　　당해 법령 또는 그와 동위 또는 상위의 법령에 의한 명시적 개폐, 그와 저촉되는 동위 또는 상위의 후법 제정으로 인하여 효력이 소멸된다.

> **관련판례** 법령이 전문(전부) 개정된 경우, 전문 개정 전 부칙 규정도 소멸됨
>
> 개정 법률이 전문 개정인 경우에는 기존 법률을 폐지하고 새로운 법률을 제정하는 것과 마찬가지이어서 종전의 본칙은 물론 부칙 규정도 모두 소멸하는 것으로 보아야 할 것이므로 특별한 사정(전문 개정된 법률에서 종전의 법률 부칙의 경과규정에 관하여 계속 적용한다는 별도의 규정을 둔 경우뿐만 아니라 그러한 규정을 두지 않았다고 하더라도 종전의 경과규정이 실효되지 않고 계속 적용된다고 보아야 할 만한 예외적인 특별한 사정이 있는 경우)이 없는 한 종전의 법률 부칙의 경과규정도 모두 실효된다(대판 2004.12.9. 2003두13076).

3 지역적 효력

법령의 효력은 전국적으로 미치나, 자치법규의 효력은 관할구역에 한정된다. 그러나 국가가 제정한 법령이라도 일부 지역에만 미치거나 지방자치단체의 조례가 다른 지방자치단체에까지 영향을 미치는 경우가 있다.

4 대인적 효력

1. 원칙 – 속지주의

(1) 행정법규는 속지주의를 기본원칙으로 하여 그 영토 또는 당해 지역 내에 있는 모든 사람에게 적용된다. 따라서 당해 영토 등에 있는 내국인·외국인, 자연인·법인 여부를 불문하고 적용되며 북한 주민도 대한민국 국민에 해당한다고 보아 우리나라의 행정법규가 적용된다.

(2) 국제법상 치외법권을 가진 외국 원수·외교사절·미합중국 군대 구성원에게는 우리나라의 행정법규가 적용되지 않는다.
① 외국 원수나 외교관과 같이 국제법상의 치외법권을 향유하는 자에게는 행정법규가 적용되지 않는다.
② 한미행정협정에 따라 미합중국 군대의 구성원에 대해서는 각종 행정법규가 배제 내지 제한된다.

2. 예외 – 속인주의

속지주의가 원칙이나 속인주의의 보충에 따라 외국에 있는 한국인에게도 우리 법의 효력이 미친다.

> **관련판례** 영주권을 취득한 재일교포도 대한민국 국민에 해당
> 대한민국 국민이 일본국에서 영주권을 취득하였다 하여 우리 국적을 상실하지 아니하며, 영주권을 가진 재일교포를 준 외국인으로 보아 외국인토지법을 준용하여야 하는 것도 아니다(대판 1981.10.13. 80다2435).

제 3 장 행정법의 일반원칙

제1절 법치주의

> 행정법의 일반원칙은 행정기본법이 제정되기 전에는 대부분 불문법원인 조리로 인정이 되었으나, 행정기본법 제정 이후에는 성문법원으로 인정이 된다.

1 법치주의의 내용

법치주의란 넓게는 법에 의한 정치를 말하며, 절대주의 국가를 부정함으로써 성립한 근대 시민국가의 정치원리이다. 이 원칙이 구체적으로 실현된 것은 나라마다 역사적 사정에 따라 다르지만, 영·미에서는 '법의 지배'로 전개되었고, 유럽 대륙에서는 '법치국가'로서 발전하였다. 19C 독일의 O. Mayer는 근대 시민적 법치주의의 이념형으로서 아래의 3가지를 내용으로 하는 '법률의 지배원칙'을 체계화하였다.

1. 법률의 법규창조력

(1) 의의

법률의 법규창조력이란 의회가 정립한 법률만이 시원적 법규로서의 구속력을 갖는다는 것을 의미한다.

(2) 내용

의회가 제정한 법률이 법규성을 가지는 것이 원칙이나 의회가 모든 법을 다 제정할 수 없으므로 경우에 따라서는 행정권에 의해 정립된 행정입법도 법규성을 갖는다. 형식적 법치 시절에는 이러한 행정입법에 대한 포괄적 수권에 의해 법치주의가 변질하였고 이에 실질적 법치에서는 포괄적 위임이 아닌 구체적 위임으로 발전하게 된다.

2. 법률우위원칙(법치주의의 소극적 실현)

> 행정기본법 제8조【법치행정의 원칙】행정작용은 법률에 위반되어서는 아니 되며, 국민의 권리를 제한하거나 의무를 부과하는 경우와 그 밖에 국민생활에 중요한 영향을 미치는 경우에는 법률에 근거하여야 한다.

(1) 의의

행정은 법률에 위반되어서는 안 된다는 것을 의미한다. 형식적 법치에서는 악법도 위반할 수 없었으나 실질적 법치에 들어와서 위반할 수 없는 법률은 합헌적인 법률을 말한다. 즉, 합헌적 법률이 우위에 있고 합헌적 법률을 보장하기 위한 제도로서 우리 헌법은 헌법재판소에게 위헌인 법률을 심사하도록 하고 있다.

(2) 내용

행정작용은 법률 규정에 위반되어서는 안 된다는 것을 의미한다(통제규범). 따라서 행정작용에 관한 법률의 근거가 존재하는 경우에 문제가 된다.

(3) 적용범위
법치주의의 소극적 원리로서 행정의 전 영역에 적용된다(모두 적용).

(4) 권리구제(합헌적 법률의 우위) - 위헌법률심사제도
위헌법률심사제란 법률이 헌법에 위반한 것인지의 여부를 심사하는 것을 말한다. 위헌법률심사제는 이를 부인하는 나라도 있고, 심사권을 일반법원에 주는 제도, 특별법원에 주는 제도, 특별기관에 결정권을 주는 제도 등 심사제도가 나라에 따라 다르다. 그러나 그 대표적인 것은 다음의 두 제도이다. ① 구체적 소송을 전제로 하여 일반법원이 법률심사를 하는 미국형의 사법적 위헌심사제(사법적 위헌심사제)와, ② 특별한 헌법 법원이 구체적 사건을 떠나서 추상적으로 법률의 위헌 심사까지 할 수 있는 독일형의 헌법재판적 위헌심사제(헌법재판적 위헌심사제)가 그것이다. 한국은 헌법재판소를 설치하여 위헌법률심사권을 주고 있다.

3. 법률유보원칙(법치주의의 적극적 실현)

> 행정기본법 제8조 【법치행정의 원칙】 행정작용은 법률에 위반되어서는 아니 되며, 국민의 권리를 제한하거나 의무를 부과하는 경우와 그 밖에 국민생활에 중요한 영향을 미치는 경우에는 법률에 근거하여야 한다.

(1) 의의
법률유보원칙이란 행정청이 행정을 집행하려면 법률에 근거가 있어야만 한다는 것(작용규범·권능 규범·수권 규범)을 의미한다. 예컨대, 행정권이 영업허가를 취소하기 위해서는 법률에 "취소할 수 있다."라는 명문의 규정이 필요하다. 형식적 법치에서는 침해 작용에만 법적 근거를 요구하였으나 실질적 법치로 넘어오면서 법적 근거를 요구하는 영역이 확대되었다.

(2) 적용 범위
① 학설
  ㉠ **침해유보설(전통적 견해)**: 침해유보설은 침해행정의 경우에만 법률 유보가 필요하고 기타 작용에는 법적 근거 없이도 작용이 가능하다는 입장이다. 이 학설은 특별 권력관계를 인정하고 현대 복리 국가에서는 국민의 권익 보호에 불충분하다는 비판점이 있다.
  ㉡ **신침해유보설(20C)**: 신침해유보설은 원칙적으로는 국민의 권익을 침해하는 작용 이외에는 법률의 근거를 요구하지 않는다는 점에서 침해유보설과 입장을 같이 하나, 급부행정에서 아직 법규가 제정되어 있지 아니하더라도 조직법이나 예산 등의 근거는 필요하다는 점과 특별 권력관계에서도 국민의 권익을 침해하는 경우에는 반드시 법률에 근거하여야 한다는 점에서 침해유보설과 구별된다.
  ㉢ **권력행정유보설**: 권력행정유보설은 당해 행정작용이 침익적인가 수익적인가를 불문하고 행정권의 일방적 의사에 의하여 국민의 권리·의무와 관계된 모든 권력작용은 법률 유보의 대상이 된다는 견해이다.

간단 점검하기

01 행정작용은 법률에 위반되어서는 아니 되며, 국민의 권리를 제한하거나 의무를 부과하는 경우와 그 밖에 국민생활에 중요한 영향을 미치는 경우에는 법률에 근거해야 한다. (O)

02 법률유보의 원칙은 '법률에 의한 규율'만을 요청하는 것이 아니라 '법률에 근거한 규율'을 요청하는 것이기 때문에 기본권의 제한에는 법률의 근거가 필요할 뿐이고 기본권제한의 형식이 반드시 법률의 형식일 필요는 없다. (O)

ⓔ **급부행정유보설(사회유보설)**: 급부행정유보설은 침해행정뿐만 아니라 자금지원이나 사회보장 등의 급부행정 영역에서도 법률의 유보가 필요하다는 견해이다(사회적 복리 국가이념과 법 앞의 평등원칙을 이론적 기초로 함).

ⓜ **전부유보설**: 전부유보설은 국민주권주의와 의회민주주의를 근거로 행정의 성질이나 종류를 불문하고 모든 행정작용은 법률의 근거를 요한다는 견해이다. <u>이는 의회가 국가의 최고기관으로서의 지위를 가지고 있다는 점을 그 논거로 하고 있다. 하지만 오늘날에는 당해 학설이 너무 이상적이란 점과 헌법원리 가운데, 국민주권주의·의회민주주의만 강조하고 있다는 점, 행정권의 고유영역이 없어지게 되어 권력분립의 원칙을 저해한다는 점에서 비판받고 있다.</u>

ⓗ **본질사항유보설(중요사항유보설, 단계설, 의회유보설, 중요성설)**: 본질사항유보설은 독일의 헌법재판소의 판례를 통하여 학설로 정립된 개념으로 본질적 사항(국민기본권 관련 사항, 중요한 사항)은 반드시 법률의 근거를 요하지만, 비본질적 사항(국민기본권과 관련성이 없는 사항, 중요하지 않은 사항)에 대해서는 법적 근거 없이도 행정권을 발동할 수 있다는 견해이다. 즉, 국민의 기본권과 관련된 사항에 있어서는 국회가 심의·의결(의회유보)해야 한다는 견해이다.

② **판례**: 국민의 기본권과 관련된 중요한 사항은 반드시 법률의 근거가 필요하나, 그렇지 않은 경우에는 반드시 법률의 근거가 필요한 것은 아니라는 본질사항유보설의 입장이다.

> **관련판례** 중요성설에 입각한 헌법재판소 결정
>
> **1. 텔레비전 방송수신료 결정은 본질적 사항임**
> 오늘날 법률유보원칙은 단순히 행정작용이 법률에 근거를 두기만 하면 충분한 것이 아니라, 국가공동체와 그 구성원에게 기본적이고도 중요한 의미를 갖는 영역, 특히 국민의 기본권 실현과 관련된 영역에 있어서는 국민의 대표자인 입법자가 그 본질적 사항에 대해서 스스로 결정하여야 한다는 요구까지 내포하고 있다(의회유보원칙). 그런데 텔레비전 방송수신료는 대다수 국민의 재산권 보장의 측면이나 한국방송공사에게 보장된 방송 자유의 측면에서 국민의 기본권 실현과 관련된 영역에 속하고, 수신료 금액의 결정은 납부 의무자의 범위 등과 함께 수신료에 관한 본질적인 중요한 사항이므로 국회가 스스로 행하여야 하는 사항에 속하는 것임에도 불구하고 한국방송공사법 제36조 제1항에서 국회의 결정이나 관여를 배제한 채 한국방송공사로 하여금 수신료 금액을 결정해서 문화관광부 장관의 승인을 얻도록 한 것은 법률유보원칙에 위반된다(헌재 1999.5.27. 98헌바70).
>
> **비교판례** 텔레비전 방송수신료 징수방법은 본질적인 사항이 아님
> 수신료 징수업무를 한국방송공사가 직접 수행할 것인지 제3자에게 위탁할 것인지, 위탁한다면 누구에게 위탁하도록 할 것인지, 위탁받은 자가 자신의 고유업무와 결합하여 징수업무를 할 수 있는지는 징수업무 처리의 효율성 등을 감안하여 결정할 수 있는 사항으로서 국민의 기본권제한에 관한 본질적인 사항이 아니라 할 것이다. 따라서 방송법 제64조 및 제67조 제2항은 법률유보의 원칙에 위반되지 아니한다(헌재 2008.2.28. 2006헌바70).

2. 토지초과이득세법상 기준시가는 본질적 사항임

토지초과이득세법상의 기준시가는 국민의 납세의무의 성부 및 범위와 직접적인 관계를 가지고 있는 중요한 사항이므로, 이를 하위법규에 백지 위임하지 아니하고 그 대강이라도 토지초과이득세법 자체에서 직접 규정해야 한다(헌재 1994.7. 29. 92헌바49).

3. 중학교 의무교육실시여부는 본질적인 사항, 그 실시의 시기·범위 등 구체적인 실시에 필요한 세부사항은 본질적인 사항이 아님

중학교 의무교육의 실시 여부 자체라든가 그 연한은 교육제도의 수립에 있어서 본질적 내용으로서 국회입법에 유보되어 있어서 반드시 형식적 의미의 법률로 규정되어야 할 기본적 사항이라 하겠으나(이에 따라서 교육법 제8조에서 3년의 중등교육을 반드시 실시하여야 하도록 규정하고 있다), 그 실시의 시기·범위 등 구체적인 실시에 필요한 세부사항에 관하여는 반드시 그런 것은 아니다(헌재 1991.2.11. 90헌가27).

4. 토지소유자의 동의요건은 본질적 사항

토지등소유자가 도시환경정비사업을 시행하는 경우 사업시행인가 신청시 필요한 토지등소유자의 동의는, 개발사업의 주체 및 정비구역 내 토지등소유자를 상대로 수용권을 행사하고 각종 행정처분을 발할 수 있는 행정주체로서의 지위를 가지는 사업시행자를 지정하는 문제로서, 그 동의요건을 정하는 것은 국민의 권리와 의무의 형성에 관한 기본적이고 본질적인 사항이므로 국회가 스스로 행하여야 하는 사항에 속하는 것임에도 불구하고, 사업시행인가 신청에 필요한 동의정족수를 토지등소유자가 자치적으로 정하여 운영하는 규약에 정하도록 한 것은 법률유보원칙에 위반된다(헌재 2012.4.24. 2010헌바1).

5. 국가유공자 단체의 대의원의 선출에 관한 사항은 본질적 사항이 아님

각 국가유공자 단체의 대의원의 선출에 관한 사항은 각 단체의 구성과 운영에 관한 것으로서, 국민의 권리와 의무의 형성에 관한 사항이나 국가의 통치조직과 작용에 관한 기본적이고 본질적인 사항이라고 볼 수 없으므로, 법률 유보 내지 의회유보의 원칙이 지켜져야 할 영역이라고 할 수 없다. 따라서 각 단체의 대의원의 정수 및 선임 방법 등은 정관으로 정하도록 규정하고 있는 국가유공자 등 단체 설립에 관한 법률 제11조가 법률 유보 혹은 의회유보의 원칙에 위배되어 청구인의 기본권을 침해한다고 할 수 없다(헌재 2006.3.30. 2005헌바31).

6. 법률과 달리 예산은 일반 국민을 구속하지 않음

예산은 일종의 법규범이고 법률과 마찬가지로 국회의 의결을 거쳐 제정되지만, 법률과 달리 국가기관만을 구속할 뿐 일반 국민을 구속하지 않는다. 국회가 의결한 예산 또는 국회의 예산안 의결은 헌법재판소법 제68조 제1항 소정의 '공권력 행사'에 해당하지 않고 따라서 헌법소원의 대상이 되지 아니한다(헌재 2006.4.25. 2006헌마409).

간단 점검하기

헌법재판소는 국회의 의결을 거쳐 확정되는 예산도 일종의 법규범이므로 법률과 마찬가지로 국가기관 뿐만 아니라 국민도 구속한다고 본다. (×)

관련판례 중요성설에 입각한 대법원 판례

1. **병의 복무기간은 본질적 사항임**

    병의 복무기간은 국방의무의 본질적 내용에 관한 것이어서 이는 반드시 법률로 정하여야 할 입법사항에 속한다고 풀이할 것인바 육군본부 방위병 소집복무해제규정 제23조가 병역법 제25조 제3항이 규정하지 아니한 구속 등의 사유를 복무기간에 산입하지 않도록 규정한 것은 병역법에 위반하여 무효라고 할 것이다(대판 1985.2.28. 85초13).

2. **조합의 사업시행인가 신청시의 토지 등 소유자의 동의요건에 관한 규정은 본질적 사안이 아님**

    조합의 사업시행인가 신청 시의 토지 등 소유자의 동의요건이 비록 토지 등 소유자의 재산상 권리·의무에 영향을 미치는 사업 시행계획에 관한 것이라고 하더라도, 그 동의요건은 사업시행인가 신청에 대한 토지 등 소유자의 사전 통제를 위한 절차적 요건에 불과하고 토지 등 소유자의 재산상 권리·의무에 관한 기본적이고 본질적인 사항이라고 볼 수 없으므로 법률 유보 내지 의회유보의 원칙이 반드시 지켜져야 하는 영역이라고 할 수 없고, 따라서 개정된 도시 및 주거환경정비법 제28조 제4항 본문이 법률 유보 내지 의회유보의 원칙에 위배된다고 할 수 없다(대판 2007.10.12. 2006두14476).

3. 지방의회의원에 대하여 유급보좌인력을 두는 것은 지방의회의원의 신분·지위 및 그 처우에 관한 현행 법령상의 제도에 중대한 변경을 초래하는 것으로서, 이는 개별 지방의회의 조례로써 규정할 사항이 아니라 국회의 법률로써 규정하여야 할 입법사항이다(대판 2013.1.16. 2012추84).

4. 구 도시 및 주거환경정비법(2013.3.23. 법률 제11690호로 개정되기 전의 것) 제11조 제1항 본문은 계약 상대방 선정의 절차와 방법에 관하여 조합총회에서 '경쟁입찰'의 방법으로 하도록 규정함으로써, 계약 상대방 선정의 방법을 법률에서 직접 제한하고 제한의 내용을 구체화하고 있다. 다만 경쟁입찰의 실시를 위한 절차 등 세부적 내용만을 국토해양부장관이 정하도록 규정하고 있을 뿐이고, 이것이 계약의 자유를 본질적으로 제한하는 사항으로서 입법자가 반드시 법률로써 규율하여야 하는 사항이라고 보기 어렵다. 또한 '경쟁입찰'은 경쟁의 공정성을 유지하는 가운데 입찰자 중 입찰 시행자에게 가장 유리한 입찰참가인을 낙찰자로 하는 것까지를 포괄하는 개념이므로 위 규정이 낙찰자 선정 기준을 전혀 규정하지 않고 있다고 볼 수 없다. 따라서 위 규정은 법률유보의 원칙에 반하지 않는다(대판 2017.5.30. 2014다61340).

간단 점검하기

규율대상이 국민의 기본권 및 기본적 의무와 관련한 중요성을 가질수록 그리고 그에 관한 공개적 토론의 필요성 또는 상충하는 이익 사이의 조정 필요성이 클수록, 그것이 국회의 법률에 의해 직접 규율될 필요성은 더 증대된다고 보아야 한다. (○)

헌법재판소와 대법원의 입장이 서로 배치된다고 볼 수 있으므로, 각각의 입장을 정리해두어야 한다.

2 통치행위

1. 의의

(1) 개념

통치행위는 고도의 정치성을 띤 집행부나 입법부의 행위로서 사법심사의 대상이 되기에 부적합한 성질의 것이고, 비록 그것에 관한 사법부의 재판이 있는 경우에도 그 집행이 곤란한 성질의 것을 말한다. 오토 마이어는 국가작용을 협의의 행정과 통치행위를 포함하는 광의의 행정으로 나누었는데, 오늘날에는 통치행위를 입법도 사법도 일반적인 행정도 아니기 때문에 '제4의 권력' 또는 '제4종의 국가작용'이라고 한다.

(2) 연혁

통치행위의 개념은 프랑스에서 최고행정재판소인 국 참사원(Conseil d'Etat)의 판례를 통하여 최초로 성립되었다(실정법상 인정된 개념이 아님). 독일·영국·미국·일본 등도 그 논거 및 인정 범위는 다르지만, 지배적인 학설과 판례는 대통령(수상)과 의회의 일정한 행위를 통치행위로 인정하고 있다.

2. 통치행위의 인정 여부에 관한 학설(사법심사를 배제할지 여부)

(1) 긍정설: 통치행위를 인정하므로 사법심사를 배제

① **권력분립설(내재적 제약설)**: 법원의 사법심사권은 권력분립의 원칙상 일정한 내재적 한계가 존재하고 있다. 따라서 고도의 정치성을 지닌 통치행위에 대해서는 정치적 책임이 없는 법원에 의하여 해결될 것이 아니라, 정부 또는 국회의 권한에 유보하여 처리하는 것이 바람직하다는 견해이다.

② **사법자제설**: 통치행위도 법률문제를 발생시킨 이상 사법심사의 대상이 되는 것이 원칙이나, 사법의 정치화를 막기 위하여 그 재판권 행사를 자제하는 것이 좋다는 견해이다(프랑스 Guizot "사법이 정치에 관여하면 정치는 얻는 것이 없지만 사법은 모든 것을 잃는다").

③ **자유재량설**: 통치행위를 고도의 정치성을 가진 정치적 재량에 기한 행위로 파악하여 사법심사가 배제된다고 보는 견해이다. 그러나 통치행위를 재량행위로 보게 되면 재량의 일탈·남용은 사법심사의 대상이 된다는 점에서 비판받고 있다.

(2) 부정설: 통치행위를 부정하므로 사법심사 가능

① **법치주의(헌법)**: 실질적 법치주의가 확립된 현대국가에서 사법심사가 배제되는 영역은 없다고 보는 견해이다. 따라서 사법심사 배제의 통치행위를 법치주의를 논거로 부정하게 된다.

② **개괄주의(행정소송법)**: 우리의 법체계가 개괄주의를 채택하고 있으므로 통치행위도 사법심사의 대상으로 인정해야 한다고 본다.

3. 판례

> **관련판례**
>
> 1. **대법원**
>   통치행위의 개념을 긍정하고, 통치행위에 해당하면 사법심사를 자제한다는 입장이다. 그런데 통치행위인지 여부는 오로지 사법부가 판단한다고 한다.
>
> 2. **헌법재판소**
>   통치행위의 개념을 긍정하면서도, 기본권 침해와 관련이 되어 있다면 그것이 통치행위일지라도 심사를 한다는 입장이다.

(1) 대법원 판례

① **통치행위인지 여부에 대한 판단의 주체**: 입헌적 법치주의국가의 기본원칙은 어떠한 국가행위나 국가작용도 헌법과 법률에 근거하여 그 테두리 안에서 합헌적·합법적으로 행하여질 것을 요구하며, 이러한 합헌성과 합법성의 판단은 본질적으로 사법의 권능에 속하는 것이고, 다만 국가행위 중에는 고도의 정치성을 띤 것이 있고, 그러한 고도의 정치행위에 대하여 정치적 책임을 지지 않는 법원이 정치의 합목적성이나 정당성을 도외시한 채 합법성의 심사를 감행함으로써 정책결정이 좌우되는 일은 결코 바람직한 일이 아니며, 법원이 정치문제에 개입되어 그 중립성과 독립성을 침해당할 위험성도 부인할 수 없으므로, 고도의 정치성을 띤 국가행위에 대하여는 이른바 통치행위라 하여 법원 스스로 사법심사권의 행사를 억제하여 그 심사대상에서 제외하는 영역이 있으나, 이와 같이 통치행위의 개념을 인정한다고 하더라도 과도한 사법심사의 자제가 기본권을 보장하고 법치주의 이념을 구현하여야 할 법원의 책무를 태만히 하거나 포기하는 것이 되지 않도록 그 인정을 지극히 신중하게 하여야 하며, 그 판단은 오로지 사법부만에 의하여 이루어져야 한다(대판 2004.3.26. 2003도7878).

② **비상계엄선포 사건**: 대법원은 대통령의 비상계엄선포행위에 대해서, 이를 법원이 심사하는 것은 사법권의 내재적 한계를 넘는 것이므로 허용되지 않는다고 하면서 통치행위로 인정하였다. 다만, 5·18 비상계엄선포 및 전국 확대 조치가 내란죄(국헌문란을 목적으로 행하여진 군사 반란행위)에 해당하는지 여부에 관한 형사사건에서, 위의 원칙을 재확인하면서도 비상계엄 자체의 효력을 심사하는 것이 아니라 내란죄의 구성요건에 해당하는지는 심사할 수 있다고 판시하였다. 즉, 계엄선포라도 국헌문란의 헌법에 어긋나는 행위는 사법심사를 할 수 있다(대판 1982.9.14. 82도1847).

> **관련판례**
>
> **헌법재판소의 위헌심판대상인 '법률'의 의미 및 소위 유신헌법 제53조에 근거한 '대통령 긴급조치' 위헌 여부의 최종적 심사기관(= 대법원)이고 소위 유신헌법 제53조에 근거한 '대통령 긴급조치 제1호'가 헌법에 위배되어 무효**
>
> 구 대한민국헌법(1980.10.27. 헌법 제9호로 전부 개정되기 전의 것, 이하 '유신헌법'이라 한다) 제53조에 근거하여 발령된 대통령 긴급조치(이하 '긴급조치'라 한다) 제1호는 그 발동 요건을 갖추지 못한 채 목적상 한계를 벗어나 국민의 자유와 권리를 지나치게 제한함으로써 헌법상 보장된 국민의 기본권을 침해한 것이므로, 긴급조치 제1호가 해제 내지 실효되기 이전부터 유신헌법에 위배되어 위헌이고, 나아가 긴급조치 제1호에 의하여 침해된 각 기본권의 보장 규정을 두고 있는 현행 헌법에 비추어 보더라도 위헌이다. 결국 이 사건 재판의 전제가 된 긴급조치 제1호 제1항, 제3항, 제5항을 포함하여 긴급조치 제1호는 헌법에 위배되어 무효이다. 이와 달리 유신헌법 제53조에 근거를 둔 긴급조치 제1호가 합헌이라는 취지로 판시한 대판 1975.1.28. 74도3492 ; 대판 1975.1.28. 74도3498 ; 대판 1975.4.8. 74도3323과 그 밖에 이 판결의 견해와 다른 대법원 판결들은 모두 폐기한다(대판 2010.12.16. 2010도5986).

> **간단 점검하기**
>
> 고도의 정치적 성격을 지니는 남북정상회담 개최과정에서 정부에 신고하지 아니하거나 협력사업 승인을 얻지 아니한 채 북한측에 사업권의 대가 명목으로 송금한 행위 자체는 사법심사의 대상이 된다. (O)

③ 남북정상회담의 개최는 통치행위에 해당하나, 그에 따른 대북송금 행위는 통치행위에 해당하지 않는다.

남북정상회담의 개최는 고도의 정치적 성격을 지니고 있는 행위라 할 것이므로 특별한 사정이 없는 한 그 당부를 심판하는 것은 사법권의 내재적·본질적 한계를 넘어서는 것이 되어 적절하지 못하지만, 남북정상회담의 개최과정에서 재정경제부장관에게 신고하지 아니하거나 통일부장관의 협력사업 승인을 얻지 아니한 채 북한측에 사업권의 대가 명목으로 송금한 행위 자체는 헌법상 법치국가의 원리와 법 앞에 평등원칙 등에 비추어 볼 때 사법심사의 대상이 된다(대판 2004.3.26. 2003도7878).

④ 군사시설보호법에 의한 군사시설보호구역의 설정·변경 또는 해제행위는 통치행위에 해당한다(대판 1983.6.14. 83누43).

⑤ 우리나라의 헌법질서 아래에서는 헌법에 정한 민주적 절차에 의하지 아니하고 폭력에 의하여 헌법기관의 권능행사를 불가능하게 하거나 정권을 장악하는 행위는 어떠한 경우에도 용인될 수 없다. 따라서 그 군사반란과 내란행위는 처벌의 대상이 된다(대판 1997.4.17. 96도3376).

⑥ 국회의 자율권은 통치행위이므로 국회의 자율권과 저촉되는 범위 내에서 법원은 법률의 위헌 여부를 심사할 수 없다(대판 1972.1.18. 71도1845).

⑦ 대통령이 국가원수로서 행하는 서훈 취소는 이미 발생한 서훈 대상자 등의 권리 등에 영향을 미치는 행위로서 법원이 사법심사를 자제해야 할 고도의 정치성을 띤 행위로 볼 수 없다(대판 2015.4.23. 2012두26920).

⑧ 특별사면은 사면권자의 고도의 정치적·정책적 판단에 따른 시혜적인 조치이고, 특별사면 진행 여부 및 그 적용 범위는 사전에 예상하기 곤란할 뿐 아니라, 처분청에 처분상대방이 특별사면 대상이 되도록 신속하게 절차를 진행할 의무까지 인정된다고 보기도 어렵다(대판 2018.5.15. 2016두57984).

(2) 헌법재판소 판례

헌법재판소는 통치행위의 개념을 인정하면서, 통치행위일지라도 그것이 국민의 기본권 침해와 직접 관련되는 경우에는 당연히 헌법재판소의 심판대상이 될 수 있다는 입장이다(통치행위일지라도 기본권과 관련되어 있다면 무조건 심사).

① **금융실명제 사건(대통령의 긴급재정경제명령)**: 헌법재판소에 따르면 대통령의 긴급재정경제명령은 통치행위이다. 하지만 통치행위일지라도 국민의 기본권 침해와 관련되어 있으면 사법심사가 가능하다고 판시하였다.

> **관련판례** 대통령의 긴급재정경제명령
>
> 통치행위란 고도의 정치적 결단에 의한 국가행위로서 사법적 심사의 대상으로 삼기에 적절하지 못한 행위라고 일반적으로 정의되고 있는바, 이 사건 긴급명령이 통치행위로서 헌법재판소의 심사 대상에서 제외되는지에 관하여 살피건대, 고도의 정치적 결단에 의한 행위로서 그 결단을 존중하여야 할 필요성이 있는 행위라는 의미에서 이른바 통치행위의 개념을 인정할 수 있고, 대통령의 긴급재정경제명령은 중대한 재정 경제상의 위기에 처하여 국회의 집회를 기다릴 여유가 없을 때에 국가의 안전보장 또는 공공의 안녕질서를 유지하기 위하여

> 필요한 경우에 발동되는 일종의 국가긴급권으로서 대통령이 고도의 정치적 결단을 요하고 가급적 그 결단이 존중되어야 할 것임은 법무부장관의 의견과 같다. 그러나 이른바 통치행위를 포함하여 모든 국가작용은 국민의 기본권적 가치를 실현하기 위한 수단이라는 한계를 반드시 지켜야 하는 것이고, 헌법재판소는 헌법의 수호와 국민의 기본권 보장을 사명으로 하는 국가기관이므로 <u>비록 고도의 정치적 결단에 의하여 행해지는 국가작용이라고 할지라도 그것이 국민의 기본권 침해와 직접 관련되는 경우에는 당연히 헌법재판소의 심판대상이 될 수 있는 것일 뿐만 아니라</u>, 긴급재정경제명령은 법률의 효력을 갖는 것이므로 마땅히 헌법에 기속되어야 할 것이다(헌재 1996.2.29. 93헌마186).

② **사면행위**: 사면은 형의 선고의 효력 또는 공소권을 상실시키거나, 형의 집행을 면제시키는 국가원수의 고유한 권한을 의미하며, 사법부의 판단을 변경하는 제도로서 권력분립의 원리에 대한 예외가 된다(헌재 2000.6.1. 97헌바74).

③ **이라크 파병결정**: 외국에의 국군의 파견결정은 파견군인의 생명과 신체의 안전뿐만 아니라 국제사회에서의 우리나라의 지위와 역할, 동맹국과의 관계, 국가안보문제 등 궁극적으로 국민 내지 국익에 영향을 미치는 복잡하고도 중요한 문제로서 국내 및 국제정치관계 등 제반상황을 고려하여 미래를 예측하고 목표를 설정하는 등 고도의 정치적 결단이 요구되는 사안이다. 따라서 그와 같은 결정은 그 문제에 대해 정치적 책임을 질 수 있는 국민의 대의기관이 관계분야의 전문가들과 광범위하고 심도 있는 논의를 거쳐 신중히 결정하는 것이 바람직하며 우리 헌법도 그 권한을 국민으로부터 직접 선출되고 국민에게 직접 책임을 지는 대통령에게 부여하고 그 권한행사에 신중을 기하도록 하기 위해 국회로 하여금 파병에 대한 동의 여부를 결정할 수 있도록 하고 있는바, 현행 헌법이 채택하고 있는 대의민주제 통치구조하에서 대의기관인 대통령과 국회의 그와 같은 고도의 정치적 결단은 가급적 존중되어야 한다(헌재 2004.4.29. 2003헌마814).

④ **신행정수도 건설이나 수도이전**: 신행정수도 건설이나 수도이전의 문제가 정치적 성격을 가지고 있는 것은 인정할 수 있지만, 그 자체로 고도의 정치적 결단을 요하여 사법심사의 대상으로 하기에는 부적절한 문제라고까지는 할 수 없다. 더구나 이 사건 심판의 대상은 이 사건 법률의 위헌 여부이고 대통령의 행위의 위헌 여부가 아닌바, 법률의 위헌 여부가 헌법재판의 대상으로 된 경우 당해 법률이 정치적인 문제를 포함한다는 이유만으로 사법심사의 대상에서 제외된다고 할 수는 없다. 다만, 이 사건 법률의 위헌여부를 판단하기 위한 선결문제로서 신행정수도건설이나 수도이전의 문제를 국민투표에 부칠지 여부에 관한 대통령의 의사결정이 사법심사의 대상이 될 경우 위 의사결정은 고도의 정치적 결단을 요하는 문제여서 사법심사를 자제함이 바람직하다고는 할 수 있고, 이에 따라 그 의사결정에 관련된 흠을 들어 위헌성이 주장되는 법률에 대한 사법심사 또한 자제함이 바람직하다고는 할 수 있다. 그러나 대통령의 위 의사결정이 국민의 기본권침해와 직접 관련되는 경우에는 헌법재판소의 심판대상이 될 수 있고, 이에 따라 위 의사결정과 관련된 법률도 헌법재판소의 심판대상이 될 수 있다(헌재 2004.10.21. 2004헌마554·566).

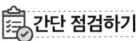 **간단 점검하기**

신행정수도건설이나 수도이전문제는 그 자체로 고도의 정치적 결단을 요하므로 사법심사의 대상에서 제외되고, 그것이 국민의 기본권 침해와 관련되는 경우에도 헌법재판소의 심판대상이 될 수 없다. (×)

⑤ **한미연합군사훈련 재개결정**: 한미연합군사훈련은 1978년 한미연합사령부의 창설 및 1979.2.15. 한미연합연습 양해각서의 체결 이후 연례적으로 실시되어 왔고, 특히 이 사건 연습은 대표적인 한미연합군사훈련으로서, 피청구인이 2007.3.경에 한 이 사건 연습 결정이 새삼 국방에 관련되는 고도의 정치적 결단에 해당하여 사법심사를 자제하여야 하는 통치행위에 해당한다고 보기 어렵다(헌재 2009.5.28. 2007헌마369).

(3) 검토

통치행위	
인정	부정
판례상: 대통령의 계엄선포행위, 군사시설 보호구역의 설정 및 변경, 대통령의 이라크 파병 결정, 대통령의 사면권, 남북정상회담, 긴급재정·경제명령, 신행정수도 건설이나 수도 이전의 문제를 국민투표에 부칠지 여부에 관한 대통령 의사결정, 국회 자율권	소송이 가능한 것: 대통령 선거, 국회의원 선거, 공무원 임명, 도시계획 확정 공고, 규칙의 제정, 비정치적 공무원의 파면·징계, 군사 반란 및 내란 행위, 대북 송금 사건, 계엄집행행위, 행정수도 이전 결정, 대통령이 한미연합군사훈련의 일종인 2007년 전시증원연습을 하기로 한 결정

(4) 통치행위의 근거

헌법 제64조 제4항에서는 "국회의원의 자격심사·징계·제명처분에 대해서는 법원에 제소할 수 없다."라고 규정하여 사법심사를 배제하고 있다. 헌법 제64조 제4항을 통치행위의 간접적 근거로 보는 것이 일반적이다. 주의할 점은 행정쟁송에서 후술할 지방의회의 의원징계는 사법심사의 대상이 된다.

(5) 한계

① **헌법 원칙에서 오는 한계**: 통치행위라 할지라도 국민주권, 평등원칙, 비례원칙 등 헌법 원칙에 위배되어서는 안 된다.
② **정치적 비판**: 통치행위라 할지라도 국회나 여론에 의한 정치적 비판의 대상에서까지 제외될 수 있는 것은 아니다.
③ **헌법소원의 대상**: 국민의 기본권과 관련된 사항인 경우, 통치행위라 할지라도 헌법소원의 대상이 된다.

제2절 행정법의 일반원칙

1 평등의 원칙

> 행정기본법 제9조 【평등의 원칙】 행정청은 합리적 이유 없이 국민을 차별하여서는 아니 된다.

1. 의의

행정기관은 행정작용을 함에 있어 '합리적인 사유가 없는 한, 상대방인 국민을 평등하게 대우하여야 한다'는 원칙을 말한다(합리적 사유가 있으면 차별 조치 가능).

2. 근거

헌법 제11조는 "누구든지 성별·종교 또는 사회적 신분에 의하여 정치적·경제적·사회적·문화적 생활의 모든 영역에 있어서 차별을 받지 아니한다."라고 규정하고 있다. 평등의 원칙은 헌법 제11조의 기본이념에서 도출되는 불문법 원리이다.

3. 내용

헌법에서 말하는 평등의 의미는 절대적 평등을 의미하는 것이 아니라 합리적 근거가 있는 차별 조치는 허용된다는 상대적 평등을 의미한다.

4. 한계(불법에서의 평등)

위법한 행정관행이 성립한 경우에는 처분의 상대방이 자기구속원칙을 근거로 위법한 행정작용을 요구하는 것이 가능할 것인지가 문제되는데, 이는 불법에 있어서의 평등을 주장하는 것으로서 법치주의에 정면으로 위반되기 때문에 인정할 수 없다.

5. 효력

평등의 원칙에 위반한 행정행위는 위헌 또는 위법하다.

> **간단 점검하기**
>
> 평등원칙은 일체의 차별적 대우를 부정하는 절대적 평등을 의미하는 것이 아니라 입법과 법의 적용에 있어서 합리적인 근거가 없는 차별을 배제하는 상대적 평등을 뜻한다. (○)

관련판례 평등의 원칙 위반사례

1. 甲이 동성인 乙과 교제하다가 서로를 동반자로 삼아 함께 생활하기로 합의하고 동거하던 중 결혼식을 올린 뒤 국민건강보험공단에 건강보험 직장가입자인 乙의 사실혼 배우자로 피부양자 자격취득 신고를 하여 피부양자 자격을 취득한 것으로 등록되었는데, 이 사실이 언론에 보도되자 국민건강보험공단이 甲을 피부양자로 등록한 것이 '착오 처리'였다며 甲의 피부양자 자격을 소급하여 상실시키고 지역가입자로 甲의 자격을 변경한 후 그동안의 지역가입자로서의 건강보험료 등을 납입할 것을 고지한 사안

위 처분은 국민건강보험공단의 자격변경 처리에 따라 甲의 피부양자 자격을 소급하여 박탈하는 내용을 포함하므로, 국민건강보험공단이 위 처분에 앞서 甲에게 행정절차법 제21조 제1항에 따라 사전통지를 하거나 의견 제출의 기회를 주어야 함에도 이를 하지 않은 절차적 하자가 있고, 실체적 하자와 관련하여 ① 국민건강보험법 제5조 제2항 제1호(이하 '쟁점 규정'이라 한다)의 '배우자'에서 사실상 혼인관계에 있는 사람을 배제한다면 평등원칙에 반하는 위헌적 결과가 발생할 수 있기 때문에 국민건강보험공단이 배우자를 피보험자로 정한 쟁점 규정을 국민건강보험공단의 '자격관리 업무지침'에 따라 '사실상 혼인관계에 있는 사람'도 인우보증서를 제출할 것을 조건으로 피부양자에 포함하는 것으로 해석·적용하는 것은 적법하고, ② 국민건강보험공단이 위 처분을 통하여 사실상 혼인관계 있는 사람 집단에 대하여는 피부양자 자격을 인정하면서도, 동성 동반자 집단에 대해서는 피부양자 자격을 인정하지 않음으로써 두 집단을 달리 취급하고 있는데, 동성 동반자는 직장가입자와 단순히 동거하는 관계를 뛰어넘어 동거·부양·협조·정조의무를 바탕으로 부부공동생활에 준할 정도의 경제적 생활공동체를 형성하고 있다는 점에서 차이가 없는 점, 자격관리 업무지침에 따르면 '사실상 혼인관계에 있는 사람'의 경우 피부양자로 인정받기 위해서는 인우보증서를 제출해야 하는데, 동성 동반자도 이러한 내용의 인우보증서를 제출할 수 있다는

점에서 차이가 없는 점, 국민건강보험공단이 사실상 혼인관계에 있는 사람을 피부양자로 인정하는 이유는 그가 직장가입자의 동반자로서 경제적 생활공동체를 형성하였기 때문이지 이성 동반자이기 때문이 아닌 점 등에 비추어, 이러한 취급은 성적 지향을 이유로 본질적으로 동일한 집단을 차별하는 행위에 해당하며, ③ 건강보험제도와 피부양자제도의 의의, 취지와 연혁 등을 관련 법리와 기록에 비추어 살펴보면, 국민건강보험공단이 직장가입자와 사실상 혼인관계에 있는 사람, 즉 <u>이성 동반자와 달리 동성 동반자인 갑을 피부양자로 인정하지 않고 위 처분을 한 것은 합리적 이유 없이 甲에게 불이익을 주어 그를 사실상 혼인관계에 있는 사람과 차별하는 것으로 헌법상 평등원칙을 위반하여 위법하다</u>(대판 2024.7.18. 2023두36800 전합).

2. **함께 화투 놀이를 했으나 1명은 파면처분하고 나머지 3명은 견책처분을 한 경우**

   당직근무대기 중 심심풀이로 돈을 걸지 않고 점수 따기 화투 놀이를 한 사실이 징계사유에 해당한다고 할지라도, 징계처분으로 파면을 택한 것은 함께 화투 놀이를 한 3명을 견책에 처하기로 한 사실을 고려하면 공평의 원칙상 그 재량의 범위를 벗어난 위법한 것이다(대판 1972.12.26. 72누195).

3. **제대군인에 대한 군가산점제도**

   제대군인에 대하여 여러 가지 사회 정책적 지원을 강구하는 것이 필요하다 할지라도, 그것이 사회공동체의 다른 집단에게 동등하게 보장되어야 할 균등한 기회 자체를 박탈하는 것이어서는 아니 되는데, 가산점제도는 아무런 재정적 뒷받침 없이 제대군인을 지원하려 한 나머지 결과적으로 여성과 장애인 등 이른바 사회적 약자들의 희생을 초래하고 있으며, 각종 국제협약이나 실질적 평등 및 사회적 법치국가를 표방하고 있는 우리 헌법과 이를 구체화하고 있는 전체 법체계 등에 비추어 우리 법체계 내에 확고히 정립된 기본질서라고 할 '여성과 장애인에 대한 차별금지와 보호'에도 저촉되므로 정책 수단으로서의 적합성과 합리성을 상실한 것이다(헌재 1999.12.23. 98헌마363).

4. **국가유공자에게 10%라는 높은 가산점을 부여하고 있는 가산점제도**(헌재 2006.2.23. 2004헌마675·981·1022)

5. **해외근로자들의 자녀를 대상으로 한 특별전형에서 외교관과 공무원의 자녀에 대하여만 20% 가산점 부여**(대판 1990.8.28. 89누8255)

6. **사회단체등록신청에 선등록 단체가 있다는 이유로 신청상 요건불비가 없는 후행 단체의 등록 신청을 반려한 경우**(대판 1989.12.26. 87누8)

7. **국·공립사범대학 출신자를 국·공립학교 교사로 우선 채용하도록 규정한 교육공무원법 제11조 제1항**(헌재 1990.10.8. 89헌마89)

8. **당구장 영업에만 18세 미만자 출입금지표시 규정**(헌재 1993.5.13. 92헌마80)

9. **청원경찰의 인원 감축을 위하여 초등학교 졸업 이하 학력 소지자 집단과 중학교 중퇴 이상 학력 소지자 집단으로 나누어 집단별로 같은 감원 비율의 인원을 선정한 경우**(대판 2002.2.8. 2000두4057)

10. **개인택시운송사업 면허 발급 관련한 우선순위를 정함에 있어 동일 회사에서 일정 기간 근속할 것을 요건으로 삼거나 '면허 신청공고일 현재'를 기준으로 동일 회사 근속 중일 것을 요건으로 정한 지방자치단체의 개인택시운송사업 면허 처리 규정이 직업 선택의 자유를 침해하고, 평등의 원칙에 위반된다**(대판 2009.5.28. 2008두13828).

관련판례 평등의 원칙 위반 부정사례

1. **유예기간 없이 개인택시 운송사업 면허 기준을 변경하고 그에 기하여 한 행정청의 면허 신청 접수거부처분**

    매년 그때의 상황에 따라 적절히 면허 숫자를 조절해야 할 필요성이 있는 개인택시 면허제도의 성격상 그 자격요건이나 우선순위의 요건을 일정한 범위 내에서 강화하고 그 요건을 변경함에 있어 유예기간을 두지 아니하였다 하더라도 그러한 점만으로는 행정청의 면허 신청 접수거부처분이 신뢰보호의 원칙이나 형평의 원칙 및 재량권의 남용에 해당하지 아니한다(대판 1996.7.30. 95누12897).

2. 일반직 직원의 정년을 58세로 규정하면서 전화 교환 직렬 직원만은 정년을 53세로 규정하여 5년간의 정년 차등을 둔 것은 사회 통념상 합리성이 있다(대판 1996.8.23. 94누13589).

3. 법관의 정년을 직위에 따라 순차적으로 낮게 차등하여 설정하는 것은 법관의 업무의 성격과 특수성 등의 사정을 고려한 합리적 이유가 있는 차등으로 평등권 침해가 아니다(헌재 2002.10.31. 2001헌마557).

4. 지역의료보험조합정관에서 피보험자의 생활 수준별로 구분한 등급에 따라 소득금액을 차등 규정한 것은 헌법상의 평등원칙이나 사회보장원리 등에 합치된다(대판 2001.1.30. 99두11431).

5. 표준보수월액 산정 방법에 관한 구 국민건강보험법 시행령 제38조 제2항이 사용자와 직장인을 달리 정한 것은 헌법상 평등원칙을 위반하거나 재산권의 본질적인 내용을 침해하지 않는다(대판 2007.5.31. 2005두15472).

6. 개인택시 운송사업자의 운전면허가 취소된 경우 개인택시 운송사업 면허를 취소할 수 있도록 한 규정은 평등의 원칙에 위반되지 아니한다(헌재 2008.5.29. 2006헌바85·2007헌바143).

간단 점검하기

사법시험 제2차 시험에 과락제도를 적용하고 있는 구 사법시험령 제15조 제2항은 비례의 원칙, 과잉금지의 원칙, 평등의 원칙에 위반되지 않는다고 판시하였다. (○)

2 행정의 자기구속원칙

1. 의의

재량행위의 영역에서, 행정청이 제3자에게 재량권을 행사했던 선례가 존재하는 경우에, 행정청은 동일한 사안에 대하여 제3자에게 행한 처분과 동일한 처분을 상대방에게 하도록 선례에 의해 구속당한다는 원칙을 말한다(타자구속은 법률에 의해 구속되는 것을 의미함).

2. 인정 근거

(1) 학설

신뢰보호원칙 내지 신의성실원칙에서 찾는 견해(형성된 행정관행에 대한 신뢰보호를 주장할 수 있다고 보는 견해)와 평등의 원칙에서 찾는 견해(형성된 행정관행에 반하는 작용은 상대적으로 불평등하다는 점)가 있는데, 후자가 다수의 견해이다.

(2) 판례

헌법재판소는 행정의 자기구속의 법리를 평등의 원칙과 신뢰보호의 원칙을 근거로 명시적으로 인정하고 있으며 대법원은 행정의 자기구속의 법리를 명시적으로 인정하고 있지는 아니하나 특정 개인에게만 과도한 처분을 한 경우에는 재량권의 한계를 일탈한 것으로 보고 있다.

3. 요건 - 재동선(선례는 적법)

(1) 재량행위의 영역일 것

기속행위일 경우에는 법령에 따라 일의적 처분만 가능하므로 자기구속의 원칙이 적용되지 않는다.

(2) 동종의 사안일 것

법적 상황과 사실관계에 있어서 동일할 것을 요구한다. 동일한 법적용은 동일한 상황하에서만 가능하기 때문이다.

(3) 적법한 선례가 있는 경우에 적용

이에 대해서는 선례불요설과 선례필요설이 대립하고 있다. 우리 학설과 판례는 선례가 필요하고, 선례는 반드시 적법해야 한다는 입장이다. 위법한 선례가 있다고 하더라도 이는 바로잡아야 할 대상이기 때문에 행정청이 스스로 내렸던 결정(선례)에 반하는 결정을 내렸다고 해도 이는 자기구속의 원칙에 위반되지 않는다.

> **관련판례**
>
> 평등의 원칙은 본질적으로 같은 것을 자의적으로 다르게 취급함을 금지하는 것이고, 위법한 행정처분이 수차례에 걸쳐 반복적으로 행하여졌다 하더라도 그러한 처분이 위법한 것인 때에는 행정청에 대하여 자기구속력을 갖게 된다고 할 수 없다(대판 2009.6.25. 2008두13132).

4. 자기구속의 한계

(1) 사정변경으로 인한 공익상의 중대한 요청이 있거나 자기구속 법리를 적용하는 것이 오히려 형평과 합리성에 반하는 경우

(2) 사실관계가 동일하지 않은 경우

(3) 행정선례가 위법한 경우에는 자기구속의 원칙이 적용되지 않는다(불법에 있어서의 평등대우는 인정되지 않음).

(4) 나아가 상이한 행정청에 대해서도 자기구속의 법리는 적용되지 않는다.

5. 관련 문제 - 행정규칙의 법규성 인정 여부

(1) 행정관청이 인·허가업무를 할 때에 그 재량권행사의 준칙(재량준칙)을 법규명령이 아닌 훈령·예규 등의 행정규칙으로 정하는 사례가 아직도 많이 있다. 이 경우 종래의 전통적인 견해에 의하면, 행정규칙은 법규가 아니므로 행정조직 내부에서만 적용되는 결과, 국민에 대하여는 법적 구속력을 가지지 아니하며 따라서 행정처분이 이에 위반하더라도 위법은 아니라고 하였다.

간단 점검하기

01 행정청이 조합설립추진위원회의 설립승인 심사에서 위법한 행정처분을 한 선례가 있는 경우에는, 행정청에 대해 자기구속력을 갖게 되어 이후에도 그러한 기준에 따라야 한다. (×)

02 평등의 원칙은 본질적으로 같은 것을 자의적으로 다르게 취급함을 금지하는 것이므로, 위법한 행정처분이 수차례에 걸쳐 반복적으로 행하여졌다면 행정청에 대하여 자기구속력을 갖게 된다. (×)

(2) 그러나 행정관청이 재량준칙을 정립하여 시행하는 이상 행정관청은 국민에 대하여 동등한 사안에 대하여는 당해 행정규칙이 정하는 바에 따라 동일한 처분을 하여야 할 자기구속을 당하게 되고, 상대방인 국민도 종전의 결정과 서로 동일한 내용의 수익을 주장할 수 있게 됨으로써 이에 위반한 처분에 대하여는 위법을 이유로 취소를 구하는 행정쟁송을 제기할 수 있으며, 이러한 의미에서 평등원칙에 근거한 행정의 자기구속의 원리는 행정조직의 내부규범에 불과한 행정규칙을 국가와 국민 간에도 적용되는 법규로 전환시키는 전환규범으로서의 역할을 한다고 볼 수 있다.

(3) 즉, 행정규칙인 재량준칙이 되풀이 시행되어, 행정관행이 이루어지게 되면 자기구속의 원칙에 따라 대외적 구속력이 생긴다.

> **관련판례**
>
> 구 '부당한 공동행위 자진신고자 등에 대한 시정조치 등 감면제도 운영고시'의 법적 성질(=재량준칙) 및 이를 위반한 행정처분이 위법하게 되는 경우
>
> 이러한 재량준칙은 일반적으로 행정조직 내부에서만 효력을 가질 뿐 대외적인 구속력을 갖는 것은 아니므로 행정처분이 이를 위반하였다고 하여 그러한 사정만으로 곧바로 위법하게 되는 것은 아니고, 다만 그 재량준칙이 정한 바에 따라 되풀이 시행되어 행정관행이 이루어지게 되면 평등의 원칙이나 신뢰보호의 원칙에 따라 행정기관은 상대방에 대한 관계에서 그 규칙에 따라야 할 자기구속을 받게 되므로, 이러한 경우에는 특별한 사정이 없는 한 그에 반하는 처분은 평등의 원칙이나 신뢰보호의 원칙에 어긋나 재량권을 일탈·남용한 위법한 처분이 된다(대판 2013.11.14. 2011두28783).

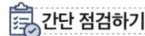

간단 점검하기

재량준칙이 공표된 것만으로도 자기구속의 원칙이 적용될 수 있으며, 재량준칙이 되풀이 시행되어 행정관행이 성립될 필요는 없다. (×)

6. 권리구제

자기구속의 원칙에 위배된 행정행위는 위법하므로 항고소송이나 손해배상 등으로 다툴 수 있다.

3 비례의 원칙

> 행정기본법 제10조 【비례의 원칙】 행정작용은 다음 각 호의 원칙에 따라야 한다.
> 1. 행정목적을 달성하는 데 유효하고 적절할 것 → 적
> 2. 행정목적을 달성하는 데 필요한 최소한도에 그칠 것 → 필
> 3. 행정작용으로 인한 국민의 이익 침해가 그 행정작용이 의도하는 공익보다 크지 아니할 것 → 상

1. 의의

비례의 원칙이란 행정주체가 구체적인 행정목적을 실현하는 과정에서 그 목적 실현과 수단 사이에 합리적인 비례관계가 유지되어야 한다는 원칙을 말한다.

2. 법적 근거

(1) 헌법적 근거(헌법 제37조 제2항)
국민의 모든 자유와 권리는 국가안전보장·질서유지 또는 공공복리를 위하여 필요한 경우에 한하여 법률로써 제한할 수 있으며, 제한하는 경우에도 자유와 권리의 본질적인 내용을 침해할 수 없다.

(2) 법령상 근거
행정기본법 제10조, 경찰관 직무집행법 제1조 제2항, 행정소송법 제27조, 행정절차법은 행정지도의 원칙으로 비례원칙을 규정하고 있다.

(3) 판례
행정법의 법원으로서 비례원칙을 인정하고 있으며 비례의 원칙은 헌법상의 원칙이라고 판결하였다.

3. 비례원칙의 구성요소(적필상)

(1) 적합성의 원칙(목적과 수단을 고려)
행정청이 취하는 조치나 수단은 의도하는 행정목적을 달성하는 데 있어 객관적으로 적합한 것이어야 한다는 것을 말한다(반드시 하나의 가장 적합한 수단일 것을 요구하는 것은 아니다).

(2) 필요성의 원칙(수단끼리 고려)
적합한 여러 개의 수단 중 개인의 법익을 최소 침해하는 수단을 선택해야 한다.

(3) 상당성의 원칙(협의의 비례원칙, 비교형량)
행정청이 목표 달성에 적합하고 개인의 법익을 최소 침해하는 수단을 행사한다고 하더라도 달성되는 공익과 침해되는 사익 사이에 균형이 이루어져야 한다. 행정청이 이익형량을 하였는데 심히 균형을 잃은 경우는 비례원칙 위반으로 위법하나 다소 균형을 잃은 경우는 부당으로 본다.

4. 비례원칙의 단계구조
적합성의 원칙, 필요성의 원칙, 상당성의 원칙은 단계구조를 이루면서 비례원칙의 구성요소를 이루고 있다. 따라서 이들 가운데 어느 하나라도 위반되면 비례원칙에 위배되는 효과가 발생한다.

5. 원칙 위반의 효과
비례원칙에 위배되는 처분 등은 위헌·위법이기 때문에 행정쟁송, 국가배상, 결과제거청구권 등의 행사가 가능하다.

6. 적용영역

(1) 비례원칙은 경찰행정에서 시작하여 급부행정 영역으로 확대되었으며 오늘날 공법영역의 전 영역에 적용되고 있다.

(2) 비례원칙은 공법관계에 적용되는 것이 원칙이므로 사법관계에서는 문제되지 않는다.

간단 점검하기

비례의 원칙은 법치국가원리에서 당연히 파생되는 헌법상의 기본원리이다.
(○)

관련판례 비례원칙 위반사례

1. **공무원이 단 1회 훈령에 위반하여 요정 출입을 하였다는 사유만으로 한 파면 처분**

   가벼운 징계처분으로서도 능히 위 훈령의 목적을 달할 수 있다고 볼 수 있는 점(대판 1967.5.2. 67누24)

2. **유흥장소(살롱)에 출입시킨 미성년자가 성년에 가까운 자이고 성년자로 오인할 수 있는 사정도 엿보이는데다가 단 1회 위반이었음에도 가장 중한 영업허가 취소를 한 것**(대판 1977.9.13. 77누15)

3. **전 영업자의 유사 휘발유 판매를 위법 사유로 들어 양수인에게 최장기간인 6월의 사업정지 처분을 한 경우**

   주유소 영업의 양수인에게 전 운영자의 위법 사유를 들어 사업정지 기간 중 최장기간인 6월의 사업정지에 처한 피고의 이 사건처분은 석유사업법에 의하여 실현하고자 하는 공익목적의 실현보다는 원고가 입게 될 손실이 훨씬 커서 그 재량권을 일탈한 위법이 있다(대판 1992.2.25. 91누13106).

4. **변호사의 개업지를 제한한 경우**

   변호사법 제10조 제2항이 변호사의 개업지를 일정한 경우에 제한함으로써 직업선택의 자유를 제한한 것은 그 입법 취지의 공익적 성격에도 불구하고 선택된 수단이 그 목적에 적합하지 아니할 뿐 아니라, 그 정도 또한 과잉하여 비례의 원칙에 벗어난 것이다(헌재 1989.11.20. 89헌가102).

5. **과징금의 액수가 취득한 이익의 규모를 크게 초과하여 매출액에 육박하는 경우(청소년유해매체물인지 모르고 청소년에게 도서를 대여한 업주에 대하여 700만 원의 과징금을 부과한 경우)**(대판 2001.2.9. 2000두6206)

6. **수사 및 재판단계에서 유죄가 확정되지 아니한 미결수용자에게 재소자용 의류를 입게 하는 것 – 비례원칙 위반은 경우에 따라 달라짐**

   수사 및 재판단계에서 유죄가 확정되지 아니한 미결수용자에게 재소자용 의류를 입게 하는 것은 미결수용자로 하여금 모욕감이나 수치심을 느끼게 하고, 심리적인 위축으로 방어권을 제대로 행사할 수 없게 하여 실체적 진실의 발견을 저해할 우려가 있으므로, 도주 방지 등 어떠한 이유를 내세우더라도 그 제한은 정당화될 수 없어 헌법 제37조 제2항의 기본권 제한에서의 비례원칙에 위반되는 것으로서, 무죄추정의 원칙에 반하고 인간으로서의 존엄과 가치에서 유래하는 인격권과 행복추구권, 공정한 재판을 받을 권리를 침해하는 것이다(헌재 1999.5.27. 97헌마137 · 98헌마5).

7. **공용수용은 필요 최소한도로 해야 함**

   초과수용 부분은 위법, 적법한 수용 대상과 불가분적 관계 시에는 전부를 취소해야 한다(대판 1994.1.11. 93누8108).

8. **기본권을 제한당하는 국민이 그 기본권을 실현할 다른 수단이 있다고 하여 그것만으로 기본권의 제한이 정당화되지는 않음**

   국민의 자유와 권리를 제한함에 있어서는 규제하려는 쪽에서 국민의 기본권을 보다 덜 제한하는 다른 방법이 있는지를 모색하여야 할 것이지, 제한당하는 국민의 쪽에서 볼 때 그 기본권을 실현할 다른 수단이 있다고 하여 그와 같은 사유만으로 기본권의 제한이 정당화되는 것은 아니다(대판 1994.3.8. 92누1728).

간단 점검하기

원고가 단지 1회 훈령에 위반하여 요정 출입을 하다가 적발된 정도라면, 면직처분보다 가벼운 징계처분으로서도 능히 위 훈령의 목적을 달성할 수 있다고 볼 수 있는 점에서 이 사건 파면처분은 이른바 비례의 원칙에 어긋난 것으로 위법하다고 판시하였다. (○)

9. 석회석 채굴을 위하여 산림훼손 허가를 받은 임야에 대하여 고속도로로부터의 미관을 이유로 한 산림훼손중지처분

   공익상의 필요보다 상대방이 받게 되는 불이익 등이 막대한 경우에는 재량권의 한계를 일탈한 것으로서 그 자체가 위법임을 면치 못한다고 할 것인바 … 원고가 거액의 자본을 투자한 점 등을 고려해 보면 이 사건 산림훼손중지처분은 재량권을 일탈한 위법한 것이다(대판 1990.10.10. 89누6433).

10. 여객 운송사업자가 지입제 경영을 한 경우 구체적 사안의 개별성과 특수성을 전혀 고려하지 않고 그 사업면허를 필요적으로 취소하도록 한 것(헌재 2000.6.1. 99헌가11·12)

11. 자동차를 이용하여 범죄행위를 한 경우 범죄의 경중에 상관없이 반드시 운전면허를 취소하도록 한 규정(헌재 2005.11.24. 2004헌가28)

12. 공정한 업무처리에 대한 사의로 두고 간 돈 30만 원이 든 봉투를 소지함으로써 피동적으로 금품을 수수하였다가 돌려 준 20여년 근속의 경찰공무원에 대한 해임처분(대판 1991.7.23. 90누8954)

13. 금품 등의 수수 없이 직상급자의 위법부당한 지시대로 행한 공무원에 대한 해임처분(대판 1986.11.25. 86누610)

> **관련판례** 비례원칙 위반 부정사례
>
> 1. 음주운전으로 인한 운전면허 취소처분의 경우
>
>   자동차가 대중적인 교통수단이고 그에 따라 자동차운전면허가 대량으로 발급되어 교통상황이 날로 혼잡해짐에 따라 교통법규를 엄격히 지켜야 할 필요성은 더욱 커지는 점, 음주운전으로 인한 교통사고 역시 빈번하고 그 결과가 참혹한 경우가 많아 대다수의 선량한 운전자 및 보행자를 보호하기 위하여 음주운전을 엄격하게 단속하여야 할 필요가 절실한 점 등에 비추어 보면, 음주운전으로 인한 교통사고를 방지할 공익상의 필요는 더욱 중시되어야 하고 운전면허의 취소는 일반의 수익적 행정행위의 취소와는 달리 그 취소로 인하여 입게 될 당사자의 불이익보다는 이를 방지하여야 하는 일반예방적 측면이 더욱 강조되어야 한다(대판 2019.1.17. 2017두59949).
>
> 2. 음주 측정 요구에 불응하였음을 이유로 한 운전면허 취소처분
>
>   음주운전 내지 그 제재를 위한 음주 측정 요구의 거부 등을 이유로 한 자동차운전면허의 취소에 있어서는 일반의 수익적 행정행위의 취소와는 달리 그 취소로 인하여 입게 될 당사자의 개인적인 불이익보다는 이를 방지하여야 하는 일반예방적인 측면이 더욱 강조되어야 할 것이고, 특히 당해 운전자가 영업용 택시를 운전하는 등 자동차운전을 업으로 삼고 있는 자인 경우에는 더욱 그러하다(대판 1995.9.26. 95누6069).
>
> 3. 도로교통법 제148조의2 제1항 제1호의 '도로교통법 제44조 제1항을 2회 이상 위반한' 것에 구 도로교통법 제44조 제1항을 위반한 음주운전 전과도 포함된다고 해석하는 것은 비례원칙에 위반 아니다(대판 2012.11.29. 2012도10269).

4. 공무원이 담당하던 업무와 관련하여 수뢰한 비위에 대하여 행하여진 해임처분

    15년 동안 공무원으로 재직하면서 다른 징계를 받은바 없고, 2회에 걸쳐 장관급 표창을 받은 것과 가정형편을 감안하더라도, 직무와 관련한 부탁을 받거나 때로는 스스로 사례를 요구하여 5차례에 걸쳐 합계 금 3,100,000원을 수수하였다면 이에 대하여 행하여진 해임처분이 징계권의 범위를 일탈한 것이 아니다(대판 1996.5.10. 96누2903).

5. 교도소 수용자에게 반입이 금지된 일용품 등을 전달하여 주고 그 가족 등으로부터 금품 및 향응을 제공받은 교도관에 대한 해임처분은 비례원칙 위반이 아니다(적법한 해임처분)(대판 1998.11.10. 98두12017).

6. 순경이 순찰근무지정을 받고 순찰 중 야간에 좌측 전조등을 켜지 아니한 채 운행하던 봉고차를 적발하고서도 금 5,000원을 받고 운전자를 훈방하였음을 이유로 한 해임처분(대판 1987.10.26. 87누740)

7. 교통법규위반 운전자로부터 1만 원을 받은 경찰공무원을 해임 처분한 것(대판 2006.12.21. 2006두16274)

8. 해당 지역에서 일정 기간 거주하여야 한다는 요건 이외에 해당 지역 운수업체에서 일정 기간 근무한 경력이 있는 경우에만 개인택시운송사업면허신청 자격을 부여한다는 개인택시운송사업 면허업무 규정

    지역실정에 따라 근로자의 이동을 억제하고 지역에서의 장기간 근속을 장려함으로써 안정적인 여객 운송 서비스를 제공할 필요성, 기준의 명확성 요청 등의 제반 사정에 비추어 이는 합리적인 제한이라고 보아야 할 것이므로, 수단·방법이 적절하지 아니하여 비례의 원칙 내지 과잉 금지의 원칙에 위배되거나 헌법 제37조 제2항에 반한다고 볼 수 없다(대판 2005.4.28. 2004두8910).

9. 승객을 강간상해한 택시운전수에 대한 운전면허 취소처분(대판 1997.11.28. 97누15210)

10. 약사의 의약품 개봉판매행위에 대하여 구 약사법령에 근거하여 업무정지에 갈음하는 과징금 부과 처분을 한 것은 재량권의 일탈·남용에 해당하지 않는다(대판 2007.9.20. 2007두6946).

11. 같은 정도의 비위를 저지른 자들 사이에 있어서도 그 직무의 특성 등에 비추어, 개전의 정이 있는지 여부에 따라 징계의 종류의 선택과 양정에 있어서 차별적으로 취급하는 것은, 사안의 성질에 따른 합리적 차별로서 이를 자의적 취급이라고 할 수 없는 것이어서 평등원칙 내지 형평에 반하지 아니한다(대판 1999.8.20. 99두2611).

4 신뢰보호의 원칙

> 행정기본법 제12조【신뢰보호의 원칙】① 행정청은 공익 또는 제3자의 이익을 현저히 해칠 우려가 있는 경우를 제외하고는 행정에 대한 국민의 정당하고 합리적인 신뢰를 보호하여야 한다.

1. 의의

신뢰보호의 원칙이란 행정기관의 일정한 적극적·소극적 행위의 정당성 또는 존속성에 대하여 국민이 신뢰를 가지고 행위를 한 경우, 그 국민의 보호할 가치가 있는 신뢰를 보호해 주어야 한다는 원칙을 말한다.

2. 근거

(1) 이론상 근거 - 법적 안정성설(통설·판례)

① 헌법상의 법치국가원리는 내용상 법률 적합성의 원칙과 법적 안정성의 원칙으로 구성되는데, 신뢰보호의 원칙은 법적 안정성의 원칙에서 도출된다는 견해로서 행정작용의 정당성·존속성에 대한 신뢰보호를 통한 국민의 법적 생활의 안정은 법치국가원리의 내용 중 하나라는 것이다.
그러나 헌법상의 법적 안정성원칙은 위법행위에 대한 신뢰까지 보호하는 것은 아니라는 비판을 받는다.

② **동일한 사유에 관하여 보다 무거운 처분을 하기 위한 선행처분 취소 허용 불가**: 운전면허 취소사유에 해당하는 음주운전을 적발한 경찰관의 소속 경찰서장이 사무착오로 위반자에게 운전면허 정지 처분을 한 상태에서 위반자의 주소지 관할 지방경찰청장이 위반자에게 운전면허취소처분을 한 것은 선행처분에 대한 당사자의 신뢰 및 법적 안정성을 저해하는 것으로서 허용될 수 없다(대판 2000.2.25. 99두10520).

(2) 실정법적 근거

행정기본법 제12조에서 신뢰보호의 원칙을 규정하고 있다. 또한, 국세기본법 제18조 제3항 및 행정절차법 제4조 제2항에서는 신의칙 및 신뢰보호원칙을 규정하고 있다.

> 행정절차법 제4조【신의성실 및 신뢰보호】② 행정청은 법령등의 해석 또는 행정청의 관행이 일반적으로 국민들에게 받아들여졌을 때에는 공익 또는 제3자의 정당한 이익을 현저히 해칠 우려가 있는 경우를 제외하고는 새로운 해석 또는 관행에 따라 소급하여 불리하게 처리하여서는 아니 된다.

(3) 판례의 입장

판례는 신뢰보호원칙을 인정하고 있으며 행정기본법이나 행정절차법 제정 이전부터 이 원칙을 인정하였다. 이는 실정법상 근거가 없다고 하여 신뢰보호의 원칙이 부정되는 것이 아니라는 것을 의미한다.

📋 **간단 점검하기**

신뢰보호의 원칙은 공익 또는 제3자의 정당한 이익을 현저히 해칠 우려가 있는 경우에도 부정되어야 하는 것은 아니다. (○)

> **관련판례** 절차법 제정 이전부터 신뢰보호를 인정한 우리 판례
>
> 국세기본법 제18조 제2항의 규정은 납세자의 권리보호와 과세관청에 대한 납세자의 신뢰보호에 그 목적이 있는 것이므로, 이 사건 보세운송 면허세의 부과 근거였던 지방세법 시행령이 1973.10.1 제정되어 1977.9.20에 폐지될 때까지 4년 동안 그 면허세를 부과할 수 있는 점을 알면서도 피고가 수출 확대라는 공익상 필요에서 한 건도 이를 부과한 일이 없었다면, 납세자인 원고는 그것을 믿을 수밖에 없고 그로써 비과세의 관행이 이루어졌다고 보아도 무방하다(대판 1980.6.10. 80누6).

3. 요건

신뢰보호의 원칙에 대해 판례는 다음과 같이 설시하고 있다.

1. 학설: 선보처인반
2. 판례: 공귀행반

> **관련판례**
>
> 일반적으로 행정상의 법률관계에 있어서 행정청의 행위에 대하여 신뢰보호의 원칙이 적용되기 위해서는, 첫째 행정청이 개인에 대하여 신뢰의 대상이 되는 공적인 견해표명을 하여야 하고, 둘째 행정청의 견해표명이 정당하다고 신뢰한 데에 대하여 그 개인에게 귀책사유가 없어야 하며, 셋째 그 개인이 그 견해표명을 신뢰하고 이에 상응하는 어떠한 행위를 하였어야 하고, 넷째 행정청이 위 견해표명에 반하는 처분을 함으로써 그 견해표명을 신뢰한 개인의 이익이 침해되는 결과가 초래되어야 하며, 마지막으로 위 견해표명에 따른 행정처분을 할 경우 이로 인하여 공익 또는 제3자의 정당한 이익을 현저히 해할 우려가 있는 경우가 아니어야 한다(대판 2006.2.24. 2004두13592).

(1) 행정청의 선행 조치 – 공적 견해표명(판례)

① 행정청
  ㉠ 판례는 조직법상의 행정청이 아닌, 기능적 의미의 행정청을 의미한다고 판시하였다. 이에 판례는 신뢰의 대상이 되는 공적 견해표명의 주체는 "행정 조직상의 형식적인 권한 분장에 구애될 것이 아니고 담당자의 조직상의 지위와 임무, 그리고 당해 언동을 하게 된 구체적인 경위 및 그에 대한 상대방의 신뢰 가능성에 비추어 실질에 의해서 판단하여야 한다."라고 판시하였다(대판 1997.9.12. 96누18380).

  ㉡ 따라서 행정청이 아닌 "안산시의 도시계획과장과 도시계획국장이 도시계획사업의 준공과 동시에 사업부지에 편입한 토지에 대한 완충녹지 지정을 해제함과 아울러 당초의 토지소유자들에게 환매하겠다는 약속"도 공적 견해표명에 해당한다(대판 2008.10.9. 2008두6127).

  ㉢ 뿐만 아니라 과세에 관한 권한이 없는 보건사회부장관(보건복지부장관)이 "의료취약지 병원설립운영자 신청공고를 하면서 국세 및 지방세를 비과세하겠다고 발표하였고, 그 후 내무부장관이나 시·도지사가 도 또는 시·군에 대하여 지방세 감면조례제정을 지시하여 그 조례에 대한 승인의 의사를 미리 표명하였다면, 보건사회부장관에 의하여 이루어진 위 비과세의 견해표명은 당해 과세관청의 그것과 마찬가지로 볼 여지가 충분하다고 할 것이고, 또한 납세자로서는 위와 같은 정부의 일정한 절차를 거친 공고에 대하여서는 보다 고도의 신뢰를 갖는 것이 일반적"이라는 것이 판례의 입장이다(대판 1996.1.23. 95누13746).

> **간단 점검하기**
>
> 행정청의 공적 견해표명이 있었는지 여부를 판단하는 데 있어 반드시 행정조직상의 형식적인 권한분장에 구애될 것은 아니고 담당자의 조직상의 지위와 임무, 당해 언동을 하게 된 구체적인 경위 및 그에 대한 상대방의 신뢰가능성에 비추어 실질에 의하여 판단하여야 한다. (○)

> **간단 점검하기**
>
> 시의 도시계획과장과 도시계획국장이 도시계획사업의 준공과 동시에 사업부지에 편입한 토지에 대한 완충녹지 지정을 해제함과 아울러 당초의 토지소유자들에게 환매하겠다는 약속을 했음에도 이를 믿고 토지를 협의매매한 토지소유자의 완충녹지지정해제신청을 거부한 것은 신뢰보호의 원칙을 위반하거나 재량권을 일탈·남용한 위법한 처분이다. (○)

㉣ 병무청 담당부서의 담당공무원에게 공적 견해의 표명을 구하는 정식의 서면질의 등을 하지 아니한 채 총무과 민원팀장에 불과한 공무원이 민원봉사차원에서 상담에 응하여 안내한 것을 신뢰한 경우, 신뢰보호 원칙이 적용되지 아니한다(대판 2003.12.26. 2003두1875).

② **선행조치**: 선행조치는 소극적이나 적극적, 명시적·묵시적 행위를 불문한다. 다만, 무효인 행정행위는 해당하지 않는다. 하지만 판례는 명시적이든 묵시적이든 '공적인 견해표명'을 요구한다고 하면서, ㉠ 추상적인 질의에 대한 일반론적 견해표명이나, ㉡ 단순한 과세 누락 등은 '공적 견해의 표명'이 아니므로 신뢰보호의 원칙이 적용되지 않는다고 판시하였다.

> **관련판례**
>
> **1. 공적인 견해나 의사는 명시적 또는 묵시적으로 표시**
>
> 과세할 수 있음을 알면서도 어떤 특별한 사정 때문에 과세하지 않는다는 의사가 있어야 하며 위와 같은 공적 견해나 의사는 명시적 또는 묵시적으로 표시되어야 하지만 묵시적 표시가 있다고 하기 위하여는 단순한 과세 누락과는 달리 과세 관청이 상당기간의 불과세 상태에 대하여 과세하지 않겠다는 의사표시를 한 것으로 볼 수 있는 사정이 있어야 하고, 이 경우 특히 과세 관청의 의사표시가 납세자의 추상적인 질의에 대한 일반론적인 견해표명에 불과한 경우에는 위 원칙의 적용을 부정하여야 할 것이다(대판 1995.11.14. 95누10181).
>
> **2. 공적 견해표명에 대한 입증책임 – 신뢰보호를 주장하는 자가 입증하여야 함**
>
> 신의성실의 원칙이나 소급과세금지의 원칙이 적용되기 위한 요건의 하나인 "과세관청이 납세자에게 신뢰의 대상이 되는 공적인 견해를 표명하였다."는 사실은, 납세자가 주장·입증하여야 한다고 보는 것이 상당하다(대판 1992.3.31. 91누9824).
>
> **3. 공적인 의사표시 후 사실적·법률적 상태가 변경된 경우: 행정청의 별다른 의사표시를 기다리지 않고 실효**
>
> 행정청이 상대방에게 장차 어떤 처분을 하겠다고 확약 또는 공적인 의사 표명을 하였다고 하더라도, 그 자체에서 상대방으로 하여금 언제까지 처분의 발령을 신청을 하도록 유효기간을 두었는데도 그 기간 내에 상대방의 신청이 없었다거나 확약 또는 공적인 의사 표명이 있은 후에 사실적·법률적 상태가 변경되었다면, 그와 같은 확약 또는 공적인 의사 표명은 행정청의 별다른 의사표시를 기다리지 않고 실효된다(대판 1996.8.20. 95누10877).

> **관련판례 공적인 견해표명 인정사례**
>
> 1. 국세청장이 훈련 교육용역의 제공이 부가가치세 면세사업인 사업경영상담업에 해당한다는 견해를 명시적으로 표명한 경우(대판 1994.3.22. 93누22517)
>
> 2. 세무서 직원들이 골절 치료기구가 부가가치세 면제 대상이라는 세무 지도를 한 경우
>
>   세무서 직원들의 세무 지도를 믿고 부가가치세를 대행 징수하지 아니한 골절 치료기구의 수입 판매업자들에 대한 부가가치세 부과 처분은 신의성실의 원칙에 위반된다(대판 1990.10.10. 88누5280).
>
> 3. 보건사회부 장관이 "의료취약지 병원설립운영자 신청공고"를 하면서 국세 및 지방세를 비과세하겠다고 발표(대판 1996.1.23. 95누13746)

간단 점검하기

납세자에게 신뢰의 대상이 되는 공적인 견해가 표명되었다는 사실은 과세처분의 적법성에 대한 증명책임이 있는 과세관청이 주장·입증하여야 한다. (×)

4. 도시계획구역 내 생산녹지로 답인 토지에 대하여 종교회관 건립을 이용목적으로 하는 토지거래계약의 허가를 받으면서 담당공무원이 관련 법규상 허용된다 하여 이를 신뢰하고 건축준비를 하였으나 그 후 토지형질변경허가신청을 불허가 한 것이 신뢰보호원칙에 반한다고 한 사례

   비록 지방자치단체장이 당해 토지형질변경허가를 하였다가 이를 취소·철회하는 것은 아니라 하더라도 지방자치단체장이 토지형질변경이 가능하다는 공적 견해표명을 함으로써 이를 신뢰하게 된 당해 종교법인에 대하여는 그 신뢰를 보호하여야 한다는 점에서 형질변경허가 후 이를 취소·철회하는 경우를 유추·준용하여 그 형질변경허가의 취소·철회에 상당하는 당해 처분으로써 지방자치단체장이 달성하려는 공익 즉, 당해 토지에 대하여 그 형질변경을 불허하고 이를 우량농지로 보전하려는 공익과 위 형질변경이 가능하리라고 믿은 종교법인이 입게 될 불이익을 상호 비교·교량하여 만약 전자가 후자보다 더 큰 것이 아니라면 당해 처분은 비례의 원칙에 위반되는 것으로 재량권을 남용한 위법한 처분이라고 봄이 상당하다(대판 1997.9.12. 96누18380).

5. 대통령이 담화를 발표하고 이에 따라 국방부 장관이 삼청교육 관련 피해자들에게 그 피해를 보상하겠다고 공고하고 피해 신고까지 받은 것(대판 2001.7.10. 98다38364)

6. 취득세 등이 면제되는 구 지방세법(2005.1.5. 법률 제7332호로 개정되기 전의 것) 제288조 제2항에 정한 '기술진흥단체'인지 여부에 관한 질의에 대하여 건설교통부장관과 내무부장관이 비과세 의견으로 회신한 경우, 공적인 견해표명에 해당한다고 한 사례(대판 2008.6.12. 2008두1115)

관련판례 공적인 견해표명 부정사례

1. 헌법재판소의 위헌결정

   헌법재판소의 위헌결정은 행정청이 개인에 대하여 신뢰의 대상이 되는 공적인 견해를 표명한 것이라고 할 수 없으므로 그 결정에 관련한 개인의 행위에 대하여는 신뢰보호의 원칙이 적용되지 아니한다(대판 2003.6.27. 2002두6965).

2. 폐기물처리업 사업계획에 대하여 적정 통보를 한 것만으로 그 사업부지 토지에 대한 국토이용 계획변경신청을 승인하여 주겠다는 취지의 공적인 견해표명을 한 것으로 볼 수 없음

   폐기물관리법령에 의한 폐기물처리업 사업계획에 대한 적정 통보와 국토이용관리법령에 의한 국토이용계획변경은 각기 그 제도적 취지와 결정 단계에서 고려해야 할 사항들이 다르다는 이유로, 폐기물처리업 사업계획에 대하여 적정 통보를 한 것만으로 그 사업부지 토지에 대한 국토이용계획변경신청을 승인하여 주겠다는 취지의 공적인 견해표명을 한 것으로 볼 수 없다(대판 2005.4.28. 2004두8828).

   동지판례 일반적으로 폐기물처리업 사업계획에 대한 적정통보에 당해 토지에 대한 형질변경허가신청을 허가하는 취지의 공적 견해표명이 있는 것으로는 볼 수 없다고 할 것이고, 더구나 토지의 지목변경 등을 조건으로 그 토지상의 폐기물처리업 사업계획에 대한 적정통보를 한 경우에는 위 조건부적정통보에 토지에 대한 형질변경허가의 공적 견해표명이 포함되어 있었다고 볼 수 없다(대판 1998.9.25. 98두6494).

> **간단 점검하기**
> 헌법재판소의 위헌결정은 행정청이 개인에 대하여 신뢰의 대상이 되는 공적인 견해를 표명한 것이라고 할 수 없으므로 그 결정에 관련한 개인의 행위에 대하여는 신뢰보호의 원칙이 적용되지 아니한다. (○)

3. **사정이 비슷한 형들에 대하여 제2국민역 처분을 한 경우: 동생에 대한 병역의무가 면제된다는 공적 견해를 표명한 것이 아님**

   일본국 영주권 취득자가 그 성장 과정과 거주 및 출입국 실태, 가족들의 생활환경 등에 비추어 구병역법 제64조 제1항 제2호 소정의 '국외에서 가족과 같이 영주권을 얻은 사람'에 해당하지 않는다(대판 2001.11.9. 2001두7251).

4. **행정청이 지구단위계획을 수립하면서 그 권장 용도를 판매·위락·숙박시설로 결정하여 고시한 행위**

   행정청이 지구단위계획을 수립하면서 그 권장 용도를 판매·위락·숙박시설로 결정하여 고시한 행위를 당해 지구 내에서는 공익과 무관하게 언제든지 숙박시설에 대한 건축허가가 가능하리라는 공적 견해를 표명한 것이라고 평가할 수는 없다(대판 2005.11.25. 2004두6822).

5. **행정청이 용도지역을 자연녹지지역으로 지정 결정하였다가 보전녹지지역으로 도시계획을 변경한 경우**

   행정청이 용도지역을 자연녹지지역으로 지정 결정하였다가 그보다 규제가 엄한 보전녹지지역으로 지정 결정하는 내용으로 도시계획을 변경한 경우, 행정청이 용도지역을 자연녹지지역으로 결정한 것만으로는 그 결정 후 그 토지의 소유권을 취득한 자에게 용도지역을 종래와 같이 자연녹지지역으로 유지하거나 보전녹지지역으로 변경하지 않겠다는 취지의 공적인 견해표명을 한 것이라고 볼 수 없다(대판 2005.3.10. 2002두5474).

6. **어떠한 처분을 단순한 착오로 계속한 경우**(대판 1993.6.11. 92누14021)

7. **도세인 지역개발세의 과세 관청이나 그 상급관청과 아무런 상의 없이 지방해운항만청장이 이를 면제한다는 취지의 공적인 견해를 표명**(대판 1997.11.28. 96누11495)

8. **권한 없는 공무원에게 질의한 것에 대한 공무원의 답변을 신뢰한 경우**(대판 2003.12.26. 2003두1875)

9. **개발이익 환수에 관한 법률에 정한 개발사업을 시행하기 전에, 행정청이 민원 예비심사에 대하여 관련 부서 의견으로 '저촉사항 없음'이라고 기재**(대판 2006.6.9. 2004두46)

10. **재정경제부가 보도자료를 통해 '법인세법 시행규칙을 개정하여 법제처의 심의를 거쳐 6월 말경 공포·시행할 예정'이라고 밝힌 경우**(대판 2002.11.26. 2001두9103)

11. **과세 관청이 납세의무자에게 면세사업자등록증을 교부하고 수년간 면세사업자로서 한 부가가치세 예정신고 및 확정신고를 받은 행위**

    신고를 받은 행위만으로는 과세 관청이 납세의무자에게 그가 영위하는 사업에 관하여 부가가치세를 과세하지 아니함을 시사하는 언동이나 공적인 견해를 표명한 것이라 할 수 없다(대판 2002.9.4. 2001두9370).

간단 점검하기

개발사업을 시행하기 전에 사건 토지 지상에 예식장 등을 건축하는 것이 관계 법령상 가능한지 여부를 질의하여 민원 부서로부터 '저촉사항 없음'이라고 기재된 민원예비심사 결과를 통보받았다면, 이는 이후의 개발부담금부과처분에 관하여 신뢰보호의 원칙을 적용하기 위한 공적인 견해표명을 한 것에 해당한다. (×)

12. **실제의 공원구역과 다르게 경계측량 및 표지를 설치한 십수 년 후 착오를 발견하여 지형도를 수정한 조치는 신뢰보호 위반 아님**

    경주시장이 한 때 실제의 공원구역과 다르게 경계측량 및 표지를 설치함으로 인하여 원고들이 그 잘못된 경계를 믿고 행정청으로부터 초지 조성 허가를 받아 초지를 조성하고 축사를 신축하여 그러한 상태가 십수 년이 경과하였다 하여도 이 사건 토지가 당초 화랑공원구역 안에 있는 것으로 적법하게 지정, 공고된 이상 여전히 이 사건 토지는 그 공원구역 안에 있는 것이고, 따라서 그 후 위와 같은 착오를 발견한 피고가 이 사건 토지는 그 공원구역 안에 있는 것으로 지형도를 수정한 조치를 가리켜 신뢰보호의 원칙에 위배된다거나 행정의 자기구속의 법리에 반하는 것이라고도 할 수 없다(대판 1992.10.13. 92누2325).

13. 일반적으로 조세법률관계에 있어서 과세관청의 행위에 대하여 신의성실의 원칙을 적용하기 위해서는, 과세관청이 납세자에게 신뢰의 대상이 되는 공적인 견해표명을 하여야 하고, 과세관청의 견해표명이 정당하다고 신뢰한 데 대하여 납세자에게 귀책사유가 없어야 하며, 납세자가 그 견해표명을 신뢰하여 무엇인가 행위를 하여야 하고, 과세관청이 위 견해표명에 반하는 처분을 함으로써 납세자의 이익이 침해되는 결과가 초래되어야 하는바, 과세관청의 의사표시가 일반론적인 견해표명에 불과한 경우에는 위 원칙의 적용이 부정된다(대판 2010. 4.29. 2007두19447·19454).

(2) **보호 가치가 있는 신뢰 - 개인에게 행정청의 그 견해표명이 정당하다고 신뢰한 데에 대하여 귀책사유가 없을 것(판례)**

사인의 신뢰가 보호 가치가 있는지의 여부는 정당한 이익형량에 의한다. 따라서 사인의 신뢰 획득과정에서 ① 귀책 사유(고의, 과실)가 존재하거나, ② 부정행위(사기, 강박, 신청서의 허위 기재 등)가 있는 경우, ③ 행정작용의 위법성을 사전에 인지하였거나 중대한 과실로 알지 못한 경우에 당사자의 신뢰는 보호 가치가 없는 것으로 취급된다. 이는 관계자 모두를 기준으로 판단한다.

> **관련판례**
>
> [1] 귀책사유라 함은 행정청의 견해표명의 하자가 상대방 등 관계자의 사실은폐나 기타 사위의 방법에 의한 신청행위 등 부정행위에 기인한 것이거나 그러한 부정행위가 없다고 하더라도 하자가 있음을 알았거나 중대한 과실로 알지 못한 경우 등을 의미한다고 해석함이 상당하고, 귀책사유의 유무는 상대방과 그로부터 신청행위를 위임받은 수임인 등 관계자 모두를 기준으로 판단하여야 한다.
> [2] 건축주와 그로부터 건축설계를 위임받은 건축사가 상세계획지침에 의한 건축한계선의 제한이 있다는 사실을 간과한 채 건축설계를 하고 이를 토대로 건축물의 신축 및 증축 허가를 받은 경우, 그 신축 및 증축 허가가 정당하다고 신뢰한 데에 귀책사유가 있다(대판 2002.11.8. 2001두1512).

> **간단 점검하기**
> 수익적 행정처분의 하자가 당사자의 사실은폐나 기타 사위의 방법에 의한 신청행위에 기인한 것이라면 당사자는 처분에 의한 이익이 위법하게 취득되었음을 알아 취소가능성도 예상하고 있었다 할 것이므로, 그 자신이 처분에 관한 신뢰이익을 원용할 수 없음은 물론 행정청이 이를 고려하지 아니하였다고 하여도 재량권의 남용이 되지 않는다. (○)

> **관련판례**
>
> **사기, 사실 은폐, 과실 등 귀책사유가 있는 경우 – 당사자의 신뢰는 보호가치 없는 신뢰**
>
> 1. 충전소 설치 예정지로부터 100m 내에 있는 건물주의 동의를 모두 얻지 못하였음에도 불구하고 이를 갖춘 양 허가신청을 하여 그 허가를 받아낸 경우에는 당사자는 처분에 의한 이익이 위법하게 취득되었음을 알아 그 취소가능성을 능히 예상하고 있었다고 보아야 할 것이므로 수익적 행정행위인 액화석유가스 충전사업허가 취소처분에 위법이 없다(대판 1992.5.8. 91누13274).
>
> 2. 허위의 고등학교 졸업증명서를 제출하는 사위의 방법에 의한 하사관 지원의 하자를 이유로 하사관 임용일로부터 33년이 경과한 후에 행정청이 행한 하사관 및 준사관 임용취소처분은 적법하다(대판 2002.2.5. 2001두5286).
>
> 3. 개인택시운송사업면허자격이 없음을 숨기고 면허 신청하여 면허를 받은 경우
>
>   그 처분의 하자가 당사자의 사실 은폐나 기타 사위의 방법에 의한 신청행위에 기인한 것이라면 당사자는 그 처분에 의한 이익이 위법하게 취득되었음을 알아 그 취소 가능성도 예상하고 있었다고 할 것이므로 그 자신이 위 처분에 관한 신뢰이익을 수용할 수 없음은 물론이고 행정청이 이를 고려하지 아니하였다고 하여도 재량권의 남용이 되지 않는다(대판 1990.2.27. 89누2189).
>
> 4. 허위의 무사고 증명 기재 내용을 그대로 믿고 동인의 순위를 오인하여 개인택시 사업면허를 발급한 경우
>
>   … 이 경우 허위의 무사고 증명을 제출하여 사위의 방법으로 면허를 받은 사람은 그 이익이 위법하게 취득되었음을 알고 있어 그 취소 가능성도 예상하고 있었을 것이므로 그 자신이 위 행정행위에 대한 신뢰이익을 원용할 수 없음은 물론 행정청이 이를 고려하지 아니하였다 하더라도 재량권의 남용이 논의될 여지가 없다고 봄이 신의칙과 공평의 원칙에 합당하다(대판 1986.8.19. 85누291).
>
> 5. 납세의무자가 자산을 과대 계상하거나 부채를 과소계상하는 등의 방법으로 분식결산을 하고 이에 따라 과다하게 법인세를 신고, 납부하였다가 그 과다납부한 세액에 대하여 취소소송을 제기하여 다투는 경우, 납세의무자에게 신의성실의 원칙을 적용할 수 없다(대판 2006.1.26. 2005두6300).

> **간단 점검하기**
> 건축주와 그로부터 건축설계를 위임받은 건축사가 관계 법령에서 정하고 있는 건축한계선의 제한이 있다는 사실을 간과한 채 건축설계를 하고 이를 토대로 건축물의 신축 및 증축허가를 받은 경우, 그 신축 및 증축허가가 정당하다고 신뢰한 데에는 귀책사유가 있다. (○)

(3) **신뢰에 기인한 상대방 처리 – 개인이 행정청의 견해표명을 신뢰한 결과 이에 상응하는 어떠한 행위를 하여야 함(판례)**

사인이 행정청의 선행조치를 믿고 일정한 처리행위를 하여야 한다. 이는 신뢰보호의 원칙이 상대방의 신뢰 자체를 보호하려는 것보다는 상대방의 일정한 투자를 보호하려는 것이기 때문이다.

(4) **인과관계**

상대방의 처리는 행정청의 선행조치를 신뢰한 것에 기인하여 양자 사이에 인과관계가 있어야 한다.

(5) **선행조치에 반하는 후행 처분 – 행정청이 그 견해표명과는 반대되는 취지의 처분을 함(판례)**

선행조치에 반하는 행정기관의 후행 처분이나 부작위가 있어야 한다.

(6) 공익 또는 제3자의 이익을 고려

판례는 공적 견해표명에 따른 행정처분을 할 경우 이로 인하여 공익 또는 제3자의 정당한 이익을 현저히 해할 우려가 있는 경우가 아니어야 한다는 입장이다(대판 2006.2.24. 2004두13592).

신뢰보호원칙의 조건	내용
행정청의 선행조치	공적인 견해 표명(판례). 단순 누락이나 착오로는 부족
보호 가치 있는 신뢰	관계인의 귀책사유(고의, 과실), 부정행위(사기, 강박)가 없을 것
상대방의 처리	신뢰에 기인한 상대방의 행위
인과관계	선행조치와 상대방의 행위 사이에 인과관계
선행조치에 반하는 처분	선행조치에 반하는 행정청의 후행 처분
손해의 발생	행정청의 후행 처분으로 상대방에게 손해 발생
공익·제3자의 이익을 해할 우려가 없을 것	신뢰보호원칙의 예외

4. 적용영역

신뢰보호의 원칙은 수익적 행위의 취소와 철회, 확약, 행정계획의 변경, 처분 사유의 추가·변경, 조세 행정에서 비과세 관행에 반한 과세처분 등에 적용된다.

(1) 확약

행정청이 상대방에게 장래에 일정한 행정작용을 할 것을 약속한 경우, 상대방의 신뢰보호를 위해 행정청이 이에 스스로 구속된다는 원칙을 말한다. 확약도 공적 견해표명이 될 수 있어, 신뢰보호의 대상이 된다.

(2) 실권의 법리

> 행정기본법 제12조【신뢰보호의 원칙】② 행정청은 권한 행사의 기회가 있음에도 불구하고 장기간 권한을 행사하지 아니하여 국민이 그 권한이 행사되지 아니할 것으로 믿을 만한 정당한 사유가 있는 경우에는 그 권한을 행사해서는 아니 된다. 다만, 공익 또는 제3자의 이익을 현저히 해칠 우려가 있는 경우는 예외로 한다.

실권의 법리는 상당한 기간이 지나 상대방이 이제 권리행사를 하지 아니할 것이라고 신뢰한 경우, 행정청이 원래는 할 수 있었던 권리행사를 할 수 없게 되는 것을 말한다(요건: 행정기관의 취소사유나 철회 사유 등을 앎으로서 권한 행사 가능성을 알았어야 함, 비교적 장기간 위법한 상태를 방치하였을 것, 상대방이 행정기관의 권한 불행사를 신뢰하고 정당한 사유가 있어야 함).

관련판례

1. **택시 운전기사에게 형사처벌 후 3년여가 지나 행한 행정처분은 위법**

   택시 운전사가 1983.4.5. 운전면허정지기간 중 운전행위를 하다가 적발되어 형사처벌을 받았으나 행정청으로부터 아무런 행정조치가 없어 안심하고 계속 운전업무에 종사하고 있던 중 행정청이 위 위반행위가 있고 난 이후에 장기간에 걸쳐 아무런 행정조치를 취하지 않은 채 방치하고 있다가 3년여가 지난 1986.7.7.에 와서 이를 이유로 행정제재를 하면서 가장 무거운 운전면허를 취소하는 행정처분을 하였다면 이는 행정청이 그간 별다른 행정조치가 없을 것이라고 믿은 신뢰의 이익과 그 법적 안정성을 빼앗는 것이 되어 매우 가혹할 뿐만 아니라 비록 그 위반행위가 운전면허취소 사유에 해당한다 할지라도 그와 같은 공익상의 목적만으로는 위 운전사가 입게 될 불이익에 견줄 바 못 된다 할 것이다(대판 1987.9.8. 87누373).

2. **교통사고가 난 지 1년 10개월이 지나 운전면허를 취소하였더라도 신뢰보호에 위반 안 됨**

   교통사고가 일어난 지 1년 10개월이 지난 뒤에 그 교통사고를 일으킨 택시에 대하여 운송사업 면허를 취소하였더라도 처분 관할관청이 위반행위를 적발한 날로부터 10일 이내에 처분을 하여야 한다는 교통부령인 자동차운수사업법 제31조 등의 규정에 의한 사업면허의 취소등의 처분에 관한 규칙 제4조 제2항 본문을 강행규정으로 볼 수 없을 뿐만 아니라 택시운송사업자로서는 자동차운수사업법의 내용을 잘 알고 있어 교통사고를 낸 택시에 대하여 운송사업면허가 취소될 가능성을 예상할 수도 있었을 터이니, 자신이 별다른 행정조치가 없을 것으로 믿고 있었다 하여 바로 신뢰의 이익을 주장할 수는 없으므로 그 교통사고가 자동차운수사업법 제31조 제1항 제5호 소정의 "중대한 교통사고로 인하여 많은 사상자를 발생하게 한 때"에 해당한다면 그 운송사업 면허의 취소가 행정에 대한 국민의 신뢰를 저버리고 국민의 법 생활의 안정을 해치는 것이어서 재량권의 범위를 일탈한 것이라고 보기는 어렵다(대판 1989.6.27. 88누6283).

3. **행정서사업무허가 후 20년이 다 되어 이를 반려하였다 하더라도 이는 실권의 법리에 반하지 않음 – 실권의 법리는 권리행사가 가능한 때로부터 적용**

   실종 또는 실효의 법리는 법의 일반원리인 신의성실의 원칙에 바탕을 둔 파생원칙인 것이므로 공법관계 가운데 관리관계는 물론이고 권력관계에도 적용되어야 함을 배제할 수는 없다 하겠으나 그것은 본래 권리행사의 기회가 있음에도 불구하고 권리자가 장기간에 걸쳐 그의 권리를 행사하지 아니하였기 때문에 의무자인 상대방은 이미 그의 권리를 행사하지 아니할 것으로 믿을만한 정당한 사유가 있게 되거나 행사하지 아니할 것으로 추인케 할 경우에 새삼스럽게 그 권리를 행사하는 것이 신의성실의 원칙에 반하는 결과가 될 때에 그 권리행사를 허용하지 않는 것을 의미한다(대판 1998.4.27. 87누915).

(3) 행정계획의 변경

행정청의 행정계획을 신뢰하여 사인이 일정한 투자를 한 경우, 그 계획의 변경 또는 폐지로 인하여 사인의 신뢰가 침해되는 경우, 신뢰보호의 원칙을 근거로 하여 당해 계획의 보장을 요구하는 것이 허용될 것인지가 문제되는데, 계획존속청구권이나 계획보장청구권 등은 인정하지 않고 있다.

간단 점검하기

실권의 법리는 법의 일반원리인 신의성실의 원칙에 바탕을 둔 파생원칙이므로 권력관계에는 적용되지 않는다. (×)

5. 신뢰 위반의 효과

신뢰보호의 원칙에 위반된 행정청의 행위는 위법하다.

6. 한계

(1) 문제점

법률 적합성의 원칙(법률 우위)과 신뢰보호의 원칙이 충돌하는 경우, 어떤 원리를 우선할 것인지에 대하여 학설이 대립한다. 즉, 위법하게 신뢰를 보호할지 적법하게 신뢰를 보호하지 않을지가 충돌할 경우 신뢰를 보호하면 위법이 문제 되고 적법하게 하면 신뢰보호가 문제된다.

(2) 법적 안정성과 법률 적합성의 충돌 시 비교형량

신뢰보호원칙은 법적 안정성에 치중하는 결과 행정의 법률 적합성 원칙과 충돌하게 되고, 이 경우에 양 원칙의 관계가 문제된다. 이에 대해 ① 법률적 합성 우위설과 ② 양자 동의설(법률 적합성의 원칙과 법적 안정성의 원칙은 다 같이 법치주의의 구성요소이므로 양자는 동위의 것이라고 함)이 대립한다. 통설과 판례는 양자동위설에 입각하여 양자를 비교 형량(사익과 공익의 비교형량)하여 판단한다. 따라서 신뢰보호원칙은 협의의 비례원칙으로 귀결된다.

(3) '공익' 우선

'공익'이나 '제3자의 정당한 이익'을 현저히 해할 우려가 없어야 신뢰보호가 인정될 수 있다.

관련판례 신뢰보호의 원칙의 한계

- 법률 적합성의 원칙과 신뢰보호의 원칙이 충돌하는 경우 비교형량(이익 형량설)
- 공익보호의 필요성이 더 커 신뢰보호원칙 위반으로 인정되지 않은 사례

1. [1] 행정처분이 신뢰보호의 요건을 충족하는 경우라고 하더라도 행정청이 앞서 표명한 공적인 견해에 반하는 행정처분을 함으로써 달성하려는 공익이 행정청의 공적 견해표명을 신뢰한 개인이 그 행정처분으로 인하여 입게 되는 이익의 침해를 정당화할 수 있을 정도로 강한 경우에는 신뢰보호의 원칙을 들어 그 행정처분이 위법하다고는 할 수 없다.
   [2] 한려해상국립공원지구 인근의 자연녹지지역에서의 토석채취허가가 법적으로 가능할 것이라는 행정청의 언동을 신뢰한 개인이 많은 비용과 노력을 투자하였다가 불허가처분으로 상당한 불이익을 입게 된 경우, 위 불허가처분에 의하여 행정청이 달성하려는 주변의 환경·풍치·미관 등의 공익이 그로 인하여 개인이 입게 되는 불이익을 정당화할 만큼 강하다는 이유로 불허가처분이 재량권의 남용 또는 신뢰보호의 원칙에 반하여 위법하다고 할 수 없다고 한 사례(대판 1998.11.13. 98두7343)

2. 주택건설사업을 시행하려고 하는 임야가 일반 주거지역에 속하더라도 풍치·미관이 수려한 국립공원 내의 산림보호라는 공익목적을 위하여 주택건설사업계획 사전결정 신청을 반려할 수 있음

   우이동 소재 당해 임야가 서쪽으로 북한산 산자락과 이어져 있고, 그 지상의 산림은 북한산 국립공원의 산림과 이어져 경계가 구별되지 않는 일단의 산림을 이루고 있으며, 자연경관과 임상이 수려한 미개발 상태의 산림으로서 위 임야에 대하여 이를 대지로 조성하기 위한 형질변경을 허가하고, 그 지상에 건축허가를 하여

간단 점검하기

행정청이 공적인 견해에 반하는 행정처분을 함으로써 달성하려는 공익이 행정청의 공적 견해표명을 신뢰한 개인이 그 행정처분으로 인하여 입게 되는 이익의 침해를 정당화할 수 있을 정도로 강한 경우에는 그 행정처분은 위법하지 않다. (O)

주면 그와 동일한 조건의 인근 지역의 모든 토지(임야)에 대하여 형질변경 허가와 건축허가를 하는 것이 불가피하게 되어 그 일대 자연 상태의 산림이 훼손될 수밖에 없다면 구청장으로서는 북한산 국립공원의 보호와 임상이 양호하고 풍치·미관이 수려한 산림의 보호라고 하는 공익목적을 위하여 주택건설사업계획 사전결정을 거부할 수 있고, 당해 임야가 일반 주거지역으로 지정된 바 있다 하더라도 구청장이 위와 같은 공익목적을 위하여 주택건설사업계획 사전결정을 거부하는 것이 신뢰보호의 원칙에 어긋나거나 재량권을 남용한 것이라고 볼 수 없다(대판 1997.11.11. 97누11966).

3. 토석채취허가가 법적으로 가능할 것이라는 행정청의 언동을 신뢰한 개인이 많은 비용과 노력을 투자하였다가 불허가처분으로 상당한 불이익을 입게 된 경우, 위 불허가처분에 의하여 행정청이 달성하려는 공익이 그로 인하여 개인이 입게 되는 불이익을 정당화할 만큼 강하다는 이유로 불허가처분이 적법하다(대판 1998.11.13. 98두7343).

7. 권리구제

신뢰보호원칙 위반은 위법하므로 국가배상이나 항고소송이 모두 가능하다. 비교형량에 입각한 존속 보호(선행조치의 존속)를 원칙으로 하고, 그것이 불가능할 경우에는 보상보호(재산상의 손실로 보상)를 한다.

> **관련판례** 신뢰보호의 원칙 위반 주요판례
>
> 1. 법적으로 혼인한 상태가 아닌 대한민국 국적인 부와 중화인민공화국 국적인 모 사이에 출생한 甲과 乙이 출생신고에 따라 주민등록번호를 부여받고 가족관계등록부에 등록되었으며 각각 17세 때 주민등록증을 발급받았는데, 관할 행정청이 '외국인 모와의 혼인외자 출생신고'라며 가족관계등록부를 말소하고 출입국관리 행정청이 부모들에게 甲과 乙에 대한 국적 취득 절차를 안내했음에도 이를 진행하지 않다가 성년이 된 후 국적법에 따라 국적보유판정을 신청했으나, 법무부장관이 대한민국 국적 보유자가 아니라는 이유로 甲과 乙에게 국적비보유 판정을 한 사안에서, 위 판정은 甲과 乙의 신뢰에 반하여 이루어진 것으로 신뢰보호의 원칙에 위배된다(대판 2024.3.12. 2022두60011).
>
> 2. 운전면허 취소사유에 해당하는 음주운전을 적발한 경찰관의 소속 경찰서장이 사무착오로 위반자에게 운전면허정지처분을 한 상태에서 위반자의 주소지 관할 지방경찰청장이 위반자에게 운전면허취소처분을 한 것은 선행처분에 대한 당사자의 신뢰 및 법적 안정성을 저해하는 것으로서 허용될 수 없다고 한 사례(대판 2000.2.25. 99두10520)
>
> 3. 동사무소 직원이 행정상 착오로 국적이탈을 사유로 주민등록을 말소한 것을 신뢰하여 만 18세가 될 때까지 별도로 국적이탈신고를 하지 않았던 사람이, 만 18세가 넘은 후 동사무소의 주민등록 직권 재등록 사실을 알고 국적이탈신고를 하자 '병역을 필하였거나 면제받았다는 증명서가 첨부되지 않았다'는 이유로 이를 반려한 처분은 신뢰보호의 원칙에 반하여 위법하다고 한 사례(대판 2008.1.17. 2006두10931)

5 부당결부금지의 원칙

> 행정기본법 제13조 【부당결부금지의 원칙】 행정청은 행정작용을 할 때 상대방에게 해당 행정작용과 실질적인 관련이 없는 의무를 부과해서는 아니 된다.

1. 의의
행정기관이 행정작용을 함에 있어 그것과 실체적인 관련성이 없는 상대방의 반대급부를 조건으로 발령하여서는 안된다는 원칙을 말한다.

2. 법적 근거
행정기본법에 그 근거를 두고 있다.

3. 적용영역

(1) 새로운 의무이행 확보의 수단
행정의 새로운 실효성 확보 수단으로서 공급거부와 관허사업 제한을 들 수 있다. 이 규정에 대해서는 부당결부금지원칙에 반한다는 견해와 반하지 않는다는 견해가 대립하고 있다.

(2) 공법상 계약
공법상 계약에 부당결부조항이 있으면 상대방은 당사자소송으로 당해 계약 무효확인의 소를 제기할 수 있다.

(3) 부관
행정행위의 목적과는 무관한 목적을 위해 부관을 결부시킨다면 이는 부당결부금지원칙에 위배된다. 판례 역시 행정청이 주택사업계획을 승인하면서 당해 사업과 무관한 토지기부채납을 명령한 것은 부당결부금지원칙에 반하여 위법하다고 판시한바 있다.

> **관련판례** 행정행위의 부관과 관련된 판례
> 1. 주택사업계획승인을 하면서 그 주택사업과는 아무런 관련이 없는 토지를 기부채납하도록 하는 부관을 주택사업계획승인에 붙인 경우는 부당결부금지의 원칙 위반으로 위법하다(무효는 아님)(대판 1997.3.11. 96다49650).
> 2. 주택사업계획을 승인하면서 입주민이 이용하는 진입도로의 개설 및 확장과 이의 기부채납의무를 부담으로 부과하는 것은 부당 결부 금지의 원칙에 반하지 않는다(대판 1997.3.14. 96누16698).
> 3. 건축허가와 도로기부채납의무
>   건축물의 건축허가와 도로기부채납의무는 별개의 것인바, 도로기부채납의무를 불이행하였음을 이유로 하는 준공거부처분은 건축법에 근거 없이 이루어진 부당 결부로서 위법하다(대판 1992.11.27. 92누10364).

> **간단 점검하기**
> 지방자치단체장이 사업자에게 주택사업계획승인을 하면서 그 주택사업과 아무 관련이 없는 토지를 기부채납하도록 하는 부관을 붙인 경우, 그 부관은 부당결부금지원칙에 위반되어 위법하다.
> (○)

4. 요건

(1) 행정청의 행정작용 존재, 즉 공권력의 행사가 있어야 한다.

(2) 공권력의 행사가 상대방의 반대급부와 결부되어야 한다.

(3) 부당한 내적 관련성(실체적 관련성)이 존재해야 한다. 부당한 내적 관련성이란 원인적 관련성과 목적적 관련성을 의미한다.

5. 권리구제

부당결부금지원칙에 위배된 행위는 위법하므로 국가배상 청구나 행정심판 및 행정소송이 가능하다.

6. 복수 운전면허의 취소

'복수면허 동시 처벌' 문제는 현행법상 명확한 기준이 없어 끊임없이 논란의 대상이 돼왔다. 현재 법원은 도로교통법 위반 차량의 종류를 기준으로, 관련 차종을 다른 복수면허로 운전할 수 있을 경우 복수면허의 '일괄' 취소·정지를 인정하는 한편 그렇지 않은 경우 관련 면허에 대해서만 '일부' 취소·정지하는 것으로 판단하고 있다. 그러나 최근에는 복수 운전면허 전부 취소에 대한 도로교통법 일부개정법률안이 발의된 상태이다. 따라서 앞으로 어떤 변화가 있을지 관심을 가져 보아야 할 문제이다.

> **관련판례**
>
> 한 사람이 여러 종류의 자동차운전면허를 취득하는 경우뿐 아니라 이를 취소 또는 정지함에 있어서도 서로 별개의 것으로 취급하는 것이 원칙이라고 할 것이나, 그 취소나 정지의 사유가 특정의 면허에 관한 것이 아니고 다른 면허와 공통된 것이거나 운전면허를 받은 사람에 관한 경우에는 여러 운전면허 전부를 취소 또는 정지할 수도 있다고 보는 것이 상당할 것이다(대판 1992.9.22. 91누8289).

심화학습 운전할 수 있는 차의 종류(도로교통법 시행규칙 별표 18)

운전면허			운전할 수 있는 차량
종별	구분		

제1종	대형면허		1. 승용자동차
			2. 승합자동차
			3. 화물자동차
			4. 삭제
			5. 건설기계
			   가. 덤프트럭, 아스팔트살포기, 노상안정기
			   나. 콘크리트믹서트럭, 콘크리트펌프, 천공기(트럭 적재식)
			   다. 콘크리트믹서트레일러, 아스팔트콘크리트재생기
			   라. 도로보수트럭, 3톤 미만의 지게차
			6. 특수자동차[대형견인차, 소형견인차 및 구난차(이하 "구난차등" 이라 한다)는 제외한다]
			7. 원동기장치자전거

	보통면허		1. 승용자동차 2. 승차정원 15명 이하의 승합자동차 3. 삭제 4. 적재중량 12톤 미만의 화물자동차 5. 건설기계(도로를 운행하는 3톤 미만의 지게차로 한정한다) 6. 총중량 10톤 미만의 특수자동차(구난차등은 제외한다) 7. 원동기장치자전거
	소형면허		1. 3륜화물자동차 2. 3륜승용자동차 3. 원동기장치자전거
	특수면허	대형견인차	1. 견인형 특수자동차 2. 제2종 보통면허로 운전할 수 있는 차량
		소형견인차	1. 총중량 3.5톤 이하의 견인형 특수자동차 2. 제2종 보통면허로 운전할 수 있는 차량
		구난차	1. 구난형 특수자동차 2. 제2종보통면허로 운전할 수 있는 차량
제2종	보통면허		1. 승용자동차 2. 승차정원 10명 이하의 승합자동차 3. 적재중량 4톤 이하의 화물자동차 4. 총중량 3.5톤 이하의 특수자동차(구난차등은 제외한다) 5. 원동기장치자전거
	소형면허		1. 이륜자동차(운반차를 포함한다) 2. 원동기장치자전거
	원동기장치자전거면허		원동기장치자전거
연습면허	제1종 보통		1. 승용자동차 2. 승차정원 15명 이하의 승합자동차 3. 적재중량 12톤 미만의 화물자동차
	제2종 보통		1. 승용자동차 2. 승차정원 10명 이하의 승합자동차 3. 적재중량 4톤 이하의 화물자동차

> **관련판례**

전부취소 가능한 사례(공통, 사람)

1. **제1종 보통 운전면허로 운전할 수 있는 차(승합차)를 음주운전 – 제1종 보통 및 대형 운전면허취소**

    제1종 보통 운전면허와 제1종 대형 운전면허의 소지자가 제1종 보통 운전면허로 운전할 수 있는 승합차를 음주운전하다가 적발되어 두 종류의 운전면허를 모두 취소당한 사안에서, 그 취소처분으로 생업에 막대한 지장을 초래하게 되어 가족의 생계조차도 어려워질 수 있다는 당사자의 불이익보다는 교통법규의 준수 또는 주취운전으로 인한 사고의 예방이라는 공익 목적 실현의 필요성이 더욱 크고, 당해 처분 중 제1종 대형 운전면허의 취소가 재량권을 일탈한 것으로 본다면 상대방은 그 운전면허로 다시 승용 및 승합자동차를 운전할 수 있게 되어 주취운전에도 불구하고 아무런 불이익을 받지 않게 되어 현저히 형평을 잃은 결과가 초래된다는 이유로, 이와 달리 제1종 대형 운전면허 부분에 대한 운전면허취소처분이 재량권의 한계를 넘는 위법한 처분이라고 본 원심판결을 파기한 사례(대판 1997.3.11. 96누15176).

2. **제1종 보통면허로 운전할 수 있는 차량을 음주운전 – 원동기 자전거 면허까지 취소**

    한 사람이 여러 종류의 자동차운전면허를 취득하는 경우뿐 아니라 이를 취소 또는 정지하는 경우에 있어서도 서로 별개의 것으로 취급하는 것이 원칙이기는 하나, 자동차운전면허는 그 성질이 대인적 면허일뿐만 아니라 도로교통법시행규칙 제26조 별표 14에 의하면, 제1종 대형면허 소지자는 제1종 보통면허로 운전할 수 있는 자동차와 원동기장치자전거를, 제1종 보통면허 소지자는 원동기장치자전거까지 운전할 수 있도록 규정하고 있어서 제1종 보통면허로 운전할 수 있는 차량의 음주운전은 당해 운전면허뿐만 아니라 제1종 대형면허로도 가능하고, 또한 제1종 대형면허나 제1종 보통면허의 취소에는 당연히 원동기장치자전거의 운전까지 금지하는 취지가 포함된 것이어서 이들 세 종류의 운전면허는 서로 관련된 것이라고 할 것이므로 제1종 보통면허로 운전할 수 있는 차량을 음주운전한 경우에 이와 관련된 면허인 제1종 대형면허와 원동기장치자전거면허까지 취소할 수 있는 것으로 보아야 한다(대판 1994.11.25. 94누9672).

3. **제1종 대형면허로 운전할 수 있는 차량을 운전면허정지기간 중에 운전 – 이와 관련된 제1종 보통면허까지 취소**

    한 사람이 여러 종류의 자동차운전면허를 취득하는 경우뿐 아니라, 이를 취소 또는 정지하는 경우에 있어서도 서로 별개의 것으로 취급하는 것이 원칙이고, 제1종 대형면허를 가진 사람만이 운전할 수 있는 대형승합자동차는 제1종 보통면허를 가지고 운전할 수 없는 것이기는 하지만, 자동차운전면허는 그 성질이 대인적 면허일 뿐만 아니라, 도로교통법 시행규칙 제26조 [별표 13의6]에 의하면, 제1종 대형면허 소지자는 제1종 보통면허 소지자가 운전할 수 있는 차량을 모두 운전할 수 있는 것으로 규정하고 있어, 제1종 대형면허의 취소에는 당연히 제1종 보통면허소지자가 운전할 수 있는 차량의 운전까지 금지하는 취지가 포함된 것이어서 이들 차량의 운전면허는 서로 관련된 것이라고 할 것이므로, 제1종 대형면허로 운전할 수 있는 차량을 운전면허정지기간 중에 운전한 경우에는 이와 관련된 제1종 보통면허까지 취소할 수 있다(대판 2005.3.11. 2004두12452).

📋 **간단 점검하기**

제1종 보통면허로 운전할 수 있는 차량을 운전면허정지기간 중에 운전한 경우 이와 관련된 원동기장치자전거면허까지 취소할 수 있다. (○)

4. **택시 음주운전 - 제1종 특수면허의 취소(특수면허로 택시 운전 가능)**

   특수면허가 제1종 운전면허의 하나인 이상 특수면허 소지자는 승용자동차로서 자동차운수사업법, 같은 법 시행령, 사업용 자동차구조 등의 기준에 관한 규칙 등에 규정된 사업용 자동차인 택시를 운전할 수 있다. 따라서 택시의 운전은 제1종 보통면허 및 특수면허 모두로 운전한 것이 되므로 택시의 음주운전을 이유로 위 두 가지 운전면허 모두를 취소할 수 있다(대판 1996.6.28. 96누4992).

> **관련판례**
>
> **전부취소 불가능한 사례(원칙에 따라 별개로 취급)**
>
> 1. **제1종 특수차인 레이카크레인이나 트레일러를 음주운전 - 제1종 보통면허나 대형면허의 취소**(대판 1997.5.16. 97누1310)
>
> 2. **제1종 보통·대형·특수면허 소지자가 12인승 승합차 음주운전 - 제1종 특수면허까지 취소**
>   위 운전자는 자신이 소지하고 있는 자동차운전면허 중 제1종 보통 및 제1종 대형자동차운전면허만으로 운전한 것이 되어, 제1종 특수자동차운전면허는 위 승합자동차의 운전과는 아무런 관련이 없고, 또한 위 [별표 14]에 의하면 추레라와 레이카는 제1종 특수자동차운전면허를 받은 자만이 운전할 수 있어 제1종 보통이나 제1종 대형자동차운전면허의 취소에 제1종 특수자동차운전면허로 운전할 수 있는 자동차의 운전까지 금지하는 취지가 당연히 포함되어 있는 것은 아니다(대판 1998.3.24. 98두1031).
>
> 3. **이륜자동차 음주운전 - 제1종 대형면허나 보통면허의 취소나 정지**
>   이륜자동차로서 제2종 소형면허를 가진 사람만이 운전할 수 있는 오토바이는 제1종 대형면허나 보통면허를 가지고서도 이를 운전할 수 없는 것이어서 이와 같은 이륜자동차의 운전은 제1종 대형면허나 보통면허와는 아무런 관련이 없는 것이므로 이륜자동차를 음주운전을 한 사유만 가지고서는 제1종 대형면허나 보통면허의 취소나 정지를 할 수 없다(대판 1992.9.22. 91누8289).
>
> 4. 제1종 대형, 제1종 보통 자동차운전면허를 가지고 있는 甲이 배기량 400cc의 오토바이를 절취하였다는 이유로 지방경찰청장이 甲의 제1종 대형, 제1종 보통 자동차운전면허를 모두 취소한 사안에서, 위 오토바이를 훔쳤다는 사유만으로 제1종 대형면허나 보통면허를 취소할 수 없다(대판 2012.5.24. 2012두1891).

6 성실의무 및 권한남용금지의 원칙

> 행정기본법 제11조 【성실의무 및 권한남용금지의 원칙】 ① 행정청은 법령등에 따른 의무를 성실히 수행하여야 한다.
> ② 행정청은 행정권한을 남용하거나 그 권한의 범위를 넘어서는 아니 된다.

관련판례

1. 지방공무원 임용신청 당시 잘못 기재된 호적상 출생연월일을 생년월일로 기재하고, 이에 근거한 공무원인사기록카드의 생년월일 기재에 대하여 처음 임용된 때부터 약 36년 동안 전혀 이의를 제기하지 않다가, 정년을 1년 3개월 앞두고 호적상 출생연월일을 정정한 후 그 출생연월일을 기준으로 정년의 연장을 요구하는 것이 신의성실의 원칙에 반하지 않는다(대판 2009.3.26. 2008두21300).

2. 피징계자가 징계처분에 중대하고 명백한 흠이 있음을 알면서도 퇴직시에 지급되는 퇴직금 등 급여를 지급받으면서 그 징계처분에 대하여 위 흠을 들어 항고하였다가 곧 취하하고 그 후 5년 이상이나 그 징계처분의 효력을 일체 다투지 아니하다가 위 비위사실에 대한 공소시효가 완성되어 더이상 형사소추를 당할 우려가 없게 되자 새삼 위 흠을 들어 그 징계처분의 무효확인을 구하는 소를 제기하기에 이르렀고 한편 징계권자로서도 그 후 오랜 기간동안 피징계자의 퇴직을 전제로 승진·보직 등 인사를 단행하여 신분관계를 설정하였다면 피징계자가 이제 와서 위 흠을 내세워 그 징계처분의 무효확인을 구하는 것은 신의칙에 반한다(대판 1989.12.12. 88누8869).

제 4 장 행정상 법률관계

제1절 행정상 법률관계의 관념

행정상 법률관계란 행정에 관한 권리·의무에 관한 법률관계를 총칭하는 개념으로 광의로는 행정조직법적관계와 행정작용법적 관계 모두를 말하고, 협의로는 행정주체와 행정객체의 작용법적 관계만을 의미한다. 행정법관계는 행정작용법적 관계 중 사법관계를 제외한 공법관계를 의미함이 보통이다.

1 행정상 법률관계의 당사자

행정상의 권리·의무의 주체를 행정주체라고 부른다. 이러한 행정주체가 행정을 행하기 위해서는 일정한 조직이 필요하다. 이 조직을 행정조직(행정기관으로 구성)이라 한다. 즉 행정주체의 활동은 행정기관(권리·의무는 행정주체에게 귀속됨)에 의하여 행하여지는 것이다.

1. 의의

행정법관계의 당사자란 행정법관계에 있어서의 권리·의무의 주체를 말한다. 이에는 행정권을 행사하고 그 법적 효과가 귀속되는 행정주체와 그 행정권의 발동 대상인 행정객체가 있다. 이러한 행정법관계의 당사자는 권리와 의무가 있다는 점에서 단지 행정주체를 위해 권한을 행사하는 행정기관과는 구별된다.

(1) 행정주체와 행정청

행정주체	행정청
당사자를 의미(법적 효과 귀속)	행정기관을 의미(행정에 관한 의사의 내부 결정 - 외부 표시)
권리·의무의 귀속 주체 ○	처분의 주체(권리·의무의 귀속 주체 ✕)
국가배상책임의 주체, 당사자소송의 주체	항고소송의 피고적격

(2) 행정기관의 종류

행정기관의 종류	특징	사례
행정청	독임제 관청(원칙)	대통령, 국무총리, 장관, 처장, 청장, 세무서장, 경찰서장, 소방서장
	합의제관청	중앙노동위원회(예외적으로 위원장 피고), 중앙선거관리위원회, 중앙해난심판원, 행정심판위원회, 토지수용위원회, 금융위원회, 배상심의회, 공정거래위원회, 방송통신위원회, 감사원

보조기관	의사결정 - 표시 보조	차관, 국장, 실장, 차장, 과장, 민방위본부장
보좌기관	행정청 - 보조기관 보좌	대통령실장, 국무조정실장, 차관보, 담당관
의결기관	결정권(○), 표시권(×)	지방의회, 경찰위원회, 광업조정위원회, 중앙도시계획위원회, 공무원 징계위원회, 교육위원회, 감사위원회
집행기관	행정청 명령 → 의사 집행	경찰공무원, 해양경찰대, 전투경찰대, 소방공무원, 세무공무원, 무허가건물철거반원
감사기관	사무 - 회계 검사권	감사원
부속기관	시험연구기관	국립환경연구원, 임업연구원
	교육훈련기관	중앙공무원교육원
	문화기관	국립극장, 국립국악원
	제조기관	국립영화제작소
	자문기관	국가안전보장회의, (민주 평화통일, 국가과학기술, 국민경제) 자문회의, 국방부징발보상심의회, 교육정책심의회, 장관고문 등

2. 행정의 주체

(1) 국가

시원적 행정권을 가지고 있는 행정주체

(2) 공공단체

공공단체란 국가로부터 존립 목적이 부여된 법인으로서 국가 밑에서 행정목적을 수행하는 공법상의 법인을 의미한다. 광의로는 지방자치단체, 공공조합(공법상 사단법인), 공법상 재단법인, 영조물 법인 등을, 협의로는 공공조합을 의미한다.

① **지방자치단체**
   ㉠ **보통지방자치단체**: 구성, 조직, 기능, 사무 따위에서 보편적 성격을 띤 지방자치단체로서 ⓐ 광역단체(특별시·광역시, 도)와 ⓑ 기초단체(시·군·자치구)가 있다.
   ㉡ **특별지방자치단체(지방자치단체 조합)**: 지방자치단체 조합이란 특별한 목적을 위하여 설치된 특수한 지방자치단체로서 서울특별시·광역시·도와 시·군 등의 보통지방자치단체에 대응하는 개념이다. 종전에는 교육구와 시·읍·면 조합 등의 특별지방자치단체가 있었으나 현행법상으로는 지방자치단체의 업무 가운데에서 일부를 처리하기 위한 지방자치단체조합(지방자치법 제149조)이 있을 뿐이다.

② **공공조합(공법상 사단법인)**: 특수한 사업을 수행하기 위하여 일정한 자격을 갖춘 사람으로 구성된 공적인 사단법인을 말한다. 이에는 구성원이 있다는 특징이 있다(농지개량조합, 도시개발조합, 대한변호사협회, 의사회).

③ **공법상 재단법인**: 재단설립자에 의하여 출연된 재산을 관리하기 위하여 설립된 공공단체로서 재산의 집합체이다. 이에는 수혜자와 운영자, 직원은 있으나 구성원이 없다는 점에서 공공조합과 구별된다(한국학술진흥재단, 국민연금관리공단 등).

④ **영조물 법인**: 특정 행정목적에 제공된 인적·물적 종합시설(영조물)에 공법상 법인격이 부여된 것 등을 일컫는다(한국은행 등 국책은행, 서울대학병원 등 국립대학병원, 각종 한국도로공사나 한국토지공사, 지하철공사 등). 영조물 중 법인격의 부여를 받은 것을 영조물 법인이라 한다.

3. 공무수탁사인

(1) 의의
① **개념**: 개인의 경우 행정객체가 되는 것이 일반적이나 예외적으로 행정주체로부터 자신의 이름으로 공행정사무를 처리할 수 있는 권한을 위임받아 그 범위 안에서 행정주체로서의 지위에 있는 사인을 말한다.
② **제도의 취지**: 사인의 전문지식과 독창성을 활용하고 행정의 분산을 도모하기 위함이다.

(2) 법적 근거
사인에게 공무 위탁을 하기 위해서는 법률의 근거를 필요로 한다. 현행법상 공무 수탁 사인에 대한 법적 근거로는 다음과 같은 것들을 들 수 있다.

① **정부조직법 제6조 제3항**: 행정기관은 법령이 정하는 바에 의하여 그 소관 사무 중 조사·검사·검정·관리 업무 등 국민의 권리·의무와 직접 관계되지 아니하는 사무를 지방자치단체가 아닌 법인·단체 또는 그 기관이나 개인에게 위탁할 수 있다.

② **지방자치법 제104조 제3항**: 지방자치단체의 장은 조례 또는 규칙이 정하는 바에 의하여 그 권한에 속하는 사무 중 조사·검사·검정·관리 업무 등 주민의 권리·의무와 직접 관련되지 아니하는 사무를 법인·단체 또는 그 기관이나 개인에게 위탁할 수 있다.

③ 이 밖에 개별법으로 선원법 제6조, 사법경찰관리의 직무를 행할 자와 그 직무범위에 관한 법률 제7조, 여객자동차 운수사업법 제68조 제1항, 민영교도소 등의 설치·운영에 관한 법률 제3조 제1항, 별정우체국법 제2조 제1호, 항공안전 및 보안에 관한 법률 제22조 제1항 등에 공무수탁사인에 대한 법적 근거를 마련해 두고 있다.

> **관련판례** 민간부문으로의 위임 여부는 입법재량
>
> 국가가 자신의 임무를 그 스스로 수행할 것인지 아니면 그 임무의 기능을 민간부문으로 하여금 수행하게 할 것인지 하는 문제, 즉 국가가 어떤 임무 수행 방법을 선택할 것인가 하는 문제는 입법자가 당해 사무의 성격과 수행방식의 효율성 정도 및 비용, 공무원 수의 증가 또는 정부부문의 비대화 문제, 민간부문의 자본능력과 기술력의 성장 정도, 시장 여건의 성숙도, 민영화에 대한 사회적·정치적 합의 등을 종합적으로 고려하여 판단해야 할 사항으로서 그 판단에 관하여는 입법자에게 광범위한 입법재량 내지 형성의 자유가 인정된다(헌재 2007.06.28. 2004헌마262).

(3) 종류

공무수탁사인의 종류	체신	별정 우체국장
	경찰 - 호적	사선의 선장
	학위 수여	사립대학교 학장
	공용수용	공특법상의 기업자
	국세	소득세원천징수의무자(판례는 부정, 학설은 대립)
	교정업무	민영교도소 등의 설치·운영에 관한 법률에 따라 교정업무를 수행하는 교정법인 또는 민영교도소 등
	공증	공증사무를 수행하는 공증인
	공무	공무(등록업무수행, 직업에 대한 규제법규 제정)를 수행하는 변호사협회와 의사협회와 같은 직업별 협회
공무수탁사인이 아닌 경우	행정을 대행하는 경우	행정기관에 감독받으나 종속되지는 않음(예 차량등록의 대행자, 자동차검사의 대행자)
	행정보조인	행정기관에 종속(예 아르바이트로 우편 업무를 수행하는 사인)
	공의무 부담자	법률에 의해 공행정사무를 처리할 의무가 부여된 사인이나 권한을 이전받지 못함[예 석유비축의무가 있는 사업주. 사법인 등이 조세를 원천징수할 의무가 있음(판례)]
	공무집행에 자진하여 협력하는 사인	의용 소방대원
	국립대학의 시간강사	제한된 공법상 근무 관계
	계약에 의하여 공적 임무를 위탁받은 사인	주로 사법상 계약(예 주차위반 차량을 견인하는 민간사업자가 경찰과 계약을 통해 업무 수행, 자치단체와 계약을 통해 자치단체에서 발생하는 생활 쓰레기 수거, 행정청과 계약을 통해 무허가 건축 철거 시행)
	선원의 월급을 주는 선장	
	공납금을 수납하는 사립대학 총장 및 학장	

(4) 공무수탁사인의 법률관계
① **국가와의 관계**: 공법상 위임관계이므로 국가와 독립하여 사무를 행하지만, 국가의 감독을 받으며 국가에 대해서는 비용청구권 등이 인정된다.
② **국민과의 관계(행정청과 동일)**
　㉠ **행정절차법 제2조 제1호의 규정**: "행정청"이라 함은 행정에 관한 의사를 결정하여 표시하는 국가 또는 지방자치단체의 기관, 기타 법령 또는 자치법규에 의하여 행정권한을 가지고 있거나 위임 또는 위탁받은 공공단체나 그 기관 또는 사인을 말한다. 따라서 공무수탁사인 역시 행정청에 해당한다. 그러므로 공무수탁사인은 위탁받은 사무의 범위 내에서 행정행위를 발할 수 있으며 수수료도 징수할 수 있다.
　㉡ **사인의 권리 침해 시**
　　ⓐ 사인이 처분의 위법을 다투는 항고소송을 제기한 경우 공무수탁사인을 상대방으로 제기한다(행정소송법 제2조 제2항, 행정심판법 제2조 제2항).
　　ⓑ 국가배상법에 따라 국가배상을 청구할 수 있다(국가배상법 제2조 제1항).

> **관련판례**
> 성업공사가 체납압류된 재산을 공매하는 것은 세무서장의 공매권한 위임에 의한 것으로 보아야 할 것이므로, 성업공사가 한 그 공매처분에 대한 취소 등의 항고소송을 제기함에 있어서는 수임청으로서 실제로 공매를 행한 성업공사를 피고로 하여야 하고, 위임청인 세무서장은 피고적격이 없다(대판 1997.2.28. 96누1757).

(5) 공무수탁자의 공무수행과 권리구제
① **항고소송**: 공무수탁사인이 한 처분의 위법성을 다투는 항고소송을 제기할 때에는 공무수탁사인을 대상으로 제기하여야 한다.
② **손해배상**: 공무수탁사인은 국가배상법상의 공무원이므로 공무수탁사인이 국민에게 손해를 가한 경우에는 국가나 지방자치단체를 상대로 국가배상을 청구하여야 한다.

4. 행정의 상대방(행정객체)
행정의 상대방이란 행정주체가 행정권을 행사할 경우 행사의 대상이 되는 자를 말한다. 행정의 상대방에 해당하는 것으로는 자연인(내국인, 외국인), 공공단체가 있으며 권리능력 없는 사단이나 재단도 이에 포함된다. 하지만, 국가는 시원적 권력의 주체로서 행정객체가 될 수 없다는 것이 통설이다(반대견해 존재).

2 행정상 법률관계(행정법관계의 종류)

1. 행정조직법적 관계

(1) 행정기관 상호간 또는 행정기관의 내부관계를 말한다. 이는 권리주체 간의 관계는 아니므로 권리·의무 관계가 아니라 직무권한 관계이다.

> **심화학습** 권리와 권한
> 권리는 자연인이나 법인이 가질 수 있는 법률상 이익을 말하고 권한은 타인을 위하여 그 자에 대하여 일정한 법률효과를 발생케 하는 행위를 할 수 있는 법률상 자격을 말한다. 대리인의 대리권, 법인의 이사의 대표권 등이 그 예이다.

(2) 상하 행정청 간의 관계(권한의 위임·감독 등)와 대등 행정청간의 관계(행정청 간의 협의·위탁 등)가 이에 속한다.

(3) 행정조직 내부관계는 법률상 소송에 해당하지 않으며, 특별규정(지방자치법)이 없는 한 법원에 제소할 수 없다.

2. 행정작용법적 관계

(1) **권력관계(본래적 공법관계)**

① 의의: 행정주체가 우월적 지위에서 국민의 권리와 의무를 명령·강제하거나 국민과의 법률관계를 발생·변경·소멸시키는 관계이다(환지처분, 행정강제, 행정벌 등). 이러한 권력관계는 다시 일반권력관계와 특별권력관계로 나뉜다. 일반권력관계란 국가와 국민 간에 성립하는 공법상의 관계를 말하고, 특별권력관계란 특별한 목적을 위해 특별한 법적 원인에 근거하여 성립하는 관계를 말한다. 후자의 경우 법치주의의 적용에 대해 전자와 다른 특징들이 존재한다.

② 특성
  ㉠ 행정권발동에 있어 법률에의 엄격한 구속을 받는다.
  ㉡ 행정주체가 행한 행정행위에는 공정력·확정력·자력강제력 등의 특수한 효력이 인정된다.
  ㉢ 공법 및 공법원리가 적용되고(다만, 사법규정 중 일반법원리적 규정은 권력관계에도 적용됨), 분쟁해결은 행정소송(항고소송)절차에 의한다.

(2) **비권력적 관계**

① 관리관계(전래적 공법관계)
  ㉠ 의의: 행정주체가 사업 또는 재산의 관리주체로서 국민을 대하는 관계를 말한다. 비권력적이라는 점에서 일반적으로 사법의 적용을 받지만, 공익목적의 달성에 필요한 한도 내에서는 공법적 규율을 받는다(예 공물이나 영조물의 설치·관리, 공기업의 경영관계, 공법상 계약관계 등).

- ⓒ 특성
  - ⓐ 사법(私法)이 적용되며, 분쟁해결은 민사소송절차에 의한다(다만, 공공적 성격도 지니므로 일정한 한도 내에서 평등원칙·비례원칙 등 헌법상의 원리에 의한 구속을 적어도 간접적으로는 받는다고 본다).
  - ⓑ 한편, 조달행정이나 영리경제적 활동에는 국가재정법, 국가를 당사자로 하는 계약에 관한 법률, 국유재산법 및 지방재정법 등에 의한 일정한 제한이 있으나, 이는 사법행위에 대한 제한에 불과하므로 공법관계가 될 수 없다는 것이 통설·판례이다.
  - ⓒ 관리관계에서의 행정주체의 행위는 비권력적이므로 공정력·확정력·자력 강제력 등의 특수한 효력이 인정되지 않는다.
  - ⓓ 비권력적 관계인 점에서 본질적으로는 사법관계와 같으나, 직접 공익목적을 실현하기 위한 작용관계인 점에서 다르다.
  - ⓔ 원칙적으로 이에는 사법(私法)이 적용되고, 분쟁해결은 민사소송절차에 의한다. 다만, 예외적으로 공익목적달성에 필요한 범위 내에서 특별한 규정이 있거나 성질에 비추어 공법 및 공법원리가 적용되고 그러한 한도 내에서는 공법관계로 파악되어 분쟁해결은 행정소송 중 당사자소송절차에 의한다.
② 국고관계
  - ㉠ 의의: 국고관계는 행정주체가 국민과의 관계에서 당사자가 되는 경우에도 우월한 의사의 주체로서가 아니라 국가 등의 행정주체가 재산권주체(국고) 내지 영리경제활동의 주체로서 사인과 대등한 지위에서 맺는 사경제적 법률관계를 말한다. 즉, 국고관계는 사인과 국가 간에 임대차·매매·도급 등의 계약을 통한 관계를 말한다. 국고관계는 원칙적으로 사법이 적용되므로, 공법적 규율을 받기도 하는 관리관계와 구별된다(예 국가의 물품구입 계약관계, 공사도급 계약관계, 국유일반 재산의 매각 등). 국고관계는 다시 '협의의 국고관계'와 '행정사법관계'로 구분되기도 한다(행정사법·행정주체가 공행정작용을 사법적 형식으로 수행하는 법률관계).
  - ㉡ 특성: 사법(私法)이 적용되며, 분쟁해결은 민사소송절차에 의한다(다만, 공공적 성격도 지니므로 일정한 한도 내에서 평등원칙·비례원칙 등 헌법상의 원리에 의한 구속을 적어도 간접적으로는 받는다고 본다). 한편, 조달행정이나 영리경제적 활동에는 국가재정법, 국가를 당사자로 하는 계약에 관한 법률, 국유재산법 및 지방재정법 등에 의한 일정한 제한이 있으나, 이는 사법행위에 대한 제한에 불과하므로 공법관계가 될 수 없다는 것이 통설·판례이다.

> **간단 점검하기**
> 지방자치단체를 당사자로 하는 계약에 관한 법률 에 따라 지방자치단체가 일방 당사자가 되는 이른바 공공계약이 사경제의 주체로서 상대방과 대등한 위치에서 체결하는 사법상의 계약에 해당하는 경우 그에 관한 법령에 특별한 정함이 있는 경우를 제외하고는 사적 자치와 계약자유의 원칙 등 사법의 원리가 그대로 적용된다. (○)

3 공법관계와 사법관계

1. 공법관계와 사법관계

(1) 공법관계로 본 판례

① **수도료 부과·징수 및 그 납부 관계**: 수도법상 수도료를 강제 징수하도록 규정하고 있으므로, 행정처분에 해당하여 공법관계이다(대판 1977.2.22. 67다2517).

② **국가나 지방자치단체에 근무하는 청원경찰의 근무 관계**: 산재법이 아닌 공무원연금법이 적용되는 등 사법상 고용계약으로 보기 어려우므로 이들에 대한 징계는 행정처분이다. 따라서 공법관계에 해당한다(대판 1993.7.13. 92다47564).

③ **행정재산의 사용·수익허가(국유재산법 제20조, 제24조)**: 국유재산법상 행정재산의 사용·수익허가는 강학상 특허이고, 허가 취소도 공권력을 가진 우월적 지위에서 행한 것이므로 행정처분에 해당한다. 또한, 행정재산의 사용·수익허가신청에 대한 거부 역시 행정처분에 해당한다(대판 1998.2.27. 97누1105).

> **관련판례**
>
> **1. 국유재산 중 행정재산에 대한 관리청의 사용료 부과 처분**
>
> 국유재산의 관리청이 행정재산의 사용·수익을 허가한 다음 그 사용·수익하는 자에 대하여 하는 사용료 부과는 순전히 사경제 주체로서 하는 사법상의 이행청구라 할 수 없고, 이는 관리청이 공권력을 가진 우월적 지위에서 행한 것으로서 항고소송의 대상이 되는 행정처분이라 할 것이다(대판 1996.2.13. 95누11023).
>
> **2. 국립의료원 부설 주차장에 관한 위탁 관리용역 운영계약의 실질은 특허**
>
> 국유재산 등의 관리청이 하는 행정재산의 사용·수익에 대한 허가는 순전히 사경제주체로서 행하는 사법상의 행위가 아니라 관리청이 공권력을 가진 우월적 지위에서 행하는 행정처분으로서 특정인에게 행정재산을 사용할 수 있는 권리를 설정하여 주는 강학상 특허에 해당한다(대판 2006.3.9. 2004다31074). → 국립의료원 부설 주차장에 관한 위탁 관리용역 운영계약의 실질은 행정재산에 대한 국유재산법 제24조 제1항의 사용·수익 허가임을 이유로, 민사소송으로 제기된 위 계약에 따른 가산금 지급채무의 부존재 확인 청구에 관하여 본안 판단을 한 원심판결을 파기하고, 소를 각하한 사례

국유 일반재산에 관한 사용료의 납입고지는 사법관계의 행위로서 항고소송의 대상이 되는 행정처분이 아니다(대판 2000.2.11. 99다61675).

④ **국유재산 무단점유자에 대한 변상금 부과 처분**: 국유재산법 제51조 제1항에 의한 국유재산의 무단점유자에 대한 변상금 부과는 대부나 사용, 수익허가 등을 받은 경우에 납부하여야 할 대부료 또는 사용료 상당액 외에도 그 징벌적 의미에서 국가 측이 일방적으로 그 2할 상당액을 추가하여 변상금을 징수토록 하고 있으며 그 체납 시에는 국세징수법에 의하여 강제 징수토록 하고 있는 점 등에 비추어 보면 그 부과 처분은 관리청이 공권력을 가진 우월적 지위에서 행하는 것으로서 행정처분이라고 보아야 하고, 그 부과 처분에 의한 변상금징수권은 공법상의 권리로서 사법상의 채권과는 그 성질을 달리하므로 국유재산의 무단점유자에 대하여 국가가 민법상의 부당이득금반환 청구를 하는 경우 국유재산법 제51조 제1항이 적용되지 않는다(대판 1992.4.14. 91다42197).

> 간단 점검하기
>
> 국유재산의 무단점유에 대한 변상금부과는 공법관계에 해당하나, 국유 일반재산의 대부행위는 사법관계에 해당한다. (○)

관련판례

1. 도시 재개발조합에 대한 조합원의 자격 확인

구 도시재개발법에 의한 재개발조합은 조합원에 대한 법률관계에서 적어도 특수한 존립 목적을 부여받은 특수한 행정주체로서 국가의 감독하에 그 존립 목적인 특정한 공공사무를 행하고 있다고 볼 수 있는 범위 내에서는 공법상의 권리의무관계에 서 있다. 따라서 조합을 상대로 한 쟁송에 있어서 강제가입제를 특색으로 한 조합원의 자격 인정 여부에 관하여 다툼이 있는 경우에는 그 단계에서는 아직 조합의 어떠한 처분 등이 개입될 여지는 없으므로 공법상의 당사자소송에 의하여 그 조합원 자격의 확인을 구할 수 있다(대판 1996.2.15. 94다31235).

비교판례 재개발조합과 조합장 또는 조합임원 사이의 선임·해임 등을 둘러싼 법률관계는 사법상의 법률관계로서 그 조합장 또는 조합임원의 지위를 다투는 소송은 민사소송에 의하여야 할 것이다(대결 2009.9.24. 2009마168·169).

2. 농지개량조합과 직원과의 관계

농지개량조합과 그 직원과의 관계는 사법상의 근로계약관계가 아닌 공법상의 특별 권력관계이고, 그 조합의 직원에 대한 징계처분의 취소를 구하는 소송은 행정소송사항에 속한다(대판 1995.6.9. 94누10870).

3. 공무원연금관리공단의 급여에 관한 결정

공무원연금법 소정의 급여는 급여를 받을 권리를 가진 자가 당해 공무원이 소속하였던 기관장의 확인을 얻어 신청하는 바에 따라 공무원연금관리공단이 그 지급결정을 함으로써 그 구체적인 권리가 발생하는 것이므로, 공무원연금관리공단의 급여에 관한 결정은 국민의 권리에 직접 영향을 미치는 것이어서 행정처분에 해당하고, 공무원연금관리공단의 급여 결정에 불복하는 자는 공무원연금급여재심위원회의 심사 결정을 거쳐 공무원연금관리공단의 급여 결정을 대상으로 행정소송을 제기하여야 한다(대판 1996.12.6. 96누6417).

4. 귀속재산 매각

행정관청이 국유재산을 매각하는 것은 사법상의 매매계약일 수도 있으나, 귀속재산처리법(특별법)에 의하여 귀속재산을 매각하는 것은 행정처분이다(대판 1991.6.25. 91다10435).

5. 중학교 의무교육의 위탁관계

중학교 의무교육의 위탁관계는 초·중등교육법 제12조 제3항, 제4항 등 관련 법령에 의하여 정해지는 공법적 관계로서, 대등한 당사자 사이의 자유로운 의사를 전제로 사익 상호간의 조정을 목적으로 하는 민법 제688조의 수임인의 비용상환청구권에 관한 규정이 그대로 준용된다고 보기도 어렵다(대판 2015.1.29. 2012두7387).

6. 도시 및 주거환경정비법상 행정주체인 주택재건축정비사업조합을 상대로 관리처분계획안에 대한 조합 총회결의의 효력 등을 다투는 소송은 행정처분에 이르는 절차적 요건의 존부나 효력 유무에 관한 소송으로서 그 소송결과에 따라 행정처분의 위법 여부에 직접 영향을 미치는 공법상 법률관계에 관한 것이므로, 이는 행정소송법상의 당사자소송에 해당한다(대판 2009.9.17. 2007다2428 전합).

(2) 사법관계로 본 판례

① **입찰보증금 국고귀속 조치**: 예산회계법(현행 국가재정법)에 따라 체결되는 계약은 사법상의 계약이라고 할 것이고 동법 제70조의5의 입찰보증금은 낙찰자의 계약체결 의무이행의 확보를 목적으로 하여 그 불이행 시에 이를 국고에 귀속시켜 국가의 손해를 전보하는 사법상의 손해배상 예정으로서의 성질을 갖는 것이라고 할 것이므로 입찰보증금의 국고귀속 조치는 국가가 사법상의 재산권 주체로서 행위하는 것이지 공권력을 행사하는 것이거나 공권력 작용과 일체성을 가진 것이 아니라 할 것이므로 이에 관한 분쟁은 행정소송이 아닌 민사소송의 대상이 될 수밖에 없다고 할 것이다(대판 1983.12.27. 81누366).

② **국유재산 매각행위, 매각신청 반려 행위**: 국유재산법의 규정에 의하여 총괄청 또는 그 권한을 위임받은 기관이 국유재산을 매각하는 행위는 사경제 주체로서 하는 사법상의 법률행위에 지나지 아니하며 행정청이 공권력의 주체라는 지위에서 행하는 공법상의 행정처분은 아니라 할 것이므로 국유재산 매각 신청을 반려한 거부행위도 단순한 사법상의 행위일 뿐 공법상의 행정처분으로 볼 수 없다(대판 1986.6.24. 86누171).

③ **일반재산 대부 행위, 대부료 납입고지(국유재산법 제31조, 제35조 ~ 제38조)**
   ㉠ 산림청장이나 그로부터 권한을 위임받은 행정청이 산림법 등이 정하는 바에 따라 국유임야를 대부하거나 매각하는 행위는 사경제적 주체로서 상대방과 대등한 입장에서 하는 사법상 계약이지 행정청이 공권력의 주체로서 상대방의 의사 여하에 불구하고 일방적으로 행하는 행정처분이라고 볼 수 없으며 이 대부계약에 의한 대부료부과 조치 역시 사법상 채무이행을 구하는 것으로 보아야지 이를 행정처분이라고 할 수 없다(대판 1993.12.7. 91누11612).
   ㉡ 국유재산법상 일반재산 대부는 국가가 사경제주체로서 대등한 지위에서 행하는 사법상 법률행위이고, 국유재산법상의 특별규정은 단지 국유재산 관리상의 편의 규정에 불과하므로 대부료 납입고지나 대부신청 거부는 행정처분이 아니라고 판시하였다(대판 1993.12.21. 93누13735).

📋 **간단 점검하기**

조달청장이 예산회계법에 따라 계약을 체결하거나 입찰보증금 국고귀속조치를 취하는 것은 사법관계에 해당한다.
(○)

ⓒ 다만, '국유재산법'에 대부료 징수는 '국세징수법'에 따른다는 규정이 있어 사법관계이지만 민사소송으로 대부료의 지급을 구할 수는 없다.

> **관련판례**
>
> 공유 일반재산의 대부료와 연체료를 납부기한까지 내지 아니한 경우에도 공유재산 및 물품 관리법 제97조 제2항에 의하여 지방세 체납처분의 예에 따라 이를 징수할 수 있다. 이와 같이 공유 일반재산의 대부료의 징수에 관하여도 지방세 체납처분의 예에 따른 간이하고 경제적인 특별한 구제절차가 마련되어 있으므로, 특별한 사정이 없는 한 민사소송으로 공유 일반재산의 대부료의 지급을 구하는 것은 허용되지 아니한다(대판 2017.4.13. 2013다207941).

④ 조세 과오납금반환 청구권 (부당이득반환청구소송)
  ㉠ 조세 부과 처분이 당연무효임을 전제로 하여 이미 납부한 세금의 반환을 청구하는 것은 민사상의 부당이득 반환청구로서 민사소송절차에 따라야 한다(대판 1995.4.28. 94다55019).
  ㉡ 다만, 부가가치세 과오납으로 인한 환급청구권은 공법관계이므로, 당사자소송에 따른다.

> **간단 점검하기**
>
> 부가가치세법령에 따른 환급세액 지급의무 등의 규정과 그 입법취지에 비추어 볼 때 부가가치세 환급세액 반환은 공법상 부당이득반환으로서 민사소송의 대상이다. (×)

> **관련판례**
>
> 납세의무자에 대한 국가의 부가가치세 환급세액 지급의무는 그 납세의무자로부터 어느 과세기간에 과다하게 거래징수된 세액 상당을 국가가 실제로 납부받았는지와 관계없이 부가가치세법령의 규정에 의하여 직접 발생하는 것으로서, 그 법적 성질은 정의와 공평의 관념에서 수익자와 손실자 사이의 재산상태 조정을 위해 인정되는 부당이득 반환의무가 아니라 부가가치세법령에 의하여 그 존부나 범위가 구체적으로 확정되고 조세 정책적 관점에서 특별히 인정되는 공법상 의무라고 봄이 타당하다. 그렇다면 납세의무자에 대한 국가의 부가가치세 환급세액 지급의무에 대응하는 국가에 대한 납세의무자의 부가가치세 환급세액 지급청구는 민사소송이 아니라 행정소송법 제3조 제2호에 규정된 당사자소송의 절차에 따라야 한다(대판 2013.3.21. 2011다95564 전합).

⑤ 의료보험관리공단과 직원과의 관계
  ㉠ 공무원 및 사립학교 교직원 의료보험법 등 관계 법령의 규정 내용에 비추어 보면, 공무원 및 사립학교 교직원 의료보험 관리공단 직원의 근무관계는 공법관계가 아니라 사법관계이다(대판 1993.11.23. 93누1520).
  ㉡ 주한미군 한국인 직원 의료보험조합 직원의 근무 관계는 사법관계에 속하는 것이므로 동조합 직원에 대한 위 조합의 징계면직 처분은 항고소송의 대상이 되는 행정처분이 아니고 사법상의 법률행위라고 보아야 한다(대판 1987.12.8. 87누884).

⑥ 도시가스나 전기, 전화 가입 계약의 해지

> **관련판례**
>
> 1. **기부채납받은 공유재산을 무상으로 기부자에게 사용을 허용하는 행위**
>   일정 기간 무상사용한 후에 한 사용허가 기간 연장신청을 거부한 행정청의 행위도 단순한 사법상의 행위
>
> 2. 지방자치단체가 구 지방재정법 시행령 제71조(현행 지방재정법 시행령 제83조)의 규정에 따라 기부채납받은 공유재산을 무상으로 기부자에게 사용을 허용하는 행위는 사경제 주체로서 상대방과 대등한 입장에서 하는 사법상 행위이지 행정청이 공권력의 주체로서 하는 공법상 행위라고 할 수 없다(대판 1994.1.25. 93누7365).
>
> 3. 공유재산의 관리청이 하는 행정재산의 사용·수익에 대한 허가는 순전히 사경제 주체로서 하는 사법상의 행위가 아니라 관리청이 공권력을 가진 우월적 지위에서 행하는 행정처분이라고 보아야 할 것인바, … 그 행정재산이 구 지방재정법 제75조의 규정에 따라 기부채납받은 재산이라 하여 그에 대한 사용·수익허가의 성질이 달라진다고 할 수는 없다(대판 2001.6.15. 99두509).

⑦ 국가를 당사자로 하는 계약에 관한 법률(구 예산회계법) 또는 지방재정법에 따라 지방자치단체가 체결하는 계약

  ㉠ 국가를 당사자로 하는 계약에 관한 법률에 따라 국가가 당사자가 되는 이른바 공공계약은 사경제 주체로서 상대방과 대등한 위치에서 체결하는 사법상 계약으로서 본질적인 내용은 사인 간의 계약과 다를 바가 없으므로, 그에 관한 법령에 특별한 정함이 있는 경우를 제외하고는 사적 자치와 계약자유의 원칙 등 사법의 원리가 그대로 적용된다(대판 2020.5.14. 2018다298409).

  ㉡ 지방자치단체가 일방 당사자가 되는 이른바 '공공계약'이 사경제의 주체로서 상대방과 대등한 위치에서 체결하는 사법상 계약에 해당하는 경우 그에 관한 법령에 특별한 정함이 있는 경우를 제외하고는 사적 자치와 계약자유의 원칙 등 사법의 원리가 그대로 적용된다(대판 2018.2.13. 2014두11328).

> **관련판례**

1. 환매권 행사로 인한 매수의 성질은 사법상의 매매와 같은 것이다(대판 1998. 5.26. 96다49018).

2. 서울특별시지하철공사의 임원과 직원의 근무관계의 성질은 지방공기업법의 모든 규정을 살펴보아도 공법상의 특별권력관계라고는 볼 수 없고 사법관계에 속할 뿐만 아니라, 위 지하철공사의 사장이 그 이사회의 결의를 거쳐 제정된 인사규정에 의거하여 소속직원에 대한 징계처분을 한 경우 위 사장은 행정소송법 제13조 제1항 본문과 제2조 제2항 소정의 행정청에 해당되지 않으므로 공권력발동주체로서 위 징계처분을 행한 것으로 볼 수 없고, 따라서 이에 대한 불복절차는 민사소송에 의할 것이지 행정소송에 의할 수는 없다(대판 1989.9.12. 89누2103).

3. 한국조폐공사 직원의 근무관계는 사법관계에 속하고 그 직원의 파면행위도 사법상의 행위라고 보아야 한다(대판 1978.4.25. 78다414).

4. 국가의 철도운행사업은 국가가 공권력의 행사로서 하는 것이 아니고 사경제적 작용이라 할 것이다(대판 1999.6.22. 99다7008).

5. 구 공공용지의 취득 및 손실보상에 관한 특례법은 사업시행자가 토지 등의 소유자로부터 토지 등의 협의취득 및 그 손실보상의 기준과 방법을 정한 법으로서, 이에 의한 협의취득 또는 보상합의는 공공기관이 사경제주체로서 행하는 사법상 매매 내지 사법상 계약의 실질을 가진다(대판 2004.9.24. 2002다68713).

6. 종합유선방송위원회는 그 설치의 법적 근거, 법에 의하여 부여된 직무, 위원의 임명절차 등을 종합하여 볼 때 국가기관이고, 그 사무국 직원들의 근로관계는 사법상의 계약관계이므로, 사무국 직원들은 국가를 상대로 민사소송으로 그 계약에 따른 임금과 퇴직금의 지급을 청구할 수 있다(대판 2001.12.24. 2001다54038).

2. 구체적 사례

구분	공법관계	사법관계
국유재산	• 국·공유재산 목적 외 사용(행정재산의 사용·수익에 대한 허가) • 행정재산의 임대와 사용료 부과 • 국유재산 무단점유자 변상금 부과 • 귀속재산 불하처분 • 징발재산정리에 관한 특별조치법에 의한 국방부 장관의 징발재산 매수 결정 • 국립의료원 부설 주차장에 관한 위탁관리 용역 운영계약의 실질은 행정재산에 대한 사용·수익허가로서의 특허	• 국유재산관리 • 국유광업권매각 • 국유재산의 매각, 임대 행위와 매각신청 반려 행위 • 기부채납받은 공유재산을 무상으로 기부자에게 사용을 허용하는 행위 • 일반재산의 대부 행위 및 대부료 납입고지 • 폐 부지매각행위 • 폐천부지(일반재산)를 양여하는 행위
근로계약 관계	• 국가나 지방자치단체에 근무하는 청원경찰의 근무 관계 • 지방 전문직공무원(현재는 계약직공무원)인 서울특별시의 경찰국 산하 서울대공전술연구소 소장 채용계약 • 서울특별시 시립무용단원의 위촉 • 국립중앙극장 전속합창단원의 채용 • 광주시립합창단원에 대한 재위촉 • 국방일보의 발행책임자인 국방홍보원장으로 채용된 계약직 공무원에 대한 채용계약 • 공공조합직원의 근무 관계(단, 주한미군 한국인 직원 의료보험 조합직원의 근무 관계는 사법관계) • 농지개량조합과 조합원의 관계 • 어업협동조합의 임원 임명 • 토지개량조합과 직원의 복무 관계로서 징계처분 • 도시 재개발조합의 조합원 지위 확인	• 공기업의 임직원에 대한 징계처분 • 공무원 및 사립학교 교직원 의료보험 관리공단 직원의 근무 관계 • 서울지하철공사 직원의 근무 관계 • 한국방송공사 직원 간의 임용 관계 • 한국조폐공사 직원의 근무 관계 • 한국 토지개발공사의 입찰 참가 자격 제한(판례에 의함) • 주택 공사로부터의 주택구입 • 철도국장이 관리하는 건물을 임대하는 계약 • 공설시장 점포에 대한 시장의 사용 허가 및 취소행위 • 사립학교 교원과 학교법인의 근무 관계 • 시의 물품구입계약 • 국·공립병원의 채용계약 • 창덕궁 안내원의 채용계약 • 국가계약법에 따라 지방자치단체가 당사자가 되는 공공 계약 • 관공서 건축 도급계약 • 도로·항만 등 토목 도급계약 • 종합유선방송위원회 직원의 근무 관계 • 전화 가입계약

금전관계	공무원연금관리공단의 급여 결정	• 과오납조세 반환청구 • 국고 수표발행, 지방채 모집 • 입찰보증금 국고귀속 조치 • 국가의 주식매입 • 행정주체의 자금차입 • 국·공채발행·모집
계약	공법상 계약 사례	사법상 계약 사례
이용관계	• 국립병원 강제입원 • 사립대학교의 학위 수여 • 수도요금 강제징수 • 시립도서관 이용관계 • 전화요금 강제징수	• 가스·전기·전화의 공급 관계 • 국공립병원 유료 입원 • 국영철도·지하철의 이용관계 • 공영철도·자치단체장의 철도 이용 • 사립대학교의 등록금 징수 • 사립대학교의 징계처분 • 시영버스·시영식당의 이용
권리	• 항고소송이나 당사자소송에 의한 손실보상 청구 • 형식적 당사자소송에 의한 손실보상청구권으로서 보상금증감청구소송	• 결과제거청구권 • 국가의 철도 운행사업과 관련하여 공무원의 직무상 과실을 원인으로 발생한 사고로 인한 손해배상청구 • 손실보상청구권(현재는 공법관계로서 당사자소송에 의한다는 견해 존재) • 조세의 과오납에 대한 납세의무자의 환급청구권(부당이득반환청구권) • 공공조합 급여 관계 • 토지개량조합 연합회 직원의 동 연합회에 대한 급여 청구권 • 농지개량조합직원의 급여 청구권 • 환매권
기타	• 공무수탁사인의 행위, 행정행위 • 세관장이 여행자의 휴대품을 유치하는 관계 • 행정주체의 보조금 교부 • 공유수면 매립면허 • 광업권 허가 • 영조물 경영, 하천관리 • 특별 권력관계[국·공립도서관의 이용 관계(사법관계로 출제된 적 있음), 국가의 한국주택공사에 대한 감독관계] • 행정 강제	• 국가가 부실 은행에 출연한 지원금을 자본으로 전환하는 관계 • 국가가 회사의 주주가 되는 관계 • 국유광산의 경영 • 지자체가 은행으로부터 일시 차입 • 국회의원이 의원직을 그만둔 후에 국가에 대하여 청구하는 법률관계

> 입찰이란 공사의 도급이나 물자의 매매계약 체결에 있어 다수의 신청희망자로부터 각자의 낙찰(落札)희망 예정가격을 기입한 신청서를 제출·입찰하게 하여 그중에서 가장 유리한 내용, 즉 일반적으로 도급예정가액이나 판매가격이 최저가격인 것이나 또는 구매가격이 최고인 입찰자와 계약을 체결하는 방식이다.

3. 입찰관련 판례정리

입찰계약은 국가가 당사자가 되어 사경제 주체로서 사인과 도급계약이나 매매계약을 맺는 것을 말한다. 따라서 입찰계약과 관련된 것은 주로 사법관계이다. 다만, 입찰에 참가하지 못하게 막는 입찰참가제한조치는 국가가 일방적이고 우월적인 지위에서 하는 것으로 처분에 해당하여 공법관계로 보아야 한다.

> 공공기관의 운영에 관한 법률 제5조【공공기관의 구분】① 기획재정부장관은 공공기관을 다음 각 호의 구분에 따라 지정한다.
> 1. 공기업·준정부기관: 직원 정원, 수입액 및 자산규모가 대통령령으로 정하는 기준에 해당하는 공공기관
> 2. 기타공공기관: 제1호에 해당하는 기관 이외의 기관

조달청장, 장관, 지방자치단체장, 공기업인 한국전력공사와 한국수력원자력공사, 준정부기관이 행하는 입찰참가제한조치는 행정처분에 해당한다. 다만, 기타공공기관인 수도권매립지공사가 행하는 입찰참가자격제한은 처분이 아님을 유의해야 한다.

관련판례

1. 예산회계법에 따라 체결되는 계약은 사법상의 계약이라고 할 것이고 동법 제70조의5의 입찰보증금은 낙찰자의 계약체결의무이행의 확보를 목적으로 하여 그 불이행시에 이를 국고에 귀속시켜 국가의 손해를 전보하는 사법상의 손해배상 예정으로서의 성질을 갖는 것이라고 할 것이므로 입찰보증금의 국고귀속조치는 국가가 사법상의 재산권의 주체로서 행위하는 것이지 공권력을 행사하는 것이거나 공권력작용과 일체성을 가진 것이 아니라 할 것이므로 이에 관한 분쟁은 행정소송이 아닌 민사소송의 대상이 될 수 밖에 없다고 할 것이다(대판 1983.12.27. 81누366).

2. 한국전력공사가 6개월의 입찰참가자격 제한처분(1차 처분)을 한 다음, 1차 처분이 있기 전에 담합행위(2차 위반행위)를 하였다는 이유로 甲 회사에 다시 6개월의 입찰참가자격 제한처분(2차 처분)을 한 사안에서, 수 개의 위반행위에 대하여 그중 가장 무거운 제한기준에 의하여 제재처분을 하도록 규정한 '국가를 당사자로 하는 계약에 관한 법률 시행규칙' 제76조 제3항은 규정의 취지 등을 고려할 때, 공기업·준정부기관(이하 '행정청'이라 한다)이 입찰참가자격 제한처분을 한 후 그 처분 전의 위반행위를 알게 되어 다시 입찰참가자격 제한처분을 하는 경우에도 적용된다고 보아야 하고, 1차 위반행위와 2차 위반행위의 제한기준이 동일하며, 행정청 내부의 사무처리기준상 1차 처분 전의 2차 위반행위에 대하여는 추가로 제재할 수 없다는 이유로, 甲 회사에 대한 2차 처분은 재량권을 일탈·남용하여 위법하다(대판 2014.11.27. 2013두18964).

3. 한국수력원자력 주식회사가 자신의 '공급자관리지침'에 근거하여 등록된 공급업체에 대하여 하는 '등록취소 및 그에 따른 일정 기간의 거래제한조치'는 행정청이 행하는 구체적 사실에 관한 법집행으로서의 공권력의 행사인 '처분'에 해당한다(대판 2020. 5.28. 2017두66541).

4. 수도권매립지관리공사가 甲에게 입찰참가자격을 제한하는 내용의 부정당 업자 제재처분을 하자, 甲이 제재 처분의 무효확인 또는 취소를 구하는 행정소송을 제기하면서 제재 처분의 효력 정지신청을 한 사안에서, 수도권매립지관리공사는 행정소송법에서 정한 행정청 또는 그 소속기관이거나 그로부터 제재 처분의 권한을 위임받은 공공기관에 해당하지 않으므로, 수도권매립지관리공사가 한 위 제재 처분은 행정소송의

> 대상이 되는 행정처분이 아니라 단지 甲을 자신이 시행하는 입찰에 참가시키지 않겠다는 뜻의 사법상의 효력을 가지는 통지에 불과하므로 집행정지의 대상이 되지 아니한다(대판 2010.11.26. 2010무137).

제2절 사법 형식의 행정작용

1 개념

공행정주체도 사법관계의 한 당사자로서 사법적 법률관계를 맺을 수 있다. 이때의 법관계는 사법관계가 된다. 이러한 법률관계를 맺기 위해 행정청이 행하는 작용을 사법형식의 행정작용이라고 한다.

2 행정사법작용

1. 관념

(1) 개념

공법과 사법의 선택의 자유가 전제되어 있을 때에 공행정작용을 사법적 형식에 의해 수행하는 경우에 공법적 규율을 받게 되는바 이러한 공사법 혼재의 법 영역을 말한다. 행정사법이론은 "사법으로의 도피(행정주체가 아무런 제약을 받지 아니하고 사법의 형식으로 활동할 수 있다면 공법의 형식으로 하는 경우에 받게 될 여러 가지 제약을 벗어나기 위해 고의적으로 사법의 형식을 취할 염려가 있음)"를 차단하기 위해 볼프와 바호프 등에 의해 발전된 이론이다.

(2) 구별개념

행정사법과 행정상 관리관계와의 관계에 대해서는 견해가 나뉜다. 관리관계는 그 대상이 공법관계임을 전제로 하지만 행정사법은 그 대상이 사법관계임을 전제로 하기 때문에 양자를 구별해야 한다는 견해와 그 실질적 내용에 있어 양자를 서로 명확하게 구분할 수 없기 때문에 유사한 내용으로 이해해야 한다는 입장이 있다.

2. 특징

(1) 행정사법의 특징

행정사법의 특징으로는 ① 공적 의무 수행, ② 공법적 규율, ③ 사법형식 등을 들 수 있다.

(2) 공법적 구속(사법으로의 도피방지)

행정사법작용은 행정주체가 사법적 형식으로 활동하는 경우에도 공법적 구속(기본권 규정 등에 의한 제약, 사법적 규율의 제약 등)을 받는다는 특징이 있다.

3. 사례
이러한 사례로는 사법 형식의 급부행정 영역(철도, 주택건설, 위생시설, 폐수처리, 오물처리, 수돗물 공급, 국·공영극장 등의 운영) 또는 경제 촉진을 목적으로 하는 사법 형식의 교부지원제도(보조금 지원) 등을 들 수 있다. 하지만 국가의 순수한 권력작용인 경찰행정이나 조세행정에는 행정사법이 적용될 수 없다.

4. 전제조건
이러한 행정사법작용은 ① 공·사법 수단선택에 대한 재량권 인정, ② 행정목적 달성을 직접적으로 추구함, ③ 공법적 규율의 수반 등과 같은 요건이 충족되어야만 허용될 수 있다.

5. 행정사법작용의 성질과 관할법원
원칙적으로 행정사법작용은 사법관계이기 때문에 행정법원이 아닌 민사법원의 관할사항이다. 즉, 민사소송에 의하는 것이 원칙이다.

3 특별행정법관계

1. 전통적 특별권력관계론
(1) 의의
① **개념**: 특별권력관계란 특별한 공법상 원인에 기하여 성립되어, 공법상 행정목적에 필요한 한도 내에서 특별권력관계 주체에게는 포괄적 지배권이 인정되고 그 상대방인 특별한 신분에 있는 자는 이에 복종하는 관계로서 법치주의가 배제되는 권력관계를 의미한다.
② **성립 배경**: 특별권력관계는 군주의 특권적 지위를 유지하기 위해 시민계급과 군주의 타협적 산물로서 성립되었으며, P. Laband가 개념을 확립하고 O. Mayer 등에 의해 체계화되었다. 이는 독일의 특유한 제도로서 영미법계 국가나 프랑스에는 존재하지 않는다. 다만, 프랑스에서는 학설·판례상 이른바 '내부조치'에 대하여 사법심사가 미치지 않는 것으로 보고 있다.
③ **일반권력관계와의 구별**
　㉠ **절대적 구별설(적용되는 법체계가 다르다)**: P. Laband는 법이란 "인격주체 상호간의 의사의 범위를 정하여 주는 것"이고, 국가 또한 하나의 인격주체이므로 국가와 다른 인격주체 간에는 법이 적용되지만 국가 내부에는 법이 침투할 수 없다고 한다(불침투설). 법규란 인격주체 상호간의 의사범위를 정하여 주는 것으로서, 국가도 법인체로서 하나의 인격주체이다(국가법인설). 이는 특별권력에 의해 발해지는 일반적·추상적 명령(행정규칙)의 법규성을 부정한다.
　㉡ **상대적 구별설(본질적으로 다르지 않다)**: 상대적 구별설은 특별권력관계도 포괄적 지배, 징계권, 복종의 의무가 강할 뿐이지 일반권력관계와 본질적으로 다르지는 아니하다고 주장하면서도, 특별권력관계에서는 특별한 행정목적을 위해 필요한 범위 내에서 법치주의가 완화되어 적용될 수 있다고 본다.

구분	특별권력관계	일반권력관계
관계	행정주체와 공무원	행정주체와 일반 국민
성립원인	법률 또는 상대방의 동의에 의해 성립	출생·귀화·국적회복·주민등록에 의한 국민(주민)의 지위획득으로 당연히 성립
방향	내부적	대외적
지배권	특별권력	일반통치권
사법심사	불가능(현대에는 가능)	가능
제재	징계벌	행정벌
예	• 국가와 수형자와의 관계 • 국가(지자체)와 공무원의 관계 • 국·공립대학교와 재학생의 관계 • 국가(지자체)와 특허기업자의 관계	• 국가(지자체)와 납세의무자의 관계 • 국가(지자체)와 영업허가를 받은 자의 관계 • 국가와 귀화자와의 관계

(2) 전통적 특별권력관계의 내용

① **포괄적 지배권과 징계권에 법률유보의 배제**: 특별권력 주체에게는 포괄적 지배권이 부여되므로 특별권력을 발동함에 있어 개별적·구체적인 법적 근거(법률유보)를 필요로 하지는 아니한다.

② **법적 근거 없이 기본권 제한**: 합리적 범위 내에서 특별권력관계의 필요성에 따라 법률의 근거 없이 기본권의 제한이 가능하다.

③ **재판통제의 배제**: 일반적으로 특별권력관계 내부에서의 권력주체의 행위에는 사법심사가 미치지 아니하여 재판통제가 배제된다. 하지만 내부문제에 머무르지 아니하고 국민의 지위에까지 영향을 미칠 경우에는 재판통제가 가능하다.

(3) 종류

① **공법상 근무관계**: 공법상 근무관계는 국가나 지방자치단체에 대하여 포괄적인 근무관계를 지니는 관계로, 공무원의 임명과 같이 ㉠ 상대방의 동의에 의하여 성립하는 경우와 병역법에 의한 현역병의 징집과 같이 ㉡ 법률에 근거하여 국가의 일방적 의사로 성립되는 경우 등이 있다.

② **영조물의 이용관계**: 영조물 이용관계는 영조물 내부 이용에 관한 규율로서 국·공립대학, 도서관, 국·공립병원 같은 곳의 이용관계와 교도소의 재소관계같은 것들이 있다. 그러나 시영식당·시영버스·국영철도이용관계는 경제적 급부를 내용으로 하는 사법관계로서 이에 해당하지 아니한다.

③ **특별감독관계**: 특별감독관계는 특허기업자, 공공조합 또는 국가로부터 행정사무를 위임받은 자로서 국가와 특별한 법률관계를 가지게 되어 국가에 의하여 감독을 받게 되는 관계를 말한다.

④ **공법상 사단관계**: 공공조합과 그 조합원과의 관계로 공공조합은 그 조합원에게 특별권력관계를 형성할 수 있다.

(4) 특별권력관계의 성립과 소멸
① 성립
- ㉠ **법률규정**: 법률에 의한 성립은 수형자수감이나 징집대상자 입대와 같이 법률 규정에 의하여 특별권력관계가 성립되게 된다(예 전염병환자의 강제입원, 공공조합에 강제가입, 징소집 해당자의 입대 후 복무관계, 수형자의 교도소 수감 등).
- ㉡ **당사자의 동의**: 동의에 의한 성립은 임의적 동의(예 국·공립대학 입학, 공무원 임명, 국립도서관 이용)와 의무적 동의(예 초등학교 취학)가 있다.

② 소멸
- ㉠ **목적의 달성**: 국·공립학교의 졸업이나 공무원의 정년퇴임 등의 목적 달성을 통하여 소멸한다.
- ㉡ **탈퇴**: 공무원, 조합원 등의 사임을 통해 특별권력관계를 탈퇴할 수 있다.
- ㉢ **일방적 배제**: 특별권력관계의 주체가 퇴학 등의 조치로 일방적으로 배제시키는 행위이다.

2. 특별권력관계의 인정여부

(1) 의의
특별권력관계는 반법치주의적 성격으로 인하여 제2차 세계대전 이후 격렬한 비판을 받게 되었고 이에 특별권력관계를 전면적으로 부정하려는 입장과 이를 새로운 시각에서 재구성하려는 입장이 등장하였다.

(2) 기본관계 - 경영관계론(특별권력관계 수정이론)
C. H. Ule는 특별권력관계에서의 행위를 사법심사의 대상이 되는 기본관계와 사법심사에서 배제되는 부분이 있는 경영관계로 구분하여 설명하고 있다.

① **기본관계(사법심사 가능)**: 기본관계는 특별권력관계 자체의 성립·변경·종료 또는 당해 관계의 구성원의 법적 지위와 관련된 법률관계를 말한다.
예컨대, 군인의 입대·제대, 국·공립학교 학생의 입학허가, 수형자의 입소·퇴소·형의 집행, 공무원의 임명·전직 등이 있는데, 이러한 행정의 기본관계에서 이루어지는 행정작용을 일종의 행정처분으로 보아 법치주의와 사법심사가 가능한 영역으로 보았다.

② **경영관계(사법심사 배제)**: 경영관계란 특별권력관계 내부에서 당해 관계구성원이 가지는 직무관계 또는 영조물관계에서 성립되는 경영수행적 질서에 관련된 법률관계를 말한다. 예컨대 군인의 훈련·관리, 학생에 대한 수업행위, 수형자 수형생활, 수형자에 대한 행형, 공무원에 대한 직무명령, 하급공무원의 직무수행에 대한 명령 등으로 특별권력관계 내부에서 이루어지는 일상적인 행위는 법이 침투할 수 없는 행정영역으로 인정하자는 것이다.

(3) 판례
판례는 더 이상 전통적 의미의 특별권력관계를 인정하지 않는다. 판례는 당진군 농지 개량조합과 직원의 관계는 특별행정법관계에 해당하나 직원에 대한 징계는 행정소송의 대상이 된다고 판시한바 있다.

3. 특별권력관계와 법치주의(현대적 의미의 특별행정법관계)

(1) 법률유보와 기본권

오늘날 특별행정법관계에서도 법률유보의 원칙이 적용되어야 한다고 주장한다. 그러므로 특별권력관계라 하더라도 그 구성원의 권리·의무에 관한 명령·강제는 법률에 근거가 있어야 한다. 하지만 본질적인 사항을 제외한다면 특별행정법관계의 특수성으로 인해 법치주의가 다소 완화될 수는 있을 것이다.

> **관련판례**
> 현행법령과 제도하에서 수형자가 수발하는 서신에 대한 검열로 인하여 수형자의 통신의 비밀이 일부 제한되는 것은 국가안전보장·질서유지 또는 공공복리라는 정당한 목적을 위하여 부득이 할 뿐만 아니라 유효적절한 방법에 의한 최소한의 제한이며 통신의 자유의 본질적 내용을 침해하는 것이 아니다(헌재 1998.8.27. 96헌마398).

(2) 사법심사

오늘날 특별권력관계에서의 행위도 사법심사의 대상이 된다.

(3) 특별명령

특별명령은 특별행정법관계에서 제정되고 그 구성원을 수범자로 하는 일반적·추상적 규범을 의미한다. 하지만 법률의 법규창조력에 비추어 법률의 구체적 위임이 있어야 행정권이 법규사항을 제정할 수 있다.

> **관련판례** **특별권력관계의 사법심사 인정사례**
>
> **1. 구속된 피고인 또는 피의자에 대한 과도한 접견권 제한**
> 지나친 과도한 제한을 하는 것은 헌법상 보장된 기본권의 침해로서 위헌이라고 하지 않을 수 없다(대판 1992.5.8. 91부8).
>
> **2. 미결수용자 특히 유치인의 기본권 제한의 한계**
> 차폐시설이 불충분하여 사용과정에서 신체부위가 다른 유치인들 및 경찰관들에게 관찰될 수 있고 냄새가 유출되는 유치실 내 화장실을 사용하도록 강제한 피청구인의 행위로 인하여 기본권의 침해가 있는지 여부(적극)(헌재 2001.7.19. 2000헌마546)
>
> **3. 국립교육대학 학생에 대한 퇴학처분**
> 국립교육대학 학생에 대한 퇴학처분은, 학장이 징계권을 발동하여 학생으로서의 신분을 일방적으로 박탈하는 국가의 교육행정에 관한 의사를 외부에 표시한 것이므로, 행정처분임이 명백하다. 징계처분이 교육적 재량행위라는 이유만으로 사법심사의 대상에서 당연히 제외되는 것은 아니다(대판 1991.11.22. 91누2144).
>
> **4. 농지개량조합의 임·직원에 대한 징계처분**
> 농지개량조합과 그 직원의 관계는 사법상의 근로계약관계가 아닌 공법상의 특별권력관계이고, 그 조합의 직원에 대한 징계처분의 취소를 구하는 소송은 행정소송사항에 속한다(대판 1995.6.9. 94누10870).

5. 구청장의 동장에 대한 면직처분

동장과 구청장과의 관계는 이른바 행정상의 특별권력관계에 해당되며, 이러한 특별권력관계에 있어서도 위법, 부당한 특별권력의 발동으로 말미암아 권리를 침해당한 자는 행정소송법 제1조에 따라 그 위법, 부당한 처분의 취소를 구할 수 있다(대판 1982.7.27. 80누86).

제3절 행정법관계의 내용

1 의의

행정법관계란 행정주체와 행정객체의 권리 및 의무에 관한 것이므로 행정법관계의 내용은 공권과 공의무로 구성된다. 공권이란 공법의 규정에 따라 국가와 사인 사이에서 인정되는 권리이다. 이 공권은 형벌권, 재정권, 경찰권 따위와 같이 국가가 개인에 대하여 가지는 국가적 공권과 자유권, 참정권, 수익권 따위와 같이 개인이 국가에 대하여 가지는 개인적 공권이 있으며 공의무는 이에 대응하는 것이다.

이는 법논리상 자기에게 권리가 있으면 상대방에게는 법적 의무가 있으므로 법규에 권리만 규정되어 있다고 하여도 법적 의무가 있다고 해석된다. 그러나 일방에게 의무가 있다고 하여 상대방에게 당연히 권리가 성립하는 것은 아니다. 왜냐하면, 행정은 공익을 실현하는 작용이므로 행정법규는 공익만을 보호하기 위한 것으로 해석되는 경우가 많기 때문이다.

2 국가적 공권

1. 의의

(1) 공법관계에서 국가 등의 행정주체가 행정객체에 대하여 가지는 권리를 말한다 (공익 목적을 실현하기 위한 지배권으로서의 성질을 가짐).

(2) 국가적 공권은 법령 또는 법령에 의한 행정행위에 의해 발생하는 경우가 일반적이나, 행정객체와의 합의(공법상 계약)를 통해 성립될 수도 있다.

2. 종류(예)

국가적 공권	의의		행정법규의 수권으로 행정주체가 행정객체에 대해 가지는 권리
	분류	목적별	경찰권, 규제권, 공기업특권, 공용부담권, 조세권, 공물관리권, 재정권, 군정권 등
		내용별	하명권, 강제권, 형성권, 공법상 물권(공소유권, 공용지역권, 공법상담보물권) 등

3 개인적 공권

1. 개인적 공권의 의의
개인이 자신의 이익을 위해 국가에게 일정한 행위를 요구할 수 있는 권리를 말한다. 원래 근대의 시대에만 하더라도 공권의 개념은 국가만이 가지는 것으로 이해하였으나(국가적 공권), 현대에 들어와서 공권도 개인이 가질 수 있다는 생각을 하게 되었다. 개인적 공권의 예로는 선거권, 공무담임권, 공물사용권, 헌법상 자유권적 기본권, 국가배상청구권 등이 있다. 수험적으로는 개인적 공권을 원고적격이라고 이해하면 족하다(개인적 공권 = 사익보호성 = 원고적격 = 법률상 이익).

2. 개인적 공권의 종류(헌법상 기본권을 근거로 한 공권)
공권은 관계법률을 기준으로 인정되는 것이 원칙이나, 헌법상 기본권 규정을 근거로 공권의 성립을 인정하는 경우가 있다.

(1) 자유권(소극적 지위)
자유권이란 행정주체에 의한 침해를 저지하는 소극적인 권리로서 예컨대, 위법한 행정청의 처분으로 거주·이전의 자유를 침해받은 자는 직접 헌법 제14조에 근거하여 당해 처분의 취소를 구하는 것이 가능하다(예 신체의 자유, 거주이전의 자유, 직업선택의 자유, 통신의 자유, 종교의 자유, 양심의 자유, 언론·출판·집회·결사의 자유, 학문과 예술의 자유, 사유재산권 등).

(2) 수익권(적극적 지위)
수익권이란 개인이 적극적으로 국가나 공공단체 등에 대하여 작위나 급부 등을 청구할 수 있는 권리를 말한다. 이러한 수익권은 원칙적으로 법률적 근거를 필요로 한다[예 공법상금전청구권(보수, 연금, 국가배상, 형사보상, 손실보상 등), 영조물이용권, 공물사용권(도로), 사회보장급부청구권, 행정쟁송제기권, 공법상 영예권(학위를 받을 권리), 특정행위요구권(각종 인·허가청구권, 행정심판청구권, 행정소송제기권) 등].

(3) 참정권(능동적 지위)
참정권이란 국민이 능동적으로 국가·공공단체 등의 의사결정에 참가하는 권리이다(예 선거권이나 국민투표권, 공무담임권 등).

3. 공권의 성립요건(G. Jellinek가 주창하고 O. Buhler가 체계화)
O. Buhler는 공권이 성립하기 위한 요건으로 ① 강행법규성(강행법규에 의하여 행정주체에게 의무를 부과), ② 강행법규의 사익보호성(당해 법규의 목적이나 취지가 관계인의 이익을 보호하고 있어야 함), ③ 이익관철 의사력(소송에 의하여 관철할 수 있는 법적인 힘) 등 세가지를 들고 있다(과거의 3요소설).

4. 개인적 공권의 성립요건

(1) 강행법규성
권리는 그에 상응하는 의무를 전제로 하는 것이므로, 개인적 공권이 인정되기 위해서는 국가의 의무가 전제되어야 한다. 따라서 개인적 공권의 성립요건으로 먼저 행정법상의 강행법규에 의하여 국가의 의무가 규정이 되어 있어야 한다.

(2) 사익보호성
① 강행법규가 오로지 공익만을 목적으로 한다면, 그 법규의 취지는 개인에게 어떠한 권리도 인정하지 않겠다는 뜻이므로, 사익보호성이 인정되기 위해서는 그 법규의 목적이나 취지가 적어도 국민의 이익을 보호하고자 하여야 할 것이 요구된다.

> **심화학습** 제3자의 보호문제(보호규범론)
>
> 사익보호와 관련하여 특히 문제가 되는 것은 제3자의 보호문제이다. 즉, '처분의 직접 상대방이 아닌 제3자의 이익은 어느 범위까지 보호해야 할 것인가' 하는 것이다. 오늘날 행정법관계가 점차 다원화되면서 이제 개인적 공권론의 핵심은 '제3자의 개인적 공권론' 또는 '제3의 보호규범이론'으로 옮겨졌다고 평가되고 있다. 이는 건축법 – 환경관계법 – 소방법 등 어떤 법집행이 제3자의 이해에 관계된 경우를 중심으로 논의된다.

② 사익보호성의 판단기준
  ㉠ 학설: ⓐ 당해 법률의 규정과 취지만을 고려해야 한다는 견해, ⓑ 당해 법률의 규정과 취지 외에 관련 법률의 취지도 고려해야 한다는 견해, ⓒ 당해 법률의 규정·취지와 관련 법률의 취지 그리고 기본권 규정도 고려해야 한다는 견해로 구별된다.
  ㉡ 판례 – 근관개직구: 판례는 기본적으로 당해 처분의 근거가 되는 법률뿐만 아니라 관련 법률도 검토하고, 경우에 따라서는 기본권도 고려하는 입장이다.

> **참고**
>
> 1. 조성면적 10만㎡ 이상이어서 환경영향평가대상사업에 해당하는 당해 국립공원 집단시설지구 개발사업에 관하여 당해 변경승인 및 허가처분을 함에 있어서는 반드시 자연공원법령 및 환경영향평가법령 소정의 환경영향평가를 거쳐서 그 환경영향평가의 협의내용을 사업계획에 반영시키도록 하여야 하는 것이니 만큼 자연공원법령뿐 아니라 환경영향평가법령도 당해 변경승인 및 허가처분에 직접적인 영향을 미치는 근거 법률이 된다.
> 2. 행정처분의 직접 상대방이 아닌 제3자라 하더라도 당해 행정처분으로 법률상 보호되는 이익을 침해당한 경우에는 취소소송을 제기하여 당부의 판단을 받을 자격이 있다. 여기에서 말하는 법률상 보호되는 이익은 당해 처분의 근거 법규 및 관련 법규에 의하여 보호되는 개별적·직접적·구체적 이익이 있는 경우를 말하고, 공익보호의 결과로 국민 일반이 공통적으로 가지는 일반적·간접적·추상적 이익과 같이 사실적·경제적 이해관계를 갖는 데 불과한 경우는 여기에 포함되지 아니한다. 또 당해 처분의 근거 법규 및 관련 법규에 의하여 보호되는 법률상 이익은 당해 처분의 근거 법규의 명문 규정에 의하여 보호받는 법률상 이익, 당해 처분의 근거 법규에 의하여 보호되지는 아니하나 당해 처분의 행정목적을 달성하기 위한 일련의 단계적인 관련 처분들의 근거 법규에 의하여 명시적으로 보호받는 법률상 이익, 당해 처분의 근거 법규 또는 관련 법규에서 명시적으로 당해 이익을 보호하는 명문의 규정이 없더라도 근거 법규 및 관련 법규의 합리적 해석상 그 법규에서 행정청을 제약하는 이유가 순수한 공익의 보호만이 아닌 개별적·직접적·구체적 이익을 보호하는 취지가 포함되어 있다고 해석되는 경우까지를 말한다.

  ㉢ 검토: 판례는 행정처분에 있어서 처분의 근거가 되는 법률의 규정뿐 아니라, 관련 법률까지 고려해서 사익보호성 여부를 판단한다고 한다. 또한, 헌법상 기본권 규정, 관습법, 조리, 법규명령 등도 사익보호성의 판단기준이 될 수 있다. 다만, 행정규칙은 대외적 구속력을 가지지 못하므로, 이에 따라 개인적 공권이 성립할 여지가 없다.

📋 **간단 점검하기**

환경영향평가에 관한 자연공원법령 및 환경영향평가법령들의 취지는 환경공익을 보호하려는 데 있으므로 환경영향평가대상지역 안의 주민들이 수인한도를 넘는 환경침해를 받지 아니하고 쾌적한 환경에서 생활할 수 있는 개별적 이익까지 보호하는 데 있다고 볼 수는 없다. (×)

③ **내용**: 법률상 이익에 해당하기 위해서는 법률이 보호하는 이익이 개별적·직접적·구체적이어야 한다. 일반적·간접적·추상적·경제적 이익은 포함되지 않는다.

5. 공권의 특수성

공권의 특수성		내용
개인적 공권	이전성의 제한	• 공권은 일신전속적인 성격으로 이전성이 제한된다(선거권, 자유권, 공무원연금법상의 연금청구권, 국가배상법상의 손해배상청구권, 국민기초생활보장법상의 급여를 받을 권리). • 예외: 공권 중에서도 주로 채권적·경제적 가치를 내용으로 하는 것은 이전 인정(하천법상 하천사석채취권, 손실보상청구권, 여비청구권, 공물사용권)
	포기성의 제한	• 공권은 권리인 동시에 의무로서 임의로 포기할 수 없다(연금청구권, 봉급청구권, 소권, 선거권, 석탄산업법 시행령상의 재해위로금). • 예외: 공권 중에서도 주로 채권적·경제적 가치를 내용으로 하는 것은 포기성 인정(손실보상청구권, 여비청구권, 세비청구권)
	대행의 제한	• 공권은 일신전속적인 성격을 가지는 경우가 많아 대행이나 위임이 제한된다(선거권). • 예외: 소권은 가능하다.

> **간단 점검하기**
> 토사채취로 인하여 생활환경의 피해를 입으리라고 예상되는 인근 지역 주민들의 주거·생활환경상의 이익은 토사채취허가의 근거법률에 의하여 보호되는 직접적이고 구체적인 법률상 이익이라고 할 수 있다. (○)

6. 법률상 이익과 반사적 이익

반사적 이익이란 법이 공익의 보호·증진을 위하여 일정한 규율을 행하고, 또 법에 의해 행정의 집행이 이루어지는 것의 반사적 효과로서 특정 또는 불특정의 사인에게 생기는 일정한 이익을 말한다. 이러한 반사적 이익은 법적으로 주장될 수 없으며, 재판상의 보호를 받을 수 없는 것으로 일반적으로 해석되고 있다. 그러나 구체적으로는 무엇이 법적으로 주장될 수 없는 반사적 이익이고, 무엇이 자신의 이익을 위하여 법률적으로 일정한 이익을 주장할 수 있는 개인적 공권에 해당되는지를 구별하기가 쉽지 않다.

(1) 구별 실익

법률상 이익을 가진 자만이 행정심판이나 행정소송을 제기할 수 있다.

구분	공권	반사적 이익
법이 보호하는 이익	공익과 사익 보호	공익만 보호
향수이익	권리로서의 이익	사실상의 이익
주체적 지위	행정법관계의 당사자 지위	제3자적 지위
이익실현	법적 구제(행정쟁송)	법적 구제수단 결여
원고적격	소의 이익 인정 → 원고적격 인정	소의 이익 불인정 → 원고적격 불인정

(2) 구별 기준

법규의 해석상 개인의 보호가 인정되는지의 여부를 기준으로 하여, 인정된다면 법률상 이익에 해당하고 인정되지 않는다면 반사적 이익으로 구별한다(이러한 이론을 보호규범이론이라고 한다).

> **심화학습** 의료법상 의사의 진료행위거부 금지의무
>
> 의료법 제15조 제1항에 의거 의료인은 정당한 사유 없이 의료행위를 거부할 수 없으므로 의사의 진료행위거부 금지의무는 법령에서 직접적으로 나타나는 효과이다. 이는 의사의 진료거부 금지의무를 규정하고 있지만 환자의 진료받을 수 있는 권리를 규정한 것은 아니므로 환자의 진료받을 수 있는 이익은 반사적 이익에 불과하여 환자는 진료거부를 이유로 행정소송을 통해 구제받을 수 없다. 그러나 국가는 의무 위반에 대해 행정벌을 과할 수 있다.

7. 개인적 공권의 확대

과거 근대의 시기에는 개인이 공권을 갖는 것을 부정하는 입장이 많았으나, 오늘날 학설과 판례는 개인적 공권을 확대하려는 경향을 보인다.

행정소송법 제12조에는 "취소소송은 처분등의 취소를 구할 법률상 이익이 있는 자가 제기할 수 있다."라고 규정이 되어 있어, 처분의 상대방이 아닌 제3자의 경우에도 법률상 이익만 인정된다면, 항고소송을 제기할 수 있는 원고가 될 수 있다.

한편, 사익보호성과 관련하여 특히 문제되는 것은 제3자효 행정행위(복효적 행정행위)이다. 행정청이 직접 상대방에게 특정 행정행위를 하였는데, 제3자에게 침익적인 효과가 발생했을 때 행정행위의 직접적 상대방이 아닌 제3자에게도 법률상 이익이 인정되는지가 문제된다. 이를 검토하기 위해서는 적용되는 법규범이 제3자의 이익 보호도 목표로 하고 있는지를 살펴보아야 한다.

(1) 경업자 소송

> 1. 특허, 공익관련 허가: 원고적격 인정
> 2. 일반적인 허가: 원고적격 부정

경업자소송이란 경쟁관계에 있는 영업자들 사이에 특정인에 대한 수익적 처분 등이 제3자에게 불이익을 초래하는 경우 제3자가 자기의 법률상 이익의 침해를 이유로 수익적 처분의 취소 등을 다투는 소송을 의미한다. 예를 들면, 행정청이 B에게 운송사업면허처분을 하였는데, 기존에 동일 노선에서 면허를 받았던 기존업자 A는 이에 불만을 품고, B에 대한 운송사업면허처분을 취소하고자 할 때, A에게 법률상 이익의 침해가 있다면, 원고적격이 인정되어 소송을 제기할 수 있을 것이다. 이를 경업자 소송 또는 경쟁자 소송이라고 한다. 이 사례에서 판례는 운송사업면허처분은 일반 허가가 아닌 특허에 해당하므로, 이미 특허를 받은 A는 법률이 보장하는 자신의 독점적인 이익을 침해받았으므로, B에 대한 처분에 A의 법률상 이익이 인정되어 원고적격을 인정하였다. 이처럼 경업자 소송에서 원고적격의 인정여부는 결국 처분의 상대방에 대한 처분의 성격이 특허인지 아니면 일반적인 허가인지에 따라 달라진다고 할 수 있다. 즉, 특허에 해당한다면, 법률상 이익이 침해가 인정되어, 원고적격이 인정되고, 일반적인 허가에 해당한다면, 법률상 이익의 침해가 아닌 반사적 이익의 침해에 불과하여, 원고적격을 인정하지 않는다.

관련판례

1. 공사중지명령의 해제요구에 관한 조리상 신청권인정

지방자치단체장이 공장시설을 신축하는 회사에 대하여 사업승인 내지 건축허가 당시 부가하였던 조건을 이행할 때까지 신축공사를 중지하라는 명령을 한 경우, 위 회사에게는 중지명령의 원인사유가 해소되었음을 이유로 당해 공사중지명령의 해제를 요구할 수 있는 권리가 조리상 인정된다(대판 2007.5.11. 2007두1811).

2. A는 버스운행을 하고 있는 운송사업자이다. 행정청은 B의 버스노선을 연장해주는 인가처분을 하여 A 버스노선과 중첩되게 되었다. 자동차운수사업법은 업자 간의 경쟁으로 인한 경영의 불합리를 미리 방지하는 것이 공공의 복리를 위하여 필요하므로 면허조건을 제한하여 기존업자의 경영의 합리화를 보호하자는 데도 그 목적이 있다 할 것이다. 따라서 이러한 기존업자의 이익은 단순한 사실상의 이익이 아니고, 법에 의하여 보호되는 이익이라고 해석된다(대판 1974.4.9. 73누173).

3. 시내버스운송사업과 시외버스운송사업은 다 같이 운행계통을 정하고 여객을 운송하는 노선여객자동차운송사업에 속하므로, 위 두 운송사업이 면허기준, 준수하여야 할 사항, 중간경유지, 기점과 종점, 운행방법, 이용요금 등에서 달리 규율된다는 사정만으로 본질적인 차이가 있다고 할 수는 없으며, 시외버스운송사업계획변경인가처분으로 인하여 기존의 시내버스운송사업자의 노선 및 운행계통과 시외버스운송사업자들의 그것들이 일부 중복되게 되고 기존업자의 수익감소가 예상된다면, 기존의 시내버스운송사업자와 시외버스운송사업자들은 경업관계에 있는 것으로 봄이 상당하다 할 것이어서 기존의 시내버스운송사업자에게 시외버스운송사업계획변경인가처분의 취소를 구할 법률상의 이익이 있다(대판 2002.10.25. 2001두4450).

4. 한정면허를 받은 시외버스운송사업자라고 하더라도 다 같이 운행계통을 정하고 여객을 운송하는 노선여객자동차운송사업을 한다는 점에서 일반면허를 받은 시외버스운송사업자와 본질적인 차이가 없으므로, 일반면허를 받은 시외버스운송사업자에 대한 사업계획변경 인가처분으로 인하여 기존에 한정면허를 받은 시외버스운송사업자의 노선 및 운행계통과 일반면허를 받은 시외버스운송사업자의 그것이 일부 중복되게 되고 기존업자의 수익감소가 예상된다면, 기존의 한정면허를 받은 시외버스운송사업자와 일반면허를 받은 시외버스운송사업자는 경업관계에 있는 것으로 보는 것이 타당하고, 따라서 기존의 한정면허를 받은 시외버스운송사업자는 일반면허 시외버스운송사업자에 대한 사업계획변경인가처분의 취소를 구할 법률상의 이익이 있다(대판 2018.4.26. 2015두53824).

5. 방송법은 중계유선방송사업의 허가요건, 기준, 절차에 관하여 엄격하게 규정함으로써 중계유선방송사업의 합리적인 관리를 통하여 중계유선방송사업의 건전한 발전과 이용의 효율화를 기함으로써 공공복리를 증진하려는 목적과 함께 엄격한 요건을 통과한 사업자에 대하여는 사실상 독점적 지위에서 영업할 수 있는 지역사업권을 부여하여 무허가업자의 경업이나 허가를 받은 업자간 과당경쟁으로 인한 유선방송사업 경영의 불합리를 방지함으로써 사익을 보호하려는 목적도 있다고 할 것이므로, 허가를 받은 중계유선방송사업자의 사업상 이익은 단순한 반사적 이익에 그치는 것이 아니라 방송법에 의하여 보호되는 법률상 이익이라고 보아야 한다(대판 2007.5.11. 2004다11162).

간단 점검하기

면허나 인·허가 등의 수익적 행정처분의 근거가 되는 법률이 해당 업자들 사이의 과당경쟁으로 인한 경영의 불합리를 방지하는 것도 목적으로 하고 있는 경우, 기존의 업자는 경업자에 대하여 이루어진 면허나 인·허가 등 행정처분의 취소를 구할 당사자적격이 있다.

(○)

6. 담배사업법과 시행령, 시행규칙은 담배소매인 지정은 50m 또는 100m 이상의 거리를 유지하도록 규정하고 있다. 위 규정들을 종합해 보면 일반소매인 간의 과당한 경쟁으로 인한 불합리한 경쟁을 방지함으로써 일반소매인의 경영상 이익을 보호하는 데에도 그 목적이 있다고 보이므로 기존 담배소매인의 이익은 법률상 보호되는 이익이다(대판 2008.2.27. 2007두23811).

   비교판례 구 담배사업법령의 관계 규정에 의하면 구내소매인과 일반소매인 사이에서는 구내소매인의 영업소와 일반소매인의 영업소 간에 거리제한을 두지 아니할 뿐 아니라 건축물 또는 시설물의 구조·상주인원 및 이용인원 등을 고려하여 동일 시설물 내 2개소 이상의 장소에 구내소매인을 지정할 수 있으며, 이 경우 일반소매인이 지정된 장소가 구내소매인 지정대상이 된 때에는 동일 건축물 또는 시설물 안에 지정된 일반소매인은 구내소매인으로 보고, 구내소매인이 지정된 건축물 등에는 일반소매인을 지정할 수 없으며, 구내소매인은 담배진열장 및 담배소매점 표시판을 건물 또는 시설물의 외부에 설치하여서는 아니 된다고 규정하는 등 일반소매인의 입장에서 구내소매인과의 과당경쟁으로 인한 경영의 불합리를 방지하는 것을 그 목적으로 할 수 있다고 보기 어려우므로, 일반소매인으로 지정되어 영업을 하고 있는 기존업자의 신규 구내소매인에 대한 이익은 법률상 보호되는 이익이 아니라 단순한 사실상의 반사적 이익이라고 해석함이 상당하므로, 기존 일반소매인은 신규 구내소매인 지정처분의 취소를 구할 원고적격이 없다(대판 2008.4.10. 2008두402).

7. 구 오수·분뇨 및 축산폐수의 처리에 관한 법률과 같은 법 시행령상 업종을 분뇨와 축산폐수 수집·운반업 및 정화조청소업으로 하여 분뇨 등 관련 영업허가를 받아 영업을 하고 있는 기존 업자의 이익이 법률상 보호되는 이익이라고 보아, 기존 업자에게 경업자에 대한 영업허가처분의 취소를 구할 원고적격이 있다고 한 사례

   일반적으로 면허나 인·허가 등의 수익적 행정처분의 근거가 되는 법률이 해당 업자들 사이의 과당경쟁으로 인한 경영의 불합리를 방지하는 것도 그 목적으로 하고 있는 경우, 다른 업자에 대한 면허나 인·허가 등의 수익적 행정처분에 대하여 이미 같은 종류의 면허나 인·허가 등의 수익적 행정처분을 받아 영업을 하고 있는 기존의 업자는 경업자에 대하여 이루어진 면허나 인·허가 등 행정처분의 상대방이 아니라 하더라도 당해 행정처분의 취소를 구할 원고적격이 있다(대판 2006.7.28. 2004두6716).

8. 면허받은 장의자동차운송사업구역에 위반하였음을 이유로 한 행정청의 과징금부과처분에 의하여 동종업자의 영업이 보호되는 결과는 사업구역제도의 반사적 이익에 불과하기 때문에 그 과징금부과처분을 취소한 재결에 대하여 처분의 상대방 아닌 제3자는 그 취소를 구할 법률상 이익이 없다(대판 1992.12.8. 91누13700).

9. 석탄수급조정에 관한 임시조치법 소정의 석탄가공업에 관한 허가는 사업경영의 권리를 설정하는 형성적 행정행위가 아니라 질서유지와 공공복리를 위한 금지를 해제하는 명령적 행정행위여서 그 허가를 받은 자는 영업자유를 회복하는데 불과하고 독점적 영업권을 부여받은 것이 아니기 때문에 기존허가를 받은 원고들이 신규허가로 인하여 영업상 이익이 감소된다 하더라도 이는 원고들의 반사적 이익을 침해하는 것에 지나지 아니하므로 원고들은 신규허가 처분에 대하여 행정소송을 제기할 법률상 이익이 없다(대판 1980.7.22. 80누33·34).

10. 기존 광산업자가 있는데, 행정청이 다른 광산업자에게 광구 증구 허가를 내준 사안

인접한 광업권자 상호간에는 위와 같은 상당한 거리를 보유함으로써 경계의 분쟁, 침굴의 우려, 광산작업상의 위해 등을 미연에 방지, 제거할 수 있는 이익을 위 법령에 의하여 향유하는 것으로서 이는 단순한 반사적 이익이나 사실상의 이익이 아니라 바로 법률에 의하여 보호되는 이익이라 할 것이다(대판 1982.7.27. 81누271).

> **참고** 법률상 이익 인정 및 부정

법률상 이익 인정	법률상 이익 부정
• 버스운송사업자 • 시외버스운송사업자 • 사업용 화물자동차사업자 • 선박운송사업자 • 중계유선방송사업자 • 담배소매인(단, 동일 시설물 내 담배소매인의 이익 부정) • 분뇨·축산폐수 수집·운반업자 • 약종상 영업허가자 • 기존 광산업자	• 공중목욕탕업자 • 석탄가공업자 • 여관업자 • 한의사 • 장의자동차 운송사업자 • 양곡가공업자

(2) 경원자 소송

경원자 소송이란, 수인이 허가등 행정처분을 위한 신청을 하였는데, 행정청이 그 중 일방에게만 허가처분을 내어준 경우, 허가를 받지 못한 제3자(경원자)가 그 일방에게 한 허가처분의 취소를 다투는 소송을 말한다. 이에는 경원관계가 인정되면, 원고적격이 인정된다.

> **간단 점검하기**
>
> 인·허가 등 수익적 처분을 신청한 여러 사람이 상호 경쟁관계에 있다면, 그 처분이 타방에 대한 불허가 등으로 될 수밖에 없는 때에도 수익적 처분을 받지 못한 사람은 처분의 직접 상대방이 아니므로 원칙적으로 당해 수익적 처분의 취소를 구할 수 없다. (×)

> **관련판례**

원고적격 인정 ○	원고적격 인정 ×
A와 B는 납세필 병마개 제조업 신청을 하였다. 국세청장은 B를 납세필 병마개 제조업자로 지정하였다. B에게 병마개 제조를 허가해주면 A는 납세필 병마개를 제조할 수 없게 되므로 A는 법률상 이익을 침해받을 수 있게 된다. 따라서 A의 원고적격은 인정된다(헌재 1998.4.30. 97헌마141).	A 원고는 자신이 쓴 영어책을 교과서로 검정 신청하였다. 행정청은 B에게 수학 교과용 도서에 대한 합격결정처분을 하였다. A는 자신이 검정 신청한 교과서의 과목과 전혀 관계가 없는 수학 교과용 도서에 대한 합격결정처분에 대하여 취소를 구할 법률상 이익이 없다(대판 1994.4.24. 91누6634).
전남 고흥군 내에 1개소에 한해 LPG 충전사업 신규허가가 가능하였다. A와 B는 신규허가를 신청하였다. 행정청이 B에게 허가를 하였다. B에 대한 허가가 A에 대한 불허가로 귀결될 수밖에 없기에 A에게는 B의 허가에 대해 취소를 구할 원고적격이 인정된다(대판 1992.5.8. 91누13274).	A는 국립대학교 교수이다. 행정청이 B를 같은 학과 부교수로 임용하였다. B가 임용되더라도 A의 교수지위에는 변화가 없다. 따라서 A는 구체적인 법률상 이익을 가지는 자가 아니라 사실적·경제적 이해관계를 가지는 자일 뿐이다(대판 1995.12.12. 95누11856).
A대학교와 B대학교는 법학전문대학원 예비인가를 신청하였는데 행정청은 B대학교에 대해서 설치인가를 해 주었다. 처분이 취소될 경우 A대학교의 예비인가신청이 인용될 가능성이 있으므로 A의 당사자적격은 있다(대판 2009.12.10. 2009두8359).	서울시립대학교 총장이 경제학적으로 접근하여야 하는 조세정책과목의 담당교수를 행정학을 전공한 자로 임용함으로써 동 대학 세무학과 학생들이 받은 불이익은 간접적이거나 사실적인 불이익에 지나지 아니하여 그것만으로는 임용처분의 취소를 구할 소의 이익이 있다고 할 수 없다(대판 1993.7.27. 93누8139).

(3) 이웃소송(인근주민소송, 인인소송)

이웃소송은 이웃하는 자들 사이에서 특정인에게 주어진 허가 등 수익적 행정행위가 이웃주민에게 법률상 불이익을 초래하는 경우, 불이익을 받은 이웃주민이 이 처분의 취소를 다투는 소송을 말한다. 이러한 소송이 가능하려면 이웃주민에게 원고적격이 있어야 하므로, 이의 여부를 판단하기 위해서는 그 처분의 근거법령 등에서 사익보호성이 인정되어야 한다.

> **관련판례**
>
> 1. 행정청은 원동기를 사용하여 연탄제조를 목적으로 하는 공장건축을 허가하였다. 구 도시계획법과 건축법은 공공복리뿐 아니라 주거지역 내 거주하는 사람의 주거안녕과 생활환경을 보호하는 것을 목적으로 하고 있다. 따라서 주거지역 내 주민들의 이익은 단순한 반사적 이익이 아니라 법률이 보호하고자 하는 이익이므로 A의 원고적격을 인정할 수 있다(대판 1975.5.13. 73누9697).
>
> 2. 국립공원 집단시설지구 개발사업으로 인하여 직접적이고 중대한 환경피해를 입으리라고 예상되는 환경영향평가 대상지역 안의 주민들이 누리고 있는 환경상의 이익이 용화집단시설지구조합에게 집단시설지구의 기본설계변경 승인처분으로 인하여 침해되거나 침해될 우려가 있는 경우에는 그 주민들에게 위 변경승인처분과 그 변경승인처분의 취소를 구하는 행정심판청구를 각하한 재결의 취소를 구할 원고적격이 있다고 보아야 한다(대판 2001.7.27. 99두2970).
>
> 3. 경상남도가 남해군 평산리 일대를 고려 말 성리학자 백이정의 묘로 지정하자 A는 백이정의 진짜 묘는 보령시에 있다고 주장하면서 경상남도의 문화재 지정처분을 취소해 달라는 소를 제기했다. 문화재보호법 등은 문화재보호구역 지정으로 개인의 이익을 직접 보호함을 목적으로 하지 않는다. 따라서 문화재 지정처분으로 인한 A의 명예감정 손상은 문화재보호법 등이 보호하려는 구체적 이익이 아니다(대판 2001.9.28. 99두8565).
>
> 4. 문화재보호구역 내에 있는 토지소유자 등으로서는 위 보호구역의 지정해제를 요구할 수 있는 법규상 또는 조리상의 신청권이 있다고 할 것이고, 이러한 신청에 대한 거부행위는 항고소송의 대상이 되는 행정처분에 해당한다(대판 2004.4.27. 2003두8821).
>
> 5. 김해시장은 김해시 상동면에 공장설립승인처분을 한바 있다. 공장설립예정지 주변에 상수원인 물금취수장이 위치하고 있다. 거주지역이 물금취수장으로부터 다소 떨어진 곳이라 하더라도 수돗물의 수질악화 등으로 주민들이 갖게 되는 환경상 이익의 침해나 그 우려는 그 수돗물을 공급하는 취수시설이 입게 되는 수질오염 등의 피해나 그 우려와 동일하게 평가될 수 있는 점 등에 비추어, 공장설립으로 수질오염 등이 발생할 우려가 있는 물금취수장에서 취수된 물을 공급받는 부산광역시 또는 양산시에 거주하는 주민들도 위 처분의 구 산업집적 활성화 및 공장설립에 관한 법률과 국토의 계획 및 이용에 관한 법률 시행령에 의하여 개별적·구체적·직접적으로 보호되는 환경상 이익, 즉 법률상 보호되는 이익이 침해되거나 침해될 우려가 있는 주민으로서 원고적격이 인정된다(대판 2010.4.15. 2007두16127).

6. 피고(부산시장)는 상수도보호구역으로 지정된 장소에 공설화장장을 설치하기 위해 이 지역을 상수도보호구역에서 제외하는 상수원보호구역변경처분을 하였다. 그리고 이 지역에 공설화장장을 설치하는 내용의 도시계획결정을 하였다.

[1] 상수원보호구역 설정의 근거가 되는 수도법이 보호하고자 하는 것은 상수원의 확보와 수질보전일 뿐이고, 그 상수원에서 급수를 받고 있는 지역주민들이 가지는 상수원의 오염을 막아 양질의 급수를 받을 이익은 직접적이고 구체적으로는 보호하고 있지 않음이 명백하여 위 지역주민들이 가지는 이익은 상수원의 확보와 수질보호라는 공공의 이익이 달성됨에 따라 반사적으로 얻게 되는 이익에 불과하므로 지역주민들에 불과한 원고들에게는 위 상수원보호구역변경처분의 취소를 구할 법률상의 이익이 없다.

[2] 도시계획법의 위임에 따라 제정된 도시계획 시설기준에 관한 규칙이 화장장의 구조 및 설치에 관하여는 매장 및 묘지 등에 관한 법률이 정하는 바에 의한다고 규정하고 있어, 도시계획의 내용이 화장장의 설치에 관한 것일 때에는 도시계획법뿐만 아니라 매장 및 묘지 등에 관한 법률 및 매장 및 묘지 등에 관한 법률 시행령(이하 시행령) 역시 그 근거 법률이 된다고 보아야 할 것이므로, 시행령이 공설화장장은 20호 이상의 인가가 밀집한 지역, 학교 또는 공중이 수시 집합하는 시설 또는 장소로부터 1,000m 이상 떨어진 곳에 설치하도록 제한을 가하고, 시행령이 국민보건상 위해를 끼칠 우려가 있는 지역, 도시계획법에 의한 주거지역, 상업지역, 공업지역 및 녹지지역 안의 풍치지구 등에의 공설화장장 설치를 금지함에 의하여 보호되는 부근 주민들의 이익은 위 도시계획결정처분의 근거 법률에 의하여 보호되는 법률상 이익이다(대판 1995.9.26. 94누14544).

> 간단 점검하기
> 상수원보호구역 설정의 근거가 되는 규정은 상수원의 확보와 수질보전일 뿐이고, 그 상수원에서 급수를 받고 있는 지역주민들이 가지는 이익은 상수원의 확보와 수질보호라는 공공의 이익이 달성됨에 따라 반사적으로 얻게 되는 이익에 불과하다. (○)

(4) 무하자재량행사청구권

과거 개인적 공권은 행정청이 법에 의해 기속을 받는 영역에서만 논의가 되었으나 최근 공권확대화 경향으로 재량의 영역에서도 공권이 논의되고 있다. 이에 관한 논의가 바로 무하자재량행사청구권과 행정개입청구권이다.

① 의의

㉠ 개념: 무하자재량행사청구권은 개인이 행정청에 대하여 하자 없는 적법한 재량처분을 청구할 수 있는 공권이다. 협의의 무하자재량행사청구권은 행정청이 결정재량권을 갖지 못하고 선택재량권만을 가지고 있는 경우에 있어서, 하자 없는 재량 행사를 요구하는 권리이다.

㉡ 성립: 행정기관에 재량이 존재하면 선택·결정권이 행정기관에 있으므로 행정의 상대방인 국민은 원칙적으로 특정행위를 청구할 수 없다. 그러나 재량행위의 남용으로 인하여 권리침해가 발생할 수 있으므로 이에 대한 통제수단으로서 무하자재량행사청구권이 논의되고 있다.

㉢ 성질

ⓐ 개인이 행정청에 대하여 하자 없는 적법한 재량처분을 요구하는 권리로서 적극적 공권의 성격을 가지고 있으면서도 그 행사가 자기 방어적이라는 점에서 소극적 공권의 성격을 갖는다.

ⓑ 이는 특정 처분을 구하는 실질적 공권은 아니며, 종국적 처분의 형성과정에서 재량행사시 법적 한계 준수를 요구하는 형식적 공권으로서의 성질을 가지고 있다.

ⓔ 인정여부
  ⓐ 학설
    ㉮ **부정설**: 재량행사에 하자가 있어 권리침해가 발생한 경우, 법률상 이익을 근거로 하여 재량행사를 다투면 되고 이를 인정할 경우 민중소송화될 우려와 현행법상 이를 인정할 법적 근거가 없다는 것을 들어 무하자재량행사청구권을 인정할 필요가 없다고 보는 견해이다.
    ㉯ **형식적 권리로 이해하는 견해(다수설)**: 특정 행위를 청구할 수는 없으나, 하자 없는 재량을 행사해달라고 요청할 수 있는 권리라고 보는 견해이다. 이러한 견해를 취하는 입장에서는 i) 재량행위 영역에서 원고적격의 확대를 가져오고, ii) 재량권의 근거규정은 의무에 합당한 재량행사를 전제로 하므로 이 권리가 당연히 인정된다고 본다. 이 견해에 따르면 무하자재량행사청구권 역시 공권의 성립요소[i) 강행법규성, ii) 사익보호성]를 갖추어야 하기 때문에 민중소송화될 우려는 없다고 본다.
  ⓑ **판례**: 검사임용거부처분취소소송에서 임용여부는 임용권자의 재량사항이지만 적어도 재량권의 한계 일탈이나 남용이 없는 적법한 응답을 할 의무가 있고, 그에 대응하여 임용신청자도 응답신청권이 있다고 판시하고 있다.

> **관련판례** 무하자재량행사청구권 관련 판례 - 검사임용신청 거부처분 취소소송
>
> 검사의 임용 여부는 임용권자의 자유재량에 속하는 사항이나, 임용권자가 동일한 검사신규임용의 기회에 원고를 비롯한 다수의 검사 지원자들로부터 임용신청을 받아 전형을 거쳐 자체에서 정한 임용기준에 따라 이들 일부만을 선정하여 검사로 임용하는 경우에 있어서 법령상 검사임용 신청 및 그 처리의 제도에 관한 명문 규정이 없다고 하여도 조리상 임용권자는 임용신청자들에게 전형의 결과인 임용 여부의 응답을 해줄 의무가 있다고 할 것이며, 응답할 것인지 여부조차도 임용권자의 편의재량사항이라고는 할 수 없다. 검사의 임용에 있어서 임용권자가 임용여부에 관하여 어떠한 내용의 응답을 할 것인지는 임용권자의 자유재량에 속하므로 일단 임용거부라는 응답을 한 이상 설사 그 응답내용이 부당하다고 하여도 사법심사의 대상으로 삼을 수 없는 것이 원칙이나, 적어도 재량권의 한계 일탈이나 남용이 없는 위법하지 않은 응답을 할 의무가 임용권자에게 있고 이에 대응하여 임용신청자로서도 재량권의 한계 일탈이나 남용이 없는 적법한 응답을 요구할 권리가 있다고 할 것이며, 이러한 응답신청권에 기하여 재량권 남용의 위법한 거부처분에 대하여는 항고소송으로서 그 취소를 구할 수 있다고 보아야 하므로 임용신청자가 임용거부처분이 재량권을 남용한 위법한 처분이라고 주장하면서 그 취소를 구하는 경우에는 법원은 재량권남용 여부를 심리하여 본안에 관한 판단으로서 청구의 인용 여부를 가려야 한다(대판 1991.2.12. 90누5825).

간단 점검하기

개인적 공권이 성립하려면 공법상 강행법규가 국가 기타행정주체에게 행위의무를 부과해야 한다. 과거에는 그 의무가 기속행위의 경우에만 인정되었으나, 오늘날에는 재량행위에도 인정된다고 보는 것이 일반적이다. (○)

ⓒ **판례평석**: 이에 대해서 일부는 무하자재량행사청구권을 인정한 판례라고 보고 있다. 그러나 또다른 견해는 판례가 언급한 응답받을 권리는 헌법 제10조 인간의 존엄과 가치, 헌법 제15조의 직업선택의 자유, 헌법 제25조의 공무담임권에서 나오는 실질적인 권리이지, 재량행사의 하자 그 자체를 대상으로 하는 형식적인 권리는 아니라고 본다.

② 성립 요건
㉠ **강행법규의 존재**: 법치국가의 당연한 요청으로서, 재량행위라도 행정청의 임의적·자의적 처분이 허용되는 행위는 아니고, 재량처분에 있어서도 행정청은 재량권의 한계를 준수할 법적 의무가 존재한다.
㉡ **사익보호성의 인정**: 당해 재량처분 규정이 사익보호도 목적으로 하여야 한다. 즉, 보호규범이론에 따라 처분의 근거 법률 및 관련 법률의 보호목적을 기준으로 판단해야 한다.
㉢ **권리구제**: 관계인이 행정청에 하자 없는 재량처분을 구하였으나, 행정청이 이를 거부하거나 부작위로 방치할 경우 행정소송이나 행정심판을 청구할 수 있다. 부담적 행정행위인 경우에는 취소심판이나 취소소송을 제기할 수 있다. 수익적 행정행위에 대해서는 ⓐ 거부처분을 내린 경우 의무이행심판이나 취소소송을 제기할 수 있고, ⓑ 부작위인 경우에는 의무이행심판이나 부작위위법확인소송을 제기할 수 있다.

(5) 행정개입청구권

① 의의
㉠ **개념**: ⓐ 자신에 대한 수익적 처분을 발해 줄 것을 청구할 수 있는 권리(일반적 행정행위발급청구권)와 ⓑ 제3자에 대해 규제적 처분을 발해 줄 것을 청구할 수 있는 권리(협의의 행정개입청구권)를 말한다.
㉡ **논의의 배경**: 재량행위의 경우라도 재량이 '영(0)'으로 수축된 경우에는 실질적으로 재량이 존재하지 않고 특정 처분만이 가능하다. 이러한 경우 사인의 이익을 위해서 행정권 발동이 의무적이라는 인식이 널리 인정되게 되었다.
㉢ **인정여부**
ⓐ 학설
㉮ **부정설**: 행정청의 부작위로 인하여 실체적 권리가 침해된 경우에는 권리침해를 이유로 소송을 제기할 수 있으므로, 행정청의 위법한 부작위를 근거로 하여 행정개입청구권을 인정할 필요가 없다고 보는 견해이다.
㉯ **긍정설**: 재량이 '영(0)'으로 수축한 경우 행정개입의 의무가 당연히 존재하므로 행정개입청구권이 인정될 수 있다고 보는 견해이다.
ⓑ **판례**: ㉮ 연탄공장사건에서 인근주민의 '법률상 이익'을 인정한 바 있고, ㉯ 김신조 사건에서는 재량이 '영(0)'으로 수축되어 행정청의 개입의무가 당연히 존재하므로 국가배상청구권을 인정한바 있다.

> **참고** 재량의 '영(0)'으로의 수축이론
>
> 1. 의의
>   종래에는 재량영역에서는 행정권에 아무런 의무가 존재하지 않으므로 공권의 성립 여지가 없었다. 그러나 반사적 이익을 공권으로 해석하는 경향이 확대됨으로써 생명·신체에 중대한 위해(법익 가치의 증대)가 발생하여 다른 구제수단이 없는 경우에는 재량권이 '영(0)'으로 수축되어 행정청은 특정한 처분을 발동하여야 하는 경우가 상정되기에 이르렀다.
>
> 2. 성립 근거
>   일반적으로 재량행위에 있어 재량권이 '영(0)'으로 수축되는 경우는 ① 국민의 생명·신체·재산 등에 중대하고 급박한 위험이 존재하고(급박성), ② 그러한 위험이 행정권발동에 의해 제거될 수 있고(기대가능성), ③ 행정권발동 이외의 방법으로는 위험제거가 충분히 이루어질 수 없다고 인정되는 경우(보충성)라고 본다.

② **법적 성질**: 무하자재량행사청구권은 특정 행위를 구할 수 없는 형식적 권리에 불과하지만, 행정개입청구권은 특정 행위를 청구할 수 있는 실질적 권리이다.

③ **적용 영역**: 독일의 경우에는 '띠톱판결'에서도 알 수 있듯이 위험방지 분야와 관련하여 논의되고 있지만, 우리의 경우에는 행정의 전영역과 관련하여 논의되고 있는 것으로 보인다.

④ **성립 요건**
  ㉠ **강행법규의 존재**: 기속행위와 재량이 '영(0)'으로 수축된 경우에 적용된다. 행정기관의 개입의무는 보충성의 원칙에 따라 당사자 스스로 법익에 대한 위해 제거를 못할 경우에 한해서 최종적으로 발생한다.
  ㉡ **사익보호성**: 관계 법규가 사익에 대한 보호규범의 성질을 가져야 한다.

⑤ **권리 구제**: 사실상 의무이행소송이 인정되어야 행정개입청구권의 실효성이 확보될 수 있다. 그러나 현행 행정소송법 체계하에서는 의무이행소송이 인정되지 않고 있다. 따라서 다음과 같은 권리구제수단을 생각해 볼 수 있다.
  ㉠ **행정심판인 의무이행심판과 취소소송, 부작위위법확인소송**: 사인의 신청에 대해 행정청이 거부하거나 부작위를 할 경우 먼저 의무이행심판을 제기할 수 있다. 그럼에도 재결청이 이를 거부하거나 방치한다면 신청인은 취소소송이나 부작위위법확인소송을 제기할 수 있다.
  ㉡ **의무이행소송**: 현행법상에서는 이를 인정할 수 없다는 것이 판례의 입장이다. 그러나 행정개입청구권의 실효성을 위해서는 이를 인정하는 것이 바람직하다.
  ㉢ **손해배상청구**: 행정기관의 개입의무가 있음에도 불구하고 이를 해태하여 위해가 발생했다면, 손해배상을 청구하여야 한다.

> **참고** 무하자재량행사청구권과 행정개입청구권의 비교

구분	무하자재량행사청구권	행정개입청구권
의의	어떠한 처분	특정 처분
법적성질	형식적·절차적 권리	실질적·실체적 권리 (사전·사후적 기능)
내용	법적 한계를 준수하며 어떠한 처분을 할 것을 청구	특정처분발동청구권
적용영역	재량행위	기속행위 + 재량행위
성립요건	강행법규성(처분의무), 사익보호성	강행법규성(개입의무), 사익보호성
관련이론	재량한계이론	재량권의 '0'으로의 수축이론
양자의 관계	• 무하자재량행사청구권은 재량행위에 있어 행정개입청구권이 성립될 수 있는 기초가 된다. • 재량행위에 있어 재량권이 0으로 수축됨으로써 오로지 하나의 처분만이 적법한 재량권 행사가 되는 경우에는 무하자재량행사청구권은 특정한 처분을 해줄 것을 청구할 수 있는 실체적 권리인 행정개입청구권으로 전화된다. 따라서, 행정개입청구권은 무하자재량 행사청구권의 성질을 아울러 갖는다.	

4 공의무

1. 개념과 종류

공의무는 타인의 이익을 위하여 의무자에게 의무가 부과된 공법상의 구속으로, 공권에 대응하는 개념이다. 그 종류로는 ① 국가의 공무원 봉급지급 의무와 같은 국가적 공의무와 ② 환경보전의 의무와 같은 개인적 공의무가 있다.

2. 종류

공의무는 ① 의무주체에 따라 국가적 공의무(예 손해배상의무·공무원에 대한 보수지급의무)와 개인적 공의무(예 납세의무·국방의무)로, ② 내용에 따라 작위의무, 부작위의무, 급부의무, 수인의무로 구분된다.

3. 특색

일반적으로 법령 또는 법령에 의거한 행정행위에 의하여 발생된 공의무는 공권과 같이 이전·포기가 제한된다. 불이행에 대하여는 강제집행이 가능하고 위반 시에는 벌칙이 가하여질 수 있다.

제4절 행정법관계의 발생·변경·소멸

1 개설

1. 의의
행정법관계의 발생·변경·소멸의 법률효과를 발생시키는 사실을 '행정법상 법률요건'이라고 하고, 법률요건을 이루는 개개의 사실을 '행정법상 법률사실'이라고 한다. 법률요건은 한 개의 법률사실로 이루어질 수도 있고(조세부과처분 등), 여러 개의 법률사실로 이루어질 수도 있다(신청 + 허가처분, 청약 + 승낙 등).

2. 행정법상 법률사실의 종류

(1) 행정법상 사건

행정법상 사건이란 사람의 정신작용을 요소로 하지 않는 법률사실을 말한다. 행정법상 사건의 예로는 ① 사람의 사망, 시간의 경과(기간, 시효, 제척기간), 일정한 연령에의 도달 등과 같은 자연적 사실과 ② 공법상 사무관리, 부당이득, 물건의 소유·점유, 거주 등과 같은 사실행위 등을 들 수 있다.

(2) 행정법상 용태

행정법상 용태란 사람의 정신작용을 요소로 하는 법률사실을 말한다. 이러한 예로는 외부적 용태와 내부적 용태를 들 수 있다.

① **외부적 용태**: 외부적 용태란 외부에 표시된 정신작용에 의하여 일정한 행정법상의 법률효과를 발생시키는 것을 말한다(공법행위, 사법행위).

㉠ 공법행위

ⓐ 적법행위

㉮ **법률행위적 공법행위**: 의사표시를 요소로 하고 그 효과는 의사의 내용에 따라 법률효과가 발생하는 공법행위를 말한다(예 허가, 면제, 특허, 인가, 사인의 신청, 출원 등).

㉯ **준법률행위적 공법행위**: 의사표시 이외의 판단이나 인식, 관념 등을 표시하면서 그 효과는 법률의 규정에 의하여 발생하게 되는 행위를 말한다(예 확인, 공증, 통지, 수리).

ⓑ **위법행위**: 법규를 위반한 행위를 말한다.

ⓒ **부당행위**: 행위의 타당성을 잃어 자유재량에 그르친 행위를 말한다. 부당행위는 행정심판의 대상이 될 뿐, 행정소송의 대상이 되지는 않는다.

㉡ 사법행위

② **내부적 용태**: 내부적 용태는 외부에 표시되지 아니한 정신상태로서 행정법상 효과를 발생시키는 것으로, 선의·악의, 고의·과실 등 외부에 표시되지 않은 의식내용을 말한다.

2 행정법상 사건

1. 기간 · 시효(시간의 경과)

(1) 기간

① **의의**: 기간이란 한 시점에서 다른 시점까지의 시간적 간격을 말하는 것으로 특별한 규정이 없는 한 민법의 기간계산에 관한 규정이 적용된다(민법 제155조).

② **기간의 계산**

> 행정기본법 제6조 【행정에 관한 기간의 계산】 ① 행정에 관한 기간의 계산에 관하여는 이 법 또는 다른 법령등에 특별한 규정이 있는 경우를 제외하고는 민법을 준용한다. → 초일불산입, 말일익일
> ② 법령등 또는 처분에서 국민의 권익을 제한하거나 의무를 부과하는 경우 권익이 제한되거나 의무가 지속되는 기간의 계산은 다음 각 호의 기준에 따른다. 다만, 다음 각 호의 기준에 따르는 것이 국민에게 불리한 경우에는 그러하지 아니하다.
>   1. 기간을 일, 주, 월 또는 연으로 정한 경우에는 기간의 첫날을 산입한다.
>   2. 기간의 말일이 토요일 또는 공휴일인 경우에도 기간은 그 날로 만료한다.
>
> 제7조 【법령등 시행일의 기간 계산】 법령등(훈령·예규·고시·지침 등을 포함한다. 이하 이 조에서 같다)의 시행일을 정하거나 계산할 때에는 다음 각 호의 기준에 따른다.
>   1. 법령등을 공포한 날부터 시행하는 경우에는 공포한 날을 시행일로 한다.
>   2. 법령등을 공포한 날부터 일정 기간이 경과한 날부터 시행하는 경우 법령등을 공포한 날을 첫날에 산입하지 아니한다.
>   3. 법령등을 공포한 날부터 일정 기간이 경과한 날부터 시행하는 경우 그 기간의 말일이 토요일 또는 공휴일인 때에는 그 말일로 기간이 만료한다.
>
> 제7조의2 【행정에 관한 나이의 계산 및 표시】 행정에 관한 나이는 다른 법령등에 특별한 규정이 있는 경우를 제외하고는 출생일을 산입하여 만(滿) 나이로 계산하고, 연수(年數)로 표시한다. 다만, 1세에 이르지 아니한 경우에는 월수(月數)로 표시할 수 있다.

㉠ **행정에 관한 기간의 계산(제6조)**

ⓐ **원칙 - 민법에 따름**: 민법은 기산점에 관하여는 초일불산입의 원칙을, 만료일에 관하여는 기간의 말일이 토요일 또는 공휴일에 해당한 때에는 기간은 그 익일로 만료한다고 규정하고 있다.

ⓑ **예외 - 불이익한 행정작용의 경우 → 행정기본법 제6조 제2항에 따름**: 영업정지처분등과 같이 국민에게 불이익한 행정처분의 기간을 계산하는 경우에는 행정기본법에 따라서 기간을 계산하여야 한다. 즉, 기산점에 관하여는 초일을 산입하고, 기간의 말일이 토요일 또는 공휴일인 경우에도 기간은 그 날로 만료한다. 이러한 규정은 불이익한 행정작용으로 피해를 보는 국민에게 유리하게 작용될 수 있다. 다만, 이러한 경우라도 행정기본법을 적용하는 것이 국민에게 불리해진다면, 행정기본법이 아닌 민법이 적용될 수 있다(행정기본법 제6조 제2항 단서).

---

1. **민법 제157조【기간의 기산점】**
기간을 일, 주, 월 또는 연으로 정한 때에는 기간의 초일은 산입하지 아니한다. 그러나 그 기간이 오전 영시로부터 시작하는 때에는 그러하지 아니하다.

2. **민법 제161조【공휴일 등과 기간의 만료점】**
기간의 말일이 토요일 또는 공휴일에 해당한 때에는 기간은 그 익일로 만료한다.

민법 제158조【나이의 계산과 표시】
나이는 출생일을 산입하여 만(滿) 나이로 계산하고, 연수(年數)로 표시한다. 다만, 1세에 이르지 아니한 경우에는 월수(月數)로 표시할 수 있다.

ⓒ 법령의 시행일의 기간 계산(제7조)
  ⓐ 법령등을 공포한 날부터 시행하는 경우에는 공포한 날을 시행일로 한다.
  ⓑ 법령등을 공포한 날부터 일정 기간이 경과한 날부터 시행하는 경우, 초일은 산입되지 않고, 기간의 말일이 토요일 또는 공휴일인 때에는 그 말일로 기간이 만료한다.
ⓒ 만 나이의 사용(제7조의2): 최근 행정기본법 개정을 통해 행정에 관한 나이는 다른 법령등에 특별한 규정이 있는 경우를 제외하고는 출생일을 산입하여 만 나이로 계산하고, 이를 연수로 표시한다는 규정이 신설되었다. 다만, 1세에 이르지 아니한 경우에는 월수로 표시할 수 있다.

(2) 시효

① 개설(권리 위에 잠자는 자는 보호하지 아니함, 법적 안정성 도모): 시효란 일정한 사실상태가 오랫동안 계속된 경우에 진실한 법률관계가 어떤 것인가를 불문하고, 그 계속된 사실상태를 그대로 존중하여 이를 진실한 법률관계로 인정함으로써 법률적인 보호를 통해 법적 생활의 안정을 도모하려는 제도로 이에는 소멸시효와 취득시효가 있다.

② 금전채권의 소멸시효
  ⓐ 개념: 소멸시효는 권리자가 그의 권리를 행사할 수 있음에도 불구하고 일정한 기간 동안 권리를 행사하지 않는 상태가 계속된 경우 법적 안정성을 이유로 권리를 소멸시키는 제도이다. 이런 시효제도는 공법상 특별한 규정이 없는 한 민법의 시효에 관한 규정이 적용된다.
  ⓑ 시효기간: 금전급부를 목적으로 하는 국가의 권리로서 시효에 관하여 원칙은 5년(국가재정법 제96조, 지방재정법 제82조)이고, 예외적으로 공법상 5년보다 단기 규정이 별도로 존재하는 경우에는 단기규정이 적용된다. 예컨대, 국가배상청구권은 3년, 공무원징계권은 3년(금품·향응, 수수, 공금의 유용·횡령의 경우는 5년), 관세징수권은 5년이지만 과오납금환급청구권의 경우는 5년이며 공무원연금법상의 단기급여지급청구권은 3년이다.
  ⓒ 참고(제척기간): 제척기간은 정해진 기간 안에 일정한 권리를 행사하지 않으면 해당 권리가 소멸된다는 점에서는 소멸시효와 비슷한 개념이다. 그러나 제척기간은 소멸시효와는 달리 정지·중단이 없고 소송에서 그 이익을 원용할 필요가 없다. 대표적인 사례로 행정심판법 제27조 "심판청구는 처분이 있음을 안 날부터 90일 이내에 제기하여야 한다."를 들 수 있다.

구분	소멸시효	제척기간
목적	법적 안정성	인정되지 않음
중단, 정지	인정	인정되지 않음
기산점	권리를 행사할 수 있을 때부터	권리가 발생한 때부터

관련판례

1. 소멸시효가 완성되면 납세의무는 당연소멸(절대적 소멸설)

조세에 관한 소멸시효가 완성되면 국가의 조세부과권과 납세의무자의 납세의무는 당연히 소멸한다 할 것이므로 소멸시효 완성 후에 부과된 부과처분은 납세의무 없는 자에 대하여 부과처분을 한 것으로서 그와 같은 하자는 중대하고 명백하여 그 처분의 효력은 당연무효이다(대판 1985.5.14. 83누655).

2. 소멸시효가 완성되면 권리는 당연히 소멸하지만, 소송에서 당사자가 소멸시효 주장을 해야 함

소멸시효에 있어서 그 시효기간이 만료되면 권리는 당연히 소멸하지만 그 시효의 이익을 받는 자가 소송에서 소멸시효의 주장을 하지 아니하면 그 의사에 반하여 재판할 수 없고, 그 시효이익을 받는 자는 시효기간 만료로 인하여 소멸하는 권리의 의무자를 말한다(대판 1991.7.26. 91다5631).

3. 납세고지에 의해 발생한 시효중단의 효력은 납세고지가 취소되었다 하더라도 사라지지 않음

소멸시효의 중단은 소멸시효의 기초가 되는 권리의 불행사라는 사실상태와 맞지 않은 사실이 생긴 것을 이유로 소멸시효의 진행을 차단케 하는 제도인 만큼 납세고지에 의한 국세징수권자의 권리행사에 의하여 이미 발생한 소멸시효중단의 효력은 그 과세처분(납세고지)이 취소되었다 하여 사라지지 않음은 물론 과세처분이 취소되어 소급하여 그 효력을 상실하였다고 해서 이에 기한 국세체납처분에 의한 압류처분이 실효되어 당연무효가 된다고 할 수도 없으므로 그 압류로 인한 소멸시효중단의 효력도 사라지지 않는다(대판 1988.2.23. 85누820).

4. 세무공무원이 체납자의 재산을 압류하기 위해 수색을 하였으나 압류할 목적물이 없어 압류를 실행하지 못한 경우에도 시효중단의 효력이 발생함

국세기본법 제28조 제1항은 국세징수권의 소멸시효의 중단사유로서 납세고지, 독촉 또는 납부 최고, 교부청구 외에 '압류'를 규정하고 있는바, 여기서의 '압류'란 세무공무원이 국세징수법 제24조 이하의 규정에 따라 납세자의 재산에 대한 압류 절차에 착수하는 것을 가리키는 것이므로, 세무공무원이 국세징수법 제26조에 의하여 체납자의 가옥·선박·창고 기타의 장소를 수색하였으나 압류할 목적물을 찾아내지 못하여 압류를 실행하지 못하고 수색조서를 작성하는 데 그친 경우에도 소멸시효 중단의 효력이 있다(대판 2001.8.21. 2000다12419).

5. 채권자가 동일한 목적을 달성하기 위하여 복수의 채권을 갖고 있는 경우, 어느 하나의 청구권을 행사하는 것이 다른 채권에 대한 소멸시효 중단의 효력이 있다고 할 수 없다(대판 2002.5.10. 2000다39735).

> **간단 점검하기**
>
> 변상금 부과처분에 대한 취소소송이 진행중이라도 그 부과권자로서는 위법한 처분을 스스로 취소하고 그 하자를 보완하여 다시 적법한 부과처분을 할 수도 있다. (○)

> **관련판례**
>
> **변상금 부과처분에 대해 납부 의무자가 취소소송을 제기한 경우에는 소송 진행중에도 그 부과권의 소멸시효가 진행됨**
>
> 1. 변상금 부과처분에 대한 취소소송이 진행중이라도 그 부과권자로서는 위법한 처분을 스스로 취소하고 그 하자를 보완하여 다시 적법한 부과처분을 할 수도 있는 것이어서 그 권리행사에 법률상의 장애사유가 있는 경우에 해당한다고 할 수 없으므로, 그 처분에 대한 취소소송이 진행되는 동안에도 그 부과권의 소멸시효가 진행된다(대판 2006.2.10. 2003두5686).
>
> 2. **과세처분의 취소 또는 무효확인 청구의 소가 조세환급을 구하는 부당이득반환청구권의 소멸시효 중단사유인 재판상 청구에 해당**
>
>   일반적으로 위법한 행정처분의 취소·변경을 구하는 행정소송은 사권을 행사하는 것으로 볼 수 없으므로 사권에 대한 시효중단사유가 되지 못하는 것이나, 다만 오납한 조세에 대한 부당이득 반환청구권을 실현하기 위한 수단이 되는 과세처분의 취소 또는 무효확인을 구하는 소는 그 소송물이 객관적인 조세채무의 존부확인으로서 실질적으로 민사소송인 채무부존재확인의 소와 유사할 뿐 아니라, 과세처분의 유효 여부는 그 과세처분으로 납부한 조세에 대한 환급청구권의 존부와 표리관계에 있어 실질적으로 동일 당사자인 조세부과권자와 납세의무자 사이의 양면적 법률관계라고 볼 수 있으므로, 위와 같은 경우에는 과세처분의 취소 또는 무효확인청구의 소가 비록 행정소송이라고 할지라도 조세환급을 구하는 부당이득반환청구권의 소멸시효 중단사유인 재판상 청구에 해당한다고 볼 수 있다(대판 1992.3.31. 91다32053).
>
> 3. **당연퇴직 사실을 몰랐더라도 당연 퇴직사유가 발생한 때로부터 퇴직급여 지급청구권의 시효진행**
>
>   공무원 임용결격사유가 발생하여 당연퇴직된 공무원이 당연퇴직사실을 알지 못한 채 계속 근무한 경우, 당연퇴직사유가 발생한 때부터 퇴직급여 지급청구권의 소멸시효가 진행된다(대판 2011.5.26. 2011두242).

③ **공물의 취득시효**: 민법에서는 부동산은 20년, 동산은 10년간 소유의 의사로 평온, 공연하게 점유를 계속하면, 점유자는 그 소유권을 취득한다고 규정하고 있다. 따라서 사물은 원칙적으로 취득시효의 대상이 되지만 공물은 취득시효의 대상이 되는지에 대하여 긍정하는 견해와 부정하는 견해의 다툼이 있다. 결론적으로 일반재산은 취득시효의 대상이 되나 국유재산인 공물은 국유재산법 제5조 제2항에 따라 취득시효의 대상에서 제외된다.

> **관련판례**
>
> 1. **행정재산은 공용폐지가 되지 않는 한 시효취득을 부정**
>   - [1] 행정재산은 공용이 폐지되지 않는 한 사법상 거래의 대상이 될 수 없으므로 취득시효의 대상이 되지 않는다.
>   - [2] 공용폐지의 의사표시는 명시적이든 묵시적이든 상관이 없으나 적법한 의사표시가 있어야 하고, 행정재산이 사실상 본래의 용도에 사용되지 않고 있다는 사실만으로 용도폐지의 의사표시가 있었다고 볼 수는 없으며, 원래의 행정재산이 공용폐지되어 취득시효의 대상이 된다는 사실에 대한 입증책임은 시효취득을 주장하는 자에게 있다(대판 1994.3.22. 93다56220).

2. 공용폐지의 의사표시는 명시적 의사표시뿐 아니라 묵시적 의사표시이어도 무방하나 적법한 의사표시이어야 하고, 행정재산이 본래의 용도에 제공되지 않는 상태에 놓여 있다는 사실만으로 관리청의 이에 대한 공용폐지의 의사표시가 있었다고 볼 수 없으며, 행정재산에 관하여 체결된 것이기 때문에 무효인 매매계약을 가지고 적법한 공용폐지의 의사표시가 있었다고 볼 수도 없다(대판 1996.5.28. 95다52383).

3. 묵시적 공용폐지에 의한 시효취득을 인정한 사례

    1949.6.4. 대구국도사무소가 폐지되고, 그 소장관사로 사용되던 부동산이 그 이래 달리 공용으로 사용된바 없다면, 그 부동산은 이로 인하여 묵시적으로 공용이 폐지되어 시효취득의 대상이 되었다 할 것이다(대판 1990.11.27. 90다5948).

4. 시효취득 부정사례

    [1] 예정공물도 시효취득의 대상이 되지 않는다(대판 1994.5.10. 93다23442).
    [2] 일정시 조선총독부 관할하에 있던 철도용지는 미군정청으로부터 대한민국에 이양된 국유행정재산이고, 국가가 철도용지로서 보유하고 있는 토지는 국유행정재산이므로 시효취득의 대상이 되지 않는다(대판 1996.3.8. 95누12804).
    [3] 문화재보호구역 내의 국유토지는 "법령의 규정에 의하여 국가가 보존하는 재산", 즉 국유재산법 제4조 제3항 소정의 "보존재산"에 해당하므로 구 국유재산법 제5조 제2항에 의하여 시효취득의 대상이 되지 아니한다(대판 1994.5.10. 93다23442).

5. 국유일반재산에 대하여는 시효취득을 인정

    국유일반재산은 사경제적 거래의 대상으로서 사적 자치의 원칙이 지배되고 있으므로 시효제도의 적용에 있어서도 동일하게 보아야 하고, 국유일반재산에 대한 시효취득을 부인하는 동 규정은 합리적 근거 없이 국가만을 우대하는 불평등한 규정으로서 헌법상의 평등의 원칙과 사유재산권 보장의 이념 및 과잉금지의 원칙에 반한다(헌재 1991.5.13. 89헌가01).

6. 잡종재산에 대한 취득시효가 완성된 후 그 잡종재산이 행정재산으로 된 경우, 취득시효 완성을 원인으로 소유권이전등기를 청구할 수 없음

    원래 잡종재산이던 것이 행정재산으로 된 경우 잡종재산일 당시에 취득시효가 완성되었다고 하더라도 행정재산으로 된 이상 이를 원인으로 하는 소유권이전등기를 청구할 수 없다(대판 1997.11.14. 96다10782).

2. 행정법상의 사실행위(주소·거소, 사무관리, 부당이득)

(1) 주소·거소

① **개괄**: 주소가 갖는 공법상의 의미는 매우 크다고 할 수 있다. 예를 들어서 납세고지서 등 행정서류의 송달장소를 결정하거나, 지방자치단체 주민의 선거권을 부여할 때 주소가 활용된다.

② **주소**: 민법은 제18조 제1항에서 '생활의 근거가 되는 곳'을 주소로 보고, 공법은 주민등록법 제17조의7에 의해 '주민등록지'를 주소로 보고 있다.

> **간단 점검하기**
> 공법관계에 있어서 자연인의 주소는 주민등록지이고, 그 수는 1개소에 한한다. (○)

③ **주소의 수**: 민법상 주소는 복수주의로 생활의 근거가 되는 곳이면 어느 곳이든 주소가 될 수 있으나 공법(주민등록법)상의 자연인의 주소는 단일주의로 이중등록이 금지되고 있으므로 1개소만 가능하다. 행정법관계에서도 거소를 기준으로 법률효과를 발생시키는 경우가 있는데 이에 관해 다른 특별한 규정이 없으면 민법의 규정이 적용된다.

④ **거소**: 사람이 일정기간 동안 거주하는 장소를 거소라고 한다. 거소는 생활의 본거지로 하고 있으나, 주민등록을 하지 않은 경우와 같이 그 장소와의 밀접도가 주소보다 낮은 곳을 말한다.

(2) **사무관리**

① **의의**: 행정법상 사무관리란 법률상의 의무가 없음에도 타인을 위하여 그 사무를 관리하는 행위를 말한다.

② **종류**

㉠ 국가에 의한 사인의 사무관리

ⓐ **강제관리**: 국가의 특별한 감독하에 있는 사업에 대한 강제적 관리(보호기업에 대한 강제관리, 문제가 있는 학교재단에 대한 교육위원회의 강제관리 등)를 말한다.

ⓑ **보호관리**: 재해 시 행하는 수난구호, 행려병자 등의 보호관리 등을 말한다.

㉡ **사인에 의한 국가의 사무관리 - 역무제공**: 비상재해 기타의 경우 사인이 국가가 해야 할 사무의 일부를 대신하는 것이다.

(3) **부당이득**

① **의의**: 부당이득이란 법률상 원인 없이 타인의 재산 또는 노무로 인하여 이익을 얻고 이로 인해 타인에게 손해를 끼치는 것을 말한다(납입 후 조세부과처분이 취소된 경우, 조세의 과오납, 봉급과액수령, 무자격자의 연금수령, 착오에 의한 사유지의 국유지 편입, 세무공무원의 과오에 의한 제3자의 재산의 압류 및 공매 등).

② **유형**

㉠ **행정주체의 부당이득**: 행정행위로 인한 부당이득은 당해 행위가 무효이거나 실효 또는 취소되는 경우에 발생하는데 행정행위가 취소사유에 불과한 경우(공정력 존재)에는 취소되기 전까지 부당이득의 문제는 발생하지 않는다. 그 밖에 행정행위 이외의 행정 작용으로 인한 경우는 법률상 특별한 규정이 없는 한 부당이득반환청구권 행사가 가능하다(예 행정주체의 사인의 토지에 대한 무단점유·시정의 착오에 의한 사유지의 도로편입, 조세의 과오납·무효인 과세처분에 기하여 이미 조세를 납부한 경우에 그 반환을 청구하는 것).

㉡ **사인의 부당이득**: 사인이 부당이득을 취하는 경우로는 ⓐ 행정행위로 인한 경우(예 봉급의 과액수령)와 ⓑ 행정행위 이외의 작용으로 인한 경우(예 공물을 사적인 목적에 사용하는 경우)가 있다.

관련판례

1. **조세의 과오납이 부당이득이 되는 경우**

   조세의 과오납이 부당이득이 되기 위하여는 납세 또는 조세의 징수가 실체법적으로나 절차법적으로 전혀 법률상의 근거가 없거나 과세처분의 하자가 중대하고 명백하여 당연무효이어야 하고, 과세처분의 하자가 단지 취소할 수 있는 정도에 불과할 때에는 과세관청이 이를 스스로 취소하거나 항고소송절차에 의하여 취소되지 않는 한 그로 인한 조세의 납부가 부당이득이 된다고 할 수 없다(대판 1994.11.11. 94다28000).

2. **원천징수대상이 아닌 소득에 대하여 세액을 징수·납부한 경우 부당이득**

   원천징수의무자가 원천납세의무자로부터 원천징수대상이 아닌 소득에 대하여 세액을 징수·납부하였거나 징수하여야 할 세액을 초과하여 징수·납부하였다면, 국가는 원천징수의무자로부터 이를 납부받는 순간 아무런 법률상의 원인 없이 보유하는 부당이득이 되고 … (대판 2002.11.8. 2001두8780).

3. **당연무효인 변상금부과처분에 의하여 납부·징수한 오납금은 부당이득, 오납금에 대한 부당이득반환청구권의 소멸시효 기산점은 납부·징수시**

   지방재정법 제87조 제1항에 의한 변상금부과처분이 당연무효인 경우에 이 변상금부과처분에 의하여 납부자가 납부하거나 징수당한 오납금은 지방자치단체가 법률상 원인 없이 취득한 부당이득에 해당하고, 이러한 오납금에 대한 납부자의 부당이득반환청구권은 처음부터 법률상 원인이 없이 납부 또는 징수된 것이므로 납부 또는 징수시에 발생하여 확정되며, 그 때부터 소멸시효가 진행한다(대판 2005.1.27. 2004다50143).

4. **퇴직연금 지급정지 사유기간 중 퇴직연금 수급자에게 지급된 퇴직연금은 공무원연금법 제31조 제1항 제3호 소정의 '기타 급여가 과오급된 경우'에 해당**

   공무원으로 재직하다가 퇴직하여 공무원연금법에 따라 퇴직연금을 지급받고 있던 사람이 구 사립학교교원연금법 제3조가 정한 교직원으로 임용되어 그 기관으로부터 급여를 받게 되는 경우에는 재직기간 합산신청 여부와는 관련 없이 그 법의 적용을 받게 되고, 그 재직기간 중에는 공무원연금법 제47조, 같은 법 시행령 제40조 제1항에 의하여 공무원연금관리공단의 지급정지처분 여부에 관계없이 그 사유가 발생한 때부터 당연히 퇴직연금의 지급이 정지되는 것이므로, 그 지급정지 사유기간 중 퇴직연금 수급자에게 지급된 퇴직연금은 공무원연금법 제31조 제1항 제3호에 정하여진 '기타 급여가 과오급된 경우'에 해당한다(대판 2000.11.28. 99두5443).

5. **법률상 원인 없는 요양급여비용 청구를 부당이득으로 본 사안**

   요양기관인 병원을 운영하는 甲 의료법인이, 소속 간호사 乙이 단독으로 병원의 입원환자에게 경구 의약품을 조제·투약하였음에도 마치 의사가 조제한 것처럼 의약품비용 등의 명목의 요양급여비용 등을 청구하여 지급받은 사안에서, 국민건강보험공단 등이 위 요양급여비용 등 전액을 부당이득으로 볼 수 있다(대판 2011.4.14. 2010두26315).

> **간단 점검하기**
>
> 취소사유 있는 과세처분에 의하여 세금을 납부한 자는 과세처분취소소송을 제기하지 않은 채 곧바로 부당이득반환청구소송을 제기하더라도 납부한 금액을 반환받을 수 있다. (×)

③ 부당이득반환청구권의 성질
  ㉠ 학설
    ⓐ **사권설**: 공법상 부당이득은 민사사건과 마찬가지로 경제적 견지에서 인정되는 이해조정제도이므로 사권으로 보아야 한다는 견해이다. 이러한 견해에 따를 경우 부당이득반환청구권에는 민사소송이 적용된다.
    ⓑ **공권설**: 공법상 부당이득은 공법상의 원인에 기하여 발생한 결과에 대한 조정이기 때문에 공권으로 보아야 한다는 견해이다. 이러한 견해에 따를 경우 민사소송이 아닌 당사자소송이 적용된다.
  ㉡ **판례**: 판례는 사권설을 취하고 있다.

> **관련판례**
>
> 1. 조세부과처분이 당연무효임을 전제로 하여 이미 납부한 세금의 반환을 청구하는 것은 민사상의 부당이득반환청구로서 민사소송절차에 따라야 한다(대판 1995.4.28. 94다55019).
>
> 2. 개발부담금 부과처분이 취소된 이상 그 후의 부당이득으로서의 과오납금 반환에 관한 법률 관계는 단순한 민사관계에 불과한 것이고, 행정소송 절차에 따라야 하는 관계로 볼 수 없다(대판 1995.12.22. 94다51253).
>
> 3. **부가가치세 환급세액 지급청구가 당사자소송의 대상인지 여부(적극)**
>   이와 같은 부가가치세법령의 내용, 형식 및 입법취지 등에 비추어 보면, 납세의무자에 대한 국가의 부가가치세 환급세액 지급의무는 그 납세의무자로부터 어느 과세기간에 과다하게 거래징수된 세액 상당을 국가가 실제로 납부받았는지 여부와 관계없이 부가가치세법령의 규정에 의하여 직접 발생하는 것으로서, 그 법적 성질은 정의와 공평의 관념에서 수익자와 손실자 사이의 재산 상태 조정을 위해 인정되는 부당이득 반환의무가 아니라 부가가치세법령에 의하여 그 존부나 범위가 구체적으로 확정되고 조세 정책적 관점에서 특별히 인정되는 공법상 의무라고 봄이 타당하다. 그렇다면 납세의무자에 대한 국가의 부가가치세 환급세액 지급의무에 대응하는 국가에 대한 납세의무자의 부가가치세 환급세액 지급청구는 민사소송이 아니라 행정소송법 제3조 제2호에 규정된 당사자소송의 절차에 따라야 한다. 그럼에도 이와 달리 부가가치세 환급세액 지급청구가 행정소송이 아닌 민사소송의 대상이라고 한 대판 1996.4.12. 94다34005; 대판 1996.9.6. 95다4063; 대판 1997.10.10. 97다26432; 대판 2001.10.26. 2000두7520 등과 국세환급금의 환급에 관한 국세기본법 제51조 제1항의 해석과 관련하여 개별 세법에서 정한 환급세액의 반환도 일률적으로 부당이득반환이라고 함으로써 결과적으로 부가가치세 환급세액의 반환도 부당이득반환이라고 본 대판 1987.9.8. 85누565; 대판 1988.11.8. 87누479 등을 비롯한 같은 취지의 판결들은 이 판결의 견해에 배치되는 범위 내에서 이를 모두 변경하기로 한다(대판 2013.3.21. 2011다95564).

④ **소멸시효**: 행정법상 부당이득반환청구권의 소멸시효는 국가에 대한 금전채권·채무의 일반적 소멸시효기간인 5년이다(국가재정법 제96조, 지방재정법 제69조). 단, 각 법률에 특별한 규정이 있는 경우에는 그에 따른다.

📋 **간단 점검하기**

부가가치세법령에 따른 환급세액 지급의무 등의 규정과 그 입법취지에 비추어 볼 때 부가가치세 환급세액 반환은 공법상 부당이득반환으로서 민사소송의 대상이다. (×)

3 사인의 공법행위

1. 의의
행정법관계에서의 사인의 행위로서 공법적 효과를 발생시키는 행위를 총칭하여 사인의 공법행위라 하는 것이다. 따라서 공법행위란 입법행위·사법행위 및 행정법관계에서의 행위를 모두 포함하는 강학상의 개념이나 행정법상의 사인의 공법행위는 사인의 행정법관계에서의 행위만을 말한다.

2. 공법행위의 종류
공법행위의 종류는 앞에서 보았듯이 적법행위, 위법행위, 부당행위로 나누기도 하고 주체에 따라 행정주체의 공법행위와 사인의 공법행위로 나눌 수 있다. 행정주체의 공법행위는 행정행위나 행정입법 등과 같이 우월적 지위에서 행하는 것과 공법상 계약과 같이 상대방과 대등한 지위에서 행하는 것이 있는데 행정주체의 공법행위는 행정작용법에서 언급하기로 하고 여기서는 사인의 공법행위에 대해 알아보기로 하겠다.

3. 사인의 공법행위의 의의
공법관계에서 사인이 행하는 행위로서 공법적 효과의 발생을 목적으로 하는 일체의 행위를 말한다.

4. 사인의 공법행위의 일반법
일반법은 존재하지 않으며 개별법에서 규정하고 있다. 수리를 요하는 신고에 관하여는 행정기본법에 규정이 있으며, 수리를 요하지 않는 신고에 대해서는 행정절차법에 규정이 되어있다.

5. 사인의 공법행위와 타개념과의 구별

(1) 행정행위에 대한 특색
공법적 효과의 발생을 목적으로 한다는 점에서 양자는 차이가 없지만 사인의 공법행위는 공권력의 행사가 아니므로 행정행위가 가지는 공정력 등은 인정되지 않는다.

(2) 사법행위에 대한 특색
행정주체가 사인이고 비권력적 행위인 점에서는 같지만 사인의 공법행위는 공법적 효과의 발생을 목적으로 한다는 점에서 사법행위와 다르다.

6. 사인의 공법행위의 종류
사인의 공법행위는 ① 사인의 지위에 따라, ② 행위의 성질에 따라, ③ 법적 효과의 완성 여부에 따라 분류할 수 있다.

사인의 지위에 따른 분류	• 행정주체의 지위에서 행하는 행위(기관구성자로서의 지위): 국민투표, 선거 등 • 행정객체의 지위에서 행하는 행위(행정의 상대방으로서의 지위): 신고, 쟁송 제기, 신청 등
주체의 수	• 단독행위(일방당사자의 의사표시만으로 법률효과 발생) • 쌍방적 행위(쌍방 당사자의 의사의 합치에 의해 하나의 법률효과 발생)
행위의 성질에 따른 분류	• 신고행위: 본래적 의미의 신고, 완화된 허가제로서의 신고 • 통지행위: 출생신고, 사망신고, 퇴거신고 등 통지행위인 신고 • 신청행위: 쌍방적 행정행위인 청구, 의사표시인 신고 • 동의 또는 승낙: 공무원임명의 동의, 공법상 계약에서 승낙 등
법적 효과의 완성 여부에 따른 분류	• 자체완성적 사인의 공법행위: 선거, 국민투표, 통지행위(출생신고, 사망신고), 합동행위 등 • 행위요건적 사인의 공법행위: 수업료납부 연기신청, 행정쟁송 제기, 사직원 제출, 허가원, 동의, 승낙, 협의 등
의사표시의 수에 따른 분류	• 단순행위: 하나의 의사표시로 구성되는 행위(각종 신고·신청·동의) • 합성행위: 다수의 서로 다른 의사표시가 모여 하나의 의사를 구성하는 행위(투표) • 합동행위: 다수의 동일한 의사표시가 결합하여 하나의 의사를 구성하는 행위(재개발조합설립행위)

이하에서는 행위의 성질에 따른 분류를 중심으로 살펴보고자 한다.

(1) 합성행위

합성행위란 수 개의 의사가 결합하여 하나의 의사표시를 구성하는 것을 말한다. 이러한 합성행위의 예로는 국민투표와 선거, 위원회의 의결, 행정절차의 합의 결정 등을 들 수 있다.

(2) 합동행위

합동행위는 평행적으로 방향을 같이하는 두 개 이상의 의사표시가 합치하여 성립하는 법률행위를 말한다(공법상 합동행위는 당사자 간의 '의사의 합치'에 의해 성립되나, 공법상 합성행위는 당사자 간 의사의 합치를 반드시 요하지는 않으며 단지 다수의 의사가 결합하여 하나의 최종적 의사를 구성하는 점에서 구별됨). 이러한 합동행위의 예로는 조합의 설립, 정관의 작성 등을 들 수 있다. 이는 대립적·교환적 관계가 아닌 점에서 계약과 다르다. 한국의 다수 학자는 법률행위를 크게 단독행위·계약 및 합동행위로 분류하고 있다.

(3) 신고

① **의의**: 신고란 사인이 행정청에 대하여 일정한 사실이나 관념을 통지함으로써 공법상 법률효과가 발생하도록 하는 행위를 말한다. 행정절차법 제40조에 규정된 신고는 자족적 공법행위로서의 신고를 의미한다.

> **간단 점검하기**
> 행정절차법에서는 수리를 요하는 신고를 규정하고 있고, 행정기본법에서는 수리를 요하지 않는 신고를 규정하고 있다. (×)

② **종류**: 신고는 크게 ㉠ 신고의 요건을 갖추고 신고만 하면 신고의무를 이행한 것이 되는 자족적 공법행위로서의 신고(본래적 의미의 신고, 수리를 요하지 않는 신고)와 ㉡ 신고가 수리되어야 신고의 대상이 되는 행위에 대한 금지가 해제되는 수리를 요하는 신고(완화된 허가제로서의 신고)로 나눌 수 있다.

> **심화학습**
> 1. 정보제공적 신고
>   ① 개념: 사인이 행정청에게 어떤 사실에 관한 정보를 제공하는 기능을 갖는 신고를 말한다.
>   ② 사례: 폐업신고, 화재신고, 교통사고의 신고
> 2. 금지해제적 신고
>   ① 개념: 사적 활동을 규제하는 기능을 갖는 신고를 말한다.
>   ② 사례: 주택법상의 신고, 건축법상 건축신고

㉠ **구별 실익**: 양자는 신고 수리의 처분성 인정 여부, 즉 항고소송의 대상적 격과 관련하여 논의할 필요가 있다.

ⓐ 수리를 요하지 않는 신고는 행정청에 대한 사인의 일방적인 통고행위로서 그것이 행정청에 제출되어 접수된 때에 관계법령이 정한 법적 효과가 발생한다. 이때 행정청은 신고서의 형식적 요건을 갖추면 수리하여야 하고, 실질적 요건(신고의 기재사항이 진실한지 공익에 어떤 영향을 미치는지 등)은 심사할 수 없다. 따라서 행정청의 신고 수리 여부는 권리의무관계에 아무런 영향을 미치지 않으므로 거부처분취소소송의 대상에서 제외된다. 그러나 최근에는 수리를 불요하는 신고에 대한 수리거부의 처분성을 인정하여 국민의 구제의 폭을 넓히고 있다.

ⓑ 수리를 요하는 신고는 신고의 요건을 갖춘 신고가 있었다 하더라도 행정청이 수리하지 않으면 법적 효과가 발생하지 아니한다. 따라서 이러한 신고의 수리 여부는 거부처분취소소송의 대상이 된다. 한편, 수리를 요하지 않는 신고는 형식적 요건의 심사에 족하고 실질적 요건에 대한 심사는 불가하나 수리를 요하는 신고의 경우에는 형식적 요건 외에 실질적 요건까지 심사하는 경우도 존재한다.

㉡ **사실로서의 신고와 구별**: 사실로서의 신고는 행정청에 신고를 할 사안이 아님에도 신고를 한 경우로, 이에 대해 수리를 하거나 거부하더라도 행정처분이 될 여지가 없다.

> **관련판례**
> 1. 재단법인이 아닌 종교단체가 설치하고자 하는 납골탑에는 관리사무실, 유족 편의시설, 화장한 유골을 뿌릴 수 있는 시설, 그 밖에 필요한 시설물과 주차장을 마련하여야 하나, 위와 같은 시설들은 신고한 납골탑을 실제로 설치·관리함에 있어 마련해야 하는 시설에 불과한 것으로서 이에 관한 사항이 납골탑 설치신고의 신고대상이 되는 것으로 볼 아무런 근거가 없으므로, 종교단체가 납골탑 설치신고를 함에 있어 위와 같은 시설 등에 관한 사항을 신고한 데 대하여 행정청이 그 신고를 이를 일괄 반려하였다고 하더라도 그 반려

처분 중 위와 같은 시설 등에 관한 신고를 반려한 부분은 항고소송의 대상이 되는 행정처분이라고 할 수 없다(대판 2005.2.25. 2004두4031). → 납골당설치신고는 수리를 요하는 신고이나, 관리사무실, 유족편의시설, 화장한 유골을 뿌릴 수 있는 시설, 그 밖에 필요한 시설물과 주차장에 관한 사항은 신고대상이 아니다.

2. 공동주택 입주민의 옥외운동시설인 테니스장을 배드민턴장으로 변경하고 그 변동사실을 신고하여 관할 시장이 그 신고를 수리한 경우, 그 용도변경은 주택건설촉진법상 신고를 요하는 입주자 공유인 복리시설의 용도변경에 해당하지 아니하므로 그 변동사실은 신고할 사항이 아니고 관할 시장이 그 신고를 수리하였다 하더라도 그 수리는 공동주택 입주민의 구체적인 권리의무에 아무런 변동을 초래하지 않는다는 이유로 항고소송의 대상이 되는 행정처분이 아니다(대판 2000.12.22. 99두455).

③ **신고의 효과**
　㉠ **수리를 요하지 않는 신고의 경우**: 적법한 신고가 접수기관에 도달한 때에 행정청의 수리여부에 관계없이 신고가 이행된 것으로 본다. 하지만 수리를 요하지 않는 신고라도 요건이 충족되지 못한 부적법한 신고가 접수되었다면 행정청이 이를 수리하여도 신고의 효과는 발생하지 않는다. 따라서 부적법한 신고를 한 뒤 행한 영업행위는 무신고영업으로서 불법영업에 해당한다.
　㉡ **수리를 요하는 신고의 경우**: 행정청이 신고서를 수리함으로써 신고의 효과가 발생하고, 요건이 불충족된 신고서가 제출될 경우 행정청은 지체 없이 상당한 기간을 정하여 신고인에게 보완을 요구해야 한다. 또한 부적법한 신고라도 수리를 하면 효과는 발생하나 접수된 신고가 부적법하면 그 수리행위는 하자 있는 행위가 된다.
　따라서 그 하자의 정도가 중대하고 명백하여 무효사유에 해당하면 수리행위는 무효가 되고, 취소사유에 해당하면 수리행위가 취소될 때까지 유효하다.
④ **신고의 수리, 수리거부행위의 성질**: 수리를 요하지 않는 신고의 경우 행정청의 수리, 수리거부행위의 처분성은 부정되고, 수리를 요하는 신고의 경우 행정청의 수리, 수리거부행위는 처분성이 인정된다.
⑤ **신고필증의 의미**: 신고를 하면 통상적으로 신고필증이 교부되는데 수리를 요하지 않는 신고에서의 신고필증은 관계인이 신고사실을 행정기관에게 도달했음을 확인하여 주는 단순 사실행위에 지나지 않고, 수리를 요하는 신고의 경우 신고필증의 교부는 신고를 행한 관계인의 신고가 수리되었음을 증명하는 행위이나 신고필증의 교부가 필수적인 것은 아니다.
⑥ **완화된 허가제**: 최근 행정규제의 완화책으로 종래의 허가사항이 신고사항으로 된 경우가 많다. 하지만 행정청은 신고요건(허가의 요건이 그대로 남아있는 경우)이 충족되지 않으면 수리를 거부하고 있으므로 실질적으로는 허가제처럼 운영되어 수리거부행위는 항고소송의 대상이 된다.

---

1. 수리를 요하지 않는 신고: 신고서가 도달할 때 신고의 효력이 발생. 수리나 수리거부는 어떠한 권리의무에 변동을 주지 않으므로 처분이 아님
2. 수리를 요하는 신고: 행정청이 신고서를 수리할 때, 신고의 효력이 발생. 수리나 수리거부는 처분이 됨

간단 점검하기
자기완결적 신고는 수리를 요하지 않기 때문에 행정청이 신고를 수리하거나 신고필증을 교부하였다고 하더라도 이는 신고사실을 확인하는 의미의 사실행위에 불과하다. (○)

간단 점검하기
수리를 요하는 신고의 경우, 수리행위에 신고필증의 교부가 필수적이므로 신고필증 교부의 거부는 행정소송법상 처분으로 볼 수 있다. (×)

⑦ 신고에 관한 법규정
  ㉠ 행정절차법상의 신고

> 행정절차법 제40조【신고】① 법령등에서 행정청에 일정한 사항을 통지함으로써 의무가 끝나는 신고를 규정하고 있는 경우 신고를 관장하는 행정청은 신고에 필요한 구비서류, 접수기관, 그 밖에 법령등에 따른 신고에 필요한 사항을 게시(인터넷 등을 통한 게시를 포함한다)하거나 이에 대한 편람을 갖추어 두고 누구나 열람할 수 있도록 하여야 한다.
> ② 제1항에 따른 신고가 다음 각 호의 요건을 갖춘 경우에는 신고서가 접수기관에 도달된 때에 신고 의무가 이행된 것으로 본다.
> 1. 신고서의 기재사항에 흠이 없을 것
> 2. 필요한 구비서류가 첨부되어 있을 것
> 3. 그 밖에 법령등에 규정된 형식상의 요건에 적합할 것
> ③ 행정청은 제2항 각 호의 요건을 갖추지 못한 신고서가 제출된 경우에는 지체 없이 상당한 기간을 정하여 신고인에게 보완을 요구하여야 한다.
> ④ 행정청은 신고인이 제3항에 따른 기간 내에 보완을 하지 아니하였을 때에는 그 이유를 구체적으로 밝혀 해당 신고서를 되돌려 보내야 한다.

  ㉡ 행정기본법의 신고

> 행정기본법 제34조【수리 여부에 따른 신고의 효력】법령등으로 정하는 바에 따라 행정청에 일정한 사항을 통지하여야 하는 신고로서 법률에 신고의 수리가 필요하다고 명시되어 있는 경우(행정기관의 내부 업무 처리 절차로서 수리를 규정한 경우는 제외한다)에는 행정청이 수리하여야 효력이 발생한다.

⑧ **심사방식**: 원칙적으로 수리를 요하지 않는 신고의 경우 행정청은 형식적 요건만 심사하면 되고, 실체적 사유를 심사하는 것은 불가능하다.
반면, 수리를 요하는 신고의 경우, 형식적인 심사뿐만 아니라 실체적 사유를 심사할 수 있다. 다만, 수리를 요하는 신고라도 법에서 요구하지 아니하는 실체적인 요건 이외의 사유로 수리를 거부하면 안된다.

> **관련판례**
> 1. 허가권자는 양수인에 대하여 구 건축법 시행규칙 제11조 제1항에서 정한 서류에 포함되지 아니하는 '건축할 대지의 소유 또는 사용에 관한 권리를 증명하는 서류'의 제출을 요구하거나, 양수인에게 이러한 권리가 없다는 실체적인 이유를 들어 신고의 수리를 거부하여서는 아니 된다(대판 2015.10.29. 2013두11475).
> 2. 건축주명의변경신고에 관한 건축법 시행규칙 제3조의2의 규정은 단순히 행정관청의 사무집행의 편의를 위한 것에 지나지 않는 것이 아니라, 허가대상건축물의 양수인에게 건축주의 명의변경을 신고할 수 있는 공법상의 권리를 인정함과 아울러 행정관청에게는 그 신고를 수리할 의무를 지게 한 것으로 봄이 상당하므로, 허가대상건축물의 양수인이 위 규칙에 규정되어 있는 형식적요건을 갖추어 시장, 군수에게 적법하게 건축주의 명의변경을 신고한 때에는 시장, 군수는 그 신고를 수리하여야지 실체적인 이유를 내세워 그 신고의 수리를 거부할 수는 없다(대판 1992.3.31. 91누4911).

간단 점검하기

가설건축물 존치기간을 연장하려는 건축주 등이 법령에 규정되어 있는 제반 서류와 요건을 갖추어 행정청에 연장신고를 한 때에는 행정청은 원칙적으로 이를 수리하여 신고필증을 교부하여야 하고, 법령에서 정한 요건 이외의 사유를 들어 수리를 거부할 수는 없다. (○)

3. 건축물의 소유권을 둘러싸고 소송이 계속 중이어서 판결로 소유권의 귀속이 확정될 때까지 건축주명의변경신고의 수리를 거부함이 상당하다(대판 1993. 10.12. 93누883).

4. 기존에 다른 사람이 숙박업 신고를 한 적이 있더라도 새로 숙박업을 하려는 자가 그 시설 등의 소유권 등 정당한 사용권한을 취득하여 법령에서 정한 요건을 갖추어 신고하였다면, 행정청으로서는 특별한 사정이 없는 한 이를 수리하여야 하고, 단지 해당 시설 등에 관한 기존의 숙박업 신고가 외관상 남아있다는 이유만으로 이를 거부할 수 없다(대판 2017.5.30. 2017두34087).

5. 정당등록에 관한 규정에 의하면 중앙선거관리위원회 위원장은 정당이 정당법에 정한 형식적 요건을 구비한 경우 등록을 수리하여야 하고, 정당법에 명시된 요건이 아닌 다른 사유로 정당등록신청을 거부하는 등으로 정당설립의 자유를 제한할 수 없다(대판 2021.12.30. 2020수5011).

6. 구 노인복지법(2005.3.31. 법률 제7452호로 개정되기 전의 것)의 목적과 노인주거복지시설의 설치에 관한 법령의 각 규정들 및 노인복지시설에 대하여 각종 보조와 혜택이 주어지는 점 등을 종합하여 보면, 노인복지시설을 건축한다는 이유로 건축부지 취득에 관한 조세를 감면받고 일반 공동주택에 비하여 완화된 부대시설 설치기준을 적용받아 건축허가를 받은 자로서는 당연히 그 노인복지시설에 관한 설치신고 당시에도 당해 시설이 노인복지시설로 운영될 수 있도록 조치하여야 할 의무가 있고, 따라서 같은 법 제33조 제2항에 의한 유료노인복지주택의 설치신고를 받은 행정관청으로서는 그 유료노인복지주택의 시설 및 운영기준이 위 법령에 부합하는지와 아울러 그 유료노인복지주택이 적법한 입소대상자에게 분양되었는지와 설치신고 당시 부적격자들이 입소하고 있지는 않은지 여부까지 심사하여 그 신고의 수리 여부를 결정할 수 있다(대판 2007.1.11. 2006두14537).

참고 수리를 요하지 않는 신고와 요하는 신고

구분	수리를 요하지 않는 신고	수리를 요하는 신고
효력발생 시기	신고(접수) 시 법적 효과 발생	수리 시 법적 효과 발생
수리 여부	수리 불요(접수를 요하는 신고)	수리 요(수리를 요하는 신고)
수리거부	수리거부하더라도 처분성 × (예외적으로 건축신고의 수리거부는 처분성 ○)	수리거부할 경우 처분성 ○
신고필증	-	법적인 의미 있음
현행 절차법	행정절차법	행정기본법
구체적 예(판례)	• 대문설치 신고 • 체육시설의 설치·이용에 관한 법률에서의 골프장이용료 변경 신고(골프 연습장을 설치하려는 건물이 무허가 건물인 경우 적법한 신고를 할 수 없음) → 현재는 법개정으로 수리를 요함 • 수산업법상의 수산제조업 신고 • 골프연습장이용료 변경 신고	• 학교보건법상 체육시설업(초·중·고등학교 당구장업) 신고 • 예탁금회원제 골프장의 회원을 모집 하고자 하는 자의 회원모집계획서 제출은 수리를 요하는 신고 • 볼링장 영업을 위한 체육시설업 신고 • 건축대장상의 건축주 명의변경 신고 • 어업의 신고 • 사업양수·영업양도에 따른 지위승계 신고

• 공업배치 및 공장설립에 관한 법률에 의한 공장설립 신고 • 치과·한의원 개설 신고 • 숙박업·목욕장업·세탁업의 영업 신고 • 출생·사망·국적 이탈 • 옥외집회 및 시위의 신고 • 당구장 영업신고 • 가축전염병예방법상 죽거나 병든 가축의 신고 • 유선장의 경영신고와 그 변경신고 • 부가가치세법상의 사업자등록 • 식품위생법에 의한 영업신고 • 공중위생관리법에 의한 공중위생영업(목욕장업·미용업·세탁업 등)	• 식품위생법에 의한 영업양도에 따른 지위승계신고 • 어업의 신고 • 사업양수·영업양도에 따른 지위승계신고 • 식품위생법에 의한 영업양도에 따른 지위승계신고 • 개발제한구역 내 골프연습장 설치신고 • 무허가 건물에 볼링장업 설치 신고 • 채석허가 수허가자의 명의변경 신고 • 구 노인복지법에 의한 유료노인복지주택의 설치신고 • 관광사업의 양도·양수에 의한 지위승계신고 • 구 국토이용관리법에 의한 토지거래신고 • 주민등록전입신고

⑨ 신고에 관한 주요 판례

㉠ 건축법상 신고: 건축신고는 수리를 요하지 않는 신고이나 이에 대한 수리거부는 예외적으로 처분성이 인정된다. 또한, 인허가가 의제되는 건축신고는 수리를 요하는 신고로 본다. 한편, 건축착공신고에 대한 반려행위는 처분으로 본다.

관련판례

1. 건축신고는 원래 수리를 요하지 않는 신고이나 예외적으로 이에 대한 수리거부가 처분이 된다는 판례

구 건축법(2008.3.21. 법률 제8974호로 전부 개정되기 전의 것) 관련 규정의 내용 및 취지에 의하면, 행정청은 건축신고로써 건축허가가 의제되는 건축물의 경우에도 그 신고 없이 건축이 개시될 경우 건축주 등에 대하여 공사중지·철거·사용금지 등의 시정명령을 할 수 있고(제69조 제1항), 그 시정명령을 받고 이행하지 않은 건축물에 대하여는 당해 건축물을 사용하여 행할 다른 법령에 의한 영업 기타 행위의 허가를 하지 않도록 요청할 수 있으며(제69조 제2항). 그 요청을 받은 자는 특별한 이유가 없는 한 이에 응하여야 하고(제69조 제3항). 나아가 행정청은 그 시정 명령의 이행을 하지 아니한 건축주 등에 대하여는 이행강제금을 부과할 수 있으며(제69조의2 제1항 제1호), 또한 건축신고를 하지 않은 자는 200만원 이하의 벌금에 처해질 수 있다(제80조 제1호, 제9조). 이와 같이 건축주 등은 신고제하에서도 건축신고가 반려될 경우 당해 건축물의 건축을 개시하면 시정명령, 이행강제금, 벌금의 대상이 되거나 당해 건축물을 사용하여 행할 행위의 허가가 거부될 우려가 있어 불안정한 지위에 놓이게 된다. 따라서 건축신고 반려행위가 이루어 진 단계에서 당사자로 하여금 반려행위의 적법성을 다투어 그 법적 불안을 해소한 다음 건축행위에 나아가도록 함으로써 장차 있을지도 모르는 위험에서 미리 벗어날 수 있도록 길을 열어 주고, 위법한 건축물의 양산과 그 철거를 둘러싼 분쟁을 조기에 근본적으로 해결할 수 있게 하는 것이 법치행정의 원리에 부합한다. 그러므로 건축신고 반려행위는 항고소송의 대상이 된다고 보는 것이 옳다(대판 2010.11.18. 2008두167).

수리를 불요하는 신고의 수리거부에 대해 종래의 입장은 처분성을 부정하였으나 수리를 불요하는 신고에 대해 수리 없이 신고만으로 완전히 금지의 해제를 받았다고 하기 곤란한 경우들이 있다. 그 이유는 수리 없이 신고만으로 행위를 하더라도 행정청은 수리거부를 이유로 침해적 제재를 가하기 때문이다. 결국 신고서를 제출하기만 한 국민은 수리거부에 따른 침해적 제재에 대해서 소송을 통해서 다투어야 한다. 그러므로 수리거부단계에서 소송을 받아 주어 국민의 권리를 조속히 구제해 줄 필요성이 있다.

간단 점검하기
건축법상 인허가의제 효과를 수반하는 건축신고는 그렇지 않은 건축신고와는 달리 수리를 요하는 신고에 해당한다. (O)

간단 점검하기
건축법상의 착공신고의 경우에는 신고 그 자체로서 법적 절차가 완료되어 행정청의 처분이 개입될 여지가 없으므로, 행정청의 착공신고 반려행위는 항고소송의 대상인 처분에 해당하지 않는다. (X)

간단 점검하기
시장 등의 주민등록전입신고 수리 여부에 대한 심사는 주민등록법의 입법 목적의 범위 내에서 제한적으로 이루어져야 하는바, 전입신고자가 30일 이상 생활의 근거로서 거주할 목적으로 거주지를 옮기는지 여부가 심사 대상으로 되어야 한다. (O)

2. 인·허가의제 효과를 수반하는 건축신고는 '수리를 요하는 신고'로 보아야 함
(국토의 계획 및 이용에 관한 법률상의 개발행위허가로 의제되는 건축신고)

건축법에서 이러한 인·허가의제 제도를 둔 취지는 인·허가의제사항과 관련하여 건축허가 또는 건축신고의 관할 행정청으로 그 창구를 단일화하고 절차를 간소화하며 비용과 시간을 절감함으로써 국민의 권익을 보호하려는 것이지 인·허가의제사항 관련 법률에 따른 각각의 인·허가 요건에 관한 일체의 심사를 배제하려는 것으로 보기는 어렵다. 따라서 인·허가의제 효과를 수반하는 건축신고는 일반적인 건축신고와는 달리 특별한 사정이 없는 한 행정청이 그 실체적 요건에 관한 심사를 한 후 수리하여야 하는 이른바 '수리를 요하는 신고'로 보는 것이 옳다(대판 2011.1.21. 2010두14954).

3. 행정청의 착공신고 반려행위가 항고소송의 대상이 됨

행정청은 착공신고의 경우에도 신고 없이 착공이 개시될 경우 건축주 등에 대하여 공사중지·철거·사용금지 등의 시정명령을 할 수 있고(제69조 제1항), 시정명령을 받고 이행하지 아니한 건축물에 대하여는 당해 건축물을 사용하여 행할 다른 법령에 의한 영업 기타 행위의 허가를 하지 않도록 요청할 수 있으며(제69조 제2항), 요청을 받은 자는 특별한 이유가 없는 한 이에 응하여야 하고(제69조 제3항), 나아가 행정청은 시정명령의 이행을 하지 아니한 건축주 등에 대하여는 이행강제금을 부과할 수 있으며(제69조의2 제1항 제1호), 또한 착공신고를 하지 아니한 자는 200만 원 이하의 벌금에 처해질 수 있다(제80조 제1호, 제9조). 이와 같이 건축주 등으로서는 착공신고가 반려될 경우, 당해 건축물의 착공을 개시하면 시정명령, 이행강제금, 벌금의 대상이 되거나 당해 건축물을 사용하여 행할 행위의 허가가 거부될 우려가 있어 불안정한 지위에 놓이게 된다. 따라서 착공신고 반려행위가 이루어진 단계에서 당사자로 하여금 반려행위의 적법성을 다투어 법적 불안을 해소한 다음 건축행위에 나아가도록 함으로써 장차 있을지도 모르는 위험에서 미리 벗어날 수 있도록 길을 열어 주고, 위법한 건축물의 양산과 철거를 둘러싼 분쟁을 조기에 근본적으로 해결할 수 있게 하는 것이 법치행정의 원리에 부합한다. 그러므로 행정청의 착공신고 반려행위는 항고소송의 대상이 된다고 보는 것이 옳다(대판 2011.6.10. 2010두7321).

ⓒ 주민등록전입신고(수리를 요하는 신고)

관련판례

[1] 주민들의 거주지 이동에 따른 주민등록전입신고에 대하여 행정청이 이를 심사하여 그 수리를 거부할 수는 있다고 하더라도, 그러한 행위는 자칫 헌법상 보장된 국민의 거주·이전의 자유를 침해하는 결과를 가져올 수도 있으므로, 시장·군수 또는 구청장의 주민등록전입신고 수리 여부에 대한 심사는 주민등록법의 입법 목적의 범위 내에서 제한적으로 이루어져야 한다.

[2] 한편, 주민등록법의 입법 목적에 관한 제1조 및 주민등록 대상자에 관한 제6조의 규정을 고려해 보면, 전입신고를 받은 시장·군수 또는 구청장의 심사 대상은 전입신고자가 30일 이상 생활의 근거로 거주할 목적으로 거주지를 옮기는지 여부만으로 제한된다고 보아야 한다.

[3] 무허가 건축물을 실제 생활의 근거지로 삼아 10년 이상 거주해 온 사람의 주민등록전입신고를 거부한 사안에서, <u>부동산투기나 이주대책 요구 등을 방지할 목적으로 주민등록전입신고를 거부하는 것은 주민등록법의 입법 목적과 취지 등에 비추어 허용될 수 없다</u>(대판 2009.6.18. 2008두10997 전합).

ⓒ 납골당설치신고(수리를 요하는 신고)

> **관련판례**
>
> 1. 납골당설치신고가 '수리를 요하는 신고'인지 여부(적극) 및 수리행위에 신고필증 교부 등 행위가 필요한지 여부(소극)
>
>   파주시장이 종교단체 납골당설치신고를 한 甲 교회에, '구 장사 등에 관한 법률(2007.5.25. 법률 제8489호로 전부 개정되기 전의 것, 이하 '구 장사법'이라 한다) 등에 따라 필요한 시설을 설치하고 유골을 안전하게 보관할 수 있는 설비를 갖추어야 하며 관계 법령에 따른 허가 및 준수사항을 이행하여야 한다'는 내용의 납골당설치 신고사항 이행통지를 한 사안에서, 이행통지는 납골당설치 신고에 대하여 파주시장이 납골당설치 요건을 구비하였음을 확인하고 구 장사법령상 납골당설치 기준 관계 법령상 허가 또는 신고 내용을 고지하면서 신고한 대로 납골당 시설을 설치하도록 한 것이므로, 파주시장이 甲 교회에 이행통지를 함으로써 납골당설치 신고수리를 하였다고 보는 것이 타당하고, 이행통지가 새로이 甲교회 또는 관계자들의 법률상 지위에 변동을 일으키지는 않으므로 이를 수리처분과 별도로 항고소송 대상이 되는 다른 처분으로 볼 수 없다.
>
> 2. 납골당 설치장소에서 500m 내에 20호 이상의 인가가 밀집한 지역에 거주하는 주민들의 경우, 납골당이 누구에 의하여 설치되는지와 관계없이 납골당 설치에 대하여 환경이익 침해 또는 침해우려가 있는 것으로 사실상 추정되어 원고적격이 인정되는지 여부(적극)(대판 2011.9.8. 2009두6766)

ⓔ 원격평생교육신고

> **관련판례**
>
> 불특정 다수인을 대상으로 학습비를 받고 정보통신매체를 이용하여 원격평생교육을 실시하고자 하는 경우에는 누구든지 구 평생교육법(2007.10.17. 법률 제8640호로 개정되기 전의 것) 제22조 제2항에 따라 이를 신고하여야 하나, 신고서의 기재사항에 흠결이 없고 소정의 서류가 구비된 때에는 이를 수리하여야 하고, 이러한 형식적 요건을 모두 갖추었음에도 그 신고대상이 된 교육이나 학습이 공익적 기준에 적합하지 않다는 등의 실체적 사유를 들어 신고의 수리를 거부할 수는 없다고 할 것이다(대판 2016.7.22. 2014두42179).

ⓜ 지위승계신고(수리를 요하는 신고)

> **관련판례**
>
> 구 식품위생법(2010.1.18. 법률 제9932호로 개정되기 전의 것, 이하 '구법'이라 한다) 제39조는 제1항에서 영업자가 영업을 양도하는 경우에는 양수인이 영업자의 지위를 승계한다고 규정하면서, 제3항에서 제1항에 따라 영업자의 지위를 승계한 자는 보건복지가족부령으로 정하는 바에 따라 1개월 이내에 그 사실을 관할 당국에 신고하도록 규정하고 있고, 위 영업양도에 따른 지위승계신고를 수리하는 허가관청의 행위는 단순히 양도인과 양수인 사이에 이미 발생한 사법상 사업양도의 법률효과에 의하여 양수인이 영업을 승계하였다는 사실의 신고를 접수하는 행위에 그치는 것이 아니라, 실질적으로 양도자의 사업허가 등을 취소함과 아울러 양수자에게 적법하게 사업을 할 수 있는 권리를 설정하여 주는

행위로서 사업허가자 등의 변경이라는 법률효과를 발생시키는 행위라고 할 것이다(대판 2012.1.12. 2011도6561). → 양도인에게는 불이익한 처분이 되므로 행정절차법이 적용된다.

ⓑ 건축주명의변경신고(수리를 요하는 신고)

관련판례

건축주명의변경신고수리거부행위는 행정청이 허가대상건축물 양수인의 건축주명의변경신고라는 구체적인 사실에 관한 법집행으로서 그 신고를 수리하여야 할 법령상의 의무를 지고 있음에도 불구하고 그 신고의 수리를 거부함으로써, 양수인이 건축공사를 계속하기 위하여 또는 건축공사를 완료한 후 자신의 명의로 소유권보존등기를 하기 위하여 가지는 구체적인 법적 이익을 침해하는 결과가 되었다고 할 것이므로, 비록 건축허가가 대물적 허가로서 그 허가의 효과가 허가대상건축물에 대한 권리변동에 수반하여 이전된다고 하더라도, 양수인의 권리의무에 직접 영향을 미치는 것으로서 취소소송의 대상이 되는 처분이다(대판 1992.3.31. 91누4911).

ⓢ 대규모점포의 개설등록(수리를 요하는 신고)

관련판례

구 유통산업발전법 입법 목적 등과 아울러, 구 유통산업발전법 제12조의2 제1항, 제2항, 제3항은 기존의 대규모점포의 등록된 유형 구분을 전제로 '대형마트로 등록된 대규모점포'를 일체로서 규제 대상으로 삼고자 하는 데 취지가 있고, 대규모점포의 개설 등록은 이른바 '수리를 요하는 신고'로서 행정처분에 해당한다(대판 2015.11.19. 2015두295 전합).

ⓞ 공장설립신고(수리를 요하지 않는 신고)

관련판례

공장설립신고서가 공업배치 및 공장설립에 관한 법률 및 시행규칙 소정의 형식적 요건을 모두 갖추었다면 시장, 군수, 구청장은 일단 이를 수리하여야 하는 것이다(대판 1996.7.12. 95누11665).

ⓩ 혼인신고(수리를 요하는 신고)

관련판례

혼인은 호적법에 따라 호적공무원이 그 신고를 수리함으로써 유효하게 성립되는 것이며 호적부에의 기재는 그 유효요건이 아니어서 호적에 적법하게 기재되는 여부는 혼인성립의 효과에 영향을 미치는 것은 아니므로 부부가 일단 혼인신고를 하였다면 그 혼인관계는 성립된 것이고 그 호적의 기재가 무효한 이중호적에 의하였다 하여 그 효력이 좌우되는 것은 아니다(대판 1991.12.10. 91므344).

📋 간단 점검하기

유통산업발전법상 대규모 점포의 개설등록은 수리를 요하지 않는 신고에 해당한다. (×)

ㅊ 골프장 회원모집계획서 제출(수리를 요하는 신고)

관련판례

[1] 구 체육시설의 설치·이용에 관한 법률(2005.3.31. 법률 제7428호로 개정되기 전의 것) 제19조 제1항, 구 체육시설의 설치·이용에 관한 법률 시행령(2006.9.22. 대통령령 제19686호로 개정되기 전의 것) 제18조 제2항 제1호 (가)목, 제18조의2 제1항 등의 규정에 의하면, 위 법 제19조의 규정에 의하여 체육시설의 회원을 모집하고자 하는 자는 시·도지사 등으로부터 회원모집계획서에 대한 검토결과 통보를 받은 후에 회원을 모집할 수 있다고 보아야 하고, 따라서 체육시설의 회원을 모집하고자 하는 자의 시·도지사 등에 대한 회원모집계획서 제출은 수리를 요하는 신고에서의 신고에 해당하며, 시·도지사 등의 검토결과 통보는 수리행위로서 행정처분에 해당한다.

[2] 행정처분으로서의 통보에 대하여는 그 직접 상대방이 아닌 제3자라도 그 취소를 구할 법률상의 이익이 있는 경우에는 원고적격이 인정되는바, 회사가 정하는 자격기준에 준하는 자로서 입회승인을 받은 회원은 일정한 입회금을 납부하고 회사가 지정한 시설을 이용할 때에는 회사가 정한 요금을 지불하여야 하며 회사는 회원의 입회금을 상환하도록 정해져 있는 이른바 예탁금회원제 골프장에 있어서, 체육시설업자 또는 그 사업계획의 승인을 얻은 자가 회원모집계획서를 제출하면서 허위의 사업시설 설치공정확인서를 첨부하거나 사업계획의 승인을 받을 때 정한 예정인원을 초과하여 회원을 모집하는 내용의 회원모집계획서를 제출하여 그에 대한 시·도지사 등의 검토결과 통보를 받는다면 이는 기존회원의 골프장에 대한 법률상의 지위에 영향을 미치게 되므로, 이러한 경우 기존회원은 위와 같은 회원모집계획서에 대한 시·도지사의 검토결과 통보의 취소를 구할 법률상의 이익이 있다고 보아야 한다.

ㅋ 악취배출시설 설치운영신고(수리를 요하는 신고)

관련판례

[1] 대도시의 장 등 관할 행정청은 악취배출시설 설치·운영신고의 수리 여부를 심사할 권한이 있다고 보는 것이 타당하다.
[2] 대기환경보전법에 따른 대기오염물질배출시설 설치허가를 받았다고 하더라도 악취배출시설 설치·운영신고가 수리되어 그 효력이 발생한다고 볼 수 없다.

ㅌ 수산업법에 따른 어업신고(수리를 요하는 신고)

관련판례

수산업법 제44조 소정의 어업의 신고는 행정청의 수리에 의하여 비로소 그 효과가 발생하는 이른바 '수리를 요하는 신고'라고 할 것이고, 따라서 설사 관할관청이 어업신고를 수리하면서 공유수면매립구역을 조업구역에서 제외한 것이 위법하다고 하더라도, 그 제외된 구역에 관하여 관할관청의 적법한 수리가 없었던 것이 분명한 이상 그 구역에 관하여는 같은 법 제44조 소정의 적법한 어업신고가 있는 것으로 볼 수 없다(대판 2000.5.26. 99다37382).

ⓟ 대문설치신고(수리를 요하지 않는 신고)

> **관련판례**
> [1] 대문설치신고는 수리를 요하지 않는 신고이므로, 그 관계 법령에 정해진 적법한 요건을 갖춘 신고만을 하면 그와 같은 건축행위를 할 수 있고, 행정청의 수리처분 등 별단의 조치를 기다릴 필요가 없다고 할 것이며, 또한 이와 같은 신고를 받은 행정청으로서는 그 신고가 같은 법 및 그 시행령 등 관계 법령에 신고만으로 건축할 수 있는 경우에 해당하는 여부 및 그 구비서류 등이 갖추어져 있는지 여부 등을 심사하여 그것이 법규정에 부합하는 이상 이를 수리하여야 하고, 같은 법 규정에 정하지 아니한 사유를 심사하여 이를 이유로 신고수리를 거부할 수는 없다.
> [2] 적법한 건축물에 대한 철거명령은 그 하자가 중대하고 명백하여 당연무효라고 할 것이고, 그 후행행위인 건축물철거 대집행계고처분 역시 당연무효라고 할 것이다(대판 1999.4.27. 97누6780).

ⓠ 그 밖에 수리를 요하지 않는 신고: 출생신고, 사망신고, 체육시설의 설치·이용에 관한 법률에 따른 신고, 축산물위생관리법상 축산물판매업에 대한 신고 등

7. 사인의 공법행위의 적용법리

(1) 개괄

사인의 공법행위를 규율하는 개별법규정이 있는 경우에는 그 법규정에 의해 규율되나 적용할 법규정이 없는 경우에는 민법상의 법원칙, 의사표시나 법률행위에 관한 규정을 원칙상 유추 적용해야 할 것이다. 공법영역과 사법영역 간에 차이가 존재한다면 공법상의 특색을 해치지 않는 범위 내에서 사법규정의 유추적용이 가능하다.

(2) 의사능력과 행위능력

민법에서는 의사능력(자신의 행위에 대한 결과를 인식하고 판단할 수 있는 능력)이 없는 자의 행위는 절대무효이고, 행위능력(단독으로 법률행위를 할 수 있는 능력)이 없는 경우에는 원칙적으로 취소사유로 보고 있다. 행정법에서도 법령에 특별한 규정이 없는 한 민법의 의사능력이나 행위능력에 관한 규정이 적용되므로 사인의 공법행위 역시 의사능력이 필요하다. 이러한 의사능력이 결여되었다면 그 행위는 무효이다. 다만, 민법의 행위능력규정과 입법취지상 무관한 행정법관계에는 민법의 행위능력에 관한 규정이 적용되지 않을 수도 있다.

(3) 대리

특별한 규정이 없는 경우에는 일반적으로 대리가 적용될 수 있다. 하지만 예외적으로 행위의 성질상 귀화신청, 사직원의 제출, 시험응시행위 등과 같이 대리가 금지되는 경우가 존재한다.

(4) 요식행위

원칙적으로 불요식이나, 실정법으로는 오히려 법령상 특별한 규정이 없는 때에도 서면을 원칙(문서주의)으로 요식행위인 경우가 대부분이다.

(5) 효력

개별법에 특별한 규정을 두고 있지 않은 한 민법에서와 같이 도달주의에 의한다. 그러나 국세기본법 제5조의2와 같이 개별법에서 발신주의를 규정하는 경우도 있다.

(6) 의사표시의 하자(의사와 표시의 불일치: 비진의 의사표시)

> 민법 제107조【진의 아닌 의사표시】① 의사표시는 표의자가 진의 아님을 알고 한 것이라도 그 효력이 있다. 그러나 상대방이 표의자의 진의 아님을 알았거나 이를 알 수 있었을 경우에는 무효로 한다.

간단 점검하기

민법상 비진의 의사표시의 무효에 관한 규정은 그 성질상 공무원이 한 사직(일괄사직)의 의사표시와 같은 사인의 공법행위에 적용되지 않는다. (○)

① 사인의 의사(A)와 표시(B)가 다른 경우 민법에서는 원칙적으로는 유효하나, 상대방이 인식가능성이 있는 경우에는 그 의사표시를 무효로 볼 수 있는 규정이 있다. 하지만 판례는 우리 행정법관계에서는 이러한 무효규정은 적용되지 않고, 따라서 사인이 공법상 한 의사표시는 진의가 아닌 의사표시라고 하여도 무조건 유효하다.

관련판례

1. 공무원이 사직의 의사표시를 하여 의원면직처분을 하는 경우 그 사직의 의사표시는 그 법률관계의 특수성에 비추어 외부적·객관적으로 표시된 바를 존중하여야 할 것이므로, 비록 사직원제출자의 내심의 의사가 사직할 뜻이 아니었다고 하더라도 진의 아닌 의사표시에 관한 민법 제107조는 그 성질상 사직의 의사표시와 같은 사인의 공법행위에는 준용되지 아니하므로 그 의사가 외부에 표시된 이상 그 의사는 표시된 대로 효력을 발한다(대판 1997.12.12. 97누13962).

2. 군인사정책상 필요에 의하여 복무연장지원서와 전역(여군의 경우 면역)지원서를 동시에 제출하게 한 방침에 따라 위 양 지원서를 함께 제출한 이상, 그 취지는 복무연장지원의 의사표시를 우선으로 하되, 그것이 받아들여지지 아니하는 경우에 대비하여 원에 의하여 전역하겠다는 조건부 의사표시를 한 것이므로 그 전역지원의 의사표시도 유효한 것으로 보아야 한다. 위 전역지원의 의사표시가 진의 아닌 의사표시라 하더라도 그 무효에 관한 법리를 선언한 민법 제107조 제1항 단서의 규정은 그 성질상 사인의 공법행위에는 적용되지 않는다 할 것이므로 그 표시된 대로 유효한 것으로 보아야 한다(대판 1994.1.11. 93누10057).

3. 이른바 1980년의 공직자숙정계획의 일환으로 일괄사표의 제출과 선별수리의 형식으로 공무원에 대한 의원면직처분이 이루어진 경우, 사직원 제출행위가 강압에 의하여 의사결정의 자유를 박탈당한 상태에서 이루어진 것이라고 할 수 없고 민법상 비진의 의사표시의 무효에 관한 규정은 사인의 공법행위에 적용되지 않는다는 등의 이유로 그 의원면직처분을 당연무효라고 할 수 없다(대판 2001.8.24. 99두9971).

② 사인의 공법행위에 있어서 표의자의 의사표시에 사기나 강박 등에 의해 이루어져서 하자가 있는 경우에 이에 대한 일반적 규정이 없으므로 특별한 규정이 없는 한 민법의 의사표시에 관한 규정이 유추 적용되어 표시한 행위는 취소사유가 있게 된다. 다만, 강박의 경우 그 정도가 심하여 의사의 박탈을 가져올 정도라면 무효가 될 수도 있다.

관련판례

사직서의 제출이 감사기관이나 상급관청 등의 강박에 의한 경우에는 그 정도가 의사결정의 자유를 박탈할 정도에 이른 것이라면 그 의사표시가 무효로 될 것이고 그렇지 않고 의사결정의 자유를 제한하는 정도에 그친 경우라면 그 성질에 반하지 아니하는 한 의사표시에 관한 민법 제110조의 규정을 준용하여 그 효력을 따져보아야 할 것이다(대판 1997.12.12. 97누13962).

(7) 공정력·강제력

사인의 공법행위는 '사인'의 공법행위라는 점에서 행정주체의 공권력 발동행위인 행정청의 공법행위와 다르므로 공정력·강제력 등이 존재하지 않는다.

(8) 부관

명확성과 법률관계의 신속한 확정을 위해서 허용되지 않음이 원칙이다.

(9) 철회·보정

사법관계에서는 의사표시가 상대방에게 도달한 경우에는 그것을 철회할 수 없다. 그러나 행정법관계에서는 사인의 공법행위에 근거하여 행정행위가 행하여지기 전에는 아직 법률관계의 변동이 일어난 것이 아니므로 사인의 공법행위가 행정주체에 도달되더라도 철회할 수 있다.

관련판례

공무원에 의해 제출된 사직원은 그에 기초한 의원 면직처분이 있을 때까지는 철회될 수 있고, 일단 면직처분이 있고 난 이후에는 철회나 취소할 여지가 없다고 판시한 바 있다(대판 2001.8.24. 99두9971).

8. 사인의 공법행위의 효과

(1) 행정청의 수리·처리의무

① **당해 행위에 대해서 청구권이 존재하는 경우**: 행정청에 대한 사인의 공법행위가 적법하게 행해졌을 때 당해행위가 기속행위인 경우 행정청은 이를 수리하여 처리해야 할 의무가 있고 당해행위가 재량행위인 경우 행정청은 재량권의 한계 내에서 어떠한 처분을 할 의무가 있다. 만약 법정 처리기간 내에 이루어지지 아니하면 사인은 거부처분취소소송이나 부작위위법확인소송을 제기할 수 있다.

② **당해 행위에 대해서 청구권이 존재하지 않는 경우**: 이러한 경우 사인에게는 개인적 공권, 즉 법률상 이익이 인정되지 않아 원고적격이 부정된다. 따라서 행정청은 이에 대해 수리·처리해야 할 의무를 갖지 않는다. 다만 개별법에서 그에 대한 처리결과를 통지해야 한다고 규정하는 경우 통지의무는 존재한다.

(2) 수정인가의 가부

인가는 사인의 법적행위를 완성시켜 주는 보충적 행정행위에 불과하다. 따라서 법률에 특별한 규정이 없는 한 수정인가는 허용되지 않는다.

> 간단 점검하기
>
> 공무원에 의해 제출된 사직원은 그에 터잡은 의원면직처분이 있을 때까지 철회될 수 있고, 일단 면직처분이 있고 난 이후에도 자유로이 취소 및 철회될 수 있다. (×)

(3) 재신청의 가부

당해 행위의 성질에 반하지 않는 이상 사정변경 등의 이유로 인한 재신청이 가능하다.

(4) 사인의 공법행위 하자의 효과(행정청의 행위에 영향을 미치는지)

① 일반론

㉠ **사인의 행위가 단순동기에 불과한 경우**: 사인의 공법행위가 행정행위의 단순한 사실상의 동기에 불과한 경우에는 사인의 행위는 직권발동 촉구의 의미밖에 없으므로 행정행위의 효력에는 아무런 영향을 미치지 못한다.

㉡ **사인의 행위가 전제요건이 되는 경우**: 사인의 공법행위가 행정행위의 요건이 되는 경우에는 사인의 공법행위의 하자는 행정행위에도 영향을 미치게 된다. 이는 사인의 공법행위가 단순한 위법사유(취소사유)인 경우에는 그에 근거한 행정행위는 원칙적으로 유효하지만 사인의 공법행위가 부존재 또는 무효사유인 경우에는 행정행위도 무효가 된다.

② **판례**: 판례는 "중앙정보부가 공무원의 면직 등에 관여할 수 없다 하더라도 그 부원이 사실상 당해 공무원을 구타·위협하는 등으로 관여하여 이로 말미암아 본의 아닌 사직원을 제출케 한 이상 위와 같은 사직원에 의한 공무원의 면직처분은 위법하다"라고 판시하였다(대판 1968.3.19. 67누164).

해커스공무원 학원·인강
gosi.Hackers.com

해커스소방 학원·인강
fire.Hackers.com

해커스 홍대겸 행정법총론 기본서

제2편
행정작용법

제1장 　행정입법
제2장 　행정행위
제3장 　행정행위의 내용
제4장 　기타 행정의 행위형식

제1장 행정입법

제1절 개설

1 행정입법의 의의와 종류

1. 행정입법의 의의
행정입법이라 함은 행정권이 법규정의 형식으로 일반적·추상적 규범을 정립하는 작용 또는 그에 따라 정립된 법규범을 말한다. 여기서 일반적이란 불특정다수인에게 적용된다는 의미이고, 추상적이란 불특정다수의 사안에 반복적으로 적용됨을 의미한다.

2. 행정입법의 종류
행정입법은 국가의 행정권에 의한 입법과 지방자치단체에 의한 자치입법으로 구분된다.

(1) 국가 행정권에 의한 입법은 법규성을 가지는 여부에 따라 법규명령과 행정규칙으로 구분된다.
　① **법규명령**: 행정주체와 국민 간의 관계를 규율한다(법규성을 가짐, 양면적 구속력).
　② **행정규칙**: 특별권력관계 내부에서만 적용되기 위하여 제정된 규범이다(일면적 구속력).

(2) 자치입법은 조례·규칙, 교육규칙으로 구분된다.

> 행정기본법 제2조 【정의】 이 법에서 사용하는 용어의 뜻은 다음과 같다.
> 　1. "법령등"이란 다음 각 목의 것을 말한다.
> 　　가. 법령: 다음의 어느 하나에 해당하는 것
> 　　　1) 법률 및 대통령령·총리령·부령
> 　　　2) 국회규칙·대법원규칙·헌법재판소규칙·중앙선거관리위원회규칙 및 감사원규칙
> 　　　3) 1) 또는 2)의 위임을 받아 중앙행정기관(정부조직법 및 그 밖의 법률에 따라 설치된 중앙행정기관을 말한다. 이하 같다)의 장이 정한 훈령·예규 및 고시 등 행정규칙
> 　　나. 자치법규: 지방자치단체의 조례 및 규칙

2 행정입법의 필요성과 문제점

1. 행정입법 금지론
19세기까지는 권력분립의 원칙, 의회입법의 원칙, 국민으로부터 위임받은 입법권은 다른 기관에 재위임할 수 없다는 복위임금지의 원칙에 따라 행정입법을 부정하였다.

2. 행정입법의 필요성
(1) 현대행정의 전문화·복잡화에 따른 전문적·기술적 입법이 요구되는 사항이 증대하는 반면 의회는 세부적 입법을 하기 곤란(골격입법의 경향 증가)
(2) 행정기능의 확대와 다양화
(3) 법률의 일반적 규정으로는 지방별 또는 행정분야별 특수사정을 규율하기 곤란
(4) 사정의 변화에 따른 탄력성 있는 입법의 필요성

3. 행정입법의 인정여부(현대적 과제)
행정상 근대 법치국가는 권력분립을 원칙으로 하기 때문에 국민의 권리와 의무에 관한 사항은 국회만이 제정할 수 있으므로 행정입법은 원칙적으로 인정될 수 없다. 그러나 급변하는 사회에 대한 빠른 대처가 요구되고, 이에 대응하기 위해서는 행정기능의 확대·강화가 요구된다. 이러한 이유로 현대 복리국가에서는 행정입법(법규명령, 행정규칙)의 존재를 인정하게 되었다. 따라서 행정입법을 허용하되, 행정입법의 범위와 통제 그리고 한계가 중요한 문제로 부각되었다.

제2절 법규명령

1 법규명령의 의의

1. 개념
법규명령이란 행정기관이 ① 형식적 법률의 수권에 근거하여 또는 ② 법률의 집행을 위하여 정립하는 일반적(불특정 다수인)·추상적 규율(불특정 다수의 사례·경우)에서 법규의 성질을 가지는 것을 말한다. 여기서 법규란 행정주체와 국민 간의 관계를 구속하고 재판규범이 되는 법규범을 말한다.

2. 성질
(1) **형식적으로는 행정, 실질적으로는 입법**
    법규명령은 행정기관에 의하여 정립되기 때문에 형식적으로는 행정에 속하나, 법 정립작용이기도 하므로 실질적으로는 입법작용에 속하게 된다.

> **간단 점검하기**
> 법률의 시행령은 모법인 법률에 의하여 위임받은 사항이나 법률이 규정한 범위 내에서 법률을 현실적으로 집행하는 데 필요한 세부적인 사항만을 규정할 수 있을 뿐, 법률에 의한 위임이 없는 한 법률이 규정한 개인의 권리·의무에 관한 내용을 변경·보충하거나 법률에 규정되지 아니한 새로운 내용을 규정할 수는 없다. (O)

(2) 법규성 인정여부

법규명령은 법규창조력의 원칙·법률유보의 원칙이 적용되어 법규명령 제정에는 법적 근거가 필요하고 일반적으로 대외적 구속력을 가지게 되므로 이에 위반한 행정청의 행위는 위법이 된다. 따라서 법규명령을 위반한 행위는 무효 또는 취소에 해당하고 법규명령에 위반한 행위로 인하여 국민의 권익이 침해되면 권익을 침해당한 국민은 행정쟁송과 손해배상소송 등을 제기할 수 있다. 이러한 법규명령은 양면적 구속력이 있으므로 대내적 효력만을 갖는(일면적 구속력) 행정규칙과 구별된다.

2 법규명령의 종류

1. 효력에 따른 분류

(1) 헌법대위명령(비상명령)

비상명령이란 비상사태의 수습을 위해 행정권이 발하는 명령으로서 헌법적 효력을 가지는 것을 말한다(예 바이마르 헌법 제48조에 의거한 비상조치, 우리나라 제4공화국 헌법상의 긴급조치 등). 그러나 현재 우리나라에서는 이를 인정하지 않는다.

(2) 법률대위명령(독립명령)

법률대위명령이란 행정권이 발하는 법률적 효력을 가진 명령으로서, 헌법적 근거를 요한다(우리나라 헌법상의 대통령의 긴급명령, 긴급재정·경제명령).

(3) 법률종속명령

법률종속명령이란 법률보다 효력이 하위에 있는 법규명령을 말한다. 이에는 위임명령(법률보충명령)과 집행명령이 있다.

2. 내용에 따른 분류

(1) 위임명령

① **의의**: 위임명령이란 법률 또는 상위명령에 의하여 개별적·구체적으로 위임된 사항에 관하여 발하는 법률보충적 명령을 말한다. 예컨대 법률에서 "A사항은 시행령으로 정한다."라는 규정이 있으면, 시행령으로 A사항을 구체적으로 정해야 하는데 여기서 시행령이 바로 위임명령에 해당한다.

② **특징**: 위임명령은 ⊙ 상위법률의 근거를 가지고, ⓒ 새로운 법규적 사항(국민의 권리·의무)을 규율하므로, ⓒ 위임의 근거를 반드시 요한다. 한편, 법원은 구법에 위임의 근거가 없어 무효였더라도 사후에 법 개정으로 위임의 근거가 부여되면 유효한 법규명령이 되나 소급하여 유효해지는 것은 아니라고 판결하였다.

(2) 집행명령

① **의의**: 집행명령이란 법률 또는 상위명령의 규정 범위 내에서 법령의 집행을 위하여 필요한 구체적·기술적 사항을 규율하기 위하여 발하는 명령을 말한다. 예를 들면, 법률에서 "그 밖에 필요한 사항은 시행령으로 정한다."라는 규정이 있으면, 시행령은 법률의 구체적 수권 없이도 필요한 사항에 대해 정할 수 있는데, 이를 집행명령이라고 한다.

② **특징**: 집행명령은 ㉠ 단지 형식적·절차적 사항만 규율할 수 있고, ㉡ 새로운 법규적 사항(국민의 권리·의무)을 규율하는 것이 아니므로, ㉢ 위임의 근거 규정을 요하지 않는다.

(3) 위임명령과 집행명령의 공통점
① 행정기관이 발령권자이므로 대통령, 국무총리, 각부 장관은 위임명령과 집행명령을 모두 발할 수 있다.
② 양자 모두 법규성이 있다.
③ 형식적 요건으로서 문서(조문 형식), 효력요건으로서 공포를 요한다.
④ 상위법령이 폐지된 경우 효력을 상실한다.

(4) 위임명령과 집행명령의 차이점
위임명령은 법률의 위임(수권)이 반드시 필요하나, 집행명령은 그렇지 않다. 또한, 위임명령은 법률의 위임이 있기에 국민의 권리와 의무에 관한 사항을 정할 수 있으나, 집행명령은 그렇지 않다.

> **관련판례**
>
> 1. 헌법 제75조는 "대통령은 법률에서 구체적으로 범위를 정하여 위임받은 사항과 법률을 집행하기 위하여 필요한 사항에 관하여 대통령령을 발할 수 있다."라고 규정하고 있다. 따라서 대통령은 법률에서 구체적으로 범위를 정하여 위임받은 사항과 법률을 집행하기 위하여 필요한 사항에 관하여만 대통령령을 발할 수 있으므로, 법률의 시행령은 모법인 법률에 의하여 위임받은 사항이나 법률이 규정한 범위 내에서 법률을 현실적으로 집행하는 데 필요한 세부적인 사항만을 규정할 수 있을 뿐, 법률에 의한 위임이 없는 한 법률이 규정한 개인의 권리·의무에 관한 내용을 변경·보충하거나 법률에 규정되지 아니한 새로운 내용을 규정할 수는 없다(대판 1990.9.28. 89누2493).
>
> 2. 일반적으로 법률의 위임에 의하여 효력을 갖는 법규명령의 경우, 구법에 위임의 근거가 없어 무효였더라도 사후에 법개정으로 위임의 근거가 부여되면 <u>그때부터</u> 유효한 법규명령이 되나, 반대로 구법의 위임에 의한 유효한 법규명령이 법개정으로 위임의 근거가 없어지게 되면 <u>그때부터</u> 무효인 법규명령이 된다(대판 1995.6.30. 93추83). → 소급하여 ×
>
> 3. 법률의 시행령이나 시행규칙은 법률에 의한 위임이 없으면 개인의 권리·의무에 관한 내용을 변경·보충하거나 법률이 규정하지 아니한 새로운 내용을 정할 수는 없지만, 법률의 시행령이나 시행규칙의 내용이 모법의 입법 취지와 관련 조항 전체를 유기적·체계적으로 살펴보아 <u>모법의 해석상 가능한 것을 명시한 것에 지나지 아니하거나 모법 조항의 취지에 근거하여 이를 구체화하기 위한 것인 때</u>에는 모법의 규율 범위를 벗어난 것으로 볼 수 없으므로, 모법에 이에 관하여 직접 위임하는 규정을 두지 아니하였다고 하더라도 이를 무효라고 볼 수는 없다. 이러한 법리는 지방자치단체의 교육감이 제정하는 교육규칙과 모법인 상위 법령의 관계에서도 마찬가지이다(대판 2014.8.20. 2012두19526).

간단 점검하기

법률의 시행령이나 시행규칙은 법률의 위임이 없으면 개인의 권리·의무에 관한 내용을 변경·보충하거나 법률이 규정하지 아니한 새로운 내용을 정할 수는 없으므로, 모법에 이에 관하여 직접 위임하는 규정을 두지 아니하였다면 당연히 이를 무효라고 보아야 한다. (×)

3. 제정권자(법형식)에 의한 분류

(1) 헌법상 인정되는 법규명령

① **대통령의 긴급명령과 긴급재정·경제명령**: 대통령이 국가비상시에 발하는 명령으로 헌법 제76조를 근거로 법률적 효력을 가진다. 대통령의 긴급명령, 긴급재정·경제명령을 발한 경우 지체 없이 국회에 보고하여 승인을 얻어야 하는데, 국회의 승인을 얻지 못한 때에는 그때부터 효력을 상실한다.

② **대통령령(시행령)**: 대통령령이란 대통령이 법률에서 구체적으로 범위를 정하여 위임 받은 사항(위임명령)이나 법률을 집행하기 위하여 제정하는 법형식(집행명령)을 말한다. 보통 시행령이라고 불리고 대통령령은 총리령·부령보다 우월한 효력을 갖는다.

> 헌법 제75조 대통령은 법률에서 구체적으로 범위를 정하여 위임받은 사항과 법률을 집행하기 위하여 필요한 사항에 관하여 대통령령을 발할 수 있다.

③ **총리령, 부령(시행규칙)**
  ㉠ **의의**: 총리령이란 국무총리가 발하는 법형식을 말하고, 부령이란 각부장관이 발하는 법형식을 말한다. 보통 시행규칙(또는 시행세칙)이라고 불리며 원칙적으로 법규명령의 성질을 갖고 위임명령과 집행명령이 포함된다.

> 헌법 제95조 국무총리 또는 행정각부의 장은 소관사무에 관하여 법률이나 대통령령의 위임 또는 직권으로 총리령 또는 부령을 발할 수 있다.

  ㉡ **국무총리직속기관의 법규명령**: 국무총리 직속기관은 행정각부가 아니기 때문에 독자적으로 부령을 발하지 못한다. 따라서 법제처 등의 국무총리 직속기관의 장은 총리령으로 법규명령을 발해야 한다(이와 마찬가지로 행정각부 소속의 독립기관도 독립해 명령을 발할 수 없고 부령으로 발해야 함).

(2) 법률상 인정되는 법규명령

감사원규칙은 헌법상 근거가 없고, 감사원법 제52조에서 "감사원은 감사에 관한 절차, 감사원의 내부규율과 감사사무처리에 관한 규칙을 제정할 수 있다."라고 규정하고 있다. 따라서 헌법상 근거 없이 감사원법에 근거하여 제정되는 감사원규칙의 법규적 성질을 인정할 수 있을 것인가가 문제된다.

이에 헌법재판소는 법규명령설을 취하고 있다. 국회입법에 의한 수권이 입법기관이 아닌 행정기관에게 법률 등으로 구체적인 범위를 정하여 위임한 사항에 관하여는 당해 행정기관에게 법정립의 권한이 부여된다고 보고 있다(헌재 2004.10.28. 99헌바91).

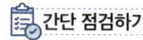

헌법에서 정한 행정부가 아닌 기관에 의한 행정입법에는 국회규칙, 대법원규칙, 헌법재판소규칙, 중앙선거관리위원회규칙, 감사원규칙이 있다. (×)

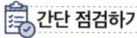

헌법이 인정하고 있는 위임입법의 형식은 예시적인 것이다. (○)

(3) 고시 형식의 법규명령(법령보충적 행정규칙)

고시는 주로 행정규칙으로 사용되나 그 내용이 법규명령의 내용을 규정하여 법규명령으로 사용되는 경우도 있다. 또한 고시는 성질에 따라 다양하게 사용된다. 따라서 내용을 보고 판단하는 것이 바람직하다.

> **관련판례** 고시의 법적 성질은 개별적으로 판단
> 고시 또는 공고의 법적 성질은 일률적으로 판단될 것이 아니라 고시에 담겨진 내용에 따라 구체적인 경우마다 달리 결정된다고 보아야 한다. 즉, 고시가 일반·추상적 성격을 가질 때는 법규명령 또는 행정규칙에 해당하지만, 고시가 구체적인 규율의 성격을 갖는다면 행정처분에 해당한다(헌재 1998.4.30. 97헌마141).

> **간단 점검하기**
> 항정신병 치료제의 요양급여 인정기준에 관한 보건복지부 고시가 다른 집행행위의 매개 없이 그 자체로서 직접 국민의 구체적인 권리의무와 법률관계를 규율하는 성격을 가질 때에는 항고소송의 대상이 되는 행정처분에 해당한다.
> (O)

3 법규명령의 근거

1. 위임명령·헌법상 근거

법규명령의 제정에도 법률유보원칙이 적용되므로 헌법, 법률 또는 상위명령의 근거가 필요하다. 우리 헌법은 대부분의 국가에서와 같이 행정입법의 근거를 규정하고 있다. 헌법 제76조 대통령의 긴급명령 및 긴급재정, 경제명령의 근거, 헌법 제75조 대통령령의 근거, 헌법 제95조 총리령과 부령의 근거, 헌법 제114조 중앙선거관리위원회규칙의 근거를 규정하고 있다.

> **관련판례**
> 법규적 효력을 가지는 행정입법의 제정에는 반드시 구체적이며 명확한 법률의 위임을 요하는 것이다(헌재 2001.4.26. 2000헌마122).

2. 집행명령

(1) 직접 헌법상의 일반적 근거(헌법 제75조, 제95조)만으로도 제정할 수 있다. 상위법령의 명시적이고 개별적인 수권이 없어도 법령의 시행을 위한 범위 내에서 법규명령제정권을 갖는 행정청이 직권으로 제정할 수 있다(새로운 법규사항을 정하는 것이 아니고 법령의 집행을 위해 필요한 세부적·기술적 사항에 대한 규율을 하는 것이므로).

(2) 따라서 법률에 "이 법 시행에 필요한 사항은 대통령령(부령)으로 정한다."와 같이 집행명령을 발할 수 있는 근거규정이 있더라도 이는 하나의 주의규정에 불과하며, 그러한 규정이 없더라도 대통령이나 각부 장관은 집행명령을 제정할 수 있다.

3. 위임명령과 집행명령의 공통점

양자 모두 법규명령이므로 법조의 형식으로 제정되어 공포를 요하고 근거법령이 소멸하면, 해당 법령도 소멸하는 것이 원칙이다.

4 법규명령의 성립요건, 효력요건

1. 성립요건

(1) 주체

정당한 권한을 가진 기관(예 대통령·국무총리·행정각부의 장·중앙선거관리위원회 등)이 그 권한의 범위 내에서 제정해야 한다.

> **관련판례** 법률 또는 대통령령으로 규정할 사항은 부령으로 규정하면 그 부령은 무효
> 행정 각부 장관이 부령으로 제정할 수 있는 범위는 법률 또는 대통령령이 위임한 사항이나 또는 법률 또는 대통령령을 실시하기 위하여 필요한 사항에 한정되므로 법률 또는 대통령령으로 규정할 사항을 부령으로 규정하였다고 하면 그 부령은 무효임을 면치 못한다(대판 1962.1.25. 4294민상9).

간단 점검하기
법령의 규정이 특정 행정기관에게 법령내용의 구체적 사항을 정하도록 권한을 부여하여 특정 행정기관이 행정규칙을 정하였으나 그 행정규칙이 상위 법령의 위임범위를 벗어났다면, 그러한 행정규칙은 대외적 구속력을 가지는 법규명령으로서의 효력이 인정되지 않는다. (○)

(2) 내용

수권의 범위 내에서 상위법령에 저촉되지 않아야 하고, 실현가능하고 명백하여야 한다.

(3) 절차

다수 국민의 일상생활과 관련된 중요 분야의 법령 등을 제정·개정·폐지할 때에는 당해 입법안을 마련한 행정청은 입법예고를 하여야 한다. 예고방법은 특별한 사정이 없는 한 20일 이상 관보 등에 게재하여야 한다. 특히 대통령령을 입법예고하는 경우에는 국회 소관상임위원회에 제출하여야 한다(법제처장도 예고 가능).
① **대통령령**: 국무회의 심의를 거쳐 법제처의 자구 심사 후 공포하게 된다.
② **총리령과 부령**: 법제처의 자구 심사 후 공포하게 된다.

(4) 형식

조문형식을 갖춘 문서로 발하여야 한다.
① **대통령령**: 공포문의 전문에는 국무회의의 심의를 거친 뜻을 기재하고, 대통령이 서명한 후 대통령인을 압날하고 그 공포일을 명기하여 국무총리와 관계국무위원이 부서한다(법령 등 공포에 관한 법률 제7조).
② **총리령, 부령**: 공포할 경우에는 그 일자를 명기하고, 서명·날인한다(법령 등 공포에 관한 법률 제9조).

2. 효력요건

대통령령·총리령 및 부령은 특별한 규정이 없는 한 공포한 날로부터 20일이 경과함으로써 효력을 발생하나 국민의 권리제한 또는 의무부과와 관련되는 법규명령은 긴급히 시행하여야 할 특별한 사유가 있는 경우를 제외하고는 공포일로부터 적어도 30일이 경과한 날로부터 시행해야 한다(법령 등 공포에 관한 법률 제13조의2).

5 하자 있는 법규명령의 효력

1. 하자 있는 법규명령(무효)

법규명령에 대한 취소제도는 인정되지 않으므로 하자 있는 법규명령은 항상 무효가 된다고 봄이 통설적 견해이다. 하지만 중대명백설에 따라 중대·명백한 하자 있는 법규명령은 무효이나, 중대·명백한 경우에 이르지 않은 경우에는 취소할 수 있다는 견해가 존재한다.

2. 하자 있는 법규명령에 의한 행정행위(취소)

하자 있는 법규명령에 의한 행위는 당연히 무효나 취소의 원인이 된다. 일반적으로 하자 있는 법규명령에 근거한 행정처분은 중대한 하자이지만, 행정청에게는 법령심사권이 없으므로 반드시 명백하다고는 할 수 없기 때문에 당연무효로 볼 수 없고 원칙적으로 취소사유로 보아야 한다.

3. 소멸

(1) 폐지(행정청의 의사표시) – 직접적 폐지

법규명령의 형식을 장래에 향하여 소멸시키는 행정권의 직접적·명시적 의사표시를 말한다. 이러한 폐지는 동위 또는 상위의 법령으로만 하여야 한다.

(2) 실효(행정청의 의사표시 없음)

① **근거법령의 소멸**: 법규명령은 법률 또는 상위의 법령에 근거하여 발해지는 것이므로 근거법령이 소멸하면 법규명령(위임명령, 집행명령)도 법적 근거가 없는 것으로 되어 효력이 당연히 소멸된다.

② **근거법령의 개정**: 법규명령의 위임명령은 상위의 법령에 근거하여 발해지는 것이므로 근거법령이 개정되면 소멸함이 원칙이고, 집행명령의 경우 근거법령이 개정되면 새로운 집행명령이 제정·발효될 때까지는 여전히 그 효력을 유지한다.

6 법규명령의 한계

1. 위임명령의 한계

위임명령의 한계는 ① 수권의 한계와 ② 수권에 따른 위임명령 제정상의 한계로 나눠진다.

(1) 위임명령의 수권상 한계

① **포괄적 위임의 금지원칙(구체적 위임의 원칙)**

㉠ **일반론**: 헌법은 "구체적으로 범위를 정하여 위임받은 사항에 관하여서만 위임명령을 발할 수 있다."고 규정하여 법률에 의한 포괄적, 일반적 수권을 금하고 있다. 또한 국회의 전속적 법률사항에 관한 것은 타 기관에 위임할 수 없다(그러나 법률에 구체적으로 범위를 정하여 타 기관에 위임하는 것은 가능하다).

> **관련판례** 입법사항을 행정규칙의 형식으로 위임하는 것이 허용되는지 여부
>
> 헌법이 인정하고 있는 위임입법의 형식은 예시적인 것으로 보아야 할 것이고, 그것은 법률이 행정규칙에 위임하더라도 그 행정규칙은 위임된 사항만을 규율할 수 있으므로 국회입법의 원칙과 상치되지도 않는다. 다만 행정규칙은 법규명령과 같은 엄격한 제정 및 개정절차를 요하지 아니하므로, 재산권 등과 같은 기본권을 제한하는 작용을 하는 법률이 입법위임을 할 때에는 대통령령, 총리령, 부령 등 법규명령에 위임함이 바람직하고, 고시와 같은 형식으로 입법위임을 할 때에는 적어도 행정규제기본법 제4조 제2항 단서에서 정한 바와 같이 법령이 전문적·기술적 사항이나 경미한 사항으로서 업무의 성질상 위임이 불가피한 사항에 한정된다 할 것이고, 그러한 사항이라하더라도 포괄위임금지의 원칙상 법률의 위임은 반드시 구체적·개별적으로 한정된 사항에 대하여 행하여져야 한다(헌재 2006.12.28. 2005헌바59).

ⓒ **"구체적 위임"의 의미**: 위임은 개별적·구체적 수권에 한정되고, 전면적·포괄적 위임은 인정되지 않는다. 법률에서 구체적으로 범위를 정한다는 의미는 ⓐ 대상의 한정성과 ⓑ 기준의 명확성(규정될 내용의 대강을 예측할 수 있어야 함)을 의미한다. 판례에 따르면, 해당 법률의 전반적인 체계와 취지, 목적, 당해 조항의 규정형식과 내용 및 관련 법규의 해석을 통하여 그 내재적인 위임의 범위나 한계가 객관적으로 분명히 확정될 수 있는 것이라면 일반적·포괄적인 위임에 해당하지 않는다(대판 1996.3.21. 95누3604).

> **관련판례**
>
> 1. 조세법률주의의 원칙상 과세요건은 엄격히 해석되어야 하고 일반적·포괄적인 위임입법은 금지되나, 법률규정 자체에 위임의 구체적 범위를 명확히 규정하고 있지 아니하여 외형상으로는 일반적, 포괄적으로 위임한 것처럼 보이더라도 그 법률의 전반적인 체계와 취지, 목적, 당해 조항의 규정형식과 내용 및 관련 법규를 살펴 이에 대한 해석을 통하여 그 내재적인 위임의 범위나 한계를 객관적으로 분명히 확정될 수 있는 것이라면 이를 일반적·포괄적인 위임에 해당하는 것으로 볼 수는 없다(대판 1996.3.21. 95누3640).
>
> 2. 일반적·추상적·개괄적인 규정이라 할지라도 법관의 법보충작용으로서의 해석을 통하여 그 의미가 구체화, 명확화 될 수 있다면 그 규정이 명확성을 결여하여 과세요건명확주의에 반하는 것으로 볼 수는 없다(대판 2001.4.27. 2000두9076).

ⓒ **구체성의 정도**: 판례는 기본권 침해 영역은 구체성이 엄격히 요구되나, 보건위생 등 급부행정 영역에서는 구체성의 요구가 다소 약화되어도 무방하다는 것이 판례의 태도이다.

관련판례

위임입법에 있어서 위임의 구체성·명확성의 요구 정도는 규제대상의 종류와 성격에 따라서 달라진다. 즉, 급부행정영역에서는 기본권침해영역보다는 구체성의 요구가 다소 약화되어도 무방하다고 해석되며, 다양한 사실관계를 규율하거나 사실관계가 수시로 변화될 것이 예상될 때에는 위임의 명확성의 요건이 완화된다(헌재 1997.12.24. 95헌마390).

ⓔ **형벌규정, 조세규정의 위임**: 형벌규정이나 조세법규는 국민의 권익침해의 정도가 현저하므로 구체적 위임의 원칙이 엄격히 관철되어야 한다. 헌법재판소도 처벌법규의 위임은 ⓐ 긴급한 필요가 있거나, ⓑ 법률로써 자세히 정할 수 없는 부득이한 사정이 있는 경우에 한정되어야 하고, 이 경우에도 ⓒ 법률에서 범죄의 구성요건을 예측할 수 있을 정도로 구체적으로 정하여 ⓓ 형벌의 종류 및 그 상한(최고한도)과 폭을 명백히 규정하여야 한다고 판시하고 있다.

ⓜ **포괄위임이 허용되는 예외**: 조례, 정관
  ⓐ **조례**: 조례의 경우에는 포괄적 위임을 허용하고 있다. 그러나 지방자치법 제22조 단서가 주민의 권리제한, 의무부과, 벌칙의 경우에는 법률의 위임을 요하고 있다.

> **간단 점검하기**
>
> 자치조례에 대한 법률의 위임은 반드시 구체적으로 범위를 정하여 할 필요가 없으며 포괄적인 것으로 족하다. (○)

관련판례

1. 법률이 주민의 권리의무에 관한 사항에 관하여 구체적으로 아무런 범위도 정하지 아니한 채 조례로 정하도록 포괄적으로 위임하였다고 하더라도 행정관청의 명령과는 달리, 조례도 주민의 대표기관인 지방의회의 의결로 제정되는 지방자치단체의 자주법인 만큼, 지방자치단체가 법령에 위반되지 않는 범위 내에서 주민의 권리의무에 관한 사항을 조례로 제정할 수 있는 것이다(대판 1991.8.27. 90누6613).

2. 법률이 공법적 단체의 정관에 자치법적 사항을 위임한 경우 포괄적 위임입법의 금지는 적용되지 않으나 국민의 권리·의무에 관한 기본적이고 본질적인 사항까지 정관에 위임할 수 없음 구 도시 및 주거환경정비법상 사업시행자에게 사업시행계획의 작성권이 있고 행정청은 단지 이에 대한 인가권만을 가지고 있으므로 사업시행자인 조합의 사업시행계획 작성은 자치법적 요소를 가지고 있는 사항이라 할 것이고, 이와 같이 사업시행계획의 작성이 자치법적 요소를 가지고 있는 이상, 조합의 사업시행인가 신청시의 토지 등 소유자의 동의요건 역시 자치법적 사항이라 할 것이며, 따라서 2005.3.18. 법률 제7392호로 개정된 도시 및 주거환경정비법 제28조 제4항 본문이 사업시행인가 신청시의 동의요건을 조합의 정관에 포괄적으로 위임하고 있다고 하더라도 헌법 제75조가 정하는 포괄위임입법금지의 원칙이 적용되지 아니하므로 이에 위배된다고 할 수 없다(대판 2007.10.12. 2006두14476).

> 간단 점검하기
>
> 법률이 공법적 단체 등의 정관에 자치법적 사항을 위임한 경우에도 원칙적으로 헌법 제75조가 정하는 포괄적인 위임입법 금지 원칙이 적용되므로 이와 별도로 법률유보 내지 의회유보의 원칙을 적용할 필요는 없다. (×)

> 간단 점검하기
>
> 법률의 위임 없이 명령 또는 규칙 등의 행정입법으로 과세요건 등에 관한 사항을 규정하거나 법률에 규정된 내용을 함부로 유추·확장하는 내용의 해석규정을 마련하는 것은 조세법률주의 원칙에 위배된다. (○)

ⓑ **정관**: 정관은 자치단체의 자치규범으로서 여기에는 포괄위임금지의 원칙이 적용되지 않는다.

관련판례

법률이 공법적 단체 등의 정관에 자치법적 사항을 위임한 경우에는 헌법 제75조가 정하는 포괄적인 위임입법의 금지는 원칙적으로 적용되지 않는다고 봄이 상당하고, 그렇다 하더라도 그 사항이 국민의 권리·의무에 관련되는 것일 경우에는 적어도 국민의 권리·의무에 관한 기본적이고 본질적인 사항은 국회가 정하여야 한다(대판 2007.10.12. 2006두14476).

② **헌법상의 국회 전속적인 입법사항**: 헌법에서는 법률로 정해야 할 사항에 대하여서는 국회가 법률로 정해야 하며 위임할 수 없음이 원칙이다. 조세법률주의 원칙은 과세요건 등 국민의 납세의무에 관한 사항을 국민의 대표기관인 국회가 제정한 법률로써 규정하여야 하고, 법률을 집행하는 경우에도 이를 엄격하게 해석·적용하여야 하며, 행정편의적인 확장해석이나 유추적용을 허용하지 아니함을 뜻한다. 그러므로 법률의 위임 없이 명령 또는 규칙 등의 행정입법으로 과세요건 등에 관한 사항을 규정하거나 법률에 규정된 내용을 함부로 유추·확장하는 내용의 해석규정을 마련하는 것은 조세법률주의 원칙에 위배된다(대판 2017.4.20. 2015두45700 전합).

(2) 위임명령의 제정상 한계

① **법률에 의한 수권범위의 한계**: 위임명령은 수권의 범위 내에서 제정되어야 한다. 수권의 범위를 일탈한 위임명령은 위법한 명령이 된다.
② **상위법령 위반금지**: 위임명령은 상위법령을 위반하여서는 안 된다.
③ **재위임문제**: 위임입법의 재위임은 수임된 입법권을 다시 하위명령에 위임하는 것을 말하는데 이는 법률 자체가 명시적으로 인정하는 경우에는 문제가 없고, 명시적인 규정이 없는 경우가 문제가 된다. 이러한 재위임은 실질적으로 수권법의 내용을 개정하는 결과가 되기 때문에 허용되지 않음이 바람직하다. 다만, 전면적인 재위임이 아니고 위임받은 사항에 관한 대강을 정한 다음 그의 세부적인 사항의 보충을 위임하는 것은 허용된다.

관련판례

법률에서 위임받은 사항을 전혀 규정하지 않고 재위임하는 것은 복위임금지 원칙에 반할 뿐 아니라 위임명령의 제정 형식에 관한 수권법의 내용을 변경하는 것이 되므로 허용되지 않으나 위임받은 사항에 관하여 대강을 정하고 그 중의 특정사항을 범위를 정하여 하위법령에 다시 위임하는 경우에는 재위임이 허용된다(대판 2015.1.15. 2013두14238).

2. 집행명령의 한계(새로운 권리·의무 설정 불가)

집행명령은 상위명령의 개별적인 수권 없이도 직권으로 발령이 가능하지만 오직 상위명령의 집행에 필요한 구체적 절차·형식만을 규정할 수 있고, 상위법령에 규정이 없는 새로운 입법사항을 규정해 국민의 권리·의무에 관한 사항을 담을 수 없다.

7 법규명령의 통제

1. 행정 내부적 통제

(1) 감독권에 의한 통제

상급행정청의 지휘·감독권의 대상에서는 하급행정청의 행정입법권의 행사도 포함된다. 상급행정청은 훈령권의 행사에 의하여 행정입법의 기준과 방향을 제시하고, 취소권 행사를 통해 위법한 행정입법을 폐지하도록 명하는 등의 통제방식을 말한다(감독청이 스스로 제·개정 또는 폐지할 수는 없고 개정 또는 폐지를 명할 수 있음).

(2) 행정입법의 절차적 통제

법규명령의 제정에 있어 ① 행정내부적 절차(예 법제처심사·국무회의심의·관련부처 간의 협의) 및 ② 대외적 절차(예 행정절차법상의 입법예고 절차: 법령안의 사전예고, 의견제출기회 부여, 공청회, 대통령령은 국회에 제출) 등 일정한 절차를 거치게 함으로써 그 적법성 및 적정성을 도모하고 있다.

(3) 법제처에 의한 통제

국무총리 직속기관인 법제처가 국무회의에 상정될 법령안을 심사하도록 정부조직법에 기재되어 있다.

(4) 행정심판(중앙행정심판위원회의 시정명령)

중앙행정심판위원회는 심판청구를 심리·재결할 때에 처분 또는 부작위의 근거가 되는 명령 등(대통령령·총리령·부령·훈령·예규·고시·조례·규칙 등을 말한다. 이하 같다)이 법령에 근거가 없거나 상위 법령에 위배되거나 국민에게 과도한 부담을 주는 등 크게 불합리하면 관계 행정기관에 그 명령 등의 개정·폐지 등 적절한 시정조치를 요청할 수 있다. 이 경우 중앙행정심판위원회는 시정조치를 요청한 사실을 법제처장에게 통보하여야 한다(행정심판법 제59조 제1항).

2. 의회에 의한 통제

의회가 법규명령의 효력발생 전에 직접적으로 관여하는 것이 아니라, 의회가 행정부에 대해 가지는 국정감시권을 행사하여 간접적으로 법규명령의 적법·타당성을 통제하는 것을 말한다. 예컨대, 국무총리·국무위원의 해임건의 및 대통령 등에 대한 탄핵소추나 국무총리 등에 대한 질문, 국정조사·감사 등이 있다.

> 국회법 제98조의2【대통령령등의 제출 등】① 중앙행정기관의 장은 법률에서 위임한 사항이나 법률을 집행하기 위하여 필요한 사항을 규정한 대통령령·총리령·부령·훈령·예규·고시 등이 제정·개정 또는 폐지된 때에는 10일 이내에 이를 국회 소관상임위원회에 제출하여야 한다. 다만, 대통령령의 경우에는 입법예고를 하는 때(입법예고를 생략하는 경우에는 법제처장에게 심사를 요청하는 때를 말한다)에도 그 입법예고안을 10일 이내에 제출하여야 한다.

3. 법원에 의한 통제

> 헌법 제107조 ① 법률이 헌법에 위반되는 여부가 재판의 전제가 된 경우에는 법원은 헌법재판소에 제청하여 그 심판에 의하여 재판한다.
> ② 명령·규칙 또는 처분이 헌법이나 법률에 위반되는 여부가 재판의 전제가 된 경우에는 대법원은 이를 최종적으로 심사할 권한을 가진다.

(1) 구체적 규범통제

① **의의**: 행정입법에 대한 통제제도로는 추상적 규범통제와 구체적 규범통제가 있다. 우리 헌법은 구체적 규범통제제도를 채택하고 있다. 구체적 규범통제제도란 규범 그 자체는 직접 소송의 대상이 될 수 없고, 구체적 사건에서 재판의 전제가 된 경우에 한하여 법원의 심사대상이 될 수 있다는 것이다. 즉, 우리나라의 경우 법규명령에 대한 통제는 처분에 대해 소송을 하였을 때 선결문제 심리방식에 의하여 간접적 통제방식을 취하고 있다(위헌·위법한 명령·규칙 심사권).

> **관련판례**
> 의료기관의 명칭표시판에 진료과목을 함께 표시하는 경우 글자 크기를 제한하고 있는 구 의료법 시행규칙 제31조가 그 자체로서 국민의 구체적인 권리의무나 법률관계에 직접적인 변동을 초래하지 아니하므로 항고소송의 대상이 되는 행정처분이라고 할 수 없다(대판 2007.4.12. 2005두15168).

② **주체**: 구체적 규범통제의 주체는 각급법원이다. 다만, 최종판단주체는 대법원이다.
③ **대상**: 구체적 규범통제의 대상은 명령과 규칙이다. 즉, 헌법 제107조에서 말하는 명령은 법규성을 가지는 법규명령(위임명령, 집행명령)을 말하고 규칙이란 대법원규칙·헌법재판소규칙·중앙선거관리위원회규칙 등 법규명령의 성질을 갖는 규칙을 말한다. 또한 지방자치단체의 조례와 규칙을 포함하고 행정규칙은 대상이 되지 못한다.
④ **효력**: 판결의 효력이 미치는 범위에 대한 문제이다.
행정소송에 대한 대법원 판결에 의하여 명령·규칙이 헌법 또는 법률에 위반된다는 것이 확정된 경우에는 대법원은 지체 없이 그 사유를 행정안전부장관에게 통보해야 하고, 통보를 받은 행정안전부장관은 지체 없이 이를 관보에 게재하여야 한다.

(2) 처분적 법규명령(처분성 인정)에 대한 항고소송

① **쟁점**: 처분은 행정청이 행하는 구체적 사실에 대한 법집행으로 인한 공권력 행사를 의미하므로, 행정입법의 성질이 일반적·추상적임에 비추어 행정입법에 대해서는 처분성을 부정하여 항고소송의 대상이 될 수 없는 것이 원칙이다. 그러나 예외적으로 행정입법 그 자체가 집행행위의 매개없이 직접적으로 국민의 법적 지위에 영향을 미치는 것일 때에는 당해 법규명령에 처분성이 인정되어 항고소송의 대상이 될 수 있어 직접적 재판통제가 가능한 경우도 있다.

간단 점검하기

의료기관의 명칭표시판에 진료과목을 함께 표시하는 경우 그 글자의 크기를 의료기관 명칭을 표시하는 글자 크기의 2분의 1 이내로 제한하는 구 의료법 시행규칙의 규정은 항고소송의 대상이 되는 행정처분이다. (×)

② **판례**: 판례는 ⑦ 대통령령이 처분적 행정입법이라면 항고소송의 대상이 된다고 판시한 바 있고, ⓒ 두밀분교폐지조례에 대한 무효확인소송에서 동 조례는 처분적 조례로서 항고소송의 대상이 되고, 이 소송의 피고적격자는 지방자치법상 공포권이 있는 자치단체장이 아니라 교육에 관한 조례의 공포권은 지방교육자치법상 교육감에게 있으므로, 교육감이 된다고 판시한 바 있다(대판 1996.9.20. 95누8003).

> **관련판례**
>
> 1. 조례가 집행행위의 개입 없이도 그 자체로서 직접 국민의 구체적인 권리의무나 법적 이익에 영향을 미치는 등의 법률상 효과를 발생하는 경우 그 조례는 항고소송의 대상이 되는 행정처분에 해당하고 이러한 조례에 대한 무효확인소송을 제기함에 있어서 행정소송법 제38조 제1항, 제13조에 의하여 피고적격이 있는 처분 등을 행한 행정청은 행정주체인 지방자치단체 또는 지방자치단체의 내부적 의결기관으로서 지방자치단체의 의사를 외부에 표시한 권한이 없는 지방의회가 아니라, 구 지방자치법 제19조 제2항, 제92조에 의하여 지방자치단체의 집행기관으로서 조례로서의 효력을 발생시키는 공포권이 있는 지방자치단체의 장(해당 사안은 교육감)이다(대판 1996.9.20. 95누8003).
>
> 2. 보건복지가족부의 약제상한금액고시는 다른 집행행위의 매개 없이 그 자체로서 국민건강보험가입자, 국민건강보험공단, 요양기관 등의 법률관계를 직접 규율하는 성격을 가지므로 항고소송의 대상이 되는 행정처분에 해당한다. 관련 법령의 내용을 종합하면 약제를 공급하는 제약회사는 위 고시의 근거법령에 의하여 보호되는 직접적이고 구체적인 이익을 향유하고, 위 고시로 인하여 원고들은 자신이 제조·공급하는 약제의 상한금액이 인하됨에 따라 근거법령에 의하여 보호되는 법률상 이익을 침해당하였다고 할 것이므로, 원고들은 위 고시의 취소를 구할 원고적격이 있다(대판 2006.9.22. 2005두2506).
>
> 3. 항정신병 치료제의 요양급여에 관한 보건복지부고시는 다른 집행행위의 매개 없이 그 자체로서 제약회사, 요양기관, 환자 및 국민건강보험공단 사이의 법률관계를 직접 규율하는 성격을 가지므로 항고소송의 대상이 되는 행정처분에 해당한다(대결 2003.10.9. 2003무23).

교육에 관한 조례가 대상일 때는 교육감을 피고로 한다.

📋 **간단 점검하기**

조례가 집행행위의 개입 없이도 그 자체로서 직접 국민의 권리의무나 법적이익에 영향을 미치는 등의 법률상 효과를 발생하는 경우 그 조례는 항고소송의 대상이 되는 행정처분에 해당한다. (○)

(3) 행정입법의 부작위에 대한 부작위위법확인소송: 불가

행정입법부작위에 대해 부작위위법확인소송이 가능한지가 문제된다. 행정소송법의 규정은 신청한 처분의 부작위를 다투는 것이지 법령 자체를 다투는 것은 아니기 때문에 행정입법부작위에 대해서는 이 규정에 근거하여 소송을 제기할 수 없다. 즉, 행정입법부작위는 성질상 부작위위법확인소송의 대상이 되지 않는다.

입법부작위는 헌법상 의무 위반이므로 헌법소원을 통하여 다퉈야 한다. 이는 처분부작위와는 구별하여야 하는데, 처분부작위는 국민이 행정청에 신청을 하였는데 이에 대한 처분을 하지 않는 경우를 의미하고, 이때는 항고소송 중 부작위위법확인소송을 통하여 다투어야 한다.

📋 **간단 점검하기**

행정청이 행정입법 등 추상적인 법령을 제정하지 아니하는 행위는 법률이 구체화되는 개인의 권리를 침해하는 것으로 항고소송 대상이 된다. (×)

> **관련판례**
>
> 행정소송은 구체적 사건에 대한 법률상 분쟁을 법에 의하여 해결함으로써 법적 안정을 기하자는 것이므로 부작위위법확인소송의 대상이 될 수 있는 것은 구체적 권리의무에 관한 분쟁이어야 하고 추상적인 법령에 관하여 제정의 여부 등은 그 자체로서 국민의 구체적인 권리의무에 직접적 변동을 초래하는 것이 아니어서 그 소송의 대상이 될 수 없다(대판 1992.5.8. 91누11261).

(4) 행정입법의 부작위에 대한 국가배상청구

행정입법부작위로 인하여 국민에게 손해가 발생하였고 행정권에게 과실이 있다면 국가배상청구는 인정될 수 있다.

> **관련판례**
>
> 입법부가 법률로써 행정부에게 특정한 사항을 위임했음에도 불구하고 행정부가 정당한 이유 없이 이를 이행하지 않는다면 권력분립의 원칙과 법치국가 내지 법치행정의 원칙에 위배되는 것으로서 위법함과 동시에 위헌적인 것이 되는바, 구 군법무관임용법 제5조 제3항과 군법무관임용 등에 관한 법률 제6조가 군법무관의 보수를 법관 및 검사의 예에 준하도록 규정하면서 그 구체적 내용을 시행령에 위임하고 있는 이상, 위 법률의 규정들은 군법무관의 보수의 내용을 법률로써 일차적으로 형성한 것이고, 위 법률들에 의해 상당한 수준의 보수청구권이 인정되는 것이므로, 위 보수청구권은 단순한 기대이익을 넘어서는 것으로서 법률의 규정에 의해 인정된 재산권의 한 내용이 되는 것으로 봄이 상당하고, 따라서 행정부가 정당한 이유 없이 시행령을 제정하지 않은 것은 위 보수청구권을 침해하는 불법행위에 해당한다(대판 2007.11.29. 2006다3561).

4. 헌법재판소에 의한 통제

(1) 법규명령에 대한 헌법소원 가능성

① 학설
  ㉠ **소극설**: 헌법 제107조 제2항을 근거로 법규명령은 대법원이 최종심이므로 헌법소원으로 헌법재판소가 심사할 수 없다는 견해이다. 대법원이 취하는 입장이다.
  ㉡ **적극설**: 헌법 제107조 제2항은 구체적 사건에서 법규명령이 재판의 전제가 된 경우에 적용되는데, 법규명령이 직접 국민의 기본권을 침해한다면 이는 헌법재판소법 제68조 제1항의 '공권력행사'에 해당하므로 헌법소원의 대상이 된다는 견해이다. 헌법재판소가 취하는 입장이다.
② **판례**: 헌법재판소는 법무사법 시행규칙에 대한 헌법소원사건에서 법무사법 시행규칙이 헌법소원의 대상이 된다고 판시한 바 있다.

> **관련판례**
>
> **1. 법무사법 시행규칙에 대한 헌법소원 인정**
>
> 헌법 제107조 제2항이 규정한 명령·규칙에 대한 대법원의 최종심사권이란 구체적인 소송사건에서 명령·규칙의 위헌여부가 재판의 전제가 되었을 경우에 법률의

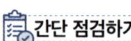

간단 점검하기

법률에서 군법무관의 보수의 구체적 내용을 시행령에 위임했음에도 불구하고 행정부가 정당한 이유 없이 시행령을 제정하지 않은 것은 불법행위이므로 이에 대하여 국가배상청구를 할 수 있다. (○)

간단 점검하기

행정부에서 제정한 명령·규칙도 그것이 별도의 집행행위를 기다리지 않고 직접 기본권을 침해하는 것일 때에는 모두 헌법소원심판의 대상이 될 수 있는 것이다. (○)

경우와는 달리 헌법재판소에 제청할 것 없이 대법원이 최종적으로 심사할 수 있다는 의미이며, 명령·규칙 그 자체에 의하여 직접 기본권이 침해되었음을 이유로 하여 헌법소원심판을 청구하는 것은 위 헌법규정과는 아무런 상관이 없는 문제이다. 따라서 입법부·행정부·사법부에서 제정한 규칙이 별도의 집행 행위를 기다리지 않고 직접 기본권을 침해하는 것일 때에는 모두 헌법소원심판의 대상이 될 수 있는 것이다(헌재 1990.10.15. 89헌마178).

2. 조례에 대한 헌법소원 인정(부천시담배자동판매기 설치금지조례)

조례는 지방자치단체가 그 자치입법권에 근거하여 자주적으로 지방의회의 의결을 거쳐 제정한 법규이기 때문에 조례 자체로 인하여 직접 그리고 현재 자기의 기본권을 침해받은 자는 그 권리구제의 수단으로서 조례에 대한 헌법소원을 제기할 수 있다(헌재 1995.4.20. 92헌마264·279).

3. 여권법 규정에 따라 구 외교통상부장관이 정한 여권의 사용제한 등에 관한 고시

법령자체에 의한 직접적인 기본권침해가 문제될 때에는 그 법령자체의 효력을 직접 다투는 것을 소송물로 하여 일반법원에 소송을 제기하는 길이 없어 구제절차가 있는 경우가 아니므로 바로 헌법소원을 제기할 수 있다. 이라크, 소말리아, 아프가니스탄에 대해 1년간 특정한 경우에만 방문신청을 할 수 있도록 신청 대상자를 제한하고, 허가받은 자만이 방문을 할 수 있도록 제한한 이 사건 고시는 구체적 집행행위를 기다리지 않고 일정한 경우 국민의 거주·이전의 자유를 직접 제한하는 규정을 둠으로써 법규명령 또는 행정규칙의 성격을 가지게 되었으므로, 그 효력을 직접 다투기 위한 헌법소원이 가능하다(헌재 2008.6.26. 2007헌마1366).

(2) 행정입법의 부작위

입법부작위란 헌법 또는 법률에 의하여 입법을 하여야 할 의무가 존재함에도 불구하고 합리적인 이유없이 입법의무를 이행하지 않는 경우를 말한다. 헌법재판소는 행정입법부작위가 항고소송의 대상이 되지 않는다고 판시하고 있으면서도 진정입법부작위의 경우에는 헌법소원의 대상이 된다고 판시하므로 이는 헌법재판소법 제68조 제2항의 보충성원칙의 예외에 해당한다고 본다.

① **진정입법부작위**: 입법자가 입법의무가 있음에도 불구하고 법률을 전혀 만들지 않은 경우로 헌법소원의 대상이 된다.
② **부진정입법부작위**: 법률을 만들기는 했지만 불완전하여 실질적인 내용은 빠져 있어 불완전한 입법을 한 경우로 헌법소원의 대상이 되지 아니한다.

5. 국민에 의한 통제

(1) 법규명령을 제정 시 공청회·청문 등에 의해 국민의 의사를 반영하고 매스컴이나 각종 압력단체의 활동 등 여론에 의한 통제를 통하여 행정입법의 적법성을 확보하는 방법을 말한다.

(2) 행정청은 법령 등을 제정·개정 또는 폐지하고자 할 때에는 당해 입법안을 예고하여야 하고(행정절차법 제41조 제1항), 예고된 입법안에 대해서 누구든지 의견을 제출할 수 있다(동법 제44조 제1항).

제3절 행정규칙

1 행정규칙의 의의

1. 행정규칙의 의의

(1) 개념

행정규칙이란 행정기관이 행정조직 내부관계에서 법률의 수권 없이 독자적으로 정립하는 일반적·추상적 규정으로 행정기관 내부규범을 의미한다. 행정규칙은 내부적인 효력만 있으며, 대외적 구속력이 없으므로, 국민의 권리나 의무에는 영향을 끼치지 못한다.

(2) 필요성

현대 행정조직이 복잡해짐에 따라 전문성·기술성을 바탕으로 한 행정작용이 증대되고 있다. 따라서 행정기관에 많은 재량이 요구되며, 행정작용 간의 통일과 조화에 따른 행정규칙의 제정이 필요하게 되었다.

2. 법규명령과의 차이

법규명령은 법률의 수권을 요하지만, 행정규칙은 상급행정기관이 하급행정기관에 대한 지휘감독 또는 특별권력관계에 근거하여 제정하므로 법률의 수권을 요하지 않는다. 또한 법규명령과 달리 행정규칙은 원칙적으로 법규성이 인정될 수 없기 때문에 국민의 권리·의무에 관한 사항을 새로이 규정할 수 없다.

> **간단 점검하기**
>
> 상급행정기관이 소속 공무원이나 하급행정기관에 대하여 세부적인 업무처리 절차나 법령의 해석·적용 기준을 정해주는 행정규칙은 상위법령에 반하지 않는다고 하더라도 상위법령의 구체적 위임이 있지 않는 한, 행정조직 내부적으로도 효력을 가지지 못하고 대외적으로도 국민이나 법원을 구속하는 효력이 없다. (×)

참고 행정규칙과 법규명령의 비교

구분	법규명령		행정규칙
	위임명령	집행명령	
법형식	대통령령, 총리령, 부령, 중앙선거관리위원회규칙, 감사원규칙, 조례, 규칙		훈령, 지시, 예규, 일일명령, 고시, 지침 등
권력의 기초	일반통치권		특별권력
법적 근거 요부	○	×	×
재판 규범성	○		×
효력	양면적·대외적 구속력		일면적 구속력
규율대상 (법규사항 규율)	○ (새로운 법규사항 규율 가능)	× (새로운 법규사항 규율 불가)	× (행정조직 또는 특별권력관계 내부의 사항 규율)
제정절차	• 대통령령: 법제처의 사전심사 + 국무회의 심의 • 기타 법규명령: 법제처의 사전심사		특별한 절차규정 없음 (다만, 경우에 따라 존재)
형식	조문 형식의 문서		행정실무상 조문 형식의 문서 (이론상 구두로도 가능)
성격	타율적 행정입법		자율적 행정입법

공포	○(효력발생요건)	✕(효력발생요건 아니나 현실적으로 공포를 하는 경우가 많음)
규범통제	상위법령 위반시 처분을 매개로 규범통제의 대상이 됨	상위법령을 위반하여도 원칙적으로는 규범통제의 대상이 안 됨
위반의 효과	법규성이 있으므로 위반행위는 위법행위이며 하자 있는 행위로서 행정소송의 대상이 됨	법규성이 없으므로 위반행위는 위법행위가 되지 않으므로 하자 없이 유효함

2 행정규칙의 종류

사무관리규정(대통령령 제7조 제2호), 사무관리규정시행규칙(총리령 제3조)에 행정규칙의 유형인 훈령·지시, 예규 및 일일명령을 규정하고 있다. 훈령, 지시, 예규, 일일명령 등 행정기관이 그 하급기관이나 소속 공무원에 대하여 일정한 사항을 지시하는 문서를 지시 문서라 한다.

고시	고시는 행정기관의 의사표현의 한 방법으로 법규명령적 고시, 행정규칙적 고시, 일반처분적 고시 등이 있고 그 내용에 따라 성질을 구분할 수 있다.
훈령	상급기관이 상당히 장기간에 걸쳐 하급기관에 대하여 권한의 행사를 일반적으로 지휘·감독하기 위하여 발하는 명령으로 구성원의 변동이 있어도 소멸되지 아니한다(훈령의 적법요건으로서 훈령권이 있는 상급관청이 적법·타당한 내용의 훈령을 발하여야 하고 하급청의 권한 내에 속하는 것이어야 하며 하급청의 직무상 독립적인 권한에 속하는 사항이 아니어야 함).
지시	상급기관이 개별적·구체적으로 발하는 명령(일반적·추상적 규율이 아니므로 행정규칙이 아니라는 견해도 존재)
예규	반복적 행정사무의 기준을 제시하는 명령
일일명령	당직·출장·시간외근무·휴가 등의 일일업무에 관한 명령(일반적·추상적 규율이 아니므로 행정규칙이 아니라는 견해도 존재)
조직규칙	행정기관의 설치, 내부적 권한분배 등에 관한 규칙
근무규칙	행정기관의 하급기관 및 그 구성원의 근무에 관해 규율(예 사무분배규정, 직제규정, 위임전결규정 등)
영조물규칙	학교·병원·도서관 등 영조물의 이용에 관한 규칙
간소화지침	대량적 행정처분에 있어 획일적 처분기준 설정
법률해석규칙 (규범해석규칙)	법률의 통일적·단일적 적용을 위한 법규범, 불확정개념을 해석하고 적용함에 있어서의 기준
재량지도규칙 (재량준칙)	행정기관의 재량권 행사 시 일반적 기준 제시 간소화지침(대량적 행정처분의 획일적 처분기준)
법률보충규칙	법률의 내용이 일반적이어서 그 자체만으로 시행하기 어렵기 때문에 법규성을 갖는 고시·훈령으로 이를 보충 또는 구체화하는 것
규범구체화 행정규칙	전문성으로 인해 규율하기 힘든 관계법령을 집행 가능하게 하기 위하여 발하는 것

3 행정규칙의 성질

1. 일반적 성질

(1) 권력의 기초

행정규칙은 행정기관이 하급기관에 대한 지휘·감독권, 특별신분관계의 관리권·규율권에 근거하여 제정할 수 있는 것이므로 법률의 수권이 필요치 않다. 이 점이 법령의 수권 또는 근거를 필요로 하는 법규명령과 구별되는 점이다. 그러나 법률우위의 원칙은 여기에도 적용된다.

(2) 규율의 대상과 범위

행정규칙은 행정조직 및 특별신분관계 내에서 그의 기관 또는 구성원을 직접적인 규율대상, 즉 수범자로 함이 원칙이다. 그러나 하급자가 국민과의 관계에서 상급자가 정한 행정규칙을 집행하는 결과 행정규칙의 효과가 일반국민에게도 미치는 경우는 많이 있다.

(3) 재판규범성의 부인

행정규칙은 국민과 직접적인 관계가 없고 법규성이 없으므로 재판규범이 되지 않는다. 대법원 및 헌법재판소 역시 행정규칙의 재판규범성을 부인하는 것이 원칙적인 태도이다. 그러나 행정규칙을 법규 또는 준법규로 보는 입장은 행정규칙의 재판규범성을 긍정한다.

(4) 행정규칙 위반의 효과

법규명령을 위반하는 행정작용은 위법이 되는데 반하여, 행정규칙을 위반한 행정처분은 바로 위법이 되지는 않는다. 허나 공무원이 행정규칙을 위반하는 경우 징계원인이 됨은 당연시되고 있다.

2. 법규성 인정여부에 대한 학설

(1) 비법규설(전통적 견해)

행정규칙의 법규성은 인정될 수 없다는 견해이다. 이러한 견해에 따르면 행정규칙은 일반 국민에 대한 법적 구속력이 없을 뿐 아니라 법원을 구속하지도 않는다. 다만, 행정규칙을 위반한 공무원은 징계의 대상이 될 수 있다.

(2) 법규설

일정한 경우에는 법령이 행정청에게 시원적 입법권을 부여한 것으로 보아 행정규칙도 법규가 된다고 보는 견해이다.

3. 판례

(1) 대법원

① 대법원 판례는 행정규칙의 법규성(대외적 구속력)을 원칙적으로 부정한다.

> **관련판례**
> 1. 훈령이란 행정조직 내부에 있어서 그 권한의 행사를 지휘감독하기 위하여 발하는 행정명령으로서 훈령, 예규, 통첩, 지시, 고시, 각서 등 그 사용명칭 여하에 불구하고 공법상의 법률관계 내부에서 준거할 준칙 등을 정하는데 그치고 대외적으로는 아무런 구속력도 가지는 것이 아니다(대판 1983.6.14. 83누54).

2. 한국감정평가업협회가 제정한 '토지보상평가지침'은 단지 한국감정평가업협회가 내부적으로 기준을 정한 것에 불과하다(대판 2002.6.14. 2000두3450).

3. 서울특별시 95년 개인택시운송사업면허 업무처리요령은 관할 관청인 서울특별시장이 1995년도 개인택시운송사업의 면허를 위하여 재량권 행사의 기준으로 마련된 행정청 내부의 사무 처리준칙에 불과하므로 대외적으로 국민을 기속하는 법규명령의 경우와는 달리 공고 등의 방법으로 외부에 고지되어야만 효력이 발생한다고 볼 수 없다(대판 1997.9.26. 97누8878).

4. 서울특별시 '철거민 등에 대한 국민주택 특별공급규칙'은 '주택공급에 관한 규칙' 제19조 제1항 제3호 (다)목에서 규정하고 있는 '도시계획사업으로 철거되는 주택의 소유자'에 해당하는지 여부를 판단하기 위한 서울특별시 내부의 사무처리준칙에 해당하는 것으로서 위 규정의 해석·적용과 관련하여 대외적으로 국민이나 법원을 기속하는 효력이 있는 것으로 볼 수 없다(대판 2007.11.29. 2006두8495).

5. 경기도교육청의 1999.6.2.자 학교장·교사 초빙제 실시는 학교장·교사 초빙제의 실시에 따른 구체적 시행을 위해 제정한 사무처리지침으로서 행정조직 내부에서만 효력을 가지는 행정상의 운영지침을 정한 것이어서, 국민이나 법원을 구속하는 효력이 없는 행정규칙에 해당하므로 헌법소원의 대상이 되지 않는다(헌재 2001.5.31. 99헌마413).

② 예외: 대법원 판례는 행정규칙의 법규성을 예외적으로 인정하며 이는 앞서 설명한 재량준칙이나 후술할 법령보충규칙, 규범구체화 행정규칙 등을 들 수 있다.

(2) 헌법재판소

헌법재판소는 준법규성설의 입장을 취하는 것으로 보인다. 즉, 행정규칙은 원칙적으로 법규성을 갖지 않으나, 예외적으로 ① 법령보충규칙인 경우, ② 재량준칙이 적용된 선례가 있는 경우에는 자기구속 원칙 또는 신뢰보호원칙에 따라 법규성을 가진다고 판시한 바 있다.

4 행정규칙의 성립·하자·소멸

1. 적법요건(성립·효력요건)

(1) 행정규칙을 발할 수 있는 정당한 권한을 가진 행정기관이 그 권한의 범위 내에서 적법·가능·타당한 사항을 문서나 구술의 형식으로 발한다.

(2) 행정규칙은 법령이나 법규명령과 달리 공포라는 형식을 요구하지 않아 특별한 규정이 없으면 수범자에게 도달됨으로써 효력이 발생한다. 하지만 구속력과 효력은 다른 것으로 행정규칙이 성립하면 효력이 발생하고, 수명기관에 도달하면 구속력이 발생한다고 하여 양자를 구별하는 견해가 있다.

📋 **간단 점검하기**

법령보충적 행정규칙은 물론이고, 재량권 행사의 준칙이 되는 행정규칙이 그 정한 바에 따라 되풀이 시행되어 행정관행이 이루어지고 행정의 자기구속원리에 따라 대외적 구속력을 가지는 경우에는 헌법소원의 대상이 될 수 있다. (○)

📋 **간단 점검하기**

행정기관 내부의 사무처리준칙에 불과한 행정규칙은 공포되어야 하는 것은 아니므로 특별한 규정이 없는 한, 수명기관에 도달된 때부터 효력이 발생한다. (○)

> **관련판례**
>
> 개인택시운송사업면허 업무처리요령의 내용이 외부에 고지되어야 효력이 발생하는 것은 아님 서울특별시 95년 개인택시운송사업면허 업무처리요령은 관할 관청인 서울특별시장이 1995년도 개인택시운송사업의 면허를 위하여 재량권 행사의 기준으로 마련된 행정청 내부의 사무처리준칙에 불과하므로 대외적으로 국민을 기속하는 법규명령의 경우와는 달리 공고 등의 방법으로 외부에 고지되어야만 효력이 발생한다고 볼 수 없다(대판 1997.9.26. 97누8878).

2. 하자

행정규칙이 성립요건 등을 갖추지 못한 하자가 있는 경우 무효가 된다.

3. 소멸

(1) 행정규칙의 폐지, 해제조건의 성취와 종기의 도래, 행정규칙은 반드시 근거법규가 존재해야 성립하는 것이 아니기 때문에 소멸의 경우에도 근거법규의 소멸이 절대적 이유가 될 수는 없다.

(2) 다만, 법규범을 통한 행정청 내부의 통일적 법령의 적용을 보장하기 위한 기능을 담당하는 행정규칙의 경우 근거법규의 소멸이 하나의 사유가 될 수 있다.

5 행정규칙의 통제

1. 행정 내부적 통제

행정규칙에 대한 통제의 가장 일반적인 형태가 감독적인 통제이다. 그 방법으로는 ① 주관행정기관의 결정, ② 훈령을 통한 행정입법의 기준과 방향의 제시(상급행정청의 감독권에 의한 통제), ③ 행정규칙의 제정에 대한 경위 등에 대한 감사, ④ 행정규칙이 위법한 경우에는 폐지를 명할 수 있다. 그리고 행정규칙이 국민의 권리의무와 관련이 있는 경우에는 행정절차의 경유도 필요하리라 생각된다.

2. 국회에 의한 통제

직접적 통제로는 행정규칙의 성립이나 효력발생에 대한 승인권을 의회에 유보하거나(동의권 유보), 일단 유효하게 성립된 행정규칙을 소멸시키는 권한을 의회에 유보시키는 제도(소멸권 유보)인데, 우리나라에서는 인정하고 있지 않다. 간접적 통제로 국회가 정부에 대하여 가지는 국정감시권의 발동, 국무위원의 해임건의권, 대통령에 대한 탄핵소추권, 국무총리에 대한 질문권 등으로 통제를 가하는 방법이 있다.

3. 법원에 의한 통제

행정규칙을 위반한 행정행위에 대해서 그 위법성을 주장할 수 없어 항고소송이 불가능하나, 예외적으로 외부적 구속력이 인정되는 행정규칙에 위반한 행정행위의 경우는 소송 제기가 가능하다.

4. 헌법재판소에 의한 통제

행정규칙은 대외적 효력이 인정되지 않아 직접성이 인정되지 않기 때문에 권리구제형 헌법소원의 청구는 어렵다. 그러나 예외적으로 행정규칙에 의해 직접 헌법상의 기본권이 침해된 경우에는 헌법소원의 대상이 될 수 있다. 또한 행정규칙 형식의 법규명령은 헌법소원의 대상이 될 수 있다.

> **관련판례** 행정규칙의 헌법소원가능성 여부
>
> 1. 행정규칙에 대한 헌법소원을 부정한 사례(원칙)
>   [1] 학교장 초빙제 실시 학교 선정 기준 위헌확인
>   국민이나 법원을 구속하는 효력이 없는 행정규칙에 해당하므로 헌법소원의 대상이 되지 않는다(헌재 2001.5.31. 99헌마413).
>   [2] 학군사관후보생 선발에 필요한 세부사항을 정해 학생중앙군사학교장이 각 대학 학군단에 하달한 문서인 '학군사관후보생모집·선발계획'(헌재 2007.5.31. 2004헌마243)
>   [3] 전라남도교육위원회의 1990학년도인사관리원칙(중등)(헌재 1990.9.3. 90헌마13)
>
> 2. 행정규칙에 대한 헌법소원을 인정한 사례(예외적으로 국민에게 영향을 줄 때)
>   [1] 서울대학교가 "94학년도 대학입학고사주요요강"에 대하여 제기된 헌법소원심판청구 인정
>   국립대학인 서울대학교의 "94학년도 대학입학고사주요요강"은 사실상의 준비행위 내지 사전안내로서 행정쟁송의 대상이 될 수 있는 행정처분이나 공권력의 행사는 될 수 없지만 그 내용이 국민의 기본권에 직접 영향을 끼치는 내용이고 앞으로 법령의 뒷받침에 의하여 그대로 실시될 것이 틀림없을 것으로 예상되어 그로 인하여 직접적으로 기본권 침해를 받게 되는 사람에게는 사실상의 규범작용으로 인한 위험성이 이미 현실적으로 발생하였다고 보아야 할 것이므로 이는 헌법소원의 대상이 되는 헌법재판소법 제68조 제1항 소정의 공권력의 행사에 해당된다고 할 것이며, 이 경우 헌법소원 외에 달리 구제방법이 없다(헌재 1992.10.1. 92헌마68·76).
>   [2] 구 외교통상부의 여권의 사용제한 등에 관한 고시 헌법소원 대상 특정해외 위난지역으로 출국하고자 할 경우 여권의 사용제한 등 조치(이라크, 소말리아, 아프가니스탄 등 3개 지역에 대하여 1년간 여권의 사용을 제한하거나 방문 및 체류를 금지하는 조치)를 취한 구 외교통상부 고시는 구체적 집행행위를 기다리지 않고 일정한 경우 국민의 거주·이전의 자유를 직접 제한하는 규정을 둠으로써 법규명령 또는 행정규칙의 성격을 가지게 되었으므로, 그 효력을 직접 다투기 위한 헌법소원이 가능하다(헌재 2008.6.26. 2007헌마1366).

5. 국민에 의한 통제

국민에 의한 통제의 방식으로는 여론, 자문, 청원, 압력단체의 활동 등을 들 수 있다.

제4절 입법형식과 법률사항의 불일치

1 개설(문제제기)

해당 사안이 법규명령인지 행정규칙인지가 불명확한 경우로서, 성질상 법규명령이나 제정 형식상 행정규칙으로 되어 있는 경우와(법령보충적 행정규칙) 성질상 행정규칙이나 제정형식상 법규명령으로 되어 있는(법규명령 형식의 행정규칙) 경우의 법적 성격에 대하여 규명할 필요성이 있다.

2 법규명령 형식의 행정규칙

1. 개념

내용상 행정청의 재량권 행사를 위한 사무처리기준·절차에 불과한 사항을 법규명령의 형식으로 정립한 것을 말한다. 즉, 법규명령의 형식으로 정하였으나 행정규칙의 내용을 담고 있는 것을 말한다.

2. 법적 성질

(1) 학설
① **법규명령설(형식설)**: 형식을 강조하는 입장이다. 이에 따르면 행정규칙으로 정할 고유사항은 없으므로 법규명령에 규정했다면 법규명령으로 보아야 한다.
② **행정규칙설(실질설)**: 실질을 강조하는 입장이다. 이에 따르면 재량준칙은 법규명령 형식을 취해도 여전히 행정규칙의 성질을 갖게 된다.
③ **수권여부기준설**: 법률의 위임이 없이 제정된 것이라면 행정규칙에 불과하고, 법률의 수권에 근거하여 제정된 것이라면 법규명령이라고 보는 견해이다.

(2) 판례
① **대통령령(시행령)**: 판례는 대통령령 형식으로 규정된 행정규칙의 경우에는 내용을 불문하고 법규성을 인정하고 있다.

> **관련판례**
> 1. 구 주택건설촉진법 시행령 제10조의3 제1항 [별표 1]
>
> 당해 처분의 기준이 된 주택건설촉진법 시행령 제10조의3 제1항 [별표1]은 주택건설촉진법 제7조 제2항의 위임규정에 터잡은 규정형식상 대통령령이므로 그 성질이 부령인 시행규칙이나 또는 지방자치단체의 규칙과 같이 통상적으로 행정조직 내부에 있어서의 행정명령에 지나지 않는 것이 아니라 대외적으로 국민이나 법원을 구속하는 힘이 있는 법규명령에 해당한다(대판 1997.12.26. 97누15418).
>
> 2. 구 청소년보호법 시행령 제40조 [별표 6]의 위반행위의 종별에 따른 과징금처분기준 → 법규명령이기는 하나 그 수액은 정액이 아니라 최고한도액임
>
> 청소년보호법 제49조 제1항·제2항에 따른 같은 법 시행령 제40조 [별표 6]의 위반행위의 종별에 따른 과징금처분기준은 법규명령이기는 하나 모법의

위임규정의 내용과 취지 및 헌법상의 과잉금지의 원칙과 평등의 원칙 등에 비추어 같은 유형의 위반행위라 하더라도 그 규모나 기간·사회적 비난 정도·위반행위로 인하여 다른 법률에 의하여 처벌받은 다른 사정·행위자의 개인적 사정 및 위반행위로 얻은 불법이익의 규모 등 여러 요소를 종합적으로 고려하여 사안에 따라 적정한 과징금의 액수를 정하여야 할 것이므로 그 수액은 정액이 아니라 최고한도액이며 상한액의 2배인 16,000,000원의 과징금을 부과한 이 사건 처분은 재량권의 한계를 일탈한 것으로 위법하다(대판 2001.3.9. 99두5207).

3. **국민건강보험법 시행령 제61조 제1항 [별표 5]의 업무정지처분 및 과징금부과의 기준 → 법규명령이기는 하나 그 기간 내지 금액은 확정적인 것이 아니라 최고한도임**

   여러 요소를 종합적으로 고려하여 사안에 따라 적정한 업무정지의 기간 및 과징금의 금액을 정하여야 할 것이므로 그 기간 내지 금액은 확정적인 것이 아니라 최고한도라고 할 것이다(대판 2006.2.9. 2005두11982).

② **총리령, 부령(시행규칙)**: 판례는 부령 형식으로 규정된 행정규칙의 경우에는 법규성을 부인하고 있다. 따라서 부령의 처분기준에 의하여 영업정지처분이 발령되더라도 당연히 적법한 처분은 아니며, 상위법령이 재량행위로 규정하고 있으므로 성문법과 불문법을 적용하여 재량권 일탈·남용 여부를 판단하고 또한 부령처분기준에 위배하여 처분이 발령되더라도 당연히 위법한 것은 아니므로 재량권 일탈·남용 여부에 따라 위법성을 판단해야 한다.

> **관련판례**
>
> 1. **시행규칙 또는 지방자치단체의 규칙으로 정한 행정처분의 기준**
>
>   규정형식상 부령인 시행규칙 또는 지방자치단체의 규칙으로 정한 행정처분의 기준은 행정처분 등에 관한 사무처리기준과 처분절차 등 행정청 내의 사무처리준칙을 규정한 것에 불과 … (대판 1995.10.17. 94누14148).
>
> 2. **제재적 행정처분의 기준이 부령의 형식으로 규정되어 있는 경우, 그 기준에 따른 처분의 적법성에 관한 판단 방법**
>
>   제재적 행정처분의 기준이 부령의 형식으로 규정되어 있더라도 그것은 행정청 내부의 사무처리준칙을 정한 것에 지나지 아니하여 대외적으로 국민이나 법원을 기속하는 효력이 없고, 당해 처분의 적법 여부는 위 처분기준만이 아니라 관계 법령의 규정 내용과 취지에 따라 판단되어야 하므로, 위 처분기준에 적합하다 하여 곧바로 당해 처분이 적법한 것이라고 할 수는 없다(대판 2007.9.20. 2007두6946).
>
> 3. **공무원 징계양정등에 관한 규칙**
>
>   공무원징계양정등에 관한 규칙은 그 형식은 총리령으로 되어 있으나, 그 제2조가 규정하는 징계양정의 기준의 성질은 행정기관 내부의 사무처리준칙에 지나지 아니한 것이지 대외적으로 국민이나 법원을 기속하는 것은 아니다(대판 1992.4.14. 91누9954).

📋 **간단 점검하기**

부령 형식으로 정해진 제재적 행정처분의 기준은 법규성이 있어서 대외적으로 국민이나 법원을 기속하는 효력이 있다.
(×)

4. 도로교통법 시행규칙 제53조 제1항이 정한 [별표 16]의 운전면허 행정처분기준

도로교통법 시행규칙 제53조 제1항이 정한 [별표 16]의 운전면허 행정처분기준은 운전면허의 취소처분 등에 관한 사무처리기준과 처분절차 등 행정청 내부의 사무처리준칙을 규정한 것에 지나지 아니하여 대외적으로 국민이나 법원을 기속하는 효력이 없다(대판 1997.10.24. 96누17288).

5. 자동차운수사업법 제31조 등의 규정에 의한 사업면허의 취소등의 처분에 관한 규칙

자동차운수사업법 제31조 등의 규정에 의한 사업면허의 취소등의 처분에 관한 규칙은 행정기관 내부에서의 사무처리의 기준을 정한 행정명령으로서 국민이나 법원을 기속하는 법규명령의 성질을 가진 것으로 볼 수 없으므로, 자동차운송사업면허취소 등의 처분이 위 규칙에서 정한 기준에 적합한 것이라 하여 바로 그 처분이 적법한 것이라고는 할 수 없고 그 처분의 적법 여부는 처분이 자동차운수사업법의 규정 및 그 취지에 적법한 것인가의 여부에 따라 판단하여야 한다(대판 1996.9.6. 96누914).

6. 석유사업법 시행규칙 제9조의2 제1항 [별표 1]의 행정처분의 기준

석유판매업허가의 취소나 그 사업의 정지를 명하는 행정처분의 기준을 정한 석유사업법 시행규칙 제9조의2 제1항 [별표 1]의 규정은 위와 같은 행정처분을 행함에 있어서의 행정기관 내부의 권한행사에 관한 대강의 기준을 설정한 것으로서 법규의 성질을 가지는 것이라고 할 수 없다(대판 1990.4.10. 90누271).

7. 구 약사법에 근거한 약사의 의약품 개봉판매행위에 대한 약사법 시행규칙 제89조 [별표 6]의 행정처분의 기준

그 행정처분의 기준에 관한 구 약사법 시행규칙 제89조 [별표 6] 행정처분의 기준은 형식상 부령으로 되어 있으나 그 규정의 성질과 내용으로 보아 약사면허의 취소처분 등에 관한 행정기관 내부의 사무처리준칙을 규정한 것에 지나지 아니하여 대외적으로 법원이나 국민을 기속하는 효력은 없다(서울행법 1998.11.11. 98구18410).

8. 식품위생법 시행규칙 제53조에서 [별표 15] 행정처분의 기준

식품위생법 시행규칙 제53조에서 [별표 15]로 식품위생법 제58조에 따른 행정처분의 기준을 정하였다고 하더라도, 형식은 부령으로 되어 있으나 성질은 행정기관 내부의 사무처리준칙을 정한 것에 불과한 것으로서, 보건사회부 장관이 관계 행정기관 및 직원에 대하여 직무권한 행사의 지침을 정하여 주기 위하여 발한 행정명령의 성질을 가지는 것이지 같은 법 제58조 제1항의 규정에 보장된 재량권을 기속하는 것이라고 할 수 없고 대외적으로 국민이나 법원을 기속하는 힘이 있는 것은 아니므로 … (대판 1994.10.14. 94누4370).

9. 구 여객자동차운수사업법 시행규칙 제17조에 근거한 지방자치단체의 개인택시운송사업면허 관련 규정

구 여객자동차운수사업법 시행규칙 제17조에 근거한 지방자치단체의 개인택시운송사업면허 관련규정은 재량권 행사의 기준으로 마련된 행정청 내부의 사무처리준칙에 불과하고 그 규정에서 정하고 있는 서류 이외에 이에 준하는 객관적이고 합리적인 증거자료에 의하여 개인택시운송사업면허를 받고자 하는 사람의 운전경력을 인정할 수 있다(대판 2005.7.22. 2005두999).

3 행정규칙 형식의 법규명령(법령보충적 행정규칙)

1. 개념
형식적으로는 행정규칙이나 실질적으로는 법령의 보충적 성질을 가지는 것을 말한다.

2. 법적 성질

(1) 학설
① **법규명령설(실질설)**: 다수설과 판례의 입장으로서 행정규칙의 실질을 강조하는 견해이다. 즉, 행정규칙이 위임한 상위법령과 결합하여 법규가 된다고 본다.
② **행정규칙설(형식설)**: 헌법적 근거가 없으므로 행정규칙에 불과하여 법규성을 인정할 수 없다는 견해이다.
③ **규범구체화 행정규칙설**: 통상적인 행정규칙과는 달리, 이러한 행정규칙은 규범구체화 행정규칙으로서 대외적 구속력을 갖는다는 견해이다.
④ **위헌무효설**: 법규사항을 행정규칙에 담았다면 이는 헌법에 위반한 것이고 따라서 무효라는 견해이다.

(2) 판례
① 판례는 이를 대외적 구속력이 있는 법규명령으로 본다.
② 대법원은 국세청장의 훈령인 '재산제세사무처리규정'과 보건복지부장관의 '노인복지사업지침'은 행정규칙이 아닌 위임한 상위법령과 결합한 위임명령에 해당한다고 판시한 바 있다. 그리고 '개별토지가격합동조사지침(국무총리훈령)'에 대해서는 지가공시법을 집행하기 위한 집행명령이라고 판시한 바 있다.

(3) 특징
법령보충규칙은 법령을 보충하여 법규성이 있어 위임은 요하나, 행정규칙이므로 공포할 필요는 없다.

> **관련판례**
> 상급행정기관이 하급행정기관에 대하여 업무처리 지침이나 법령의 해석적용에 관한 기준을 정하여서 발하는 이른바 행정규칙은 일반적으로 행정조직 내부에서만 효력을 가질 뿐 대외적인 구속력을 갖는 것은 아니지만, 법령의 규정이 특정행정기관에게 그 법령내용의 구체적 사항을 정할 수 있는 권한을 부여하면서 그 권한행사의 절차나 방법을 특정하고 있지 아니한 관계로 수임행정기관이 행정규칙의 형식으로 그 법령의 내용이 될 사항을 구체적으로 정하고 있다면 그와 같은 행정규칙, 규정은 행정규칙이 갖는 일반적 효력으로서가 아니라, 행정기관에 법령의 구체적 내용을 보충할 권한을 부여한 법령규정의 효력에 의하여 그 내용을 보충하는 기능을 갖게 된다 할 것이므로 이와 같은 행정규칙, 규정은 당해 법령의 위임한계를 벗어나지 아니하는 한 그것들과 결합하여 대외적인 구속력이 있는 법규명령으로서의 효력을 갖게 된다(대판 1987.9.29. 86누484).

간단 점검하기

고시가 법령의 수권에 의하여 법령을 보충하는 사항을 정하는 경우 위임의 한계를 벗어나지 않는 한 그 근거 법령과 결합하여 대외적으로 구속력이 있는 법규명령으로서의 효력을 가진다. (○)

관련판례

1. **국무총리훈령인 개별토지가격합동조사지침 – 집행명령에 해당(통설)**

   개별토지가격합동조사지침 제6조는 개별토지가격결정 절차를 규정하고 있으면서 그중 제3호에서 산정된 지가의 공개 열람 및 토지소유자 또는 이해관계인의 의견접수를 절차의 하나로 규정하고 있는바, 위 지침은 지가공시 및 토지 등의 평가에 관한 법률 제10조의 시행을 위한 집행명령으로서 법률보충적인 구실을 하는 법규적 성질을 가지고 있는 것으로 보아야 할 것이므로 위 지침에 규정된 절차에 위배하여 이루어진 지가결정은 위법하다고 할 것이지만 … (대판 1994.2.8. 93누111).

2. **식품위생법에 따라 보건사회부장관이 발한 식품제조영업허가기준고시**

   식품제조영업허가기준이라는 고시는 공익상의 이유로 허가를 할 수 없는 영업의 종류를 지정할 권한을 부여한 구 식품위생법 제23조의3 제4호에 따라 보건사회부장관이 발한 것으로서, 실질적으로 법의 규정내용을 보충하는 기능을 지니면서 그것과 결합하여 대외적으로 구속력이 있는 법규명령의 성질을 가진 것이다(대판 1994.3.8. 92누1728).

3. **공장입지의 기준을 정한 공장입지기준고시**

   상공자원부장관이 정한 공장입지기준고시 제5조가 구 공업배치 및 공장설립에 관한 법률 제8조의 규정에 따라 공장입지의 기준을 구체적으로 정하여 '오염물질 배출공장이 인근 주민 또는 농경지에 현저한 위해를 가할 우려가 있을 때' 그 입지를 제한할 수 있다고 고시한 것은 법규명령으로서 효력을 가진다(대판 1999.7. 23. 97누6261).

4. **수입선다변화품목의 지정 등에 관한 상공부 고시**

   수입선다변화품목의 지정 및 그 수입절차 등에 관한 1991.5.13.자 상공부 고시 제91 – 21호는 그 근거가 되는 대외무역법 시행령 제35조의 규정을 보충하는 기능을 가지면서 그와 결합하여 대외적인 구속력이 있는 법규명령으로서의 효력을 가지는 것으로서 그 시행절차에 관하여 대외무역관리규정은 아무런 규정을 두고 있지 않으나, 그 자체가 법령은 아니고 행정규칙에 지나지 않으므로 적당한 방법으로 이를 일반인 또는 관계인에게 표시 또는 통보함으로써 그 효력이 발생한다(대판 1993.11.23. 93도662).

5. **석유판매업(주유소)허가기준고시**

   석유사업법 제12조 제1항·제2항, 같은 법 시행령 제9조 제1항 [별표 1]의 규정에 따라 주유소 상호간의 거리기준을 시·읍 지역은 500m 이상, 면 지역은 1,000m 이상이라고 규정하고 있는 석유판매업(주유소)허가기준고시(경상북도고시 제1992 – 362호)는 석유사업법 및 같은 법 시행령의 규정이 도지사에게 그 법령내용의 구체적인 사항을 정할 수 있는 권한을 부여하면서 그 권한행사의 절차나 방법을 정하지 아니하고 있는 관계로 도지사가 규칙의 형식으로 그 법령의 내용이 될 사항을 구체적으로 규정한 것으로서, 이는 당해 석유사업법 및 같은 법 시행령의 위임한계를 벗어나지 아니하는 한 그 법령의 규정과 결합하여 대외적인 구속력이 있는 법규명령으로서의 효력을 갖게 된다(대판 1995.3.10. 94누8556).

6. **국세청장훈령인 재산제세사무처리규정 – 위임명령에 해당(통설)**

    비록 위 재산제세사무처리규정이 국세청장의 훈령형식으로 되어 있다 하더라도 이에 의한 거래지정은 소득세법 시행령의 위임에 따라 그 규정의 내용을 보충하는 기능을 가지면서 그와 결합하여 대외적 효력을 발생하게 된다 할 것이므로 그 보충규정의 내용이 위 법령의 위임한계를 벗어났다는 등 특별한 사정이 없는 한 양도소득세의 실지거래가액에 의한 과세의 법령상의 근거가 된다(대판 1987. 9.29. 86누484).

7. **노인복지법에 따라 노령수당의 지급대상자의 선정기준 및 지급수준 등을 정한 노인복지사업 지침**

    보건사회부장관이 정한 1994년도 노인복지사업지침은 노령수당의 지급대상자의 선정기준 및 지급수준 등에 관한 권한을 부여한 노인복지법 제13조 제2항, 같은 법 시행령 제17조, 제20조 제1항에 따라 보건사회부장관이 발한 것으로서 실질적으로 법령의 규정내용을 보충하는 기능을 지니면서 그것과 결합하여 대외적으로 구속력이 있는 법규명령의 성질을 가지는 것으로 보인다(대판 1996.4.12. 95누7727).

8. **보건복지부고시인 의료보험진료수가기준**

    보건복지부장관이 고시의 형식으로 정한 '의료보험진료수가기준' 중 (부록 1) '수탁검사실시기관인정등기준'은 요양급여 및 분만급여의 방법·절차·범위·상한기준 및 그 비용 등 법령의 내용이 되는 구체적인 사항을 보건복지부장관으로 하여금 정하도록 한 의료보험법의 위임에 따라 이를 정한 규정으로서 법령의 위임한계를 벗어나지 아니하는 한 법령의 내용을 보충하는 기능을 하면서 그와 결합하여 대외적으로 구속력이 있는 법규명령으로서의 효력을 가진다고 볼 것이므로, 요양기관의 진료비청구가 위 규정에 적합하지 아니하여 진료비심사 지급기관이 그 지급을 거절하였다면 특별한 사정이 없는 한 그 처분은 적법하다고 보아야 한다(대판 1999.6.22. 98두17807).

9. **구 농림수산식품부 고시 제2008 – 15호 '미국산 쇠고기 수입위생조건'**(헌재 2008. 12.26. 2008헌마436)

10. **지방공무원보수업무 등 처리지침**

    구 지방공무원보수업무 등 처리지침(2014.8.8. 안전행정부 예규 제104호로 개정되기 전의 것, 이하 '지침'이라 한다) [별표 11] '직종별 경력환산율표 해설'이 정한 민간근무경력의 호봉 산정에 관한 부분은 지방공무원법 제45조 제1항과 구 지방공무원 보수규정(2014.11.19. 대통령령 제25751호로 개정되기 전의 것) 제8조 제2항, 제9조의2 제2항, [별표 3]의 단계적 위임에 따라 행정자치부장관이 행정규칙의 형식으로 법령의 내용이 될 사항을 구체적으로 정한 것이고, 달리 지침이 위 법령의 내용 및 취지에 저촉된다거나 위임한계를 벗어났다고 보기 어려우므로, 지침은 상위법령과 결합하여 대외적인 구속력이 있는 법규명령으로서의 효력을 갖게 된다(대판 2016.1.28. 2015두53121).

> **참고** 행정규칙형식의 법규명령

1. 국무총리훈령인 '개별토지가격합동조사지침'
2. 생수판매제한을 규정한 '식품제조영업허가기준에 관한 고시'
3. 보건복지부장관이 제정·고시한 식품접객업소 영업행위제한기준
4. 국세청장훈령인 '주류도매면허제도개선업무처리지침'
5. 산업자원부(현 산업통상자원부) 고시 공장입지기준 제5조 제2호의 위임에 따라 공장입지의 보다 세부적인 기준을 정한 김포시고시 공장입지제한처리기준 제5조 제1항
6. 건설부장관(현 국토교통부장관)훈령인 '건축사사무소의 등록취소 및 폐쇄 처분에 관한 규정'
7. 국세청장훈령인 '재산제세사무처리규정'
8. 보건복지 가족부장관 훈령인 '노령복지사업지침' 사건(노령수당지급대상자의 선정기준 및 지급수준 등을 정함)
9. 보건복지가족부장관이 고시형식으로 정한 의료보험 진료수가기준
10. 보건복지부장관이 제정·고시한 건강보험 요양급여 행위 및 그 상대가치점수
11. 수입선다변화품목의 지정 등에 관한 상공부 고시
12. 석유사업법 제12조 제1항·제2항, 같은 법 시행령 제9조 제1항 [별표 1]의 규정에 따라 주유소 상호간의 거리기준을 시·읍 지역은 500m 이상, 면 지역은 1,000m 이상이라고 규정하고 있는 석유판매업(주유소) 허가기준 고시(경상북도고시 제1992-362호)
13. 전라남도의 주유소등록요건 고시
14. 대우공무원 및 필수실무요원의 선발·지정 등 운영지침
15. 물가안정에 관한 법률상 주무장관의 긴요물품 등의 최고가고시
16. 지자체장이 제정한 액화석유가스판매사업 허가기준
17. 신문업에서 불공정거래행위 및 시장지배적지위 남용 행위의 유형 및 기준(신문고시)
18. 청소년유해매체물의 표시방법에 관한 정보통신부고시
19. 산지전용허가 기준의 세부검토기준에 관한 규정
20. 관세율표상 품목분류의 기준을 정한 관세청고시
21. 게임제공업소의 경품취급기준고시
22. 공정거래위원회가 정한 표시·광고에 관한 공정거래지침
23. 공정거래위원회가 정한 시장 지배적 지위남용행위의 유형 및 기준
24. 농림부가 고시한 미국산 쇠고기 수입의 위생조건
25. 외교통상부장관이 정한 여권의 사용제한 등에 관한 고시
26. 문화관광부장관이 공고한 외국인전용 신규카지노업 허가계획

간단 점검하기

법령의 규정이 특정 행정기관에게 법령 내용의 구체적 사항을 정하도록 권한을 부여하여 특정 행정기관이 행정규칙을 정하였으나 그 행정규칙이 상위 법령의 위임범위를 벗어났다면, 그러한 행정규칙은 대외적 구속을 가지는 법규명령으로서의 효력이 인정되지 않는다. (O)

관련판례

1. 고시의 규정 내용이 근거 법령의 위임 범위를 벗어난 경우에는 법규성 부정

행정 각부의 장이 정하는 고시가 비록 법령에 근거를 둔 것이라고 하더라도 그 규정 내용이 법령의 위임 범위를 벗어난 것일 경우에는 법규명령으로서의 대외적 구속력을 인정할 여지는 없다(대결 2006.4.28. 2003마715).

2. 노령수당의 지급대상자를 '70세 이상'으로 규정한 제1항의 지침이 노인복지법 제13조, 같은 법 시행령 제17조의 위임한계를 벗어나 효력이 없다(대판 1996.4.12. 95누7727).

제 2 장 　행정행위

제1절　행정행위의 관념과 종류

1 행정행위의 개념

행정행위는 행정의 행위형식의 하나로서 실정법상의 개념이 아니라 학문상의 개념이다. 실정법상으로는 처분이라는 용어가 많이 사용된다. 강학상 행정행위는 실정법상으로는 허가·인가·특허·면허·재결 등으로 불린다. 이를 행정심판법과 행정소송법에서는 총괄적인 개념으로 '처분'이라는 용어를 사용하고 있다.

1. 학문상 용어로서의 행정행위(실체법상 처분개념)

(1) 개념성립의 기초

　　행정행위의 개념은 공법과 사법을 구별하고 독립된 행정재판소를 가지고 있는 대륙법계 국가에서 형성되었다. 이들 국가에서는 모든 행정작용 중에서 행정행위만이 행정재판의 대상이 되게 함으로써 행정행위 개념이 성립하게 된 계기가 되었다. 반면, 공·사법의 구별을 부인하고 행정사건도 일반법원에서 담당하는 영미법계 국가에서는 행정행위라는 개념이 불필요하였다. 다만, 오늘날 행정기능의 확대·강화에 따라 영미법계에서도 행정행위라는 용어가 사용되고 있으나 그 개념은 대륙법계 국가와 차이를 보인다.

(2) 개념의 범위

　　행정행위는 ① 행정청이 법아래서(법률유보), ② 구체적 사실에 관한, ③ 법집행(입법행위 제외)으로 행하는, ④ 권력적(비권력행위 제외) 단독행위(공법상 계약 제외)로서 공법행위(사실행위 제외)를 의미한다. 따라서 행정행위는 외부에 대해 직접적인 법적 효과를 발생시킨다.

2. 실정법상 용어로서의 처분(절차법·쟁송법상 처분개념)

행정절차법 제2조 제2호, 행정심판법 제2조 제1항 제1호, 행정쟁송법 제2조 제1항 제1호의 처분 개념은 모두 흡사하다. 이들 규정에 의하면 "처분이라 함은 ① 행정청이 행하는, ② 구체적 사실에 관한, ③ 법집행으로서, ④ 공권력의 행사 또는 그 거부와 그 밖에 이에 준하는 행정작용"으로서 학문상 용어로서의 행정행위보다 더 넓은 의미로 사용되고 있다.

> 행정소송법 제2조【정의】① 이 법에서 사용하는 용어의 정의는 다음과 같다.
> 1. "처분 등"이라 함은 행정청이 행하는 구체적 사실에 관한 법집행으로서의 공권력의 행사 또는 그 거부와 그 밖에 이에 준하는 행정작용(이하 "처분"이라 한다) 및 행정심판에 대한 재결을 말한다.

3. 양자의 처분개념 비교

구분		행정소송법상 처분	학문상 행정행위	비고
개념적 징표 (요건)		① 행정청	① 행정청	① 비행정청(보조기관, 사인)의 행위 제외, 국회나 법원의 행위도 원칙적으로 제외 (단, 예외적으로 실질적 의미의 행정으로서 행정행위에 해당하는 경우는 행정청으로 인정)
		② 구체적 사실에 관한 법집행	② 구체적 사실에 관한 법집행	② 법률이나 명령 제외
		③ 공권력의 행사 또는 거부	③ 권력적 단독행위(공권력의 행사)	③ 비권력적 행위(공법상 계약, 합동행위) 제외
		④ 명시적 표현은 없지만 당연히 전제됨	④ 공법행위[외부에 대하여 직접적인 법적 효과(권리의무의 발생·변경·소멸)를 발생하는 행위]	④ 내부적 행위, 사법상의 행위, 사실행위 제외
		⑤ 그 밖에 이에 준하는 행정작용	⑤ 행정행위의 개념에는 없는 내용	⑤ 처분개념이 행정행위보다 넓은 징표로서 권력적 사실행위(행정행위에 불포함), 구속적 행정계획, 처분적 법규명령, 일반처분(행정행위에 포함) 등이 포함되고 있음

구분	대인적 일반처분	대물적 일반처분 (물적 행정행위)
의의	구체적 사안에서 불특정한 인적 집단을 대상으로 한 행정행위	직접적으로 물건의 법적 상태를 규율함과 동시에 간접적으로 개인의 권리·의무를 설정하는 행정행위
예	시위참가자 해산명령, 단체 주도의 반정부시위금지처분, 불특정 주민을 대상으로 한 야간 공원출입 금지, 입산금지	주·정차금지 교통표지판, 도로의 공용 지정행위, 공시지가 결정, 도시관리계획에 의한 용도 지구·지역의 지정행위, 골동품의 문화재 지정행위

> **간단 점검하기**
> 행정소송법상 처분의 개념과 강학상 행정행위의 개념이 다르다고 보는 견해는 처분의 개념을 강학상 행정행위의 개념보다 넓게 본다. (○)

관련판례

1. **구 청소년보호법에 따른 청소년보호위원회의 청소년유해매체물의 결정·고시**

    구 청소년보호법에 따른 청소년유해매체물 결정 및 고시처분은 당해 유해매체물의 소유자 등 특정인만을 대상으로 한 행정처분이 아니라 일반 불특정 다수인을 상대방으로 하여 일률적으로 표시의무, 포장의무, 청소년에 대한 판매·대여 등의 금지의무 등 각종 의무를 발생시키는 행정처분으로서 정보통신윤리위원회가 특정 인터넷 웹사이트를 청소년유해매체물로 결정하고 청소년보호위원회가 효력발생시기를 명시하여 고시함으로써 그 명시된 시점에 효력이 발생하였다고 봄이 상당하고, 정보통신윤리위원회와 청소년보호위원회가 위 처분이 있었음을 위 웹사이트 운영자에게 제대로 통지하지 아니하였다고 하여 그 효력 자체가 발생하지 아니한 것으로 볼 수는 없다(대판 2007.6.14. 2004두619).

2. **횡단보도 설치행위의 처분성 긍정**

    판례는 지방경찰청장이 횡단보도를 설치하여 보행자의 통행방법 등을 규제하는 것은 행정청이 특정사항에 대하여 의무의 부담을 명하는 행위이고, 이는 국민의 권리의무에 직접 관계가 있는 행위로서 행정처분으로 인정한 바 있다(대판 2000.10.27. 98두8964).

4. 형식적 행정행위

(1) 의의

항고소송의 대상 및 원고적격의 확대를 인정하는 경향이 학설·판례상 일반화되고 있다. 그런데, 이러한 경향 중에서 입법론 및 해석론으로서 문제되고 있는 것 중의 하나가 형식적 행정행위 또는 형식적 행정처분이다. 본질에 있어서 행정의 비권력적 작용으로 파악되어야 할 행정결정 또는 행정활동을 형식적·기술적으로 행정청의 공권력의 행사인 행위로 보아 항고소송의 대상으로 삼은 것이 형식적 행정행위인 것이다. 결국 형식적 행정행위란 실체법상 행정행위 이외에 취소소송의 대상이 되는 행위를 말한다.

(2) 구체적인 예

행정지도·사회보장 부문에서의 급부결정·보조금의 지급결정·공공시설의 설치행위 등에 대한 처분성의 인정문제와 관련하여 형식적 행정행위의 개념이 논의되고 있다.

(3) 판례

판례는 형식적 행정행위를 인정하지 않는다.

5. 행정행위의 개념징표(항고소송의 대상)

(1) 행정청의 행위

행정행위는 행정청의 행위이다. 여기서 행정청이라 함은 국가나 지방자치단체의 행정기관, 공사 기타 공법인 및 국가로부터 공권력을 부여 받은 사인을 말한다.

> **관련판례** 행정청의 행위의 의미
>
> 행정청에는 처분 등을 할 수 있는 권한이 있는 국가 또는 지방자치단체와 같은 행정기관뿐만 아니라 법령에 의하여 행정권한의 위임 또는 위탁을 받은 행정기관과 공공단체 및 그 기관 또는 사인이 포함되는바, 특별한 법률에 근거를 두고 행정주체로서의 국가 또는 지방자치단체로부터 독립하여 특수한 존립목적을 부여받은 특수한 행정주체로서 국가의 특별한 감독하에 그 존립목적인 특정한 공공사무를 행하는 공법상의 특수행정조직 등이 이에 해당한다(대판 1992.11.27. 92누3618).

(2) 구체적 사실에 관한 법집행

행정행위는 구체적 사실을 규율하는 행위이므로 일반·추상적인 행정입법이나 조례·규칙 등은 특정범위의 사람을 대상으로 하더라도 행정행위가 될 수 없다. 그러나 불특정 다수인을 대상으로 하더라도 구체적 사실을 규율하는 일반처분이나 개별적·추상적 규율은 행정행위에 속한다.

(3) 국민의 권리, 의무에 미치는 영향의 직접성(외부에 대하여 직접 법적 효과)

이는 행정소송법상의 요건이 아닌, 판례가 추가적으로 제시한 요건이다. 행정행위는 국민에 대하여 직접적인 법적 효과를 가져오는 것이므로 행정기관 상호간의 내부적 행위는 행정행위가 아니다. 다만, 특별권력관계에 있어서 그 구성원에 대한 처분의 경우 원칙적으로 행정행위성을 인정하는 것이 판례와 다수의 입장이다.

(4) 권력적 단독행위

공권력의 행사로서 국민의 권리·의무에 대한 것을 일방적으로 확정하는 행정행위를 말한다. 신청 등에 의한 행위라 하더라도 당해 법률관계의 내용이 일방적으로 결정되는 경우에는 행정행위로 볼 수 있다. 따라서 사법행위(예 잡종재산의 매각)나 공법상 계약 및 합동행위는 이에 포함되지 않는다.

2 행정행위의 특징

1. 행정의사의 법률적합성

행정행위는 권력적 단독행위로서 대등당사자 간의 자유로운 의사의 합치를 요소로 하는 사법상의 법률행위와 구별되는 공권력의 행사이므로 법에 근거하여 행하여져야 하고 그 내용에 있어서도 법률에 적합하여야 하는 것을 말한다.

2. 행정의사의 우월적 지위(공정력)

행정행위는 성립상의 하자가 있더라도 그것이 중대·명백하여 무효로 인정되지 않는 한 권한 있는 기관이 취소하기 전까지는 그 상대방은 물론이고 다른 국가기관이나 제3자를 구속하는 힘을 가진다.

3 행정행위의 종류

1. **법률행위적 행정행위와 준법률행위적 행정행위 → 법률효과의 발생원인에 따른 구별**

(1) **법률행위적 행정행위**

법적 효과 발생의 요건으로서 행정청의 의사표시를 요소로 하는 행정행위이다.

(2) **준법률행위적 행정행위**

행정청의 효과의사 외의 정신작용을 구성요소로 한다(행정청의 효과의사 불문).

2. **수익적 행위·침익적 행위·복효적 행위 → 법적 효과의 성질에 따른 구별**

(1) **의의**

① **수익적 행정행위**: 국민에게 권리나 이익을 부여하거나(예 허가, 특허 등) 권리의 제한을 없애는 행정행위(예 부담적 행정행위의 철회 등)를 말한다.
② **침익적 행정행위**: 명령이나 박권행위 등과 같이 국민에게 의무를 부과하거나 권리나 이익을 거부하거나 침해하는 등 상대방에게 불리한 효과를 발생시키는 행위를 말한다.
③ **복효적 행정행위**: 복효적 행정행위는 ㉠ 협의로는 수익과 침익의 효과가 서로 다른 사람에게 귀속하는 제3자효 행정행위를 의미하고, ㉡ 광의로는 수익과 침익의 효과가 동시에 발생하는 행정행위로 이러한 두 가지 효과가 동일인에게 귀속되는 혼합효 행정행위를 포함한다.

(2) **구분의 실익**

구분	수익적 행위	침익적 행위
법률유보	엄격히 적용되지 않음	엄격하게 적용됨
법규에의 구속정도	상대적으로 재량행위성이 강함	기속행위성이 강함
신청	신청을 전제로 하는 경우가 많음	신청과 무관함
부관	부과가 가능함	원칙적으로 부과 불가
취소·철회	신뢰보호의 원칙상 자유롭지 않음	비교적 용이함
절차적 보호	수익적 행정행위는 절차적 보호의 필요성이 요청되지 않음	사전에 일정한 절차를 거칠 것이 요청됨
의무이행의 확보	불이행에 대한 문제가 발생하지 않음	불이행에 대한 강제나 행정벌 부과
권리구제	수익적 행정행위는 거부나 부작위가 문제되므로 거부처분취소소송이나 부작위위법확인소송이 필요함	침익적 행정행위는 국민에게 침해적인 행위의 취소가 문제되므로 취소 소송이 필요함

3. 상대방의 협력 유무에 따른 분류

(1) 쌍방적 행정행위

① 쌍방적 행정행위는 상대방의 협력을 요건으로 하는 행정행위로서 상대방의 신청을 요건으로 하는 허가·인가·특허와 상대방의 동의를 요하는 공무원 임명 등을 들 수 있다.

② 공법상 계약은 쌍방적 행위로서 양 당사자의 대등한 의사표시의 합치에 의해 성립·발효하는 것이고 쌍방적 행정행위는 협력이 필요하더라도 행정행위를 통한 효과는 행정청 단독으로 이루어진다는 점에서 양자는 차이가 있다.

(2) 단독적 행정행위

단독적 행정행위란 상대방의 협력을 요건으로 하지 않고 행정청 스스로의 직권에 의하여 발하는 행위를 말한다.

4. 대상에 따른 분류

대인적 행정행위	사람의 주관적 요소에 기초를 둔 행정행위로서 일신전속적이므로 행정행위의 효과가 이전·승계되지 않는다(예 의사·약사면허, 공무원 임명, 귀화허가, 인간문화재지정 등).
대물적 행정행위	물건의 객관적 사정에 기초를 둔 행정행위로서 직접 규율의 대상은 물건이지만 사람은 그에 의하여 간접적으로 규율 받게 된다. 따라서 행정행위의 효과가 이전·승계된다(예 건축허가, 건물준공허가, 석유판매업허가 등).
혼합적 행정행위	사람의 주관적 요소와 물건의 객관적 사정을 모두 고려하는 행정행위를 말한다(예 총포·도검·화약류제조회사허가, 약국영업허가, 석유정제업허가 등).

5. 요식행위와 불요식행위

(1) 요식행위

요식행위란 개별 법령이 일정한 사항을 기재한 문서에 서명·날인할 것을 요구하는 경우를 말한다. 이는 당사자의 신중을 요구하거나(예 혼인·이혼·입양 등, 법률관계를 명확하게 할 필요가 있거나 법인의 설립행위, 유언·증여 등), 또는 거래의 안전을 도모할 필요가 있는 경우(예 어음·수표의 발행 등)에는 일정한 방식을 갖춘 요식행위로 할 것을 법률이 규정하고 있다.

(2) 불요식행위

불요식행위란 일반적인 교과서상 행정행위의 특별한 형식을 요구하지 아니하는 경우를 말한다. 이는 행정절차법은 행정행위는 특별한 규정이 없는 한 원칙적으로 문서에 의한다는 것과 처분문서의 행정실명제에 대한 규정으로 혼돈이 있다.

6. 적극적 행위와 소극적 행위

(1) 적극적 행정행위

적극적 행정행위란 하명·허가·특허·인가와 이들에 대한 취소처분 등과 같이 현재의 법률관계에 변동을 초래하는 행위를 말한다.

(2) 소극적 행정행위

소극적 행정행위란 허가·특허 등의 신청에 대한 거부처분 또는 법정기간 내에 아무런 처분을 하지 아니하는 부작위와 같이 현재의 법률관계에 변동을 가져오지 아니하게 하는 내용의 행위를 말한다.

7. 다단계행정결정 → 부분승인·예비결정·가행정행위

행정청의 결정이 여러 단계를 통해 연계적으로 이루어지는 것을 다단계행정결정이라 말한다. 이는 복잡하고 장시간이 소요되는 결정과정에 사업자의 투자위험의 감소, 예견가능성이나 유연성을 확보하기 위하여 발전된 제도이다(예 대규모 시설사업에 대한 허가절차로서 원자력발전소, 공항건설, 고속전철사업 등).

(1) 부분승인(부분허가) - 일부에 대한 허가
  ① 의의
    ㉠ 개념: 부분승인이란 다단계행정행위에서 사인이 원하는 바의 일부에 대해서만 우선적으로 승인하는 행위를 말한다. 이는 부분에 대한 사전공사의 허용 여부에 대한 승인을 받을 수 있게 함으로써 그의 경제적·시간적 부담을 덜어 주고 유효·적절한 건설공사를 행할 수 있도록 배려하려는 데 그 취지가 있다.
    ㉡ 실정법상 사례: 원자력법 제11조 제4항의 부지사전승인결정, 주택건설사업이 완료되기 전 완공된 부분에 대한 준공검사 및 사용승인 등이 이에 해당한다.
  ② 성질
    ㉠ 행정행위성(종국적 행정행위): 부분승인은 종국적인 행정행위이다. 부분승인은 승인을 요하는 전체부분 중에서 나눌 수 있는 부분과 관련한다. 부분승인 역시 행정쟁송법상의 처분개념에 해당한다. 따라서 부분승인의 발령 또는 불발령으로 인한 법률상 이익의 침해에 대해서 행정쟁송의 제기가 가능하다.
    ㉡ 판례 - 부지사전승인처분에 대한 인근주민의 소송: 판례는 ⓐ 부지사전승인은 확정적 결정이기 때문에 행정처분에 해당한다고 보았다. ⓑ 그러나 부지사전승인은 사전·부분허가의 성질을 띠기 때문에 소송 계속 중 최종건설허가처분이 발령되면 이에 흡수되어 독립된 존재가치를 상실하므로 부지승인을 다툴 소의 이익이 없다고 판시하였다. ⓒ 때문에 이러한 경우에 건설허가취소소송에서 선행단계의 처분인 부지사전승인처분의 위법성을 아울러 주장할 수 있다고 판시하였다(대판 1998.9.4. 97누19588).

(2) 예비결정(사전결정) - 전제요건에 대한 허가
  ① 의의
    ㉠ 개념: 사전결정(예비결정)이란 복잡한 행정결정사안을 단계별로 구분하여 행정청이 최종적 행정결정의 구성요건 중의 일부요건에 관하여 행하는 확정적 결정을 말한다. 따라서 후속적인 최종결정의 토대로서 작용한다. 따라서 예비결정이 거부되는 경우에는 계속하여 최종결정을 받기 위한 노력이나 자본투자 등의 비용을 절약할 수 있는 측면이 있다.

    ⓒ **부분승인과의 차이**: 예비결정은 사후의 종국적인 결정의 유보하에 이루어지는 행위이다. 따라서 예비결정은 신청자인 사인에게 어떠한 종국적인 행위를 허용하는 것은 아니다. 이러한 부분에 있어서 종국적 처분인 부분허가와 차이점을 보인다. 또한 사전결정은 원칙적으로 신청인에게 어떤 행위를 허용하는 것은 아니다. 따라서 특별한 규정이 없는 한 신청인은 사전결정을 받은 것만으로는 어떠한 행위를 할 수 없다(부분허가와의 차이).
  ② **실정법상 사례(종류)**: 건축법상 건축에 관한 입지 및 규모의 사전결정과 폐기물관리법상의 부적정통보(판례), 주택건설사업계획의 사전승인 등을 들 수 있다.
  ③ **성질**
    ⓐ **행정행위성**: 예비결정은 중간단계에서 행해지는 결정이고 그 결정에서 정해진 부분에만 제한적인 효력을 갖는다. 하지만 예비결정은 그 자체가 하나의 행정행위이기 때문에 행정행위성이 인정된다. 판례도 주택건설촉진법 제32조의4 제1항의 사업계획의 사전결정, 구 건축법상 제7조의 사전결정, 폐기물관리법상의 부적정통보 등의 처분성을 인정했다.
    ⓒ **판례**
      ⓐ 폐기물관리법 관계 법령의 규정에 의하면 폐기물처리업의 허가를 받기 위하여는 먼저 사업계획서를 제출하여 허가권자로부터 사업계획에 대한 적정통보를 받아야 하고, 그 적정통보를 받은 자만이 일정기간 내에 시설, 장비, 기술능력, 자본금을 갖추어 허가신청을 할 수 있으므로, 결국 부적정통보는 허가신청 자체를 제한하는 등 개인의 권리 내지 법률상의 이익을 개별적이고 구체적으로 규제하고 있어 행정처분에 해당한다(대판 1998.4.28. 97누21086).
      ⓑ 폐기물관리법령에 의한 폐기물처리업 사업계획에 대한 적정통보와 국토이용관리법령에 의한 국토이용계획변경은 각기 그 제도적 취지와 결정단계에서 고려해야 할 사항들이 다르다는 이유로, 폐기물처리업 사업계획에 대하여 적정통보를 한 것만으로 그 사업부지 토지에 대한 국토이용계획변경신청을 승인하여 주겠다는 취지의 공적인 견해표명을 한 것으로 볼 수 없다(대판 2005.4.28. 2004두8828).

(3) **가행정행위**
  ① **의의**
    ⓐ 가행정행위란 사실관계 또는 법률관계의 계속적인 심사를 유보한 상태에서 당해 행정법관계의 권리와 의무를 잠정적으로만 확정하는 내용의 행정행위를 말한다(예 소득액이 확정되지 아니한 때에 상대방의 신고액에 따라 잠정적으로 세액을 결정하는 것, 물품의 수입에 있어 일단 잠정세액을 적용하였다가 후일에 세율을 확정짓는 것, 징계 의결이 요구 중인 공무원을 잠정적으로 직위해제하는 것).

ⓒ 가행정행위는 사실관계가 확정적으로 명료해지기 전이지만 행정행위의 발령이 필요한 경우에 사실관계 및 법률관계에 관한 개략적인 심사를 기초로 행해지며, 일찍부터 조세법 영역에서 행해져 왔으나, 최근에는 보조금지급과 같은 급부행정영역에서도 활용되고 있다. 가행정행위는 재량행위뿐만 아니라 기속행위에 대해서도 인정된다.

② **특징**
　　㉠ 효과의 잠정성(불가변력이 발생하지 않음)
　　㉡ 종국적 결정에 의한 대체성(신뢰보호 주장 못함)
　　㉢ 사실관계의 미확정성

③ **가행정행위의 성립요건과 허용성**
　　㉠ **가행정행위의 성립요건**: 가행정행위도 행정행위에 유사한 성질을 가진다고 보는 한은 다음과 같은 요건을 충족해야 한다. ⓐ 가행정행위는 정당한 권한을 가진 행정청의 행위로서, 본행정행위를 할 수 있는 권한의 범위 내에서 행하여져야 하며, ⓑ 가행정행위는 적법하고 실현 가능한 내용이어야 하고, ⓒ 본행정행위에 관하여 일정한 절차와 형식을 요구하는 경우에는 가행정행위에도 이러한 절차와 형식이 준용되어야 한다.
　　㉡ **가행정행위의 허용성**: 가행정행위는 명문의 규정을 둔 경우에 허용한다는 것은 문제가 되지 않는다. 이의 허용성에 대하여 견해가 대립되고 있다. ⓐ 부정설은 이러한 행위를 포괄적으로 인정하는 경우 행정권의 남용소지가 있다고 한다. 이에 반하여 ⓑ 긍정설은 본처분의 권한에 이러한 행위는 포함되어 있다고 본다. 생각건대, 가행정행위는 잠정적인 효력을 긍정하는 것이며, 또한 이러한 행위도 본처분권의 범위 안에서만 허용된다는 긍정설이 타당하다고 본다.

④ **성질(행정행위성)**: 가행정행위가 비록 잠정적 효력을 가질지라도 그 자체가 행정행위의 성격을 갖기 때문에 행정행위에 해당한다. 따라서, 가행정행위도 잠정적이지만 처분성이 있기에 쟁송이 가능하다. 그러므로 가행정행위가 위법한 경우에는 취소나 무효등확인소송을 제기할 수 있다.

> **관련판례**
> 직위해제는 일반적으로 근로자가 직무수행능력이 부족하거나 근무성적 또는 근무태도 등이 불량한 경우, 근로자에 대한 징계절차가 진행중인 경우, 근로자가 형사사건으로 기소된 경우 등에 있어서 당해 근로자가 장래에 있어서 계속 직무를 담당하게 될 경우 예상되는 업무상의 장애 등을 예방하기 위하여 일시적으로 당해 근로자에게 직위를 부여하지 아니함으로써 직무에 종사하지 못하도록 하는 잠정적인 조치로서의 보직의 해제를 의미하므로 과거의 근로자의 비위행위에 대하여 기업질서 유지를 목적으로 행하여지는 징벌적 제재로서의 징계와는 그 성질이 다르다(대판 1996.10.29. 95누15926).

⑤ **효과**: 가행정행위는 종국적 결정이 있을 때까지만 법률관계가 잠정적으로만 존재하므로, 종국적 결정이 있게 되면 소멸한다.

제2절 기속행위와 재량행위

1 기속행위와 재량행위

1. 의의

(1) 개념
① **기속행위**: 기속행위란 행정작용의 근거가 되는 행정법규가 요건에 따라 행위의 내용이 일의적, 확정적으로 규정되어 있어 단순히 기계적으로 법규를 집행하는 데 그치는 행정청의 행정행위를 말한다.
② **재량행위**: 재량행위란 법규의 해석상 행정청에게 행위 여부나 행위내용에 대한 선택 가능성을 부여하고 있어서 여러 행위 중 하나를 선택할 수 있는 자유가 인정되는 행정행위로서 ㉠ 관계 법규상 행정청이 당해 행위를 할 것인지 여부를 결정하는 결정재량과 ㉡ 다수의 수단 중 특정 행위를 선택하는 선택재량으로 나누어진다. 물론 이 때의 재량은 의무에 합당한 재량만을 의미한다(판례).

(2) 구별필요성(기속행위와 재량행위)
① **재판통제의 범위**: 기속행위의 경우에는 행정청이 법에 엄격하게 기속되므로 그 위법성에 대하여 전면적으로 사법심사가 인정되나, 재량행위의 경우 재량의 일탈·남용 여부에 대해서만 법원이 심사를 하게 된다(행정소송법 제27조).

> **관련판례**
>
> 1. 기속행위와 재량행위의 사법심사 방식
>
>   행정행위를 기속행위와 재량행위로 구분하는 경우 양자에 대한 사법심사는, 전자의 경우 그 법규에 대한 원칙적인 기속성으로 인하여 법원이 사실인정과 관련 법규의 해석·적용을 통하여 일정한 <u>결론을 도출한 후</u> 그 결론에 비추어 행정청이 한 판단의 적법 여부를 독자의 입장에서 판정하는 방식에 의하게 되나, 후자의 경우 행정청의 재량에 기한 공익판단의 여지를 감안하여 법원은 독자의 <u>결론을 도출함이 없이</u> 당해 행위에 재량권의 일탈·남용이 있는지 여부만을 심사하게 되고 이러한 재량권의 일탈·남용 여부에 대한 심사는 사실오인, 비례·평등의 원칙 위배 등을 그 판단 대상으로 한다(대판 2007.5.31. 2005두1329).
>
> 2. 재량권의 남용이나 재량권의 일탈의 경우에는 그 재량권이 기속재량이거나 자유재량이거나를 막론하고 사법심사의 대상이 된다(대판 1984.1.31. 83누451).

② **부관의 가능성**
㉠ **원칙**: 부관은 재량행위에만 부관을 붙일 수 있고, 기속행위에는 부관을 붙일 수 없다. 만약, 기속행위에 부관을 붙인다면 그 부관은 원칙적으로 무효이다.

📋 **간단 점검하기**

재량행위에 대한 사법심사가 이루어지는 경우, 법원은 독자의 결론을 도출하고, 그 결론에 비추어 행정청이 한 판단의 적법 여부를 독자의 입장에서 판정하는 방식에 의해야 한다. (×)

행정기본법 제17조 참조

ⓒ **예외**: 요건 충족적 부관이나 법률에 규정된 경우는 기속행위에도 부관을 붙일 수 있다. 그리고 재량행위일지라도 신분 설정행위(예 귀화)에는 그 성격상 부관을 붙일 수 없다.

(3) 구별기준(재량행위와 기속행위)

① 학설

㉠ 요건재량설

ⓐ **기본전제**: 요건재량설에서, 행정청의 재량이란 어떤 구체적 사실이 법규상의 요건에 해당하는가의 여부(구체적 사실의 법률요건에의 포섭)에 대한 판단에만 인정되며, 법효과의 선택에 관하여는 재량이 인정되지 않는다고 본다.

ⓑ **판단기준**: 행정행위의 요건에 관하여 법령에서 어떻게 규정하고 있는가에 따라 기속행위와 재량행위를 구별한다.

ⓒ **비판**: 행정행위의 종국목적과 중간목적의 구분 자체가 불분명하고 법령상의 요건에 규정된 불확정개념에 대한 판단은 재량문제가 아님에도 재량문제로 오인하고 있으며(효과재량설 내지 판단여지설로부터의 비판), 이로 인해 행정청의 재량범위를 확대하는 결과를 가져오며 효과면에서의 재량을 전적으로 부인하는 것은 실정법과 부합되지 않는다는 비판이 있다.

㉡ 효과재량설

ⓐ **기본전제**: 효과재량설에서, 행정청의 재량이란 법효과의 선택에 관하여서만 인정되며(결정재량과 선택재량), 법령상의 요건에 관한 판단에는 재량이 인정되지 않는다고 본다.

ⓑ **판단기준**: 행정행위의 국민에 대한 법적 효과에 따라 기속행위와 재량행위를 구별한다.

ⓒ **비판**: 이에 대하여는 요건 면에서의 재량을 전적으로 부인하고 있으며 실정법과 부합되지 않는다는 비판이 있다(허가 등 수익적 행정행위에도 기속행위가 있으며, 징계처분 등 침익적 행정행위에도 재량행위가 있다).

② 판례

㉠ 구별기준

ⓐ 판례는 "어느 행정행위가 기속행위인지 재량행위인지는 일률적으로 규정할 수 없는 것이고 당해 처분의 근거가 된 규정의 형식이나 체제 또는 문언에 따라 개별적으로 판단하여야 한다."고 판시하였다. 이는 법문언기준설의 입장으로서, 법률이 '하여야 한다', '해서는 아니 된다'와 같이 단언적으로 규정하고 있으면 기속행위, 법률이 '할 수 있다'로 규정하고 있으면 재량행위로 본다.

ⓑ 이와 동시에 효과재량설을 보충적으로 활용하여 수익적 행위는 재량행위라고 한다(법률상의 문언이 불분명할 때).

ⓒ 또한 요건재량설을 보충적으로 활용하여 법령상 행정행위의 요건에 일의적·확정적으로 규정하고 있는 경우에는 원칙적으로 기속행위로, 다의적·추상적 개념으로 규정하고 있는 경우에는 원칙적으로 재량행위로 본다.

📋 **간단 점검하기**

기속행위와 재량행위의 구분은 당해 행위의 근거가 된 법규의 체재·형식과 그 문언, 당해 행위가 속하는 행정분야의 주된 목적과 특성, 당해 행위자체의 개별적 성질과 유형 등을 모두 고려하여 판단하여야 한다. (○)

ⓓ 결론적으로 판례는 1차적으로 실정법의 규정에 따라 판단하되, 2차적으로 행정행위의 성질 등을 종합적으로 고려하여 요건재량설이나 효과재량설을 보충적으로 활용해야 한다고 본다.

> **관련판례**
>
> 1. 주택건설촉진법 제33조 제1항이 정하는 주택건설 사업계획의 승인은 상대방에게 권리나 이익을 부여하는 효과를 수반하는 이른바 수익적 행정처분으로서 법령에 행정처분의 요건에 관하여 일의적으로 규정되어 있지 아니한 이상 행정청의 재량행위에 속한다(대판 2002.6.14. 2000두10663).
>
> 2. 개인택시운송사업면허 및 그 면허기준 설정행위의 법적 성질(=재량행위)
>
>   개인택시운송사업면허는 특정인에게 권리나 이익을 부여하는 행정행위로서 법령에 특별한 규정이 없는 한 재량행위이고, 그 면허에 필요한 기준을 정하는 것 역시 행정청의 재량에 속하는 것이므로 그 기준이 객관적으로 보아 합리적이 아니라든가 타당하지 아니하여 재량권을 남용한 것이라고 인정되지 아니하는 이상 행정청의 의사는 가능한 한 존중되어야 한다(대판 2005.4.28. 2004두8910).

간단 점검하기

개인택시운송사업 면허는 특정인에게 권리나 이익을 부여하는 재량행위이다. (O)

③ 판례정리

㉠ 기속행위 판례: 일반 허가, 법위반자를 처벌해야 하는 경우

> **관련판례**
>
> 1. 음주운전측정거부를 이유로 한 운전면허취소처분
>
>   도로교통법 제78조 제1항 단서 제8호의 규정에 의하면, 술에 취한 상태에 있다고 인정할만 한 상당한 이유가 있음에도 불구하고 경찰공무원의 측정에 응하지 아니한 때에는 필요적으로 운전면허를 취소하도록 되어 있어 처분청이 그 취소 여부를 선택할 수 있는 재량의 여지가 없음이 그 법문상 명백하므로, 위 법조의 요건에 해당하였음을 이유로 한 운전면허취소 처분에 있어서 재량권의 일탈 또는 남용의 문제는 생길 수 없다(대판 2004.11.12. 2003두12042).
>
> 2. 감사원의 변상판정
>
>   감사원의 변상판정은 그 요건이 회계관계직원 등의 책임에 관한 법률 제4조 등에 명백히 규정되어 있고, 이는 처분청의 재량을 허용하지 않는 기속행위라고 하여야 할 것이므로 그 판정에 대한 재량권 일탈·남용의 문제는 생길 여지가 없다(대판 1994.12.13. 93누98).
>
> 3. 지방병무청장의 공익근무요원소집 처분
>
>   병역법 제26조 제2항은 보충역을 같은 조 제1항 소정의 업무나 분야에서 복무하여야 할 공익근무요원으로 소집한다고 규정하고 있는바, 위 법리와 병역법 제26조 제2항의 규정의 취지에 비추어 보면 병역의무자가 보충역에 해당하는 이상 지방병무청장으로서는 관련 법령에 따라 병역의무자를 공익근무요원으로 소집하여야 하는 것이고, 이와 같이 보충역을 공익근무요원으로 소집함에 있어 지방병무청장에게 재량이 있다고 볼 여지는 없다(대판 2002.8.23. 2002두820).

4. 관광사업의 양도 – 양수에 의한 지위승계신고

구 관광진흥법 제8조 등 관계 규정의 형식이나 체재 또는 문언 등을 종합하여 보면, 관광사업의 양도·양수에 의한 지위승계신고에 대하여는 적법·유효한 사업양도가 있고, 양수인에게 구 관광진흥법 제7조 제1항 각 호의 결격사유가 없는 한 행정청이 다른 사유를 들어 수리를 거절할 수 없다고 할 것이므로 위 신고의 수리에 관한 처분을 재량행위라고 볼 수 없다(대판 2007. 6.29. 2006두4097).

5. 국유재산의 무단점유 등에 대한 변상금의 징수

국유재산의 무단점유 등에 대한 변상금징수의 요건은 국유재산법 제51조 제1항에 명백히 규정되어 있으므로 변상금을 징수할 것인가는 처분청의 재량을 허용하지 않는 기속행위이다(대판 2000.1.28. 97누4098).

6. 경찰공무원 채용시험시 부정행위시 응시자격 제한

경찰공무원임용령 제46조 제1항은 경찰공무원의 채용시험 또는 경찰간부후보생공개경쟁선발시험에서 부정행위를 한 응시자에 대하여는 당해 시험을 정지 또는 무효로 하고, 그로부터 5년간 이 영에 의한 시험에 응시할 수 없도록 규정하고 있는바, 여기에서 부정행위를 한 당해 시험 이후의 시험에 대한 응시자격제한기간은 당해 시험을 정지 또는 무효로 한 행정청의 처분이 있은 때로부터 진행된다고 보아야 할 것이다. 경찰공무원임용령 제46조 제1항의 수권형식과 내용에 비추어 이는 행정청 내부의 사무처리기준을 규정한 재량준칙이 아니라 일반 국민이나 법원을 구속하는 법규명령에 해당하고 따라서 위 규정에 의한 처분은 재량행위가 아닌 기속행위라 할 것이다(대판 2008.5.29. 2007두18321).

7. 보조금 환수처분

마을버스 운수업자 甲이 유류사용량을 실제보다 부풀려 유가보조금을 과다지급받은 데 대하여 관할 시장이 甲에게 부정수급기간 동안 지급된 유가보조금 전액을 회수하는 처분을 한 사안에서, 구 여객자동차 운수사업법 제51조 제3항을 '정상적으로 지급받은 보조금'까지 반환하도록 명할 수 있는 것으로 해석할 수는 없고, 위 환수처분은 기속행위에 해당한다(대판 2013.12.12. 2011두3388).

8. 육아휴직 중 복직 요건인 '휴직사유가 없어진 때'에 해당하는지를 판단하는 기준 및 위 조항에 따른 복직명령의 법적 성질(= 기속행위)

육아휴직 중 그 사유가 소멸하였는지는 해당 자녀가 사망하거나 초등학교에 취학하는 등으로 양육대상에 관한 요건이 소멸한 경우뿐만 아니라 육아휴직 중인 교육공무원에게 해당 자녀를 더 이상 양육할 수 없거나, 양육을 위하여 휴직할 필요가 없는 사유가 발생하였는지 여부도 함께 고려하여야 하고, 국가공무원법 제73조 제2항의 문언에 비추어 복직명령은 기속행위이므로 휴직사유가 소멸하였음을 이유로 신청하는 경우 임용권자는 지체 없이 복직명령을 하여야 한다(대판 2014.6.12. 2012두4852).

9. 법정요건을 갖추지 못한 귀화불허처분

귀화신청인이 구 국적법(2017.12.19. 법률 제15249호로 개정되기 전의 것) 제5조 각 호에서 정한 귀화요건을 갖추지 못한 경우 법무부장관은 귀화 허부에 관한 재량권을 행사할 여지 없이 귀화불허처분을 하여야 한다(대판 2018.12. 13. 2016두31616).

📋 **간단 점검하기**

건축허가권자는 건축허가신청이 건축법 등 관계 법규에서 정하는 어떠한 제한에 배치되지 않는 이상 당연히 같은 법조에서 정하는 건축허가를 하여야 하고, 중대한 공익상의 필요가 없는데도 관계 법령에서 정하는 제한사유 이외의 사유를 들어 요건을 갖춘 자에 대한 허가를 거부할 수는 없다. (○)

10. **난민인정**

    법무부장관은 인종, 종교, 국적, 특정 사회집단의 구성원 신분 또는 정치적 의견을 이유로 박해를 받을 충분한 근거 있는 공포로 인해 국적국의 보호를 받을 수 없거나 국적국의 보호를 원하지 않는 외국인 또는 그러한 공포로 인하여 대한민국에 입국하기 전에 거주한 국가로 돌아갈 수 없거나 돌아가기를 원하지 아니하는 무국적자인 외국인에 대하여 그 신청이 있는 경우 난민협약이 정하는 난민으로 인정하여야 한다(대판 2017.12.22. 2017두51020).

11. **부동산실명법상 명의신탁자에 대한 과징금 부과**

    법률이 금지하는 명의신탁행위를 한 경우라 하더라도, 처분청은 법정감경사유가 있을 때 과징금의 100분의 50을 감경할 수 있을 뿐 이를 전액 감면하거나 과징금을 부과하지 아니할 권한은 없다(대판 2007.7.12. 2005두17287).

ⓒ **재량행위 판례**: 특허, 인가, 예외적 허가, 공익관련 허가, 전문적 기술적인 영역

관련판례

1. **총포·도검·화약류 등 단속법령상 총포 등의 소지허가**

    총포·도검·화약류 등 단속법령상 총포 등의 소지허가를 받을 수 있는 자격요건을 정하고 있는 규정은 없으나, 관할 관청의 총포 등 소지허가가 총포·도검·화약류단속법 제13조 제1항 소정의 결격자에 해당되지 아니하는 경우 반드시 허가를 하여야 하는 기속행위라고는 할 수 없고, 같은 법 제13조 제2항의 규정에 비추어 관할 관청에 총포 등 소지허가에 관한 재량권이 유보되어 있는 것이다(대판 1993.5.14. 92도2179).

2. **공용수용 시 사업시행자는 특별공급주택의 수량, 특별공급대상자의 선정**

    주택법의 위임을 받아 제정된 '주택공급에 관한 규칙' 제19조 제1항 제3호 각 목에서 정한 철거 주택의 소유자를 대상으로 하는 국민주택 등의 특별공급은 공익사업의 시행으로 인하여 주거용 건축물을 제공함에 따라 생활의 근거를 상실하게 되는 자를 위하여 '공익사업을 위한 토지 등의 취득 및 보상에 관한 법률' 제78조 제1항 및 같은 법 시행령 제40조 제2항 단서에 근거하여 사업시행자가 실시하는 이주대책에 갈음하는 성질을 가지는 것으로, 사업시행자는 이주대책기준을 정하여 위 이주대책대상자 중에서 이주대책을 수립·실시하여야 할 자를 선정하거나 그들에게 공급할 주택 등의 내용이나 수량 등을 정하는 데 재량을 가진다. 그리고 이를 위해 사업시행자가 설정한 기준은 그것이 객관적으로 합리적이 아니라거나 타당하지 않다고 볼 만한 특별한 사정이 없는 한 존중되어야 한다(대판 2009.11.12. 2009두10291).

3. 민법은 비영리법인의 설립에 관하여 허가주의를 채용하고 있으며, 현행 법령상 비영리법인의 설립허가에 관한 구체적인 기준이 정하여져 있지 아니하므로, 비영리법인의 설립허가를 할 것인지 여부는 주무관청의 정책적 판단에 따른 재량에 맡겨져 있다(대판 1996.9.10. 95누18437).

4. 공무원 임용을 위한 면접전형에서 임용신청자의 능력이나 적격성 등에 관한 판단이 면접위원의 자유재량에 속한다(대판 2008.12.24. 2008두8970).

📋 **간단 점검하기**

출입국관리법상 체류자격 변경허가는 신청인에게 당초의 체류자격과 다른 체류자격에 해당하는 활동을 할 수 있는 권한을 부여하는 일종의 설권적 처분의 성격을 가지므로, 허가권자는 신청인이 관계법령에서 정한 요건을 충족하였다고 하더라도, 신청인의 적격성, 체류 목적, 공익상의 영향 등을 참작하여 허가 여부를 결정할 수 있는 재량을 가진다. (○)

5. 학교보건법 제6조 제1항 단서의 규정에 의하여 시·도교육위원회 교육감 또는 교육감이 지정하는 자가 학교환경위생정화구역 안에서의 금지행위 및 시설의 해제신청에 대하여 그 행위 및 시설이 학습과 학교보건에 나쁜 영향을 주지 않는 것인지의 여부를 결정하여 그 금지행위 및 시설을 해제하거나 계속하여 금지(해제거부)하는 조치는 시·도교육위원회 교육감 또는 교육감이 지정하는 자의 재량행위에 속하는 것이다(대판 2010.3.11. 2009두17643).

6. 1999.2.8. 법률 제5911호로 개정된 공유수면매립법이 시행되기 전에 공유수면매립 승인처분이 이루어진 경우, 준공인가 전에 매립목적 변경을 승인할 수 있고, 이 경우 매립목적 변경 승인은 원래의 공유수면매립 승인을 한 행정청이 매립지의 상황, 매립사업의 내용과 진행 정도, 변경되는 매립목적의 내용, 매립목적 변경의 필요성 및 효과, 매립목적 변경으로 인한 주변 환경의 변화, 공익에 미치는 영향 등 여러 사정을 참작하여 승인을 할 것인지 결정하는 재량행위이다(대판 2012.6.28. 2010두2005).

7. '제주특별자치도 설치 및 국제자유도시 조성을 위한 특별법'상 도지사의 절대보전지역 지정 및 변경행위는 재량행위로 봄이 상당하다(대판 2012.7.5. 2011두19239).

8. **학교정화구역 내의 유흥주점 영업허가**

   학교보건법 제6조 제1항 단서의 규정에 의하여 시·도교육위원회교육감 또는 교육감이 지정하는 자(이하 '해제권자'라고 한다)가 학교환경위생정화구역 안에서의 금지행위 및 시설의 해제신청에 대하여 그 행위 및 시설이 학습과 학교보건에 나쁜 영향을 주지 않는 것인지의 여부를 결정하여 위 금지행위 및 시설을 해제하거나 계속하여 금지(해제거부)하는 조치는 해제권자의 재량행위에 속하는 것이다(대판 1996.10.29. 96누8253).

9. **주택건설사업계획의 승인**

   구 주택건설촉진법 제33조에 의한 주택건설사업계획의 승인은 상대방에게 권리나 이익을 부여하는 효과를 수반하는 이른바 수익적 행정처분으로서 법령에 행정처분의 요건에 관하여 일의적으로 규정되어 있지 아니한 이상 행정청의 재량행위에 속한다(대판 2007.5.10. 2005두13315).

10. **개발제한구역 내 건축허가**

    개발제한구역 내에서는 구역 지정의 목적상 건축물의 건축, 공작물의 설치, 토지의 형질변경 등의 행위는 원칙적으로 금지되고, 다만 구체적인 경우에 위와 같은 구역 지정의 목적에 위배되지 아니할 경우 예외적으로 허가에 의하여 그러한 행위를 할 수 있게 되며, 한편 개발제한구역 내에서의 건축물의 건축 등에 대한 예외적 허가는 그 상대방에게 수익적인 것으로서 재량행위에 속하는 것이라고 할 것이므로 그에 관한 행정청의 판단이 사실오인, 비례·평등의 원칙 위배, 목적위반 등에 해당하지 아니하는 이상 재량권의 일탈·남용에 해당한다고 할 수 없다(대판 2004.7.22. 2003두7606).

11. **개인택시 운송사업면허**

    개인택시운송사업면허는 특정인에게 권리나 이익을 부여하는 이른바 수익적 행정행위로서 법령에 특별한 규정이 없는 한 재량행위이고, 그 면허를 위하여 정하여진 순위 내에서 운전경력 인정방법에 관한 기준을 설정하거나 변경하는 것 역시 행정청의 재량에 속하는 것이다(대판 2007.3.15. 2006두15783).

12. 재외동포에 대한 사증발급

재외동포에 대한 사증발급은 행정청의 재량행위에 속하는 것으로서, 재외동포가 사증발급을 신청한 경우에 출입국관리법 시행령 [별표 1의2]에서 정한 재외동포체류자격의 요건을 갖추었다고 해서 무조건 사증을 발급해야 하는 것은 아니다(대판 2019.7.11. 2017두38874).

13. 법정요건을 갖춘 경우 귀화허가

귀화허가는 외국인에게 대한민국 국적을 부여함으로써 국민으로서의 법적 지위를 포괄적으로 설정하는 행위에 해당한다. 한편, 국적법 등 관계 법령 어디에도 외국인에게 대한민국의 국적을 취득할 권리를 부여하였다고 볼 만한 규정이 없다. 이와 같은 귀화허가의 근거 규정의 형식과 문언, 귀화허가의 내용과 특성 등을 고려해 보면, 법무부장관은 귀화신청인이 귀화 요건을 갖추었다 하더라도 귀화를 허가할 것인지 여부에 관하여 재량권을 가진다고 보는 것이 타당하다(대판 2010.10.28. 2010두6496).

14. 난민인정결정의 취소

법무부장관은 난민인정 결정을 취소할 공익상의 필요와 취소로 당사자가 입을 불이익 등 여러 사정을 참작하여 취소 여부를 결정할 수 있는 재량이 있다(대판 2017.3.15. 2013두16333).

15. 문화재보호법상 건설공사를 계속하기 위한 발굴허가

문화체육부장관 또는 그 권한을 위임받은 문화재관리국장 등이 건설공사를 계속하기 위한 발굴허가신청에 대하여 그 공사를 계속하기 위하여 부득이 발굴할 필요가 있는지의 여부를 결정하여 발굴을 허가하거나 이를 허가하지 아니함으로써 원형 그대로 매장되어 있는 상태를 유지하는 조치는 허가권자의 재량행위에 속하는 것이다(대판 2000.10.27. 99두264).

16. 예방접종으로 인한 질병, 장애 또는 사망의 인정 여부 결정

구 전염병예방법(2009.12.29. 법률 제9847호 감염병의 예방 및 관리에 관한 법률로 전부 개정되기 전의 것, 이하 '구 전염병예방법'이라 한다) 제54조의2 제2항에 의하여 보건복지가족부장관에게 예방접종으로 인한 질병, 장애 또는 사망(이하 '장애 등'이라 한다)의 인정 권한을 부여한 것은, 예방접종과 장애 등 사이에 인과관계가 있는지를 판단하는 것은 고도의 전문적 의학지식이나 기술이 필요한 점과 전국적으로 일관되고 통일적인 해석이 필요한 점을 감안한 것으로 역시 보건복지가족부장관의 재량에 속하는 것이므로, 인정에 관한 보건복지가족부장관의 결정은 가능한 한 존중되어야 한다(대판 2014.5.16. 2014두274).

17. 시정명령

구 식품위생법 제7조 등의 규정 내용과 형식, 체계 등에 비추어 보면, 식품위생법 관련규정은 식품의 위해성을 평가하면서 관련 산업 종사자들의 재산권이나 식품산업의 자율적 시장질서를 부당하게 해치지 않는 범위 내에서 적정한 식품의 규격과 기준을 설정하고, 그러한 규격과 기준을 위반한 식품에 대하여 식품으로 인한 국민의 생명·신체에 대한 위험을 예방하기 위한 조치를 취할 수 있는 합리적 재량권한을 식품의약품안전처장 및 관련 공무원에게 부여한 것이라고 봄이 상당하다(대판 2022.9.7. 2022두40376).

참고	기속행위와 재량행위		
기속행위	준법률행위적 행정행위		확인행위·공증행위·통지행위·수리행위는 일반적으로 기속행위로 봄
	강학상 허가	원칙은 기속행위	식품위생법상 대중음식영업허가·일반주점영업허가·광천음료수 제조업허가·건축법상 건축허가, 카지노업허가(학설은 다툼 있음: 예외적 승인으로 이해하는 견해로 김성수), 부정한 수단사용을 이유로 한 건설업 면허취소, 약사면허취소, 공중위생법상위생접객업허가, 개발제한 구역 외에서의 건축허가, 화약류 판매업 및 저장소 설치 허가, 화약류관리 보안책임자면허취소 등
	기타		감사원의 변상판정, 자동차운송알선사업의 등록처분, 국유재산의 무단점유 등에 대한 변상금의 징수
재량행위	강학상 특허		공유수면매립면허, 개인택시면허, 마을버스운송사업면허, 어업면허, 광업면허, 도로점용허가, 토지보상법상 토지수용을 위한 사업인정
	강학상 인가	원칙은 재량	• 인가의 성격이 기속행위인지 재량행위인지 견해의 대립이 있음 • 민법상 재단법인 정관변경 허가, 국토이용관리법상 토지거래 허가, 재건축조합 설립인가, 주택개량사업 관리처분계획인가, 비영리법인 설립인가, 주택조합 설립인가, 중소기업 창업사업계획 승인, 종교법인의 임원취임에 대한 주무관청의 승인, 자연공원사업의 시행에 있어 그 공원시설기본설계 및 변경설계승인, 사회복지법인의 정관변경허가 등
		예외적 기속	–
	허가(예외적 재량) 또는 예외적 승인		• 구 관광진흥법상 관광지조성사업시행 허가처분(대판 2001.7.27. 99두8589) • 입목벌채·굴채허가(대판 2001.11.30. 2001두5866) • 프로판가스충전업허가 또는 그 취소(대판 1987.11.10. 87누462) • 개발제한구역 내의 건축허가(대판 1997.6.10. 97누4326) • 총포도검화약류단속법상 총포 등 소지허가(대판 1993.5.14. 98도2179) • 유기장영업허가(대판 1985.2.8. 84누369) • 개발제한구역 내의 건축물의 용도변경허가(대판 2001.2.9. 98두17593) • 산림법에 의한 형질변경허가(대판 1998.9.25. 97누19564) • 자연공원법상 공원사업시행허가처분(대판 2001.7.27. 99두5092) • 학교보건법에 의한 학교환경위생정화구역 내의 터키탕업허가(대판 1995.7.28. 94누13497)
	판단여지 (학설 → 재량과 구별 / but 판례 → 재량)		교과서 검정불합격처분, 감정평가사불합격처분, 유적발굴신청거부처분, 공무원 임용을 위한 면접전형, 사법시험 객관식 문제 출제행위
	기타		• 법률은 재량행위로 규정하고 있으나 시행규칙이 기속행위로 규정한 경우: 식품위생법 시행규칙 처분기준을 행정규칙으로 보면서 이에 근거한 영업정지처분을 재량행위로 보았다. • 청소년보호법은 재량행위로 규정하고 있으나, 시행령이 기속행위로 규정한 경우: 동시행령은 법규명령이나 벌금 800만원은 정액이 아닌, 최고한도액으로 보아 그 한도 내에서 재량권을 인정하였다. • 기타 – 재량: 과징금 부과(주로 재량), 경찰관 직무집행법상의 경찰권 발동수단, 공무원이나 국립대학생에 대한 징계처분, 시험응시자 동점자에 대한 선발 기준, 대학위원회의 학위수여 여부 결정, 대집행 실행 여부와 충족 여부에 대한 판단(견해 대립 있음), 외국인에 대한 강제퇴거 명령, 폐기물처리업 허가와 관련된 사업계획 적정–부적정 통보 등

2. 재량하자

(1) 의의
재량행사는 재량권이 주어진 목적과 한계 내에서 이루어져야 한다. 이러한 것이 준수되어야만 의무에 합당한 재량행사라고 볼 수 있다. 그 목적과 한계를 벗어나면 재량의 하자가 존재하게 되고 이는 사법심사의 대상이 된다(행정소송법 제27조).

(2) 재량하자의 유형
① **일탈·유월(재량 외)**: 일탈이란 재량의 외적 한계를 넘어 재량권이 행사된 경우를 말한다(예 법령에서는 6개월 정지인데, 실제로는 1년 정지를 한 경우).
② **남용(재량 내)**: 재량 남용의 사유로 다음을 들 수 있다.
  ㉠ 사실오인으로 행정행위의 기초인 사실에 흠결이 있는 경우 또는 요건사실 인정에 합리성이 전혀 없는 경우(예 징계원인이 되는 사실이 존재하지 아니하나 징계를 한 경우)
  ㉡ 헌법·행정법의 평등원칙이나 신뢰보호의 원칙 등의 일반원칙을 위반한 경우

> **관련판례**
> 재량의 경우 행정청의 재량에 기한 공익판단의 여지를 감안하여 법원은 독자의 결론을 도출함이 없이 당해 행위에 재량권의 일탈·남용이 있는지 여부만을 심사하게 되고, 이러한 재량권의 일탈·남용 여부에 대한 심사는 사실오인, 비례·평등의 원칙 위배, 당해 행위의 목적 위반이나 동기의 부정 유무 등을 그 판단대상으로 한다(대판 2007.5.31. 2005두1329).

③ **재량권의 불행사**: 이는 행정계획 분야와 관련된 사항으로서 형량의 해태, 흠결, 오형량 등을 들 수 있다. 형량의 해태는 형량을 전혀 하지 않는 것을 말하고, 형량의 흠결은 형량의 고려대상에 포함시켜야 할 사항을 누락한 경우, 오형량은 이익형량을 하긴 하였으나 정당성·객관성이 결여된 경우를 말한다.
④ **사실오인**: 사실을 오인하여 잘못된 처분을 한 경우를 의미한다.

(3) 입증책임
재량행위로 인한 행정처분의 효력을 다투는 자(항고소송의 원고)가 입증하여야 한다.

3. 재량행위의 통제

(1) 행정 내부적 통제
행정절차에 의한 통제와 감독청의 직접적 통제, 행정절차에 의한 간접적 통제와 행정심판을 통한 통제가 있다.

(2) 행정 외부적 통제
행정 외부적 통제수단으로는 국회, 법원, 헌법재판소, 국민에 의한 통제 등을 들 수 있다.

간단 점검하기

처분의 근거 법령이 행정청에 처분의 요건과 효과 판단에 일정한 재량을 부여하였으나, 행정청이 자신에게 재량권이 없다고 오인하여 처분으로 달성하려는 공익과 그로써 처분상대방이 입게 되는 불이익의 내용과 정도를 전혀 비교형량하지 않은 채 처분을 하였다고 하더라도, 그 자체로 재량권 일탈·남용으로 해당 처분을 취소하여야 할 위법사유가 되지는 않는다. (×)

① 국회
- ㉠ **법률의 명확한 규율(가장 근원적 통제)**: 의회가 법의 제정에 있어 불확정 개념이나 모호한 표현을 피하고 그 내용을 구체적이고 명확하게 규정함으로써, 행정청이 그 법률의 의도를 자의적으로 해석하는 것을 예방하는 것이다. 이는 가장 근원적 통제 수단이 된다.
- ㉡ **정치적 통제**: 의회의 정치적 통제는 의회가 국민의 대표기관으로서 행하는 통제이다.

② **법원**: 행정소송법 제27조(행정청의 재량에 속하는 처분이라도 재량권의 한계를 넘거나 그 남용이 있는 때에는 법원은 이를 취소할 수 있다)에 의한 행정소송을 통해서 재량을 통제할 수 있다. 부당한 처분의 경우에는 행정심판은 가능하나 행정소송은 불가능하나 위법한 처분의 경우에는 행정심판이나 행정소송 모두 가능하다.

③ **헌법재판소**: 재량권의 잘못된 행사로 헌법상 기본권 침해 시 헌법소원을 통해 재량을 통제할 수 있다.

④ **국민**: 여론, 자문, 청원, 압력단체 등의 활동을 통하여 재량을 통제할 수 있다.

(3) 판례정리

① 재량권의 일탈·남용에 해당하여 위법하다고 본 판례

> **관련판례**
>
> 1. 서울대학교 대학원 학위수여규정 제19조 소정 2종의 외국어고사에 합격되고 당시 시행중이던 교육법 시행령 제137조와 위 대학원 학위수여규정 제14조에 의한 학위논문심사에 통과한 자에 대하여 정당한 이유없이 학위수여를 부결한 행정처분은 위 교육법 시행령의 규정과 위 대학원 학위수여규정의 각 규정에 위배한 것으로 재량권을 한계를 벗어난 위법한 것이다(대판 1976. 6.8. 75누63).
>
> 2. 원고는 육지로부터 7시간 이상 걸리는 거리에 떨어진 낙도근무자로서 1967. 7.21 학교회의에 참석하기 위하여 임지에서 군산으로 항해도중 풍랑을 만나 현기증, 전신쇠약 등 병세와 뇌신경쇠약 등의 병발로 1968.1.23까지 입원 또는 병원치료하였고 이로 인해 수로여행이 불가능하여 임지에 들어가지 못하고 관할교육청에 대하여 위와 같은 사정을 고하고 육지근무를 청원하였다 한다. 이와 같은 사정이라면 구 교육공무원법 제56조 제2호에 해당하는 징계사유가 있다고 할 수 없다(대판 1969.7.22. 69누38).
>
> 3. 자동차운수사업 면허취소처분을 함에 있어서는 면허취소에 의하여 달하려고 하는 자동차운수사업법상의 공익목적과 그 면허취소 처분에 의하여 원고가 입게 될 불이익을 비교·형량하여 신중하여야 할 것인바 원고가 타인에게 처음으로 대리운전을 시켰으며 그의 대리운전 시간은 약 7시간 30분에 불과하고, 대리운전 시 사고를 낸 일도 없으며 한편 원고는 처와 자녀 3명을 둔 가장으로서 처가집에 살면서 노령의 처부모를 모시고 불구인 처남까지 부양하고 있는 어려운 형편에 있던 중, 처가집을 담보로 돈을 대출받아 개인택시를 양수하고 그 운전수입으로 겨우 생계를 유지하고 있었는데 면허취소처분으로 위 대출금의 상환은 물론 가족들의 생계까지 극히 어렵게 되었다면 위 면허취소처분은 그 위반행위에 비하여 너무나 가혹한 것으로 재량권의 범위를 일탈한 것이다(대판 1984.7.24. 84누271).

4. 원고가 급량비가 나올 때마다 바로 지급하지 않고 이를 모아 두었다가 일정액에 달하였을 때에 지급하여 온 것이 관례화되어 있었을 뿐더러 원고가 급량비를 유용한 것은 개인적인 목적을 위한 것이 아니고 시립무용단장의 지시에 따라 시립무용단의 다른 용도에 일시 전용한 것이라는 점, 유용한 금액이 비교적 소액이고 그 후에 모두 단원들에게 지급된 점 등이 사건 변론에 나타난 여러 사정 등을 종합하여 보면, 원고를 징계하기 위하여 한 이 사건 해촉은 너무 가혹하여 징계권을 남용한 것이어서 무효이다(대판 1995.12.22. 95누4636).

5. 준조세 폐해 근절 및 경제난 극복을 이유로 북한어린이를 위한 의약품 지원을 위하여 성금 및 의약품 등을 모금하는 행위 자체를 불허한 것이 재량권의 일탈·남용 및 비례의 원칙에 위반된다(대판 1999.7.23. 99두3690).

6. 교통경찰관이 앞지르기 금지구역에서 앞지르기를 하는 차량을 발견, 이를 단속함에 있어 운전사로부터 잘 봐달라는 명목으로 금 2,000원을 받고 앞지르기 행위를 가벼운 안전운전의무위반으로 격하처리한 사실이 있다 하여 위 경찰관을 파면한 처분은, 위 경찰관이 7년간 경찰에 몸담는 동안 징계처분을 받은 사실이 없고 상관으로부터 2회의 표창을 받은 사실 등 제반사정에 비추어 볼 때 재량권의 범위를 넘은 위법이 있다 할 것이다(대판 1984.3.27. 84누86).

7. 원고는 석유판매업(주유소)허가를 받아 판시 주유소를 경영하던 중 소외인에게 그 관리를 맡기고 있었는데, 소외인이 판시와 같은 경위로 솔벤트, 톨루엔 등으로 제조한 부정휘발유 40드럼을 구입하여 위 휘발유지하탱크에 혼합하여 판매함으로써 이 사건 허가조건에 위반한 사안에서, 원고 자신은 소외인의 부정휘발유취급사실을 알지 못하였고 위 주유소에는 많은 자금이 투입되어 15년 이상 주유소를 경영하여 오던 중 이 사건과 같은 비행을 처음 저지르게 된 사실 및 그 수입으로 원고와 소외인 외 5명의 종업원의 생계를 꾸려온 사실 등을 감안할 때 원고에게 가장 무거운 제재인 위험물취급소 설치허가자체를 취소한 이 사건 행정처분은 원고에게 너무 가혹하여 그 재량권의 범위를 일탈한 것이다(대판 1989.3.28. 87누436).

8. 甲 주식회사가 제출한 생활폐기물수집·운반업을 위한 폐기물처리사업계획서에 대하여, 관할 구청장이 기존 업체가 보유하고 있는 인력과 장비로 충분한 처리가 이루어지고 있어서 별도의 신규허가가 어렵다는 사유로 부적합하다는 통보를 한 사안에서 처분 당시 기존 업체의 1일 생활폐기물수집·운반능력이 대상 영업구역의 1일 생활폐기물배출량을 훨씬 능가하게 된 데에는 기존 업체가 폐기물의 수집·운반차량을 대폭 늘린 데에도 원인이 있으므로 이를 고려하지 않은 채 기존 업체의 생활폐기물수집·운반능력이 생활폐기물배출량보다 많다며 신규 업체의 시장진입을 허용하지 아니하는 것은 사실상 기존 업체에 독점적 대행권을 유지하는 결과가 된다는 등의 이유로 위 처분이 재량권을 일탈·남용하여 위법하다(대판 2011.11.10. 2011두12283).

9. 공정한 업무처리에 대한 사의로 두고 간 돈 30만원이 든 봉투를 소지함으로써 피동적으로 금품을 수수하였다가 돌려 준 20여년 근속의 경찰공무원에 대한 해임처분이 사회통념상 현저하게 타당성을 잃어 재량권의 남용에 해당한다(대판 1991.7.23. 90누8954).

② 재량권의 일탈·남용에 해당하지 않아 적법하다고 본 판례

관련판례

1. 경찰공무원이 그 단속의 대상이 되는 신호위반자에게 먼저 적극적으로 돈을 요구하고 다른 사람이 볼 수 없도록 돈을 접어 건네주도록 전달방법을 구체적으로 알려주었으며 동승자에게 신고시 범칙금 처분을 받게 된다는 등 비위신고를 막기 위한 말까지 하고 금품을 수수한 경우, 비록 그 받은 돈이 1만원에 불과하더라도 위 금품수수행위를 징계사유로 하여 당해 경찰공무원을 해임처분한 것은 징계재량권의 일탈·남용이 아니다(대판 2006.12.21. 2006두16274).

2. 원고가 이 사건 대학의 신규 교원 채용에 서류심사위원으로 관여하면서 소지하게 된 인사서류에 그 신청인들의 개인별 평가내용을 기록하여 개인적으로 보관하다가 보조참가인의 이사장과 이 사건 대학 총장의 학교 운영과 관련한 진정서를 교육부와 감사원 등에 보내면서 자료로 활용하고 또한 이 사건 대학의 정상화를 위한 시민서명운동이라는 서면 중 일부 서명이 위조된 것임에도 그에 대한 확인조치 없이 여러 외부 기관에 대한 청원서 등에 첨부하여 사용한 것은 교원으로서의 성실의무와 품위유지의무를 위배한 것으로서 법상의 징계사유에 해당한다고 할 것이다(대판 2000.10.13. 98두8858).

3. 교통사고를 일으켜 피해자 2인에게 각 전치 2주의 상해를 입히고 약 296,890원 상당의 손해를 입히고도 구호조치 없이 도주한 수사 담당 경찰관에 대한 해임처분이 재량권의 범위를 일탈·남용한 것이 아니다(대판 1999.10.8. 99두6101).

4. 교비회계자금을 부당전출하여 이사승인취소처분을 받은 이사가 시정명령을 받고도 449억원 중 9억원만을 반환하고 나머지 39억원을 반환하지 않고 있는 사정을 감안하면, 이사승인취소처분은 적법하다(대판 2007.7.19. 2006두19297 전합).

5. 지방식품의약품안전청이 유해화학물질인 말라카이트그린이 사용된 냉동새우를 수입하면서 수입신고서에 그 사실을 누락한 회사에 대하여 영업정지 1월의 처분을 한 사안에서, 위 처분에 재량권을 일탈하거나 남용한 위법이 없다(대판 2010.4.8. 2009두22997).

6. 지방공무원 복무조례개정안에 대한 의견을 표명하기 위하여 전국공무원노동조합 간부 10여 명과 함께 시장의 사택을 방문한 위 노동조합 시지부 사무국장에게 지방공무원법 제58조에 정한 집단행위 금지의무를 위반하였다는 등의 이유로 징계권자가 파면처분을 한 사안에서, 그 징계처분이 사회통념상 현저하게 타당성을 잃거나 객관적으로 명백하게 부당하여 징계권의 한계를 일탈하거나 재량권을 남용하였다고 볼 수 없다(대판 2009.6.23. 2006두16786).

7. 생물학적 동등성 시험 자료 일부가 조작되었음을 이유로 해당 의약품의 회수 및 폐기를 명한 사안에서, 그 행정처분으로 제약회사가 입게 될 경제적 손실이라는 불이익과 생물학적 동등성이 사전에 제대로 확인되지 않은 의약품이 유통되어 국민건강이 침해될 수 있는 위험을 예방하기 위한 공익상의 필요를 단순 비교하기 어려운 점 등에 비추어, 위 처분이 재량권을 일탈·남용하여 위법하다고 볼 수 없다(대판 2008.11.13. 2008두8628).

간단 점검하기

학교법인의 임원이 교비회계 자금을 법인회계로 부당 전출하였고, 업무 집행에 있어서 직무를 태만히 하여 학교법인이 이를 시정하기 위한 노력을 하였으나 결과적으로 대부분의 시정 요구 사항이 이행되지 아니하였던 점 등을 고려하면, 교육부장관의 임원승인취소처분은 재량권을 일탈·남용한 것으로 볼 수 없다. (○)

8. 안산시가 관내 개인택시의 면허를 발급하면서 화물자동차 운전경력자에 비해 택시운전경력자를 우대하도록 하는 내용의 '안산시 개인택시운송사업면허 사무처리지침'에 따라 후순위의 개인택시운송사업 면허 신청인에게 한 개인택시운전면허 제외처분이 적법하다(대판 2009.7.9. 2008두11983).

9. 미성년자를 출입시켰다는 이유로 2회나 영업정지에 갈음한 과징금을 부과받은 지 1개월만에 다시 만 17세도 되지 아니한 고등학교 1학년 재학생까지 포함된 미성년자들을 연령을 확인하지 않고 출입시킨 행위에 대한 영업허가취소처분이 재량권을 일탈한 위법한 처분이라고 보기 어렵다(대판 1993.10. 26. 93누5185).

10. 대학교원 기간임용제에 따라 임용된 사립대학 교원에게 사립학교법에서 정한 면직사유가 발생한 경우 곧바로 면직처분을 하지 않고 임용기간의 만료를 기다려 재임용을 거부하는 형식으로 임용계약을 종료시켰다고 하더라도, 이러한 처분이 교원에게 불리하다고 볼 수 없는 이상 임용기간 만료 당시 재임용거부의 사유가 없다거나 학교법인이 재량권을 일탈·남용하여 사회통념상 부당한 방법으로 재임용을 거부한 것이라고 말할 수 없다(대판 2017.2.15. 2016두52545).

2 불확정개념과 판단여지(요건 측면)

1. 불확정개념의 의의

(1) 개념

불확정개념이란 행정법규의 구성요건 부분에 '공익, 상당한 이유 등' 다의적이며 불명확한 용어로 기술되어 그것이 의미하는 내용이 일의적인 것이 아니라 다의적인 것이어서, 진정으로 의미하는 내용이 구체적 상황에 따라 달리 판단되는 개념을 말한다.

(2) 재량과의 구별

재량은 법률효과의 선택과 결정에 존재하나 불확정개념은 법률요건에 존재하여 그 해석이 문제된다는 점에서 양자가 구별된다. 불확정개념의 해석에 대해서 요건재량설이나 판단여지의 개념을 부정하는 견해에서는 이를 재량으로 인식하지만, 불확정개념의 해석을 효과재량설에 기초한 판단여지설 등의 입장에서는 이 경우에 재량이 아니라 판단여지의 문제로 인식하게 된다.

불확정개념	재량행위
구성요건의 문제	법효과의 문제
표현이 다양	"할 수 있다.", "하여도 좋다."로 표현
요건개념이므로 하나의 해석만이 허용되지만, 예외적으로 복수로 해석될 수 있음	법률효과를 다양하게 해석할 수 있으나, 재량이 영(0)으로 수축한 경우에는 하나의 해석만 가능
전면적으로 허용되는 것이 원칙이지만, 행정부의 의사를 존중할 수 있음(판단여지)	원칙적으로 심사가 불가능하나, 재량권의 일탈 또는 남용의 경우에는 심사 가능

2. 불확정개념의 종류

불확정개념은 경험적 개념과 규범적 개념의 두 종류가 있다. 이러한 취지는 사법심사 대상의 폭을 넓히기 위한 것이었다. 즉, 규범적 개념의 경우에는 사법심사가 비교적 어려우나 경험적 개념의 경우에는 사법심사의 대상이 된다고 하여 판단여지의 폭을 좁히려는 것이다.

3. 불확정개념에 대한 학설

효과재량설은 재량이란 법률효과의 선택에서만 존재하기 때문에 요건규정에 있는 불확정개념을 해석하는 것은 재량이 아니라고 본다. 이러한 주장은 요건규정에 있는 불확정개념의 해석을 수단의 선택과 결정과 관련된 재량이 아닌 법규정의 해석을 판단여지의 문제로 본다.

4. 판단여지

(1) 의의

행정법규가 행정요건에 "공익, 공공의 안전, 상당한 이유" 등과 같은 불확정개념을 사용하고 있는 경우에, 이러한 개념을 해석하고 적용하는 행위가 재량행위인지 아니면 판단여지인지가 문제가 된다. 불확정개념과 판단여지의 문제는 독일 행정법에서 전개된 판례 및 학설의 이론적 소산이다. 즉, 법률요건에 불확정개념이 사용된 경우 행정청이 개념을 구체화하게 된다. 그런데 이는 법률요건의 해석문제이기 때문에 전면적 사법심사가 가능함이 원칙(법의 최종해석권은 법원에 있는 것이므로)이다. 그러나 예외적으로 전문적·기술적 판단을 요하는 경우 법원은 행정청의 판단을 존중하여 사법심사를 스스로 제한하는 경우가 있는데 이를 판단여지라고 한다.

(2) 판단여지 인정 여부

① **학설**: 재량과 구별된다는 구별긍정설과 재량과 구별되지 않는다는 구별부정설이 대립한다.
② **판례**: 판례는 의사국가시험령, 감정평가시험, 사법시험 객관식 헌법시험, 교과서검인정 사건 등에서 판단여지를 "재량"의 문제라고 판시하고 있다. 즉, 판례는 재량과 판단여지를 구분하여 사용하지 아니한다.

> **관련판례**
>
> 의료법 제53조 제1항·제2항, 제59조 제1항의 문언과 체제, 형식, 모든 국민이 수준 높은 의료 혜택을 받을 수 있도록 국민의료에 필요한 사항을 규정함으로써 국민의 건강을 보호하고 증진하려는 의료법의 목적 등을 종합하면, 불확정개념으로 규정되어 있는 의료법 제59조 제1항에서 정한 지도와 명령의 요건에 해당하는지, 나아가 요건에 해당하는 경우 행정청이 어떠한 종류와 내용의 지도나 명령을 할 것인지의 판단에 관해서는 행정청에 재량권이 부여되어 있다(대판 2016.1.28. 2013두21120).

간단 점검하기

판례는 재량권과 판단여지를 구분하지 않고, 판단여지가 인정되는 경우에도 재량권이 인정되는 것으로 본다. (O)

(3) 적용영역

판례는 다음과 같은 영역에서 판단여지를 재량의 문제로 보고 있다.

① **비대체적 결정영역(근무평가, 시험성적 평가)**: 비대체적 결정이란 사람의 적성·능력 등에 관한 판단으로서, 예컨대 근무성적평정이나 학생의 성적평가 등에서 사법심사가 제한되는 것을 들 수 있다. 이러한 비대체적 결정에 있어서 법원의 심사권이 제한되는 이유로는 ㉠ 시험이라는 것이 후일, 예컨대 법원의 심사단계 등에 있어서 원래의 것을 재현하기 어려운 상황구속적 성질을 가진다는 점 및 ㉡ 학생의 교육·부하공무원의 평정 등과 같이 관계자의 특수한 경험과 전문지식을 필요로 한다는 점을 들 수 있다. 다만, 이러한 영역이 전면적으로 사법심사의 대상에서 제외되는 것은 아니다.

② **구속적 가치의 평가영역(위원회의 결정)**: 구속적 가치평가란 예술·문화 등의 분야에 있어서 어떤 물건이나 작품의 가치 또는 유해성 등에 대한 외부로부터의 지시를 받지 않는 독립된 합의제기관의 판단을 말한다. 이는 판단 결정권을 가지고 있는 행정기관이 합의제기관이고 각계의 이익 대표 및 전문가로 구성되어 있으며 또한 외부로부터의 지휘간섭을 받지 않는다고 할 때, 그러한 기관의 결정이 존중하여야 하고 법관이 판단의 기초에 정통하지 않음으로 인하여 행정기관만큼 판단할 수 없다는 점으로 인해 심사를 자제하게 된다.

> **관련판례** 중·고등학교 교과용 도서검정
>
> 교과서검정이 고도의 학술상, 교육상의 전문적인 판단을 요한다는 특성에 비추어 보면, 교과용 도서를 검정함에 있어서 법령과 심사기준에 따라서 심사위원회의 심사를 거치고, 또 검정상 판단이 사실적 기초가 없다거나 사회통념상 현저히 부당하다는 등 현저히 재량권의 범위를 일탈한 것이 아닌 이상 그 검정을 위법하다고 할 수 없다(대판 1992.4.24. 91누663).

③ **구 문화재보호법 제44조 제1항 단서 제3호의 규정에 의한 '건설공사를 계속하기 위한 고분발굴 허가'**: 구 문화재보호법 제44조 제1항 단서 제3호의 규정에 의하여 문화체육부장관 또는 그 권한을 위임받은 문화재관리국장 등이 건설공사를 계속하기 위한 발굴허가신청에 대하여 그 공사를 계속하기 위하여 부득이 발굴할 필요가 있는지의 여부를 결정하여 발굴을 허가하거나 이를 허가하지 아니함으로써 원형 그대로 매장되어 있는 상태를 유지하는 조치는 허가권자의 재량행위에 속하는 것이므로, 행정청은 발굴허가가 신청된 고분 등의 역사적 의의와 현상, 주변의 문화적 상황 등을 고려하여 역사적으로 보존되어 온 매장문화재의 현상이 파괴되어 다시는 회복할 수 없게 되거나 관련된 역사문화자료가 멸실되는 것을 방지하고 그 원형을 보존하기 위한 공익상의 필요에 기하여 그로 인한 개인의 재산권 침해 등 불이익이 훨씬 크다고 여겨지는 경우가 아닌 한 발굴을 허가하지 아니할 수 있다 할 것이고, 행정청이 매장문화재의 원형보존이라는 목표를 추구하기 위하여 문화재보호법 등 관계 법령이 정하는 바에 따라 내린 전문적·기술적 판단은 특별히 다른 사정이 없는 한 이를 최대한 존중하여야 한다(대판 2000.10.27. 99두264).

④ **장래 발생할 상황에 대한 예측**: 장래에 발생할 불확실한 상황과 파급효과에 대한 예측이 필요한 요건에 관한 행정청의 재량적 판단은, 그 내용이 현저히 합리성을 결여하였다거나 상반되는 이익이나 가치를 대비해 볼 때 형평이나 비례의 원칙에 뚜렷하게 배치되는 등의 사정이 없는 한 존중하여야 한다(대판 2022.9.7. 2022두40376).

⑤ **형성적 결정의 영역(급부영역, 인력수급계획)**: 형성적 결정은 도시계획행정과 같이 행정기관에 대하여 광범한 형성의 자유가 주어지기 때문에, 행정기관의 결정에 판단여지 내지 판단우위가 존재하게 된다(도시계획법 제10조의2에 의한 도시기본계획의 수렴).

제3장 행정행위의 내용

제1절 법률행위적 행정행위

행정행위를 법적효과의 발생원인에 따라 구분할 수 있다. 즉, 행정행위의 효과가 의사표시를 구성요소로 하는가 아니면 의사표시 이외의 법률규정을 근거로 하는가에 따라서 법률행위적 행정행위와 준법률행위적 행정행위로 구분한다. 법률행위적 행정행위는 그 법적 효과가 행정청의 효과의사표시의 내용에 따라 발생하는 행위를 말하며, 준법률행위적 행정행위는 그 효과가 행정청의 단순한 정신작용의 표현에 따라 법령이 정하는 효과가 부여되는 행위를 말한다. 법률행위적 행정행위는 다시 상대방에 대한 법률효과의 내용에 따라 명령적 행정행위와 형성적 행정행위로 나누어진다.

1 명령적 행위

1. 개괄
명령적 행위란 국민에 대한 일정한 의무 부과나 이들 의무를 해제함을 내용으로 하는 행정행위로서 상대방에 대해 새로운 권리 또는 능력의 형성을 목적으로 하는 형성적 행정행위와 구별된다.

2. 하명

(1) 의의(작부수급)

하명이란 개인의 자유를 제한하고 의무를 부과하는 것을 내용으로 하는 행위로서 작위·부작위·수인·급부를 명하는 행정행위를 말한다. 따라서 내용에 따라 작위의무를 부과하는 작위하명(예 철거명령), 부작위의무를 부과하는 부작위하명(예 통행금지), 급부의무를 부과하는 급부하명(예 조세부과), 수인의무를 부과하는 수인하명(예 대집행 실행에 대한 수인의무 부과)으로 구분된다.

(2) 법적 근거

하명은 개인의 자유를 제한하여 의무를 부과하는 침익적 행정행위에 해당한다. 따라서 헌법 제37조 제2항에 의거하여 반드시 법률의 근거를 요한다.

(3) 형식

① **처분하명**: 처분하명이란 법령에 근거한 처분에 의하여 행해지는 것을 말한다. 또한 특별한 규정이 없는 한 다른 행정행위와 마찬가지로 불요식이 원칙이나, 행정절차법상 문서주의를 채택하고 있으므로 요식이 원칙이라는 견해가 있다.

② **법규하명**: 법규하명이란 청소년보호법상 미성년자에 대한 유해약물판매금지처럼 구체적인 처분을 매개로 하지 않고 법령 자체에 의하여 직접 의무를 발생시키는 하명을 말한다(예 음주운전 금지, 횡단보도 서행의무 등).

(4) 상대방과 대상
① **상대방**: 하명의 상대방은 원칙적으로 특정인에게 하나 불특정 다수인 경우(예 특정도로의 통행금지, 예방접종고시)도 있다. 이러한 경우를 일반처분이라 한다(특허·인가는 일반 처분일 수 없고 언제나 신청을 전제로 한다).
② **대상**: 사실행위(예 무허가 건물 철거, 교통장애물의 제거, 불법간판의 철거, 도로의 통행)와 법률행위(예 영업행위 금지, 무기매매, 토지처분) 모두 하명의 대상이 될 수 있다.

(5) 하명 위반의 효과(적법요건)
수명자가 이러한 하명을 위반·불이행한 경우에는 행정상 강제집행(작위하명 불이행) 또는 행정벌(부작위 하명 위반)의 대상이 된다. 하지만, 사법상의 효력은 유효하다(예 불법무기 거래행위는 처벌은 받지만 거래 자체는 유효, 영업정지기간 중의 술판매행위는 처벌은 받지만 판매행위는 유효).

3. 허가

(1) 의의
① **개념**: 허가란 법령에 의한 일반적·상대적 금지(영업허가, 건축허가 등)를 특정한 경우에 해제함으로써 적법하게 일정한 행위를 할 수 있도록 해주는 행정행위를 말한다. 이는 기존의 자유가 회복됨을 의미한다(예방적 금지는 허가의 대상이 되지만 절대적 금지는 허가의 대상이 될 수 없다).
② **구별개념 – 예외적 허가(승인)**
  ㉠ **의의**: 예외적 승인이란 사회적으로 유해하거나 바람직하지 않은 것을 법령상 원칙적으로 금지(억제적 금지)하고 있으나, 예외적인 경우에 이러한 금지를 해제하여 당해 행위를 적법하게 할 수 있게 해주는 행위를 말한다.
  ㉡ **실정법상 사례**: 마약류 관리에 관한 법률, 학교보건법, 자연공원법 등에 예외적 승인이 규정되어 있다. 판례는 예외적 승인이라는 용어 대신에 "예외적 허가"라는 표현을 사용하고 있다(예 국토의 계획 및 이용에 관한 법률상의 개발제한구역 내에서의 건축허가, 학교보건법상 학교환경위생정화구역 내에서의 여관·당구장 설치승인, 자연공법원상 개발허가, 치료목적의 아편 사용허가, 카지노 사업의 영업허가, 총포 등의 소지허가).
  ㉢ **재량성**: 유해한 대상에 대한 억제적 금지라는 점에서 허가와 다르며 공익을 기준으로 그 여부를 결정하기 때문에 재량행위의 성질을 가진다.

> **간단 점검하기**
>
> 개발제한구역 내의 건축물의 용도변경에 대한 예외적 허가는 그 상대방에게 제한적이므로 기속행위에 속하는 것이다. (×)

> **관련판례**
>
> 1. **개발제한구역 내에서의 건축허가**
>
>   개발제한구역 내에서는 구역 지정의 목적상 건축물의 건축, 공작물의 설치, 토지의 형질변경 등의 행위는 원칙적으로 금지되고, 다만 구체적인 경우에 위와 같은 구역 지정의 목적에 위배되지 아니할 경우 예외적으로 허가에 의하여 그러한 행위를 할 수 있게 되며, 한편 개발제한구역 내에서의 건축물의 건축 등에 대한 예외적 허가는 그 상대방에게 수익적인 것으로서 재량행위에 속하는 것이라고 할 것이므로 그에 관한 행정청의 판단이 사실오인, 비례·평등의 원칙위배, 목적위반 등에 해당하지 아니하는 이상 재량권의 일탈·남용에 해당한다고 할 수 없다(대판 2004.7.22. 2003두7606).
>
> 2. **개발제한구역 내에서의 건축물 용도변경**
>
>   도시의 무질서한 확산을 방지하고 도시주변의 자연환경을 보전하여 도시민의 건전한 생활환경을 확보하기 위하여 지정되는 개발제한구역 내에서는 구역 지정의 목적상 건축물의 건축이나 그 용도변경은 원칙적으로 금지되고, 다만 구체적인 경우에 위와 같은 구역 지정의 목적에 위배되지 아니할 경우 예외적으로 허가에 의하여 그러한 행위를 할 수 있게 되어 있음이 위와 같은 관련 규정의 체재와 문언상 분명한 한편, 이러한 건축물의 용도변경에 대한 예외적인 허가는 그 상대방에게 수익적인 것에 틀림이 없으므로, 이는 그 법률적 성질이 재량행위 내지 자유재량행위에 속하는 것이라고 할 것이고, 따라서 그 위법 여부에 대한 심사는 재량권 일탈·남용의 유무를 그 대상으로 한다(대판 2001.2.9. 98두17593).
>
> 3. 구 문화재보호법 제44조 제1항 단서 제3호의 규정에 의한 건설공사를 계속하기 위한 고분 발굴허가(허가권자의 재량행위)(대판 2000.10.27. 99두264)
>
> 4. 학교보건법상 학교환경위생정화구역 안에서의 유흥주점 영업허가(대판 1996.10.29. 96누8253)
>
> 5. 자연공원법이 적용되는 지역 내에서의 식품위생법상 단란주점영업허가(대판 2001.1.30. 99두3577)

(2) 법적 근거

> 행정기본법 제14조【법 적용의 기준】② 당사자의 신청에 따른 처분은 법령등에 특별한 규정이 있거나 처분 당시의 법령등을 적용하기 곤란한 특별한 사정이 있는 경우를 제외하고는 처분 당시의 법령등에 따른다.

① **법령개정 시 적법성 판단시점**

㉠ **원칙**: 허가처분에 대한 적법성 판단시는 처분시이다. 따라서 허가의 신청 후 허가기준에 변경이 있게 되면 허가는 원칙적으로 신청당시의 법이 아닌 허가당시의 개정법령에 따라서 행해져야 한다.

㉡ **예외**: 다만, ⓐ 정당한 이유 없이 처리를 지연한 경우나 ⓑ 경과규정이 존재하는 경우에는 예외적으로 법령이 개정되었다 하더라도 신청인에게 신법에 따라 보완할 수 있는 기회를 부여해야 한다.

② **허가의 신청**: 허가는 원칙적으로 상대방의 신청에 의하여 행하여지는 것이 보통이고, 둘 이상의 출원이 경합한 경우에 먼저 출원한 자를 우선시키는 선원주의가 적용된다. 그러나 예외적으로 통행금지의 해제와 같이 신청에 의하지 않는 허가도 있다. 또한 신청 없는 특허·인가는 당연무효가 되나 신청 없는 허가는 취소사유라는 것이 판례이다.
③ **행정권에 의한 허가요건 추가 금지**: 법령에 없는 요건을 들어 허가를 거부할 수는 없다.

> **관련판례**
>
> 1. 법령에 근거 없이 시의 예규로써 양곡가공시설물 설치장소에 대한 거리제한을 할 수 없음 영업의 자유는 헌법상 국민에게 보장된 자유의 범위 내에 포함되는 것이어서 질서유지와 공공복리를 위하여 필요한 경우에 한하여 법률로써 영업의 자유를 예외적으로 제한할 수 있음에 불과한 것이라고 할 것인바, 양곡관리법등 관계법령에 논지주장과 같은 사유로서 양곡가공시설물 설치장소에 대한 거리를 제한할 수 있는 규정을 한 조문이 없으므로 그 제한거리를 규정한 서울특별시의 예규가 헌법상 보장된 이 영업의 자유를 제한할 수도 없을 것이다(대판 1981.1.27. 79누433).
>
> 2. 기속재량에 속하는 사설묘지 등의 설치허가의 요건을 법률의 위임 없이 조례에 의하여 추가하는 것은 위법
>
>   매장 및 묘지등에 관한 법률 제8조의 사설묘지 등의 설치허가행위는 같은 법 시행령 제5조 제2항 등에 정해진 기준에 의한 기속재량행위라고 보아야 할 것이므로, 행정청으로서는 법령이 정한 기준에 해당하면 사설묘지 등을 설치하는 것을 허가하지 아니하면 아니 되고, 군의회에서 의결된 '묘지등 설치허가시 주민의견청취에 관한 조례안' 제3조는 위 법률이 정한 사설묘지 등의 허가요건에 대하여 위 법률과 동일 또는 유사한 목적에서 법령의 근거 없이 영향권 내 주민 3분의 2 이상의 찬성이라는 새로운 허가요건을 가중하는 것이 되므로 법령의 요건에만 해당하면 사설묘지 등의 설치허가를 하여야 하도록 규정한 매장 및 묘지등에 관한 법률 및 같은 법 시행령에 위반되는 위법한 것이다(대판 1995.12.22. 95추32).

④ **허가의 거부**: 판례에 따르면 명문의 근거가 있어야만 허가를 거부할 수 있다. 허가의 성질이 기속행위이기 때문에 판례의 태도는 타당하다.

> **관련판례** 관계법규에서 정하는 제한사유 이외의 사유로 허가거부 가능 여부
>
> 1. 원칙적인 입장 – 관계법령에서 정하는 제한사유 외의 사유로 허가거부 못함
>   ① **건축허가**: 건축허가권자는 건축허가신청이 건축법이나 도시계획법 등 관계 법규에서 정하는 어떠한 제한에 배치되지 않는 이상 당연히 건축허가를 하여야 하므로 공익상 필요 없음에도 불구하고 요건을 갖춘 자에 대한 허가를 관계법령에서 정하는 제한사유 이외의 사유를 들어 거부할 수는 없다(대판 1992.12.11. 92누3038).

② **사설납골당 설치허가**: 재단법인이 아닌 자연인이 불특정다수인을 상대로 사설납골당을 설치하는 것을 허용해야 할 것인가 여부는 사설납골당설치허가를 기속재량행위에 속하는 사항이라고 보는 한 이를 금지하는 법령의 규정이 없는 이상 자연인의 사설납골당 설치를 재단법인이 아니라는 이유로 불허할 수는 없고, 더욱이 사설납골당 설치기준을 매장 및 묘지등에 관한 법률 시행령 제5조 제2항 제3호에서 같은 영 제4조 제3호의 공설납골당 설치기준에 따라 설치하도록 하고 있는 이상, 그 주체가 자연인이든 재단법인이든 관계가 없이 설치기준에 맞으면 비록 자연인이라 할지라도 허용해야 한다(대판 1994.9.13. 94누3544).

2. 예외적인 입장 - 법정 허가요건 외에 공익상 이유로 허가거부 가능

① **산림 훼손허가**: 산림훼손은 국토 및 자연의 유지와 수질 등 환경의 보전에 직접적으로 영향을 미치는 행위이므로, 법령이 규정하는 산림훼손 금지 또는 제한 지역에 해당하는 경우는 물론 금지 또는 제한 지역에 해당하지 않더라도 허가관청은 산림훼손허가신청 대상토지의 현상과 위치 및 주위의 상황 등을 고려하여 국토 및 자연의 유지와 환경의 보전 등 중대한 공익상 필요가 있다고 인정될 때에는 허가를 거부할 수 있고, 그 경우 법규에 명문의 근거가 없더라도 거부처분을 할 수 있다(대판 2003.3. 28. 2002두12113).

② **농지전용허가**: 농지전용행위에 대하여 허가관청은 구 농지법 시행령이 정한 심사기준에 부적합한 경우는 물론 대상 농지의 현상과 위치 및 주위의 상황 등을 종합적으로 고려하여 국토 및 자연의 유지와 환경의 보전 등 중대한 공익상 필요가 있다고 인정되는 경우에도 이를 불허가 할 수 있다. 농지전용신청 대상 농지가 국립공원인 치악산 인근에 위치하고 있고 주변이 마을관광단지로 지정되어 일반 시민의 휴식공간으로 이용되고 있으며 산림훼손 제한지역으로 고시되어 있는 경우, 여관 건물을 신축하기 위한 농지전용허가신청에 대한 불허가처분이 중대한 공익상의 필요에 의한 것으로서 적법하다(대판 2000.5.12. 98두15382).

③ **입목굴채허가**: 산림 내에서의 입목벌채는 국토 및 자연의 유지와 환경의 보전에 직접적으로 영향을 미치는 행위가 된다는 점 등을 종합하여 보면, 허가관청은 입목굴채 허가신청 대상 토지의 현상과 위치 및 주위의 상황 등을 고려하여 국토 및 자연의 유지와 환경의 보전 등 중대한 공익상 필요가 있다고 인정될 때에는 허가를 거부할 수 있다(대판 2001.11.30. 2001두5866).

(3) 종류

허가의 양도성을 기준으로 다음과 같이 3가지로 분류할 수 있다.

① **대인적 허가**: 대인적 허가는 이전이 불가능한 허가로서 사람의 주관적 요소를 심사의 대상으로 한다. 따라서 하자승계가 인정되지 않는다. 허가의 상대방은 보통 특정인을 대상으로 하나, 불특정인을 대상으로 하는 일반처분도 가능하다(예 통행금지 해제, 입산금지해제).

② **대물적 허가**: 대물적 허가는 이전이 가능한 허가로서 물건의 객관적 사정에 착안하여 행하는 허가이다. 따라서 하자승계가 인정된다. 판례 역시 석유판매업허가사건에서 ㉠ 석유판매업 허가는 대물적 허가이므로 하자의 승계가 인정되기 때문에 ㉡ 양도인의 아들이 부정휘발유를 판매하였다는 이유로 양수인에 대한 주유소영업허가취소처분은 적법하다고 판시한 바 있다.

> **간단 점검하기**
>
> 건축허가는 대물적 성질을 갖는 것이어서 행정청으로서는 허가를 할 때에 건축주 또는 토지 소유자가 누구인지 등 인적 요소에 관하여는 형식적 심사만 한다. (○)

관련판례

1. 채석허가를 받은 자가 사망한 경우, 상속인에게 그 지위가 승계됨

채석허가를 받은 자의 지위를 승계한 자는 단독으로 관할 행정청에의 명의변경신고를 통하여 수허가자의 명의를 변경할 수 있는 것으로 규정하고, 같은 법 제4조는 법에 의하여 행한 처분 등은 토지소유자 및 점유자의 승계인에 대하여도 그 효력을 미치도록 규정하고 있는 점, 채석허가는 수허가자에 대하여 일반적·상대적 금지를 해제하여 줌으로써 채석행위를 자유롭게 할 수 있는 자유를 회복시켜 주는 것일 뿐 권리를 설정하는 것이 아니라 하더라도, 대물적 허가의 성질을 아울러 가지고 있는 점 등을 감안하여 보면, 수허가자가 사망한 경우 특별한 사정이 없는 한 수허가자의 상속인이 수허가자로서의 지위를 승계한다고 봄이 상당하다(대판 2005.8.19. 2003두9817·9824).

2. 산림을 무단형질변경한 자가 사망한 경우, 당해 토지의 소유권 또는 점유권을 승계한 상속인은 그 복구의무를 부담

원상회복명령에 따른 복구의무는 타인이 대신하여 행할 수 있는 의무로서 일신전속적인 성질을 가진 것으로 보기 어려운 법, 같은 법 제4조가 법에 의하여 행한 처분·신청·신고 기타의 행위는 토지소유자 및 점유자의 승계인 등에 대하여도 그 효력이 있다고 규정하고 있는 것은 산림의 보호·육성을 통하여 국토의 보전 등을 도모하려는 법의 목적을 감안하여 법에 의한 처분 등으로 인한 권리와 아울러 그 의무까지 승계시키려는 취지인 점 등에 비추어 보면, 산림을 무단형질변경한 자가 사망한 경우 당해 토지의 소유권 또는 점유권을 승계한 상속인은 그 복구의무를 부담한다고 봄이 상당하고 따라서 관할 행정청은 그 상속인에 대하여 복구명령을 할 수 있다고 보아야 한다(대판 2005.8.19. 2003두9817·9824).

3. 폐기물중간처리업 허가 - 혼합적 허가

구 폐기물관리법 각 규정을 종합하면, 폐기물중간처리업 허가는 폐기물처리를 위한 시설 및 기술능력 등 객관적 요소를 주된 대상으로 하는 대물적 허가 내지는 대물적 요소가 강한 혼합적 허가(대인적 요소로는, 법 제27조에서 위 법에 위반하여 형을 받거나 폐기물중간처리업의 허가가 취소된 후 2년이 경과되지 아니한 자 등에 대하여 허가를 금하고 있는 것 등을 들 수 있다)로서, 그 영업장의 소재지 및 시설등은 폐기물중간처리업 허가의 대상을 이루는 중요한 요소라 할 것이다(대판 2008.4.11. 2007두17113).

> **참고** 사례정리 - 영업양도양수의 법리

1. **<사례1>** 양도인 A가 자신의 영업을 양수인 B에게 양도하는 경우

   > ① 양수인 B는 행정청에 지위승계신고를 하여야 한다.
   > ② 지위승계신고는 수리를 요하는 신고에 해당하므로, 행정청의 수리행위는 처분에 해당한다.
   > ③ 행정청의 지위승계신고에 대한 수리처분은 A에 대해서는 허가를 취소하는 의미로 침익적 처분이고, B에 대해서는 허가를 부여하는 수익적인 처분이다. 따라서 행정청은 A에게 수리처분을 하기 전에 행정절차법에 따라 사전통지를 하여야 한다.
   > ④ 만약 A가 과거의 위반행위가 적발되어 행정청이 제재처분을 하는 경우, B에 대해 제재처분을 한다(제재사유의 승계).

   > **[관련판례]**
   > 식품위생법 제39조 제1항, 제3항에 의한 영업양도에 따른 지위승계 신고를 행정청이 수리하는 행위는 단순히 양도·양수인 사이에 이미 발생한 사법상의 영업양도의 법률효과에 의하여 양수인이 그 영업을 승계하였다는 사실의 신고를 접수하는 행위에 그치는 것이 아니라, 양도자에 대한 영업허가 등을 취소함과 아울러 양수자에게 적법하게 영업을 할 수 있는 지위를 설정하여 주는 행위로서 영업허가자 등의 변경이라는 법률효과를 발생시키는 행위이다. 따라서 영업장 면적이 변경되었음에도 그에 관한 신고의무가 이행되지 않은 영업을 양수한 자 역시 그와 같은 신고의무를 이행하지 않은 채 영업을 계속한다면 시정명령 또는 영업정지 등 제재처분의 대상이 될 수 있다(대판 2020. 3.26. 2019두38830).

2. **<사례2>** 양도인 A가 자신의 영업을 양수인 B에게 양도하였는데 B가 지위승계신고를 하지 않은 경우

   > ① 이때 B를 사실상 양수인이라 한다. 실제로는 B가 사업을 운영하나 법적으로는 사업의 주체는 A이므로, B의 잘못으로 행정으로부터 제재처분을 받게 되는 경우에는 A가 그 책임을 지게 된다.
   > ② 행정청이 A에게 한 허가를 취소하고자 하는 경우, A에게만 취소의 통지를 하면 되고, B에게는 통지를 할 필요가 없다. 만약 B에 대해 통지를 하였다고 해도 이는 처분이 아니다.
   > ③ 위 허가가 취소되는 경우 처분의 상대방이 아닌 B는 허가취소를 다툴 원고적격이 인정된다.

   > **[관련판례]**
   > 1. 주택건설사업이 양도되었으나 그 변경승인을 받기 이전에 행정청이 양수인에 대하여 양도인에 대한 사업계획승인을 취소하였다는 사실을 통지한 경우, 위 통지가 항고소송의 대상이 되는 행정처분이 되는 것은 아니다(대판 2000.9.26. 99두646).
   > 2. 수허가자의 지위를 양수받아 명의변경신고를 할 수 있는 양수인의 지위는 단순한 반사적 이익이나 사실상의 이익이 아니라 산림법령에 의하여 보호되는 직접적이고 구체적인 이익으로서 법률상 이익이라고 할 것이고, 채석허가가 유효하게 존속하고 있다는 것이 양수인의 명의변경신고의 전제가 된다는 의미에서 관할 행정청이 양도인에 대하여 채석허가를 취소하는 처분을 하였다면 이는 양수인의 지위에 대한 직접적 침해가 된다고 할 것이므로 양수인은 채석허가를 취소하는 처분의 취소를 구할 법률상 이익을 가진다(대판 2003.7.11. 2001두6289).

3. **<사례3>** 양도인 A가 자신의 영업을 양수인 B에게 양도하여 지위승계신고를 하였는데, 양도계약이 무효인 경우

   > ① 원칙적으로 A는 민사소송으로 양도계약의 무효를 다투고, 그 후 수리처분의 무효를 다툴 수 있다.
   > ② 하지만 A는 민사소송을 거치지 않고 바로 수리처분에 대한 무효확인소송을 제기할 수 있다는 것이 판례의 태도이다.

   > **[관련판례]**
   > 사업양도·양수에 따른 허가관청의 지위승계신고의 수리는 적법한 사업의 양도·양수가 있었음을 전제로 하는 것이므로 그 수리대상인 사업양도·양수가 존재하지 아니하거나 무효인 때에는 수리를 하였다 하더라도 그 수리는 유효한 대상이 없는 것으로서 당연히 무효라 할 것이고, 사업의 양도행위가 무효라고 주장하는 양도자는 민사쟁송으로 양도·양수행위의 무효를 구함 없이 막바로 허가관청을 상대로 하여 행정소송으로 위 신고수리처분의 무효확인을 구할 법률상 이익이 있다(대판 2005.12.23. 2005두3554).

(4) 성질
  ① **행정행위**: 허가는 하명과 달리 처분의 형식으로만 가능하고 법규허가는 허용되지 않는다. 법규허가를 허용하려면 처음부터 금지를 하지 않으면 되기 때문이다(하명과 특허는 법규하명이나 법규특허가 가능하다).
  ② **재량행위인지 기속행위인지 여부**: 자유권의 회복이라는 점에서 허가의 요건을 충족하는 경우 행정청에게는 허가를 하여야 할 의무가 존재한다. 따라서 허가는 기속행위이다.

> **관련판례** 원칙적인 입장 → 기속행위
>
> 1. 건축허가(대판 1995.6.13. 94다56883)
>
> 2. 위생접객업허가
>
>   공중위생법상의 위생접객업허가는 그 성질상 일반적 금지의 해제에 불과하므로 허가권자는 법에서 정한 요건을 구비한 때에는 이를 반드시 허가하여야 한다(대판 1989.9.12. 88누9206).
>
> 3. 광천음료수제조업허가
>
>   광천음료수제조업허가는 성질상 일반적 금지에 대한 해제에 불과하므로 허가권자는 허가신청이 소정의 요건을 구비한 때에는 이를 반드시 허가하여야 한다(대판 1993.2.12. 92누5959).
>
> 4. 기부금품모집허가
>
>   기부금품모집 규제법상의 기부금품모집 허가는 공익 목적을 위하여 일반적·상대적으로 제한된 기본권적 자유를 다시 회복시켜주는 강학상의 허가에 해당하는 만큼 그에 대한 허가절차는 기부금품을 자유로이 모집할 수 있는 권리(이는 헌법상의 행복추구권에서 파생되는 일반적 행동자유권에 속한다) 자체를 제거해서는 아니되고 … 기부금품모집허가의 법적 성질이 강학상의 허가라는 점을 고려하면, 기부금품 모집행위가 같은 법 제4조 제2항의 각 호의 사업에 해당하는 경우에는 특별한 사정이 없는 한 그 모집행위를 허가하여야 하는 것으로 풀이하여야 한다(대판 1999.7.23. 99두3690).

> **관련판례** 예외적인 경우 → 재량행위
>
> 1. 유기장영업허가는 허가, 하지만 이를 철회하는 것은 재량
>
>   유기장영업허가는 유기장영업권을 설정하는 설권행위가 아니고 일반적 금지를 해제하는 영업자유의 회복이라 할 것이므로 그 영업상의 이익은 반사적 이익에 불과하고 행정행위의 본질상 금지의 해제나 그 해제를 다시 철회하는 것은 공익성과 합목적성에 따른 당해 행정청의 재량행위라 할 것이다(대판 1985.2.8. 84누369).
>
> 2. 도시지역 안에서 토지의 형질변경행위를 수반하는 건축허가
>
>   토지의 형질변경허가는 그 금지요건이 불확정개념으로 규정되어 있어 그 금지요건에 해당하는지 여부를 판단함에 있어서 행정청에게 재량권이 부여되어 있다고 할 것이므로, 국토의 계획 및 이용에 관한 법률에 의하여 지정된 도시지역 안에서 토지의 형질변경행위를 수반하는 건축허가는 결국 재량행위에 속한다(대판 2005.7.14. 2004두6181).

> **간단 점검하기**
>
> 식품위생법상 일반(대중)음식점 영업허가는 성질상 일반적 금지의 해제에 불과하므로 허가권자는 허가 신청이 법에서 정한 요건을 구비한 때에는 허가하여야 하고, 관계 법령에서 정하는 제한사유 외에 공공복리 등의 사유를 들어 허가신청을 거부할 수는 없고, 이러한 법리는 일반음식점 허가사항의 변경허가에 관하여도 마찬가지이다. (○)

3. **건축허가는 일반적으로 기속행위이나, 위락시설 또는 숙박시설에 해당하는 건축물의 건축을 허가하는 경우에는 재량성을 인정(러브호텔 사건)**

   학생들의 교육환경과 인근 주민들의 주거환경 보호라는 공익이 숙박시설 건축허가신청을 반려한 처분으로 그 신청인이 잃게 되는 이익의 침해를 정당화할 수 있을 정도로 크므로, 위 반려처분이 신뢰보호의 원칙에 위배되지 않는다(대판 2005.11.25. 2004두6822).

   > 건축법 제11조【건축허가】④ 허가권자는 위락시설이나 숙박시설에 해당하는 건축물의 건축을 허가하는 경우 해당 대지에 건축하려는 건축물의 용도·규모 또는 형태가 주거환경이나 교육환경 등 주변 환경을 고려할 때 부적합하다고 인정하면 이 법이나 다른 법률에도 불구하고 건축위원회의 심의를 거쳐 건축허가를 하지 아니할 수 있다.

   ③ **명령적 행위인지 여부**: 전통적으로 허가는 자연적 자유를 회복시켜주는 행위이기 때문에 명령적 행위(다수설, 판례)로 보아 형성적 행위와 구별했으나, 법적 지위의 설정행위, 즉 자유권을 적법하게 행사하게 해주는 행위라는 점에서 오히려 형성적 행위로 볼 여지도 있다.

(5) **허가의 대상**
  ① **허가의 대상**
    ㉠ 상대적 금지만이 허가의 대상이 될 수 있고, 절대적 금지(예 인신매매)는 허가의 대상이 될 수 없다.
    ㉡ 허가의 대상은 주로 사실행위(예 건축, 통행)가 되나, 법률행위(예 무기양도)인 경우도 있다.
  ② **허가의 변동**
    ㉠ **허가의 갱신**
      ⓐ **개념**: 이는 허가의 효력을 유지하기 위해 하는 행위를 말한다.
      ⓑ **효과**: 허가갱신이 있으면 기존의 허가의 효력을 유지시키는 것이므로, 새로운 허가를 받는 것은 아니다. 따라서 갱신 후에도 갱신 전의 법위반을 이유로 허가취소 가능하다.

      > **관련판례**
      > 유료직업 소개사업의 허가갱신은 허가취득자에게 종전의 지위를 계속 유지시키는 효과를 갖는 것에 불과하고 갱신 후에는 갱신 전의 법 위반 사항을 불문에 붙이는 효과를 발생하는 것이 아니므로 일단 갱신이 있은 후에도 갱신 전의 법 위반 사실을 근거로 허가를 취소할 수 있다(대판 1982.7.27. 81누174).

      ㉢ **신청**: 갱신의 신청은 반드시 허가기간 만료 전에 해야 한다. 허가기간이 경과된 후에 하는 허가갱신 신청은 새로운 허가의 신청으로 보아야 한다.

> **관련판례**
>
> 건설업면허의 갱신이 있으면 기존 면허의 효력은 동일성을 유지하면서 장래에 향하여 지속한다 할 것이고 갱신에 의하여 갱신전의 면허는 실효되고 새로운 면허가 부여된 것이라고 볼 수는 없으므로 면허갱신에 의하여 갱신 전의 건설업자의 모든 위법사유가 치유된다거나 일정한 시일의 경과로서 그 위법사유가 치유된다고 볼 수 없다(대판 1984.9.11. 83누658).

ⓓ **허가기간이 부당하게 짧은 경우**: 지나치게 짧은 허가기간은 허가의 존속기간이 아닌, 허가조건의 갱신기간으로 본다. 따라서 갱신 후에는 갱신 전의 법 위반사항을 불문에 붙이는 효과를 발생하는 것이 아니므로 일단 갱신이 있은 후에도 갱신 전의 법 위반사실을 근거로 허가를 취소할 수 있다(대판 1982.7.27. 81누174).

> **관련판례**
>
> 일반적으로 행정처분에 효력기간이 정하여져 있는 경우에는 그 기간의 경과로 그 행정처분의 효력은 상실되고, 다만 허가에 붙은 기한이 그 허가된 사업의 성질상 부당하게 짧은 경우에는 이를 그 허가 자체의 존속기간이 아니라 그 허가조건의 존속기간으로 보아 그 기한이 도래함으로써 그 조건의 개정을 고려한다는 뜻으로 해석할 수는 있지만, 그와 같은 경우라 하더라도 그 허가기간이 연장되기 위하여는 그 종기가 도래하기 전에 그 허가기간의 연장에 관한 신청이 있어야 하며, 만일 그러한 연장신청이 없는 상태에서 허가기간이 만료하였다면 그 허가의 효력은 상실된다(대판 2007.10.11. 2005두12404).

ⓔ **갱신허가의 여부**

> **관련판례**
>
> 사행행위를 단속함을 목적으로 제정된 구 복표발행, 현상기타사행행위단속법(1991.3.8. 법률 제4339호 사행행위등규제법으로 개정되기 전의 것)의 규정에 비추어 보면 사행행위의 허가는 그것이 비록 갱신허가라 하더라도 종전 허가에 붙여진 기한의 연장에 불과하여 관련 법령의 변동이나 위법한 사유가 새로 발생하는 등 사정의 변화가 없는 한 반드시 갱신하여야 하는 것은 아니고 위 법조 소정의 허가요건이나 그 밖에 다른 법령에 저촉되는가의 여부 및 공익 등을 고려하여 허가 여부를 결정하여야 한다고 봄이 상당하다(대판 1992.10.23. 92누4543).

ⓛ **허가의 소멸**: 철회사유 발생 시 일부철회도 가능하다고 본다.

> **관련판례**
>
> **2인 공동명의로 된 주류제조면허에서 그 중 1인이 면허취소신청을 한 것만으로 2인 공동명의로 된 면허를 취소할 수 있는지 여부**
>
> 주세법 제14조에 의하면 주류제조업은 상속성이 인정되고 상속자는 같은 법 제10조 1호, 2호, 5호 내지 7호 또는 11호의 규정에 해당하지 아니한 경우에는 당연히 상속의 신고당시에 그 주류 제조업의 면허를 받은 것으로 본다고 규정하고 있으므로 주류제조면허가 국가의 수입확보를 위하여 설정된 재정허가의 일종

이기는 하나 이는 원심판시와 같은 소위 일신전속적인 재정허가가 아니고 제조장 단위의 이전성이 인정되는 소위 대물적 허가로서 허가받은 자의 인격 변동이 당연히 허가취소사유에 해당한다고 할 수 없다(대판 1975.3.11. 74누138).

ⓒ **수익적 행정행위인 허가의 취소·철회의 제한**
이익형량의 원리에 의해서 허가의 취소·철회 여부를 판단한다.

(6) 허가의 효과

① **허가로 인한 이익**: 행정청에 대한 허가신청에 있어서 ㉠ 관계법규의 취지가 개인의 이익도 보호하려는 것인 때에는 법률상 이익이 있다 할 것이나, ㉡ 경업자관계의 경우에 기존업자의 이익은 흔히 반사적 이익으로 본다. 판례의 입장은 법률상 이익으로 본 경우도 있고, 반사적 이익으로 본 경우도 있다.

㉠ **법률상 이익으로 본 판례**: 주유소설치허가(거리제한), 주류제조면허, 약종상 영업허가, 분뇨 등(분뇨와 축산폐수 수집·운반업 및 정화조청소업) 관련 영업허가 등

㉡ **반사적 이익으로 본 판례**: 숙박업구조변경허가, 공중목욕탕 영업허가, 양곡가공업 허가, 약사의 한약조제권 인정에 대한 한의사 등

> **관련판례** 허가로 인한 이익 → 반사적 이익(원칙)
>
> 1. 유기장영업허가
>
> 유기장영업허가는 유기장영업권을 설정하는 설권행위가 아니고 일반적 금지를 해제하는 영업자유의 회복이라 할 것이므로 그 영업상의 이익은 반사적 이익에 불과하고 행정행위의 본질상 금지의 해제나 그 해제를 다시 철회하는 것은 공익성과 합목적성에 따른 당해 행정청의 재량행위라 할 것이다(대판 1985.2.8. 84누369).
>
> 2. 한의사면허
>
> 한의사 면허는 경찰금지를 해제하는 명령적 행위(강학상 허가)에 해당하고, 한약조제시험을 통하여 약사에게 한약조제권을 인정함으로써 한의사들의 영업상 이익이 감소되었다고 하더라도 이러한 이익은 사실상의 이익에 불과하고 약사법이나 의료법 등의 법률에 의하여 보호되는 이익이라고는 볼 수 없으므로, 한의사들이 한약조제시험을 통하여 한약조제권을 인정 받은 약사들에 대한 합격처분의 무효확인을 구하는 당해 소는 원고적격이 없는 자들이 제기한 소로서 부적법하다(대판 1998.3.10. 97누4289).

관련판례 허가로 인한 이익 → 법률상 이익(예외)

1. **허가에 있어서 법률상 이익을 인정받기 위한 요건**

   일반적으로 면허나 인·허가 등의 수익적 행정처분의 근거가 되는 법률이 해당 업자들 사이의 과당경쟁으로 인한 경영의 불합리를 방지하는 것도 그 목적으로 하고 있는 경우, 다른 업자에 대한 면허나 인·허가 등의 수익적 행정처분에 대하여 미리 같은 종류의 면허나 인·허가 등의 수익적 행정처분을 받아 영업을 하고 있는 기존의 업자는 경업자에 대하여 이루어진 면허나 인·허가 등 행정처분의 상대방이 아니라 하더라도 당해 행정처분의 취소를 구할 원고적격이 있다(대판 2006.7.28. 2004두6716).

2. **주류제조면허**

   주류제조면허는 국가의 수입확보를 위하여 설정된 재정허가의 일종이지만 일단 이 면허를 얻은 자의 이득은 단순한 사실상의 반사적 이득에만 그치는 것이 아니라 주세법의 규정에 따라 보호되는 이득이고, 주세법상 주류제조면허의 양도가 인정되지 않고 있으나, 국세청훈령으로 보충면허제도를 두어 기존면허업자가 그 면허를 자진 취소함과 동시에 그에 대체하여 동일 제조장에 동일 면허종목을 신청하는 경우에는 그 면허를 부여함으로써 당사자간의 면허의 양도를 간접적으로 허용하고 있으며, 주류제조의 신규면허는 주세당국의 억제책으로 사실상 그 취득이 거의 불가능하여 위와 같은 보충면허를 받는 방법으로 면허권의 양도가 이루어지고 있는 이상, 위 면허권이 가지는 재산적 가치는 현실적으로 부인할 수 없을 것이다(대판 1989.12.22. 89누46).

3. **한지약종상허가**

   甲이 적법한 약종상허가를 받아 허가지역 내에서 약종상영업을 경영하고 있음에도 불구하고 행정관청이 구 약사법 시행규칙을 위배하여 같은 약종상인 乙에게 乙의 영업허가지역이 아닌 甲의 영업허가지역내로 영업소를 이전하도록 허가하였다면 甲으로서는 이로 인하여 기존업자로서의 법률상 이익을 침해받았음이 분명하므로 甲에게는 행정관청의 영업소이전허가처분의 취소를 구할 법률상 이익이 있다(대판 1988.6.14. 87누873).

4. **기존 주유소 업자가 거리제한으로 얻는 독점적 경제적 이익**

   판례는 주유소위치 변경 신청 불허가처분사건에서 주유소거리 제한은 적법한 것이라 판시하였다(대판 1974.11.26. 74누110).

5. **분뇨 등(분뇨와 축산폐수 수집·운반업 및 정화조청소업) 관련 영업허가**

   일반적으로 면허나 인·허가 등의 수익적 행정처분의 근거가 되는 법률이 해당 업자들 사이의 과당경쟁으로 인한 경영의 불합리를 방지하는 것도 그 목적으로 하고 있는 경우, 다른 업자에 대한 면허나 인·허가 등의 수익적 행정처분에 대하여 이미 같은 종류의 면허나 인·허가 등의 수익적 행정처분을 받아 영업을 하고 있는 기존의 업자는 경업자에 대하여 이루어진 면허나 인·허가 등 행정처분의 상대방이 아니라 하더라도 당해 행정처분의 취소를 구할 원고적격이 있다. 따라서 구 오수·분뇨 및 축산폐수 수집·운반업 및 정화조청소업으로 하여 분뇨 등 관련 영업허가를 받아 영업을 하고 있는 기존 업자의 이익이 법률상 보호되는 이익이라고 보아, 기존 업자에게 경업자에 대한 영업허가처분의 취소를 구할 원고적격이 있다(대판 2006.7.28. 2004두6716).

6. 담배 일반소매인으로 지정되어 영업을 하고 있는 기존업자의 신규업자에 대한 이익이 '법률상 보호되는 이익'에 해당하는지 여부(적극)

> 담배 일반소매인의 지정기준으로서 일반소매인의 영업소 간에 일정한 거리 제한을 두고 있는 것은 담배유통구조의 확립을 통하여 국민의 건강과 관련되고 국가 등의 주요 세원이 되는 담배산업 전반의 건전한 발전 도모 및 국민경제에의 이바지라는 공익목적을 달성하고자 함과 동시에 일반소매인 간의 과당경쟁으로 인한 불합리한 경영을 방지함으로써 일반소매인의 경영상 이익을 보호하는 데에도 그 목적이 있다고 보이므로, 일반소매인으로 지정되어 영업을 하고 있는 기존업자의 신규 일반소매인에 대한 이익은 단순한 사실상의 반사적 이익이 아니라 법률상 보호되는 이익이라고 해석함이 상당하다(대판 2008.3.27. 2007두23811).

② **타법상의 제한**: 허가의 경우에 타법상의 일정한 요건을 충족시킬 것이 요구된다면 그것을 충족시킬 것을 요한다. 즉, 타법상의 제한까지 해제되는 것은 아니다.

> **관련판례** 접도구역의 허가는 이중적으로 받아야 함
> 도로법과 건축법에서 각 규정하고 있는 건축허가는 그 허가권자의 허가를 받도록 한 목적, 허가의 기준, 허가 후의 감독에 있어서 같지 아니하므로 도로법 제50조 제1항에 의하여 접도구역으로 지정된 지역 안에 있는 건물에 관하여 같은 법조 제4·5항에 의하여 도로관리청인 도지사로부터 개축허가를 받았다고 하더라도 건축법 제5조 제1항에 의하여 시장 또는 군수의 허가를 다시 받아야 한다(대판 1991.4.12. 91도218).

③ **무허가행위(적법요건)**: 법률이 무효로 규정하지 아니하는 한, 무허가행위는 위법한 행위로서 공법상 제재가 가해질 수 있지만 사법상의 효력까지 부인되지는 않는다.

> **관련판례** 무허가의 행위가 공무원의 과오에 의한 것이라면 처벌할 수 없음
> 행정청의 허가가 있어야 함에도 불구하고 허가를 받지 아니하여 처벌대상의 행위를 한 경우라도, 허가를 담당하는 공무원이 허가를 요하지 않는 것으로 잘못 알려 주어 이를 믿었기 때문에 허가를 받지 아니한 것이라면 허가를 받지 않더라도 죄가 되지 않는 것으로 착오를 일으킨 데 대하여 정당한 이유가 있는 경우에 해당하여 처벌할 수 없다(대판 1992.5.22. 91도2525).

④ **허가의 효과[언제나 공법적(허가는 사권을 설정하는 것은 아님) 효과]**: 허가는 공법상의 일반적인 금지(부작위의무)를 해제하여 적법하게 일정한 행위를 할 수 있도록 함으로써 개인의 자연적 자유를 회복시켜줌에 그칠 뿐 허가받은 자에게 새로운 배타적·독점적 권리를 설정해 주는 것은 아니다(판례).

4. 면제

법령에 의해 일반적으로 부과되는 작위, 급부, 수인 등의 의무를 특정한 경우에 해제해주는 행정행위를 말한다(예 허가는 부작위의무의 해제).

(1) 의의

면제란 작위의무·수인의무·급부의무를 특정한 경우에 해제해 주는 행정행위를 말한다(예 조세면제, 징집면제, 예방접종면제, 근로의무면제).

(2) 허가와의 비교

허가와 면제는 의무를 해제시켜주는 명령적 행정행위인 점에서 같으나, 해제 대상이 되는 의무의 종류에 있어 허가는 부작위의무(금지)를 대상으로 하나 면제는 작위의무·급부의무·수인의무를 대상으로 하는 점에서 다르다.

(3) 작위의무 또는 급부의무의 이행을 연기·유예하는 행위의 성질

이에 관하여 하명의 변경으로 보는 견해와 면제의 일종(의무의 일시해제)으로 보는 견해의 대립이 있으나, 연기나 유예는 의무 자체를 해제(소멸)시키는 것이 아니라 의무의 내용을 일부 변경하는 데 그치는 것이므로 하명의 변경으로 봄이 타당하다.

5. 인허가의제 제도

(1) 개념

"인허가의제"란 하나의 인허가(이하 "주된 인허가"라 한다)를 받으면 법률로 정하는 바에 따라 그와 관련된 여러 인허가(이하 "관련 인허가"라 한다)를 받은 것으로 보는 것을 말한다(행정기본법 제24조 제1항). 즉, 하나의 사업을 하기 위하여 여러 인허가를 받아야 하는 경우에 이들 인허가를 모두 각각 받기에는 국민에게 불편을 줄 수 있으므로 인허가의제 제도를 통하여 국민에게 행정의 편의를 도모하기 위한 제도라고 할 수 있다.

(2) 인허가의제 법정주의

인허가의제는 행정기관의 권한에 변경을 가져오므로 반드시 법률에 명시적인 근거가 있어야 한다. 법률에 근거하지 않은 인허가의제는 허용되지 않는다.

(3) 인허가절차

① 신청

> 행정기본법 제24조 【인허가의제의 기준】 ② 인허가의제를 받으려면 주된 인허가를 신청할 때 관련 인허가에 필요한 서류를 함께 제출하여야 한다. 다만, 불가피한 사유로 함께 제출할 수 없는 경우에는 주된 인허가 행정청이 별도로 정하는 기한까지 제출할 수 있다.
>
> 행정절차법 제20조 【처분기준의 설정·공표】 ② 행정기본법 제24조에 따른 인허가의제의 경우 관련 인허가 행정청은 관련 인허가의 처분기준을 주된 인허가 행정청에 제출하여야 하고, 주된 인허가 행정청은 제출받은 관련 인허가의 처분기준을 통합하여 공표하여야 한다. 처분기준을 변경하는 경우에도 또한 같다.

간단 점검하기

건축법에서 관련 인·허가 의제 제도를 둔 취지는 인·허가 의제사항 관련 법률에 따른 각각의 인·허가 요건에 관한 일체의 심사를 배제하려는 것이 아니다. (O)

인허가의제가 인정되는 경우에 민원인은 하나의 인허가 신청만을 하면 된다. 다만, 인허가의제를 받기 위해서는 주된 인허가를 신청할 때, 관련 인허가에 필요한 서류를 함께 제출해야 한다. 한편, 관련 인허가 행정청은 관련 인허가의 처분기준을 주된 인허가 행정청에 제출하여야 하고, 주된 인허가 행정청은 제출받은 관련 인허가의 처분기준을 통합하여 공표하여야 한다.

> **관련판례**
> 어떤 개발사업의 시행과 관련하여 여러 개별 법령에서 각각 고유한 목적과 취지를 가지고 요건과 효과를 달리하는 인허가 제도를 각각 규정하고 있다면, 그 개발사업을 시행하기 위해서는 개별 법령에 따른 여러 인허가 절차를 각각 거치는 것이 원칙이다. 다만, 어떤 인허가의 근거 법령에서 절차간소화를 위하여 관련 인허가를 의제 처리할 수 있는 근거 규정을 둔 경우에는, 사업시행자가 인허가를 신청하면서 하나의 절차 내에서 관련 인허가를 의제 처리해줄 것을 신청할 수 있다. 관련 인허가의제 제도는 사업시행자의 이익을 위하여 만들어진 것이므로, 사업시행자가 반드시 관련 인허가의제 처리를 신청할 의무가 있는 것은 아니다(대판 2020.7.23. 2019두31839).

② **협의**

> 행정기본법 제24조 【인허가의제의 기준】 ③ 주된 인허가 행정청은 주된 인허가를 하기 전에 관련 인허가에 관하여 미리 관련 인허가 행정청과 협의하여야 한다.
> ④ 관련 인허가 행정청은 제3항에 따른 협의를 요청받으면 그 요청을 받은 날부터 20일 이내(제5항 단서에 따른 절차에 걸리는 기간은 제외한다)에 의견을 제출하여야 한다. 이 경우 전단에서 정한 기간(민원 처리 관련 법령에 따라 의견을 제출하여야 하는 기간을 연장한 경우에는 그 연장한 기간을 말한다) 내에 협의 여부에 관하여 의견을 제출하지 아니하면 협의가 된 것으로 본다.

㉠ **관련인허가 관청과의 협의**: 주된 인허가 행정청은 주된 인허가를 하기 전에 관련 인허가에 관하여 미리 관련 인허가 행정청과 협의하여야 한다.

㉡ **관련인허가 관청의 의견제출**: 관련 인허가 행정청은 협의를 요청받으면 그 요청을 받은 날부터 20일 이내에 의견을 제출하여야 한다. 20일 이내에 의견을 제출하지 않으면, 협의가 된 것으로 본다. 이러한 규정은 국민에게 유리한 규정이라고 볼 수 있다.

③ **절차의 집중**: 별도의 특별한 규정이 없는 한 신청된 주된 인허가 절차만 거치면 되고, 의제되는 인허가 절차를 거칠 필요가 없다(판례).

> **관련판례**
> 1. 건설부장관이 구 주택건설촉진법(1991.3.8. 법률 제4339호로 개정되기 전의 것) 제33조에 따라 관계기관의 장과의 협의를 거쳐 사업계획승인을 한 이상 같은 조 제4항의 허가·인가·결정·승인 등이 있는 것으로 볼 것이고, 그 절차와 별도로 도시계획법 제12조 등 소정의 중앙도시계획위원회의 의결이나 주민의 의견청취 등 절차를 거칠 필요는 없다(대판 1992.11.10. 92누1162).

간단 점검하기

주택건설사업계획 승인권자가 구 주택법에 따라 도시·군관리계획 결정권자와 협의를 거쳐 관계 주택건설사업계획을 승인하면 도시·군관리계획결정이 이루어진 것으로 의제되고, 이러한 협의 절차와 별도로 국토의 계획 및 이용에 관한 법률 등에서 정한 도시·군관리계획 입안을 위한 주민 의견청취절차를 거칠 필요는 없다. (○)

2. 구 주택법(2016.1.19. 법률 제13805호로 전부 개정되기 전의 것, 이하 '구 주택법'이라 한다) 제17조 제1항에 인허가의제 규정을 둔 입법 취지는, 주택건설사업을 시행하는 데 필요한 각종 인허가 사항과 관련하여 주택건설사업계획 승인권자로 그 창구를 단일화하고 절차를 간소화함으로써 각종 인허가에 드는 비용과 시간을 절감하여 주택의 건설·공급을 활성화하려는 데에 있다. 이러한 인허가의제 규정의 입법 취지를 고려하면, 주택건설사업계획 승인권자가 구 주택법 제17조 제3항에 따라 도시·군관리계획 결정권자와 협의를 거쳐 관계 주택건설사업계획을 승인하면 같은 조 제1항 제5호에 따라 도시·군관리계획결정이 이루어진 것으로 의제되고, 이러한 협의 절차와 별도로 국토의 계획 및 이용에 관한 법률 제28조 등에서 정한 도시·군관리계획 입안을 위한 주민 의견청취 절차를 거칠 필요는 없다(대판 2018.11.29. 2016두38792).

(4) 인허가의 결정

신청을 받은 주된 인허가 행정청이 신청된 인허가 여부를 결정한다. 이때 관련 인허가 행정청이 제출한 의견에 구속되는지에 관하여 견해가 대립하나, 판례는 구속력을 인정하여 관련 인허가 행정청이 인허가를 거부하는 의견을 제출한다면 주된 인허가 역시 거부하여야 한다는 입장이다.

> **관련판례**
>
> 1. 채광계획인가의 법적 성질(=기속재량행위), 공유수면 점용허가의 법적 성질(=자유재량행위) 및 채광계획인가로 공유수면 점용허가가 의제될 경우, 공유수면 점용 불허사유로써 채광계획을 인가하지 아니할 수 있는지 여부(적극)
>
>   채광계획이 중대한 공익에 배치된다고 할 때에는 인가를 거부할 수 있고, 채광계획을 불인가 하는 경우에는 정당한 사유가 제시되어야 하며 자의적으로 불인가를 하여서는 아니 될 것이므로 채광계획인가는 기속재량행위에 속하는 것으로 보아야 할 것이나, 구 광업법(1999.2.8. 법률 제5893호로 개정되기 전의 것) 제47조의2 제5호에 의하여 채광계획인가를 받으면 공유수면 점용허가를 받은 것으로 의제되고, 이 공유수면 점용허가는 공유수면 관리청이 공공 위해의 예방 경감과 공공 복리의 증진에 기여함에 적당하다고 인정하는 경우에 그 자유재량에 의하여 허가의 여부를 결정하여야 할 것이므로, 공유수면 점용허가를 필요로 하는 채광계획 인가신청에 대하여도, 공유수면 관리청이 재량적 판단에 의하여 공유수면 점용을 허가 여부를 결정할 수 있고, 그 결과 공유수면 점용을 허용하지 않기로 결정하였다면, 채광계획 인가관청은 이를 사유로 하여 채광계획을 인가하지 아니할 수 있는 것이다(대판 2002.10.11. 2001두151).
>
> 2. [1] 건축법에서 인허가의제 제도를 둔 취지는, 인허가의제사항과 관련하여 건축허가의 관할 행정청으로 창구를 단일화하고 절차를 간소화하며 비용과 시간을 절감함으로써 국민의 권익을 보호하려는 것이지, 인허가의제사항 관련 법률에 따른 각각의 인허가 요건에 관한 일체의 심사를 배제하려는 것으로 보기는 어려우므로, 도시계획시설인 주차장에 대한 건축허가신청을 받은 행정청으로서는 건축법상 허가 요건뿐 아니라 국토의 계획 및 이용에 관한 법령이 정한 도시계획시설사업에 관한 실시계획인가 요건도 충족하는 경우에 한하여 이를 허가해야 한다.

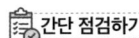 **간단 점검하기**

도시계획시설인 주차장에 대한 건축허가신청을 받은 행정청으로서는 건축법상 허가 요건뿐 아니라 그에 의해 의제되는 국토의 계획 및 이용에 관한 법령이 정한 도시계획시설사업에 관한 실시계획인가 요건도 충족하는 경우에 한하여 이를 허가해야 한다. (○)

[2] 도시계획시설로 설치되는 주차전용건축물은 주차장 외의 용도로 사용되는 부분의 용도 및 면적 등 주차장법 및 관련 조례가 정한 요건을 충족하여야 할 뿐만 아니라, 주차장 외의 용도로 사용되는 부분이 국토의 계획 및 이용에 관한 법령이 정한 '기반시설 자체의 기능발휘와 이용을 위하여 필요한 부대시설 및 편익시설'에도 해당하여야만 도시계획시설 실시계획인가 요건을 충족한다(대판 2015.7.9. 2015두39590).

3. 국토의 계획 및 이용에 관한 법률(이하 '국토계획법'이라고 한다) 제56조 제1항, 제57조 제1항, 제58조 제1항 제4호, 국토의 계획 및 이용에 관한 법률 시행령(이하 '국토계획법 시행령'이라고 한다) 제51조 제1항 제1호, 제56조 제1항 [별표 1의 2] 제1호 (라)목, 제2호 (가)목, 건축법 제11조 제1항, 제5항 제3호, 제12조 제1항의 규정 체제 및 내용 등을 종합해 보면, 건축물의 건축이 국토계획법상 개발행위에 해당할 경우 그에 대한 건축허가를 하는 허가권자는 건축허가에 배치·저촉되는 관계 법령상 제한 사유의 하나로 국토계획법령의 개발행위허가기준을 확인하여야 하므로, 국토계획법상 건축물의 건축에 관한 개발행위허가가 의제되는 건축허가신청이 국토계획법령이 정한 개발행위허가기준에 부합하지 아니하면 허가권자로서는 이를 거부할 수 있고, 이는 건축법 제16조 제3항에 의하여 개발행위허가의 변경이 의제되는 건축허가사항의 변경허가에서도 마찬가지이다(대판 2016.8.24. 2016두35762).

(5) 인허가의제의 효과
① 인허가 등의 의제

> 행정기본법 제25조【인허가의제의 효과】① 제24조 제3항·제4항에 따라 협의가 된 사항에 대해서는 주된 인허가를 받았을 때 관련 인허가를 받은 것으로 본다.
> ② 인허가의제의 효과는 주된 인허가의 해당 법률에 규정된 관련 인허가에 한정된다.

주된 인허가를 받으면 그때 관련인허가를 받은 것으로 본다. 인허가의제의 효과는 주된 인허가의 해당 법률에 규정된 관련 인허가에 한정된다.

관련판례

1. 중소기업창업 지원법 제35조 제1항, 제4항에서 정한 인허가 의제 제도의 입법 취지 및 관련 인허가 사항에 관한 사전 협의가 이루어지지 않은 채 중소기업창업 지원법 제33조 제3항에서 정한 20일의 처리기간이 지난 날의 다음 날에 사업계획승인처분이 이루어진 것으로 의제된 경우, 창업자는 관련 인허가를 관계 행정청에 별도로 신청하는 절차를 거쳐야 하는지 여부(적극)

    중소기업창업 지원법(이하 '중소기업창업법'이라 한다) 제35조 제1항, 제4항에 따르면 시장 등이 사업계획을 승인할 때 제1항 각 호에서 정한 관련 인허가에 관하여 소관 행정기관의 장과 협의를 한 사항에 대해서는 관련 인허가를 받은 것으로 본다고 정하고 있다. <u>이러한 인허가 의제 제도는 목적사업의 원활한 수행을 위해 창구를 단일화하여 행정절차를 간소화하는 데 입법 취지가 있고 목적사업이 관계 법령상 인허가의 실체적 요건을 충족하였는지에 관한 심사를 배제하려는 취지는 아니다.</u> 따라서 시장 등이 사업계획을 승인하기 전에 관계 행정청과 미리 협의한 사항에 한하여 사업계획승인처분을 할 때에 관련 인허가가 의제되는 효과가 발생할 뿐이다.

관련 인허가 사항에 관한 사전 협의가 이루어지지 않은 채 중소기업창업법 제33조 제3항에서 정한 20일의 처리기간이 지난 날의 다음 날에 사업계획승인처분이 이루어진 것으로 의제된다고 하더라도, 창업자는 중소기업창업법에 따른 사업계획승인처분을 받은 지위를 가지게 될 뿐이고 관련 인허가까지 받은 지위를 가지는 것은 아니다. 따라서 <u>창업자는 공장을 설립하기 위해 필요한 관련 인허가를 관계 행정청에 별도로 신청하는 절차를 거쳐야 한다.</u> 만일 창업자가 공장을 설립하기 위해 필요한 국토의 계획 및 이용에 관한 법률에 따른 개발행위허가를 신청하였다가 거부처분이 이루어지고 그에 대하여 제소기간이 도과하는 등의 사유로 더 이상 다툴 수 없는 효력이 발생한다면, 시장 등은 공장설립이 객관적으로 불가능함을 이유로 중소기업창업법에 따른 사업계획승인처분을 직권으로 철회하는 것도 가능하다(대판 2021.3.11. 2020두42569).

2. 구 항공법(2002.2.4. 선고 제6655호로 개정되기 전의 것) 제96조 제1항·제3항은 건설교통부장관이 공항개발사업의 실시계획을 수립하거나 이를 승인하고자 하는 때에는 제1항 각 호의 규정에 의한 관계 법령상 적합한지 여부에 관하여 소관행정기관의 장과 미리 협의하여야 하고, 건설교통부장관이 공항개발사업의 실시계획을 수립하거나 이를 승인한 때에는 제1항 각 호의 승인 등을 받은 것으로 본다고 규정하면서, 제1항 제9호에서 "농지법 제36조 규정에 의한 농지전용의 허가 또는 협의"를 규정하고 있다. 이러한 규정들의 문언, 내용, 형식에다가 인허가 의제 제도는 목적사업의 원활한 수행을 위해 창구를 단일화하여 행정절차를 간소화하는 데 입법 취지가 있고 목적사업이 관계 법령상 인허가의 실체적 요건을 충족하였는지에 관한 심사를 배제하려는 취지는 아닌 점 등을 아울러 고려하면, 공항개발사업 실시계획의 승인권자가 관계 행정청과 미리 협의한 사항에 한하여 그 승인처분을 할 때에 인허가 등이 의제된다고 보아야 한다(대판 2018.10.25. 2018두43095).

② **주된 인허가의 효과가 미치는 범위**: 인허가의제의 효과는 주된 인허가의 해당 법률에 규정된 관련 인허가에 한정된다.

관련판례

1. 주된 인·허가에 관한 사항을 규정하고 있는 어떠한 법률에서 주된 인·허가가 있으면 다른 법률에 의한 인·허가를 받은 것으로 의제한다는 규정을 둔 경우에는, 주된 인·허가가 있으면 다른 법률에 의한 인·허가가 있는 것으로 보는 데 그치는 것이고, 거기에서 더 나아가 다른 법률에 의하여 인·허가를 받았음을 전제로 한 다른 법률의 모든 규정들까지 적용되는 것은 아니다(대판 2004.7.22. 2004다19715).

2. 주택조합들이 주택건설촉진법 제33조 제1항에 의하여 주택건설사업계획을 승인받은 이상 같은 법 제33조 제4항 제3호에 따라 그 사업에 필요한 범위 내의 도로에 대하여 도로법 제40조에 의한 도로점용의 허가를 얻은 것으로 간주되고, 그 사업계획승인시 도로점용허가사항과 관련된 내부협의나 공고가 없었다고 하여 달리 볼 것은 아니며, 도로점용허가가 의제된다 하더라도 도로점용료부과처분을 함에 있어서는 그 부과대상토지를 특정하고 그에 대한 점용료 산정기준 등 산출근거를 구체적으로 명시하여야 한다(대판 2002.2.26. 2000두4323).

간단 점검하기

주된 인허가에 관한 사항을 규정하고 있는 법률에서 주된 인허가가 있으면 다른 법률에 의한 인허가를 받은 것으로 의제한다는 규정을 둔 경우, 주된 인허가가 있으면 다른 법률에 의한 인허가가 있는 것으로 보는 데 그치고, 거기에서 더 나아가 다른 법률에 의하여 인허가를 받았음을 전제로 하는 그 다른 법률의 모든 규정들까지 적용되는 것은 아니다. (○)

(6) 인허가의제제도 하에서의 불복방법

① **주된 인허가가 거부된 경우의 항고소송의 대상**: 주된 인허가가 난 경우에만 인허가가 의제된다. 주된 인허가가 거부되는 경우에는 의제되는 인허가는 존재하지 않는 것이 되고, 따라서 이에 대한 거부처분도 존재하지 않는 것으로 보아야 한다. 따라서 주된 인허가가 거부되었는데 그 이유가 관련 인허가에 대한 거부가 그 이유라고 한다면 항고소송에서는 주된 인허가의 거부처분을 대상으로 다퉈야 한다.

> **관련판례**
> 건축불허가처분을 하면서 그 처분사유로 건축불허가 사유뿐만 아니라 형질변경불허가 사유나 농지전용불허가 사유를 들고 있다고 하여 그 건축불허가처분 외에 별개로 형질변경불허가처분이나 농지전용불허가처분이 존재하는 것이 아니므로, 그 건축불허가처분을 받은 사람은 그 건축불허가처분에 관한 쟁송에서 건축법상의 건축불허가 사유뿐만 아니라 같은 도시계획법상의 형질변경불허가 사유나 농지법상의 농지전용불허가 사유에 관하여도 다툴 수 있는 것이지, 그 건축불허가처분에 관한 쟁송과는 별개로 형질변경불허가처분이나 농지전용불허가처분에 관한 쟁송을 제기하여 이를 다투어야 하는 것은 아니며, 그러한 쟁송을 제기하지 아니하였어도 형질변경불허가 사유나 농지전용불허가 사유에 관하여 불가쟁력이 생기지 아니한다(대판 2001.1.16. 99두10988).

② **주된 인허가가 된 경우의 항고소송의 대상**: 주된 인허가가 된 경우라면 인허가의제에 관한 법률의 규정에 따라 의제된 인허가도 된 것으로 본다. 이때부터는 주된 인허가와 의제된 인허가가 둘 다 존재하는 것이 되고, 그 하자 여부도 각각 다툴 수 있다. 즉, 의제된 인허가가 위법함을 다투고자 하는 경우에는 주된 인허가가 아니라 의제된 인허가를 대상으로 하여 항고소송을 제기하여야 한다.

> **관련판례**
> 주택건설사업계획 승인처분에 따라 의제된 인허가가 위법함을 다투고자 하는 이해관계인은, 주택건설사업계획 승인처분의 취소를 구할 것이 아니라 의제된 인허가의 취소를 구하여야 하며, 의제된 인허가는 주택건설사업계획 승인처분과 별도로 항고소송의 대상이 되는 처분에 해당한다(대판 2018.11.29. 2016두38792).

③ **인허가의제의 사후관리**

> 행정기본법 제26조【인허가의제의 사후관리 등】① 인허가의제의 경우 관련 인허가 행정청은 관련 인허가를 직접 한 것으로 보아 관계 법령에 따른 관리·감독 등 필요한 조치를 하여야 한다.
> ② 주된 인허가가 있은 후 이를 변경하는 경우에는 제24조·제25조 및 이 조 제1항을 준용한다.
> ③ 이 절에서 규정한 사항 외에 인허가의제의 방법, 그 밖에 필요한 세부사항은 대통령령으로 정한다.

간단 점검하기

행정청이 건축불허가처분을 하면서 그 처분사유로 건축불허가 사유뿐만 아니라 그 의제의 대상이 되는 형질변경불허가 사유나 농지전용불허가 사유를 들고 있다고 하여 그 건축불허가처분 외에 별개로 형질변경불허가처분이나 농지전용불허가처분이 존재하는 것은 아니다. (○)

간단 점검하기

주택건설사업계획 승인처분에 따라 의제된 인·허가의 위법을 다투고자 하는 이해관계인은 의제된 인·허가의 취소를 구할 것이 아니라, 주된 처분인 주택건설사업계획 승인처분의 취소를 구하여야 한다. (×)

인허가의제는 인허가 방식의 문제이므로, 의제된 인허가의 취소 등 인허가의제 후의 의제된 인허가의 사후관리와 감독은 의제한 인허가행정청이 담당하여야 한다.

2 형성적 행위

1. 특허

(1) 설권행위

① 권리설정행위(협의의 특허행위)
  ㉠ 의의
    ⓐ **개념**: 광의의 특허란 특정인에 대해 새로이 일정한 권리나 능력 또는 포괄적 법률관계를 설정하는 행위를 말한다. 협의의 특허는 권리설정행위에 한정된다.
    ⓑ **구별개념**: 허가와 비교

> **관련판례**
>
> 1. 재개발조합설립인가신청에 대한 행정청의 조합설립인가처분은 법령상 일정한 요건을 갖출 경우 주택재개발사업의 추진위원회에게 행정주체로서의 지위를 부여하는 일종의 설권적 처분의 성격을 가지고 있다. 그러므로 구 도시 및 주거환경정비법상 재개발조합설립인가신청에 대하여 행정청의 조합설립인가처분이 있은 이후에는, 조합설립동의에 하자가 있음을 이유로 재개발조합 설립의 효력을 부정하려면 항고소송으로 조합설립인가처분의 효력을 다투어야 한다(대판 2010.12.9. 2009두4555).
>
> 2. 조합설립추진위원회(이하 '추진위원회'라고 한다)의 구성을 승인하는 처분은 조합의 설립을 위한 주체에 해당하는 비법인 사단인 추진위원회를 구성하는 행위를 보충하여 그 효력을 부여하는 처분인 데 반하여, 조합설립인가처분은 법령상 요건을 갖출 경우 도시정비법상 주택재개발사업을 시행할 수 있는 권한을 가지는 행정주체(공법인)로서의 지위를 부여하는 일종의 설권적 처분이므로, 양자는 그 목적과 성격을 달리한다. 따라서 조합설립인가처분은 추진위원회구성승인처분이 적법·유효할 것을 전제로 한다고 볼 것은 아니므로, 구 도시정비법령이 정한 동의요건을 갖추고 창립총회를 거쳐 주택재개발조합이 성립한 이상, 이미 소멸한 추진위원회구성승인처분의 하자를 들어 조합설립인가처분이 위법하다고 볼 수 없다. 다만 추진위원회구성승인처분의 위법으로 그 추진위원회의 조합설립인가 신청행위가 무효라고 평가될 수 있는 특별한 사정이 있는 경우라면, 그 신청행위에 기초한 조합설립인가처분이 위법하다고 볼 수 있다. 그런데 조합설립인가신청행위는 앞서 보았듯이 법령이 정한 동의 요건을 갖추고 창립총회를 거쳐 조합의 실체가 형성된 이후에 이를 바탕으로 이루어지는 것이므로, 추진위원회 구성이나 그 인가처분의 위법사유를 이유로 그 추진위원회가 하는 조합설립인가 신청행위가 위법·무효로 된다고 볼 것은 아니고, 그 위법사유가 도시정비법상 하나의 정비구역 내에 하나의 추진위원회로 하여금 조합설립의 추진을 위한 업무를 수행하도록 한 추진위원회 제도의 입법취지를 형해화할 정도에 이르는 경우에 한하여 그 추진위원회의 조합설립인가 신청행위가 위법·무효이고, 나아가 이에 기초한 조합설립인가처분의 효력을 다툴 수 있게 된다(대판 2013.12.26. 2011두8291).

간단 점검하기

01 주택재건축조합설립인가처분은 법령상 요건을 갖출 경우 주택재건축사업을 시행할 수 있는 권한을 갖는 행정주체로서의 지위를 부여하는 일종의 설권적 처분의 성격을 갖는다. (○)

02 주택재개발조합설립추진위원회 구성승인처분은 조합의 설립을 위한 주체인 주택재개발조합설립추진위원회의 구성행위를 보충하여 그 효력을 부여하는 처분이다. (○)

3. 구 도시 및 주거환경정비법 제41조에 따라 조합설립인가를 하는 경우, 토지분할을 전제로 한 새로운 조합설립동의서나 특별결의, 정관변경 등이 요구되는지 여부(원칙적 소극)(대판 2013.12.12. 2011두12900)

4. 조합설립인가처분의 취소·무효확인판결이 확정되기 전에 이전고시의 효력이 발생한 경우 조합설립인가처분의 취소·무효확인을 구할 법률상 이익이 없다(더 이상 정비사업 결과를 원상으로 되돌리는 것은 허용될 수 없음)(대판 2014.9.25. 2011두20680).

ⓒ 성질
ⓐ **행정행위[쌍방적 행정행위설(다수설)]**: 특허는 신청(필수)을 전제로 하고 협력을 요하는 행정행위이기 때문에 쌍방적 행정행위라고 보는 견해이다. 다수설과 판례의 입장이다.

> **심화학습** 선원주의
>
> 1. 선원주의란 특허법상 먼저 특허를 신청한 자에게 특허를 부여하는 주의로서 행정법에서는 허가가 기속행위이기 때문에 이러한 선원주의가 적용된다.
> 2. 하지만 특허는 행정청이 신청한 자 중에서 공익상 보다 확실하게 당해 사업을 수행할 능력자를 선택할 재량이 있으므로 선원주의에 의하여야 하는 것은 아니다. 단, 광업권은 강학상 성질이 특허인데도 불구하고 광업법에서 선원주의를 규정하고 있다.
>
> > 광업법 제18조 【광업권설정 출원이 중복될 때의 우선순위】 ① 광업권설정의 출원이 같은 구역에 중복된 경우에는 광업권설정출원서의 도달 일시가 앞선 출원이 우선한다.
> > ③ 광업권설정출원서가 동시에 도달한 경우로서 같은 종류의 광업권설정의 출원이 여럿이면 산업통상자원부장관이 추첨에 따라 우선자를 결정한다.

ⓑ **법규특허**: 특허의 경우 공법인의 설립과 같이 법규에 의해서 이루어지는 법규특허도 가능하다(허가와 인가는 행정청의 행위로만 가능하다). 그러나 특허는 보통 처분의 형식으로 행해지며 법규에 의한 법규특허는 행정행위가 아니므로 여기에서 제외한다(예 한국도로공사의 설립 등).

ⓒ **재량행위**: 명문의 규정이 없는 한 효과재량설에 따르면 특허는 재량행위이다. 판례 역시 공유수면매립면허, 개인택시운송사업면허, 도로점용허가, 주택사업계획승인 등은 특허이므로 상대방이 법적 요건을 구비하였다 하더라도 공익적 이유로 거부할 수 있다고 판시하였다.

ⓓ **특허의 재산권성 여부**: 특허는 법적 지위를 나타낼 뿐, 그 자체가 재산권은 아니다.

ⓒ 효과(상대방에게 법률상 힘을 발생시킴)
ⓐ **공권**: 특허로 설정된 권리는 일반적으로 공권이나 사권인 경우도 있다. 또한 특허는 재량행위이기 때문에 무하자재량행사청구권이 문제된다(예 공권 설정으로 공기업 특허, 공물사용권의 특허, 토지수용권설정, 도로통행료 징수권설정 등이 있으며, 사권으로 광업허가, 어업면허 등).

ⓑ **제3자효 행정행위**: 특허행정청이 경쟁자인 제3자에게 위법하게 특허를 하면 경쟁자는 이를 다툴 수 있다.
ⓒ **이중특허의 경우**: 양립할 수 없는 이중의 특허가 있게 되면 특별한 사유가 없는 한, 후행특허는 무효가 된다. 판례의 입장도 같다(대판 1986.2.25. 85누712).

> **관련판례** 서로 양립할 수 없는 이중특허가 있는 경우 후행특허는 무효
>
> 1. 같은 업무구역 안의 중복된 어업면허는 당연무효
>
>   지구별 어업협동조합 및 지구별 어업협동조합 내에 설립된 어촌계의 어장을 엄격히 구획하여 종래 인접한 각 조합이나 어촌계 상호간의 어장한계에 관한 분쟁이나 경업을 규제함으로써 각 조합이나 어촌계로 하여금 각자의 소속 어장을 배타적으로 점유 관리하게 하였음에 비추어 특별한 경우가 아니면 같은 업무구역 안에 중복된 어업면허는 당연무효이다(대판 1978.4.25. 78누42).
>
> 2. 광업권의 존속 중 그 광업권이 설정된 광물과 동일광상에 부존하는 다른 광물에 대한 광업권을 설정할 수 없음
>
>   광업법상 이유광업권이 설정된 동일한 구역에 대하여 동일한 광물에 대한 광업권을 중복설정할 수 없고, 이종광물이라고 할지라도 광업권이 설정된 광물과 동일광상 중에 부존하는 이종광물은 광업권 설정에 있어서 동일광물로 보게 되므로 이러한 이종광물에 대하여는 기존 광업권이 적법히 취소되거나 그 존속기간이 만료되지 않는 한 별도로 광업권을 설정할 수 없다(대판 1986.2.25. 85누712).

(2) 능력설정행위 – 포괄적 법률관계설정행위

① **능력설정행위**: 능력설정행위는 공법인의 설립 행위(권리능력설정행위), 선거일시의 지정고시(행위능력설정행위) 등이 있다. 오늘날에는 법률에 근거하지 않고 권리능력이나 행위능력이 행정행위에 의해 주어지는 경우는 드물다.

② **포괄적 법률관계설정행위**: 법률관계를 포괄적으로 설정하는 행위를 말한다(예 특별권력관계설정으로 공무원임명행위, 일반권력관계설정으로 귀화허가 등).

(3) 변권행위

변권행위란 광의의 특허에 의해 발생된 효력을 일부 변경하는 행위를 말한다(예 광구변경, 공무원전보, 징계종류변경, 환지처분 등).

(4) 탈권행위

탈권행위란 광의의 특허에 의해 발생된 효력을 소멸케 하는 행위를 말한다(예 광업허가취소, 공법인의 해산, 공무원의 파면·해임 등).

2. 인가

(1) 인가(보충행위)

① **의의**

㉠ **개념**: 인가란 제3자의 법률행위를 보충하여 그 효력을 완성시키는 행정행위를 말한다. 예를 들어, 학교법인이 이사를 선임하는 행위는 그 자체로는 효력이 없고, 행정청의 승인이 있어야 그 효력이 발생한다. 여기서 행정청의 승인이 인가이다.

㉡ **종류**: 인가의 종류로는 재단법인정관변경허가, 토지거래허가 등을 들 수 있다.

② **성질**

㉠ **행정행위**: 인가도 행정행위의 성질을 가지며 오직 행정행위에 의하여만 발생하고 하명이나 특허와는 달리 법규인가는 허용되지 않는다.

㉡ **재량행위인지 기속행위인지 여부**: 인가는 대부분 재량행위에 해당한다. 다만, 예외적으로 기속행위인 경우도 있다.

ⓐ **재량행위**: 중소기업창업사업 계획승인, 비영리법인인 종교법인 임원의 취임에 대한 승인, 사회복지법인의 정관변경허가 등

ⓑ **기속행위**: 토지거래허가, 사립학교법에 의한 감독청의 이사소집 승인, 학교법인의 임원선임행위에 대한 이사취임 승인 등

> **관련판례**
>
> 구 주택건설촉진법 제44조 및 같은 법 시행령 제42조의 규정에 따라 설립인가를 신청한 주택조합의 사업내용이 같은 법 등 관계 법령의 규정에 위배되거나 사회질서를 해칠 우려가 있음이 명백한 때에는 인가를 거부할 수 있다고 보아야 하고 그 경우에 법규에 명문의 근거가 없더라도 거부처분을 할 수 있다(대판 1995.12.12. 94누12302).

㉢ **형성적 행위, 보충행위**: 인가 역시 특허와 마찬가지로 형성적 행위에 속한다.

> **관련판례**
>
> 1. 공익법인의 기본재산에 대한 감독관청의 처분허가는 그 성질상 특정 상대에 대한 처분행위의 허가가 아니고 처분의 상대가 누구이든 이에 대한 처분행위를 보충하여 유효하게 하는 행위라 할 것이므로 그 처분행위에 따른 권리의 양도가 있는 경우에도 처분이 완전히 끝날 때까지는 허가의 효력이 유효하게 존속한다(대판 2005.9.28. 2004다50044).
>
> 2. 국토이용관리법상 토지거래허가가 규제지역 내의 모든 국민에게 전반적으로 토지거래의 자유를 금지하고 일정한 요건을 갖춘 경우에만 금지를 해제하여 계약체결의 자유를 회복시켜 주는 성질의 것이라고 보는 것은 위 법의 입법취지를 넘어선 지나친 해석이라고 할 것이고, 규제지역 내에서도 토지거래의 자유가 인정되나 다만 위 허가를 허가 전의 유동적 무효상태에 있는 법률행위의 효력을 완성시켜 주는 인가적 성질을 띤 것이라고 보는 것이 타당하다(대판 1991.12.24. 90다12243 전합).

③ **상대방의 신청이 필수**: 인가는 하명이나 허가와는 달리 상대방의 신청을 필수적으로 요한다. 이는 인가의 절차적 요건에 해당한다. 또한 행정청은 소극적으로 인가를 할 것인지의 여부만 결정할 수 있고, 적극적으로 신청의 내용과 다른 내용의 인가를 할 수는 없다.

④ **인가의 대상**
  ㉠ 인가의 대상은 법률행위에 한정되고 사실행위는 인가의 대상이 되지 않는다.
  ㉡ 법률행위 중 공법행위와(예 공공조합의 설립, 공법인의 정관변경) 사법(私法)행위(예 토지거래, 비영리법인설립, 하천점유권양도) 모두가 대상이 된다.

⑤ **효과(효력)**
  ㉠ **기본행위의 효과발생요건**: 인가는 기본적인 법률행위의 효과를 완성시켜 준다(보충행위). 인가의 효과는 인가의 대상인 법률행위의 내용에 따라 공법적인 경우도 있고(예 지방채기채승인), 사법적인 경우도 있다(예 특허기업의 요금인가, 토지거래허가).
  ㉡ **당해 법률행위에 효과 발생**: 인가의 효과는 원칙적으로 인가대상이 된 당해 법률행위에 대해서만 발생하고 타인(타 법률행위)에 이전되지 않는다.
  ㉢ **기본행위와 인가행위의 관계**: 인가는 타인의 법률행위를 보충하여 그 효력을 완성시켜주는 보충적 행위이므로, 인가의 효력은 인가대상인 타인의 법률행위(=기본행위)의 존재유무 및 하자에 의해 영향을 받으며, 기본행위는 적법·유효한 인가가 있어야 그 효력을 발생한다.
  ㉣ **기본행위와 인가에 대한 쟁송방법**
    ⓐ **기본행위에 하자가 있는 경우**: 기본행위를 다툴 수 있으나, 기본적 행위의 하자를 이유로 인가를 다툴 수는 없다.
    ⓑ **인가에 하자가 있는 경우**: 인가를 다툴 수 있으나, 인가의 하자를 이유로 기본행위를 다툴 수는 없다.

> **간단 점검하기**
> 인가의 대상이 되는 기본행위는 법률적 행위일 수도 있고, 사실행위일 수도 있다.
> (×)

관련판례

1. **기본행위인 권리의무양수도계약이 무효인 경우 인가도 당연무효**
   피고가 한 하천공사 권리의무양수도에 관한 허가는 기본행위인 위의 양수도행위를 보충하여 그 법률상의 효력을 완성시키는 보충행위라고 할 것이니 그 기본행위인 위의 권리의무양수도계약이 무효일 때에는 그 보충행위인 위의 허가처분도 별도의 취소조치를 기다릴 필요없이 당연무효라고 할 것이고 피고가 한 무효통지는 무효선언을 하는 방법으로 한 위 허가에 대한 일종의 취소처분이다(대판 1980.5.27. 79누196).

2. **기본행위인 학교법인이사회의 해산결의가 무효인 경우 문교부장관의 인가도 무효**
   원래 인가는 다른 사람의 법률적 행위의 효력을 보충하여 이를 완성시키는 보충적 행정행위에 지나지 않으므로 기본적 행위인 학교법인 이사회의 해산결의가 성립하지 않거나 무효인 때에는 문교부장관의 인가를 받았더라도 그 해산결의가 유효하게 되는 것은 아니며 인가도 무효로 된다(대판 1989.5.9. 87다카2407).

> **간단 점검하기**
>
> 인가처분에 하자가 없다면 기본행위에 하자가 있다 하더라도 따로 그 기본행위의 하자를 다투는 것은 별론으로 하고 기본행위의 무효를 내세워 바로 그에 대한 행정청의 인가처분의 취소 또는 무효확인을 소구할 법률상의 이익이 없다. (O)

3. 기본행위가 실효된 경우 보충행위(인가)도 실효

외자도입법 제19조에 따른 기술도입계약에 대한 인가는 기본행위인 기술도입계약을 보충하여 그 법률상 효력을 완성시키는 보충적 행정행위에 지나지 아니하므로 기본행위인 기술도입계약이 해지로 인하여 소멸되었다면 위 인가처분은 무효선언이나 그 취소처분이 없어도 당연히 실효된다(대판 1983.12.27. 82누491).

4. 기본행위에 하자, 인가 적법시 소송의 대상은 기본행위

인가는 기본행위인 재단법인의 정관변경에 대한 법률상의 효력을 완성시키는 보충행위로서, 그 기본이 되는 정관변경 결의에 하자가 있을 때에는 그에 대한 인가가 있었다 하여도 기본행위인 정관변경 결의가 유효한 것으로 될 수 없으므로 기본행위인 정관변경 결의가 적법·유효하고 보충행위인 인가처분 자체에만 하자가 있다면 그 인가처분의 무효나 취소를 주장할 수 있지만, 인가처분에 하자가 없다면 기본행위에 하자가 있다 하더라도 따로 그 기본행위의 하자를 다투는 것은 별론으로 하고 기본행위의 무효를 내세워 바로 그에 대한 행정청의 인가처분의 취소 또는 무효확인을 소구할 법률상의 이익이 없다(대판 1996.5.16. 95누4810).

5. 기본행위인 학교법인의 임원선임행위의 불성립 또는 무효를 내세워 감독청의 취임승인처분의 취소·무효 확인을 소구할 수 없음

기본행위인 사법상의 임원선임행위에 하자가 있다 하여 그 선임행위의 효력에 관하여 다툼이 있는 경우에 민사쟁송으로서 그 선임행위의 취소 또는 무효확인을 구하는 것은 별론으로 하고 기본행위의 불성립 또는 무효를 내세워 바로 그에 대한 감독청의 취임승인처분의 취소 또는 무효확인을 구하는 것은 특단의 사정이 없는 한 소구할 법률상의 이익이 있다고 할 수 없다(대판 1987.8.18. 86누152).

> **참고** 허가, 특허, 인가의 비교

구분	허가	특허	인가
의의	일반적·상대적 금지를 특정한 경우에 해제하여 자연적 자유를 회복시켜 주는 행위	특정인에게 권리·능력 등을 설정하여 주는 행위	제3자의 법률적 행위를 보충하여 그 법률상 효력을 완성시켜 주는 행위
출원	신청 없이 행하여지는 경우도 있음	반드시 신청을 요함	반드시 신청을 요함
상대방	특정인, 불특정다수인	특정인	특정인
성질	• 명령적 행정행위 • 기속행위 • 수정허가 기능	• 형성적 행정행위 • 재량행위 • 수정특허 불가	• 형성적 행정행위 • 재량행위 • 수정인가 불가
형식	• 처분의 형식O • 법규허가X	• 처분의 형식O • 법규특허(법규하명O)	• 처분의 형식O • 법규허가X
대상	사실행위, 법률행위	사실행위, 법률행위	법률행위
효과	자연적 자유 회복(금지해제)	권리설정	타인 간의 법률행위의 효력을 보충·완성(보충적 효력 → 권리설정이 아님)
	반사적 이익 발생으로 이익침해 시 행정쟁송제기 불가	권리(공권·사권 발생으로 이익침해 시 행정쟁송제기 가능)	-
	일신전속적이 아닌 한 이전 가능(대물적 허가의 경우)	일신전속적이 아닌 한 이전 가능(대물적 특허의 경우)	이전 불가

적법요건 유효요건	• 허가는 적법요건 • 무허가행위는 행위 자체는 유효하나 처벌대상	• 특허는 효력발생요건 • 무특허행위는 행위 자체가 무효	• 인가는 효력발생요건 • 무인가행위는 행위 자체가 무효
대상사업	개인적, 소규모 영리사업	대규모 공익사업	공익사업
감독	소극적 감독	적극적 감독·지원	적극적 감독
공통점	• 법률행위적 행정행위(모두 행정청의 의사표시에 의하여 효력 발생) • 쌍방적 행정행위(다만, 허가는 신청 없는 경우도 가능) • 수익적 행정행위(복효적 행정행위인 경우도 있음) • 강학상 원칙적으로 불요식행위이나 실정법상 요식행위인 경우가 대부분 • 행정청의 직권에 의한 취소·철회에 제한이 따름(국민의 신뢰보호 주장)		

3. 대리

(1) 대리는 다른 법률관계의 당사자가 직접 하여야 할 것을 행정청이 대신하여 행하고 그 행위의 법적 효과는 본인(당해 당사자)에게 귀속되는 행위이다. 이는 행정행위로서의 대리를 의미하는 것이므로 행정조직 내부에서의 행정기관의 권한대리(예 장관의 직무를 차관이 대리하는 것)와는 구별된다. 또한 사법(私法)상의 대리와는 본질적으로는 다르지 않으나, 대리의 발생원인이 공법적이라는 점에서 사법상의 대리와 구별된다.

(2) 행정행위로서의 대리는 법률의 규정에 의한 공권력의 발동으로서 행하여지는 것이므로 법정대리라고 할 수 있다. 조직법상 대리는 법정대리와 임의대리가 있으나, 행정행위로서의 대리는 법정대리로서 기속행위이다.

(3) 예컨대, ① 감독청에 의한 정관작성 등과 같이 행정주체가 공익적 견지에서 공공단체나 특허기업자 등을 대신하는 경우(감독상의 대리), ② 토지수용재결 등과 같이 당사자 사이의 협의 불성립시 대신하는 경우, ③ 조세체납처분으로서의 공매행위와 같이 행정의 실효성을 확보하기 위하여 행하는 경우, ④ 타인을 보호하기 위한 행위(예 행려병자의 유류품 매각 등)가 있다.

심화학습 '도시 및 주거환경정비법'상 재개발조합·재건축조합의 법리

재개발조합추진위원회 → 재개발조합 → 사업시행계획 → 관리처분계획

1. 재개발조합추진위원회

> 제31조 【조합설립추진위원회의 구성·승인】 ① 조합을 설립하려는 경우에는 다음 각 호의 사항에 대하여 토지등소유자 과반수의 동의를 받아 조합설립을 위한 추진위원회를 구성하여 국토교통부령으로 정하는 방법과 절차에 따라 시장·군수등의 승인을 받아야 한다. 이 경우 시장·군수등은 승인 이후 구역경계, 토지등소유자의 수 등 국토교통부령으로 정하는 사항을 해당 지방자치단체 공보에 고시하여야 한다.

여기서의 승인은 인가에 해당한다.

2. 재개발조합(또는 재건축조합)

> 제35조 【조합설립인가 등】 ① 시장·군수등, 토지주택공사등 또는 지정개발자가 아닌 자가 정비사업을 시행하려는 경우에는 토지등소유자로 구성된 조합을 설립하여야 한다. 다만, 제25조 제1항 제2호에 따라 토지등소유자가 재개발사업을 시행하려는 경우에는 그러하지 아니하다.
> ② 재개발사업의 추진위원회(제31조 제4항에 따라 추진위원회를 구성하지 아니하는 경우에는 토지등소유자를 말한다)가 조합을 설립하려면 토지등소유자의 4분의 3 이상 및 토지면적의 2분의 1 이상의 토지소유자의 동의를 받아 다음 각 호의 사항을 첨부하여 시장·군수등의 인가를 받아야 한다.

여기서 조합설립인가는 특허에 해당한다.

[관련판례]
[1] 행정청이 도시정비법 등 관련 법령에 근거하여 행하는 조합설립 인가처분은 단순히 사인들의 조합설립행위에 대한 보충행위로서의 성질을 갖는 것에 그치는 것이 아니라, 재건축조합에 대하여 도시정비법상 주택재건축사업을 시행할 수 있는 권한을 갖는 행정주체(공법인)로서의 지위를 부여하는 일종의 설권적 처분의 성격을 갖는다고 보아야 한다.
[2] 일단 조합설립 인가처분이 행하여진 경우 조합설립결의는 위 인가처분이라는 행정처분을 하는 데 필요한 요건 중 하나에 불과한 것이어서, 조합설립 인가처분이 행하여진 후에는 조합설립결의의 하자를 이유로 조합설립의 무효를 주장하려면 행정청을 상대로 조합설립 인가처분의 취소 또는 무효확인을 구하는 항고소송의 방법에 의하여야 하고, 이와는 별도로 재건축조합을 상대로 조합설립결의의 효력을 다투는 확인의 소를 제기하는 것은 확인의 이익이 없어 허용되지 아니한다(대판 2010.2.25. 2007다73598).

3. 사업시행계획

> 제50조 【사업시행계획인가】 ① 사업시행자(제25조 제1항 및 제2항에 따른 공동시행의 경우를 포함하되, 사업시행자가 시장·군수등인 경우는 제외한다)는 정비사업을 시행하려는 경우에는 제52조에 따른 사업시행계획서(이하 "사업시행계획서"라 한다)에 정관등과 그 밖에 국토교통부령으로 정하는 서류를 첨부하여 시장·군수등에게 제출하고 사업시행계획인가를 받아야 하고, 인가받은 사항을 변경하거나 정비사업을 중지 또는 폐지하려는 경우에도 또한 같다. 다만, 대통령령으로 정하는 경미한 사항을 변경하려는 때에는 시장·군수등에게 신고하여야 한다.

재개발조합이 사업시행계획안을 결의하고 이에 대해 인가를 받아야 하는데, 이때의 인가는 인가의 성질을 갖는다. 또한 사업시행계획은 행정처분이므로 이에 대한 불복은 항고소송으로 한다. 반면, 인가를 받기 전의 결의를 다투기 위해서는 당사자소송으로 하여야 한다.

[관련판례]
재개발정비사업조합이 수립한 사업시행계획은 관할 행정청의 인가·고시가 이루어지면 이해관계인들에게 구속력이 발생하는 독립된 행정처분에 해당하고, 관할 행정청의 사업시행계획 인가처분은 사업시행계획의 법률상 효력을 완성시키는 보충행위에 해당한다. 따라서 기본행위인 사업시행계획에는 하자가 없는데 보충행위인 인가처분에 고유한 하자가 있다면 그 인가처분의 무효확인이나 취소를 구하여야 할 것이지만, 인가처분에는 고유한 하자가 없는데 사업시행계획에 하자가 있다면 사업시행계획의 무효확인이나 취소를 구하여야 할 것이지 사업시행계획의 무효를 주장하면서 곧바로 그에 대한 인가처분의 무효확인이나 취소를 구하여서는 아니 된다(대판 2021.2.10. 2020두48031).

4. 관리처분계획

> 제74조 【관리처분계획의 인가 등】 ① 사업시행자는 제72조에 따른 분양신청기간이 종료된 때에는 분양신청의 현황을 기초로 다음 각 호의 사항이 포함된 관리처분계획을 수립하여 시장·군수등의 인가를 받아야 하며, 관리처분계획을 변경·중지 또는 폐지하려는 경우에도 또한 같다. 다만, 대통령령으로 정하는 경미한 사항을 변경하려는 경우에는 시장·군수등에게 신고하여야 한다.

재개발조합이 관리처분계획안을 결의하고, 이에 대한 인가를 받아야 하는데, 이때의 인가는 인가의 성질을 갖는다. 또한 관리처분계획은 행정처분이므로 이에 대한 불복은 항고소송으로 한다. 반면, 인가를 받기 전의 결의를 다투기 위해서는 당사자소송으로 하여야 한다.

[관련판례]
[1] 도시 및 주거환경정비법상 행정주체인 주택재건축정비사업조합을 상대로 관리처분계획안에 대한 조합 총회결의의 효력 등을 다투는 소송은 행정처분에 이르는 절차적 요건의 존부나 효력 유무에 관한 소송으로서 그 소송결과에 따라 행정처분의 위법 여부에 직접 영향을 미치는 공법상 법률관계에 관한 것이므로, 이는 행정소송법상의 당사자소송에 해당한다.
[2] 도시 및 주거환경정비법상 주택재건축정비사업조합이 같은 법 제48조에 따라 수립한 관리처분계획에 대하여 관할 행정청의 인가·고시까지 있게 되면 관리처분계획은 행정처분으로서 효력이 발생하게 되므로, 총회결의의 하자를 이유로 하여 행정처분의 효력을 다투는 항고소송의 방법으로 관리처분계획의 취소 또는 무효확인을 구하여야 하고, 그와 별도로 행정처분에 이르는 절차적 요건 중 하나에 불과한 총회결의 부분만을 따로 떼어내어 효력 유무를 다투는 확인의 소를 제기하는 것은 특별한 사정이 없는 한 허용되지 않는다(대판 2009.9.17. 2007다2428 전합).

5. 토지소유자 등이 조합을 따로 설립하지 않고, 직접 시행하는 경우

이러한 경우에는 조합설립인가가 필요가 없다. 다만, 사업을 시행하려는 토지소유자 등은 행정주체의 지위를 가지지 못하여 사업시행계획에 대한 인가로서 그 지위를 부여받아야 하므로 이때의 인가는 특허의 성질을 가지게 된다.

[관련판례]
토지 등 소유자들이 그 사업을 위한 조합을 따로 설립하지 아니하고 직접 도시환경정비사업을 시행하고자 하는 경우에는 사업시행계획서에 정관 등과 그 밖에 국토해양부령이 정하는 서류를 첨부하여 시장·군수에게 제출하고 사업시행인가를 받아야 하고, 이러한 절차를 거쳐 사업시행인가를 받은 토지 등 소유자들은 관할 행정청의 감독 아래 정비구역 안에서 구 도시정비법상의 도시환경정비사업을 시행하는 목적 범위 내에서 법령이 정하는 바에 따라 일정한 행정작용을 행하는 행정주체로서의 지위를 가진다. 그렇다면 토지 등 소유자들이 직접 시행하는 도시환경정비사업에서 토지 등 소유자에 대한 사업시행인가처분은 단순히 사업시행계획에 대한 보충행위로서의 성질을 가지는 것이 아니라 구 도시정비법상 정비사업을 시행할 수 있는 권한을 가지는 행정주체로서의 지위를 부여하는 일종의 설권적 처분의 성격을 가진다(대판 2013.6.13. 2011두19994).

제2절 준법률행위적 행정행위

1 개념

준법률행위적 행정행위란 행정청의 효과의사 외의 정신작용(판단·인식·관념)을 구성요소로 하는 행위를 말한다.

2 확인

1. 의의

확인이란 특정한 사실, 법률관계의 존부 또는 정부에 관하여 의문이 있거나 다툼이 있는 경우에 행정청이 이를 공적으로 판단 및 확정하는 행정행위를 말한다. 실정법상으로는 재결·결정·인정·검정·특허 등의 용어가 혼용되고 있다.

2. 종류

(1) 행정의 영역에 따른 분류

행정의 영역에 따라 ① 조직법상 확인행위(예 합격자결정, 당선인결정 등), ② 복리법상 확인행위(예 도로구역결정, 발명특허 등), ③ 재정법상 확인행위(예 소득금액결정 등), ④ 군정법상 확인행위(예 군사시설보호구역의 지정 등), ⑤ 쟁송법상 확인행위(예 이의신청이나 행정심판에 대한 재결 등) 등으로 구분할 수 있다.

(2) 행정의 대상에 따른 분류

대상에 따라 사실에 관한 확인행위나 법률관계에 대한 확인행위 등으로 구분할 수 있다.

> **관련판례**
> 친일반민족행위자 재산의 국가귀속에 관한 특별법 제3조 제1항 본문, 제9조 규정들의 취지와 내용에 비추어 보면, 같은 법 제2조 제2호에 정한 친일재산은 친일반민족행위자재산조사위원회가 국가귀속결정을 하여야 비로소 국가의 소유로 되는 것이 아니라 특별법의 시행에 따라 그 취득·증여 등 원인행위시에 소급하여 당연히 국가의 소유로 되고, 위 위원회의 국가귀속결정은 당해 재산이 친일재산에 해당한다는 사실을 확인하는 이른바 준법률행위적 행정행위의 성격을 가진다(대판 2008.11.13. 2008두13491).

3. 성질: 기속행위 – 법선언적 행위(광의의 사법행위)

(1) 기속행위

법률관계나 사실관계의 존재 또는 정당성을 객관적으로 확정할 수 있을 때에는 행정청의 확인을 요하는 기속행위이다.

(2) 준사법적 행위

일정한 분쟁을 전제로 법률관계를 공적으로 판단하는 행위라는 점에서 광의의 사법행위(준사법행위)의 성질을 가진다.

📋 **간단 점검하기**

친일반민족행위자재산조사위원회의 국가귀속결정은 당해 재산이 친일재산에 해당한다는 사실을 확인하는 이른바 준법률행위적 행정행위의 성격을 가진다. (○)

(3) 부관을 붙일 수 없음

확인은 행정청의 판단에 법령상 일정 효과가 발생하므로 그에는 부관을 붙일 수 없다.

4. 형식

확인은 언제나 구체적 처분의 형식으로 행한다. 또 확인에는 일정한 형식이 요구되는 것이 보통이므로(행정심판법 제46조) 일반적으로 요식행위이다. 또한, 행정절차법의 처분에 해당함에 비추어 보아도 요식행위임이 원칙이다(행정절차법 제24조 제1항).

5. 효과

(1) 효과

확인은 특정한 사실 또는 법률관계의 존재나 정당성 여부를 공적으로 확정하는 효력을 발생한다. 특허법의 발명특허와 같이 확인의 효과는 개별 법률이 정하고 있는 경우가 많다.

(2) 불가변력

확인은 행정청이라도 임의로 변경할 수 없는 불가변력이 발생한다.

(3) 소급효

확인의 효과는 확인대상의 존재시기로 소급된다.

> **관련판례**
>
> 국방전력발전업무훈령 제113조의5 제1항에 의한 연구개발확인서 발급은 개발업체가 '업체투자연구개발' 방식 또는 '정부·업체공동투자연구개발' 방식으로 전력지원체계 연구개발사업을 성공적으로 수행하여 군사용 적합판정을 받고 국방규격이 제·개정된 경우에 사업관리기관이 개발업체에게 해당 품목의 양산과 관련하여 경쟁입찰에 부치지 않고 수의계약의 방식으로 국방조달계약을 체결할 수 있는 지위(경쟁입찰의 예외사유)가 있음을 인정해주는 '확인적 행정행위'로서 공권력의 행사인 '처분'에 해당하고, 연구개발확인서 발급 거부는 신청에 따른 처분 발급을 거부하는 '거부처분'에 해당한다(대판 2020.1.16. 2019다264700).

> **간단 점검하기**
>
> 국방전력발전업무훈령에 따른 연구개발확인서 발급은 개발업체가 전력지원체계 연구개발사업을 성공적으로 수행하여 군사용 적합판정을 받고 경우에 따라 사업관리기관이 개발업체에게 수의계약의 방식으로 국방조달계약을 체결할 수 있는 지위가 있음을 인정해주는 확인적 행정행위로서 처분에 해당한다. (O)

3 공증

1. 관념

(1) 개념

공증이란 특정한 사실 또는 법률관계의 존재를 공적으로 증명하는 행정행위를 말한다. 즉, 공증은 반증이 있을 때까지 일응 진실한 것으로 추정되는 사실상 추정을 의미한다.

(2) 확인과의 구별

확인은 의문이나 다툼이 있는 행위에 대하여 행해지는 데 반해서, 공증은 의문이나 다툼이 없는 행위를 전제로 한다. 또한 확인은 판단의 표시인데, 공증은 인식의 표시이다.

2. 종류

(1) 각종 장부에의 등재행위
외국인등록부에의 등록, 선거인명부에의 등재, 토지대장에의 등록, 부동산등기부에의 등기 등이 있다.

(2) 각종 증명서 발급
당선증서, 합격증서, 졸업증서, 등록증, 여권·감찰 등의 발부 등이 있다.

(3) 회의록·의사록에의 기재
공법인이사회 회의록, 국회속기록 기재 등이 있다.

(4) 인·허가증 발급
각종 인가·허가·특허·등록·신고필증·여권의 발급 등이 있다.

(5) 검인·증인의 압날
농산물·전기제품 등에 대한 각종 검사 결과 합격품임을 표시하는 것 등이 있다.

(6) 등기·등록
부동산등기·외국인등록·차량등록·주민등록 등이 있다.

(7) 기타
영수증 교부, 여권 등의 발급, 회의록 등에의 기재가 있다.

3. 성질

(1) 준법률행위적 행정행위
준법률행위적 행정행위로서의 공증은 법적인 효과를 가져오는 행위만을 일컫는다. 만약, 공권력의 행사에 해당하더라도 법적 효과를 가져오지 않는 사실행위에 불과한 경우에는 여기에 해당되지 않는다.

(2) 인식의 표시행위
특정한 사실 또는 법률관계의 존재를 증명하는 인식의 표시행위인 점에서 판단의 표시행위인 확인과 구별된다. 그러나 효과의사의 표시가 아닌 점에서 양자는 동일하다.

(3) 기속행위·요식행위
공증은 오직 특정한 법률사실이나 법률관계가 존재하는지의 여부를 인식함에 그치고, 그것이 존재하는 한 공증을 하지 않으면 안 되는 기속행위이다.

(4) 부관 불가
① **다수설**: 공증행위에 종기가 있는 것은 부관이 아니라 법정기한이다.
② **유력설**: 준법률행위적 행정행위에도 부관을 붙일 수 있다고 한다. 예컨대, 여권 등에 붙은 유효기한을 들 수 있다.

(5) 처분성 여부
① **학설**: 이에 대해서는 긍정설과 부정설(반증에 의하여 번복이 가능하므로 공정력 부정을 이유로 함)의 다툼이 있다.

② 판례
  ㉠ 처분성을 긍정한 경우

> **관련판례** 처분성 인정사례
>
> **1. 토지분할신청 거부행위**
>
> 토지를 수필로 분할하여 등기하려면 반드시 같은 법이 정하는 바에 따라 분할절차를 밟아 지적공부에 각 필지마다 등록되어야 하고 이러한 절차를 거치지 아니하는 한 1개의 토지로서 등기의 목적이 될 수 없기 때문에 만약 이러한 토지분할신청을 거부한다면 토지소유자는 자기 소유 부분을 등기부에 표창할 수 없고 처분도 할 수 없게 된다는 점을 고려할 때, 지적 소관청의 위와 같은 토지분할신청에 대한 거부행위는 국민의 권리관계에 영향을 미친다고 할 것이므로 항고소송의 대상이 되는 처분으로 보아야 한다(대판 1993.3. 23. 91누8968).
>
> **2. 지목변경신청 반려행위**
>
> 지목은 토지에 대한 공법상의 규제, 개발부담금의 부과대상, 지방세의 과세대상, 공시지가의 산정, 손실보상가액의 산정 등 토지행정의 기초로서 공법상의 법률관계에 영향을 미치고, 토지 소유자는 지목을 토대로 토지의 사용·수익·처분에 일정한 제한을 받게 되는 점 등을 고려하면, 지목은 토지소유권을 제대로 행사하기 위한 전제요건으로서 토지소유자의 실체적 권리관계에 밀접하게 관련되어 있으므로 지적공부 소관청의 지목변경신청 반려행위는 국민의 권리관계에 영향을 미치는 것으로서 항고소송의 대상이 되는 행정처분에 해당한다(대판 2004.4.22. 2003두9015).
>
> **3. 특허청장의 상표사용권 설정등록행위**
>
> 상표사용권설정등록신청서가 제출된 경우 특허청장은 신청서와 그 첨부서류만을 자료로 형식적으로 심사하여 그 등록신청을 수리할 것인지의 여부를 결정하여야 되는 것으로서, 특허청장의 상표사용권 설정 등록행위는 사인간의 법률관계의 존부를 공적으로 증명하는 준법률행위적 행정행위임이 분명하다(대판 1991.8.13. 90누9414).
>
> **4. 의료유사업자 자격증 갱신발급행위**
>
> 의료법 부칙 제7조, 동법 시행규칙 제59조 및 1973.11.9.자 보건사회부 공고 58호에 의거한 서울특별시장 또는 도지사의 의료유사업자 자격증 갱신발급행위는 유사의료업자의 자격을 부여 내지 확인하는 것이 아니라 특정한 사실 또는 법률관계의 존부를 공적으로 증명하는 소위 공증행위에 속하는 행정행위라 할 것이다(대판 1977.5.24. 76누295).
>
> **5. 사회단체등록신청반려 처분**
>
> 사회단체등록신청에 형식상의 요건불비가 없는데 등록청이 이미 설립목적 및 사업내용을 같이하는 선등록단체가 있다 하여 그 단체와 제휴하거나 또는 등록없이 자체적으로 설립목적을 달성하는 것이 바람직하다는 이유로 원고의 등록신청을 반려하였다면 그 반려처분은 사회단체등록에 관한 법률 제4조에 위반된 것이 명백하고, 이건 등록신청의 반려는 원고의 자유로운 단체활동을 저해한다는 점에서 헌법이 보장한 결사의 자유에 역행하는 것이며, 선등록한단체의 등록은 수리하고 원고의 등록신청을 반려했다는 점에서는 헌법이 규정한 평등의 원칙에도 위반된다고 할 것이므로 … 이 사건의 경우는 소의 이익이 있다(대판 1989.12.26. 87누308).

간단 점검하기

구 상표법에 따른 특허청장의 상표사용권설정등록행위는 사인간의 법률관계의 존부를 공적으로 증명하는 준법률행위적 행정행위이다. (○)

6. 건축물대장상의 건축물명칭 변경신청 반려 행위

구 건축법(2005.11.8. 법률 제7696호로 개정되기 전의 것) 제14조 제4항의 규정은 건축물의 소유자에게 건축물대장의 용도변경 신청권을 부여한 것이고, 한편 건축물의 용도는 토지의 지목에 대응하는 것으로서 건물의 이용에 대한 공법상의 규제, 건축법상의 시정명령, 지방세 등의 과세대상 등 공법상 법률관계에 영향을 미치고, 건물소유자는 용도를 토대로 건물의 사용·수익·처분에 일정한 영향을 받게 되는 점 등을 고려해 보면, 건축물대장의 용도는 건축물의 소유권을 제대로 행사하기 위한 전제요건으로서 건축물 소유자의 실체적 권리관계에 밀접하게 관련되어 있으므로 건축물대장 소관청의 용도 변경신청(건축물대장상의 용도를 '창고'에서 '위험물저장 및 처리시설'로 변경) 거부행위는 국민의 권리관계에 영향을 미치는 것으로서 항고소송의 대상이 되는 행정처분에 해당한다(대판 2009.1.30. 2007두7277).

7. 건축물대장 작성신청에 대한 거부행위가 항고소송의 대상인 처분에 해당함

건축물대장의 작성은 건축물의 소유권을 제대로 행사하기 위한 전제요건으로서 건축물 소유자의 실체적 권리관계에 밀접하게 관련되어 있으므로 건축물대장 소관청의 작성신청 반려행위는 국민의 권리관계에 영향을 미치는 것으로서 항고소송의 대상이 되는 행정처분에 해당한다(대판 2009.2.12. 2007두17359).

8. 행정청이 건축물에 관한 건축물대장을 직권말소한 행위가 항고소송의 대상이 되는 행정처분에 해당하는지 여부(적극)

건축물대장은 건축물에 대한 공법상의 규제, 지방세의 과세대상, 손실보상가액의 산정 등 건축행정의 기초자료로서 공법상의 법률관계에 영향을 미칠 뿐만 아니라, 건축물에 관한 소유권보존등기 또는 소유권이전등기를 신청하려면 이를 등기소에 제출하여야 하는 점 등을 종합해 보면, 건축물대장은 건축물의 소유권을 제대로 행사하기 위한 전제요건으로서 건축물 소유자의 실체적 권리관계에 밀접하게 관련되어 있으므로, 이러한 건축물대장을 직권말소한 행위는 국민의 권리관계에 영향을 미치는 것으로서 항고소송의 대상이 되는 행정처분에 해당한다(대판 2010.5.27. 2008두22655).

9. 지적공부 소관청이 토지대장을 직권으로 말소한 행위가 항고소송의 대상이 되는 행정처분에 해당

토지대장은 토지에 대한 공법상의 규제, 개발부담금의 부과대상, 지방세의 과세대상, 공시지가의 산정, 손실보상가액의 산정 등 토지행정의 기초자료로서 공법상의 법률관계에 영향을 미칠 뿐만 아니라, 토지에 관한 소유권보존등기 또는 소유권이전등기를 신청하려면 이를 등기소에 제출해야 하는 점 등을 종합해 보면, 토지대장은 토지의 소유권을 제대로 행사하기 위한 전제요건으로서 토지 소유자의 실체적 권리관계에 밀접하게 관련되어 있으므로, 이러한 토지대장을 직권으로 말소한 행위는 국민의 권리관계에 영향을 미치는 것으로서 항고소송의 대상이 되는 행정처분에 해당한다(대판 2013.10.24. 2011두13286).

10. 감사원의 재심판정

감사원의 변상판정처분에 대하여서는 행정소송을 제기할 수 없고, 재결에 해당하는 재심의 판정에 대하여서만 감사원을 피고로 하여 행정소송을 제기할 수 있다(대판 1984.4.10. 84누91).

ⓒ **처분성을 부정한 경우**: 판례는 지적도·임야도·토지대장·임야대장 등의 지적공부에의 기재행위, 운전면허대장에의 기재행위 등은 단순히 행정편의 및 사실증명의 자료에 불과하고 상대방의 법률상 이익에는 영향을 주지 않기 때문에 처분성을 부인하였다(등재행위로 인하여 실체상의 권리관계에 어떠한 변동을 가져오는 것은 아니라는 이유).

> **관련판례** 처분성 부정사례
>
> **1. 행정청이 토지대장의 소유자명의변경신청을 거부한 행위**
>
> 토지대장에 기재된 일정한 사항을 변경하는 행위는, 그것이 지목의 변경이나 정정 등과 같이 토지소유권 행사의 전제요건으로서 토지소유자의 실체적 권리관계에 영향을 미치는 사항에 관한 것이 아닌 한 행정사무집행의 편의와 사실증명의 자료로 삼기 위한 것일 뿐이어서, 그 소유자 명의가 변경된다고 하여도 이로 인하여 당해 토지에 대한 실체상의 권리관계에 변동을 가져올 수 없고 토지 소유권이 지적공부의 기재만에 의하여 증명되는 것도 아니다. 따라서 소관청이 토지대장상의 소유자명의변경신청을 거부한 행위는 이를 항고소송의 대상이 되는 행정처분이라고 할 수 없다(대판 2012.1.12. 2010두12354).
>
> **2. 하천대장 등재행위**
>
> 하천대장은 하천관리청이 하천에 관한 행정사무집행의 원활을 기하기 위하여 그 현황과 관리사항을 기재·작성하는 것일 뿐, 어떤 특정 토지를 하천대장에 기재하였다 하여 그 토지에 관한 권리변동의 효력이 발생케 하는 것이 아니므로 이러한 하천대장에 등재하는 행위는 하천구역의 지정처분이라 할 수 없다(대판 1991.11.26. 91누5150).
>
> **3. 자동차운전면허대장상의 등재행위**
>
> 자동차운전면허대장상 일정한 사항의 등재 행위는 운전면허 행정 사무집행의 편의와 사실증명의 자료로 삼기 위한 것일뿐 그 등재행위로 인하여 당해 운전면허 취득자에게 새로이 어떠한 권리가 부여되거나 변동 또는 상실되는 효력이 발생하는 것은 아니므로 이는 행정소송의 대상이 되는 독립한 행정처분으로 볼 수 없고, 운전경력증명서상의 기재행위 역시 당해 운전면허 취득자에 대한 자동차운전면허대장상의 기재사항을 옮겨 적는 것에 불과하므로 운전경력증명서에 한 등재의 말소를 구하는 소는 부적법하다 할 것이다(대판 1991.9.24. 91누1400).
>
> **4. 인감증명행위**
>
> 인감증명행위는 인감증명청이 적법한 신청이 있는 경우에 인감대장에 이미 신고된 인감을 기준으로 출원자의 현재 사용하는 인감을 증명하는 것으로서 구체적인 사실을 증명하는 것일 뿐, 나아가 출원자에게 어떠한 권리가 부여되거나 변동 또는 상실되는 효력을 발생하는 것이 아니고, 인감증명의 무효확인을 받아들인다 하더라도 이로써 이미 침해된 당사자의 권리가 회복되거나 또는 곧바로 이와 관련된 새로운 권리가 발생하는 것도 아니므로 무효확인을 구할 법률상 이익이 없어 부적법하다(대판 2001.7.10. 2000두2136).

간단 점검하기

인감증명행위는 출원자의 현재 사용하는 인감에 대하여 구체적인 사실을 증명하는 것일 뿐이므로 무효확인을 구할 법률상 이익이 없다. (○)

5. 무허가관리대장에서 삭제하는 행위

무허가건물관리대장은, 행정관청이 지방자치단체의 조례 등에 근거하여 무허가건물 정비에 관한 행정상 사무처리의 편의와 사실증명의 자료로 삼기 위하여 작성, 비치하는 대장으로서 무허가건물을 무허가건물관리대장에 등재하거나 등재된 내용을 변경 또는 삭제하는 행위로 인하여 당해 무허가 건물에 대한 실체상의 권리관계에 변동을 가져오는 것이 아니고, 무허가건물의 건축시기, 용도, 면적 등이 무허가건물관리대장의 기재에 의해서만 증명되는 것도 아니므로, 관할관청이 무허가건물의 무허가건물관리대장 등재 요건에 관한 오류를 바로잡으면서 당해 무허가건물을 무허가건물관리대장에서 삭제하는 행위는 다른 특별한 사정이 없는 한 항고소송의 대상이 되는 행정처분이 아니다(대판 2009.3.12. 2008두11525).

6. 법무법인의 공정증서 작성행위

행정청이 한 행위가 단지 사인 간 법률관계의 존부를 공적으로 증명하는 공증행위에 불과하여 그 효력을 둘러싼 분쟁의 해결이 사법원리에 맡겨져 있거나 행위의 근거 법률에서 행정소송 이외의 다른 절차에 의하여 불복할 것을 예정하고 있는 경우에는 항고소송의 대상이 될 수 없다고 보는 것이 타당하다(대판 2012.6.14. 2010두19720).

7. 육군병원의 입원기록작성행위(대판 1992.2.11. 91누4126)

8. 호적에의 국적상실의 등재행위(대판 2003.5.30. 2002두9797)

4. 효과

공증은 일반적으로 공적 증거력을 발생시키나 반증이 있을 시는 행정청의 취소를 기다리지 아니하고, 그 증거력을 다투어 번복할 수 있다.

4 통지

1. 의의

(1) 개념

통지란 특정인 또는 불특정 다수에게 특정한 사항을 알리는 행정행위를 말한다.

(2) 구별

여기서의 통지는 그 자체로 독립된 행정행위인 것으로, 특정한 법규명령 또는 행정행위의 효력발생요건으로서의 공표·교부·송달과 구별된다. 따라서 법령·조약의 공포, 재결의 고시, 납세고지서 발부, 당연퇴직의 통보 등은 행정행위로서 통지에 해당하지 않는다. 또한 신고서·소장 등의 보정명령은 하명이 아니라, 소정기한까지 보정하지 않으면 수리를 거부하겠다는 의사를 알리는 통지이다.

2. 성질

(1) 기속행위 · 요식행위

통지행위가 기속행위인지 여부는 관련법령을 보고 판단해야 한다. 한편, 통지행위 역시 행정절차법상 처분에 해당하므로 요식행위임을 원칙으로 한다(행정절차법 제26조 제1항).

> **관련판례** 통지의 정도
>
> 문화재보호법 제13조 제2항 소정의 중요문화재 가지정의 효력발생요건인 통지는 행정처분을 상대방에게 표시하는 것으로서 상대방이 인식할 수 있는 상태에 둠으로써 족하고, 객관적으로 보아서 행정처분으로 인식할 수 있도록 고지하면 되는 것이다(대판 2003.7.22. 2003두513).

(2) 준법률행위적 행정행위

① **내용**: 준법률행위적 행정행위로서의 통지란 법적 효과를 가져오는 것만을 말한다. 따라서 사실행위에 불과한 통지는 여기에 포함되지 않는다.

② **판례**
  ㉠ 통지의 처분성을 인정한 판례(의사의 통지): 판례는 ⓐ 신청서의 보정명령, ⓑ 대집행영장발부통보처분, ⓒ 강서세무서장의 납부독촉, ⓓ 분묘개장공고 등을 준법률행위적 행정행위로서의 통지로 보았다. 따라서 처분성이 인정된다.

> **관련판례** 처분성 인정 사례
>
> **1. 임용기간이 만료된 조교수에 대하여 재임용을 거부하는 취지로 한 임용기간만료통지**
>
> 기간제로 임용되어 임용기간이 만료된 국·공립대학의 조교수는 교원으로서의 능력과 자질에 관하여 합리적인 기준에 의한 공정한 심사를 받아 위 기준에 부합되면 특별한 사정이 없는 한 재임용되리라는 기대를 가지고 재임용 여부에 관하여 합리적인 기준에 의한 공정한 심사를 요구할 법규상 또는 조리상 신청권을 가진다고 할 것이니, 임용권자가 임용기간이 만료된 조교수에 대하여 재임용을 거부하는 취지로 한 임용기간만료의 통지는 위와 같은 대학교원의 법률관계에 영향을 주는 것으로서 행정소송의 대상이 되는 처분에 해당한다(대판 2004.4.22. 2000두7735).
>
> **2. 독촉고지(강제징수)**
>
> 구 의료보험법 제45조, 제55조, 제55조의2의 각 규정에 의하면, 보험자 또는 보험자단체가 사기 기타 부정한 방법으로 보험급여비용을 받은 의료기관에게 그 급여비용에 상당하는 금액을 부당이득으로 징수할 수 있고, 그 의료기관이 납부고지에서 지정된 납부기한까지 징수금을 납부하지 아니한 경우 국세체납절차에 의하여 강제징수할 수 있다는 의도의 통지로서 처분성이 있다(대판 1999.7.13. 97누119).
>
> **3. 대집행의 계고행위**
>
> 대집행의 계고행위는 본법 소정의 처분에 포함되므로 계고처분 자체에 위법 있는 경우에도 항고소송의 대상이 된다(대판 1966.10.31. 66누25).

4. 구 농지법상 농지처분의무통지

  시장 등 행정청은 농지의 소유자가 농업경영계획서의 내용을 이행하였는지 여부 및 그 불이행에 정당한 사유가 있는지 여부를 판단하여 그 사유를 인정한 때에는 반드시 농지처분의무 통지를 하여야 하는 점, 위 통지를 전제로 농지처분명령, 농지법 제65조에 의한 이행강제금 부과 등의 일련의 절차가 진행되는 점 등을 종합하여 보면, 농지처분의무통지는 단순한 관념의 통지에 불과하다고 볼 수는 없고, 상대방인 농지소유자의 의무에 직접 관계되는 독립한 행정처분으로서 항고소송의 대상이 된다(대판 2003.11.14. 2001두8742).

5. 과세관청의 소득처분에 따른 소득금액변동통지(대판 2006.4.20. 2002두1878)

6. 구청장이 세입자에 대하여 재개발구역 내에 건립되는 영구임대아파트의 입주권 부여대상자가 아니라고 통보한 것

  이는 세입자를 영구임대아파트의 입주권부여대상에서 제외시키는 행정처분을 한 것으로 보는 것이 옳다(대판 1993.2.23. 92누5966).

ⓒ 통지를 단순한 사실행위로 본 판례(관념의 통지): 판례는 ⓐ 정년퇴직발령, ⓑ 당연퇴직의 인사발령 등에 대해서는 단순한 사실행위로서의 통지에 불과하다고 보았다. 따라서 이들은 처분성이 부정된다.

관련판례 처분성 부정 사례

1. 국가공무원법상 당연퇴직의 인사발령

  당연퇴직의 인사발령은 법률상 당연히 발생하는 퇴직사유를 공적으로 확인하여 알려주는 이른바 관념의 통지에 불과하고 공무원의 신분을 상실시키는 새로운 형성적 행위가 아니므로 행정소송의 대상이 되는 독립한 행정처분이라고 할 수 없다(대판 1995.11.14. 95누2036).

2. 국가공무원법상 정년퇴직의 인사발령

  국가공무원법 제74조에 의하면 공무원이 소정의 정년에 달하면 그 사실에 대한 효과로서 공무담임권이 소멸되어 당연히 퇴직되고 따로 그에 대한 행정처분이 행해져야 비로소 퇴직되는 것은 아니라 할 것이며 피고(영주지방철도청장)의 원고에 대한 정년퇴직 발령은 정년퇴직 사실을 알리는 이른바 관념의 통지에 불과하므로 행정소송의 대상이 되지 아니한다(대판 1983.2.8. 81누263).

3. 공무원연금관리공단이 공무원연금법령의 개정사실과 퇴직연금 수급자가 퇴직연금 중 일부 금액의 지급정지대상자가 되었다는 사실을 통보

  공무원연금관리공단이 위와 같은 법령의 개정사실과 퇴직연금 수급자가 퇴직연금 중 일부 금액의 지급정지대상자가 되었다는 사실을 통보한 것은 단지 법령에서 정한 사유의 발생으로 퇴직연금 중 일부 금액의 지급이 정지된다는 점을 알려주는 관념의 통지에 불과하고, 그로 인하여 비로소 지급이 정지되는 것은 아니므로 항고소송의 대상이 되는 행정처분으로 볼 수 없다(대판 2004.7.8. 2004두244).

📋 **간단 점검하기**

공무원에 대한 당연퇴직의 인사발령은 공무원의 신분을 상실시키는 새로운 형성적 행위이므로 행정소송의 대상이 되는 행정처분이다.　　　　(×)

4. 지방병무청장이 복무기관을 정하여 공익근무요원 소집통지를 한 후 소집대상자의 원에 의하여 또는 직권으로 그 기일을 연기한 다음 다시 한 공익근무요원 소집통지(대판 2005.10.28. 2003두14550)

5. 택지개발사업시행자가 택지공급방법을 결정하여 통보한 것
   택지개발촉진법의 규정에 따라 택지개발사업 시행자가 건설부장관으로부터 승인을 받아 택지의 공급방법을 결정하였더라도 그 공급방법의 결정은 내부적인 행정계획에 불과하여 그것만으로 택지공급희망자의 권리나 법률상 이익에 개별적이고 구체적인 영향을 미치는 것은 아니므로, 택지개발사업시행자가 그 공급방법을 결정하여 통보한 것은 분양계약을 위한 사전 준비 절차로서의 사실행위에 불과하고 항고소송의 대상이 되는 행정처분으로 볼 수 없다(대판 1993.7.13. 93누36).

6. 농지전용허가를 받음이 없이 농지를 전용한 자에 대하여 원상복구명령과 계고처분을 한 후 선행된 원상복구명령 등에 의한 의무이행을 촉구 내지 권고하는 행위(대판 1981.10.13. 80누158)

7. 재개발조합이 조합원들에게 '조합원 동·호수 추첨결과 통보 및 분양계약체결 안내'라는 제목으로 계약의 지연 등으로 인한 개인적 불이익을 당하지 않도록 유념해 달라는 내용의 통지를 한 것(대판 2002.12.10. 2001두6333)

3. 효과

통지행위의 효과 역시 개별법규가 정한 바에 따른다. 이러한 통지는 일정한 법적 효과가 결부되어야 한다. 법률효과가 결부되지 아니한 통지는 단순한 사실행위에 불과하므로 여기에서의 통지에는 해당하지 않는다.

5 수리

1. 의의

(1) 개념
수리행위란 타인의 행위를 유효한 행위로 받아들이는 행위를 말한다(예 각종 신청서나 신고서의 수리, 행정심판청구서의 수리, 사직원서의 수리 등).

(2) 도달·접수와의 구별
수리는 수동적 행정행위로써 타인의 행위를 유효한 행위라는 판단 아래 수령하는 인식의 표시행위인 점에서 단순한 도달 또는 사실행위인 접수와 다르다.

2. 종류
사법상의 법률효과가 발생하는 수리(예 혼인신고의 수리 등)와 공법상의 법률효과가 발생하는 수리(예 국가시험원서의 수리, 공무원사직서의 수리 등)가 있다.

3. 성질 - 기속행위
법이 정한 특별한 사정이 없는 한 소정의 형식적 요건을 갖춘 신고는 수리되어야 한다. 따라서 수리는 기속행위의 성질을 갖는다.

4. 효과

수리의 효과는 보통 개별법에서 규정된다. ① 경우에 따라서는 법률관계를 완성시키기도 하며(판례에 따르면 혼인은 공무원이 호적을 수리함으로써 유효하다고 판시함), ② 경우에 따라서는 수리 전까지 행위가 일체 금지되기도 한다(판례에 따르면 무도교습소는 신고 이후에만 운영이 가능하다고 판시함). 또한 사법(私法)상의 효과를 완성시킬 때도 있고(예 혼인신고의 수리), 공법상의 효과를 발생시키는 경우도 있다(예 행정심판청구서의 수리, 공무원사직서의 수리).

5. 수리의 거부

수리를 요하는 신고는 수리거부의 처분성이 긍정된다. 즉, 각하는 불수리 의사표시로서 소극적인 의사표시에 해당하므로 위법한 수리거부에 대해서는 행정쟁송이 가능하다. 수리를 요하지 않는 신고는 본 해당사항이 아니기에 논의의 실익이 없다.

제3절 행정행위의 적법요건

1 주체요건

1. 권한을 가진 기관

행정행위는 권한을 가진 기관이 권한의 범위 내에서 정상적인 의사작용에 의거한 것이어야 한다.

2. 합의제기관의 경우

합의제기관이 권한을 가진 경우에는 구성원이 적법한 소집절차, 의결절차에 따라 의사결정을 할 수 있어야만 한다.

2 내용요건

행정행위는 법치행정의 원칙상 법률우위의 원칙과 법률유보의 원칙을 준수해야 한다.

3 절차요건

침익적 처분의 경우에는 사전통지와 의견청취절차를 거쳐 처분을 발령하여야 하며 수익적 처분은 주로 신청절차를 거쳐 발령한다.

4 형식요건

1. 문서주의

행정청이 처분을 하는 때에는 다른 법령 등에 특별한 규정이 있는 경우를 제외하고는 문서로 하여야 하며, 전자문서로 하는 경우에는 당사자 등의 동의가 있어야 한다. 다만, 신속을 요하거나 사안이 경미한 경우에는 구술 기타 방법으로 할 수 있으며 이 경우 당사자의 요청이 있는 때에는 지체 없이 처분에 관한 문서를 주어야 한다(행정절차법 제24조 제1항).

2. 기재사항

처분을 하는 문서에는 그 처분행정청 및 담당자의 소속·성명과 연락처(전화번호·모사전송번호·전자우편주소 등을 말한다)를 기재하여야 한다(행정절차법 제24조 제2항).

5 행정행위의 성립요건 및 효력발생요건

- 행정행위의 성립요건: 외부로 표시된 때
- 행정행위의 효력요건: 송달되어 도달한 때

1. 행정행위의 성립요건

내부적 성립요건은 제3절의 적법요건을 갖추어야 하는 것이고, 외부적 성립요건은 행정행위가 외부로 표시되어야 한다는 것이다.

> **관련판례**
>
> 1. 일반적으로 행정처분이 주체·내용·절차와 형식이라는 내부적 성립요건과 외부에 대한 표시라는 외부적 성립요건을 모두 갖춘 경우에는 행정처분이 존재한다고 할 수 있다. 행정처분의 외부적 성립은 행정의사가 외부에 표시되어 행정청이 자유롭게 취소·철회할 수 없는 구속을 받게 되는 시점을 확정하는 의미를 가지므로, 어떠한 처분의 외부적 성립 여부는 행정청에 의해 행정의사가 공식적인 방법으로 외부에 표시되었는지를 기준으로 판단하여야 한다(대판 2017.7.11. 2016두35120).
>
> 2. 병무청장이 법무부장관에게 '가수 甲이 공연을 위하여 국외여행허가를 받고 출국한 후 미국 시민권을 취득함으로써 사실상 병역의무를 면탈하였으므로 재외동포 자격으로 재입국하고자 하는 경우 국내에서 취업, 가수활동 등 영리활동을 할 수 없도록 하고, 불가능할 경우 입국 자체를 금지해 달라'고 요청함에 따라 법무부장관이 甲의 입국을 금지하는 결정을 하고, 그 정보를 내부전산망인 '출입국관리정보시스템'에 입력하였으나, 甲에게는 통보하지 않은 사안에서, 행정청이 행정의사를 외부에 표시하여 행정청이 자유롭게 취소·철회할 수 없는 구속을 받기 전에는 '처분'이 성립하지 않으므로 법무부장관이 출입국관리법에 따라 위 입국금지결정을 했다고 해서 '처분'이 성립한다고 볼 수는 없고, 위 입국금지결정은 법무부장관의 의사가 공식적인 방법으로 외부에 표시된 것이 아니라 단지 그 정보를 내부전산망인 '출입국관리정보시스템'에 입력하여 관리한 것에 지나지 않으므로, 위 입국금지결정은 항고소송의 대상이 될 수 있는 '처분'에 해당하지 않는다(대판 2019.7.11. 2017두38874).

2. 송달

(1) 송달방법 및 주소기재

송달은 우편·교부 또는 정보통신망 이용 등의 방법에 의하되 송달받을 자의 주소·거소·영업소·사무소 또는 전자우편주소로 한다. 다만, 송달받을 자가 동의하는 경우에는 그를 만나는 장소에서 송달할 수 있다(행정절차법 제14조 제1항).

(2) 교부에 의한 송달

교부에 의한 송달은 수령확인서를 받고 문서를 교부함으로써 행하며, 송달하는 장소에서 송달받을 자를 만나지 못한 때에는 그 사무원·피용자 또는 동거자로서 사리를 분별할 지능이 있는 자에게 이를 교부할 수 있다(행정절차법 제14조 제2항).

(3) 정보통신망을 이용한 송달

정보통신망을 이용한 송달은 송달받을 자가 동의하는 경우에 한한다. 이 경우 송달받을 자는 송달받을 전자우편주소 등을 지정하여야 한다(행정절차법 제14조 제3항).

(4) 주소확인 및 송달이 불가능한 경우

① 송달받을 자의 주소 등을 통상의 방법으로 확인할 수 없는 경우, ② 송달이 불가능한 경우에는 송달받을 자가 알기 쉽도록 관보·공보·게시판·일간신문 중 하나 이상에 공고하고 인터넷에도 공고하여야 한다(행정절차법 제14조 제4항).

3. 도달주의(효력발생요건)

(1) 의의

① **일반적 송달의 경우(도달주의)**: 송달은 다른 법령 등에 특별한 규정이 있는 경우를 제외하고는 송달받을 자에게 도달됨으로써 그 효력이 발생한다(행정절차법 제15조 제1항). 정보통신망을 이용하여 전자문서로 송달하는 경우에는 송달받을 자가 지정한 컴퓨터 등에 입력된 때에 도달된 것으로 본다(행정절차법 제15조 제2항).

② 공고에 의하는 경우

  ⊙ **송달받을 자의 주소 등을 통상의 방법으로 확인할 수 없는 경우나 송달이 불가능한 경우**: 송달받을 자가 알기 쉽도록 관보·공보·게시판·일간신문 중 하나 이상에 공고하고 인터넷에도 공고하여야 한다. 고시나 공고에 의하여 송달하는 경우는 14일이 경과한 때에 그 효력이 발생한다.

> 행정절차법 제14조【송달】④ 다음 각 호의 어느 하나에 해당하는 경우에는 송달받을 자가 알기 쉽도록 관보, 공보, 게시판, 일간신문 중 하나 이상에 <u>공고하고</u> 인터넷에도 공고하여야 한다.
> 1. 송달받을 자의 주소등을 통상적인 방법으로 확인할 수 없는 경우
> 2. 송달이 불가능한 경우

⓷ **불특정다수인에 대한 경우(공시송달)**: 행정절차법 제15조는 "다른 법령 등에 특별한 규정이 있는 경우를 제외하고는 공고일부터 14일이 경과한 때에 그 효력이 발생한다. 다만, 긴급히 시행하여야 할 특별한 사유가 있어 효력발생시기를 달리 정하여 공고한 경우에는 그에 의한다."고 규정하고 있다.

(2) 판례

판례는 송달의 효력을 주장하는 측에서 증거에 의하여 도달사실을 입증하여야 한다고 판시한 바 있다(대판 2002.7.26. 2000다25002). 따라서 우편송달의 경우 입증을 위해서는 등기우편을 이용하여야 할 필요가 있다.

> **관련판례**
>
> 고시 또는 공고에 의하여 행정처분을 하는 경우에는 공고 후 5일 후에 효력이 발생
> 통상 고시 또는 공고에 의하여 행정처분을 하는 경우에는 그 처분의 상대방이 불특정 다수인이고, 그 처분의 효력이 불특정 다수인에게 일률적으로 똑같이 적용됨으로 인하여 고시일 또는 공고일에 그 행정처분이 있음을 알았던 것으로 의제하여 행정심판청구기간을 기산하는 것이므로, 관리처분계획에 이해관계를 갖는 자는 고시가 있었다는 사실을 현실적으로 알았는지 여부에 관계없이 고시가 효력을 발생하는 날인 고시가 있은 후 5일이 경과한 날에 관리처분계획인가 처분이 있음을 알았다고 보아야 한다(대판 1995.8.22. 94누5694).

제4절 행정행위의 효력

1 효력의 개념

행정행위의 효력은 성립요건 및 효력요건을 모두 갖추었을 때 행정행위로서 유효하다고 하는 일반적 효력을 갖는 것을 말한다. 유효한 행정행위는 그의 내용 또는 대상에 따라 개별적·구체적인 구속력을 발생한다.

2 내용상 구속력

내용상 구속력이란 적법요건을 갖춘 행정행위가 행위의 내용에 따른 법적 효과를 발생시키고 이러한 효과가 당사자(예 관계행정청, 상대방, 관계인 등)를 구속하는 힘을 말한다(예 도로점용허가가 행해지면 상대방은 그 내용에 따라 도로를 점용할 권리를 가지는 경우, 조세부과처분이 행해지면 상대방에게 급부의무가 발생하는 경우 등).

3 공정력

1. 의의

(1) 개념

공정력이란 비록 행정행위에 하자가 있더라도 그것이 중대하고 명백하여 당연무효가 아닌 한 권한 있는 기관에 의하여 취소될 때까지 일응 유효한 것으로 추정되어 누구든지 그 효력을 부인할 수 없는 힘을 말한다(예 조세부과처분이 위법이라 여겨진다 해도 당연무효가 아닌 한 공정력에 의해 과세처분이 유효하다고 추정되므로 상대방인 국민은 일단 세금을 납부해야 하며, 법이 정한 취소쟁송절차를 거쳐 취소결정을 받은 후에 납부한 세금을 반환받을 수 있음).

(2) 구별개념

전통적 견해는 공정력과 구성요건적 효력을 구별하지 않았지만, 최근 견해에 따르면 공정력은 상대방에 대한 관계에서 법적 안정성의 원칙상 인정되는 유효성 추정력이지만, 구성요건적 효력은 타 국가기관과의 관계에서 권한분립의 원칙상 인정되는 유효성 추정력이므로 이를 구별하고 있다. 그러나 법원은 양자를 구별하지 않는다.

2. 근거

공정력은 이론적 근거로만은 인정할 수 없고 실정법상 근거를 요하는데, 현행법상 공정력에 대한 명시적 규정은 행정기본법에 있다.

> 행정기본법 제15조 【처분의 효력】 처분은 권한이 있는 기관이 취소 또는 철회하거나 기간의 경과 등으로 소멸되기 전까지는 유효한 것으로 통용된다. 다만, 무효인 처분은 처음부터 그 효력이 발생하지 아니한다.

3. 한계(공정력의 범위)

(1) 무효인 행정행위

부당, 단순위법행위는 일단 유효하게 성립한 행정행위이므로 공정력이 인정되나 중대·명백한 하자가 있는 당연무효행위는 처음부터 효력이 없으므로 공정력이 인정되지 않는다.

(2) 비행정행위

공정력은 행정행위·재결의 효력이므로 행정행위가 아닌 비권력적 공법작용인 행정계약이나 사실행위, 사인의 공법행위, 확약, 관리관계 등은 공정력이 인정되지 않는다.

📋 **간단 점검하기**

행정처분이 아무리 위법하다고 하여도 그 하자가 중대하고 명백하여 당연무효라고 보아야 할 사유가 있는 경우를 제외하고는, 행정소송 등에 의하여 적법하게 취소될 때까지는 아무도 그 하자를 이유로 그 효과를 부정하지 못한다.
(○)

4 구성요건적 효력

1. 의의
취소할 수 있는 행위인가를 불문하고 유효한 행정행위가 존재하는 한 모든 행정기관과 법원은 그 행위와 관련이 있는 자신들의 결정에 영향을 미치는 그 행위의 존재와 법적 효과를 인정해야 하고, 아울러 그 내용에 구속되는데, 행정행위가 갖는 이와 같은 구속력을 구성요건적 효력이라고 한다.

2. 근거
행정기관은 각각 권한과 관할을 달리하므로 상호간 권한을 존중하고, 권한의 불가침을 이루어야 한다. 다만, 무효인 행위의 경우에는 구성요건적 효력이 인정되지 아니한다.

3. 구별개념
내용적 구속력은 당해 행위 그 자체의 내용상 문제인데 반하여 구성요건적 효력은 당해 행위가 다른 행위의 구성요건이 되는 경우의 효력을 의미한다. 따라서 구성요건적 효력은 당해 행정행위를 스스로 폐지할 수 없는 다른 행정청이나 법원과 관련하여 논의의 실익이 있다.

4. 선결문제
선결문제에서 논의 되는 공정력은 당해 직접 상대방이 아닌, 제3의 행정기관 및 법원에 대한 구속력을 의미하며 공정력과 구성요건적효력을 구분하게 되면 이는 구성요건적 효력을 의미하게 되는바, 선결문제의 경우는 구성요건적 효력과 관계된다.

(1) 의의
① 선결문제(先決問題)란 특정사건의 재판에 있어서 당해 사건의 재판을 위해 먼저 판단되어야 하는 문제를 말한다.
② 행정행위의 위법 또는 무효를 전제로 하는 민사소송이나 형사소송이 제기된 경우, 민·형사법원이 행정행위의 위법 또는 무효여부를 먼저 심사하여야지 자신의 사건을 독자적으로 심리·판단할 수 있게 된다.
③ 현행 행정소송법 제11조 제1항은 "처분 등의 효력유무 또는 존재여부가 민사소송의 선결문제로 되어 당해 민사소송의 수소법원이 이를 심리·판단하는 경우에는 제17조(행정청의 소송참가), 제25조(행정심판기록의 제출명령), 제26조(직권심리), 제33조(소송비용에 관한 재판의 효력)의 규정을 준용한다."고 하여 선결문제의 일부에 관해서만 규정하고 있어, 나머지 사항에 대해서는 학설과 판례에 의해 해결될 수밖에 없다.

(2) 선결문제의 유형

1. 민사재판의 경우		
효력유무	• 무효여부: 판단 가능 • 취소여부(유효): 판단 불가 [예] 부당이득반환청구 소송	
위법여부	판단 가능 [예] 국가배상청구 소송	
2. 형사재판의 경우		
효력유무	• 무효여부: 판단 가능 • 취소여부(유효): 판단 불가 [예] 17세 운전면허 취득 후 운전, 무면허운전죄 사건	
위법여부	판단 가능 [예] ○○명령 위반죄 사건	

① **민사사건인 경우**: 부당이득 반환청구와 국가배상청구 등이 문제된다.
② **형사사건인 경우**: 무면허운전자처벌과 시정명령 위반처벌 등이 문제된다.

(3) 요건

선결문제의 요건으로서 ① 당해 행정행위의 위법사유는 취소사유에 불과할 것, ② 당해 행위가 처분일 것 등을 들 수 있다.

(4) 민사사건의 경우

① **행정행위의 효력 유무가 쟁점**: 부당이득반환청구
  ㉠ 당해 행정행위가 당연무효라면 민사법원이 직접 무효를 판단할 수 있다. 판례 및 실정법(행정소송법 제11조 제1항)도 같은 입장이다.
  ㉡ 반면 단순위법(취소사유)인 경우에는 그 효력을 부인할 수 없다. 이는 취소하자가 행정행위에 있어도 행정행위의 유효성이 추정되기 때문이다. 판례도 과세처분의 하자가 단순히 취소사유에 불과한 경우에는 과세처분이 일단 유효하므로 국가 등이 법률상 원인 없이 부당이득한 것이 되지 않는다. 부당이득반환청구 사건에 있어서 민사법원의 선결문제는 행정행위의 '효력유무'가 되는데, 과세관청이 이를 스스로 취소하거나 항고소송절차에 의하여 취소되지 않는 한 민사법원은 행정행위에 의해 유효성 추정을 받으므로 그 효력을 부인할 수 없기 때문에 이를 이유로 해서 부당이득반환청구권을 행사할 수 없다고 판시한 바 있다(대판 1994.11.11. 94다28000).

② **행정행위의 위법 여부**: 국가배상청구
  국가배상법은 '위법'한 행정작용으로 인한 손해를 배상하도록 하고 있으므로, 손해배상청구사건에 있어서 민사법원의 선결문제는 행정행위의 '위법 여부' 판단이 된다. 이에 부정설(적법성 추정설)과 긍정설(유효성 추정설)이 대립하고 있다. 구성요건적 효력은 적법성 추정력이 아니기 때문에 민사법원 등은 행정행위의 위법성을 당연히 심사할 수 있다는 긍정설이 통설이고 타당하다. 판례도 계고처분이 실행되어 계고를 다툴 소의 이익이 없게 되자 국가배상청구를 한 사안에서, 계고에 대한 취소판결이 있어야만 국가배상청구를 할 수 있는 것은 아니라고 판시하였는바, 이는 효력부인은 못하더라도 위법 여부는 판단할 수 있다는 의미로 긍정설의 입장을 취한 것이 있다.

📋 **간단 점검하기**

민사소송에 있어서 어느 행정처분의 당연무효 여부가 선결문제로 되는 때에는 이를 판단하여 당연무효임을 전제로 판결할 수 있다. (O)

관련판례

1. 민사소송에 있어서 어느 행정처분의 당연무효 여부가 선결문제로 되는 때에는 이를 판단하여 당연무효임을 전제로 판결할 수 있고 반드시 행정소송 등의 절차에 의하여 그 취소나 무효확인을 받아야 하는 것은 아니다(대판 1972.10.10. 71다2279).

2. 물품세 과세대상이 아닌 것을 세무공무원이 직무상 과실로 과세대상으로 오인하여 과세처분을 행함으로 인하여 손해가 발생된 경우에는, 동 과세처분이 취소되지 아니하였다 하더라도, 국가는 이로 인한 손해를 배상할 책임이 있다(대판 1979.4.10. 79다262).

(5) 형사사건의 경우

① **행정행위의 효력 유무**: 무면허운전자처벌
  ㉠ 유효한 행정행위에의 위반이 범죄의 성립요건으로 되어있는 경우에는 행정행위가 효력이 없는 것이라면 죄가 성립되지 않기 때문에 행정행위의 효력유무가 형사법원의 선결문제가 된다.
  ㉡ 다수설과 판례는 행정행위를 심리하여 중대하고 명백한 하자가 있는 경우에는 형사법원이 독자적으로 당해 행정행위를 무효로 판단할 수 있으나, 취소사유 있는 행정행위에 대해서는 공정력으로 인해 형사법원이 독자적으로 당해 행정행위의 효력을 부인할 수 없다고 본다.

② **행정행위의 위법 여부**: 시정명령 위반 처벌
  ㉠ 적법한 행정행위에의 위반이 범죄의 성립요건으로 되어 있는 경우에는, 행정 행위가 위법이라면 그를 위반·불이행하더라도 죄가 성립되지 않기 때문에 행정행위의 위법 여부가 형사법원의 선결문제가 된다.
  ㉡ 다수설과 판례는 행정행위가 당연무효인 경우는 물론이고 취소사유인 하자가 있어 공정력이 인정되는 경우에도 형사법원은 선결문제로서 당해 행정행위의 위법을 독자적으로 심리·판단할 수 있다고 본다.

간단 점검하기

물품을 수입하고자 하는 자가 세관장에게 수입신고를 하여 그 면허를 받고 물품을 통관한 경우에는, 세관장의 수입면허가 중대하고도 명백한 하자가 있는 행정행위이어서 당연무효가 아닌 한 관세법 소정의 무면허수입죄가 성립될 수 없다. (○)

관련판례

1. 연령미달의 결격자인 피고인이 소외인의 이름으로 운전면허시험에 응시, 합격하여 교부받은 운전면허는 당연무효가 아니고 도로교통법 제65조 제3호의 사유에 해당함에 불과하여 취소되지 않는 한 유효하므로 피고인의 운전행위는 무면허운전에 해당하지 아니한다(대판 1982.6.8. 80도2646).

2. 주택법 제91조에 의하여 행정청으로부터 공사의 중지, 원상복구 그 밖의 필요한 조치명령을 받은 자가 이에 위반한 경우 이로 인하여 주택법 제98조 제11호에 정한 처벌을 하기 위하여는 그 처분이나 조치명령이 적법한 것이라야 하고, 그 조치명령이 당연무효가 아니라 하더라도 그것이 위법한 것으로 인정되는 한 법 제98조 제11호 위반죄가 성립될 수 없다고 할 것이다(대판 2007.7.13. 2007도3918).

3. 관할관청이 침해적 행정처분인 시정명령을 하면서 피고인에게 행정절차법 제21조, 제22조에 따른 적법한 사전통지를 하거나 의견제출 기회를 부여하지 않았고 이를 정당화할 사유도 없으므로 시정명령은 절차적 하자가 있어 위법하고, 시정명령이 당연무효가 아니더라도 위법한 것으로 인정되는 이상 피고인 乙이 시정

명령을 이행하지 아니하였더라도 피고인 乙에 대하여 개발제한구역법 제32조 제2호 위반죄가 성립하지 아니한다(대판 2017.9.21. 2017도7321).

(6) 소결(공정력과 선결문제의 정리)
① 중대하고 명백한 위법이 있는 행정행위(당연무효인 행정행위): 공정력이 인정되지 않으므로, 민·형사법원은 독자적으로 행정행위의 위법판단 및 효력 부인을 할 수 있다.
② 단순위법인 행정행위(취소사유 있는 행정행위): 공정력이 인정되므로, 민·형사법원은 독자적으로 행정행위의 위법은 판단할 수 있으나(취소사유 있는 행정행위의 효력자체를 소멸시키는 것이 아닌 행정행위의 위법을 확인하는 데 그치는 것은 공정력에 반하지 X), 행정행위의 효력을 부인할 수는 없다.

5 존속력(확정력)

1. 개설

행정행위가 발령되면 많은 법률관계가 형성되기 때문에 많은 이해관계가 생기게 된다. 그로 인해 이러한 행위가 자유롭게 변경·취소된다면 법적 안정성에 많은 문제가 야기된다. 따라서 되도록 일단 정해진 행정행위를 존속시킬 필요가 있다. 이러한 요청을 제도화한 것이 행정행위의 불가쟁력(형식적 존속력)과 불가변력(실질적 존속력)이며, 이를 합하여 존속력이라고 한다.

2. 형식적 존속력(불가쟁력)

(1) 의의
① 개념: 불가쟁력이란 쟁송기간이 경과하거나 쟁송수단을 모두 거친 경우에는 아무리 행정행위가 위법 또는 부당하더라도 상대방 또는 이해관계인이 더 이상 그 행정행위의 효력을 다툴 수 없게 되는 효력을 말한다. 이는 행정법관계를 신속하게 안정시키기 위하여 제소기간 등을 정한 것에서 비롯한 절차법적 효력으로서, 쟁송취소가 불가능해진다. 그러므로 처분행정청은 불가쟁력이 발생해도 직권취소는 가능하다.
② 구별개념

> **간단 점검하기**
> 불가변력은 처분청에 미치는 효력이고, 불가쟁력은 상대방 및 이해관계인에게 미치는 효력이다. (○)

구분	불가쟁력	불가변력
사유	쟁송제기기간의 도과	준사법적 행위, 재결
목적	행정능률, 법적 안정성	법적 안정성
적용 대상	상대방과 이해관계인을 구속	처분청을 구속
효력의 대상	절차법적 효력을 가짐	실체법적 효력을 가짐
취소여부	• 쟁송취소: 불가 • 직권취소: 가능	• 쟁송취소: 가능 • 직권취소: 불가
양자의 관계	서로 무관	

(2) 인정범위
① 불가쟁력은 모든 행정행위에 인정된다.
② 그러나 하자가 중대하고 명백하여 무효인 행정행위에는 인정되지 않는다.

(3) 성질
불가쟁력이 발생한 경우에는 소 제기 시 소가 각하되나, 이것이 위법행위를 적법행위로 전환시킨다는 의미는 아니다. 또한 불가쟁력은 행정행위의 효력으로 판결의 효력인 기판력과는 다르다.

(4) 사유(발생시기)
불가쟁력은 ① 쟁송기간이 경과한 때, ② 법적 구제수단을 포기한 때, ③ 판결을 통한 행정행위가 확정된 때 발생한다.

(5) 한계
무효인 행정행위는 쟁송제기기간의 제한을 받지 아니하므로 불가쟁력이 발생하지 않는다. 따라서 무효인 행정행위는 제기기간의 제한 없이 무효등확인심판이나 무효등확인소송을 제기할 수 있다.

(6) 효과
취소할 수 있는 행정행위에 불가쟁력이 발생하면, 그 행정행위에 대해서는 더 이상 쟁송제기가 불가능하나 그 행위를 선행행위로 하는 후행처분에 대해서 다툴 수 있는지가 문제된다. 이는 하자승계의 문제로 연결된다.

> **관련판례**
> 1. 불가쟁력이 발생한 행위라도 관계법령 해석상 신청권이 인정될 수 있는 경우에는 처분의 변경에 대한 신청권이 인정되나 특별한 사정이 없는 한 신청권은 없음(법령상 규정이 없으면 부정) 제소기간이 이미 도과하여 불가쟁력이 생긴 행정처분에 대하여는 개별 법규에서 그 변경을 요구할 신청권을 규정하고 있거나 관계 법령의 해석상 그러한 신청권이 인정될 수 있는 등 특별한 사정이 없는 한 국민에게 그 행정처분의 변경을 구할 신청권이 있다 할 수 없다(대판 2007.4.26. 2005두11104).
> 2. 사후적으로 위헌 결정된 법률에 근거한 행정처분이 이미 취소소송의 제기기간이 경과하여 확정력이 발생한 경우에는 위헌결정의 소급효가 미치지 않는다(대판 2002.11.8. 2001두3181).

(7) 불가쟁력과 국가배상청구
불가쟁력이 발생하여도 취소소송과 국가배상은 제도의 취지가 다르므로 국가배상청구가 가능하다는 적극설(다수설)과 불가쟁력이 발생하면 국가배상청구까지도 제기할 수 없다는 소극설이 대립하고 있다. 판례는 적극설의 입장에서 위법한 과세처분과 관련하여 국가배상을 청구하는 것은 ① 정당한 세액을 벗어나는 부분에 대하여 부당이득반환을 청구하는 것이 아닌, ② 위법한 과세처분에 대한 배상을 구하는 것이기에 인정된다고 판시한 바 있다(대판 1979.4.10. 79다262).

간단 점검하기

이미 취소소송의 제기기간을 경과하여 확정력이 발생한 행정처분에는 그 근거가 되는 법률에 대한 위헌결정의 소급효가 미치지 않는다. (○)

3. 실질적 존속력(불가변력)

(1) 의의
① **개념**: 실질적 존속력이란 행정행위가 발해지면 일정한 경우에 행정행위의 성질상 행정청 자신도 직권으로 자유로이 이를 취소·변경·철회할 수 없게 하는 효력을 말한다.
② **구별개념**: 불가쟁력 참고

(2) 성질
법치행정의 원리 또는 합리적인 행정의 필요상 경우에 따라서는 행정행위의 변경가능성이 인정되어야 한다. 그런데 경우에 따라서는 법적 안정성의 견지에서 행정행위를 그대로 존치시켜야 하는데 이때에 발생하는 효력을 실질적 존속력이라고 부른다.

> **관련판례**
> 국민의 권리와 이익을 옹호하고 법적안정을 도모하기 위하여 특정한 행위에 대하여는 행정청이라 하여도 이것을 자유로이 취소, 변경 및 철회할 수 없다는 행정행위의 불가변력은 당해 행정행위에 대하여서만 인정되는 것이고, 동종의 행정행위라 하더라도 그 대상을 달리할 때에는 이를 인정할 수 없다(대판 1974.12.10. 73누129).

간단 점검하기
행정행위의 불가변력은 당해 행정행위에 대해서만 인정되는 것이 아니고, 동종의 행정행위라면 그 대상을 달리하더라도 인정된다. (×)

(3) 사유
실질적 존속력은 모든 경우에 인정되는 것은 아니고 예외적으로 특별한 경우에만 인정된다. 이를 구체적으로 살펴보면 다음과 같다.
① **준사법적 행위**: 불가변력이 인정되는 행정행위는 준사법적 행정행위이다. 행정심판의 재결이나 토지수용재결과 같이 사법절차에 준하는 쟁송절차를 거쳐 행해지는 확인적 행위의 성질을 갖는 행정행위의 경우에 대해서는 불가변력이 인정된다(예 행정심판의 재결, 중앙토지수용위원회의 이의 신청에 대한 재결, 국가배상심의회의 배상결정, 소청 심사위원회의 결정징발보상금의 지급결정, 특허심판의 심결, 징계위원회의 징계의결, 당선인·합격자 결정, 교과서 검·인정, 발명특허 등).
② **무효인 행정행위**: 무효인 행정행위에서는 불가변력이 문제되지 않는다.

(4) 위반의 효과
불가변력이 있는 행정행위의 취소·철회는 위법하다.

(5) 사후변경과 존속력
이에 대해서 판례는 존속력을 부정한다.

4. 양자의 관계
불가쟁력은 처분의 상대방 및 기타 이해관계인을 구속하는 것이고, 불가변력은 당해 행정청을 구속하는 것이므로 양자는 서로 영향을 미치지 않는다. 그러므로 불가변력이 발생한 행위에 대해서도 제소기간이 경과하기 전에는 쟁송취소가 가능하고, 불가쟁력이 발생한 경우에도 직권취소 또는 손해배상을 청구하는 것이 가능하다.

6 강제력

1. 자력집행력

(1) 의의
- ① **개념**: 강제력이란 행정행위에 의하여 부과된 의무의 불이행이나 위반에 대해 법원의 개입 없이 행정청이 스스로 강제력을 동원하여 그 의무를 실현시키는 힘을 말한다.
- ② **문제되는 경우**: 강제력은 의무가 부과되는 명령적 행위에서 문제(의무 불이행·위반)가 되며 의무부과와 관계없는 형성적 행위에서는 문제되지 않는다. 왜냐하면 형성적 행위는 그 자체로 법적 효과가 완성되어 집행이 필요 없기 때문이다.

(2) 성질
- ① **문제 제기**: 집행력이 행정행위가 갖는 고유한 효력인지가 문제된다.
- ② **학설**: ㉠ 행정행위의 본질상 당연히 의무이행을 강제할 수 있는 권한이 내재되어 있기 때문에 따로 법적 근거가 필요 없다고 보는 직권집행설과 ㉡ 강제는 사법상의 고유한 권한이므로 행정행위의 경우 법규상의 근거가 있어야만 강제력을 발동할 수 있다는 법규효력설이 대립하고 있다. 학설은 법규효력설이 다수설이다.

2. 제재력

제재력이란 상대방이 행정의사 위반시 행정형벌과 행정질서벌을 부과하여 행정의사의 실효성을 확보하는 힘을 말한다. 이러한 제재력도 집행력의 경우와 같이 행정행위에 내재되는 효력이라고는 할 수 없고 법적 근거에 의하여 발생하는 효력이다.

제5절 행정행위의 하자

1 일반론

1. 의의

(1) 개념

행정행위의 하자라 함은 행정행위가 적법, 유효하게 성립하기 위한 요건을 갖추지 못한 것을 말하며, 이처럼 행정행위의 성립 및 발효요건이 결여된 행정행위를 하자 있는 행정행위라 한다. 여기에서는 이러한 행정행위의 하자에는 어떤 형태가 있으며 그 효과는 어떠한지에 대하여 살펴보겠다.

(2) 형태

행정행위의 하자의 형태에는 내용적으로는 ① 성문법 또는 불문법을 위반한 위법행위, 공익에 가장 적합한 처분으로 볼 수 없는 부당한 행위가 있으며, 그 효과 면에서는 ② 처음부터 아무런 법적 효력이 없는 무효와 일단 유효한 것으로 통용되는 취소가 있다. 이러한 행정행위의 흠이 그 효력에 어떤 영향을 미치는 가에 관하여는 명문의 일반적 규정이 없으며 학설 판례에 맡겨져 있다.

(3) 하자유무의 판단시점

행정행위의 하자유무판단은 원칙적으로 행정행위의 발령당시(처분시), 즉 행정행위가 외부에 표시된 시점을 기준으로 한다. 따라서 행정행위가 행해진 후의 근거법령이나 사실관계의 변경은 당해 행정행위의 위법여부에 영향을 미치지 않으며, 철회 또는 실효사유가 될 수 있을 뿐이다(통설·판례).

2. 구분(오기·오산은 일반적으로 하자가 아님)

행정행위에 단순한 오기(잘못기재)·오산(잘못계산) 기타 이에 준하는 행정행위의 표면상의 오류에 대하여는 명문의 규정이 없더라도 행정청은 언제나 이를 정정할 수 있으며, 상대방도 특별한 형식·절차에 의함이 없이 그 정정을 요구할 수 있다. 처분 상대방의 정정신청에도 불구하고 행정청이 이를 거부하면 그 거부처분의 위법을 이유로 상대방은 거부처분취소소송을 제기할 수 있다.

2 행정행위의 무효와 취소의 구별

무효란 행정행위의 외형은 있으나 법률상으로는 행정행위의 효력이 전혀 없는 경우로서, 즉 처음부터 효력이 발생하지 아니하는 행위로 언제 누구라도 효력부인이 가능한 경우를 말한다. 취소란 행정행위에 하자가 있지만 권한 있는 기관의 취소가 있기 전까지는 유효한 행위로서 효력을 가지며 직권이나 쟁송 취소로 인하여 비로소 행정행위로서의 효력을 상실하게 되는 경우를 말한다.

1. 구별필요성

무효와 취소 혹은 무효등확인소송과 취소소송의 차이점이 구별필요성이다. 공통점은 구별실익이 없는 부분이다.

구별실익	무효	취소
효력	처음부터 효력 발생 ×	처음에는 효력 발생하고 취소되면 효력 ×
행정심판전치주의	× (선거 - 당선무효소송은 예외)	○ (특별규정 있는 경우)
공정력	×	○
제소기간 (제척기간)	×	○
사정재결·사정판결	× (무효이면 공정력 발생 × → 선결 가능 → 문제발생 ×)	○ (취소이면 공정력 발생 ○ → 효력부인(선결) 불가능 → 문제발생)

선결문제	판단 가능 ×	판단 불가 ○
입증책임	원고가 주장	유리한 자가 입증
소송의 형태	무효등확인심판·소송, 무효선언을 구하는 의미의 취소소송	취소소송
하자의 치유	×	○
하자의 전환	○	×(이견있음)
하자의 승계	선행행위는 언제나 쟁송제기 가능, 후행행위도 당연무효	△(다수설: 동일한 목적과 효과, 일련의 단계적 절차일 때 승계 인정)
불가쟁력, 불가변력	×	○
간접강제	무효확인 판결에서는 간접강제가 인정되지 않음	거부처분 취소판결에서는 간접강제가 인정됨
신뢰보호	원칙적으로 신뢰보호의 문제가 생기지 않음	상대방의 귀책사유 없는 신뢰는 보호됨
공무집행 방해죄	저항해도 공무집행방해죄 불성립(정당방위로 인정)	저항하면 공무집행방해죄 성립(반대견해 있음)
집행부정지원칙	○	○
손해배상	○	○
행정쟁송가능성	○	○
법령위반 여부	○	○

2. 구별의 기준

(1) 학설

① **중대설**: 중대한 하자(법규 위반)이면 당연무효라는 견해이다. 즉, 위반된 행정법규의 성질에 따라 능력규정이나 강행규정에 위반한 행위는 무효이고 명령규정이나 비강행 규정에 위반한 행위는 취소할 수 있는 행위라 한다.

② **중대명백설**: 중대한 하자일 뿐 아니라 명백한 하자이어야 무효가 된다는 견해이다. 둘 중 하나만 갖춘 경우에는 취소사유가 된다.
이때 명백성을 판단하는 기준으로는 ⊙ 외견상 일견하여 인정되는 경우뿐만 아니라 공무원의 시각에서 명백성을 판단하는 조사의무설과 ⓒ 일반인(공무원이나 법률전문가가 아님)의 시각에서 명백성을 판단하는 외견상 일견명백설(다수설)을 들 수 있다.

③ **명백성 보충요건설**: ⊙ 상대방의 이해만 결부된 경우는 하자가 중대하기만 하면 당연무효이고, ⓒ 제3자의 이해관계가 결부된 경우는 하자가 중대할 뿐만 아니라, 제3자의 시각에서 바라볼 때 명백해야 당연무효가 된다는 견해이다. 이 학설에 따르면 하자의 명백성은 구체적 이익 상황 및 그에 대한 구체적 형량에 따라 부가여부가 판단되어야 하는 보충적 가중요건에 불과하다고 본다.

(2) 판례
① **대법원**: 중대명백설을 취하였다.
② **헌법재판소**: ㉠ 원칙적으로 중대명백설을 취하나 ㉡ 예외적으로 법적 안정성을 해치지 않는 범위 내에서 권리구제의 필요성이 큰 경우에는 하자가 중대·명백하지 않더라도 무효를 인정한다.

> **관련판례**
> **헌재의 위헌결정은 원칙적으로 장래효이나 예외적으로 소급효 인정(정의와 형평 등을 고려할 필요가 있는 경우)**
> 구체적 규범통제의 실효성의 보장의 견지에서 법원의 제청·헌법소원의 청구 등을 통하여 헌법재판소에 법률의 위헌결정을 위한 계기를 부여한 당해 사건, 위헌결정이 있기 전에 이와 동종의 위헌 여부에 관하여 헌법재판소에 위헌제청을 하였거나 법원에 위헌제청신청을 한 경우의 당해 사건, 그리고 따로 위헌제청신청을 아니하였지만 당해 법률 또는 법률의 조항이 재판의 전제가 되어 법원에 계속 중인 사건에 대하여는 소급효를 인정하여야 할 것이다. 또 다른 한 가지의 불소급원칙의 예외로 볼 것은, 당사자의 권리구제를 위한 구체적 타당성의 요청이 현저한 반면에 소급효를 인정하여도 법적 안정성을 침해할 우려가 없고 나아가 구법에 의하여 형성된 기득권자의 이익이 해쳐질 사안이 아닌 경우로서 소급효의 부인이 오히려 정의와 형평 등 헌법적 이념에 심히 배치되는 때라고 할 것으로 이때에 소급효의 인정은 법 제47조 제2항 본문의 근본취지에 반하지 않을 것으로 생각한다(헌재 1993.5.13. 92헌가10).

3. 중대명백설의 한계

법원의 판결이 내려지기 전까지는 무효와 취소를 구별하는 명확한 기준이 되기 어렵다.

4. 관련문제

(1) 위헌법률에 근거한 행정처분의 효력

처분의 근거가 되는 법률이 위헌인 경우, 그 처분은 하자 있는 행위이다. 이러한 경우 그 하자가 무효사유인지 취소사유인지가 문제된다.
① **위헌결정 후의 처분**: 법률이 위헌으로 결정된 후 그 법률에 근거하여 행해진 행정처분은 당연 무효이다.
② **위헌결정 전의 처분**: 처분이 있은 후에 그 처분의 근거 법률이 위헌으로 결정되는 경우 그 처분에는 하자가 존재하는데, 이러한 하자가 무효사유인지 취소사유인지 문제가 된다. 판례는 이러한 처분의 하자는 중대하긴 하지만 명백하지 않아 취소사유가 된다고 한다.

관련판례

1. 위헌법률에 근거한 행정처분의 효력은 원칙적으로 취소사유

법률에 근거하여 행정처분이 발하여진 후에 헌법재판소가 그 행정처분의 근거가 된 법률을 위헌으로 결정하였다면 결과적으로 행정처분은 법률의 근거가 없이 행하여진 것과 마찬가지가 되어 하자가 있는 것이 되나, 하자 있는 행정처분이 당연무효가 되기 위하여는 그 하자가 중대할 뿐만 아니라 명백한 것이어야 하는데, 일반적으로 법률이 헌법에 위반된다는 사정이 헌법재판소의 위헌결정이 있기 전에는 객관적으로 명백한 것이라고 할 수는 없으므로 헌법재판소의 위헌결정 전에 행정처분의 근거가 되는 당해 법률이 헌법에 위반된다는 사유는 특별한 사정이 없는 한 그 행정처분의 취소소송의 전제가 될 수 있을 뿐 당연무효사유는 아니라고 봄이 상당하다(대판 2000.6.9. 2000다16329).

2. 위헌·위법한 시행령에 근거한 행정처분은 취소사유(시행령의 무효를 선언한 대법원 판결이 없는 상태)

하자 있는 행정처분이 당연무효로 되려면 그 하자가 법규의 중요한 부분을 위반한 중대한 것이어야 할 뿐 아니라 객관적으로 명백한 것이어야 하고, 행정청이 위헌이거나 위법하여 무효인 시행령을 적용하여 한 행정처분이 당연무효로 되려면 그 규정이 행정처분의 중요한 부분에 관한 것이어서 결과적으로 그에 따른 행정처분의 중요한 부분에 하자가 있는 것으로 귀착되고, 또한 그 규정의 위헌성 또는 위법성이 객관적으로 명백하여 그에 따른 행정처분의 하자가 객관적으로 명백한 것으로 귀착되어야 하는바, 일반적으로 시행령이 헌법이나 법률에 위반된다는 사정은 그 시행령의 규정을 위헌 또는 위법하여 무효라고 선언한 대법원의 판결이 선고되지 아니한 상태에서는 그 시행령 규정의 위헌 내지 위법 여부가 해석상 다툼의 여지가 없을 정도로 명백하였다고 인정되지 아니하는 이상 객관적으로 명백한 것이라 할 수 없으므로, 이러한 시행령에 근거한 행정처분의 하자는 취소사유에 해당할 뿐 무효사유가 되지 아니한다(대판 2007.6.14. 2004두619).

(2) 무효인 조례에 근거한 처분

무효인 조례에 근거한 처분은 그 하자가 중대하나 명백하다고 볼 수 없으므로 취소사유에 불과하다고 판시한 바 있다.

관련판례

하자 있는 행정처분이 당연무효가 되기 위해서는 그 하자가 법규의 중요한 부분을 위반한 중대한 것으로서 객관적으로 명백한 것이어야 하며, 하자가 중대하고 명백한지 여부를 판별할 때에는 그 법규의 목적, 의미, 기능 등을 목적론적으로 고찰함과 동시에 구체적 사안 자체의 특수성에 관하여도 합리적으로 고찰하여야 한다. 그리고 행정청이 위법하여 무효인 조례를 적용하여 한 행정처분이 당연무효로 되려면 그 규정이 행정처분의 중요한 부분에 관한 것이어서 결과적으로 그에 따른 행정처분의 중요한 부분에 하자가 있는 것으로 귀착되고, 또한 그 규정의 위법성이 객관적으로 명백하여 그에 따른 행정처분의 하자가 객관적으로 명백한 것으로 귀착되어야 한다. 일반적으로 조례가 법률 등 상위법령에 위반된다는 사정은, 그 조례 규정을 위법하여 무효라고 선언한 대법원의 판결이 선고되거나 그 조례 규정의 위법 여부가 해석상 다툼의 여지가 없을 정도로 명백하다고 인정되는 경우가 아닌 이상 객관적으로 명백하다고 할 수 없으므로, 이러한 조례에 근거한 행정처분의 하자는 취소사유에 해당할 뿐 무효사유가 된다고 볼 수 없다(대판 2009.10.29. 2007두26285).

간단 점검하기

행정처분이 발하여진 후에 헌법재판소가 그 행정처분의 근거가 된 법률을 위헌으로 결정하였다면, 그 행정처분은 특별한 사정이 없는 한 당연무효이다.

(×)

📋 **간단 점검하기**

과세처분 이후 과세의 근거가 되었던 법률규정에 대하여 위헌결정이 내려진 경우, 그 조세채권의 집행을 위해 새로운 체납처분에 착수하거나 이를 속행하는 것은 당연무효로 볼 수 없다. (×)

(3) 위헌법률을 후발적으로 집행한 행정처분

판결의 기속력에 반하기 때문에 허용되지 않는다. 만약 집행이 된 경우라면 중대명백설에 따를 때 당해 행정행위는 무효에 해당한다.

> **관련판례**
>
> **위헌결정 이전에 택지초과소유부담금 부과처분과 압류처분 및 압류등기가 이루어지고 위의 각 처분이 확정된 경우, 그 위헌결정 이후에는 후속 체납처분절차를 진행할 수 없음**
>
> 위헌법률에 기한 행정처분의 집행이나 집행력을 유지하기 위한 행위는 위헌결정의 기속력에 위반되어 허용되지 않는다고 보아야 할 것인데, 그 규정 이외에는 체납부담금을 강제로 징수할 수 있는 다른 법률적 근거가 없으므로, 그 위헌결정 이전에 이미 부담금 부과처분과 압류처분 및 이에 기한 압류등기가 이루어지고 위의 각 처분이 확정되었다고 하여도, 위헌결정 이후에는 별도의 행정처분인 매각처분, 분배처분 등 후속체납처분절차를 진행할 수 없는 것은 물론이고, 특별한 사정이 없는 한 기존의 압류등기나 교부청구만으로는 다른 사람에 의하여 개시된 경매절차에서 배당을 받을 수도 없다(대판 2002.8.23. 2001두2959).

(4) 위헌법률의 소급효인정여부 - 장래효 원칙, 예외적 소급효

> 헌법재판소법 제47조【위헌결정의 효력】① 법률의 위헌결정은 법원과 그 밖의 국가기관 및 지방자치단체를 기속한다.
> ② 위헌으로 결정된 법률 또는 법률의 조항은 그 결정이 있는 날부터 효력을 상실한다.
> ③ 제2항에도 불구하고 형벌에 관한 법률 또는 법률의 조항은 소급하여 그 효력을 상실한다. 다만, 해당 법률 또는 법률의 조항에 대하여 종전에 합헌으로 결정한 사건이 있는 경우에는 그 결정이 있는 날의 다음 날로 소급하여 효력을 상실한다.
> ④ 제3항의 경우에 위헌으로 결정된 법률 또는 법률의 조항에 근거한 유죄의 확정판결에 대하여는 재심을 청구할 수 있다.

> **관련판례**
>
> 1. 형벌법규 이외의 일반 법규에 관하여 위헌결정에 불소급의 원칙을 채택한 법 제47조 제2항 본문의 규정 자체에 대해 기본적으로 그 합헌성에 의문을 갖지 않지만 위에서 본바 효력이 다양할 수밖에 없는 위헌결정의 특수성 때문에 예외적으로 그 적용을 배제시켜 부분적인 소급효의 인정을 부인해서는 안 될 것이다. 우선 생각할 수 있는 것은, 구체적 규범통제의 실효성의 보장의 견지에서 법원의 제청·헌법소원의 청구 등을 통하여 헌법재판소에 법률의 위헌결정을 위한 계기를 부여한 당해사건, 위헌결정이 있기 전에 이와 동종의 위헌 여부에 관하여 헌법재판소에 위헌제청을 하였거나 법원에 위헌제청신청을 한 경우의 당해 사건, 그리고 따로 위헌제청신청을 아니하였지만 당해 법률 또는 법률의 조항이 재판의 전제가 되어 법원에 계속 중인 사건에 대하여는 소급효를 인정하여야 할 것이다. 또 다른 한가지의 불소급의 원칙의 예외로 볼 것은, 당사자의 권리구제를 위한 구체적 타당성의 요청이 현저한 반면에 소급효를 인정하여도 법적 안정성을 침해할 우려가 없고 나아가 구법에 의하여 형성된 기득권자의 이익이 해쳐질 사안이 아닌 경우로서 소급효의 부인이 오히려 정의와 형평 등 헌법적 이념에 심히 배치되는 때라고 할 것으로, 이때에 소급효의 인정은 법 제47조 제2항 본문의

근본취지에 반하지 않을 것으로 생각한다(헌재 1993.5.13. 92헌가10·91헌바7·92헌바24·50).

2. 헌법재판소의 위헌결정의 효력은 위헌제청을 한 당해 사건은 물론 위헌제청신청은 아니하였지만 당해 법률 또는 법률의 조항이 재판의 전제가 되어 법원에 계속중인 사건뿐만 아니라 위헌결정 이후에 위와 같은 이유로 제소된 일반사건에도 미친다(대판 1993.2.26. 92누12247).

3. 위헌결정의 효력은 그 결정 이후에 당해 법률이 재판의 전제가 되었음을 이유로 법원에 제소된 일반사건에도 미치므로, 당해 법률에 근거하여 행정처분이 발하여진 후에 헌법재판소가 그 행정처분의 근거가 된 법률을 위헌으로 결정하였다면 결과적으로 행정처분은 법률의 근거가 없이 행하여진 것과 마찬가지가 되어 하자가 있는 것이 되나, 이미 취소소송의 제기기간을 경과하여 확정력이 발생한 행정처분의 경우에는 위헌결정의 소급효가 미치지 않는다고 보아야 할 것이고, 일반적으로 법률이 헌법에 위반된다는 사정은 헌법재판소의 위헌결정이 있기 전에는 객관적으로 명백한 것이라고 할 수는 없으므로 헌법재판소의 위헌결정 전에 행정처분의 근거되는 당해 법률이 헌법에 위반된다는 사유는 특별한 사정이 없는 한 그 행정처분의 취소소송의 전제가 될 수 있을 뿐 당연무효사유는 아니라고 봄이 상당하다(대판 2002.11.8. 2001두3181).

3 하자의 정도가 취소인 행정행위

1. 의의

취소하자란 행정행위에 하자가 있지만 권한 있는 기관의 취소가 있기 전까지는 유효한 행위로서 효력을 가지며, 직권이나 쟁송 취소로 인하여 비로소 행정행위로서의 효력을 상실하게 되는 경우를 말한다.

2. 취소사유

주체상 취소사유	• 사기·강박에 의한 행위 • 부정한 방법으로 유발한 착오로 인한 귀속재산의 이중매매 • 응시자격의 결정을 사위의 방법으로 받아서 얻은 한지의사 면허처분 • 착오의 결과 단순위법·부당하게 된 행위 • 상속사실의 오인에 의한 상속세 부과처분 • 착오에 의한 국유임야 임대 및 불하처분 • 부정행위에 의한 행위(증·수뢰, 부정신고) • 공무원 증표의 정당한 제시 없이 한 행정행위 • 권한초과행위(무효사유인 경우 존재)
내용상 취소사유	• 단순위법인 경우(필요 이상의 토지수용, 심신빈약자의 의사면허, 과세표준을 잘못 선정한 경우) • 공익에 위반한 행위 • 공서양속에 반하는 행위(민법: 무효) • 불문법 위반 • 행위무능력자(금치산자 현행법상 성년후견제의 행위는 무효, 미성년자는 유효)

절차상 취소사유	• 청문을 결한 경우(실정법에 규정된 강한 청문을 결한 경우는 무효, 약한 청문은 취소 사유) • 신중한 결정을 위한 자문을 결한 경우는 취소이나 필수적 자문인 경우는 무효가 될 수 있음 • 공유수면에 관하여 권리를 가진 자의 동의 없이 한 공유수면매립면허
형식상 취소사유	경미한 형식적 하자(고지서 기재사항 누락)

관련판례 주체상 취소사유

1. 사위의 방법으로 응시자격인정 결정을 받고 취득한 한지의사면허처분

한지의사 자격시험에 응시하기 위한 응시자격인정의 결정을 사위의 방법으로 받은 이상 이에 터잡아 취득한 한지의사면허처분도 면허를 취득할 수 없는 사람이 취득한 하자 있는 처분이 된다 할 것이므로 보건사회부장관이 그와 같은 하자 있는 처분임을 이유로 원고가 취득한 한지의사면허를 취소하는 처분을 하였음은 적법하다(대판 1975.12.9. 75누123).

2. 적법한 위임을 받지 아니한 행위

① 구청장이 서울특별시 조례에 의한 적법한 위임 없이 택시운전자격정지처분을 한 경우, 그 하자가 비록 중대하다고 할지라도 객관적으로 명백하다고 할 수는 없으므로 당연무효사유가 아니다(대판 2002.12.10. 2001두4566).
② 적법한 권한 위임 없이 세관출장소장에 의하여 행하여진 관세부과처분이 그 하자가 중대하기는 하지만 객관적으로 명백하다고 할 수 없어 당연무효는 아니다(대판 2004.11.26. 2003두2403).

3. 착오로 인한 행위 – 착오의 결과 위법·부당하게 된 경우에는 취소사유

① 단순한 착오가 있었다는 이유만으로는 취소사유가 되지 못하고, 이로 인해 행위 자체가 위법으로서 취소사유가 있는 때에 비로소 취소할 수 있게 된다(대판 1976.5.11. 75누214).
② 상속세 부과처분과 소득세 부과처분이 상속사실의 오인 또는 과세의 대상이 되는 법률관계나 일정한 사실을 오인한 것이었더라도 위와 같은 세무서장의 오인만으로서는 세금부과의 행정처분이 당연무효라고 볼 수 없다(대판 1962.9.27. 62누29).

관련판례 절차상 취소사유

1. 독촉절차 없이 한 압류처분의 효력

납세의무자가 세금을 납부기한까지 납부하지 아니하자 과세청이 그 징수를 위하여 압류처분에 이른 것이라면 비록 독촉절차 없이 압류처분을 하였다 하더라도 이러한 사유만으로는 압류처분을 무효로 되게 하는 중대하고도 명백한 하자로는 되지 않는다(대판 1987.9.22. 87누383).

2. 청문을 결한 경우(청문절차 없이 한 양약종상허가 취소처분)

피고가 약사법 제69조의2의 규정에 따라 원고에 대하여 양약종상의 허가취소를 하기에 앞서 원고에게 청문의 기회를 부여하여야 함에도 불구하고 그러한 절차를 이행하지 아니한 것은 위법이나 이러한 흠 때문에 허가취소처분이 당연무효가 되는 것은 아니다(대판 1986.8.19. 86누115).

3. 절차상의 하자도 경미한 하자의 경우 처분의 효력에 영향을 미치지 아니함

화장장 및 묘지공원 부지에 대한 개발제한구역 해제 여부의 결정을 위하여 개최된 중앙도시계획위원회의 표결과정에서 표결권이 없는 광역교통실장이 참석하여 다른 표결권자 대신 표결한 경우, 이러한 잘못(중앙도시계획위원회의 심의결과에 기속되어 도시계획을 결정하여야 한다는 것은 아닌 점 등을 종합해 볼 때)이 있다 하여 건설교통부장관(현 국토교통부장관)의 개발제한구역 해제결정까지 위법하다고 할 수 없다(대판 2007.4.12. 2005두2544).

관련판례 형식상 취소사유

세액산출근거가 누락된 납세고지서에 의한 부과처분

국세징수법 제9조 제1항은 단순히 세무행정상의 편의를 위한 훈시규정이 아니라 조세행정에 있어 자의를 배제하고 신중하고 합리적인 처분을 행하게 함으로써 공정을 기함과 동시에 납세의무자에게 부과처분의 내용을 상세히 알려 불복 여부의 결정과 불복신청에 편의를 제공하려는 데에서 나온 강행규정이므로 세액의 산출근거가 기재되지 아니한 물품세 납세고지서에 의한 부과처분은 위법한 것으로서 취소의 대상이 된다(대판 1984.5.9. 84누116).

4 무효인 행정행위

1. 의의

무효인 행정행위란, 행정행위로서의 외형은 있지만 처음부터 전혀 행정행위로서의 효력이 발생하지 않는 것을 말한다.

2. 무효사유

무효사유로는 다음과 같은 것을 들 수 있다.

주체상 무효사유	• 정당한 권한이 없는 행정기관의 행위 • 공무원이 아닌 자의 행위(단, 사실상 공무원의 행위는 유효): 임용결격자, 임용이 취소된 자 • 대리권이 없는 자(단, 표현대리행위는 유효) • 권한의 위임을 받지 아니한 자의 행위 • 정년·임기만료·면직 등으로 공무원의 신분을 상실한 자의 행위 • 무권한의 행위 • 경찰서장이 행한 음식점 영업허가(시장·군수·구청장의 권한) • 경찰관청의 조세부과행위 • 서울특별시장의 강원도에 있는 도로의 점용허가 • 구청장이 한 건축물사용금지명령 • 재무부장관의 국내법인 소유재산 처분행위 • 세무서장의 귀속임야 매각처분 • 행정자치부장관의 군인에 대한 징계처분 • 비조합원에 대한 토지개량조합비 부과처분 • 음주운전을 단속한 경찰관명의의 운전면허정지처분(경찰서장의 권한) • 국세부과의 제척기간이 경과된 후에 이루어진 과세처분

	- 적법하게 구성되지 않은 합의제 행정청의 행위(정족수가 미달하거나 결격자가 참여한 합의제 의결기관의 의결): 권한을 가진 기관이 합의제 기관인 경우 명문의 규정으로 금지한 바 없다면 경우에 따라서 기관의 구성에 공무원이 아닌 자도 참여시킬 수 있다는 것이 판례 입장임 • 행정기관의 의사에 결함이 있는 행위 • 의사능력 없는 자의 행위로 공무원의 심신상실 중의 행위 • 저항할 수 없을 정도의 강박에 의한 행위 • 행위능력 없는 자의 행위로 금치산자·한정치산자에 해당하는 공무원이 행한 행위(단, 사실상 공무원으로 미성년자가 공무원이 되어서 한 행위는 유효)

내용상
무효사유
	내용이 실현 불가능한 행위
	• 사실상 불능: 실현에 있어 과다한 비용이 소요되거나 과거를 기한으로 한 하명의 경우
	• 법률상 불능
	  - 인적 불능: 사자(死者)에 대한 광업허가·특허·운전면허·조세부과처분·귀속재산 불하처분의 취소처분·농지소재지관서의 증명, 존재하지 않는 법인에 대한 조세부과, 여자에 대한 징집영장의 발부, 조세완납자에 대한 체납처분, 법률관계나 사실관계가 없는 자에 대한 과세처분, 비사업자에 대한 사업소득세 부과처분, 부동산 양도하지 않은 사람에 대한 부동산소득세 부과, 가옥을 소유하지 않은 자에 대한 재산세부과, 남편이 무허가로 건물을 축조함에 있어 도와준 처에 대한 철거계고처분, 법인설립등기 전의 법인에 대한 광업허가, 금치산자에 대한 공무원 임명, 납세의무 없는 자에 대한 납세부과처분, 국가시험에 불합격한 자에 대한 의사면허, 납부의무자가 아닌 조합원에 대하여 행한 개발부담금 부과처분
	  - 물적 불능: 존재하지 않는 물건에 대한 수용처분·징발·토지에 대한 수용재결, 국유하천에 대한 부동산투기억제세부과처분, 적법한 건물에 대한 대집행, 체납자 아닌 제3자 수유물건에 대한 압류처분
	  - 법률관계에 관한 불능: 납세의무 없는 자에 대한 납세의무면제, 영조물 이용자가 아닌 자에 대한 사용료납부, 판매되지 않은 물품에 대한 물품세 부과처분, 확정판결 이전의 사실에 의한 확정판결에 저촉되는 행정처분, 법률상 인정되지 않는 독점권을 부여하는 행위, 법률상 인정되지 않는 어업권설정행위, 법률상 인정되지 않는 집행벌의 부과, 매춘알선업에 대한 경찰허가, 형법이나 경찰법이 금지하는 행위, 인신매매업 허가 처분
	  - 내용이 불명확한 경우
	  - 특정되지 아니한 건물철거계고처분
	  - 과세대상과 납세의무자확정이 잘못된 과세처분
	  - 토지의 경계가 확실하지 않은 토지수용의 재결
	  - 경계를 특정하지 않은 도로구역 결정, 목적물의 특정 없는 귀속재산 임대처분·위헌법률, 위헌·위법의 명령·조례·규칙

절차상 무효사유	• 상대방의 신청 또는 동의·협의를 결한 행위 • 상대방의 동의 없는 공무원의 임명행위 • 분배신청한 바 없고 분배받은 사실조차 알지 못하고 있는 자에 대한 농지분배 • 법령상 필요한 이해관계인의 참여나 타 기관의 협력을 받지 않고 행한 행위(주체상 무효사유로 볼 수도 있음) • 관계 부서와 협의를 거치지 않은 건설교통부장관의 공유수면매립면허 • 징계위원회의 의결을 거치지 않은 징계처분 • 대통령의 승인 없이 한 공공요금결정 • 지방자치단체장이 특정한 사항을 집행하기 위해 반드시 필요한 지방의회의 의결을 거치지 않고 한 행위 • 농지위원회의 의결을 거치지 않은 농지분배처분 • 교육위원회의 의결 없이 한 유치원설립인가 • 도지사의 인사교류안 작성과 그에 따른 인사교류의 권고가 전혀 이루어지지 않은 상태에서 행하여진 관할구역 내 시장의 인사교류에 관한 처분 • 학교법인이사회의 승인의결 없이 회의록을 위조하여 행한 기본재산교환허가 신청에 대한 시교육위원회의 교환허가처분 • 폐기물처리시설입지선정 위원회가 관계 법규정에 위배하여 군수와 주민대표가 선정·추천한 전문가를 포함시키지 않은 채 임의로 구성되어 의결한 경우, 그에 터잡아 이루어진 폐기물처리시설입지 결정 처분 • 선거인명부의 열람 없이 행한 국회의원 선거 • 토지수용 시 수용할 토지세목의 공고·통지 없이 한 토지수용의 재결 • 필요한 청문·공청 등의 기회를 주지 않은 경우(판례는 통상 취소사유로 봄) • 소청인 등에게 진술의 기회를 부여하지 아니하고 한 소청결정(참고: 청문절차의 하자는 기본적으로 취소사유) • 체납자 등의 참여 없이 조세체납절차로써 재산을 압류한 경우 • 청문절차가 결여된 숙박업소의 허가취소 • 청문절차 없이 행한 영업소 폐쇄명령(단, 판례는 취소사유) • 사전진술의 기회를 주지 않고 행한 징계의결
형식상 무효사유	• 법령상 문서로 하여야 하는 경우에 이를 문서로 하지 아니한 경우 • 독촉장에 의하지 않은 납세독촉 • 재결서에 의하지 않은 행정심판재결 • 예비군대원의 교육훈련을 위한 소집은 당해 경찰서장이 발부하는 소집통지서에 의하여야 하며 구두, 사이렌, 타종, 기타 방법에 의할 수 없다. • 필요적 기재가 없는 행위(그러나 판례는 단순한 이유부기가 불비한 경우는 취소사유로 봄: 납부고지서에 납부금액 및 산출근거, 납부기한과 납부 장소의 기재가 누락된 개발부담금부과처분) • 서명날인은 입증소재를 파악하기 위해 중요한 의미가 있는데, 이를 결여한 것도 일반적으로 무효라 보고 있다.

관련판례 주체상 무효사유

1. 음주운전을 단속한 경찰관 명의로 행한 운전면허정지처분

    운전면허에 대한 정지처분권한은 경찰청장으로부터 경찰서장에게 권한위임된 것이므로 음주운전자를 적발한 단속 경찰관으로서는 관할 경찰서장의 명의로 운전면허정지처분을 대행처리할 수 있을지는 몰라도 자신의 명의로 이를 할 수는 없다 할 것이므로, 단속 경찰관이 자신의 명의로 운전면허행정처분통지서를 작성·교부하여 행한 운전면허정지처분은 비록 그 처분의 내용·사유·근거 등이 기재된 서면을 교부하는 방식으로 행하여졌다고 하더라도 권한 없는 자에 의하여 행하여진 점에서 무효의 처분에 해당한다(대판 1997.5.16. 97누2313).

2. 권한 없이 도시계획 결정을 한 경우(대판 2000.9.8. 99두11257)

관련판례 절차상 무효사유

1. 법률상 필요한 상대방의 신청 또는 동의·협의를 결한 행위

    분배신청을 한 바 없고 분배받은 사실조차 알지 못하고 있는 자에 대한 농지분배는 허무인에게 분배한 것이나 다름이 없는 당연무효의 처분이라고 할 것이다(대판 1970.10.23. 70다1750).

2. 필요한 이해관계인의 참여 또는 협의를 결여한 행위

    구 폐기물처리시설 설치촉진 및 주변지역 지원 등에 관한 법률에 정한 입지선정위원회가 그 구성방법 및 절차에 관한 같은 법 시행령의 규정에 위배하여 군수와 주민대표가 선정·추천한 전문가를 포함시키지 않은 채 임의로 구성되어 의결을 한 경우, 그에 터잡아 이루어진 폐기물처리시설 입지 결정 처분의 하자는 중대한 것이고 객관적으로도 명백하므로 무효사유에 해당한다(대판 2007.4.12. 2006두20150).

3. 구 환경영향평가법상 환경영향평가를 실시하여야 할 사업에 대하여 환경영향평가를 거치지 아니하였음에도 승인 등 처분을 한 경우

    환경영향평가를 거쳐야 할 대상사업에 대하여 환경영향평가를 거치지 아니하였음에도 불구하고 승인 등 처분이 이루어진다면, 사전에 환경영향평가를 함에 있어 평가대상지역 주민들의 의견을 수렴하고 그 결과를 토대로 하여 환경부장관과의 협의내용을 사업계획에 미리 반영시키는 것 자체가 원천적으로 봉쇄되는바, 이렇게 되면 환경파괴를 미연에 방지하고 쾌적한 환경을 유지·조성하기 위하여 환경영향평가제도를 둔 입법 취지를 달성할 수 없게 되는 결과를 초래할 뿐만 아니라 환경영향평가대상지역 안의 주민들의 직접적이고 개별적인 이익을 근본적으로 침해하게 되므로, 이러한 행정처분의 하자는 법규의 중요한 부분을 위반한 중대한 것이고 객관적으로도 명백한 것이라고 하지 않을 수 없어, 이와 같은 행정처분은 당연무효이다(대판 2006.6.30. 2005두14363).

    비교판례 환경영향평가법령에서 정한 환경영향평가를 거쳐야 할 대상사업에 대하여 그러한 환경영향평가를 거치지 아니하였음에도 승인 등 처분을 하였다면 그 처분은 위법하다 할 것이나, 그러한 절차를 거쳤다면, 비록 그 환경영향평가의 내용이 다소 부실하다 하더라도, 그 부실의 정도가 환경영향평가제도를 둔 입법 취지를 달성할 수 없을 정도이어서 환경영향평가를 하지 아니한 것과 다를 바 없는 정도의 것이 아닌 이상, 그 부실은 당해 승인 등 처분에 재량권 일탈·남용의 위법이 있는지 여부를 판단하는 하나의 요소로 됨에 그칠 뿐, 그 부실로 인하여 당연히 당해 승인 등 처분이 위법하게 되는 것이 아니다(대판 2006.3.16. 2006두330 전합).

4. 재개발조합의 설립추진위원회가 토지 등 소유자로부터 받아 행정청에 제출한 동의서에 구 도시 및 주거환경정비법 시행령 제26조 제1항 제1호와 제2호에 정한 '건설되는 건축물의 설계의 개요'와 '건축물의 철거 및 신축에 소요되는 비용의 개략적인 금액'에 관하여 그 내용의 기재가 누락되어 있음에도 이를 유효한 동의로 처리하여 재개발조합의 설립인가를 한 처분은 위법하고 그 하자가 중대하고 명백하여 무효이다(대판 2010.1.28. 2009두4845).

5. 도지사의 인사교류안 작성과 인사교류의 권고가 전혀 이루어지지 않은 상태에서 행하여진 관할구역 내 시장의 인사교류에 관한 처분

   도지사의 인사교류안 작성과 그에 따른 인사교류의 권고가 전혀 이루어지지 않은 상태에서 행하여진 관할구역 내 시장의 인사교류에 관한 처분은 지방공무원법 제30조의2 제2항의 입법 취지에 비추어 그 하자가 중대하고 객관적으로 명백하여 당연무효라고 한 사례(대판 2005.6.24. 2004두10968)

6. 환지변경이 있을 때에는 환지절차를 새로이 밟아야 하며 이를 밟지 아니하고 한 환지변경처분

   환지처분이 일단 확정되어 효력을 발생한 후에는 이를 소급하여 시정하는 뜻의 환지변경처분이란 있을 수 없고, 그러한 환지변경의 필요가 있을 때에는 환지절차를 새로이 밟아야 하며 이를 밟지 아니하고 한 환지변경처분은 위법하다 할 것인바, 그와 같은 위법은 환지절차의 본질을 해한 것으로서 그 흠은 중대하고 명백하여 행정처분의 무효사유에 해당한다(대판 1992.11.10. 91누8227).

3. 무효의 효과

무효인 행정행위는 직권취소나 쟁송절차를 거쳐야만 그 효력을 부인할 수 있는 것은 아니다. 무효인 행정행위는 처음부터 효력이 없는 것으로 그로 인해 어떠한 권리나 의무도 생겨나지 않기 때문에 누구도 그 행위를 준수할 필요가 없다.

4. 무효의 주장방법(권리구제)

원칙적으로 무효는 누구나 주장할 수 있다. 그러므로 무효등확인심판과 무효등확인소송, 무효선언적 의미의 취소소송을 제기할 수 있다. 그리고 무효인 행위는 그 행위와 관련 있는 다른 행위에 관한 소송에서 선결문제로 다툴 수도 있다. 다만, 선결문제로 행정행위의 무효를 다투는 경우 본 소송과 관련하여서는 제소기간 제한 등이 적용된다는 것이 판례의 태도이다(대판 1993.3.12. 92누11039).

5 행정행위의 하자의 승계

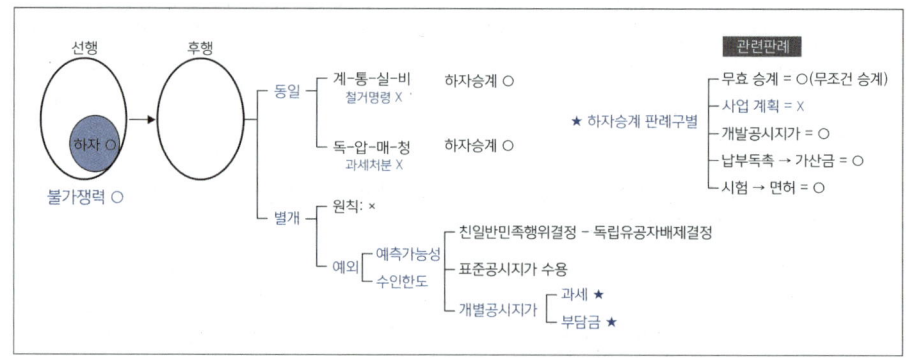

1. 의의

하자승계 논의는 둘 이상의 연속된 행정행위에서 선행행위에 취소사유인 하자가 발생하였으나 선행행위에는 불가쟁력이 발생하여 더 이상 선행행위를 다툴 수 없는 상황에서 후행행위를 다투고자 하여도 후행행위에 하자가 없어 다툴 수 없을 때, 선행행위의 하자를 후행행위에 승계하여 후행행위를 다툴 수 있을 것인지가 문제된다. 이때, ① 하자의 승계를 인정하면 불가쟁력이 무의미하고 ② 불인정시에는 재판청구권의 보장이 미흡하므로 이에 대한 논의가 필요하다.

2. 하자의 승계를 논의하기 위한 전제 조건

하자의 승계를 논하기 위해서는 다음의 요건이 충족되어야 한다.

(1) 둘 이상의 연속된 행정처분이 존재해야 한다.

(2) 선행행위에 취소사유의 하자가 발생하여야 한다(무효사유 발생 시, 선행행위 자체를 언제든 다툴 수 있어 하자승계 문제가 발생치 않는다고 보고 일반적으로는 무효인 하자는 당연히 승계된다고 봄).

(3) 선행행위에 불가쟁력이 발생하여 더 이상 다툴 수 없어야 한다.

(4) 선행행위에는 하자가 존재하나 후행행위에는 하자가 존재하지 않아야 한다.

3. 하자승계의 인정범위

(1) 문제점

① 행정소송에서 제소기간을 법정하고 있는 이유는 행정법관계의 안정성과 행정목적 달성을 위한 것이다. 따라서 선행행위에 취소사유에 해당하는 하자가 있는 경우에는 제소기간을 도과한 경우 불가쟁력이 발생하여 다툴 수 없게 되는 것이다.

② 그런데도 불구하고 선행행위의 하자를 이유로 후행행위를 다툴 수 있게 한다면 이는 제소기간을 법정하여 불가쟁력을 인정한 취지가 무시되는 것이다.

③ 그러나 다른 한편으로 연속되는 행정처분에 있어서 선행처분의 하자를 후행처분 단계에서 전혀 다툴 수 없게 한다면 상대방의 입장에서 수인한도를 넘고 재판청구권을 행사할 기회를 봉쇄하는 결과가 될 수도 있다.

④ 따라서 하자의 승계를 인정할 것인지 여부는 법적 안정성과 국민의 권리구제 내지 재판청구권을 어떻게 조화시킬 것인가가 핵심적인 논점이 된다.

(2) 판례의 입장

> **관련판례**
>
> 2개 이상의 행정처분이 연속적 또는 단계적으로 이루어지는 경우 선행처분과 후행처분이 서로 합하여 1개의 법률효과를 완성하는 때에는 선행처분에 하자가 있으면 그 하자는 후행처분에 승계된다. 이러한 경우에는 선행처분에 불가쟁력이 생겨 그 효력을 다툴 수 없게 되더라도 선행처분의 하자를 이유로 후행처분의 효력을 다툴 수 있다. 그러나 선행처분과 후행처분이 서로 독립하여 별개의 법률효과를 발생시키는 경우에는 선행처분에 불가쟁력이 생겨 그 효력을 다툴 수 없게 되면 선행처분의 하자가 당연무효인 경우를 제외하고는 특별한 사정이 없는 한 선행처분의 하자를 이유로 후행처분의 효력을 다툴 수 없는 것이 원칙이다(대판 1994.1.25. 93누8542).

① **선행행위의 단순위법이 취소사유에 해당하는 경우**

　㉠ **동일목적, 동일효과에서만 승계됨**: 통설은 선행처분과 후행처분이 동일한 목적을 달성하기 위한 일련의 절차인 경우는 하자가 승계되나 별개의 목적을 달성하기 위한 독립의 절차인 경우 하자가 승계되지 않는다고 본다.

　㉡ **별개의 목적은 승계되지 않음**: 선행처분과 후행처분의 목적이 서로 별개인 경우에는 하자가 승계되지 않는다. 다만, 그 경우에도 선행처분의 불가쟁력이나 구속력이 그로 인하여 불이익을 입게 되는 자에게 ⓐ 수인한도를 넘는 가혹함을 가져오고, ⓑ 그 결과가 당사자에게 예측가능한 것이 아니라면 하자의 승계가 인정이 된다. 이러한 예외적인 판례 중 대표적인 것 3가지는 다음과 같다.

　　ⓐ 친일반민족행위자로 결정과 독립유공자 배제결정
　　ⓑ 개별공시지가결정과 과세처분(또는 개발부담금처분)
　　ⓒ 표준지공시지가결정과 수용보상금

> **관련판례**
>
> 1. 선행처분과 후행처분이 서로 독립하여 별개의 법률효과를 발생시키는 경우에는 선행처분에 불가쟁력이 생겨 그 효력을 다툴 수 없게 되면 선행처분의 하자가 중대하고 명백하여 선행처분이 당연무효인 경우를 제외하고는 특별한 사정이 없는 한 선행처분의 하자를 이유로 후행처분의 효력을 다툴 수 없는 것이 원칙이다. 다만, 그 경우에도 선행처분의 불가쟁력이나 구속력이 그로 인하여 불이익을 입게 되는 자에게 수인한도를 넘는 가혹함을 가져오고, 그 결과가 당사자에게 예측가능한 것이 아니라면, 국민의 재판받을 권리를 보장하고 있는 헌법의 이념에 비추어 선행처분의 후행처분에 대한 구속력을 인정할 수 없다(대판 1994.1.25. 93누8542).

간단 점검하기

선행처분인 대집행계고처분에 불가쟁력이 발생하였다면, 후행처분인 대집행영장발부통보처분을 다투는데 있어서 대집행계고처분이 위법하다는 것을 이유로 후행행위 또한 위법한 것이라 주장할 수 없다. (×)

간단 점검하기

선행처분과 후행처분이 서로 독립하여 별개의 효과를 목적으로 하는 경우에도 선행처분의 불가쟁력이나 구속력이 그로 인하여 불이익을 입게 되는 자에게 수인한도를 넘는 가혹함을 가져오며, 그 결과가 당사자에게 예측가능한 것이 아닌 경우에는 선행처분의 위법사유가 후행처분에 승계된다. (○)

2. 甲을 친일반민족행위자로 결정한 친일반민족행위진상규명위원회(이하 '진상규명위원회'라 한다)의 최종발표(선행처분)에 따라 지방보훈지청장이 독립유공자 예우에 관한 법률(이하 '독립유공자법'이라 한다) 적용 대상자로 보상금 등의 예우를 받던 甲의 유가족 乙 등에 대하여 독립유공자법 적용배제자 결정(후행처분)을 한 사안에서, 진상규명위원회가 甲의 친일반민족행위자 결정 사실을 통지하지 않아 乙은 후행처분이 있기 전까지 선행처분의 사실을 알지 못하였고, 乙에게 수인한도를 넘는 불이익을 주고 그 결과가 乙에게 예측가능한 것이라고 할 수 없어 선행처분의 후행처분에 대한 구속력을 인정할 수 없으므로 선행처분의 위법을 이유로 후행처분의 효력을 다툴 수 있다(대판 2013.3.14. 2012두6964).

3. 개별공시지가결정은 이를 기초로 한 과세처분 등과는 별개의 독립된 처분으로서 서로 독립하여 별개의 법률효과를 목적으로 하는 것이나, 개별공시지가는 이를 토지소유자나 이해관계인에게 개별적으로 고지하도록 되어 있는 것이 아니어서 토지소유자 등이 개별공시지가결정 내용을 알고 있었다고 전제하기도 곤란할 뿐만 아니라 결정된 개별공시지가가 자신에게 유리하게 작용될 것인지 또는 불이익하게 작용될 것인지 여부를 쉽사리 예견할 수 있는 것도 아니며, 위법한 개별공시지가결정에 대하여 그 정해진 시정절차를 통하여 시정하도록 요구하지 아니하였다는 이유로 위법한 개별공시지가를 기초로 한 과세처분 등 후행 행정처분에서 개별공시지가결정의 위법을 주장할 수 없도록 하는 것은 수인한도를 넘는 불이익을 강요하는 것으로서 국민의 재산권과 재판받을 권리를 보장한 헌법의 이념에도 부합하는 것이 아니라고 할 것이므로, 개별공시지가결정에 위법이 있는 경우에는 그 자체를 행정소송의 대상이 되는 행정처분으로 보아 그 위법 여부를 다툴 수 있음은 물론 이를 기초로 한 과세처분 등 행정처분의 취소를 구하는 행정소송에서도 선행처분인 개별공시지가결정의 위법을 독립된 위법사유로 주장할 수 있다고 해석함이 타당하다(대판 1994.1.25. 93누8542).

4. 표준지공시지가결정은 이를 기초로 한 수용재결 등과는 별개의 독립된 처분으로서 서로 독립하여 별개의 법률효과를 목적으로 하지만, 표준지공시지가결정이 위법한 경우에는 그 자체를 행정소송의 대상이 되는 행정처분으로 보아 그 위법 여부를 다툴 수 있음은 물론, 수용보상금의 증액을 구하는 소송에서도 선행처분으로서 그 수용대상 토지 가격 산정의 기초가 된 비교표준지공시지가결정의 위법을 독립한 사유로 주장할 수 있다(대판 2008.8.21. 2007두13845).

② **선행행위의 위법이 무효사유에 해당하는 경우**: 일반적 견해에 의하면 무효는 처음부터 효력이 없는 것과 같으므로 선행행위의 하자가 후행행위에 당연히 승계된다. 일부는 이 경우 무효인 행위 자체를 다투면 될 것이므로 하자승계가 문제되지 않는다고 한다.

관련판례

행정청의 원고에 대한 원상복구명령은 권한 없는 자의 처분으로 무효라고 할 것이고, 위 원상복구명령이 당연무효인 이상 후행처분인 계고처분의 효력에 당연히 영향을 미쳐 그 계고처분 역시 무효로 된다(대판 1996.6.28. 96누4374).

> **참고** 하자의 승계인정과 승계부정에 대한 판례정리

승계인정	승계부정
선행행위와 후행행위가 서로 결합하여 '하나의 법적 효과'를 목적으로 하는 경우	선행행위와 후행행위가 서로 독립하여 '별개의 효과'를 목적으로 하는 경우
현재는 선행처분과 후행처분이 별개의 목적으로 하는 경우에도 하자가 승계될 수 있다는 견해가 유력	
• 대집행절차 상호간(계고처분, 대집행영장에 의한 통지, 대집행의 실행, 대집행에 요한 비용의 납부명령) • 강제징수절차 상호간(독촉과 압류, 매각의 각 행위·압류와 공매처분) • 표준공시지가와 수용재결(별개목적인데 하자승계 인정) • 독촉과 가산금·중가산금 징수처분 • 한지의사시험자격인정과 한지의사면허처분 • 암매장분묘개장명령과 계고처분 • 개별공시지가결정과 과세처분(별개 목적인데 하자승계를 인정) • 안경사시험의 합격취소처분과 안경사면허시험 취소처분 • 귀속재산 임대처분과 매각처분	• 건물철거명령과 대집행계고처분 • 과세처분과 체납처분 • 액화석유가스판매사업 허가처분과 사업개시신고 반려처분 • 감사원의 변상판정과 소속장관의 변상명령 • 병역법상 보충역편입 처분과 공익근무요원소집처분 • 공무원의 직위해제처분과 직권면직처분 • 표준공시지가결정과 개별토지가격결정 • 표준공시지가결정과 과세처분 • 도시계획결정과 수용재결처분 • 사업인정과 수용재결처분 • 택지개발승인과 수용재결 • 택지개발지정 처분과 택지개발계획의 승인처분 • 재개발사업시행인가처분과 토지수용재결 • 보충역편입처분과 공익근무요원소집처분 • 수강거부처분과 수료처분 • 농지전용부담금 부과처분과 압류처분 • 납세의무자의 취득세신고와 징수처분

6 하자 있는 행정행위의 치유와 전환

1. 의의

행정행위 성립 시 하자가 있어 위법한 행정행위는 법치주의에 따라 당연무효나 취소되어야 하지만, 다시 행정행위를 발령하여야 하는 무용한 반복을 막고자 하자의 치유와 전환을 인정하여 행정능률의 증진 수단으로 사용한다(취소는 치유, 무효는 전환).

> **관련판례**
> 하자 있는 행정행위의 치유나 전환은 행정행위의 성질이나 법치주의의 관점에서 볼 때 원칙적으로 허용될 수 없는 것이지만, 행정행위의 무용한 반복을 피하고 당사자의 법적 안정성을 위해 이를 허용하는 때에도 국민의 권리와 이익을 침해하지 않는 범위에서 구체적 사정에 따라 합목적적으로 인정해야 할 것이다(대판 1983.7.26. 82누420).

2. 하자 있는 행정행위의 치유

(1) 의의

① **개념**: 하자의 치유란 행정행위가 성립 당시에는 하자 있는 행정행위이지만 흠결요건을 사후 보완(새로운 사유 추가X)하거나, 위법성이 경미하여 취소할 필요가 없는 경우 적법행위로 취급하는 것을 말한다.

② **배경**: 행정행위에 하자가 있으면 법률적합성에 따라 행정행위를 소멸시키는 것이 원칙이나 행정행위를 소멸시키고 다시 발령한다면 행정의 무용한 반복을 통해 행정능률을 저해시킨다. 그러므로 원칙적으로는 하자 있는 행정행위를 소멸시키는 것이 맞지만 예외적으로 하자의 치유를 긍정한다. 즉 하자의 치유는 법률적합성과 행정 능률의 조화를 위한 것이다.

(2) 법적 근거
하자 치유의 법리는 행정법상으로는 통칙적인 규정이 없고 민법상으로는 명문화되어 있다(민법 제143조 내지 제146조).

(3) 적용영역
취소사유가 있는 경우에만 치유가 되고, 무효사유가 있는 경우에는 치유가 되지 않는다.

> **관련판례**
> 원고의 군사기밀 누설행위가 1981.1.31. 대통령령 제10194호의 일반사면령에 의하여 사면되었는데도 이를 이유로 이 사건 징계처분을 한 것은 그 흠이 중대하고 명백하여 당연무효라 할 것이고, 징계처분을 받은 원고가 그 하자의 존재를 알면서도 형사상의 소추를 면하기 위하여 이를 용인하였다 하더라도 무효인 이 사건 징계처분의 흠이 치유되는 것은 아니다(대판 1989.12.12. 88누8869).

(4) 치유사유
① 요건의 사후보완
  ㉠ 불특정목적물의 사후특정(예 계고에서 철거부분이 명시되지 않았으나, 대집행영장에서 명기한 경우)
  ㉡ 필요한 신청서의 사후제출 또는 보완
  ㉢ 허가요건·등록요건의 사후충족(예 부적격자의 입후보등록수리행위가 그 후에 적격자가 됨으로써 하자가 치유되는 경우)
  ㉣ 다른 기관의 협력(예 승인·의결·동의·협의 등)이 결여된 경우의 추인
  ㉤ 필요한 사전절차의 사후이행(예 행정심판 전치·상대방에 대한 청문절차의 사후이행)
② 장기간 방치에 의한 행정행위 내용의 실현
③ 취소할 수 없는 공공복리상 필요(예 하자 있는 절차에 의해 수용된 토지 위에 댐이 건설되어 버린 경우)

(5) 치유의 범위
① 절차상·형식상 하자는 치유가 된다.

> **관련판례**
> 1. 행정청이 청문서 도달기간을 다소 어겼다 하더라도 영업자가 이에 대하여 이의하지 아니한 채 스스로 청문일에 출석하여 그 의견을 진술하고 변명하는 등 방어의 기회를 충분히 가졌다면 청문서 도달기간을 준수하지 아니한 하자는 치유되었다고 봄이 상당하다(대판 1992.10.23. 92누2844).

📋 **간단 점검하기**

행정청이 식품위생법상의 청문절차를 이행함에 있어 청문서 도달기간을 다소 어겼지만 영업자가 이의하지 아니한 채 청문일에 출석하여 의견을 진술하고 변명하는 등 방어의 기회를 충분히 가졌다면 청문서 도달기간을 준수하지 아니한 하자는 치유되었다고 본다. (○)

    2. 단체협약에 조합원을 징계할 경우 징계위원회 개최일로부터 소정일 이전에 피징계자에게 징계회부통보를 하도록 규정되어 있는데도 사용자가 단체협약에 규정된 여유기간을 두지 아니하고 피징계자에게 징계회부되었음을 통보하는 것은 잘못이나, 피징계자가 징계위원회에 출석하여 통지절차에 대한 이의를 제기하지 아니하고 충분한 소명을 한 경우에는 그와 같은 절차상의 하자는 치유된다(대판 1999.3.26. 98두4672).
    3. 증여세의 납세고지서에 과세표준과 세액의 계산명세가 기재되어 있지 아니하거나 그 계산명세서를 첨부하지 아니하였다면 그 납세고지는 위법하다고 할 것이나, 한편 과세관청이 과세처분에 앞서 납세의무자에게 보낸 과세예고통지서 등에 납세고지서의 필요적 기재사항이 제대로 기재되어 있어 납세의무자가 그 처분에 대한 불복 여부의 결정 및 불복신청에 전혀 지장을 받지 않았음이 명백하다면, 이로써 납세고지서의 하자가 보완되거나 치유될 수 있다(대판 2001.3.27. 99두8039).

② 반면, 내용상 하자의 경우에는 치유가 되지 않는다.

> **관련판례**
>
> 1. 납세고지서에 세액산출근거 등의 기재사항이 누락되었거나 과세표준과 세액의 계산명세서가 첨부되지 않았다면 적법한 납세의 고지라고 볼 수 없으며, 위와 같은 납세고지서의 하자는 납세의무자가 그 나름대로 산출근거를 알고 있다거나 사실상 이를 알고서 쟁송에 이르렀다 하더라도 치유되지 않는다(대판 2002.11.13. 2001두1543).
> 2. 건물주의 동의를 모두 얻지 아니하였음에도 불구하고 이를 갖춘 양 허가신청을 하여 그 허가를 받아낸 자가 처분 후 각 건물주로부터 동의를 받았다 하더라도 이를 허용할 수 없다(대판 1992.5.8. 91누13274).
> 3. 주택재개발 정비사업 조합설립추진위원회가 주택재개발 정비사업 조합 설립인가 처분의 취소소송에 대한 1심 판결 이후 정비구역 내 토지 등 소유자의 4분의 3을 초과하는 조합설립동의서를 새로 받았다고 하더라도, 위 설립인가처분의 하자가 치유된다고 볼 수 없다(대판 2010.8.26. 2010두2579).

(6) 효과

하자의 치유는 소급효를 갖는다. 따라서 처음부터 적법요건을 충족한 것으로 본다.

(7) 한계

① **실체적 한계**: 무효는 치유할 수 없다. 당연무효인 경우에는 유효하게 존치시킬 처분이 존재하지 않는 것이므로 하자의 치유란 개념상 허용되지 않는다. 하지만 무효인 행정행위의 치유까지 인정하려는 견해가 있다.
② **시간적 한계(치유를 언제까지 해야 하는지의 문제)**: 쟁송제기이전시설과 쟁송종결시설이 대립하고 있으나 판례는 처분에 대한 불복 여부 결정 및 불복신청에 편의를 줄 수 있는 상당 기간 내에 가능하다고 판시하여 쟁송제기이전시설을 취하고 있다.

> **간단 점검하기**
>
> 세액산출근거가 기재되지 아니한 납세고지서에 의한 부과처분은 강행법규에 위반하여 취소대상이 된다고 할 것이지만 이와 같은 하자는 납세의무자가 전심절차에서 이를 주장하지 아니하였거나, 그 후 부과된 세금을 자진납부하였다거나, 또는 조세채권의 소멸시효기간이 만료된 경우 치유된다. (×)

> **관련판례**
> 과세처분시 납세고지서에 과세표준, 세율, 세액의 산출근거 등이 누락된 경우에는 늦어도 과세처분에 대한 불복 여부의 결정 및 불복신청에 편의를 줄 수 있는 상당한 기간 내에 보정행위를 하여야 그 하자가 치유된다 할 것이므로, 과세처분이 있은지 4년이 지나서 그 취소소송이 제기된 때에 보정된 납세고지서를 송달하였다는 사실이나 오랜 기간(4년)의 경과로써 과세처분의 하자가 치유되었다고 볼 수는 없다(대판 1983.7.26. 82누420).

3. 하자 있는 행정행위의 전환

(1) 의의

① **개념**: 하자 있는 행정행위의 전환이란 원래 행정행위에서는 무효이나 다른 행정행위 요건 충족 시에 다른 행정행위로 보아 유효행위로 취급하는 것을 말한다(예 사망자에 대한 조세부과처분이 무효이므로 상속인에 대한 조세부과처분으로 효력을 발생케 하는 것).

② **배경**: 법률적합성과 행정능률의 조화를 위해 인정된다. 즉, 법적 안정성을 도모하고 행정행위의 무용한 반복을 피하려는 행정경제적 고려에서 인정된다.

③ **구별 개념**
  ㉠ **하자의 치유**: 하자의 치유는 취소의 하자가 있는 행정행위를 대상으로 하는 것이면서 기존 행정행위가 유지되나, 하자의 전환은 무효의 하자가 있는 행정행위를 대상으로 기존 행정행위가 다른 행정행위로 변경된다.
  ㉡ **처분사유의 추가·변경**: 하자의 치유와 전환은 쟁송제기 이전에 이루어지는 것이나, 처분사유의 추가·변경은 처분시에 이미 존재하고 있는 하자를 소송계속 중에 행하는 것이다.

(2) 법적 근거

하자의 전환의 법리는 행정법상으로는 통칙적인 규정이 없고 민법상으로는 명문화되어 있다(민법 제138조). 행정절차법에의 입법이 요구된다.

(3) 성질

전환은 그 자체가 하나의 새로운 행정행위(전환을 대상으로 행정쟁송 가능)이므로 행정청인 처분청과 행정심판위원회에 의해서 행해질 수 있으며 법원에 의해서는 행해질 수 없다(법원도 할 수 있다고 보는 유력한 견해가 존재).

(4) 적용 영역

무효인 행정행위에 대해서만 인정된다.

(5) 요건

하자의 전환 요건을 적극적 요건과 소극적 요건으로 나눌 수 있다. 이에 대한 내용을 살펴보면 다음과 같다.

① **적극적 요건**
  ㉠ 기존의 행정행위와 이를 새로이 전환한 행정행위 사이에 요건, 목적, 효과에 있어 실질적 공통성을 가지고 있을 것

ⓒ 흠 있는 행정행위가 전환되는 행정행위로서 성립, 발효될 수 있는 요건을 갖추고 있을 것
　　　ⓒ 양 행정행위가 절차와 형식이 동일할 것 등을 들 수 있다.
　② 소극적 요건
　　　㉠ 전환된 행정행위는 흠 있는 행정행위를 한 행정청의 의도에 반하지 않을 것
　　　ⓒ 상대방에게 원처분보다 불이익을 주지 않을 것(전환이 상대방 등에게 불리한 경우 동의를 얻을 것)
　　　ⓒ 제3자에게 이익침해가 없을 것
　　　㉣ 기속행위를 재량행위로 전환하는 것이 아니어야 한다.
　③ 전환이 인정되는 경우
　　　㉠ 사자에 대한 광업허가나 조세부과를 그 상속인에 대한 것으로 처리되는 경우
　　　ⓒ 재결신청인이 사망한 경우 토지수용위원회의 재결의 효력을 상속인에 대하여 인정

(6) 효과
　① 전환을 통하여 생긴 새로운 행정행위는 전환 이전의 행정행위 발령 당시로 돌아가서 소급적으로 효력이 발생한다(행정소송법 제22조 제1항).
　② 전환 전·후의 행정행위는 서로 결합하여 동일한 하나의 효과를 목적으로 하는 것이 아니므로(일련의 절차를 구성하는 것이 아니므로), 하자의 승계가 인정되지 않는다.

제6절 행정행위의 폐지

1 의의

행정행위의 폐지는 행정청이 이미 발령한 행정행위에 의한 법적 효과를 더 이상 유지시키고자 하지 않는 경우에 직접적으로 행정행위를 소멸시키는 행위를 말한다. 엄밀하게 폐지에는 직권취소와 철회가 있는데, 이들도 하나의 독립된 행정행위이므로 행정행위의 적법요건은 구비하여야 한다.

2 직권취소와 쟁송취소 비교

행정행위의 취소란 성립에 흠이 있음에도 불구하고 일단 유효하게 성립한 행정행위를 성립상의 흠을 이유로 권한 있는 기관이 그 효력의 일부 또는 전부를 소급하여 상실시키는 것을 말한다. 이러한 취소에는 직권취소와 쟁송취소가 있다. 이러한 직권취소와 쟁송취소는 모두 행정행위 성립상의 흠을 이유로 그 효력을 상실시킨다는 점에서는 그 공통점이 있지만, 다른 점은 더욱 많다. 여기서는 이러한 직권취소와 쟁송취소의 취소권자 및 목적과 절차 등에 대하여 비교하여 보겠다.

구분	쟁송취소	직권취소
의의	이해관계인의 신청에 의한 취소(쟁송 제기)	행정청의 직권에 의한 취소
성격	과거에 대한 적법상태의 회복	미래지향적 행정목적의 실현
목적	권리구제	행정의 합목적성과 합법성
취소권자	행정심판위원회(취소심판), 법원(취소소송)	처분청
취소의 대상	주로 침해적 행위	주로 수익적 행위
법적 근거	행정심판법·행정소송법	특별한 법적 근거 불요
취소사유	추상적 위법성(법령 위반)	구체적 위법성 (법령위반 + 공익요구)
취소형식	재결·판결의 형식(반드시 문서)	원칙적으로 문서
이익형량	위법성 판단 (행정심판은 부당도 심사)	공익, 상대방, 제3자의 사익 등 고려
취소의 내용	행정소송은 소극적 변경 (행정심판은 적극적 변경도 가능)	소극적 변경 및 적극적 변경 모두 가능
취소권의 제한	원칙적으로 제한이 없음	신뢰보호의 원칙상 제한되는 경우 존재
취소절차	행정심판법·행정소송법상 절차	개별법 및 행정절차법상 절차
취소기간	법정되어 있음(행정소송법)	언제든 가능(실권의 법리 존재)
취소의 효과	소급 인정	부담적인 경우 소급 인정, 수익적인 경우 소급 제한
불가변력	원칙적으로 발생	원칙적으로 발생 ×

3 행정행위의 직권취소

> 행정기본법 제18조 【위법 또는 부당한 처분의 취소】 ① 행정청은 위법 또는 부당한 처분의 전부나 일부를 소급하여 취소할 수 있다. 다만, 당사자의 신뢰를 보호할 가치가 있는 등 정당한 사유가 있는 경우에는 장래를 향하여 취소할 수 있다.
> ② 행정청은 제1항에 따라 당사자에게 권리나 이익을 부여하는 처분을 취소하려는 경우에는 취소로 인하여 당사자가 입게 될 불이익을 취소로 달성되는 공익과 비교·형량(衡量)하여야 한다. 다만, 다음 각 호의 어느 하나에 해당하는 경우에는 그러하지 아니하다.
> 1. 거짓이나 그 밖의 부정한 방법으로 처분을 받은 경우
> 2. 당사자가 처분의 위법성을 알고 있었거나 중대한 과실로 알지 못한 경우

1. 직권취소의 의의

직권취소란 권한 있는 행정기관이 직권으로 성립상 하자 있는 행정행위의 효력을 상실시키는 행위로서 그 자체도 행정행위에 해당한다.

2. 법적 근거
행정행위의 근거법에 직권취소권이 포함되어 있기 때문에 취소사유에 대한 명문규정이 없어도 직권취소가 가능하다.

3. 직권취소의 적법요건
(1) 주체(취소권자)
① 처분청

명문의 근거가 없어도 직권취소를 할 수 있다. 판례도 같은 입장이다.

> **관련판례**
> 원래 행정처분을 한 처분청은 그 처분에 하자가 있는 경우에는 원칙적으로 별도의 법적 근거가 없더라도 스스로 이를 직권으로 취소할 수 있지만, 그와 같이 직권취소를 할 수 있다는 사정만으로 이해관계인에게 처분청에 대하여 그 취소를 요구할 신청권이 부여된 것으로 볼 수는 없다(대판 2006.6.30. 2004두701).

② 감독청

> 행정권한의 위임 및 위탁에 관한 규정 제6조【지휘·감독】위임기관 및 위탁기관은 수임기관 및 수탁기관의 수임 및 수탁사무처리에 대하여 지휘·감독하고, 그 처리가 위법 또는 부당하다고 인정되는 때에는 이를 취소하거나 정지시킬 수 있다.

(2) 대상
단순위법한 행정행위와 부당한 행정행위 모두 직권취소의 대상이 된다.

(3) 절차
특별한 형식을 요하지 않는다.

4. 직권취소의 효과
(1) 직권취소의 효과
① 원칙적 소급효, 예외적 장래효

> 행정기본법 제18조【위법 또는 부당한 처분의 취소】① 행정청은 위법 또는 부당한 처분의 전부나 일부를 소급하여 취소할 수 있다. 다만, 당사자의 신뢰를 보호할 가치가 있는 등 정당한 사유가 있는 경우에는 장래를 향하여 취소할 수 있다.

② 반환청구권(원상회복): 하자 있는 행위에 대한 취소의 효과가 소급적이라면 처분청은 그 행위와 관련하여 상대방에게 지급한 금전이나 기타 물건의 반환을 청구할 수 있다. 왜냐하면 취소로써 금전, 문서, 기타 물건을 취득한 법적 근거는 사라지므로 이는 부당이득을 구성하기 때문이다. 따라서 직권취소 시 반환청구권이 발생한다.

간단 점검하기

행정기본법은 직권취소나 철회의 일반적 근거규정을 두고 있고, 직권취소나 철회는 개별법률의 근거가 없어도 가능하다. (○)

> **관련판례**
> 도로점용허가를 한 도로관리청은 위와 같은 흠이 있다는 이유로 유효하게 성립한 도로점용허가 중 특별사용의 필요가 없는 부분을 직권취소할 수 있음이 원칙이다. 다만 이 경우 행정청이 소급적 직권취소를 하려면 이를 취소하여야 할 공익상 필요와 그 취소로 당사자가 입을 기득권 및 신뢰보호와 법률생활 안정의 침해 등 불이익을 비교 교량한 후 공익상 필요가 당사자의 기득권 침해 등 불이익을 정당화할 수 있을 만큼 강한 경우여야 한다. 이에 따라 도로관리청이 도로점용허가 중 특별사용의 필요가 없는 부분을 소급적으로 직권취소하였다면, 도로관리청은 이미 징수한 점용료 중 취소된 부분의 점용면적에 해당하는 점용료를 반환하여야 한다(대판 2019.1.17. 2016두56721·2016두56738).

③ **신뢰보호**: 수익적 행위의 직권취소의 경우, 취소에 따른 공익과 비교형량하여 상대방의 신뢰를 보호할 필요가 있는 경우에는 재산상의 손실보상을 구할 수도 있다. 취소에 대한 신뢰보호에 대해 독일 행정절차법은 이를 명문으로 규정하고 있지만, 현행 우리나라 행정절차법에는 이에 관한 규정은 없다.

(2) 하자 있는 취소의 효과(행정행위를 취소하였으나 취소에 하자가 있는 경우)
① **하자가 중대·명백한 경우**: 취소가 무효인 경우에 취소를 통해서 소멸했던 원 행정행위는 살아난다.
② **하자가 단순위법(취소사유)인 경우(취소의 취소)**: 행정청이 기존 처분을 취소한 경우에 취소처분에 하자가 있다면 상대방이 취소처분의 하자를 다툼으로써 원처분을 회복할 수 있을 것인가의 문제이다. 이에 판례의 주류적인 입장은 침익적 행위의 취소의 취소는 부정하나 수익적 행위의 취소의 취소는 긍정한다.

> **관련판례** 부담적 행정행위의 취소의 취소는 불가: 원처분 소생불가
> 1. 과세처분의 취소에 대한 취소로 원부과처분을 소생시킬 수는 없고 동일한 내용의 새로운 처분을 해야 함
> 국세기본법 제26조 제1호는 부과의 취소를 국세납부의무 소멸사유의 하나로 들고 있으나, 그 부과의 취소에 하자가 있는 경우의 부과의 취소의 취소에 대하여는 법률이 명문으로 그 취소요건이나 그에 대한 불복절차에 대하여 따로 규정을 둔 바도 없으므로, 설사 부과의 취소에 위법사유가 있다고 하더라도 당연무효가 아닌 한 일단 유효하게 성립하여 부과처분을 확정적으로 상실시키는 것이므로, 과세관청은 부과의 취소를 다시 취소함으로써 원부과처분을 소생시킬 수는 없고, 납세의무자에게 종전의 과세대상에 대한 납부의무를 지우려면 다시 법률에서 정한 부과절차에 좇아 동일한 내용의 새로운 처분을 하는 수밖에 없다(대판 1995.3.10. 94누7027).
>
> 2. 현역병 입영대상편입 처분이 보충역 편입 처분으로 변경된 경우, 보충역 편입 처분을 취소한다 하더라도 현역병편입처분이 되살아나지 않는다(대판 2002.5.28. 2001두9653).

📋 **간단 점검하기**
과세관청은 과세처분의 취소를 다시 취소함으로써 이미 효력을 상실한 원부과처분을 소생시킬 수 없다. (○)

3. 적법한 영업허가의 취소처분이 있었고, 제소기간의 경과로 확정된 이상 영업허가처분은 그 효력이 확정적으로 상실되었다 할 것이므로 그 영업허가취소처분을 다시 취소하여 이미 상실한 영업허가의 효력을 다시 소생시킬 수 없으며 이를 소생시키기 위하여는 원 행정행위와 동일한 내용의 새로운 행정행위를 할 수밖에 없다(대판 1980.4.8. 80누27).

> **관련판례** 수익적 행정행위의 취소의 취소는 가능: 원처분 소생가능
>
> **이사취임승인처분의 취소의 취소로 소급하여 이사로서의 지위를 회복함**
>
> 행정처분이 취소되면 그 소급효에 의하여 처음부터 없었던 것과 같은 효과를 발생하게 되는바, 행정청(보건복지부장관)이 의료법인의 이사에 대한 이사취임승인취소처분(제1처분)을 직권으로 취소(제2처분)한 경우에는 그로 인하여 이사가 소급하여 이사로서의 지위를 회복하게 되고 그 결과 위 제1처분과 제2처분 사이에 법원에 의하여 선임결정된 임시이사들의 지위는 법원의 해임결정이 없더라도 당연히 소멸된다(대판 1997.1.21. 96누3401).

5. 취소권의 제한

> 행정기본법 제18조 【위법 또는 부당한 처분의 취소】 ② 행정청은 제1항에 따라 당사자에게 권리나 이익을 부여하는 처분을 취소하려는 경우에는 취소로 인하여 당사자가 입게 될 불이익을 취소로 달성되는 공익과 비교·형량(衡量)하여야 한다. 다만, 다음 각 호의 어느 하나에 해당하는 경우에는 그러하지 아니하다.
> 1. 거짓이나 그 밖의 부정한 방법으로 처분을 받은 경우
> 2. 당사자가 처분의 위법성을 알고 있었거나 중대한 과실로 알지 못한 경우

(1) 침익적 행위의 직권취소

국민에게 유리한 처분이므로 비교형량에 대한 부담없이 자유롭게 할 수 있다.

(2) 수익적 행위의 직권취소

수익적 행정행위는 국민에게 불이익을 초래하므로, 비교형량이라는 취소권의 제한원리가 발동한다. 그런데 이는 국민인 상대방의 신뢰를 보호하기 위한 것이므로 국민인 상대방에게 신뢰보호가치가 없을 때는 이러한 제한을 받지 않는다.

> **관련판례**
> 1. 행정행위를 한 처분청이 수익적 행정처분을 취소할 때에는 이를 취소하여야 할 공익상의 필요와 그 취소로 인하여 당사자가 입게 될 기득권과 신뢰보호 및 법률생활 안정의 침해 등 불이익을 비교·교량한 후 공익상 필요가 당사자가 입을 불이익을 정당화할 만큼 강한 경우에 한하여 취소할 수 있다(대판 2006.5.25. 2003두4669).

간단 점검하기

수익적 행정처분을 직권취소할 때에는 이를 취소하여야 할 중대한 공익상 필요와 취소로 인하여 처분상대방이 입게 될 기득권과 법적 안정성에 대한 침해 정도 등 불이익을 비교·교량한 후 공익상 필요가 처분상대방이 입을 불이익을 정당화할 만큼 강한 경우에 한하여 취소할 수 있다. (○)

> 2. 수익적 행정처분의 하자가 당사자의 사실은폐나 기타 사위의 방법에 의한 신청행위에 기인한 것이라면, 당사자는 처분에 의한 이익을 위법하게 취득하였음을 알아 취소가능성도 예상하고 있었을 것이므로, 그 자신이 처분에 관한 신뢰이익을 원용할 수 없음은 물론, 행정청이 이를 고려하지 아니하였다고 하여도 재량권의 남용이 되지 아니하고, 이 경우 당사자의 사실은폐나 기타 사위의 방법에 의한 신청행위가 제3자를 통하여 소극적으로 이루어졌다고 하여 달리 볼 것이 아니다(대판 2008.11.13. 2008두8628).
>
> 3. 난민으로 인정받은 사람이 난민인정 당시 난민의 요건을 갖추지 못하였는데도, 난민인정의 기초가 된 중요 요소에 관하여 적극적으로 거짓 진술을 하거나 소극적으로 사실을 은폐하는 등의 행위를 하여, 그에 따라 난민인정을 받게 된 경우, 구 출입국관리법 제76조의3 제1항 제3호는 거짓 진술이나 사실은폐 등으로 난민인정 결정을 하는 데 하자가 있음을 이유로 이를 취소하는 것이므로, 당사자는 애초 난민인정 결정에 관한 신뢰를 주장할 수 없음은 물론 행정청이 이를 고려하지 않았다고 하더라도 재량권을 일탈·남용하였다고 할 수 없다(대판 2017.3. 15. 2013두16333).

(3) 취소기간의 제한

현행법상 취소기간의 제한에 대한 규정은 없다.

6. 복효적 행위의 취소

직권취소는 공익과 사익, 그리고 제3자의 이익을 비교형량하여 결정한다. 일반적으로 제3자효가 존재할 때에는 불가변력 발생 전에는 직권취소가 자유로우나 불가변력이 발생하면 직권취소가 제한된다.

7. 일부취소

(1) 행정행위가 가분될 수 있고, 행정행위의 일부에만 하자가 존재할 경우 일부취소가 가능하다(예 건물전체에 대한 철거명령 중 건물일부에 대한 부분만을 취소할 수 있음).

(2) 행정기본법 제18조 제1항에서도 "행정청은 위법 또는 부당한 처분의 전부나 일부를 소급하여 취소할 수 있다."고 하여 일부취소를 예정하고 있다.

4 행정행위의 철회

> 행정기본법 제19조【적법한 처분의 철회】① 행정청은 적법한 처분이 다음 각 호의 어느 하나에 해당하는 경우에는 그 처분의 전부 또는 일부를 장래를 향하여 철회할 수 있다.
> 1. 법률에서 정한 철회 사유에 해당하게 된 경우
> 2. 법령등의 변경이나 사정변경으로 처분을 더 이상 존속시킬 필요가 없게 된 경우
> 3. 중대한 공익을 위하여 필요한 경우
> ② 행정청은 제1항에 따라 처분을 철회하려는 경우에는 철회로 인하여 당사자가 입게 될 불이익을 철회로 달성되는 공익과 비교·형량하여야 한다.

1. 철회의 의의

(1) 개념
행정행위의 철회란 아무런 흠 없이 유효하게 성립된 행정행위의 효력을 성립 후에 발생된 새로운 사유를 이유로 장래에 향하여 그 효력의 전부 또는 일부를 소멸시키는 행정행위를 말한다.

(2) 취소와의 구별
취소와 철회는 행정행위의 효력을 소멸시키는 행위라는 점에서 공통점이 있으나, 취소는 성립시 하자이나 철회는 성립시에는 하자가 없고 후발적으로 변화한 사정에의 적응을 목적으로 하는 점에서 하자의 시정을 목적으로 하는 취소와 구별된다.

> **간단 점검하기**
> 행정청은 중대한 공익을 위하여 필요한 경우 적법한 처분의 전부 또는 일부를 장래를 향하여 철회할 수 있다. (○)

2. 법적 근거 요부

(1) 문제점
행정행위 발동에 있어서의 법적 근거와는 별도로 발동된 행정행위를 철회하기 위해 법적 근거가 필요한가에 대해서 문제가 제기된다.

(2) 학설
근거불요설(철회 자유설)과 근거필요설(철회 부자유설)이 대립하고 있으나 사정변경을 이유로 법적 근거 없이도 철회할 수 있다고 본다.

(3) 판례
판례는 사정변경이나 공익상 필요시 법적근거불요설의 입장에 있다.

> **관련판례**
> 도시계획법령이 토지형질변경행위허가의 변경신청 및 변경허가에 관하여 아무런 규정을 두지 않고 있을 뿐 아니라, 처분청이 처분 후에 원래의 처분을 그대로 존속시킬 필요가 없게 된 사정변경이 생겼거나 중대한 공익상의 필요가 발생한 경우에는 별도의 법적 근거가 없어도 별개의 행정행위로 이를 철회·변경할 수 있지만 이는 그러한 철회·변경의 권한을 처분청에게 부여하는 데 그치는 것일 뿐 상대방 등에게 그 철회·변경을 요구할 신청권까지를 부여하는 것은 아니라 할 것이므로, 이와 같이 법규상 또는 조리상의 신청권이 없이 한 국민들의 토지형질변경행위 변경허가신청을 반려한 당해 반려처분은 항고소송의 대상이 되는 처분에 해당되지 않는다(대판 1997.9.12. 96누6219).

> **간단 점검하기**
> 행정행위를 한 처분청은 사정변경이 생겼거나 또는 중대한 공익상의 필요가 발생한 경우에는 그 효력을 상실케 하는 별개의 행정행위로 이를 철회할 수 있다고 할 것이나, 기득권을 침해하는 경우에는 기득권의 침해를 정당화할 만한 중대한 공익상의 필요 또는 제3자의 이익보호의 필요가 있는 때에 한하여 상대방이 받는 불이익과 비교·교량하여 철회하여야 한다. (○)

3. 철회의 적법요건

(1) 철회의 주체 - 철회권자
처분청만 가능하다. 철회는 독립된 새로운 행정행위에 해당하기 때문에 감독청이 그 권한을 행사하는 것은 대집행의 성질을 가지는 것이기 때문이다. 따라서 감독청은 철회를 명할 수는 있으나 직접 철회할 수는 없다.

(2) 철회의 절차
철회절차에 대한 일반법은 존재하지 않는다. 따라서 이 경우 원행정행위의 발령절차와 동일한 절차를 따르면 된다.

> **관련판례**
> 면허관청이 운전면허정지처분을 하면서 별지 52호 서식의 통지서에 의하여 면허정지사실을 통지하지 아니하거나 처분집행예정일 7일 전까지 이를 발송하지 아니한 경우에는 특별한 사정이 없는 한 위 관계 법령이 요구하는 절차·형식을 갖추지 아니한 조치로서 그 효력이 없고, 이와 같은 법리는 면허관청이 임의로 출석한 상대방의 편의를 위하여 구두로 면허정지사실을 알렸다고 하더라도 마찬가지이다(대판 1996.6.14. 95누17823).

(3) 철회의 사유
① 침익적인 행위시 처분청의 재량에 의해 철회가 가능하다.
② 수익적인 행위시에는 침해되는 사익과 실현하고자 하는 공익 사이에 이익형량을 통하여 철회의 여부를 결정해야 한다.
③ 철회권이 유보된 경우의 유보사유의 발생
④ 상대방의 의무위반 또는 부담불이행(예 음주운전 적발 등)
⑤ 새로운 사정발생(예 사실관계의 변경, 근거법령의 개정·폐지)
⑥ 보다 우월한 공익상 필요
⑦ 당사자의 철회에의 동의가 있는 경우

4. 철회의 효과

(1) 원칙적 장래효, 예외적 소급효

> 행정기본법 제19조【적법한 처분의 철회】① 행정청은 적법한 처분이 다음 각 호의 어느 하나에 해당하는 경우에는 그 처분의 전부 또는 일부를 장래를 향하여 철회할 수 있다.

① 원칙적으로 장래에 향하여서만 발생하나, 예외적으로 소급효를 인정하는 경우도 있다(보조금이 지급된 경우에 상대방의 부담 또는 법령상 의무위반으로 인하여 그 지급결정을 취소하는 경우 등에 소급적용 가능).

> **관련판례** 어린이집 평가인증 취소 → 철회
> 영유아보육법 제30조 제5항 제3호에 따른 평가인증의 취소는 평가인증 당시에 존재하였던 하자가 아니라 그 이후에 새로이 발생한 사유로 평가인증의 효력을 소멸시키는 경우에 해당하므로, 법적 성격은 평가인증의 '철회'에 해당한다. 그런데 행정청이 평가인증을 철회하면서 그 효력을 철회의 효력발생일 이전으로 소급하게 하면, 철회 이전의 기간에 평가인증을 전제로 지급한 보조금 등의 지원이 그 근거를 상실하게 되어 이를 반환하여야 하는 법적 불이익이 발생한다. 이는 장래를 향하여 효력을 소멸시키는 철회가 예정한 법적 불이익의 범위를 벗어나는 것이다. 이처럼 행정청이 평가인증이 이루어진 이후에 새로이 발생한 사유를 들어 영유아보육법 제30조 제5항에 따라 평가인증을 철회하는 처분을 하면서도, <u>평가인증의 효력을 과거로 소급하여 상실시키기 위해서는,</u> 특별한 사정이 없는 한 영유아보육법 제30조 제5항과는 <u>별도의 법적 근거가 필요하다</u>(대판 2018.6.28. 2015두58195).

② **반환청구권**: 철회권이 행사된 경우, 이미 지급된 문서나 물건의 반환을 요구할 수 있다.

③ **보상**: 당사자의 귀책사유 없이 철회되는 경우에는 손실보상을 함이 원칙이다.

(2) 철회에 하자가 있는 경우
① **중대·명백한 하자가 있는 경우**: 직권취소와 동일하게 당연히 원행정행위는 회복된다.
② **단순위법한 하자가 있는 경우**: 공익과 사익 간의 비교형량을 통하여 결정한다.

5. 철회의 제한

> 행정기본법 제19조 【적법한 처분의 철회】 ② 행정청은 제1항에 따라 처분을 철회하려는 경우에는 철회로 인하여 당사자가 입게 될 불이익을 철회로 달성되는 공익과 비교·형량하여야 한다.

(1) 침익적 행위의 철회
국민에게 유리한 처분이므로 비교형량에 대한 부담없이 자유롭게 할 수 있다.

(2) 수익적 행위의 철회
수익적 행정행위는 국민에게 불이익을 초래하므로, 비교형량이라는 철회권의 제한원리가 발동한다. 그런데 취소권의 제한과는 달리, 국민인 상대방에게 귀책사유가 있는 경우에 대한 규정은 존재하지 않는다는 점을 유의하여야 한다.

6. 복효적 행위의 철회

제3자효 행정행위의 존속이 제3자에게 불이익을 주는 경우에 철회가 가능하나, 제3자효 행정행위의 존속이 제3자에게 이익을 주는 경우에는 철회가 제한된다.

7. 일부철회

외형상 하나의 처분이라 하더라도 가분성이 있는 경우 그 일부만의 철회도 가능하다. 행정기본법 제19조 제1항에서도 "처분의 전부 또는 일부를 장래를 향하여 철회할 수 있다."고 하여 일부철회를 허용하고 있다.

간단 점검하기

행정청은 사정변경으로 적법한 처분을 더 이상 존속시킬 필요가 없게 된 경우 그 처분의 전부 또는 일부를 장래를 향하여 철회할 수 있다. (O)

구분	무효	취소	철회
원인시	원시적 하자(성립시)	원시적 하자(성립시)	후발적 사유 (하자가 아님)
당사자	누구나(주장권자)	• 처분청(취소권자) • 감독청 (학설대립 있음)	• 처분청(철회권자) • 감독청 불가
소멸효과	소급효	소급효(수익적 행정행위는 제한)	장래효
공통점	-	• 행정목적의 실현을 위한 행정의 개입수단(행정청이 직권으로 유효한 행정행위의 효력을 소멸시키는 독립된 행정행위) • 법률의 근거를 요하지 않는다(다수설·판례). • 수익적 행정행위의 경우 소급효가 제한된다. • 손실보상을 요하는 경우가 있다(귀책사유 없는 상대방의 신뢰보호).	

> **참고** 처분의 재심사
>
> **행정기본법 제37조【처분의 재심사】** ① 당사자는 처분(제재처분 및 행정상 강제는 제외한다. 이하 이 조에서 같다)이 행정심판, 행정소송 및 그 밖의 쟁송을 통하여 다툴 수 없게 된 경우(법원의 확정판결이 있는 경우는 제외한다)라도 다음 각 호의 어느 하나에 해당하는 경우에는 해당 처분을 한 행정청에 처분을 취소·철회하거나 변경하여 줄 것을 신청할 수 있다.
> 1. 처분의 근거가 된 사실관계 또는 법률관계가 추후에 당사자에게 유리하게 바뀐 경우
> 2. 당사자에게 유리한 결정을 가져다주었을 새로운 증거가 있는 경우
> 3. 「민사소송법」 제451조에 따른 재심사유에 준하는 사유가 발생한 경우 등 대통령령으로 정하는 경우
> ② 제1항에 따른 신청은 해당 처분의 절차, 행정심판, 행정소송 및 그 밖의 쟁송에서 당사자가 중대한 과실 없이 제1항 각 호의 사유를 주장하지 못한 경우에만 할 수 있다.
> ③ 제1항에 따른 신청은 당사자가 제1항 각 호의 사유를 안 날부터 60일 이내에 하여야 한다. 다만, 처분이 있은 날부터 5년이 지나면 신청할 수 없다.
> ④ 제1항에 따른 신청을 받은 행정청은 특별한 사정이 없으면 신청을 받은 날부터 90일(합의제행정기관은 180일) 이내에 처분의 재심사 결과(재심사 여부와 처분의 유지·취소·철회·변경 등에 대한 결정을 포함한다)를 신청인에게 통지하여야 한다. 다만, 부득이한 사유로 90일(합의제행정기관은 180일) 이내에 통지할 수 없는 경우에는 그 기간을 만료일 다음 날부터 기산하여 90일(합의제행정기관은 180일)의 범위에서 한 차례 연장할 수 있으며, 연장 사유를 신청인에게 통지하여야 한다.
> ⑤ 제4항에 따른 처분의 재심사 결과 중 처분을 유지하는 결과에 대해서는 행정심판, 행정소송 및 그 밖의 쟁송수단을 통하여 불복할 수 없다.
> ⑥ 행정청의 제18조에 따른 취소와 제19조에 따른 철회는 처분의 재심사에 의하여 영향을 받지 아니한다.
> ⑦ 제1항부터 제6항까지에서 규정한 사항 외에 처분의 재심사의 방법 및 절차 등에 관한 사항은 대통령령으로 정한다.
> ⑧ 다음 각 호의 어느 하나에 해당하는 사항에 관하여는 이 조를 적용하지 아니한다.
> 1. 공무원 인사 관계 법령에 따른 징계 등 처분에 관한 사항
> 2. 「노동위원회법」 제2조의2에 따라 노동위원회의 의결을 거쳐 행하는 사항
> 3. 형사, 행형 및 보안처분 관계 법령에 따라 행하는 사항
> 4. 외국인의 출입국·난민인정·귀화·국적회복에 관한 사항
> 5. 과태료 부과 및 징수에 관한 사항
> 6. 개별 법률에서 그 적용을 배제하고 있는 경우

제7절 행정행위의 실효

1 실효의 의의

실효란 흠 없이 발생한 행정행위가 일정한 사유의 발생으로 행정청의 행위 없이 장래에 향하여 그 효력이 당연 소멸되는 것을 말한다.

2 구별

실효는 ① 후발적 사유에 의한 것이라는 점에서 원시적 하자에 기한 무효와 구별되며, ② 그 효력이 당연히 소멸된다는 점에서 별개의 행정행위에 의하여 소멸되는 직권취소나 철회와 구별된다.

3 실효의 사유

① 대상인 사람의 사망이나 물건의 소멸(행정행위 목적물의 소멸), ② 부관의 성취(부관으로 해제조건의 성취, 종기의 도래 등), ③ 목적의 달성, ④ 경우에 따라 신법의 제정으로 행정행위는 실효된다.

4 실효의 효과(원칙적 장래효)

행정행위가 실효되면 별도의 행정행위 없이 그 효력이 소멸되는 효과가 발생한다. 이때 행정행위의 효력은 그때부터 장래에 향하여 당연히 실효된다.

> **관련판례**
> 영업장소에 설치되어 있던 유기시설이 모두 철거되어 허가를 받은 영업상의 기능을 더 이상 수행할 수 없게 된 경우에는, 이미 당초의 영업허가는 허가의 대상이 멸실된 경우와 마찬가지로 그 효력이 당연히 소멸되는 것이고, 또 유기장의 영업허가는 신청에 의하여 행하여지는 처분으로서 허가를 받은 자가 영업을 폐업할 경우에는 그 효력이 당연히 소멸되는 것이니, 이와 같은 경우 허가행정청의 허가취소처분은 허가가 실효되었음을 확인하는 것에 지나지 않는다고 보아야 할 것이므로, 유기장의 영업허가를 받은 자가 영업장소를 명도하고 유기시설을 모두 철거하여 매각함으로써 유기장업을 폐업하였다면 영업허가취소처분의 취소를 청구할 소의 이익이 없는 것이라고 볼 수 있다(대판 1990. 7.13. 90누2284).

제8절 부관

1 부관의 관념

1. 개념

(1) 학설
① **협의설**: 종래의 견해에 따르면 부관이란 행정행위의 효과를 제한하기 위하여 주된 의사표시에 부과(부종성)되는 종된 의사표시를 말한다.
② **광의설**: 새로운 견해에 따르면 부관이란 행정행위의 효과를 제한·보충하기 위하여 주된 행정행위에 부가된 종된 규율을 말한다.

(2) 검토
이러한 부관의 개념에 관한 논의는 ① 부담의 부관성, ② 준법률행위적 행정행위에 부관을 붙일 수 있는지 여부, ③ 기속행위에 부관을 붙일 수 있는지 여부와 관련된다. 광의설을 취하면 협의설이 갖는 문제점이 해결되기 때문에 본서에서는 광의설의 입장을 취하고자 한다.

2. 구별개념

(1) 법정부관과의 구별

법정부관은 행정청에 의하여 부과되는 것이 아닌, 법령에 의해 직접 부과되는 것이므로 법규 그 자체이다. 따라서 법정부관의 경우 행정청의 재량이 전혀 허용되지 않기 때문에 여기서 말하는 부관에 해당하지 않는다. 법정부관은 부관이 아니므로 부관의 한계 문제가 발생하지 아니하고 법정부관에 하자가 있는 경우에는 법규범의 통제문제에 해당하므로 위헌법률심사 또는 명령규칙심사라는 법령에 대한 규범통제제도에 의해 통제된다(예 등록을 조건으로 하는 광업허가의 효과발생, 광업권의 존속기간, 공무원의 조건부 임용, 자동차 검사의 유효기간, 인감증명의 유효기간, 수렵면허법정기간 등).

> **관련판례**
>
> **법정부관(고시로 '그 전량을 수출하거나 주한외국인에게만 판매한다는 요건을 갖춘 경우에만 보존음료수제조업 허가를 할 수 있다'는 부관)에는 부관의 한계에 관한 일반원칙이 적용되지 않음**
>
> [1] 식품제조영업허가기준이라는 고시는 공익상의 이유로 허가를 할 수 없는 영업의 종류를 지정할 권한을 부여한 구 식품위생법 제23조의3 제4호에 따라 보건사회부장관이 발한 것으로서, 실질적으로 법의 규정내용을 보충하는 기능을 지니면서 그것과 결합하여 대외적으로 구속력이 있는 법규명령의 성질을 가진 것이다.
> [2] 위 [1]의 고시에 정한 허가기준에 따라 보존음료수 제조업의 허가에 붙여진 전량수출 또는 주한외국인에 대한 판매에 한한다는 내용의 조건은 이른바 법정부관으로서 행정청의 의사에 기하여 붙여지는 본래의 의미에서의 행정행위의 부관은 아니므로, 이와 같은 법정부관에 대하여는 행정행위에 부관을 붙일 수 있는 한계에 관한 일반적인 원칙이 적용되지는 않는다.
> [3] 위 [1]의 고시가 헌법상 보장된 기본권을 침해하는 것으로서 헌법에 위반될 때에는 위 고시는 효력이 없는 것으로 볼 수밖에 없으므로, 원고들이 위 고시에 따라서 지게 되는 의무를 이행하지 아니하였다는 이유로 원고들에 대하여 과징금을 부과하는 제재적 행정처분을 하는 것은 위법하다 할 것이고 …
> [4] 보존음료수의 국내판매를 금지함으로써 잠재적인 판매시장의 거의 대부분을 폐쇄한다는 것은 실질적으로 보존음료수제조업의 허가를 전면적으로 허용하면서 그 허가의 요건을 한정하는 것(이는 직업선택의 자유를 제한하는 경우에 해당한다)에 못지 않는 큰 제한으로서, 직업선택의 자유를 제한하는 것과 다를 바 없는 영업의 자유에 대한 중대한 제한이고, 영업의 자유를 제한하는 내용에 있어서도 국내판매를 완전히 금지하여 어느 경우에도 예외를 인정하지 않고 있으므로, 그 제한의 정도가 절대적인 것이어서 직업의 자유를 심하게 제한하고 있다고 하지 않을 수 없다(대판 1994.3.8. 92누1728).

(2) 수정부담과의 구별

① **의의**: 일반적인 부관이 상대방의 신청을 일단 받아들이고 그에 부수해서 일정한 행위를 부과하는 것인데, 수정부담이란 상대방이 신청한 것과 다르게 행정행위의 내용 자체를 수정·변경하는 것을 말한다.

② **성질**: 수정부담은 독일연방행정법원의 판례를 통해 발전된 것으로 신청된 내용을 거부하고 새로운 내용의 허가를 하는 것이므로, 새로운 행정행위를 발령하는 것이 된다. 따라서 수정부담은 진정한 의미의 부관이라 보기 어렵다.

③ **구제방법**: 수정부담에 대한 취소소송은 상대방 입장에서 무의미하므로 신청에 대한 의무이행쟁송이 실효적인 구제수단이 되겠다. 하지만 우리의 경우 의무이행소송이 인정되지 아니한다.

2 부관의 기능

1. 순기능

행정청이 상황의 특성에 따라 적합한 행정행위를 할 수 있기 때문에 행정에 광범위한 유연성과 탄력성, 절차적 경제성, 분쟁의 소지를 미연에 방지 등의 기능을 제공한다.

2. 역기능

부관은 규율강화의 도구가 되거나, 행정편의주의적 도구로 사용될 우려 등이 존재한다. 따라서 부관의 남용에 대한 적절한 실체적·절차적 통제책의 마련이 중요하다.

3 부관의 종류(조 / 기 / 철 / 유 / 일 / 부담)

1. 조건

(1) 개념

조건이란 행정행위 효력을 장래에 발생이 불확실한 사실에 의존케 하는 부관을 말한다.

(2) 조건의 종류

① **정지조건**: 정지조건이란 행정행위의 효력을 발생시키는 부관을 말한다 (예 주차시설완비조건으로 호텔영업허가, 시설완성을 전제로 한 학교법인 설립허가, 도로의 완공을 조건으로 한 여객자동차운수사업면허).

② **해제조건**: 해제조건이란 행정행위의 효력을 소멸시키는 부관을 말한다 (예 일정기간 내에 공사착수조건으로 공유수면 매립면허).

(3) 부담과의 구별

조건의 경우 부담과의 구별이 문제된다. 양자 간의 구별이 불명확한 경우에는 처분성이 없는 조건보다는 처분성이 있어 국민의 권리구제에 유리한 부담으로 해석하는 것이 통설이다.

2. 기한

(1) 개념

기한이란 행정행위의 효력의 발생·소멸 등을 장래에 발생이 확실한 사실에 의존케 하는 부관을 말한다.

(2) 종류
① **확정기한**: 당해 사실의 도래시기가 확정되어 있는 것을 말한다(예 O년 O월 O일부터 혹은 까지 도로사용허가).
② **불확정기한**: 당해 사실의 도래시기가 불확정된 것을 말한다(예 사망시까지, 비가 오면).
③ **시기**: 기한의 도래로 효력이 발생함(~ 부터)
④ **종기**: 기한의 도래로 효력이 소멸함(~ 까지)

(3) 종기
기한의 경우, 종기의 해석이 문제된다. 이를 살펴보면 다음과 같다.
① **적정한 종기의 경우(행정행위가 단기간에 종료되는 성질의 경우)**: 종기가 도래하면 행정행위의 효력이 당연히 소멸한다. 따라서 종기는 갱신기한이 아니라 행정행위의 존속기간이다. 그 결과로 종기 도래 전·후 갱신신청을 하면 이는 갱신신청이 아니라 새로운 허가신청이므로 행정청이 요건을 강화한 신법령에 따라 거부처분을 하더라도 적법한 처분이라는 것이 판례의 태도이다.
② **짧은 종기의 경우 갱신(조건의 존속기간)으로 해석**: 내용상 장기계속성이 예정되어 있는 행정행위에 너무 짧은 종기를 붙인 경우(예 댐건설을 위한 하천 점용허가기간을 3년으로 한 것)에 통설은 당해 행정행위의 기한을 존속기간이 아니라 갱신기간으로 본다. 판례는 옥외광고물허가에 짧은 종기가 부가된 경우의 허가는 갱신가능한 것이며, 종기는 허가의 존속기간이 아니라 허가조건의 개정을 고려한다는 의미로 해석하고 있다(대판 1995.11.10. 94누11866). 따라서 이 경우, 종기도래 전·후에 갱신신청을 하면 신뢰보호원칙상 행정청은 허가를 발령해야 할 것이다.

> **관련판례**
>
> **허가에 붙은 당초의 기한이 상당 기간 연장되어 허가된 사업의 성질상 부당하게 짧은 경우가 아니라면 허가 여부의 재량권을 가진 행정청은 기간연장을 불허가 할 수 있음**
>
> 일반적으로 행정처분에 효력기간이 정하여져 있는 경우에는 그 기간의 경과로 그 행정처분의 효력은 상실되며, 다만 허가에 붙은 기한이 그 허가된 사업의 성질상 부당하게 짧은 경우에는 이를 그 허가 자체의 존속기간이 아니라 그 허가조건의 존속기간으로 보아 그 기한이 도래함으로써 그 조건의 개정을 고려한다는 뜻으로 해석할 수 있지만, 이와 같이 당초에 붙은 기한을 허가 자체의 존속기간이 아니라 허가조건의 존속기간으로 보더라도 그 후 당초의 기한이 상당 기간 연장되어 연장된 기간을 포함한 존속기간 전체를 기준으로 볼 경우 더 이상 허가된 사업의 성질상 부당하게 짧은 경우에 해당하지 않게 된 때에는 관계 법령의 규정에 따라 허가 여부의 재량권을 가진 행정청으로서는 그때에도 허가조건의 개정만을 고려하여야 하는 것은 아니고 재량권의 행사로서 더 이상의 기간연장을 불허가할 수도 있는 것이며, 이로써 허가의 효력은 상실된다(대판 2004.3.25. 2003두12837).

간단 점검하기

01 허가에 붙은 기한이 그 허가된 사업의 성질상 부당하게 짧아서 그 기한을 허가조건의 존속기간으로 볼 수 있는 경우에 허가기간이 연장되기 위하여는 그 종기가 도래하기 전에 그 허가기간의 연장에 관한 신청이 있어야 한다. (O)

02 허가에 붙은 기한이 그 허가된 사업의 성질상 부당하게 짧아서 이 기한이 허가 자체의 존속기간이 아니라 허가조건의 존속기간으로 해석되는 경우에는 허가 여부의 재량권을 가진 행정청은 허가조건의 개정만을 고려할 수 있고, 그 후 당초의 기한이 상당 기간 연장되어 그 기한이 부당하게 짧은 경우에 해당하지 않게 된 때에도 더 이상의 기간연장을 불허가할 수는 없다. (×)

3. 철회권(취소권)의 유보

(1) 의의
철회권(취소권)의 유보란 장래에 일정한 사유가 발생할 경우, 그 행정행위를 철회할 수 있는 권리를 유보하는 부관을 말한다(⑩ 허가를 하면서 지시를 어기면 취소할 수 있게 하는 것, 인가조건을 정하고 위반하면 인가를 취소할 수 있게 하는 것). "~ 하면 취소한다."라는 부관이 있다면 이것이 철회권의 유보에 해당한다.

(2) 철회권의 행사
판례에 따르면 주된 행정행위의 목적을 해하지 않는 범위 내에서 철회권을 행사할 수 있다. 일반적으로 철회권이 유보된 경우에 철회요건을 충족하면 철회를 할 수 있다고 하겠으나, 자유롭게 철회를 할 수 있다고는 할 수 없고 일정한 조리상의 한계, 즉 상대방의 권익보호와 법적 안정성 보호라는 한계가 있다. 그리고 철회권이 유보된 경우 그 상대방은 장래 당해 행위가 철회될 수 있음을 예기할 수 있으므로 원칙적으로 신뢰보호원칙에 기하여 철회의 제한을 주장하거나 또는 철회로 인한 손실의 보상을 청구할 수 없게 되는 데 의의가 있다.

> **관련판례** 철회권이 유보되어 있더라도 철회의 공익상 필요가 있어야 철회 가능
> 1. 취소권의 유보의 경우에 있어서도 무조건으로 취소권을 행사할 수 있는 것이 아니고 취소를 필요로 할 만한 공익상의 필요가 있는 때에 한하여 취소권을 행사할 수 있는 것이다(대판 1962.2.22. 4293행상42).
> 2. 행정청이 종교단체에 대하여 기본재산전환인가를 함에 있어 인가조건을 부가하고 그 불이행 시 인가를 취소할 수 있도록 한 경우, 인가조건의 의미는 철회권을 유보한 것이라고 본다(대판 2003.5.30. 2003다6422).

4. 부담유보(행정행위의 사후변경의 유보)

부담유보란 행정청이 행정행위를 발하면서 사정의 변화에 따라 사후에 부담을 설정·변경·보완할 수 있는 권리를 유보해 두는 것을 말한다. 부담유보(사후변경권의 유보)에 관하여 철회권유보의 일종으로 보아 독립된 부관의 일종으로 보지 않는 견해도 있으나, 다수설은 독자적인 부관의 하나로 보고 있다(독일 행정절차법은 부관의 일종으로 명문화하고 있음). 부담이 유보된 경우 상대방은 그 변경을 예상할 수 있었으므로 신뢰보호원칙을 원용할 수 없으며, 신뢰보호원칙에 근거한 손실보상청구도 원칙적으로 인정되지 않는다.

5. 법률효과의 일부배제

법률효과의 일부배제란 법률이 예정하고 있는 효과의 일부를 배제하는 행위로서의 부관을 의미한다. 즉, 법률효과 일부배제는 법령상 규정되어 있는 효과를 일부배제하는 것이라는 점에서 다른 부관과 달리 법령에 근거가 있을 시에만 붙일 수 있다(⑩ 공유수면매립법상 소유권의 일부제한, 버스노선지정, 야간만 도로사용허가, 택시격일제운행, 운동장 사용을 허가하면서 일부분의 사용 금지 등).

간단 점검하기

행정청이 종교단체에 대하여 기본재산전환인가를 함에 있어 인가조건을 부가하고 그 불이행시 인가를 취소할 수 있도록 한 경우, 그 부관은 철회권의 유보이다. (○)

> **관련판례**
>
> 행정행위의 부관은 부담의 경우를 제외하고는 독립하여 행정소송의 대상이 될 수 없는 것인바, 행정청이 한 공유수면매립준공인가 중 매립지 일부에 대하여 한 국가귀속처분은 매립준공인가를 함에 있어서 매립의 면허를 받은 자의 매립지에 대한 소유권취득을 규정한 공유수면매립법 제14조의 효과 일부를 배제하는 부관을 붙인 것이므로 이러한 행정행위의 부관에 대하여는 독립하여 행정소송의 대상으로 삼을 수 없다(대판 1991.12. 13. 90누8503).

6. 부담

(1) 의의

부담이란 행정행위에 부수하여 상대방에게 작위의무, 부작위의무, 급부의무, 수인의무를 명하는 부관을 말한다(예 영업 시 주차장 개설의무). 중요한 점은 부담은 행정행위와는 독립된 성질을 가지므로 행정처분과 독립하여 소송을 제기할 수 있다.

(2) 부담과 조건

① **정지조건과의 구별**: 정지조건부 행정행위는 조건이 성취됨으로써 비로소 주된 행정행위의 효력이 발생하지만, 부담부 행정행위는 상대방의 부담이행 여부와 상관없이 처음부터 주된 행정행위의 효력이 완전히 발생하며 다만 부수적으로 의무가 부가될 뿐이다.

② **해제조건과의 구별**: 해제조건부 행정행위는 조건의 성취에 의하여 당연히 주된 행정행위의 효력이 소멸하지만, 부담부 행정행위는 상대방이 부담을 이행하지 않는 경우에도 주된 행정행위의 효력이 당연히 소멸하지는 않으며 행정청의 별도의 의사표시(철회)가 있어야 소멸한다.

> **관련판례**
>
> 1. 사도개설허가에는 본질적으로 사도를 개설하기 위한 토목공사 등 현실적인 도로개설공사가 따르기 마련이므로 허가를 하면서 공사기간을 특정하기도 하지만 사도개설허가는 사도를 개설할 수 있는 권한의 부여 자체에 주안점이 있는 것이지 공사기간의 제한에 주안점이 있는 것이 아닌 점 등에 비추어 보면 이 사건 제1처분에 명시된 공사기간은 변경된 허가권자인 보조참가인에 대하여 공사기간을 준수하여 공사를 마치도록 하는 의무를 부과하는 일종의 부담에 불과한 것이지, 사도개설허가 자체의 존속기간(즉, 유효기간)을 정한 것이라 볼 수 없고, 따라서 보조참가인이 이 사건 제1처분의 사도개설허가에서 정해진 공사기간 내에 사도로 준공검사를 받지 못하였다 하더라도, 이를 이유로 행정관청이 새로운 행정처분을 하는 것은 별론으로 하고, 사도개설허가가 당연히 실효되는 것은 아니다(대판 2004.11.25. 2004두7023).

2. 행정청이 도시환경정비사업 시행자에게 '무상양도되지 않는 구역 내 국유지를 착공신고 전까지 매입'하도록 한 부관을 붙여 사업시행인가를 하였으나 시행자가 국유지를 매수하지 않고 점용한 사안에서, 그 부관은 국유지에 관해 사업시행인가의 효력을 저지하는 조건이 아니라 작위의무를 부과하는 부담이므로, 사업시행인가를 받은 때에 국유지에 대해 국유재산법 제24조의 규정에 의한 사용·수익 허가를 받은 것이어서 같은 법 제51조에 따른 변상금 부과처분은 위법하다(대판 2008.11.27. 2007두24289).

③ **조건과의 구별이 불명확한 때**: 부관으로서 조건과 부담은 실무상 용어가 혼용되는 등 현실적으로 구별이 불분명한 경우가 많다(예 행정청이 '건축사용승인신청시까지 단지 내 침범된 인근건축물의 담장부분을 철거한 후 사용승인신청을 하여야 한다'는 내용의 부관을 붙인 경우). 그러한 경우 당해 부관의 필요성과 내용, 행정청의 객관적인 의사, 행정관행 등 제반 사정을 종합적으로 고려하여 판단하여야 할 것이나 판례에 따르면, 양자의 구별이 명백하지 않을 때에는 부담(처분성 인정으로 소송 가능)이 상대방에게 더 유리하기 때문에 부담으로 보아야 한다.

(3) 성질

① **처분성 인정 여부**: 조건·기한·철회권유보와 달리 부담은 행정행위 효력의 발생 또는 소멸과 직결된 것이 아니다(이는 부담이 다른 부관과 달리 그 자체가 독립된 하나의 행정행위로서의 성질을 가진다는 것이다). 따라서 부담은 본래의 행정행위와 독립하여 강제집행이나 행정쟁송의 대상이 될 수 있다.

② **주된 행정행위와의 관계**: 부담의 불이행이 있다고 해서 주된 행정행위의 효력이 당연히 소멸되는 것은 아니다. 그러나 부담이 주된 행정행위와 관련되어 있고, 부담의 존재와 이행이 주된 행정행위와 관련되어 있음에 비추어 볼 때, 주된 행정행위가 소멸되면 부담 역시 소멸하게 된다.

관련판례

행정청이 수익적 행정행위를 하면서 협약의 형식으로 부담을 부가하였는데 부담의 전제가 된 주된 행정처분의 근거법령이 개정되어 부관을 붙일 수 없게 된 경우 협약의 효력까지 소멸하지는 않는다(대판 2009.2.12. 2005다65500).

(4) 부담의 불이행

부담은 주행정행위의 효력을 발생·실효시키는 부관이 아니므로 부담을 불이행한다고 해서 주행정행위의 효력이 실효되는 것은 아니나 부담을 불이행하는 경우에는 ① 강제집행을 하거나 ② 주된 행정행위를 철회시켜 버리거나 ③ 후속처분을 거부할 수는 있다.

간단 점검하기

01 부담의 경우에는 다른 부관과는 달리 행정행위의 불가분적인요소가 아니고 그 존속이 본체인 행정행위의 존재를 전제로 하는 것일 뿐 이므로 부담 그 자체로서 행정쟁송의 대상이 될 수 있다. (○)

02 행정처분에 부담인 부관을 붙인 경우 부관의 무효화에 의하여 본체인 행정처분 자체의 효력에도 영향이 있게 될 수 있으며, 그 처분을 받은 사람이 부담의 이행으로 사법상 매매 등의 법률행위를 한 경우 그 법률행위 자체는 당연무효이다. (×)

간단 점검하기

행정청은 처분에 재량이 없는 경우에는 법률에 근거가 있는 경우에 부관을 붙일 수 있다. (○)

4 부관의 가능성

1. 행정기본법 규정

> 행정기본법 제17조 【부관】 ① 행정청은 처분에 재량이 있는 경우에는 부관(조건, 기한, 부담, 철회권의 유보 등을 말한다. 이하 이 조에서 같다)을 붙일 수 있다.
> ② 행정청은 처분에 재량이 없는 경우에는 법률에 근거가 있는 경우에 부관을 붙일 수 있다.

행정처분이 재량이라면 얼마든지 부관을 붙일 수 있으나, 기속인 경우에는 부관을 붙일 수 없다. 다만, 기속이라고 하여도 법률에서 부관을 허용한 경우라면 부관을 붙일 수 있다.

2. 주요판례

관련판례

1. 법률행위적 행정행위에는 부관을 붙일 수 있음

매립준공인가는 매립면허에 대한 단순한 확인행위가 아니며, 인가는 당사자의 법률적 행위를 보충하여 그 법률적 효력을 완성시키는 행정주체의 보충적 의사표시로서의 법률행위적 행정행위인 이상 매립면허양도허가시 및 준공인가시 부관을 붙일 수 있다(대판 1975.8.29. 75누23).

2. 재량행위에는 법령상 근거 없이도 부관 가능

재량행위에 있어서는 법령상의 근거가 없다고 하더라도 부관을 붙일 수 있는데, 그 부관의 내용은 적법하고 이행 가능하여야 하며 비례의 원칙 및 평등의 원칙에 적합하고 행정처분의 본질적 효력을 해하지 아니하는 한도의 것이어야 한다(대판 1997.3.14. 96누16698).

3. 기속행위에 법령상 근거 없이 붙인 부관은 무효

일반적으로 기속행위나 기속적 재량행위에는 부관을 붙일 수 없고 가사 부관을 붙였다 하더라도 무효이다(대판 1988.4.27. 87누1106).

4. 건축허가를 하면서 일정 토지를 기부채납하도록 하는 내용의 허가조건은 부관을 붙일 수 없는 기속행위 내지 기속적 재량행위인 건축허가에 붙인 부담이거나 또는 법령상 아무런 근거가 없는 부관이어서 무효이다(대판 1995.6.13. 94다56883).

5. 자동차운송알선사업의 등록처분은 시설등이 등록기준에 적합할 때에는 당연히 등록을 받아 주어야 하는 기속행위이므로 부관을 붙일 수 없고 붙였다 하더라도 이는 무효이다(대판 1993.7.27. 92누13998).

6. 채광계획인가는 기속재량행위인데 이에 법적 근거 없이 '규사광물 이외의 채취금지 및 규사의 목적 외 사용금지'를 내용으로 한 채광계획인가조건(부관)의 효력(**무효**)(대판 1997.6.13. 96누12269)

7. **행정청이 건축변경허가를 하면서 새 담장을 설치하라는 부관을 붙인 것은 위법**

    건축법 관련 규정에 의하면 건축주가 2m 이상의 담장을 설치하고자 하는 경우에는 이를 신고하여야 한다고 규정하고 있을 뿐 건축 관계 법령은 건축물 건축 시 반드시 담장을 설치하여야 한다는 취지의 규정은 두지 아니하고 있으므로, 행정청이 건축변경허가를 함에 있어 건축주에게 새 담장을 설치하라는 부관을 붙인 것은 법령상 근거 없는 부담을 부가한 것으로 위법하다(대판 2000.2.11. 98누7527).

8. **건축허가 시 보차혼용통로를 조성·제공하도록 하는 것(법정부관)이 기속행위인 건축허가에 부가된다고 해서 무효로 볼 수 없음**

    건축허가 시 보차혼용통로를 조성·제공하도록 한 것은 "도시설계지구 안에서는 도시의 기능 및 미관의 증진을 위하여 건축물을 도시설계에 적합하게 건축하여야 한다."고 규정한 구 건축법(1997.12.13. 법률 제5450호로 개정되기 전의 것) 제61조 제1항의 규정에 따른 것일 뿐이지 수익적 행정행위인 건축허가에 부가된 부관으로서 부담이라고 할 수는 없으므로, 보차혼용통로를 조성·제공하도록 한 것이 기속행위나 기속재량행위에 붙은 부관이어서 무효라고 볼 것은 아니다(대판 2012.10.11. 2011두8277).

9. **부관을 붙일 필요가 있는지의 유무 등을 판단함에 있어서는 행정청에 재량**

    도시계획법 제4조, 같은 법 시행령 제5조의2, 토지의 형질변경등 행위허가기준등에 관한 규칙 제5조의 규정 형식이나 문언 등에 비추어 볼 때, 형질변경행위의 허가를 함에 있어서 공익상 또는 이해관계인의 보호를 위하여 부관을 붙일 필요가 있는지의 유무 등을 판단함에 있어서는 행정청에 재량의 여지가 있으므로 그에 관한 판단 기준을 정하는 것 역시 행정청의 재량에 속하고, 그 설정된 기준이 객관적으로 합리적이 아니라거나 타당하지 않다고 볼 만한 특별한 사정이 없는 이상 행정청의 의사는 가능한 한 존중되어야 한다(대판 1999.5.25. 98다53134).

5 부관의 한계

1. 내용상 한계

(1) 법령상 한계

부관은 법률에 위반해서는 안 된다(법률우위의 원칙).

> **관련판례**
>
> 1. 주택건설촉진법에 따른 주택건설사업계획승인을 함에 있어, 법률상 지방자치단체가 부담하도록 되어 있는 상수도시설 설치비용을 사업자에게 전가시키는 내용의 부관을 부가한 경우, 그 부관은 위법(당연무효는 아님)하다(대판 2003.5.30. 2003다9339).
>
> 2. 지방자치단체장이 도매시장 법인의 대표이사에 대하여 위 지방자치단체장이 개설한 농수산물 도매시장의 도매시장법인으로 다시 지정함에 있어서 그 지정조건으로 "지정기간 중이라도 개설자가 농수산물 유통정책의 방침에 따라 도매시장법인 이전 및 지정취소 또는 폐쇄 지시에도 일체 소송이나 손실보상을 청구할 수 없다."라는 부관을 붙였으나, 그 중 부제소특약에 관한 부분은 당사자가 임의로 처분할 수 없는 공법상의 권리관계를 대상으로 하여 사인의 국가에 대한 공권인 소권을 당사자의 합의로 포기하는 것으로서 허용될 수 없다(대판 1998.8.21. 98두8919).

> **간단 점검하기**
> 허가의 목적달성을 사실상 어렵게 하여 그 본질적 효력을 해하는 부관은 적법하지 않다. (O)

(2) 목적상 한계

행정처분의 목적을 달성할 수 없게 하는 부관은 허용되지 않는다.

> **관련판례**
> 기선선망어업의 허가를 하면서 운반선, 등선 등 부속선을 사용할 수 없도록 제한한 부관은 그 어업허가의 목적달성을 사실상 어렵게하여 그 본질적 효력을 해하는 것일 뿐만 아니라 위 시행령의 규정에도 어긋나는 것이며, 더욱이 어업조정이나 기타 공익상 필요하다고 인정되는 사정이 없는 이상 위법한 것이다(대판 1990.4.27. 89누6808).

(3) 행정법의 일반원칙상 한계

> 행정기본법 제17조【부관】④ 부관은 다음 각 호의 요건에 적합하여야 한다.
> 1. 해당 처분의 목적에 위배되지 아니할 것
> 2. 해당 처분과 실질적인 관련이 있을 것
> 3. 해당 처분의 목적을 달성하기 위하여 필요한 최소한의 범위일 것

> **관련판례**
> 1. 재량행위에 있어서는 법령상의 근거가 없다고 하더라도 부관을 붙일 수 있는데, 그 부관의 내용은 적법하고 이행가능하여야 하며 비례의 원칙 및 평등의 원칙에 적합하고 행정처분의 본질적 효력을 해하지 아니하는 한도의 것이어야 한다(대판 1997.3.14. 96누16698).
>
> 2. 지방자치단체장이 사업자에게 주택사업계획승인을 하면서 그 주택사업과는 아무런 관련이 없는 토지를 기부채납하도록 하는 부관을 주택사업계획승인에 붙인 경우, 그 부관은 부당결부금지의 원칙에 위반되어 위법하지만, 지방자치단체장이 승인한 사업자의 주택사업계획은 상당히 큰 규모의 사업임에 반하여, 사업자가 기부채납한 토지 가액은 그 100분의 1 상당의 금액에 불과한 데다가, 사업자가 그 동안 그 부관에 대하여 아무런 이의를 제기하지 아니하다가 지방자치단체장이 업무착오로 기부채납한 토지에 대하여 보상협조요청서를 보내자 그 때서야 비로소 부관의 하자를 들고 나온 사정에 비추어 볼 때 부관의 하자가 중대하고 명백하여 당연무효라고는 볼 수 없다(대판 1997.3.11. 96다49650).
>
> 3. 65세대의 공동주택을 건설하려는 사업주체(지역주택조합)에게 주택건설촉진법 제33조에 의한 주택건설사업계획의 승인처분을 함에 있어 그 주택단지의 진입도로 부지의 소유권을 확보하여 진입도로 등 간선시설을 설치하고 그 부지 소유권 등을 기부채납하며 그 주택건설사업 시행에 따라 폐쇄되는 인근 주민들의 기존 통행로를 대체하는 통행로를 설치하고 그 부지 일부를 기부채납하도록 조건을 붙인 경우, 주택건설촉진법과 같은 법 시행령 및 주택건설기준등에 관한 규정 등 관련 법령의 관계 규정에 의하면 그와 같은 조건을 붙였다 하여도 다른 특별한 사정이 없는 한 필요한 범위를 넘어 과중한 부담을 지우는 것으로서 형평의 원칙 등에 위배되는 위법한 부관이라 할 수 없다(대판 1997.3.14. 96누16698).

4. 공무원이 인·허가 등 수익적 행정처분을 하면서 상대방에게 그 처분과 관련하여 이른바 부관으로서 부담을 붙일 수 있다 하더라도, 그러한 부담은 법치주의와 사유재산 존중, 조세법률주의 등 헌법의 기본원리에 비추어 비례의 원칙이나 부당결부의 원칙에 위반되지 않아야만 적법한 것인바, 행정처분과 부관 사이에 실제적 관련성이 있다고 볼 수 없는 경우 공무원이 위와 같은 공법상의 제한을 회피할 목적으로 행정처분의 상대방과 사이에 사법상 계약을 체결하는 형식을 취하였다면 이는 법치행정의 원리에 반하는 것으로서 위법하다(대판 2009.12.10. 2007다63966).

5. 행정청이 송유관 매설을 허가하면서 상대방과 협약을 맺고 따라 '송유관 시설을 이전하게 될 경우 그 비용을 상대방에게 부담'하는 부관을 한 사안에서, 그 후 근거법령이 개정되어 관리청의 허가 없이도 송유관을 매설할 수 있게 됨

   [1] 수익적 행정처분에 있어서는 법령에 특별한 근거규정이 없다고 하더라도 그 부관으로서 부담을 붙일 수 있고, 그와 같은 부담은 행정청이 행정처분을 하면서 일방적으로 부가할 수도 있지만 부담을 부가하기 이전에 상대방과 협의하여 부담의 내용을 협약의 형식으로 미리 정한 다음 행정처분을 하면서 이를 부가할 수도 있다.

   [2] 행정청이 수익적 행정처분을 하면서 부가한 부담의 위법 여부는 처분 당시 법령을 기준으로 판단하여야 하고, 부담이 처분 당시 법령을 기준으로 적법하다면 처분 후 부담의 전제가 된 주된 행정처분의 근거 법령이 개정됨으로써 행정청이 더 이상 부관을 붙일 수 없게 되었다 하더라도 곧바로 위법하게 되거나 그 효력이 소멸하게 되는 것은 아니다. 따라서 행정처분의 상대방이 수익적 행정처분을 얻기 위하여 행정청과 사이에 행정처분에 부가할 부담에 관한 협약을 체결하고 행정청이 수익적 행정처분을 하면서 협약상의 의무를 부담으로 부가하였으나 부담의 전제가 된 주된 행정처분의 근거 법령이 개정됨으로써 행정청이 더 이상 부관을 붙일 수 없게 된 경우에도 곧바로 협약의 효력이 소멸하는 것은 아니다.

   [3] 고속국도 관리청이 고속도로 부지와 접도구역에 송유관 매설을 허가하면서 상대방과 체결한 협약에 따라 송유관 시설을 이전하게 될 경우 그 비용을 상대방에게 부담하도록 하였고, 그 후 도로법 시행규칙이 개정되어 접도구역에는 관리청의 허가 없이도 송유관을 매설할 수 있게 된 사안에서, 위 협약이 효력을 상실하지 않을 뿐만 아니라 위 협약에 포함된 부관이 부당결부금지의 원칙에도 반하지 않는다(대판 2009.2.12. 2005다65500).

2. 시간적 한계(사후부관의 가능성)

행정기본법 제17조【부관】③ 행정청은 부관을 붙일 수 있는 처분이 다음 각 호의 어느 하나에 해당하는 경우에는 그 처분을 한 후에도 부관을 새로 붙이거나 종전의 부관을 변경할 수 있다.
1. 법률에 근거가 있는 경우
2. 당사자의 동의가 있는 경우
3. 사정이 변경되어 부관을 새로 붙이거나 종전의 부관을 변경하지 아니하면 해당 처분의 목적을 달성할 수 없다고 인정되는 경우

> **간단 점검하기**
>
> 행정처분과 실제적 관련성이 없어서 부관으로는 붙일 수 없는 부담을 사법상 계약의 형식으로 행정처분의 상대방에게 부과 하였더라도 이는 법치행정의 원리에 반하는 것은 아니다. (×)

사후부관이란, 행정청이 행정처분을 한 후, 사후에 부관을 변경하거나 새로이 붙이는 것을 말한다. 이에 대해서 판례는 ① 법령에 근거가 있는 경우, ② 사후변경이 미리 유보가 되어 있는 경우, ③ 당사자의 동의가 있는 경우, ④ 사정변경으로 당초의 부관을 부가한 목적을 달성할 수 없는 경우에 사후부관이 허용된다고 한다.

> **관련판례**
>
> 행정처분에 이미 부담이 부가되어 있는 상태에서 그 의무의 범위 또는 내용 등을 변경하는 부관의 사후변경은, 법률에 명문의 규정이 있거나 그 변경이 미리 유보되어 있는 경우 또는 상대방의 동의가 있는 경우에 한하여 허용되는 것이 원칙이지만, 사정변경으로 인하여 당초에 부담을 부가한 목적을 달성할 수 없게 된 경우에도 그 목적달성에 필요한 범위 내에서 예외적으로 허용된다(대판 1997.5.30. 97누2627).

한편, 행정기본법에는 ① 법률에 근거가 있는 경우, ② 당사자의 동의가 있는 경우, ③ 사정이 변경되어 부관을 새로 붙이거나 종전의 부관을 변경하지 아니하면 해당 처분의 목적을 달성할 수 없다고 인정되는 경우에 사후부관의 가능성을 인정한다.

6 하자 있는 부관에 대한 권리구제

1. 문제점

주된 행정행위의 효과를 제한 또는 보충하기 위하여 부과된 부관이 위법한 경우, 상대방은 ① 주된 행정행위는 그대로 두고 부관 부분만을 대상으로 하여 행정소송을 제기할 수 있는지(부관의 독립쟁송가능성), ② 만약 허용된다면 쟁송형태는 어떠한지(부관에 대한 쟁송형태), ③ 그리고 법원이 심리를 통해 부관의 위법성이 입증된 경우 부관만을 취소할 수 있는지(부관의 독립취소가능성)가 문제된다. 이하에서는 이에 대해서 단계적으로 검토하고자 한다.

2. 부관의 독립쟁송 가능성

(1) 논점

부관만을 대상으로 하여 행정쟁송이 가능한지, 즉 진정일부취소소송이 허용되는지가 문제된다(대상적격가능성).

(2) 학설

① **부담만 가능하다는 견해(다수설, 판례):** ㉠ 부담은 독립된 행정행위로서 쟁송이 가능하나 ㉡ 기타 부관은 종된 의사표시로서 주된 의사표시와 합하여 하나의 행정행위를 나타내므로 독립하여 소를 제기할 수 없다는 견해이다.

② **모든 부관이 가능하다는 견해:** 소의 이익이 있는 한, 모든 부관이 항고소송의 대상이 된다는 견해이다.

③ **분리가능성이 있는 부관만 가능하다는 견해:** 독립취소가 가능한 부관일 경우에만 독립쟁송이 인정될 수 있으므로 분리하여 취소가능한 부관이라면 처분성 여부와 무관하게 항고소송의 대상이 된다는 견해이다.

📋 **간단 점검하기**

부관의 사후변경은 법률에 명문의 규정이 있거나 그 변경이 미리 유보되어 있는 경우 또는 상대방의 동의가 있는 경우에 한하여 허용되는 것이 원칙이지만, 사정변경으로 인하여 당초에 부담을 부가한 목적을 달성할 수 없게 된 경우에도 그 목적달성에 필요한 범위 내에서 예외적으로 허용된다. (○)

(3) 판례

부담의 경우에만 행정행위와 독립하여 소송의 대상이 될 수 있고, 부담을 제외한 그 외의 부관의 경우에는 독립하여 소송의 대상이 될 수 없고, 이를 다투려면 행정행위 전체에 대해 소송을 제기해야 한다고 판시하고 있다.

> **관련판례**
>
> 1. 어업면허처분을 함에 있어 그 면허의 유효기간을 1년으로 정한 경우, 위 면허의 유효기간은 행정청이 위 어업면허처분의 효력을 제한하기 위한 행정행위의 부관이라 할 것이고 이러한 행정행위의 부관은 독립하여 행정소송의 대상이 될 수 없는 것이므로 위 어업면허처분 중에 그 면허유효기간만의 취소를 구하는 청구는 허용될 수 없다(대판 1986.8.19. 86누202).
>
> 2. 행정행위의 부관은 부담인 경우를 제외하고는 독립하여 행정소송의 대상이 될 수 없는바, 기부채납받은 행정재산에 대한 사용·수익허가에서 공유재산의 관리청이 정한 사용·수익허가의 기간은 그 허가의 효력을 제한하기 위한 행정행위의 부관으로서 이러한 사용·수익허가의 기간에 대해서는 독립하여 행정소송을 제기할 수 없다(대판 2001.6.15. 99두509).

> **간단 점검하기**
>
> 기부채납받은 행정재산에 대한 사용·수익허가에서 공유재산의 관리청이 정한 사용·수익허가의 기간은 그 허가의 효력을 제한하기 위한 행정행위의 부관으로서 이러한 사용·수익허가의 기간에 대해서는 독립하여 행정소송을 제기할 수 없다. (○)

3. 부관에 대한 쟁송형태

(1) 문제점

부담의 경우에는 부담만을 대상으로 소를 제기할 수 있으므로 진정일부취소소송이 인정되나, 그 외의 부관에 대해서는 부관만을 대상으로 소를 제기할 수 없다. 그 때문에 행정행위 전체에 대해서 소를 제기한 후 그 부관에 대해서만 취소를 구하는 것이 가능한지, 즉 부진정일부취소소송을 인정할 수 있는지가 문제된다.

(2) 부진정일부취소소송의 인정 여부

① **학설**: 대부분의 학설은 부관부행정행위 전체를 소송대상으로 하여, 이 가운데 부관 부분만의 취소를 구하는 부진정일부취소소송을 인정해야 한다고 본다.

② **판례의 입장**: 판례는 부진정일부취소소송을 인정하지 않고 있다. 따라서 ㉠ 부관부행정행위 전체의 취소를 구하든지, ㉡ 행정청에 부관 없는 처분으로 변경요청 후 거부된 경우에 거부처분 취소소송을 제기해야 한다.

4. 부관의 독립취소 가능성(본안심리)

(1) 일단 본안심리에서 부관에 위법성이 있는지(부관이 가능한 곳에 부과되었는지, 사후부관은 아닌지, 부관의 한계를 넘은 것은 아닌지 등을 따짐)를 파악하여 부관에 하자가 있다면 주행정행위에 어떠한 영향을 미치는지 그리고 행정행위 전체 중에서 부관만을 독립적으로 취소할 수 있는지가 문제된다.

(2) 판례에 따르면, 부담의 경우 부담만을 독립하여 쟁송을 제기할 수 있으므로 그 부담이 위법하다고 인정되면 그 부담만을 독립하여 취소할 수 있다고 한다. 그 외의 부관의 경우에는 이러한 독립취소가 불가능하다.

> **간단 점검하기**
>
> 토지소유자가 토지형질변경행위허가에 붙은 기부채납의 부관에 따라 토지를 국가나 지방자치단체에 기부채납한 경우, 기부채납의 부관이 당연무효이거나 취소되지 아니한 이상 토지소유자는 위 부관으로 인하여 증여계약의 중요 부분에 착오가 있음을 이유로 증여계약을 취소할 수 없다. (○)

관련판례

1. **부관이 위법하여 취소되지 아니한 이상 부관으로 인한 계약을 취소할 수 없음**

   토지소유자가 토지형질변경행위허가에 붙은 기부채납의 부관에 따라 토지를 국가나 지방자치단체에 기부채납(증여)한 경우, 기부채납의 부관이 당연무효이거나 취소되지 아니한 이상 토지 소유자는 위 부관으로 인하여 증여계약의 중요부분에 착오가 있음을 이유로 증여계약을 취소할 수 없다(대판 1999.5.25. 98다53134).

2. **부관이 행정행위의 본질적 요소인 경우에는 행정행위 자체가 위법**

   도로점용허가의 점용기간은 행정행위의 본질적인 요소에 해당한다고 볼 것이어서 부관인 점용 기간을 정함에 있어서 위법사유가 있다면 이로써 도로점용허가처분 전부가 위법하게 된다고 할 것이다(대판 1985.7.9. 84누604).

3. **본질적 요소로 볼 수 없다는 판례**

   귀속재산처리법에 의거하여 해산처분의 부관으로서 그 해산의 효력을 소급시킨 점은 무효라 할지라도 그것만으로서 곧 해산처분 자체를 무효라 할 수 없다(대결 1962.10.11. 62무13).

5. 위법한 부관과 사법행위의 효력

(1) 학설

다수설인 독립설에 따르면, 부담과 부담의 이행으로 인한 사법상 법률행위는 서로 독립된 별개의 행위로 취급하여야 한다.

(2) 판례

독립설을 취한다. 이에 따르면 부관이 위법한 경우, 부담의 이행으로 일어난 매매계약이 당연히 무효가 되는 것은 아니다. 또한, 부담이 제소기간의 도과로 불가쟁력이 생기더라도 그 부담의 이행으로 인한 사법상 법률행위인 매매행위의 효력은 민사소송으로 따로 다투는 것이 가능하다.

관련판례

1. **행정처분에 붙인 부담인 부관이 무효가 되면 그 부담의 이행으로 한 사법상 법률행위도 당연히 무효가 되는지 여부(소극) 및 행정처분에 붙인 부담인 부관이 제소기간 도과로 불가쟁력이 생긴 경우에도 그 부담의 이행으로 한 사법상 법률행위의 효력을 다툴 수 있는지 여부(적극)**

   행정처분에 부담인 부관을 붙인 경우 부관의 무효화에 의하여 본체인 행정처분 자체의 효력에도 영향이 있게 될 수는 있지만, 그 처분을 받은 사람이 부담의 이행으로 사법상 매매 등의 법률행위를 한 경우에는 그 부관은 특별한 사정이 없는 한 법률행위를 하게 된 동기 내지 연유로 작용하였을 뿐이므로 이는 법률행위의 취소사유가 될 수 있음은 별론으로 하고 그 법률행위 자체를 당연히 무효화하는 것은 아니다. 행정처분에 붙은 부담인 부관이 제소기간의 도과로 확정되어 이미 불가쟁력이 생겼다면 그 하자가 중대하고 명백하여 당연 무효로 보아야 할 경우 외에는 누구나 그 효력을 부인할 수 없을 것이지만, 부담의 이행으로서 하게 된 사법상 매매 등의 법률행위는 부담을 붙인 행정처분과는 어디까지나 별개의 법률행위이므로 그 부담의 불가쟁력의 문제와는 별도로 법률행위가 사회질서위반이나 강행규정에 위반되는지 여부 등을 따져보아 그 법률행위의 유효 여부를 판단하여야 한다(대판 2009.6.25. 2006다18174).

2. 토지소유자가 토지형질변경행위허가에 붙은 기부채납의 부관에 따라 토지를 국가나 지방자치단체에 기부채납(증여)한 경우, 기부채납의 부관이 당연무효이거나 취소되지 아니한 이상 토지소유자는 위 부관으로 인하여 증여계약의 중요부분에 착오가 있음을 이유로 증여계약을 취소할 수 없다(대판 1999.5.25. 98다53134).

제4장 기타 행정의 행위형식

제1절 확약

1 의의

확약이란 행정기관이 자기를 구속할 의도로 장래에 향하여 일정한 행정행위의 발의와 발령 또는 불발령을 약속하는 고권적 의사표시를 말한다[예 각종 인·허가의 발급약속(내인가·내허가), 공무원 임용의 내정, 자진납세신고자에 대한 세율인하의 약속 등].

2 법적 근거

1. 실정법상 근거

> 행정절차법 제40조의2 【확약】 ① 법령등에서 당사자가 신청할 수 있는 처분을 규정하고 있는 경우 행정청은 당사자의 신청에 따라 장래에 어떤 처분을 하거나 하지 아니할 것을 내용으로 하는 의사표시(이하 "확약"이라 한다)를 할 수 있다.
> ② 확약은 문서로 하여야 한다.
> ③ 행정청은 다른 행정청과의 협의 등의 절차를 거쳐야 하는 처분에 대하여 확약을 하려는 경우에는 확약을 하기 전에 그 절차를 거쳐야 한다.
> ④ 행정청은 다음 각 호의 어느 하나에 해당하는 경우에는 확약에 기속되지 아니한다.
> 1. 확약을 한 후에 확약의 내용을 이행할 수 없을 정도로 법령등이나 사정이 변경된 경우
> 2. 확약이 위법한 경우
> ⑤ 행정청은 확약이 제4항 각 호의 어느 하나에 해당하여 확약을 이행할 수 없는 경우에는 지체 없이 당사자에게 그 사실을 통지하여야 한다.

2. 명문 규정이 없는 경우 확약의 가능성

확약에 관한 근거 규정이 있으면 확약은 당연히 허용된다. 그러나 확약에 관한 근거규정이 없는 경우에도 확약을 할 수 있는지에 대해서는 견해가 나뉘어 진다. 이에 본행정행위에 관한 권한이 부여된 경우에 확약의 권한도 함께 주어진 것으로 보고 별도의 근거를 요하지 않는다고 보는 것이 일반적 견해[본처분권한내재설(다수설)]이다.

3. 행정행위의 성질에 따른 확약의 가능성

(1) 재량행위

행정청에게 결정과 선택이 맡겨져 있으므로 확약의 가능성이 긍정된다.

간단 점검하기

확약은 서면이나 말로 할 수 있으며, 확약이 말로 이루어지는 경우에는 상대방이 서면의 교부를 요구하면 직무수행에 특별한 지장이 없는 한 이를 교부하여야 한다. (×)

(2) 기속행위

법규정에 따라 행정행위가 결론에 이미 도달해 있는 기속행위에서는 확약이 불필요하다는 견해가 종래 일반적이었으나 기속행위라도 확약을 통해 상대방에게 예지이익과 대처이익을 줄 수 있음을 고려할 때 긍정설이 타당하다. 또한 행정행위의 요건사실이 완성되기 전이나 후 모두 확약이 가능하다.

3 법적 성질(처분성 여부)

1. 학설

확약의 법적 성질에 관하여 다수설은 확약이 행정청에 대하여 원칙상 구속력을 가진다는 점에 비추어 확약의 행정행위성을 인정한다.

2. 판례

어업 우선순위 결정(대천외면도어촌계사건)에서 어업권면허에 선행하는 우선순위 결정은 행정청이 우선권자로 결정된 자의 신청이 있으면 어업권면허처분을 하겠다는 것을 약속하는 행위로서 강학상 확약에 해당하고 행정처분은 아니라고 판시함으로써 확약의 처분성을 부정한 바 있다. 즉, 확약 자체의 처분성을 부정하므로 확약의 공정력과 불가쟁력이 인정되지 아니한다. 주의할 것은 확약을 취소하는 행위는 처분성이 인정된다는 점이다.

> **관련판례** 내인가(확약) 취소 - 인가신청거부처분으로 봄(처분성 인정)
>
> 자동차운송사업양도양수계약에 기한 양도양수인가신청에 대하여 피고 시장이 내인가를 한 후 위 내인가에 기한 본인가신청이 있었으나 자동차운송사업 양도 양수인가신청서가 합의에 의한 정당한 신청서라고 할 수 없다는 이유로 위 내인가를 취소한 경우, 위 내인가의 법적 성질이 행정행위의 일종으로 볼 수 있든 아니든 그것이 행정청의 상대방에 대한 의사표시임이 분명하고, 피고가 위 내인가를 취소함으로써 다시 본인가에 대하여 따로이 인가 여부의 처분을 한다는 사정이 보이지 않는다면 위 내인가취소를 인가신청을 거부하는 처분으로 보아야 할 것이다(대판 1991.6.28. 90누4402).

📋 **간단 점검하기**

자동차운송사업 양도·양수인가신청에 대하여 행정청이 내인가를 한 후 그 본인가신청이 있음에도 내인가를 취소한 경우, 다시 본인가에 대하여 별도로 인가여부의 처분을 한다는 사정이 보이지 않는다면 내인가취소는 행정처분에 해당한다. (○)

3. 재량행위인지 여부

행정청이 일정한 행정행위의 발급에 대해 확약을 할 것인가는 행정청의 의무에 합당한 재량에 속한다. 확약의 대상이 되는 행위가 재량행위인가 기속행위인가는 별개의 문제이다.

4 확언·확약의 요건

1. 주체

본행정행위를 할 수 있는 권한이 있는 행정청이 행할 수 있다.

2. 내용

법령에 적합하고 실현가능하며 명백하여야 한다.

3. 절차

본행정행위에 관해 일정한 사전절차가 규정된 경우, 확약에 있어서도 당해 절차가 이행되어야 한다. 또한, 행정청은 다른 행정청과의 협의 등의 절차를 거쳐야 하는 처분에 대하여 확약을 하려는 경우에는 확약을 하기 전에 그 절차를 거쳐야 한다.

4. 형식

행정절차법에 따라 확약은 반드시 문서로 하여야 한다.

5 확언·확약의 효과

1. 적법한 확약의 경우

(1) 확약의 이행의무(내용적 구속력)

확약을 하게 되면 행정청은 상대방에게 확약된 행위를 하여야 할 자기구속의 의무가 발생하게 되므로 행정청은 확약된 내용을 이행해야만 한다. 따라서, 확약은 상대방에게 기대권과 같은 법적 효과를 발생하기 때문에 그 상대방은 확약된 내용의 이행을 청구할 수 있는 권리가 있고 확약된 처분을 이행하지 아니하면 상대방은 의무이행심판이나 부작위위법확인소송을 제기할 수 있다.

(2) 실효·철회·취소(구속력의 배제)

확약의 취소와 철회에는 상대방의 신뢰보호의 견지에서 제한을 받는다. 즉, 확약은 공적 견해표명에 해당할 수 있다. 하지만 확약 이후 사실상태 또는 법적 상태가 변경될 경우에 확약의 구속성은 행정청의 별다른 의사표시 없이 실효된다.

> 행정절차법 제40조의2【확약】 ④ 행정청은 다음 각 호의 어느 하나에 해당하는 경우에는 확약에 기속되지 아니한다.
> 1. 확약을 한 후에 확약의 내용을 이행할 수 없을 정도로 법령등이나 사정이 변경된 경우
> 2. 확약이 위법한 경우

> **관련판례**
> 1. 행정청이 상대방에게 장차 어떤 처분을 하겠다고 확약 또는 공적인 의사표명을 하였다고 하더라도, 그 자체에서 상대방으로 하여금 언제까지 처분의 발령을 신청하도록 유효기간을 두었는데도 그 기간 내에 상대방의 신청이 없었다거나 확약 또는 공적인 의사표명이 있은 후에 사실적·법률적 상태가 변경되었다면, 그와 같은 확약 또는 공적인 의사표명은 행정청의 별다른 의사표시를 기다리지 않고 실효된다(대판 1996.8.20. 95누10877).
> 2. 행정청이 확약에 반한 새로운 행정행위를 행한 경우 종전 확약은 취소 내지 철회로 간주 종합소득세등부과처분취소사건에서 내부규정에 의한 비과세통지는 이 건 과세처분에 의하여 취소 내지 철회된 것이라고 볼 것이다(대판 1982.10.26. 81누69).

2. 위법한 확약의 경우

다수 학자에 따르면 확언이나 확약 역시 하자가 있는 경우, 무효 또는 취소사유가 된다. 이 경우에도 신뢰보호원칙, 비례원칙 등과 같은 취소의 제한법리가 적용된다.

3. 권리보호

(1) 손해배상

상대방은 확약의 불이행으로 손해가 발생한 경우, 국가배상법 제2조의 요건이 충족될 때 손해배상을 청구할 수 있다.

(2) 행정쟁송(거부나 부작위에 대한 소송)

확약은 행정행위성이 부정되므로 확약 자체에 대한 소송은 인정되지 아니하여 취소소송의 대상으로 삼을 수 없으나, 확약 불이행은 부작위이고 확약의 취소는 본처분에 대한 거부처분이므로 불이행에 대해 의무이행심판을 통해 직접 의무의 이행을 청구하거나, 부작위위법확인소송을 통해 간접적으로 의무이행을 촉구할 수 있고 확약취소에 대해서는 거부처분 취소소송을 할 수 있다고 보아야 할 것이다. 다만, 부작위위법확인소송의 경우에 처분의무만을 대상으로 하고 있으므로 확언에 있어서는 그 대상이 행정행위가 아닌 경우에는 부작위위법확인소송을 제기할 수 없다.

제2절 공법상 계약

> 행정기본법 제27조 【공법상 계약의 체결】 ① 행정청은 법령등을 위반하지 아니하는 범위에서 행정목적을 달성하기 위하여 필요한 경우에는 공법상 법률관계에 관한 계약(이하 "공법상 계약"이라 한다)을 체결할 수 있다. 이 경우 계약의 목적 및 내용을 명확하게 적은 계약서를 작성하여야 한다.
> ② 행정청은 공법상 계약의 상대방을 선정하고 계약 내용을 정할 때 공법상 계약의 공공성과 제3자의 이해관계를 고려하여야 한다.

1 관념

1. 개념

공법상 계약이란 당사자 간 반대방향의 의사합치에 의하여 공법상 효과를 발생(행정법상의 구체적인 법률관계의 형성·변경·소멸을 발생시키는 공법행위)시키는 행위이다. 프랑스 판례를 통해 발전한 공법상 계약은 비권력적 행위인 동시에 법적인 행위이며 단지 학문상 개념이지 실정법상 개념은 아니다.

2. 인정여부

인정여부에 대해서 긍정설과 부정설(O. Mayer)이 대립하나 긍정함이 다수이다.

3. 구별개념

(1) 공법상 합동행위

공법상 계약은 반대 방향인 의사표시의 합치에 의하여 성립하나, 공법상 합동행위는 같은 방향인 의사표시의 합치에 의하여 성립한다는 점에서 구별된다.

(2) 행정행위

공법상 계약은 대등한 지위에서 쌍방의 의사합치에 의하나, 행정행위는 행정청의 우월적 지위에서 일방적 의사에 의한다는 점에서 차이가 존재한다.

> **관련판례**
>
> 중소기업기술정보진흥원장이 甲 주식회사와 중소기업 정보화지원사업 지원대상인 사업의 지원에 관한 협약(공법상 계약)을 체결하였는데, 협약이 甲 회사에 책임이 있는 사업실패로 해지되었다는 이유로 협약에서 정한 대로 지급받은 정부지원금을 반환할 것을 통보한 사안에서, 협약의 해지 및 그에 따른 환수통보는 행정청이 우월한 지위에서 행하는 공권력의 행사로서 행정처분에 해당한다고 볼 수 없다(대판 2015.8.27. 2015두41449).

(3) 사법상 계약

공법상 계약은 공법상 효과의 발생을 목적으로 하는데 비해, 사법상 계약은 사법상 효과발생을 목적으로 한다는 점에서 차이가 존재한다.

> **관련판례**
>
> 1. 국가계약법에 따라 국가가 당사자가 되는 이른바 공공계약은 사경제의 주체로서 상대방과 대등한 위치에서 체결하는 사법상의 계약으로서 그 본질적인 내용은 사인 간의 계약과 다를 바가 없으므로, 그에 관한 법령에 특별한 정함이 있는 경우를 제외하고는 사적 자치와 계약자유의 원칙 등 사법의 원리가 그대로 적용된다고 할 것이다(대결 2012.9.20. 2012마1097).
>
> 2. 지방재정법에 의하여 준용되는 '국가를 당사자로 하는 계약에 관한 법률'에 따라 지방자치단체가 당사자가 되는 이른바 공공계약은 사경제의 주체로서 상대방과 대등한 위치에서 체결하는 사법상의 계약으로서 그 본질적인 내용은 사인 간의 계약과 다를 바가 없으므로, 그에 관한 법령에 특별한 정함이 있는 경우를 제외하고는 사적 자치와 계약자유의 원칙 등 사법의 원리가 그대로 적용된다고 할 것이다(대결 2006.6.19. 2006마117).

(4) 공법상 계약과 행정계약

행정계약이란 행정주체 상호간 또는 행정주체와 국민 사이에 행정목적을 수행하기 위하여 체결되는 계약으로서 공법상 계약(공법적 효과 발생)과 사법상 계약(사법적 효과 발생)이 포함되어 있다[예 행정목적을 달성하기 위해 국가가 도로 등을 건설하기 위하여 필요한 토지(용지)는 매매계약에 의하여 취득하는 것이 보통이고, 지방자치단체가 주민에게 수돗물을 공급하는 경우에는 급수계약에 의하여 행하는 경우].

간단 점검하기

중소기업 정보화지원사업에 대한 지원금출연협약의 해지 및 환수통보는 공법상 계약에 따른 의사표시가 아니라 행정청이 우월한 지위에서 행하는 공권력의 행사로서 행정처분이다. (×)

행정주체가 일방당사자인 공법상 계약과 사법상 계약의 상위개념으로서 행정계약이라는 용어를 사용한다. 이에 행정법의 고찰대상을 공법상 계약에 한정해야 한다는 견해와 공법상 계약과 사법상 계약의 구별기준이 아직 확립되어 있지 않으므로 행정법의 고찰대상을 행정계약 일반으로 보아야 한다는 양쪽 견해가 대립하고 있다.

2 법적 근거와 유용성

1. 법률유보의 원칙이 적용되는지 여부

(1) 법적 근거 불요설

다수설의 견해로서 공법상 계약은 성질상 대등한 지위, 즉 행정처분의 개념에서 자유로운 영역을 인정하려는 견해로부터 시작된 점을 고려할 때 법률의 근거가 없이도 가능하다고 본다.

(2) 법적 근거 필요설

법치주의에 따라 공법상 계약도 법적 근거를 요한다고 보는 견해이다.

(3) 제한적 긍정설

비권력적·수익적 행정만 법률적 근거 없이 가능하고 침익적 행정은 법률적 근거를 요한다고 보는 견해이다.

2. 법률우위원칙이 적용되는지 여부

공법상 계약에도 법률우위원칙이 적용된다. 따라서 법에 위배되지 않는 범위 내에서만 체결될 수 있다. 공법상 계약의 경우에 대등 당사자 간의 자유로운 의사형성보다는 법규에 근거하여 행정청에게 보다 많은 형성의 자유를 인정할 수도 있는 점에 유의해야 한다. 판례는 서울대공전술연구소의 경우에 지방공무원법과 지방전문직공무원 규정 등 관계법령의 규정내용에 비추어 볼 때, 채용기간은 지방자치단체장(서울시장)의 재량사항이라고 판시한 바 있다.

3. 적용법규

공법상 계약은 행정기본법에 근거가 있고, 이는 일반법이므로, 특별규정이 존재하면 특별규정이 적용되고, 그렇지 않은 경우에는 행정기본법이 적용된다.

3 종류

공법상 계약의 종류는 ① 행정주체 간의 공법상 계약, ② 행정주체와 사인 간의 공법상 계약, ③ 사인(공무수탁사인) 간의 공법상 계약으로 나뉜다.

공법상 계약	사법상 계약
• 지원입대 • 국공립학교 입학 • 전문직공무원인 공중보건의사 채용계약 • 계약직공무원 채용계약 • 행정사무위탁(신청에 의한 별정우체국장의 지정) • 임의적 공용부담(사유지를 도로부지로 제공) • 서울시립무용단원의 위촉 • 지방자치단체 간의 교육사무위탁 • 공공조합비의 징수위탁 • 도로·하천의 관리 및 경비분담에 관한 협의 • 보조금지원계약, 수출보조금 교부계약 • 특별행정법관계 설정합의 • 국립중앙극장 전속단원의 채용	• 전화가입계약 • 물품구입계약(주택공사로부터 주택 구입) • 관공서폐차불하계약 • 토지수용에 있어서의 협의취득(판례) • 국유잡종재산 매각·대부·교환계약 • 건축도급계약 • 국공립병원 입원·치료, 전공의 임용 • 지방재정법상 지자체가 당사자가 되어 체결하는 계약 • 사립학교 교원과 학교법인과의 관계 • 국·공영철도이용, 시영버스·시영식당 이용관계 • 창덕궁 비원 안내원 채용계약 • 국가를 당사자로 하는 계약에 관한 법률에 따라 행한 관급공사계약체결

4 공법상 계약에서 권리·의무의 성격

공법상 계약에 의한 권리·의무는 공권·공의무가 된다. 따라서 ① 사법상 계약의 내용인 사권·사의무에 비해 대체성이 없고, ② 사법상 계약에 비해 포기가 제한되는 경우가 많다.

5 성립 요건

1. 권한상 요건(주체)

공법상 계약을 체결하고자 하는 행정청은 규율대상에 대해 정당한 관할권을 갖고 있어야 한다.

2. 내용상 요건

급부행정 영역에서 공법상 계약은 모든 국민에게 공평하게, 그리고 안정적으로 급부를 제공해야 한다. 또한 사인의 급부와 행정청의 급부가 부당하게 결부되어서는 아니 된다. 한편, 행정청은 공법상 계약의 상대방을 선정하고 계약 내용을 정할 때 공법상 계약의 공공성과 제3자의 이해관계를 고려하여야 한다(행정기본법 제27조).

3. 절차상 요건

공법상의 계약은 행정절차법의 적용을 받지 않는데 이는 처분이 아니기 때문이다. 따라서 청문이나 이유부기 등이 요구되지 않는다. 판례는 국방일보사건에서 계약직 공무원 채용계약해지의 의사표시는 항고소송의 대상이 되는 처분 등의 성격을 가지는 것으로 인정되지 아니하고 대등한 지위에서 행하는 의사표시로 취급되는 것으로 이해되므로 행정처분과 같이 행정절차법에 의하여 근거와 이유를 제시하여야 하는 것은 아니라고 판시한 바 있다(대판 2002.11.26. 2002두5948).

4. 형식상 요건

공법상 계약을 체결하는 경우, 반드시 계약서를 작성하여야 한다(행정기본법 제27조).

6 하자

1. 위반의 효과(무효)

공법상 계약이 위법하면 이는 무효이다. 이에 대해서는 ① 공법상 계약은 공정력이 없으므로 무효나 유효의 개념이지 취소라는 개념이 없기 때문에, 하자 있는 공법상 계약은 당연무효라고 보는 견해와 ② 의사표시상 하자가 존재하는 경우에는 중대명백설에 따라 무효 또는 취소가 결정되지만, 내용상 하자가 존재하는 경우에는 무효라고 보는 견해가 존재한다.

2. 공법상 계약의 하자를 다투는 소송

공법상 계약은 공법상의 내용을 다루긴 하나, 처분이 아니므로, 이를 다투는 소송은 당사자소송으로 한다.

> **간단 점검하기**
>
> 서울특별시립무용단 단원의 위촉은 공법상 계약에 해당하며, 따라서 그 단원의 해촉에 대하여는 공법상 당사자소송으로 그 무효확인을 청구할 수 있다.
> (O)

관련판례

1. 서울특별시립무용단원 해촉

서울특별시립무용단 단원의 위촉은 공법상의 계약이라고 할 것이고, 따라서 그 단원의 해촉에 대하여는 공법상의 당사자소송으로 그 무효확인을 청구할 수 있다(대판 1995.12.22. 95누4636).

2. 공중보건의사 채용계약 해지

공중보건의사 채용계약 해지의 의사표시에 대하여는 대등한 당사자 간의 소송형식인 공법상의 당사자소송으로 그 의사표시의 무효확인을 청구할 수 있는 것이지, 이를 항고소송의 대상이 되는 행정처분이라는 전제하에서 그 취소를 구하는 항고소송을 제기할 수는 없다고 할 것이다(대판 1996.5.31. 95누10617).

3. 지방전문직공무원 채용계약 해지(서울대공전술연구소 연구원 사건)

현행 실정법이 지방전문직공무원 채용계약 해지의 의사표시를 일반 공무원에 대한 징계처분과는 달리 항고소송의 대상이 되는 처분 등의 성격을 가진 것으로 인정하지 아니하고, 지방전문직공무원규정 제7조 각 호의 1에 해당하는 사유가 있을 때 지방자치단체가 채용계약관계의 한쪽 당사자로서 대등한 지위에서 행하는 의사표시로 취급하고 있는 것으로 이해되므로, 지방전문직공무원 채용계약 해지의 의사표시에 대하여는 대등한 당사자 간의 소송형식인 공법상 당사자소송으로 그 의사표시의 무효확인을 청구할 수 있다(대판 1993.9.14. 92누4611).

4. 광주광역시립합창단원에 대한 재위촉 거부

광주광역시문화예술회관장의 단원 위촉은 광주광역시문화예술회관장이 행정청으로서 공권력을 행사하여 행하는 행정처분이 아니라 공법상의 근무관계의 설정을 목적으로 하여 광주광역시와 단원이 되고자 하는 자 사이에 대등한 지위에서 의사가 합치되어 성립하는 공법상 근로계약에 해당한다고 보아야 할 것이므로, 광주광역시립합창단원으로서 위촉기간이 만료되는 자들의 재위촉 신청에 대하여 광주광역시문화예술회관장이 실기와 근무성적에 대한 평정을 실시하여 재위촉을 하지 아니한 것을 항고소송의 대상이 되는 불합격처분이라고 할 수는 없다(대판 2001.12.11. 2001두7794).

> 5. 중소기업 정보화지원사업에 따른 지원금 출연을 위하여 중소기업청장이 체결하는 협약
>   - 공법상 계약
>   중소기업기술정보진흥원장이 甲 주식회사와 중소기업 정보화지원사업 지원대상인 사업의 지원에 관한 협약을 체결하였는데, 협약이 甲 회사에 책임이 있는 사업실패로 해지되었다는 이유로 협약에서 정한 대로 지급받은 정부지원금을 반환할 것을 통보한 사안에서, 협약의 해지 및 그에 따른 환수통보는 행정청이 우월한 지위에서 행하는 공권력의 행사로서 행정처분에 해당한다고 볼 수 없다(대판 2015.8.27. 2015두41449).

7 계약관계의 변경·실현

1. 해제와 변경

(1) 행정주체(해제의 자유)

행정법은 사법의 경우와는 달리 공익을 위해 중대한 불이익을 제거 또는 방지하기 위해 계약체결 후 계약내용의 결정이 된 상황이 본질적으로 변경될 때를 대비하여 행정주체에게 특별한 수정권과 해제권을 인정할 수 있다. 그러나 행정주체도 국민의 일상생활에 필요불가결한 물자나 서비스의 급부를 내용으로 하는 공법상 계약에 있어서는 수급자 측에 부정이 있거나 기타 정당한 사유가 있는 경우가 아닌 한 일방적으로 계약을 해제하기는 곤란하다.

(2) 상대방인 국민의 경우(해제의 제한)

상대방에게는 공익에 영향을 미치지 않는 경우에만 해제를 인정할 수 있고 그 외에는 해제를 신청할 수 있을 뿐이라는 것이 일반적 견해이다. 이는 상대적으로 국가의 우월적 지위를 인정하는 것이다.

2. 이행과 강제집행

계약 불이행에 대한 명문의 규정에 강제를 규정하고 있다면 행정청이 강제집행할 수 있는 자력집행이 인정된다. 하지만 특별규정이 없는 한, 이행 및 불이행에 관해서는 민법규정을 유추적용할 수밖에 없을 것이다. 따라서 계약상의 의무불이행시에는 법원의 판결에 의해 이행을 강제할 수 있을 뿐, 법령의 명문규정이 없는 한 판결 없이 강제집행할 수는 없다.

제3절 행정계획

1 행정계획의 관념

1. 행정계획의 개념

행정계획이란 행정주체가 일정한 행정목표를 설정하고 그 달성을 위해 상호 관련된 행정수단을 종합 및 조정함으로써 장래의 일정한 시점에 일정한 질서를 실현할 것을 목적으로 하는 활동기준 또는 그 설정행위를 말한다.

2. 행정계획의 기능

행정계획의 기능으로는 ① 목표설정 기능, ② 행정수단의 종합화 기능(일정 목표와 관련하에 종합), ③ 행정과 국민 간의 매개적 기능, ④ 예측가능성 부여기능, ⑤ 국민의 장래활동에 대한 지침적 기능 등이 있다.

2 종류

1. 법적 구속력 유무에 따른 분류

(1) 구속적 계획

국민 또는 행정기관에게 구속력을 갖는 계획을 말하며, 정부의 예산운영계획과 같은 관계행정청에 대한 구속적 계획(행정조직)과 토지이용계획이나 도시재개발계획 등과 같은 국민에 대한 구속적 계획(행정작용) 등이 여기에 속한다.

(2) 비구속적 계획

국민 또는 행정기관 누구에 대하여도 법적 구속력을 갖지 않는 계획을 말한다. 행정기관의 단순한 지침에 불과한 계획 등이 여기에 속한다.

2. 종합계획과 특정계획

종합계획(전체계획)은 국토종합계획·장기경제계획·장기사회계획 등과 같은 종합적이고 전반적인 사업에 관한 계획을 말하고, 특정계획은 도시계획·교육계획·공해방지계획 등과 같은 전술적 계획으로서 특정 지역 또는 특정 사업에 관한 계획을 말한다.

3. 상위계획과 하위계획

다른 계획의 기준 또는 기본이 되는 계획을 상위계획이라 하고, 그 지침에 따라 운영되는 계획을 하위계획이라 한다. 국토종합계획은 지역계획에 있어 다른 법령에 의한 건설계획에 우선하며 기본이 되는 상위계획이고, 도시기본계획은 광역도시계획의 하위 계획, 도시관리계획은 도시기본계획의 하위계획이다.

3 행정계획의 법적 성질

행정계획이 특정한 법형식으로 수립되는 경우는 당해 행정계획은 그 법형식의 성질을 가진다(예 법률의 형식으로 수립되는 행정계획은 법률의 성질, 조례의 형식으로 수립되는 행정계획은 조례의 성질). 문제는 행정계획이 특정한 법형식으로 수립되지 않는 경우에 그 법적 성질에 대해서 아래와 같은 견해가 대립하고 있다.

1. 학설

(1) 입법행위설
이 견해에 따르면 행정계획은 국민의 권리·의무에 관계되는 일반적·추상적인 규율을 정립하는 행위이고 이에 따라 행정계획은 일반적·추상적 구속력을 가진다. 이는 구체성을 요구하는 처분의 성질과 다르므로 항고소송의 대상인 처분에서 제외된다.

(2) 행정행위설
이 견해에 따르면 도시계획 등의 결정이 있게 되면 상대방에게는 현상유지의 무가 부과되어 국민의 권리·의무에 직접적 영향을 미치게 된다. 따라서 상대방에 대한 구체성·직접성이 존재하므로 행정계획이 항고소송의 대상이 된다고 본다. 단, 일반처분이므로 개별성은 문제되지 않는다고 본다.

(3) 복수성질설(개별검토설)
이 견해에 따르면 계획의 법적 성질을 계획마다 개별적으로 검토하여 처분성을 인정해야 한다는 견해이다. 이러한 견해에 따르면 행정계획에는 법규적인 것과 행정행위적인 것이 있는데, 전자는 처분성을 부정하지만 후자는 처분성이 인정되어 항고소송의 대상이 된다고 본다.

(4) 독자성설
이 견해에 따르면 행정계획은 법규범도 아니고 행정행위도 아닌 독자적 유형이지만, 구속적 행정계획인 경우에는 처분성이 인정된다고 본다. 이러한 행정계획은 구체적으로 권리를 제한하므로 항고소송의 대상이 된다.

2. 판례

(1) 도시계획결정
구 도시계획법상의 도시계획결정이 행정소송법상의 처분에 해당하는지가 문제되었다. 현행 국토의 계획 및 이용에 관한 법률에서는 도시계획이 도시기본계획과 도시관리계획으로 변경되었다.
① **서울고등법원**: 원심은 입법행위설의 입장에서, 구 도시계획법 제12조에 의한 도시계획결정고시는 일반적·추상적 규율이므로 처분이 아니라고 판시하였다.
② **대법원**: 그러나 상고심에서는 행정행위설의 입장에서 구 도시계획법 제12조의 도시계획결정이 고시되면 동법 제4조에 따라 건물의 신축·개축·증축 등 국민의 권리행사가 일정한 제약을 받게 되므로 행정처분에 해당한다고 판시한 바 있다(대판 1982.3.9. 80누105).

관련판례 처분성 인정사례

1. 도시관리계획(구 도시계획법상 도시계획결정)

   구 도시계획법 제12조 소정의 도시계획결정이 고시되면 도시계획구역 안의 토지나 건물소유자의 토지의 형질변경, 건축물의 신축, 개축 또는 증축 등 권리행사가 일정한 제한을 받게 되는바, 이런 점에서 볼 때 본조 소정의 고시된 도시계획결정은 특정 개인의 권리 내지 법률상의 이익을 개별적이고 구체적으로 규제하는 효과를 가져오게 하는 행정청의 처분이라 할 것이고, 이는 행정소송의 대상이 된다(대판 1982.3.9. 80누105).

2. 도시재개발법상의 관리처분계획

   도시재개발법에 의한 재개발조합은 조합원에 대한 법률관계에서 적어도 특수한 존립목적을 부여받은 특수한 행정주체로서 국가의 감독하에 그 존립 목적인 특정한 공공사무를 행하고 있다고 볼 수 있는 범위 내에서는 공법상의 권리의무관계에서 있는 것이므로 분양신청 후에 정하여진 관리처분계획의 내용에 관하여 다툼이 있는 경우에는 그 관리처분계획은 토지 등의 소유자에게 구체적이고 결정적인 영향을 미치는 것으로서 조합이 행한 처분에 해당하므로 항고소송의 방법으로 그 무효확인이나 취소를 구할 수 있다(대판 2002.12.10. 2001두6333).

3. 택지개발예정지구 지정처분

   건설교통부장관의 택지개발예정지구의 지정은 그 처분의 고시에 의하여 개발할 토지의 위치, 면적과 그 행사가 제한되는 권리내용 등이 특정되는 처분이다(대판 1996.12.6. 95누8409).

4. 국토의 계획 및 이용에 관한 법률상 토지거래허가구역의 지정

   토지거래계약에 관한 허가구역의 지정은 개인의 권리 내지 법률상의 이익을 구체적으로 규제하는 효과를 가져오게 하는 행정청의 처분에 해당하고, 따라서 이에 대하여는 원칙적으로 항고소송을 제기할 수 있다(대판 2006.12.22. 2006두12883).

5. 환지예정지 지정과 환지처분

   환지예정지 지정이나 환지처분은 그에 의하여 직접 토지소유자 등의 권리의무가 변동되므로 이를 항고소송의 대상이 되는 처분이라고 볼 수 있다(대판 1999.8.20. 97누6889).

6. 이전고시

   도시 및 주거환경정비법에 따른 이전고시는 준공인가의 고시로 사업시행이 완료된 이후에 관리처분계획에서 정한 바에 따라 종전의 토지 또는 건축물에 대하여 정비사업으로 조성된 대지 또는 건축물의 위치 및 범위 등을 정하여 소유권을 분양받을 자에게 이전하고 가격의 차액에 상당하는 금액을 청산하거나 대지 또는 건축물을 정하지 않고 금전적으로 청산하는 공법상 처분이다(대판 2016.12.29. 2013다73551).

7. 구 도시 및 주거환경정비법에 따른 주택재건축정비사업조합이 수립한 사업시행계획이 인가·고시를 통해 확정된 후의 쟁송 방법(=인가된 사업시행계획에 대한 항고소송)

   구 도시 및 주거환경정비법(2007.12.21. 법률 제8785호로 개정되기 전의 것)에 따른 주택재건축정비사업조합은 관할 행정청의 감독 아래 위 법상 주택재건축사업을 시행하는 공법인으로서 그 목적 범위 내에서 법령이 정하는 바에 따라 일정한

간단 점검하기

재건축정비사업조합의 사업시행계획은 행정주체의 지위에서 수립한 구속적 행정계획으로서 인가·고시를 통해 확정되면 독립된 행정처분에 해당한다. (○)

행정작용을 행하는 행정주체의 지위를 가진다 할 것인데, 재건축정비사업조합이 이러한 행정주체의 지위에서 위 법에 기초하여 수립한 사업시행계획은 인가·고시를 통해 확정되면 이해관계인에 대한 구속적 행정계획으로서 독립된 행정처분에 해당하고, 이와 같은 사업시행계획안에 대한 조합 총회결의는 그 행정처분에 이르는 절차적 요건 중 하나에 불과한 것으로서 그 계획이 확정된 후에는 항고소송의 방법으로 계획의 취소 또는 무효확인을 구할 수 있을 뿐, 절차적 요건에 불과한 총회결의 부분만을 대상으로 그 효력 유무를 다투는 확인의 소를 제기하는 것은 허용되지 아니하고, 한편 이러한 항고소송의 대상이 되는 행정처분의 효력이나 집행 혹은 절차속행 등의 정지를 구하는 신청은 행정소송법상 집행정지신청의 방법으로서만 가능할 뿐 민사소송법상 가처분의 방법으로는 허용될 수 없다(대결 2009.11.2. 2009마596).

(2) 도시기본계획

대법원은 구 도시계획법상 도시기본계획은 일반지침에 불과하므로 처분성이 인정되지 않는다(대판 2002.10.11. 2000두8226).

> **관련판례**
>
> **1. 도시기본계획**
>
> 도시기본계획은 도시의 장기적 개발방향과 미래상을 제시하는 도시계획 입안의 지침이 되는 장기적·종합적인 개발계획으로서 행정청에 대한 직접적인 구속력은 없다(대판 2007.4.12. 2005두1893).
>
> **2. 4대강 마스터플랜**
>
> 국토해양부, 환경부, 문화체육관광부, 농림수산부 식품부가 합동으로 2009.6.8. 발표한 '4대강 살리기 마스터플랜' 등은 행정기관 내부에서 사업의 기본방향을 제시하는 계획일 뿐 국민의 권리·의무에 직접 영향을 미치는 것이 아니어서, 행정처분에 해당하지 않는다. 또한 구 국토해양부 등에서 발표한 '4대강 살리기 마스터플랜'에 따른 '한강 살리기 사업' 구간 인근에 거주하는 주민들이 각 공구별 사업실시계획승인처분에 대한 효력정지를 신청한 사안에서, 토지소유권 수용 등으로 인한 손해는 행정소송법 제23조 제2항의 효력정지 요건인 금전으로 보상할 수 없거나 사회관념상 금전보상으로는 참고 견디기 어렵거나 현저히 곤란한 경우의 유·무형 손해에 해당하지 않는다(대결 2011.4.21. 2010무111).
>
> **3. 환지계획**
>
> 환지계획은 위와 같은 환지예정지 지정이나 환지처분의 근거가 될 뿐 그 자체가 직접 토지소유자 등의 법률상의 지위를 변동시키거나 또는 환지예정지 지정이나 환지처분과는 다른 고유한 법률효과를 수반하는 것이 아니어서 이를 항고소송의 대상이 되는 처분에 해당한다고 할 수가 없다(대판 1999.8.20. 97누6889).

3. 검토

계획의 종류와 내용은 매우 다양하고 상이하기 때문에 모든 계획의 종류에 대해서 적합한 하나의 법적 성격을 부여하는 것은 어려울 것으로 보인다. 따라서 통설인 개별검토설이 타당하다.

📋 **간단 점검하기**

국토해양부, 환경부, 문화체육관광부, 농림수산식품부가 합동으로 2009.6.8. 발표한 '4대강 살리기 마스터플랜'은 행정기관 내부에서 사업의 기본방향을 제시하는 것일 뿐, 국민의 권리·의무에 직접 영향을 미치는 것은 아니라고 할 것이어서 행정처분에 해당하지 아니한다. (○)

4 행정계획의 절차

1. 법적 근거

행정계획에 대한 일반법은 행정절차법에 규정되어 있다. 또한, 국토의 계획 및 이용에 관한 법률(종래 국토이용관리법과 도시계획법은 폐지) 등 행정계획절차에 관한 사항을 규정하고 있는 개별법이 존재한다.

> 행정절차법 제40조의4 【행정계획】 행정청은 행정청이 수립하는 계획 중 국민의 권리·의무에 직접 영향을 미치는 계획을 수립하거나 변경·폐지할 때에는 관련된 여러 이익을 정당하게 형량하여야 한다.

2. 절차(사전 통제 수단으로서 중요성이 부각되고 있음)

우리나라에는 행정계획의 책정절차에 관한 일반적 규정은 없고, 개별법(개별법상 행정계획은 보통 행정계획의 입안·관계기관 간 의견조정 및 이해관계인의 의견청취·결정·공고의 과정)에 단편적으로 규정되어 있을 뿐이다(계획이 행정절차법상 처분에 해당하는 경우에는 행정절차법상 처분절차에 따라야 함). 이러한 제도들은 행정부 스스로의 자율적인 활동을 통해 계획의 합리성을 보장함으로써 행정의 자기통제를 달성하려는 데 의미가 있다. 예컨대, 관계행정기관간의 조정, 행정예고(행정계획 중 널리 의견 수렴이 필요한 것은 이 규정에 따라 예고), 이해관계인의 참여, 지방자치단체의 참가(지방자치단체와 밀접히 관련되어 있는 경우) 등이 있다. 도시계획구역 내 토지 소유자의 도시계획입안 신청에 대한 도시계획 입안권자의 거부행위는 행정처분에 해당(대판 2004.4.28. 2003두1806)하여 법령상 주민의 입안참여를 규정하였음에도 주민 참여 없이 수립한 계획은 위법하다.

5 행정계획의 효과

1. 효력발생요건

(1) 고시, 공포

일반적으로 법규형식의 행정계획은 공포일로부터 20일이 지나야 효력이 발생하고 기타 형식의 행정계획은 고시와 동시에 효력이 발생한다.

(2) 판례

판례에 따르면 개인의 자유와 권리에 직접 관련된 계획은 법규 형식에 의한 것이 아니어도 국민들에게 알려져야만 효력이 발생한다고 판시한 바 있다(대판 1985.12.10. 85누186). 즉, 고시·공포 없는 행정계획은 효력이 발생하지 않는다. 또한 판례는 이러한 고시, 공표를 일반처분으로 보기 때문에 처분성을 인정한다.

> **간단 점검하기**
>
> 도시계획의 결정·변경 등에 대한 권한 행정청은 이미 도시계획이 결정·고시된 지역에 대하여도 다른 내용의 도시계획을 결정·고시할 수 있고, 이 때에 후행 도시계획에 선행 도시계획과 양립할 수 없는 내용이 포함되어 있다면 특별한 사정이 없는 한 선행 도시계획은 후행 도시계획과 같은 내용으로 변경된다. (○)

> **관련판례**
>
> 1. 중복된 도시계획결정의 효력 - 선행계획 < 후행계획
>
>   행정청은 이미 도시계획이 결정·고시된 지역에 대하여도 다른 도시계획을 결정·고시할 수 있고, 이때에 후행 도시계획에 선행 도시계획과 서로 양립할 수 없는 내용이 포함되어 있다면 특별한 사정이 없는 한 선행 도시계획은 후행 도시계획과 같은 내용으로 적법하게 변경되었다고 할 것이다(대판 1997.6.24. 96누1313).
>
> 2. 후행 도시계획의 결정을 하는 행정청이 선행 도시계획의 결정·변경 등에 관한 권한을 가지고 있지 아니한 경우, 선행 도시계획과 양립할 수 없는 내용이 포함된 후행 도시계획결정의 효력 - 무효
>
>   후행 도시계획의 결정을 하는 행정청이 선행 도시계획의 결정·변경 등에 관한 권한을 가지고 있지 아니한 경우에 선행 도시계획과 서로 양립할 수 없는 내용이 포함된 후행 도시계획결정을 하는 것은 아무런 권한 없이 선행 도시계획결정을 폐지하고, 양립할 수 없는 새로운 내용이 포함된 후행 도시계획결정을 하는 것으로서, 선행 도시계획결정의 폐지 부분은 권한 없는 자에 의하여 행해진 것으로서 무효이고, 같은 대상지역에 대하여 선행 도시계획결정이 적법하게 폐지되지 아니한 상태에서 그 위에 다시 한 후행 도시계획결정 역시 위법하고, 그 하자는 중대하고도 명백하여 다른 특별한 사정이 없는 한 무효라고 보아야 한다(대판 2000.9.8. 99두11257).

2. 효력의 내용(구속효)

행정계획은 여러 가지 형태로 정립되고 또한 다양한 내용을 포함하고 있어서, 법적 효력에 대하여도 일률적으로 말할 수는 없고, 개개의 계획의 내용에 따라 구체적으로 판단되어야 할 것이다. 일반적으로 그 법적 효력의 관점에서 다음의 세 가지 유형으로 나누어진다. 단순정보제공적 계획, 향도적 계획(유도적 성격), 포속적 계획(구속적 성격)으로 나눌 수 있다.

3. 집중효

(1) 의의

행정계획이 확정되면 다른 법령에 의해 받게 되어 있는 승인 또는 허가 등을 받은 것으로 간주하는 효력을 집중효라 한다. 이는 계획확정절차를 통해 인가 또는 허가 등을 받은 것으로 대체된다는 점에서 대체효라고도 한다.

(2) 법적 근거

집중효는 행정기관의 권한에 변경을 가져온다. 따라서 행정계획에 집중효가 인정되기 위해서는 반드시 근거법상의 명시적 근거를 요한다. 또한 관계기관과 협의 절차도 거쳐야 한다.

(3) 효과

행정계획이 확정되면 그 근거법은 다른 법령이 규정하고 있는 일정한 인·허가 등을 받은 것으로 의제하기 때문에 개개의 행정기관에 당해 인·허가 신청을 하지 않고도 당해 사업을 수행할 수 있게 된다. 따라서 절차가 간소화되는 효과가 발생한다.

> **관련판례** 절차집중설을 취한 판례
>
> 건설부장관이 주택건설사업계획승인을 하기 전에 협의를 거쳐야 할 관계기관의 장이란 구 주택건설촉진법 제33조 제4항 각 호의 1에 해당하는 사항을 처리하는 권한을 가진 자임이 법문상 명백하고, 위 제4항은 사립학교 소유의 토지에 대하여 아무런 규정도 두고 있지 아니하므로 그 대상토지가 사립학교의 기본재산에 속하더라도 교육부장관이나 교육감과의 협의를 거쳐야 한다고는 할 수 없다(대판 1992.11.10. 92누1162).

6 행정계획의 통제

1. 행정 내부적 통제

행정 내부적 통제로서 ① 절차상 통제, ② 감사원에 의한 통제, ③ 공무원에 의한 심사, ④ 중앙행정심판위원회에 의한 통제 등을 들 수 있다.

2. 국회에 의한 통제

직접적 통제에 관한 명시적 규정은 존재하지 않고 간접적 통제에 대한 규정만 존재한다. 국정감사권의 발동이나 입법을 통한 제출절차 규정 등이 이에 해당한다.

3. 법원에 의한 통제

(1) 사법심사가능성 – 요건심리

판례는 처분성을 인정하는 행정계획에 대해 소송의 대상적격을 인정하고 있다.

(2) 행정계획의 위법성 판단 – 본안심리

① **일반론**: 위법한 행정계획으로 자신의 법률상 이익을 침해받은 자는 취소쟁송을 제기할 수 있을 것이다. 하지만, 행정계획 수립 시 인정되는 계획재량의 광범위성으로 인하여 행정계획의 위법성을 인정하는 데 어려움이 있다.

② **행정계획의 심사기준(계획법률)**

㉠ **계획법률**: 본안심리에서는 행정계획의 근거가 된 계획법률이 재판의 기준이 된다. 그런데 계획법률은 일반법률과는 다른 속성을 가지고 있기 때문에 행정계획 쟁송의 본안심리는 통상의 본안심리와는 다른 특징이 존재한다. 이하에서는 이를 구체적으로 살펴보고자 한다.

㉡ **계획법률의 구조**: 통상의 법률은 요건·효과에 대해서 규정하고 있으나 계획법률은 목적·수단을 규정하고 있다. 따라서 일반재량행위와 비교할 때, 계획재량에는 광범한 재량형성의 자유가 인정된다.

③ **계획재량**: 계획법률은 추상적인 목표를 제시하는 것에 그치므로 계획을 실현하는 구체적인 수단과 내용에 대해서는 규정하고 있지 않은 것이 일반적이다. 따라서 행정주체는 계획법률이 제시한 목표를 실현하는 데 있어서 어떠한 방법과 수단을 사용할지에 대해서 광범위한 재량을 갖게 된다. 이를 계획재량이라고 한다. 판례 역시 법집행과 관련된 행정재량과 계획수립과 관련된 계획재량을 인정한다.

④ **법원에 의한 통제수단(형량명령의 원리)**: 행정계획에 있어서 행정청은 일반 재량행위에 비하여 보다 광범한 계획재량 또는 형성의 자유를 가지나, 그것은 행정계획이 사법심사의 대상에서 제외된다는 것을 의미하는 것은 아니다.

㉠ 형량명령

ⓐ 의의: 형량명령이란 독일에서 발전한 이론으로서, 행정계획을 수립함에 있어서 관련된 이익을 정당하게 형량하여야 한다는 원칙을 말한다.

ⓑ 인정근거

㉮ 형량명령의 원리는 독일에서 다수의 실정법에 규정되어 있다. 예컨대, 연방건설법전 제1조 제6항에, "건설기본계획의 수립자는 계획재량권을 행사함에 있어서는 공익 상호간, 사익 상호간 및 공익과 사익 상호간의 정당한 형량을 하여야 한다."고 규정하고 있다.

㉯ 그러나 형량명령의 원리는 법률에 명문의 규정이 없어도 법치국가원리에 따라 모든 계획에 적용되는 것으로 인정되고 있다.

㉰ 우리나라에서는 행정절차법에 근거를 두고 있고, 판례도 형량명령의 원리를 받아 들임으로써 인정되고 있다.

㉡ **형량하자의 유형**: 다음의 경우에는 비교형량상의 하자가 있는 것으로 보고 당해 행정계획은 위법한 것으로 본다.

형량의 해태	전혀 형량을 행하지 않은 경우
형량의 흠결	형량에 있어 반드시 고려되어야 할 특정 이익이 누락되어 전혀 고려되지 않은 경우
오형량	형량을 행하기는 했으나, 객관성이 상실된 경우

㉢ **판례**: 행정주체가 행정계획을 입안·결정함에 있어서 이익형량을 해태 또는 흠결하거나 오형량을 행한 경우 재량일탈·남용으로서 위법하다고 판시하여 형량명령원칙을 수용하였으며(대판 1996.11.29. 96누8567), 현재는 형량명령의 위법을 재량의 일탈·남용이 아닌 형량하자로 해결하고 있다(대판 2007.4.12. 2005두1893). 재량의 일탈·남용은 행정재량의 위반에 대한 통제 수단이며 형량하자는 계획재량에 대한 통제수단인 형량명령 위반을 의미한다.

㉣ **헌법소원**: 1994년 서울대입시요강사건에서 비구속적 행정계획(처분성 부정으로 항고소송의 대상이 아니됨)이라 할지라도 그것이 국민의 기본권에 영향을 미치고 앞으로 실시될 것이 틀림없을 시에는 예외적으로 헌법소원의 대상이 될 수 있다고 판시하였다(헌재 2000.6.1. 99헌마538).

📋 **간단 점검하기**

비구속적 행정계획안이라도 국민의 기본권에 직접적으로 영향을 끼치고, 앞으로 법령의 뒷받침에 의하여 그대로 실시될 것이 틀림없을 것으로 예상될 수 있을 때에는 공권력행사로서 헌법소원의 대상이 될 수 있다. (○)

> **관련판례**
>
> **1. 행정주체의 행정계획결정에 관한 재량의 한계 – 형량명령의 원리**
>
> 행정주체가 가지는 이와 같은 형성의 자유는 무제한적인 것이 아니라 그 행정계획에 관련되는 자들의 이익을 공익과 사익 사이에서는 물론이고 공익 상호간과 사익 상호간에도 정당하게 비교교량하여야 한다는 제한이 있으므로, 행정주체가 행정계획을 입안·결정함에 있어서 이익형량을 전혀 행하지 아니하거나 이익형량의 고려 대상에 마땅히 포함시켜야 할 사항을 누락한 경우 또는 이익형량을 하였으나 정당성과 객관성이 결여된 경우에는 그 행정계획결정은 형량에 하자가 있어 위법하게 된다(대판 2007.4.12. 2005두1893).
>
> **2. 비구속적 행정계획도 국민 기본권에 직접 영향 미치면 헌법소원의 대상이 됨**
>
> 비구속적 행정계획안이나 행정지침이라도 국민의 기본권에 직접적으로 영향을 끼치고, 앞으로 법령의 뒷받침에 의하여 그대로 실시될 것이 틀림없을 것으로 예상될 수 있을 때에는, 공권력 행위로서 예외적으로 헌법소원의 대상이 될 수 있다(헌재 2000.6.1. 99헌마538).

> **간단 점검하기**
>
> 행정주체가 행정계획을 입안·결정함에 있어서 이익형량을 전혀 행하지 아니하거나 이익형량의 고려 대상에 마땅히 포함시켜야 할 사항을 누락한 경우 또는 이익형량을 하였으나 정당성과 객관성이 결여된 경우, 그 행정계획결정은 형량에 하자가 있어 위법하게 된다.
> (○)

4. 국민에 의한 통제

(1) 계획과정에 국민의 참여(사전적 구제수단)

계획과정에 국민의 참여를 통하여 민주주의원리, 합리성보장, 국민권익침해의 사전 예방 등의 효과를 가질 수 있다. 판례는 개별법령상 이해관계인의 참여를 규정하고 있는 경우, 이러한 절차를 위반한 행정행위는 위법하다고 판시한 바 있다(대판 2000.3.23. 98두2768). 따라서 도시관리계획 같은 경우 주민에게 입안신청권이 인정되어 이에 대한 행정청의 거부도 처분이다.

> **관련판례**
>
> 도시계획입안제안과 관련하여서는 주민이 입안권자에게 '1. 도시계획시설의 설치·정비 또는 개량에 관한 사항 2. 지구단위계획구역의 지정 및 변경과 지구단위계획의 수립 및 변경에 관한 사항'에 관하여 '도시계획도서와 계획설명서를 첨부'하여 도시계획의 입안을 제안할 수 있고, 위 입안제안을 받은 입안권자는 그 처리결과를 제안자에게 통보하도록 규정하고 있는 점 등과 헌법상 개인의 재산권 보장의 취지에 비추어 보면, 도시계획구역 내 토지 등을 소유하고 있는 주민으로서는 입안권자에게 도시계획입안을 요구할 수 있는 법규상 또는 조리상의 신청권이 있다고 할 것이고, 이러한 신청에 대한 거부행위는 항고소송의 대상이 되는 행정처분에 해당한다(대판 2004.4.28. 2003두1806).

(2) 계획보장청구권

① **의의**: 계획보장청구권이란 행정계획에 대한 국민의 신뢰보호를 위해 관계 국민에게 인정된 권리를 총칭하는 개념이다.

② **종류**

　㉠ **계획존속청구권**

　　ⓐ **의의**: 행정계획의 변경·폐지에 대해 그 계획의 유지와 존속을 요구할 수 있는 권리를 말한다.

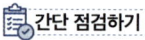

간단 점검하기
장기미집행 도시계획시설결정의 실효제도에 의해 개인의 재산권이 보호되는 것은 입법자가 새로운 제도를 마련함에 따라 얻게 되는 법률에 기한 권리일 뿐 헌법상 재산권으로부터 당연히 도출되는 권리는 아니다. (○)

ⓑ **인정 여부**: 계획존속청구권의 일반적 인정은 계획의 가변성을 무시하고, 사인의 신뢰만 보호하는 결과가 되기 때문에 허용될 수 없다. 하지만 계획이 법률 또는 행정행위의 형식으로 발하여진 경우에는 예외적으로 허용될 여지가 있다.

ⓒ **계획이행청구권(계획준수청구권 + 계획집행청구권)**
ⓐ **의의**: 계획준수청구권이란 행정기관에 계획을 준수할 것을 청구할 수 있는 권리이며, 계획집행청구권이란 행정기관에 계획을 집행할 것을 청구할 수 있는 권리이다. 양자를 합쳐 계획이행청구권이라 한다.
ⓑ **인정 여부**: 일반적으로 계획이행청구권은 인정되지 않는다. 다만, 국토의 계획 및 이용에 관한 법률 제47조는 도시계획시설부지로 지정한 후 10년 이내에 도시계획을 시행하지 아니할 경우 원 소유자는 관련 지방자치단체에 대하여 매수청구권을 행사할 수 있도록 한 것은 계획준수청구권을 갈음하는 권리이다.

> **관련판례**
> 장기 미집행 도시계획시설결정의 실효제도는 도시계획시설부지로 하여금 도시계획시설결정으로 인한 사회적 제약으로부터 벗어나게 하는 것으로서 결과적으로 개인의 재산권이 보다 보호되는 측면이 있는 것은 사실이나, 이와 같은 보호는 입법자가 새로운 제도를 마련함에 따라 얻게 되는 법률에 기한 권리일 뿐 헌법상 재산권으로부터 당연히 도출되는 권리는 아니다(헌재 2005.9.29. 2002헌바84·89·2003헌마678·943).

(3) 계획변경청구권
① **의의**: 기존의 계획이 확정된 후 관계주민이 당해 행정계획의 변경을 요구할 수 있는 권리를 말한다.
② **인정 여부**
㉠ **학설**: 학설상 인정 여부에 대해서 대립이 있으나, 일반적으로 부정하고 있다.
㉡ **판례**
ⓐ **일반적인 경향**: 일반적으로 관계 국민의 계획변경청구권을 부인하고 있다. 판례는 거부의 처분성 요건으로 상대방의 법규상·조리상 신청권을 요구하는데, 행정계획의 경우 ㉮ 도시계획법 등에 주민의 신청에 관한 규정이 없고, ㉯ 행정계획은 장기성·종합성·가변성 등이 요구되므로 계획에 대한 국민의 조리상 변경신청권도 인정하지 않았다(대판 1984.10.23. 84누227).
ⓑ **예외적 판례**: 예외적으로 계획변경청구권을 인정한 판례도 있다. 진도㈜ 폐기물처리업 사건에서 구 폐기물관리법상 폐기물처리 사업계획의 적정 통보를 받은 자는 장래 일정한 기간 내에 관계법령이 규정하는 시설 등을 갖추어 폐기물처리업허가신청을 할 수 있는 법률상 지위에 있다고 할 것인바, 국민의 계획변경신청을 행정청이 거부한 것이 실질적으로 당해 행정처분(폐기물처리업) 자체를 거부하는

간단 점검하기
장래 일정한 기간 내에 관계 법령이 규정하는 시설 등을 갖추어 일정한 행정처분을 구하는 신청을 할 수 있는 법률상지위에 있는 자의 국토이용계획변경신청을 거부하는 것이 실질적으로 당해 행정처분 자체를 거부하는 결과가 되는 경우라도, 구 국토이용관리법상 주민이 국토이용계획의 변경에 대하여 신청을 할 수 있다는 규정이 없으므로 그 신청인에게 국토이용계획변경을 신청할 권리가 인정된다고 볼 수 없다. (×)

결과(당시 사안에서는 원고가 폐기물처리업 허가를 받기 위해서는 이 사건 부동산에 대한 용도지역을 '농림지역 또는 준농림지역'에서 '준도시지역'으로 변경하는 국토이용계획변경이 선행되어야 했다. 만약에 행정청이 이를 거부하면 폐기물처리사업을 실시할 수 없었음)가 되는 경우, 예외적으로 신청인에게 그 계획변경을 신청할 법규상 또는 조리상 신청권이 있다고 판시한 바 있다.

> **관련판례**
> **도시계획사업의 시행으로 토지를 수용당한 사람은 도시계획결정과 토지수용이 당연무효가 아닌 한 도시계획결정 자체의 취소를 청구할 법률상의 이익이 없음**
>
> 도시계획시설결정은 광범위한 지역과 상당한 기간에 걸쳐 다수의 이해관계인에게 다양한 법률적, 경제적 영향을 미치는 것이 되어 일단 도시계획시설사업의 시행에 착수한 뒤에는, 시행의 지연에 따른 손해나 손실의 배상 또는 보상을 함은 별론으로 하고, 그 결정 자체의 취소나 해제를 요구할 권리를 일부의 이해관계인에게 줄 수는 없는 것이다(헌재 2002.5.30. 2000헌바58).

(4) 손해전보
① **손해배상청구권**: 계획이 변경·폐지된 경우, 최후적으로 손해배상청구의 요건이 충족되면 손해배상청구권 행사가 가능하다. 그러나 위법한 계획의 변경에 공무원의 과실을 입증하는 데 어려움이 있어 실질적인 구제수단이 될 수 없다.
② **손실보상청구권**: 행정계획으로 인하여 특별한 희생에 해당하는 재산권침해를 당한 자는 손실보상을 청구할 수 있다. 그러나 대법원은 구 도시계획법상의 개발제한구역의 지정으로 인한 손실은 특별한 희생에 해당하지 않다고 하여 손실보상청구권을 부정하였다. 즉, 현실적으로 계획 변경으로 인한 보상은 받기가 쉽지 않다.

제4절 공법상 사실행위(사실행위론 1)

1 개념

공법상의 사실행위란 행정주체의 행위가 일정한 법률효과를 지향하는 것이 아니라 사실상의 결과발생만을 목적으로 하는 행정주체의 행위양식을 말한다.

2 종류

1. 비명령적 영향력행사 - 순수 사실행위
① 행정법상 지식의 표시나 경고와 같은 비명령적 영향력행사가 있고, ② 조직행위·단순급부보장행위·사실적 집행행위 등의 순수 사실행위가 있다.

📋 **간단 점검하기**

행정상 사실행위의 예로는 폐기물 수거, 행정지도, 대집행의 실행, 행정상 즉시강제 등이 있다.　　(○)

2. 권력적 사실행위와 비권력적 사실행위

① 권력적 사실행위란 무기사용이나 강제격리 등과 같이 법령 또는 행정행위를 집행하기 위한 공권력의 행사로서 하는 사실행위를 말하고, ② 비권력적 사실행위란 행정지도나 쓰레기장 설치와 같이 공권력 행사와 관계가 없는 사실행위를 말한다.

행정주체	내부적 사실행위	내부의 준비절차, 내부적인 사무감사, 문서처리 등
	외부적 사실행위	금전출납, 쓰레기수거, 행정조사, 행정강제, 영조물 설치관리, 공기업 경영 등
사인의 사실행위		주민의 지위를 취득하는 특정지역의 거주 등
정신작용	물리적 사실행위	단순한 육체적 행동이나 물리적 행위를 수반하여 행해지는 사실행위(예 예방접종행위, 공물의 설치·관리 행위, 대집행의 실행 등)
	정신적 사실행위	정신작용을 내용으로 하는 사실행위(예 행정지도, 행정조사, 보고, 경고 등)
공권력의 행사	권력적 사실행위	행정강제(강제집행, 즉시강제)
	비권력적 사실행위	행정지도, 수난구호, 진화, 비공식적 행정작용
독립성	집행적 사실행위	법령이나 행정행위를 집행하기 위한 사실행위(예 경찰관의 무기사용, 대집행의 실행, 전염병환자의 강제격리, 재산체납자에 대한 재산 압류 등)
	독립적 사실행위	그 자체로서 독립적인 의미를 갖는 사실행위(예 행정지도, 행정조사, 관용차의 운전, 도로의 보수공사 등)

3 법적 근거

1. 조직법상 근거

사실행위도 적법한 것이 되기 위해서는 당해 행정청의 정당한 권한의 범위 내의 것이어야 한다. 따라서 조직법적 근거는 필요하다.

2. 작용법상의 근거

사실행위를 하기 위해서 작용법상의 근거가 필요한지도 문제된다. 이에 권력적 사실행위는 작용법상 근거가 필요하나 비권력적 사실행위는 작용법적 근거는 필요치 아니하다고 본다.

4 한계

법치행정의 원칙상 사실행위와 관련된 법령이 존재하는 경우 그것이 정하는 모든 절차적·실체적 조건을 충족하여야 하는 것은 물론이고, 행정법의 일반원리인 비례의 원칙이나 신뢰보호의 원칙 등 불문법도 준수하여야 한다.

5 권리보호

1. 행정쟁송

(1) 권력적 사실행위

권력적 사실행위는 공권력의 행사로서 행정소송법상 처분에 해당하여 행정소송의 대상이 된다. 다만, 단기간에 종료되는 성격상 소송을 하여도 집행이 종료되어 협의의 소익이 인정되지 않는 경우가 많기 때문에 각하될 가능성이 높다.

(2) 비권력적 사실행위

비권력적 사실행위의 경우에는 법적 행위의 요소를 찾기 어렵기 때문에 행정심판이나 행정소송의 대상이 되지 않는다. 판례도 행정지도 등의 단순사실행위에 대해서는 그 처분성을 부인하고 있다.

> **관련판례**
>
> 1. 금융기관의 임원에 대한 금융감독원장의 문책경고는 그 상대방에 대한 직업선택의 자유를 직접 제한하는 효과를 발생하게 하는 등 상대방의 권리의무에 직접 영향을 미치는 행위로서 항고소송의 대상이 되는 행정처분에 해당한다(대판 2005.2.17. 2003두14765).
>
> 2. 금융감독원장이 종합금융주식회사의 전 대표이사에게 재직 중 위법·부당행위 사례를 첨부하여 금융 관련 법규를 위반하고 신용질서를 심히 문란하게 한 사실이 있다는 내용으로 '문책경고장(상당)'을 보낸 행위가 항고소송의 대상이 되는 행정처분에 해당하지 아니한다(대판 2005.2.17. 2003두10312).
>
> 3. 수형자의 서신을 교도소장이 검열하는 행위는 이른바 권력적 사실행위로서 행정심판이나 행정소송의 대상이 되는 행정처분으로 볼 수 있다(헌재 1998.8.27. 96헌마398).

2. 손해배상

위법한 사실행위로 인하여 피해를 입은 경우 국가배상법 제2조와 제5조상의 요건이 충족되면 피해자는 국가나 지방자치단체에 그 배상을 청구할 수 있다.

3. 결과제거청구권

위법한 사실행위로 인한 위법상태가 지속될 경우 결과제거청구권을 통한 권리구제가 이루어져야 할 것이다.

4. 헌법소원

위법한 사실행위로 인하여 헌법상 보장된 기본권이 침해된다면 헌법소원의 대상이 될 수 있다.

간단 점검하기

권력적 사실행위가 행정처분의 준비단계로서 행하여지거나 행정처분과 결합된 경우에는 행정처분에 흡수·통합되어 불가분의 관계에 있다 할 것이므로 행정처분이 취소소송의 대상이 되지만, 처분과 분리하여 따로 권력적 사실행위를 다툴 실익이 있다. (×)

6 비공식적 행정작용

비공식적 행정작용은 행정청과 국민의 합의나 협의 등 공식적 행정작용에 앞서 하는 법적 구속력 없는 사실행위이며 준비행위이다. 비공식적 행정작용은 협력의 원칙이 적용되는 영역이다.

비공식적 행정작용은 법적 구속력이 없는 것이 원칙이며 사인도 합의내용을 준수해야 할 법적 의무를 지지 않는다. 또한 비공식적 행정작용은 신뢰보호의 원칙이나 자기구속의 원칙 등을 매개로 하여서도 법적 구속성을 인정할 수 없다고 보는 것이 일반적 견해이다.

제5절 행정지도(사실행위론 2)

1 행정지도의 의의

행정지도란 행정기관이 그 소관 사무의 범위에서 일정한 행정목적을 실현하기 위하여 특정인에게 일정한 행위를 하거나 하지 아니하도록 지도, 권고, 조언 등을 하는 행정작용을 말한다(행정절차법 제2조 제3호).

2 기능

행정지도는 비권력적 사실행위로 법적 근거를 요하지 아니하므로 신축적이고 탄력적인 행정을 하게 한다. 또한 법률흠결에 대한 보완과 공권력발동으로 야기될 수 있는 마찰이나 저항을 방지하여 분쟁의 사전회피를 도와줄 수 있다. 하지만 행정지도의 이름 아래 실질적으로 권익침해가 발생할 수 있으므로 이를 통제할 필요성이 제기된다.

1. 순기능

행정지도가 법치국가에서 활용되는 이유는 현대국가에서 확대되는 행정기능의 효율성 확보에 있다.

(1) 행정지도는 비권력적 사실행위로 법적 근거를 요하지 아니하므로 신축적이고 탄력적인 행정을 하게 한다.

(2) 행정지도를 통한 행정은 행정의 상대방에 대해서는 합의에 유사한 의미를 갖게 함으로써 분쟁을 미연에 방지하고 행정에 적극적인 협력을 가능하게 한다.

(3) 행정지도는 법률흠결에 대한 보완과 공권력발동으로 야기될 수 있는 마찰이나 저항을 방지하여 분쟁의 사전회피를 도와줄 수 있다.

2. 역기능

(1) 사실상의 강제성을 통한 법치주의의 붕괴

(2) 한계와 책임소재의 불분명으로 인한 책임행정의 이탈

(3) 행정상 구제수단의 결여 내지 행정구제의 기회상실

3 법적 근거

조직법상 근거는 당연히 필요하나 작용법상 근거의 필요 유무에 대해서도 행정지도는 비권력적 사실행위이므로, 행정지도의 효율성과 융통성 보장을 위하여 법적 근거가 불요하다는 견해가 일반적이다. 행정지도는 행정절차법에 규정된 실정법상 용어이다.

4 종류(기능의 차이)

구분	내용	구체적 사례
조성적 행정지도	지식·정보·기술을 서비스의 형식으로 제공하는 행정지도	영농지도, 생활개선지도, 세무지도, 기술지도, 지식·기술의 제공, 우량품종의 재배권장, 조언, 중소기업에 대한 경영합리화지도, 아동의 건강상담
조정적 행정지도	경제적 이해대립이나 과당경쟁 등의 시정·조정	노사 간의 협의의 알선·조정, 기업 간의 이해조정, 중소기업의 계열화 권고, 수출물량의 조정
규제적 행정지도	질서유지에 반하는 행위를 제거 또는 억제하기 위해 권고하는 행위	불법건축물의 철거요청(철거명령×), 시정권고, 공해방지조치의 권고, 물가억제를 위한 권고, 토지거래중지의 권고

5 성질(임의성)

행정지도는 국민의 임의적인 협력을 전제로 하는 비권력적 사실행위이다. 따라서 행정처분이 아니다.

6 행정지도의 원칙과 방식

> 행정절차법 제48조 【행정지도의 원칙】 ① 행정지도는 그 목적 달성에 필요한 최소한도에 그쳐야 하며, 행정지도의 상대방의 의사에 반하여 부당하게 강요하여서는 아니 된다.
> ② 행정기관은 행정지도의 상대방이 행정지도에 따르지 아니하였다는 것을 이유로 불이익한 조치를 하여서는 아니 된다.

> 제49조【행정지도의 방식】① 행정지도를 하는 자는 그 상대방에게 그 행정지도의 취지 및 내용과 신분을 밝혀야 한다.
> ② 행정지도가 말로 이루어지는 경우에 상대방이 제1항의 사항을 적은 서면의 교부를 요구하면 그 행정지도를 하는 자는 직무 수행에 특별한 지장이 없으면 이를 교부하여야 한다.
> 제50조【의견제출】행정지도의 상대방은 해당 행정지도의 방식·내용 등에 관하여 행정기관에 의견제출을 할 수 있다.
> 제51조【다수인을 대상으로 하는 행정지도】행정기관이 같은 행정목적을 실현하기 위하여 많은 상대방에게 행정지도를 하려는 경우에는 특별한 사정이 없으면 행정지도에 공통적인 내용이 되는 사항을 공표하여야 한다.

1. 행정지도의 원칙

(1) 비례원칙

행정지도는 그 목적달성에 필요한 최소한도에 그쳐야 한다(행정절차법 제48조 제1항 1문).

(2) 임의성의 원칙(부당강요금지의 원칙)

행정지도는 상대방의 의사에 반하여 부당하게 강요해서는 아니 된다(행정절차법 제48조 제1항 2문).

(3) 불이익조치금지의 원칙

행정기관은 행정지도의 상대방이 행정지도에 따르지 아니하였다는 것을 이유로 불이익한 조치를 하여서는 아니 된다(행정절차법 제48조 제2항).

2. 행정지도의 방식

(1) 행정지도

행정지도를 행하는 자는 그 상대방에게 당해 행정지도의 취지·내용 및 신분을 밝혀야 한다(행정절차법 제49조 제1항).

(2) 서면의 교부청구권

행정지도가 구술로 이루어지는 경우에 상대방이 위의 사항을 기재한 서면의 교부를 요구하는 때에 당해 행정지도를 행하는 자는 직무수행에 특별한 지장이 없는 한 이를 교부하여야 한다(행정절차법 제49조 제2항).

(3) 다수인을 대상으로 하는 행정지도

행정기관이 같은 행정목적을 실현하기 위하여 많은 상대방에게 행정지도를 하고자 하는 때에는 특별한 사정이 없는 한 행정지도에 공통적인 내용이 되는 사항을 공표하여야 한다(행정절차법 제51조). 이는 행정지도의 명확성과 공평성을 확보하기 위한 제도이다.

(4) 의견제출

행정지도의 상대방은 당해 행정지도의 방식·내용 등에 관하여 행정기관에 의견 제출을 할 수 있다(행정절차법 제50조).

7 한계

1. 법령상 한계
조직법상 근거에 의하여 소관사무의 범위 내에서 행해져야 한다.

2. 일반원칙상의 한계
행정법의 일반원칙(비례의 원칙, 평등의 원칙 등)에 위반되어서는 안 된다.

3. 비권력성에 따른 한계
행정지도는 비권력적 사실행위이기 때문에 강제성을 수반하면 안 된다(행정절차법 제48조 제1항 1문).

8 권리보호

1. 위법지도와 위법성 조각
행정지도는 강제성을 갖고 있지 않고 상대방의 임의적인 협력을 요구한다. 따라서 위법한 행정지도에 따른 사인의 행위는 특별한 경우가 아닌 한 위법성이 조각되지 않는다. 판례도 같은 입장이다.

> **관련판례**
> 토지의 매매대금을 허위로 신고하고 계약을 체결하였다면 이는 계약예정금액에 대하여 허위의 신고를 하고 토지 등의 거래계약을 체결한 것으로서 구 국토이용관리법 제33조 제4호에 해당한다고 할 것이고, 행정관청이 국토이용관리법 소정의 토지거래계약신고에 관하여 공시된 기준시가를 기준으로 매매가격을 신고하도록 행정지도를 하여 그에 따라 허위신고를 한 것이라 하더라도 이와 같은 행정지도는 법에 어긋나는 것으로서 그와 같은 행정지도나 관행에 따라 허위 신고행위에 이르렀다고 하여도 이것만 가지고서는 그 범법행위가 정당화될 수 없다(대판 1994.6.14. 93도3247).

2. 행정소송과 헌법소원
판례는 행정지도가 비권력적 사실행위라는 점에 착안하여 행정지도의 대상적격을 부정한다. 행정지도의 비권력성으로 인하여 처분성이 부정되므로 행정지도에 대한 권리구제가 쉽지 않다. 하지만 행정지도가 국민의 기본권을 침해한 경우 헌법소원을 받아준 경우는 있다.

> **관련판례** 행정지도는 비권력적 사실행위이므로 처분성 부정
> **1. 세무당국의 주류거래정지요청행위**
> 세무당국이 소외 회사에 대하여 원고와의 주류거래를 일정기간 중지하여 줄 것을 요청한 행위는 권고 내지 협조를 요청하는 권고적 성격의 행위로서 소외 회사나 원고의 법률상의 지위에 직접적인 법률상의 변동을 가져오는 행정처분이라고 볼 수 없는 것이므로 항고소송의 대상이 될 수 없다(대판 1980.10.27. 80누395).

간단 점검하기

교육인적자원부장관(현 교육부장관)의 구공립대학 총장들에 대한 학칙시정요구는 고등교육법령에 따른 것으로, 그 법적 성격은 대학총장의 임의적인 협력을 통하여 사실상의 효과를 발생시키는 행정지도의 일종으로 헌법소원의 대상이 되는 공권력의 행사로 볼 수 없다.
(×)

2. 시정요구 변경통보는 관할청의 일반적인 지도·감독권에 기한 학교법인에 대한 행정지도의 성격을 갖는 조치이다.

관할청이 학교법인에 대하여 부동산 매각과 관련된 당초의 시정요구사항을 이행하지 아니할 경우 사립학교법 제20조의2의 규정에 따라 임원취임승인을 취소하겠다고 계고한 바에 따라서 임원취임승인을 취소함과 동시에 임시이사를 선임하고 당초의 시정요구사항을 변경하는 통보를 한 경우 관할청의 시정요구 변경통보는 관할청이 가지는 같은 법 제4조 소정의 일반적인 지도·감독권에 기한 것으로서 임시이사들로 임원진이 개편된 학교법인에 대한 행정지도의 성격을 지니는 새로운 조치라고 할 것이다(대판 2002.2.5. 2001두7138).

3. 행정청이 위법 건축물에 대한 시정명령을 하고 나서 위반자가 이를 이행하지 아니하여 전기·전화의 공급자에게 그 위법 건축물에 대한 전기·전화공급을 하지 말아 줄 것을 요청한 행위는 권고적 성격의 행위에 불과한 것으로서 전기·전화공급자나 특정인의 법률상 지위에 직접적인 변동을 가져오는 것은 아니므로 이를 항고소송의 대상이 되는 행정처분이라고 볼 수 없다(대판 1996.3.22. 96누433).

관련판례 헌법소원을 인정한 사례

1. 교육인적자원부장관의 대학총장들에 대한 학칙시정요구

교육인적자원부장관의 대학총장들에 대한 이 사건 학칙시정요구는 고등교육법 제6조 제2항, 동법 시행령 제4조 제3항에 따른 것으로서 그 법적 성격은 대학총장의 임의적인 협력을 통하여 사실상의 효과를 발생시키는 행정지도의 일종이지만, 그에 따르지 않을 경우 일정한 불이익조치를 예정하고 있어 사실상 상대방에게 그에 따를 의무를 부과하는 것과 다를 바 없으므로 단순한 행정지도로서의 한계를 넘어 규제적·구속적 성격을 상당히 강하게 갖는 것으로서 헌법소원의 대상이 되는 공권력의 행사라고 볼 수 있다(헌재 2003.6.26. 2002헌마337).

2. 국가인권위원회의 성희롱결정과 시정조치권고 – 처분성 인정

구 남녀차별금지 및 구제에 관한 법률 제28조에 의하면 국가인권위원회의 성희롱결정과 이에 따른 시정조치의 권고는 불가분의 일체로 행하여지는 것인데 국가인권위원회의 이러한 결정과 시정조치의 권고는 성희롱 행위자로 결정된 자의 인격권에 영향을 미침과 동시에 공공기관의 장 또는 사용자에게 일정한 법률상의 의무를 부담시키는 것이므로 행정처분에 해당한다(대판 2005.7.8. 2005두487).

3. 국제그룹해체사건

재무부장관이 대통령에 건의 보고하여 그 지시를 받아 1985.2.7. 청구인 경영의 국제그룹을 해체키로 기본방침을 결정하고 같은 달 11. 그 인수업체를 정한 후, 이의 실행을 위하여 제일은행장 등에 지시하여 같은 달 13.부터 국제그룹계열사에 대한 은행자금관리에 착수하게 하고 제일은행 앞으로 처분위임장 등으로 계열사의 처분권을 위임받게 하는 등 해체준비를 하도록 하고, 피청구인이 만든 "국제그룹정상화대책" 표제의 보도자료에 의거하여 같은 달 21. 제일은행의 이름으로 언론에 발표하도록 하는 등 국제그룹해체를 위하여 한 일련의 공권력의 행사는 비권력적인 권고·조언 따위의 단순한 행정지도로서의 한계도 이미 넘어선 것이라 할 것이고 헌법상 법치국가의 원리, 헌법 제119조 제1항, 제126조, 제11조의 규정을 어겨 청구인의 기업활동의 자유와 평등권을 침해한 것이므로 헌법에 위반된다(헌재 1993.7.29. 89헌마31).

3. 손해배상

행정지도는 비권력적 사실행위로서 국가배상법상 직무집행으로는 볼 수 있으나 행정청이 행정지도를 하였을 경우에 그 상대방이 거기에 따를지 여부를 결정하는 데 자유가 보장되기 때문에 상대방의 동의하에 이루어진 행정지도와 손해 사이에는 인과관계가 부정되어 배상청구권이 인정되지 않는다. 그러나 상대방의 자유의사에 의하지 아니하고 행정지도가 사실상 강제된 경우는 인과관계가 인정되어 국가 등의 배상책임이 성립한다고 본다.

> **관련판례**
>
> 행정지도가 강제성을 띠지 않은 비권력적 작용으로서 행정지도의 한계를 일탈하지 아니하였다면, 그로 인하여 상대방에게 어떤 손해가 발생하였다 하더라도 행정기관은 그에 대한 손해배상책임이 없다(대판 2008.9.25. 2006다18228).

간단 점검하기

행정지도가 강제성을 띠지 않은 비권력적 작용으로서 행정지도의 한계를 일탈하지 아니하였다면, 그로 인해 상대방에게 어떤 손해가 발생하였다고 해도 행정기관은 그에 대한 손해배상책임이 없다. (O)

4. 손실보상

행정지도의 경우, 피해자가 자유로운 의사에 의해 그 불이익을 수인한 것으로 보기 때문에 손실보상청구권은 인정되지 않는다. 다만, 국가가 스스로 이에 대한 적절한 보상을 하는 것은 가능하다.

제6절 자동화 행정결정

> 행정기본법 제20조 【자동적 처분】 행정청은 법률로 정하는 바에 따라 완전히 자동화된 시스템(인공지능 기술을 적용한 시스템을 포함한다)으로 처분을 할 수 있다. 다만, 처분에 재량이 있는 경우는 그러하지 아니하다.

1 자동화 행정작용의 의의

행정의 자동화란 컴퓨터 등의 자동화 기계장치에 의한 행정작용을 의미한다(예 교통신호, 컴퓨터에 의한 학교배정, 각종 공과금의 부과결정, 주차요금계산 등). 기속행위는 자동화가 가능하며 재량행위도 재량준칙이 성립한 경우 자동화의 가능성을 고려할 수 있다.

2 자동화 행정작용의 법적 성질

자동화 행정결정은 비록 기계에 의하여 결정되지만 근본적으로는 사람이 작성한 프로그램에 의하여 행하여지는 것이므로 대부분 행정행위로서의 성질을 가진다고 할 수 있으며, 컴퓨터의 프로그램은 행정규칙으로 볼 수 있다.

3 자동화 행정결정의 특성

자동기계결정은 다수인을 상대로 하는 행위이기 때문에, 다음과 같은 특징을 가지고 있다.

(1) 일반적 행정행위는 정당한 권한 있는 행정청의 행위임을 분명히 하기 위하여 행정청의 책임자·대리인 또는 수임자의 서명 또는 성명을 표기하도록 하고 있다. 그러나 자동기계결정은 서명과 성명표기를 생략할 수 있다.

(2) 자동기계결정은 자동기계를 통하여 이루어지는 것이기 때문에, 일반의 문자 대신에 부호에 의하여 이루어지는 경우가 있다.

(3) 자동기계결정은 그 자체가 가지는 특수성과 행정의 간소화 및 절차적 경제 등을 고려해서 이유부기에 관해서 어느 정도 예외가 인정될 수 있다.

(4) 자동기계결정은 다수인을 상대로 하는 것이기 때문에 청문절차를 생략할 수 있다.

4 자동화 행정결정의 하자와 권리구제

1. 하자

자동화행정결정의 하자는 프로그램 하자·공무원 자료입력 실수·기계 이상 등을 의미하며 하자문제는 행정행위의 하자에 관한 일반원칙인 중대명백설에 따라 결정할 문제이다. 다만, 자동화 행정결정상의 오기 또는 계산상 착오 등은 특별한 절차 없이 언제든지 정정이 가능하다.

2. 권리구제

자동기계결정을 통해서 하자가 발생한 경우에는 그 처분에 대한 무효확인, 취소·변경을 구하는 행정쟁송을 제기할 수 있다. 그리고 이러한 작용으로 인하여 손해가 발생한 경우에는 손해배상을 청구할 수 있다. 예컨대, 행정자동장치의 하자가 공무원의 위법한 직무행위에 기인한 경우에는 국가배상법 제2조에 근거하여, 교통신호기 제어상의 하자로 인하여 교통사고가 발생하는 등 손해가 생긴 경우에는 국가배상법 제5조에 근거하여 배상을 청구할 수 있다.

구분	법적 행위	사실행위
권력적 행위	행정행위, 행정상 입법, 구속적 행정계획	행정상 강제집행, 즉시강제, 권력적 행정조사
비권력적 행위	공법상 계약, 행정계약, 공법상 합동 행위	행정지도, 비권력적 행정조사

gosi.Hackers.com

해커스공무원 학원·인강
gosi.Hackers.com

해커스소방 학원·인강
fire.Hackers.com

해커스 홍대겸 행정법총론 기본서

제3편
행정의 실효성 확보수단

제1장   행정상 강제집행
제2장   행정상 즉시강제
제3장   행정벌
제4장   행정조사
제5장   새로운 의무이행확보수단

제1장 행정상 강제집행

행정상 강제집행	의무위반이 전제 ① 대집행 ② 이행강제금 ③ 직접강제 ④ 강제징수
즉시강제	의무위반과 무관, 목전에 급박

제1절 일반론

1 행정상 강제집행의 관념

1. 의의
통상 행정강제라 함은 행정법상의 의무불이행이 있거나 급박한 행정상의 장해를 제거할 필요가 있는 경우에 개인의 신체·재산에 실력을 가하여 행정상 필요한 상태를 직접 실현하는 작용을 말하며, 행정상 강제집행과 행정상 즉시강제가 있다. 이 중 강제집행은 의무 불이행에 대해 행정청이 장래를 향해 강제적으로 의무를 이행시키거나 이행된 것과 같은 상태를 실현하는 작용이다.

2. 유사제도와 구별

(1) 행정상 즉시강제
의무의 존재 및 그 불이행을 전제로 하는 점에서, 이를 전제하지 않는 행정상 즉시강제와 구별된다.

(2) 행정벌
장래의 의무를 이행시키기 위한 강제수단이라는 점에서, 과거의 의무위반에 대한 제재인 행정벌과 구별된다.

(3) 민사상 강제집행
행정상 강제는 공법상 의무를 대상으로 법원의 개입 없이 행정청이 스스로 강제력을 행사하나 민사상 강제집행은 사법상 의무를 대상으로 법원의 힘을 빌어 강제력을 행사한다.

3. 특징
민사상 강제집행의 경우에는 법원의 개입을 필요로 하나, 행정상 강제집행은 행정주체가 법원(타자)의 힘(타력)을 빌리지 아니하고 스스로(자기)의 힘(자력)에 의해 집행하는 자력강제이다.

📋 **간단 점검하기**

행정대집행은 행정기본법상 행정상 강제에 해당한다. (○)

2 법적 근거

이는 재판의 판결문에 근거하지 아니더라도 권력적 행정작용이기 때문에 반드시 별도의 법적 근거를 요한다. 현행법상 근거로 행정기본법, 행정대집행에 대한 일반법으로 행정대집행법과 금전징수에 관한 일반법인 국세징수법 등이 있다.

> 행정기본법 제30조【행정상 강제】① 행정청은 행정목적을 달성하기 위하여 필요한 경우에는 법률로 정하는 바에 따라 필요한 최소한의 범위에서 다음 각 호의 어느 하나에 해당하는 조치를 할 수 있다.
> 1. 행정대집행: 의무자가 행정상 의무(법령등에서 직접 부과하거나 행정청이 법령등에 따라 부과한 의무를 말한다. 이하 이 절에서 같다)로서 타인이 대신하여 행할 수 있는 의무를 이행하지 아니하는 경우 법률로 정하는 다른 수단으로는 그 이행을 확보하기 곤란하고 그 불이행을 방치하면 공익을 크게 해칠 것으로 인정될 때에 행정청이 의무자가 하여야 할 행위를 스스로 하거나 제3자에게 하게 하고 그 비용을 의무자로부터 징수하는 것
> 2. 이행강제금의 부과: 의무자가 행정상 의무를 이행하지 아니하는 경우 행정청이 적절한 이행기간을 부여하고, 그 기한까지 행정상 의무를 이행하지 아니하면 금전급부의무를 부과하는 것
> 3. 직접강제: 의무자가 행정상 의무를 이행하지 아니하는 경우 행정청이 의무자의 신체나 재산에 실력을 행사하여 그 행정상 의무의 이행이 있었던 것과 같은 상태를 실현하는 것
> 4. 강제징수: 의무자가 행정상 의무 중 금전급부의무를 이행하지 아니하는 경우 행정청이 의무자의 재산에 실력을 행사하여 그 행정상 의무가 실현된 것과 같은 상태를 실현하는 것
> ② 행정상 강제 조치에 관하여 이 법에서 정한 사항 외에 필요한 사항은 따로 법률로 정한다.
> ③ 형사(刑事), 행형(行刑) 및 보안처분 관계 법령에 따라 행하는 사항이나 외국인의 출입국·난민인정·귀화·국적회복에 관한 사항에 관하여는 이 절을 적용하지 아니한다.

3 종류(대 / 이 / 직 / 강)

행정상 강제집행의 수단으로 대집행, 강제징수, 이행강제금(집행벌), 직접강제가 있다.

제2절 대집행

1 관념

1. 대집행의 의의
대집행은 대체적 작위의무, 즉 타인이 대신하여 행할 수 있는 의무의 불이행이 있는 경우에 당해 행정청이 그 의무를 스스로 행하거나 제3자로 하여금 이를 행하게 하고, 그 비용을 의무자로부터 징수하는 것을 말한다.

2. 직접강제와 구별
대집행의 비용은 의무자가 부담하지만 직접강제의 비용은 행정청이 부담한다. 그리고 대집행은 제3자에 의해서 이행이 가능하지만 직접강제는 행정청이 직접 행하여야 한다.

2 법적 근거

1. 일반적인 근거규정
행정대집행은 침익적 행정작용으로 법적 근거를 요하는데 이에 대한 일반적인 근거규정으로는 행정대집행법과 행정기본법을 들 수 있다.

2. 특별규정
특별규정으로는 건축법 제85조, 공익사업을 위한 토지 등의 취득 및 보상에 관한 법률 제89조 등이 있다.

3 내용

1. 요건

> **행정기본법 제30조 【행정상 강제】** ① 행정청은 행정목적을 달성하기 위하여 필요한 경우에는 법률로 정하는 바에 따라 필요한 최소한의 범위에서 다음 각 호의 어느 하나에 해당하는 조치를 할 수 있다.
> 1. 행정대집행: 의무자가 행정상 의무(법령등에서 직접 부과하거나 행정청이 법령등에 따라 부과한 의무를 말한다. 이하 이 절에서 같다)로서 타인이 대신하여 행할 수 있는 의무를 이행하지 아니하는 경우 법률로 정하는 다른 수단으로는 그 이행을 확보하기 곤란하고 그 불이행을 방치하면 공익을 크게 해칠 것으로 인정될 때에 행정청이 의무자가 하여야 할 행위를 스스로 하거나 제3자에게 하게 하고 그 비용을 의무자로부터 징수하는 것

행정기본법상 행정대집행
의무자가 행정상 의무(법령등에서 직접 부과하거나 행정청이 법령등에 따라 부과한 의무를 말한다. 이하 이 절에서 같다)로서 타인이 대신하여 행할 수 있는 의무를 이행하지 아니하는 경우 법률로 정하는 다른 수단으로는 그 이행을 확보하기 곤란하고 그 불이행을 방치하면 공익을 크게 해칠 것으로 인정될 때에 행정청이 의무자가 하여야 할 행위를 스스로 하거나 제3자에게 하게 하고 그 비용을 의무자로부터 징수하는 것

행정대집행법 제2조 【대집행과 그 비용징수】
법률에 의하여 직접 명령되었거나 또는 법률에 의거한 행정청의 명령에 의한 행위로서 타인이 대신하여 행할 수 있는 행위를 의무자가 이행하지 아니하는 경우에 다른 수단으로써 그 이행을 확보하기 곤란하고, 또한 그 불이행을 방치함이 심히 공익을 해할 것으로 인정될 때에는 당해 행정청은 스스로 의무자가 하여야 할 행위를 하거나 또는 제3자로 하여금 이를 하게 하여 그 비용을 의무자로부터 징수할 수 있다.

(1) **공법상 의무의 불이행이 있을 것**

공법상 의무는 법령에 근거하여 행정청의 처분에 의한 의무나 법령에 의하여 직접 부과된 의무를 의미한다. 공법상 의무불이행만이 대집행의 대상이 되고 행정상 사법행위는 대집행의 대상이 되지 않는다.

> **관련판례**
>
> 1. 행정대집행법상 대집행의 대상이 되는 대체적 작위의무는 공법상 의무이어야 할 것인데, 구 공공용지의 취득 및 손실보상에 관한 특례법에 따른 토지 등의 협의취득은 공공사업에 필요한 토지 등을 그 소유자와의 협의에 의하여 취득하는 것으로서 공공기관이 사경제주체로서 행하는 사법상 매매 내지 사법상 계약의 실질을 가지는 것이므로, 그 협의취득시 건물소유자가 매매대상 건물에 대한 철거의무를 부담하겠다는 취지의 약정을 하였다고 하더라도 이러한 철거의무는 공법상의 의무가 될 수 없고, 이 경우에도 행정대집행법을 준용하여 대집행을 허용하는 별도의 규정이 없는 한 위와 같은 철거의무는 행정대집행법에 의한 대집행의 대상이 되지 않는다(대판 2006.10.13. 2006두7096).
>
> 2. 행정대집행에 따른 대집행이 가능한 경우 원칙적으로 민사소송의 방법으로 시설물의 철거를 구할 수 없다(대판 2009.6.11. 2009다1122).
>
> 3. 관리권자인 보령시장이 행정대집행을 실시하지 아니하는 경우 국가에 대하여 이 사건 토지 사용청구권을 가지는 원고로서는 위 청구권을 보전하기 위하여 국가를 대위하여 피고들을 상대로 민사소송의 방법으로 이 사건 시설물의 철거를 구하는 이외에는 이를 실현할 수 있는 다른 절차와 방법이 없어 그 보전의 필요성이 인정되므로, 원고는 국가를 대위하여 피고들을 상대로 민사소송의 방법으로 이 사건 시설물의 철거를 구할 수 있다고 보아야 할 것이다(대판 2009.6.11. 2009다1122).

(2) **불이행된 의무는 대체적 작위의무일 것**

① **대체적 작위의무**: 대집행의 대상이 되는 의무는 "타인이 대신 행할 수 있는 행위", 즉 대체적 작위의무이다. 따라서 일신전속적이거나 전문·기술적이어서 대체성이 없는 작위의무는 대집행의 대상이 되지 않는다. 예컨대, 공유재산 대부계약의 해지에 따라 원상회복을 위하여 실시하는 지상물철거의무는 대체적 작위의무로서 대집행 대상이 된다.

② **부작위의무·비대체적 작위의무·수인의무**
  ㉠ **문제의 소재**: 부작위의무를 위반한 경우에는 작위의무를 부과한 후 이에 대해 대집행을 할 수 있다. 그런데 부작위의무위반에 대해서 작위의무로의 전환규정이 없고 의무위반에 대한 행정형벌만 규정된 경우, 작위의무명령이 가능한지가 문제된다.
  ㉡ **학설과 판례**: 학설과 판례는 작위의무를 부과할 수 있는 근거규정이 없는 이상 이를 부과할 수 없다고 본다. 즉, 전환규범이 있는 경우에 한해서 작위의무를 부과한 후 대집행이 가능하다고 본다.
  ㉢ **판례의 구체적 검토**: 관악구청장의 도시공원시설 내 매점의 불인도에 대한 대집행사건에서 판례는 토지·건물의 인도에 관한 사항은 대체적 작위의무가 아니므로 대집행이 불가능하다고 판시하였다.

> **간단 점검하기**
>
> 행정대집행법상 대집행의 대상이 되는 대체적 작위의무는 공법상 의무이어야 한다. (○)

> **관련판례**
>
> 1. **도시공원시설 점유자의 퇴거 및 명도의무는 대집행의 대상이 되지 않음**
>
>   도시공원시설인 매점의 관리청이 그 공동점유자 중의 1인에 대하여 소정의 기간 내에 위 매점으로부터 퇴거하고 이에 부수하여 그 판매 시설물 및 상품을 반출하지 아니할 때에는 이를 대집행하겠다는 내용의 계고처분은 그 주된 목적이 매점의 원형을 보존하기 위하여 점유자가 설치한 불법 시설물을 철거하고자 하는 것이 아니라, 매점에 대한 점유자의 점유를 배제하고 그 점유이전을 받는 데 있다고 할 것인데, 이러한 의무는 그것을 강제적으로 실현함에 있어 직접적인 실력행사가 필요한 것이지 대체적 작위의무에 해당하는 것은 아니어서 직접강제의 방법에 의하는 것은 별론으로 하고 행정대집행법에 의한 대집행의 대상이 되는 것은 아니다(대판 1998.10.23. 97누157).
>
> 2. 행정대집행법 제2조는 '행정청의 명령에 의한 행위로서 타인이 대신하여 행할 수 있는 행위를 의무자가 이행하지 아니하는 경우'에 대집행할 수 있도록 규정하고 있는데, 이 사건 용도위반 부분을 장례식장으로 사용하는 것이 관계 법령에 위반한 것이라는 이유로 장례식장의 사용을 중지할 것과 이를 불이행할 경우 행정대집행법에 의하여 대집행하겠다는 내용의 이 사건 처분은, 이 사건 처분에 따른 '장례식장 사용중지 의무'가 원고 이외의 '타인이 대신'할 수도 없고, 타인이 대신하여 '행할 수 있는 행위'라고도 할 수 없는 비대체적 부작위 의무에 대한 것이므로, 그 자체로 위법함이 명백하다(대판 2005.9.28. 2005두7464).
>
> 3. 공익사업을 위한 토지 등의 취득 및 보상에 관한 법률상 피수용자 등의 수용대상 토지의 인도의무는 대집행의 대상이 될 수 없다(대판 2005.8.19. 2004다2809).
>
> 4. **금지규정에서 작위의무 명령권이 당연히 도출되는 것은 아님**
>
>   단순한 부작위의무의 위반, 즉 관계 법령에 정하고 있는 절대적 금지나 허가를 유보한 상대적 금지를 위반한 경우에는 당해 법령에서 그 위반자에 대하여 위반에 의하여 생긴 유형적 결과의 시정을 명하는 행정처분의 권한을 인정하는 규정(예컨대, 건축법 제69조, 도로법 제74조, 하천법 제67조, 도시공원법 제20조, 옥외광고물등관리법 제10조 등)을 두고 있지 아니한 이상, 법치주의의 원리에 비추어 볼 때 부작위의무로부터 그 의무를 위반함으로써 생긴 결과를 시정하기 위한 작위 의무를 당연히 끌어낼 수는 없으며, 또 금지규정(특히 허가를 유보한 상대적 금지규정)으로부터 작위의무, 즉 위반결과의 시정을 명하는 권한이 당연히 추론되는 것도 아니다(대판 1996.6.28. 96누4374).

📋 **간단 점검하기**

부작위의무의 근거 규정인 금지규정으로부터 그 의무를 위반함으로써 생긴 결과를 시정할 작위의무나 위반 결과의 시정을 명할 행정청의 권한이 당연히 추론되는 것은 아니다. (○)

(3) 공익상의 요청이 있을 것

공익을 해하는 경우라 함은 그 불이행을 방치하는 것이 심히 공익을 해하는 것을 의미한다. 이 요건은 "심히 공익을 해하는 것으로 인정되는 경우"라는 불확정개념을 사용하고 있다.

> **관련판례**
>
> 1. 건축주가 다액의 공사비를 투입하여 위 건축물을 신축한 것이고 이것이 철거된 종전의 건축물보다 주위의 경관에 더 잘 어울린다고 해도, 도립공원인 자연환경지구에 불법적으로 건축을 했다면, 불법건물을 그대로 방치하는 것은 심히 공익을 해하는 것이다(대판 1989.10.10. 88누11230).

2. 대수선 및 구조변경허가의 내용과 다르게 건물을 증·개축하여 그 위반 결과가 현존하고 있다고 할지라도, 그 공사 결과 건물모양이 산뜻하게 되었고, 건물의 안정감이 더하여진 반면, 그 증평부분을 철거함에는 많은 비용이 소요되고 이를 철거하여도 건물의 외관만을 손상시키고 쓰임새가 줄 뿐인 경우라면 건축주의 철거의무 불이행을 방치함이 심히 공익을 해하는 것으로 볼 수 없다(대판 1987.3.10. 86누860).

3. 행정청이 행정대집행법 제3조 제1항에 의한 대집행계고를 함에 있어서는 의무자가 스스로 이행하지 아니하는 경우에 대집행할 행위의 내용 및 범위가 구체적으로 특정되어야 하지만, 그 행위의 내용 및 범위는 반드시 대집행계고서에 의하여서만 특정되어야 하는 것이 아니고 계고처분 전후에 송달된 문서나 기타 사정을 종합하여 행위의 내용이 특정되거나 대집행의무자가 그 이행의무의 범위를 알 수 있으면 족하다(대판 1997.2.14. 96누15428 ; 대판 1996.10.11. 96누8086).

(4) 다른 방법이 없을 것

다른 수단으로는 그 이행확보가 곤란한 경우에 발동되어야 한다는 것으로, 비례의 원칙 중 필요성의 원칙을 명문화한 것이라 하겠다. 여기서 다른 수단에 행정벌이나 민사상의 강제집행은 포함되지 않는다.

2. 요건충족의 입증책임(처분청)

대집행요건의 충족에 대한 주장 및 입증책임은 처분행정청에게 있다.

관련판례

지방재정법 제85조에 의하면 그 제1항에서 공유재산을 정당한 이유 없이 점유하거나 그에 시설을 한 때에는 이를 강제로 철거시킬 수 있는 권한이 지방자치단체의 장에게 부여되었고, 그 제2항에서는 제1항에 의하여 강제철거를 시키는 경우에 행정대집행법 제3조 내지 제6조를 준용한다고 규정되어 있을 뿐 같은 법 제2조의 준용은 없으므로, 같은 조에 규정된 대집행의 요건은 필요 없는 것으로 해석함이 지방재정법 제85조의 입법취지에 맞는 해석이다(대판 1996.10.11. 95누10020).

3. 대집행주체와 대집행행위자

(1) 대집행주체

대집행을 결정하고 이를 실행할 수 있는 권한을 가진 자(대집행주체)는 당해 행정청이다(행정대집행법 제2조). 여기서 당해 행정청이란 의무를 부과한 행정청을 말한다. 이는 국가기관일 수도 있고, 지방자치단체의 기관일 수도 있으며 당해 행정청의 위임이 있으면 다른 행정청도 대집행의 주체가 될 수 있다(대판 1997.2.14. 96누15428). 하지만 상급행정청이나 행정청의 위임을 받아 대집행을 실행하는 제3자는 대집행주체가 아니다.

(2) 대집행행위자

자기집행(행정청 스스로 집행)과 타자집행(제3자를 통해 집행)이 있다. 행정대집행법은 "자기집행"과 "타자집행"을 대집행으로 규정하고 있어서 자기집행과 직접강제간의 구별이 명확하지 않다. 그 때문에 입법론적으로는 "자기집행"을 직접강제로 보아 요건과 절차를 정비함이 바람직하다는 견해도 있다.

> **간단 점검하기**
> 관계 법령상 행정대집행의 절차가 인정되어 행정청이 행정대집행의 방법으로 대체적 작위의무의 이행을 실현할 수 있는 경우에 민사소송법상 강제집행의 방법으로도 그 의무의 이행을 구할 수 있다. (×)

4. 대집행의 3면관계

(1) 행정청과 의무자의 관계는 행정청이 작위하명을 하면서 형성된 공법상 법률관계로 본다.
(2) 타자집행 시 행정청과 제3자의 관계는 공법상 계약이라는 견해와 사법상 계약(다수설)이라는 견해가 맞서 있다.
(3) 의무자와 제3자는 직접적 법률관계가 부존재한다고 보지만, 의무자는 제3자가 행하는 대집행에 대한 수인의무를 진다.

4 절차(계통실비)

1. 계고

> 행정대집행법 제3조【대집행의 절차】① 전조의 규정에 의한 처분(이하 "대집행"이라 한다)을 하려함에 있어서는 상당한 이행기한을 정하여 그 기한까지 이행되지 아니할 때에는 대집행을 한다는 뜻을 미리 문서로써 계고하여야 한다. 이 경우 행정청은 상당한 이행기한을 정함에 있어 의무의 성질·내용 등을 고려하여 사회통념상 해당 의무를 이행하는 데 필요한 기간이 확보되도록 하여야 한다.

(1) **의의**
대집행을 하기 위해서는 미리 상당한 이행기간을 정하여 그 기한까지 이행되지 않을 때에는 대집행을 한다는 뜻을 미리 문서로써 계고하여야 한다. 다만, 비상시 또는 위험이 절박한 경우에 있어서 당해 행위의 급속한 실시를 요하여 계고의 수속을 취할 여유가 없을 때에는 그 수속을 거치지 아니하고 대집행을 할 수 있다(행정대집행법 제3조 제1항). 그리고 공유자 1인에 대한 계고처분은 다른 공유자에게는 효력이 없다.

(2) **법적 성질**
① **준법률행위적 행정행위**: 계고는 준법률행위적 행정행위로서 통지행위에 해당하므로 위법한 계고에 대해서는 취소소송을 제기할 수 있다. 계고는 원칙적으로 생략이 불가능하나 대집행이 급박한 실시를 요하여 통지를 할 만한 여유가 없을 때에는 생략할 수 있다.
② **반복된 계고의 경우**: 1차 계고만 처분성이 인정되고, 2·3차 계고는 처분성이 인정되지 않는다.

> **관련판례**
> 행정대집행법상의 건물철거의무는 제1차 철거명령 및 계고처분으로서 발생하였고 제2차, 제3차의 계고처분은 새로운 철거의무를 부과한 것이 아니고 다만 대집행기한의 연기통지에 불과하므로 행정처분이 아니다(대판 1994.10.28. 94누5144).

📋 **간단 점검하기**

대집행의 절차인 '대집행의 계고'의 법적 성질은 준법률행위적 행정행위이므로 계고 그 자체가 독립하여 항고소송의 대상이나, 2차 계고는 새로운 철거의무를 부과하는 것이 아니고 대집행기한의 연기 통지에 불과하므로 행정처분으로 볼 수 없다. (○)

(3) 요건

① **대집행의 내용과 범위가 특정될 것**: 계고서에는 의무내용을 구체적으로 특정하여야 한다. 판례는 계고서에 대집행할 내용 및 범위가 구체적으로 특정(대집행의무자가 그 이행의무의 범위를 알 수 있는 지의 여부)되어야 하는데, 이는 당해 계고서뿐만 아니라 전후 송달된 문서 등을 종합하여 특정할 수 있으면 족하다고 한다.

> **관련판례**
>
> 행정청이 행정대집행법 제3조 제1항에 의한 대집행계고를 함에 있어서는 의무자가 스스로 이행하지 아니하는 경우에 대집행할 행위의 내용 및 범위가 구체적으로 특정되어야 하지만, 그 행위의 내용 및 범위는 반드시 대집행계고서에 의하여서만 특정되어야 하는 것이 아니고 계고처분 전후에 송달된 문서나 기타 사정을 종합하여 행위의 내용이 특정되거나 대집행의무자가 그 이행의무의 범위를 알 수 있으면 족하다(대판 1997.2.14. 96누15428 ; 대판 1996.10.11. 96누8086).

간단 점검하기

대집행할 행위의 내용과 범위는 반드시 철거명령서와 대집행 계고서에 의해 구체적으로 특정되어야 한다. (×)

② **대집행의무 이행자가 의무를 이행할 수 있을 것**: 이행범위는 대집행의무 이행자가 이행을 할 수 있는 범위 내라면 족하다.

③ **상당한 이행기간을 부여할 것**: 계고통지를 함에 있어서 의무이행에 필요한 상당한 이행기간을 주어야 한다.

> **관련판례**
>
> **상당한 의무이행 기간을 부여하지 않고 대집행계고처분을 하였다면 후에 대집행영장으로써 대집행의 시기를 늦추었더라도 그 계고처분은 위법한 처분**
>
> 행정대집행법 제3조 제1항은 행정청이 의무자에게 대집행영장으로써 대집행할 시기 등을 통지하기 위하여는 그 전제로서 대집행계고처분을 함에 있어서 의무이행을 할 수 있는 상당한 기간을 부여할 것을 요구하고 있으므로, 행정청인 피고가 의무이행기한이 1988.5.24.까지로 된 이 사건 대집행계고서를 5.19. 원고에게 발송하여 원고가 그 이행종기인 5.24. 이를 수령하였다면, 설사 피고가 대집행영장으로써 대집행의 시기를 1988.5.27. 15:00로 늦추었더라도 위 대집행계고처분은 상당한 이행기한을 정하여 한 것이 아니어서 대집행의 적법절차에 위배한 것으로 위법한 처분이라고 할 것이다(대판 1990.9.14. 90누2048).

④ **문서형식으로 발할 것**: 계고의 형식은 문서로 행하여야 한다(행정대집행법 제3조 제1항). 문서에 의하지 아니한 계고처분은 무효이다.

(4) 작위의무의 부과와 계고처분

원칙적으로 양자 간에 시간적 간격이 요구된다. 그러나 판례는 1장의 문서로 의무부과와 계고통지가 가능하다고 판시하였다(대판 1992.6.12. 91누13564).

> **관련판례**
>
> 계고서라는 명칭의 1장의 문서로서 일정기간 내에 위법건축물의 자진철거를 명함과 동시에 그 소정기한 내에 자진철거를 하지 아니할 때에는 대집행할 뜻을 미리 계고한 경우라도 건축법에 의한 철거명령과 행정대집행법에 의한 계고처분은 독립하여 있는 것으로서 각 그 요건이 충족되었다고 볼 것이다.

> 위의 경우, 철거명령에서 주어진 일정기간이 자진철거에 필요한 상당한 기간이라면 그 기간 속에는 계고시에 필요한 '상당한 이행기간'도 포함되어 있다고 보아야 할 것이다(대판 1992.6.12. 91누13564).

(5) 계고의 하자
계고는 대집행 절차이므로 이는 절차상의 하자를 구성하게 된다.

(6) 철거명령과 계고의 결합가능성
철거명령과 계고는 엄연히 다른 처분이므로, 이는 각각의 처분서로 해야 하지만 실무에서는 한 장의 처분서로 하는 경우가 있는바, 이를 허용할 것인지 문제가 되나, 판례는 이를 허용한다.

> **관련판례**
> 계고서라는 명칭의 1장의 문서로서 일정기간 내에 위법건축물의 자진철거를 명함과 동시에 그 소정기한 내에 자진철거를 하지 아니할 때에는 대집행할 뜻을 미리 계고한 경우라도 건축법에 의한 철거명령과 행정대집행법에 의한 계고처분은 독립하여 있는 것으로서 각 그 요건이 충족되었다고 볼 것이다(대판 1992.6.12. 91누13564).

2. 대집행영장에 의한 통지

(1) 의의

> 행정대집행법 제3조 【대집행의 절차】 ② 의무자가 전항의 계고를 받고 지정기한까지 그 의무를 이행하지 아니할 때에는 당해 행정청은 대집행영장으로써 대집행을 할 시기, 대집행을 시키기 위하여 파견하는 집행책임자의 성명과 대집행에 요하는 비용의 개산에 의한 견적액을 의무자에게 통지하여야 한다.
> ③ 비상시 또는 위험이 절박한 경우에 있어서 당해 행위의 급속한 실시를 요하여 전2항에 규정한 수속을 취할 여유가 없을 때에는 그 수속을 거치지 아니하고 대집행을 할 수 있다.

(2) 성질
통지는 처분성을 갖는다.

(3) 시차
대집행 통지와 실행사이에는 충분한 시차가 요구된다.

(4) 퇴거를 명하는 집행권원의 요부
① 건물의 점유자가 철거의무자인 경우: 퇴거를 명하는 집행권원이 필요하지 않다.
② 건물의 점유자가 철거의무자가 아닌 경우: 퇴거를 명하는 집행권원이 필요하다.

> **관련판례**
> 1. 건물의 점유자가 철거의무자일 때에는 건물철거의무에 퇴거의무도 포함되어 있는 것이어서 별도로 퇴거를 명하는 집행권원이 필요하지 않다(대판 2017.4.28. 2016다213916).

2. 건물 점유자가 철거의무자일 때에는 건물 철거의무에 그 곳에서의 퇴거의무도 포함되어 있다고 보아야 하므로, 별도로 퇴거를 명하는 집행권원을 얻지 않더라도 건물의 철거 및 그 토지의 인도 집행에도 별다른 문제가 없다(서울중앙지법 2020.11.11. 2020가합524717).

3. 대집행의 실행

(1) 실행

대집행의 실행은 ① 권력적 사실행위(물리적 실력으로 의무가 이행된 상태를 실현하는 것)라는 견해와 ② 수인하명과 집행행위가 결합된 합성행위라는 견해가 대립하나 처분성은 인정된다.

(2) 증표의 휴대

대집행을 하기 위하여 현장에 파견되는 집행책임자는 그가 집행책임자라는 것을 표시한 증표를 휴대하여 대집행시에 이해관계인에게 제시하여야 한다.

(3) 실력행사

비례 원칙하에서 제한적으로 인정된다.

(4) 야간대집행의 금지

> 행정대집행법 제4조【대집행의 실행 등】① 행정청(제2조에 따라 대집행을 실행하는 제3자를 포함한다. 이하 이 조에서 같다)은 해가 뜨기 전이나 해가 진 후에는 대집행을 하여서는 아니 된다. 다만, 다음 각 호의 어느 하나에 해당하는 경우에는 그러하지 아니하다.
> 1. 의무자가 동의한 경우
> 2. 해가 지기 전에 대집행을 착수한 경우
> 3. 해가 뜬 후부터 해가 지기 전까지 대집행을 하는 경우에는 대집행의 목적 달성이 불가능한 경우
> 4. 그 밖에 비상시 또는 위험이 절박한 경우

(5) 경찰로부터의 도움

관련판례

행정청이 행정대집행의 방법으로 건물철거의무의 이행을 실현할 수 있는 경우에는 건물철거 대집행 과정에서 부수적으로 건물의 점유자들에 대한 퇴거 조치를 할 수 있고, 점유자들이 적법한 행정대집행을 위력을 행사하여 방해하는 경우 형법상 공무집행방해죄가 성립하므로, 필요한 경우에는 '경찰관 직무집행법'에 근거한 위험 발생 방지조치 또는 형법상 공무집행방해죄의 범행방지 내지 현행범체포의 차원에서 경찰의 도움을 받을 수도 있다(대판 2017.4.28. 2016다213916).

간단 점검하기

행정청이 행정대집행의 방법으로 건물철거의무의 이행을 실현할 수 있는 경우에는 건물철거 대집행 과정에서 부수적으로 철거 의무자인 건물의 점유자들에 대한 퇴거 조치를 할 수 있다. (○)

4. 비용의 징수

> 행정대집행법 제6조 【비용징수】 ① 대집행에 요한 비용은 국세징수법의 예에 의하여 징수할 수 있다.
> ② 대집행에 요한 비용에 대하여서는 행정청은 사무비의 소속에 따라 국세에 다음가는 순위의 선취득권을 가진다.
> ③ 대집행에 요한 비용을 징수하였을 때에는 그 징수금은 사무비의 소속에 따라 국고 또는 지방자치단체의 수입으로 한다.

대집행에 요한 비용의 징수에 있어서는 실제에 요한 비용액과 그 납기일을 정하여 의무자에게 문서로써 그 납부를 명하여야 하며, 대집행에 요한 비용은 국세징수법의 예에 의하여 징수할 수 있다(행정대집행법 제5조, 제6조 제1항).

> **관련판례**
>
> **행정대집행법 절차에 따라 국세징수법의 예에 의하여 대집행비용을 징수할 수 있음에도 민사소송 절차에 의하여 그 비용의 상환을 청구할 수 없다.**
>
> 구 토지수용법(1999.2.8. 법률 제5909호로 개정되기 전의 것) 제18조의2 제2항에 의하면 사업인정의 고시가 있은 후에는 고시된 토지에 공작물의 신축, 개축, 증축 또는 대수선을 하거나 물건을 부가 또는 증치하고자 하는 자는 미리 도지사의 허가를 받도록 되어 있고, 한편 구 도로법(1999.2.8. 법률 제5894호로 개정되기 전의 것) 제74조 제1항 제1호에 의하면 관리청은 같은 법 또는 이에 의한 명령 또는 처분에 위반한 자에 대하여는 공작물의 개축, 물건의 이전 기타 필요한 처분이나 조치를 명할 수 있다고 되어 있으므로 토지에 관한 도로구역 결정이 고시된 후 구 토지수용법(1999.2.8. 법률 제5909호로 개정되기 전의 것) 제18조의2 제2항에 위반하여 공작물을 축조하고 물건을 부가한 자에 대하여 관리청은 이러한 위반행위에 의하여 생긴 유형적 결과의 시정을 명하는 행정처분을 하여 이에 따르지 않는 경우에는 행정대집행의 방법으로 그 의무내용을 실현할 수 있는 것이고, 이러한 행정대집행의 절차가 인정되는 경우에는 따로 민사소송의 방법으로 공작물의 철거, 수거 등을 구할 수는 없다(대판 2000.5.12. 99다18909).

5 권리구제

1. 행정심판

대집행에 관하여 불복이 있는 자는 당해 행정청 또는 직접 행정심판위원회에 행정심판을 제기할 수 있다. 한편, 행정심판전치주의 적용 여부에 대해서 예전에는 행정소송을 제기하기 위해서는 행정심판을 거쳐야 행정소송을 제기할 수 있다고 보았으나 현행 행정대집행법 제7조는 "대집행에 대하여는 행정심판을 제기할 수 있다."라고 규정함과 동시에 제8조 "전조의 규정은 법원에 대한 출소의 권리를 방해하지 아니한다."라고 함으로써 행정심판을 거치지 아니하고도 행정소송을 제기할 수 있다(대집행법 시행 2010.7.26).

간단 점검하기

행정청이 행정대집행을 한 경우 그에 따른 비용의 징수는 행정대집행법의 절차에 따라 국세징수법의 예에 의하여 징수하여야 하며, 손해배상을 구하는 민사소송으로 징수할 수는 없다. (O)

2. 행정소송

(1) 처분성의 인정여부
계고나 통지는 준법률행위적 행정행위로 취소소송이 가능하다. 또한 대집행의 실행은 권력적 사실행위로서 '처분 등'에 속하므로 취소소송이 가능하고, 비용징수는 하명의 요소를 가지고 있으므로 행정소송이 가능하다.

(2) 협의의 소의 이익
대집행을 권력적 사실행위로 보는 것이 일반적이므로 단기간에 종료되면 소의 이익이 없게 되어 집행정지결정이 필요하다. 그러므로 행정소송이 가능하여도 대집행이 완료된 경우에는 그 취소를 다툴 현실적 필요성이 없게 되어 취소소송은 각하되며 손해배상이 가능하다. 다만, 집행정지 신청을 통해 취소소송을 고려할 수 있다.

(3) 입증책임
행정청이 위법하지 않음을 입증하여야 한다.

(4) 하자의 승계
① 대체적 작위의무의 부과처분과 대집행절차 사이에는 하자승계를 인정할 수 없다.
② 다만 대집행의 여러 절차, 즉 계고·영장통지·대집행실행·비용징수 사이에는 하자승계가 인정된다.

3. 손해배상 및 결과제거청구권
대집행은 단기간에 종료하므로 대집행 완료 후 취소소송을 제기하는 것은 실익이 없는 경우가 많다. 그러므로 실효적 구제수단으로 위법한 대집행에 대해 국가배상청구권이 인정되고 위법한 결과의 제거청구가 인정된다.

> **관련판례**
> 위법한 행정대집행이 완료되면 그 처분의 무효확인 또는 취소를 구할 소의 이익은 없다 하더라도, 미리 그 행정처분의 취소판결이 있어야만 그 행정처분의 위법임을 이유로 한 손해배상청구를 할 수 있는 것은 아니다(대판 1972.4.28. 72다337).

간단 점검하기
선행처분인 계고처분의 취소사유인 하자는 후행처분인 대집행영장발부통보처분에 승계된다. (○)

제3절 이행강제금

> 행정기본법 제31조 【이행강제금의 부과】 ① 이행강제금 부과의 근거가 되는 법률에는 이행강제금에 관한 다음 각 호의 사항을 명확하게 규정하여야 한다. 다만, 제4호 또는 제5호를 규정할 경우 입법목적이나 입법취지를 훼손할 우려가 크다고 인정되는 경우로서 대통령령으로 정하는 경우는 제외한다.
> 1. 부과·징수 주체
> 2. 부과 요건
> 3. 부과 금액
> 4. 부과 금액 산정기준
> 5. 연간 부과 횟수나 횟수의 상한
> ② 행정청은 다음 각 호의 사항을 고려하여 이행강제금의 부과 금액을 가중하거나 감경할 수 있다.
> 1. 의무 불이행의 동기, 목적 및 결과
> 2. 의무 불이행의 정도 및 상습성
> 3. 그 밖에 행정목적을 달성하는 데 필요하다고 인정되는 사유
> ③ 행정청은 이행강제금을 부과하기 전에 미리 의무자에게 적절한 이행기간을 정하여 그 기한까지 행정상 의무를 이행하지 아니하면 이행강제금을 부과한다는 뜻을 문서로 계고(戒告)하여야 한다.
> ④ 행정청은 의무자가 제3항에 따른 계고에서 정한 기한까지 행정상 의무를 이행하지 아니한 경우 이행강제금의 부과 금액·사유·시기를 문서로 명확하게 적어 의무자에게 통지하여야 한다.
> ⑤ 행정청은 의무자가 행정상 의무를 이행할 때까지 이행강제금을 반복하여 부과할 수 있다. 다만, 의무자가 의무를 이행하면 새로운 이행강제금의 부과를 즉시 중지하되, 이미 부과한 이행강제금은 징수하여야 한다.
> ⑥ 행정청은 이행강제금을 부과받은 자가 납부기한까지 이행강제금을 내지 아니하면 국세강제징수의 예 또는 지방행정제재·부과금의 징수 등에 관한 법률에 따라 징수한다.

1 개념

> 행정기본법 제30조 【행정상 강제】 ① 행정청은 행정목적을 달성하기 위하여 필요한 경우에는 법률로 정하는 바에 따라 필요한 최소한의 범위에서 다음 각 호의 어느 하나에 해당하는 조치를 할 수 있다.
> 2. 이행강제금의 부과: 의무자가 행정상 의무를 이행하지 아니하는 경우 행정청이 적절한 이행기간을 부여하고, 그 기한까지 행정상 의무를 이행하지 아니하면 금전급부의무를 부과하는 것

이행강제금이란 행정법상의 부작위의무 또는 비대체적 작위의무를 이행하지 않은 경우에 일정한 기한까지 의무를 이행하지 않으면 일정액수의 금액이 부과될 것임을 미리 계고함으로써 의무자에게 심리적 압박을 가하여 그 의무이행을 간접적으로 강제하기 위해 과하는 금전벌을 의미한다.

2 특징

1. 이행강제금의 대상

학설상 ① 비대체적 작위의무·부작위의무에 국한하는 견해와 ② 이에 국한하지 않는 견해가 존재한다. 헌법재판소는 이행강제금을 대체적 작위의무의 불이행에도 부과할 수 있다고 판시하여 후자의 입장을 취하고 있다.

> **관련판례**
> 전통적으로 행정대집행은 대체적 작위의무에 대한 강제집행수단으로, 이행강제금은 부작위의무나 비대체적 작위의무에 대한 강제집행수단으로 이해되어 왔으나, 이는 이행강제금제도의 본질에서 오는 제약은 아니며, 이행강제금은 대체적 작위의무의 위반에 대하여도 부과될 수 있다(헌재 2004.2.26. 2001헌바80·84·102·103·2002헌바26).

간단 점검하기
대집행과 이행강제금 중 어떠한 강제수단을 선택할 것인지에 대하여 행정청의 재량이 인정된다. (○)

2. 일신전속적 권리

이행강제금은 일신전속적 성격을 갖기 때문에, 승계되지 않고, 상속이 되지 않는다.

> **관련판례**
> 구 건축법상의 이행강제금은 구 건축법의 위반행위에 대하여 시정명령을 받은 후 시정기간 내에 당해 시정명령을 이행하지 아니한 건축주 등에 대하여 부과되는 간접강제의 일종으로서 그 이행강제금 납부의무는 상속인 기타의 사람에게 승계될 수 없는 일신전속적인 성질의 것이므로 이미 사망한 사람에게 이행강제금을 부과하는 내용의 처분이나 결정은 당연무효이고. 이행강제금을 부과받은 사람의 이의에 의하여 재판절차가 개시된 후에 그 이의한 사람이 사망한 때에는 사건 자체가 목적을 잃고 절차가 종료한다(대판 2006.12.8. 2006마470).

간단 점검하기
이행강제금의 납부의무는 상속의 대상이 되므로, 상속인이 납부의무를 승계한다. (×)

3. 행정벌의 병과가능성(이중처벌이 아님)

집행벌은 대집행이나 직접강제와 달리 간접적·심리적 강제수단으로서 장래의 의무 이행 확보를 목적으로 한다는 점에서 과거 의무위반에 대한 제재인 행정벌과 구별되며, 양자는 목적과 성질이 다르기 때문에 병과할 수 있다. 다만, 판례는 이행강제금이 본질에 있어서는 과태료와 흡사하지만 과태료보다 불리하기 때문에 과태료에 처할 것을 이행강제금에 처했다면 위법하다고 한다.

> **관련판례**
> 1. 건축법 제78조에 의한 무허가 건축행위에 대한 형사처벌과 건축법 제83조 제1항에 의한 시정명령 위반에 대한 이행강제금의 부과는 그 처벌 내지 제재대상이 되는 기본적 사실관계로서의 행위를 달리하며, 또한 그 보호법익과 목적에서도 차이가 있으므로 헌법 제13조 제1항이 금지하는 이중처벌에 해당한다고 할 수 없다(헌재 2004.2.26. 2001헌바80·84·102·103·2002헌바26).
> 2. 대집행과 이행강제금은 선택적으로 활용할 수 있으며, 이처럼 그 합리적인 재량에 의해 선택하여 활용하는 이상 중첩적인 제재에 해당한다고 할 수 없다(헌재 2004.2.26. 2001헌바80).

간단 점검하기
개발제한구역 내의 건축물에 대하여 허가를 받지 않고 한 용도변경행위에 대한 형사처벌과 건축법 제83조 제1항에 의한 시정명령 위반에 대한 이행강제금 부과는 이중처벌에 해당하지 아니한다. (○)

3. 이행강제금을 반복적으로 부과할 수 있도록 규정한 건축법의 규정은 과잉금지의 원칙에 위배되지 아니하므로 위반자의 재산권을 침해하지 아니하고, 또 이행강제금은 형벌이 아니므로 이중처벌금지의 원칙이 적용될 여지가 없다(헌재 2010.10.25. 2006헌바4140).

4. 반복부과의 가능성

의무이행자가 그 의무를 이행하는 경우에는 새로운 이행강제금 부과를 즉시 중지하되, 이미 부과된 이행강제금은 이를 징수하여야 한다. 즉, 이행강제금 부과처분 후에 한 시정명령의 이행이 부과처분 취소사유가 되는 것은 아니다.

> 행정기본법 제31조【이행강제금의 부과】⑤ 행정청은 의무자가 행정상 의무를 이행할 때까지 이행강제금을 반복하여 부과할 수 있다. 다만, 의무자가 의무를 이행하면 새로운 이행강제금의 부과를 즉시 중지하되, 이미 부과한 이행강제금은 징수하여야 한다.

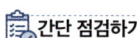

간단 점검하기

건축법상 시정명령을 받은 의무자가 이행강제금이 부과되기 전에 그 의무를 이행한 경우에는 비록 시정명령에서 정한 기간을 지나서 이행한 경우라도 이행강제금을 부과할 수 없다. (O)

관련판례

1. 국토의 계획 및 이용에 관한 법률(이하 '국토계획법'이라고 한다) 제124조의2 제5항이 이행명령을 받은 자가 그 명령을 이행하는 경우에 새로운 이행강제금의 부과를 즉시 중지하도록 규정한 것은 이행강제금의 본질상 이행강제금 부과로 이행을 확보하고자 한 목적이 이미 실현된 경우에는 그 이행강제금을 부과할 수 없다는 취지를 규정한 것으로서, 이에 의하여 부과가 중지되는 '새로운 이행강제금'에는 국토계획법 제124조의2 제3항의 규정에 의하여 반복 부과되는 이행강제금뿐만 아니라 이행명령 불이행에 따른 최초의 이행강제금도 포함된다. 따라서 이행명령을 받은 의무자가 그 명령을 이행한 경우에는 이행명령에서 정한 기간을 지나서 이행한 경우라도 최초의 이행강제금을 부과할 수 없다(대판 2014.12.11. 2013두15750).

2. 개발제한구역의 지정 및 관리에 관한 특별조치법 제30조 제1항, 제30조의2 제1항 및 제2항의 규정에 의하면 시정명령을 받은 후 그 시정명령의 이행을 하지 아니한 자에 대하여 이행강제금을 부과할 수 있고, 이행강제금을 부과하기 전에 상당한 기간을 정하여 그 기한까지 이행되지 아니할 때에 이행강제금을 부과·징수한다는 뜻을 문서로 계고하여야 하므로, 이행강제금의 부과·징수를 위한 계고는 시정명령을 불이행한 경우에 취할 수 있는 절차라 할 것이고, 따라서 이행강제금을 부과·징수할 때마다 그에 앞서 시정명령 절차를 다시 거쳐야 할 필요는 없다 (대판 2013.12.12. 2012두20397).

3. 독점규제 및 공정거래에 관한 법률 제17조의3은 같은 법 제16조에 따른 시정조치를 그 정한 기간 내에 이행하지 아니하는 자에 대하여 이행강제금을 부과할 수 있는 근거 규정이고, 시정조치가 공정거래법 제16조 제1항 제7호에 따른 부작위 의무를 명하는 내용이더라도 마찬가지로 보아야 한다. 나아가 이러한 이행강제금이 부과되기 전에 시정조치를 이행하거나 부작위 의무를 명하는 시정조치 불이행을 중단한 경우 과거의 시정조치 불이행기간에 대하여 이행강제금을 부과할 수 있다고 봄이 타당하다 (대판 2019.12.12. 2018두63563).

5. 현존하는 의무불이행만을 대상

이행강제금은 현재 존속하고 있는 의무불이행만을 대상으로 한다. 이는 이행시기가 의무이행을 위하여 설정한 기한을 경과한 뒤라도 의무이행이 있은 때에는 부과할 수 없다(대판 2014.12.11. 2013두15750).

3 법적 근거

(1) 이행강제금은 의무자에 대한 침익적인 강제수단이므로 당연히 법적 근거를 요한다(헌법 제37조 제2항). 이행강제금에 대한 일반적인 규정은 행정기본법에 있다.

(2) 개별법상 근거로 건축법 제80조 제1항(건축법 위반행위에 대하여 공사중지 및 철거명령을 한 후 불이행시 다시 시정명령을 부과하고 이에 대해서도 불복하면 부과하도록 한 이행강제금), 농지법 제65조(농업경영에 이용하지 아니하는 농지 등에 대하여 부과한 농지처분의무를 이행치 않는 경우에 이행강제금 부과), 부동산실권리자명의등기에 관한 법률 제6조(소유권 이전등기를 신청하지 아니한 등기권자에게 과징금을 부과), 독점규제 및 공정거래에 관한 법률, 대덕연구개발특구 등의 육성에 관한 특별법등에 규정되어 있다.

4 불복절차

개별법에 근거하여 부과되는 이행강제금은 개별법에 특별한 불복절차가 규정되어 있으면 거기에 따르고 그렇지 않으면, 일반적인 행정쟁송으로 다툴 수 있다.

1. 비송사건절차법에 의하는 경우(불복 수단을 별도로 규정한 경우)

농지법상 이행강제금과 부과처분에 불복이 있는 자는 그 처분의 고지를 받은 날부터 30일 이내에 시장·군수 또는 구청장에게 이의를 제기할 수 있고, 이의제기를 받은 기관은 관할법원에 그 사실을 통보하고 통보를 받은 관할법원은 비송사건절차법에 의한 과태료 재판에 준하여 재판을 한다. 이와 같이 이행강제금 부과처분에 대하여 비송사건절차법에 의한 특별한 불복절차가 마련되어 있는 경우에는 이행강제금 부과 처분은 항고소송의 대상이 되는 처분이 아니다.

> **관련판례**
> 1. 농지법은 농지 처분명령에 대한 이행강제금 부과처분에 불복하는 자가 그 처분을 고지받은 날부터 30일 이내에 부과권자에게 이의를 제기할 수 있고, 이의를 받은 부과권자는 지체 없이 관할 법원에 그 사실을 통보하여야 하며, 그 통보를 받은 관할 법원은 비송사건절차법에 따른 과태료 재판에 준하여 재판을 하도록 정하고 있다(제62조 제1항, 제6항, 제7항). 따라서 농지법 제62조 제1항에 따른 이행강제금 부과처분에 불복하는 경우에는 비송사건절차법에 따른 재판절차가 적용되어야 하고, 행정소송법상 항고소송의 대상은 될 수 없다.

2. 농지법 제62조 제6항, 제7항이 위와 같이 이행강제금 부과처분에 대한 불복절차를 분명하게 규정하고 있으므로, 이와 다른 불복절차를 허용할 수는 없다. 설령 관할청이 이행강제금 부과처분을 하면서 재결청에 행정심판을 청구하거나 관할 행정법원에 행정소송을 할 수 있다고 잘못 안내하거나 관할 행정심판위원회가 각하재결이 아닌 기각재결을 하면서 관할 법원에 행정소송을 할 수 있다고 잘못 안내하였다고 하더라도, 그러한 잘못된 안내로 행정법원의 항고소송 재판관할이 생긴다고 볼 수도 없다(대판 2019.4.11. 2018두42955).

2. 일반 행정쟁송법에 의하는 경우(특별한 규정이 없으면 행정소송)

이행강제금은 원칙적으로 급부하명에 속하므로 부동산실권리자명의등기에 관한 법률, 건축법 등과 같이 개별법률에서 불복방법에 관하여 특별한 규정이 없는 한 일반적인 불복방법으로 행정심판과 행정소송의 방법에 의하여 구제받는다. 구 건축법 제83조에서 규정되었던 이행강제금이 현행법 제69조의2로 이동(현재는 제80조)하면서 이행강제금 부과절차와 관련하여 과태료 부과절차를 준용하였던 것을 삭제하였다. 이행강제금 부과에 대한 불복은 비송사건절차법에 의하는 것이 아니라 일반 행정행위에 대한 불복절차와 동일하게 행정소송절차에 의하도록 개정된 것이다. 따라서 이제는 건축법상 이행강제금 부과처분은 항고소송의 대상이 되는 처분으로 보아도 무방할 것이다.

제4절 직접강제

1 개념

1. 의의

> 행정기본법 제30조 【행정상 강제】 ① 행정청은 행정목적을 달성하기 위하여 필요한 경우에는 법률로 정하는 바에 따라 필요한 최소한의 범위에서 다음 각 호의 어느 하나에 해당하는 조치를 할 수 있다.
> 3. 직접강제: 의무자가 행정상 의무를 이행하지 아니하는 경우 행정청이 의무자의 신체나 재산에 실력을 행사하여 그 행정상 의무의 이행이 있었던 것과 같은 상태를 실현하는 것

직접강제란 의무자가 행정법상 의무를 이행하지 않은 경우에 행정청이 직접적으로 의무자의 신체 또는 재산에 실력을 가하여 의무 이행이 있었던 상태를 실현하는 행정상 강제집행의 수단을 말한다.

2. 유사개념과 구별

(1) 행정상 즉시강제
의무부과와 그 불이행을 전제로 한다는 점에서 행정상 즉시강제와 구별된다.

(2) 대집행
대체적 작위의무뿐만 아니라 비대체적 작위의무·부작위의무·수인의무 등 일체의 의무 불이행에 대해 행할 수 있다는 점에서, 대체적 작위의무에만 적용되는 대집행과 구분된다.

2 법적 근거

행정기본법에 일반법적인 근거를 두었고, 아래와 같이 소수의 개별법에서 규정하고 있다.

(1) 출입국관리법 제46조의 외국인의 강제출국조치

(2) 공중위생관리법 제11조의 영업소나 제조업소의 폐쇄조치

(3) 식품위생법 제62조의 영업소의 폐쇄조치

(4) 방어해면법 제7조의 방어해면구역에 허가를 받지 않고 출입한 자의 강제퇴거

(5) 먹는물관리법 제38조의 영업장 또는 사업장 폐쇄

(6) 기타 실력에 의한 예방접종, 집회군중에 대한 강제해산 등

3 대상

직접강제는 대체적 작위의무, 비대체적 작위의무, 부작위의무, 수인의무 등에 부과된다. 그러나 급부의무에는 부과될 수 없다.

4 한계

> 행정기본법 제32조【직접강제】① 직접강제는 행정대집행이나 이행강제금 부과의 방법으로는 행정상 의무 이행을 확보할 수 없거나 그 실현이 불가능한 경우에 실시하여야 한다.
> ② 직접강제를 실시하기 위하여 현장에 파견되는 집행책임자는 그가 집행책임자임을 표시하는 증표를 보여 주어야 한다.
> ③ 직접강제의 계고 및 통지에 관하여는 제31조 제3항 및 제4항을 준용한다.

직접강제는 개인의 권익에 대한 침해적 성격이 매우 강하여 기본권 침해의 위험성이 존재한다. 따라서 엄격한 법률유보원칙이 적용되어 법적 근거에 의해서만 인정되며 마지막 수단으로서만 제한적으로 사용가능하다(보충성의 원칙). 한편, 직접강제를 실시하기 위하여 현장에 파견되는 집행책임자는 그가 집행책임자임을 표시하는 증표를 보여 주어야 한다.

5 권리구제

1. 행정상 쟁송

직접강제는 권력적 사실행위로서 행정소송의 대상이 되나, 단시간에 종료되는 것이 보통이다. 그러므로 협의의 소익이 부인되는 경우가 적지 않다. 그 때문에 집행정지신청을 통한 구제가 필요하다.

> **관련판례**
>
> 불법체류 외국인에 대한 보호 및 강제퇴거는 이미 종료한 권력적 사실행위로서 행정소송을 통해 구제될 가능성이 거의 없고 헌법소원심판 이외에 달리 효과적인 구제방법을 찾기 어려우므로 이 사건 심판청구가 보충성 원칙에 위반된다고 할 수 없다. 또한 이 사건 보호 및 강제퇴거는 이미 집행이 모두 종료하였으므로 이 사건 심판청구가 인용되더라도 보호 및 강제퇴거는 앞으로도 반복될 것이 예상되어 이에 대한 헌법적 해명이 필요하므로, 권리보호이익이 인정된다(헌재 2012.8.23. 2008헌마430).

2. 손해배상 등

(1) 이에 대해서는 국가배상법상의 국가배상청구나 결과제거청구 등이 가능하다.

(2) 위법한 직접강제에 대항하는 것은 정당방위이며 공무집행방해죄를 구성하는 것은 아니다.

(3) 위법한 직접강제를 행한 공무원에게는 징계책임이 추궁될 수 있다.

제5절 행정상 강제징수

1 의의

> 행정기본법 제30조【행정상 강제】① 행정청은 행정목적을 달성하기 위하여 필요한 경우에는 법률로 정하는 바에 따라 필요한 최소한의 범위에서 다음 각 호의 어느 하나에 해당하는 조치를 할 수 있다.
> 4. 강제징수: 의무자가 행정상 의무 중 금전급부의무를 이행하지 아니하는 경우 행정청이 의무자의 재산에 실력을 행사하여 그 행정상 의무가 실현된 것과 같은 상태를 실현하는 것

행정법상의 금전급부의무가 이행되지 않은 경우, 의무자의 재산에 실력을 행사하여 그 의무가 이행된 것과 같은 상태를 실현시키는 것을 말한다.

2 법적 근거

행정상 강제징수의 일반법으로서 국세징수법을 들 수 있다.

3 절차(독압매청)

1. 독촉

(1) 개념

의무자에게 금전납부의무 이행을 독려하고 체납처분을 예고하는 것을 말한다.

(2) 성질

준법률행위적 행정행위의 하나인 통지행위에 해당한다. 독촉은 행정행위이므로 처분성이 있으나 2차 이상의 독촉은 단순사실 통보가 되므로 처분성이 없다.

> **관련판례**
> 독촉은 처분성이 인정되나, 최초 독촉 후에 동일한 내용에 대해 반복한 독촉은 처분성이 인정되지 아니한다(대판 1999.7.13. 97누119).

(3) 절차

국세를 납부기한까지 완납하지 아니한 납세의무자에 대하여 세무서장은 납기 경과 후 10일 내에 독촉장(제2차 납세의무자에게는 납부최고서)을 발부하고 체납국세의 100분의 3에 해당하는 가산금을 징수한다. 이 경우, 납부기한은 발부일로부터 20일 내로 한다(국세징수법 제21조, 제23조 제1항·제2항).

> **간단 점검하기**
> 국세를 납부기한까지 납부하지 아니하면 과세권자의 가산금확정절차 없이 국세징수법 제21조에 의하여 가산금이 당연히 발생하고 그 액수도 확정된다.
> (○)

(4) 형식

독촉은 통지행위로서 문서에 의하여야 한다.

(5) 독촉의 효과, 독촉절차를 생략한 하자

시효중단의 효과가 있다. 한편 독촉을 거치지 않은 체납처분에 대하여 판례는 ① 납부고지와 독촉절차 없이 한 압류처분은 무효라고 하나, ② 납부고지는 하였으나 독촉절차 없이 압류처분을 한 경우에는 취소사유로 보고 있다.

> **관련판례**
> 1. 이 사건 상속재산에 대한 압류는 그 압류 이전에 피상속인이나 그 상속인인 원고에 대하여 부과될 이 사건 양도소득세에 관하여 적법한 납부고지나 독촉이 없었으므로 무효이다(대판 1982.8.24. 81누162).
> 2. 납세의무자가 세금을 납부기한까지 납부하지 아니하기 때문에 과세청이 그 징수를 위하여 참가압류처분에 이른 것이라면 참가압류처분에 앞서 독촉절차를 거치지 아니하였고, 또 참가압류조서에 납부기한을 잘못 기재한 잘못이 있다고 하더라도 이러한 위법사유만으로는 참가압류처분을 무효로 할 만큼 중대하고도 명백한 하자라고 볼 수 없다(대판 1992.3.10. 91누6030).

2. 체납처분

(1) 압류

① **의의**: 납세의무자가 독촉절차에서 지정한 기한까지 납부의무를 불이행하면 납세의무자의 재산을 압류할 수 있다(국세징수법 제24조).
② **성질**: 압류는 권력적 사실행위로서 행정소송의 대상이 된다.

③ **압류의 요건**: 원칙적으로 의무자가 독촉장 또는 납부최고서를 받고도 지정된 기한까지 국세와 가산금을 완납하지 않아야 한다. 그리고 압류에는 법관의 영장이 필요하지 아니하다. 그러나 국세범칙사건 조사를 위한 압류는 형사상의 소추와 관련되므로 법관의 영장을 필요로 한다.

④ **압류방법**: 세무공무원은 수색·질문·검사권을 가지며, 신분증을 제시하고 참여자의 참여하에 압류한 후 압류조서를 작성하여 그 등본을 체납자에게 교부하여야 한다.

⑤ **국세징수법상 압류대상 재산**: 원칙적으로 체납자의 소유로서 금전적 가치와 양도성이 있는 모든 재산이 된다. 다만 압류금지 재산과 조건부압류금지 재산이 있으며 급료·연금·임금·봉급·상여금·세비·퇴직연금 그 밖에 이와 비슷한 성질을 가진 급여채권에 대하여는 그 총액의 2분의 1에 해당하는 금액은 압류하지 못한다. 다만, 그 금액이 표준적인 가구의 국민기초생활보장법에 따른 최저생계비를 고려하여 대통령령으로 정하는 금액에 미치지 못하는 경우 또는 표준적인 가구의 생계비를 고려하여 대통령령으로 정하는 금액을 초과하는 경우에는 각각 대통령령으로 정하는 금액을 압류하지 못한다.

> 국세징수법 제41조【압류금지 재산】다음 각 호의 재산은 압류할 수 없다.
> 1. 체납자 또는 그와 생계를 같이 하는 가족(사실상 혼인관계에 있는 사람을 포함한다. 이하 이 조에서 "동거가족"이라 한다)의 생활에 없어서는 아니 될 의복, 침구, 가구, 주방기구, 그 밖의 생활필수품
> 2. 체납자 또는 그 동거가족에게 필요한 3개월간의 식료품 또는 연료
> 3. 인감도장이나 그 밖에 직업에 필요한 도장
> 4. 제사 또는 예배에 필요한 물건, 비석 또는 묘지
> 5. 체납자 또는 그 동거가족의 장례에 필요한 물건
> 6. 족보·일기 등 체납자 또는 그 동거가족에게 필요한 장부 또는 서류
> 7. 직무 수행에 필요한 제복
> 8. 훈장이나 그 밖의 명예의 증표
> 9. 체납자 또는 그 동거가족의 학업에 필요한 서적과 기구
> 10. 발명 또는 저작에 관한 것으로서 공표되지 아니한 것
> 11. 주로 자기의 노동력으로 농업을 하는 사람에게 없어서는 아니 될 기구, 가축, 사료, 종자, 비료, 그 밖에 이에 준하는 물건
> 12. 주로 자기의 노동력으로 어업을 하는 사람에게 없어서는 아니 될 어망, 기구, 미끼, 새끼 물고기, 그 밖에 이에 준하는 물건
> 13. 전문직 종사자·기술자·노무자, 그 밖에 주로 자기의 육체적 또는 정신적 노동으로 직업 또는 사업에 종사하는 사람에게 없어서는 아니 될 기구, 비품, 그 밖에 이에 준하는 물건
> (이하 생략)
>
> 제42조【급여채권의 압류 제한】① 급료, 연금, 임금, 봉급, 상여금, 세비, 퇴직연금, 그 밖에 이와 비슷한 성질을 가진 급여채권에 대해서는 그 총액의 2분의 1에 해당하는 금액은 압류가 금지되는 금액으로 한다.

⑥ **압류의 해제**: 조세납부, 공매의 중지, 부과의 취소 등 일정한 사유가 있는 경우와 압류 후 부과 처분의 근거법률이 위헌으로 결정된 경우에는 압류를 해제하여야 하며 압류를 해제하면 시효가 다시 진행된다. 또한, 압류해제신청에 대한 거부는 처분이므로 행정쟁송의 대상이 된다.

> **관련판례**
>
> **1. 체납자 아닌 제3자 소유물건에 대한 압류처분의 효력 – 당연무효**
>
> 과세관청이 납세자에 대한 체납처분으로서 제3자의 소유물건을 압류하고 공매하더라도 그 처분으로 인하여 제3자가 소유권을 상실하는 것이 아니므로 체납자가 아닌 제3자의 소유물건을 대상으로 한 압류처분은 하자가 객관적으로 명백한 것인지 여부와는 관계없이 처분의 내용이 법률상 실현될 수 없는 것이어서 당연무효라고 하지 않을 수 없다(대판 1993.4.27. 92누12117).
>
> **2. 과세관청이 체납자가 점유하고 있는 제3자 소유의 동산을 압류한 경우, 체납자는 그 압류처분의 취소나 무효확인을 구할 원고적격이 있음**
>
> 국세징수법 제38조, 제39조의 규정에 의하면 동산의 압류는 세무공무원이 점유함으로써 행하되, 다만 일정한 경우 체납자로 하여금 보관하게 하고 그 사용 또는 수익을 허가할 수 있을 뿐이며, 여기서의 점유는 목적물에 대한 체납자의 점유를 전면적으로 배제하고 세무공무원이 이를 직접 지배, 보관하는 것을 뜻하므로, 과세관청이 조세의 징수를 위하여 체납자가 점유하고 있는 제3자의 소유 동산을 압류한 경우, 그 체납자는 그 압류처분에 의하여 당해 동산에 대한 점유권의 침해를 받은 자로서 그 압류처분에 대하여 법률상 직접적이고 구체적인 이익을 가지는 것이어서 그 압류처분의 취소나 무효확인을 구할 원고적격이 있다(대판 2006.4.13. 2005두15151).
>
> **3. 압류처분 후 고지된 세액을 납부하였다는 사실만으로 압류처분이 당연무효는 아님**
>
> 압류처분 후 고지된 세액이 납부된 경우에는 그 압류는 해제되어야 하나 그 납부의 사실이 있다 하여 곧 그 압류처분이 당연무효로 되는 것은 아니다(대판 1982.7.13. 81누360).

간단 점검하기

세무공무원이 국세의 징수를 위해 납세자의 재산을 압류하는 경우 그 재산의 가액이 징수할 국세액을 초과한다면 당해 압류처분은 무효이다. (×)

(2) 매각

① **의의**: 매각이란 체납자의 재산을 금전으로 바꾸는 행위를 말한다.
② **방법**: 국세징수법 제61조에 따르면 압류재산은 통화를 제외하고 공매(공매권자는 세무서장이 원칙이고 위임가능)에 의하여 매각한다. 공매는 보통 입찰, 또는 경매의 방법에 의한다. 또한 동법 제62조에 의하면 수의계약에 의하는 경우도 있다.
③ **요건**
  ㉠ 압류하는 재산이어야 하고 조세채권이 확정되어 있어야 한다.
  ㉡ 공매개시일 현재 조세채권이 소멸되지 않아야 한다.
  ㉢ 이의신청, 심사청구 또는 심판청구 중일 때에는 그 결정이 확정되어야 한다.

④ **성질**: 매각은 학설과 판례에 따르면 공법상 대리에 해당한다. 판례에 따르면 "과세관청이 체납처분으로서 행하는 공매는 우월적 공권력의 행사로서 행정소송의 대상이 되는 공법상의 행정처분이다."라고 하여 처분성을 인정하고 있다. 공매(매각대상자 결정)에 대해서는 소유권의 박탈행위로서 처분성을 인정하고 있으나 공매결정, 공매통지, 공매공고에 대해서는 소유권 변동이 일어나지 아니하므로 처분성을 부인한다.

> **관련판례** 공매통지는 처분이 아니나, 공매처분은 처분이다.
>
> 한국자산공사가 당해 부동산을 인터넷을 통하여 재공매(입찰)하기로 한 결정 자체는 내부적인 의사결정에 불과하여 항고소송의 대상이 되는 행정처분이라고 볼 수 없고, 또한 한국자산공사가 공매통지는 공매의 요건이 아니라 공매사실 자체를 체납자에게 알려주는 데 불과한 것으로서, 통지의 상대방의 법적 지위나 권리·의무에 직접 영향을 주는 것이 아니라고 할 것이므로 이것 역시 행정처분에 해당한다고 할 수 없다(대판 2007.7.27. 2006두8464).

⑤ **공매의 공고 및 통지**: 세무서장이 공매를 하고자 할 때에는 법정의 일정사항을 공고하여야 하고 원칙적으로 공매는 공고한 날로부터 10일이 경과한 후에 한다(국세징수법 제70조).

> **관련판례** 체납자 등에 대한 공매통지는 공매의 절차적 요건으로 보아야 하며 체납자 등에게 공매통지를 하지 않았거나 적법하지 않은 공매통지를 한 경우 그 공매처분이 위법함
>
> 체납자는 국세징수법 제66조에 의하여 직접이든 간접이든 압류재산을 매수하지 못함에도, 국세징수법이 압류재산을 공매할 때 공고와 별도로 체납자 등에게 공매통지를 하도록 한 이유는 체납자 등에게 공매절차가 유효한 조세부과처분 및 압류처분에 근거하여 적법하게 이루어지는지 여부를 확인하고 이를 다툴 수 있는 기회를 주는 한편, 국세징수법이 정한 바에 따라 체납세액을 납부하고 공매절차를 중지 또는 취소시켜 소유권 또는 기타의 권리를 보존할 수 있는 기회를 갖도록 함으로써 체납자 등이 감수하여야 하는 강제적인 재산권 상실에 대응한 절차적인 적법성을 확보하기 위한 것이다. 따라서 체납자 등에 대한 공매통지는 국가의 강력력에 의하여 진행되는 공매에서 체납자 등의 권리 내지 재산상의 이익을 보호하기 위하여 법률로 규정한 절차적 요건이라고 보아야 하며, 공매처분을 하면서 체납자 등에게 공매통지를 하지 않았거나 공매통지를 하였더라도 그것이 적법하지 아니한 경우에는 절차상의 흠이 있어 그 공매처분은 위법하다. 다만, 공매통지의 목적이나 취지 등에 비추어 보면, 체납자 등은 자신에 대한 공매통지의 하자만을 공매처분의 위법사유로 주장할 수 있을 뿐 다른 권리자에 대한 공매통지의 하자를 들어 공매처분의 위법 사유로 주장하는 것은 허용되지 않는다(대판 2008.11.20. 2007두18154).

⑥ **공매의 중지**: 공매를 집행하는 공무원은 매각결정 기일 전에 체납자 또는 제3자가 그 체납액을 완납하면 공매를 중지하여야 한다. 이 경우 매수하려는 자들에게 구술이나 그 밖의 방법으로 알림으로써 공고를 갈음한다.

📋 **간단 점검하기**

공매통지가 적법하지 아니하다면 특별한 사정이 없는 한, 공매통지를 직접 항고소송의 대상으로 삼아 다툴 수 없고 통지 후에 이루어진 공매처분에 대하여 다투어야 한다. (○)

(3) 청산

압류한 금전·채권·유가증권·무체재산권 등의 압류로 인하여 체납자 또는 제3채무자로부터 받은 금전, 압류재산의 매각대금, 교부청구에 의하여 수령한 금전을 체납처분비, 국세, 가산금의 순서로 배분하고 그 잔여금이 있으면 체납자에게 지급하고 부족하면 기타 법령에 의해 순위와 금액을 정하여 배분한다(국세징수법 제80조, 제81조). 이를 청산이라 한다. 국세나 가산금 또는 체납처분비는 다른 공과금 기타의 채권에 우선하여 징수함을 원칙으로 한다(국세기본법 제35조 제1항).

> **관련판례**
>
> **이중압류에 따른 매각처분을 하여 그 매각대금을 지방세에 배분한 경우, 그 매각처분은 위법(취소사유)**
>
> 체납처분에 의하여 선행압류가 되어 있는 재산에 체납처분을 하고자 하는 자는 교부청구 또는 참가압류의 방식으로 선행의 체납처분 절차에 참가할 수 있을 뿐이고, 이중으로 압류를 하는 것은 허용되지 않으며, 따라서 이중으로 압류하였다고 하더라도 이는 교부청구 또는 참가압류의 효력밖에는 없으므로 이중압류에 기한 매각처분은 위법하다. … 공매절차 담당자가 이중압류가 예외적으로 허용되는 것으로 보고 이에 기하여 공매처분을 한 것이라면, 그 매각처분이 위법한 것이라 하더라도 당연무효라고 할 만한 중대하고 명백한 하자가 있다고 볼 수는 없다(대판 2008.10.23. 2008다47732).

4 권리구제

구분	대집행절차	강제징수절차	법적 성질	행정소송 가능성
의무부과	건물철거명령 등	조세부과처분 등	하명	○
집행절차	계고	독촉	의사의 통지	○
	대집행 영장 통지			○
	대집행 실행	압류	권력적 사실행위	○
	비용납부명령		하명	○
		매각	대리	○
		청산		

제 2 장 　행정상 즉시강제

제1절　개념

> 행정기본법 제30조【행정상 강제】① 행정청은 행정목적을 달성하기 위하여 필요한 경우에는 법률로 정하는 바에 따라 필요한 최소한의 범위에서 다음 각 호의 어느 하나에 해당하는 조치를 할 수 있다.
> 5. 즉시강제: 현재의 급박한 행정상의 장해를 제거하기 위한 경우로서 다음 각 목의 어느 하나에 해당하는 경우에 행정청이 곧바로 국민의 신체 또는 재산에 실력을 행사하여 행정목적을 달성하는 것
>   가. 행정청이 미리 행정상 의무 이행을 명할 시간적 여유가 없는 경우
>   나. 그 성질상 행정상 의무의 이행을 명하는 것만으로는 행정목적 달성이 곤란한 경우

행정상 즉시강제란 급박한 행정상의 장해를 제거할 필요가 있지만 미리 의무를 명할 시간적 여유가 없는 경우 또는 급박하지는 않지만 성질상 의무를 명하여 하는 것으로는 목적달성이 곤란할 때에 즉시 국민의 신체 또는 재산에 실력을 가하여 행정상의 필요한 상태를 실현하는 것을 말한다. 행정상 즉시강제의 법적성질은 권력적 사실행위이다.

간단 점검하기
행정상 즉시강제는 직접강제와는 달리 행정상 강제집행에 해당하지 않는다.　(○)

제2절　행정상 강제집행과의 구별

행정상 강제집행은 국민의 의무불이행을 전제로 하나, 행정상 즉시강제는 국민의 의무불이행이 요건이 아니다.

간단 점검하기
목전의 급박한 장애를 예방하기 위한 경우에는 예외적으로 법률의 근거 없이도 행정상 즉시강제가 발동될 수 있다는 것이 일반적인 견해이다.　(×)

제3절　법적 근거

행정상 즉시강제는 권력적 사실행위이므로 법적인 근거가 필요하다. 이에 대한 근거로 소방기본법, 경찰관직무집행법 등이 있다.

1 대인적 강제

1. 경찰관직무집행법

경찰관직무집행법에 규정된 보호조치(제4조), 위험발생방지조치(경고, 억류, 피난, 접근 또는 통행의 제한이나 금지: 제5조), 범죄예방·제지(제6조), 장구·무기사용(제10조) 등이 있다.

2. 개별법

개별법에 규정된 전염병환자 등에 대한 격리수용·강제치료(전염병예방법 제29조, 제42조), 마약류중독자의 치료보호(마약류관리에 관한 법률 제40조), 소방활동종사명령(소방기본법 제24조), 불법체류외국인의 보호조치(출입국관리법 제51조), 응급조치(재난 및 안전관리 기본법) 등이 포함된다.

2 대물적 강제

1. 경찰관직무집행법

경찰관직무집행법에 규정된 무기·흉기의 임시영치(제4조 제3항), 위험방지조치(제5조 제1항, 제6조 제1항) 등이 있다.

2. 개별법

개별법에 규정된 물건의 폐기·압수(식품위생법 제24조), 물건의 영치·몰수(행형법 제41조), 장해물의 제거(도로교통법 제66조 제2항), 물건이나 시설의 이전·분산·소개(민방위기본법 제27조), 주류·담배 및 성기구와 같은 청소년유해약물 등과 청소년유해약물의 수거·폐기(청소년보호법 제36조 제4항) 등이 있다.

3 대가택적 강제

대가택적 강제는 점유자·소유자의 의사와 무관하게 가택·창고·영업소 등에 출입하여 행정상 필요한 상태를 실현하는 작용으로 종래에는 가택출입·조사행위를 행정상 즉시강제의 일종으로 보았으나, 현재는 행정조사라는 독자적 행위형식으로 분류하는 추세이다.

> **간단 점검하기**
>
> 구 음반·비디오물 및 게임물에 관한 법률상 불법게임물에 대한 수거 및 폐기 조치는 행정상 즉시강제에 해당한다.
> (○)

제4절 행정상 즉시강제의 요건과 한계

1 행정상 즉시강제의 요건

1. 행정상 장해
행정상 장해라는 것은 '자신 또는 타인의 법익에 대한 위험'을 말한다. 여기에서 위험은 추상적인 위험이 아닌 구체적인 위험을 말한다.

2. 보충성
행정상 즉시강제는 위험이 목전에 급박하여 미리 의무를 명할 시간적 여유가 없을 때 또는 성질상 의무를 명하여서는 목적달성이 곤란할 때에 한하여 가능하다.

3. 증표제시 → 공고로서의 고지 가능

> 행정기본법 제33조【즉시강제】② 즉시강제를 실시하기 위하여 현장에 파견되는 집행책임자는 그가 집행책임자임을 표시하는 증표를 보여 주어야 하며, 즉시강제의 이유와 내용을 고지하여야 한다.
> ③ 제2항에도 불구하고 집행책임자는 즉시강제를 하려는 재산의 소유자 또는 점유자를 알 수 없거나 현장에서 그 소재를 즉시 확인하기 어려운 경우에는 즉시강제를 실시한 후 집행책임자의 이름 및 그 이유와 내용을 고지할 수 있다. 다만, 다음 각 호에 해당하는 경우에는 게시판이나 인터넷 홈페이지에 게시하는 등 적절한 방법에 의한 공고로써 고지를 갈음할 수 있다.
> 1. 즉시강제를 실시한 후에도 재산의 소유자 또는 점유자를 알 수 없는 경우
> 2. 재산의 소유자 또는 점유자가 국외에 거주하거나 행방을 알 수 없는 경우
> 3. 그 밖에 대통령령으로 정하는 불가피한 사유로 고지할 수 없는 경우

행정상 즉시강제를 하기 위해서는 현장에 파견되는 집행책임자는 집행책임자임을 표시하는 증표를 보여 주어야 하며, 즉시강제의 이유와 내용을 고지하여야 한다. 다만, 2024년 신설된 행정기본법에 따르면, 집행책임자는 즉시강제를 하려는 재산의 소유자 또는 점유자를 알 수 없거나 현장에서 그 소재를 즉시 확인하기 어려운 경우에는 즉시강제를 실시한 후 집행책임자의 이름 및 그 이유와 내용을 고지할 수 있다. 다만, ① 즉시강제를 실시한 후에도 재산의 소유자 또는 점유자를 알 수 없는 경우, ② 재산의 소유자 또는 점유자가 국외에 거주하거나 행방을 알 수 없는 경우 등에 해당하면, 게시판이나 인터넷 홈페이지에 게시하는 등 적절한 방법에 의한 공고로써 고지를 갈음할 수 있다.

📋 **간단 점검하기**

행정상 즉시강제는 다른 수단으로는 행정목적을 달성할 수 없는 경우에만 허용되며, 이 경우에도 최소한으로만 실시하여야 한다. (○)

2 행정상 즉시강제의 한계

1. 비례원칙의 준수

> 행정기본법 제33조【즉시강제】① 즉시강제는 다른 수단으로는 행정목적을 달성할 수 없는 경우에만 허용되며, 이 경우에도 최소한으로만 실시하여야 한다.

행정상 즉시강제는 행정목적을 달성하기 위하여 필요한 경우에 한하여 행해져야 한다.

관련판례

행정상 즉시강제는 엄격한 실정법상의 근거를 필요로 할 뿐만 아니라, 그 발동에 있어서는 법규의 범위 안에서도 다시 행정상의 장해가 목전에 급박하고 다른 수단으로는 행정목적을 달성할 수 없는 경우이어야 하며, 이러한 경우에도 그 행사는 필요최소한도에 그쳐야 함을 내용으로 하는 조리상의 한계에 기속된다(헌재 2002.10.31. 2000헌가12).

2. 영장주의 적용여부

(1) 영장주의가 필요한가에 대해 영장주의는 형사사법권 남용을 방지하기 위한 목적이므로 행정상 즉시강제에는 적용되지 않는다는 영장불요설과 실력행사라는 점에서는 행정상 즉시강제도 형사사법작용과 다르지 않다는 영장필요설이 대립하고 있다.

(2) 헌법재판소는 영장불요설의 입장이다.

관련판례

영장주의가 행정상 즉시강제에도 적용되는지에 관하여는 논란이 있으나, 행정상 즉시강제는 상대방의 임의이행을 기다릴 시간적 여유가 없을 때 하명 없이 바로 실력을 행사하는 것으로서, 그 본질상 급박성을 요건으로 하고 있어 법관의 영장을 기다려서는 그 목적을 달성할 수 없다고 할 것이므로, 원칙적으로 영장주의가 적용되지 않는다고 보아야 할 것이다.
이 사건 법률조항은 앞에서 본 바와 같이 급박한 상황에 대처하기 위한 것으로서 그 불가피성과 정당성이 충분히 인정되는 경우이므로, 이 사건 법률조항이 영장 없는 수거를 인정한다고 하더라도 이를 두고 헌법상 영장주의에 위배되는 것으로는 볼 수 없고, 위 구 음반·비디오물 및 게임물에 관한 법률 제24조 제4항에서 관계 공무원이 당해 게임물 등을 수거한 때에는 그 소유자 또는 점유자에게 수거증을 교부하도록 하고 있고, 동조 제6항에서 수거 등 처분을 하는 관계 공무원이나 협회 또는 단체의 임·직원은 그 권한을 표시하는 증표를 지니고 관계인에게 이를 제시하도록 하는 등의 절차적 요건을 규정하고 있으므로, 이 사건 법률조항이 적법절차의 원칙에 위배되는 것으로 보기도 어렵다(헌재 2002.10.31. 2000헌가12).

간단 점검하기

행정상 즉시강제는 국민의 권리침해를 필연적으로 수반하므로, 이에 대해서는 항상 영장주의가 적용된다. (×)

제5절 행정상 즉시강제에 대한 구제

1 적법한 즉시강제에 대한 구제

적법한 즉시강제로 인하여 국민이 손해를 입고, 그 손해가 특별한 희생에 해당한다면, 피해를 당한 국민은 손실보상을 청구할 수 있다.

2 위법한 즉시강제에 대한 구제

1. 행정쟁송

행정상 즉시강제는 권력적 사실행위의 성질을 가지므로, 이는 행정처분에 해당한다. 따라서 이에 대해서는 행정심판과 항고소송을 제기할 수 있다.

2. 국가배상

위법한 즉시강제로 손해를 입은 국민은 국가를 상대로 그로 인한 손해배상을 청구할 수 있다.

3. 결과제거청구권

즉시강제로 인하여 위법한 상태가 지속되는 경우 공법상 결과제거청구가 가능하다.

제 3 장　행정벌

제1절　개념

(1) 행정벌이란 행정법상 의무위반(행정목적상의 명령·금지위반)에 대한 제재로서, 일반통치권에 의거하여 일반사인을 제재함으로써 부과하는 처벌을 의미한다.

(2) 이는 직접적으로는 과거의 의무위반에 대한 제재의 목적을 가지면서 간접적으로는 이러한 제재를 미리 예고하여 의무자에게 심리적 압박을 가함으로써 의무이행을 확보하는 수단으로 사용된다.

(3) 행정벌이 과하여질 의무위반자를 행정범이라 한다. 이러한 행정벌에는 행정형벌과 행정질서벌이 있다.

제2절　특징(다른 벌과의 구별)

1　행정벌과 집행벌

행정벌은 과거 의무위반에 대한 제재이나 집행벌은 이행강제금으로서 의무불이행에 대한 미래 이행확보 수단이다.

2　행정벌과 징계벌(병과 가능)

① 징계벌은 특별행정법 관계에서 그 내부질서를 유지하기 위하여 과하는 제재이나, ② 행정벌은 일반행정법 관계에 기반하여 과하는 제재이다. 그러므로 양자는 목적·권력의 기초에 있어서 차이가 있다. 따라서 양자는 병과 가능하다.

구분	행정벌	징계벌
권력의 기초	일반통치권	특별권력
목적	사회의 질서유지	특별권력관계의 내부질서 유지
대상	일반사회질서위반자(국민)	특별권력관계 복종자(내부자)
사유	질서위반행위 법정주의 (질서위반행위 규제법 참조)	• 국가공무원법 　- 국가공무원법에 의한 명령 위반 　- 직무상 의무위반, 직무태만 　- 직무 불문 체면이나 위신을 손상한 행위

		• 지방공무원법
		  - 지방공무원법에 의한 명령 위반
		  - 직무상의 의무위반, 직무태만
		  - 공무원의 품위손상행위
		• 감사원법: 정당한 사유 없이 감사를 거부하거나 자료제출을 하지 아니한 자

내용	생명·자유·재산 등을 제한·박탈함을 내용으로 함	일정한 신분적 이익의 박탈을 내용으로 함
절차	• 행정형벌: 형사소송법에 따라 법원이 부과 • 행정질서벌: 질서위반행위 규제법에 따라 과함	특별권력주체가 과함
양자의 관계	• 양자를 병과할 수 있음: 일사부재리원칙이 적용되지 않음 • 공무원이 형사입건되어 재판이 진행 중이거나 수사기관에서 수사가 진행 중인 때에는 징계절차를 진행하지 못하게 되어 있었으나(형사소추선행의 원칙), 현재는 예외적으로만 징계절차를 중지할 수 있음	

제3절 법적 근거

행정벌을 부과하기 위해서는 법률의 근거가 있어야 한다. 행정벌을 명령에 위임하기 위해서는 구체적으로 범위를 한정하여 범죄구성요건의 대강을 밝히고, 형벌의 종류와 범위 및 폭을 정한 경우만 허용된다. 따라서 행정벌은 죄형법정주의의 적용을 받는데, 행정형벌은 죄형법정주의가 엄격히 적용되지만 행정질서벌은 죄형법정주의 적용여부에 대한 다툼이 있다. 헌법재판소는 행정질서벌의 경우에는 죄형법정주의가 적용되지 않는다고 한다. 다만, 질서위반행위규제법에는 질서위반행위 법정주의를 채택하고 있다.

제4절 종류

1 행정형벌

1. 행정형벌의 의의

행정형벌은 행정법상의 의무를 위반함으로써 직접적으로 행정목적을 침해하는 행위에 대해 과해진다. 이는 형법에 형명이 있는 사형·징역·금고·자격상실·자격정지·벌금·구류·과료·몰수의 형벌을 가하는 행정벌을 말한다.

2. 행정형벌의 법적 근거

현행 실정법상 행정형벌에 관한 일반적 규정은 없으며, 단행법에서 개별적으로 규정하고 있다. 관련 규정이 결여된 경우에는 형법총칙이 적용되고 처벌절차는 형사소송법에 의하지만 예외가 있다.

3. 행정형벌의 특수성

(1) 고의, 과실

행정범의 경우는 ① 원칙적으로 고의가 있는 경우에만 처벌이 가능하고, ② 과실인 경우에는 법률에 특별한 규정이 있거나 또는 당해 법률 해석상 과실행위자에 대한 처벌의지가 명백한 경우에 한하여 처벌할 수 있다(형법 제8조, 제14조: 과실범의 경우는 법률에 특별한 규정이 있는 경우에 한하여 처벌한다. 이와 같은 형법규정은 당연히 행정범에도 적용된다).

> **관련판례**
> 행정상의 단속을 주안으로 하는 법규라 하더라도 명문규정이 있거나 해석상 과실범도 벌할 뜻이 명확한 경우를 제외하고는 형법의 원칙에 따라 고의가 있어야 벌할 수 있다(대판 1986.7.22. 85도108).

(2) 양벌규정(법인의 책임과 타인의 행위에 대한 책임)

① 형사범은 법인의 범죄능력을 부정하여 처벌하지 못한다고 보며 현실의 범죄 행위자를 처벌한다. 하지만 행정범은 법인의 대표자 또는 법인의 대리인 기타의 종업원이 법인의 업무에 관하여 의무를 위반한 경우에 행위자뿐만 아니라 법인에 대해서도 처벌을 할 수 있다. 다만, 죄형법정주의의 원칙상 법률에 규정이 없는 경우에는 양벌규정으로 처벌할 수 없다.

> **관련판례**
> 구 개인정보 보호법은 제2조 제5호, 제6호에서 공공기관 중 법인격이 없는 '중앙행정기관 및 그 소속 기관' 등을 개인정보처리자 중 하나로 규정하고 있으면서도, 양벌규정에 의하여 처벌되는 개인정보처리자로는 같은 법 제74조 제2항에서 '법인 또는 개인'만을 규정하고 있을 뿐이고, 법인격 없는 공공기관에 대하여도 위 양벌규정을 적용할 것인지 여부에 대하여는 명문의 규정을 두고 있지 않으므로, 죄형법정주의의 원칙상 '법인격 없는 공공기관'을 위 양벌규정에 의하여 처벌할 수 없고, 그 경우 행위자 역시 위 양벌규정으로 처벌할 수 없다(대판 2021.10.28. 2020도1942).

② 또한 현실의 행위자가 아니더라도 행정법상의 의무를 지는 자가 책임을 지는 경우가 있다. 이는 자신의 생활 범위 내 또는 지휘·감독하에 있는 자가 법령을 위반하지 아니하도록 할 주의 및 감독의무를 태만히 한 데 대한 자기 자신의 과실책임(대위책임 아님)이라고 함이 타당하다(금치산자, 미성년자의 위법행위에 대하여 법정대리인을 처벌, 양벌규정을 두어 행위자 외에 사업주도 처벌).

③ **지방자치단체에 양벌규정 적용여부**: 지방자치단체가 하는 일은 크게 기관위임사무와 자치사무 이렇게 두 가지가 있다.
  ㉠ 국가가 그의 사무의 일부를 지방자치단체의 장에게 위임하여 처리하게 하는 기관위임사무로서 지방자치단체가 위 사무를 하는 경우에는 국가의 일부로 볼 수 있다. 이 경우에는 양벌규정이 적용되지 아니한다.
  ㉡ 지방자치단체가 자신의 고유의 사무, 즉 자치사무를 처리하는 경우에는 국가의 일부가 아닌 별도의 공법인으로서 양벌규정에 의한 처벌대상이 되는 법인에 해당할 수 있다.

> **관련판례**
>
> 1. 지방자치단체가 양벌규정의 적용대상이 되는 법인에 해당하는지 여부에 관한 법리
>   국가가 본래 그의 사무의 일부를 지방자치단체의 장에게 위임하여 그 사무를 처리하게 하는 기관위임사무의 경우에는 지방자치단체는 국가기관의 일부로 볼 수 있는 것이지만, 지방자치단체가 그 고유의 자치사무를 처리하는 경우에는 지방자치단체는 국가기관의 일부가 아니라 국가기관과는 별도의 독립한 공법인이므로, 지방자치단체 소속 공무원이 지방자치단체 고유의 자치사무를 수행하던 중 도로법 제81조 내지 제85조의 규정에 의한 위반행위를 한 경우에는 지방자치단체는 도로법 제86조의 양벌규정에 따라 처벌대상이 되는 법인에 해당한다(대판 2005.11.10. 2004도2657).
>
> 2. 지방자치단체 소속 공무원이 압축트럭 청소차를 운전하여 고속도로를 운행하던 중 제한축중을 초과 적재 운행함으로써 도로관리청의 차량운행제한을 위반한 사안에서, 해당 지방자치단체가 도로법 제86조의 양벌규정에 따른 처벌대상이 된다(자치사무수행)(대판 2005.11.10. 2004도2657).
>
> 3. 지방자치단체 소속 공무원이 지정항만순찰 등의 업무를 위해 관할 관청의 승인 없이 개조한 승합차를 운행함으로써 구 자동차관리법을 위반한 사안에서, 지방자치법, 구 항만법, 구 항만법 시행령 등에 비추어 위 항만순찰 등의 업무가 지방자치단체의 장이 국가로부터 위임받은 기관위임사무에 해당하여, 해당 지방자치단체가 구 자동차관리법 제83조의 양벌규정에 따른 처벌대상이 될 수 없다(대판 2009.6.11. 2008도6530).

(3) 과벌 절차

행정형벌은 원칙적으로 형사소송법에 따라 법원이 재판을 통하여 부과한다. 하지만 법원이 위반행위에 대해 일일이 재판을 하기 힘든게 현실이기 때문에 통고처분과 즉결심판이라는 간이특별절차가 인정되고 있다. 이하에서는 원칙적으로 법원이 부과하여야 하는 행정형벌의 간이절차인 통고처분과 즉결심판에 대해서 살펴보고자 한다.

① **통고처분(형벌대신 범칙금, 통고처분은 처분이 아니다)**
  ㉠ 의의
    ⓐ **개념**: 통고처분이란 행정청이 정식재판에 갈음하여 조세범·관세범·출입국관리사범·도로교통법위반사범 등에 대해 일정한 벌금이나 과료에 상당하는 금액(범칙금)의 납부를 명(통고)하는 준사법적 행정행위를 의미한다.

간단 점검하기

지방자치단체 소속 공무원이 지방자치단체 고유의 자치사무를 처리하면서 위반행위를 한 경우 지방자치단체도 양벌규정에 따라 처벌대상이 되는 법인에 해당한다. (○)

ⓑ **인정가능성**: 헌법재판소는 통고처분에 대하여, 통고처분의 이행 여부가 ㉮ 당사자의 임의에 맡겨져 있는 점, ㉯ 승복하지 않는 당사자에게 법관에 의한 정식재판을 받을 기회가 보장되어 있는 점, ㉰ 비범죄화 정신에 근접한 통고처분의 제도적 의의 등을 근거로 하여 합헌이라고 판시하였다(헌재 2003.10.30. 2002헌마275).

> **관련판례**
> 통고처분 제도는 경미한 교통법규 위반자로 하여금 형사처벌절차에 수반되는 심리적 불안, 시간과 비용의 소모, 명예와 신용의 훼손 등의 여러 불이익을 당하지 않고 범칙금 납부로써 위반행위에 대한 제재를 신속·간편하게 종결할 수 있게 하여 주며, 교통법규 위반행위가 홍수를 이루고 있는 현실에서 행정공무원에 의한 전문적이고 신속한 사건처리를 가능하게 하고, 검찰 및 법원의 과중한 업무부담을 덜어 준다. 또한 통고처분제도는 형벌의 비범죄화 정신에 접근하는 제도이다. 이러한 점들을 종합할 때, 통고처분 제도의 근거규정인 도로교통법 제118조 본문이 적법절차원칙이나 사법권을 법원에 둔 권력분립원칙에 위배된다거나, 재판청구권을 침해하는 것이라 할 수 없다(헌재 2003.10.30. 2002헌마275).

ⓛ **기능**: ⓐ 간편하고 신속한 처리, ⓑ 법원의 부담 완화, ⓒ 공무원의 전문성 활용, ⓓ 국가수입확보, ⓔ 전과자 발생 방지 등을 들 수 있다.

ⓒ **법적 근거**: 통고처분에 대해서는 각 단행법에서 규정하고 있다(예 조세범 처벌절차법 제8조, 관세법 제227조, 도로교통법 제118조, 경범죄처벌법 제6조 등).

ⓔ **법적 성질**: 통고처분은 조세범, 관세범, 출입국관리사범, 교통사범 등에 대하여 행정법을 과함에 있어서 정식재판에 갈음하여 신속·간편하게 범칙금의 납부를 명하는 준사법적 행위이다. 다만 통고처분은 납부 불이행이라는 별도의 구제 수단이 있으므로 항고소송의 대상으로서 처분성이 없다는 것은 주의를 요한다.

ⓜ **통고처분권자**: 일반적인 행정형벌과 달리 통고처분은 행정청이 부과한다. 행정청에는 ⓐ 조세범 처벌에 있어서는 국세청장·세무서장, ⓑ 도로교통범 처벌에 있어서 경찰서장, ⓒ 관세범 처벌에 있어서 세관장, 출입국관리 범에 있어서 출입국관리사무소장이 있다. 여기서 주의할 점은 검사와 법원은 통고처분권자가 아니라는 것이다.

ⓗ **과형절차**: 통고처분은 일반형사소송절차에 앞선 절차로서 일정한 위법행위의 범법자에게 일정금액을 납부토록 하고, 범칙자가 그 범칙금을 납부하면 처벌이 종료된다. 이때 중요한 것은 통고처분이 내려진 경우, 통고처분에서 정한 범칙금 납부기간까지는 원칙적으로 경찰서장은 즉결심판을 청구할 수 없고, 검사도 동일한 범칙행위에 대하여 공소를 제기할 수 없다는 점이다.

ⓢ **통고처분의 효과**: 통고가 있을 때에는 공소시효는 중단된다. 통고처분을 받은 자가 통고된 내용을 법정기한 내에 이행하면 확정판결과 동일한 효력이 발생(불가변력)하며, 일사부재리원칙이 적용되어 다시 소추하지 아니한다. 즉, 동일 사건에 대해 소추를 받음이 없이 처벌절차가 종료된다. 그러나 법정기한 내에 불이행하게 되면 통고처분은 효력을 상실한다.

> **간단 점검하기**
> 경찰서장이 범칙행위에 대하여 통고처분을 하더라도 통고처분에서 정한 납부기간까지는 검사가 공소를 제기할 수 있다. (×)

> **관련판례**
> 경찰서장이 범칙행위에 대하여 통고처분을 한 이상, 범칙자의 위와 같은 절차적 지위를 보장하기 위하여 통고처분에서 정한 범칙금 납부기간까지는 원칙적으로 경찰서장은 즉결심판을 청구할 수 없고, 검사도 동일한 범칙행위에 대하여 공소를 제기할 수 없다고 보아야 한다(대판 2020.4.29. 2017도13409).

◎ 통고처분에 대한 불복(소송이 아님)
  ⓐ 통고처분을 받은 자가 통고처분을 이행하지 않으면 통고처분은 당연히 효력을 상실하고, 행정기관의 고발에 의하여 통상의 형사소송 절차로 이행된다.
  ⓑ 통고처분은 처분이 아니므로, 이를 항고소송으로 다툴 수는 없다.

> **관련판례**
> 1. 통고처분은 처분이 아니다.
>   통고처분은 조세범칙자에게 벌금 또는 과료에 해당하는 금액 등을 납부할 것을 통고하는 처분일 뿐 벌금 또는 과료의 면제를 통고하는 처분이 아니며, 통고서는 범칙자별로 작성된다(대판 2014.10.15. 2013도5650).
>
> 2. 고발한 후에 한 통고처분의 효력
>   통고처분과 고발의 법적 성질 및 효과 등을 조세범칙사건의 처리 절차에 관한 조세범 처벌절차법 관련 규정들의 내용과 취지에 비추어 보면, 지방국세청장 또는 세무서장이 조세범 처벌절차법 제17조 제1항에 따라 통고처분을 거치지 아니하고 즉시 고발하였다면 이로써 조세범칙사건에 대한 조사 및 처분 절차는 종료되고 형사사건 절차로 이행되어 지방국세청장 또는 세무서장으로서는 동일한 조세범칙행위에 대하여 더 이상 통고처분을 할 권한이 없다.
>   따라서 지방국세청장 또는 세무서장이 조세범칙행위에 대하여 고발을 한 후에 동일한 조세범칙행위에 대하여 통고처분을 하였더라도, 이는 법적 권한 소멸 후에 이루어진 것으로서 특별한 사정이 없는 한 효력이 없고, 조세범칙행위자가 이러한 통고처분을 이행하였더라도 조세범 처벌절차법 제15조 제3항에서 정한 일사부재리의 원칙이 적용될 수 없다.

② 특별절차·즉결심판
즉결심판은 '즉결심판에 관한 절차법'에 따라 행해지는데 이는 경미한 형사사건의 신속·적정한 처리를 통해 소송경제를 꾀하기 위해 마련되었다. 즉결심판의 청구권자는 경찰서장이다(제3조 제1항). 20만 원 이하의 벌금 후 구류 또는 과료에 해당하는 행정형벌은 즉결심판에 의한다. 따라서 지방법원, 지원 또는 시·군법원의 판사는 즉결심판절차에 의하여 피고인에게 20만 원 이하의 벌금이나 구류 또는 과료에 처할 수 있다(즉결심판에 관한 절차법 제2조). 그 형은 경찰서장이 집행하고 불복시에는 소관지방법원에 선고·고지를 한 날로부터 7일 이내에 정식재판을 청구할 수 있다.

📋 **간단 점검하기**

도로교통법상 경찰서장의 통고처분은 행정청에 의한 행정처분에 해당하여 그 처분에 대하여 이의가 있는 경우 처분의 취소를 구하는 행정소송을 제기하거나 그 범칙금의 납부를 이행하지 아니함으로써 경찰서장의 즉결심판청구에 의하여 법원의 심판을 받을 수 있다.
(×)

2 행정질서벌

1. 행정질서벌

(1) 개념

행정질서벌이란 행정법상의 의무위반행위에 대하여 형법상의 형벌이 아닌 과태료를 과하는 행정벌로서 단순·경미한 행정법상 의무를 태만히 하여 행정목적을 간접적으로 침해하는 행위에 대해 과해진다.

과태료는 일종의 금전벌인 점에서 형벌인 벌금이나 과료와 같으나, 형식적으로는 형벌이 아닌 점에서 행정형벌과 구별된다.

(2) 법적 근거(법률유보)

행정질서벌은 침익적 행정행위이기 때문에 법적 근거를 요한다. 행정질서벌의 법적 근거는 다음과 같다.

① **법률**: 과태료 부과에 관한 일반법으로 질서위반행위규제법이 있고, 각 개별법에 규정되어 있다. 즉, 질서위반행위규제법은 행정질서벌의 총칙적 성격이고, 행정질서벌의 각칙은 각 개별법령에서 규정하고 있다. 한편, 질서위반행위규제법은 다른 개별법보다 우선하여 적용된다(질서위반행위규제법 제5조).

> 질서위반행위규제법 제5조【다른 법률과의 관계】과태료의 부과·징수, 재판 및 집행 등의 절차에 관한 다른 법률의 규정 중 이 법의 규정에 저촉되는 것은 이 법으로 정하는 바에 따른다.

② **법규명령**: 법규명령으로도 행정질서벌을 제정할 수 있다. 이 경우에는, 헌법상의 위임입법의 법리에 따라야 한다.

③ **조례**: 지방자치단체는 조례로써 과태료를 정할 수 있다.

> 지방자치법 제34조【조례 위반에 대한 과태료】① 지방자치단체는 조례를 위반한 행위에 대하여 조례로써 1천만 원 이하의 과태료를 정할 수 있다.
>
> 제49조【행정사무 감사권 및 조사권】⑤ 제4항에 따른 증언에서 거짓증언을 한 사람은 고발할 수 있으며, 제4항에 따라 서류제출을 요구받은 자가 정당한 사유 없이 서류를 정해진 기한까지 제출하지 아니한 경우, 같은 항에 따라 출석요구를 받은 증인이 정당한 사유 없이 출석하지 아니하거나 선서 또는 증언을 거부한 경우에는 500만원 이하의 과태료를 부과할 수 있다.
>
> 제156조【사용료의 징수조례 등】② 사기나 그 밖의 부정한 방법으로 사용료·수수료 또는 분담금의 징수를 면한 자에 대하여는 그 징수를 면한 금액의 5배 이내의 과태료를, 공공시설을 부정사용한 자에 대하여는 50만 원 이하의 과태료를 부과하는 규정을 조례로 정할 수 있다.

(3) 실정법상 과태료의 유형

현실적으로 과태료라는 용어는 다양한 분야에 사용된다. 실정법상 과태료의 유형으로는 ① 민사상의 의무위반에 대하여 과하는 과태료, ② 소송법상의 의무위반에 대하여 과하는 과태료, ③ 징계벌인 과태료, ④ 집행벌인 과태료, ⑤ 지방자치단체의 조례에 의한 과태료, ⑥ 행정벌인 과태료 등이 있다. 그리고 행정질서벌에 해당하는 과태료는 ⑤와 ⑥이 이에 해당한다.

간단 점검하기

서울특별시 수도조례 및 서울특별시 하수도사용조례에 근거한 과태료 부과처분은 행정소송의 대상이 되는 행정처분이라고 볼 수 있다. (×)

(4) 행정질서벌의 확대화 경향

행정형벌 가운데 단기자유형(구류)과 벌금형은 다른 행정제재수단과 중복되고, 과벌절차가 복잡하며, 전과자를 대량으로 만들어내는 문제가 있다. 그러므로 단기자 유형과 벌금을 질서벌인 과태료로 전환할 필요가 있다. 이에 최근에는 행정질서벌이 확대되는 경향을 보이고 있다.

2. 행정질서벌의 특수성

(1) 행정형벌과의 구별

① 구별
  ㉠ 행정형벌은 일반적으로 행정목적을 직접적으로 침해하는 행위에 대하여 과하여지고, 행정질서벌은 행정목적을 간접적으로 침해하는 행위에 대하여 과하여진다.
  ㉡ 또한 행정형벌이 형법에 형명이 있는 형벌(사형, 징역, 벌금 등)이 과해지는 행정벌인데 비하여, 행정질서벌은 형법에 형명이 없는 과태료가 과해지는 행정벌을 의미한다는 점에서 양자는 구별된다.

② **판례**: 헌법재판소는 양자의 구별에 대해 이는 입법재량 사항이라고 판시하였다. 어떤 행정법규 위반행위에 대하여 이를 단지 간접적으로 행정상의 질서에 장해를 줄 위험성이 있음에 불과한 경우로 보아 행정질서벌인 과태료를 과할 것인가 아니면 직접적으로 행정목적과 공익을 침해한 행위로 보아 행정형벌을 과할 것인가 그리고 행정형벌을 과할 경우 그 법정형의 형종과 형량을 어떻게 정할 것인가는 당해 위반행위가 위의 어느 경우에 해당하는가에 대한 법적 판단을 그르친 것이 아닌 한 그 처벌내용은 기본적으로 입법권자가 제반사정을 고려하여 결정할 입법재량에 속하는 문제라고 할 수 있다(헌재 1994.4.28. 91헌바14).

구분	행정형벌	행정질서벌
종류	형법총칙상의 형벌: 사형·징역·금고·자격상실·자격정지·벌금·구류·과료·몰수	과태료
형법총칙	원칙적으로 적용	적용 안 됨
죄형법정주의	적용	부적용
목적	행정목적 및 사회공익	행정질서
과벌절차	형사소송법 (예외 - 통고처분, 즉결심판)	질서위반행위규제법·비송사건절차법 준용
고의·과실	필요	필요
양벌규정	적용	적용
법인	부과대상	부과대상
양자의 병과여부	• 대법원: 일반적으로 병과가능으로 해석 • 헌법재판소: 병과불가로 해석됨	

> **간단 점검하기**
>
> 과태료는 행정상의 질서유지를 위한 행정질서벌에 해당할 뿐 형벌이라 할 수 없어 죄형법정주의의 규율대상에 해당하지 않는다. (○)

(2) 행정질서벌에 형법총칙 적용 가능여부

행정질서벌에는 형법총칙이 원칙적으로 적용되지 않으며, 절차상 형사소송법의 적용도 받지 아니한다.

> **관련판례**
>
> 죄형법정주의는 무엇이 범죄이며 그에 대한 형벌이 어떠한 것인가는 국민의 대표로 구성된 입법부가 제정한 법률로써 정하여야 한다는 원칙인데, 부동산등기특별조치법 제11조 제1항 본문 중 제2조 제1항에 관한 부분이 정하고 있는 과태료는 행정상의 질서유지를 위한 행정질서벌에 해당할 뿐 형벌이라고 할 수 없어 죄형법정주의의 규율대상에 해당하지 아니한다(헌재 1998.5.28. 96헌바83).

3. 질서위반행위규제법상 과태료

(1) 적용범위

과태료의 부과·징수, 재판 및 집행 등의 절차에 관한 다른 법률의 규정 중 이 법의 규정에 저촉되는 것은 이 법으로 정하는 바에 따른다(제5조).

① **시간적 범위(제3조)**

> 질서위반행위규제법 제3조【법 적용의 시간적 범위】① 질서위반행위의 성립과 과태료 처분은 행위 시의 법률에 따른다.
> ② 질서위반행위 후 법률이 변경되어 그 행위가 질서위반행위에 해당하지 아니하게 되거나 과태료가 변경되기 전의 법률보다 가볍게 된 때에는 법률에 특별한 규정이 없는 한 변경된 법률을 적용한다.
> ③ 행정청의 과태료 처분이나 법원의 과태료 재판이 확정된 후 법률이 변경되어 그 행위가 질서위반행위에 해당하지 아니하게 된 때에는 변경된 법률에 특별한 규정이 없는 한 과태료의 징수 또는 집행을 면제한다.

  ㉠ 질서위반행위의 성립과 과태료 처분은 행위 시의 법률에 따른다.
  ㉡ 질서위반행위 후 또는 과태료 처분이나 재판이 확정된 후 법률이 변경되어 질서위반행위에 해당되지 않거나 부과되는 과태료가 더 가볍게 된 경우에는 변경된 법률을 적용한다.

② **장소적 범위(제4조)**
  ㉠ 속지주의 및 속인주의: 이 법은 대한민국 영역 안에서 질서위반행위를 한 자에게 적용하며, 대한민국 영역 밖에서 질서위반행위를 한 대한민국의 국민에게 적용한다.
  ㉡ 이 법은 대한민국 영역 밖에 있는 대한민국의 선박 또는 항공기 안에서 질서위반행위를 한 외국인에게 적용한다.

③ **적용제외 과태료(제2조 제1항)**: ㉠ 대통령령으로 정하는 사법상·소송법상 의무를 위반하여 과태료를 부과하는 행위와, ㉡ 대통령령으로 정하는 법률에 따른 징계사유에 해당하여 과태료를 부과하는 행위가 있다.

(2) 질서위반행위의 성립
① 고의 및 과실: 법 제정 전 판례는 과태료부과에는 원칙적으로 위반자의 고의·과실을 요하지 않는다고 판시(대판 1994.8.26. 94누6949)한바 있으나, 질서위반행위규제법에는 과태료 부과에도 고의·과실을 요건으로 규정하고 있다.

> 질서위반행위규제법 제7조【고의 또는 과실】고의 또는 과실이 없는 질서위반행위는 과태료를 부과하지 아니한다.

② 위법성의 착오(제8조): 자신의 행위가 위법하지 아니한 것으로 오인하고 행한 질서위반행위는 그 오인에 정당한 이유가 있는 때에 한하여 과태료를 부과하지 아니한다.

> 질서위반행위규제법 제8조【위법성의 착오】자신의 행위가 위법하지 아니한 것으로 오인하고 행한 질서위반행위는 그 오인에 정당한 이유가 있는 때에 한하여 과태료를 부과하지 아니한다.

③ 부과대상
  ㉠ 책임연령(제9조): 14세가 되지 아니한 자의 질서위반행위는 과태료를 부과하지 아니한다. 다만, 다른 법률에 특별한 규정이 있는 경우에는 그러하지 아니하다.

  > 질서위반행위규제법 제9조【책임연령】14세가 되지 아니한 자의 질서위반행위는 과태료를 부과하지 아니한다. 다만, 다른 법률에 특별한 규정이 있는 경우에는 그러하지 아니하다.

  ㉡ 심신장애(제10조)
     ⓐ 심신장애로 인하여 행위의 옳고 그름을 판단할 능력이 없거나 그러한 행위를 할 능력이 없는 자의 질서위반행위는 과태료를 부과하지 아니한다.
     ⓑ 심신장애로 판단능력이 미약한 자의 질서위반행위는 과태료를 감경한다.
     ⓒ 스스로 심신장애 상태를 일으켜 질서위반행위를 한 자에 대하여는 적용하지 않는다.
  ㉢ 법인의 범죄능력(제11조): 법인의 대표자, 법인 또는 개인의 대리인·사용인 및 그 밖의 종업원이 업무에 관하여 법인 또는 그 개인에게 부과된 법률상의 의무를 위반한 때에는 법인 또는 그 개인에게 과태료를 부과한다.
  ㉣ 다수인에 의한 질서위반행위(제12조)

  > 질서위반행위규제법 제12조【다수인의 질서위반행위 가담】① 2인 이상이 질서위반행위에 가담한 때에는 각자가 질서위반행위를 한 것으로 본다.
  > ② 신분에 의하여 성립하는 질서위반행위에 신분이 없는 자가 가담한 때에는 신분이 없는 자에 대하여도 질서위반행위가 성립한다.
  > ③ 신분에 의하여 과태료를 감경 또는 가중하거나 과태료를 부과하지 아니하는 때에는 그 신분의 효과는 신분이 없는 자에게는 미치지 아니한다.

ⓐ **2인 이상의 질서위반행위**: 각자가 질서위반행위를 한 것으로 본다.
ⓑ **신분에 의하여 성립하는 질서위반행위**: 신분이 없는 자가 가담한 때에는 신분이 없는 자에 대하여도 질서위반행위가 성립하며, 신분에 의하여 과태료를 감경 또는 가중하거나 과태료를 부과하지 아니하는 때에는 그 신분의 효과는 신분이 없는 자에게 미치지 아니한다.

④ 수개의 질서위반행위(제13조)

> 질서위반행위규제법 제13조【수개의 질서위반행위의 처리】① 하나의 행위가 2 이상의 질서위반행위에 해당하는 경우에는 각 질서위반행위에 대하여 정한 과태료 중 가장 중한 과태료를 부과한다.
> ② 제1항의 경우를 제외하고 2 이상의 질서위반행위가 경합하는 경우에는 각 질서위반행위에 대하여 정한 과태료를 각각 부과한다. 다만, 다른 법령(지방자치단체의 조례를 포함한다. 이하 같다)에 특별한 규정이 있는 경우에는 그 법령으로 정하는 바에 따른다.

㉠ 하나의 행위가 2개 이상의 질서위반행위에 해당하는 경우에는 각 질서위반행위에 대한 과태료 중 가장 중한 과태료를 부과한다.
㉡ 이 외에 2개 이상의 질서위반행위가 성립하는 경우에는 각 행위에 대하여 각각 과태료를 부과한다.

(3) 과태료의 부과 및 징수

① **과태료의 산정(제14조)**: 행정청 및 법원은 과태료를 정함에 있어서 다음의 사항을 고려하여야 한다.
  ㉠ 질서위반행위의 동기·목적·방법·결과
  ㉡ 질서위반행위 이후의 당사자의 태도와 정황
  ㉢ 질서위반행위자의 연령·재산상태·환경
  ㉣ 그 밖에 과태료의 산정에 필요하다고 인정되는 사유

② **과태료의 소멸시효(제15조)**: 질서위반행위규제법 제정 전의 판례는 과태료에 소멸시효가 적용되지 않는다고 하였으나, 질서위반행위규제법에서는 5년의 소멸시효기간을 규정하고 있다.

> 질서위반행위규제법 제15조【과태료의 시효】① 과태료는 행정청의 과태료 부과처분이나 법원의 과태료 재판이 확정된 후 5년간 징수하지 아니하거나 집행하지 아니하면 시효로 인하여 소멸한다.
> ② 제1항에 따른 소멸시효의 중단·정지 등에 관하여는 국세기본법 제28조를 준용한다.

참고 | 과태료

부과권	제척기간 5년	질서위반행위규제법 제19조【과태료 부과의 제척기간】① 행정청은 질서위반행위가 종료된 날(다수인이 질서위반행위에 가담한 경우에는 최종행위가 종료된 날을 말한다)부터 5년이 경과한 경우에는 해당 질서위반행위에 대하여 과태료를 부과할 수 없다.
징수권	소멸시효 5년	질서위반행위규제법 제15조【과태료의 시효】① 과태료는 행정청의 과태료 부과처분이나 법원의 과태료 재판이 확정된 후 5년간 징수하지 아니하거나 집행하지 아니하면 시효로 인하여 소멸한다.

③ 사전통지 및 의견 제출(제16조)
  ㉠ **사전통지**: 행정청이 질서위반행위에 대하여 과태료를 부과하고자 하는 때에는 미리 고용주를 포함한 당사자에게 대통령령으로 정하는 사항을 통지하여야 한다.
  ㉡ **의견제출**: 행정청은 당사자에게 10일 이상의 기간을 정하여 의견을 제출할 기회를 주어야 한다. 이 경우 지정된 기일까지 의견 제출이 없는 경우에는 의견이 없는 것으로 본다.

④ 과태료 부과 및 제척기간(제17조, 제19조)

> 질서위반행위규제법 제17조 【과태료의 부과】 ① 행정청은 제16조의 의견 제출 절차를 마친 후에 서면(당사자가 동의하는 경우에는 전자문서를 포함한다. 이하 이 조에서 같다)으로 과태료를 부과하여야 한다.
>
> 제19조【과태료 부과의 제척기간】 ① 행정청은 질서위반행위가 종료된 날(다수인이 질서위반행위에 가담한 경우에는 최종행위가 종료된 날을 말한다)부터 5년이 경과한 경우에는 해당 질서위반행위에 대하여 과태료를 부과할 수 없다.

  ㉠ **과태료의 부과**: 행정청은 의견 제출 절차를 마친 후에 서면(당사자가 동의하는 경우에는 전자문서를 포함)으로 과태료를 부과하여야 한다.
  ㉡ **제척기간**: 행정청은 질서위반행위가 종료된 날부터 5년이 경과한 경우에는 해당 질서위반행위에 대하여 과태료를 부과할 수 없다.

(4) 행정청의 과태료 부과에 대한 권리구제

> **과태료 절차**
> ① 행정청의 과태료 처분(이의제기 시) → ② 법원에의 통보 → ③ 법원에서의 과태료 재판

① 행정청의 과태료 부과에 대한 이의제기(제20조)

> 질서위반행위규제법 제20조 【이의제기】 ① 행정청의 과태료 부과에 불복하는 당사자는 제17조 제1항에 따른 과태료 부과 통지를 받은 날부터 60일 이내에 해당 행정청에 서면으로 이의제기를 할 수 있다.
> ② 제1항에 따른 이의제기가 있는 경우에는 행정청의 과태료 부과처분은 그 효력을 상실한다.

  ㉠ **이의제기**: 행정청의 과태료 부과에 불복하는 당사자는 과태료 부과통지를 받은 날부터 60일 이내에 해당 행정청에 서면으로 이의제기를 할 수 있다. 이의제기 시 과태료가 실효되므로 과태료는 행정소송의 대상이 되는 처분은 아니다.
  ㉡ **과태료 부과 처분의 효력**: 이의제기가 있는 경우에는 행정청의 과태료 부과처분은 그 효력을 상실하고, 법원이 비송사건 절차를 준용한 과태료 재판에 따라 과태료를 부과한다.

② 법원에의 통보 및 검사에게로의 통지
  ㉠ **법원에의 통보(제21조)**: 이의제기를 받은 행정청은 이의제기를 받은 날부터 14일 이내에 이에 대한 의견 및 증빙서류를 첨부하여 관할 법원에 통보하여야 한다.

ⓒ 행정청 통보사실의 통지(제30조): 법원은 당사자의 이의제기에 대한 행정청의 통보가 있는 경우 이를 즉시 검사에게 통지하여야 한다.

(5) 질서위반행위의 재판 및 집행
① 준용규정(제28조)

> 질서위반행위규제법 제28조【준용규정】비송사건절차법 제2조부터 제4조까지, 제6조, 제7조, 제10조(인증과 감정을 제외한다) 및 제24조부터 제26조까지의 규정은 이 법에 따른 과태료 재판(이하 "과태료 재판"이라 한다)에 준용한다.

비송사건절차법 제2조부터 제4조까지, 제6조, 제7조, 제10조(인증과 감정 제외) 및 제24조부터 제26조까지의 규정은 이 법에 따른 과태료 재판에 준용한다. 따라서 과태료 재판은 재판이 아니다. 이는 비송사건절차법에 따라 처리한다.

② 관할법원(제25조)

> 질서위반행위규제법 제25조【관할 법원】과태료 사건은 다른 법령에 특별한 규정이 있는 경우를 제외하고는 당사자의 주소지의 지방법원 또는 그 지원의 관할로 한다.

일반적으로 소송에서 법원의 관할은 피고나 피청구인의 주소지로 하는 것이 원칙이나, 과태료 사건의 관할 법원은 당사자의 주소지의 지방법원으로 한다는 점이 특징이다.

③ 당사자의 심문 및 행정청에 대한 출석 요구
ⓐ 심문(제31조): 법원은 심문기일을 열어 당사자의 진술을 들어야 한다. 또한 법원은 검사의 의견을 구하여야 하고 검사는 심문에 참여하여 의견을 진술하거나 서면으로 제출해야 한다.
ⓑ 행정청에 대한 출석 요구(제32조): 법원은 행정청의 참여가 필요하다고 인정하는 때에는 행정청으로 하여금 심문기일에 출석하여 의견을 진술하게 할 수 있다.

④ 약식재판 및 약식재판에 대한 이의신청
ⓐ 약식재판(제44조): 법원은 상당하다고 인정하는 때에는 심문 없이 과태료 재판을 할 수 있다.
ⓑ 약식재판에 대한 이의신청
  ⓐ 이의신청(제45조): 당사자와 검사는 약식재판의 고지를 받은 날부터 7일 이내에 이의신청서를 제출함으로써 이의신청을 할 수 있으며 기간 내에 이의신청이 없으면 약식재판이 확정된다.
  ⓑ 이의신청의 취하(제47조): 이의신청을 한 당사자 또는 검사는 정식재판 절차에 따른 결정을 고지받기 전까지 이의신청을 취하할 수 있으며 이 경우 약식재판이 확정된다.
  ⓒ 정식재판으로의 이행(제50조): 법원이 이의신청이 적법하다고 인정하는 때에는 약식재판은 그 효력을 잃으며 이 경우 법원은 심문을 거쳐 다시 재판하여야 한다.

⑤ 재판 및 항고
  ㉠ **재판(제36조, 제37조)**: 과태료 재판은 이유를 붙인 결정으로써 한다. 이 결정은 당사자와 검사에게 고지함으로써 효력이 생긴다.

  > 질서위반행위규제법 제36조 【재판】 ① 과태료 재판은 이유를 붙인 결정으로써 한다.
  > 제37조 【결정의 고지】 ① 결정은 당사자와 검사에게 고지함으로써 효력이 생긴다.
  > ② 결정의 고지는 법원이 적당하다고 인정하는 방법으로 한다. 다만, 공시송달을 하는 경우에는 민사소송법에 따라야 한다.

  ㉡ **항고(제38조)**: 당사자와 검사는 과태료 재판에 대하여 즉시항고를 할 수 있다. 이 경우 항고는 집행정지의 효력이 있다.

  > 질서위반행위규제법 제38조 【항고】 ① 당사자와 검사는 과태료 재판에 대하여 즉시항고를 할 수 있다. 이 경우 항고는 집행정지의 효력이 있다.

⑥ 재판의 집행 및 위탁

  > 질서위반행위규제법 제42조 【과태료 재판의 집행】 ① 과태료 재판은 검사의 명령으로써 집행한다. 이 경우 그 명령은 집행력 있는 집행권원과 동일한 효력이 있다.

  ㉠ **재판의 집행(제42조)**: 과태료 재판은 검사의 명령으로써 집행한다. 이 경우 그 명령은 집행력 있는 집행권원과 동일한 효력이 있다. 또한 검사가 과태료 재판을 집행한 경우 그 결과를 해당 행정청에 통보하여야 한다(과태료 재판의 집행에 대하여는 "과태료 부과처분에 대하여 이의를 제기하지 아니한 채 기한이 종료한 후"는 "과태료 재판이 확정된 후"로 본다).
  ㉡ **재판 집행의 위탁(제43조)**: 검사는 과태료를 최초 부과한 행정청에 대하여 과태료 재판의 집행을 위탁할 수 있고, 위탁을 받은 행정청은 국세 또는 지방세 체납처분의 예에 따라 집행한다.

(6) 과태료의 실효성 제고
  ① **자진납부에 대한 과태료 경감(제18조)**: 행정청은 당사자가 의견 제출 기한 이내에 과태료를 자진하여 납부하고자 하는 경우에는 대통령령으로 정하는 바에 따라 과태료를 감경할 수 있으며 당사자가 감경된 과태료를 납부한 경우에는 과태료 부과 및 징수절차가 종료된다.
  ② **가산금 징수 및 체납처분(제24조)**: 행정청은 당사자가 납부기한까지 과태료를 납부하지 아니한 때에는 납부기한을 경과한 날부터 체납된 과태료에 대하여 100분의 5에 상당하는 가산금을 징수한다.
  ③ **질서위반행위의 조사**: 행정청은 질서위반행위가 발생하였다는 합리적 의심이 있어 그에 대한 조사가 필요하다고 인정할 때에는 대통령령으로 정하는 바에 따라 다음 각 호의 조치를 할 수 있으며 검사를 거부·방해 또는 기피한 자에게는 500만 원 이하의 과태료를 부과한다.

④ **상속재산 등에 대한 집행**: 과태료는 당사자가 과태료 부과처분에 대하여 이의를 제기하지 아니한 채 기한이 종료한 후 사망한 경우에는 그 상속재산에 대하여 집행할 수 있다.

⑤ **고액 상습체납자에 대한 제재(제54조)**: 법원은 검사의 청구에 따라 결정으로 30일의 범위 이내에서 과태료의 납부가 있을 때까지 다음 각 호의 사유에 모두 해당하는 경우 체납자를 감치에 처할 수 있다.

4. 병과가능성

(1) 행정형벌과 행정질서벌

① **대법원**: 형사처벌과 행정질서벌을 동시에 부과하는 것이 일사부재리원칙에 반하지 않는다고 판시하였다. 이에 형사처벌을 행정형벌로 해석할 것인지 형사벌로 해석할 것인지가 문제된다.

> **관련판례**
>
> 행정법상의 질서벌인 과태료의 부과처분과 형사처벌은 그 성질이나 목적을 달리하는 별개의 것이므로 행정법상의 질서벌인 과태료를 납부한 후에 형사처벌을 한다고 하여 이를 일사부재리의 원칙에 반하는 것이라고 할 수는 없으며, 자동차의 임시운행허가를 받은 자가 그 허가 목적 및 기간의 범위 안에서 운행하지 아니한 경우에 과태료를 부과하는 것은 당해 자동차가 무등록 자동차인지 여부와는 관계없이, 이미 등록된 자동차의 등록번호표 또는 봉인이 멸실되거나 식별하기 어렵게 되어 임시운행허가를 받은 경우까지를 포함하여, 허가받은 목적과 기간의 범위를 벗어나 운행하는 행위 전반에 대하여 행정질서벌로써 제재를 가하고자 하는 취지라고 해석되므로, 만일 임시운행허가기간을 넘어 운행한 자가 등록된 차량에 관하여 그러한 행위를 한 경우라면 과태료의 제재만을 받게 되겠지만, 무등록 차량에 관하여 그러한 행위를 한 경우라면 과태료와 별도로 형사처벌의 대상이 된다(대판 1996.4.12. 96도158).

② **헌법재판소**: 행정질서벌로서의 과태료는 형벌(특히 행정형벌)과 목적·기능이 중복되는 면이 없지 않으므로 하나의 행위에 대하여 양자를 동시에 부과하는 것은 이중처벌금지의 기본정신에 배치된다고 판시하였다.

> **관련판례**
>
> 행정질서벌로서의 과태료는 행정상 의무의 위반에 대하여 국가가 일반통치권에 기하여 과하는 제재로서 형벌(특히 행정형벌)과 목적·기능이 중복되는 면이 없지 않으므로, 동일한 행위를 대상으로 하여 형벌을 부과하면서 아울러 행정질서벌로서의 과태료까지 부과한다면 그것은 이중처벌금지의 기본정신에 배치되어 국가 입법권의 남용으로 인정될 여지가 있음을 부정할 수 없다(헌재 1994.6.30. 92헌바38).

(2) 징계벌과 행정질서벌

일사부재리 원칙이 적용되지 않기 때문에 병과가 가능하다.

(3) 행정형벌과 건축법상 이행강제금 병과 가능

(4) 형사벌과 행정처분 병과 가능

구분	병과여부	비고
행정형벌과 형사벌	×	이중처벌금지의 원칙 위반임
행정질서벌과 형사벌	○	병과할 수 있다는 견해와 병과할 수 없다는 견해가 다툼이 있음
행정형벌과 행정질서벌	△	헌법재판소는 부정하고 대법원은 인정
과태료와 형사처벌	○	대법원은 과태료와 형사처벌(행정형벌인지 여부에 대해서 다툼이 있음)을 병과할 수 있다고 함
대집행과 행정벌	○	이중처벌금지의 원칙 위반이 아님
공급거부와 행정벌		이중처벌금지의 원칙 위반이 아님
이행강제금과 행정벌	○	이중처벌금지의 원칙 위반이 아님
행정벌과 징계벌	○	이중처벌금지의 원칙 위반이 아님
형사벌과 징계벌	○	이중처벌금지의 원칙 위반이 아님
행정형벌과 제재적 행정처분	○	이중처벌금지의 원칙 위반이 아님

제 4 장 행정조사

제1절 의의(자료나 정보 확보가 목적)

행정조사란 행정작용을 효과적으로 수행하기 위해 각종 자료를 수집하는 일체의 행정활동을 말한다. 이러한 행정조사는 직접 법률관계의 변동을 생기게 하는 것이 아니라 장래의 행정작용을 위한 준비적·보조적 행위로서의 성질을 가진다.

> 행정조사기본법 제2조 【정의】 이 법에서 사용하는 용어의 정의는 다음과 같다.
> 1. "행정조사"란 행정기관이 정책을 결정하거나 직무를 수행하는 데 필요한 정보나 자료를 수집하기 위하여 현장조사·문서열람·시료채취 등을 하거나 조사대상자에게 보고요구·자료제출요구 및 출석·진술요구를 행하는 활동을 말한다.

제2절 종류

1 대상에 따른 구분

1. 대인적 조사

대상이 사람인 행정조사로서 불심검문(즉시강제라는 견해 존재), 질문, 신체수색, 음주측정, 강제건강진단 등이 있다.

2. 대물적 조사

대상이 물건인 행정조사로서 장부·서류의 열람, 시설검사, 물건의 검사·수거, 토지의 출입·조사 등이 있다.

3. 대가택 조사

대상이 가택인 행정조사로서 가택·창고·영업소 등을 출입·검사하는 경우, 선차(배와 자동차)에의 출입 등이 있다.

제3절 위법한 조사의 효과

1 문제 상황

위법한 조사에 근거한 후행처분의 효력을 인정해야 하는지가 문제된다. 예를 들면, 위법한 세무조사를 통해서 위법하게 취득한 자료를 근거로 하여 과세처분을 내리는 경우, 과세처분이 위법할 것인지에 대한 문제이다.

2 판례의 입장

판례는 중복된 세무조사와 관련하여 위법한 세무조사를 통하여 수집된 과세자료에 기초한 과세처분을 위법하게 본다.

> **관련판례**
>
> 국가의 과세권을 실현하기 위한 행정조사의 일종인 세무조사가 과세자료의 수집 또는 신고내용의 정확성 검증이라는 본연의 목적이 아니라 부정한 목적을 위하여 행하여진 것이라면, 이는 세무조사에 중대한 위법사유가 있는 경우에 해당하고 이러한 세무조사에 의하여 수집된 과세자료를 기초로 한 과세처분 역시 위법하다(대판 2016.12.12. 2016두47659).

간단 점검하기

구 국세기본법에 따른 금지되는 재조사에 기초한 과세처분은 특별한 사정이 없는 한 위법하다. (○)

제4절 한계

1 실체법상 한계

1. 목적상 한계

행정조사는 위법한 목적을 위한 조사는 허용되지 않는다. 판례는 국군보안사 민간인 사찰 폭로 사건(대판 1998.7.24. 96다42789)에서 국가기관이 평소의 동향을 감시할 목적으로 개인의 정보를 비밀리에 수집한 경우에는 그 대상자가 공적 인물이라는 이유만으로 면책될 수 없다고 판시하여, 위법한 조사는 허용되지 않는다는 취지의 판시를 한 바 있다.

2. 권력적 조사

권력적 조사는 국민의 기본권을 침해할 우려가 높기 때문에 법률유보원칙에 따라 근거된 법규 내에서만 가능하다. 다만, 자발적 협조에 따른 임의조사는 법적 근거를 요하지 않는다.

3. 행정법의 일반원칙상의 한계

행정조사도 행정작용 일반의 경우처럼 비례원칙이나 평등원칙 등의 행정법 일반원칙의 적용을 받는다.

2 절차법상 한계

1. 권력적 조사

(1) 행정조사와 영장주의
① **문제의 소재**: 헌법 제12조 제3항 및 제16조에 의한 영장주의가 권력적 조사에도 적용되는지가 문제된다.
② **학설**
  ㉠ **긍정설**: 기본권 침해 우려가 있으므로 영장이 필요하다는 견해이다.
  ㉡ **부정설**: 영장 없이도 행정조사가 가능하다는 견해이다.
  ㉢ **절충설**: 긴급한 경우에는 영장절차 생략을 허용해 주나 원칙적으로 영장이 필요하다고 본다.

(2) 판례
판례는 행정조사가 강제처분에 해당하면 영장주의가 적용된다는 입장이다. 세관공무원의 밀수품에 대한 압수조사에 대해서 긴급한 경우에 사후영장이 가능하다고 판시하였다(대판 1976.11.9. 76도2703).

> **관련판례**
> 1. 우편물 통관검사절차에서 이루어지는 우편물의 개봉, 시료채취, 성분분석 등의 검사는 수출입물품에 대한 적정한 통관 등을 목적으로 한 행정조사의 성격을 가지는 것으로서 수사기관의 강제처분이라고 할 수 없으므로, 압수·수색영장 없이 우편물의 개봉, 시료채취, 성분분석 등 검사가 진행되었다 하더라도 특별한 사정이 없는 한 위법하다고 볼 수 없다(대판 2013.9.26. 2013도7718).
>
> 2. 물론 수출입물품 통관검사절차에서 이루어지는 물품의 개봉, 시료채취, 성분분석 등의 검사는 수출입물품에 대한 적정한 통관 등을 목적으로 조사를 하는 것으로서 이를 수사기관의 강제처분이라고 할 수 없으므로, 세관공무원은 압수·수색영장 없이 이러한 검사를 진행할 수 있다. 세관공무원이 통관검사를 위하여 직무상 소지하거나 보관하는 물품을 수사기관에 임의로 제출한 경우에는 비록 소유자의 동의를 받지 않았더라도 수사기관이 강제로 점유를 취득하지 않은 이상 해당 물품을 압수하였다고 할 수 없다. 그러나 마약류 불법거래 방지에 관한 특례법 제4조 제1항에 따른 조치의 일환으로 특정한 수출입물품을 개봉하여 검사하고 그 내용물의 점유를 취득한 행위는 위에서 본 수출입물품에 대한 적정한 통관 등을 목적으로 조사를 하는 경우와는 달리, 범죄수사인 압수 또는 수색에 해당하여 사전 또는 사후에 영장을 받아야 한다(대판 2017.7.18. 2014도8719).

(3) 증표의 제시
권력적 조사의 경우에 국민은 관계법령에 의거하여 작위의무·수인의무를 부담하고 또한 사생활이 침해되는 등 불이익을 받게 되므로 조사절차상 행정조사를 행하는 공무원이 조사의 권한을 가지고 있음을 명백히 할 필요가 있다.

2. 비권력적 조사
비권력적 조사는 피조사측의 임의적인 협력을 전제로 하기 때문에 영장주의에 관한 문제는 생기지 않는다.

간단 점검하기

우편물 통관검사절차에서 이루어지는 우편물의 개봉, 시료채취, 성분분석 등의 검사는 행정조사의 성격을 가지는 것으로 압수·수색영장 없이 진행되었다고 해도 특별한 사정이 없는 한 위법하다고 볼 수 없다. (○)

제5절 권리구제

1 적법한 조사에 대한 구제

적법한 행정조사로 인하여 재산상의 손실을 입은 경우, 그것이 특별한 희생에 해당하는 때에는 손실보상을 청구할 수 있다.

2 위법한 조사에 대한 구제

1. 행정상 쟁송

행정조사를 권력적 사실행위로만 한정하는 견해에 의하면, 행정조사는 당연히 행정심판과 행정소송의 대상이 된다. 그러나 행정조사를 비권력적 사실행위까지 포함시키는 견해에 따르면, 비권력적 사실행위에 해당되는 부분은 행정쟁송의 대상이 되지 않는다.

2. 행정상 손해배상

위법한 행정조사로 인하여 재산상의 손해를 받은 자는 국가배상법에 따른 손해배상청구가 가능하다.

3. 기타

청원, 공무원의 형사상책임, 징계책임제도 등은 간접적으로 위법한 행정조사에 대한 구제제도로서 의미를 갖는다.

구분	즉시강제	행정조사
의의	행정상 필요한 상태의 종국적 실현	행정결정을 위한 사전적 · 보조적 · 준비적 작용
영장주의의 예외인정범위	넓음	좁음
급박성	○	×
행정강제	○	×

제6절 행정조사기본법

1 의의

1. 목적

> 행정조사기본법 제1조 【목적】 이 법은 행정조사에 관한 기본원칙·행정조사의 방법 및 절차 등에 관한 공통적인 사항을 규정함으로써 행정의 공정성·투명성 및 효율성을 높이고, 국민의 권익을 보호함을 목적으로 한다.

2. 방법

행정조사에 관한 기본원칙, 즉 행정조사의 방법 및 절차 등에 관한 공통적인 사항을 규정하였다.

3. 기본개념

> 행정조사기본법 제2조 【정의】 이 법에서 사용하는 용어의 정의는 다음과 같다.
> 1. "행정조사"란 행정기관이 정책을 결정하거나 직무를 수행하는 데 필요한 정보나 자료를 수집하기 위하여 현장조사·문서열람·시료채취 등을 하거나 조사대상자에게 보고요구·자료제출요구 및 출석·진술요구를 행하는 활동을 말한다.
> 2. "행정기관"이란 법령 및 조례·규칙(이하 "법령등"이라 한다)에 따라 행정권한이 있는 기관과 그 권한을 위임 또는 위탁받은 법인·단체 또는 그 기관이나 개인을 말한다.
> 3. "조사원"이란 행정조사업무를 수행하는 행정기관의 공무원·직원 또는 개인을 말한다.
> 4. "조사대상자"란 행정조사의 대상이 되는 법인·단체 또는 그 기관이나 개인을 말한다.

2 적용범위

> 행정조사기본법 제3조 【적용범위】 ① 행정조사에 관하여 다른 법률에 특별한 규정이 있는 경우를 제외하고는 이 법으로 정하는 바에 따른다.
> ② 다음 각 호의 어느 하나에 해당하는 사항에 대하여는 이 법을 적용하지 아니한다.
> 1. 행정조사를 한다는 사실이나 조사내용이 공개될 경우 국가의 존립을 위태롭게 하거나 국가의 중대한 이익을 현저히 해칠 우려가 있는 국가안전보장·통일 및 외교에 관한 사항
> 2. 국방 및 안전에 관한 사항 중 다음 각 목의 어느 하나에 해당하는 사항
>   가. 군사시설·군사기밀보호 또는 방위사업에 관한 사항
>   나. 병역법·예비군법·민방위기본법·비상대비에 관한 법률·재난관리자원의 관리 등에 관한 법률에 따른 징집·소집·동원 및 훈련에 관한 사항

> 3. 공공기관의 정보공개에 관한 법률 제4조 제3항의 정보에 관한 사항
> 4. 근로기준법 제101조에 따른 근로감독관의 직무에 관한 사항
> 5. 조세·형사·행형 및 보안처분에 관한 사항
> 6. 금융감독기관의 감독·검사·조사 및 감리에 관한 사항
> 7. 독점규제 및 공정거래에 관한 법률, 표시·광고의 공정화에 관한 법률, 하도급거래 공정화에 관한 법률, 가맹사업거래의 공정화에 관한 법률, 방문판매 등에 관한 법률, 전자상거래 등에서의 소비자보호에 관한 법률, 약관의 규제에 관한 법률 및 할부거래에 관한 법률에 따른 공정거래위원회의 법률위반행위 조사에 관한 사항
> ③ 제2항에도 불구하고 제4조(행정조사의 기본원칙), 제5조(행정조사의 근거) 및 제28조(정보통신수단을 통한 행정조사)는 제2항 각 호의 사항에 대하여 적용한다.

1. 원칙

행정조사에 관하여 다른 법률에 특별한 규정이 있는 경우를 제외하고는 이 법으로 정하는 바에 따른다.

2. 예외

행정조사를 한다는 사실이나 조사내용이 공개될 경우 국가의 존립을 위태롭게 하거나 국가의 중대한 이익을 현저히 해칠 우려가 있는 국가안전보장·통일 및 외교에 관한 사항이나, 근로기준법 제101조에 따른 근로감독관의 직무에 관한 사항, 조세·형사·행형 및 보안처분에 관한 사항, 금융감독기관의 감독·검사·조사 및 감리에 관한 사항은 행정조사기본법이 적용되지 않는다.

3. 적용배제의 예외

제4조(행정조사의 기본원칙), 제5조(행정조사의 근거) 및 제28조(정보통신수단을 통한 행정조사)는 **2.**의 예외사항에 대하여서도 적용한다. 따라서 행정조사의 기본원칙은 조세에 관한 사항에 대한 조사에도 적용이 된다.

3 행정조사의 기본원칙

> 행정조사기본법 제4조 【행정조사의 기본원칙】 ① 행정조사는 조사목적을 달성하는 데 필요한 최소한의 범위 안에서 실시하여야 하며, 다른 목적 등을 위하여 조사권을 남용하여서는 아니 된다.
> ② 행정기관은 조사목적에 적합하도록 조사대상자를 선정하여 행정조사를 실시하여야 한다.
> ③ 행정기관은 유사하거나 동일한 사안에 대하여는 공동조사 등을 실시함으로써 행정조사가 중복되지 아니하도록 하여야 한다.
> ④ 행정조사는 법령등의 위반에 대한 처벌보다는 법령등을 준수하도록 유도하는 데 중점을 두어야 한다.
> ⑤ 다른 법률에 따르지 아니하고는 행정조사의 대상자 또는 행정조사의 내용을 공표하거나 직무상 알게 된 비밀을 누설하여서는 아니 된다.

⑥ 행정기관은 행정조사를 통하여 알게 된 정보를 다른 법률에 따라 내부에서 이용하거나 다른 기관에 제공하는 경우를 제외하고는 원래의 조사목적 이외의 용도로 이용하거나 타인에게 제공하여서는 아니 된다.

4 행정조사의 근거

일반적인 행정조사의 경우 행정청은 법령등에서 행정조사를 규정하고 있는 경우에 한하여 행정조사를 실시할 수 있다. 한편, 상대방이 자발적으로 협조하여 이루어지는 임의적 행정조사의 경우에는 법령의 근거가 필요하지 않다.

> 행정조사기본법 제5조【행정조사의 근거】행정기관은 법령등에서 행정조사를 규정하고 있는 경우에 한하여 행정조사를 실시할 수 있다. 다만, 조사대상자의 자발적인 협조를 얻어 실시하는 행정조사의 경우에는 그러하지 아니하다.

5 조사계획의 수립 및 조사대상의 선정

1. 연도별 행정조사운영계획의 수립 및 제출

(1) 행정기관의 장은 매년 12월 말까지 다음 연도의 행정조사운영계획을 행정조사의 기본원칙에 따라 수립하여 국무조정실장에게 제출하여야 하며, 행정조사운영계획에는 조사의 종류·조사방법·공동조사 실시계획·중복조사 방지계획, 그밖에 대통령령으로 정하는 사항이 포함되어야 한다(제6조 제1항 ~ 제3항).

(2) 국무조정실장은 행정기관의 장이 제출한 행정조사운영계획을 검토한 후 그에 대한 보완을 요청할 수 있다. 이 경우 행정기관의 장은 특별한 사정이 없는 한 이에 응하여야 한다(제6조 제4항).

2. 조사의 주기

행정조사는 법령등 또는 행정조사운영계획으로 정하는 바에 따라 정기적으로 실시함을 원칙으로 한다. 다만, 다음의 어느 하나에 해당하는 경우에는 수시조사를 할 수 있다(제7조).

> 행정조사기본법 제7조【조사의 주기】행정조사는 법령등 또는 행정조사운영계획으로 정하는 바에 따라 정기적으로 실시함을 원칙으로 한다. 다만, 다음 각 호 중 어느 하나에 해당하는 경우에는 수시조사를 할 수 있다.
> 1. 법률에서 수시조사를 규정하고 있는 경우
> 2. 법령등의 위반에 대하여 혐의가 있는 경우
> 3. 다른 행정기관으로부터 법령등의 위반에 관한 혐의를 통보 또는 이첩받은 경우
> 4. 법령등의 위반에 대한 신고를 받거나 민원이 접수된 경우
> 5. 그 밖에 행정조사의 필요성이 인정되는 사항으로서 대통령령으로 정하는 경우

📋 **간단 점검하기**

행정조사는 그 실효성 확보를 위해 수시조사를 원칙으로 한다. (×)

3. 조사대상의 선정

(1) 행정기관의 장은 행정조사의 목적, 법령준수의 실적, 자율적인 준수를 위한 노력, 규모와 업종 등을 고려하여 명백하고 객관적인 기준에 따라 행정조사의 대상을 선정하여야 한다(제8조 제1항).

(2) 조사대상자는 조사대상 선정기준에 대한 열람을 행정기관의 장에게 신청할 수 있으며, 열람신청을 받은 행정기관의 장은 ① 행정기관이 당해 행정조사업무를 수행할 수 없을 정도로 조사활동에 지장을 초래하는 경우나 ② 내부고발자 등 제3자에 대한 보호가 필요한 경우를 제외하고 신청인이 조사대상 선정기준을 열람할 수 있도록 하여야 한다(제8조 제2항·제3항).

6 행정조사의 방법

1. 출석·진술 요구(제9조)

(1) 행정기관의 장이 조사대상자의 출석·진술을 요구하는 때에는 출석요구서를 발송하여야 한다.

(2) 조사대상자는 지정된 출석일시에 출석하는 경우 업무 또는 생활에 지장이 있는 때에는 행정기관의 장에게 출석일시를 변경하여 줄 것을 신청할 수 있으며, 변경신청을 받은 행정기관의 장은 행정조사의 목적을 달성할 수 있는 범위 안에서 출석일시를 변경할 수 있다.

(3) 출석한 조사대상자가 (1)에 따른 출석요구서에 기재된 내용을 이행하지 아니하여 행정조사의 목적을 달성할 수 없는 경우를 제외하고는 조사원은 조사대상자의 1회 출석으로 당해 조사를 종결하여야 한다.

2. 보고요구와 자료제출요구(제10조)

(1) 행정기관의 장은 조사대상자에게 조사사항에 대하여 보고를 요구하는 때에는 보고 요구서를 발송하여야 한다.

(2) 행정기관의 장은 조사대상자에게 장부·서류나 그 밖의 자료를 제출하도록 요구하는 때에는 다음 각 호의 사항이 기재된 자료제출요구서를 발송하여야 한다.

3. 현장조사(제11조)

(1) 조사원이 가택·사무실 또는 사업장 등에 출입하여 현장조사를 실시하는 경우에는 행정기관의 장은 현장출입조사서 또는 법령 등에서 현장조사 시 제시하도록 규정하고 있는 문서를 조사대상자에게 발송하여야 한다.

(2) 현장조사는 해가 뜨기 전이나 해가 진 뒤에는 할 수 없다. 다만, 다음 어느 하나에 해당하는 경우에는 그러하지 아니하다.

> 행정조사기본법 제11조【현장조사】② 제1항에 따른 현장조사는 해가 뜨기 전이나 해가 진 뒤에는 할 수 없다. 다만, 다음 각 호의 어느 하나에 해당하는 경우에는 그러하지 아니하다.
> 1. 조사대상자(대리인 및 관리책임이 있는 자를 포함한다)가 동의한 경우

2. 사무실 또는 사업장 등의 업무시간에 행정조사를 실시하는 경우
 3. 해가 뜬 후부터 해가 지기 전까지 행정조사를 실시하는 경우에는 조사목적의 달성이 불가능하거나 증거인멸로 인하여 조사대상자의 법령등의 위반 여부를 확인할 수 없는 경우

4. 시료채취(제12조)

조사원이 조사목적의 달성을 위하여 시료채취를 하는 경우에는 그 시료의 소유자 및 관리자의 정상적인 경제활동을 방해하지 아니하는 범위 안에서 최소한도로 하여야 한다.

> 행정조사기본법 제12조【시료채취】① 조사원이 조사목적의 달성을 위하여 시료채취를 하는 경우에는 그 시료의 소유자 및 관리자의 정상적인 경제활동을 방해하지 아니하는 범위 안에서 최소한도로 하여야 한다.
> ② 행정기관의 장은 제1항에 따른 시료채취로 조사대상자에게 손실을 입힌 때에는 대통령령으로 정하는 절차와 방법에 따라 그 손실을 보상하여야 한다.

간단 점검하기

행정기관의 장은 조사원이 조사목적의 달성을 위하여 한 시료채취로 조사대상자에게 손실을 입힌 때에는 그 손실을 보상하여야 한다. (○)

5. 자료 등의 영치(제13조)

조사원이 현장조사 중에 자료·서류·물건 등(자료 등)을 영치하는 때에는 조사대상자 또는 그 대리인을 입회시켜야 한다.

6. 사전통지(제17조)

행정조사를 실시하고자 하는 행정기관의 장은 출석요구서, 보고요구서·자료제출요구서 및 현장출입조사서를 조사개시 7일 전까지 조사대상자에게 서면으로 통지하여야 한다. 그리고 행정기관의 장이 출석요구서 등을 조사대상자에게 발송하는 경우 출석요구서 등의 내용이 외부에 공개되지 아니하도록 필요한 조치를 하여야 한다. 다만, 다음 어느 하나에 해당하는 경우에는 행정조사의 개시와 동시에 출석요구서 등을 조사대상자에게 제시하거나 행정조사의 목적 등을 조사대상자에게 구두로 통지할 수 있다.

(1) 행정조사를 실시하기 전에 관련 사항을 미리 통지하는 때에는 증거인멸 등으로 행정조사의 목적을 달성할 수 없다고 판단되는 경우

(2) 통계법 제3조 제2호에 따른 지정통계의 작성을 위하여 조사하는 경우

(3) 제5조 단서에 따라 조사대상자의 자발적인 협조를 얻어 실시하는 행정조사의 경우

7 공동조사 및 중복조사의 제한

행정조사가 중첩적으로 이루어짐으로 조사대상자의 부담이 가중되고 있다. 이에 공동조사를 활성화하고 중복조사를 제한함으로 조사대상자의 부담을 경감한다는 취지이다.

1. 공동조사(제14조)
(1) 행정기관의 장은 다음 각 호의 어느 하나에 해당하는 행정조사를 하는 경우에는 공동조사를 하여야 한다.
   ① 당해 행정기관 내의 2 이상의 부서가 동일하거나 유사한 업무분야에 대하여 동일한 조사대상자에게 행정조사를 실시하는 경우
   ② 서로 다른 행정기관이 대통령령으로 정하는 분야에 대하여 동일한 조사대상자에게 행정조사를 실시하는 경우
(2) 행정조사의 사전통지를 받은 조사대상자는 관계 행정기관의 장에게 공동조사를 실시하여 줄 것을 신청할 수 있다. 이 경우 조사대상자는 신청인의 성명·조사일시·신청이유 등이 기재된 공동조사신청서를 관계 행정기관의 장에게 제출하여야 하고 공동조사를 요청받은 행정기관의 장은 이에 응하여야 한다.

2. 중복조사의 제한(제15조)
정기조사 또는 수시조사를 실시한 행정기관의 장은 동일한 사안에 대하여 동일한 조사대상자를 재조사하여서는 아니 된다. 다만, 당해 행정기관이 이미 조사를 받은 조사대상자에 대하여 위법행위가 의심되는 새로운 증거를 확보한 경우에는 그러하지 아니하다.

8 조사대상자에 대한 권익 보호

1. 조사의 연기신청(제18조)
(1) 출석요구서 등을 통지받은 자가 천재지변이나 그 밖에 대통령령으로 정하는 사유로 인하여 행정조사를 받을 수 없는 때에는 당해 행정조사를 연기하여 줄 것을 행정기관의 장에게 요청할 수 있다.
(2) 행정기관의 장은 행정조사의 연기요청을 받은 때에는 연기요청을 받은 날부터 7일 이내에 조사의 연기 여부를 결정하여 조사대상자에게 통지하여야 한다.

2. 제3자에 대한 보충조사(제19조)
(1) 행정기관의 장은 조사대상자에 대한 조사만으로는 당해 행정조사의 목적을 달성할 수 없거나 조사대상이 되는 행위에 대한 사실 여부 등을 입증하는 데 과도한 비용 등이 소요되는 경우로서 다음 각 호의 어느 하나에 해당하는 경우에는 제3자에 대하여 보충조사를 할 수 있다.
   ① 다른 법률에서 제3자에 대한 조사를 허용하고 있는 경우
   ② 제3자의 동의가 있는 경우
(2) 행정기관의 장은 제1항에 따라 제3자에 대한 보충조사를 실시하는 경우에는 조사 개시 7일 전까지 보충조사의 일시·장소 및 보충조사의 취지 등을 제3자에게 서면으로 통지하여야 한다.

3. 자발적인 협조에 따라 실시하는 행정조사(제20조)

행정기관의 장이 조사대상자의 자발적인 협조를 얻어 행정조사를 실시하고자 하는 경우 조사대상자는 문서·전화·구두 등의 방법으로 당해 행정조사를 거부할 수 있다. 또한 행정조사에 대하여 조사대상자가 조사에 응할 것인지에 대한 응답을 하지 아니하는 경우에는 법령 등에 특별한 규정이 없는 한 그 조사를 거부한 것으로 본다. 그리고 행정기관의 장은 조사거부자의 인적 사항 등에 관한 기초자료는 특정 개인을 식별할 수 없는 형태로 통계를 작성하는 경우에 한하여 이를 이용할 수 있다.

4. 의견제출(제21조)

조사대상자는 사전통지의 내용에 대하여 행정기관의 장에게 의견을 제출할 수 있고 행정기관의 장은 조사대상자가 제출한 의견이 상당한 이유가 있다고 인정하는 경우에는 이를 행정조사에 반영하여야 한다.

5. 조사원 교체신청(제22조)

조사대상자는 조사원에게 공정한 행정조사를 기대하기 어려운 사정이 있다고 판단되는 경우에는 행정기관의 장에게 당해 조사원의 교체를 신청할 수 있다. 만약, 교체신청이 조사를 지연할 목적으로 한 것이거나 그 밖에 교체신청에 타당한 이유가 없다고 인정되는 때에는 그 신청을 기각하고 그 취지를 신청인에게 통지하여야 한다.

9 자율관리체제의 구축

(1) 행정기관의 장은 조사대상자가 자율적으로 행정조사사항을 신고·관리하고, 스스로 법령준수사항을 통제하도록 하는 체제(자율관리체제)의 기준을 마련하여 고시할 수 있다.

(2) 조사대상자나 조사대상자가 법령 등에 따라 설립하거나 자율적으로 설립한 단체 또는 협회에 해당하는 자는 위의 기준에 따라 자율관리체제를 구축하여 대통령령으로 정하는 절차와 방법에 따라 행정기관의 장에게 신고할 수 있다.

(3) 국가와 지방자치단체는 행정사무의 효율적인 집행과 법령 등의 준수를 위하여 조사대상자의 자율관리체제 구축을 지원하여야 한다.

(4) 자율관리에 대한 혜택의 부여(제27조)

행정기관의 장은 자율신고를 하는 자와 자율관리체제를 구축하고 자율관리체제의 기준을 준수한 자에 대하여는 법령 등으로 규정한 바에 따라 행정조사의 감면 또는 행정·세제상의 지원을 하는 등 필요한 혜택을 부여할 수 있다.

제 5 장 새로운 의무이행확보수단

제1절 새로운 실효성 확보수단의 등장 배경

1 개설

행정의 다양화·복잡화·대량화·기술화·전문화의 가속으로 기존 행정의 실효성 확보 수단의 효율성은 약화되고 행정의 책임성을 확보하기가 점차 어렵게 되어 가고 있다. 즉, 행정의 실효성을 확보하기 위한 수단으로 전통적인 행정강제는 한계성을 드러내게 되었고 새로운 실효성 확보 수단이 필요하게 되었다.

2 새로운 실효성 확보수단의 성격

새로운 실효성 확보수단들은 행정상 제재수단의 일종에 해당하나, 간접적으로는 의무이행을 확보하는 기능도 아울러 수행한다.

제2절 금전상 제재

1 과징금

1. 개념

과징금이란 행정법상의 의무를 위반한 자에 대해 가해지는 금전상의 제재를 말하는 것으로 불법적 이득의 환수가 주목적인 본래적 과징금과 영업정지 등에 갈음하여 부과되는 변형적 과징금이 있다.

(1) 행정제재(전형적 과징금)

과징금이란 행정법상 의무를 위반·불이행한 자에게 가해지는 공법상의 금전적 제재를 말한다. 과징금은 독점규제 및 공정거래 법률에 의하여 도입된 수단으로, 원래 경제법상 의무위반행위로(공정거래위원회의 가격인하명령에 응하여 가격을 인하시킬 의무 등) 얻은 불법적인 이익을 박탈하기 위하여 도입되었다. 이러한 과징금제도와 유사한 부과금제도가 그 뒤 대기환경보전법(배출부과금) 및 축산법(초과사육부과금)에 도입되었다.

(2) 변형 과징금(사업정지 대신 과징금)

① **의의**: 여객자동차운수사업법 등에서 변형된 과징금제도가 도입되었다. 이는 공공성이 강한 사업을 시행하는 자가 행정법규를 위반한 경우 이를 이유로 그 인·허가사업 등에 대해 정지처분을 하는 대신 사업을 계속하게 하되 과징금을 부과하는 제도이다. 이는 국민의 편의나 물가, 고용 등의 공익을 목적으로 한 제도이다.

② **법 규정**

> 여객자동차 운수사업법 제88조 【과징금 처분】 ① 국토교통부장관, 시·도지사 또는 시장·군수·구청장은 여객자동차 운수사업자가 제49조의15 제1항 또는 제85조 제1항 각 호의 어느 하나에 해당하여 사업정지 처분을 하여야 하는 경우에 그 사업정지 처분이 그 여객자동차 운수사업을 이용하는 사람들에게 심한 불편을 주거나 공익을 해칠 우려가 있는 때에는 그 사업정지 처분을 갈음하여 5천만 원 이하의 과징금을 부과·징수할 수 있다.

> **간단 점검하기**
> 여객자동차 운수사업법상 과징금부과처분은 원칙적으로 위반자의 고의·과실을 요하지 않는다. (○)

③ **변형 과징금의 특성**: 변형 과징금은 부과할지 여부, 만약 부과한다면 그 금액은 얼마로 할 것인지는 재량이다. 또한 과징금부과처분이 법이 정한 한도액을 초과하여 위법할 경우, 법원으로서는 그 전부를 취소할 수밖에 없고, 일부를 취소하는 것은 허용되지 않는다.

> **간단 점검하기**
> 행정청이 행정제재수단으로 사업정지 또는 과징금을 부과할 것인지, 과징금의 경우 얼마로 할 것인지의 재량이 부여된 경우 과징금 부과처분이 법이 정한 한도액을 초과하여 위법한 경우 법원은 그 초과된 부분만을 취소할 수 있다. (×)

> **관련판례**
> 자동차운수사업면허조건 등을 위반한 사업자에 대하여 행정청이 행정제재수단으로 사업 정지를 명할 것인지, 과징금을 부과할 것인지, 과징금을 부과키로 한다면 그 금액은 얼마로 할 것인지에 관하여 재량권이 부여되었다 할 것이므로 과징금부과처분이 법이 정한 한도액을 초과하여 위법할 경우 법원으로서는 그 전부를 취소할 수밖에 없고, 그 한도액을 초과한 부분이나 법원이 적정하다고 인정되는 부분을 초과한 부분만을 취소할 수 없다(금 1,000,000원을 부과한 당해 처분 중 금 100,000원을 초과하는 부분은 재량권 일탈·남용으로 위법하다며 그 일부분만을 취소한 원심판결을 파기한 사례)(대판 1998.4.10. 98두2270).

2. 법적 근거

과징금은 재산권의 직접적인 침해를 가져오는 것이므로 법적 근거가 있어야 부과할 수 있다. 일반법으로 행정기본법이 있고, 개별법으로 독점규제및공정거래법(최초도입), 공정거래법, 대기환경보전법, 수질환경보전법, 여객자동차운수사업법 등을 들 수 있다.

> 행정기본법 제28조 【과징금의 기준】 ① 행정청은 법령등에 따른 의무를 위반한 자에 대하여 <u>법률로 정하는 바에 따라</u> 그 위반행위에 대한 제재로서 과징금을 부과할 수 있다.
> ② 과징금의 근거가 되는 법률에는 과징금에 관한 다음 각 호의 사항을 명확하게 규정하여야 한다.
> 1. 부과·징수 주체
> 2. 부과 사유

> 3. 상한액
> 4. 가산금을 징수하려는 경우 그 사항
> 5. 과징금 또는 가산금 체납 시 강제징수를 하려는 경우 그 사항
>
> ③ 제2항 제4호에 따라 체납된 과징금에 대한 가산금을 부과하는 규정을 정할 때에는 가산금의 부과율 및 부과기간이 금융기관 등이 연체대출금에 대하여 적용하는 이자율 등을 고려하여 대통령령으로 정하는 부과율 및 부과기간을 넘지 아니하도록 규정하여야 한다.
> [시행일: 2026.3.19.]
>
> **제29조【과징금의 납부기한 연기 및 분할 납부】** 과징금은 한꺼번에 납부하는 것을 원칙으로 한다. 다만, 행정청은 과징금을 부과받은 자가 다음 각 호의 어느 하나에 해당하는 사유로 과징금 전액을 한꺼번에 내기 어렵다고 인정될 때에는 그 납부기한을 연기하거나 분할 납부하게 할 수 있으며, 이 경우 필요하다고 인정하면 담보를 제공하게 할 수 있다.
> 1. 재해 등으로 재산에 현저한 손실을 입은 경우
> 2. 사업 여건의 악화로 사업이 중대한 위기에 처한 경우
> 3. 과징금을 한꺼번에 내면 자금 사정에 현저한 어려움이 예상되는 경우
> 4. 그 밖에 제1호부터 제3호까지에 준하는 경우로서 대통령령으로 정하는 사유가 있는 경우
>
> **행정기본법 시행령 제7조【과징금의 납부기한 연기 및 분할 납부】** ① 과징금 납부 의무자는 법 제29조 각 호 외의 부분 단서에 따라 과징금 납부기한을 연기하거나 과징금을 분할 납부하려는 경우에는 납부기한 10일 전까지 과징금 납부기한의 연기나 과징금의 분할 납부를 신청하는 문서에 같은 조 각 호의 사유를 증명하는 서류를 첨부하여 행정청에 신청해야 한다.

3. 부과·징수의 구제

과징금의 부과는 정당한 권한을 가진 행정청이 납입고지함으로써 이루어지고, 이러한 부과행위의 효력으로서 납부의무가 발생한다. 납부의무의 불이행에 대해서는 국세 또는 지방세 체납처분의 예에 따라 강제징수된다. 한편, 헌법재판소는 부당내부거래사건에서 공정거래위원회로 하여금 과징금을 부과하여 제재할 수 있도록 한 것은 ① 이에 대한 전문적 지식과 경험을 갖춘 기관이 담당하는 것이 바람직하다는 정책적 결단에 입각한 것이고, ② 위원회라는 합의제 행정기관으로서 그 구성이 어느 정도의 독립성이 보장되어 있을 뿐 아니라 ③ 행정소송을 통한 사법적 사후심사 역시 보장되므로 권력분립원칙에 위배되지 않는다고 판시하였다(헌재 2003.7.24. 2001헌가25).

> **관련판례**
>
> **1. 과징금은 상속 가능(일신전속적 권리 아님)**
> 부동산실권리자명의등기에 관한 법률 제5조에 의하여 부과된 과징금 채무는 대체적 급부가 가능한 의무이므로 위 과징금을 부과받은 자가 사망한 경우 그 상속인에게 포괄승계된다(대판 1999.5.14. 99두35).

2. **재량권을 일탈(법정 최고한도액 초과)한 과징금 납부명령에 대하여 법원이 적정한 처분의 정도를 판단하여 그 초과되는 부분만 취소할 수는 없음(전부취소)**

   처분을 할 것인지 여부와 처분의 정도에 관하여 재량이 인정되는 과징금 납부명령에 대하여 그 명령이 재량권을 일탈하였을 경우, 법원으로서는 재량권의 일탈 여부만 판단할 수 있을 뿐이지 재량권의 범위 내에서 어느 정도가 적정한 것인지에 관하여는 판단할 수 없어 그 전부를 취소할 수 밖에 없고, 법원이 적정하다고 인정하는 부분을 초과한 부분만 취소할 수는 없다(대판 2009.6.23. 2007두18062).

3. **공정거래위원회가 여러 개의 위반행위에 대하여 하나의 과징금 납부명령을 하였더라도 일부의 위반행위에 대한 과징금액 부분만을 취소할 수 있는 경우**

   공정거래위원회가 부당지원행위에 대한 과징금을 부과함에 있어 여러 개의 위반행위에 대하여 하나의 과징금 납부명령을 하였으나 여러 개의 위반행위 중 일부의 위반행위만이 위법하고 소송상 그 일부의 위반행위를 기초로 한 과징금액을 산정할 수 있는 자료가 있는 경우에는, 하나의 과징금 납부명령일지라도 그 중 위법하여 그 처분을 취소하게 된 일부의 위반행위에 대한 과징금액에 해당하는 부분만을 취소할 수 있다(대판 2006.12.22. 2004두1483).

4. **과징금부과처분 취소재결에 대하여 제3자는 그 취소를 구할 법률상 이익이 없음**

   면허 받은 장의자동차운송사업구역에 위반하였음을 이유로 한 행정청의 과징금부과처분에 의하여 동종업자의 영업이 보호되는 결과는 사업구역제도의 반사적 이익에 불과하기 때문에 그 과징금부과처분을 취소한 재결에 대하여 처분의 상대방 아닌 제3자는 그 취소를 구할 법률상 이익이 없다(대판 1992.12.8. 91누13700).

5. **하나의 회사 내부에 여러 개의 사업 부문이 존재하는 경우 부당한 공동행위를 한 사업자 및 과징금 부과대상은 사업 부문이 아니라 회사 자체이다.**

   하나의 회사 내부에 여러 개의 사업 부문이 존재하는 경우 독점규제 및 공정거래에 관한 법률 제19조 제1항에 규정된 부당한 공동행위를 한 사업자 및 그로 인한 과징금 부과대상을 판단함에 있어, 다른 사업자와 부당한 공동행위를 한 사업자는 회사 내부 조직인 관련 특정 사업 부문이 아니라 회사 자체라고 보아야 하고, 과징금 역시 그 회사에 대하여 부과된다고 보는 것이 타당하다(대판 2013.7.25. 2012두4302).

6. **구 여객자동차 운수사업법 제88조 제1항의 과징금을 현실적인 행위자가 아닌 법령상 책임자에게 부과할 수 있으나 위반자의 의무 해태를 탓할 수 없는 정당한 사유가 있는 경우 과징금을 부과할 수 없음**

   구 여객자동차 운수사업법(2012.2.1. 법률 제11295호로 개정되기 전의 것) 제88조 제1항의 과징금부과처분은 제재적 행정처분으로서 여객자동차 운수사업에 관한 질서를 확립하고 여객의 원활한 운송과 여객자동차 운수사업의 종합적인 발달을 도모하여 공공복리를 증진한다는 행정목적의 달성을 위하여 행정법규 위반이라는 객관적 사실에 착안하여 가하는 제재이므로 반드시 현실적인 행위자가 아니라도 법령상 책임자로 규정된 자에게 부과되고 원칙적으로 위반자의 고의·과실을 요하지 아니하나, 위반자의 의무 해태를 탓할 수 없는 정당한 사유가 있는 등의 특별한 사정이 있는 경우에는 이를 부과할 수 없다(대판 2014.10.15. 2013두50).

7. 구 영유아보육법 제45조 제1항 각 호의 사유가 인정되는 경우, 행정청에 어린이집 운영정지 처분을 할 것인지 또는 이에 갈음하여 과징금을 부과할 것인지를 선택할 수 있는 재량이 인정된다(대판 2015.6.24. 2015두39378).

> **간단 점검하기**
>
> 행정법규 위반에 대한 제재조치는 법령상의 책임자로 규정된 자가 아닌 현실적 행위자에게 부과되어야 하고, 특별한 사정이 없는 한 위반자에게 고의나 과실이 있어야 부과할 수 있다. (×)

4. 과징금의 성질

(1) 과징금 부과처분은 행정처분이다.

(2) 과징금은 일정한 행정법상 의무위반에 대한 금전적 제재인 점에서 벌금 또는 과태료와 본질적으로 다를 것이 없으나, 과징금은 이득환수적인 내용이라는 점에서 벌금·과태료와 다르다.

(3) 과징금은 행정청에 의하여 부과되는 행정행위의 성질을 가지므로 이에 대한 불복은 행정쟁송절차에 의한다는 점에서 형사소송절차에 의하는 행정형벌인 벌금과 구별된다.

(4) 과징금의 경우 일반적으로 과징금을 부과할 것인지 아니면 영업정지처분을 할 것인지는 통상 행정청의 재량에 속하는 것으로 규정되어 있는 경우가 많다.

5. 형벌과 병과

과징금과 형사처벌은 일사부재리 원칙이 적용되지 않아 형벌과 병과가 가능하다.

6. 과징금의 징수

과징금은 전액을 한꺼번에 그리고 일시에 납부하는 것을 원칙(일시전액납부 원칙)으로 하나, 사업 여건의 악화로 사업이 중대한 위기에 처한 경우 등의 경우에는 분할납부나 납부연기가 가능하다(행정기본법 제29조 참조).

2 가산세

1. 의의

가산세란 세법상의 의무위반에 대한 그 이행을 확보하기 위하여 징수하는 경제적 불이익을 말한다(국세기본법 제2조 제4호). 예컨대 세법상 법정신고기간 내에 소득을 신고하여 납세하여야 할 의무가 있는 경우, 신고하지 아니하였거나 과소 신고하였을 경우에는 일정 비율의 납부불성실가산세 또는 신고불성실가산세 등이 과하여진다.

2. 가산세의 부과요건

가산세의 부과에는 고의·과실이 불필요하지만, 정당한 사유가 있을 때는 부과가 불가능하다(정당한 사유 부정사례: ① 법령의 부지·착오·오인·오해, ② 세무공무원의 잘못된 설명을 믿고 신고납부의무를 이행하지 않았으나 관계 법령에 어긋나는 것임이 명백한 경우, ③ 과세관청이 납세의무자에게 면세사업자등록증을 교부하고 수년간 면세사업자로서 한 부가가치세 예정신고 및 확정신고를 받아들였다는 사정, ④ 업무량 폭주와 처리건수의 과다).

관련판례

1. **가산세는 행정상 제재이므로 가산세부과처분은 본세의 부과처분과 별개의 과세 처분이 므로 본세의 산출세액이 없더라도 가산세만 독립하여 부과·징수할 수 있음**

    가산세는 과세권의 행사와 조세채권의 실현을 용이하게 하기 위하여 세법에 규정된 의무를 정당한 이유 없이 위반한 납세자에게 부과하는 일종의 행정상 제재이므로, 징수절차의 편의상 당해 세법이 정하는 국세의 세목으로 하여 그 세법에 의하여 산출한 본세의 세액에 가산하여 함께 징수하는 것일 뿐, 세법이 정하는 바에 의하여 성립·확정되는 국세와 본질적으로 그 성질이 다른 것이므로, 가산세부과처분은 본세의 부과처분과 별개의 과세처분이다(대판 2005.9.30. 2004두2356).

2. **가산세 부과에 납세자의 고의·과실은 고려되지 않음**

    세법상 가산세는 과세권의 행사 및 조세채권의 실현을 용이하게 하기 위하여 납세자가 정당한 이유 없이 법에 규정된 신고 납세 등 각종 의무를 위반한 경우에 개별세법이 정하는 바에 따라 부과되는 행정상 제재로서 납세자의 고의 과실은 고려되지 않는다(대판 1993.6.8. 93누6744).

3. **정당한 사유가 있는 경우 가산세를 부과할 수 없음**

    법인세법상 과소신고가산세 및 무납부가산세는 과세의 적정을 기하기 위하여 납세의무자인 법인으로 하여금 성실한 과세표준의 신고 및 세액의 납부를 의무지우고 이를 확보하기 위하여 그 의무이행을 게을리 하였을 때 가해지는 일종의 행정상의 제재라고 할 것이고, 이와 같은 제재는 단순한 법률의 부지나 오해의 범위를 넘어 세법해석상 의의로 인한 견해의 대립이 있는 등으로 인해 납세의무자가 그 의무를 알지 못하는 것이 무리가 아니었다고 할 수 있어서 그를 정당시할 수 있는 사정이 있을 때 또는 그 의무의 이행을 그 당사자에게 기대하는 것이 무리라고 하는 사정이 있을 때 등 그 의무를 게을리 한 점을 탓할 수 없는 정당한 사유가 있는 경우에는 이를 과할 수 없다(대판 2002.8.23. 2002두66).

관련판례 | 정당한 사유 부정사례

1. **납세자의 법령의 부지나 착오**

    세법상 가산세는 … 납세자의 고의·과실은 고려되지 아니하고 법령의 부지·착오 등은 그 의무위반을 탓할 수 없는 정당한 사유에 해당하지 아니한다(대판 2007.4.26. 2005두10545).

2. **세무공무원의 잘못된 설명을 믿고 신고납부의무를 이행하지 않은 경우라도 그것이 관계 법령에 어긋나는 것임이 명백한 때에는 그러한 사유만으로 정당한 사유가 있다고 볼 수 없다**(대판 1997.8.22. 96누15404).

3. **과세관청이 납세의무자에게 면세사업자등록증을 교부하고 수년간 면세사업자로서 한 부가가치세 예정신고 및 확정신고를 받아들였다는 사정**

    보험조사용역을 주된 사업으로 하는 법인이 보험조사용역이 면세사업에 해당하는 것이라 알고 그에 대한 부가가치세 신고를 하지 아니한 것은 관계 법령을 잘못 해석한 것에 기인한 것이고, 과세관청이 납세의무자에게 면세사업자등록증을 교부하고 수년간 면세사업자로서 한 부가가치세 예정신고 및 확정신고를 받아들였다는 사정만으로는 가산세를 부과할 수 없는 정당한 사유가 있다고 볼 수 없다(대판 2002.9.4. 2001두9370).

간단 점검하기

세법상 가산세는 행정상 제재로서 납세자의 고의·과실은 고려되지 않으므로 설령 납세자에게 그 의무해태를 탓할 수 없는 정당한 사유가 있는 경우라도 이를 부과할 수 있다. (×)

4. 납세의무자가 인터넷 국세종합상담센터의 답변에 따라 세액을 과소신고·납부한 경우, 납세의무자에게 신고·납세의무의 위반을 탓할 수 없는 정당한 사유가 있다고 보기 어렵다(대판 2009.4.23. 2007두3107).

3 가산금

가산금이란 납부기한까지 국세를 납부하지 아니한 때에 체납된 국세에 대해 일정 금액을 추가적으로 부담시키는 금전적 부담을 말한다(국세기본법 제2조 제5호). 국세를 납부기한까지 완납하지 아니한 때에는 그 납부기한이 경과한 날로부터 체납된 국세에 대하여 100분의 3에 상당하는 가산금을 징수한다. 체납된 국세를 납부하지 아니한 때에는 납부기한이 경과한 날로부터 매 1월이 경과할 때마다 체납된 국세의 1000분의 12에 상당하는 중가산금을 가산하여 징수한다. 이 경우 중가산금을 가산하여 징수하는 기간은 60월을 초과하지 못한다(국세징수법 제21조, 제22조 제1항). 가산금은 조세가 아니며 체납된 국세가 50만 원 미만인 때에는 이를 적용하지 아니한다.

> **관련판례**
>
> 1. 행정재산의 사용·수익 허가에 따른 사용료를 납부기한까지 납부하지 않은 경우에 부과되는 가산금과 중가산금의 법적 성질은 지연이자의 성격
>
>   국유재산 등의 관리청이 하는 행정재산의 사용·수익 허가에 따른 사용료에 대하여는 국유재산법 제25조 제3항의 규정에 의하여 국세징수법 제21조, 제22조가 규정한 가산금과 중가산금을 징수할 수 있다 할 것이고, 위 가산금과 중가산금은 위 사용료가 납부기한까지 납부되지 않은 경우 미납분에 관한 지연이자의 의미로 부과되는 부대세의 일종이다(대판 2006.3.9. 2004다31074).
>
> 2. 가산금 고지는 항고소송의 대상이 되는 처분이 아님
>
>   국세징수법 제21조, 제22조가 규정하는 가산금 또는 중가산금은 국세를 납부기한까지 납부하지 아니하면 과세청의 확정절차 없이도 법률 규정에 의하여 당연히 발생하는 것이므로 가산금 또는 중가산금의 고지가 항고소송의 대상이 되는 처분이라고 볼 수 없다(대판 2005.6.10. 2005다15482).

제3절 제재적 행정처분(관허사업의 제한)

1 의의

관허사업의 제한이란 ① 법령상 의무이행을 확보하기 위해 허가거부·취소·정지 등을 규정한 경우(광의)로서 ② 의무위반사항과 직접적인 관련이 없는 각종의 인·허가 등 수익적 행정행위를 철회·정지(협의)하여 간접적으로 의무이행을 확보하는 것을 말한다.

2 법적 근거의 필요 여부

침익적 행정행위이므로 명문의 근거를 요한다(법률유보원칙). 예컨대, 다음과 같다.

(1) 위반건축물을 이용한 자에 대한 관허사업의 제한(건축법 제79조)

(2) 체납자에 대한 관허사업의 제한(국세징수법 제7조)

(3) 과태료 체납자에 대한 관허사업의 제한(질서위반행위규제법 제52조)

3 종류 – 관련사업의 제한

1. 의의

의무위반사항과 직접적 관련이 없는 사업의 인·허가 등의 거부·정지·철회를 말한다. 예컨대, 국세징수법 제7조의 국세체납자에 대한 일반적 관허사업의 제한을 들 수 있다.

2. 부당결부금지의 원칙과의 관계

관허사업의 제한과 의무위반 또는 의무불이행이 실체적 관련성이 있어야 부당결부금지의 원칙에 적합하다. 그런데 국세징수법상 관허사업의 제한과 같은 무관련사업의 제한은 부당결부금지의 원칙에 바람직하지 아니한 것으로 위헌설과 합헌설의 대립이 있다.

제4절 공급거부

1 의의

공급거부는 행정법상의 의무를 위반한 자에 대하여 일정한 행정상의 역무나 재화의 공급을 거부하는 행위를 말한다. 행정에 의하여 공급되는 각종의 역무·재화는 국민생활에 필수적이므로 그 거부는 행정상 의무이행확보수단으로서 매우 실효성이 있다.

2 법적 근거

1. 필요성

공급거부는 침익적 행위이므로 법률상 근거가 필요하다.

2. 개별법

일반법은 없고 현행법상 이를 인정하고 있는 개별법으로는 공업배치 및 공장설립에 관한 법률, 수질오염환경보전법, 대기환경보전법 등이 있고 건축법상 규정은 개정으로 2006년에 삭제되었다.

3 한계

1. 법률유보의 원칙
침익적 행정행위의 영역이기 때문에 법률에 명확한 근거가 있어야 한다.

2. 법률우위의 원칙

(1) 평등원칙

전기·수도 등의 공급의 공익성을 고려할 때 공역무의 계속성원칙 및 공역무에 대한 평등원칙이 당연히 적용되어야 한다. 따라서 공급거부는 보충적으로 적용되어야 한다.

(2) 부당결부금지의 원칙

다른 법령에 의하여 부과된 의무의 위반·불이행에 대하여 그 의무이행을 확보하기 위한 수단으로 당해 급부의 공급을 거부 또는 중단하는 것은 부당결부금지원칙에 위배되므로 위법성이 문제될 수 있다.

4 권리구제

공급거부는 급부행정의 영역에서 문제되는 것인데, 그 급부관계의 성질이 공법적인 경우도 있고 사법적인 경우도 있는 등 공급거부의 성질이 다른 것이 보통이다. 따라서 공급거부의 성질을 규명하여 그에 따라 구제절차를 정하여야 한다.

1. 급부관계가 사법관계인 경우
판례는 전화가입계약을 사법관계로 보고 있으므로 민사소송의 방법에 의하여 당해 공급거부의 무효를 주장하여야 한다.

2. 급부관계가 공법관계인 경우
행정쟁송을 통해서 구제받아야 한다. 공급중단에 대해서는 중단되는 재화나 서비스의 대상적격, 즉 처분성이 인정되는 경우에만 행정소송으로 다툴 수 있다. ① 판례는 단수처분에 대해서 권력적 사실행위로 보아 처분성을 인정하였다. ② 반면에 단전화 요청, 단전기요청, 단도시가스요청의 경우에는 사실행위에 불과하므로 처분성을 부인한 바 있다. ③ 그리고 구청장의 공급불가 회신 역시 단순한 사실행위에 불과하므로 처분성을 부인하는 취지의 판시를 한바 있다.

> **관련판례**
>
> 1. 행정청의 단수처분은 항고소송의 대상이 되는 행정처분에 해당한다(대판 1979.12.28. 79누218).
>
> 2. **위법 건축물에 대한 단전 및 전화통화 단절조치 요청행위는 처분성 부정**
>   건축법 제69조 제2항, 제3항의 규정에 비추어 보면, 행정청이 위법 건축물에 대한 시정명령을 하고 나서 위반자가 이를 이행하지 아니하여 전기·전화의 공급자에게 그 위법 건축물에 대한 전기·전화공급을 하지 말아 줄 것을 요청한 행위는 권고적 성격의 행위에 불과한 것으로서 전기·전화공급자나 특정인의 법률상 지위에 직접적인

변동을 가져오는 것은 아니므로 이를 항고소송의 대상이 되는 행정처분이라고 볼 수 없다(대판 1996.3.22. 96누433).

3. 한국전력공사의 전기공급 적법여부의 조회에 대한 관할 구청장의 공급불가회신은 처분성 부정

무단용도변경을 이유로 단전조치된 건물의 소유자로부터 새로이 전기공급신청을 받은 한국전력공사가 관할 구청장에게 전기공급의 적법 여부를 조회한 데 대하여, 관할 구청장이 한국전력공사에 대하여 건축법 제69조 제2항, 제3항의 규정에 의하여 위 건물에 대한 전기공급이 불가하다는 내용의 회신을 하였다면, 그 회신은 권고적 성격의 행위에 불과한 것으로서 한국전력공사나 특정인의 법률상 지위에 직접적인 변동을 가져오는 것은 아니므로 항고소송의 대상이 되는 행정처분이라고 볼 수 없다(대판 1995.11.21. 95누9099).

제5절 행정상의 공표

행정절차법 제40조의3 【위반사실 등의 공표】 ① 행정청은 법령에 따른 의무를 위반한 자의 성명·법인명, 위반사실, 의무 위반을 이유로 한 처분사실 등(이하 "위반사실등"이라 한다)을 법률로 정하는 바에 따라 일반에게 공표할 수 있다.
② 행정청은 위반사실등의 공표를 하기 전에 사실과 다른 공표로 인하여 당사자의 명예·신용 등이 훼손되지 아니하도록 객관적이고 타당한 증거와 근거가 있는지를 확인하여야 한다.
③ 행정청은 위반사실등의 공표를 할 때에는 미리 당사자에게 그 사실을 통지하고 의견제출의 기회를 주어야 한다. 다만, 다음 각 호의 어느 하나에 해당하는 경우에는 그러하지 아니하다.
1. 공공의 안전 또는 복리를 위하여 긴급히 공표를 할 필요가 있는 경우
2. 해당 공표의 성질상 의견청취가 현저히 곤란하거나 명백히 불필요하다고 인정될 만한 타당한 이유가 있는 경우
3. 당사자가 의견진술의 기회를 포기한다는 뜻을 명백히 밝힌 경우
④ 제3항에 따라 의견제출의 기회를 받은 당사자는 공표 전에 관할 행정청에 서면이나 말 또는 정보통신망을 이용하여 의견을 제출할 수 있다.
⑤ 제4항에 따른 의견제출의 방법과 제출 의견의 반영 등에 관하여는 제27조 및 제27조의2를 준용한다. 이 경우 "처분"은 "위반사실등의 공표"로 본다.
⑥ 위반사실등의 공표는 관보, 공보 또는 인터넷 홈페이지 등을 통하여 한다.
⑦ 행정청은 위반사실등의 공표를 하기 전에 당사자가 공표와 관련된 의무의 이행, 원상회복, 손해배상 등의 조치를 마친 경우에는 위반사실등의 공표를 하지 아니할 수 있다.
⑧ 행정청은 공표된 내용이 사실과 다른 것으로 밝혀지거나 공표에 포함된 처분이 취소된 경우에는 그 내용을 정정하여, 정정한 내용을 지체 없이 해당 공표와 같은 방법으로 공표된 기간 이상 공표하여야 한다. 다만, 당사자가 원하지 아니하면 공표하지 아니할 수 있다.

1 의의

공표란 행정법상의 의무위반 또는 의무불이행에 대하여 그의 성명·위반사실 등을 일반에게 공개하는 간접적·심리적인 의무이행 확보제도이다. 최근에는 경고·추천·시사 등 새로운 수단이 등장함에 따라 이에 대한 법적 통제가 더욱 관심을 끌고 있다.

2 기능

① 간접적으로 의무이행을 확보하고, ② 직접적으로 국민의 알권리를 실현한다.

3 법적성질

공표는 단지 일정한 사실을 국민에게 알리는 비권력적 사실행위로 보는 것이 다수설이나, 공표는 행정기관의 일방적 행위로서 상대방의 프라이버시에 큰 손상을 입히므로 권력적 사실행위로 보는 유력설이 있다. 어느 행위가 권력적 사실행위인지는 개별적·구체적으로 판단하여야 할 것이다.

4 법적 근거

1. 필요 여부

(1) 학설
① **소극설**: 비권력적 사실행위이므로 법적 근거가 불요하다는 견해이다.
② **적극설(다수설)**: 공표제도는 상대방의 인격권 내지 프라이버시권을 침해하는 침익적 작용이므로 헌법 제37조 제2항에 비추어 볼 때, 법적 근거가 필요하다는 견해이다.

(2) 판례 및 검토
판례 평석에 있어 소극설의 입장으로 법적 근거를 요구하지 아니하는 듯 보인다는 견해와 해당 판례에서는 위헌결정으로 인해 법적 근거가 필요 없는 상황에서 공표가 허용된 것이지, 원칙적으로 법적 근거가 필요없는 것은 아니라는 견해가 있으나, 현재는 행정절차법 개정으로 법적 근거를 갖추었으므로 논의의 실익이 떨어진다.

> **관련판례** 청소년의 성보호에 관한 법률에 따른 성범죄자 신상공개 - 합헌
>
> 청소년의 성을 사는 행위 등의 범죄방지를 위한 계도가 신상공개제도의 주된 목적임을 명시하고 있는바, 이 제도가 당사자에게 일종의 수치심과 불명예를 줄 수 있다고 하여도, 이는 어디까지나 신상공개제도가 추구하는 입법목적에 부수적인 것이지 주된 것은 아니다. 또한, 공개되는 신상과 범죄 사실은 이미 공개재판에서 확정된 유죄판결의 일부로서, 개인의 신상 내지 사생활 관한 새로운 내용이 아니고, 공익목적을 위하여 이를 공개하는 과정에서 부수적으로 수치심 등이 발생된다고 하여 이것을 기존의 형벌 외에 또 다른 형벌로서 수치형이나 명예형에 해당한다고 볼 수는 없다. 그렇다면 신상공개제도는 헌법 제13조의 이중처벌금지 원칙에 위배되지 않는다(헌재 2003.6.26. 2002헌가14).

2. 입법상황

명단공표에 관한 일반법으로는 행정절차법이 존재하고, 개별법으로 ① 국세기본법 제85조의5에 의한 불성실기부금수령단체 등의 명단 공개, ② 청소년의 성보호에 관한 법률 제20조상의 성범죄자신상공개 제도, ③ 공정거래위원회에 의한 법위반 사실의 공표제도, ④ 공직자윤리법에 의한 공직자의 재산공개, 독점규제 및 공정거래에 관한 법률, 자원의 절약과 재활용촉진에 관한 법률, 소비자보호법, 식품위생법, 공직자윤리법등 많은 입법이 있다.

> 국세기본법 제85조의5【불성실기부금수령단체 등의 명단 공개】① 국세청장은 제81조의13과 「국제조세조정에 관한 법률」 제57조에도 불구하고 다음 각 호의 어느 하나에 해당하는 자의 인적사항 등을 공개할 수 있다. 다만, 체납된 국세가 이의신청·심사청구 등 불복청구 중에 있거나 그 밖에 대통령령으로 정하는 사유가 있는 경우에는 그러하지 아니하다.

5 한계

1. 프라이버시권과 공표청구권(알권리)의 조화

① 일반적으로 행정법상 의무위반자의 성명이나 위반사실을 공표하는 것은 상대방의 프라이버시보다 국민의 알권리가 앞서므로 허용된다고 할 것이나, ② 의무위반과 관계없는 사항이나 사생활을 공표하는 것은 부당결부금지의 원칙에 반할 뿐더러 프라이버시권을 침해하게 될 가능성이 크다. 고로 두 법익이 충돌하였을 때 그 조정을 어떻게 할 것인지는 구체적인 경우에 사회적인 여러 가지 이익을 비교하여 표현의 자유로 얻어지는 이익, 가치와 인격권의 보호에 의하여 달성되는 가치를 형량하여 그 규제의 폭과 방법을 정하여야 한다(대판 1998.7.14. 96다17257).

2. 행정법의 일반원칙 준수

공표 역시 행정법상의 일반원칙을 준수하여야 한다.

6 권리구제

1. 행정쟁송 가능성

일반적으로 공표는 비권력적 사실행위로서 그 자체로는 아무런 법적 효과도 발생하지 아니하여 행정쟁송의 대상이 될 수 없다고 볼 것이나, 최근 판례는 공표에 대한 처분성을 인정하는 추세에 있다고 볼 수도 있다.

1. 병무청장이 하는 공개결정은 처분에 해당
2. 관할 지방병무청장의 공개대상자 결정은 처분이 아님

> **관련판례**
>
> 병무청장이 병역법 제81조의2 제1항에 따라 병역의무 기피자의 인적사항 등을 인터넷 홈페이지에 게시하는 등의 방법으로 공개한 경우, 병무청장의 공개결정이 항고소송의 대상이 되는 행정처분인지 여부(적극)
>
> [1] 병무청장이 하는 병역의무 기피자의 인적사항 등 공개는, 특정인을 병역의무 기피자로 판단하여 그 사실을 일반 대중에게 공표함으로써 그의 명예를 훼손하고 그에게 수치심을 느끼게 하여 병역의무 이행을 간접적으로 강제하려는 조치로서 병역법에 근거하여 이루어지는 공권력의 행사에 해당한다.
>
> [2] 병무청장이 하는 병역의무 기피자의 인적사항 등 공개조치에는 특정인을 병역의무 기피자로 판단하여 그에게 불이익을 가한다는 행정결정이 전제되어 있고, 공개라는 사실행위는 행정결정의 집행행위라고 보아야 한다. 병무청장이 그러한 행정결정을 공개 대상자에게 미리 통보하지 않은 것이 적절한지는 본안에서 해당 처분이 적법한가를 판단하는 단계에서 고려할 요소이며, 병무청장이 그러한 행정결정을 공개 대상자에게 미리 통보하지 않았다거나 처분서를 작성·교부하지 않았다는 점만으로 항고소송의 대상적격을 부정하여서는 아니 된다.
>
> [3] 병무청 인터넷 홈페이지에 공개 대상자의 인적사항 등이 게시되는 경우 그의 명예가 훼손되므로, 공개 대상자는 자신에 대한 공개결정이 병역법령에서 정한 요건과 절차를 준수한 것인지를 다툴 법률상 이익이 있다. 병무청장이 인터넷 홈페이지 등에 게시하는 사실행위를 함으로써 공개 대상자의 인적사항 등이 이미 공개되었더라도, 재판에서 병무청장의 공개결정이 위법함이 확인되어 취소판결이 선고되는 경우, 병무청장은 취소판결의 기속력에 따라 위법한 결과를 제거하는 조치를 할 의무가 있으므로 공개 대상자의 실효적 권리구제를 위해 병무청장의 공개결정을 행정처분으로 인정할 필요성이 있다. 만약 병무청장의 공개결정을 항고소송의 대상이 되는 처분으로 보지 않는다면 국가배상청구 외에는 침해된 권리 또는 법률상 이익을 구제받을 적절한 방법이 없다.
>
> [4] 관할 지방병무청장의 공개 대상자 결정의 경우 상대방에게 통보하는 등 외부에 표시하는 절차가 관계 법령에 규정되어 있지 않아, 행정실무상으로도 상대방에게 통보되지 않는 경우가 많다. 또한 관할 지방병무청장이 위원회의 심의를 거쳐 공개 대상자를 1차로 결정하기는 하지만, 병무청장에게 최종적으로 공개 여부를 결정할 권한이 있으므로, 관할 지방병무청장의 공개 대상자 결정은 병무청장의 최종적인 결정에 앞서 이루어지는 행정기관 내부의 중간적 결정에 불과하다. 가까운 시일 내에 최종적인 결정과 외부적인 표시가 예정된 상황에서, 외부에 표시되지 않은 행정기관 내부의 결정을 항고소송의 대상인 처분으로 보아야 할 필요성은 크지 않다. 관할 지방병무청장이 1차로 공개 대상자 결정을 하고, 그에 따라 병무청장이 같은 내용으로 최종적 공개결정을 하였다면, 공개 대상자는 병무청장의 최종적 공개결정만을 다투는 것으로 충분하고, 관할 지방병무청장의 공개 대상자 결정을 별도로 다툴 소의 이익은 없어진다.

2. 손해배상

공표는 비권력적 사실행위이나 직무에 해당하므로 손해배상을 통한 구제가 가능하다. 다만 공표에서 위법성이 부정되는 경우는 아래와 같다.

(1) 상당한 이유가 있는 경우

판례는 행정상 공표로 인한 명예훼손이 일어났고 적시된 사실의 내용이 진실이라는 증명이 없더라도 공표 당시 진실이라고 믿었고 또 그렇게 믿을만한 상당한 이유가 있는 경우에는 위법성이 부정된다.

(2) 상당한 이유의 판단기준

판례는 다만 행정상 공표의 경우에는 사인에 의한 공표의 경우와는 달리 보다 엄격한 요건(사실이 의심의 여지없이 확실히 진실이라고 믿을만한 객관적이고도 타당한 확증과 근거가 있는 경우)하에 상당한 이유 유무를 판단한다.

> **관련판례** 상당한 이유 부정으로 국가배상 인정 사례
>
> 1. 지방국세청 소속 공무원들이 통상적인 조사를 다하여 의심스러운 점을 밝혀 보지 아니한 채 막연한 의구심에 근거하여 원고가 위장증여자로서 국토이용관리법을 위반하였다는 요지의 조사결과를 보고한 것이라면 국세청장이 이에 근거한 보도자료의 내용이 진실하다고 믿은 데에는 상당한 이유가 없다(대판 1993.11.26. 93다18389).
>
> 2. 한국소비자보호원이 제품의 유통경로에 대한 조사 없이 제조자의 직접 공급지역 외에서 일반적인 거래가격보다 저렴한 가격으로 단지 외관만을 보고 구입한 시료를 바탕으로 '이동쌀 막걸리'에서 유해물질이 검출되었다는 검사결과를 언론에 공표한 사안에서, 공표의 기초가 된 시료가 원고 제품이라는 점에 대한 객관적이고도 타당한 확증과 근거가 있다고 볼 수 없으므로 공표내용의 진실성을 오신한 데 상당한 이유가 없다(대판 1998.5.22. 97다57689).

3. 결과제거청구권

행정청의 위법한 공표로 인하여 권리침해의 결과가 계속되고 있는 경우에는 결과제거청구권을 행사함으로써 공표된 내용의 정정이나 철회 등 시정조치를 구할 수 있다.

간단 점검하기

국가기관이 행정목적 달성을 위하여 언론을 통해 행정상 공표의 방법으로 실명을 공개함으로써 타인의 명예를 훼손한 경우라면 사인의 행위에 의한 경우보다 훨씬 엄격한 기준이 요구되므로 국가기관이 공표 당시 이를 진실이라고 믿었고 또 그렇게 믿을만한 상당한 이유가 있더라도 위법성이 인정된다. (×)

해커스공무원 학원·인강
gosi.Hackers.com

해커스소방 학원·인강
fire.Hackers.com

해커스 홍대겸 행정법총론 기본서

제4편

행정절차법·정보공개·개인정보 보호

제1장 행정절차법
제2장 정보공개제도
제3장 개인정보의 보호

제1장 행정절차법

제1절 행정절차의 의의

1 관념

1. 개념
각종 행정작용의 사전절차를 총칭한다.

2. 의미(필요성)

(1) 민주주의원리와 행정절차(국민의 행정참여)
행정절차를 통해 행정의사의 결정에 다양한 이해관계인이 참여하게 되므로 행정절차는 행정의 민주화 실현에 이바지한다.

(2) 권익구제와 행정절차(사법기능 보완으로 사전적 구제)
행정과정에서 이해관계인의 절차적 참여를 보장함으로써 권익침해에 대한 사전적 예방을 할 수 있게 되어 행정절차는 효과적인 권익구제에 이바지한다.

(3) 적정한 행정과 행정절차(행정작용의 정당성 확보)
행정절차를 통해 행정의사의 결정에 이해관계인을 참여하게 함으로써 공익과 사익의 대립갈등에서 행정의 타당성을 확보하고 행정운영의 적정화에 이바지한다.

(4) 효율적인 행정과 행정절차(행정작용의 능률화)
행정절차의 정립으로 인해 복잡·다양한 행정작용의 기준·절차를 표준화함으로써 행정작용을 간이·신속하게 수행할 수 있게 되어 행정의 능률화에 이바지한다. 다만, 지나친 사전절차는 행정의 신속성을 저하시킬 수 있다.

3. 법적 근거
헌법 제12조 제1항, 제3항은 형사사건에 대한 적법절차를 규정하고 있어 행정절차에 관하여는 특별히 규정하고 있지 않지만, 헌법재판소는 헌법 제12조 제1항과 제3항이 행정절차에도 적용된다고 판시하고 있다. 그 외 개별법인 민원처리에 관한 법률, 부패방지 및 국민권익위원회의 설치와 운영에 관한 법률, 행정대집행법, 국토의 계획 및 이용에 관한 법률, 토지보상법 등에서는 고지·청문제도 등 행정절차에 관한 규정을 도입하여 채택하고 있다(행정절차의 헌법적 근거를 민주국가원리·법치국가원리 또는 인간의 존엄과 가치에 관한 헌법 제10조 등에서 찾는 견해가 있다).

4. 법률의 적용순서
행정절차에 관한 일반법으로서 행정절차법과 개별법은 일반법과 특별법 관계에 있다. 그러므로 개별법에 규정되어 있는 경우는 개별법(특별법)을 우선 적용하고, 개별법이 없는 경우는 일반법인 행정절차법이 적용된다.

> **관련판례**
>
> 행정절차법 제3조 제1항은 "행정절차에 관하여 다른 법률에 특별한 규정이 있는 경우를 제외하고는 이 법이 정하는 바에 의한다."고 규정하고 있는바, 이는 행정절차법이 행정절차에 관한 일반법임을 밝힘과 아울러, 매우 다양한 형식으로 행하여지는 행정작용에 대하여 일률적으로 행정절차법을 적용하는 것이 적절하지 아니함을 고려하여, 다른 법률이 행정절차에 관한 특별한 규정을 적극적으로 두고 있는 경우이거나 다른 법률이 명시적으로 행정절차법의 규정을 적용하지 아니한다고 소극적으로 규정하고 있는 경우에는 행정절차법의 적용을 배제하고 다른 법률의 규정을 적용한다는 뜻을 밝히고 있는 것이다(대판 2002.2.5. 2001두7138).

2 우리나라의 행정절차법의 특징

(1) 독일 행정절차법과 달리 실체법적 규정이 거의 없다.

(2) 규율범위가 사전절차에 한정되어 있다.

(3) 우리 행정절차법에는 행정조사절차, 공법상 계약, 행정입법확정절차, 선례구속의 원칙, 부당결부금지원칙, 행정개입청구권, 행정강제, 제3자효 있는 행정행위에 있어 제3자에 대한 통지제도, 절차상 하자 있는 행정행위의 일반적 효력은 제외되어 있다.

제2절 행정절차의 적용범위

1 적용영역

처분, 신고, 확약, 위반사실 등의 공표, 행정계획, 행정상 입법예고, 행정예고 및 행정지도의 절차(이하 "행정절차"라 한다)에 관하여 다른 법률에 특별한 규정이 있는 경우를 제외하고는 행정절차법에서 정하는 바에 따른다. 확약, 위반사실의 공표, 행정계획은 2022년 개정으로 새롭게 추가되었다. 반면, 공법상 계약, 행정조사는 행정절차법에서 규율하지 않는다.

2 적용 배제사항

> 행정절차법 제3조【적용 범위】① 처분, 신고, 확약, 위반사실 등의 공표, 행정계획, 행정상 입법예고, 행정예고 및 행정지도의 절차(이하 "행정절차"라 한다)에 관하여 다른 법률에 특별한 규정이 있는 경우를 제외하고는 이 법에서 정하는 바에 따른다.
> ② 이 법은 다음 각 호의 어느 하나에 해당하는 사항에 대하여는 적용하지 아니한다.

1. 국회 또는 지방의회의 의결을 거치거나 동의 또는 승인을 받아 행하는 사항
2. 법원 또는 군사법원의 재판에 의하거나 그 집행으로 행하는 사항
3. 헌법재판소의 심판을 거쳐 행하는 사항
4. 각급 선거관리위원회의 의결을 거쳐 행하는 사항
5. 감사원이 감사위원회의의 결정을 거쳐 행하는 사항
6. 형사(刑事), 행형(行刑) 및 보안처분 관계 법령에 따라 행하는 사항
7. 국가안전보장·국방·외교 또는 통일에 관한 사항 중 행정절차를 거칠 경우 국가의 중대한 이익을 현저히 해칠 우려가 있는 사항
8. 심사청구, 해양안전심판, 조세심판, 특허심판, 행정심판, 그 밖의 불복절차에 따른 사항
9. 병역법에 따른 징집·소집, 외국인의 출입국·난민인정·귀화, 공무원 인사 관계 법령에 따른 징계와 그 밖의 처분, 이해 조정을 목적으로 하는 법령에 따른 알선·조정·중재(仲裁)·재정(裁定) 또는 그 밖의 처분 등 해당 행정작용의 성질상 행정절차를 거치기 곤란하거나 거칠 필요가 없다고 인정되는 사항과 행정절차에 준하는 절차를 거친 사항으로서 대통령령으로 정하는 사항

시행령 제2조【적용제외】 법 제3조 제2항 제9호에서 "대통령령으로 정하는 사항"이라 함은 다음 각 호의 어느 하나에 해당하는 사항을 말한다.
1. 병역법, 예비군법, 민방위기본법, 비상대비자원 관리법, 대체역의 편입 및 복무 등에 관한 법률에 따른 징집·소집·동원·훈련에 관한 사항
2. 외국인의 출입국·난민인정·귀화·국적회복에 관한 사항
3. 공무원 인사관계법령에 의한 징계 기타 처분에 관한 사항
4. 이해조정을 목적으로 법령에 의한 알선·조정·중재·재정 기타 처분에 관한 사항
5. 조세관계법령에 의한 조세의 부과·징수에 관한 사항
6. 독점규제 및 공정거래에 관한 법률, 하도급거래 공정화에 관한 법률, 약관의 규제에 관한 법률에 따라 공정거래위원회의 의결·결정을 거쳐 행하는 사항
7. 국가배상법, 공익사업을 위한 토지 등의 취득 및 보상에 관한 법률에 따른 재결·결정에 관한 사항
8. 학교·연수원등에서 교육·훈련의 목적을 달성하기 위하여 학생·연수생등을 대상으로 행하는 사항
9. 사람의 학식·기능에 관한 시험·검정의 결과에 따라 행하는 사항
10. 배타적 경제수역에서의 외국인어업 등에 대한 주권적 권리의 행사에 관한 법률에 따라 행하는 사항
11. 특허법, 실용신안법, 디자인보호법, 상표법에 따른 사정·결정·심결, 그 밖의 처분에 관한 사항

관련판례

1. **공무원 인사관계 법령에 의한 처분에 관한 사항에 대하여 행정절차법의 적용이 배제되는 범위**

    행정절차법의 입법목적과 행정절차법 제3조 제2항 제9호의 규정 내용 등에 비추어 보면, 공무원 인사관계 법령에 의한 처분에 관한 사항 전부에 대하여 행정절차법의 적용이 배제되는 것이 아니라 성질상 행정절차를 거치기 곤란하거나 불필요하다고 인정되는 처분이나 행정절차에 준하는 절차를 거치도록 하고 있는 처분의 경우에만 행정절차법의 적용이 배제된다. 군인사법령에 의하여 진급예정자명단에 포함된 자에 대하여 의견제출의 기회를 부여하지 아니한 채 진급선발을 취소하는 처분을 한 것이 절차상 하자가 있어 위법하다(대판 2007.9.21. 2006두20631).

2. 행정절차법의 적용이 제외되는 '외국인의 출입국에 관한 사항'이란 해당 행정작용의 성질상 행정절차를 거치기 곤란하거나 거칠 필요가 없다고 인정되는 사항이나 행정절차에 준하는 절차를 거친 사항으로서 행정절차법 시행령으로 정하는 사항만을 가리킨다. '외국인의 출입국에 관한 사항'이라고 하여 행정절차를 거칠 필요가 당연히 부정되는 것은 아니다(대판 2019.7.11. 2017두38874).

3. 행정절차법의 적용이 제외되는 공무원 인사 관계 법령에 의한 처분에 관한 사항이란 성질상 행정절차를 거치기 곤란하거나 불필요하다고 인정되는 처분이나 행정절차에 준하는 절차를 거치도록 하고 있는 처분에 관한 사항만을 말하는 것으로 보아야 한다. 이러한 법리는 '공무원 인사 관계 법령에 의한 처분'에 해당하는 육군3사관학교 생도에 대한 퇴학처분에도 마찬가지로 적용된다. 그리고 육군3사관학교 생도에 대한 퇴학처분과 같이 신분을 박탈하는 징계처분은 행정절차법의 적용이 제외되는 '학교·연수원 등에서 교육·훈련의 목적을 달성하기 위하여 학생·연수생들을 대상으로 하는 사항(시행령 제2조 제8호)'에 해당하지 않는다(대판 2018.3.13. 2016두33339).

4. **직위해제: 행정절차법 적용 배제**

    국가공무원법상 직위해제처분은 구 행정절차법 제3조 제2항 제9호, 구 행정절차법 시행령 제2조 제3호에 의하여 당해 행정작용의 성질상 행정절차를 거치기 곤란하거나 불필요하다고 인정되는 사항 또는 행정절차에 준하는 절차를 거친 사항에 해당하므로, 처분의 사전통지 및 의견청취 등에 관한 행정절차법의 규정이 별도로 적용되지 않는다(대판 2014.5.16. 2012두5756).

5. **직권면직: 행정절차법 적용**

    행정절차법령 규정들의 내용을 행정의 공정성, 투명성 및 신뢰성을 확보하고 국민의 권익을 보호함을 목적으로 하는 행정절차법의 입법 목적에 비추어 보면, 공무원 인사관계 법령에 의한 처분에 관한 사항이라 하더라도 그 전부에 대하여 행정절차법의 적용이 배제되는 것이 아니라, 성질상 행정절차를 거치기 곤란하거나 불필요하다고 인정되는 처분이나 행정절차에 준하는 절차를 거치도록 하고 있는 처분의 경우에만 행정절차법의 적용이 배제되는 것으로 보아야 하고(대판 2007.9.21. 2006두20631 등 참조), 이러한 법리는 '공무원 인사관계 법령에 의한 처분'에 해당하는 별정직 공무원에 대한 직권면직 처분의 경우에도 마찬가지로 적용된다고 할 것이다(대판 2013.1.16. 2011두30687).

> **간단 점검하기**
>
> 국가공무원법상 직위해제처분을 할 경우 처분의 사전통지 및 의견청취 등에 관한 행정절차법의 규정이 적용된다. (×)

제3절 행정절차의 일반원칙

> 행정절차법 제4조 【신의성실 및 신뢰보호】 ① 행정청은 직무를 수행할 때 신의(信義)에 따라 성실히 하여야 한다.
> ② 행정청은 법령등의 해석 또는 행정청의 관행이 일반적으로 국민들에게 받아들여졌을 때에는 공익 또는 제3자의 정당한 이익을 현저히 해칠 우려가 있는 경우를 제외하고는 새로운 해석 또는 관행에 따라 소급하여 불리하게 처리하여서는 아니 된다.

1 신의성실 및 신뢰보호의 원칙

1. 신의성실의 원칙
행정청은 직무를 수행함에 있어서 신의에 따라 성실히 하여야 한다(행정절차법 제4조 제1항).

2. 신뢰보호의 원칙
행정청은 법령 등의 해석 또는 행정청의 관행이 일반적으로 국민들에게 받아들여진 때에는 공익 또는 제3자의 정당한 이익을 현저히 해할 우려가 있는 경우를 제외하고는 새로운 해석 또는 관행에 의하여 소급하여 불리하게 처리하여서는 아니 된다(행정절차법 제4조 제2항).

2 투명성의 원칙

행정청이 행하는 행정작용은 그 내용이 구체적이고 명확하여야 하며, 행정작용의 근거가 되는 법령 등의 내용이 명확하지 아니한 경우 상대방은 당해 행정청에 대하여 그 해석을 요청할 수 있다. 이 경우 당해 행정청은 특별한 사유가 없는 한 이에 응하여야 한다(행정절차법 제5조).

제4절 행정절차의 내용

1 공통사항 및 공통절차

1. 절차의 주체
(1) 행정청
① **의의**: 행정청은 행정에 관한 의사를 결정하여 표시하는 국가 또는 지방자치단체의 기관 기타 법령 또는 자치법규에 의하여 행정권한을 가지고 있거나, 위임 또는 위탁받은 공공단체나 그 기관 또는 사인을 의미한다(행정절차법 제2조 제1호).

② **관할의 이송**: 행정청이 그 관할에 속하지 아니하는 사안을 접수하였거나 이송받은 경우에, 지체 없이 관할행정청에 이송하여야 하고 그 사실을 신청인에게 통지하여야 한다. 행정청이 접수 또는 이송받은 후 관할이 변경된 경우에도 관할행정청에 이송하고 통지한다(행정절차법 제6조 제1항).

③ **관할의 결정**: 행정청의 관할이 분명하지 아니한 경우에는 행정청을 공통으로 감독하는 상급 행정청이 그 관할을 결정하며, 공통으로 감독하는 상급행정청이 없는 경우에는 각 상급행정청의 협의로 그 관할을 결정한다(행정절차법 제6조 제2항).

(2) 당사자등

① **의의**

> 행정절차법 제2조 【정의】 이 법에서 사용하는 용어의 뜻은 다음과 같다.
> 4. "당사자등"이란 다음 각 목의 자를 말한다.
>   가. 행정청의 처분에 대하여 직접 그 상대가 되는 당사자
>   나. 행정청이 직권으로 또는 신청에 따라 행정절차에 참여하게 한 이해관계인 → 제3자가 아님을 유의하여야 한다.

당사자등은 행정청의 처분에 대하여 직접 그 상대가 되는 당사자와 행정청이 직권 또는 신청에 의하여 행정절차에 참여하게 한 이해관계인을 말한다(행정절차법 제2조 제4호). 이해관계인에는 제3자가 포함되지 않는다.

② **자격**

> 행정절차법 제9조 【당사자등의 자격】 다음 각 호의 어느 하나에 해당하는 자는 행정절차에서 당사자등이 될 수 있다.
> 1. 자연인
> 2. 법인, 법인이 아닌 사단 또는 재단(이하 "법인등"이라 한다)
> 3. 그 밖에 다른 법령등에 따라 권리·의무의 주체가 될 수 있는 자

㉠ 자연인
㉡ 법인 또는 법인 아닌 사단이나 재단
㉢ 다른 법령에 의하여 권리·의무의 주체가 될 수 있는 자

③ **지위의 승계**

> 행정절차법 제10조 【지위의 승계】 ① 당사자등이 사망하였을 때의 상속인과 다른 법령등에 따라 당사자등의 권리 또는 이익을 승계한 자는 당사자등의 지위를 승계한다.
> ② 당사자등인 법인등이 합병하였을 때에는 합병 후 존속하는 법인등이나 합병 후 새로 설립된 법인등이 당사자등의 지위를 승계한다.
> ③ 제1항 및 제2항에 따라 당사자등의 지위를 승계한 자는 행정청에 그 사실을 통지하여야 한다.
> ④ 처분에 관한 권리 또는 이익을 사실상 양수한 자는 행정청의 승인을 받아 당사자등의 지위를 승계할 수 있다.
> ⑤ 제3항에 따른 통지가 있을 때까지 사망자 또는 합병 전의 법인등에 대하여 행정청이 한 통지는 제1항 또는 제2항에 따라 당사자등의 지위를 승계한 자에게도 효력이 있다.

㉠ 당연승계
   ⓐ 당사자등이 사망하였을 때의 상속인과 다른 법령 등에 의하여 당사자등의 권리 또는 이익을 승계한 자는 당사자등의 지위를 승계한다(행정절차법 제10조 제1항).
   ⓑ 당사자등인 법인등이 합병한 때에도 합병 후 존속하는 법인등이나 합병 후 새로 설립된 법인등이 당사자등의 지위를 승계한다(행정절차법 제10조 제2항).
   ⓒ ⓐ, ⓑ의 규정에 의하여 당사자등의 지위를 승계한 자는 행정청에 그 사실을 통지하여야 하며(행정절차법 제10조 제3항), 통지가 있을 때까지 사망자 또는 합병 전의 법인등에 대하여 행정청이 행한 통지는 당사자등의 지위를 승계한 자에게도 효력이 있다(행정절차법 제10조 제5항).
㉡ 허가승계: 처분에 관한 권리 또는 이익을 사실상 양수한 자는 행정청의 승인을 얻어 당사자등의 지위를 승계할 수 있다(행정절차법 제10조 제4항).

④ 대표자

> 행정절차법 제11조 【대표자】 ① 다수의 당사자등이 공동으로 행정절차에 관한 행위를 할 때에는 대표자를 선정할 수 있다.
> ② 행정청은 제1항에 따라 당사자등이 대표자를 선정하지 아니하거나 대표자가 지나치게 많아 행정절차가 지연될 우려가 있는 경우에는 그 이유를 들어 상당한 기간 내에 3인 이내의 대표자를 선정할 것을 요청할 수 있다. 이 경우 당사자등이 그 요청에 따르지 아니하였을 때에는 행정청이 직접 대표자를 선정할 수 있다.
> ③ 당사자등은 대표자를 변경하거나 해임할 수 있다.
> ④ 대표자는 각자 그를 대표자로 선정한 당사자등을 위하여 행정절차에 관한 모든 행위를 할 수 있다. 다만, 행정절차를 끝맺는 행위에 대하여는 당사자등의 동의를 받아야 한다.
> ⑤ 대표자가 있는 경우에는 당사자등은 그 대표자를 통하여서만 행정절차에 관한 행위를 할 수 있다.
> ⑥ 다수의 대표자가 있는 경우 그 중 1인에 대한 행정청의 행위는 모든 당사자등에게 효력이 있다. 다만, 행정청의 통지는 대표자 모두에게 하여야 그 효력이 있다.

㉠ 대표자의 선정·변경 등: 다수의 당사자등이 공동으로 행정절차에 관한 행위를 하는 때에는, 대표자를 선정할 수 있고 당사자등은 대표자를 변경하거나 해임할 수 있다. 행정청은 당사자등이 대표자를 선정하지 아니하거나 대표자가 지나치게 많아 행정절차가 지연될 우려가 있는 경우에는 그 이유를 들어 상당한 기간 내에 3인 이내의 대표자를 선정하여 줄 것을 요청할 수 있는데, 이 경우 당사자등이 대표자의 선정요청에 응하지 아니하면 행정청이 직접 선정할 수 있다(행정절차법 제11조 제1·2·3항).

ⓒ **대표자의 권한 등**: 대표자가 있는 경우에는 당사자등은 그 대표자를 통하여서만 행정절차에 관한 행위를 할 수 있고 대표자는 각자 그를 대표자로 선정한 당사자등을 위하여 행정절차에 관한 모든 행위를 할 수 있다. 하지만 행정절차를 끝맺는 행위에 있어서는 당사자등의 동의를 얻어야 한다. 다수의 대표자가 있는 경우에는 그 중 1인에 대한 행정청의 행위는 모든 당사자등에게 효력이 있다. 다만, 행정청의 통지는 대표자 모두에게 행해야 그 효력이 발생한다(행정절차법 제11조 제4·5·6항).

⑤ **대리인**
　ⓐ **선정·변경 등**: 당사자등은 ⓐ 당사자등의 배우자, 직계존속·비속 또는 형제자매, ⓑ 당사자 등이 법인등인 경우에 그 임원 또는 직원, ⓒ 변호사, ⓓ 행정청 또는 청문주재자(청문의 경우)의 허가를 받은 자, 기타 ⓔ 법령 등에 의하여 사안에 대하여 대리인이 될 수 있는 자를 대리인으로 선임할 수 있다(행정절차법 제12조 제1항).
　ⓒ **권한등**: 대표자의 권한에 관한 규정을 준용한다(행정절차법 제12조 제2항).

⑥ **대표자·대리인의 통지**: 당사자등이 대표자 또는 대리인을 선정하거나 선임한 때에는 지체 없이 그 사실을 행정청에 통지하여야 한다. 대표자 또는 대리인을 변경하거나 해임한 때에도 또한 같다(행정절차법 제13조).

2. 절차의 경과

(1) 절차의 개시

행정절차는 행정청의 직권이나 사인의 신청에 의해 개시된다.

(2) 절차의 진행

① **직권주의**: 행정청은 행정사무를 공익실현의 관점에서 수행하여야 한다. 따라서 청문을 실시하지 아니하는 경우에도 행정청은 사실관계를 직권으로 조사할 수 있을 뿐만 아니라 행정청은 당사자가 제출한 증거나 당사자의 증거신청에 구속되지 않는다.

② **타 행정청의 협력**: 행정절차를 수행함에 있어 타 행정청의 협력이 요구되는 경우도 있다. 이러한 경우에 협력을 구하는 행정청은 협력을 제공하는 행정청의 행위에 구속되는가가 문제되는데, 그 협력이 법령상 동의나 합의로 규정된 경우에는 구속되지만, 단순한 의견표명이나 협의에 불과한 경우에는 구속되지 않는다.

③ **행정응원**
　ⓐ **행정응원의 요청**: 행정청은 행정의 원활한 수행을 위하여 서로 협조하여야 하며 다음과 같은 경우에 다른 행정청에 행정응원을 요청할 수 있다.

> 행정절차법 제8조 【행정응원】 ① 행정청은 다음 각 호의 어느 하나에 해당하는 경우에는 다른 행정청에 행정응원(行政應援)을 요청할 수 있다.
> 1. 법령등의 이유로 독자적인 직무 수행이 어려운 경우
> 2. 인원·장비의 부족 등 사실상의 이유로 독자적인 직무 수행이 어려운 경우

    3. 다른 행정청에 소속되어 있는 전문기관의 협조가 필요한 경우
    4. 다른 행정청이 관리하고 있는 문서(전자문서를 포함한다. 이하 같다)·통계 등 행정자료가 직무 수행을 위하여 필요한 경우
    5. 다른 행정청의 응원을 받아 처리하는 것이 보다 능률적이고 경제적인 경우

  ⓒ **행정응원의 거부**: 행정응원을 요청받은 다음과 같은 경우에 이를 거부할 수 있다(행정절차법 제8조 제2항).

    행정절차법 제8조【행정응원】② 제1항에 따라 행정응원을 요청받은 행정청은 다음 각 호의 어느 하나에 해당하는 경우에는 응원을 거부할 수 있다.
      1. 다른 행정청이 보다 능률적이거나 경제적으로 응원할 수 있는 명백한 이유가 있는 경우
      2. 행정응원으로 인하여 고유의 직무 수행이 현저히 지장받을 것으로 인정되는 명백한 이유가 있는 경우

    ⓐ 다른 행정청이 보다 능률적이거나 경제적으로 응원할 수 있는 명백한 이유가 있는 경우
    ⓑ 행정응원으로 인하여 고유의 직무수행이 현저히 지장받을 것으로 인정되는 명백한 이유가 있는 경우
  ⓒ **행정응원의 거부 통지**: 행정응원을 요청받은 행정청이 응원을 거부하는 경우에는 그러한 사유를 응원 요청한 행정청에 통지해야 한다(행정절차법 제8조 제4항).
  ⓓ **응원직원의 지휘·감독**: 행정응원을 위하여 파견된 직원은 응원을 요청한 행정청의 지휘·감독을 받는 데, 다만, 이 직원의 복무에 관하여 다른 법령 등에 특별한 규정이 있는 경우에는 그 법령에 의한다(행정절차법 제8조 제5항).

    행정절차법 제8조【행정응원】⑤ 행정응원을 위하여 파견된 직원은 응원을 요청한 행정청의 지휘·감독을 받는다. 다만, 해당 직원의 복무에 관하여 다른 법령등에 특별한 규정이 있는 경우에는 그에 따른다.

  ⓔ **비용부담**: 행정응원에 소요되는 비용은 응원을 요청한 행정청이 부담하며, 그 부담금액 및 부담방법은 응원을 요청한 행정청과 응원하는 행정청이 협의하여 결정한다(행정절차법 제8조 제6항).

    행정절차법 제8조【행정응원】⑥ 행정응원에 드는 비용은 응원을 요청한 행정청이 부담하며, 그 부담금액 및 부담방법은 응원을 요청한 행정청과 응원을 하는 행정청이 협의하여 결정한다.

(3) 절차의 종료
① **권리구제방법 명시**: 행정청이 처분을 하는 때에는 당사자에게 처분에 관하여 행정심판을 제기할 수 있는지 여부와 기타 불복을 할 수 있는지 여부, 청구절차 및 청구기간 기타 필요한 사항을 알려야 한다(행정절차법 제26조).

② 송달

> 행정절차법 제14조【송달】① 송달은 우편, 교부 또는 정보통신망 이용 등의 방법으로 하되, 송달받을 자(대표자 또는 대리인을 포함한다. 이하 같다)의 주소·거소(居所)·영업소·사무소 또는 전자우편주소(이하 "주소등"이라 한다)로 한다. 다만, 송달받을 자가 동의하는 경우에는 그를 만나는 장소에서 송달할 수 있다.
> ② 교부에 의한 송달은 수령확인서를 받고 문서를 교부함으로써 하며, 송달하는 장소에서 송달받을 자를 만나지 못한 경우에는 그 사무원·피용자(被傭者) 또는 동거인으로서 사리를 분별할 지능이 있는 사람(이하 이 조에서 "사무원등"이라 한다)에게 문서를 교부할 수 있다. 다만, 문서를 송달받을 자 또는 그 사무원등이 정당한 사유 없이 송달받기를 거부하는 때에는 그 사실을 수령확인서에 적고, 문서를 송달할 장소에 놓아둘 수 있다.
> ③ 정보통신망을 이용한 송달은 송달받을 자가 동의하는 경우에만 한다. 이 경우 송달받을 자는 송달받을 전자우편주소 등을 지정하여야 한다.
> ④ 다음 각 호의 어느 하나에 해당하는 경우에는 송달받을 자가 알기 쉽도록 관보, 공보, 게시판, 일간신문 중 하나 이상에 공고하고 인터넷에도 공고하여야 한다.
> 1. 송달받을 자의 주소등을 통상적인 방법으로 확인할 수 없는 경우
> 2. 송달이 불가능한 경우
> ⑤ 제4항에 따른 공고를 할 때에는 민감정보 및 고유식별정보 등 송달받을 자의 개인정보를 개인정보 보호법에 따라 보호하여야 한다.
> ⑥ 행정청은 송달하는 문서의 명칭, 송달받는 자의 성명 또는 명칭, 발송방법 및 발송 연월일을 확인할 수 있는 기록을 보존하여야 한다.
>
> 제15조【송달의 효력 발생】① 송달은 다른 법령등에 특별한 규정이 있는 경우를 제외하고는 해당 문서가 송달받을 자에게 도달됨으로써 그 효력이 발생한다.
> ② 제14조 제3항에 따라 정보통신망을 이용하여 전자문서로 송달하는 경우에는 송달받을 자가 지정한 컴퓨터 등에 입력된 때에 도달된 것으로 본다.
> ③ 제14조 제4항의 경우에는 다른 법령등에 특별한 규정이 있는 경우를 제외하고는 공고일부터 14일이 지난 때에 그 효력이 발생한다. 다만, 긴급히 시행하여야 할 특별한 사유가 있어 효력 발생 시기를 달리 정하여 공고한 경우에는 그에 따른다.

송달은 우편·교부 또는 정보통신망 이용 등의 방법에 의하되, 송달받을 자의 주소·거소·영업소·사무소 또는 전자우편주소로 한다(행정절차법 제14조 제1항).

㉠ **교부송달**: 교부에 의한 송달은 수령확인서를 받고 문서를 교부함으로써 하며, 송달하는 장소에서 송달받을 자를 만나지 못한 경우에는 그 사무원·피용자 또는 동거인으로서 사리를 분별할 지능이 있는 사람에게 문서를 교부할 수 있다. 다만, 문서를 송달받을 자 또는 그 사무원 등이 정당한 사유 없이 송달받기를 거부하는 때에는 그 사실을 수령확인서에 적고, 문서를 송달할 장소에 놓아둘 수 있다.

ⓒ **정보통신망을 이용한 송달**: 정보통신망을 이용한 송달은 송달받을 자가 동의하는 경우에 한한다. 이 경우 송달받을 자는 송달받을 전자우편주소를 지정하여야 하며, 송달의 효력은 송달 받을 자가 지정한 컴퓨터 등에 입력된 때에 도달된 것으로 봄으로써 그 효력이 발생한다(행정절차법 제14조 제3항, 제15조 제2항).

ⓒ **공시송달**: 송달받을 자의 주소 등을 통상의 방법으로 확인할 수 없는 경우나 송달이 불가능한 경우에는 송달받을 자가 알기 쉽도록 관보·공보·게시판·일간신문 중 하나 이상에 공고하고 인터넷에도 공고하여야 한다. 이때 다른 법령 등에 특별한 규정이 있는 경우를 제외하고는 공고일로부터 14일이 경과한 때 그 효력이 발생한다. 다만, 긴급히 시행하여야 할 특별한 사유가 있어 효력발생시기를 달리 정하여 공고한 경우에는 다를 수 있다(행정절차법 제14조 제4항, 제15조 제3항).

ⓔ **도달주의 원칙**: 송달은 다른 법령 등에 특별한 규정이 있는 경우를 제외하고는 송달받을 자에게 도달됨으로써 그 효력이 발생한다(행정절차법 제15조 제1항).

2 처분절차

공통적용	수익적 처분에만 적용	침익적 처분에만 적용
제20조, 제23조, 제24조, 제25조, 제26조	제17조, 제18조, 제19조	제21조, 제22조

1. 수익적 처분과 침익적 처분에 공통적으로 적용되는 행정절차

(1) 처분기준의 설정·공표(제20조)

> 행정절차법 제20조 【처분기준의 설정·공표】 ① 행정청은 필요한 처분기준을 해당 처분의 성질에 비추어 되도록 구체적으로 정하여 공표하여야 한다. 처분기준을 변경하는 경우에도 또한 같다.
> ② 행정기본법 제24조에 따른 인허가의제의 경우 관련 인허가 행정청은 관련 인허가의 처분기준을 주된 인허가 행정청에 제출하여야 하고, 주된 인허가 행정청은 제출받은 관련 인허가의 처분기준을 통합하여 공표하여야 한다. 처분기준을 변경하는 경우에도 또한 같다.
> ③ 제1항에 따른 처분기준을 공표하는 것이 해당 처분의 성질상 현저히 곤란하거나 공공의 안전 또는 복리를 현저히 해치는 것으로 인정될 만한 상당한 이유가 있는 경우에는 처분기준을 공표하지 아니할 수 있다.
> ④ 당사자등은 공표된 처분기준이 명확하지 아니한 경우 해당 행정청에 그 해석 또는 설명을 요청할 수 있다. 이 경우 해당 행정청은 특별한 사정이 없으면 그 요청에 따라야 한다.

① **의의**: 행정청의 자의적인 권한행사를 방지하고 행정의 통일성을 기하며 처분의 상대방에게 예측가능성을 부여하는 데에 그 목적이 있다.
② **공표의 원칙**
  ㉠ 행정청은 필요한 처분기준을 처분의 성질에 비추어 될 수 있는 한 구체적으로 정하여 공표해야 하며, 처분기준을 변경하는 경우에도 동일하다(행정절차법 제20조 제1항).
  ㉡ **예외**: 처분기준을 공표하는 것이 처분의 성질상 곤란하거나 공공의 안전 또는 복리를 현저히 해하는 것으로 인정될 만한 상당한 이유가 있는 경우에는 이를 공표하지 아니할 수 있다(행정절차법 제20조 제3항).
③ **적용범위**: 처분기준의 설정의무는 모든 행정권 행사에서 인정되며 재량행위뿐만 아니라 기속행위에도 인정된다.
④ **인허가의제의 경우 관련 인허가의 처분기준공표**: 행정기본법 제24조에 따른 인허가의제의 경우 관련 인허가 행정청은 관련 인허가의 처분기준을 주된 인허가 행정청에 제출하여야 하고, 주된 인허가 행정청은 제출받은 관련 인허가의 처분기준을 통합하여 공표하여야 한다. 처분기준을 변경하는 경우에도 또한 같다(행정절차법 제20조 제2항).
⑤ **해석·설명요구권**: 처분의 당사자는 공표된 처분기준이 불명확한 경우 행정청에 대하여 그 해석 또는 설명을 요청할 수 있고, 행정청은 특별한 사정이 없는 한 이에 응하여야 한다(행정절차법 제20조 제4항).
⑥ **처분기준의 하자**: 처분기준이 구체적이지 못한 경우에 그 하자가 독립된 취소사유가 될 것인가에 대하여 논란이 있다. 이 경우 처분기준의 설정은 의무규정이므로 독립된 취소사유가 된다고 보는 것이 옳다.

(2) 처분의 이유제시(제23조)

> 행정절차법 제23조 【처분의 이유 제시】 ① 행정청은 처분을 할 때에는 다음 각 호의 어느 하나에 해당하는 경우를 제외하고는 당사자에게 그 근거와 이유를 제시하여야 한다.
> 1. 신청 내용을 모두 그대로 인정하는 처분인 경우
> 2. 단순·반복적인 처분 또는 경미한 처분으로서 당사자가 그 이유를 명백히 알 수 있는 경우
> 3. 긴급히 처분을 할 필요가 있는 경우
> ② 행정청은 제1항 제2호 및 제3호의 경우에 처분 후 당사자가 요청하는 경우에는 그 근거와 이유를 제시하여야 한다.

① **의의 및 취지**: 행정청이 행정처분을 하면서 처분의 사실적·법적 이유를 구체적으로 명시하여야 한다는 것을 말하며, 행정청의 자기통제기능·국민의 권리구제기능·당사자에 대한 설득기능·정당하고 합리적인 결론의 도출 등을 취지로 한다. 처분의 근거와 이유를 구체적으로 제시해야 하는 것이 원칙이다.

② **범위**: 원칙적으로 부담적 처분뿐만 아니라 수익적 처분이나 복효적 행정행위를 하는 경우에도 이유부기를 하여야 한다. 그러나 예외적으로 행정절차법 제23조 제1항 제1호 내지 제3호(㉠ 신청 그대로 인정, ㉡ 단순반복 또는 경미, ㉢ 긴급)에 해당하는 경우에 생략할 수 있다. ㉡, ㉢의 경우, 행정청은 처분 후에 당사자가 이유제시를 요청하는 경우에는 그 근거와 이유를 제시하여야 한다. 따라서 <u>㉠의 경우에는 당사자가 이유제시를 요청하는 경우에도 이유를 제시하지 않아도 된다.</u>

③ **정도**: 처분의 상대방이 처분의 근거와 처분 이유를 알 수 있도록 구체적으로 기재할 것을 요한다. 다만, 처분의 사실상 사유가 추상적이거나 불충분한 경우에는 위법하게 될 수 있다.

> **관련판례**
>
> 1. 처분서에 기재된 내용, 관계 법령과 해당 처분에 이르기까지 전체적인 과정 등을 종합적으로 고려하여, 처분 당시 당사자가 어떠한 근거와 이유로 처분이 이루어진 것인지를 충분히 알 수 있어서 그에 불복하여 행정구제절차로 나아가는데 별다른 지장이 없었던 것으로 인정되는 경우에는 처분서에 처분의 근거와 이유가 구체적으로 명시되어 있지 않았더라도 그로 말미암아 그 처분이 위법한 것으로 된다고 할 수는 없어서 처분을 취소하여야 할 절차상 하자로 볼 수 없다(대판 2019.12.13. 2018두41907 ; 대판 2019.1.31. 2016두64975).
>
> 2. 교육부장관이 어떤 후보자를 총장 임용에 부적격하다고 판단하여 배제하고 다른 후보자를 임용제청하는 경우라면 배제한 후보자에게 연구윤리 위반, 선거부정, 그 밖의 비위행위 등과 같은 부적격사유가 있다는 점을 구체적으로 제시할 의무가 있다. 그러나 부적격사유가 없는 후보자들 사이에서 어떤 후보자를 상대적으로 더욱 적합하다고 판단하여 임용제청하는 경우라면, 이는 후보자의 경력, 인격, 능력, 대학운영계획 등 여러 요소를 종합적으로 고려하여 총장 임용의 적격성을 정성적으로 평가하는 것으로 그 판단 결과를 수치화하거나 이유제시를 하기 어려울 수 있다. 이 경우에는 <u>교육부장관이 어떤 후보자를 총장으로 임용제청하는 행위 자체에 그가 총장으로 더욱 적합하다는 정성적 평가 결과가 당연히 포함되어 있는 것으로, 이로써 행정절차법상 이유제시의무를 다한 것이라고 보아야 한다.</u> 여기에서 나아가 교육부장관에게 개별 심사항목이나 고려요소에 대한 평가 결과를 더 자세히 밝힐 의무까지는 없다(대판 2018.6.15. 2016두57564).
>
> 3. 처분청이 변상금 부과처분을 함에 있어서 그 납부고지서 또는 적어도 사전통지서에 그 산출근거를 밝히지 아니하였다면 위법한 것이고, 구 국유재산법 제26조, 제26조의2에 변상금 산정의 기초가 되는 사용료의 산정방법에 관한 규정이 마련되어 있다고 하여 산출근거를 명시할 필요가 없다거나, 부과통지서 등에 위 시행령 제56조를 명기함으로써 간접적으로 산출근거를 명시하였다고는 볼 수 없다(대판 2001.12.14. 2000두86).

④ **방식 및 시기(문서주의)**: 원칙적으로 문서로 해야 하며, 행정청이 처분을 할 때 행해야 한다(행정절차법 제23조 제1항).

관련판례

1. 세무서장인 피고가 주류도매업자인 원고에 대하여 한 이 사건 일반주류도매업면허취소통지에 "상기 주류도매장은 무면허 주류판매업자에게 주류를 판매하여 주세법 제11조 및 국세법사무처리규정 제26조에 의거 지정조건 위반으로 주류판매면허를 취소합니다."라고만 되어 있어서 원고의 영업기간과 거래상대방 등에 비추어 원고가 어떠한 거래행위로 인하여 이 사건 처분을 받았는지 알 수 없게 되어 있다면 이 사건 면허취소처분은 위법하다(대판 1990.9.11. 90누1786).

2. [1] 행정절차법 제23조 제1항은 행정청은 처분을 하는 때에는 당사자에게 그 근거와 이유를 제시하여야 한다고 규정하고 있는바, 일반적으로 당사자가 근거규정 등을 명시하여 신청하는 인·허가 등을 거부하는 처분을 함에 있어 당사자가 그 근거를 알 수 있을 정도로 상당한 이유를 제시한 경우에는 당해 처분의 근거 및 이유를 구체적 조항 및 내용까지 명시하지 않았더라도 그로 말미암아 그 처분이 위법한 것이 된다고 할 수 없다.
[2] 행정청이 토지형질변경허가신청을 불허하는 근거규정으로 '도시계획법 시행령 제20조'를 명시하지 아니하고 '도시계획법'이라고만 기재하였으나, 신청인이 자신의 신청이 개발제한구역의 지정목적에 현저히 지장을 초래하는 것이라는 이유로 구 도시계획법 시행령(2000.7.1. 대통령령 제16891호로 전문 개정되기 전의 것) 제20조 제1항 제2호에 따라 불허된 것임을 알 수 있었던 경우, 그 불허처분이 위법하지 아니하다(대판 2002.5.17. 2000두8912).

3. **계약직공무원 해촉에는 행정절차법에 의하여 근거와 이유를 제시해야 하는 것은 아님**

    계약직공무원에 관한 현행 법령의 규정에 비추어 볼 때, 계약직공무원 채용계약해지의 의사표시는 일반공무원에 대한 징계처분과는 달라서 항고소송의 대상이 되는 처분 등의 성격을 가진 것으로 인정되지 아니하고, 일정한 사유가 있을 때에 국가 또는 지방자치단체가 채용계약 관계의 한쪽 당사자로서 대등한 지위에서 행하는 의사표시로 취급되는 것으로 이해되므로, 이를 징계해고 등에서와 같이 그 징계사유에 한하여 효력 유무를 판단하여야 하거나, 행정처분과 같이 행정절차법에 의하여 근거와 이유를 제시하여야 하는 것은 아니다(대판 2002.11.26. 2002두5948).

4. 구 국적법(2017.12.19. 법률 제15249호로 개정되기 전의 것, 이하 같다) 제5조 각 호와 같이 귀화는 요건이 항목별로 구분되어 구체적으로 규정되어 있다. 그리고 성질상 행정절차를 거치기 곤란하거나 거칠 필요가 없다고 인정되어 처분의 이유제시 등을 규정한 행정절차법이 적용되지 않는다(제3조 제2항 제9호). 귀화의 이러한 특수성을 고려하면, 귀화의 요건인 구 국적법 제5조 각 호 사유 중 일부를 갖추지 못하였다는 이유로 행정청이 귀화 신청을 받아들이지 않는 처분을 한 경우에 '그 각 호 사유 중 일부를 갖추지 못하였다는 판단' 자체가 처분의 사유가 된다(대판 2018.12.13. 2016두31616).

⑤ **이유제시 하자**: 이유제시의 하자란 행정행위 처분의 내용에는 하자가 없으나 절차상 이유제시에 하자가 있는 경우 독자적 무효 또는 취소사유가 될 것인지에 관하여 판례와 다수설은 그 하자의 정도에 따라 독립된 무효 또는 취소사유로 보고 있다.
  ⊙ **무효사유**: 제23조 제1항에 따라 행정청이 처분이유를 제시하여야 함에도 처분 이유를 전혀 제시하지 않거나, 중요사항의 기재가 결여된 경우
  ⓒ **취소사유**: 이유제시가 불충분한 경우
⑥ **이유제시 하자의 치유 및 시기**: 이유제시에 흠결이 있는 경우 사후에 보완하여 하자를 치유할 수 있다고 인정하는 견해와 부정하는 견해가 있다. 판례는 행정쟁송제기 전에 한하여 국민의 권익을 침해하지 않는 한도에서 이유제시 하자의 치유를 인정하는 입장이다.

(3) 처분의 방식(제24조)

> 행정절차법 제24조 【처분의 방식】 ① 행정청이 처분을 할 때에는 다른 법령등에 특별한 규정이 있는 경우를 제외하고는 문서로 하여야 하며, 다음 각 호의 어느 하나에 해당하는 경우에는 전자문서로 할 수 있다.
> 1. 당사자등의 동의가 있는 경우
> 2. 당사자가 전자문서로 처분을 신청한 경우
> ② 제1항에도 불구하고 공공의 안전 또는 복리를 위하여 긴급히 처분을 할 필요가 있거나 사안이 경미한 경우에는 말, 전화, 휴대전화를 이용한 문자 전송, 팩스 또는 전자우편 등 문서가 아닌 방법으로 처분을 할 수 있다. 이 경우 당사자가 요청하면 지체 없이 처분에 관한 문서를 주어야 한다.
> ③ 처분을 하는 문서에는 그 처분 행정청과 담당자의 소속·성명 및 연락처(전화번호, 팩스번호, 전자우편주소 등을 말한다)를 적어야 한다.

관련판례

1. 행정청이 문서에 의하여 처분을 한 경우 처분서의 문언이 불분명하다는 등의 특별한 사정이 없는 한, 문언에 따라 어떤 처분을 하였는지를 확정하여야 한다. 처분서의 문언만으로도 행정청이 어떤 처분을 하였는지가 분명한데도 처분 경위나 처분 이후의 상대방의 태도 등 다른 사정을 고려하여 처분서의 문언과는 달리 다른 처분까지 포함되어 있는 것으로 확대해석해서는 안 된다(대판 2017.8.29. 2016두44186).

2. 행정청이 문서로 처분을 한 경우 원칙적으로 처분서의 문언에 따라 어떤 처분을 하였는지 확정하여야 한다. 그러나 처분서의 문언만으로는 행정청이 어떤 처분을 하였는지 불분명한 경우에는 처분 경위와 목적, 처분 이후 상대방의 태도 등 여러 사정을 고려하여 처분서의 문언과 달리 처분의 내용을 해석할 수 있다. 특히 행정청이 행정처분을 하면서 논리적으로 당연히 수반되어야 하는 의사표시를 명시적으로 하지 않았다고 하더라도, 그것이 행정청의 추단적 의사에도 부합하고 상대방도 이를 알 수 있는 경우에는 행정처분에 위와 같은 의사표시가 묵시적으로 포함되어 있다고 볼 수 있다(대판 2020.10.29. 2017다269152).

(4) 처분의 정정(제25조)

> 행정절차법 제25조【처분의 정정】행정청은 처분에 오기(誤記), 오산(誤算) 또는 그 밖에 이에 준하는 명백한 잘못이 있을 때에는 직권으로 또는 신청에 따라 지체 없이 정정하고 그 사실을 당사자에게 통지하여야 한다.

(5) 고지(제26조)

> 행정절차법 제26조【고지】행정청이 처분을 할 때에는 당사자에게 그 처분에 관하여 행정심판 및 행정소송을 제기할 수 있는지 여부, 그 밖에 불복을 할 수 있는지 여부, 청구절차 및 청구기간, 그 밖에 필요한 사항을 알려야 한다.

관련판례

고지절차에 관한 규정은 행정처분의 상대방이 그 처분에 대한 행정심판의 절차를 밟는 데 편의를 제공하려는 것이어서 처분청이 위 규정에 따른 고지의무를 이행하지 아니하였다고 하더라도 경우에 따라 행정심판의 제기기간이 연장될 수 있음에 그칠 뿐, 그 때문에 심판의 대상이 되는 행정처분이 위법하다고 할 수는 없다(대판 1987.11.24. 87누529).

2. 수익적 처분에만 적용되는 행정절차

(1) 처분의 신청(제17조)

> 행정절차법 제17조【처분의 신청】① 행정청에 처분을 구하는 신청은 문서로 하여야 한다. 다만, 다른 법령등에 특별한 규정이 있는 경우와 행정청이 미리 다른 방법을 정하여 공시한 경우에는 그러하지 아니하다.
> ② 제1항에 따라 처분을 신청할 때 전자문서로 하는 경우에는 행정청의 컴퓨터 등에 입력된 때에 신청한 것으로 본다.
> ③ 행정청은 신청에 필요한 구비서류, 접수기관, 처리기간, 그 밖에 필요한 사항을 게시(인터넷 등을 통한 게시를 포함한다)하거나 이에 대한 편람을 갖추어 두고 누구나 열람할 수 있도록 하여야 한다.
> ④ 행정청은 신청을 받았을 때에는 다른 법령등에 특별한 규정이 있는 경우를 제외하고는 그 접수를 보류 또는 거부하거나 부당하게 되돌려 보내서는 아니 되며, 신청을 접수한 경우에는 신청인에게 접수증을 주어야 한다. 다만, 대통령령으로 정하는 경우에는 접수증을 주지 아니할 수 있다.
> ⑤ 행정청은 신청에 구비서류의 미비 등 흠이 있는 경우에는 보완에 필요한 상당한 기간을 정하여 지체 없이 신청인에게 보완을 요구하여야 한다.
> ⑥ 행정청은 신청인이 제5항에 따른 기간 내에 보완을 하지 아니하였을 때에는 그 이유를 구체적으로 밝혀 접수된 신청을 되돌려 보낼 수 있다.
> ⑦ 행정청은 신청인의 편의를 위하여 다른 행정청에 신청을 접수하게 할 수 있다. 이 경우 행정청은 다른 행정청에 접수할 수 있는 신청의 종류를 미리 정하여 공시하여야 한다.
> ⑧ 신청인은 처분이 있기 전에는 그 신청의 내용을 보완·변경하거나 취하(取下)할 수 있다. 다만, 다른 법령등에 특별한 규정이 있거나 그 신청의 성질상 보완·변경하거나 취하할 수 없는 경우에는 그러하지 아니하다.

간단 점검하기

행정청은 신청에 구비서류의 미비 등 흠이 있는 경우 접수를 거부하여야 한다. (×)

① **문서주의**: 행정청에 대하여 처분을 구하는 신청은 문서로 하여야 하지만, 다른 법령 등에 특별한 규정이 있는 경우와 행정청이 미리 다른 방법을 정하여 공시한 경우에는 그러하지 아니하다(행정절차법 제17조 제1항).
② **의무적 접수**: 행정청은 신청이 있는 때에는 다른 법령 등에 특별한 규정이 있는 경우를 제외하고는 그 접수를 보류 또는 거부하거나 부당하게 되돌려 보내서는 안 되며, 신청을 접수한 경우에는 특별한 경우를 제외하고는 신청인에게 접수증을 교부해야 한다(행정절차법 제17조 제4항).

> **관련판례**
> 1. 구 행정절차법 제17조 제3항 본문은 "행정청은 신청이 있는 때에는 다른 법령 등에 특별한 규정이 있는 경우를 제외하고는 그 접수를 보류 또는 거부하거나 부당하게 되돌려 보내서는 아니되며, 신청을 접수한 경우에는 신청인에게 접수증을 교부하여야 한다."고 규정하고 있는 바, 여기에서의 신청인의 행정청에 대한 신청의 의사표시는 명시적이고 확정적인 것이어야 한다고 할 것이므로 신청인이 신청에 앞서 행정청의 허가업무 담당자에게 신청서의 내용에 대한 검토를 요청한 것만으로는 다른 특별한 사정이 없는 한 명시적이고 확정적인 신청의 의사표시가 있었다고 하기 어렵다(대판 2004.9.24. 2003두13236).
> 2. 행정절차법 제17조가 '구비서류의 미비 등 흠의 보완'과 '신청 내용의 보완'을 분명하게 구분하고 있는 점에 비추어 보면 행정청으로 하여금 신청에 대하여 거부처분을 하기 전에 반드시 신청인에게 신청의 내용이나 처분의 실체적 발급요건에 관한 사항까지 보완할 기회를 부여하여야 할 의무를 정한 것은 아니라고 보아야 한다(대판 2020.7.23. 2020두36007).

③ **신청의 보완 등**: 행정청은 신청에 구비서류의 미비 등 흠이 있는 경우에는 보완에 필요한 상당한 기간을 정하여 지체 없이 신청인에게 보완을 요구해야 하며, 신청인이 위의 규정에 의한 기간 내에 보완을 하지 않은 때에는 그 이유를 명시하여 접수된 신청을 되돌려 보낼 수 있다(행정절차법 제17조 제5·6항).

> **관련판례**
> 행정기관은 민원사항의 신청이 있는 때에는 다른 법령에 특별한 규정이 있는 경우를 제외하고는 그 접수를 보류하거나 거부할 수 없으며, 민원서류에 흠이 있는 경우에는 보완에 필요한 상당한 기간을 정하여 지체 없이 민원인에게 보완을 요구하고 그 기간 내에 민원서류를 보완하지 아니할 때에는 7일의 기간 내에 다시 보완을 요구할 수 있으며, 위 기간 내에 민원서류를 보완하지 아니한 때에 비로소 접수된 민원서류를 되돌려 보낼 수 있도록 규정되어 있는바, 위 규정 소정의 보완의 대상이 되는 흠은 보완이 가능한 경우이어야 함은 물론이고, 그 내용 또한 형식적·절차적인 요건이거나, 실질적인 요건에 관한 흠이 있는 경우라도 그것이 민원인의 단순한 착오나 일시적인 사정 등에 기한 경우 등이라야 한다(대판 2004.10.15. 2003두6573).

(2) 다수의 행정청이 관여하는 처분(제18조)

> 행정절차법 제18조【다수의 행정청이 관여하는 처분】행정청은 다수의 행정청이 관여하는 처분을 구하는 신청을 접수한 경우에는 관계 행정청과의 신속한 협조를 통하여 그 처분이 지연되지 아니하도록 하여야 한다.

(3) 처리기간의 설정·공표(제19조)

> 행정절차법 제19조【처리기간의 설정·공표】① 행정청은 신청인의 편의를 위하여 처분의 처리기간을 종류별로 미리 정하여 공표하여야 한다.
> ② 행정청은 부득이한 사유로 제1항에 따른 처리기간 내에 처분을 처리하기 곤란한 경우에는 해당 처분의 처리기간의 범위에서 한 번만 그 기간을 연장할 수 있다.
> ③ 행정청은 제2항에 따라 처리기간을 연장할 때에는 처리기간의 연장 사유와 처리 예정 기한을 지체 없이 신청인에게 통지하여야 한다.
> ④ 행정청이 정당한 처리기간 내에 처리하지 아니하였을 때에는 신청인은 해당 행정청 또는 그 감독 행정청에 신속한 처리를 요청할 수 있다.
> ⑤ 제1항에 따른 처리기간에 산입하지 아니하는 기간에 관하여는 대통령령으로 정한다.

① **처리기간 설정과 연장**: 행정청은 신청인의 편의를 위하여 처분의 처리기간을 종류별로 미리 정하여 공표해야 하는데, 행정청은 부득이한 사유로 위의 규정에 의한 처리기간 내에 처리하기 곤란한 경우에는 처분의 처리기간의 범위 내에서 1회에 한하여 그 기간을 연장할 수 있다(행정절차법 제19조 제1·2항).

② **신속처리요구권**: 행정청이 정당한 처리기간 내에 처리하지 않은 때에는 신청인은 행정청 또는 그 감독행정청에 대하여 신속한 처리를 요청할 수 있다(행정절차법 제19조 제4항).

관련판례

행정절차법 제23조 제1항은 "행정청은 처분을 할 때에는 다음 각 호의 어느 하나에 해당하는 경우를 제외하고는 당사자에게 그 근거와 이유를 제시하여야 한다."라고 정하고 있다. 이는 행정청의 자의적 결정을 배제하고 당사자로 하여금 행정구제절차에서 적절히 대처할 수 있도록 하는 데 그 취지가 있다. 따라서 처분서에 기재된 내용, 관계 법령과 해당 처분에 이르기까지 전체적인 과정 등을 종합적으로 고려하여, 처분 당시 당사자가 어떠한 근거와 이유로 처분이 이루어진 것인지를 충분히 알 수 있어서 그에 불복하여 행정구제절차로 나아가는 데 별다른 지장이 없었던 것으로 인정되는 경우에는 처분서에 처분의 근거와 이유가 구체적으로 명시되어 있지 않았더라도 이를 처분을 취소하여야 할 절차상 하자로 볼 수 없다(대판 2019.12.13. 2018두41907).

3. 침익적 처분에만 적용되는 행정절차

(1) 사전통지

① **사전통지사항**

> 행정절차법 제21조 【처분의 사전 통지】 ① 행정청은 당사자에게 의무를 부과하거나 권익을 제한하는 처분을 하는 경우에는 미리 다음 각 호의 사항을 당사자등에게 통지하여야 한다.
> 1. 처분의 제목
> 2. 당사자의 성명 또는 명칭과 주소
> 3. 처분하려는 원인이 되는 사실과 처분의 내용 및 법적 근거
> 4. 제3호에 대하여 의견을 제출할 수 있다는 뜻과 의견을 제출하지 아니하는 경우의 처리방법
> 5. 의견제출기관의 명칭과 주소
> 6. 의견제출기한
> 7. 그 밖에 필요한 사항

행정청은 당사자에게 의무를 부과하거나 권익을 제한하는 처분을 하는 경우에는 ㉠ 처분의 제목, ㉡ 당사자의 성명 또는 명칭과 주소, ㉢ 처분하고자 하는 원인이 되는 사실과 처분의 내용 및 법적 근거, ㉣ 의견을 제출할 수 있다는 뜻과 의견을 제출하지 아니하는 경우의 처리방법, ㉤ 의견제출기관의 명칭과 주소, ㉥ 의견제출기한, ㉦ 기타 필요한 사항을 당사자 등에게 통지해야 한다(행정절차법 제21조 제1항).

② **적용대상**: 사전통지는 침익적 처분에만 적용되고, 수익적 처분에는 적용되지 않는다.

> **관련판례** 사전통지가 필요한 처분: 침익적 처분
>
> 1. 지방세법에 의한 압류재산 매각절차에 따라 영업시설의 전부를 인수함으로써 그 영업자의 지위를 승계한 자가 관계 행정청에 이를 신고하여 행정청이 이를 수리하는 경우에는 종전의 영업자에 대한 영업허가 등은 그 효력을 잃는다 할 것인데, 위 규정들을 종합하면 위 행정청이 구 식품위생법 규정에 의하여 영업자지위승계신고를 수리하는 처분은 종전의 영업자의 권익을 제한하는 처분이라 할 것이고 따라서 종전의 영업자는 그 처분에 대하여 직접 그 상대가 되는 자에 해당한다고 봄이 상당하므로, 행정청으로서는 위 신고를 수리하는 처분을 함에 있어서 행정절차법 규정 소정의 당사자에 해당하는 종전의 영업자에 대하여 위 규정 소정의 행정절차를 실시하고 처분을 하여야 한다(대판 2003.2.14. 2001두7015).
>
> 2. 감사원이 한국방송공사에 대한 감사를 실시한 결과 사장 甲에게 부실 경영 등 문책사유가 있다는 이유로 한국방송공사 이사회에 甲에 대한 해임제청을 요구하였고, 이사회가 임시이사회를 개최하여 감사원 해임제청요구에 따른 문책사유와 방송의 공정성 훼손 등의 사유를 들어 甲에 대한 해임제청을 결의하고 대통령에게 甲의 사장직 해임을 제청함에 따라 대통령이 甲을 한국방송공사 사장직에서 해임한 사안에서, 甲에게 한국방송공사의 적자구조 만성화에 대한 경영상 책임이 인정되는 데다 대통령이 감사원의 한국방송공사에 대한 감사에 따른 해임제청 요구 및 한국방송공사 이사회의 해임제청결의에

따라 해임처분을 하게 된 것인 점 등에 비추어 대통령에게 주어진 한국방송공사 사장 해임에 관한 재량권 일탈·남용의 하자가 존재한다고 하더라도 그것이 중대·명백하지 않아 당연무효 사유에 해당하지 않고, 해임처분 과정에서 甲이 처분 내용을 사전에 통지받거나 그에 대한 의견제출 기회 등을 받지 못했고 해임처분 시 법적 근거 및 구체적 해임 사유를 제시받지 못하였으므로 해임처분이 행정절차법에 위배되어 위법하지만, 절차나 처분형식의 하자가 중대하고 명백하다고 볼 수 없어 역시 당연무효가 아닌 취소 사유에 해당한다(대판 2012.2.23. 2011두5001).

관련판례 사전통지가 필요하지 않은 처분: 수익적 처분

1. 외국인의 사증발급 신청에 대한 거부처분은 당사자에게 의무를 부과하거나 적극적으로 권익을 제한하는 처분이 아니므로, 행정절차법 제21조 제1항에서 정한 '처분의 사전통지'와 제22조 제3항에서 정한 '의견제출 기회 부여'의 대상은 아니다(대판 2019.7.11. 2017두38874).

2. 행정절차법 제21조 제1항은 행정청은 당사자에게 의무를 과하거나 권익을 제한하는 처분을 하는 경우에는 미리 처분의 제목, 당사자의 성명 또는 명칭과 주소, 처분하고자 하는 원인이 되는 사실과 처분의 내용 및 법적 근거, 그에 대하여 의견을 제출할 수 있다는 뜻과 의견을 제출하지 아니하는 경우의 처리방법, 의견제출기관의 명칭과 주소, 의견제출기한 등을 당사자 등에게 통지하도록 하고 있는바, 신청에 따른 처분이 이루어지지 아니한 경우에는 아직 당사자에게 권익이 부과되지 아니하였으므로 특별한 사정이 없는 한 신청에 대한 거부처분이라고 하더라도 직접 당사자의 권익을 제한하는 것은 아니어서 신청에 대한 거부처분을 여기에서 말하는 '당사자의 권익을 제한하는 처분'에 해당한다고 할 수 없는 것이어서 처분의 사전통지대상이 된다고 할 수 없다(대판 2003.11.28. 2003두674).

3. 행정절차법 제2조 제4호가 행정절차법의 당사자를 행정청의 처분에 대하여 직접 그 상대가 되는 당사자로 규정하고, 도로법 제25조 제3항이 도로구역을 결정하거나 변경할 경우 이를 고시에 의하도록 하면서, 그 도면을 일반인이 열람할 수 있도록 한 점 등을 종합하여 보면, 도로구역을 변경한 이 사건 처분은 행정절차법 제21조 제1항의 사전통지나 제22조 제3항의 의견청취의 대상이 되는 처분은 아니라고 할 것이다(대판 2008.6.12. 2007두1767).

4. 퇴직연금의 환수결정은 당사자에게 의무를 과하는 처분이기는 하나, 관련 법령에 따라 당연히 환수금액이 정하여지는 것이므로, 퇴직연금의 환수결정에 앞서 당사자에게 의견진술의 기회를 주지 아니하여도 행정절차법 제22조 제3항이나 신의칙에 어긋나지 아니한다(대판 2000.11.28. 99두5443).

③ **적용제외사항**: 다음에 해당하는 경우에는 통지를 아니 할 수 있다(행정절차법 제21조 제4항).
㉠ 공공의 안전 또는 복리를 위하여 긴급히 처분을 할 필요가 있는 경우
㉡ 법령에서 요구된 자격이 없거나 없어지게 되면 반드시 일정한 처분을 해야 하는 경우에 그 자격이 없거나 없어지게 된 사실이 법원의 재판 등에 의하여 객관적으로 증명된 경우

ⓒ 처분의 성질상 의견청취가 현저히 곤란하거나 명백히 불필요하다고 인정될 만한 상당한 이유가 있는 경우

> 행정절차법 제21조 【처분의 사전 통지】 ④ 다음 각 호의 어느 하나에 해당하는 경우에는 제1항에 따른 통지를 하지 아니할 수 있다.
> 1. 공공의 안전 또는 복리를 위하여 긴급히 처분을 할 필요가 있는 경우
> 2. 법령등에서 요구된 자격이 없거나 없어지게 되면 반드시 일정한 처분을 하여야 하는 경우에 그 자격이 없거나 없어지게 된 사실이 법원의 재판 등에 의하여 객관적으로 증명된 경우
> 3. 해당 처분의 성질상 의견청취가 현저히 곤란하거나 명백히 불필요하다고 인정될 만한 상당한 이유가 있는 경우

(2) 의견청취절차

① **의의**: 행정청이 당사자에게 의무를 과하거나 권익을 제한하는 처분을 함에 있어서는 청문회나 공청회를 개최하거나 당사자 등에게 의견제출의 기회를 주어야 한다(행정절차법 제22조 제3항).

> **관련판례**
> 1. **지하수개발·이용신고를 수리하였다가 수리처분취소와 원상복구명령을 하면서 사전통지 및 의견제출의 기회를 주지 않은 경우**
> 행정청이 온천지구임을 간과하여 지하수개발·이용신고를 수리하였다가 행정절차법상의 사전통지를 하거나 의견제출의 기회를 주지 아니한 채 그 신고수리처분을 취소하고 원상복구 명령의 처분을 한 경우, 행정지도방식에 의한 사전고지나 그에 따른 당사자의 자진 폐공의 약속 등의 사유만으로는 사전통지 등을 하지 않아도 되는 행정절차법 소정의 예외의 경우에 해당한다고 볼 수 없다는 이유로 그 처분은 위법하다(대판 2000.11.14. 99두5870).
> 2. **건축법상의 공사중지명령을 하면서 사전통지 및 의견제출의 기회를 주지 않은 경우** 건축법상의 공사중지명령에 대한 사전통지를 하고 의견제출의 기회를 준다면 많은 액수의 손실보상금을 기대하여 공사를 강행할 우려가 있다는 사정이 사전통지 및 의견제출절차의 예외사유에 해당하지 아니한다(대판 2004.5.28. 2004두1254).

② **의견제출권**

㉠ **의의**: 의견제출이란 행정청이 어떠한 행정작용을 하기에 앞서 당사자 등이 의견을 제시하는 절차로서 청문이나 공청회에 해당하지 아니하는 절차를 말한다(행정절차법 제2조 제7호).

㉡ **성질**: 당사자 등의 이익을 보호하는 데 그 취지가 있으며, 의견제출을 할 수 있는 권리는 절차적 권리로서, 당사자의 개인적 공권으로 보호된다.

> **관련판례**
> 1. 퇴직연금의 환수결정은 당사자에게 의무를 과하는 처분이기는 하나, 관련 법령에 따라 당연히 환수금액이 정하여지는 것이므로, 퇴직연금의 환수결정에 앞서 당사자에게 의견진술의 기회를 주지 아니하여도 행정절차법 제22조 제3항이나 신의칙에 어긋나지 아니한다(대판 2000.11.28. 99두5443).

2. 불특정다수인을 상대로 의무를 부과하거나 권익을 제한하는 처분에서는 상대방에게 의견제출의 기회를 주지 않아도 된다(의견제출의 기회를 주어야 하는 상대방을 특정할 수 없으므로)(대판 2014.10.27. 2012두7745).

3. 행정절차법 제3조 제2항, 같은 법 시행령 제2조 제6호에 의하면 공정거래위원회의 의결·결정을 거쳐 행하는 사항에는 행정절차법의 적용이 제외되게 되어 있으므로, 설사 공정거래위원회의 시정조치 및 과징금납부명령에 행정절차법 소정의 의견청취절차 생략사유가 존재한다고 하더라도, 공정거래위원회는 행정절차법을 적용하여 의견청취절차를 생략할 수는 없다(대판 2001.5.8. 2000두10212).

ⓒ **방법**: 당사자등은 처분 전에 그 처분의 관할행정청에 서면·구술(서면으로 그 진술의 요지와 진술자를 기록)로 또는 정보통신망을 이용하여 의견제출을 할 수 있으며, 의견제출을 하는 경우에 그 주장을 입증하기 위한 증거자료 등을 첨부할 수 있다(행정절차법 제27조 제1·2·3항).

ⓔ **의견 제출기한**: 기한은 의견제출에 필요한 상당한 기간을 고려해야 하는데, 여기서 상당한 기간이란 불확정개념으로 사회적인 통념에 따라 판단할 수밖에 없다(행정절차법 제21조 제3항).

ⓜ **효과**

> 행정절차법 제27조의2【제출 의견의 반영 등】① 행정청은 처분을 할 때에 당사자등이 제출한 의견이 상당한 이유가 있다고 인정하는 경우에는 이를 반영하여야 한다.
> ② 행정청은 당사자등이 제출한 의견을 반영하지 아니하고 처분을 한 경우 당사자등이 처분이 있음을 안 날부터 90일 이내에 그 이유의 설명을 요청하면 서면으로 그 이유를 알려야 한다. 다만, 당사자등이 동의하면 말, 정보통신망 또는 그 밖의 방법으로 알릴 수 있다.

ⓐ 행정청은 처분을 함에 있어서 당사자등이 제출한 의견이 상당한 이유가 있다고 인정하는 경우에는 이를 반영하여야 하지만, 반드시 당사자등의 의견을 따라야 하는 것은 아니다(행정절차법 제27조의2).
ⓑ 당사자등이 정당한 이유 없이 기한 내에 의견제출을 하지 아니한 경우에는 의견이 없는 것으로 본다(행정절차법 제27조 제4항).
ⓒ 행정청은 청문·공청회 또는 의견제출을 거친 때에는 신속히 처분하여 당해 처분이 지연되지 아니하도록 하여야 한다(행정절차법 제22조 제5항).

③ **청문권**
ⓐ **개념**: 청문이란 행정청이 어떠한 처분을 하기에 앞서 당사자등의 의견을 직접 듣고 증거를 조사하는 절차를 말한다(행정절차법 제2조 제5호).
ⓑ **성질**: 절차적 권리, 개인적 공권이지만 포기될 수 있는 권리이다.

ⓒ 청문을 하는 경우

> **행정절차법 제22조【의견청취】** ① 행정청이 처분을 할 때 다음 각 호의 어느 하나에 해당하는 경우에는 청문을 한다.
> 1. 다른 법령등에서 청문을 하도록 규정하고 있는 경우
> 2. 행정청이 필요하다고 인정하는 경우
> 3. 다음 각 목의 처분을 하는 경우
>   가. 인허가 등의 취소
>   나. 신분·자격의 박탈
>   다. 법인이나 조합 등의 설립허가의 취소

관련판례

1. [1] 지방자치단체의 장이 공유재산 및 물품관리법에 근거하여 기부채납 및 사용·수익허가 방식으로 민간투자사업을 추진하는 과정에서 사업시행자를 지정하기 위한 전 단계에서 공모제안을 받아 일정한 심사를 거쳐 우선협상대상자를 선정하는 행위와 이미 선정된 우선협상대상자를 그 지위에서 배제하는 행위가 항고소송의 대상이 되는 행정처분에 해당한다.
   [2] 행정청이 당사자에게 의무를 부과하거나 권익을 제한하는 처분을 하는 경우에는 원칙적으로 행정절차법 제21조 제1항에 따른 사전통지를 하고, 제22조 제3항에 따른 의견제출 기회를 주는 것으로 족하며, 다른 법령 등에서 반드시 청문을 실시하도록 규정한 경우이거나 행정청이 필요하다고 인정하는 경우 등에 한하여 청문을 실시할 의무가 있다.
   따라서 지방자치단체의 장이 공유재산 및 물품관리법에 근거하여 민간투자사업을 추진하던 중 우선협상대상자 지위를 박탈하는 처분을 하는 경우, 반드시 청문을 실시할 의무가 있는 것은 아니다(대판 2020.4.29. 2017두31064).

2. 행정청이 당사자와 사이에 도시계획사업의 시행과 관련한 협약을 체결하면서 관계 법령 및 행정절차법에 규정된 청문의 실시 등 의견청취절차를 배제하는 조항을 두었다고 하더라도, 국민의 행정참여를 도모함으로써 행정의 공정성·투명성 및 신뢰성을 확보하고 국민의 권익을 보호한다는 행정절차법의 목적 및 청문제도의 취지 등에 비추어 볼 때, 위와 같은 협약의 체결로 청문의 실시에 관한 규정의 적용을 배제할 수 있다고 볼 만한 법령상의 규정이 없는 한, 이러한 협약이 체결되었다고 하여 청문의 실시에 관한 규정의 적용이 배제된다거나 청문을 실시하지 않아도 되는 예외적인 경우에 해당한다고 할 수 없다(대판 2004.7.8. 2002두8350).
   → 행정절차법은 강행법규이므로 당사자의 합의로 배제할 수 없다.

3. 구 공중위생법(1999.2.8. 법률 제5839호 공중위생관리법 부칙 제2조로 폐지)상 유기장업허가취소처분을 함에 있어서 두 차례에 걸쳐 발송한 청문통지서가 모두 반송되어 온 경우, 행정절차법 제21조 제4항 제3호에 정한 청문을 실시하지 않아도 되는 예외 사유에 해당한다고 단정하여 당사자가 청문일시에 불출석하였다는 이유로 청문을 거치지 않고 이루어진 위 처분은 위법하다(대판 2001.4.13. 2000두3337).

ㄹ **청문의 배제**: 사전통지의 적용배제 사유인 공공의 안전 또는 복리를 위하여 긴급히 처분을 할 필요가 있는 경우, 법령 등에서 요구된 자격이 없거나 없어지게 되면 반드시 일정한 처분을 하여야 하는 데, 그 자격이 없거나 없어지게 된 사실이 법원의 재판 등에 의하여 객관적으로 증명된 경우, 처분의 성질상 의견청취가 현저히 곤란하거나 명백히 불필요하다고 인정될 만한 상당한 이유가 있는 경우에 더하여, 당사자가 의견진술의 기회를 포기한다는 뜻을 명백히 표시한 경우까지 포함된다(행정절차법 제21조 제4항, 제22조 제4항).

> **행정절차법 제22조【의견청취】** ④ 제1항부터 제3항까지의 규정에도 불구하고 제21조 제4항 각 호의 어느 하나에 해당하는 경우와 당사자가 의견진술의 기회를 포기한다는 뜻을 명백히 표시한 경우에는 의견청취를 하지 아니할 수 있다.
>
> **제21조【처분의 사전 통지】** ④ 다음 각 호의 어느 하나에 해당하는 경우에는 제1항에 따른 통지를 하지 아니할 수 있다.
> 1. 공공의 안전 또는 복리를 위하여 긴급히 처분을 할 필요가 있는 경우
> 2. 법령등에서 요구된 자격이 없거나 없어지게 되면 반드시 일정한 처분을 하여야 하는 경우에 그 자격이 없거나 없어지게 된 사실이 법원의 재판 등에 의하여 객관적으로 증명된 경우
> 3. 해당 처분의 성질상 의견청취가 현저히 곤란하거나 명백히 불필요하다고 인정될 만한 상당한 이유가 있는 경우

> **관련판례** 청문 배제사유인지 여부
>
> 1. **구 도시계획법 제23조 제5항의 규정에 의한 사업시행자 지정처분을 취소함에 있어서 청문을 실시하지 아니한 경우, 그 취소처분은 위법한 처분임**
>   행정청이 침해적 행정처분을 함에 즈음하여 청문을 실시하지 않아도 되는 예외적인 경우에 해당하지 않는 한 반드시 청문을 실시하여야 하고, 그 절차를 결여한 처분은 위법한 처분으로서 취소사유에 해당한다.
>
> 2. **청문통지서의 반송이나 상대방 청문일시에 불출석하였다는 이유는 청문 예외사유에 해당하지 않음**
>   행정처분의 상대방이 통지된 청문일시에 불출석하였다는 이유만으로 행정청이 관계 법령상 그 실시가 요구되는 청문을 실시하지 아니한 채 침해적 행정처분을 할 수는 없을 것이므로, 행정처분의 상대방에 대한 청문통지서가 반송되었다거나, 행정처분의 상대방이 청문일시에 불출석하였다는 이유로 청문을 실시하지 아니하고 한 침해적 행정처분은 위법하다(대판 2001.4.13. 2000두3337).

ㅁ **통지**: 행정청은 청문이 시작되는 날부터 10일 전까지 일정 사항을 당사자등에게 통지해야 한다(행정절차법 제21조 제2항). 또한 행정청이 청문 주재자에게 필요한 자료를 7일 전에 통지하여야 한다.

ⓗ **비공개원칙**: 청문은 당사자의 공개신청이 있거나 청문주재자가 필요하다고 인정하는 경우, 이를 공개할 수 있다. 다만, 공익 또는 제3자의 정당한 이익을 현저히 해할 우려가 있는 경우에는 공개하여서는 아니 된다(행정절차법 제30조).

ⓢ **청문의 절차**

> 1. 청문주재자의 선정 – 신분
> 청문은 소속직원 또는 대통령령이 정하는 자격을 가진 자 중에서 행정청이 선정하는 자가 주재하되, 행정청은 청문주재자의 선정이 공정하게 이루어지도록 노력하여야 한다. 청문주재자는 독립하여 공정하게 직무를 수행하며, 그 직무수행상의 이유로 본인의 의사에 반하여 신분상 어떠한 불이익도 받지 않는다. 대통령령이 정하는 자 중에서 선정된 청문주재자는 형법이나 다른 법률에 의한 벌칙의 적용에 있어서 공무원으로 본다(행정절차법 제28조).
>
> 2. 청문주재자의 제척 · 기피 · 회피
> (1) 제척
>   청문주재자가 행정절차법상 일정한 제척사유에 해당하는 경우에는 청문을 주재할 수 없다(행정절차법 제29조 제1항).
> (2) 기피
>   청문주재자에게 공정한 청문진행을 할 수 없는 사정이 있는 경우에 당사자 등은 행정청에 기피신청을 할 수 있다. 이 경우 행정청은 청문을 정지하고 그 신청이 이유가 있다고 인정하는 때에는 당해 청문주재자를 지체 없이 교체하여야 한다(행정절차법 제29조 제2항).
> (3) 회피
>   청문주재자가 일정한 사유에 해당하는 경우에는 행정청의 승인을 얻어 스스로 청문의 주재를 회피할 수 있다(행정절차법 제29조 제3항).
>
> 3. 진행절차
> (1) 진행방법
>   ① 설명 · 의견진술(행정절차법 제31조 제1 · 2 · 3항)
>   ⊙ 청문을 시작할 때에는 청문주재자가 먼저 예정된 처분의 내용, 그 원인이 되는 사실 및 법적 근거 등을 설명해야 한다.
>   ⓒ 당사자등은 의견을 진술하고 증거를 제출할 수 있으며, 참고인 · 감정인 등에 대하여 질문할 수 있다.
>   ⓒ 당사자등이 의견서를 제출한 경우에는 그 내용을 출석하여 진술한 것으로 본다.
>   ② **청문의 계속 · 병합 · 분할**: 행정청은 직권 또는 당사자의 신청에 의하여 여러 개의 사안을 병합하거나 분리하여 청문을 실시할 수 있다(행정절차법 제32조).
>   ③ **질서유지 등**: 청문주재자는 청문의 신속한 진행과 질서유지를 위하여 필요한 조치를 할 수 있다(행정절차법 제31조 제4항).
> (2) 증거조사
>   ① **직권조사**: 청문주재자는 신청 또는 직권에 의하여 필요한 조사를 할 수 있으며, 당사자등이 주장하지 않은 사실에 대하여도 조사할 수 있다(행정절차법 제33조 제1항).

② **조사방법**: 증거조사는 ㉠ 문서·장부·물건 등 증거자료의 수집, ㉡ 참고인·감정인 등에 대한 질문, ㉢ 검증 또는 감정·평가에 해당하는 방법에 의한다(행정절차법 제33조 제2항).
③ **문서제출·의견진술의 요구**: 청문주재자는 필요하다고 인정하는 때에는 관계행정청에 대하여 필요한 문서의 제출 또는 의견의 진술을 요구할 수 있으며, 이 경우에 관계행정청은 직무수행상 특별한 지장이 없는 이상, 이에 응해야 한다(행정절차법 제33조 제3항).

(3) **청문조서**

청문주재자는 제목, 청문주재자의 소속·성명 등 인적사항, 당사자등의 주소·성명 또는 명칭 및 출석여부 등이 기재된 청문조서를 작성해야 한다. 당사자등은 청문조서의 기재내용을 열람·확인할 수 있으며, 이의가 있을 때에는 그 정정을 요구할 수 있다(행정절차법 제34조).

(4) **청문의 종결**
① **사유**: 청문주재자는 당사자등의 의견진술·증거조사가 충분히 이루어졌다고 인정되는 경우에는 청문을 마칠 수 있고, 당사자등의 전부 또는 일부가 정당한 사유 없이 청문기일에 출석하지 않거나 의견서를 제출하지 않은 경우에는 이들에게 다시 의견진술 및 증거제출의 기회를 주지 않고도 청문을 마칠 수 있다(행정절차법 제35조 제1·2항).
② **후속 조치**: 행정청은 청문·공청회 또는 의견제출을 거친 때에는 신속히 처분하여 처분이 지연되지 않도록 해야 하고, 행정청은 처분 후 1년 이내에 당사자등의 요청이 있는 경우에는 청문·공청회 또는 의견제출을 위하여 제출받은 서류 기타 물건을 반환해야 한다(행정절차법 제22조 제5·6항).
③ **결과의 반영**: 행정청은 처분을 할 때, 청문 시 제출받은 청문조서, 청문주재자의 의견서, 그 밖의 관계서류 등을 충분히 검토하고 상당한 이유가 있다고 인정되는 경우에는 청문결과를 반영하여야 한다(행정청은 청문에서 개진된 사인의 의견에 구속되지 않음).

(5) **청문의 재개**

행정청은 청문을 마친 후 처분을 하기까지 새로운 사정이 발견되어 청문을 재개할 필요가 있다고 인정하는 때에는 제출받은 청문조서를 되돌려 보내고 청문의 재개를 명할 수 있다(행정절차법 제36조).

◎ **문서열람·복사청구권, 비밀유지청구권**: 당사자등은 의견제출의 경우에는 처분의 사전 통지가 있는 날부터 의견제출기한까지, 청문의 경우에는 청문의 통지가 있는 날부터 청문이 끝날 때까지 행정청에 대하여 사안의 조사결과에 관한 문서 기타 당해 처분과 관련되는 문서의 열람 또는 복사를 요청할 수 있다. 이 경우, 행정청은 다른 법령에 의하여 공개가 제한되는 경우를 제외하고는 이를 거부할 수 없다(행정절차법 제37조 제1항).

> 행정절차법 제37조【문서의 열람 및 비밀유지】① 당사자등은 의견제출의 경우에는 처분의 사전 통지가 있는 날부터 의견제출기한까지, 청문의 경우에는 청문의 통지가 있는 날부터 청문이 끝날 때까지 행정청에 해당 사안의 조사결과에 관한 문서와 그 밖에 해당 처분과 관련되는 문서의 열람 또는 복사를 요청할 수 있다. 이 경우 행정청은 다른 법령에 따라 공개가 제한되는 경우를 제외하고는 그 요청을 거부할 수 없다.
> ② 행정청은 제1항의 열람 또는 복사의 요청에 따르는 경우 그 일시 및 장소를 지정할 수 있다.
> ③ 행정청은 제1항 후단에 따라 열람 또는 복사의 요청을 거부하는 경우에는 그 이유를 소명(疎明)하여야 한다.
> ④ 제1항에 따라 열람 또는 복사를 요청할 수 있는 문서의 범위는 대통령령으로 정한다.
> ⑤ 행정청은 제1항에 따른 복사에 드는 비용을 복사를 요청한 자에게 부담시킬 수 있다.
> ⑥ 누구든지 의견제출 또는 청문을 통하여 알게 된 사생활이나 경영상 또는 거래상의 비밀을 정당한 이유 없이 누설하거나 다른 목적으로 사용하여서는 아니 된다.

ⓒ 청문절차의 위반
　ⓐ **법령상 요구되는 청문절차 결여**: 법령상(법률, 시행령) 요구되는 청문절차를 결여하면 위법하게 된다.
　ⓑ **훈령상 요구되는 청문절차 결여**: 훈령상 요구되는 청문절차 결여에 대하여 위법하다고 판시한 예외가 없었던 것은 아니지만 적법하다는 것이 판례의 일반적 입장이다.
　ⓒ **개별법령상 청문절차의 요구가 없는 경우**: 행정청이 당사자에게 의무를 과하거나 권익을 제한하는 처분을 함에 있어서 특별한 규정이 있는 경우 외에는 당사자등에게 의견제출의 기회를 주어야 한다(행정절차법 제22조 제3항).

관련판례 법령에 규정된 청문절차를 결여한 경우

1. 개별법이나 대통령령에 규정된 청문절차 결여 - 위법
　① 관계행정청이 식품위생법에 의한 영업정지처분을 하려면 반드시 사전에 청문절차를 거쳐야 함은 물론 청문서 도달기간 등을 엄격하게 지켜 영업자로 하여금 의견진술과 변명의 기회를 보장하여야 할 것이고 가령 식품위생법 제58조 소정의 사유가 분명히 존재하는 경우라 하더라도 위와 같은 청문절차를 제대로 준수하지 아니하고 한 영업정지처분은 위법임을 면치 못할 것이다(대판 1990.11.9. 90누4129).
　② 구 도시계획법 제23조 제5항의 규정에 의한 사업시행자 지정처분을 취소함에 있어서 청문을 실시하지 아니한 경우, 그 절차를 결여한 지정처분의 취소처분이 위법한 처분인지 여부(적극)(대판 2004.7.8. 2002두8350)

2. 개별법에 명문규정이 없을 경우 - 적법

청문절차 없이 어떤 행정처분을 한 경우에도 관계 법령에서 청문절차를 시행하도록 규정하지 않고 있는 경우에는 그 행정처분이 위법하게 되는 것이 아니라고 할 것인바, 구 주택건설 촉진법 및 같은 법 시행령에 의하면 주택조합설립인가처분의 취소처분을 하고자 하는 경우에 청문절차를 거치도록 규정하고 있지 아니하므로 청문절차를 거치지 아니한 것이 위법하지 아니하다(대판 1994.3.22. 93누18969).

관련판례 행정규칙에 규정된 청문절차를 결한 경우

1. 행정규칙은 법규성이 없으므로 행정규칙에 규정된 청문 결여는 위법이 아니라는 것이 대법원의 주류적 입장이다(대판 1994.8.9. 94누3414).

2. 부령 형식의 행정규칙(행정규칙의 성질)에 정한 청문절차 결여 - 적법

자동차운수사업법 제31조 등의 규정에 의한 사업면허의 취소등에 관한 규칙(1982.7.31 교통부령 제742호)의 성질은 자동차운수사업 면허취소 등에 관한 사업처리기준과 처분절차 등 행정청 내부의 사무처리준칙을 규정한 것에 불과하여 처분이 이에 위반되는 것이라 하더라도 위법의 문제는 생기지 않는다(대판 1987.2.10. 84누350).

3. 행정규칙에 규정된 청문 결여를 위법이라고 본 예외적 판례

관계행정청이 건축사사무소의 등록취소처분을 함에 있어 당해 건축사들을 사전에 청문토록 한 취지는 위 행정처분으로 인하여 건축사사무소의 기존권리가 부당하게 침해받지 아니하도록 등록취소 사유에 대하여 당해 건축사에게 변명과 유리한 자료를 제출할 기회를 부여하여 위법 사유의 사정가능성을 감안하고 처분의 신중성과 적정성을 기하려 함에 있다 할 것이므로 설사 건축사법 제28조 소정의 등록취소 등 사유가 분명히 존재하는 경우라 하더라도 당해 건축사가 정당한 이유 없이 청문에 응하지 아니한 경우가 아닌 한 청문절차를 거치지 아니하고 한 건축사사무소 등록취소 처분은 위법하다(대판 1984.9.11. 82누166).

④ 공청회
  ㉠ 개념: 공청회라 함은 행정청이 공개적인 토론을 통하여 어떠한 행정작용에 대하여 당사자 등, 전문지식과 경험을 가진 자 기타 일반인으로부터 의견을 널리 수렴하는 절차를 말한다. 공청회는 이해관계를 불문한다(행정절차법 제2조 제6호).
  ㉡ 공청회의 개시

행정절차법 제22조【의견청취】② 행정청이 처분을 할 때 다음 각 호의 어느 하나에 해당하는 경우에는 공청회를 개최한다.
  1. 다른 법령등에서 공청회를 개최하도록 규정하고 있는 경우
  2. 해당 처분의 영향이 광범위하여 널리 의견을 수렴할 필요가 있다고 행정청이 인정하는 경우
  3. 국민생활에 큰 영향을 미치는 처분으로서 대통령령으로 정하는 처분에 대하여 대통령령으로 정하는 수 이상의 당사자등이 공청회 개최를 요구하는 경우

> 시행령 제13조의3 【공청회의 개최 요건 등】 ③ 법 제22조 제2항 제3호에서 "대통령령으로 정하는 수"란 30명을 말한다.

ⓐ **개최 여부:** ㉮ 행정청이 처분을 함에 있어서 다른 법령 등에서 공청회를 개최하도록 규정하고 있는 경우나, ㉯ 처분의 영향이 광범위하여 널리 의견을 수렴할 필요가 있다고 행정청이 인정하는 경우, ㉰ 30명 이상의 당사자등이 공청회의 개최를 요구하는 경우에 해당하는 경우에 공청회를 개최한다. 당사자가 의견진술의 기회를 포기한다는 뜻을 명백히 표시한 경우에는 의견청취를 아니할 수 있다(행정절차법 제22조 제2조 제4항).

> **관련판례** 추모공원건립추진협의회는 행정청이 아님
> 묘지공원과 화장장의 후보지를 선정하는 과정에서 서울특별시, 비영리법인, 일반 기업 등이 공동 발족한 협의체인 추모공원건립추진협의회가 후보지 주민들의 의견을 청취하기 위하여 그 명의로 개최한 공청회는 행정청이 도시계획시설결정을 하면서 개최한 공청회가 아니므로, 위 공청회의 개최에 관하여 행정절차법에서 정한 절차를 준수하여야 하는 것은 아니다(대판 2007.4.12. 2005두1893).

ⓑ **개최의 공고**

> 행정절차법 제38조 【공청회 개최의 알림】 행정청은 공청회를 개최하려는 경우에는 공청회 개최 14일 전까지 다음 각 호의 사항을 당사자등에게 통지하고 관보, 공보, 인터넷 홈페이지 또는 일간신문 등에 공고하는 등의 방법으로 널리 알려야 한다. 다만, 공청회 개최를 알린 후 예정대로 개최하지 못하여 새로 일시 및 장소 등을 정한 경우에는 공청회 개최 7일 전까지 알려야 한다.
> 1. 제목
> 2. 일시 및 장소
> 3. 주요 내용
> 4. 발표자에 관한 사항
> 5. 발표신청 방법 및 신청기한
> 6. 정보통신망을 통한 의견제출
> 7. 그 밖에 공청회 개최에 필요한 사항

ⓒ **온라인공청회**

> 행정절차법 제38조의2 【온라인공청회】 ① 행정청은 제38조에 따른 공청회와 병행하여서만 정보통신망을 이용한 공청회(이하 "온라인공청회"라 한다)를 실시할 수 있다.
> ② 제1항에도 불구하고 다음 각 호의 어느 하나에 해당하는 경우에는 온라인공청회를 단독으로 개최할 수 있다.
> 1. 국민의 생명·신체·재산의 보호 등 국민의 안전 또는 권익보호 등의 이유로 제38조에 따른 공청회를 개최하기 어려운 경우
> 2. 제38조에 따른 공청회가 행정청이 책임질 수 없는 사유로 개최되지 못하거나 개최는 되었으나 정상적으로 진행되지 못하고 무산된 횟수가 <u>3회</u> 이상인 경우

> 3. 행정청이 널리 의견을 수렴하기 위하여 온라인공청회를 단독으로 개최할 필요가 있다고 인정하는 경우. 다만, 제22조 제2항 제1호 또는 제3호에 따라 공청회를 실시하는 경우는 제외한다.
> ③ 행정청은 온라인공청회를 실시하는 경우 의견제출 및 토론 참여가 가능하도록 적절한 전자적 처리능력을 갖춘 정보통신망을 구축·운영하여야 한다.
> ④ 온라인공청회를 실시하는 경우에는 누구든지 정보통신망을 이용하여 의견을 제출하거나 제출된 의견 등에 대한 토론에 참여할 수 있다.
> ⑤ 제1항부터 제4항까지에서 규정한 사항 외에 온라인공청회의 실시 방법 및 절차에 관하여 필요한 사항은 대통령령으로 정한다.

　ⓒ 공청회의 집행절차
　　ⓐ 공청회 주재자 및 발표자의 선정
　　　㉮ 공청회의 주재자는 당해 공청회의 사안과 관련된 분야에 전문적 지식이 있거나 그 분야에서 종사한 경험이 있는 자 중에서 행정청이 지명 또는 위촉하는 자로 한다(행정절차법 제38조의3 제1항).
　　　㉯ 공청회의 발표자는 발표를 신청한 자 중에서 행정청이 선정한다. 다만, 발표 신청자가 없거나 공청회의 공정성 확보를 위하여 필요하다고 인정하는 경우에는 i) 당해 공청회의 사안과 관련된 당사자, ii) 당해 공청회의 사안과 관련된 분야에 전문적 지식이 있는 자, iii) 당해 공청회의 사안과 관련된 분야에서 종사한 경험이 있는 자 중에서 지명 또는 위촉할 수 있다(행정절차법 제38조의3 제2항).
　　　㉰ 공청회의 주재자·발표자 그 밖의 자료를 제출한 전문가 등에 대하여는 예산의 범위 안에서 수당·여비 그 밖에 필요한 경비를 지급할 수 있다(행정절차법 제38조의3 제4항).
　　ⓑ **공청회의 진행**: 공청회의 주재자는 공청회를 공정하게 진행하여야 하며, 공청회의 원활한 진행을 위하여 발표내용을 제한할 수 있고, 질서유지를 위하여 발언중지, 퇴장명령 등 행정안전부장관이 정하는 필요한 조치를 할 수 있다(행정절차법 제39조 제1항).
　　ⓒ **질의·답변**: 공청회의 주재자는 발표자의 발표가 끝난 후에는 발표자 상호간에 질의 및 답변을 할 수 있도록 해야 하며, 방청인에게도 의견을 제시할 기회를 주어야 한다(행정절차법 제39조 제3항).
　ⓓ **공청회의 사후조치**: 행정청은 청문·공청회 또는 의견제출을 거친 때에는 신속히 처분하여 처분이 지연되지 않도록 해야 한다. 또한 행정청은 처분 후 1년 이내에 당사자등의 요청이 있는 경우에는 청문·공청회 또는 의견제출을 위하여 제출받은 서류 기타 물건을 반환해야 한다(행정절차법 제22조 제5·6항).
　ⓔ **공청회 결과의 반영**: 행정청은 처분을 함에 있어서 공청회에서 제시된 사실 및 의견이 상당한 이유가 있다고 인정하는 경우에는 이를 반영해야 한다(행정절차법 제39조의2).

3 신고(수리를 요하지 않는 신고)

행정절차법 제40조 【신고】 ① 법령등에서 행정청에 일정한 사항을 통지함으로써 의무가 끝나는 신고를 규정하고 있는 경우 신고를 관장하는 행정청은 신고에 필요한 구비서류, 접수기관, 그 밖에 법령등에 따른 신고에 필요한 사항을 게시(인터넷 등을 통한 게시를 포함한다)하거나 이에 대한 편람을 갖추어 두고 누구나 열람할 수 있도록 하여야 한다.
② 제1항에 따른 신고가 다음 각 호의 요건을 갖춘 경우에는 신고서가 접수기관에 도달된 때에 신고 의무가 이행된 것으로 본다.
1. 신고서의 기재사항에 흠이 없을 것
2. 필요한 구비서류가 첨부되어 있을 것
3. 그 밖에 법령등에 규정된 형식상의 요건에 적합할 것
③ 행정청은 제2항 각 호의 요건을 갖추지 못한 신고서가 제출된 경우에는 지체 없이 상당한 기간을 정하여 신고인에게 보완을 요구하여야 한다.
④ 행정청은 신고인이 제3항에 따른 기간 내에 보완을 하지 아니하였을 때에는 그 이유를 구체적으로 밝혀 해당 신고서를 되돌려 보내야 한다.

4 행정상 입법예고절차

행정절차법 제41조 【행정상 입법예고】 ① 법령등을 제정·개정 또는 폐지(이하 "입법"이라 한다)하려는 경우에는 해당 입법안을 마련한 행정청은 이를 예고하여야 한다. 다만, 다음 각 호의 어느 하나에 해당하는 경우에는 예고를 하지 아니할 수 있다.
1. 신속한 국민의 권리 보호 또는 예측 곤란한 특별한 사정의 발생 등으로 입법이 긴급을 요하는 경우
2. 상위 법령등의 단순한 집행을 위한 경우
3. 입법내용이 국민의 권리·의무 또는 일상생활과 관련이 없는 경우
4. 단순한 표현·자구를 변경하는 경우 등 입법내용의 성질상 예고의 필요가 없거나 곤란하다고 판단되는 경우
5. 예고함이 공공의 안전 또는 복리를 현저히 해칠 우려가 있는 경우
② 삭제
③ 법제처장은 입법예고를 하지 아니한 법령안의 심사 요청을 받은 경우에 입법예고를 하는 것이 적당하다고 판단할 때에는 해당 행정청에 입법예고를 권고하거나 직접 예고할 수 있다.
④ 입법안을 마련한 행정청은 입법예고 후 예고내용에 국민생활과 직접 관련된 내용이 추가되는 등 대통령령으로 정하는 중요한 변경이 발생하는 경우에는 해당 부분에 대한 입법예고를 다시 하여야 한다. 다만, 제1항 각 호의 어느 하나에 해당하는 경우에는 예고를 하지 아니할 수 있다.
⑤ 입법예고의 기준·절차 등에 관하여 필요한 사항은 대통령령으로 정한다.
제42조 【예고방법】 ① 행정청은 입법안의 취지, 주요 내용 또는 전문(全文)을 다음 각 호의 구분에 따른 방법으로 공고하여야 하며, 추가로 인터넷, 신문 또는 방송 등을 통하여 공고할 수 있다.
1. 법령의 입법안을 입법예고하는 경우: 관보 및 법제처장이 구축·제공하는 정보시스템을 통한 공고

> 2. 자치법규의 입법안을 입법예고하는 경우: 공보를 통한 공고
> ② 행정청은 대통령령을 입법예고하는 경우 국회 소관 상임위원회에 이를 제출하여야 한다.
> ③ 행정청은 입법예고를 할 때에 입법안과 관련이 있다고 인정되는 중앙행정기관, 지방자치단체, 그 밖의 단체 등이 예고사항을 알 수 있도록 예고사항을 통지하거나 그 밖의 방법으로 알려야 한다.
> ④ 행정청은 제1항에 따라 예고된 입법안에 대하여 온라인공청회 등을 통하여 널리 의견을 수렴할 수 있다. 이 경우 제38조의2 제3항부터 제5항까지의 규정을 준용한다.
> ⑤ 행정청은 예고된 입법안의 전문에 대한 열람 또는 복사를 요청받았을 때에는 특별한 사유가 없으면 그 요청에 따라야 한다.
> ⑥ 행정청은 제5항에 따른 복사에 드는 비용을 복사를 요청한 자에게 부담시킬 수 있다.
>
> 제43조【예고기간】입법예고기간은 예고할 때 정하되, 특별한 사정이 없으면 40일(자치법규는 20일) 이상으로 한다.
>
> 제44조【의견제출 및 처리】① 누구든지 예고된 입법안에 대하여 의견을 제출할 수 있다.
> ② 행정청은 의견접수기관, 의견제출기간, 그 밖에 필요한 사항을 해당 입법안을 예고할 때 함께 공고하여야 한다.
> ③ 행정청은 해당 입법안에 대한 의견이 제출된 경우 특별한 사유가 없으면 이를 존중하여 처리하여야 한다.
> ④ 행정청은 의견을 제출한 자에게 그 제출된 의견의 처리결과를 통지하여야 한다.
> ⑤ 제출된 의견의 처리방법 및 처리결과의 통지에 관하여는 대통령령으로 정한다.
>
> 제45조【공청회】① 행정청은 입법안에 관하여 공청회를 개최할 수 있다.
> ② 공청회에 관하여는 제38조, 제38조의2, 제38조의3, 제39조 및 제39조의2를 준용한다.

1. 원칙

법령을 제정·개정 또는 폐지하고자 할 때에는 이러한 입법안을 마련한 행정청은 이를 예고해야 한다. 다만, 다음의 경우에 해당할 때에는 예고를 하지 아니할 수 있다 (행정절차법 제41조 제1항).

(1) 입법내용이 국민의 권리·의무 또는 일상생활과 관련이 없는 경우

(2) 입법이 긴급을 요하는 경우

(3) 상위 법령 등의 단순한 집행을 위한 경우

(4) 예고함이 공익에 현저히 불리한 영향을 미치는 경우

(5) 입법내용의 성질 그 밖의 사유로 예고의 필요가 없거나 곤란하다고 판단되는 경우

2. 예고방법

(1) 행정청은 입법안의 취지, 주요 내용 또는 전문을 관보·공보나 인터넷·신문·방송 등의 방법으로 널리 공고해야 한다(행정절차법 제42조 제1항).

(2) 이 경우에는 대통령령을 국회 소관 상임위원회에 제출하여야 한다(행정절차법 제42조 제2항).

(3) 입법안과 관련이 있다고 인정되는 중앙행정기관, 지방자치단체 그 밖의 단체 등이 예고사항을 알 수 있도록 예고사항의 통지 그밖의 방법 등으로 알려야 한다(행정절차법 제42조 제3항).

3. 법제처장

법제처장은 입법예고를 하지 아니한 법령안의 심사요청을 받은 경우에 입법예고를 함이 적당하다고 판단될 때에는 당해 행정청에 대하여 입법예고를 권고하거나 직접 예고할 수 있다(행정절차법 제41조 제3항).

4. 예고기간

입법예고기간은 예고할 때 정하되, 특별한 사정이 없는 한 40일(자치법규는 20일) 이상으로 한다(행정절차법 제43조).

5. 입법안에 대한 의견

(1) 의견의 제출

누구든지 예고된 입법안에 대하여 그 의견을 제출할 수 있으며, 행정청은 의견 접수기관·의견제출기간 기타 필요한 사항을 입법안을 예고할 때 함께 공고해야 한다(행정절차법 제44조 제1·2항). 예고된 입법안에 대하여 공청회 또는 전자공청회 등을 통하여 널리 의견을 수렴할 수 있다(행정절차법 제42조 제4항). 또한 행정청은 예고된 입법안의 전문에 대하여 열람 또는 복사의 요청이 있는 때에는 특별한 사유가 없는 한 이에 응하여야 한다. 이때 복사에 따른 비용은 요청한 자에게 부담시킬 수 있다(행정절차법 제42조 제5·6항).

(2) 의견의 반영

행정청은 입법안에 대한 의견이 제출된 경우에 특별한 사유가 없는 한 이를 존중하여 처리하여야 한다. 또한, 행정청은 의견을 제출한 자에게 그 제출된 의견의 처리결과를 통지해야 한다(행정절차법 제44조 제3·4항).

5 행정예고절차

행정절차법 제46조【행정예고】① 행정청은 정책, 제도 및 계획(이하 "정책등"이라 한다)을 수립·시행하거나 변경하려는 경우에는 이를 예고하여야 한다. 다만, 다음 각 호의 어느 하나에 해당하는 경우에는 예고를 하지 아니할 수 있다.
  1. 신속하게 국민의 권리를 보호하여야 하거나 예측이 어려운 특별한 사정이 발생하는 등 긴급한 사유로 예고가 현저히 곤란한 경우
  2. 법령등의 단순한 집행을 위한 경우

3. 정책등의 내용이 국민의 권리·의무 또는 일상생활과 관련이 없는 경우
4. 정책등의 예고가 공공의 안전 또는 복리를 현저히 해칠 우려가 상당한 경우
② 제1항에도 불구하고 법령등의 입법을 포함하는 행정예고는 입법예고로 갈음할 수 있다.
③ 행정예고기간은 예고 내용의 성격 등을 고려하여 정하되, 20일 이상으로 한다.
④ 제3항에도 불구하고 행정목적을 달성하기 위하여 긴급한 필요가 있는 경우에는 행정예고기간을 단축할 수 있다. 이 경우 단축된 행정예고기간은 10일 이상으로 한다.

제46조의2 【행정예고 통계 작성 및 공고】 행정청은 매년 자신이 행한 행정예고의 실시 현황과 그 결과에 관한 통계를 작성하고, 이를 관보·공보 또는 인터넷 등의 방법으로 널리 공고하여야 한다.

제47조 【예고방법 등】 ① 행정청은 정책등안(案)의 취지, 주요 내용 등을 관보·공보나 인터넷·신문·방송 등을 통하여 공고하여야 한다.
② 행정예고의 방법, 의견제출 및 처리, 공청회 및 온라인공청회에 관하여는 제38조, 제38조의2, 제38조의3, 제39조, 제39조의2, 제39조의3, 제42조(제1항·제2항 및 제4항은 제외한다), 제44조 제1항부터 제3항까지 및 제45조 제1항을 준용한다. 이 경우 "입법안"은 "정책등안"으로, "입법예고"는 "행정예고"로, "처분을 할 때"는 "정책등을 수립·시행하거나 변경할 때"로 본다.

1. 원칙

행정청은 ① 국민생활에 매우 큰 영향을 주는 사항, ② 많은 국민의 이해가 상충되는 사항, ③ 많은 국민에게 불편이나 부담을 주는 사항, ④ 기타 널리 국민의 의견 수렴이 필요한 사항 중의 하나에 해당하는 것에 대해서 정책·제도 및 계획을 수립·시행하거나 변경하고자 하는 때에는 예고하여야 한다. 다만, 예고로 인하여 공공의 안전 또는 복리를 현저히 해할 우려가 있거나 기타 예고하기 곤란한 특별한 사유가 있는 경우에는 예고하지 아니할 수 있다(행정절차법 제46조 제1항).

2. 예고방법

행정예고의 방법, 의견제출 및 처리, 공청회에 관하여는 행정절차법 제42조, 제44조 제1항 내지 제3항 및 제45조의 규정을 준용한다(행정절차법 제47조). 또한 행정예고는 입법예고로 갈음할 수 있다.

3. 예고기간

행정예고기간은 예고내용의 성격 등을 고려하여 정하되 특별한 사정이 없는 한 20일 이상으로 한다(행정절차법 제46조 제3항).

4. 행정예고 통계 작성 및 공고

행정청은 매년 자신이 행한 행정예고의 실시 현황과 그 결과에 관한 통계를 작성하고, 이를 관보·공보 또는 인터넷 등의 방법으로 널리 공고하여야 한다.

6 행정지도절차

> 행정절차법 제48조【행정지도의 원칙】① 행정지도는 그 목적 달성에 필요한 최소한도에 그쳐야 하며, 행정지도의 상대방의 의사에 반하여 부당하게 강요하여서는 아니 된다.
> ② 행정기관은 행정지도의 상대방이 행정지도에 따르지 아니하였다는 것을 이유로 불이익한 조치를 하여서는 아니 된다.
> 제49조【행정지도의 방식】① 행정지도를 하는 자는 그 상대방에게 그 행정지도의 취지 및 내용과 신분을 밝혀야 한다.
> ② 행정지도가 말로 이루어지는 경우에 상대방이 제1항의 사항을 적은 서면의 교부를 요구하면 그 행정지도를 하는 자는 직무 수행에 특별한 지장이 없으면 이를 교부하여야 한다.
> 제50조【의견제출】행정지도의 상대방은 해당 행정지도의 방식·내용 등에 관하여 행정기관에 의견제출을 할 수 있다.
> 제51조【다수인을 대상으로 하는 행정지도】행정기관이 같은 행정목적을 실현하기 위하여 많은 상대방에게 행정지도를 하려는 경우에는 특별한 사정이 없으면 행정지도에 공통적인 내용이 되는 사항을 공표하여야 한다.

7 국민참여의 확대

> 행정절차법 제52조【국민참여 활성화】① 행정청은 행정과정에서 국민의 의견을 적극적으로 청취하고 이를 반영하도록 노력하여야 한다.
> ② 행정청은 국민에게 다양한 참여방법과 협력의 기회를 제공하도록 노력하여야 하며, 구체적인 참여방법을 공표하여야 한다.
> 제52조의2【국민제안의 처리】① 행정청(국회사무총장·법원행정처장·헌법재판소사무처장 및 중앙선거관리위원회사무총장은 제외한다)은 정부시책이나 행정제도 및 그 운영의 개선에 관한 국민의 창의적인 의견이나 고안(이하 "국민제안"이라 한다)을 접수·처리하여야 한다.
> ② 제1항에 따른 국민제안의 운영 및 절차 등에 필요한 사항은 대통령령으로 정한다.
> 제52조의3【국민참여 창구】행정청은 주요 정책 등에 관한 국민과 전문가의 의견을 듣거나 국민이 참여할 수 있는 온라인 또는 오프라인 창구를 설치·운영할 수 있다.
> 제53조【온라인 정책토론】① 행정청은 국민에게 영향을 미치는 주요 정책 등에 대하여 국민의 다양하고 창의적인 의견을 널리 수렴하기 위하여 정보통신망을 이용한 정책토론(이하 이 조에서 "온라인 정책토론"이라 한다)을 실시할 수 있다.

1. 국민참여 확대 노력

행정청은 행정과정에 국민의 참여를 확대하기 위하여 다양한 참여방법과 협력의 기회를 제공하도록 노력하여야 한다.

2. 전자적 정책토론

(1) 행정청은 국민에게 영향을 미치는 주요 정책 등에 대하여 국민의 다양하고 창의적인 의견을 널리 수렴하기 위하여 정보통신망을 이용한 정책토론(이하 "전자적 정책토론"이라 함)을 실시할 수 있다.

(2) 행정청은 효율적인 전자적 정책토론을 위하여 과제별로 한시적인 토론 패널을 구성하여 해당 토론에 참여시킬 수 있다. 이 경우 패널의 구성에 있어서는 공정성 및 객관성이 확보될 수 있도록 노력하여야 한다.

(3) 행정청은 전자적 정책토론이 공정하고 중립적으로 운영되도록 하기 위하여 필요한 조치를 할 수 있다.

(4) 토론 패널의 구성, 운영방법, 그 밖에 전자적 정책토론의 운영을 위하여 필요한 사항은 대통령령으로 정한다.

제5절 행정절차의 하자

1 의의

절차상 하자란 적법요건 중 절차요건의 흠으로서 소정의 행정절차를 거치지 않은 위법을 말한다.

2 특성

절차 자체가 목적은 아니기에 내용상 하자와 동일하게 보아야 하는지가 문제된다.

3 효과

1. 명문 규정이 있는 경우

(1) 일반적 규정 부재

우리나라의 경우, 절차상 하자에 관한 일반적 규정은 없다.

(2) 개별규정

국가공무원법 제13조 제2항(소청사건을 심사할 때 소청인 등에게 진술의 기회를 부여하지 않은 결정은 무효로 함), 지방공무원법 제18조 제2항 등의 개별규정은 존재한다.

2. 명문 규정이 없는 경우 - 절차상 하자의 독자적 위법성 여부

(1) 문제제기
절차상 하자에 대한 명문의 규정이 없는 경우에 절차상 하자가 독립된 위법사유가 되는가가 문제되는데, 재량행위의 경우에는 기존 처분과 다른 처분을 할 수 있으나(독자적 위법사유가 됨) 기속행위의 경우에는 절차상의 하자로 행정행위가 취소되어도 결국은 실체적으로 동일한 처분을 하게 되어 있기 때문에 특히 문제시된다.

(2) 학설
① **소극설**: 기속행위이면 결국 동일한 처분을 해야 하므로 행정능률의 감소와 절차규정은 행정절차 확보수단에 불과하다 하여 절차상의 하자만으로는 행정행위를 무효로 보거나 취소할 수는 없다고 주장한다.
② **적극설**: 절차를 강조하여 절차상의 하자만으로도 무효로 보거나 취소할 수 있다고 한다. 이러한 적극설은 처분을 다시 하더라도 반드시 동일한 결론에 도달한다는 보장은 없다고 주장한다.

(3) 판례(적극설)
대법원은 ① 법령상 요구되는 청문절차의 결여를 위법사유로 보고 있다. ② 법령상 근거 없이 단순히 훈령상 요구되는 청문절차를 결여한 것은 위법사유로 보지 않는다(판례는 건설부 훈령에 의한 건축사사무소 등록 취소처분의 청문 결여를 위법하다고 함). 이에 ③ 헌법재판소는 적법절차의 원리상 명문 규정의 유무를 불문하고 불이익 처분 시 청문의 기회가 보장되어야 한다는 입장이다.

> **관련판례** 절차상 하자에 대한 판례의 입장 - 독자적 위법성 인정
>
> **1. 기속행위의 경우**
> 부과처분의 실체가 적법한 이상 납세고지서의 기재사항 누락이라는 경미한 형식상의 하자 때문에 부과처분을 취소한다면 소득이 있는데, 세금을 부과하지 못하는 불공평이 생긴다거나 다시 납세부과 처분이나 보완통지를 하는 등 무용한 처분을 되풀이 한다하더라도 이로 인하여 경제적, 시간적, 정신적인 낭비만 초래하게 된다는 사정만으로는 과세처분을 취소하는 것이 행정소송법 제12조에서 말하는 현저히 공공복리에 적합하지 않거나 납세의무자에게 실익이 전혀 없다고 할 수 없다(대판 1984.5.9. 84누116).
>
> **2. 재량행위의 경우**
> 도시계획법 제16조의2 제2항 및 동시행령 제14조의2 제6항, 제7항, 제8항의 규정을 종합하여 보면 공람공고절차를 위배한 도시계획변경결정신청은 위법하다고 아니할 수 없고 행정처분에 위와 같은 법률이 보장한 절차의 흠결이 있는 위법사유가 존재하는 이상 그 내용에 있어 재량권의 범위 내이고 변경될 가능성이 없다 하더라도 그 행정처분은 위법하다(대판 1988.5.24. 87누388).

(4) 실정법
① **행정소송법 제30조 제3항**: "~ 신청에 따른 처분이 절차의 위법을 이유로 취소되는 경우에 준용한다."고 규정하여 실정법상으로는 적극설을 취하고 있는 것으로 보인다.

② **행정절차법**: 행정청이 당사자에게 의무를 과하거나 권익을 제한하는 처분을 함에 있어서 청문회와 공청회는 법률 규정을 필요로 하지만, 그 외에는 특별한 규정이 있는 경우를 제외하고 당사자등에게 의견제출의 기회를 주어야 한다.

4 절차상 하자의 치유

1. 의의

(1) 개념
절차상 하자의 치유란 행정행위 발령 당시에 적법요건의 하나인 절차요건에 흠결이 있는 경우에 그 흠결의 사후보완을 의미한다. 이때 절차흠결의 하자치유를 인정할 것인가가 문제된다.

(2) 취지
행정행위의 형식·절차상의 흠결의 정도가 중대·명백한 것이 아닌 이상 절차상 하자의 치유를 통하여 행정 수행의 반복을 피하는 절차상 경제가 이루어지게 하고 법적 안정성의 보장, 공공복리의 도모 등을 위한 것이다.

(3) 인정 여부
① **긍정설**: 무용한 행정행위의 반복을 방지하기 위하여 절차상 하자의 치유를 긍정하는 견해는 절차상 하자가 취소사유인 경우에는 치유를 인정하자고 주장한다. 다만, 무효사유에는 인정되지 않는다는 점은 절차상의 하자에도 동일하다는 것이다.
② **제한적 긍정설**: 사후에 흠결된 절차를 이행하는 것을 허용하더라도 당사자의 권리보호에 문제를 야기하지 않고, 행정의 능률적 수행을 가능하게 할 수 있는 상황에 한하여 절차상 하자의 치유를 긍정하는 견해이다.
③ **부정설**: 절차상 하자의 치유를 부정하는 견해는 하자의 치유를 인정하게 되면 절차가 가지는 절차법적 의의가 정당하게 평가되지 못하게 된다는 점을 논거로 절차상 하자의 치유를 부정하고 있다.

> **관련판례**
> 1. 행정청이 식품위생법상의 청문절차를 이행함에 있어 소정의 청문서 도달기간을 지키지 아니하였다면 이는 청문의 절차적 요건을 준수하지 아니한 것이므로 이를 바탕으로 한 행정처분은 일단 위법하다고 보아야 할 것이지만 이러한 청문제도의 취지는 처분으로 말미암아 받게 될 영업자에게 미리 변명과 유리한 자료를 제출할 기회를 부여함으로써 부당한 권리침해를 예방하려는 데에 있는 것임을 고려하여 볼 때, 가령 행정청이 청문서 도달기간을 다소 어겼다하더라도 영업자가 이에 대하여 이의하지 아니한 채 스스로 청문일에 출석하여 그 의견을 진술하고 변명하는 등 방어의 기회를 충분히 가졌다면 청문서 도달기간을 준수하지 아니한 하자는 치유되었다고 봄이 상당하다(대판 1992.10.23. 92누2844).

> 2. 택지초과소유부담금의 납부고지서에 납부금액 및 산출근거, 납부기한과 납부장소 등의 필요적 기재사항의 일부가 누락되었다면 그 부과처분은 위법하다고 할 것이나, 부과관청이 부과처분에 앞서 택지소유상한에 관한 법률 시행령 제31조 제1항에 따라 납부의무자에게 교부한 부담금예정통지서에 납부고지서의 필요적 기재사항이 제대로 기재되어 있었다면 납부의무자로서는 부과처분에 대한 불복여부의 결정 및 불복신청에 전혀 지장을 받지 않았음이 명백하므로, 이로써 납부고지서의 흠결이 보완되거나 하자가 치유될 수 있는 것이다(대판 1997.12.26. 97누9390).

2. 적용영역

절차상 하자의 치유는 취소사유인 흠에서는 가능하지만, 무효사유인 흠에서는 불가능하다.

3. 치유시기(쟁송제기이전시설)

치유의 시기에 대해 판례는 처분의 불복에 편의를 줄 수 있는 상당한 기간 내에 해야 한다고 하면서 행정심판이나 행정소송의 제기 전까지는 하자의 치유를 인정한다.

> **관련판례**
> 세액산출근거가 누락된 납세고지서에 의한 과세처분의 하자의 치유를 허용하려면 늦어도 과세처분에 대한 불복여부의 결정 및 불복신청에 편의를 줄 수 있는 상당한 기간내에 하여야 한다고 할 것이므로 위 과세처분에 대한 전심절차가 모두 끝나고 상고심의 계류 중에 세액산출근거의 통지가 있었다고 하여 이로써 위 과세처분의 하자가 치유되었다고는 볼 수 없다(대판 1984.4.10. 83누393).

5 절차의 하자와 취소판결의 기속력

절차의 하자를 보완하여 동일한 처분을 한 경우에는 취소판결에 의해 취소된 종전의 처분과는 별개의 처분에 해당하므로 기속력에 반하지 않고 적법한 처분이라는 것이 통설과 판례이다.

> **관련판례**
> 과세처분을 취소하는 확정판결의 기판력은 확정판결에 나온 위법사유에 대하여만 미치므로 과세처분권자가 확정판결에 나온 위법사유를 보완하여 한 새로운 과세처분은 확정판결에 의하여 취소된 종전의 과세처분과는 별개의 처분으로서 확정판결의 기판력에 저촉되지 아니한다(대판 2002.7.23. 2000두6237).

6 절차의 하자와 국가배상

취소소송에서는 절차의 하자만을 이유로 취소판결이 내려질 수 있다. 하지만 국가배상에서는 절차상 위법하지만 실체법상으로는 적법한 경우에는 통상 손해가 발생하였다고 볼 수 없기 때문에 일반적으로 실체법상의 위법이 인정되어야만 국가배상이 인정될 수 있다고 한다.

관련판례

교도소장이 아닌 관구교감에 의해 징벌처분이 고지되었다는 사유만으로는 국가가 배상을 해야 할 정도로 객관적 정당성을 상실한 정도라고 볼 수 없음

대구교도소장이 아닌 관구교감에 의하여 고지된 이 사건 금치처분이 행형법 시행령 제144조의 규정에 반하는 것으로서 절차적인 면에서 위법하다고 하더라도, 교도소장이 아닌 일반교도관 또는 중간관리자에 의하여 징벌내용이 고지되었다는 사유에 의하여 당해 징벌처분이 위법하다는 이유로 공무원의 고의·과실로 인한 국가배상책임을 인정하기 위하여는 징벌처분이 있게 된 규율위반행위의 내용, 징벌혐의내용의 조사·징벌혐의자의 의견 진술 및 징벌위원회의 의결 등 징벌절차의 진행경과, 징벌의 내용 및 그 집행경과 등 제반 사정을 종합적으로 고려하여 징벌처분이 객관적 정당성을 상실하고 이로 인하여 손해의 전보책임을 국가에게 부담시켜야 할 실질적인 이유가 있다고 인정되어야 할 것이다(대판 2004.12.9. 2003다50184).

제6절 민원처리제도

1 개설

종래 민원사무 처리에 관한 법률은 2016.2.12. 시행된 민원처리에 관한 법률로 전면 개정되었다. 그 이유는 국민이 행정기관에 신청하거나 요구하는 민원사항의 신속·공정하고 친절한 처리를 위하여 민원의 신청·접수·처리의 방법 및 절차 등에 관하여 규정하고 있는데, 현행법상 행정기관의 범위가 중앙행정기관과 지방자치단체 등으로 한정되어 있어 국민의 권익보호 차원에서 이를 국회·법원·헌법재판소 등의 헌법기관과 공공기관으로 확대할 필요성이 있다.

1. 목적

이 법은 민원처리에 관한 기본적인 사항을 규정하여 민원의 공정하고 적법한 처리와 민원행정제도의 합리적 개선을 도모함으로써 국민의 권익을 보호함을 목적으로 한다.

2. 정의

(1) 민원

민원이란 민원인이 행정기관에 대하여 처분 등 특정한 행위를 요구하는 것을 말하며, 그 종류는 다음과 같다.

① 일반민원
  ㉠ **법정민원**: 법령·훈령·예규·고시·자치법규 등(이하 "관계법령등"이라 한다)에서 정한 일정 요건에 따라 인가·허가·승인·특허·면허 등을 신청하거나 장부·대장 등에 등록·등재를 신청 또는 신고하거나 특정한 사실 또는 법률관계에 관한 확인 또는 증명을 신청하는 민원

ⓒ **질의민원**: 법령·제도·절차 등 행정업무에 관하여 행정기관의 설명이나 해석을 요구하는 민원
　　　ⓒ **건의민원**: 행정제도 및 운영의 개선을 요구하는 민원
　　　ⓔ **기타민원**: 법정민원, 질의민원, 건의민원 및 고충민원 외에 행정기관에 단순한 행정절차 또는 형식요건 등에 대한 상담·설명을 요구하거나 일상생활에서 발생하는 불편사항에 대하여 알리는 등 행정기관에 특정한 행위를 요구하는 민원
　　② **고충민원**: 부패방지 및 국민권익위원회의 설치와 운영에 관한 법률 제2조 제5호에 따른 고충민원

(2) **민원인**
　　행정기관에 민원을 제기하는 개인·법인 또는 단체를 말한다. 다만, 행정기관(사경제의 주체로서 제기하는 경우는 제외한다), 행정기관과 사법(私法)상 계약관계(민원과 직접 관련된 계약관계만 해당한다)에 있는 자, 성명·주소 등이 불명확한 자 등 대통령령으로 정하는 자는 제외한다.

(3) **행정기관**
　　① 국회·법원·헌법재판소·중앙선거관리위원회의 행정사무를 처리하는 기관, 중앙행정기관(대통령 소속 기관과 국무총리 소속 기관을 포함한다. 이하 같다)과 그 소속 기관, 지방자치단체와 그 소속 기관
　　② **공공기관**
　　　ⓐ 공공기관의 운영에 관한 법률 제4조에 따른 법인·단체 또는 기관
　　　ⓑ 지방공기업법에 따른 지방공사 및 지방공단
　　　ⓒ 특별법에 따라 설립된 특수법인
　　　ⓓ 초·중등교육법·고등교육법및 그 밖의 다른 법률에 따라 설치된 각급 학교
　　　ⓔ 그 밖에 대통령령으로 정하는 법인·단체 또는 기관
　　③ 법령 또는 자치법규에 따라 행정권한이 있거나 행정권한을 위임 또는 위탁 받은 법인·단체 또는 그 기관이나 개인

(4) **처분**
　　행정절차법 제2조 제2호의 처분을 말한다.

(5) **복합민원**
　　하나의 민원 목적을 실현하기 위하여 관계법령등에 따라 여러 관계 기관(민원과 관련된 단체·협회 등을 포함한다. 이하 같다) 또는 관계 부서의 인가·허가·승인·추천·협의 또는 확인 등을 거쳐 처리되는 법정민원을 말한다.

(6) **다수인관련민원**
　　5세대 이상의 공동이해와 관련되어 5명 이상이 연명으로 제출하는 민원을 말한다.

(7) **전자민원창구**
　　전자정부법 제9조에 따라 설치된 전자민원창구를 말한다.

(8) 무인민원발급창구

행정기관의 장이 행정기관 또는 공공장소 등에 설치하여 민원인이 직접 민원문서를 발급받을 수 있도록 하는 전자장비를 말한다.

3. 적용범위

(1) 민원사무에 관하여 다른 법률에 특별한 규정이 있는 경우를 제외하고는 이 법이 정하는 바에 따른다(동법 제3조 제1항).

(2) 국회·법원·헌법재판소·중앙선거관리위원회의 행정사무를 처리하는 기관에 대해서는 제36조 제3항(행정안전부장관의 개정요청), 제37조(민원사무처리기준표 조정), 제38조(민원행정 및 제도개선 계획 등), 제39조 제2항부터 제6항까지(행정안전부장관에게의 통보) 및 제42조(행정안전부장관의 확인·점검·평가)를 적용하지 아니한다(동법 제3조 제2항).

4. 민원 처리 담당자의 의무

민원을 처리하는 담당자는 담당 민원을 신속·공정·친절·적법하게 처리하여야 한다.

5. 민원인의 권리와 의무

(1) 민원인은 행정기관에 민원을 신청하고 신속·공정·친절·적법한 응답을 받을 권리가 있다.

(2) 민원인은 민원을 처리하는 담당자의 적법한 민원처리를 위한 요청에 협조하여야 하고, 행정기관에 부당한 요구를 하거나 다른 민원인에 대한 민원 처리를 지연시키는 등 공무를 방해하는 행위를 하여서는 아니 된다.

6. 민원 처리의 원칙

(1) 행정기관의 장은 관계법령등에서 정한 처리기간이 남아 있다거나 그 민원과 관련 없는 공과금 등을 미납하였다는 이유로 민원 처리를 지연시켜서는 아니 된다. 다만, 다른 법령에 특별한 규정이 있는 경우에는 그에 따른다.

(2) 행정기관의 장은 법령의 규정 또는 위임이 있는 경우를 제외하고는 민원 처리의 절차 등을 강화하여서는 아니 된다.

7. 정보 보호

행정기관의 장은 민원 처리와 관련하여 알게 된 민원의 내용과 민원인 및 민원의 내용에 포함되어 있는 특정인의 개인정보 등이 누설되지 아니하도록 필요한 조치를 강구하여야 하며, 수집된 정보가 민원 처리의 목적 외의 용도로 사용되지 아니하도록 하여야 한다.

2 민원의 신청 및 접수 등

1. 민원의 신청
민원의 신청은 문서(전자문서를 포함하며, 이하 같음)로 하여야 한다. 다만, 기타 민원은 구술 또는 전화로 할 수 있다.

2. 민원의 접수
(1) 행정기관의 장은 민원의 신청을 받았을 때에는 다른 법령에 특별한 규정이 있는 경우를 제외하고는 그 접수를 보류하거나 거부할 수 없으며, 접수된 민원문서를 부당하게 되돌려 보내서는 아니 된다.

(2) 행정기관의 장은 민원을 접수하였을 때에는 해당 민원인에게 접수증을 내주어야 한다. 다만, 기타민원과 민원인이 직접 방문하지 아니하고 신청한 민원 및 처리기간이 '즉시'인 민원 등 대통령령으로 정하는 경우에는 접수증 교부를 생략할 수 있다.

3. 불필요한 서류 요구의 금지
(1) 행정기관의 장은 민원을 접수·처리할 때에 민원인에게 관계법령 등에서 정한 구비서류 외의 서류를 추가로 요구하여서는 아니 된다.

(2) 행정기관의 장은 동일한 민원서류 또는 구비서류를 복수로 받는 경우에는 특별한 사유가 없으면 원본과 함께 그 사본의 제출을 허용하여야 한다.

4. 장애인 등에 대한 편의제공
행정기관의 장은 민원의 신청 및 접수·처리 과정에서 장애인, 임산부, 노약자 등에 대한 편의를 제공하기 위하여 노력하여야 한다.

5. 민원실의 설치
행정기관의 장은 민원을 신속히 처리하고 민원인에 대한 안내와 상담의 편의를 제공하기 위하여 민원실을 설치할 수 있다.

6. 민원편람의 비치 등 신청편의의 제공
행정기관의 장은 민원실(민원실이 설치되지 아니한 기관의 경우에는 문서의 접수·발송을 주관하는 부서를 말한다)에 민원의 신청에 필요한 사항을 게시(인터넷 등을 통한 게시를 포함)하거나 편람을 비치하는 등 민원인에게 민원 신청의 편의를 제공하여야 한다.

7. 다른 행정기관 등을 이용한 민원의 접수·교부
(1) 행정기관의 장은 민원인의 편의를 위하여 그 행정기관이 접수하고 처리결과를 교부하여야 할 민원을 다른 행정기관이나 특별법에 따라 설립되고 전국적 조직을 가진 법인 중 대통령령으로 정하는 법인으로 하여금 접수·교부하게 할 수 있다.

(2) 접수·교부의 절차 및 접수·처리 후 교부 기관 간 송부방법 등에 필요한 사항은 대통령령으로 정한다.

(3) 민원을 접수·교부하는 법인의 임직원은 형법이나 그 밖의 법률에 따른 벌칙을 적용할 때에는 공무원으로 본다.

8. 정보통신망을 이용한 다른 행정기관 소관 민원의 접수·교부

(1) 행정기관의 장은 정보통신망을 이용하여 다른 행정기관 소관의 민원을 접수·교부 할 수 있는 경우에는 이를 직접 접수·교부할 수 있다.

(2) (1)에 따라 접수·교부할 수 있는 민원의 종류는 행정안전부장관이 관계 중앙행정기관의 장과 협의를 거쳐 결정·고시한다.

9. 민원문서의 이송

(1) 행정기관의 장은 접수한 민원이 다른 행정기관의 소관인 경우에는 접수된 민원문서를 지체 없이 소관 기관에 이송하여야 한다.

(2) 민원문서의 이송 절차 및 방법 등에 필요한 사항은 대통령령으로 정한다.

3 민원의 처리기간·처리방법 등

1. 법정민원의 처리기간 설정·공표

(1) 행정기관의 장은 법정민원을 신속히 처리하기 위하여 행정기관에 법정민원의 신청이 접수된 때부터 처리가 완료될 때까지 소요되는 처리기간을 법정민원의 종류별로 미리 정하여 공표하여야 한다.

(2) 행정기관의 장은 위에 따른 처리기간을 정할 때에는 접수기관·경유기관·협의기관(다른 기관과 사전협의가 필요한 경우만 해당한다) 및 처분기관 등 각 기관별로 처리기간을 구분하여 정하여야 한다.

(3) 행정기관의 장은 위에 따른 처리기간을 민원편람에 수록하여야 한다.

2. 질의민원 등의 처리기간 등

질의민원·건의민원·기타민원 및 고충민원의 처리기간 및 처리절차 등에 관하여는 대통령령으로 정한다.

3. 처리기간의 계산

민원의 처리기간을 5일 이하로 정한 경우에는 민원의 접수시각부터 "시간" 단위로 계산하되, 공휴일과 토요일은 산입(算入)하지 아니한다. 이 경우 1일은 8시간의 근무시간을 기준으로 한다.

4. 관계 기관·부서 간의 협조

민원을 처리하는 주무부서는 민원을 처리할 때 관계 기관·부서의 협조가 필요한 경우에는 민원을 접수한 후 지체 없이 그 민원의 처리기간 내에서 회신기간을 정하여 협조를 요청하여야 하며, 요청받은 기관·부서는 그 회신기간 내에 이를 처리하여야 한다.

5. 민원 처리의 예외

행정기관의 장은 접수된 민원(법정민원 제외)이 다음의 어느 하나에 해당하는 경우에는 그 민원을 처리하지 아니할 수 있다. 이 경우 그 사유를 해당 민원인에게 통지하여야 한다.

(1) 고도의 정치적 판단을 요하거나 국가기밀 또는 공무상 비밀에 관한 사항
(2) 수사, 재판 및 형집행에 관한 사항 또는 감사원의 감사가 착수된 사항
(3) 행정심판, 행정소송, 헌법재판소의 심판, 감사원의 심사청구, 그 밖에 다른 법률에 따라 불복구제절차가 진행 중인 사항
(4) 법령에 따라 화해·알선·조정·중재 등 당사자 간의 이해 조정을 목적으로 행하는 절차가 진행 중인 사항
(5) 판결·결정·재결, 화해·조정·중재 등에 따라 확정된 권리관계에 관한 사항
(6) 감사원이 감사위원회의의 결정을 거쳐 행하는 사항
(7) 각급 선거관리위원회의 의결을 거쳐 행하는 사항
(8) 사인 간의 권리관계 또는 개인의 사생활에 관한 사항
(9) 행정기관의 소속 직원에 대한 인사행정상의 행위에 관한 사항

6. 민원문서의 보완·취하 등

(1) 행정기관의 장은 접수한 민원문서에 보완이 필요한 경우에는 상당한 기간을 정하여 지체 없이 민원인에게 보완을 요구하여야 한다.
(2) 민원인은 해당 민원의 처리가 종결되기 전에는 그 신청의 내용을 보완하거나 변경 또는 취하할 수 있다. 다만, 다른 법률에 특별한 규정이 있거나 그 민원의 성질상 보완·변경 또는 취하할 수 없는 경우에는 그러하지 아니하다.

> **관련판례**
>
> 1. 민원서류에 흠이 있는 경우, 그 보완의 대상이 되는 흠의 정도 및 그 내용
>
>   민원서류에 흠이 있는 경우에는 보완에 필요한 상당한 기간을 정하여 지체 없이 민원인에게 보완을 요구하고 그 기간 내에 민원서류를 보완하지 아니할 때에는 7일의 기간 내에 다시 보완을 요구할 수 있으며, 위 기간 내에 민원서류를 보완하지 아니한 때에 비로소 접수된 민원서류를 되돌려 보낼 수 있도록 규정되어 있는 바, 위 규정 소정의 보완의 대상이 되는 흠은 보완이 가능한 경우이어야 함은 물론이고, 그 내용 또한 형식적·절차적인 요건이거나, 실질적인 요건에 관한 흠이 있는 경우라도 그것이 민원인의 단순한 착오나 일시적인 사정 등에 기한 경우 등이어야 한다.
>
> 2. 건축불허가처분을 하면서 그 사유의 하나로 소방시설과 관련된 소방서장의 건축부동의 의견을 들고 있으나 그 보완이 가능한 경우, 보완을 요구하지 아니한 채 곧바로 건축허가신청을 거부한 것은 재량권의 범위를 벗어난 것이다(대판 2004.10.15. 2003두6573).

7. 반복 및 중복 민원의 처리

(1) 행정기관의 장은 민원인이 동일한 내용의 민원(법정민원을 제외)을 정당한 사유 없이 3회 이상 반복하여 제출한 경우에는 2회 이상 그 처리결과를 통지하고, 그 후에 접수되는 민원에 대하여는 종결처리할 수 있다.

(2) 행정기관의 장은 민원인이 2개 이상의 행정기관에 제출한 동일한 내용의 민원을 다른 행정기관으로부터 이송 받은 경우에도 위 (1)에 준용하여 처리할 수 있다.

(3) 행정기관의 장은 동일한 내용의 민원인지 여부에 대하여는 해당 민원의 성격, 종전 민원과의 내용적 유사성·관련성 및 종전 민원과 동일한 답변을 할 수밖에 없는 사정 등을 종합적으로 고려하여 결정하여야 한다.

8. 다수인관련민원의 처리

(1) 다수인관련민원을 신청하는 민원인은 연명부를 원본으로 제출하여야 한다.

(2) 행정기관의 장은 다수인관련민원이 발생한 경우에는 신속·공정·적법하게 해결될 수 있도록 조치하여야 한다.

(3) 다수인관련민원의 효율적인 처리와 관리에 필요한 사항은 대통령령으로 정한다.

9. 민원심사관의 지정

행정기관의 장은 민원 처리상황의 확인·점검 등을 위하여 소속 직원 중에서 민원심사관을 지정하여야 한다.

10. 처리민원의 사후관리

행정기관의 장은 처리한 민원에 대하여 민원인의 만족 여부 및 개선사항 등을 조사하여 업무에 반영할 수 있다.

4 민원 처리결과의 통지 등

1. 처리결과의 통지

(1) 행정기관의 장은 접수된 민원에 대한 처리를 완료한 때에는 그 결과를 민원인에게 문서로 통지하여야 한다. 다만, 기타민원의 경우와 통지에 신속을 요하거나 민원인이 요청하는 등 대통령령으로 정하는 경우에는 구술 또는 전화로 통지할 수 있다.

(2) 행정기관의 장은 위에 따라 민원의 처리결과를 통지할 때에 민원의 내용을 거부하는 경우에는 거부 이유와 구제절차를 함께 통지하여야 한다.

2. 무인민원발급창구를 이용한 민원문서의 발급

행정기관의 장은 무인민원발급창구를 통하여 민원문서(다른 행정기관 소관의 민원문서를 포함)를 발급할 수 있다.

5 법정민원

1. 사전심사의 청구 등

(1) 민원인은 법정민원 중 신청에 경제적으로 많은 비용이 수반되는 민원 등 대통령령으로 정하는 민원에 대하여는 행정기관의 장에게 정식으로 민원을 신청하기 전에 미리 약식의 사전심사를 청구할 수 있다.

(2) 행정기관의 장은 위에 따라 사전심사가 청구된 법정민원이 다른 행정기관의 장과의 협의를 거쳐야 하는 사항인 경우에는 미리 그 행정기관의 장과 협의하여야 한다.

(3) 행정기관의 장은 사전심사 결과를 민원인에게 문서로 통지하여야 하며, 가능한 것으로 통지한 민원의 내용에 대하여는 민원인이 나중에 정식으로 민원을 신청한 경우에도 동일하게 결정을 내릴 수 있도록 노력하여야 한다. 다만, 민원인의 귀책사유 또는 불가항력이나 그 밖의 정당한 사유로 이를 이행할 수 없는 경우에는 그러하지 아니하다.

(4) 행정기관의 장은 (1)~(3)에 따른 사전심사 제도를 효율적으로 운영하기 위하여 필요한 법적·제도적 장치를 마련하여 시행하여야 한다.

2. 복합민원의 처리

(1) 행정기관의 장은 복합민원을 처리할 주무부서를 지정하고 그 부서로 하여금 관계 기관·부서 간의 협조를 통하여 민원을 한꺼번에 처리하게 할 수 있다.

(2) (1)에 따른 복합민원의 처리 방법 및 절차 등에 필요한 사항은 대통령령으로 정한다.

3. 민원 1회방문 처리제의 시행

(1) 행정기관의 장은 복합민원을 처리할 때에 그 행정기관의 내부에서 할 수 있는 자료의 확인, 관계 기관·부서와의 협조 등에 따른 모든 절차를 담당 직원이 직접 진행하도록 하는 민원 1회방문 처리제를 확립함으로써 불필요한 사유로 민원인이 행정기관을 다시 방문하지 아니하도록 하여야 한다.

(2) 행정기관의 장은 위에 따른 민원 1회방문 처리에 관한 안내와 상담의 편의를 제공하기 위하여 민원 1회방문 상담창구를 설치하여야 한다.

(3) (1)에 따른 민원 1회방문 처리제는 다음의 절차에 따라 시행한다.
　① 제2항에 따른 민원 1회방문 상담창구의 설치·운영
　② 제33조에 따른 민원후견인의 지정·운영
　③ 복합민원을 심의하기 위한 실무기구의 운영
　④ 제3호의 실무기구의 심의결과에 대한 제34조에 따른 민원조정위원회의 재심의(再審議)
　⑤ 행정기관의 장의 최종 결정

4. 민원후견인의 지정·운영

행정기관의 장은 민원 1회방문 처리제의 원활한 운영을 위하여 민원 처리에 경험이 많은 소속 직원을 민원후견인으로 지정하여 민원인을 안내하거나 민원인과 상담하게 할 수 있다.

5. 민원조정위원회의 설치·운영

행정기관의 장은 다음의 사항을 심의하기 위하여 민원조정위원회를 설치·운영하여야 한다.

(1) 장기 미해결 민원, 반복 민원 및 다수인관련민원에 대한 해소·방지 대책
(2) 거부처분에 대한 이의신청
(3) 민원처리 주무부서의 법규적용의 타당성 여부와 제32조 제3항 제4호에 따른 재심의
(4) 그 밖에 대통령령으로 정하는 사항

6. 거부처분에 대한 이의신청

(1) 법정민원에 대한 행정기관의 장의 거부처분에 불복하는 민원인은 그 거부처분을 받은 날부터 60일 이내에 그 행정기관의 장에게 문서로 이의신청을 할 수 있다.
(2) 행정기관의 장은 이의신청을 받은 날부터 10일 이내에 그 이의신청에 대하여 인용 여부를 결정하고 그 결과를 민원인에게 지체 없이 문서로 통지하여야 한다. 다만, 부득이한 사유로 정하여진 기간 이내에 인용 여부를 결정할 수 없을 때에는 그 기간의 만료일 다음 날부터 기산하여 10일 이내의 범위에서 연장할 수 있으며, 연장·사유를 민원인에게 통지하여야 한다.
(3) 민원인은 (1), (2)에 따른 이의신청 여부와 관계없이 행정심판법에 따른 행정심판 또는 행정소송법에 따른 행정소송을 제기할 수 있다.

6 민원제도의 개선 등

1. 민원처리기준표의 고시 등

행정안전부장관은 민원인의 편의를 위하여 관계법령 등에 규정되어 있는 민원의 처리기관, 처리기간, 구비서류, 처리절차, 신청방법 등에 관한 사항을 종합한 민원처리기준표를 작성하여 관보에 고시하고 전자정부법 제9조 제3항에 따른 통합전자민원창구에 게시하여야 한다.

2. 민원처리기준표의 조정 등

행정안전부장관은 민원처리기준표를 작성·고시할 때에 민원의 간소화를 위하여 필요하다고 인정하는 경우에는 관계 행정기관의 장과 협의를 거쳐 관계법령 등이 개정될 때까지 잠정적으로 관계법령 등에 규정되어 있는 처리기간과 구비서류를 줄이거나 처리절차·신청방법을 변경할 수 있다.

3. 민원행정 및 제도개선 계획 등

(1) 행정안전부장관은 매년 민원행정 및 제도개선에 관한 기본지침을 작성하여 행정기관의 장에게 통보하여야 한다.

(2) 행정기관의 장은 (1)에 따른 기본지침에 따라 그 기관의 특성에 맞는 민원행정 및 제도개선 계획을 수립·시행하여야 한다.

4. 민원제도의 개선

(1) 행정기관의 장은 민원제도에 대한 개선안을 발굴·개선하도록 노력하여야 한다.

(2) 행정기관의 장은 위에 따라 개선한 내용을 대통령령으로 정하는 바에 따라 행정안전부장관에게 통보하여야 한다.

(3) 행정기관의 장과 민원을 처리하는 담당자는 민원제도에 대한 개선안을 행정안전부장관 또는 그 민원의 소관 행정기관의 장에게 제출할 수 있다.

제2장 정보공개제도

제1절 총론

1 의의

1. 정보공개

정보공개란 국민의 청구에 의하여 행정기관(국가나 지방자치단체 등)이 보유·관리하고 있는 정보나 정책결정의 과정을 공개하는 것으로서 특정 기관이 보유하고 있는 정보를 타인이나 조직에 열람하게 하거나 정보의 사본 또는 복제물을 제공하는 것을 말한다.

2. 정보공개제도

정보공개제도란 행정권이 보유·관리하는 다양한 정보에 국민의 자유로운 접근을 허용하여 행정의 공정화·민주화를 실현하고, 국민의 "알 권리" 보장을 통하여 열린 정부를 실현하려는 제도이다.

> 알권리는 헌법 제21조의 표현의 자유에서 파생된 권리이다.

> 공공기관의 정보공개에 관한 법률 제2조 【정의】 이 법에서 사용하는 용어의 정의는 다음과 같다.
> 1. "정보"라 함은 공공기관이 직무상 작성 또는 취득하여 관리하고 있는 문서(전자문서를 포함한다. 이하 같다)·도면·사진·필름·테이프·슬라이드 및 그 밖에 이에 준하는 매체 등에 기록된 사항을 말한다.
> 2. "공개"라 함은 공공기관이 이 법의 규정에 의하여 정보를 열람하게 하거나 그 사본·복제물을 교부하는 것 또는 전자정부법 제2조 제10호의 규정에 의한 정보통신망을 통하여 정보를 제공하는 것 등을 말한다.
> 3. "공공기관"이라 함은 국가기관, 지방자치단체, 정부투자기관관리기본법 제2조의 규정에 의한 정부투자기관 그 밖에 대통령령이 정하는 기관을 말한다.

2 정보공개의 필요성과 문제점

1. 정보공개의 필요성(순기능)

행정의 정보공개는 국민이 행정의사의 결정과정에 참여함으로써 행정에 대한 통제를 가능하게 하고 그에 따른 행정 서비스의 효율성 향상에도 기여한다.

(1) 국민의 행정에 대한 책임

행정은 환경을 대상으로 정책결정을 하고, 그 결정의 직접 책임은 국민에게 귀속된다. 따라서 국민들은 행정에 대한 책임의 직접 이해당사자로서 또한 납세자로서 행정이 어떠한 행위를 하는지 알 권리가 있다.

(2) 국민 참여를 통한 다양한 요구수렴

과거에는 국민의 정책결정에의 참여가 번거롭고 비효율적인 과정으로 여겨졌다. 그러나 사회가 커지고 다원화되면서 행정공무원이나 일부 전문가의 손만으로는 복잡한 사회문제를 해결하기가 점점 더 어려워지고 있다. 이에 행정정보공개를 통해 국민의 다양한 의견을 수렴하여 정책의 질을 향상시킬 수 있다.

(3) 정보화의 촉진

행정이 보유하고 있는 정보는 타 어느 기관도 따라올 수 없을 만큼 매우 방대하면서도 중요한 정보들이 많다. 정보화는 물리적인 기기들을 통해 이루어지는 것이 아니라 궁극적으로 contents에 의해 이루어진다는 점을 감안할 때 행정이 보유한 정보의 적극적인 공개는 정보화 촉진에 도움을 줄 수 있다.

2. 문제점(역기능)

과도한 정보공개는 오히려 국가기밀이나 개인정보에 대한 침해가능성을 가지고 있으며 행정의 부담을 가중시킨다.

제2절 정보공개청구권

1 알 권리

1. 알 권리

'알 권리'란 일반적으로 접근할 수 있는 정보원으로부터 의사형성에 필요한 정보를 수집하고 그 정보를 취사·선택할 수 있는 권리로서, 헌법 제21조 제1항의 표현의 자유, 헌법 제1조 제1항의 국민주권의 원리 등에서 도출할 수 있다. 또한 알 권리는 정보공개청구권·정보수령권·정보수집권 등으로 구성된다.

2. 절차적 공정성의 보장을 위한 정보공개와의 비교

국민의 '알 권리'에 근거한 정보공개는 민주주의에 기초해 구체적 정보에 대한 고유의 이익과 특별한 관계없이 정보공개를 청구할 수 있는 권리로서 국민에게 인정되는 일반공개를 의미하는 데 비하여, 행정절차에서의 정보공개는 당해 사안에 대해 이해관계가 있는 국민에 관한 것으로서 한정된 정보공개를 의미한다.

3. 공무원의 비밀엄수와의 관계

공무원은 재직 중은 물론 퇴직 후에도 직무상 취득한 비밀을 엄수해야 한다고 규정하고 있으며(국가공무원법 제60조) 이에 대한 위반은 형벌 및 징계의 원인이 되므로 공무원의 비밀엄수 의무와 국민의 "알 권리" 사이에 충돌이 생길 수 있다. 이에 정보공개법에 따른 정보공개의 경우에는 국가공무원법상 비밀엄수의무의 적용을 배제시킴으로써 조화를 도모하고 있다(대판 2001.11.30. 2000다68474).

2 정보공개청구권

1. 의의

정보공개청구권이란 사인이 공공기관에 대하여 정보를 제공해 줄 것을 요구할 수 있는 개인적 공권으로서 모든 국민은 정보공개청구권을 가진다. 이러한 정보공개청구권은 자기와 직접적인 이해관계가 있는 특정 사안에 관한 '개별적' 정보공개청구권과 자기와 직접적 이해관계가 없는 '일반적' 정보공개청구권으로 이루어진다.

2. 법적 근거

헌법 제10조, 제37조 제1항, 제21조(헌법재판소) 등에서 그 근거를 찾을 수 있으며 법률에서는 공공기관의 정보공개에 관한 법률 제5조에서 찾고 있다.

> **관련판례**
>
> 1. 국민의 '알권리', 즉 정보에의 접근·수집·처리의 자유는 자유권적 성질과 청구권적 성질을 공유하는 것으로서 헌법 제21조에 의하여 직접 보장되는 권리이고, 그 구체적 실현을 위하여 제정된 공공기관의 정보공개에 관한 법률도 제3조에서 공공기관이 보유·관리하는 정보를 원칙적으로 공개하도록 하여 정보공개의 원칙을 천명하고 있고, 위 법 제9조가 예외적인 비공개사유를 열거하고 있는 점에 비추어 보면, 국민으로부터 보유·관리하는 정보에 대한 공개를 요구받은 공공기관으로서는 위 법 제9조 제1항 각 호에서 정하고 있는 비공개사유에 해당하지 않는 한 이를 공개하여야 하고, 이를 거부하는 경우라 할지라도 대상이 된 정보의 내용을 구체적으로 확인·검토하여 어느 부분이 어떠한 법익 또는 기본권과 충돌되어 위 각 호의 어디에 해당하는지를 주장·증명하여야만 하며, 여기에 해당하는지 여부는 비공개에 의하여 보호되는 업무수행의 공정성 등의 이익과 공개에 의하여 보호되는 국민의 알권리의 보장과 국정에 대한 국민의 참여 및 국정운영의 투명성 확보 등의 이익을 비교·교량하여 구체적인 사안에 따라 개별적으로 판단하여야 한다(대판 2009.12.10. 2009두12785).
>
> 2. 국민의 알 권리는 법률이 제정되어 있지 않다고 하더라도 헌법 제21조에 의해 직접 보장될 수 있는 것이므로, 확정된 형사소송기록의 복사신청에 대한 서울지방검찰청 의정부지청장의 거부행위는 헌법상의 기본권인 알 권리를 침해한 것이다(헌재 1991. 5.13. 90헌마133).

제3절 공공기관의 정보공개에 관한 법률

1 정보공개의 주요 개념

1. 목적

이 법은 공공기관이 보유·관리하는 정보에 대한 국민의 공개청구 및 공공기관의 공개의무에 관하여 필요한 사항을 정함으로써 국민의 알권리를 보장하고 국정에 대한 국민의 참여와 국정운영의 투명성을 확보함을 목적으로 한다(제1조).

2. 타 법령과의 관계

> 공공기관의 정보공개에 관한 법률 제4조【적용 범위】① 정보의 공개에 관하여는 다른 법률에 특별한 규정이 있는 경우를 제외하고는 이 법에서 정하는 바에 따른다.

관련판례

형사소송법 제59조의2는 형사재판확정기록의 공개 여부나 공개 범위, 불복절차 등에 대하여 공공기관의 정보 공개에 관한 법률 제4조 제1항에서 정한 '정보의 공개에 관하여 다른 법률에 특별한 규정이 있는 경우'에 해당한다. 따라서 형사재판 확정기록의 공개에 관하여는 공공기관의 정보공개에 관한 법률에 의한 공개청구가 허용되지 아니한다(대판 2016.12.12. 2013두20882).

3. 조례에 의한 정보공개

지방자치단체는 그 소관 사무에 관하여 법령의 범위 안에서 정보공개에 관한 조례를 정할 수 있다. 즉, 지방자치단체는 벌칙이나 주민에게 침익적인 사항을 제정하는 경우를 제외하고 독자적으로 조례를 제정할 수 있는 바, 주민에 대한 정보공개청구권의 인정은 그 성질상 수익적인 규율에 해당하므로 가능하다.

관련판례

청주시정보공개조례사건 → 법률의 위임 없이 제정된 청주시정보공개조례안이 적법하다고 한 사례

지방자치단체는 그 내용이 주민의 권리의 제한 또는 의무의 부과에 관한 사항이거나 벌칙에 관한 사항이 아닌 한 법률의 위임이 없더라도 조례를 제정할 수 있다 할 것인데, 청주시의회에서 의결한 청주시행정정보공개조례안은 행정에 대한 주민의 알 권리의 실현을 그 근본내용으로 하면서도 이로 인한 개인의 권익침해 가능성을 배제하고 있으므로, 이를 들어 주민의 권리를 제한 하거나 의무를 부과하는 조례라고는 단정할 수 없고 따라서 그 제정에 있어서 반드시 법률의 개별적 위임이 따로 필요한 것은 아니다(대판 1992. 6.23. 92추17).

4. 정의

> 공공기관의 정보공개에 관한 법률 제2조【정의】이 법에서 사용하는 용어의 뜻은 다음과 같다.
> 1. "정보"란 공공기관이 직무상 작성 또는 취득하여 관리하고 있는 문서(전자문서를 포함한다. 이하 같다) 및 전자매체를 비롯한 모든 형태의 매체 등에 기록된 사항을 말한다.
> 2. "공개"란 공공기관이 이 법에 따라 정보를 열람하게 하거나 그 사본·복제물을 제공하는 것 또는 전자정부법 제2조 제10호에 따른 정보통신망(이하 "정보통신망"이라 한다)을 통하여 정보를 제공하는 것 등을 말한다.

2 정보공개의 내용

1. 정보공개청구권자

> 공공기관의 정보공개에 관한 법률 제5조【정보공개 청구권자】① 모든 국민은 정보의 공개를 청구할 권리를 가진다.
> ② 외국인의 정보공개 청구에 관하여는 대통령령으로 정한다.

'모든 국민'은 정보의 공개를 청구할 권리를 갖는다. '모든 국민'에는 법인, 권리능력 없는 사단이나 재단도 포함되고, 법인과 권리능력 없는 사단이나 재단 등의 경우에는 설립목적을 불문한다.

관련판례

공공기관의 정보공개에 관한 법률 제6조 제1항은 "모든 국민은 정보의 공개를 청구할 권리를 가진다."고 규정하고 있는데, 여기에서 말하는 국민에는 자연인은 물론 법인, 권리능력 없는 사단·재단도 포함되고, 법인, 권리능력 없는 사단·재단 등의 경우에는 설립목적을 불문하며, 한편 정보공개청구권은 법률상 보호되는 구체적인 권리이므로 청구인이 공공기관에 대하여 정보공개를 청구하였다가 거부처분을 받은 것 자체가 법률상 이익의 침해에 해당한다(대판 2003.12.12. 2003두8050).

한편, 외국인의 정보공개에 관하여는 대통령령으로 정하도록 하고 있다(제5조 제2항). 외국인이 정보공개를 청구하는 경우에도 국민처럼 이해관계가 없는 정보에 대한 청구도 가능하다.

> 공공기관의 정보공개에 관한 법률 시행령 제3조【외국인의 정보공개 청구】법 제5조 제2항에 따라 정보공개를 청구할 수 있는 외국인은 다음 각 호의 어느 하나에 해당하는 자로 한다.
> 1. 국내에 일정한 주소를 두고 거주하거나 학술·연구를 위하여 일시적으로 체류하는 사람
> 2. 국내에 사무소를 두고 있는 법인 또는 단체

반면, 지방자치단체는 '모든 국민'에 해당하지 않는다.

2. 정보공개의 대상

> 공공기관의 정보공개에 관한 법률 제3조【정보공개의 원칙】공공기관이 보유·관리하는 정보는 국민의 알권리 보장 등을 위하여 이 법에서 정하는 바에 따라 적극적으로 공개하여야 한다.

(1) 공공기관

① 국가, 지방자치단체, 정부투자기관관리기본법 제2조의 규정에 의한 정부투자기관, 기타 대통령령이 정하는 기관을 말한다. 국가기관이란 국회, 법원, 헌법재판소, 중앙선거관리위원회, 중앙행정기관(대통령 소속 기관과 국무총리 소속 기관을 포함한다) 및 그 소속 기관, 행정기관 소속 위원회의 설치·운영에 관한 법률에 따른 위원회를 말한다.

사립학교 또한 해당 공공기관에 포함되나 사기업, 언론기관, 노동조합은 여기서 말하는 공공기관에 포함되지 아니한다.

> **참고** 공공기관의 정보공개에 관한 법률 시행령 제2조에서 정하는 기관
>
> 1. 「유아교육법」, 「초·중등교육법」, 「고등교육법」에 따른 각급 학교 또는 그 밖의 다른 법률에 따라 설치된 학교 → 사립유치원 포함!
> 2. 삭제
> 3. 「지방자치단체 출자·출연 기관의 운영에 관한 법률」 제2조 제1항에 따른 출자기관 및 출연기관
> 4. 특별법에 따라 설립된 특수법인
> 5. 「사회복지사업법」 제42조 제1항에 따라 국가나 지방자치단체로부터 보조금을 받는 사회복지법인과 사회복지사업을 하는 비영리법인
> 6. 제5호 외에 「보조금 관리에 관한 법률」 제9조 또는 「지방재정법」 제17조 제1항 각 호 외의 부분 단서에 따라 국가나 지방자치단체로부터 연간 5천만원 이상의 보조금을 받는 기관 또는 단체. 다만, 정보공개 대상 정보는 해당 연도에 보조를 받은 사업으로 한정한다.

> **관련판례**
>
> **1. 사립대학교도 공공기관의 정보공개에 관한 법률상 공공기관에 해당함**
>
> 정보공개 의무기관을 정하는 것은 입법자의 입법형성권에 속하고, 이에 따라 입법자는 구 공공기관의 정보공개에 관한 법률 제2조 제3호에서 정보공개 의무기관을 공공기관으로 정하였는바, 공공기관은 국가기관에 한정되는 것이 아니라 지방자치단체, 정부투자기관, 그 밖에 공동체 전체의 이익에 중요한 역할이나 기능을 수행하는 기관도 포함되는 것으로 해석된다. 여기에 정보 공개의 목적, 교육의 공공성 및 공·사립학교의 동질성, 사립대학교에 대한 국가의 재정지원 및 보조 등 여러 사정을 고려해 보면, 사립대학교에 대한 국비 지원이 한정적·일시적·국부적이라는 점을 고려하더라도, 같은 법 시행령 제2조 제1호가 정보공개의무를 지는 공공기관의 하나로 사립대학교를 들고 있는 것이 모법인 구 공공기관의 정보공개에 관한 법률의 위임 범위를 벗어났다거나 사립대학교가 국비의 지원을 받는 범위 내에서만 공공기관의 성격을 가진다고 볼 수 없다(대판 2006.8.24. 2004두2783).
>
> **2. 한국방송공사도 정보공개법에 따라 정보를 공개할 의무가 있는 '특별법에 의하여 설립된 특수법인'에 해당함**
>
> 방송법이라는 특별법에 의하여 설립·운영되는 특수법인인 피고는 정보공개법 시행령 제2조 제4호의 '특별법에 의하여 설립된 특수법인'으로서 정보공개의무가 있는 공공기관에 해당한다(대판 2010.12.23. 2008두13101).
>
> **3. '한국증권업협회'는 해당하지 아니함**
>
> '한국증권업협회'는 증권회사 상호간의 업무질서를 유지하고 유가증권의 공정한 매매거래 및 투자자보호를 위하여 일정 규모 이상인 증권회사 등으로 구성된 회원조직으로서, 증권거래법 또는 그 법에 의한 명령에 대하여 특별한 규정이 있는 것을 제외하고는 민법 중 사단법인에 관한 규정을 준용 받는 점, 그 업무가 국가기관 등에 준할 정도로 공동체 전체의 이익에 중요한 역할이나 기능에 해당하는 공공성을 갖는다고 볼 수 없는 점 등에 비추어, 공공기관의 정보공개에 관한 법률 시행령 제2조 제4호의 '특별법에 의하여 설립된 특수법인'에 해당한다고 보기 어렵다(대판 2010.4.29. 2008두5643).

② 한편, 공공기관의 정보공개 의무는 특별한 사정이 없는 한 특정의 정보에 대한 공개청구가 있는 경우에야 비로소 정보공개의무가 존재한다는 것이 판례의 입장이다.

③ **공공기관의 의무**

> 공공기관의 정보공개에 관한 법률 제6조【공공기관의 의무】① 공공기관은 정보의 공개를 청구하는 국민의 권리가 존중될 수 있도록 이 법을 운영하고 소관 관계 법령을 정비하며, 정보를 투명하고 적극적으로 공개하는 조직문화 형성에 노력하여야 한다.
> 제7조【정보의 사전적 공개 등】① 공공기관은 다음 각 호의 어느 하나에 해당하는 정보에 대해서는 공개의 구체적 범위, 주기, 시기 및 방법 등을 미리 정하여 정보통신망 등을 통하여 알리고, 이에 따라 정기적으로 공개하여야 한다. 다만, 제9조 제1항 각 호의 어느 하나에 해당하는 정보에 대해서는 그러하지 아니하다.
> 1. 국민생활에 매우 큰 영향을 미치는 정책에 관한 정보
> 2. 국가의 시책으로 시행하는 공사(工事) 등 대규모 예산이 투입되는 사업에 관한 정보
> 3. 예산집행의 내용과 사업평가 결과 등 행정감시를 위하여 필요한 정보
> 4. 그 밖에 공공기관의 장이 정하는 정보
> 제8조【정보목록의 작성·비치 등】① 공공기관은 그 기관이 보유·관리하는 정보에 대하여 국민이 쉽게 알 수 있도록 정보목록을 작성하여 갖추어 두고, 그 목록을 정보통신망을 활용한 정보공개시스템 등을 통하여 공개하여야 한다. 다만, 정보목록 중 제9조 제1항에 따라 공개하지 아니할 수 있는 정보가 포함되어 있는 경우에는 해당 부분을 갖추어 두지 아니하거나 공개하지 아니할 수 있다.

(2) 보유정보

"정보"란 공공기관이 직무상 작성 또는 취득하여 관리하고 있는 문서(전자문서를 포함한다. 이하 같다) 및 전자매체를 비롯한 모든 형태의 매체 등에 기록된 사항을 말한다(제2조 제1호).

① 공개청구의 대상이 되는 문서가 반드시 원본일 필요는 없다.

> **관련판례**
> 공공기관의 정보 공개에 관한 법률상 공개청구의 대상이 되는 정보란 공공기관이 직무상 작성 또는 취득하여 현재 보유·관리하고 있는 문서에 한정되는 것이기는 하나 그 문서가 반드시 원본일 필요는 없다(대판 2006.5.25. 2006두3049).

② 공개청구의 대상이 되는 정보는 공공기관이 보유하거나 관리하고 있는 정보에 한정된다.

> **관련판례**
> 알 권리는 적어도 이미 생성되어 존재하는 정보원을 전제로 하는 것이며, 인식의 대상이 되는 정보원이 존재하지 아니하는 경우에는 알 권리가 제한될 여지가 없다(헌재 2015.12.23. 2015헌바66).

③ 전자적 정보의 형태로 보유하거나 관리하는 정보의 경우에는 행정기관의 업무수행에 큰 지장을 주지 않는 한도에서 제공할 수 있다.

> **관련판례**
> 전자적 형태로 보유·관리되는 정보의 경우에는, 그 정보가 청구인이 구하는 대로는 되어 있지 않다고 하더라도, 공개청구를 받은 공공기관이 공개청구대상정보의 기초자료를 전자적 형태로 보유·관리하고 있고, 당해 기관에서 통상 사용되는 컴퓨터 하드웨어 및 소프트웨어와 기술적 전문지식을 사용하여 그 기초자료를 검색하여 청구인이 구하는 대로 편집할 수 있으며, 그러한 작업이 당해 기관의 컴퓨터 시스템 운용에 별다른 지장을 초래하지 아니한다면, 그 공공기관이 공개청구대상정보를 보유·관리하고 있는 것으로 볼 수 있고, 이러한 경우에 기초자료를 검색·편집하는 것은 새로운 정보의 생산 또는 가공에 해당한다고 할 수 없다(대판 2010.2.11. 2009두6001).

④ 공개청구자는 행정기관이 보유·관리하고 있을 상당한 개연성이 있다는 점에 대해 입증하여야 하지만, 공개를 구하는 정보를 공공기관이 한 때 보유·관리하였으나 후에 그 정보가 담긴 문서등이 폐기되어 존재하지 않게 되면, 그 정보를 보유·관리하고 있지 아니하다는 점에 대해서는 공공기관이 입증하여야 한다.

> **관련판례**
> 정보공개제도는 공공기관이 보유·관리하는 정보를 그 상태대로 공개하는 제도라는 점 등에 비추어 보면, 정보공개를 구하는 자가 공개를 구하는 정보를 행정기관이 보유·관리하고 있을 상당한 개연성이 있다는 점을 입증함으로써 족하다 할 것이지만, 공공기관이 그 정보를 보유·관리하고 있지 아니한 경우에는 특별한 사정이 없는 한 정보공개거부처분의 취소를 구할 법률상의 이익이 없다(대판 2014.6.12. 2013두4309).

3. 비공개 대상 정보

(1) 의의

비공개 대상 정보는 공공기관이 공개를 거부할 수 있는 정보를 말한다. 정보공개법 제9조에서 비공개 대상 정보를 규정하고 있는바, 이는 열거적 조항으로 보아야 한다. 한편, 비공개대상에 해당한다는 것은 공공기관이 입증하여야 한다. 또한 정보공개법은 '공개하지 아니할 수 있다.'고 규정함으로써, 이를 상대적 비공개로 규정을 하고 있다.

> 공공기관의 정보공개에 관한 법률 제9조【비공개 대상 정보】① 공공기관이 보유·관리하는 정보는 공개 대상이 된다. 다만, 다음 각 호의 어느 하나에 해당하는 정보는 공개하지 아니할 수 있다. → 상대적 금지
> 1. 다른 법률 또는 법률에서 위임한 명령(국회규칙·대법원규칙·헌법재판소규칙·중앙선거관리위원회규칙·대통령령 및 조례로 한정한다)에 따라 비밀이나 비공개 사항으로 규정된 정보 → 행정규칙은 포함되지 않음. 즉, 행정규칙으로 비공개사항을 규정하더라도 공개하여야 함

2. 국가안전보장·국방·통일·외교관계 등에 관한 사항으로서 공개될 경우 국가의 중대한 이익을 현저히 해칠 우려가 있다고 인정되는 정보
3. 공개될 경우 국민의 생명·신체 및 재산의 보호에 현저한 지장을 초래할 우려가 있다고 인정되는 정보
4. 진행 중인 재판에 관련된 정보와 범죄의 예방, 수사, 공소의 제기 및 유지, 형의 집행, 교정(矯正), 보안처분에 관한 사항으로서 공개될 경우 그 직무수행을 현저히 곤란하게 하거나 형사피고인의 공정한 재판을 받을 권리를 침해한다고 인정할 만한 상당한 이유가 있는 정보
5. 감사·감독·검사·시험·규제·입찰계약·기술개발·인사관리에 관한 사항이나 의사결정 과정 또는 내부검토 과정에 있는 사항 등으로서 공개될 경우 업무의 공정한 수행이나 연구·개발에 현저한 지장을 초래한다고 인정할 만한 상당한 이유가 있는 정보. 다만, 의사결정 과정 또는 내부검토 과정을 이유로 비공개할 경우에는 제13조 제5항에 따라 통지를 할 때 의사결정 과정 또는 내부검토 과정의 단계 및 종료 예정일을 함께 안내하여야 하며, 의사결정 과정 및 내부검토 과정이 종료되면 제10조에 따른 청구인에게 이를 통지하여야 한다.
6. 해당 정보에 포함되어 있는 성명·주민등록번호 등 개인정보 보호법 제2조 제1호에 따른 개인정보로서 공개될 경우 사생활의 비밀 또는 자유를 침해할 우려가 있다고 인정되는 정보. 다만, 다음 각 목에 열거한 사항은 제외한다.
   가. 법령에서 정하는 바에 따라 열람할 수 있는 정보
   나. 공공기관이 공표를 목적으로 작성하거나 취득한 정보로서 사생활의 비밀 또는 자유를 부당하게 침해하지 아니하는 정보
   다. 공공기관이 작성하거나 취득한 정보로서 공개하는 것이 공익이나 개인의 권리 구제를 위하여 필요하다고 인정되는 정보
   라. 직무를 수행한 공무원의 성명·직위
   마. 공개하는 것이 공익을 위하여 필요한 경우로서 법령에 따라 국가 또는 지방자치단체가 업무의 일부를 위탁 또는 위촉한 개인의 성명·직업
7. 법인·단체 또는 개인(이하 "법인등"이라 한다)의 경영상·영업상 비밀에 관한 사항으로서 공개될 경우 법인등의 정당한 이익을 현저히 해칠 우려가 있다고 인정되는 정보. 다만, 다음 각 목에 열거한 정보는 제외한다.
   가. 사업활동에 의하여 발생하는 위해(危害)로부터 사람의 생명·신체 또는 건강을 보호하기 위하여 공개할 필요가 있는 정보
   나. 위법·부당한 사업활동으로부터 국민의 재산 또는 생활을 보호하기 위하여 공개할 필요가 있는 정보
8. 공개될 경우 부동산 투기, 매점매석 등으로 특정인에게 이익 또는 불이익을 줄 우려가 있다고 인정되는 정보

② 공공기관은 제1항 각 호의 어느 하나에 해당하는 정보가 기간의 경과 등으로 인하여 비공개의 필요성이 없어진 경우에는 그 정보를 공개 대상으로 하여야 한다.

③ 공공기관은 제1항 각 호의 범위에서 해당 공공기관의 업무 성격을 고려하여 비공개 대상 정보의 범위에 관한 세부 기준(이하 "비공개 세부 기준"이라 한다)을 수립하고 이를 정보통신망을 활용한 정보공개시스템 등을 통하여 공개하여야 한다.

④ 공공기관(국회·법원·헌법재판소 및 중앙선거관리위원회는 제외한다)은 제3항에 따라 수립된 비공개 세부 기준이 제1항 각 호의 비공개 요건에 부합하는지 3년마다 점검하고 필요한 경우 비공개 세부 기준을 개선하여 그 점검 및 개선 결과를 행정안전부장관에게 제출하여야 한다.

> **관련판례**
>
> 국민의 '알권리', 즉 정보에의 접근·수집·처리의 자유는 자유권적 성질과 청구권적 성질을 공유하는 것으로서 헌법 제21조에 의하여 직접 보장되는 권리이고, 그 구체적 실현을 위하여 제정된 공공기관의 정보공개에 관한 법률도 제3조에서 공공기관이 보유·관리하는 정보를 원칙적으로 공개하도록 하여 정보공개의 원칙을 천명하고 있으며, 위 법 제9조가 예외적인 비공개사유를 열거하고 있는 점에 비추어 보면, <u>국민으로부터 보유·관리하는 정보에 대한 공개를 요구받은 공공기관으로서는 위 법 제9조 제1항 각 호에서 정하고 있는 비공개사유에 해당하지 않는 한 이를 공개하여야 하고</u>, 이를 거부하는 경우라 할지라도 대상이 된 정보의 내용을 구체적으로 확인·검토하여 어느 부분이 어떠한 법익 또는 기본권과 충돌되어 위 각 호의 어디에 해당하는지를 주장·증명하여야만 하며, 여기에 해당하는지 여부는 비공개에 의하여 보호되는 업무수행의 공정성 등의 이익과 공개에 의하여 보호되는 국민의 알권리의 보장과 국정에 대한 국민의 참여 및 국정운영의 투명성 확보 등의 이익을 비교·교량하여 구체적인 사안에 따라 개별적으로 판단하여야 한다(대판 2009.12.10. 2009두12785).

(2) 종류 및 내용

① 다른 법률 또는 법률에서 위임한 명령(국회규칙·대법원규칙·헌법재판소규칙·중앙선거관리위원회규칙·대통령령 및 조례로 한정한다)에 따라 비밀이나 비공개 사항으로 규정된 정보

> **관련판례**
>
> 1. 공공기관의 정보공개에 관한 법률 제7조 제1항 제1호 소정의 '법률에 의한 명령'의 의미 공공기관의 정보공개에 관한 법률 제7조 제1항 제1호 소정의 '법률에 의한 명령'은 법률의 위임규정에 의하여 제정된 대통령령, 총리령, 부령 전부를 의미한다기보다는 정보의 공개에 관하여 법률의 구체적인 위임 아래 제정된 법규명령(위임명령)을 의미한다(대판 2003.12.11. 2003두8395).
>
> 2. 검찰보존사무규칙은 행정기관 내부의 사무처리 준칙으로서의 행정규칙에 불과하므로 검찰보존사무규칙 제22조에서 정한 불기소사건기록의 열람·등사의 제한은 공공기관의 정보공개에 관한 법률 제4조 제1항의 '정보의 공개에 관하여 다른 법률에 특별한 규정이 있는 경우' 또는 제9조 제1항 제1호의 '다른 법률 또는 법률이 위임한 명령에 의하여 비밀 또는 비공개 사항으로 규정된 경우'에 해당하지 않는다(대판 2012.6.28. 2011두16735).
>
> 3. 국가정보원의 조직·소재지 및 정원에 관한 정보는 특별한 사정이 없는 한 국가안전보장을 위하여 비공개가 필요한 경우로서 구 국가정보원법 제6조에서 정한 비공개 사항에 해당하고, 결국 공공기관의 정보공개에 관한 법률 제9조 제1항 제1호에서 말하는 '다른 법률에 의하여 비공개 사항으로 규정된 정보'에도 해당한다고 보는 것이 타당하다(대판 2013.1.24. 2010두18918).

4. 검찰보존사무규칙이 검찰청법 제11조에 기하여 제정된 법무부령이기는 하지만, 그 중 불기소사건기록의 열람·등사의 제한을 정하고 있는 위 규칙 제22조는 법률상의 위임근거가 없는 행정기관 내부의 사무처리준칙으로서 행정규칙에 불과하므로, 위 규칙 제22조에 의한 열람·등사의 제한을 공공기관의 정보공개에 관한 법률 제4조 제1항의 '정보의 공개에 관하여 다른 법률에 특별한 규정이 있는 경우' 또는 같은 법 제9조 제1항 제1호의 '다른 법률 또는 법률이 위임한 명령(국회규칙·대법원규칙·헌법재판소규칙·중앙선거관리위원회규칙·대통령령 및 조례에 한한다)에 의하여 비밀 또는 비공개 사항으로 규정된 경우'에 해당한다고 볼 수 없다(대판 2012.6.28. 2011두16735).

② 국가안전보장·국방·통일·외교관계 등에 관한 사항으로서 공개될 경우 국가의 중대한 이익을 현저히 해칠 우려가 있다고 인정되는 정보
③ 공개될 경우 국민의 생명·신체 및 재산의 보호에 현저한 지장을 초래할 우려가 있다고 인정되는 정보

> **관련판례**
> 보안관찰 관련 통계자료는 공공기관의 정보공개에 관한 법률(이하 '법'이라 한다) 제7조 제1항 제2호 소정의 공개될 경우 국가안전보장·국방·통일·외교관계 등 국가의 중대한 이익을 해할 우려가 있는 정보, 또는 제3호 소정의 공개될 경우 국민의 생명·신체 및 재산의 보호 기타 공공의 안전과 이익을 현저히 해할 우려가 있다고 인정되는 정보에 해당한다고 할 것이다(대판 2004.3.18. 2001두8254 전합).

④ 진행 중인 재판에 관련된 정보와 범죄의 예방, 수사, 공소의 제기 및 유지, 형의 집행, 교정(矯正), 보안처분에 관한 사항으로서 공개될 경우 그 직무수행을 현저히 곤란하게 하거나 형사피고인의 공정한 재판을 받을 권리를 침해한다고 인정할 만한 상당한 이유가 있는 정보

> **관련판례**
> 1. 구 공공기관의 정보공개에 관한 법률(2004.1.29. 법률 제7127호로 전문 개정되기 전의 것, 이하 '구법'이라 한다) 제7조 제1항 제4호에서 규정하고 있는 '공개될 경우 그 직무수행을 현저히 곤란하게 한다고 인정할 만한 상당한 이유가 있는 정보'라 함은 당해 정보가 공개될 경우 범죄의 예방 및 수사 등에 관한 직무의 공정하고 효율적인 수행에 직접적이고 구체적으로 장애를 줄 고도의 개연성이 있고, 그 정도가 현저한 경우를 의미한다고 할 것이며, 여기에 해당하는지 여부는 비공개에 의하여 보호되는 업무수행의 공정성 등의 이익과 공개에 의하여 보호되는 국민의 알권리의 보장과 국정에 대한 국민의 참여 및 국정운영의 투명성 확보 등의 이익을 비교·교량하여 구체적인 사안에 따라 신중하게 판단되어야 한다(대판 2008.11.27. 2005두15694).
>
> 2. 교도소에 수용 중이던 재소자가 담당 교도관들을 상대로 가혹행위를 이유로 형사고소 및 민사소송을 제기하면서 그 증명자료 확보를 위해 '근무보고서'와 '징벌위원회 회의록' 등의 정보공개를 요청하였으나 교도소장이 이를 거부한 사안에서, 근무보고서는 공공기관의 정보공개에 관한 법률 제9조 제1항 제4호에 정한 비공개대상정보에 해당한다고 볼 수 없고, 징벌위원회 회의록

중 비공개 심사·의결 부분은 위 법 제9조 제1항 제5호의 비공개사유에 해당하지만 재소자의 진술, 위원장 및 위원들과 재소자 사이의 문답 등 징벌절차 진행 부분은 비공개사유에 해당하지 않는다고 보아 분리 공개가 허용된다(대판 2009.12.10. 2009두12785).

⑤ 감사·감독·검사·시험·규제·입찰계약·기술개발·인사관리에 관한 사항이나 의사결정 과정 또는 내부검토 과정에 있는 사항 등으로서 공개될 경우 업무의 공정한 수행이나 연구·개발에 현저한 지장을 초래한다고 인정할 만한 상당한 이유가 있는 정보

> **관련판례**
>
> 공공기관의 정보공개에 관한 법률상 비공개대상정보의 입법 취지에 비추어 살펴보면, 같은 법 제7조 제1항 제5호에서의 '감사·감독·검사·시험·규제·입찰계약·기술개발·인사관리·의사결정과정 또는 내부검토과정에 있는 사항'은 비공개대상정보를 예시적으로 열거한 것이라고 할 것이므로 의사결정과정에 제공된 회의관련자료나 의사결정과정이 기록된 회의록 등은 의사가 결정되거나 의사가 집행된 경우에는 더 이상 의사결정과정에 있는 사항 그 자체라고는 할 수 없으나, 의사결정과정에 있는 사항에 준하는 사항으로서 비공개대상정보에 포함될 수 있다. 학교환경위생구역 내 금지행위(숙박시설) 해제결정에 관한 학교환경위생정화위원회의 회의록에 기재된 발언내용에 대한 해당 발언자의 인적사항 부분에 관한 정보는 공공기관의 정보공개에 관한 법률 제7조 제1항 제5호 소정의 비공개대상에 해당한다(대판 2003.8.22. 2002두12946).

⑥ 해당 정보에 포함되어 있는 성명·주민등록번호 등 개인정보 보호법 제2조 제1호에 따른 개인정보로서 공개될 경우 사생활의 비밀 또는 자유를 침해할 우려가 있다고 인정되는 정보

> **관련판례**
>
> **1. 정보공개법이 개인정보 보호법보다 우선**
>
> 정보공개법과 개인정보 보호법의 각 입법목적과 규정 내용, 구 정보공개법 제9조 제1항 제6호의 문언과 취지 등에 비추어 보면, 구 정보공개법 제9조 제1항 제6호는 공공기관이 보유·관리하고 있는 개인정보의 공개 과정에서의 개인정보를 보호하기 위한 규정으로서 개인정보 보호법 제6조에서 말하는 '개인정보 보호에 관하여 다른 법률에 특별한 규정이 있는 경우'에 해당한다. 따라서 <u>공공기관이 보유·관리하고 있는 개인정보의 공개에 관하여는 구 정보공개법 제9조 제1항 제6호가 개인정보 보호법에 우선하여 적용된다</u>(대판 2021.11.11. 2015두53770).
>
> **2.** 공공기관의 정보공개에 관한 법률의 개정 연혁, 내용 및 취지 등에 헌법상 보장되는 사생활의 비밀 및 자유의 내용을 보태어 보면, 정보공개법 제9조 제1항 제6호 본문의 규정에 따라 비공개대상이 되는 정보에는 구 공공기관의 정보공개에 관한 법률의 이름·주민등록번호 등 정보 형식이나 유형을 기준으로 비공개대상정보에 해당하는지를 판단하는 '개인식별정보'뿐만 아니라 그 외에 정보의 내용을 구체적으로 살펴 '개인에 관한 사항의 공개로 개인의 내밀한 내용의 비밀 등이 알려지게 되고, 그 결과 인격적·정신적 내면

생활에 지장을 초래하거나 자유로운 사생활을 영위할 수 없게 될 위험성이 있는 정보'도 포함된다고 새겨야 한다. 따라서 불기소처분 기록 중 피의자신문조서 등에 기재된 피의자 등의 인적사항 이외의 진술내용 역시 개인의 사생활의 비밀 또는 자유를 침해할 우려가 인정되는 경우 정보공개법 제9조 제1항 제6호 본문 소정의 비공개대상에 해당한다(대판 2012.6.18. 2011두2361 전합).

⑦ 법인·단체 또는 개인(이하 "법인등"이라 한다)의 경영상·영업상 비밀에 관한 사항으로서 공개될 경우 법인등의 정당한 이익을 현저히 해칠 우려가 있다고 인정되는 정보

관련판례

공무원의 주민등록번호와 공무원이 직무와 관련 없이 개인적인 자격으로 간담회·연찬회 등 행사에 참석하고 금품을 수령한 정보는 공공기관의 정보공개에 관한 법률 제7조 제1항 제6호 단서 (다)목에서 정한 '공개하는 것이 공익을 위하여 필요하다고 인정되는 정보'에 해당하지 않는다.
한편, 법인등이 거래하는 금융기관의 계좌번호에 관한 정보는 법인등의 영업상 비밀에 관한 사항으로서 공개될 경우 법인등의 정당한 이익을 현저히 해할 우려가 있다고 인정되는 정보에 해당한다(대판 2004.8.20. 2003두8302).

⑧ 공개될 경우 부동산 투기, 매점매석 등으로 특정인에게 이익 또는 불이익을 줄 우려가 있다고 인정되는 정보

관련판례 비공개 대상 정보를 인정한 판례

1. 국방부의 한국형 다목적 헬기(KMN) 도입사업에 대한 감사결과보고서

   국방부의 한국형 다목적 헬기도입사업에 대한 감사원장의 감사결과보고서가 군사2급비밀에 해당하는 이상 공공기관의 정보공개에 관한 법률 제9조 제1항 제1호에 의하여 공개하지 아니할 수 있다(대판 2006.11.10. 2006두9351).

2. 보안관찰법 소정의 보안관찰 관련 통계자료

   위 정보는 공공기관의 정보공개에 관한 법률 제7조 제1항 제2호 소정의 공개될 경우 국가안전 보장·국방·통일·외교관계 등 국가의 중대한 이익을 해할 우려가 있는 정보, 또는 제3호 소정의 공개될 경우 국민의 생명·신체 및 재산의 보호 기타 공공의 안전과 이익을 현저히 해할 우려가 있다고 인정되는 정보에 해당한다(대판 2004.3.18. 2001두8254).

3. 한미FTA 추가협상 문서

   한미FTA 추가협상 문서가 외교관계에 관한 사항으로서, 공개될 경우 국가의 중대한 이익을 현저히 해할 우려가 있다고 인정되는 정보에 해당하여 비공개 대상 정보이다(서울행정법원 2008.4.16. 2007구합31478).

4. 학교환경위생정화위원회의 회의록

   학교환경위생구역 내 금지행위(숙박시설) 해제결정에 관한 학교환경위생정화위원회의 회의록에 기재된 발언내용에 대한 해당 발언자의 인적사항 부분에 관한 정보는 공공기관의 정보공개에 관한 법률 제7조 제1항 제5호 소정의 비공개대상에 해당한다(대판 2003.8.22. 2002두12946).

5. 망인들에 대한 독립유공자서훈 공적심사위원회의 심의·의결 과정 및 그 내용을 기재한 회의록(대판 2014.7.24. 2013두20301)

6. 시험문항에 대한 채점위원별 채점 결과

   답안지 및 시험문항에 대한 채점위원별 채점 결과를 열람하도록 하면, 다의적일 수밖에 없는 평가기준과 주관적 평가 결과 사이의 정합성을 둘러싸고 시험 결과에 이해관계를 가진 자들로부터 제기될지도 모를 시시비비에 일일이 휘말리는 상황이 초래될 우려가 있고, 그럴 경우 업무수행상의 공정성을 확보할 수 없을 뿐 아니라 그 평가업무의 수행자체에 지장을 초래할 것이 명백함은 물론, 궁극적으로는 논술형시험의 존립이 무너지게 될 염려가 있다. 또한 법의 입법취지와 논술형시험의 속성 및 시험관리와 그 평가사무의 본질, 공개로 인한 파장 등에 비추어 볼 때 답안지와 시험문항에 대한 채점위원별 채점 결과를 열람하도록 할 경우, 채점 결과는 시험업무의 공정한 수행에 현저한 지장을 초래한다고 인정할 상당한 이유가 있는 비공개정보에 해당되므로 그 열람을 거부한 이 처분이 적법하다(대판 2003.3.14. 2000두6114).

7. 문제은행 출제방식을 채택하고 있는 치과의사 국가시험의 문제지와 정답지(대판 2007.6.15. 2006두15936)

8. 재개발사업에 관한 정보 중 개인의 인적사항 등이 포함되어 있는 자료(개인의 사생활의 비밀과 자유를 침해할 우려)(대판 1997.5.23. 96누2439)

9. 지방자치단체의 업무추진비 세부항목별 집행내역 및 그에 관한 증빙서류에 포함된 개인에 관한 정보(대판 2003.3.11. 2001두6425)

10. 공무원이 불우이웃이나 이재민으로서의 지위에서 개인자격으로 격려 및 위로의 명목으로 금품을 수령한 정보는 비공개대상정보(대판 2004.8.20. 2003두8302)

11. 공무원이 직무와 관련 없이 개인적인 자격으로 간담회·연찬회 등 행사에 참석하고 금품을 수령한 정보(대판 2003.12.12. 2003두8050)

12. 지방자치단체의 업무추진비에 대한 진행증빙인 정보 중 지출 대상자 또는 참석자의 이름을 포함한 정보는 공개대상정보에 해당하며, 그 중 개인이나 법인의 주민등록번호나 은행계좌번호에 관한 정보는 비공개대상정보에 해당한다(서울고등법원 2002.8.27. 2001누17274).

13. 검찰 21세기 연구기획단의 1993년도 연구결과종합보고서는 검찰의 의사결정과정 또는 내부 검토과정에 있는 사항 등으로서 공개될 경우 업무의 공정한 수행이나 연구·개발에 현저한 지장을 초래한다고 인정할 만한 상당한 이유가 있는 정보이다(대판 2008.11.27. 2005두15694).

14. 고속철도역의 유치위원회에 지방자치단체로부터 지급받은 보조금의 사용내용에 관한 서류 일체 등의 공개를 청구한 사안에서, 공개청구한 정보 중 개인의 성명은 비공개에 의하여 보호되는 개인의 사생활 등의 이익이 국정운영의 투명성 확보 등의 공익보다 더 중요하여 비공개대상정보에 해당한다(대판 2009.10.29. 2009두14224).

15. 공직자윤리법상의 등록의무자가 구 공직자윤리법 시행규칙 제12조 관련 [별지 14호 서식]에 따라 정부공직자윤리위원회에 제출한 문서에 포함되어 있는 고지거부자의 인적사항(대판 2007.12.13. 2005두13117)

16. 국가정보원이 직원에게 지급하는 현금급여 및 월초수당에 관한 정보

    국가정보원이 그 직원에게 지급하는 현금급여 및 월초수당에 관한 정보는 국가정보원 예산집행내역의 일부를 구성하는 것이므로, 위 현금급여 및 월초수당에 관한 정보는 국가정보원법 제12조에 의하여 비공개 사항으로 규정된 정보로서 공공기관의 정보공개에 관한 법률 제9조 제1항 제1호의 비공개대상정보인 '다른 법률에 의하여 비공개 사항으로 규정된 정보'에 해당한다고 보아야 하고, 위 현금급여 및 월초수당이 근로의 대가로서의 성격을 가진다거나 정보공개 청구인이 해당 직원의 배우자라고 하여 달리 볼 것은 아니다(대판 2010.12.23. 2010두14800).

17. 웹사이트가 '국가보안법에서 금지하는 행위를 수행하는 내용의 정보'에 해당하면 방송통신위원회가 '해당 정보에 대한 취급 거부'로서 웹사이트의 웹호스팅 서비스 중단을 명할 수 있다(대판 2015.3.26. 2012두26432).

18. 한국방송공사(KBS)가 황우석 교수의 논문조작 사건에 관한 사실관계의 진실 여부를 밝히기 위하여 제작한 '추적 60분' 가제 "새튼은 특허를 노렸나"인 방송용 60분 분량의 편집원본 테이프 1개에 대하여 정보공개청구를 하였으나, 한국방송공사가 정보공개청구접수를 받은 날로부터 20일 이내에 공개 여부결정을 하지 않아 비공개결정을 한 것으로 간주된 사안에서, 위 정보는 방송프로그램의 기획·편성·제작 등에 관한 정보로서, 공공기관의 정보공개에 관한 법률 제9조 제1항 제7호에서 비공개대상정보로 규정하고 있는 '법인 등의 경영·영업상 비밀에 관한 사항으로서 공개될 경우 법인 등의 정당한 이익을 현저히 해할 우려가 있다고 인정되는 정보'에 해당한다(대판 2010.12.23. 2008두13101).

관련판례 | 공개 대상인 정보

1. 교도관이 직무 중 발생한 사유에 관하여 작성하는 근무보고서가 공공기관의 정보공개에 관한 법률에 따른 정보공개대상이 된다고 한 사례

    교도관이 직무 중 발생한 사유에 관하여 작성하는 근무보고서는 관계 법령에 근거하여 정식으로 작성·보관하는 공문서인 이상 원칙적으로 법 제3조에 따른 공개의 대상이라고 보아야 할 뿐만 아니라 근무 중 수용자에게 발생한 사유 혹은 그 대처방안에 따르는 책임 여부나 소재 등이 문제될 경우 수용자의 권리구제 내지 교정 업무의 적법성 확보 차원에서 관련 사실관계에 관한 확인 내지 보고적 성격의 위 근무보고서 기재내용의 이해관계인에 대한 공개 및 검토의 필요성은 일반적으로 인정된다는 점, 제1심이 비공개 열람을 통해 확인한 이 사건 근무보고서의 실제 내용을 보더라도 원고의 1.19오자 소란의 경위 및 상황을 담당 교도관 입장에서 객관적으로 서술한 것에 불과하여 그 공개가 교정 업무의 수행에 어떠한 현실적인 장애를 초래하는 것이라고 보기도 어려운 점, … 피고로서도 교정 업무의 투명성 측면에서 이를 제시·공개할 공익적 필요가 있다는 점 등의 사정과 앞서 본 관련 법리를 종합하면, 공개대상 정보이다(대판 2009.12.10. 2009두12785).

2. 검찰보존사무규칙 제22조 및 같은 규칙상의 재판확정기록 등의 열람·등사의 제한

검찰보존사무규칙이 검찰청법 제11조에 기하여 제정된 법무부령이기는 하지만, 그 사실만으로 같은 규칙 내의 모든 규정이 법규적 효력을 가지는 것은 아니다. 기록의 열람·등사의 제한을 정하고 있는 같은 규칙 제22조는 법률상의 위임근거가 없어 행정기관 내부의 사무처리 준칙으로서 행정규칙에 불과하므로, 위 규칙상의 열람·등사의 제한이 공공기관의 정보공개에 관한 법률 제9조 제1항 제1호의 '다른 법률 또는 법률에 의한 명령에 의하여 비공개사항으로 규정된 경우'에 해당한다고 볼 수 없다(대판 2006.5.25. 2006두3049).

3. 교육공무원의 근무성적평정의 결과를 공개하지 아니한다고 규정하고 있는 교육공무원승진규정은 공공기관의 정보공개에 관한 법률이 위임한 명령

교육공무원법 제13조, 제14조의 위임에 따라 제정된 교육공무원승진규정은 정보공개에 관한 사항에 관하여 구체적인 법률의 위임에 따라 제정된 명령이라고 할 수 없고, 따라서 교육공무원승진규정 제26조에서 근무성적평정의 결과를 공개하지 아니한다고 규정하고 있다고 하더라도 위 교육공무원승진규정은 공공기관의 정보공개에 관한 법률 제9조 제1항 제1호에서 말하는 법률이 위임한 명령에 해당하지 아니하므로 위 규정을 근거로 정보공개청구를 거부하는 것은 잘못이다(대판 2006.10.26. 2006두11910).

4. 수용자자비부담물품의 판매수익금액 및 사용내역 등에 관한 정보(대판 2004.12.9. 2003두12707)

5. 사법시험 제2차 답안지 열람

답안지를 열람하도록 할 경우 업무의 증가가 다소 있을 것으로 예상되고, 다른 논술형시험의 열람 여부에도 영향이 있는 등 파급효과로 인하여 시험업무의 수행에 다소 지장을 초래한다고 볼 수 있기는 하지만, 답안지는 응시자의 시험문제에 대한 답안이 기재되어 있을 뿐 평가자의 평가기준이나 평가결과가 반영되어 있는 것은 아니므로 응시자가 자신의 답안지를 열람한다고 하더라도 시험문항에 대한 채점위원별 채점 결과가 열람되는 경우와는 달리 평가자가 시험에 대한 평가업무를 수행함에 있어서 지장을 초래할 가능성이 적은 점, 답안지에 대한 열람이 허용된다고 하더라도 답안지를 상호비교함으로써 생기는 부작용이 생길 가능성이 희박하다는 점, 열람 업무의 폭증이 예상된다고 볼만한 자료도 없는 점 등을 종합적으로 고려하면, 답안지의 열람으로 인하여 시험업무의 수행에 현저한 지장을 초래한다고 볼 수 없다(대판 2003.3.14. 2000두6114).

6. 아파트재건축주택조합의 조합원들에게 제공될 무상보상평수의 사업수익성 등을 검토한 자료(대판 2006.1.13. 2003두9459)

7. 사면대상자들의 사면실시건의서와 그와 관련된 국무회의 안건자료에 관한 정보

사면대상자들의 사면실시건의서와 그와 관련된 국무회의 안건자료에 관한 정보는 그 공개로 얻는 이익이 그로 인하여 침해되는 당사자들의 사생활의 비밀에 관한 이익보다 더욱 크므로 구 공공기관의 정보공개에 관한 법률 제7조 제1항 제6호에서 정한 비공개사유에 해당하지 않는다(대판 2006.12.7. 2005두241).

8. 한국방송공사의 '수시집행 접대성 경비의 건별 집행서류 일체'는 공공기관의 정보공개에 관한 법률 제9조 제1항 제7호의 비공개대상정보에 해당하지 않는다(대판 2008.10.23. 2007두1798).

9. 특정업체의 영업비밀이 경쟁업체에 유출되었다는 제보에 따라 압수수색을 받은 회사가 국가 정보원에 제보자의 신원정보에 관한 정보공개를 청구한 사안에서, 제보자의 성명, 주소는 공개대상 정보에 해당한다(서울행법 2008. 11.6. 2008구합26466).

10. 법무예규

   법무예규 검이 제269호(구속수사대상), 제429호(구속수사 승인대상 관련 제 예규폐지), 제430호(법무부장관 구속수사 승인대상), 제471호(고소·고발사건 처리절차에 관한 예규)가 공개된다 하더라도 피고 법무부장관이나 검찰 또는 사법경찰관의 직무수행을 현저히 곤란하게 한다고 인정할 만한 상당한 이유가 있다고 볼 수 없으므로, 위 예규들은 구법 제7조 제1항 제4호 소정의 비공개대상정보에 해당하지 아니한다(대판 2008.11.27. 2005두15694).

11. 개인에 관한 정보들이 포함된 부분을 제외한 각종 업무추진비 관련 회계장부와 지출증빙서류 등에 관한 정보(수원지법 2009.3.18. 2008구합3990)

12. '2002학년도부터 2005학년도까지의 대학수학능력시험 원데이터'는 연구목적으로 그 정보의 공개를 청구하는 경우 위 조항의 비공개대상정보에 해당하지 않는다(대판 2010.2.25. 2007두9877).

4. 권리남용

정보공개청구권은 국민을 위한 중요한 권리이지만, 남용하는 것은 허용되지 않는다.

관련판례

1. 이 사건 정보공개를 청구한 목적이 이 사건 손해배상소송에 제출할 증거자료를 획득하기 위한 것이었고 위 소송이 이미 종결되었다고 하더라도, 원고가 오로지 피고를 괴롭힐 목적으로 정보공개를 구하고 있다는 등의 특별한 사정이 없는 한, 위와 같은 사정만으로는 원고가 이 사건 소송을 계속하고 있는 것이 권리남용에 해당한다고 볼 수 없다(대판 2004.9.23. 2003두1370).

2. 국민의 정보공개청구는 공공기관의 정보공개에 관한 법률 제9조에 정한 비공개 대상 정보에 해당하지 아니하는 한 원칙적으로 폭넓게 허용되어야 하지만, 실제로는 해당 정보를 취득 또는 활용할 의사가 전혀 없이 정보공개제도를 이용하여 사회통념상 용인될 수 없는 부당한 이득을 얻으려 하거나, 오로지 공공기관의 담당공무원을 괴롭힐 목적으로 정보공개청구를 하는 경우처럼 권리의 남용에 해당하는 것이 명백한 경우에는 정보공개청구권의 행사를 허용하지 아니하는 것이 옳다(대판2014.12.24. 2014두9349).

3. 교도소에 복역 중인 甲이 지방검찰청 검사장에게 자신에 대한 불기소사건 수사기록 중 타인의 개인정보를 제외한 부분의 공개를 청구하였으나 검사장이 구 공공기관의 정보공개에 관한 법률(2013.8.6. 법률 제11991호로 개정되기 전의 것) 제9조 제1항 등에 규정된 비공개 대상 정보에 해당한다는 이유로 비공개 결정을 한 사안에서, 甲은 위 정보에 접근하는 것을 목적으로 정보공개를 청구한 것이 아니라, 청구가 거부되면

> 거부처분의 취소를 구하는 소송에서 승소한 뒤 소송비용 확정절차를 통해 자신이 그 소송에서 실제 지출한 소송비용보다 다액을 소송비용으로 지급받아 금전적 이득을 취하거나, 수감 중 변론기일에 출정하여 강제노역을 회피하는 것 등을 목적으로 정보공개를 청구하였다고 볼 여지가 큰 점 등에 비추어 甲의 정보공개청구는 권리를 남용하는 행위로서 허용되지 않는다(대판 2014.12.24. 2014두9349).

5. 반복 청구 등의 종결 처리

> 공공기관의 정보공개에 관한 법률 제11조의2 【반복 청구 등의 처리】 ① 공공기관은 제11조에도 불구하고 제10조 제1항 및 제2항에 따른 정보공개 청구가 다음 각 호의 어느 하나에 해당하는 경우에는 정보공개 청구 대상 정보의 성격, 종전 청구와의 내용적 유사성·관련성, 종전 청구와 동일한 답변을 할 수밖에 없는 사정 등을 종합적으로 고려하여 해당 청구를 종결 처리할 수 있다. 이 경우 종결 처리 사실을 청구인에게 알려야 한다.
> 1. 정보공개를 청구하여 정보공개 여부에 대한 결정의 통지를 받은 자가 정당한 사유 없이 해당 정보의 공개를 다시 청구하는 경우
> 2. 정보공개 청구가 제11조 제5항에 따라 민원으로 처리되었으나 다시 같은 청구를 하는 경우
> ② 공공기관은 제11조에도 불구하고 제10조 제1항 및 제2항에 따른 정보공개 청구가 다음 각 호의 어느 하나에 해당하는 경우에는 다음 각 호의 구분에 따라 안내하고, 해당 청구를 종결 처리할 수 있다.
> 1. 제7조 제1항에 따른 정보 등 공개를 목적으로 작성되어 이미 정보통신망 등을 통하여 공개된 정보를 청구하는 경우: 해당 정보의 소재(所在)를 안내
> 2. 다른 법령이나 사회통념상 청구인의 여건 등에 비추어 수령할 수 없는 방법으로 정보공개 청구를 하는 경우: 수령이 가능한 방법으로 청구하도록 안내

6. 정보공개의 방법

> 공공기관의 정보공개에 관한 법률 제10조 【정보공개의 청구방법】 ① 정보의 공개를 청구하는 자(이하 "청구인"이라 한다)는 해당 정보를 보유하거나 관리하고 있는 공공기관에 다음 각 호의 사항을 적은 정보공개 <u>청구서를 제출하거나 말로써</u> 정보의 공개를 청구할 수 있다.
> 1. 청구인의 성명·생년월일·주소 및 연락처(전화번호·전자우편주소 등을 말한다. 이하 이 조에서 같다). 다만, 청구인이 법인 또는 단체인 경우에는 그 명칭, 대표자의 성명, 사업자등록번호 또는 이에 준하는 번호, 주된 사무소의 소재지 및 연락처를 말한다.
> 2. <u>청구인의 주민등록번호</u>(본인임을 확인하고 공개 여부를 결정할 필요가 있는 정보를 청구하는 경우로 한정한다)
> 3. 공개를 청구하는 정보의 내용 및 공개방법
> ② 제1항에 따라 청구인이 말로써 정보의 공개를 청구할 때에는 담당 공무원 또는 담당 임직원(이하 "담당공무원등"이라 한다)의 앞에서 진술하여야 하고, 담당공무원등은 정보공개 청구조서를 작성하여 이에 청구인과 함께 기명날인하거나 서명하여야 한다.

③ 제1항과 제2항에서 규정한 사항 외에 정보공개의 청구방법 등에 관하여 필요한 사항은 국회규칙·대법원규칙·헌법재판소규칙·중앙선거관리위원회규칙 및 대통령령으로 정한다.

청구인은 정보를 보유하거나 관리하고 있는 공공기관에 대하여 다음 사항을 기재한 정보공개청구서를 제출하거나 구술로써 정보의 공개를 청구할 수 있다.

(1) 정보공개청구서
① 청구인의 이름·주민등록번호·주소 및 연락처(전화번호·전자우편주소 등)
② 공개를 청구하는 정보의 내용 및 공개방법

(2) 구술
구술로써 정보의 공개를 청구하는 때에는 담당공무원 또는 담당공무원의 면전에서 진술하여야 하고, 담당공무원은 정보공개청구 조서를 작성하고 이에 청구인과 함께 기명날인하거나 서명하여야 한다(2016년 5월 29일 시행으로 관공서의 공문서 결재 과정에서 도장이 사라지고 서명으로 대체되고 있으며, 각종 법률에서도 본인확인 수단으로 기명날인과 함께 서명을 인정하고 있다).

> **관련판례**
>
> **1. 정보공개청구 시 요구되는 대상정보 특정의 정도**
>
> 공공기관의 정보공개에 관한 법률 제10조 제1항 제2호에서 정보의 공개를 청구하는 자는 정보공개청구서에 '공개를 청구하는 정보의 내용' 등을 기재할 것을 규정하고 있는 바 청구대상정보를 기재함에 있어서는 사회일반인의 관점에서 청구대상정보의 내용과 범위를 확정할 수 있을 정도로 특정함을 요한다(대판 2007.6.1. 2007두2555).
>
> **2. 신청인이 공개를 구하는 공개대상정보의 양이 공공기관의 업무수행에 지장을 초래할 정도로 과다하다고 하여, 정보공개청구권을 남용한 것으로 볼 수 없음**
>
> 공공기관의 정보공개에 관한 법률 제13조 제2항에 의하면, 공공기관은 공개대상정보의 양이 과다하여 정상적인 업무수행에 현저한 지장을 초래할 우려가 있는 경우에는 정보의 사본, 복제물을 일정 기간별로 나누어 교부하거나 열람과 병행하여 교부할 수 있도록 규정하고 있을 뿐 공개대상 정보의 양에 대한 제한을 두고 있지 아니하므로, 공공기관의 정보공개에 관한 법률의 목적과 취지에 비추어 볼 때 공개대상정보의 양이 과다하다고 하여 정보공개청구권의 남용이라고 할 수는 없다(서울행법 2007.10.9. 2007구합6342).
>
> **3. 목적외 사용의 우려가 있다고 정보공개청구를 거부할 수 없음**
>
> 시민단체 등을 통해 공개된 정보를 왜곡·과장하여 국회의원의 공천 반대운동이나 낙선운동 또는 그 외교활동을 비난하는데 사용할 우려가 있다 해도 정보공개법상 비공개대상 정보에 해당하지 않으면 정보공개목적외의 사용이 우려된다는 이유로 공공정보의 공개를 거부할 수 없다(대판 1999.9.21. 97누5114).

(3) 공개방법

> 공공기관의 정보공개에 관한 법률 제13조【정보공개 여부 결정의 통지】① 공공기관은 제11조에 따라 정보의 공개를 결정한 경우에는 공개의 일시 및 장소 등을 분명히 밝혀 청구인에게 통지하여야 한다.
> ② 공공기관은 청구인이 사본 또는 복제물의 교부를 원하는 경우에는 이를 교부하여야 한다.
> ③ 공공기관은 공개 대상 정보의 양이 너무 많아 정상적인 업무수행에 현저한 지장을 초래할 우려가 있는 경우에는 해당 정보를 일정 기간별로 나누어 제공하거나 사본·복제물의 교부 또는 열람과 병행하여 제공할 수 있다.

청구인이 공개방법을 지정하면, 공공기관은 반드시 그에 따른 공개를 하여야 하고 이에 따르지 않은 공개결정은 일부거부처분이 된다.

관련판례

1. 정보공개를 청구하는 자가 공개방법을 선택하여 정보공개청구를 한 경우에는 정보공개청구자가 선택한 공개방법에 따라 정보를 공개하여야 하므로 그 공개방법을 선택할 재량권이 없다고 해석함이 상당하다(대판 2003.12.12. 2003두8050).

2. 구 공공기관의 정보공개에 관한 법률은, 정보의 공개를 청구하는 이(이하 '청구인'이라고 한다)가 정보공개방법도 아울러 지정하여 정보공개를 청구할 수 있도록 하고 있고, 전자적 형태의 정보를 전자적으로 공개하여 줄 것을 요청한 경우에는 공공기관은 원칙적으로 요청에 응할 의무가 있고, 나아가 비전자적 형태의 정보에 관해서도 전자적 형태로 공개하여 줄 것을 요청하면 재량판단에 따라 전자적 형태로 변환하여 공개할 수 있도록 하고 있다. 이는 정보의 효율적 활용을 도모하고 청구인의 편의를 제고함으로써 구 정보공개법의 목적인 국민의 알 권리를 충실하게 보장하려는 것이므로, 청구인에게는 특정한 공개방법을 지정하여 정보공개를 청구할 수 있는 법령상 신청권이 있다.
따라서 공공기관이 공개청구의 대상이 된 정보를 공개는 하되, 청구인이 신청한 공개방법 이외의 방법으로 공개하기로 하는 결정을 하였다면, 이는 정보공개청구 중 정보공개방법에 관한 부분에 대하여 일부 거부처분을 한 것이고, 청구인은 그에 대하여 항고소송으로 다툴 수 있다(대판 2016.11.10. 2016두44674).

7. 정보공개여부의 결정

> 공공기관의 정보공개에 관한 법률 제11조【정보공개 여부의 결정】① 공공기관은 제10조에 따라 정보공개의 청구를 받으면 그 청구를 받은 날부터 10일 이내에 공개 여부를 결정하여야 한다.
> ② 공공기관은 부득이한 사유로 제1항에 따른 기간 이내에 공개 여부를 결정할 수 없을 때에는 그 기간이 끝나는 날의 다음 날부터 기산(起算)하여 10일의 범위에서 공개 여부 결정기간을 연장할 수 있다. 이 경우 공공기관은 연장된 사실과 연장 사유를 청구인에게 지체 없이 문서로 통지하여야 한다.
> ③ 공공기관은 공개 청구된 공개 대상 정보의 전부 또는 일부가 제3자와 관련이 있다고 인정할 때에는 그 사실을 제3자에게 지체 없이 통지하여야 하며, 필요한 경우에는 그의 의견을 들을 수 있다.

④ 공공기관은 다른 공공기관이 보유·관리하는 정보의 공개 청구를 받았을 때에는 지체 없이 이를 소관 기관으로 이송하여야 하며, 이송한 후에는 지체 없이 소관 기관 및 이송 사유 등을 분명히 밝혀 청구인에게 문서로 통지하여야 한다.
⑤ 공공기관은 정보공개 청구가 다음 각 호의 어느 하나에 해당하는 경우로서 민원 처리에 관한 법률에 따른 민원으로 처리할 수 있는 경우에는 민원으로 처리할 수 있다.
1. 공개 청구된 정보가 공공기관이 보유·관리하지 아니하는 정보인 경우
2. 공개 청구의 내용이 진정·질의 등으로 이 법에 따른 정보공개 청구로 보기 어려운 경우

(1) 공개여부의 결정기간

공공기관은 정보공개의 청구가 있는 때에는 청구를 받은 날부터 10일 이내에 공개 여부를 결정하여야 한다.

(2) 결정기간의 연장

공공기관은 부득이한 사유로 10일 이내에 공개여부를 결정할 수 없는 때에는 그 기간의 만료일 다음 날부터 기산하여 10일 이내의 범위에서 공개여부 결정기간을 연장할 수 있으며, 이 경우 공공기관은 연장된 사실과 연장사유를 청구인에게 지체 없이 문서로 통지하여야 한다.

(3) 공개여부의 미결정

정보공개를 청구한 날부터 20일 이내에 공공기관이 공개여부를 결정하지 아니한 때에는 비공개의 결정이 있는 것으로 본다는 규정은 삭제되어 이제는 공개 여부를 결정하지 아니하였다고 해서 비공개로 간주하지 아니한다.

(4) 제3자와 관련된 정보

공공기관은 공개 청구된 공개대상정보가 제3자와 관련이 있다고 인정되는 때에는 그 사실을 제3자에게 지체 없이 문서로 통지하여야 한다.

(5) 다른 공공기관과 관련한 정보

공공기관은 다른 공공기관이 보유·관리하는 정보의 공개청구를 받은 때에는 지체 없이 이를 소관기관으로 이송하여야 하며, 필요한 경우에는 그의 의견을 청취할 수 있다.

8. 정보공개심의회와 정보공개위원회

(1) 정보공개심의회(제12조)

> 공공기관의 정보공개에 관한 법률 제12조【정보공개심의회】① 국가기관, 지방자치단체, 공공기관의 운영에 관한 법률 제5조에 따른 공기업 및 준정부기관, 지방공기업법에 따른 지방공사 및 지방공단(이하 "국가기관등"이라 한다)은 제11조에 따른 정보공개 여부 등을 심의하기 위하여 정보공개심의회(이하 "심의회"라 한다)를 설치·운영한다. 이 경우 국가기관등의 규모와 업무성격, 지리적 여건, 청구인의 편의 등을 고려하여 소속 상급기관(지방공사·지방공단의 경우에는 해당 지방공사·지방공단을 설립한 지방자치단체를 말한다)에서 협의를 거쳐 심의회를 통합하여 설치·운영할 수 있다.

② 심의회는 위원장 1명을 포함하여 5명 이상 7명 이하의 위원으로 구성한다.
③ 심의회의 위원은 소속 공무원, 임직원 또는 외부 전문가로 지명하거나 위촉하되, 그 중 3분의 2는 해당 국가기관등의 업무 또는 정보공개의 업무에 관한 지식을 가진 외부 전문가로 위촉하여야 한다. 다만, 제9조 제1항 제2호 및 제4호에 해당하는 업무를 주로 하는 국가기관은 그 국가기관의 장이 외부 전문가의 위촉 비율을 따로 정하되, 최소한 3분의 1 이상은 외부 전문가로 위촉하여야 한다.

(2) 정보공개위원회(제22조)

> 정보공개위원회는 국무총리 소속으로 규정되어 있었으나, 2023년 법률개정으로 행정안전부 소속으로 변경되었다.

공공기관의 정보공개에 관한 법률 제22조【정보공개위원회의 설치】다음 각 호의 사항을 심의·조정하기 위하여 <u>행정안전부장관 소속으로</u> 정보공개위원회(이하 "위원회"라 한다)를 둔다.
1. 정보공개에 관한 정책 수립 및 제도 개선에 관한 사항
2. 정보공개에 관한 기준 수립에 관한 사항
3. 제12조에 따른 심의회 심의결과의 조사·분석 및 심의기준 개선 관련 의견 제시에 관한 사항
4. 제24조 제2항 및 제3항에 따른 공공기관의 정보공개 운영실태 평가 및 그 결과 처리에 관한 사항
5. 정보공개와 관련된 불합리한 제도·법령 및 그 운영에 대한 조사 및 개선 권고에 관한 사항
6. 그 밖에 정보공개에 관하여 대통령령으로 정하는 사항

9. 결정의 통지

공공기관의 정보공개에 관한 법률 제13조【정보공개 여부 결정의 통지】① 공공기관은 제11조에 따라 정보의 공개를 결정한 경우에는 공개의 일시 및 장소 등을 분명히 밝혀 청구인에게 통지하여야 한다.
② 공공기관은 청구인이 사본 또는 복제물의 교부를 원하는 경우에는 이를 교부하여야 한다.
③ 공공기관은 공개 대상 정보의 양이 너무 많아 정상적인 업무수행에 현저한 지장을 초래할 우려가 있는 경우에는 해당 정보를 일정 기간별로 나누어 제공하거나 사본·복제물의 교부 또는 열람과 병행하여 제공할 수 있다.
④ 공공기관은 제1항에 따라 정보를 공개하는 경우에 그 정보의 원본이 더럽혀지거나 파손될 우려가 있거나 그 밖에 상당한 이유가 있다고 인정할 때에는 그 정보의 사본·복제물을 공개할 수 있다.
⑤ 공공기관은 제11조에 따라 정보의 비공개 결정을 한 경우에는 그 사실을 청구인에게 지체 없이 문서로 통지하여야 한다. 이 경우 제9조 제1항 각 호 중 어느 규정에 해당하는 비공개 대상 정보인지를 포함한 비공개 이유와 불복(不服)의 방법 및 절차를 구체적으로 밝혀야 한다.

(1) 정보의 공개 결정 시
① **통지**: 공공기관은 정보의 공개를 결정한 때에는 공개일시·공개장소 등을 명시하여 청구인에게 통지하여야 한다.

② **기간별 교부 및 병행 교부**: 공공기관은 청구인이 사본 또는 복제물의 교부를 원하는 경우에는 이를 교부하여야 한다. 공공기관은 공개대상정보의 양이 과다하여 정상적인 업무수행에 현저한 지장을 초래할 우려가 있는 경우에는 정보의 사본·복제물을 일정기간별로 나누어 교부하거나 열람과 병행하여 교부할 수 있다.

③ **사본이나 복제물의 공개**: 공공기관은 정보를 공개함에 있어 당해 정보의 원본이 오손 또는 파손될 우려가 있거나 그 밖에 상당한 이유가 있다고 인정될 때에는 당해 정보의 사본·복제물을 공개할 수 있다.

(2) 정보의 비공개 결정 시

공공기관은 정보의 비공개 결정을 한 때에는 그 사실을 청구인에게 지체 없이 문서로 통지하여야 하며 이 경우 비공개이유·불복방법 및 불복절차를 구체적으로 명시(개괄적인 사유만을 들어 그 공개를 거부할 수 없음)하여야 한다. 한편, 정보공개를 청구하는 자가 공공기관에 대해 정보의 사본 또는 출력물의 교부의 방법으로 공개방법을 선택하여 정보공개청구를 한 경우, 공개청구를 받은 공공기관이 그 공개방법을 선택할 재량권이 없다.

> **관련판례**
> 정보공개를 청구하는 자가 공공기관에 대해 정보의 사본 또는 출력물의 교부의 방법으로 공개 방법을 선택하여 정보공개청구를 한 경우에 공개청구를 받은 공공기관으로서는 법 제8조 제2항에서 규정한 정보의 사본 또는 복제물의 교부를 제한할 수 있는 사유에 해당하지 않는 한 정보공개청구자가 선택한 공개방법에 따라 정보를 공개하여야 하므로 그 공개방법을 선택할 재량권이 없다고 해석함이 상당하다(대판 2003.12.12. 2003두8050).

10. 부분공개

> 공공기관의 정보공개에 관한 법률 제14조【부분 공개】공개 청구한 정보가 제9조 제1항 각 호의 어느 하나에 해당하는 부분과 공개 가능한 부분이 혼합되어 있는 경우로서 공개 청구의 취지에 어긋나지 아니하는 범위에서 두 부분을 분리할 수 있는 경우에는 제9조 제1항 각 호의 어느 하나에 해당하는 부분을 제외하고 공개하여야 한다.

공개청구한 정보에 비공개정보와 공개가 가능한 부분이 혼합되어 있으나 공개청구의 취지에 어긋나지 않는 범위 안에서 두 부분을 분리할 수 있을 때에는 비공개 정보에 해당하는 부분을 제외하고 공개하여야 한다. 다만, 부분공개에 관하여 분리 가능성을 판단할 기준의 마련이 입법론상 요청된다는 견해가 있다.

> **관련판례**
> 공공기관의 정보공개에 관한 법률 제14조는 공개청구한 정보가 제9조 제1항 각 호에 정한 비공개대상정보에 해당하는 부분과 공개가 가능한 부분이 혼합되어 있는 경우로서 공개청구의 취지에 어긋나지 아니하는 범위 안에서 두 부분을 분리할 수 있는 때에는 비공개대상정보에 해당하는 부분을 제외하고 공개하여야 한다고 규정하고 있는바, 법원이 정보공개거부처분의 위법 여부를 심리한 결과, 공개가 거부된 정보에 비공개대상정보에

> 해당하는 부분과 공개가 가능한 부분이 혼합되어 있으며, 공개청구의 취지에 어긋나지 아니하는 범위 안에서 두 부분을 분리할 수 있다고 인정할 수 있을 때에는, 공개가 거부된 정보 중 공개가 가능한 부분을 특정하고, 판결의 주문에 정보공개거부처분 중 공개가 가능한 정보에 관한 부분만을 취소한다고 표시하여야 한다(대판 2010.2.11. 2009두6001).

11. 정보의 전자적 공개

> 공공기관의 정보공개에 관한 법률 제15조【정보의 전자적 공개】① 공공기관은 전자적 형태로 보유·관리하는 정보에 대하여 청구인이 전자적 형태로 공개하여 줄 것을 요청하는 경우에는 그 정보의 성질상 현저히 곤란한 경우를 제외하고는 청구인의 요청에 따라야 한다.
> ② 공공기관은 전자적 형태로 보유·관리하지 아니하는 정보에 대하여 청구인이 전자적 형태로 공개하여 줄 것을 요청한 경우에는 정상적인 업무수행에 현저한 지장을 초래하거나 그 정보의 성질이 훼손될 우려가 없으면 그 정보를 전자적 형태로 변환하여 공개할 수 있다.
> ③ 정보의 전자적 형태의 공개 등에 필요한 사항은 국회규칙·대법원규칙·헌법재판소규칙·중앙선거관리위원회규칙 및 대통령령으로 정한다.

(1) 전자적 형태로 보유하는 정보

공공기관은 전자적 형태로 보유·관리하는 정보에 대하여 청구인이 전자적 형태로 공개하여 줄 것을 요청하는 경우에는 당해 정보의 성질상 현저히 곤란한 경우를 제외하고는 청구인의 요청에 응하여야 한다.

(2) 전자적 형태로 보유하지 아니하는 정보

공공기관은 전자적 형태로 보유하지 아니하는 정보에 대하여 청구인이 전자적 형태로 공개하여 줄 것을 요청한 경우에는 정상적인 업무수행에 현저한 지장을 초래하거나 당해 정보의 성질이 훼손될 우려가 없는 한 그 정보를 전자적 형태로 변환하여 공개할 수 있다.

12. 즉시처리가 가능한 정보의 공개 및 비용부담

> 공공기관의 정보공개에 관한 법률 제16조【즉시 처리가 가능한 정보의 공개】다음 각 호의 어느 하나에 해당하는 정보로서 즉시 또는 말로 처리가 가능한 정보에 대해서는 제11조에 따른 절차를 거치지 아니하고 공개하여야 한다.
> 1. 법령 등에 따라 공개를 목적으로 작성된 정보
> 2. 일반국민에게 알리기 위하여 작성된 각종 홍보자료
> 3. 공개하기로 결정된 정보로서 공개에 오랜 시간이 걸리지 아니하는 정보
> 4. 그 밖에 공공기관의 장이 정하는 정보
>
> 제17조【비용 부담】① 정보의 공개 및 우송 등에 드는 비용은 실비(實費)의 범위에서 청구인이 부담한다.
> ② 공개를 청구하는 정보의 사용 목적이 공공복리의 유지·증진을 위하여 필요하다고 인정되는 경우에는 제1항에 따른 비용을 감면할 수 있다.

3 정보공개쟁송

1. 이의신청(제18조)

> 공공기관의 정보공개에 관한 법률 제18조【이의신청】① 청구인이 정보공개와 관련한 공공기관의 비공개 결정 또는 부분 공개 결정에 대하여 불복이 있거나 정보공개 청구 후 20일이 경과하도록 정보공개 결정이 없는 때에는 공공기관으로부터 정보공개 여부의 결정 통지를 받은 날 또는 정보공개 청구 후 20일이 경과한 날부터 30일 이내에 해당 공공기관에 문서로 이의신청을 할 수 있다.

2. 행정심판(제19조)

> 공공기관의 정보공개에 관한 법률 제19조【행정심판】① 청구인이 정보공개와 관련한 공공기관의 결정에 대하여 불복이 있거나 정보공개 청구 후 20일이 경과하도록 정보공개 결정이 없는 때에는 행정심판법에서 정하는 바에 따라 행정심판을 청구할 수 있다. 이 경우 국가기관 및 지방자치단체 외의 공공기관의 결정에 대한 감독행정기관은 관계 중앙행정기관의 장 또는 지방자치단체의 장으로 한다.
> ② 청구인은 제18조에 따른 이의신청 절차를 거치지 아니하고 행정심판을 청구할 수 있다.
> ③ 행정심판위원회의 위원 중 정보공개 여부의 결정에 관한 행정심판에 관여하는 위원은 재직 중은 물론 퇴직 후에도 그 직무상 알게 된 비밀을 누설하여서는 아니 된다.
> ④ 제3항의 위원은 형법이나 그 밖의 법률에 따른 벌칙을 적용할 때에는 공무원으로 본다.

(1) 행정심판청구

청구인이 정보공개와 관련한 공공기관의 결정에 대하여 불복이 있는 때에는 행정심판법이 정하는 바에 따라 행정심판을 청구할 수 있다.

(2) 이의신청 여부와의 관계

청구인은 이의신청절차를 거치지 아니하고 행정심판을 청구할 수 있다.

(3) 비밀누설의 금지

정보공개여부결정에 관해 행정심판에 관여하는 위원은 재직 중은 물론 퇴직 후에도 그 직무상 알게 된 비밀을 누설하여서는 아니 된다.

3. 행정소송(제20조)

> 공공기관의 정보공개에 관한 법률 제20조【행정소송】① 청구인이 정보공개와 관련한 공공기관의 결정에 대하여 불복이 있거나 정보공개 청구 후 20일이 경과하도록 정보공개 결정이 없는 때에는 행정소송법에서 정하는 바에 따라 행정소송을 제기할 수 있다.
> ② 재판장은 필요하다고 인정하면 당사자를 참여시키지 아니하고 제출된 공개 청구 정보를 비공개로 열람·심사할 수 있다.

> ③ 재판장은 행정소송의 대상이 제9조 제1항 제2호에 따른 정보 중 국가안전보장·국방 또는 외교관계에 관한 정보의 비공개 또는 부분 공개 결정처분인 경우에 공공기관이 그 정보에 대한 비밀 지정의 절차, 비밀의 등급·종류 및 성질과 이를 비밀로 취급하게 된 실질적인 이유 및 공개를 하지 아니하는 사유 등을 입증하면 해당 정보를 제출하지 아니하게 할 수 있다.

(1) 행정소송의 제기
청구인이 정보공개와 관련한 공공기관의 결정에 대하여 불복이 있는 때에는 행정소송법이 정하는 바에 따라 행정소송을 제기할 수 있다. 원고적격에 관하여는 정보공개법 제5조에 의하여 법률상 이익을 요구하지 않으므로, 이해관계가 없는 시민단체 등도 원고적격이 긍정된다.

(2) 정보의 비공개열람·심사
재판장은 필요하다고 인정되는 때에는 당사자를 참여시키지 아니하고 제출된 공개청구정보를 비공개로 열람·심사할 수 있다.

(3) 정보의 미제출
재판장은 행정소송의 대상이 국가안전보장·국방 또는 외교에 관한 정보의 비공개 또는 부분공개 결정처분인 경우에 공공기관이 그 정보에 대한 비밀지정의 절차 및 공개하지 않는 사유 등을 입증하는 때에는 당해 정보를 제출하지 아니 하게 할 수 있다.

(4) 손해배상청구
공공기관이 정보공개법에 위반하여 정보공개를 거부한 경우, 청구인은 손해배상을 청구할 수 있다. 그러나, 청구인이 당해 정보의 직접적인 이해당사자가 아니라면 국민으로서 갖는 알권리의 침해만을 이유로 손해배상청구권이 인정되기는 어려울 것이다.

4. 제3자의 권리보호

> 공공기관의 정보공개에 관한 법률 제11조【정보공개 여부의 결정】③ 공공기관은 공개 청구된 공개 대상 정보의 전부 또는 일부가 제3자와 관련이 있다고 인정할 때에는 그 사실을 제3자에게 지체 없이 통지하여야 하며, 필요한 경우에는 그의 의견을 들을 수 있다.
> 제21조【제3자의 비공개 요청 등】① 제11조 제3항에 따라 공개 청구된 사실을 통지받은 제3자는 그 통지를 받은 날부터 3일 이내에 해당 공공기관에 대하여 자신과 관련된 정보를 공개하지 아니할 것을 요청할 수 있다.
> ② 제1항에 따른 비공개 요청에도 불구하고 공공기관이 공개 결정을 할 때에는 공개 결정 이유와 공개 실시일을 분명히 밝혀 지체 없이 문서로 통지하여야 하며, 제3자는 해당 공공기관에 문서로 이의신청을 하거나 행정심판 또는 행정소송을 제기할 수 있다. 이 경우 이의신청은 통지를 받은 날부터 7일 이내에 하여야 한다.
> ③ 공공기관은 제2항에 따른 공개 결정일과 공개 실시일 사이에 최소한 30일의 간격을 두어야 한다.

(1) 제3자에게로의 통지 및 의견청취
공공기관은 공개청구된 정보가 제3자와 관련이 있다고 인정된 때에는 그 사실을 제3자에게 지체 없이 통지하여야 하며, 필요한 경우에는 그의 의견을 청취할 수 있다.

(2) 비공개요청
공개청구된 사실을 통지받은 제3자는 통지받은 날부터 3일 이내에 당해 공공기관에 대하여 자신과 관련된 정보를 공개하지 아니할 것을 요청할 수 있다. 공공기관은 제3자의 비공개요청을 받았다고 하더라도 이를 공개할 수 있다. 즉, 이때, 제3자가 비공개를 요청하였다고 하여 공공기관의 정보공개에 관한 법률상 정보의 비공개사유에 해당하지 않는다(대판 2008.9.25. 2008두8680).

(3) 이의신청
① **공개사실의 통지**: 제3자의 비공개요청에도 불구하고 공공기관이 공개결정을 하는 때에는 공개결정이유와 공개실시일을 명시하여 지체 없이 통지하여야 한다.
② **이의신청**: 제3자는 당해 공공기관에 문서로 이의신청을 하거나 행정심판 또는 행정소송을 제기할 수 있으며 이의신청은 통지를 받은 날부터 7일 이내에 하여야 한다. 행정심판과 행정소송에서 제3자는 공개결정의 취소를 구할 법률상 이익을 요구한다.
③ 공공기관은 공개결정일과 공개실시일의 사이에 최소한 30일의 간격을 두어야 한다.

5. 정보공개위원회
최근 정보공개위원회는 국무총리 소속에서 행정안전부 소속으로 바뀌었다.

> 공공기관의 정보공개에 관한 법률 제22조【정보공개위원회의 설치】다음 각 호의 사항을 심의·조정하기 위하여 <u>행정안전부장관 소속으로</u> 정보공개위원회(이하 "위원회"라 한다)를 둔다.
> 1. 정보공개에 관한 정책 수립 및 제도 개선에 관한 사항
> 2. 정보공개에 관한 기준 수립에 관한 사항
> 3. 제12조에 따른 심의회 심의결과의 조사·분석 및 심의기준 개선 관련 의견제시에 관한 사항
> 4. 제24조 제2항 및 제3항에 따른 공공기관의 정보공개 운영실태 평가 및 그 결과 처리에 관한 사항
> 5. 정보공개와 관련된 불합리한 제도·법령 및 그 운영에 대한 조사 및 개선권고에 관한 사항
> 6. 그 밖에 정보공개에 관하여 대통령령으로 정하는 사항

제 3 장 개인정보의 보호

1 의의

개인은 자신의 정보를 스스로 관리·통제하고, 외부로 표현함에 있어서 결정할 수 있는 자기정보결정권·자기통제권을 가진다. 개인정보 보호란 국가가 이를 개인의 기본권의 하나로서 보호하는 것을 말한다.

2 필요성

정보화의 물결은 우리에게 항상 편리함과 유용함만을 제공하지는 않는다. 정보화사회가 도래함에 따라 전통적 산업사회에서는 경험하지 못했던 수많은 역기능이 발생하고 있다. 프라이버시의 침해, 해킹의 만연, 컴퓨터 바이러스의 유포, 음란물의 무절제한 확산, 기타 인터넷의 개방성과 익명성을 근간으로 하는 수많은 사례들이 우리 사회를 위협하고 있다. 그 중에서도 특히 개인정보 보호의 문제는 국민의 사생활 보호를 위하여 시급히 대책이 마련되어야 하는 부분 중 하나이다.

3 법적 근거

1. 헌법

정보공개법의 근거	개인정보 보호법의 근거
알권리	개인정보자기결정권

대법원은 개인정보 보호를 헌법 제17조 사생활의 비밀 보장과 헌법 제10조 인간의 존엄과 가치 및 행복추구권에서 개인정보의 자기결정권을 도출한다. 또한 헌법 제16조 주거의 자유, 헌법 제18조 통신의 비밀 등에서 인정되는 포괄적인 권리이다. 이에 따라 2011년 9월 30일에 시행되는 개인정보 보호법 제1조에서 목적을 "개인정보의 수집·유출·오용·남용으로부터 사생활의 비밀 등을 보호함으로써 국민의 권리와 이익을 증진하고, 나아가 개인의 존엄과 가치를 구현하기 위하여 개인정보 처리에 관한 사항을 규정함을 목적으로 한다."고 규정하고 있다.

> **관련판례**
>
> **1. 헌법 제10조 및 제17조에 의한 사생활의 비밀과 자유의 보호 범위**
>
> 헌법 제10조는 "모든 국민은 인간으로서의 존엄과 가치를 가지며, 행복을 추구할 권리를 가진다. 국가는 개인이 가지는 불가침의 기본적 인권을 확인하고 이를 보장할 의무를 진다."고 규정하고, 헌법 제17조는 "모든 국민은 사생활의 비밀과 자유를 침해받지 아니한다."라고 규정하고 있는 바, 이들 헌법 규정은 개인의 사생활 활동이 타인으로부터 침해되거나 사생활이 함부로 공개되지 아니할 소극적인 권리는 물론, 오늘날 고도로 정보화된 현대사회에서 자신에 대한 정보를 자율적으로 통제할 수 있는 적극적인 권리까지도 보장하려는 데에 그 취지가 있는 것으로 해석된다(대판 1998.7.24. 96다42789).

2. 개인정보자기결정권의 보호대상이 되는 개인정보는 개인의 동일성을 식별할 수 있게 하는 일체의 정보로서 공적 생활에서 이미 형성되었거나 이미 공개된 정보까지 포함된다(헌재 2005.7.21. 2003헌마282·425).

3. 병역을 면제받은 4급 이상의 공무원 본인의 질병명을 무차별적으로 공개토록 한 공직자 등의 병역사항 신고 및 공개에 관한 법률조항은 개인정보자기결정권을 침해한 것으로 위헌이다(헌재 2007.5.31. 2005헌마1139).

2. 법률

공공기관의 개인정보 보호에 관한 법률이 2011년 3월 29일 폐지되고 개인정보 보호법이 신설되었으며, 해당 법은 2011년 9월 30일부터 시행되었다. 해당 법령은 공공기관에 의해 처리되는 정보뿐만 아니라 민간에 의해 처리되는 정보까지 보호대상으로 하고 있다. 이 외에도 정보통신망 이용촉진 및 정보 보호 등에 관한 법률, 형법, 통신비밀보호법, 통계법, 행정절차법 등에서 규정하고 있다.

4 개인정보 보호법

1. 보호의 대상이 되는 개인정보의 의의

> 개인정보 보호법 제2조 【정의】 이 법에서 사용하는 용어의 뜻은 다음과 같다.
> 1. "개인정보"란 살아 있는 개인에 관한 정보로서 다음 각 목의 어느 하나에 해당하는 정보를 말한다.
>   가. 성명, 주민등록번호 및 영상 등을 통하여 개인을 알아볼 수 있는 정보
>   나. 해당 정보만으로는 특정 개인을 알아볼 수 없더라도 다른 정보와 쉽게 결합하여 알아볼 수 있는 정보. 이 경우 쉽게 결합할 수 있는지 여부는 다른 정보의 입수 가능성 등 개인을 알아보는 데 소요되는 시간, 비용, 기술 등을 합리적으로 고려하여야 한다.
>   다. 가목 또는 나목을 제1호의2에 따라 가명처리함으로써 원래의 상태로 복원하기 위한 추가 정보의 사용·결합 없이는 특정 개인을 알아볼 수 없는 정보(이하 "가명정보"라 한다)
> 1의2. "가명처리"란 개인정보의 일부를 삭제하거나 일부 또는 전부를 대체하는 등의 방법으로 추가 정보가 없이는 특정 개인을 알아볼 수 없도록 처리하는 것을 말한다.

개인정보란, 살아 있는 개인에 관한 정보로서 성명, 주민등록번호 및 영상 등을 통하여 개인을 알아볼 수 있는 정보(해당 정보만으로는 특정 개인을 알아볼 수 없더라도 다른 정보와 쉽게 결합하여 알아볼 수 있는 것을 포함)를 말한다.

개인정보자기결정권의 보호대상이 되는 개인정보는 개인의 신체, 신념, 사회적 지위, 신분 등과 같이 개인의 인격주체성을 특징짓는 사항으로서 그 개인의 동일성을 식별할 수 있게 하는 일체의 정보라고 할 수 있고, 반드시 개인의 내밀한 영역이나 사사(私事)의 영역에 속하는 정보에 국한되지 않고 공적 생활에서 형성되었거나 이미 공개된 개인정보까지 포함한다. 또한 그러한 개인정보를 대상으로 한 조사·수집·보관·처리·이용 등의 행위는 모두 원칙적으로 개인정보자기결정권에 대한 제한에 해당한다.

> **관련판례**
>
> 개인의 고유성, 동일성을 나타내는 지문은 그 정보주체를 타인으로부터 식별가능하게 하는 개인정보이므로, 시장·군수 또는 구청장이 개인의 지문정보를 수집하고, 경찰청장이 이를 보관·전산화하여 범죄수사목적에 이용하는 것은 모두 개인정보자기결정권을 제한하는 것이다.
> 이 사건 지문날인제도로 인하여 정보주체가 현실적으로 입게 되는 불이익에 비하여 경찰청장이 보관·전산화하고 있는 지문정보를 범죄수사활동, 대형사건사고나 변사자가 발생한 경우의 신원확인, 타인의 인적사항 도용 방지 등 각종 신원확인의 목적을 위하여 이용함으로써 달성할 수 있게 되는 공익이 더 크다고 보아야 할 것이므로, 이 사건 지문날인제도는 법익의 균형성의 원칙에 위배되지 아니한다(헌재 2005.5.26. 99헌마513·2004헌마190).

2. 개인정보 보호의 체계

(1) 개인정보 보호위원회

정보공개위원회	개인정보 보호위원회
행정안전부 소속	국무총리 소속

> 개인정보 보호법 제7조【개인정보 보호위원회】① 개인정보 보호에 관한 사무를 독립적으로 수행하기 위하여 <u>국무총리 소속으로</u> 개인정보 보호위원회(이하 "보호위원회"라 한다)를 둔다.
> ② 보호위원회는 정부조직법 제2조에 따른 중앙행정기관으로 본다. 다만, 다음 각 호의 사항에 대하여는 정부조직법 제18조를 적용하지 아니한다.
> 1. 제7조의8 제3호 및 제4호의 사무
> 2. 제7조의9 제1항의 심의·의결 사항 중 제1호에 해당하는 사항

개인정보 보호에 관한 사항을 심의·의결하기 위하여 국무총리 소속으로 개인정보 보호위원회를 둔다. 보호위원회는 그 권한에 속하는 업무를 독립하여 수행한다.

① 구성

> 개인정보 보호법 제7조의2【보호위원회의 구성 등】① 보호위원회는 상임위원 2명(위원장 1명, 부위원장 1명)을 포함한 9명의 위원으로 구성한다.
> ② 보호위원회의 위원은 개인정보 보호에 관한 경력과 전문지식이 풍부한 다음 각 호의 사람 중에서 위원장과 부위원장은 국무총리의 제청으로, 그 외 위원 중 2명은 위원장의 제청으로, 2명은 대통령이 소속되거나 소속되었던 정당의 교섭단체 추천으로, 3명은 그 외의 교섭단체 추천으로 대통령이 임명 또는 위촉한다.
> 1. 개인정보 보호 업무를 담당하는 3급 이상 공무원(고위공무원단에 속하는 공무원을 포함한다)의 직에 있거나 있었던 사람
> 2. 판사·검사·변호사의 직에 10년 이상 있거나 있었던 사람
> 3. 공공기관 또는 단체(개인정보처리자로 구성된 단체를 포함한다)에 3년 이상 임원으로 재직하였거나 이들 기관 또는 단체로부터 추천받은 사람으로서 개인정보 보호 업무를 3년 이상 담당하였던 사람
> 4. 개인정보 관련 분야에 전문지식이 있고 고등교육법 제2조 제1호에 따른 학교에서 부교수 이상으로 5년 이상 재직하고 있거나 재직하였던 사람
> ③ 위원장과 부위원장은 정무직 공무원으로 임명한다.

② 임기

> 개인정보 보호법 제7조의4【위원의 임기】① 위원의 임기는 3년으로 하되, 한 차례만 연임할 수 있다.
> ② 위원이 궐위된 때에는 지체 없이 새로운 위원을 임명 또는 위촉하여야 한다. 이 경우 후임으로 임명 또는 위촉된 위원의 임기는 새로이 개시된다.

③ 회의

> 개인정보 보호법 제7조의10【회의】① 보호위원회의 회의는 위원장이 필요하다고 인정하거나 재적위원 4분의 1 이상의 요구가 있는 경우에 위원장이 소집한다.
> ② 위원장 또는 2명 이상의 위원은 보호위원회에 의안을 제의할 수 있다.
> ③ 보호위원회의 회의는 재적위원 과반수의 출석으로 개의하고, 출석위원 과반수의 찬성으로 의결한다.

④ 소관사무

> 개인정보 보호법 제7조의8【보호위원회의 소관 사무】보호위원회는 다음 각 호의 소관 사무를 수행한다.
> 1. 개인정보의 보호와 관련된 법령의 개선에 관한 사항
> 2. 개인정보 보호와 관련된 정책·제도·계획 수립·집행에 관한 사항
> 3. 정보주체의 권리침해에 대한 조사 및 이에 따른 처분에 관한 사항
> 4. 개인정보의 처리와 관련한 고충처리·권리구제 및 개인정보에 관한 분쟁의 조정
> 5. 개인정보 보호를 위한 국제기구 및 외국의 개인정보 보호기구와의 교류·협력
> 6. 개인정보 보호에 관한 법령·정책·제도·실태 등의 조사·연구, 교육 및 홍보에 관한 사항
> 7. 개인정보 보호에 관한 기술개발의 지원·보급, 기술의 표준화 및 전문인력의 양성에 관한 사항
> 8. 이 법 및 다른 법령에 따라 보호위원회의 사무로 규정된 사항

(2) 개인정보의 보호지침

> 개인정보 보호법 제12조【개인정보 보호지침】① 보호위원회는 개인정보의 처리에 관한 기준, 개인정보 침해의 유형 및 예방조치 등에 관한 표준 개인정보 보호지침(이하 "표준지침"이라 한다)을 정하여 개인정보처리자에게 그 준수를 권장할 수 있다.
> ② 중앙행정기관의 장은 표준지침에 따라 소관 분야의 개인정보 처리와 관련한 개인정보 보호지침을 정하여 개인정보처리자에게 그 준수를 권장할 수 있다.
> ③ 국회, 법원, 헌법재판소 및 중앙선거관리위원회는 해당 기관(그 소속 기관을 포함한다)의 개인정보 보호지침을 정하여 시행할 수 있다.

(3) 개인정보 보호법의 적용

> 개인정보 보호법 제6조【다른 법률과의 관계】① 개인정보의 처리 및 보호에 관하여 다른 법률에 특별한 규정이 있는 경우를 제외하고는 이 법에서 정하는 바에 따른다.
> ② 개인정보의 처리 및 보호에 관한 다른 법률을 제정하거나 개정하는 경우에는 이 법의 목적과 원칙에 맞도록 하여야 한다.

(4) 계획 등

① 기본계획(제9조)

> 개인정보 보호법 제9조【기본계획】① 보호위원회는 개인정보의 보호와 정보주체의 권익 보장을 위하여 3년마다 개인정보 보호 기본계획(이하 "기본계획"이라 한다)을 관계 중앙행정기관의 장과 협의하여 수립한다.

② 시행계획(제10조)

> 개인정보 보호법 제10조【시행계획】① 중앙행정기관의 장은 기본계획에 따라 매년 개인정보 보호를 위한 시행계획을 작성하여 보호위원회에 제출하고, 보호위원회의 심의·의결을 거쳐 시행하여야 한다.
> ② 시행계획의 수립·시행에 필요한 사항은 대통령령으로 정한다.

③ 자료제출요구(제11조)

> 개인정보 보호법 제11조【자료제출 요구 등】① 보호위원회는 기본계획을 효율적으로 수립하기 위하여 개인정보처리자, 관계 중앙행정기관의 장, 지방자치단체의 장 및 관계 기관·단체 등에 개인정보처리자의 법규 준수 현황과 개인정보 관리 실태 등에 관한 자료의 제출이나 의견의 진술 등을 요구할 수 있다.

3. 개인정보의 처리에 대한 규제

(1) 개인정보의 수집·이용의 제한

① 개인정보의 수집

> 개인정보 보호법 제15조【개인정보의 수집·이용】① 개인정보처리자는 다음 각 호의 어느 하나에 해당하는 경우에는 개인정보를 수집할 수 있으며 그 수집 목적의 범위에서 이용할 수 있다.
> 1. 정보주체의 동의를 받은 경우
> 2. 법률에 특별한 규정이 있거나 법령상 의무를 준수하기 위하여 불가피한 경우
> 3. 공공기관이 법령 등에서 정하는 소관 업무의 수행을 위하여 불가피한 경우
> 4. 정보주체와 체결한 계약을 이행하거나 계약을 체결하는 과정에서 정보주체의 요청에 따른 조치를 이행하기 위하여 필요한 경우
> 5. 명백히 정보주체 또는 제3자의 급박한 생명, 신체, 재산의 이익을 위하여 필요하다고 인정되는 경우

6. 개인정보처리자의 정당한 이익을 달성하기 위하여 필요한 경우로서 명백하게 정보주체의 권리보다 우선하는 경우. 이 경우 개인정보처리자의 정당한 이익과 상당한 관련이 있고 합리적인 범위를 초과하지 아니하는 경우에 한한다.
7. 공중위생 등 공공의 안전과 안녕을 위하여 긴급히 필요한 경우

② 개인정보처리자는 제1항 제1호에 따른 동의를 받을 때에는 다음 각 호의 사항을 정보주체에게 알려야 한다. 다음 각 호의 어느 하나의 사항을 변경하는 경우에도 이를 알리고 동의를 받아야 한다.
1. 개인정보의 수집·이용 목적
2. 수집하려는 개인정보의 항목
3. 개인정보의 보유 및 이용 기간
4. 동의를 거부할 권리가 있다는 사실 및 동의 거부에 따른 불이익이 있는 경우에는 그 불이익의 내용

② **최소한의 개인정보 수집, 부동의시 서비스제공거부금지**

개인정보 보호법 제16조【개인정보의 수집 제한】① 개인정보처리자는 제15조 제1항 각 호의 어느 하나에 해당하여 개인정보를 수집하는 경우에는 그 목적에 필요한 최소한의 개인정보를 수집하여야 한다. 이 경우 최소한의 개인정보 수집이라는 입증책임은 개인정보처리자가 부담한다.
② 개인정보처리자는 정보주체의 동의를 받아 개인정보를 수집하는 경우 필요한 최소한의 정보 외의 개인정보 수집에는 동의하지 아니할 수 있다는 사실을 구체적으로 알리고 개인정보를 수집하여야 한다.
③ 개인정보처리자는 정보주체가 필요한 최소한의 정보 외의 개인정보 수집에 동의하지 아니한다는 이유로 정보주체에게 재화 또는 서비스의 제공을 거부하여서는 아니 된다.

③ **만 14세 미만 아동의 개인정보처리**

개인정보 보호법 제22조의2【아동의 개인정보 보호】① 개인정보처리자는 만 14세 미만 아동의 개인정보를 처리하기 위하여 이 법에 따른 동의를 받아야 할 때에는 그 법정대리인의 동의를 받아야 하며, 법정대리인이 동의하였는지를 확인하여야 한다.
② 제1항에도 불구하고 법정대리인의 동의를 받기 위하여 필요한 최소한의 정보로서 대통령령으로 정하는 정보는 법정대리인의 동의 없이 해당 아동으로부터 직접 수집할 수 있다.
③ 개인정보처리자는 만 14세 미만의 아동에게 개인정보 처리와 관련한 사항의 고지 등을 할 때에는 이해하기 쉬운 양식과 명확하고 알기 쉬운 언어를 사용하여야 한다.
④ 제1항부터 제3항까지에서 규정한 사항 외에 동의 및 동의 확인 방법 등에 필요한 사항은 대통령령으로 정한다.

(2) 민감정보의 처리 제한

개인정보 보호법 제23조【민감정보의 처리 제한】① 개인정보처리자는 사상·신념, 노동조합·정당의 가입·탈퇴, 정치적 견해, 건강, 성생활 등에 관한 정보, 그 밖에 정보주체의 사생활을 현저히 침해할 우려가 있는 개인정보로서 대통령령으로 정하는 정보(이하 "민감정보"라 한다)를 처리하여서는 아니 된다. 다만, 다음 각 호의 어느 하나에 해당하는 경우에는 그러하지 아니하다.
  1. 정보주체에게 제15조 제2항 각 호 또는 제17조 제2항 각 호의 사항을 알리고 다른 개인정보의 처리에 대한 동의와 별도로 동의를 받은 경우
  2. 법령에서 민감정보의 처리를 요구하거나 허용하는 경우
② 개인정보처리자가 제1항 각 호에 따라 민감정보를 처리하는 경우에는 그 민감정보가 분실·도난·유출·위조·변조 또는 훼손되지 아니하도록 제29조에 따른 안전성 확보에 필요한 조치를 하여야 한다.
③ 개인정보처리자는 재화 또는 서비스를 제공하는 과정에서 공개되는 정보에 정보주체의 민감정보가 포함됨으로써 사생활 침해의 위험성이 있다고 판단하는 때에는 재화 또는 서비스의 제공 전에 민감정보의 공개 가능성 및 비공개를 선택하는 방법을 정보주체가 알아보기 쉽게 알려야 한다.

관련판례

1. 국회의원인 甲 등이 '각급학교 교원의 교원단체 및 교원노조 가입현황 실명자료'를 인터넷을 통하여 공개한 사안에서, 위 정보는 개인정보자기결정권의 보호대상이 되는 개인정보에 해당하므로 이를 일반 대중에게 공개하는 행위는 해당 교원들의 개인정보자기결정권과 전국교직원노동조합의 존속, 유지, 발전에 관한 권리를 침해하는 것이고, 甲 등이 위 정보를 공개한 표현행위로 인하여 얻을 수 있는 법적 이익이 이를 공개하지 않음으로써 보호받을 수 있는 해당 교원 등의 법적 이익에 비하여 우월하다고 할 수 없으므로, 甲 등의 정보 공개행위가 위법하다(대판 2014.7.24. 2012다49933).

2. 교원의 교원단체 및 노동조합 가입에 관한 정보는 '개인정보 보호법'상의 민감정보로서 특별히 보호되어야 하며 그것이 공개됨으로써 발생할 교원의 개인정보자기결정권에 대한 중대한 침해가능성을 고려할 때, 이 사건 법률조항이 교원의 개인정보 공개를 금지하는 한편 이 사건 시행령조항이 가입 현황(인원 수)만을 공시의 대상으로 규정한 것은 학부모 등 국민의 알 권리와 교원의 개인정보 자기결정권이라는 두 기본권을 합리적으로 조화시킨 것이며 양 기본권의 제한에 있어 적정한 비례관계를 유지한 것이라고 할 수 있다(헌재 2011.12.29. 2010헌마293).

(3) 고유식별정보의 처리 제한

개인정보 보호법 제24조【고유식별정보의 처리 제한】① 개인정보처리자는 다음 각 호의 경우를 제외하고는 법령에 따라 개인을 고유하게 구별하기 위하여 부여된 식별정보로서 대통령령으로 정하는 정보(이하 "고유식별정보"라 한다)를 처리할 수 없다.
  1. 정보주체에게 제15조 제2항 각 호 또는 제17조 제2항 각 호의 사항을 알리고 다른 개인정보의 처리에 대한 동의와 별도로 동의를 받은 경우

2. 법령에서 구체적으로 고유식별정보의 처리를 요구하거나 허용하는 경우
④ 보호위원회는 처리하는 개인정보의 종류·규모, 종업원 수 및 매출액 규모 등을 고려하여 대통령령으로 정하는 기준에 해당하는 개인정보처리자가 제3항에 따라 안전성 확보에 필요한 조치를 하였는지에 관하여 대통령령으로 정하는 바에 따라 정기적으로 조사하여야 한다.

(4) 주민등록번호의 처리 제한

개인정보 보호법 제24조의2 【주민등록번호 처리의 제한】 ① 제24조 제1항에도 불구하고 개인정보처리자는 다음 각 호의 어느 하나에 해당하는 경우를 제외하고는 주민등록번호를 처리할 수 없다.
1. 법률·대통령령·국회규칙·대법원규칙·헌법재판소규칙·중앙선거관리위원회규칙 및 감사원규칙에서 구체적으로 주민등록번호의 처리를 요구하거나 허용한 경우
2. 정보주체 또는 제3자의 급박한 생명, 신체, 재산의 이익을 위하여 명백히 필요하다고 인정되는 경우
3. 제1호 및 제2호에 준하여 주민등록번호 처리가 불가피한 경우로서 보호위원회가 고시로 정하는 경우

② 개인정보처리자는 제24조 제3항에도 불구하고 주민등록번호가 분실·도난·유출·위조·변조 또는 훼손되지 아니하도록 암호화 조치를 통하여 안전하게 보관하여야 한다. 이 경우 암호화 적용 대상 및 대상별 적용 시기 등에 관하여 필요한 사항은 개인정보의 처리 규모와 유출 시 영향 등을 고려하여 대통령령으로 정한다.
③ 개인정보처리자는 제1항 각 호에 따라 주민등록번호를 처리하는 경우에도 정보주체가 인터넷 홈페이지를 통하여 회원으로 가입하는 단계에서는 주민등록번호를 사용하지 아니하고도 회원으로 가입할 수 있는 방법을 제공하여야 한다.
④ 보호위원회는 개인정보처리자가 제3항에 따른 방법을 제공할 수 있도록 관계 법령의 정비, 계획의 수립, 필요한 시설 및 시스템의 구축 등 제반 조치를 마련·지원할 수 있다.

관련판례

주민등록번호는 표준식별번호로 기능함으로써 개인정보를 통합하는 연결자로 사용되고 있어, 불법 유출 또는 오·남용될 경우 개인의 사생활뿐만 아니라 생명·신체·재산까지 침해될 소지가 크므로 이를 관리하는 국가는 이러한 사례가 발생하지 않도록 철저히 관리하여야 하고, 이러한 문제가 발생한 경우 그로 인한 피해가 최소화되도록 제도를 정비하고 보완하여야 할 의무가 있다. 그럼에도 불구하고 주민등록번호 유출 또는 오·남용으로 인하여 발생할 수 있는 피해 등에 대한 아무런 고려 없이 주민등록번호 변경을 일체 허용하지 않는 것은 그 자체로 개인정보자기결정권에 대한 과도한 침해가 될 수 있다.
따라서 주민등록번호 변경에 관한 규정을 두고 있지 않은 심판대상조항은 과잉금지원칙에 위배되어 개인정보자기결정권을 침해한다(헌재 2015.12.23. 2013헌바68·2014헌마449).

(5) 영상정보처리기기의 설치·운영 제한
① 고정형 영상정보처리기기의 설치·운영 제한

> 개인정보 보호법 제2조【정의】이 법에서 사용하는 용어의 뜻은 다음과 같다.
> 7. "고정형 영상정보처리기기"란 일정한 공간에 설치되어 지속적 또는 주기적으로 사람 또는 사물의 영상 등을 촬영하거나 이를 유·무선망을 통하여 전송하는 장치로서 대통령령으로 정하는 장치를 말한다.
>
> 제25조【고정형 영상정보처리기기의 설치·운영 제한】① 누구든지 다음 각 호의 경우를 제외하고는 공개된 장소에 고정형 영상정보처리기기를 설치·운영하여서는 아니 된다.
> 1. 법령에서 구체적으로 허용하고 있는 경우
> 2. 범죄의 예방 및 수사를 위하여 필요한 경우
> 3. 시설의 안전 및 관리, 화재 예방을 위하여 정당한 권한을 가진 자가 설치·운영하는 경우
> 4. 교통단속을 위하여 정당한 권한을 가진 자가 설치·운영하는 경우
> 5. 교통정보의 수집·분석 및 제공을 위하여 정당한 권한을 가진 자가 설치·운영하는 경우
> 6. 촬영된 영상정보를 저장하지 아니하는 경우로서 대통령령으로 정하는 경우
>
> ② 누구든지 불특정 다수가 이용하는 목욕실, 화장실, 발한실(發汗室), 탈의실 등 개인의 사생활을 현저히 침해할 우려가 있는 장소의 내부를 볼 수 있도록 고정형 영상정보처리기기를 설치·운영하여서는 아니 된다. 다만, 교도소, 정신보건 시설 등 법령에 근거하여 사람을 구금하거나 보호하는 시설로서 대통령령으로 정하는 시설에 대하여는 그러하지 아니하다.
>
> ③ 제1항 각 호에 따라 고정형 영상정보처리기기를 설치·운영하려는 공공기관의 장과 제2항 단서에 따라 고정형 영상정보처리기기를 설치·운영하려는 자는 공청회·설명회의 개최 등 대통령령으로 정하는 절차를 거쳐 관계 전문가 및 이해관계인의 의견을 수렴하여야 한다.
>
> ④ 제1항 각 호에 따라 고정형 영상정보처리기기를 설치·운영하는 자(이하 "고정형 영상정보처리기기운영자"라 한다)는 정보주체가 쉽게 인식할 수 있도록 다음 각 호의 사항이 포함된 안내판을 설치하는 등 필요한 조치를 하여야 한다. 다만, 군사기지 및 군사시설 보호법 제2조 제2호에 따른 군사시설, 통합방위법 제2조 제13호에 따른 국가중요시설, 그 밖에 대통령령으로 정하는 시설의 경우에는 그러하지 아니하다.
> 1. 설치 목적 및 장소
> 2. 촬영 범위 및 시간
> 3. 관리책임자의 연락처 → 성명은 개정 시 삭제
> 4. 그 밖에 대통령령으로 정하는 사항
>
> ⑤ 고정형 영상정보처리기기운영자는 고정형 영상정보처리기기의 설치 목적과 다른 목적으로 고정형 영상정보처리기기를 임의로 조작하거나 다른 곳을 비춰서는 아니 되며, 녹음기능은 사용할 수 없다.

② 이동형 영상정보처리기기의 설치·운영 제한

> 개인정보 보호법 제2조【정의】이 법에서 사용하는 용어의 뜻은 다음과 같다.
> 7의2. "이동형 영상정보처리기기"란 사람이 신체에 착용 또는 휴대하거나 이동 가능한 물체에 부착 또는 거치(据置)하여 사람 또는 사물의 영상 등을 촬영하거나 이를 유·무선망을 통하여 전송하는 장치로서 대통령령으로 정하는 장치를 말한다.
>
> 제25조의2【이동형 영상정보처리기기의 운영 제한】① 업무를 목적으로 이동형 영상정보처리기기를 운영하려는 자는 다음 각 호의 경우를 제외하고는 공개된 장소에서 이동형 영상정보처리기기로 사람 또는 그 사람과 관련된 사물의 영상(개인정보에 해당하는 경우로 한정한다. 이하 같다)을 촬영하여서는 아니 된다.
> 1. 제15조 제1항 각 호의 어느 하나에 해당하는 경우
> 2. <u>촬영 사실을 명확히 표시하여 정보주체가 촬영 사실을 알 수 있도록 하였음에도 불구하고 촬영 거부 의사를 밝히지 아니한 경우. 이 경우 정보주체의 권리를 부당하게 침해할 우려가 없고 합리적인 범위를 초과하지 아니하는 경우로 한정한다.</u>
> 3. 그 밖에 제1호 및 제2호에 준하는 경우로서 대통령령으로 정하는 경우
> ② 누구든지 불특정 다수가 이용하는 목욕실, 화장실, 발한실, 탈의실 등 개인의 사생활을 현저히 침해할 우려가 있는 장소의 내부를 볼 수 있는 곳에서 이동형 영상정보처리기기로 사람 또는 그 사람과 관련된 사물의 영상을 촬영하여서는 아니 된다. 다만, 인명의 구조·구급 등을 위하여 필요한 경우로서 대통령령으로 정하는 경우에는 그러하지 아니하다.
> ③ 제1항 각 호에 해당하여 이동형 영상정보처리기기로 사람 또는 그 사람과 관련된 사물의 영상을 촬영하는 경우에는 불빛, 소리, 안내판 등 대통령령으로 정하는 바에 따라 촬영 사실을 표시하고 알려야 한다.
> ④ 제1항부터 제3항까지에서 규정한 사항 외에 이동형 영상정보처리기기의 운영에 관하여는 제25조 제6항부터 제8항까지의 규정을 준용한다.

관련판례

> 엄중격리대상자의 수용거실에 CCTV를 설치하여 24시간 감시하는 행위는 법률유보의 원칙에 위배되어 사생활의 자유·비밀을 침해하는 것이 아니다(헌재 2008.5.29. 2005헌마137).

(6) 개인정보의 제공

> 개인정보 보호법 제17조【개인정보의 제공】① 개인정보처리자는 다음 각 호의 어느 하나에 해당되는 경우에는 정보주체의 개인정보를 제3자에게 제공(공유를 포함한다. 이하 같다)할 수 있다.
> 1. 정보주체의 동의를 받은 경우
> 2. 제15조 제1항 제2호, 제3호 및 제5호부터 제7호까지에 따라 개인정보를 수집한 목적 범위에서 개인정보를 제공하는 경우

② 개인정보처리자는 제1항 제1호에 따른 동의를 받을 때에는 다음 각 호의 사항을 정보주체에게 알려야 한다. 다음 각 호의 어느 하나의 사항을 변경하는 경우에도 이를 알리고 동의를 받아야 한다.
1. 개인정보를 제공받는 자
2. 개인정보를 제공받는 자의 개인정보 이용 목적
3. 제공하는 개인정보의 항목
4. 개인정보를 제공받는 자의 개인정보 보유 및 이용 기간
5. 동의를 거부할 권리가 있다는 사실 및 동의 거부에 따른 불이익이 있는 경우에는 그 불이익의 내용

제22조 【동의를 받는 방법】 ① 개인정보처리자는 이 법에 따른 개인정보의 처리에 대하여 정보주체(제22조의2 제1항에 따른 법정대리인을 포함한다. 이하 이 조에서 같다)의 동의를 받을 때에는 각각의 동의 사항을 구분하여 정보주체가 이를 명확하게 인지할 수 있도록 알리고 동의를 받아야 한다. 이 경우 다음 각 호의 경우에는 동의 사항을 구분하여 각각 동의를 받아야 한다.
② 개인정보처리자는 제1항의 동의를 서면(전자문서 및 전자거래 기본법 제2조 제1호에 따른 전자문서를 포함한다)으로 받을 때에는 개인정보의 수집·이용 목적, 수집·이용하려는 개인정보의 항목 등 대통령령으로 정하는 중요한 내용을 보호위원회가 고시로 정하는 방법에 따라 명확히 표시하여 알아보기 쉽게 하여야 한다.
③ 개인정보처리자는 정보주체의 동의 없이 처리할 수 있는 개인정보에 대해서는 그 항목과 처리의 법적 근거를 정보주체의 동의를 받아 처리하는 개인정보와 구분하여 제30조 제2항에 따라 공개하거나 전자우편 등 대통령령으로 정하는 방법에 따라 정보주체에게 알려야 한다. 이 경우 동의 없이 처리할 수 있는 개인정보라는 입증책임은 개인정보처리자가 부담한다.

(7) 개인정보의 목적외 이용, 범위를 초과하여 제3자에게 제공

개인정보 보호법 제18조 【개인정보의 목적 외 이용·제공 제한】 ① 개인정보처리자는 개인정보를 제15조 제1항에 따른 범위를 초과하여 이용하거나 제17조 제1항 및 제28조의8 제1항에 따른 범위를 초과하여 제3자에게 제공하여서는 아니 된다.
② 제1항에도 불구하고 개인정보처리자는 다음 각 호의 어느 하나에 해당하는 경우에는 정보주체 또는 제3자의 이익을 부당하게 침해할 우려가 있을 때를 제외하고는 개인정보를 목적 외의 용도로 이용하거나 이를 제3자에게 제공할 수 있다. 다만, 제5호부터 제9호까지에 따른 경우는 공공기관의 경우로 한정한다.
1. 정보주체로부터 별도의 동의를 받은 경우
2. 다른 법률에 특별한 규정이 있는 경우
3. 명백히 정보주체 또는 제3자의 급박한 생명, 신체, 재산의 이익을 위하여 필요하다고 인정되는 경우

(8) 개인정보를 제공받은 자의 이용 제한

> 개인정보 보호법 제19조【개인정보를 제공받은 자의 이용·제공 제한】 개인정보처리자로부터 개인정보를 제공받은 자는 다음 각 호의 어느 하나에 해당하는 경우를 제외하고는 개인정보를 제공받은 목적 외의 용도로 이용하거나 이를 제3자에게 제공하여서는 아니 된다.
> 1. 정보주체로부터 별도의 동의를 받은 경우
> 2. 다른 법률에 특별한 규정이 있는 경우

4. 정보주체의 권리

(1) 정보주체의 권리(제4조)

> 개인정보 보호법 제4조【정보주체의 권리】 정보주체는 자신의 개인정보 처리와 관련하여 다음 각 호의 권리를 가진다.
> 1. 개인정보의 처리에 관한 정보를 제공받을 권리
> 2. 개인정보의 처리에 관한 동의 여부, 동의 범위 등을 선택하고 결정할 권리
> 3. 개인정보의 처리 여부를 확인하고 개인정보에 대한 열람(사본의 발급을 포함한다. 이하 같다) 및 전송을 요구할 권리
> 4. 개인정보의 처리 정지, 정정·삭제 및 파기를 요구할 권리
> 5. 개인정보의 처리로 인하여 발생한 피해를 신속하고 공정한 절차에 따라 구제받을 권리
> 6. 완전히 자동화된 개인정보 처리에 따른 결정을 거부하거나 그에 대한 설명 등을 요구할 권리

(2) 국가 등의 책무(제5조)

> 개인정보 보호법 제5조【국가 등의 책무】 ① 국가와 지방자치단체는 개인정보의 목적 외 수집, 오용·남용 및 무분별한 감시·추적 등에 따른 폐해를 방지하여 인간의 존엄과 개인의 사생활 보호를 도모하기 위한 시책을 강구하여야 한다.
> ② 국가와 지방자치단체는 제4조에 따른 정보주체의 권리를 보호하기 위하여 법령의 개선 등 필요한 시책을 마련하여야 한다.
> ③ 국가와 지방자치단체는 만 14세 미만 아동이 개인정보 처리가 미치는 영향과 정보주체의 권리 등을 명확하게 알 수 있도록 만 14세 미만 아동의 개인정보 보호에 필요한 시책을 마련하여야 한다.
> ④ 국가와 지방자치단체는 개인정보의 처리에 관한 불합리한 사회적 관행을 개선하기 위하여 개인정보처리자의 자율적인 개인정보 보호활동을 존중하고 촉진·지원하여야 한다.
> ⑤ 국가와 지방자치단체는 개인정보의 처리에 관한 법령 또는 조례를 적용할 때에는 정보주체의 권리가 보장될 수 있도록 개인정보 보호 원칙에 맞게 적용하여야 한다.

(3) 정보주체의 권리 보장
① 개인정보의 열람(제35조)

> 개인정보 보호법 제35조【개인정보의 열람】① 정보주체는 개인정보처리자가 처리하는 자신의 개인정보에 대한 열람을 해당 개인정보처리자에게 요구할 수 있다.
> ② 제1항에도 불구하고 정보주체가 자신의 개인정보에 대한 열람을 공공기관에 요구하고자 할 때에는 공공기관에 직접 열람을 요구하거나 대통령령으로 정하는 바에 따라 보호위원회를 통하여 열람을 요구할 수 있다.
> ③ 개인정보처리자는 제1항 및 제2항에 따른 열람을 요구받았을 때에는 대통령령으로 정하는 기간 내에 정보주체가 해당 개인정보를 열람할 수 있도록 하여야 한다. 이 경우 해당 기간 내에 열람할 수 없는 정당한 사유가 있을 때에는 정보주체에게 그 사유를 알리고 열람을 연기할 수 있으며, 그 사유가 소멸하면 지체 없이 열람하게 하여야 한다.

② 개인정보의 정정·삭제(제36조)

> 개인정보 보호법 제36조【개인정보의 정정·삭제】① 제35조에 따라 자신의 개인정보를 열람한 정보주체는 개인정보처리자에게 그 개인정보의 정정 또는 삭제를 요구할 수 있다. 다만, 다른 법령에서 그 개인정보가 수집 대상으로 명시되어 있는 경우에는 그 삭제를 요구할 수 없다.
> ② 개인정보처리자는 제1항에 따른 정보주체의 요구를 받았을 때에는 개인정보의 정정 또는 삭제에 관하여 다른 법령에 특별한 절차가 규정되어 있는 경우를 제외하고는 지체 없이 그 개인정보를 조사하여 정보주체의 요구에 따라 정정·삭제 등 필요한 조치를 한 후 그 결과를 정보주체에게 알려야 한다.

③ 개인정보의 처리정지 등(제37조)

> 개인정보 보호법 제37조【개인정보의 처리정지 등】① 정보주체는 개인정보처리자에 대하여 자신의 개인정보 처리의 정지를 요구하거나 개인정보 처리에 대한 동의를 철회할 수 있다. 이 경우 공공기관에 대해서는 제32조에 따라 등록 대상이 되는 개인정보파일 중 자신의 개인정보에 대한 처리의 정지를 요구하거나 개인정보 처리에 대한 동의를 철회할 수 있다.

④ 권리행사의 방법 및 절차(제38조)

> 개인정보 보호법 제38조【권리행사의 방법 및 절차】① 정보주체는 제35조에 따른 열람, 제35조의2에 따른 전송, 제36조에 따른 정정·삭제, 제37조에 따른 처리정지 및 동의 철회, 제37조의2에 따른 거부·설명 등의 요구(이하 "열람등요구"라 한다)를 문서 등 대통령령으로 정하는 방법·절차에 따라 대리인에게 하게 할 수 있다.
> ② 만 14세 미만 아동의 법정대리인은 개인정보처리자에게 그 아동의 개인정보 열람등요구를 할 수 있다.

5. 권리구제

(1) 손해배상책임

> 개인정보 보호법 제39조【손해배상책임】① 정보주체는 개인정보처리자가 이 법을 위반한 행위로 손해를 입으면 개인정보처리자에게 손해배상을 청구할 수 있다. 이 경우 그 <u>개인정보처리자는 고의 또는 과실이 없음을 입증하지 아니하면 책임을 면할 수 없다.</u>
> ③ 개인정보처리자의 고의 또는 중대한 과실로 인하여 개인정보가 분실·도난·유출·위조·변조 또는 훼손된 경우로서 정보주체에게 손해가 발생한 때에는 법원은 그 손해액의 <u>5배</u>를 넘지 아니하는 범위에서 손해배상액을 정할 수 있다. 다만, 개인정보처리자가 고의 또는 중대한 과실이 없음을 증명한 경우에는 그러하지 아니하다.
>
> 제39조의2【법정손해배상의 청구】① 제39조 제1항에도 불구하고 정보주체는 개인정보처리자의 고의 또는 과실로 인하여 개인정보가 분실·도난·유출·위조·변조 또는 훼손된 경우에는 <u>300만원 이하의 범위</u>에서 상당한 금액을 손해액으로 하여 배상을 청구할 수 있다. 이 경우 해당 <u>개인정보처리자는 고의 또는 과실이 없음을 입증하지 아니하면 책임을 면할 수 없다.</u>
> ② 법원은 제1항에 따른 청구가 있는 경우에 변론 전체의 취지와 증거조사의 결과를 고려하여 제1항의 범위에서 상당한 손해액을 인정할 수 있다.

(2) 조정절차

> 개인정보 보호법 제40조【설치 및 구성】① 개인정보에 관한 분쟁의 조정(調停)을 위하여 개인정보 분쟁조정위원회(이하 "분쟁조정위원회"라 한다)를 둔다.
> ② 분쟁조정위원회는 위원장 1명을 포함한 30명 이내의 위원으로 구성하며, 위원은 당연직위원과 위촉위원으로 구성한다.
> ③ 위촉위원은 다음 각 호의 어느 하나에 해당하는 사람 중에서 보호위원회 위원장이 위촉하고, 대통령령으로 정하는 국가기관 소속 공무원은 당연직위원이 된다.
> 1. 개인정보 보호업무를 관장하는 중앙행정기관의 고위공무원단에 속하는 공무원으로 재직하였던 사람 또는 이에 상당하는 공공부문 및 관련 단체의 직에 재직하고 있거나 재직하였던 사람으로서 개인정보 보호업무의 경험이 있는 사람
> 2. 대학이나 공인된 연구기관에서 부교수 이상 또는 이에 상당하는 직에 재직하고 있거나 재직하였던 사람
> 3. 판사·검사 또는 변호사로 재직하고 있거나 재직하였던 사람
> 4. 개인정보 보호와 관련된 시민사회단체 또는 소비자단체로부터 추천을 받은 사람
> 5. 개인정보처리자로 구성된 사업자단체의 임원으로 재직하고 있거나 재직하였던 사람
>
> 제47조【분쟁의 조정】① 분쟁조정위원회는 다음 각 호의 어느 하나의 사항을 포함하여 조정안을 작성할 수 있다.
> 1. 조사 대상 침해행위의 중지
> 2. 원상회복, 손해배상, 그 밖에 필요한 구제조치
> 3. 같거나 비슷한 침해의 재발을 방지하기 위하여 필요한 조치

② 분쟁조정위원회는 제1항에 따라 조정안을 작성하면 지체 없이 각 당사자에게 제시하여야 한다.
③ 제2항에 따라 조정안을 제시받은 당사자가 제시받은 날부터 15일 이내에 수락 여부를 알리지 아니하면 조정을 수락한 것으로 본다.
④ 당사자가 조정내용을 수락한 경우(제3항에 따라 수락한 것으로 보는 경우를 포함한다) 분쟁조정위원회는 조정서를 작성하고, 분쟁조정위원회의 위원장과 각 당사자가 기명날인 또는 서명을 한 후 조정서 정본을 지체 없이 각 당사자 또는 그 대리인에게 송달하여야 한다. 다만, 제3항에 따라 수락한 것으로 보는 경우에는 각 당사자의 기명날인 및 서명을 생략할 수 있다.
⑤ 제4항에 따른 조정의 내용은 재판상 화해와 동일한 효력을 갖는다.
제48조 【조정의 거부 및 중지】 ① 분쟁조정위원회는 분쟁의 성질상 분쟁조정위원회에서 조정하는 것이 적합하지 아니하다고 인정하거나 부정한 목적으로 조정이 신청되었다고 인정하는 경우에는 그 조정을 거부할 수 있다. 이 경우 조정거부의 사유 등을 신청인에게 알려야 한다.
② 분쟁조정위원회는 신청된 조정사건에 대한 처리절차를 진행하던 중에 한쪽 당사자가 소를 제기하면 그 조정의 처리를 중지하고 이를 당사자에게 알려야 한다.

(3) 집단분쟁조정

개인정보 보호법 제49조 【집단분쟁조정】 ① 국가 및 지방자치단체, 개인정보 보호단체 및 기관, 정보주체, 개인정보처리자는 정보주체의 피해 또는 권리침해가 다수의 정보주체에게 같거나 비슷한 유형으로 발생하는 경우로서 대통령령으로 정하는 사건에 대하여는 분쟁조정위원회에 일괄적인 분쟁조정(이하 "집단분쟁조정"이라 한다)을 의뢰 또는 신청할 수 있다.
② 제1항에 따라 집단분쟁조정을 의뢰받거나 신청받은 분쟁조정위원회는 그 의결로써 제3항부터 제7항까지의 규정에 따른 집단분쟁조정의 절차를 개시할 수 있다. 이 경우 분쟁조정위원회는 대통령령으로 정하는 기간 동안 그 절차의 개시를 공고하여야 한다.
③ 분쟁조정위원회는 집단분쟁조정의 당사자가 아닌 정보주체 또는 개인정보처리자로부터 그 분쟁조정의 당사자에 추가로 포함될 수 있도록 하는 신청을 받을 수 있다.
④ 분쟁조정위원회는 그 의결로써 제1항 및 제3항에 따른 집단분쟁조정의 당사자 중에서 공동의 이익을 대표하기에 가장 적합한 1인 또는 수인을 대표당사자로 선임할 수 있다.
⑤ 분쟁조정위원회는 개인정보처리자가 분쟁조정위원회의 집단분쟁조정의 내용을 수락한 경우에는 집단분쟁조정의 당사자가 아닌 자로서 피해를 입은 정보주체에 대한 보상계획서를 작성하여 분쟁조정위원회에 제출하도록 권고할 수 있다.
⑥ 제48조 제2항에도 불구하고 분쟁조정위원회는 집단분쟁조정의 당사자인 다수의 정보주체 중 일부의 정보주체가 법원에 소를 제기한 경우에는 그 절차를 중지하지 아니하고, 소를 제기한 일부의 정보주체를 그 절차에서 제외한다.

⑦ 집단분쟁조정의 기간은 제2항에 따른 공고가 종료된 날의 다음 날부터 60일 이내로 한다. 다만, 부득이한 사정이 있는 경우에는 분쟁조정위원회의 의결로 처리기간을 연장할 수 있다.
⑧ 집단분쟁조정의 절차 등에 관하여 필요한 사항은 대통령령으로 정한다.

(4) 단체소송

개인정보 보호법 제51조【단체소송의 대상 등】다음 각 호의 어느 하나에 해당하는 단체는 개인정보처리자가 제49조에 따른 집단분쟁조정을 거부하거나 집단분쟁조정의 결과를 수락하지 아니한 경우에는 법원에 권리침해 행위의 금지·중지를 구하는 소송(이하 "<u>단체소송</u>"이라 한다)을 제기할 수 있다.
1. 소비자기본법 제29조에 따라 공정거래위원회에 <u>등록한 소비자단체</u>로서 다음 각 목의 요건을 모두 갖춘 단체
  가. 정관에 따라 상시적으로 정보주체의 권익증진을 주된 목적으로 하는 단체일 것
  나. 단체의 <u>정회원수가 1천명 이상</u>일 것
  다. 소비자기본법 제29조에 따른 <u>등록 후 3년이</u> 경과하였을 것
2. 비영리민간단체 지원법 제2조에 따른 비영리민간단체로서 다음 각 목의 요건을 모두 갖춘 단체
  가. 법률상 또는 사실상 동일한 침해를 입은 100명 이상의 정보주체로부터 단체소송의 제기를 요청받을 것
  나. 정관에 개인정보 보호를 단체의 목적으로 명시한 후 최근 3년 이상 이를 위한 활동실적이 있을 것
  다. 단체의 상시 구성원수가 5천명 이상일 것
  라. 중앙행정기관에 등록되어 있을 것

제52조【전속관할】① 단체소송의 소는 피고의 주된 사무소 또는 영업소가 있는 곳, 주된 사무소나 영업소가 없는 경우에는 주된 업무담당자의 주소가 있는 곳의 지방법원 본원 합의부의 관할에 전속한다. → 합의부가 1심
② 제1항을 외국사업자에 적용하는 경우 대한민국에 있는 이들의 주된 사무소·영업소 또는 업무담당자의 주소에 따라 정한다.

제53조【소송대리인의 선임】단체소송의 원고는 변호사를 소송대리인으로 선임하여야 한다. → 변호사강제주의

제54조【소송허가신청】① 단체소송을 제기하는 단체는 소장과 함께 다음 각 호의 사항을 기재한 소송허가신청서를 법원에 제출하여야 한다.
1. 원고 및 그 소송대리인
2. 피고
3. 정보주체의 침해된 권리의 내용
② 제1항에 따른 소송허가신청서에는 다음 각 호의 자료를 첨부하여야 한다.
1. 소 제기 단체가 제51조 각 호의 어느 하나에 해당하는 요건을 갖추고 있음을 소명하는 자료
2. 개인정보처리자가 조정을 거부하였거나 조정결과를 수락하지 아니하였음을 증명하는 서류

제55조【소송허가요건 등】① 법원은 다음 각 호의 요건을 모두 갖춘 경우에 한하여 결정으로 단체소송을 허가한다.
1. 개인정보처리자가 분쟁조정위원회의 조정을 거부하거나 조정결과를 수락하지 아니하였을 것
2. 제54조에 따른 소송허가신청서의 기재사항에 흠결이 없을 것

② 단체소송을 허가하거나 불허가하는 결정에 대하여는 즉시항고할 수 있다.

제56조【확정판결의 효력】원고의 청구를 기각하는 판결이 확정된 경우 이와 동일한 사안에 관하여는 제51조에 따른 다른 단체는 단체소송을 제기할 수 없다. 다만, 다음 각 호의 어느 하나에 해당하는 경우에는 그러하지 아니하다.
1. 판결이 확정된 후 그 사안과 관련하여 국가·지방자치단체 또는 국가·지방자치단체가 설립한 기관에 의하여 새로운 증거가 나타난 경우
2. 기각판결이 원고의 고의로 인한 것임이 밝혀진 경우

제57조【민사소송법의 적용 등】① 단체소송에 관하여 이 법에 특별한 규정이 없는 경우에는 민사소송법을 적용한다. → 소송에 관한 사항은 민사소송법
② 제55조에 따른 단체소송의 허가결정이 있는 경우에는 민사집행법 제4편에 따른 보전처분을 할 수 있다.
③ 단체소송의 절차에 관하여 필요한 사항은 대법원규칙으로 정한다. → 절차에 관한 사항은 대법원규칙

gosi.Hackers.com

해커스공무원 학원·인강
gosi.Hackers.com

해커스소방 학원·인강
fire.Hackers.com

해커스 홍대겸 행정법총론 기본서

제5편
행정구제법

제1장 사전구제제도
제2장 손해전보제도(사후적 구제)

제1장 사전구제제도

제1절 청원

행정구제란 행정작용으로 권리나 이익이 침해되었거나 될 것으로 주장하는 자가 행정기관이나 법원에 원상회복·손해전보 또는 당해 행정작용의 취소·변경을 청구하거나, 기타 피해구제 또는 예방을 청구하고 행정기관 또는 법원이 이를 심리하여 권리·이익의 보호에 관한 판정을 내리는 것을 말한다. 그러나 이러한 사후구제는 국민에게 충분한 구제가 되지 못하는 것이 보통이다. 따라서 국민의 권익이 침해되는 것을 사전에 방지하는 사전적 구제로서 국민의 권익을 따로 보장하는 것이 바람직하다.

1 의의

(1) 헌법 제26조 제1항에서 보장하는 청원은 국민이 국가에 대하여 불만 또는 희망을 개진하고 시정을 구하는 것을 말하며, 이는 기본권의 하나로서 모든 국민에게 보장되고 있다.

(2) 헌법은 국가가 청원을 심사할 의무를 규정하고 있으나(제26조 제2항), 청원법은 청원의 심사·처리의무와 결과의 통지의무를 규정하여 보다 더 구체적으로 규정하고 있다(청원법 제9조 제1·2항).

2 청원사항

(1) 청원은 ① 피해의 구제, ② 공무원 비위의 시정 또는 공무원에 대한 징계나 처벌의 요구, ③ 법률·명령·규칙의 제정·개정 또는 폐지, ④ 공공의 제도 또는 시설의 운영, ⑤ 그 밖에 국가기관 등의 권한에 속하는 사항에 해당하는 경우에 한하여 할 수 있다.

(2) 청원은 국가작용의 적법·위법·부당성 여부 및 국가작용으로 인한 권익침해 발생 여부를 불문하고 할 수 있다.

(3) 청원이 다음 중 어느 하나에 해당하는 때에는 이를 수리하지 아니한다.
   ① 감사·수사·재판·행정심판·조정·중재 등 다른 법령에 의한 조사·불복 또는 구제절차가 진행 중인 때
   ② 허위의 사실로 타인으로 하여금 형사처분 또는 징계처분을 받게 하거나 국가기관 등을 중상모략하는 사항인 때
   ③ 사인 간의 권리관계 또는 개인의 사생활에 관한 사항인 때
   ④ 청원인의 성명·주소 등이 불분명하거나 청원내용이 불명확한 때

3 청원대상기관

국가기관, 지방자치단체와 그 소속기관, 법령에 의하여 행정권한을 가지고 있거나 행정 권한을 위임 또는 위탁받은 법인·단체 또는 그 기관이나 개인에게 이 법에 의하여 청원을 제출할 수 있다(제3조).

제2절 옴부즈맨 제도

1 의의

'옴부즈맨 제도'는 행정기능의 확대·강화로 행정에 대한 입법부 및 사법부의 통제가 실효를 거둘 수 없게 되자 이에 대한 보완책으로서, 국회를 통해 임명된 조사관이 공공기관(행정기관·검찰·법원 등)이 법령상의 사무를 적정하게 수행하고 있는지를 국민을 대신하여 감시하는 자를 말한다. 스웨덴에서 시작된 옴부즈맨은 스웨덴어로 대리자·대표자를 뜻한다.

2 특성

(1) 옴부즈맨은 의회가 임명하는 입법부 소속의 공무원이다(우리나라는 국무총리 소속하의 국민권익위원회).
(2) 옴부즈맨은 민원제기 없이도 직권으로 공무원의 직무집행을 조사할 수 있다.
(3) 옴부즈맨은 행정작용을 취소·변경하지 못하며, 관계기관에 대하여 취소·변경을 권고할 수 있을 뿐이다.
(4) 옴부즈맨의 조사대상은 위법행위를 포함한 부당행위·부작위행위이다.
(5) 인구와 대민행정량이 적은 사회에서 유용하다.
(6) 절차가 간단하여 국민의 접근이 쉬우므로, 신속·저렴한 비용으로 민원을 처리할 수 있다.

3 비판

옴부즈맨 제도는 기존의 타 기관 또는 타 제도와 기능이 중복되기 때문에 불필요하다는 비판을 받고 있다. 행정의 책임성과 비밀성이 침해될 수 있다는 우려도 있다.

4 우리나라의 옴부즈맨 제도

1. 의의

각국의 옴부즈맨은 일반적으로 국회에서 임명하며 북유럽 여러 나라에서는 그 관할 범위나 권한이 넓고 강하다. 한편, 우리나라는 민원처리제도로서 국민권익위원회가 있으나 그 권한이 유럽, 미국 등의 국가들에 비하여 약한 실정이다. 우리의 국민권익위원회는 행정기관의 잘못이나 제도·정책 등으로 인하여 침해된 국민의 권리와 불편·불만사항을 제3자적 입장에서 쉽고 빠르게 구제·처리하기 위해 국무총리 소속으로 설치된 합의제 기관이다.

> **관련판례** 합의제 행정기관인 옴부즈맨의 설치를 조례로 정할 수 있다고 본 사례
>
> 합의제 행정기관인 옴부즈맨(Ombudsman)을 집행기관의 장인 도지사 소속으로 설치하는 데 있어서는 지방자치법 제107조 제1항의 규정에 따라 당해 지방자치단체의 조례로 정하면 되는 것이지 헌법이나 다른 법령상으로 별도의 설치근거가 있어야 되는 것은 아니다(대판 1997.4.11. 96추138).

2. 국민권익위원회(고충민원처리제도)

(1) 설치

고충민원의 처리와 이에 관련된 불합리한 행정제도를 개선하고, 부패의 발생을 예방하며 부패행위를 효율적으로 규제하도록 하기 위하여 국무총리 소속으로 국민권익위원회를 둔다(동법 제11조).

(2) 기능

국민권익위원회는 다음과 같은 업무를 수행한다.

> 부패방지 및 국민권익위원회의 설치와 운영에 관한 법률 제12조【기능】위원회는 다음 각 호의 업무를 수행한다.
> 1. 국민의 권리보호·권익구제 및 부패방지를 위한 정책의 수립 및 시행
> 2. 고충민원의 조사와 처리 및 이와 관련된 시정권고 또는 의견표명
> 3. 고충민원을 유발하는 관련 행정제도 및 그 제도의 운영에 개선이 필요하다고 판단되는 경우 이에 대한 권고 또는 의견표명
> 4. 위원회가 처리한 고충민원의 결과 및 행정제도의 개선에 관한 실태조사와 평가
> 5. 공공기관의 부패방지를 위한 시책 및 제도개선 사항의 수립·권고와 이를 위한 공공기관에 대한 실태조사
> 6. 공공기관의 부패방지시책 추진상황에 대한 실태조사·평가
> 7. 부패방지 및 권익구제 교육·홍보 계획의 수립·시행
> 8. 비영리 민간단체의 부패방지활동 지원 등 위원회의 활동과 관련된 개인·법인 또는 단체와의 협력 및 지원
> 9. 위원회의 활동과 관련된 국제협력
> 10. 부패행위 신고 안내·상담 및 접수 등
> 11. 신고자의 보호 및 보상
> 12. 법령 등에 대한 부패유발요인 검토

13. 부패방지 및 권익구제와 관련된 자료의 수집·관리 및 분석
14. 공직자 행동강령의 시행·운영 및 그 위반행위에 대한 신고의 접수·처리 및 신고자의 보호
15. 민원사항에 관한 안내·상담 및 민원사항 처리실태 확인·지도
16. 온라인 국민참여포털의 통합 운영과 정부민원안내콜센터의 설치·운영
17. 시민고충처리위원회의 활동과 관련한 협력·지원 및 교육
18. 다수인 관련 갈등 사항에 대한 중재·조정 및 기업애로 해소를 위한 기업고충민원의 조사·처리
19. 행정심판법에 따른 행정심판위원회의 운영에 관한 사항
20. 다른 법령에 따라 위원회의 소관으로 규정된 사항
21. 그 밖에 국민권익 향상을 위하여 국무총리가 위원회에 부의하는 사항

(3) 구성

① 위원회는 위원장 1명을 포함한 15명의 위원(부위원장 3명과 상임위원 3명을 포함한다)으로 구성한다. 이 경우 부위원장은 각각 고충민원, 부패방지 업무 및 중앙행정심판위원회의 운영업무로 분장하여 위원장을 보좌한다. 다만, 중앙행정심판위원회의 구성에 관한 사항은 행정심판법에서 정하는 바에 따른다(부패방지 및 국민권익위원회의 설치와 운영에 관한 법률 제13조 제1항).

> 상임위원 3명을 별정직공무원에서 일반직공무원으로 그 직종을 변경한다.

② 위원장 및 부위원장은 국무총리의 제청으로 대통령이 임명하고, 상임위원은 위원장의 제청으로 대통령이 임명하며, 상임이 아닌 위원은 대통령이 임명 또는 위촉한다. 이 경우 상임이 아닌 위원 중 1명은 국회가, 1명은 대법원장이 각각 추천하는 자를 임명 또는 위촉한다(부패방지 및 국민권익위원회의 설치와 운영에 관한 법률 제13조 제3항).

③ **위원의 임기**: 위원장과 위원의 임기는 각각 3년으로 하되 1차에 한하여 연임할 수 있다(부패방지 및 국민권익위원회의 설치와 운영에 관한 법률 제16조 제2항).

④ **위원의 신분보장**: 위원은 ㉠ 부패방지 및 국민권익위원회의 설치와 운영에 관한 법률 제15조의 규정에 따른 결격사유에 해당하는 경우, ㉡ 심신상의 장애로 직무수행이 현저히 곤란하게 된 경우, ㉢ 부패방지 및 국민권익위원회의 설치와 운영에 관한 법률 제17조의 규정에 따른 겸직금지의무를 위반한 경우를 제외하고는 그 의사에 반하여 면직 또는 해촉되지 아니한다(부패방지 및 국민권익위원회의 설치와 운영에 관한 법률 제16조 제3항·제4항).

⑤ **위원의 제척·기피·회피**: 위원은 다음의 어느 하나에 해당하는 경우에는 해당 위원회의 심의·의결에서 제척된다.

> 부패방지 및 국민권익위원회의 설치와 운영에 관한 법률 제18조【위원의 제척·기피·회피】① 위원은 다음 각 호의 어느 하나에 해당하는 경우에는 위원회, 제20조에 따른 소위원회 및 제21조에 따른 분과위원회의 심의·의결에서 제척된다.

1. 위원 또는 그 배우자나 배우자였던 자가 당해 사안에 관하여 당사자이거나 공동권리자 또는 공동의무자인 경우
2. 위원이 당해 사안의 신청인과 친족 관계에 있거나 있었던 경우
3. 위원이 당해 사안에 관하여 증언, 감정, 법률자문 또는 손해사정을 한 경우
4. 위원이 되기 전에 당해 사안에 대하여 감사, 수사 또는 조사에 관여한 사항
5. 위원이 당해 사안에 관하여 신청인의 대리인으로 관여하거나 관여하였던 경우

위원회 심의·의결의 이해당사자는 위원에게 공정을 기대하기 어려운 특별한 사정이 있는 경우에는 기피신청을 할 수 있다. 또한 위원 본인은 제1항 또는 제2항의 사유에 해당하는 경우에는 스스로 그 사안의 심의·의결을 회피할 수 있다(부패방지 및 국민권익위원회의 설치와 운영에 관한 법률 제18조).

⑥ **위원회의 의결**: 위원회는 재적위원 과반수의 출석으로 개의하고 출석위원 과반수의 찬성으로 의결한다. 다만, 위원회의 종전 의결례를 변경할 필요가 있는 사항은 재적위원 과반수의 찬성으로 의결한다(부패방지 및 국민권익위원회의 설치와 운영에 관한 법률 제19조 제1항).

⑦ **운영**
  ㉠ **소위원회**: 위원회는 고충민원의 처리와 관련하여 다음의 어느 하나에 해당되지 아니하는 사항을 심의·의결하게 하기 위하여 3인의 위원으로 구성하는 위원회(이하 "소위원회"라 한다)를 둘 수 있다(재량).

  부패방지 및 국민권익위원회의 설치와 운영에 관한 법률 제20조【소위원회】
  ① 위원회는 고충민원의 처리와 관련하여 다음 각 호의 어느 하나에 해당되지 아니하는 사항을 심의·의결하게 하기 위하여 3인의 위원으로 구성하는 위원회(이하 "소위원회"라 한다)를 둘 수 있다.

  소위원회의 회의는 구성위원 전원의 출석과 출석위원 전원의 찬성으로 의결하고, 그 밖에 소위원회의 업무 및 운영에 관하여 필요한 사항은 대통령령으로 정한다(부패방지 및 국민권익위원회의 설치와 운영에 관한 법률 제20조).

  ㉡ **분과위원회**: 위원회의 업무를 효율적으로 수행하기 위하여 위원회에 분야별로 분과위원회를 둘 수 있다(재량, 부패방지 및 국민권익위원회의 설치와 운영에 관한 법률 제21조).

  ㉢ **전문위원**: 위원장은 위원회의 업무를 효율적으로 지원하고 전문적인 조사 및 연구업무를 수행하기 위하여 필요하다고 인정할 때에는 위원회에 학계, 사회단체 그 밖에 관련 분야의 전문가를 전문위원으로 둘 수 있으며(재량), 이 사항에 따른 전문위원은 위원장이 임명 또는 위촉한다(부패방지 및 국민권익위원회의 설치와 운영에 관한 법률 제22조).

⑧ **개선방안**: 위원회에 취소권이 인정되지 않으므로 행정기관이 위원회의 권고에 따르지 아니할 경우, 국민의 권익보호에 그다지 도움을 주지 못하게 된다. 따라서 위원회의 권한을 강화시켜 위법·부당한 처분 등의 경우에는 취소권을 부여하는 것이 바람직하다.

3. 시민고충처리위원회

(1) 설치
지방자치단체 및 그 소속 기관에 관한 고충민원의 처리와 행정제도의 개선 등을 위하여 각 지방자치단체에 시민고충처리위원회를 둘 수 있다(재량, 부패방지 및 국민권익위원회의 설치와 운영에 관한 법률 제21조).

(2) 기능
시민고충처리위원회는 다음과 같은 업무를 수행한다.

> 부패방지 및 국민권익위원회의 설치와 운영에 관한 법률 제32조【시민고충처리위원회의 설치】② 시민고충처리위원회는 다음 각 호의 업무를 수행한다.
> 1. 지방자치단체 및 그 소속 기관에 관한 고충민원의 조사와 처리
> 2. 고충민원과 관련된 시정권고 또는 의견표명
> 3. 고충민원의 처리과정에서 관련 행정제도 및 그 제도의 운영에 개선이 필요하다고 판단되는 경우에는 이에 대한 권고 또는 의견표명
> 4. 시민고충처리위원회가 처리한 고충민원의 결과 및 행정제도의 개선에 관한 실태조사와 평가

(3) 위원의 자격요건
시민고충처리위원회 위원은 고충민원 처리업무를 공정하고 독립적으로 수행할 수 있다고 인정되는 자로서 ① 대학이나 공인된 연구기관에서 부교수 이상 또는 이에 상당하는 직에 있거나 있었던 자, ② 판사·검사 또는 변호사의 직에 있거나 있었던 자, ③ 4급 이상 공무원의 직에 있거나 있었던 자, ④ 건축사·세무사·공인회계사·기술사·변리사의 자격을 소지하고 해당 직종에서 5년 이상 있거나 있었던 자, ⑤ 사회적 신망이 높고 행정에 관한 식견과 경험이 있는 자로서 시민사회단체로부터 추천을 받은 자 중에서 지방자치단체의 장이 지방의회의 동의를 거쳐 위촉한다(부패방지 및 국민권익위원회의 설치와 운영에 관한 법률 제33조 제1항).

(4) 임기
시민고충처리위원회 위원의 임기는 4년으로 하되, 연임할 수 없다(부패방지 및 국민권익위원회의 설치와 운영에 관한 법률 제33조 제2항).

(5) 운영상황의 보고 및 공표 등
시민고충처리위원회는 매년 그 시민고충처리위원회의 운영상황을 지방자치단체의 장과 지방의회에 보고하고 이를 공표하여야 한다(부패방지 및 국민권익위원회의 설치와 운영에 관한 법률 제37조 제1항).

(6) 조직 및 운영에 관한 사항
부패방지 및 국민권익위원회의 설치 및 운영에 관한 법률에 규정된 사항 외에 시민고충처리위원회의 조직 및 운영에 관하여 필요한 사항은 해당 지방자치단체의 조례로 정한다(부패방지 및 국민권익위원회의 설치와 운영에 관한 법률 제38조).

4. 고충민원의 처리

(1) 신청 및 접수
누구든지(국내에 거주하는 외국인을 포함한다) 국민권익위원회 또는 시민고충처리위원회에 고충민원을 신청할 수 있다(부패방지 및 국민권익위원회의 설치와 운영에 관한 법률 제39조).

(2) 고충민원의 이첩
권익위원회는 접수된 고충민원 중 관계 행정기관 등에서 처리하는 것이 타당하다고 인정되는 사항은 이를 관계 행정기관 등에 이첩할 수 있다(부패방지 및 국민권익위원회의 설치와 운영에 관한 법률 제40조).

(3) 고충민원의 조사
권익위원회는 고충민원을 접수한 경우에는 지체 없이 그 내용에 관하여 필요한 조사를 하여야 한다(부패방지 및 국민권익위원회의 설치와 운영에 관한 법률 제41조).

(4) 고충민원의 각하
권익위원회는 접수된 고충민원이 다음의 어느 하나에 해당하는 경우에는 그 고충민원을 각하하거나 관계 기관에 이송할 수 있다.

> 부패방지 및 국민권익위원회의 설치와 운영에 관한 법률 제43조 【고충민원의 이송 등】
> ① 권익위원회는 접수된 고충민원이 다음 각 호의 어느 하나에 해당하는 경우에는 그 고충민원을 관계 행정기관등에 이송할 수 있다. 다만, 관계 행정기관 등에 이송하는 것이 적절하지 아니하다고 인정하는 경우에는 그 고충민원을 각하할 수 있다.

(5) 합의의 권고 및 조정
권익위원회는 조사 중이거나 조사가 끝난 고충민원에 대한 공정한 해결을 위하여 필요한 조치를 당사자에게 제시하고 합의를 권고할 수 있다. 또한 권익위원회는 다수인이 관련되거나 사회적 파급효과가 크다고 인정되는 고충민원의 신속하고 공정한 해결을 위하여 필요하다고 인정하는 경우에는 당사자의 신청 또는 직권에 의하여 조정을 할 수 있다(부패방지 및 국민권익위원회의 설치와 운영에 관한 법률 제44·45조).

(6) 시정의 권고 및 의견의 표명
권익위원회는 고충민원에 대한 조사결과 처분 등이 위법·부당하다고 인정할 만한 상당한 이유가 있는 경우에는 관계 행정기관 등의 장에게 적절한 시정을 권고할 수 있으며, 고충민원에 대한 조사결과 신청인의 주장이 상당한 이유가 있다고 인정되는 사안에 대하여는 관계 행정기관 등의 장에게 의견을 표명할 수 있다(부패방지 및 국민권익위원회의 설치와 운영에 관한 법률 제46조).

(7) 제도개선의 권고 및 의견의 표명
권익위원회는 고충민원을 조사·처리하는 과정에서 법령 그 밖의 제도나 정책 등의 개선이 필요하다고 인정되는 경우에는 관계 행정기관 등의 장에게 이에 대한 합리적인 개선을 권고하거나 의견을 표명할 수 있다(부패방지 및 국민권익위원회의 설치와 운영에 관한 법률 제47조).

관련판례

국민권익위원회가 乙 시·도선거관리위원회 위원장에게 특정 조치요구를 한 사안에서, 국가기관인 그에게 위 조치요구의 취소를 구하는 소를 제기할 당사자능력, 원고적격 및 법률상 이익을 인정 범위 국민권익위원회에 부패방지 및 국민권익위원회의 설치와 운영에 관한 법률(이하 '국민권익위원회법'이라 한다)에 따른 신고와 신분보장조치를 요구하였고, 국민권익위원회가 법의 소속기관 장인 그 시·도선거관리위원회 위원장에게 '법에 대한 중징계요구를 취소하고 향후 신고로 인한 신분상 불이익처분 및 근무조건상의 차별을 하지 말 것을 요구'하는 내용의 조치요구를 한 사안에서, 국가기관 일방의 조치요구에 불응한 상대방 국가기관에 국민권익위원회법상의 제재규정과 같은 중대한 불이익을 직접적으로 규정한 다른 법령의 사례를 찾아보기 어려운 점, 그럼에도 乙이 국민권익위원회의 조치요구를 다툴 별다른 방법이 없는 점 등에 비추어 보면, 처분성이 인정되는 위 조치요구에 불복하고자 하는 乙로서는 조치요구의 취소를 구하는 항고소송을 제기하는 것이 유효·적절한 수단이므로 비록 乙이 국가기관이더라도 당사자능력 및 원고 적격을 가진다고 보는 것이 타당하고, 乙이 위 조치요구 후 甲을 파면하였다고 하더라도 조치 요구가 곧바로 실효된다고 할 수 없고 乙은 여전히 조치요구를 따라야 할 의무를 부담하므로 乙에게는 위 조치요구의 취소를 구할 법률상 이익도 있다(대판 2013.7.25. 2011두1214).

(8) 처리결과의 통보

시정의 권고·제도개선의 권고 및 의견의 표명에 따른 권고 또는 의견을 받은 관계 행정기관 등의 장은 이를 존중하여야 하며, 그 권고 또는 의견을 받은 날부터 30일 이내에 그 처리결과를 권익위원회에 통보하여야 하며, 관계 행정기관 등의 장이 그 권고내용을 이행하지 아니하는 경우에는 그 이유를 권익위원회에 문서로 통보하여야 한다(부패방지 및 국민권익위원회의 설치와 운영에 관한 법률 제50조).

5. 감사원 등

(1) 감사원

① 감사원은 대통령소속 기관으로 국가의 세입·세출의 결산 및 회계감사를 주된 임무로 한다. 여기에 더해 직권 또는 심사청구에 의하여 각급 행정기관의 직무감찰도 수행하고 있다. 감찰 결과 하자나 행정상의 모순을 발견한 때에는 관계기관에 대하여 그 시정이나 개선을 요구할 수 있으며, 또는 관계자의 문책요구 및 고발조치를 할 수 있다(감사원법 제32조 ~ 제43조). 감사원은 위법·부당한 행정작용을 직접 취소시킬 수 있는 취소권은 없다.

② 감사원은 직권조사권이 인정되고 사후조치권의 내용에 있어서 옴부즈맨 제도와 유사하나, 행정부 소속기관이며 사후적 통제를 위주로 하는 점에서 원래의 옴부즈맨 제도와는 차이가 있다.

(2) 기타

대통령비서실과 국무총리실의 민원상담비서, 각 지방검찰청과 지청에 설치된 인권상담소가 민원업무를 담당하고 있고, 대부분의 지방자치단체도 시민상담실 등을 설치하여 민원업무를 담당하고 있다.

제 2 장 손해전보제도(사후적 구제)

제1절 국가배상제도

1 일반론

1. 국가배상제도의 의의

국가배상제도란 공무원의 위법한 직무집행행위나 국가·공공단체의 공공영조물에 대한 설치·관리의 하자로 사인에게 손해를 가한 경우, 그 손해에 대해 국가나 공공단체가 배상하는 제도를 말한다. 근대 초기에는 주권면책사상에 의하여 불법행위를 한 공무원의 개인책임만을 인정하고 있었으나, 이는 정의·공평관념에 부합하지 않는 것이므로 오늘날에는 국가의 배상책임을 인정하고 있다.

구분		손해배상제도	손실보상제도
공통점		• 사후적 구제제도 • 헌법적 근거가 있음(제29조, 제23조 제3항) • 실체적 구제제도 • 실질적 법치주의의 구현 • 손해전보제도(금전적 구제) • 공권설(다수설)과 사권설(판례)로 견해 대립	
차이점	책임	개인적·도의적 책임 중시	단체주의적 - 특별한 희생에 대한 책임 중시(공적부담 앞의 평등의 원칙)
	제도의 기초	민법상 불법행위책임의 공법적 수정	공법관계의 특유한 제도
	적용법규	국가배상법, 민법	개별법에 의존
	손해의 범위	재산상 + 비재산상 손해	재산상 손해
	침해방법	위법한 침해	적법한 침해
	과실 여부	과실책임주의	무과실책임주의
	헌법적 근거	헌법 제29조 국가배상청구권	헌법 제23조 제3항 손실보상청구권
	구제의 대상	공무원의 불법행위 및 영조물의 설치·관리상의 하자	적법한 행정작용에 대한 특별한 희생
	전보책임자	국가, 지방자치단체	사업시행자(국가, 공공단체, 공무수탁사인)

	양도·압류	생명·신체의 침해로 인한 국가배상청구권은 양도 및 압류가 금지되나, 재산권 침해로 인한 국가배상청구권은 양도 및 압류 가능	양도 및 압류 가능
최근 추세		최근에는 위험책임론의 등장으로 손해배상과 손실보상제도를 하나의 국가보상제도로 통합(손해배상의 손실보상화)하려는 시도가 활발하게 나타나고 있다. 하지만 아직까지 양제도의 구별이 부정되는 것은 아니다(헌재 1997.3.27. 96헌바21).	

2. 우리나라의 국가배상제도와 헌법

(1) 헌법 규정

> 헌법 제29조 ① 공무원의 직무상 불법행위로 손해를 받은 국민은 법률이 정하는 바에 의하여 국가 또는 공공단체에 정당한 배상을 청구할 수 있다. 이 경우 공무원 자신의 책임은 면제되지 아니한다.
> ② 군인·군무원·경찰공무원 기타 법률이 정하는 자가 전투·훈련등 직무집행과 관련하여 받은 손해에 대하여는 법률이 정하는 보상 외에 국가 또는 공공단체에 공무원의 직무상 불법행위로 인한 배상은 청구할 수 없다.

이러한 헌법상 규정은 국가배상책임주의의 원칙을 천명하고 있다. 이러한 헌법상 규정에 근거하여 국가배상법이 제정되어 헌법이 보장하는 배상을 구체화시켜 놓고 있다.

(2) 배상청구권의 성격

국가배상청구권은 헌법 제29조 제1항에서 청구권적 기본권으로 보장되고 있다. 그러므로 국가배상청구권은 단순한 재산권의 보장만을 의미하는 것이 아니고 청구권적 기본권(절차적 기본권)의 성질도 가진다. 또한 이는 국가배상청구권의 구체적 기준과 방법을 법률로 정해야 한다는 의미를 가지고 있다.

(3) 보장 범위

헌법은 공무원의 직무상 불법행위로 인한 손해배상청구권에 대해서는 규정하고 있지만 영조물 설치·관리상 하자로 인한 배상청구권은 규정하고 있지 않고 있다. 이에 반하여 국가배상법은 영조물의 설치·관리상의 하자로 인한 배상청구권까지 보장하고 있다.

3. 국가배상제도와 국가배상법

(1) 국가배상법

① 일반법

> 국가배상법 제8조 【다른 법률과의 관계】 국가나 지방자치단체의 손해배상 책임에 관하여는 이 법에 규정된 사항 외에는 민법에 따른다. 다만, 민법 외의 법률에 다른 규정이 있을 때에는 그 규정에 따른다.

국가배상법은 공행정작용으로 인한 배상의 일반법임을 명시하고 있다. 따라서 국가배상에 관한 특별법이 있으면 특별법이 우선 적용되고, 없으면 헌법 제29조에 근거하여 제정된 국가배상에 관한 일반법인 국가배상법이 적용된다. 국가배상법에 규정이 없으면 민법이 보충적으로 적용된다.

② **특별법**: 특별법의 규정으로는 ㉠ 배상금액을 정형화 또는 경감하는 경우(예 우편법 제38조, 철도사업법 제24조), ㉡ 무과실책임을 인정하는 경우(예 원자력손해배상법 제3조, 자동차손해배상보장법 제3조, 공무원연금법 제31조와 제51조) 등이 있다. 우편물 취급에 수반하여 발생한 손해·우편법에 의해서 배상을 청구할 수 있다(대판 1977.2.8. 75다1059).

자배법상 손해배상책임의 성립요건은 국가배상법상의 성립요건보다 완화되어 있으므로 이러한 규정을 통하여 효과적인 피해자의 권리구제를 도모할 수 있다. 즉, 국가배상법상 책임이 성립하기 위해서는 후술할 공무원, 직무행위, 공무원의 과실 등을 모두 갖추어야 하나 자배법상 요건은 운행자성만 구비하면 된다.

(2) 국가배상법의 성격

국가배상법을 공법으로 보면 공법상 당사자소송인 행정소송으로 보지만, 사법으로 보면 민사소송을 제기하여야 한다. 이하에서는 국가배상법의 성질을 논하고자 한다.

① **학설**
  ㉠ **공법설**: 공법과 사법의 2원체계를 가지고 있는 우리나라를 중심으로 살펴볼 때 국가배상법은 공법적 원인에 의거하므로 공법이라고 본다(대륙법계).
  ㉡ **사법설**: 국가배상은 일반 불법행위의 한 종류로서 국가가 사인과 동등한 지위에서 책임을 지는 것이므로 민법의 특별법으로서의 사법이라고 본다(영미법계).

② **판례**: 국가배상을 사권으로 보고, 이에 대해서 민사소송을 통해 손해배상을 받을 수 있다.

(3) 국가배상법상 배상책임의 유형

국가배상법상 배상책임의 유형으로는 ① 공무원의 직무상 불법행위로 인한 배상책임과, ② 영조물의 설치·관리상의 하자로 인한 배상책임의 두 가지로 나눌 수 있다.

(4) 직무 범위에 관한 견해

① **협의설**: 권력관계만 직무에 해당한다고 보는 견해이다.
② **광의설**: 권력관계와 관리관계 모두 직무범위에 포함된다고 보는 견해이다. 즉, 직무 행위를 권력작용뿐만 아니라 비권력적 공행정작용까지도 포함하여 모든 공행정 작용을 포함하는 것으로 이해하는 견해로서 최근의 다수설이다.
③ **최광의설**: 권력관계와 관리관계 외에 국고관계(사경제작용)도 직무범위에 포함된다고 보는 견해이다.
④ **판례의 입장**: 최근 판례의 주류적인 태도는 광의설의 입장을 취하고 있다. 이에 따르면, 직무란 입법, 사법, 행정(부작위도 포함) 등 모두를 포함하고, 법률행위적 행정행위로서 명령적 행위와 형성적 행위, 준법률행위적 행정행위, 사실행위, 특별행정법관계에서의 행위도 이에 포함된다. 그리고 공법상 계약도 직무에 포함된다. 다만, 국가가 사경제주체로서 한 행위는 이에 포함되지 않는다.

관련판례

1. 국가배상청구의 요건인 '공무원의 직무'에는 권력적 작용만이 아니라 비권력적 작용도 포함되며 단지 행정주체가 사경제주체로서 하는 활동만 제외된다(대판 2001.1.5. 98다39060).

2. 국가 또는 공공단체라 할지라도 공권력의 행사가 아니고 순전히 대등한 지위에서 사경제의 주체로 활동하였을 경우에는 그 손해배상의 책임에 국가배상법의 규정이 적용될 수 없으므로, 시영버스사고에 대하여 시는 본조에 의한 책임을 지고 그 운전사가 시의 별정직공무원이라 하여 결론을 달리하지 않는다(대판 1969.4.22. 68다2225).

4. 배상청구권의 내용

(1) 배상청구권의 주체

손해를 입은 자는 원칙적으로 누구나 배상금의 지급을 청구할 수 있다. 국민, 국내법인은 물론 외국인도 상호보증하에서 가능하다.

> 국가배상법 제7조【외국인에 대한 책임】이 법은 외국인이 피해자인 경우에는 해당 국가와 상호보증이 있을 때에만 적용한다.

국가배상법 제17조에 따라 상호주의를 규정하고 있음을 알 수 있다. 이때 상호보증이란, 피해자인 외국인의 본국에서 한국인도 손해배상청구를 할 수 있음을 의미한다.

간단 점검하기

국가배상법은 외국인이 피해자인 경우에는 해당 국가와 상호 보증이 있는 때에만 국가배상법이 적용된다고 규정하고 있다. (○)

관련판례

[1] 국가배상법 제7조는 우리나라만이 입을 수 있는 불이익을 방지하고 국제관계에서 형평을 도모하기 위하여 외국인의 국가배상청구권의 발생요건으로 '외국인이 피해자인 경우에는 해당 국가와 상호보증이 있을 것'을 요구하고 있는데, 해당 국가에서 외국인에 대한 국가배상청구권의 발생요건이 우리나라의 그것과 동일하거나 오히려 관대할 것을 요구하는 것은 지나치게 외국인의 국가배상청구권을 제한하는 결과가 되어 국제적인 교류가 빈번한 오늘날의 현실에 맞지 아니할 뿐만 아니라 외국에서 우리나라 국민에 대한 보호를 거부하게 하는 불합리한 결과를 가져올 수 있는 점을 고려할 때, 우리나라와 외국 사이에 국가배상청구권의 발생요건이 현저히 균형을 상실하지 아니하고 외국에서 정한 요건이 우리나라에서 정한 그것보다 전체로서 과중하지 아니하여 중요한 점에서 실질적으로 거의 차이가 없는 정도라면 국가배상법 제7조가 정하는 상호보증의 요건을 구비하였다고 봄이 타당하다. 그리고 상호보증은 외국의 법령, 판례 및 관례 등에 의하여 발생요건을 비교하여 인정되면 충분하고 반드시 당사국과의 조약이 체결되어 있을 필요는 없으며, 당해 외국에서 구체적으로 우리나라 국민에게 국가배상청구를 인정한 사례가 없더라도 실제로 인정될 것이라고 기대할 수 있는 상태이면 충분하다.

[2] 일본인 甲이 대한민국 소속 공무원의 위법한 직무집행에 따른 피해에 대하여 국가배상청구를 한 사안에서, 일본 국가배상법 제1조 제1항, 제6조가 국가배상청구권의 발생요건 및 상호보증에 관하여 우리나라 국가배상법과 동일한 내용을 규정하고 있는 점 등에 비추어 우리나라와 일본 사이에 국가배상법 제7조가 정하는 상호보증이 있다(대판 2015.6.11. 2013다208388).

(2) 배상책임의 주체

헌법은 배상책임의 주체를 국가와 공공단체로 규정하고 있는 반면, 국가배상법에서는 국가와 지방자치단체로 규정하고 있다.

> 헌법 제29조 ① 공무원의 직무상 불법행위로 손해를 받은 국민은 법률이 정하는 바에 의하여 국가 또는 공공단체에 정당한 배상을 청구할 수 있다. 이 경우 공무원 자신의 책임은 면제되지 아니한다.
>
> 국가배상법 제2조【배상책임】① 국가나 지방자치단체는 공무원 또는 공무를 위탁받은 사인(이하 "공무원"이라 한다)이 직무를 집행하면서 고의 또는 과실로 법령을 위반하여 타인에게 손해를 입히거나, 자동차손해배상 보장법에 따라 손해배상의 책임이 있을 때에는 이 법에 따라 그 손해를 배상하여야 한다.

(3) 배상기준

국가배상법상의 배상기준에 대해 판례는 한정액이 아닌 기준액으로 보는 입장이다. 그리고 판례는 '형사보상법'상의 보상기준이 국가배상의 배상기준이 될 수 없다는 입장이다.

> **관련판례**
> 공무원의 위법행위로 인한 국가배상법상의 손해배상과 형사보상법에 의한 형사보상은 그 근거를 달리하므로 국가배상법상의 손해배상액을 산정함에 있어서 형사보상법상의 보상기준에 의하여야 한다고 볼 수 없다(대판 1994.1.14. 93다28515).

(4) 양도·압류 금지

> 국가배상법 제4조【양도 등 금지】생명·신체의 침해로 인한 국가배상을 받을 권리는 양도하거나 압류하지 못한다.

국가배상을 받을 권리는 채권이므로, 원칙적으로 양도 및 압류가 가능하다. 하지만 국가배상법 제4조에 따르면, 생명·신체의 침해로 인한 국가배상을 받을 권리는 양도하거나 압류할 수 없다.

(5) 국가배상청구권의 소멸시효 - 안 날로부터 3년 / 있은 날로부터 5년

> 국가배상법 제8조【다른 법률과의 관계】국가나 지방자치단체의 손해배상 책임에 관하여는 이 법에 규정된 사항 외에는 민법에 따른다. 다만, 민법 외의 법률에 다른 규정이 있을 때에는 그 규정에 따른다.
>
> 민법 제766조【손해배상청구권의 소멸시효】① 불법행위로 인한 손해배상의 청구권은 피해자나 그 법정대리인이 그 손해 및 가해자를 안 날로부터 3년간 이를 행사하지 아니하면 시효로 인하여 소멸한다.
> ② 불법행위를 한 날로부터 10년을 경과한 때에도 전항과 같다.
>
> 국가재정법 제96조【금전채권·채무의 소멸시효】① 금전의 급부를 목적으로 하는 국가의 권리로서 시효에 관하여 다른 법률에 규정이 없는 것은 5년 동안 행사하지 아니하면 시효로 인하여 소멸한다.

① 국가배상법에는 시효에 관한 규정이 없다. 다만, 국가배상법 제8조에 따라 국가재정법, 민법 순으로 시효규정이 적용이 된다.
② 민법에 따라 손해 및 가해자를 안 날로부터 3년이 소멸시효에 해당한다.
③ 손해 및 가해자를 알 수 없는 경우에는 국가재정법에 따라 불법행위가 있은 날로부터 5년의 소멸시효가 적용되고, 이에는 민법 제766조 제2항이 적용되지 않는다.

> **관련판례**
> 국가재정법(구 예산회계법) 제96조에서 '다른 법률의 규정'이라 함은 다른 법률에 예산회계법 제96조에서 규정한 5년의 소멸시효기간보다 짧은 기간의 소멸시효의 규정이 있는 경우를 가리키는 것이고, 이보다 긴 10년의 소멸시효를 규정한 민법 제766조 제2항은 예산회계법 제96조에서 말하는 '다른 법률의 규정'에 해당하지 아니한다(대판 2001.4.24. 2000다57856).

④ 한편, 소멸시효의 주장이 권리남용에 해당하거나 신의성실의 원칙에 위반하는 경우, 국가배상청구권은 시효로 소멸하지 않는다.

> **관련판례**
> 수사과정에서 불법구금이나 고문을 당한 사람이 그에 이은 공판절차에서 유죄 확정판결을 받고 수사관들을 직권남용, 감금 등 혐의로 고소하였으나 검찰에서 '혐의 없음' 결정까지 받았다가 나중에 재심절차에서 범죄의 증명이 없는 때에 해당한다는 이유로 형사소송법 제325조 후단에 따라 무죄판결을 선고받은 경우, 이러한 무죄판결이 확정될 때까지는 국가를 상대로 불법구금이나 고문을 원인으로 한 손해배상청구를 할 것을 기대할 수 없는 장애사유가 있었다고 보아야 한다. 이처럼 불법구금이나 고문을 당하고 공판절차에서 유죄 확정판결을 받았으며 수사관들을 직권남용, 감금 등 혐의로 고소하였으나 '혐의 없음' 결정까지 받은 경우에는 재심절차에서 무죄판결이 확정될 때까지 국가배상책임을 청구할 것을 기대하기 어렵고, 채무자인 국가가 그 원인을 제공하였다고 볼 수 있기 때문이다(대판 2019.1.31. 2016다258148).

(6) 배상청구절차와 배상액 산정

① **행정절차**: 행정기관인 배상심의회에 배상신청을 하여 배상을 받을 수 있다.
  ㉠ **임의적 결정전치의 의의**: 행정상 손해배상청구절차는 국가배상법 제9조에서 "이 법에 의한 손해배상의 소송은 배상심의회에 배상신청을 하지 아니하고도 이를 제기할 수 있다."라고 규정하고 있어 임의적 결정전치주의를 채택하고 있다. 종래에는 행정절차를 필요적 전치주의로 채택하고 있었으나 법개정으로 임의적 결정전치주의로 변경되었다. 이는 위헌결정으로 인한 변경이 아니라 법이 개정되어 변경되었음을 주의해야 한다.

ⓒ 배상심의회(합의제 행정관청)
　ⓐ 종류

> 국가배상법 제10조 【배상심의회】 ① 국가나 지방자치단체에 대한 배상신청사건을 심의하기 위하여 법무부에 본부심의회를 둔다. 다만, 군인이나 군무원이 타인에게 입힌 손해에 대한 배상신청사건을 심의하기 위하여 국방부에 특별심의회를 둔다.
> ② 본부심의회와 특별심의회는 대통령령으로 정하는 바에 따라 지구심의회(地區審議會)를 둔다.
> ③ 본부심의회와 특별심의회와 지구심의회는 법무부장관의 지휘를 받아야 한다.
> ④ 각 심의회에는 위원장을 두며, 위원장은 심의회의 업무를 총괄하고 심의회를 대표한다.
> ⑤ 각 심의회의 위원 중 공무원이 아닌 위원은 형법 제127조 및 제129조부터 제132조까지의 규정을 적용할 때에는 공무원으로 본다.

　ⓑ 권한

> 국가배상법 제11조 【각급 심의회의 권한】 ① 본부심의회와 특별심의회는 다음 각 호의 사항을 심의·처리한다.
> 1. 제13조 제6항에 따라 지구심의회로부터 송부받은 사건
> 2. 제15조의2에 따른 재심신청사건
> 3. 그 밖에 법령에 따라 그 소관에 속하는 사항
> ② 각 지구심의회는 그 관할에 속하는 국가나 지방자치단체에 대한 배상신청사건을 심의·처리한다.

ⓒ 배상신청

> 국가배상법 제12조 【배상신청】 ① 이 법에 따라 배상금을 지급받으려는 자는 그 주소지·소재지 또는 배상원인 발생지를 관할하는 지구심의회에 배상신청을 하여야 한다.
> ② 손해배상의 원인을 발생하게 한 공무원의 소속 기관의 장은 피해자나 유족을 위하여 제1항의 신청을 권장하여야 한다.

ⓔ 재심신청

> 국가배상법 제15조의2 【재심신청】 ① 지구심의회에서 배상신청이 기각(일부기각된 경우를 포함한다) 또는 각하된 신청인은 결정정본이 송달된 날부터 2주일 이내에 그 심의회를 거쳐 본부심의회나 특별심의회에 재심(再審)을 신청할 수 있다.

ⓜ **심의의 결정**: 국가배상법 제16조는 "배상결정은 신청인이 동의하거나 지방자치단체가 배상금을 지급한 때에는 민사소송법상의 재판상 화해가 성립된 것으로 본다."고 규정하고 있으나, 헌법재판소에 의하여 위헌결정을 받아 삭제되었다. 따라서 신청인이 동의한 배상심의회의 배상결정이라도 이는 민법상 화해와 같은 효력만이 인정되고, 그러기에 신청인이 배상결정에 동의하였거나 지방자치단체가 배상금을 지급했더라도 신청인은 국가배상소송을 제기할 수 있다.

> **관련판례** 국가배상심의위원회의 결정이 행정처분인지의 여부
>
> 공무원의 직무상 불법행위로 손해를 입은 국민이 국가 또는 지방자치단체에 대하여 그의 불법행위를 이유로 배상을 청구함은 국가배상법이 정한 바에 따른다 하여도 이 역시 민사상의 손해배상책임을 특별법인 국가배상법이 정한데 불과하며, "동법에 의한 손해배상의 소송은 배상심의회의 배상금 지급 또는 기각의 결정을 거친 후에 한하여 제기할 수 있다"는 동법 제9조 본문의 규정에서 말하는 배상심의회의 위 결정을 거치는 것은 위 민사상의 손해배상청구를 하기 전의 전치요건에 불과하다고 할 것이므로 위 배상심의회의 결정은 이를 행정처분이라고 할 수 없어 행정소송의 대상이 아니다(대판 1981.2.10. 80누317).

② **사법절차**: 국가배상법에 의한 손해배상 소송은 배상심의회의 신청을 하지 아니하고도 법원에 소송을 제기할 수 있으나 일반적으로 배상심의회의 결정에 불복하는 경우 재판절차를 거치는 것을 말한다. 이러한 손해배상청구의 절차는 국가배상청구 자체를 대상으로 서로 국가 또는 지방자치단체를 피고로 하여 제기하는 경우인 '일반절차'와 취소소송을 제기하면서 손해배상청구를 병합하여 제기하는 경우인 '특별절차'로 나뉜다.
  ㉠ **배상청구의 성질**: 이러한 일반절차에 따른 손해배상청구의 성질에 관하여 학설은 공법상의 당사자소송으로 보나, 판례는 민사소송으로 본다.
  ㉡ **피고**: 국가나 지방자치단체가 피고가 된다.

③ **배상책임의 내용**
  ㉠ **배상기준**: 공무원의 직무상 불법행위로 손해를 받은 국민은 법률이 정하는 바에 의하여 국가 또는 공공단체에 정당한 배상을 청구할 수 있다(헌법 제29조 제1항). 그리고 국가배상법은 이에 근거하여 배상금액의 기준을 정하고 있다(국가배상법 제3조 제1항 내지 제3항).
  ㉡ **배상기준의 성질**
    ⓐ **학설**: 기준액에 대해 ㉮ 분쟁을 억제하기 위해 배상범위를 법정화한 것(그 이하로만 배상)이라고 보는 한정액설과 ㉯ 일응의 기준에 불과하므로 증감이 가능하다고 보는 기준액설 간의 견해대립이 존재한다.
    ⓑ **판례**: 판례는 기준액설을 취한다.
  ㉢ **이익의 공제**
    ⓐ **손익상계**: 공무원의 직무집행으로 인해 타인에게 손해를 가한 경우에 피해자가 손해를 입은 동시에 이익을 얻은 경우에는 손해배상액에서 그 이익에 상당하는 금액을 공제하여야 한다(국가배상법 제3조 제2항).
    ⓑ **과실상계**: 국가배상법에 과실상계에 대한 규정은 없으나 시행령은 과실상계를 규정하고 있다. 이에 따르면 배상금을 지급하는 결정을 함에 있어 피해자측의 과실이 있을 때에는 과실의 정도에 따른 금액에 대하여 과실상계를 하여야 한다.

2 공무원의 위법한 직무집행행위로 인한 배상책임
– 국가배상의 첫 번째 유형

1. 배상책임의 요건

> 국가배상법 제2조【배상책임】① 국가나 지방자치단체는 공무원 또는 공무를 위탁받은 사인(이하 "공무원"이라 한다)이 직무를 집행하면서 고의 또는 과실로 법령을 위반하여 타인에게 손해를 입히거나, 자동차손해배상 보장법에 따라 손해배상의 책임이 있을 때에는 이 법에 따라 그 손해를 배상하여야 한다. (이하 생략)

헌법 제29조 제1항에 근거하여 국가배상법 제2조에서는 위법한 직무집행행위로 인한 배상책임을 규정하고 있다. 이하에서는 국가배상법 제2조에 규정된 배상책임의 발생요건을 나누어 살펴보기로 한다.

제2조의 국가배상의 요건
1. 공무원이
2. 직무집행 중
3. 고의 또는 과실
4. 위법성
5. 타인에 손해발생
6. 인과관계

(1) 공무원

국가배상법 제2조는 "공무원 또는 공무를 위탁받은 사인"을 공무원으로 규정하고 있고, 여기서 공무를 위탁받은 사인은 공무수탁사인을 말한다. 또한, 국가배상법 제2조상의 공무원은 실질적으로 공무를 수행하는 '기능적 공무원'을 말한다.

> **참고 기능적 의미의 공무원**
>
> 공무원에는 국가공무원 · 지방공무원법상의 공무원(입법 · 사법 · 행정 모두 해당) 및 시보임용 중인 공무원과 선거에 의한 공무원도 포함되며 널리 공무를 위탁받아 그에 종사하는 모든 자를 포함한다(통설, 판례).

> **관련판례**
>
> 1. 국가배상법 제2조 소정의 '공무원'이라 함은 국가공무원법이나 지방공무원법에 의하여 공무원으로서의 신분을 가진 자에 국한하지 않고, 널리 공무를 위탁받아 실질적으로 공무에 종사하고 있는 일체의 자를 가리키는 것으로서, 공무의 위탁이 일시적이고 한정적인 사항에 관한 활동을 위한 것이어도 달리 볼 것은 아니다. 따라서 지방자치단체가 '교통할아버지 봉사활동 계획'을 수립한 후 관할 동장으로 하여금 '교통할아버지'를 선정하게 하여 어린이 보호, 교통안내, 거리질서 확립 등의 공무를 위탁하여 집행하게 하던 중 '교통할아버지'로 선정된 노인이 위탁받은 업무 범위를 넘어 교차로 중앙에서 교통정리를 하다가 교통사고를 발생시킨 경우, 지방자치단체가 국가배상법 제2조 소정의 배상책임을 부담한다(대판 2001.1.5. 98다39060).
>
> 2. [1] 대한변호사협회는 변호사와 지방변호사회의 지도 · 감독에 관한 사무를 처리하기 위하여 변호사법에 의하여 설립된 공법인으로서, 변호사등록은 피고 대한변호사협회가 변호사법에 의하여 국가로부터 위탁받아 수행하는 공행정사무에 해당한다. 따라서 피고 ○○는 대한변호사협회의 장(長)으로서 국가로부터 위탁받은 공행정사무인 '변호사등록에 관한 사무'를 수행하는 범위 내에서는 국가배상법 제2조에서 정한 공무원에 해당한다.

[2] 甲이 선고유예 판결의 확정으로 변호사등록이 취소되었다가 선고유예기간이 경과한 후 대한변호사협회에 변호사 등록신청을 하였는데, 협회장 乙이 등록심사위원회에 甲에 대한 변호사등록 거부 안건을 회부하여 소정의 심사과정을 거쳐 대한변호사협회가 甲의 변호사등록을 마쳤고, 이에 甲이 대한변호사협회 및 협회장 乙을 상대로 변호사 등록거부사유가 없음에도 위법하게 등록심사위원회에 회부되어 변호사등록이 2개월간 지연되었음을 이유로 손해배상을 구한 사안에서, 甲의 선고유예 판결에 따른 결격사유 이외에 변호사법이 규정한 다른 등록거부사유가 있는지 여부를 짧은 시간 안에 명백하게 확인할 수 있었음에도 그러한 확인절차를 거치지 않은 채 단순한 의심만으로 변호사등록 거부 안건을 등록심사위원회에 회부하고, 여죄 유무를 추궁한다며 등록심사기간을 지연시킨 것에 관하여 협회장 乙 및 등록심사위원회 위원들의 과실이 인정되므로, 대한변호사협회는 이들이 속한 행정주체의 지위에서 배상책임을 부담하여야 하고, 甲에게 변호사등록이 위법하게 지연됨으로 인하여 얻지 못한 수입 상당액의 손해를 배상할 의무가 있는 반면, 乙은 대한변호사협회의 장으로서 국가로부터 위탁받은 공행정사무인 '변호사등록에 관한 사무'를 수행하는 범위 내에서 국가배상법 제2조에서 정한 공무원에 해당하므로 경과실 공무원의 면책 법리에 따라 甲에 대한 배상책임을 부담하지 않는다(대판 2021.1.28. 2019다260197).

> **참고** 국가배상법상 공무원 인정 여부에 관한 판례정리

국가배상법 제2조의 공무원으로 인정한 것	국가배상법 제2조의 공무원임을 부정한 것
• 시청소차운전수 • 소방관 • 강제집행을 하는 집행관 • 건널목간수 • 국가나 지자체에 근무하는 청원경찰 • 교통할아버지 • 별정우체국장 • 소집중인 향토예비군 • 그 밖에 국회의원, 판사, 검사, 헌법재판소재판관, 임시공무원 등	• 시영버스운전사 • 의용소방대원 • 한국도로공사 • 한국토지공사 • 부동산소유권 이전등기 등에 관한 특별조치법상 보증인 • 정부기관에서 아르바이트를 하는 자(공무 집행에 자진협력하는 사인) • 영조물법인의 임직원(한국은행총재 및 그 임직원, 서울대학교병원 의사·간호사) • 공공조합의 임직원(농협의 임직원)

(2) 직무집행 중일 것

① **외형설**: 통설의 경우 '직무를 집행하면서'의 판단에 있어 외형설을 취하고 있는데, 이에 따르면 실질적으로 직무집행행위가 아니더라도 외형상 직무행위로 보여질 때에는 "직무를 집행하면서 한 행위"로 볼 수 있다.

② **판례**: 판례 역시 외형설, 객관설에 입각하여, '직무집행중'이란 직무집행행위뿐만 아니라 널리 외형상으로 직무집행과 관련된 행위를 포함하는 의미로 이해한다. 즉, 직무행위 자체는 물론 객관적으로 직무행위에 포함된다고 판단되는 행위, 직무에 밀접하게 관련되는 행위, 그에 부수적 행위까지 직무에 포함된다. 따라서 실질적으로 공무집행행위가 아니라는 사정을 피해자가 알았더라도 무방하며, 행위자로서는 주관적으로 공무집행의 의사가 없었고 현실적으로 정당한 권한 내의 행위가 아니더라도, 객관적으로 직무행위의 외형을 갖추었는지 여부에 따라 결정한다. 이러한 외형설을 취하게 되면 국가배상책임 범위는 크게 확대될 수 있다.

> **관련판례**
>
> 1. 국가배상법 제2조 제1항의 '직무를 집행함에 당하여'라 함은 직접 공무원의 직무집행행위이거나 그와 밀접한 관련이 있는 행위를 포함하고, 이를 판단함에 있어서는 행위 자체의 외관을 객관적으로 관찰하여 공무원의 직무행위로 보여질 때에는 비록 그것이 실질적으로 직무행위가 아니거나 또는 행위자로서는 주관적으로 공무집행의 의사가 없었다고 하더라도 그 행위는 공무원이 '직무를 집행함에 당하여' 한 것으로 보아야 한다. 인사업무담당 공무원이 다른 공무원의 공무원증 등을 위조한 행위에 대하여 실질적으로는 직무행위에 속하지 아니한다 할지라도 외관상으로 국가배상법 제2조 제1항의 직무집행 관련성을 인정한 원심의 판단을 수긍한 사례(대판 2005.1.14. 2004다26805)
>
> 2. 국가배상법 제2조 제1항의 "직무를 집행함에 당하여"라 함은 직접 공무원의 직무집행행위이거나 그와 밀접한 관계에 있는 행위를 포함하고, 이를 판단함에 있어서는 행위 자체의 외관을 객관적으로 관찰하여 공무원의 직무행위로 보여질 때에는 비록 그것이 실질적으로 직무행위가 아니거나 또는 행위자로서는 주관적으로 공무집행의 의사가 없었다고 하더라도 그 행위는 공무원이 "직무를 집행함에 당하여" 한 것으로 보아야 한다(대판 1995.4.21. 93다14240).

③ 직무집행에 관한 판례

㉠ 직무집행행위 인정·부정 사례

직무행위와 관련성이 있는 행위	• 공무원의 직무와 관련된 수뢰행위 • 군인의 훈련지역 사전정찰행위 • 육군중사가 훈련에 대비하여 개인 소유의 오토바이를 운전하여 사전정찰차 훈련지역 일대를 돌아보고 귀대하다가 교통사고를 일으킨 행위 • 운전병 아닌 군인이 군용차로 운전하다 사고가 발생한 경우 • 공무원이 자가용으로 공무출장을 다녀온 후 돌아오는 도중 발생한 사고 • 극장에서 영화를 구경하고 귀대하는 군인을 소속 대장의 인솔하에 군용차에 태우고 운전한 행위 • 미군부대 소속 선임하사관이 부대에 공용차량이 없어서 개인소유의 차량을 빌려 운행하여 업무를 마치고 퇴근 시 발생한 사고 • 방첩대파견대장이 행정기관의 요청으로 대민지원차량을 만취상태에서 피해자들을 태우고 운전 한 경우 • 부대귀대 중 민간인을 태우고 운행하는 도중 일어난 사고 • 운전병이 민간인을 태우고 운행한 경우 • 사고차량이 군용차량이고 운전사가 군인임이 외관상 뚜렷한 경우 • 출퇴근시에 통근차로 인해 발생한 사고 • 학교 교수의 장례식에 학군단소속 차량의 참가 운행 • 비번 중인 공무원의 불심검문 • 상급자가 같은 소대에 새로 전입한 하급자에 대하여 암기사항에 관한 교육을 실시하던 중 암기 상태가 불량하다는 이유로 하급자를 훈계하다가 폭행

	• 상관 명령에 의한 상관의 이삿짐 운반 • 수사 도중 고문행위를 구속영장 없이 연행 구금하여, 물고문 및 전기고문 등 가혹행위를 하고, 교도관들이 고문증거를 강제로 수거하여 임의로 폐기한 행위 • 인사업무담당 공무원이 다른 공무원의 공무원증을 위조한 행위 • 지방자치단체가 선정한 교통할아버지의 교통지도행위 • 헌병대 영창에서 탈주한 군인들이 민가에 침입하여 저지른 범죄행위 • 위병근무 중 탈영한 병의 총기난사로 인한 상해 행위
직무행위와 관련성이 없는 행위	• 개인감정에 의한 총기 사용 • 군의관의 포경수술 • 경찰공무원이 도박장의 판돈을 착복하는 행위 • 세무공무원이 재산 압류도중의 절도행위 • 군인이 군무를 마치고 휴식을 취하기 위하여 군용차량을 몰고 영내를 벗어나서 나가는 행위 • 공무원이 통상적으로 근무하는 근무지로 출근하기 위해 자기소유의 자동차를 운행하다가 사고가 난 경우 • 결혼식 참석을 위한 군용차 운행 • 운전병이 평소의 친구들과 술을 마시기 위하여 군용차량을 운행하다가 사고가 발생한 경우 • 군병원에 입원 중이던 사병들이 탈영하여 행한 강도·살인 행위 • 부대이탈 후 민간인 사살

관련판례 직무행위와 관련성 있는 행위로 본 판례

1. **미군부대 소속 선임하사관이 공무차 개인소유차를 운전하고 출장을 갔다가 퇴근하기 위하여 집으로 운행하던 중 사고가 발생한 경우**

    미군부대 소속 선임하사관이 소속부대장의 명에 따라 공무차 예하부대로 출장을 감에 있어 부대에 공용차량이 없었던 까닭에 개인소유의 차량을 빌려 직접 운전하여 예하부대에 가서 공무를 보고나자 퇴근시간이 되어서 위 차량을 운전하여 집으로 운행하던 중 교통사고가 발생하였다면 위 선임하사관의 위 차량의 운행은 실질적, 객관적으로 그가 명령받은 위 출장명령을 수행하기 위한 직무와 밀접한 관련이 있는 것이라고 보아야 한다(대판 1988.3.22. 87다카1163).

2. **교수장례식 참석을 위한 학군단 소속 차량 운행**

    학군단 소속 차량이 그 학교 교수의 장례식에 참석하기 위하여 운행하던 중 사고를 일으킨 경우에는 직무를 행함에 당하여 발생한 사고라고 봄이 상당하다(대구고등법원 1968.9.26. 67나559).

3. 육군중사가 훈련에 대비하여 개인 소유의 오토바이를 운전하여 사전정찰차 훈련지역 일대를 돌아보고 귀대하다가 교통사고를 일으킨 경우(대판 1994.5.27. 94다6741)

4. 헌병대 영창에서 탈주한 군인들이 민가에 침입하여 저지른 범죄행위

군행형법과 군행형법 시행령이 군교도소나 미결수용실(이하 '교도소 등'이라 한다)에 대한 경계 감호를 위하여 관련 공무원에게 각종 직무상의 의무를 부과하고 있는 것은, 일차적으로는 그 수용자들을 격리보호하고 교정교화함으로써 공공 일반의 이익을 도모하고 교도소 등의 내부 질서를 유지하기 위한 것이라 할 것이지만, 부수적으로는 그 수용자들이 탈주한 경우에 그 도주과정에서 일어날 수 있는 2차적 범죄행위로부터 일반 국민의 인명과 재화를 보호하고자 하는 목적도 있다고 할 것이므로, 국가공무원들이 위와 같은 직무상의 의무를 위반한 결과 수용자들이 탈주함으로써 일반 국민에게 손해를 입히는 사건이 발생하였다면, 국가는 그로 인하여 피해자들이 입은 손해를 배상할 책임이 있다(대판 2003.2.14. 2002다62678).

5. 위병근무 중 탈영한 병의 총기난사로 인한 상해

위병근무 중 탈영한 병의 총기난사행위 자체는 동인의 군무를 집행함에 당하여 이루어진 행위가 아니라 할지라도 지휘관이 그 탈영병이 문제사병임을 알고 있었음에도 지휘관으로서 선도와 사고방지에 노력하는 등의 병력관리에 소홀하였고, 또 당직사령이 위병근무자에 대한 순찰감독과 확인, 점검을 하지 아니하였으며, 위병근무자들 역시 근무시 실탄을 삽탄하여 근무하여야 하고 타인에게 함부로 줄 수 없는데도 위 탈영병에게 선뜻 인도해 주었을 뿐 아니라 위 사병이 위병소를 이탈한 뒤 이를 상부에 보고하지도 않는 등의 과실이 인정된다면, 엠16소총 및 실탄은 인명살상용으로서 이를 가지고 탈영하는 것은 사고발생의 위험성이 있을 것으로 예견할 수 있는 점에 비추어 위 탈영병의 총기난사행위로 인한 피해는 위 지휘관의 병력관리소홀과 지휘관 및 위병소 근무자들의 군무집행을 함에 있어서 법령에 규정된 의무를 다하지 아니한 과실로 인한 것으로 인정할 수 있다(대판 1985.7.9. 84다카1115).

> **관련판례** 직무행위와 관련성 없는 행위로 본 판례
>
> #### 1. 공무원이 자기 소유 차량을 운전하여 출근하던 중 교통사고를 일으킨 경우
>
> 공무원이 통상적으로 근무하는 근무지로 출근하기 위하여 자기 소유의 자동차를 운행하다가 자신의 과실로 교통사고를 일으킨 경우에는 특별한 사정이 없는 한 국가배상법 제2조 제1항 소정의 공무원이 '직무를 집행함에 당하여' 타인에게 불법행위를 한 것이라고 할 수 없으므로 그 공무원이 소속된 국가나 지방공공단체가 국가배상법상의 손해배상책임을 부담하지 않는다(대판 1996.5.31. 94다15271).
>
> #### 2. 군용차와 관련된 손해배상 부정사례
>
> ① 운전병이 평소의 친구들과 술을 마시기 위하여 군용차량을 운행하다가 사고가 발생한 경우에는 공무집행중의 사고라고 볼 수 없다(대판 1967.1.24. 66다1954).
> ② 군인이 군무를 마치고 휴식을 취하기 위하여 군용차량을 몰고 영내를 벗어나서 나가는 것은 외관상으로 이를 군인의 직무행위라 볼 수 없으며 군인의 직무행위와 밀접한 관계가 있는 것이라고도 볼 수 없다(대판 1966.9.20. 66다1317).
> ③ 군용차량이 민간인의 요청에 의하여 벼를 운반하고 귀대도중에 일으킨 사고(대판 1968.7.16. 68 다1372)

④ 결혼식 참석을 위하여 군차량을 운행한 경우에는 일반적으로는, 군공무원의 직무행위라고는 할 수 없으므로, 피해자가 그 불법운행 사실을 알면서 이에 승차하였다가 사고로 피해를 입은 경우에는 손해배상을 청구할 수 없다(대판 1967.11.21. 67다2107).

ⓒ 법관의 재판행위도 국가배상법상 직무행위에 해당하나, 이에 대한 위법성을 인정하면 법관의 직무상 독립을 위협하므로 국가배상을 원칙적으로 부정한다. 다만, 재판이 경험칙에 현저히 위반되면서 재판에 대한 불복절차 내지 시정절차가 남아있지 아니한 경우에는 국가배상이 인정될 수 있을 것이다.

관련판례

1. **헌법재판소 재판관이 헌법소원 제기기간의 계산착오로 각하하여 청구인이 본안판단을 받을 기회를 상실케 한 경우 – 손해배상 인정**

   헌법소원심판을 청구한 자로서는 헌법재판소 재판관이 일자 계산을 정확하게 하여 본안판단을 할 것으로 기대하는 것이 당연하고, 따라서 헌법재판소 재판관의 위법한 직무집행의 결과 잘못된 각하결정을 함으로써 청구인으로 하여금 본안판단을 받을 기회를 상실하게 한 이상 설령 본안판단을 하였더라도 어차피 청구가 기각되었을 것이라는 사정이 있다고 하더라도 잘못된 판단으로 인하여 헌법소원심판청구인의 위와 같은 합리적인 기대를 침해한 것이고 이러한 기대는 인격적 이익으로서 보호할 가치가 있다고 할 것이므로 그 침해로 인한 정신상 고통에 대하여는 위자료를 지급할 의무가 있다(대판 2003.7.11. 99다24218).

2. **법관이 압수수색 할 물건의 기재가 누락된 압수수색영장을 발부한 행위 – 손해배상 부정**

   압수수색할 물건의 기재가 누락된 압수수색영장을 발부한 법관이 위법·부당한 목적을 가지고 있었다거나 법이 직무수행상 준수할 것을 요구하고 있는 기준을 현저히 위반하였다는 등의 자료를 찾아볼 수 없다면 그와 같은 압수수색영장의 발부행위는 불법행위를 구성하지 않는다(대판 2001.10.12. 2001다47290).

3. **임의경매절차에서 경매담당 법관의 오인에 의해 배당표 원안이 잘못 작성되고 그에 대해 불복절차가 제기되지 않아 실체적 권리관계와 다른 배당표가 확정된 경우 – 손해배상 부정**

   임의경매절차에서 경매담당 법관의 오인에 의해 배당표 원안이 잘못 작성되고 그에 대해 불복절차가 제기되지 않아 실체적 권리관계와 다른 배당표가 확정된 경우, 경매담당법관이 위법·부당한 목적을 가지고 있었다거나 법이 법관의 직무수행상 준수할 것을 요구하고 있는 기준을 현저히 위반하였다는 등의 자료를 찾아볼 수 없어 국가배상법상의 위법한 행위가 아니다(대판 2001.4.24. 2000다16114).

간단 점검하기

헌법재판소 재판관이 청구기간 내에 제기된 헌법소원심판청구 사건의 청구기간을 오인하여 각하결정을 한 경우, 이에 대한 불복절차 내지 시정절차가 없는 때에는 국가배상책임을 인정할 수 있다. (○)

ⓒ 공무원의 부작위도 직무행위에 포함된다.

> **관련판례** 공무원의 부작위
>
> 1. 공무원의 부작위로 인한 국가배상책임의 인정요건(→ 작위의무가 인정되어야 함) 및 위법성의 판단기준
>   ① 인정요건: 원칙적으로 당해 법령에 명문의 규정을 두고 있는 경우 작위의무가 인정되나, 형식적 의미의 법령에 근거가 없더라도 국민의 생명·신체·재산 등에 절박한 위험이 발생한 경우에는 그러한 위험을 배제할 작위의무를 인정할 수 있다.
>   ② 위법성의 판단기준: 예견·회피가능성 등은 종합적으로 고려하여 판단
>   공무원의 부작위로 인한 국가배상책임을 인정할 것인지 여부가 문제되는 경우에 관련 공무원에 대하여 작위의무를 명하는 법령의 규정이 없다면 공무원의 부작위로 인하여 침해된 국민의 법익 또는 국민에게 발생한 손해가 어느 정도 심각하고 절박한 것인지, 관련 공무원이 그와 같은 결과를 예견하여 그 결과를 회피하기 위한 조치를 취할 수 있는 가능성이 있는지 등을 종합적으로 고려하여 판단하여야 할 것이다(대판 1998.10.13. 98다18520).
>
> 2. 이러한 작위의무는 법규상 또는 조리상의 의무도 인정
>   국가배상책임에 있어 공무원의 가해행위는 법령을 위반한 것이어야 하고, 법령을 위반하였다 함은 엄격한 의미의 법령위반뿐 아니라 인권존중, 권력남용금지, 신의성실과 같이 공무원으로서 마땅히 지켜야 할 준칙이나 규범을 지키지 아니하고 위반한 경우를 포함해 널리 그 행위가 객관적인 정당성을 결여하고 있음을 뜻하는 것이므로, 경찰관이 범죄수사를 함에 있어 경찰관으로서 의당 지켜야 할 법규상 또는 조리상의 한계를 위반하였다면 이는 법령을 위반한 경우에 해당한다(대판 2008.6.12. 2007다64365).

(3) 고의 또는 과실
① 의미: 고의란 자신의 행위에 대한 인식과 의사가 모두 있는 것을 말하고, 과실이란 이에 대한 인식은 있으나 의사가 없는 것으로 주의의무위반이라고도 한다. 실무에서는 고의가 문제되는 경우는 거의 없고, 과실의 인정 여부가 국가배상청구소송의 주된 쟁점이라고 할 수 있다.
② 주관설과 과실개념의 객관화: 판례는 주관설에 따라, 과실을 '당해 직무를 담당하는 평균적 공무원이 통상 갖추어야 할 주의의무를 해태한 것'으로 본다.

> **관련판례**
>
> 1. 해양수산부 산하 어업관리단의 불법어로행위 특별합동단속 중 甲 등이 승선하고 있던 선박이 단속정의 추적을 피해 도주하는 과정에서 암초와 충돌하였고, 인근에서 甲이 익사한 상태로 발견되었는데, 甲의 유족들이 단속정에 승선하고 있던 감독공무원들의 구조의무 위반 등을 주장하며 국가를 상대로 손해배상을 구한 사안에서, 감독공무원들에게 직무집행상 과실이 있다고 단정하기 어렵고, 이들의 행위와 甲의 사망 사이에 상당인과관계가 있다고 볼 수도 없다(대판 2021.6.10. 2017다286874).

2. 행정청의 처분을 구하는 신청에 대하여 상당한 기간 처분 여부 결정이 지체되었다고 하여 곧바로 공무원의 고의 또는 과실에 의한 불법행위를 구성한다고 단정할 수는 없고, 행정처분의 담당 공무원이 보통 일반의 공무원을 표준으로 하여 볼 때 객관적 주의의무를 결하여 처분 여부 결정을 지체함으로써 객관적 정당성을 상실하였다고 인정될 정도에 이른 경우에 비로소 국가배상법 제2조가 정한 국가배상책임의 요건을 충족한다(대판 2015.11.27. 2013다6759).

③ **과실의 객관화 경향**: 객관설은 과실을 객관적으로 파악하여, 이를 국가작용의 흠으로 보는 입장이다. 이에 따르면 공무원의 행위가 위법하면 과실이 바로 인정된다(위법성과 과실의 일원화). 피해자의 입장에서는 입증책임을 덜 수 있기 때문에 주관설보다 객관설이 유리할 수 있다. 최근 판례 중 위법성과 과실을 일원화하여 판단한 경우가 있다.

> **관련판례**
>
> 어떠한 행정처분이 결과적으로 위법한 것으로 평가될 수 있다 하더라도 그 행정처분이 곧바로 공무원의 고의 또는 과실로 인한 것으로서 불법행위를 구성한다고 단정할 수는 없는 것이고, 객관적 주의의무를 위반함으로써 그 행정처분이 객관적 정당성을 상실하였다고 인정될 수 있는 정도에 이르러야 국가배상법 제2조가 정한 국가배상책임의 요건을 충족하였다고 봄이 타당하다. 이때 객관적 정당성을 상실하였는지 여부는 침해행위가 되는 행정처분의 태양과 목적, 피해자의 관여 여부 및 관여의 정도, 침해된 이익의 종류와 손해의 정도 등 여러 사정을 종합하여 손해의 전보책임을 국가 또는 지방자치단체에게 부담시킬 만한 실질적인 이유가 있는지 여부에 의하여 판단하여야 한다(대판 2013.11.14. 2013다206368).

④ 과실에 대한 주요 판례정리

> **관련판례**
>
> 1. 등기부 표제부 건물내역란에 건물용도가 '유치원'으로 기재되어 있고 소유자가 그곳에서 유치원을 설치·경영하고 있는 부동산에 관하여 근저당권설정등기신청 업무를 위임받은 법무사가 위 부동산이 유치원 교육에 직접 사용되는 재산으로서 담보로 제공될 수 없다는 사실을 알지 못한 채 업무를 수행하여 근저당권설정등기가 마쳐짐으로써 그 등기를 유효한 것으로 믿은 의뢰인이 부동산 소유자에게 대여금을 지급하는 손해를 입은 사안에서, 법무사는 의뢰인에게 위 손해를 배상할 책임이 있다는 사례
>
> 법무사는 등기사무에 관한 한 전문적인 식견을 가진 사람으로서, 일반인이 등기업무를 법무사에게 위임하는 것은 그러한 전문가인 법무사에 대한 기대와 신뢰를 바탕으로 하는 것이므로, 비록 등기업무와 관련된 법무사의 주된 직무 내용이 서류 작성과 신청대리에 있다 하여도, 직무를 수행하는 과정에서 의뢰인의 지시에 따르는 것이 위임 취지에 적합하지 않거나 오히려 의뢰인에게 불이익한 결과가 되는 것이 드러난 경우에는 법무사법에서 정한 직무의 처리와 관련되는 범위 안에서 그러한 내용을 의뢰인에게 알리고 의뢰인의 진정한 의사를 확인함과 아울러 적절한 방법으로 의뢰인이 진정으로 의도하는 등기가 적정하게 되도록 설명 내지 조언을 할 의무가 있다(대판 2011.9.29. 2010다5892).

2. 甲 주식회사가 고층 아파트 신축사업을 계획하고 토지를 매수한 다음 乙 지방자치단체와 협의하여 사업계획 승인신청을 하였고, 수개월에 걸쳐 乙 지방자치단체의 보완 요청에 응하여 사업계획 승인에 필요한 요건을 갖추었는데, 乙 지방자치단체의 장이 위 사업계획에 관하여 부정적인 의견을 제시한 후, 乙 지방자치단체가 甲 회사에 주변 경관 등을 이유로 사업계획 불승인처분을 한 사안에서, <u>乙 지방자치단체의 담당 공무원이 경관 훼손 여부를 검토하기 위해 수행한 업무는 현장실사를 나가 사진을 촬영하여 분석자료를 작성한 것이 전부이고, 그 분석자료의 내용이 실제에 부합하는 방식으로 작성되었다고 볼 수 없는 등 위 불승인처분은 경관 훼손에 관한 객관적인 검토를 거치지 않은 채 이루어진 것으로 볼 수 있고</u>, 사업계획 승인 업무의 진행경과, 위 사업의 규모와 경관 훼손 여부를 판단하기 위한 합리적이고 신중한 검토 필요성 등에 비추어, 담당 공무원의 업무 수행은 보통 일반의 공무원을 표준으로 하여 볼 때 객관적 주의의무를 소홀히 한 것이므로, 乙 지방자치단체의 국가배상책임이 인정된다(대판 2021.6.30. 2017다249219).

3. 구 부동산소유권 이전등기 등에 관한 특별조치법(2006.12.26. 법률 제8080호로 개정되기 전의 것)에 따라 확인서 발급신청을 접수한 대장소관청 담당공무원 甲이 현장조사를 하면서 토지 주변에 인적이 드물다는 이유로 인근 거주 주민의 의견청취를 생략한 채 허위 내용으로 작성된 보증서에 따라 확인서를 발급함으로써 이에 터 잡아 이루어진 등기를 신뢰하여 거래한 금융기관이 손해를 입은 사안에서, 구 부동산소유권 이전등기 등에 관한 특별조치법 시행령에서 현장조사 당시 인근 거주 주민의 부재로 의견을 들을 수 없을 때는 그 취지를 기재하고 의견청취를 생략할 수 있도록 규정하고 있는데, 위 토지 인근에 인가가 없고 甲이 현장조사를 나갔으나 인근에서 주민을 만나지 못하자 인근 주민의 의견청취를 생략하고 그 취지를 현장조사보고서에 기재한 사실 등 여러 사정에 비추어, 甲이 동일한 업무를 담당하는 평균적 공무원이 보통 갖추어야 할 통상의 주의의무만 기울였어도 보증사실과 실제의 권리관계가 다르다는 점을 알 수 있었음에도 이를 간과한 채 확인서를 발급한 것이라고 볼 수 없다(대판 2012.2.9. 2011다35210).

4. (재량의 경우) 구체적인 경우 어느 행정처분을 할 것인가에 관하여 행정청 내부에 일응의 기준을 정해 둔 경우 그 기준에 따른 행정처분을 하였다면 이에 관여한 공무원에게 그 직무상의 과실이 있다고 할 수 없다(대판 2002.5.10. 2001다62312).

5. 집행법원이나 경매담당 공무원이 직무상의 의무를 위반하여 매각물건명세서에 매각대상 부동산의 현황과 권리관계에 관한 사항을 제출된 자료와 다르게 작성하거나 불분명한 사항에 관하여 잘못된 정보를 제공함으로써 매수인의 매수신고가격 결정에 영향을 미쳐 매수인으로 하여금 불측의 손해를 입게 하였다면, 국가는 이로 인하여 매수인에게 발생한 손해에 대한 배상책임을 진다고 할 것이다(대판 2008.1.31. 2006다913).

6. 집행법원이나 경매담당 공무원이 위와 같은 직무상의 의무를 위반하여 매각물건명세서에 매각대상 부동산의 현황과 권리관계에 관한 사항을 제출된 자료와 다르게 작성하거나 불분명한 사항에 관하여 잘못된 정보를 제공함으로써 매수인의 매수신고가격 결정에 영향을 미쳐 매수인으로 하여금 불측의 손해를 입게 하였다면, 국가는 이로 인하여 매수인에게 발생한 손해에 대한 배상책임을 진다(대판 2010.6.24. 2009다40790).

7. **경찰관이 범인을 검거하면서 가스총을 근접 발사하여 가스와 함께 발사된 고무마개가 범인의 눈에 맞아 실명한 경우 국가배상책임 인정**

   경찰관은 범인의 체포 또는 도주의 방지, 타인 또는 경찰관의 생명·신체에 대한 방호, 공무집행에 대한 항거의 억제를 위하여 필요한 때에는 최소한의 범위 안에서 가스총을 사용할 수 있으나, 가스총은 통상의 용법대로 사용하는 경우 사람의 생명 또는 신체에 위해를 가할 수 있는 이른바 위해성 장비로서 그 탄환은 고무마개로 막혀 있어 사람에게 근접하여 발사하는 경우에는 고무마개가 가스와 함께 발사되어 인체에 위해를 가할 가능성이 있으므로, 이를 사용하는 경찰관으로서는 인체에 대한 위해를 방지하기 위하여 상대방과 근접한 거리에서 상대방의 얼굴을 향하여 이를 발사하지 않는 등 가스총 사용시 요구되는 최소한의 안전수칙을 준수함으로써 장비 사용으로 인한 사고 발생을 미리 막아야 할 주의의무가 있다고 할 것이다(대판 2003.3.14. 2002다57218).

8. 교도소의 의무관은 교도소 수용자에 대한 진찰·치료 등의 의료행위를 하는 경우 수용자의 생명·신체·건강을 관리하는 업무의 성질에 비추어 환자의 구체적인 증상이나 상황에 따라 위험을 방지하기 위하여 요구되는 최선의 조치를 행하여야 할 주의의무가 있다. 당뇨병 환자인 교도소 수용자가 당뇨병의 합병증인 당뇨병성 망막병증으로 인한 시력저하를 호소하였으나 교도소 의무관이 적절한 치료와 조치를 취하지 아니하여 수용자의 양안이 실명 상태에 이르게 된 데 대하여 교도소 의무관의 주의의무위반을 인정한 사례(대판 2005.3.10. 2004다65121)

9. 자살예방 및 생명존중문화 조성을 위한 법률과 장병의 자살예방 대책과 관련한 부대관리훈령 등의 규정 내용을 종합하면, 자살우려자 식별과 신상파악·관리·처리의 책임이 있는 각급 부대의 지휘관 등 관계자는 장병의 자살을 예방하기 위해 마련된 부대관리훈령 등의 관련 규정을 준수하여 자살이 우려되는 장병을 식별하고 장병의 신상을 파악하려고 노력하고, 자살의 가능성이 확인된 장병에 대해서는 정신과 군의관의 진단 등을 거쳐 그 결과에 따라 해당 장병을 적절하게 관리하는 등의 조치를 취하여 자살 등의 사고를 미리 방지하고 그가 신체적·정신적 건강을 회복할 수 있도록 할 의무가 있다. 각급 부대의 관계자가 위와 같은 자살예방 관련 규정에 따라 필요한 조치를 취하지 않은 상황에서 소속 장병의 자살 사고가 발생한 경우, 자살 사고가 발생할 수 있음을 예견할 수 있었고 그러한 조치를 취했을 경우 자살 사고의 결과를 회피할 수 있었다면, 특별한 사정이 없는 한 해당 관계자의 직무상 의무 위반과 이에 대한 과실이 인정되고, 국가는 국가배상법 제2조 제1항에 따라 배상책임을 진다(대판 2020.5.28. 2017다211559). → 해군 기초군사교육단에 입소하여 교육을 받은 후 하사로 임관한 甲이 해군교육사령부에서 받은 인성검사에서 '부적응, 관심, 자살예측'이라는 결과가 나왔으나, 甲의 소속 부대 당직소대장 乙은 위 검사 결과를 교관 등에게 보고하지 않았고, 甲은 그 후 실시된 면담 및 검사에서 특이사항이 없다는 판정을 받고 신상등급 C급(신상에 문제점이 없는 자)으로 분류되었는데 함선 근무 중 자살한 사안

   비교판례 육군 공병단에서 근무하던 초임하사가 영내에서 자살한 사안에서, 위 공병단 지휘관 등이 망인의 부대 적응을 도와 주지 않은 잘못이 있다고 볼 수 없고, 다만 육군규정을 숙지하지 못하고 위 규정에 규정된 기간을 초과하여 망인으로 하여금 영내거주를 하도록 한 과실은 있으나, 영내생활이

다소 길어지게 되었다는 사정만으로 스스로 자신의 삶을 마감하는 방법을 선택한다는 것은 극히 이례적인 경우라 할 것이어서, 위 공병단 공무원의 위와 같은 업무상 잘못으로 망인이 자살할 수도 있다는 특별한 사정에 관한 예견가능성을 인정하기는 어렵고, 따라서 위 업무집행상의 잘못과 망인의 사망 사이에 상당인과관계가 있다고 볼 수 없다(대판 2011.1. 27. 2010다74416).

10. 등기신청의 첨부 서면으로 제출한 판결서가 위조된 것으로서 그 기재 사항 및 기재 형식이 일반적인 판결서의 작성 방식과 다르다는 점만을 근거로 판결서의 진정성립에 관하여 자세한 확인절차를 하지 않은 등기관의 직무상의 주의의무위반을 이유로 국가배상책임을 부정한 사례

판결서를 첨부 서면으로 한 등기신청을 접수한 등기관으로서는 등기신청에 필요한 서면이 모두 제출되었는지 여부, 그 서면 자체에 요구되는 형식적 사항이 구비되었는지 여부, 특히 확정된 판결서의 당사자 및 주문의 표시가 등기신청의 적법함을 뒷받침하고 있는지 여부 등을 제출된 서면과 등기부의 상호 대조 등의 방법으로 모두 심사한 이상 그 형식적 심사의무를 다하였다고 할 것이고, 위 판결서에 법률이 정한 기재 사항이 흠결되어 있거나 조잡하게 기재되어 있는 등 그 외형과 작성 방법에 비추어 위조된 것이라고 쉽게 의심할 만한 객관적 상황도 존재하지 않는 경우, 등기관이 판결서의 기재 사항 중 신청된 등기의 경료와 직접적으로 관련되어 있는 것도 아니고, 그 기재 방법의 차이로 인하여 판결의 효력에 어떠한 영향도 주지 않는 기재 사항까지 일일이 검토하여 그것이 재판서양식에 관한 예규 및 일반적인 작성 관행 등에서 벗어난 것인지 여부를 파악한 다음 이를 토대로 그 위조 여부에 관하여 보다 자세한 확인을 하여야 할 주의의무가 있다고는 할 수 없다(대판 2005.2.25. 2003다13048).

⑤ **위법과 과실과의 관계**: 국가배상법은 '고의 또는 과실로 법령을 위반하여'라고 하여 과실과 위법성을 다른 요건으로서 구별하고 있다.

> **관련판례**
> 법령에 대한 해석이 복잡, 미묘하여 워낙 어렵고, 이에 대한 학설, 판례조차 귀일되어 있지 않는 등의 특별한 사정이 없는 한 일반적으로 공무원이 관계법규를 알지 못하거나 필요한 지식을 갖추지 못하고 법규의 해석을 그르쳐 행정처분을 하였다면 그가 법률전문가 아닌 행정직 공무원이라고 하여 과실이 없다고는 할 수 없는바, 서울특별시 중구청장이 미성년자인 남녀의 혼숙행위를 이유로 숙박업 영업허가를 취소하였다면 서울특별시는 국가배상법상의 손해배상책임이 있다(대판 1981.8.25. 80다1598).

(4) **법령위반 – 위법성**
① **법령위반의 개념**: 공무원의 행위는 법령에 위반한 것이어야 한다. 법령의 의미에 관해서 협의설과 광의설로 나누어진다. 협의설은 좁은 의미의 법령(헌법·법률·법규명령·자치법규)만을 의미하며, 광의설은 그 외에도 조리법(인권존중·권리남용금지·신의성실·평등·비례·공서양속 등)을 포함하여 널리 객관적 정당성을 결한 행위라고 한다. 양자 중 광의설이 통설·판례의 입장으로 보인다.

> **관련판례** 법령의 범위에 대해 광의설의 입장을 보이는 판례
>
> 국가배상책임에 있어 공무원의 가해행위는 법령을 위반한 것이어야 하고, 법령을 위반하였다 함은 엄격한 의미의 법령 위반뿐 아니라 인권존중, 권력남용금지, 신의성실과 같이 공무원으로서 마땅히 지켜야 할 준칙이나 규범을 지키지 아니하고 위반한 경우를 포함하여 널리 그 행위가 객관적인 정당성을 결여하고 있음을 뜻하는 것이므로, 경찰관이 범죄수사를 함에 있어 경찰관으로서 의당 지켜야 할 법규상 또는 조리상의 한계를 위반하였다면 이는 법령을 위반한 경우에 해당한다(대판 2008.6.12. 2007다64365).

따라서 광의설에 의한 '법령위반'의 개념은 취소소송에 있어서의 처분 '위법성'보다 넓은 개념이 되는바, 이는 취소소송은 위법한 행정처분의 효력을 상실시키는 것을 목적으로 하는 것이지만, 국가배상제도는 국가 등의 가해행위로 발생한 결과인 손해의 전보를 목적으로 하는 것이라는 차이에 기인한다.

② 위법성에 관한 주요 판례

㉠ **법관의 재판**: 법관의 재판에 법령의 규정을 따르지 아니한 잘못이 있다 하더라도 이로써 바로 그 재판상 직무행위가 국가배상법 제2조 제1항에서 말하는 위법한 행위로 되어 국가의 손해배상책임이 발생하는 것은 아니고, 당해 법관이 위법 또는 부당한 목적을 가지고 재판을 하는 등 법관이 그에게 부여된 권한의 취지에 명백히 어긋나게 이를 행사하였다고 인정할 만한 특별한 사정이 있어야 위법한 행위가 되어 국가배상책임이 인정된다(대판 2001.10.12. 2001다47290).

㉡ **입법작용**: 국회의원의 입법행위는 그 입법 내용이 헌법의 문언에 명백히 위배됨에도 불구하고 국회가 굳이 당해 입법을 한 것과 같은 특수한 경우가 아닌 한 국가배상법 제2조 제1항 소정의 위법행위에 해당한다고 볼 수 없다(대판 2008.5.29. 2004다33469).

㉢ **부작위**: 부작위에 의한 국가배상에서 부작위는 행정권에게 작위의무가 있음에도 불구하고 이를 행하지 아니한 부작위를 의미한다. 부작위는 이처럼 작위의무의 존재를 전제로 한다. 판례에 따르면 작위의무는 법령상뿐만 아니라, 조리상으로도 발생할 수 있다.

> **관련판례**
>
> 원칙적으로 공무원이 관련 법령대로만 직무를 수행하였다면 그와 같은 공무원의 부작위를 가지고 '고의 또는 과실로 법령에 위반'하였다고 할 수는 없을 것이므로, 공무원의 부작위로 인한 국가배상책임을 인정할 것인지 여부가 문제되는 경우에 관련 공무원에 대하여 작위의무를 명하는 법령의 규정이 없다면 공무원의 부작위로 인하여 침해된 국민의 법익 또는 국민에게 발생한 손해가 어느 정도 심각하고 절박한 것인지, 관련 공무원이 그와 같은 결과를 예견하여 그 결과를 회피하기 위한 조치를 취할 수 있는 가능성이 있는지 등을 종합적으로 고려하여 판단하여야 한다(대판 1998.10.13. 98다18520).

한편, 재량행위인 경우에도 행정권의 불행사가 현저하게 불합리하다고 인정되는 경우에는 직무상 의무를 위반한 것으로 위법성이 인정된다.

> **관련판례** 부작위로 인한 배상책임 인정사례
>
> 1. 1·21사태시에 무장공비가 출현하여 그 공비와 격투 중에 있는 가족구성원인 청년이 위협받고 있던 경우에, 다른 가족구성원이 경찰에 세 차례나 출동을 요청하였음에도 불구하고 파출소 소장, 순경, 육군장교 등이 파출소에서 합동대기하고 있는 중, 즉시 출동하지 않아 사살된 사건에서 군경공무원들의 직무 부작위와 청년의 사망 사이에는 인과관계가 인정된다(대판 1971.4.6. 71다124).
>
> 2. 지방자치단체 소유의 임야에 주민들이 무허가로 주택을 지어 살고 있더라도 그에 대하여 관리행정을 실시해 온 이상 그 자치단체로서는 주택가에 돌출하여 위험이 예견되는 자연암벽이 있으면 복지행정의 집행자로서 이를 사전에 제거하여야 할 의무가 있고, 그 의무를 해태한 부작위로 인하여 붕괴사고가 일어나서 주민들이 손해를 입었다면 이를 배상할 책임이 있다(대판 1980.2.26. 79다2341).
>
> 3. 주점에서 발생한 화재로 사망한 甲 등의 유족들이 乙 광역시를 상대로 손해배상을 구한 사안에서, 소방공무원들이 소방검사에서 비상구 중 1개가 폐쇄되고 그곳으로 대피하도록 유도하는 피난구유도등, 피난안내도 등과 일치하지 아니하게 됨으로써 화재 시 피난에 혼란과 장애를 유발할 수 있는 상태임을 발견하지 못하여 업주들에 대한 시정명령이나 행정지도, 소방안전교육 등 적절한 지도·감독을 하지 아니한 것은 구체적인 소방검사 방법 등이 소방공무원의 재량에 맡겨져 있음을 감안하더라도 현저하게 합리성을 잃어 사회적 타당성이 없는 경우에 해당한다(대판 2016.8.25. 2014다225083).
>
> 4. 선박안전법이나 유선및도선업법의 각 규정은 공공의 안전 외에 일반인의 인명과 재화의 안전보장도 그 목적으로 하는 것이라고 할 것이므로 국가 소속 선박검사관이나 시 소속 공무원들이 직무상 의무를 위반하여 시설이 불량한 선박에 대하여 선박중간검사에 합격하였다 하여 선박검사증서를 발급하고, 해당 법규에 규정된 조치를 취함이 없이 계속 운항하게 함으로써 화재사고가 발생한 것이라면, 화재사고와 공무원들의 직무상 의무위반행위와의 사이에는 상당인과관계가 있다(대판 1993.2.12. 91다43466).
>
> 5. 윤락녀들이 윤락업소에 감금된 채로 윤락을 강요받으면서 생활하고 있음을 쉽게 알 수 있는 상황이었음에도, 경찰관이 이러한 감금 및 윤락강요행위를 제지하거나 윤락업주들을 체포·수사하는 등 필요한 조치를 취하지 아니하고 오히려 업주들로부터 뇌물을 수수하며 그와 같은 행위를 방치한 것은 경찰관의 직무상 의무에 위반하여 위법하므로 국가는 이로 인한 정신적 고통에 대하여 위자료를 지급할 의무가 있다(대판 2004.9.23. 2003다49009).
>
> 6. 토석채취공사 도중 경사지를 굴러 내린 암석이 가스저장시설을 충격하여 화재가 발생한 사안에서, 토지형질변경허가권자에게 허가 당시 사업자로 하여금 위해방지시설을 설치하게 할 의무를 다하지 아니한 위법과 작업 도중 구체적인 위험이 발생하였음에도 작업을 중지시키는 등의 사고예방조치를 취하지 아니한 위법이 있다(대판 2001.3.9. 99다64278).

7. 경찰관이 농민들의 시위를 진압하고 시위과정에 도로 상에 방치된 트랙터 1대에 대하여 이를 도로 밖으로 옮기거나 후방에 안전표지판을 설치하는 것과 같은 위험발생방지조치를 취하지 아니한 채 그대로 방치하고 철수하여 버린 결과, 야간에 그 도로를 진행하던 운전자가 위 방치된 트랙터를 피하려다 다른 트랙터에 부딪혀 상해를 입은 사안에서 국가배상책임을 인정한 사례(대판 1998.8.25. 98다16890)

8. 국가공무원의 직무상 의무 위반에 따른 부작위로 인하여 수용자들이 탈주함으로써 헌병대 영창에서 탈주한 군인들이 민가에 침입하여 저지른 범죄행위(대판 2003.2.14. 2002다62678)

   비교판례 군병원에 입원중이던 사병들이 탈영하여 강도살인행위를 한 경우에 있어 위 병원의 일직사령과 당직 군의관이 위 사병들의 탈영을 방지하지 못한 당직의무를 해태한 과실이 있을지라도 이는 위 탈영병들의 강도살인 행위와 상당인과 관계가 있다고까지는 볼 수 없다(대판 1988.12.27. 87다카2293).

9. 인감증명은 인감 자체의 동일성을 증명함과 동시에 거래행위자의 동일성과 거래행위가 행위자의 의사에 의한 것임을 확인하는 자료로서 일반인의 거래상 극히 중요한 기능을 갖고 있으므로, 인감증명사무를 처리하는 공무원으로서는 그것이 타인과의 권리·의무에 관계되는 일에 사용될 것을 예상하여 그 발급된 인감증명으로 인한 부정행위의 발생을 방지할 직무상의 의무가 있고, 따라서 발급된 허위의 인감증명에 의하여 그 인감명의인과 계약을 체결한 자가 그로 인한 손해를 입었다면 위 인감증명의 교부와 그 손해 사이에는 상당인과관계가 있다(대판 2008.7.24. 2006다63273).

10. 공익근무요원의 지위, 복무사항 및 복무형태, 지휘·감독관계에 비추어, 복무기관장이나 담당공무원에게 그 기관에 소속된 공익근무요원들의 소속기관 내에서 복무활동과 관련하여 이들 상호간에 상하 위계질서를 바로잡는다는 명목으로 발생할 수 있는 구타 등의 폭력사고를 방지할 감독의무가 있음에도 복무기관장이나 담당공무원이 이와 같은 감독의무를 게을리 한 과실로 공익근무요원들 간의 구타사고가 발생하였다는 이유로, 그로 인한 손해에 대한 국가의 배상책임을 인정한 사례(대판 2002.11.26. 2002다43165)

11. 부랑인선도시설 및 정신질환자요양시설에 대한 지도·감독 업무를 담당하는 공무원이 위 시설에서 수용자들에 대하여 폭행 등의 부당한 대우가 있음을 알았거나 쉽게 알 수 있었음에도 불구하고 이와 관련하여 필요한 조치를 취하지 아니한 부작위의 경우 이러한 직무상의 부작위는 현저히 합리성을 결한 것으로서 위법하다(대판 2006.7.28. 2004다759).

관련판례 부작위로 인한 배상책임 부정사례

1. 경찰관이 그때그때의 상황에 따라 그 정신질환자를 훈방하거나 일시 정신병원에 입원시키는 등 경찰관직무집행법의 규정에 의한 긴급구호조치를 취하였고, 정신질환자가 퇴원하자 정신병원에서의 장기 입원치료를 받는 데 도움이 되도록 생활보호대상자 지정의뢰를 하는 등 그 나름대로의 조치를 취한 이상, 더 나아가 경찰관들이 정신질환자의 살인범행 가능성을 막을 수 있을 만한 다른 조치를 취하지 아니하였거나 입건·수사하지 아니하였다고 하여 이를 법령에 위반하는 행위에 해당한다고 볼 수 없다(대판 1996.10.25. 95다45927).

2. 국가 산하 검사기관이 실시한 일련의 정기검진 결과 중에서 일부가 음성으로 판정된 적이 있음에도 불구하고 위 검사기관이 이를 본인에게 통보하지 않고 그에 따른 후속조치도 없었더라도, 에이즈 검사 결과 양성으로 판정된 후 자의로 보건당국의 관리를 벗어나 특수업태부를 한 경우 국가의 위자료 지급의무를 부정한 사례(대판 1998.10.13. 98다18520)

3. 어린이가 '미니컵 젤리'를 먹다가 질식하여 사망한 사안에서, 관계 공무원이 그러한 위험성을 인식하거나 예견하기 어려웠던 점 등 여러 사정을 고려하여 보면, 식품의약품안전청장 및 관계 공무원이 위 사고 발생 시까지 구 식품위생법(2005.1.27. 법률 제7374호로 개정되기 전의 것)상의 규제 권한을 행사하여 미니컵 젤리의 수입·유통 등을 금지하거나 그 기준과 규격, 표시 등을 강화하고 그에 필요한 검사 등을 실시하는 조치를 취하지 않은 것이 현저하게 합리성을 잃어 사회적 타당성이 없다거나 객관적 정당성을 상실하여 위법하다고 할 수 있을 정도에까지 이르렀다고 보기 어렵고, 그 권한 불행사에 과실이 있다고 할 수도 없다(대판 2010.9.9. 2008다77795).

4. 경찰 당국이 이 사건 시위의 과정에서 화염병의 사용을 예상할 수 있었는데도, 원심판시와 같이 시위 장소 부근에 화염병 차단을 위한 방호망을 설치하지 않았다거나, 출동한 경찰관들의 일부로 하여금 화염병이 어느 곳에 떨어지는지에 대하여 주의를 기울이게 하여 그 불길이 주민의 재산으로 번져나가지 않도록 막지 아니하였고, 만약의 화재에 대비하여 소방차를 주변에 대기시키지 않았다고 할지라도, 그러한 사정만으로 이 사건 시위진압을 위한 경찰관들의 직무집행이 그 시위의 태양 및 시위 장소의 상황 등에서 예측되는 피해 발생의 구체적 위험성의 내용에 비추어 시위진압의 방법 등이 현저히 합리성을 결한 것으로서 위법한 것이라고는 볼 수 없다 할 것이다(대판 1997.7.25. 94다2480). → 경찰관들의 시위진압에 대항하여 시위자들이 던진 화염병에 의하여 발생한 화재로 인하여 손해를 입은 약국의 국가배상청구를 부정

ㄹ **행정규칙 위반**: 행정규칙은 대외적 구속력을 가지고 있지 못하므로, 원칙상 행정규칙 위반으로는 가해행위가 위법하다고 할 수 없다. 공무원의 행위가 위법한지 여부는 행정규칙에 따를 것이 아니라 상위법령의 규정과 입법 목적에 적합한지 여부에 따라 판단해야 한다.

관련판례

상급행정기관이 소속 공무원이나 하급행정기관에 대하여 업무처리지침이나 법령의 해석·적용 기준을 정해 주는 '행정규칙'은 일반적으로 행정조직 내부에서만 효력을 가질 뿐 대외적으로 국민이나 법원을 구속하는 효력이 없다. 공무원의 조치가 행정규칙을 위반하였다고 해서 그러한 사정만으로 곧바로 위법하게 되는 것은 아니고, 공무원의 조치가 행정규칙을 따른 것이라고 해서 적법성이 보장되는 것도 아니다. 공무원의 조치가 적법한지는 행정규칙에 적합한지 여부가 아니라 상위법령의 규정과 입법 목적 등에 적합한지 여부에 따라 판단해야 한다(대판 2020.5.28. 2017다211559).

ⓒ 기타 중요판례

관련판례 위법성 인정 판례

1. 수사기관이 법령에 의하지 않고는 변호인의 접견교통권을 제한할 수 없다는 것은 대법원이 오래전부터 선언해 온 확고한 법리로서 변호인의 접견신청에 대하여 허용 여부를 결정하는 수사기관으로서는 마땅히 이를 숙지해야 한다. 이러한 법리에 반하여 변호인의 접견신청을 허용하지 않고 변호인의 접견교통권을 침해한 경우에는 접견 불허결정을 한 공무원에게 고의나 과실이 있다고 볼 수 있다(대판 2018.12.27. 2016다266736).

2. 경찰관이 폭행사고 현장에 도착한 후 가해자를 피해자와 완전히 격리하고, 흉기의 소지 여부를 확인하는 등 적절한 다른 조치를 하지 않은 것이 피해자에게 발생한 피해의 심각성 및 절박한 정도 등에 비추어 현저하게 불합리하여 위법하므로, 국가는 위 경찰관의 직무상 과실로 말미암아 발생한 후속 살인사고로 인하여 피해자 및 그 유족들이 입은 손해를 배상할 책임이 있다(대판 2010.8.26. 2010다37479).

3. 성폭력범죄의 담당 경찰관이 경찰서에 설치되어 있는 범인식별실을 사용하지 않고 공개된 장소인 형사과 사무실에서 피의자들을 한꺼번에 세워 놓고 나이 어린 학생인 피해자에게 범인을 지목하도록 한 행위가 국가배상법상의 '법령 위반' 행위에 해당한다(대판 2008.6.12. 2007다64365).

4. 당뇨병 환자인 교도소 수용자가 당뇨병의 합병증인 당뇨병성 망막병증으로 인한 시력저하를 호소하였으나 교도소 의무관이 적절한 치료와 조치를 취하지 아니하여 수용자의 양안이 실명상태에 이르게 된 데 대하여 교도소 의무관의 주의의무위반을 인정하여 국가배상을 인정한 사례(대판 2005.3.10. 2004다65121)

5. 변호사인 乙 등이 甲에 대한 변호인 선임을 의뢰받고 9차례에 걸쳐 甲에 대한 변호인접견을 신청하였으나, 국가정보원장과 국가정보원 소속 수사관이 乙 등의 접견신청을 모두 불허하였고, 이에 乙 등이 국가를 상대로 변호인접견교통권 침해를 이유로 손해배상을 구한 사안에서, 국가정보원장이나 국가정보원 수사관이 변호인인 乙 등의 甲에 대한 접견교통신청을 허용하지 않은 것은 변호인의 접견교통권을 침해한 위법한 직무행위에 해당하므로, 국가는 乙 등이 입은 정신적 손해를 배상할 책임이 있다(대판 2018.12.27. 2016다266736).

관련판례 위법성 부정 판례

1. 경찰관이 교통법규 등을 위반하고 도주하는 차량을 순찰차로 추적하는 직무를 집행하는 중에 그 도주 차량의 주행에 의하여 제3자가 손해를 입은 경우, 경찰관의 추적행위는 위법하지 않다(대판 2000.11.10. 2000다26807·26814).

2. 경찰관이 음주운전 단속시 운전자의 요구에 따라 곧바로 채혈을 실시하지 않은 채 호흡측정기에 의한 음주측정을 하고 1시간 12분이 경과한 후에야 채혈을 하였다는 사정만으로는 위 행위가 법령에 위배된다거나 객관적 정당성을 상실하여 운전자가 음주운전 단속과정에서 받을 수 있는 권익이 현저하게 침해되었다고 단정하기 어렵다(대판 2008.4.24. 2006다32132).

3. 甲 주식회사가 乙 지방자치단체에 하천부지에 잔디실험연구소를 설치하는 내용이 포함된 사업계획서를 제출하면서 하천점용허가를 신청하여 점용허가를 받은 후 하천부지에 컨테이너를 설치하였는데, 乙 지방자치단체가 하천부지가 개발제한구역에 해당함에도 甲 회사가 개발제한구역의 지정 및 관리에 관한 특별조치법 제12조에서 정한 행위허가를 받지 않은 채 컨테이너를 설치하였다는 이유로 하천점용허가를 취소한 사안에서, 乙 지방자치단체 소속 담당 공무원의 행위를 위법한 행위라고 볼 수는 없어 국가배상책임을 인정하지 않은 사례(대판 2017.6.29. 2017다211726)

4. 토지가 구 소하천정비법에 의하여 소하천구역으로 적법하게 편입된 경우 그로 인하여 그 토지의 소유자가 사용·수익에 관한 권리행사에 제한을 받아 손해를 입고 있다고 하더라도 구 소하천정비법 제24조에서 정한 절차에 따라 손실보상을 청구할 수 있음은 별론으로 하고, 관리청의 제방 부지에 대한 점유를 권원 없는 점유와 같이 보아 손해배상이나 부당이득의 반환을 청구할 수 없다(대판 2021.12.30. 2018다284608).

(5) 타인에게 손해가 발생할 것

손해란 법익이 침해된 경우를 의미한다. 판례 역시 법률상 이익을 요구하고 있다. 이때의 손해에는 재산적 손해·비재산적 손해, 적극적 손해·소극적 손해(기대이익, 일실이익의 상실) 등이 모두 포함된다. 불법행위에 의하여 재산권이 침해된 경우, 그로 인한 정신적 손해에 대한 위자료(정신적 고통에 대한 배상)도 배상의 대상에 포함된다.

> **손해3분설**
> 1. 재산상 손해: 적극적 손해, 소극적 손해
> 2. 정신상 손해: 위자료

관련판례

1. 불법행위를 이유로 배상하여야 할 손해는 현실로 입은 확실한 손해에 한하므로, 불법행위로 인하여 피해자가 제3자에 대하여 채무를 부담하게 된 경우 채권자가 채무자에게 그 채무액 상당의 손해배상을 구하기 위해서는 채무의 부담이 현실적·확정적이어서 실제로 변제하여야 할 성질의 것이어야 하고, 현실적으로 손해가 발생하였는지 여부는 사회통념에 비추어 객관적이고 합리적으로 판단하여야 한다(대판 1992.11.27. 92다29948).

2. 국가배상책임이 성립하기 위해서는 공무원의 직무집행이 위법하다는 점만으로는 부족하고, 그로 인해 타인의 권리·이익이 침해되어 구체적 손해가 발생하여야 한다. … 진주의료원은 이 사건 폐업결정 후 더 이상 의사들을 채용하지 않고, 2013.3. 중순부터 의료서비스에 필요한 인력과 시설 등을 의도적으로 줄이는 한편, 경상남도청 소속 공무원들이 입원환자들이나 보호자들을 개별적으로 접촉하여 퇴원·전원을 회유·종용한 사정은 인정되나, ① 그 회유·종용이 협박이나 강압의 수준에 이르지는 않았던 점, ② 퇴원·전원을 거부하고 남아있는 입원환자들에 대해서는 진료를 중단·거부하지 않고 계속 제공하였던 점, ③ 피고 3이 경상남도지사로서 정책적 판단에 따라 진주의료원 폐업을 결정하였고 이것이 위법하지 않은 이상 그에 따른 후속조치로서 입원환자들에게 퇴원·전원을 회유·종용한 행위를 위법하다고는 볼 수 없는 점을 종합하면, 진주의료원의 폐업 과정에서 입원환자들에게 행해진 퇴원·전원 회유·종용 등의 조치가 불법행위에 해당한다고는 볼 수 없다고 판단하였다(대판 2016.8.30. 2015두60617).

3. 甲 등이 토지 위에 건축물을 신축하면서 乙 지방자치단체에 건축신고를 하였는데, 乙 지방자치단체 소속 공무원이 위 토지가 군사기지 및 군사시설 보호법상 폭발물 관련 제한보호구역으로 지정되어 있었음에도 관할부대장에게 협의요청을 하지 않은 채 건축신고를 수리하였고, 이후 관할부대장이 공사중지 등을 요청하여 乙 지방자치단체가 甲에게 건축물 신축을 중지하라는 명령을 내리자, 甲 등이 乙 지방자치단체를 상대로 건축신고 수리가 적법하게 이루어진 것으로 믿고 건축물의 신축에 이르렀다가 이를 철거해야 할 의무를 지게 되었다는 이유로 손해배상을 구한 사안

가해자가 행한 불법행위로 인하여 피해자에게 어떤 행정처분이 부과되고 확정되었다면 그 행정처분에 중대하고 명백한 하자가 있어 무효로 되지 아니한 이상 행정처분의 당사자인 피해자는 이를 이행할 의무를 부담하게 된다. 따라서 행정처분의 이행에 비용이 발생하는 경우에는 특별한 사정이 없는 한 행정처분 당시에 그 비용 상당의 손해가 현실적으로 발생한 것으로 볼 수 있다. 그러나 행정처분이 있은 이후 행정처분을 이행하기 어려운 장애사유가 있어 오랫동안 이행이 이루어지지 않았고, 해당 행정관청에서도 이러한 사정을 참작하여 그 이행을 강제하기 위한 조치를 취하지 않고 불이행된 상태를 방치하는 등 특별한 사정이 있는 경우에는 손해가 현실화되었다고 인정하는 데 보다 신중할 필요가 있다. … 그리고 불법행위로 인한 손해배상청구에서 위와 같은 손해의 발생 사실은 행정처분을 받은 당사자인 피해자가 이를 증명하여야 한다(대판 2020.10.15. 2017다278446).

(6) 인과관계

가해행위와 손해와의 사이에 상당인과관계가 인정되어야 한다. 상당인과관계란 경험칙상 선행행위로서 어떤 원인이 있으면 일반적으로 초래되는 후행행위로서 어떤 결과를 말한다. 우리 판례는 상당인과관계의 유무를 판단함에 있어서는 일반적인 결과 발생의 개연성은 물론이고, 더 나아가 직무상 의무를 부과하는 법령 기타 행동규범의 목적이나 가해행위의 태양 및 피해의 정도 등 구체적인 사정을 종합적으로 고려하여야 한다는 입장이다. 한편, 국가배상청구권은 개인적 공권의 일종이므로, 사익보호성이 요구된다.

관련판례

1. 일반적으로 국가 또는 지방자치단체가 권한을 행사할 때에는 국민에 대한 손해를 방지하여야 하고, 국민의 안전을 배려하여야 하며, 소속 공무원이 전적으로 또는 부수적으로라도 국민 개개인의 안전과 이익을 보호하기 위하여 법령에서 정한 직무상 의무를 위반하여 국민에게 손해를 가하면 상당인과관계가 인정되는 범위 안에서 국가 또는 지방자치단체가 배상책임을 부담하는 것이지만, 공무원이 직무를 수행하면서 근거되는 법령의 규정에 따라 구체적으로 의무를 부여받았어도 그것이 국민의 이익과는 관계없이 순전히 행정기관 내부의 질서를 유지하기 위한 것이거나, 또는 국민의 이익과 관련된 것이라도 직접 국민 개개인의 이익을 위한 것이 아니라 전체적으로 공공 일반의 이익을 도모하기 위한 것이라면 그 의무를 위반하여 국민에게 손해를 가하여도 국가 또는 지방자치단체는 배상책임을 부담하지 아니한다(대판 2015.5.28. 2013다41431).

2. 국가 등에게 일정한 기준에 따라 상수원수의 수질을 유지하여야 할 의무를 부과하고 있는 법령의 규정은 국민에게 양질의 수돗물이 공급되게 함으로써 국민 일반의 건강을 보호하여 공공 일반의 전체적인 이익을 도모하기 위한 것이지, 국민 개개인의 안전과 이익을 직접적으로 보호하기 위한 규정이 아니므로, 국민에게 공급된 수돗물의 상수원의 수질이 수질기준에 미달한 경우가 있고, 이로 말미암아 국민이 법령에 정하여진 수질기준에 미달한 상수원수로 생산된 수돗물을 마심으로써 건강상의 위해 발생에 대한 염려 등에 따른 정신적 고통을 받았다고 하더라도, 이러한 사정만으로는 국가 또는 지방자치단체가 국민에게 손해배상책임을 부담하지 아니한다(대판 2001.10.23. 99다36280).

관련판례 인과관계 인정사례

1. 주민등록사무를 담당하는 공무원이 개명으로 인한 주민등록상 성명정정을 본적지 관할관청에 통보하지 아니한 직무상 의무위배행위와 甲과 같은 이름으로 개명허가를 받은 듯이 호적등본을 위조하여 주민등록상 성명을 위법하게 정정한 乙이 甲의 부동산에 관하여 불법적으로 근저당권 설정등기를 경료함으로써 甲이 입은 손해 사이에는 상당인과관계가 있다(대판 2003.4.25. 2001다59842).

2. 주민등록 담당 동직원과 통장의 과실로 동사무소에 위조된 주민등록표가 비치되고 허위의 주민등록표와 인감증명서가 발급되어 무효인 근저당권설정등기가 설정된 경우, 그 근저당권을 믿고 물품을 외상공급하여 손해를 입은 자에 대한 지방자치단체의 손해배상책임을 긍정하였다(대판 1994.9.27. 94다16335).

3. 군부대에서 사용하는 총기·탄약·폭발물 등의 관리책임자는 자기의 보관 및 관리 소홀로 총기 등이 군 외부로 유출되면 그것이 범죄행위에 사용되어 국민 개개인의 생명과 신체를 침해하는 결과가 발생할 수 있다는 것을 충분히 예견할 수 있으므로, 관리상의 과실로 군부대에서 유출된 폭음탄이 범죄행위에 사용된 경우, 그 범죄행위로 인해 피해자가 입은 손해와 관리책임자의 폭음탄 관리상의 과실 사이에는 상당인과관계가 있다(대판 1998.2.10. 97다49534).

4. 서울특별시 소속 건설담당직원이 무허가건물이 철거되면 그 소유자에게 시영아파트입주권이 부여될 것이라고 허위의 확인을 하여 주었기 때문에 그 소유자와의 사이에 처음부터 그 이행이 불가능한 아파트입주권 매매계약을 체결하여 매매대금을 지급한 경우, 매수인이 입은 손해는 그 아파트입주권 매매계약이 유효한 것으로 믿고서 출연한 매매대금으로서 이는 매수인이 시영아파트입주권을 취득하지 못함으로 인하여 발생한 것이 아니라 공무원의 허위의 확인행위로 인하여 발생된 것으로 보아야 하므로, 공무원의 허위 확인행위와 매수인의 손해 발생 사이에는 상당인과관계가 있다(대판 1996.11.29 95다21709).

5. 경락대금까지 납부하였다가 경매법원 공무원의 공유자통지 등에 관한 절차상의 과오로 경락 허가결정이 취소된 경우, 위 과오와 경락인의 손해 발생 사이에 상당한 인과관계가 인정된다(대판 2007.12.27. 2005다62747).

6. 경매 담당 공무원이 이해관계인에 대한 기일통지를 잘못한 것이 원인이 되어 경락허가결정이 취소된 사안에서, 그 사이 경락대금을 완납하고 소유권이전등기를 마친 경락인에 대한 손해배상을 인정하여야 한다(대판 2008.7.10. 2006다23664).

7. 주점에서 발생한 화재로 사망한 甲 등의 유족들이 乙 광역시를 상대로 손해배상을 구한 사안에서, 소방공무원들이 소방검사에서 비상구 중 1개가 폐쇄되고 그곳으로 대피하도록 유도하는 피난구유도등, 피난안내도 등과 일치하지 아니하게 됨으로써 화재 시 피난에 혼란과 장애를 유발할 수 있는 상태임을 발견하지 못하여 업주들에 대한 시정명령이나 행정지도, 소방안전교육 등 적절한 지도·감독을 하지 아니한 것은 구체적인 소방검사 방법 등이 소방공무원의 재량에 맡겨져 있음을 감안하더라도 현저하게 합리성을 잃어 사회적 타당성이 없는 경우에 해당하고, 다른 비상구 중 1개와 그곳으로 연결된 통로가 사실상 폐쇄된 사실을 발견하지 못한 것도 주점에 설치된 피난통로 등에 대한 전반적인 점검을 소홀히 한 직무상 의무 위반의 연장선에 있어 위법성을 인정할 수 있다(대판 2016. 8.25. 2014다225083).

8. 우편집배원이 압류 및 전부명령 결정 정본을 특별송달하는 과정에서 민사소송법을 위반하여 부적법한 송달을 하고도 적법한 송달을 한 것처럼 우편송달보고서를 작성하여 압류 및 전부의 효력이 발생한 것과 같은 외관을 형성시켰으나, 실제로는 압류 및 전부의 효력이 발생하지 아니하여 집행채권자로 하여금 피압류채권을 전부받지 못하게 함으로써 손해를 입게 한 경우에는, 우편집배원의 위와 같은 직무상 의무위반과 집행채권자의 손해 사이에는 상당인과관계가 있다고 봄이 상당하고, 국가는 국가배상법에 의하여 그 손해에 대하여 배상할 책임이 있다(대판 2009.7.23. 2006다87798).

9. 군교도소 탈주사건

국가공무원들이 직무상의 의무를 위반한 결과 수용자들이 탈주함으로써 일반국민에게 손해를 입히는 사건이 발생하였다면, 국가는 그로 인하여 피해자들이 입은 손해를 배상할 책임이 있다(대판 2003.2.14. 2002다62678).

> **관련판례** **인과관계 부정사례**

1. 담당 공무원의 과실로 발급된 타인의 인감증명서를 이용하여 그와는 동일성이 없는 별개의 새로운 인감증명서를 위조한 후 이를 이용해 피해자에게 피해를 끼친 경우 피해자의 피해와 담당 공무원의 과실 사이에 상당인과관계가 없다(대판 1997.4.25. 97다2150).

2. 구청 세무과 소속 공무원 甲(무권한자)이 乙에게 무허가건물 세입자들에 대한 시영아파트 입주권 매매행위를 한 후 주택정비계장으로 부임하여 비치된 허위의 접수대장을 이용하여 乙에 대하여 입주권 부여 대상자 확인 등을 하여 준 경우 甲의 행위와 乙의 손해 사이에는 상당한 인과관계가 없다(대판 1993.1.15. 92다8514).

3. 군병원 탈주사건

군병원에 입원중이던 사병들이 탈영하여 강도살인행위를 한 경우에 있어 위 병원의 일직사령과 당직 군의관이 위 사병들의 탈영을 방지하지 못한 당직의무를 해태한 과실이 있을지라도 이는 위 탈영병들의 강도살인 행위와 상당인과 관계가 있다고까지는 볼 수 없으므로 위 일직사령 등의 과실을 원인으로 하여 국가에게 배상책임을 인정하기 위하여는 위 사병들이 강도의 모의를 하고 탈영하여 강도 또는 강도살인행위를 할 것이라는 특별한 사정을 알았거나 알 수 있었다는 사실이 인정되어야 한다(대판 1988.12.27. 87다카2293).

4. 서울에 거주하는 甲이 자동차배출가스 때문에 자신의 천식이 발병 또는 악화되었다고 주장하면서 국가와 서울특별시 및 국내 자동차 제조·판매회사인 乙 주식회사 등을 상대로 대기오염물질의 배출 금지와 국가배상법 제2조, 제5조 및 민법 제750조에 따른 손해배상을 청구한 사안에서, 미세먼지나 이산화질소, 이산화황 등의 농도변화와 천식 등 호흡기질환의 발병 또는 악화 사이의 유의미한 상관관계를 인정한 연구 결과들이 다수 존재하고 있는 것은 사실이나 그 역학연구 결과들의 내용에 따르더라도 각 결과에 나타난 상대위험도가 크다고 보기 어려운 점 등을 고려하면 위 역학연구 결과들만으로 대기오염물질과 甲의 천식 사이의 인과관계를 인정하기 어렵다(대판 2014.9.4. 2011다7437).

관련판례 군산 윤락업소 화재사건

1. 사건개요
군산의 한 윤락업소에서 화재가 발생하여 10여명 이상이 사망하였는데, 윤락업소의 업주들이 여종업원들이 윤락녀 생활을 피하여 도망가지 못하도록 하기 위하여 업소 창문에 쇠창살을 설치하고, 현관 출입문에 주점 내부에서는 열쇠로만 열 수 있는 특수자물쇠를 설치하였다는 점이 밝혀졌다. 또한, 일부 경찰관은 그 윤락업소에서 불법적인 윤락행위 및 감금사실이 있다는 사실을 알면서도 금품과 향응을 제공받으며, 이를 묵인하였다.

1. 경찰관: 배상책임 인정
2. 군산시 담당공무원: 배상책임 부정
3. 소방공무원: 배상책임 인정

2. 관련 판례
① 윤락녀들이 윤락업소에 감금된 채로 윤락을 강요받으면서 생활하고 있음을 쉽게 알 수 있는 상황이었음에도, 경찰관이 이러한 감금 및 윤락강요행위를 제지하거나 윤락업주들을 체포·수사하는 등 필요한 조치를 취하지 아니하고 오히려 업주들로부터 뇌물을 수수하며 그와 같은 행위를 방치한 것은 경찰관의 직무상 의무에 위반하여 위법하므로 국가는 이로 인한 정신적 고통에 대하여 위자료를 지급할 의무가 있다(대판 2004.9.23. 2003다49009).
② 유흥주점에 감금된 채 윤락을 강요받으며 생활하던 여종업원들이 유흥주점에 화재가 났을 때 미처 피신하지 못하고 유독가스에 질식해 사망한 사안에서, 지방자치단체의 담당 공무원이 위 유흥주점의 용도변경, 무허가 영업 및 시설기준에 위배된 개축에 대하여 시정명령 등 식품위생법상 취하여야 할 조치를 게을리 한 직무상 의무위반행위와 위 종업원들의 사망 사이에 상당인과관계가 존재하지 않는다(대판 2008.4.10. 2005다48994).
③ 유흥주점에 감금된 채 윤락을 강요받으며 생활하던 여종업원들이 유흥주점에 화재가 났을 때 미처 피신하지 못하고 유독가스에 질식해 사망한 사안에서, 소방공무원이 위 유흥주점에 대하여 화재 발생 전 실시한 소방점검 등에서 구 소방법상 방염 규정 위반에 대한 시정조치 및 화재 발생시 대피에 장애가 되는 잠금장치의 제거 등 시정조치를 명하지 않은 직무상 의무 위반은 현저히 불합리한 경우에 해당하여 위법하고, 이러한 직무상 의무 위반과 위 사망의 결과 사이에 상당인과관계가 존재한다(대판 2008.4.10. 2005다48994).

2. 이중배상금지

> 국가배상법 제2조【배상책임】① 국가나 지방자치단체는 공무원 또는 공무를 위탁받은 사인(이하 "공무원"이라 한다)이 직무를 집행하면서 고의 또는 과실로 법령을 위반하여 타인에게 손해를 입히거나, 자동차손해배상 보장법에 따라 손해배상의 책임이 있을 때에는 이 법에 따라 그 손해를 배상하여야 한다. <u>다만, 군인·군무원·경찰공무원 또는 예비군대원이 전투·훈련 등 직무 집행과 관련하여 전사(戰死)·순직(殉職)하거나 공상(公傷)을 입은 경우에 본인이나 그 유족이 다른 법령에 따라 재해보상금·유족연금·상이연금 등의 보상을 지급받을 수 있을 때에는 이 법 및 민법에 따른 손해배상을 청구할 수 없다.</u>
> ③ 제1항 단서에도 불구하고 전사하거나 순직한 군인·군무원·경찰공무원 또는 예비군대원의 유족은 자신의 정신적 고통에 대한 위자료를 청구할 수 있다.

(1) 의의

국가배상법 제2조 제1항의 단서 및 헌법 제29조 제2항은 군인, 군무원, 경찰공무원 등 특수한 자에 대한 이중배상을 배제하고 있다. 이는 군인 등에 대한 국가배상청구권의 제한에 대한 규정이다.

(2) 2025년 개정조문의 의미

국가배상법은 2025년 1월 7일 제2조 제3항을 신설하였는데, 그 취지는 전사하거나 순직한 군인·군무원·경찰공무원 또는 예비군대원의 유족이 가지는 고유의 위자료 청구권은 군인 등 본인의 청구권과는 별개의 독립적인 청구권이라고 할 것인바, 유족이 자신의 정신적 고통에 대한 위자료를 청구할 수 있도록 함으로써 유족의 권리구제 범위를 확대하기 위해서이다.

(3) 적용요건

① 적용대상자와 적용요건

㉠ 피해자가 군인 등일 것

ⓐ 피해자가 군인, 군무원, 경찰공무원 또는 향토예비군대원일 것을 요건으로 한다.

ⓑ 판례는 현역병으로 입대하였으나 교도소 경비교도대원으로 된다(97다45914). 공익근무요원(97다4036)의 경우 국가배상법 제2조 제1항 단서의 군인에 해당하지 않는다는 입장이다.

㉡ **직무집행 중 피해를 입을 것**: 전투·훈련 등 직무집행과 관련하여 전사·순직하거나 공상을 입었을 것을 요건으로 한다.

㉢ **보상받으면 배상불가**: 본인 또는 그 유족이 다른 법령의 규정에 의하여 재해보상금, 유족연금, 상이연금 등의 보상을 지급받을 수 있을 것을 요건으로 한다. 그러나 배상을 받은 경우 보상을 받을 수는 있다는 점을 유의하여야 한다.

관련판례

1. 이중배상금지규정은 보상금청구권이 시효로 소멸한 경우에도 적용됨

공상을 입은 군인이 국가배상법에 의한 손해배상청구 소송 도중에 국가유공자등예우 및 지원에 관한 법률에 의한 국가유공자 등록신청을 하였다가 인과관계가 없어 공상군경 요건에 해당되지 않는다는 이유로 비해당결정 통보를 받고 이에 불복하지 아니한 후 위 법률에 의한 보상금청구권과 군인연금법에 의한 재해보상금청구권이 모두 시효완성된 경우, 국가배상법 제2조 제1항 단서 소정의 '다른 법령에 의하여 보상을 받을 수 있는 경우'라 하여 국가배상청구를 할 수 없다(대판 2002.5.10. 2000다39735).

2. 배상 후 보상은 가능하다는 판례

군인·군무원·경찰공무원 또는 향토예비군대원(이하 '군인 등'이라 한다)이 전투·훈련 등 직무집행과 관련하여 공상을 입는 등의 이유로 구 국가유공자법이 정한 국가유공자 요건에 해당하여 보상금 등 보훈급여금을 지급받을 수 있는 경우에는 국가배상법 제2조 제1항 단서에 따라 국가를 상대로 국가배상을 청구할 수 없다고 보아야 한다.

그러나 이와 달리 전투·훈련 등 직무집행과 관련하여 공상을 입은 군인 등이 먼저 국가배상법에 따라 손해배상금을 지급받은 다음 구 국가유공자법이 정한 보상금 등 보훈급여금의 지급을 청구하는 경우 피고로서는 다음과 같은 사정에 비추어 국가배상법에 따라 손해배상을 받았다는 사정을 들어 보상금 등 보훈급여금의 지급을 거부할 수 없다고 보아야 한다(대판 2017.2.3. 2014두40012).

3. 배상 후 보상 가능하나, 배상 후 배상과 같은 종류인 보상(군인연금법상 사망보험금은 불가)

[1] 구 공무원연금법(2018.3.20. 법률 제15523호로 전부 개정되기 전의 것, 이하 '구 공무원연금법'이라고 한다)에 따라 각종 급여를 지급하는 제도는 공무원의 생활안정과 복리향상에 이바지하기 위한 것이라는 점에서 국가배상법 제2조 제1항 단서에 따라 손해배상금을 지급하는 제도와 그 취지 및 목적을 달리하므로, 경찰공무원인 피해자가 구 공무원연금법의 규정에 따라 공무상 요양비를 지급받는 것은 국가배상법 제2조 제1항 단서에서 정한 '다른 법령의 규정'에 따라 보상을 지급받는 것에 해당하지 않는다.

[2] 다만 경찰공무원인 피해자가 구 공무원연금법에 따라 공무상 요양비를 지급받은 후 추가로 국가배상법에 따라 치료비의 지급을 구하는 경우나 반대로 국가배상법에 따라 치료비를 지급받은 후 추가로 구 공무원연금법에 따라 공무상 요양비의 지급을 구하는 경우, 공무상 요양비와 치료비는 실제 치료에 소요된 비용에 대하여 지급되는 것으로서 같은 종류의 급여라고 할 것이므로, 치료비나 공무상 요양비가 추가로 지급될 때 구 공무원연금법 제33조 등을 근거로 먼저 지급된 공무상 요양비나 치료비 상당액이 공제될 수 있을 뿐이다(대판 2019.5.30. 2017다16174).

4. 군 복무 중 사망한 사람의 유족이 국가배상을 받은 경우, 국가보훈처장 등이 사망보상금에서 정신적 손해배상금까지 공제할 수 있는지 문제 된 사안에서, 사망보상금에서 소극적 손해배상금 상당액을 공제할 수 있을 뿐 이를 넘어 정신적 손해배상금까지 공제할 수 없다고 한 사례

> 군 복무 중 사망한 사람의 유족이 국가배상을 받은 경우, 국가보훈처장 등이 사망보상금에서 정신적 손해배상금까지 공제할 수 있는지 문제 된 사안에서, 구 군인연금법이 정하고 있는 급여 중 <u>사망보상금은 일실손해의 보전을 위한 것으로 불법행위로 인한 소극적 손해배상과 같은 종류의 급여이므로</u>, 군 복무 중 사망한 사람의 유족이 국가배상을 받은 경우 국가보훈처장 등은 사망보상금에서 소극적 손해배상금 상당액을 공제할 수 있을 뿐, 이를 넘어 정신적 손해배상금까지 공제할 수 없다(대판 2021.12.16. 2019두45944).
>
> **동지판례** 군인연금법이 정하고 있는 급여 중 <u>사망보상금(군인연금법 제31조)은 일실손해의 보전을 위한 것으로 불법행위로 인한 소극적 손해배상과 같은 종류의 급여라고 봄이 타당하다</u>(대판 1998.11.19. 97다36873 전합). 따라서 피고에게 군인연금법 제41조 제1항에 따라 원고가 받은 손해배상금 상당 금액에 대하여는 사망보상금을 지급할 의무가 존재하지 아니한다(대판 2018.7.20. 2018두36691).

② 판례
　㉠ 헌법재판소는 전투경찰순경과 향토 예비군은 이중배상이 금지되는 군인에 해당한다고 판시하였다.
　㉡ 대법원은 공익근무요원, 경비교도대원, 숙직 중 연탄가스를 마시고 순직한 경찰공무원은 군인에 해당하지 않아 이중배상이 금지되지 아니한다고 판시하였다.
　㉢ 헌법재판소는 향토예비군을 손해배상청구권 제한대상에 추가한 것은 합헌이라고 판시하였다.

③ **공동불법행위와 구상권**

> 민간인 자동차운전자 A와 오토바이운전자인 군인 B와 공동불법행위를 통해 군인 C에게 1억원의 손해를 입혔다. 과실비율은 A : B = 7 : 3이었다. 그런데 A는 C에게 1억원 전부를 배상하였고, 이로써 B에게 3천만원을 구상할 수 있게 되었는데, 이를 국가에게 청구하려고 한다. A는 B의 부담부분인 3천만원에 대해 국가를 상대로 구상권청구를 할 수 있을까?

　㉠ **의의**: 직무집행 중인 군인과 일반 국민이 공동불법행위로 다른 군인에게 공상을 입히고, 일반 국민이 그 피해자에게 자신의 귀책부분을 넘어서 손해를 배상한 후, 공동불법행위자인 군인의 부담부분에 관하여 국가에 구상권을 행사할 수 있는지가 문제된다. 대법원은 이중배상제한의 특례는 피해 군인이 국가배상을 청구하는 경우뿐만 아니라 공동불법행위자인 민간인이 국가에 대하여 구상청구를 하는 경우에도 동일하게 적용되는 것이므로, 민간인의 구상청구를 부정하였다. 그러나 헌법재판소가 이에 한정위헌결정을 내리자 대법원의 입장이 변경되었다.

- ⓒ **대법원의 초기 입장**: 대법원은 구상권을 인정하지 않는 절대적 소멸설의 입장을 취하였다. 즉, 대법원은 국가배상법 제2조 제1항 단서 규정상 피해공무원이 직접 국가에 대해 손해배상을 청구할 수 없음은 물론이고 국가와 공동불법행위책임이 있는 사인도 그 배상채무를 이행하였음을 이유로 국가에 대해 구상권을 행사할 수 없다고 판시하였다(A는 C에게 손해 전부 배상해야 하고, B의 부담부분에 대해 국가에 구상권 행사 불가).
- ⓒ **헌법재판소의 입장**: 헌법재판소는 경우에 따라 구상권을 인정하는 상대적 소멸설의 입장을 취하고 있다. 즉, 동 조항 단서 중 '군인'에 관련되는 부분을 공동불법행위자인 사인이 피해군인에게 배상한 후, 다른 공동불법행위자인 군인의 부담부분에 관하여 국가에 대한 구상권 행사를 허용하지 않는다고 해석하면 평등원칙(헌법 제11조), 재산권보장(헌법 제23조 제1항), 비례원칙(헌법 제37조 제2항)에 위반된다고 하여 국가배상법 제2조 제1항 단서에 대해 한정위헌결정을 내렸다(헌법상 이중배상금지 규정은 C가 국가로부터 보상을 받을 수 있는 경우 국가에 배상을 청구할 수 없다는 의미일 뿐, A가 B의 부담부분에 대해 국가에게 구상을 하지 못한다는 취지는 아니다).
- ⓔ **대법원의 판례 변경**: 헌법재판소 판례 이후 대법원은 입장을 변경하여, 국가 등에 대해 그 귀책부분의 구상을 청구할 수 없지만, 부진정 연대채무의 법리와는 달리 공동불법행위자인 사인은 피해군인에 대해 자신의 부담부분에 한하여 손해배상의무를 부담한다고 판시하였다(A는 C에게 자신의 부담부분만 배상할 수 있고, A가 전액을 배상하였더라도 B의 부담부분에 관하여 국가에게 구상권 행사 불가).

> **관련판례**
> 공동불법행위자 등이 부진정연대채무자로서 각자 피해자의 손해 전부를 배상할 의무를 부담하는 공동불법행위의 일반적인 경우와 달리 예외적으로 민간인은 피해 군인 등에 대하여 그 손해 중 국가 등이 민간인에 대한 구상의무를 부담한다면 그 내부적인 관계에서 부담하여야 할 부분을 제외한 나머지 자신의 부담부분에 한하여 손해배상의무를 부담하고, 한편 국가 등에 대하여는 그 귀책부분의 구상을 청구할 수 없다고 해석함이 상당하다 할 것이고, 이러한 해석이 손해의 공평·타당한 부담을 그 지도원리로 하는 손해배상제도의 이상에도 맞는다 할 것이다(대판 2001.2.15. 96다42420 전합).

④ **배상이 가능한 경우**: 이중배상이 배제되는 군인·군무원·경찰공무원 또는 향토예비군대원이 전투·훈련 기타 직무집행과 관련하는 등으로 공상을 입은 경우라 하더라도 다른 법령에 의하여 별도의 국가보상을 받을 수 없는 경우에는 국가배상법 제2조 제1항의 단서 조항의 적용대상에서 제외되어 국가배상청구가 가능하며 또한 판례도 같은 입장이다.

3. 배상책임자

(1) 배상책임자로서 국가와 지방자치단체

헌법은 배상책임자를 '국가 또는 지방자치단체'로 규정하고 있으나, 국가배상법은 배상책임자를 '국가 또는 공공단체'로 규정하고 있다.

(2) 사무의 귀속주체로서 배상책임자 – 국가 또는 지방자치단체(원칙)

국가배상법 제2조 제1항은 국가 또는 지방자치단체를 배상책임의 주체로 보고 있다. 주로 배상책임자와 관련하여 시험에서는 경찰공무원의 직무상 불법행위를 이유로 한 손해배상청구소송의 피해자를 주로 묻곤 한다. 이 경우 유의해야 할 점은 아직 우리나라는 제주도를 제외하고는 국가경찰제를 취하고 있으므로 지방경찰청 소속 경찰공무원의 직무상 불법행위로 인한 손해에 관해서도 피해자는 국가 즉, 대한민국을 피고로 하여 배상청구를 하여야 한다는 것이다.

> **참고** 손해배상청구소송에서 피고(배상책임자)
> 1. 강동경찰서의 청사가 붕괴되어 행인이 다친 경우에 배상책임자는 서울특별시가 아니라 국가이다.
> 2. 국회소속의 통근버스에 의해 부상을 당한 자가 국가배상법에 따른 손해배상을 청구할 경우 피고는 국회의장이나 국회사무총장이 아니라 국가이다.
> 3. 서울특별시 지방경찰청 소속의 경찰관이 공무수행 중 폭행을 가하여 손해를 입힌 경우에 피해자는 서울특별시가 아니라 국가를 피고로 하여 손해배상청구소송을 제기할 수 있다.

4. 피해자에 대한 공무원의 직접적인 배상책임

(1) 헌법과 국가배상법상의 규정

① 헌법 제29조 제1항: 공무원의 직무상 불법행위로 손해를 받은 국민은 법률이 정하는 바에 의하여 국가 또는 공공단체에 정당한 배상을 청구할 수 있다. 이 경우, 공무원 자신의 책임은 면제되지 아니 한다(공무원 개인의 구체적인 손해배상책임의 범위까지 정해준 규정이라 보기는 어려움).

② 국가배상법 제2조
  ㉠ 국가 또는 지방자치단체는 공무원이 그 직무를 집행함에 당하여 고의 또는 과실로 법령에 위반하여 타인에게 손해를 가하거나, 자동차손해보장법의 규정에 의하여 손해배상의 책임이 있는 때에는 그 손해를 배상하여야 한다(단서조항생략).
  ㉡ ㉠의 경우에 공무원에게 고의 또는 중대한 과실이 있으면 국가나 지방자치단체는 그 공무원에게 구상할 수 있다.

(2) 국가배상책임의 성질

국가배상권은 엄밀히 말하면 국가가 자신이 직접 가해행위를 하지 않았음에도 이에 대한 배상책임을 지는 것이다. 이러한 본질이 무엇인지에 대해 견해가 나뉜다.

① **학설**
  ㉠ **자기책임설**: 자기책임설은 국가배상의 본질을 국가가 자기의 행위에 대한 책임을 스스로 지는 것이라고 본다. 따라서 자기책임설에 따르면 공무원 개인의 배상책임은 부정되고 국가책임만 존재한다. 그러므로 국가는 가해공무원에게 구상권을 행사할 수 없다.
  ㉡ **대위책임설**: 대위책임설은 공무원의 불법행위로 인한 국가배상책임은 원래는 공무원이 직접져야 할 책임을 직무의욕 감퇴방지와 피해자 구제 차원에서 국가가 대신하여 진다는 견해이다. 이에 따르면 공무원 개인의 책임은 인정되므로, 배상책임을 다한 국가는 가해공무원에게 구상권을 행사할 수 있다.
  ㉢ **절충설**: 가해공무원에게 고의나 중과실이 있는 경우에는 대위책임설, 경과실이 있는 경우에는 자기책임설로 본다는 입장이다.
② **판례**: 판례는 절충설에 따라 ㉠ 고의·중과실인 경우에는 공무원 개인의 책임이 인정되나, ㉡ 경과실인 경우에는 공무원 개인의 책임이 인정되지 않는다고 판시하였다.

> **관련판례**
> 공무원이 직무수행 중 불법행위로 타인에게 손해를 입힌 경우에 국가 등이 국가배상책임을 부담하는 외에 공무원 개인도 고의 또는 중과실이 있는 경우에는 불법행위로 인한 손해배상책임을 진다고 할 것이지만, 공무원에게 경과실뿐인 경우에는 공무원 개인은 손해배상책임을 부담하지 아니한다고 해석하는 것이 헌법 제29조 제1항 본문과 단서 및 국가배상법 제2조의 입법취지에 조화되는 올바른 해석이다(대판 1996.2.15. 95다38677).

③ **국가배상법 제2조 제2항**

> 국가배상법 제2조【배상책임】② 제1항 본문의 경우에 공무원에게 고의 또는 중대한 과실이 있으면 국가나 지방자치단체는 그 공무원에게 구상(求償)할 수 있다.

> **관련판례**
> 1. 공법인이 국가로부터 위탁받은 공행정사무를 집행하는 과정에서 공법인의 임직원이나 피용인이 고의 또는 과실로 법령을 위반하여 타인에게 손해를 입힌 경우에는, 공법인은 위탁받은 공행정사무에 관한 행정주체의 지위에서 배상책임을 부담하여야 하지만, 공법인의 임직원이나 피용인은 실질적인 의미에서 공무를 수행한 사람으로서 국가배상법 제2조에서 정한 공무원에 해당하므로 고의 또는 중과실이 있는 경우에만 배상책임을 부담하고 경과실이 있는 경우에는 배상책임을 면한다. 한편 공무원의 중과실이란 공무원에게 <u>통상 요구되는 정도의 상당한 주의를 하지 않더라도 약간의 주의를 한다면 손쉽게 위법·유해한 결과를 예견할 수 있는 경우임에도 만연히 이를 간과한 경우와 같이, 거의 고의에 가까운 현저한 주의를 결여한 상태를 의미한다.</u>

중과실
공무원의 중과실이란 공무원에게 통상 요구되는 정도의 상당한 주의를 하지 않더라도 약간의 주의를 한다면 손쉽게 위법·유해한 결과를 예견할 수 있는 경우임에도 만연히 이를 간과한 경우와 같이, 거의 고의에 가까운 현저한 주의를 결여한 상태를 의미한다(대판 2021.11.11. 2018다288631).

甲이 선고유예 판결의 확정으로 변호사등록이 취소되었다가 선고유예기간이 경과한 후 대한변호사협회에 변호사 등록신청을 하였는데, 협회장 乙이 등록심사위원회에 甲에 대한 변호사등록 거부 안건을 회부하여 소정의 심사과정을 거쳐 대한변호사협회가 甲의 변호사등록을 마쳤고, 이에 甲이 대한변호사협회 및 협회장 乙을 상대로 변호사 등록거부사유가 없음에도 위법하게 등록심사위원회에 회부되어 변호사등록이 2개월간 지연되었음을 이유로 손해배상을 구한 사안에서, <u>乙은 대한변호사협회의 장으로서 국가로부터 위탁받은 공행정사무인 '변호사등록에 관한 사무'를 수행하는 범위 내에서 국가배상법 제2조에서 정한 공무원에 해당하므로</u> 경과실 공무원의 면책 법리에 따라 甲에 대한 배상책임을 부담하지 않는다(대판 2021.1.28. 2019다260197).

2. 공무원이 직무수행 중 불법행위로 타인에게 손해를 입힌 경우에 국가 등이 국가배상책임을 부담하는 외에 공무원 개인도 고의 또는 중과실이 있는 경우에는 불법행위로 인한 손해배상책임을 지고, 공무원에게 경과실이 있을 뿐인 경우에는 공무원 개인은 손해배상책임을 부담하지 아니한다. 이처럼 경과실이 있는 공무원이 피해자에 대하여 손해배상책임을 부담하지 아니함에도 피해자에게 손해를 배상하였다면 그것은 채무자 아닌 사람이 타인의 채무를 변제한 경우에 해당하고, 이는 민법 제469조의 '제3자의 변제' 또는 민법 제744조의 '도의관념에 적합한 비채변제'에 해당하여 피해자는 공무원에 대하여 이를 반환할 의무가 없고, 그에 따라 피해자의 국가에 대한 손해배상청구권이 소멸하여 국가는 자신의 출연 없이 채무를 면하게 되므로, <u>피해자에게 손해를 직접 배상한 경과실이 있는 공무원은 특별한 사정이 없는 한 국가에 대하여 국가의 피해자에 대한 손해배상책임의 범위 내에서 공무원이 변제한 금액에 관하여 구상권을 취득한다</u>고 봄이 타당하다(대판 2014.8.20. 2012다54478).

5. 자동차손해배상 보장법과 국가배상법

> 자동차손해배상 보장법 제3조【자동차손해배상책임】자기를 위하여 자동차를 운행하는 자는 그 운행으로 다른 사람을 사망하게 하거나 부상하게 한 경우에는 그 손해를 배상할 책임을 진다. (이하 생략)

(1) 자동차손해배상 보장법과 국가배상법의 차이점

국가배상법은 고의 또는 과실을 요건으로 하지만, 자동차손해배상 보장법(이하 '자배법')은 이를 요건으로 하지 않는다. 따라서 피해자로서는 입증책임의 부담이 덜한 자동차손해배상 보장법으로 손해배상을 받는 것이 유리할 것이다. 판례도 자배법상의 손해배상과 국가배상법상의 손해배상이 경합하는 경우, 피해자에게 유리한 자배법이 우선 적용된다는 입장이다.

> **간단 점검하기**
>
> 판례는 자동차손해배상 보장법은 배상책임의 성립요건에 관하여는 국가배상법에 우선하여 적용된다고 판시하였다. (○)

관련판례

자동차손해배상 보장법 제1조, 제3조, 제28조의 규정의 취지를 종합하면 국가와 지방자치단체가 보유하는 자동차에 의하여 타인을 사상하게 한 경우에 일어나는 손해배상책임을 묻는 요건에 관하여는 그것이 국가배상법과 저촉되는 범위에서는 자동차손해배상 보장법 제3조가 국가배상법의 관계규정보다 우선 적용된다(대판 1970.3.24. 70다135).

(2) 공무원의 자동차사고와 배상책임
  ① 공무원이 관용차를 가지고 직무집행 중 사고를 낸 경우
    ㉠ 국가는 자배법상의 배상책임과 국가배상 책임을 동시에 지게 된다. 다만, 결론적으로 국가는 판례의 입장에 따라 피해자에게 유리한 자배법상의 손해배상책임을 지게 된다.
    ㉡ 공무원 개인은 책임을 지지 않는다.
  ② 공무원이 관용차를 가지고 직무집행과 관계없이 사고를 낸 경우
    ㉠ 국가는 자배법상의 책임만을 지게 된다.
    ㉡ 공무원 개인은 책임을 지지 않는다.
  ③ 공무원이 자기 소유의 자동차를 가지고 직무집행 중 사고를 낸 경우
    ㉠ 국가는 국가배상책임만을 지게 된다.
    ㉡ 공무원 개인은 자배법상의 책임을 지게 된다.
  ④ 공무원이 자기 소유의 자동차를 가지고 직무집행과 관계없이 사고를 낸 경우
    ㉠ 국가는 아무런 책임은 지지 않는다.
    ㉡ 공무원 개인은 자배법상의 책임을 진다.

차량	직무집행 여부	국가의 배상책임
관용차	직무집행 중	자배법상의 책임과 국가배상책임이 공존하나, 판례의 태도에 따라 자배법상의 책임만을 짐
	직무와 무관	자배법상의 책임만을 짐
공무원 소유의 차량	직무집행 중	국가배상법상의 책임만을 짐
	직무와 무관	아무런 책임을 지지 않음

3 영조물의 하자로 인한 배상책임 - 국가배상의 두 번째 유형

1. 배상책임의 요건(국가배상법 제5조)

(1) 공공의 영조물일 것

(2) 설치·관리상의 하자가 있을 것

(3) 손해가 발생할 것

(4) 면책사유가 없을 것

2. 배상책임

> 국가배상법 제5조【공공시설등의 하자로 인한 책임】① 도로·하천 기타 공공의 영조물의 설치 또는 관리에 하자가 있기 때문에 타인에게 손해를 발생하게 하였을 때에는 국가 또는 지방자치단체는 그 손해를 배상하여야 한다. 이 경우에는 제2조 제1항 단서 제3조 및 제3조의2의 규정을 준용한다.
> ② 제1항의 경우에 손해의 원인에 대하여 책임을 질 자가 따로 있을 때에는 국가 또는 지방자치단체는 그 자에 대하여 구상할 수 있다.

(1) 도로 기타 공공의 영조물
① 영조물의 의의
㉠ 영조물이란 공적 목적을 달성하기 위한 인적·물적 시설의 종합체를 의미한다. 하지만 도로와 하천은 통상 영조물이 아니라 공물로 이해하는 것이 행정법학계의 일반적인 해석이다. 따라서 이러한 국가배상법 제5조상의 영조물에 도로와 하천을 포함하기 위해서는 동조의 '영조물'에 대한 개념을 사실적으로 해석하는 '문리적 해석'이 아니라 문맥적으로 해석하는 '체계적 해석'을 통하여 '강학상의 공물'로서 행정주체가 공익 목적을 달성하기 위하여 제공한 유체물(인공공물, 자연공물, 동산, 부동산 포함)로 해석하는 것이 타당하다.
㉡ 판례는 이와 함께 국가 또는 지방자치단체가 소유권, 임차권 그밖에 권한에 기하여 관리하고 있는 경우뿐만 아니라 사실상의 관리를 하고 있는 경우도 포함한다는 입장이다.

> **관련판례**
> 국가배상법 제5조 제1항 소정의 "공공의 영조물"이라 함은 국가 또는 지방자치단체에 의하여 특정 공공의 목적에 공여된 유체물 내지 물적 설비를 지칭하며, 특정 공공의 목적에 공여된 물이라 함은 일반공중의 자유로운 사용에 직접적으로 제공되는 공공용물에 한하지 아니하고, 행정주체 자신의 사용에 제공되는 공용물도 포함하며 국가 또는 지방자치단체가 소유권, 임차권 그밖의 권한에 기하여 관리하고 있는 경우뿐만 아니라 <u>사실상의 관리를 하고 있는 경우</u>도 포함한다(대판 1995.1.24. 94다45302).

㉢ 또한, 이러한 '공물'의 개념에는 자유공물뿐만 아니라 타유공물(국가나 지방자치단체가 관리자이나 사인이 소유자)도 포함되며, 행정주체 자신의 사용에 제공되는 공용물(예 관공서 청사건물, 관용차량, 시청의 컴퓨터, 공기업용 재산, 군견)뿐만 아니라 직접적으로 일반 공중의 사용을 위하여 제공되는 공공용물(예 공공용 재산도로, 공원, 하천, 터널, 공중전화, 다리, 호수, 공중변소, 교통신호기, 도로상 맨홀)까지 포함된다.

② 공물의 종류
㉠ 공물에는 자연공물, 인공공물, 동산 및 부동산이 있고 동물(예 군견)도 포함된다. 이러한 공물에 공용물과 공공용물 등이 포함된다. 그리고 국가나 지방자치단체의 소유물 가운데 공물이 아닌 일반재산 등은 공물에 해당하지 않는다.
㉡ 판례는 철도건널목 자동경보기(대판 1969.12.9. 69다1386)와 공중변소(대판 1971.2.31. 71다1331)는 국가배상법상 영조물로 인정하였으나, 시 명의의 종합 운동장 예정부지나 그 지상의 자동차경주를 위한 안전시설(예정공물)(대판 1995.1.24. 94다45320), 공사 중이며 아직 완성되지 않아 일반 공중의 이용에 제공되지 않는 옹벽(형체적 요소를 갖추지 못한 경우)(대판 1998.10.23. 98다 17381), 사실상 군민의 통행에 제공되고 있던 도로(공용지정을 갖추지 못한 경우)(대판 1981.7.7. 80다2478)는 국가배상법상 영조물로 인정하지 않았다.

관련판례

1. 지방자치단체가 비탈사면인 언덕에 대하여 현장조사를 한 결과 붕괴의 위험이 있음을 발견하고 이를 붕괴위험지구로 지정하여 관리하여 오다가 붕괴를 예방하기 위하여 언덕에 옹벽을 설치하기로 하고 소외 회사에게 옹벽시설공사를 도급 주어 소외 회사가 공사를 시행하다가 깊이 3m의 구덩이를 파게 되었는데, 피해자가 공사현장 주변을 지나가다가 흙이 무너져 내리면서 위 구덩이에 추락하여 상해를 입게된 사안에서, 위 사고 당시 설치하고 있던 옹벽은 소외 회사가 공사를 도급받아 공사 중에 있었을 뿐만 아니라 아직 완성도 되지 아니하여 일반 공중의 이용에 제공되지 않고 있었던 이상 국가배상법 제5조 제1항 소정의 영조물에 해당한다고 할 수 없다(대판 1998.10.23. 98다17381).

2. 국가배상법 제5조 소정의 공공의 영조물이란 공유나 사유임을 불문하고 행정주체에 의하여 특정공공의 목적에 공여된 유체물 또는 물적 설비를 의미하므로 사실상 군민의 통행에 제공되고 있던 도로 옆의 암벽으로부터 떨어진 낙석에 맞아 소외인이 사망하는 사고가 발생하였다고 하여도 동 사고지점 도로가 피고 군에 의하여 노선인정 기타 공용개시가 없었으면 이를 영조물이라 할 수 없다(대판 1981.7.7. 80다2478).

영조물 인정	• 공립학교교사 · 국립병원 • 관용자동차 · 경찰견 · 경찰마 · 경찰관의 총기 • 하천 및 하천부지 • 도로(지도에 나와 있지 않은 도로 포함) · 지하케이블선의 맨홀 · 상하수도 · 정부청사 · 제방 · 망원유수지의 수문상자 • 철도건널목의 자동경보기 · 철도역 대합실과 승강장 · 교통신호기 · 육교 · 지하차도 • 공중변소 · 태종대유원지 · 배수펌프장 · 여의도 광장, 전신주 • 서울시가 관리를 담당하는 조림지에 인정된 벼랑 • 매향리 사격장
영조물 부정	• 일반재산(국유림 · 국유임야 · 국유광산 · 폐천부지) • 공사가 완성되지 않은 경우(설치중인 옹벽) • 예정공물(시 명의의 종합운동장 예정부지나 그 지상의 자동차경주를 위한 안전시설) • 공용지정을 갖추지 못한 경우(사실상 군민의 통행에 제공되고 있던 도로)

③ **자연공물도 영조물로 볼 수 있는지 여부**: 판례에 따르면, 자연공물 역시 영조물로 인정할 수 있다. 다만, 하자를 판단함에 있어서는 인공공물과는 다른 기준이 적용될 수 있다. 자연공물은 인공공물보다 영조물의 하자를 요건에 대한 판단에서 완화할 수 있으므로(하천의 경우, 하천이 가진 특수성으로 인하여 하천범람으로 인하여 수해 발생 시마다 그 손해 전부에 대하여 국가배상책임을 인정하기는 곤란한 것처럼), 인공공물의 영조물 하자가 자연공물의 영조물 하자보다 넓게 인정될 수 있다.

> **관련판례**
>
> 1. 최저 속도의 제한이 있는 고속도로의 경우에 있어서는 도로관리자가 도로의 구조, 기상예보 등을 고려하여 사전에 충분한 인적·물적 설비를 갖추어 강설시 신속한 제설작업을 하고 나아가 필요한 경우 제때에 교통통제 조치를 취함으로써 고속도로로서의 기본적인 기능을 유지하거나 신속히 회복할 수 있도록 하는 관리의무가 있다(대판 2008.3.13. 2007다29287·29294).
>
> 2. 적설지대에 속하는 지역의 도로라든가 최저속도의 제한이 있는 고속도로 등 특수 목적을 갖고 있는 도로가 아닌 일반 보통의 도로까지도 도로관리자에게 완전한 인적, 물적 설비를 갖추고 제설작업을 하여 도로통행상의 위험을 즉시 배제하여 그 안전성을 확보하도록 하는 관리의무를 부과하는 것은 도로의 안전성의 성질에 비추어 적당하지 않고, 오히려 그러한 경우의 도로통행의 안전성은 그와 같은 위험에 대면하여 도로를 이용하는 통행자 개개인의 책임으로 확보하여야 한다(대판 2000.4.25. 99다54998).
>
> 3. 자연영조물로서 하천은 이를 설치할 것인지 여부에 대한 선택의 여지가 없고, 위험을 내포한 상태에서 자연적으로 존재하고 있으며, 그 유역의 광범위성과 유수(流水)의 상황에 따른 하상의 가변성 등으로 인하여 익사사고에 대비한 하천 자체의 위험관리에는 일정한 한계가 있을 수밖에 없어, 하천 관리주체로서는 익사사고의 위험성이 있는 모든 하천구역에 대해 위험관리를 하는 것은 불가능하므로, 당해 하천의 현황과 이용 상황, 과거에 발생한 사고 이력 등을 종합적으로 고려하여 하천구역의 위험성에 비례하여 사회통념상 일반적으로 요구되는 정도의 방호조치의무를 다하였다면 하천의 설치·관리상의 하자를 인정할 수 없다(대판 2014.1.23. 2013다211865).
>
> 4. **도로노면결빙**
>   지방자치단체가 관리하는 도로 지하에 매설되어 있는 상수도관에 균열이 생겨 그 틈으로 새어 나온 물이 도로 위까지 유출되어 노면이 결빙되었다면 도로로서의 안전성에 결함이 있는 상태로서 설치·관리상의 하자가 있다(대판 1994.11.22. 94다32924).
>
> 5. 이미 존재하는 하천의 제방이 계획홍수위를 넘고 있다면 그 하천은 용도에 따라 통상 갖추어야 할 안전성을 갖추고 있다고 보아야 하고, 그와 같은 하천이 그 후 새로운 하천시설을 설치할 때 기준으로 삼기 위하여 제정한 '하천시설기준'이 정한 여유고를 확보하지 못하고 있다는 사정만으로 바로 안전성이 결여된 하자가 있다고 볼 수는 없다(대판 2003.10.23. 2001다48057).

(2) 설치 또는 관리상의 하자
  ① 설치 또는 관리의 하자의 개념
    ㉠ 학설
      ⓐ **주관설(의무위반설)**: 하자란 설치·관리상의 하자 즉, 관리자의 주의의무 위반 여부에 기인한 물적 위험상태를 의미한다고 보는 견해이다(과실책임 또는 완화된 과실책임). 하지만 이는 관리자의 주의의무 위반이라는 주관적 요소에 기인하므로 피해자 구제를 위해 이러한 주관적인 관리자의 주의의무를 객관화하여야 한다는 견해도 있다.
      ⓑ **객관설(객관적 물적 결함설)**: 하자를 영조물 자체가 항상 갖추어야 할 객관적 안전성의 결여로 이해하는 견해이다. 이 견해에 따르면 공물인 시설물의 객관적 상태에 초점을 두기 때문에 관리자의 고의·과실이 없어도 책임이 있다고 본다(무과실책임). 따라서 영조물의 일반적인 사용법을 따랐으나 객관적 안전성을 결여하는 위험발생의 가능성이 존재하면 배상책임이 인정된다는 견해이다. 관리자의 고의·과실여부를 문제 삼지 않는다는 점에서 피해자구제의 측면에서는 주관설보다 객관설이 더 넓다고 할 수 있다.
      ⓒ **절충설**: 하자란 물적 안전성(객관적 안전성) 결여가 있거나 객관적 하자는 없더라도 관리자의 안전관리의무 위반, 즉 관리자의 주의의무 위반을 의미한다고 보는 견해이다(주관설과 객관설 모두를 결합한 견해로 보임). 즉, 관리자의 주의의무 위반에 기인하든 물적 결함에 기인하든 모두 하자에 포함된다는 견해이다. 따라서 하자의 인정범위가 학설 중 가장 넓다고 할 수 있다.
    ㉡ **판례**: 판례는 주류가 객관설에 가깝긴 하지만, 전형적인 객관설이라고 볼 수 없고, 주관설도 아닌 중간의 입장이라고 볼 수 있다.

> **관련판례**
> 국가배상법 제5조 제1항에 정해진 영조물의 설치 또는 관리의 하자라 함은 <u>영조물이 그 용도에 따라 통상 갖추어야 할 안전성을 갖추지 못한 상태에 있음을 말하는 것</u>이며, 다만 영조물이 완전무결한 상태에 있지 아니하고 그 기능상 어떠한 결함이 있다는 것만으로 영조물의 설치 또는 관리에 하자가 있다고 할 수 없고, 위와 같은 안전성의 구비 여부를 판단함에 있어서는 당해 영조물의 용도, 그 설치장소의 현황 및 이용 상황 등 제반 사정을 종합적으로 고려하여 설치·관리자가 그 영조물의 위험성에 비례하여 <u>사회통념상 일반적으로 요구되는 정도의 방호조치의무를 다하였는지 여부를 그 기준</u>으로 삼아야 할 것이며, 만일 객관적으로 보아 시간적·장소적으로 영조물의 기능상 결함으로 인한 손해발생의 예견가능성과 회피가능성이 없는 경우, 즉 그 영조물의 결함이 영조물의 설치·관리자의 관리행위가 미칠 수 없는 상황 아래에 있는 경우임이 입증되는 경우라면 영조물의 설치·관리상의 하자를 인정할 수 없다고 할 것이다(대판 2000. 2.25. 99다54004).

② 판례에서의 설치 또는 관리상의 하자의 개념과 판단기준
  ㉠ 판례에 따르면 설치 또는 관리상의 하자는 ⓐ 물적 하자뿐만 아니라, ⓑ 기능상 하자도 하자의 개념으로 인정하는 입장이다. 즉, ⓐ 물적 하자라 함은 사회통념상 영조물이 그 용도에 따라 통상 갖추어야 할 안전성을 갖추지 못한 상태를 말한다.

> **관련판례**
>
> 1. 국가배상법 제5조 제1항에 규정된 '영조물 설치·관리상의 하자'는 공공의 목적에 공여된 영조물이 그 용도에 따라 통상 갖추어야 할 안전성을 갖추지 못한 상태에 있음을 말한다. 그리고 위와 같은 안전성의 구비 여부는 영조물의 설치자 또는 관리자가 그 영조물의 위험성에 비례하여 <u>사회통념상 일반적으로 요구되는 정도의 방호조치의무를 다하였는지를 기준으로 판단하여</u>야 하고, 아울러 그 설치자 또는 관리자의 재정적·인적·물적 제약 등도 고려하여야 한다. 따라서 <u>영조물이 그 설치 및 관리에 있어 완전무결한 상태를 유지할 정도의 고도의 안전성을 갖추지 아니하였다고 하여 하자가 있다고 단정할 수는 없고</u>, 영조물 이용자의 상식적이고 질서 있는 이용 방법을 기대한 상대적인 안전성을 갖추는 것으로 족하다(대판 2022.7.28. 2022다225910).
>
> 2. 고등학교 3학년 학생이 교사의 단속을 피해 담배를 피우기 위하여 3층 건물 화장실 밖의 난간을 지나다가 실족하여 사망한 사안에서 학교 관리자에게 그와 같은 이례적인 사고가 있을 것을 예상하여 복도나 화장실 창문에 난간으로의 출입을 막기 위하여 출입금지장치나 추락위험을 알리는 경고표지판을 설치할 의무가 있다고 볼 수는 없다는 이유로 학교시설의 설치·관리상의 하자가 없다(대판 1997.5.16. 96다54102).

  ㉡ 한편, ⓑ 기능상 하자라 함은 영조물이 공공의 목적에 이용됨에 있어 그 이용 상태 및 정도가 일정한 한도를 초과하여 제3자에게 사회통념상 수인할 것이 기대되는 한도를 넘는 피해를 입히는 경우를 말한다. 이는 소음으로 인한 손해배상사건에서 하자를 인정하기 위한 입장으로 기능한다.

> **관련판례**
>
> 국가배상법 제5조 제1항에 정하여진 '영조물의 설치 또는 관리의 하자'라 함은 공공의 목적에 공여된 영조물이 그 용도에 따라 갖추어야 할 안전성을 갖추지 못한 상태에 있음을 말하고, 여기서 안전성을 갖추지 못한 상태, 즉 타인에게 위해를 끼칠 위험성이 있는 상태라 함은 당해 영조물을 구성하는 물적 시설 그 자체에 있는 물리적·외형적 흠결이나 불비로 인하여 그 이용자에게 위해를 끼칠 위험성이 있는 경우뿐만 아니라 <u>그 영조물이 공공의 목적에 이용됨에 있어 그 이용상태 및 정도가 일정한 한도를 초과하여 제3자에게 사회통념상 참을 수 없는 피해를 입히는 경우까지 포함된다고 보아야 할 것이고</u>, 사회통념상 참을 수 있는 피해인지의 여부는 그 영조물의 공공성, 피해의 내용과 정도, 이를 방지하기 위하여 노력한 정도 등을 종합적으로 고려하여 판단하여야 한다(대판 2004.3.12. 2002다14242).

간단 점검하기

김포공항을 설치·관리함에 있어 항공법령에 따른 항공기소음기준 및 소음대책을 준수하려는 노력을 하였더라도, 공항이 항공기 운항이라는 공공의 목적에 이용됨에 있어 그와 관련하여 배출하는 소음 등의 침해가 인근주민들에게 통상의 수인한도를 넘는 피해를 발생하게 하였다면 공항의 설치·관리상에 하자가 있다고 보아야 한다. (○)

> **관련판례** 영조물의 기능적 하자에 기인하여 손해배상을 인정한 사례
>
> 1. 김포공항에서 발생하는 소음 등으로 인근 주민들이 입은 피해는 사회통념상 수인한도를 넘는 것으로서 김포공항의 설치·관리에 하자가 있음을 인정한 사례(대판 2005.1.27. 2003다49566)
>
> 2. 매향리 사격장에서 발생하는 소음 등으로 지역 주민들이 입은 피해는 사회통념상 참을 수 있는 정도를 넘는 것으로서 사격장의 설치·관리에 하자가 있음을 인정한 사례(대판 2004.3.12. 2002다14242)
>
> 3. 고속도로의 확장으로 인하여 소음·진동이 증가하여 인근 양돈업자가 양돈업을 폐업하게 된 사안에서 한국도로공사의 손해배상책임을 인정한 사례(대판 2001.2.9. 99다55434)
>
> 4. 소음 등을 포함한 공해 등의 위험지역으로 이주하여 거주하는 경우, 가해자의 면책 여부 및 손해배상액 감액에 대한 판단 기준: 위험존재 인식 - 가해자의 면책인정 / 위험존재 인식 - 손해배상액의 감액사유
>
>   소음 등을 포함한 공해 등의 위험지역으로 이주하여 들어가서 거주하는 경우와 같이 위험의 존재를 인식하면서 그로 인한 피해를 용인하며 접근한 것으로 볼 수 있는 경우에 그 피해가 직접 생명이나 신체에 관련된 것이 아니라 정신적 고통이나 생활방해의 정도에 그치고 그 침해행위에 고도의 공공성이 인정되는 때에는 <u>위험에 접근한 후 실제로 입은 피해 정도가 위험에 접근할 당시에 인식하고 있었던 위험의 정도를 초과하는 것이거나 위험에 접근한 후에 그 위험이 특별히 증대하였다는 등의 특별한 사정이 없는 한</u> 가해자의 면책을 인정하여야 하는 경우도 있을 수 있다. 특히 소음 등의 공해로 인한 법적 쟁송이 제기되거나 그 피해에 대한 보상이 실시되는 등 피해지역임이 구체적으로 드러나고 또한 이러한 사실이 그 지역에 널리 알려진 이후에 이주하여 오는 경우에는 위와 같은 위험에의 접근에 따른 가해자의 면책 여부를 보다 적극적으로 인정할 여지가 있을 것이다. 다만 일반인이 공해 등의 위험지역으로 이주하여 거주하는 경우라고 하더라도 위험에 접근할 당시에 그러한 위험이 존재하는 사실을 정확하게 알 수 없는 경우가 많고, 그 밖에 위험에 접근하게 된 경위와 동기 등의 여러 가지 사정을 종합하여 그와 같은 위험의 존재를 인식하면서도 위험으로 인한 피해를 용인하면서 접근하였다고 볼 수 없는 경우에는 손해배상액의 산정에 있어 형평의 원칙상 과실상계에 준하여 감액사유로 고려하는 것이 상당하다(2010.11.25. 2007다74560).

③ **입증책임**: 설치·관리상 하자의 입증책임은 원칙적으로 손해배상을 주장하는 원고에게 있다.

> **관련판례**
>
> **고속도로의 강설로 인한 사건에서 불가항력에 의한 것이거나 손해의 방지에 필요한 주의를 해태하지 아니하였다는 점의 입증책임 - 고속도로의 점유관리자**
>
> 고속도로의 관리상 하자가 인정되는 이상 고속도로의 점유관리자는 그 하자가 불가항력에 의한 것이거나 손해의 방지에 필요한 주의를 해태하지 아니하였다는 점을 주장·입증하여야 비로소 그 책임을 면할 수 있다(대판 2008.3.13. 2007다29287·29294).

(3) 타인에게 손해 발생

타인에게 손해(의미는 제2조와 동일)가 발생해야 하고, 공공영조물의 하자와 손해발생 사이에 상당한 인과관계가 필요하다고 본다. 따라서 자연적 사실이나 제3자와의 행위 또는 피해자의 행위와 경합하여 손해가 발생하는 경우에도 이러한 상당한 인과관계가 인정되면 배상책임이 성립된다 할 수 있다.

> **관련판례**
>
> 1. 영조물의 설치·관리상의 하자로 인하여 손해가 발생한 경우 피해자의 위자료청구권이 배제되는지 여부
>
>   국가배상법 제5조 제1항의 영조물의 설치·관리상의 하자로 인한 손해가 발생한 경우 같은 법 제3조 제1항 내지 제5항의 해석상 피해자의 위자료 청구권이 반드시 배제되지 아니한다(대판 1990.11.13. 90다카25604).
>
> 2. 제3자의 행위와 자연력이 서로 경합한 경우 - 경합범위 내 손해배상책임
>
>   영조물의 설치 또는 관리상의 하자로 인한 사고라 함은 영조물의 설치 또는 관리상의 하자만이 손해발생의 원인이 되는 경우만을 말하는 것이 아니고, 다른 자연적 사실이나 제3자의 행위 또는 피해자의 행위와 경합하여 손해가 발생하더라도 영조물의 설치 또는 관리상의 하자가 공동 원인의 하나가 되는 이상, 그 손해는 영조물의 설치 또는 관리상의 하자에 의하여 발생한 것이라고 해석함이 상당하다(대판 1994.11.22. 94다32924).

(4) 면책사유가 없을 것

① **불가항력**: 통상적인 안전성을 구비한 경우(객관적 안전성을 갖춘 경우)에는 불가항력에 의해 발생한 손해에는 국가가 책임을 부담하지 않는다. 그러나 불가항력이 존재하더라도 영조물의 설치·관리에 객관적 안전성을 결여하였다면, 그 결여로 인한 피해가 악화된 범위 내에서는 국가가 책임을 져야 한다. 즉, 불가항력이 면책사유가 되기 위해서는 기본적으로 영조물이 갖추어야 할 통상적인 안전성을 의미하는 '객관적 안전성'을 갖추고 있어야 한다.

> **관련판례**
>
> 1. 불가항력으로 인정한 판례
>
>   사고지점 제방은 1백년 발생빈도를 기준으로 책정된 계획홍수위보다 30센티미터 정도 더 높았으며 당시 상류지역의 강우량이 <u>6백년 또는 1천년 발생빈도의 강우량</u>이어서 사고지점의 경우에 계획홍수위보다 무려 16미터 정도가 넘는 수위의 유수가 흘렀다고 추정된다. 따라서 특별히 계획홍수위를 정한 이후에 이를 상향 조정할 만한 사정이 없는 한 계획홍수위보다 높은 제방을 갖춘 이상, 통상 갖춰야 할 안전성을 갖추지 못한 하자가 있다고 볼 수 없고, 계획홍수위를 훨씬 넘는 유수에 대한 범람은 예측가능성 및 회피가능성이 없는 불가항력적인 재해에 해당하는 만큼 그 영조물의 관리청에게 책임을 물을 수 없다(대판 2003.10.23. 2001다48057).
>
> 2. 불가항력이 아니라는 판례
>
>   ① 집중호우가 50년 빈도의 최대강우량에 해당한다는 사실: 집중호우로 제방도로가 유실되면서 그곳을 걸어가던 보행자가 강물에 휩쓸려 익사한

경우, 사고 당일의 집중호우가 50년 빈도의 최대강우량에 해당한다는 사실만으로 불가항력에 기인한 것으로 볼 수 없다(대판 2000.5.26. 99다53247).
② **308.5mm의 집중호우의 경우**: 산비탈 부분이 308.5mm의 집중호우에 무너져 내려 교통사고가 발생했다 하더라도, 매년 비가 많이 오는 장마철을 겪고 있는 우리나라의 기후 여건하에서 그 정도는 전혀 예측할 수 없는 천재지변으로 볼 수 없다(대판 1993.6.8. 93다11678).

② **재정적 사유(면책사유 아님)**: 예산부족 등 재정적 사유는 국가배상의 면책요건에 해당하지 않는다.

> **관련판례**
> 영조물 설치의 '하자'라 함은 영조물의 축조에 불완전한 점이 있어 이 때문에 영조물 자체가 통상 갖추어야 할 완전성을 갖추지 못한 상태에 있음을 말한다고 할 것인바 그 '하자' 유무는 객관적 견지에서 본 안전성의 문제이고 그 설치자의 재정사정이나 영조물의 사용목적에 의한 사정은 안전성을 요구하는데 대한 정도 문제로서 참작사유에는 해당할지언정 안전성을 결정지을 절대적 요건에는 해당하지 아니한다 할 것이다(대판 1967.2.21. 66다1723).

> **관련판례** 제5조의 국가배상책임이 인정된 판례
> 1. 강원도 인제읍 국도상에 아스팔트가 패여서 생긴 길이 1.2미터, 폭 0.7미터의 웅덩이가 있어서 이곳을 통과하던 소외 합자회사 중부관광여행사 소속 관광버스가 이를 피하기 위하여 중앙선을 침범운행한 과실로 마주오던 타이탄 화물트럭과 충돌하여 이 사건 교통사고가 발생하였는바, 피고는 위 도로의 관리책임자로서 위 도로를 주행하는 차량들의 안전운행을 위하여 도로상태의 안전점검을 철저하게 하였어야 함에도 불구하고 이를 게을리하여 위와 같은 웅덩이를 방치함으로써 이 사건 교통사고의 발생에 한 원인을 제공하였으므로, 피고는 위 소외 회사와 공동불법행위자로서 손해배상책임이 있다(대판 1993.6.25. 93다14424).
> 2. 가변차로에 설치된 두 개의 신호등에서 서로 모순되는 신호가 들어오는 오작동이 발생하였고 그 고장이 현재의 기술수준상 부득이한 것이라고 가정하더라도 그와 같은 사정만으로 손해발생의 예견가능성이나 회피가능성이 없어 영조물의 하자를 인정할 수 없는 경우라고 단정할 수 없다(대판 2001.7.27. 2000다56822).
> 3. **고장사실이 신고된 신호기로 인한 사고**
>   1996.10.2. 밤 낙뢰로 위 신호기에 고장이 발생하여 보행자신호기와 차량신호기에 동시에 녹색등이 표시되게 되었는데 이러한 고장 사실이 다음날인 1996.10.3. 12:13경, 15:56경, 15:29경 3차례에 걸쳐 충남지방경찰청 교통정보센터에 신고된 사실, 교통정보센터는 수리업체에 연락하여 수리하도록 하였으나 수리업체 직원이 고장난 신호등을 찾지 못하여 위 신호기가 고장난 채 방치되어 있던 중 1996.10.3. 15:40경 보행자신호기의 녹색등을 보고 횡단보도를 건너던 원고가 차량신호기의 녹색등을 보고 도로를 주행하던 승용차에 충격되어 상해를 입는 교통사고가 발생한 사실을 인정할 수 있는 바, 사고 전날 낙뢰로 인한 신호기의 고장을 피고 소속 경찰관들이 순찰 등을 통하여

간단 점검하기
영조물 설치자의 재정사정이나 영조물의 사용목적에 의한 사정은, 안전성을 요구하는 데 대한 참작사유는 될지언정 안전성을 결정지을 절대적 요건은 아니다. (○)

간단 점검하기
가변차로에 설치된 두 개의 신호기에서 서로 모순되는 신호가 들어오는 고장으로 인하여 사고가 발생한 경우, 그 고장이 현재의 기술 수준상 부득이한 것으로 예방할 방법이 없는 것이라면 손해발생의 예견가능성이나 회피가능성이 없어 영조물의 하자를 인정할 수 없다. (×)

스스로 발견하지 못하고, 고장사실이 3차례에 걸쳐 신고되었음에도 불구하고 사고를 방지하기 위한 아무런 조치가 취해지지 않은 채 위 신호기가 고장난 상태로 장시간 방치된 점 등을 과실로 인정하고, 피고인 국가에 대하여 국가배상법 제6조 소정의 비용부담자로서의 배상책임이 있다고 판단하였다(대판 1999.6.25. 99다11120).

4. 방파제에는 안전난간이 설치되어 있지 않았고, 약 1천m에 이르는 방파제에 구명튜브와 로프가 1곳에만 비치되어 휴식공간으로 이용되는 시설로서의 적절한 안전성을 갖추지 못한 하자가 있다(대판 2010.3.25. 2008다53713).

관련판례 제5조의 국가배상책임이 부정된 판례

1. 甲이 차량을 운전하여 지방도 편도 1차로를 진행하던 중 커브길에서 중앙선을 침범하여 반대편 도로를 벗어나 도로 옆 계곡으로 떨어져 동승자인 乙이 사망한 사안에서, 좌로 굽은 도로에서 운전자가 무리하게 앞지르기를 시도하여 중앙선을 침범하여 반대편 도로로 미끄러질 경우까지 대비하여 도로관리자인 지방자치단체가 차량용 방호울타리를 설치하지 않았다고 하여 도로에 통상 갖추어야 할 안전성이 결여된 설치·관리상의 하자가 있다고 보기 어렵다(대판 2013.10.24. 2013다208074).

2. 고장신고가 접수되지 아니한 신호기 고장으로 인한 사고

   교차로의 진행방향 신호기의 정지신호가 단선으로 소등되어 있는 상태에서 그대로 진행하다가 다른 방향의 진행신호에 따라 교차로에 진입한 차량과 충돌한 경우, 신호기의 적색신호가 소등된 기능상 결함이 있었다는 사정만으로 신호기의 설치 또는 관리상의 하자를 인정할 수 없다(대판 2000.2.25. 99다54004).

3. 승용차 운전자가 편도 2차선의 국도를 진행하다가 반대차선 진행차량의 바퀴에 튕기어 승용차 앞유리창을 뚫고 들어온 쇠파이프에 맞아 사망한 경우, 국가의 손해배상책임을 부정한 사례(대판 1997.4.22. 97다3194)

4. 편도 4차선의 간선도로를 따라 오다가 편도 1차선의 지선도로가 좌측에서 합류하는 삼거리 교차로를 지나 우측으로 굽은 간선도로를 따라 계속 진행하는 차량에 대하여 신호기가 우측 화살표 신호가 아닌 직진 신호를 표시한 경우, 그 신호기의 신호가 도로의 실제 상황과 일치하지 않는 잘못된 신호로서 신호기의 설치·관리에 하자가 있다고 할 수 없다(대판 2000.1.14. 99다24201).

5. 甲 등이 원동기장치자전거를 운전하던 중 'ㅏ' 형태의 교차로에서 유턴하기 위해 신호를 기다리게 되었고, 위 교차로 신호등에는 유턴 지시표지 및 그에 관한 보조표지로서 '좌회전 시, 보행신호 시 / 소형 승용, 이륜에 한함'이라는 표지가 설치되어 있었으나, 실제 좌회전 신호 및 좌회전할 수 있는 길은 없었는데, 甲이 위 신호등이 녹색에서 적색으로 변경되어 유턴을 하다가 맞은편 도로에서 직진 및 좌회전 신호에 따라 직진 중이던 차량과 충돌하는 사고가 발생하자, 甲 등이 위 교차로의 도로관리청이자 보조표지의 설치·관리주체인 지방자치단체를 상대로 손해배상을 구한 사안에서, 위 표지에 위 신호등의 신호체계 및 위 교차로의 도로구조와 맞지 않는 부분이 있더라도 거기에 통상 갖추어야 할 안전성이 결여된 설치·관리상의 하자가 있다고 보기 어렵다(대판 2022.7.28. 2022다225910).

> 6. 수련회에 참석한 미성년자 甲이 유원지 옆 작은 하천을 가로질러 수심이 깊은 맞은 편 바위 쪽으로 이동한 다음 바위 위에서 하천으로 다이빙을 하며 놀다가 익사하자, 甲의 유족들이 하천 관리주체인 지방자치단체를 상대로 손해배상을 구한 사안에서, 하천 관리자인 지방자치단체가 유원지 입구나 유원지를 거쳐 하천에 접근하는 길에 수영금지의 경고표지판과 현수막을 설치함으로써 하천을 이용하는 사람들의 안전을 보호하기 위하여 통상 갖추어야 할 시설을 갖추었다고 볼 수 있어, 배상책임이 인정되지 않는다(대판 2014. 1. 23. 2013다211865).

3. 제2조와 제5조의 경합

국가배상법 제2조는 과실책임이고 제5조는 무과실책임이다. 이러한 것으로부터 다음의 특징들을 도출할 수 있다.

(1) 공무원의 과실로 인한 영조물의 물적 하자로 인하여 손해가 발생한 경우

이러한 경우에는 ① 공무원의 고의·과실에 대해 규정한 제2조뿐만 아니라, ② 영조물의 설치·관리상의 하자를 규정한 제5조의 적용도 받는다(통설).

(2) 양자는 별개의 소송물

제2조에 의한 국가배상청구와 제5조에 의한 국가배상청구는 별개의 소송물이기 때문에 제2조에 의한 손해배상청구에서 패소한다 하더라도 제5조에 의한 손해배상청구가 가능하다.

(3) 원고에게 유리

피해의 상대방의 입장에서 볼 때 제5조는 제2조와 달리 과실입증이 요구되지 않으므로 원고에게 유리한 측면이 있다. 따라서 이 경우 제2조보다 제5조가 입증책임에서 용이하므로 제5조에 의한 배상책임을 주장하는 것이 피해자에게 유리할 것이다.

4 국가배상의 책임자

국가배상법 제6조【비용부담자 등의 책임】① 제2조·제3조 및 제5조에 따라 국가나 지방자치단체가 손해를 배상할 책임이 있는 경우에 공무원의 선임·감독 또는 영조물의 설치·관리를 맡은 자와 공무원의 봉급·급여, 그 밖의 비용 또는 영조물의 설치·관리 비용을 부담하는 자가 동일하지 아니하면 그 비용을 부담하는 자도 손해를 배상하여야 한다.
② 제1항의 경우에 손해를 배상한 자는 내부관계에서 그 손해를 배상할 책임이 있는 자에게 구상할 수 있다.

국가배상법에 따르면 손해를 받은 피해자는 선임감독자나 설치·관리자뿐 아니라 비용부담자에 대해서도 배상책임을 물을 수 있다. 피해자는 어느 쪽에 대해서도 선택적으로 국가배상을 청구할 수 있다.

1. 비용부담자

판례는 대외적으로 당해 사무의 비용 또는 당해 영조물의 설치관리비용을 부담하여야 하는 것으로 되어 있는 형식적 비용부담자뿐만 아니라 궁극적인 비용부담자인 실질적 비용부담자도 국가배상법 제6조 제1항의 비용부담자에 해당하고, 피해자에 대해 국가배상법 제2조 및 제5조의 배상책임의 주체가 된다고 본다.

> **관련판례**
>
> 1. 국가배상법 제6조 제1항 소정의 '공무원의 봉급·급여 기타의 비용'이란 공무원의 인건비만을 가리키는 것이 아니라 당해사무에 필요한 일체의 경비를 의미한다고 할 것이고, 적어도 대외적으로 그러한 경비를 지출하는 자는 경비의 실질적·궁극적 부담자가 아니더라도 그러한 경비를 부담하는 자에 포함된다(대판 1994.12.9. 94다38137).
>
> 2. 도로의 유지·관리에 관한 상위 지방자치단체의 행정권한이 행정권한 위임조례로 하위 지방자치단체장에게 위임되었다면 그것은 기관위임이지 단순한 내부위임이 아니다. 기관위임의 경우 위임받은 하위 지방자치단체장은 상위 지방자치단체 산하 행정기관의 지위에서 그 사무를 처리하는 것이므로 사무귀속의 주체가 달라진다고 할 수 없다. 따라서 하위 지방자치단체장을 보조하는 그 지방자치단체 소속 공무원이 위임사무를 처리하면서 고의 또는 과실로 타인에게 손해를 가하거나 위임사무로 설치·관리하는 영조물의 하자로 타인에게 손해를 발생하게 한 경우에는 권한을 위임한 상위 지방자치단체가 그 손해배상책임을 진다(대판 2017.9.21. 2017다223538).

> **관련판례**
>
> 1. **국가배상법 제6조 제1항은 특히 위임사무에서 큰 의미를 가짐**
>
>   구 지방자치법 제131조, 구 지방재정법 제16조 제2항(현행 제18조 제2항)의 규정상, 지방자치단체의 장이 기관위임된 국가행정사무를 처리하는 경우 그에 소요되는 경비의 실질적·궁극적 부담자는 국가라고 하더라도 당해 지방자치단체는 국가로부터 내부적으로 교부된 금원으로 그 사무에 필요한 경비를 대외적으로 지출하는 자이므로, 이러한 경우 지방자치단체는 국가배상법 제6조 제1항 소정의 비용부담자로서 공무원의 불법행위로 인한 같은 법에 의한 손해를 배상할 책임이 있다(대판 1997.12.9. 94다38137).
>
> 2. 지방자치단체장이 설치하여 관할 지방경찰청장에게 관리권한이 위임된 교통신호기의 고장으로 인하여 교통사고가 발생한 경우, 지방자치단체뿐만 아니라 국가도 손해배상책임을 지게 된다(대판 1999.6.25. 99다11120).
>
> 3. 여의도광장의 관리는 광장의 관리에 관한 별도의 법령이나 규정이 없으므로 서울특별시는 여의도광장을 도로법 제2조 제2항 소정의 "도로와 일체가 되어 그 효용을 다하게 하는 시설"로 보고 같은 법의 규정을 적용하여 관리하고 있으며, 그 관리사무 중 일부를 영등포구청장에게 권한위임하고 있어, 여의도광장의 관리청이 본래 서울특별시장이라 하더라도 그 관리사무의 일부가 영등포구청장에게 위임되었다면, 그 위임된 관리사무에 관한 한 여의도광장의 관리청은 영등포구청장이 되고, 같은 법 제56조에 의하면 도로에 관한 비용은 건설부장관이 관리하는 도로 이외의 도로에 관한 것은 관리청이 속하는 지방자치단체의 부담으로 하도록 되어 있어 여의도광장의 관리비용부담자는 그 위임된 관리사무에 관한 한 관리를 위임받은 영등포구청장이 속한 영등포구가 되므로, 영등포구는 여의도광장에서 차량진입으로 일어난 인신사고에 관하여 국가배상법 제6조 소정의 비용부담자로서의 손해배상책임이 있다(대판 1995.2.24. 94다57671).

2. 종국적 배상책임자

국가배상법 제6조 제2항의 규정은 최종적인 배상책임자에 대한 구상권을 인정하면서 관리주체와 비용부담주체 중 누가 최종적인 배상책임자인지에 대하여 판단을 내리지 않고 있다. 이에 대해 견해가 대립된다.

(1) 학설
① **관리주체설**: 관리주체가 최종적인 책임자라고 본다.
② **비용부담주체설**: 비용을 실질적으로 부담하는 자가 최종적인 책임자로 보는 견해이다.
③ **기여도설**: 손해발생의 기여도에 응해 관리주체뿐만 아니라 실질적 비용부담주체에게도 최종적인 배상책임을 지우는 견해이다.

(2) 판례
판례는 원칙적으로 기여도설에 따른 판시를 하고 있다.

> **관련판례**
> 원래 광역시가 점유·관리하던 일반국도 중 일부 구간의 포장공사를 국가가 대행하여 광역시에 도로의 관리를 이관하기 전에 교통사고가 발생한 경우, 광역시는 그 도로의 점유자 및 관리자, 도로법 제56조, 제55조, 도로법 시행령 제30조에 의한 도로관리비용 등의 부담자로서의 책임이 있고, 국가는 그 도로의 점유자 및 관리자, 관리사무귀속자, 포장공사비용 부담자로서의 책임이 있다고 할 것이며, 이와 같이 광역시와 국가 모두가 도로의 점유자 및 관리자, 비용부담자로서의 책임을 중첩적으로 지는 경우에는, 광역시와 국가 모두가 국가배상법 제6조 제2항 소정의 궁극적으로 손해를 배상할 책임이 있는 자라고 할 것이고, 결국 광역시와 국가의 내부적인 부담 부분은, 그 도로의 인계·인수 경위, 사고의 발생 경위, 광역시와 국가의 그 도로에 관한 분담비용 등 제반 사정을 종합하여 결정함이 상당하다(대판 1998.7.10. 96다42819).

제2절 손실보상제도

1 개념

손실보상이란 적법한 공권력행사로 공공의 필요에 의해서 재산권의 수용·사용·제한의 특별한 희생을 요하는 경우를 말하고, 보상규정이 존재할 때 사유재산의 보장과 특정인의 잘못이 전제된 것이 아닌 공평부담의 견지에서 행정주체가 이를 조정하기 위해서 행하는 조절적인 재산적 보상을 말한다. 과거 손실보상제도가 주로 재산권보상에 중점을 맞추어 왔다면, 오늘날의 손실보상 개념은 이에 추가적으로 생활권 보상이라는 것이 함께 부각되고 있다.

2 근거

1. 이론상 근거

행정상 손실보상에 대한 이론적 근거로 기득권설, 은혜설, 특별희생설(희생사상) 등을 들 수 있다.

(1) 기득권설은 자연권에 근거한 기득권(재산권)의 불가침을 전제로 하여 공적 목적으로 기득권의 침해가 있을 시에는 보상이 이루어져야 한다는 견해이다.

(2) 은혜설은 국가권력의 절대성을 전제로 보상이라는 것은 국가가 은혜적으로 주는 것이라고 보는 견해이다.

(3) 특별희생설은 사유재산에 대해 특별희생이 발생한 경우에는 공동체 전체 부담으로 정의와 공평의 견지에서 보상이 이루어져야 한다고 보는 견해이다. 이 중에서 특별희생설이 우리의 통설·판례의 입장이다.

2. 실정법상 근거

(1) **헌법상 근거**

> 헌법 제23조 ③ 공공필요에 의한 재산권의 수용·사용 또는 제한 및 그에 대한 보상은 법률로써 하되, 정당한 보상을 지급하여야 한다.

헌법 제23조 제3항은 "공공필요에 의한 재산권의 수용·사용·제한 및 그에 대한 보상은 법률로써 하되, 정당한 보상을 지급하여야 한다."고 규정하고 있다. 즉, 동 규정에는 재산권 침해의 목적(공공필요), 재산권의 침해유형, 침해법정주의(재산권의 수용·사용 또는 제한), 보상법정주의(그에 대한 보상은 법률로써 하되), 보상기준(정당한 보상)이 규정되어 있다. 그러나 동 규정에는 구체적인 보상의 방법은 규정되어 있지 않고 이는 개별법에 규정되어 있다.

(2) **개별법적 근거**

손실보상에 관한 일반법은 없으나, 다수의 개별법률은 공용수용에 관한 법률적 근거와 그 일반적 요건을 규정함과 동시에 그에 따르는 손실에 대한 보상규정을 두고 있다. 따라서 손실보상 규정이 공익사업을 위한 토지 등의 취득 및 보상에 관한 법률, 하천법, 도로법 등 개별법에 있는 경우에는 그에 따라 손실보상청구권을 행사할 수 있다.

3 성질

1. 학설

① 공권설을 따를 경우에는 손실보상청구권을 공법상의 권리로 보아 행정소송인 당사자소송에 의하게 된다. 그러나 ② 사권설을 따를 경우에는 손실보상청구권을 사권으로 보아 민사소송에 의하게 된다.

2. 판례

손실보상의 원인이 공법적인 것이라 할지라도 그 효과로서 손실보상은 사법적인 것에 의해야 한다고 보아 손실보상청구권을 사권으로 보고 그에 관한 소송도 민사소송으로 다루고 있으면서 예외적으로 행정소송에 의해 보상을 인정한다고 보는 것이 종래의 견해였다. 그러나 2006년 5월 하천법 관련규정에 의한 손실보상금의 지급을 구한 사건에서 손실보상청구권을 공권으로 보면서 행정소송에 의하도록 하였다. 이에 판례는 사권설을 취하나 하천법상 손실보상청구를 예외적으로 행정소송인 당사자소송으로 하였다는 견해와 판례가 종래 사권설에서 최근에는 공권설로 입장을 변경하였다는 평석이 존재한다(손실보상청구권의 성질에 관하여 대법원은 전통적으로 사권설의 입장에서 민사소송으로 다루어 왔으나, 최근에는 당사자소송으로 보는 판례도 나타나고 있다).

(1) 사권으로 보는 경우

① 징발권자인 국가와 피징발자의 관계가 공법관계에 속한다 하더라도 징발로 인한 손실보상은 피징발자의 사법상의 권리에 대한 손실을 그 본질적 내용으로 하는 것이므로 징발보상금청구는 민사소송사건이다(대판 1970.3.10. 69다1886).

② 구 수산업법 제81조 제1항 제1호는 법 제34조 제1호 내지 제5호와 제35조 제8호의 규정에 해당되는 사유로 인하여 허가어업을 제한하는 등의 처분을 받았거나 어업면허 유효기간의 연장이 허가되지 아니함으로써 손실을 입은 자는 행정관청에 대하여 보상을 청구할 수 있다고 규정하고 있는바, 이러한 어업면허에 대한 처분 등이 행정처분에 해당된다 하여도 이로 인한 손실은 사법상의 권리인 어업권에 대한 손실을 본질적 내용으로 하고 있는 것으로서 그 보상청구권은 공법상의 권리가 아니라 사법상의 권리이다(대판 1998.2.27. 97다46450).

(2) 공권으로 보는 경우

① 구 토지수용법 제75조의2의 규정에 의하여 토지소유자 또는 관계인이 제기하는 보상금의 증감에 관한 소송 - 행정소송: 수용대상 토지의 소유자 또는 관계인이 토지수용법 제75조의2 제1항과 제2항의 규정에 의하여 이의신청의 재결에 대하여 보상금의 증감에 관한 행정소송을 제기하는 경우 그 소송은 재결청(행정심판위원회)과 기업자를 공동피고로 하는 필요적 공동소송이다(대판 1993.5.25. 92누15772).

② 구 공유수면매립법 시행 당시 공유수면매립사업으로 인한 관행어업자의 손실보상청구권 행사 방법 - 행정소송: 공유수면매립 사업으로 인하여 관행어업권을 상실하게 된 자는 구 공유수면매립법 제6조 제2호가 정한 입어자로서 같은 법 제16조 제1항의 공유수면에 대하여 권리를 가진 자에 해당하므로 그가 매립사업으로 인하여 취득한 손실보상청구권은 직접 같은 법 조항에 근거하여 발생한 것이라 할 것이어서, 공유수면매립사업법 제16조 제2·3항이 정한 재정과 그에 대한 행정소송의 방법에 의하여 권리를 주장하여야 할 것이고 민사소송의 방법으로는 그 손실보상청구권을 행사할 수 없다(대판 2001.6.29. 99다56468).

③ **토지가 하천구역에 편입된 경우의 손실보상 - 행정소송(=당사자소송)**: 하천법 부칙 제2조와 '법률 제3782호 하천법 중 개정법률 부칙 제2조의 규정에 의한 보상청구권의 소멸시효가 만료된 하천구역 편입토지 보상에 관한 특별조치법' 제2조, 제6조의 각 규정들을 종합하면, 위 규정들에 의한 손실보상청구권은 1984.12.31. 전에 토지가 하천구역으로 된 경우에는 당연히 발생되는 것이지, 관리청의 보상금지급결정에 의하여 비로소 발생하는 것은 아니므로, 위 규정들에 의한 손실보상금의 지급을 구하거나 손실보상청구권의 확인을 구하는 소송은 행정소송법 제3조 제2호 소정의 당사자소송에 의하여야 한다(대판 2006.5.18. 2004다6207).

④ **구 공공용지의 취득 및 손실보상에 관한 특례법에 의한 수분양권을 인정받지 못한 사람이 이를 취득하기 위한 쟁송방법 - 항고소송**: 구 공공용지의 취득 및 손실보상에 관한 특례법에 의한 수분양권의 취득을 희망하는 이주자가 소정의 절차에 따라 이주대책 대상자 선정신청을 한 데 대하여 사업시행자가 그에 해당하지 아니한다고 판단하여 위와 같은 확인·결정 등의 처분을 하지 않고 이주대책 대상자에서 제외시키거나 또는 거부조치 한 경우에 그 처분이 위법한 것이라면, 이주자는 사업시행자를 상대로 그 처분의 취소를 구하는 항고소송을 제기할 수 있을 뿐, 이주자가 구체적인 수분양권을 아직 취득하지도 못한 상태에서 곧바로 분양의무의 주체인 사업시행자를 상대로 이주대책상의 수분양권의 확인 등을 청구하는 민사소송을 제기하는 것은 허용되지 않는다(대판 1995.6.30. 94다14391).

⑤ **민주화운동 관련자 명예회복 및 보상 등에 관한 법률에 의한 보상금 지급을 구하는 소송 - 항고소송**: 민주화운동 관련자 명예회복 및 보상 등에 관한 법률만으로 보상금 지급 대상자가 확정된다고 볼 수 없고 민주화운동관련자명예회복및보상심의위원회의 심의·결정을 받아야만 비로서 보상금 등의 지급 대상자로 확정될 수 있다. 보상심의위원회의 결정은 국민의 권리·의무에 직접 영향을 미치는 행정처분에 해당한다고 할 것이므로 위원회를 피고로 보상금 기각결정을 취소하는 소송을 제기하여야 한다(대판 2008.4.17. 2005두16185).

4 성립요건

손실보상의 요건으로 ① 재산권에 대한 의도적 침해, ② 적법·직접적 침해, ③ 공공필요, ④ 특별 희생에 해당할 것, ⑤ 보상규정이 존재할 것 등을 들 수 있다.

1. 재산권에 대한 의도적 침해

손실보상의 요건으로 재산권이라 법에 의해 보호되는 일체의 재산적 가치 있는 권리를 말한다. 이에는 사법상의 권리뿐만 아니라 공법상의 권리도 포함되며, 부동산·동산 및 물권·채권뿐 아니라 무체재산권(예 저작권·특허권)도 포함된다. 재산권이 되는가 여부는 기본적으로 법률해석의 문제이다. 하지만 재산가치는 현재에 가치가 있는 것이어야 하며, 현재가치로 보기 힘든 영업기회나 기대이익 등은 재산권에 포함되지 않는다. 또한 판례도 자연·문화적인 학술가치는 재산권에 포함시키지 않았다.

> **관련판례** 위법한 건축물의 경우에 토지수용법상의 수용보상 대상이 되는지 여부
>
> 토지수용법상의 사업인정 고시 이전에 건축되고 공공사업용지 내의 토지에 정착한 지장물인 건물은 통상 적법한 건축허가를 받았는지 여부에 관계없이 손실보상의 대상이 되나, 주거용 건물이 아닌 위법 건축물의 경우에는 관계 법령의 입법 취지와 그 법령에 위반된 행위에 대한 비난 가능성과 위법성의 정도, 합법화될 가능성, 사회통념상 거래 객체가 되는지 여부 등을 종합하여 구체적·개별적으로 판단한 결과 그 위법의 정도가 관계 법령의 규정이나 사회통념상 용인할 수 없을 정도로 크고 객관적으로도 합법화될 가능성이 거의 없어 거래의 객체도 되지 아니하는 경우에는 예외적으로 수용보상 대상이 되지 아니한다(대판 2001.4.13. 2000두6411).

2. 침해

(1) 침해의 유형

침해의 유형으로는 ① 수용(사인의 재산권의 강제취득), ② 사용(수용에 이르지 않는 일시적 사용), ③ 제한(수용에 이르지 않되 소유자 등에 의한 사용이나 수익을 제한하는 것) 등을 들 수 있다.

(2) 침해의 방법

침해의 방법으로는 법률에 의한 직접적인 침해를 의미하는 법률수용과 법률에 근거한 행정행위에 의한 침해를 의미하는 행정수용으로 구분할 수 있다.

(3) 침해의 적법성과 직접성

손해배상과는 달리 손실보상에서의 침해는 ① 적법할 것(법령에 근거한 것), ② 의도한 것일 것, ③ 재산권에 대해 직접적일 것 등이 요구된다. 따라서 개인이 입은 재산상의 손실이 공권력의 발동으로 인해 직접 야기된 것이 아니고, 부수적 사정으로 인하여 간접적·비의도적으로 야기된 것이라면 손실보상이 아닌, 수용적 침해의 문제가 된다.

3. 공공의 필요(공익)

손실보상의 원인이 되는 공권력 행사는 공공의 필요에 의한 경우에만 인정된다. 공공의 필요에 의한 공익사업인가는 사업의 주체를 보고 판단할 수는 없다. 이는 사기업도 수탁을 통하여 공익사업을 수행할 수 있기 때문이다. 결국 공익사업인지의 여부는 그 사업자체의 성질에 의하여 정할 것이다. 또한 공공의 필요는 공익과 사익을 비교형량하여 입증되어야 하는데, 이는 수용에 따른 상대방의 재산권 침해를 정당화할만한 공익의 존재가 쌍방의 이익의 비교형량의 결과로 입증되어야 하며, 그 입증책임은 사업 시행자에게 있다(대판 2005.11.10. 2003두7507).

> **관련판례**
>
> '공공필요'의 요건에 관하여, 공익성은 추상적인 공익 일반 또는 국가의 이익 이상의 중대한 공익을 요구하므로 기본권 일반의 제한사유인 '공공복리'보다 좁게 보는 것이 타당하다(헌재 2014.10.30. 2011헌바172).

4. 특별한 희생

(1) 논의의 실익

손실보상이 인정되기 위해서는 재산권 침해로 재산권에 내재하는 사회적 제약을 넘는 '특별한 희생'이 발생되었어야 한다. 재산권의 사회적 제약범위 내의 침해에 대하여는 피해자는 보상 없이 이를 수인(受忍)하여야 하는 것으로 본다(헌법 제23조 제2항). 문제는 보상을 요하는 '특별한 희생'과 보상이 필요 없는 '사회적 제약범위 내의 침해'를 구별하는 기준인 바, 이에 관하여는 아래와 같은 여러 학설이 대립하고 있다.

> **관련판례**
>
> **1. 민법상 재산권에 대한 상린관계에서의 제한이 특별한 희생에 해당되는지 여부**
>
> 이는 인접하는 부동산의 소유자 또는 용익권자 사이의 이용을 조절하기 위한 법률관계를 의미하는 것으로 즉, 개인의 소유(현실적으로 보아 주로 부동산이 그 대상)가 인접하여 있는데, 한 쪽 소유의 원활한 이용을 위해 이웃한 소유를 이용하여야 될 경우 양측의 이용에 조절이 필요한데 이같이 서로 인접하고 있는 소유자가 서로 어느 정도 자기의 이용방법을 제한하고 상대방의 이용을 원활히 하는 관계를 말한다. 따라서 이는 부동산의 소유자에게 사용·수익의 권능을 일부 유보하여 서로 협력할 것을 요구하는 것으로서, 부동산소유권을 한편으로는 제한하고 한편으로는 확장하는 효과가 있다. 그러므로 이러한 상린관계는 특별한 희생이 아닌 사회적 제약 내의 것이므로 손실보상의 대상이 되지 않는다.
>
> **2. 정비기반시설의 소유권 귀속은 헌법 제23조 제3항의 수용에 해당하지 않음**
>
> 정비기반시설과 그 부지의 소유·관리·유지관계를 정한 도시 및 주거환경정비법 제65조 제2항의 전단에 따른 정비기반시설의 소유권 귀속은 헌법 제23조 제3항의 수용에 해당하지 않고 이 사건 법률조항이 그에 대한 보상의 의미를 가지는 것도 아니므로 정당한 보상의 원칙은 문제되지 아니한다(헌재 2013.10.23. 2011헌바355).
>
> **3. 도시계획시설로 지정된 토지가 나대지인 경우**, 토지소유자는 더 이상 그 토지를 종래 허용된 용도(건축)대로 사용할 수 없게 됨으로써 토지의 매도가 사실상 거의 불가능하고 경제적으로 의미있는 이용가능성이 배제된다. 이러한 경우, 사업시행자에 의한 토지매수가 장기간 지체되어 토지소유자에게 토지를 계속 보유하도록 하는 것이 경제적인 관점에서 보아 더 이상 요구될 수 없다면, 입법자는 매수청구권이나 수용신청권의 부여, 지정의 해제, 금전적 보상 등 다양한 보상가능성을 통하여 재산권에 대한 가혹한 침해를 적절하게 보상하여야 한다(헌재 1999.10.21. 97헌바26).

(2) 수용과 재산권의 내용·한계의 구별기준

① **학설**: 특별한 희생에 대해 논하기 이전에 먼저 ㉠ 헌법 제23조 제3항의 공용침해와 ㉡ 제1·2항의 재산권의 내용·한계의 설정에 대한 경계이론과 분리이론을 살펴보겠다.

㉠ **경계이론(가치보장에 중점 – 보상 가능한지 여부)**: 경계이론이란 재산권의 내용과 한계에 대한 정당한 사회적 제약과 보상을 요하는 공용침해를 연속선상에서 파악하며, 양자의 구분기준은 재산권침해의 정도라고 보는 견해이다.

재산권에 대한 공용침해가 재산권내용의 일정한 한계(경계)를 넘지 않으면 사회적 제약범위 내의 희생에 해당하여 보상을 요하지 않으나, 일정한 한계를 넘으면 특별한 희생이 되어 보상을 요한다고 본다. 이상에서 살펴봤듯이 경계이론은 영역의 문제와 권리구제의 문제가 결합되어 있는 이론이다. 즉, 재산권의 내용·한계영역(헌법 제23조 제1·2항)에 해당하면 특별희생이 아니므로 권리구제가 불가능하고, 공용침해 영역(헌법 제23조 제3항)이면 특별희생에 해당하므로 권리구제가 가능하다고 보는 것이다. 다시 말하면 양자 사이에 특별희생을 기준으로 하여 경계가 존재하는 것이다.

ⓒ **분리이론[존속보장(위헌적 침해의 억제)에 중점 - 다양한 구제책 가능]**: 분리이론은 입법자의 의지에 따라 재산권의 내용·한계와 공용침해를 전혀 별개로 보는 이론이다. 이 이론에 따르면 ⓐ 재산권의 내용·한계인 헌법 제23조 제2항 영역에 속할지라도 그것이 비례원칙에 위반된다면 권리구제가 가능하다고 본다. 이러한 경우에는 보상이 문제되는 것이 아니라 비례원칙에 위반된 것이기 때문에 위헌의 문제를 가져오는 것이다. 그리고 ⓑ 공용침해인 헌법 제23조 제3항의 영역에 속하는 것은 보상이 주어져야 한다고 보는 이론이다. 즉, 분리이론은 경계이론과 달리 영역의 문제와 권리구제의 문제가 분리된 이론이고 헌법 제23조 제1·2항의 영역일지라도 비례원칙에 위반되면 권리구제가 가능한 것으로 보는 이론이다.

② 판례

㉠ **대법원**: 대법원은 구 도시계획법상 개발제한구역지정으로 인한 부담에 대한 개발제한구역의 지정은 재산권의 내용·한계 영역에 속하므로 특별한 희생에 해당하지 않는다고 보아서 보상할 필요가 없다고 판시한 바 있다. 이는 경계이론에 입각하여 영역의 문제와 권리구제의 문제를 결합시킨 것으로 보인다.

> **관련판례**
>
> **도로의 공용개시행위로 인하여 공물로 성립한 사인 소유의 도로부지에 대하여 사권의 행사가 제한됨으로써 소유자가 손실을 받은 경우, 소유자는 손실보상청구를 할 수 없음**
>
> 도로의 공용개시행위로 인하여 공물로 성립한 사인 소유의 도로부지 등에 대하여 도로법 제5조에 따라 사권의 행사가 제한됨으로써 그 소유자가 손실을 받았다고 하더라도 이와 같은 사권의 제한은 구 국토해양부장관 또는 기타의 행정청이 행한 것이 아니라 도로법이 도로의 공물로서의 특성을 유지하기 위하여 필요한 범위 내에서 제한을 가하는 것이므로, 이러한 경우 도로부지 등의 소유자는 국가나 지방자치단체를 상대로 하여 부당이득반환청구나 손해배상청구를 할 수 있음은 별론으로 하고 도로법 제79조에 의한 손실보상청구를 할 수는 없다(대판 2006.9.28. 2004두13639).

⓵ **헌법재판소**: 헌법재판소는 나대지 또는 토지를 더 이상 종래의 목적으로 사용하는 것이 불가능하거나 현저히 곤란하게 된 경우 등에는 사회적 제약의 한계를 넘는 것으로 보아 위헌을 선언하였다. 이때 사회적 제약을 넘어선다는 것은 특별희생에 해당한다는 것이 아니라 제37조 제2항의 비례원칙에 위반되어 위법하다는 의미임을 유의해야 한다. 이는 헌재가 분리이론을 취하기 때문이다.

> **관련판례**
>
> **개발제한구역 지정에 대한 헌법재판소 판례 - 분리이론에 입각[개발제한구역제도 자체는 합헌, 단 예외적인 경우(나대지) 위헌]**
>
> [1] 개발제한구역을 지정하여 그 안에서는 건축물의 건축 등을 할 수 없도록 하고 있는 도시계획법 제21조는 헌법 제23조 제1항, 제2항에 따라 토지재산권에 관한 권리와 의무를 일반·추상적으로 확정하는 규정으로서 재산권을 형성하는 규정인 동시에 공익적 요청에 따른 재산권의 사회적 제약을 구체화하는 규정인바, 토지재산권은 강한 사회성, 공공성을 지니고 있어 이에 대하여는 다른 재산권에 비하여 보다 강한 제한과 의무를 부과할 수 있으나, 그렇다고 하더라도 다른 기본권을 제한하는 입법과 마찬가지로 비례성 원칙을 준수하여야 하고, 재산권의 본질적 내용인 사용·수익권과 처분권을 부인하여서는 아니 된다.
> [2] 개발제한구역 지정으로 인하여 토지를 종래의 목적으로도 사용할 수 없거나 또는 더 이상 법적으로 허용된 토지이용의 방법이 없기 때문에 실질적으로 토지의 사용·수익의 길이 없는 경우에는 토지소유자가 수인해야 하는 사회적 제약의 한계를 넘는 것으로 보아야 한다.
> [3] 도시계획법 제21조에 의한 재산권의 제한은 개발제한구역으로 지정된 토지를 원칙적으로 지정 당시의 지목과 토지현황에 의한 이용방법에 따라 사용할 수 있는 한, 재산권에 내재하는 사회적 제약을 비례의 원칙에 합치하게 합헌적으로 구체화한 것이라고 할 것이나, 종래의 지목과 토지현황에 의한 이용방법에 따른 토지의 사용도 할 수 없거나 실질적으로 사용·수익을 전혀 할 수 없는 예외적인 경우에도 아무런 보상없이 이를 감수하도록 하고 있는 한, 비례의 원칙에 위반되어 당해 토지소유자의 재산권을 과도하게 침해하는 것으로서 헌법에 위반된다(헌재 1998.12.24. 89헌마214).

1. 사회적 제약의 범위를 넘는 가혹한 부담: '토지를 종래의 지목과 그 현황에 따라 사용할 수 있는가'의 여부
   ① 나대지의 경우: 나대지 상태에서 개발제한구역을 지정받아 건축을 할 수 없는 상태로 장기간 경과하게 되면 나대지 소유자의 재산권을 침해하는 것이 된다.
   ② 사정변경으로 인한 용도의 폐지: 개발제한구역의 지정이 있은 후 토지를 종래의 목적으로 사용하는 것이 불가능하거나 현저히 곤란하게 되어버린 경우에도 토지소유자의 재산권을 침해하는 것이 된다.
2. 이러한 헌법재판소의 판결의 취지에 따르기 위하여 개발제한구역의 지정 및 관리에 관한 특별조치법이 제정(2000.1.28)되어 동법에 의한 피해자의 구제를 위하여 관련 조항 등이 마련되었다. 특히, 동법에서는 토지매수청구권을 인정하고 있다.

5. 보상규정이 존재할 것

(1) 보상규정이 있는 경우

공용침해를 규정하고 있는 법률에서 보상까지 규정하고 있는 것으로 이러한 개별 법률에 보상규정이 존재하는 경우에는 그 보상규정에 따라 손실보상을 청구하면 된다.

(2) 보상규정이 없는 경우(개별법에 손실보상규정이 흠결된 경우)

특정 법률이 보상규정을 두고 있지 않고 단지 특별한 희생을 발생시키는 공용침해만을 규정하고 있는 경우가 문제된다.

① **문제점**: 현행 헌법은 침해규정과 보상규정을 법률로써 정하도록 하고 있는데, 개별법에 공용침해에 대한 근거규정만 두고 그에 대한 손실보상 규정이 흠결된 경우, 헌법 제23조 제3항의 해석상

㉠ 공공필요에 의한 사인의 재산권행사를 사용·수용·제한하는 공권력행사의 허용규정(침해규정: 재산권의 수용·사용·제한은 법률로써 하여야 하고, 이 '법률'에 법률종속명령이나 조례는 포함되지 아니한다.
㉡ 이에 대한 손실보상의 기준·방법·범위에 관한 규정(보상규정)이 동시에 규정하고 있어야 하는지, 즉 당해 규정이 불가분조항에 해당하는지가 문제된다. 불가분조항이란 공권력 행사규정과 이에 대한 손실보상규정이 반드시 함께 규정되어야 한다고 보는 것으로 불가분조항으로 보는 견해와 보지 아니하는 견해가 대립하고 있으나 불가분조항으로 보는 것이 일반적이다.

② **학설**
  ㉠ **방침규정설(입법지침설)**: 방침규정설은 헌법에서 보상규정을 두라는 것은 단지 입법방침을 정한 데에 불과한 규정(프로그램규정)이라고 본다. 따라서 이 학설은 손실보상에 관한 구체적인 사항이 법률로써 정해져야 비로소 사인은 손실보상청구권을 갖게 되는 것이지 보상규정이 흠결된 경우에는 헌법규정만으로는 손실보상청구를 할 수 없다고 본다.
  ㉡ **직접효력규정설(국민에 대한 직접효력설)**: 직접효력설은 법률에 보상규정이 없는 경우에는 직접 헌법상의 보상규정이 적용된다는 입장이다. 즉, 헌법 제23조 제3항 자체를 국민에 대해 직접적인 효력이 있는 규정으로 보는 견해이다. 따라서 이 학설에 따르면 침해를 받은 사인은 법률에 보상규정이 없더라도 헌법 제23조 제3항에 근거하여 직접 보상을 청구할 수 있다.
  ㉢ **위헌무효설(위헌설, 입법자에 대한 직접효력설)**: 위헌무효설은 ⓐ 법률이 재산권 침해를 허용하면서 손실보상에 관한 규정을 포함하지 않고 재산권을 제약하면 위헌·무효의 법률이고, ⓑ 이에 근거한 행정작용은 위법이고 따라서 ⓒ 당사자는 행정소송을 제기할 수 있으며, 국가배상청구 또한 제기할 수 있다는 것이다.
  ㉣ **유추적용설(간접적용설, 간접효력적용설)**: 유추적용설은 법률이 재산권 침해를 규정하면서 보상규정이 없는 경우에 헌법 제23조 제1항(재산권보장) 및 제11조(평등원칙)를 근거로 하면서 헌법 제23조 제3항 및 관계규정의 유추해석을 통해서 보상을 청구할 수 있다는 것이다. 이는, 독일에서 발전된 수용유사침해이론을 도입하여 손실보상의 문제를 해결하려는 것이다.

③ **판례**: 대법원 판례는 유추적용설에 따른 입장이다.

> **관련판례**
> 1. 물건 또는 권리 등에 대한 손실보상액 산정의 기준이나 방법에 관하여 구체적으로 정하고 있는 법령의 규정이 없는 경우에는, 그 성질상 유사한 물건 또는 권리 등에 대한 관련 법령상의 손실보상액 산정의 기준이나 방법에 관한 규정을 유추적용할 수 있다(대판 2018.12.27. 2014두11601).

2. 공유수면매립사업의 시행으로 그 사업대상지역에서 어업활동을 하던 조합원들의 조업이 불가능하게 되어 일부 위탁판매장에서의 위탁판매사업을 중단하게 된 경우, 그로 인해 수산업협동조합이 상실하게 된 위탁판매수수료 수입은 사업시행자의 매립사업으로 인한 직접적인 영업손실이 아니고 간접적인 영업손실이라고 하더라도 피침해자인 수산업협동조합이 공공의 이익을 위하여 당연히 수인하여야 할 재산권에 대한 제한의 범위를 넘어 수산업협동조합의 위탁판매사업으로 얻고 있는 영업상의 재산이익을 본질적으로 침해하는 특별한 희생에 해당하고, 사업시행자는 공유수면매립면허 고시 당시 그 매립사업으로 인하여 위와 같은 영업손실이 발생한다는 것을 상당히 확실하게 예측할 수 있었고 그 손실의 범위도 구체적으로 확정할 수 있으므로, 위 위탁판매수수료 수입손실은 헌법 제23조 제3항에 규정한 손실보상의 대상이 되고, 그 손실에 관하여 구 공유수면매립법(1997.4.10. 법률 제5335호로 개정되기 전의 것) 또는 그 밖의 법령에 직접적인 보상규정이 없더라도 공공용지의 취득 및 손실보상에 관한 특례법 시행규칙상의 각 규정을 유추적용하여 그에 관한 보상을 인정하는 것이 타당하다(대판 1999.10.8. 99다27231).

5 보상의 절차와 권리보호 – 공익사업을 위한 토지 등의 취득 및 보상에 관한 법률상의 절차

1. 사업인정(공익사업 시행자 지정)

(1) 사업인정 및 의견청취

사업시행자는 제19조의 규정에 따라 토지 등을 수용 또는 사용하고자 할 때에는 대통령령이 정하는 바에 따라 국토교통부장관의 사업인정을 받아야 하며(사업인정의 권한은 국토교통부장관에게 있음), 사업인정을 신청하고자 하는 자는 국토교통부령이 정하는 수수료를 납부하여야 한다. 이러한 사업인정은 공용수용절차의 개시점으로서, 특허이며 재량행위 및 형성적 행위라는 것이 판례이다(공익사업을 위한 토지 등의 취득 및 보상에 관한 법률 제20조 및 제21조).

(2) 사업인정의 고시

국토교통부장관은 제20조에 따른 사업인정을 하였을 때에는 지체 없이 그 뜻을 사업시행자, 토지소유자 및 관계인, 관계 시·도지사에게 통지하고 사업시행자의 성명 또는 명칭·사업의 종류·사업지역 및 수용 또는 사용할 토지의 세목을 관보에 고시하여야 한다. 그리고 사업인정의 사실을 통지받은 시·도지사(특별자치도지사를 제외한다)는 관계 시장·군수 및 구청장에게 이를 통지하여야 한다. 이러한 사업인정은 관보에 고시한 날부터 그 효력을 발생한다. 따라서 사업인정의 고시로 수용의 목적물이 확정된다고 할 수 있다(공익사업을 위한 토지 등의 취득 및 보상에 관한 법률 제22조).

(3) 사업인정의 실효

사업시행자가 사업인정의 고시(이하 "사업인정고시"라 한다)가 있은 날부터 1년 이내에 제28조 제1항의 규정에 의한 재결신청을 하지 아니한 때에는 사업인정고시가 있은 날부터 1년이 되는 날의 다음날에 사업인정은 그 효력을 상실한다. 따라서 사업시행자는 사업인정이 실효됨으로 인하여 토지소유자 또는 관계인이 입은 손실을 보상하여야 한다(공익사업을 위한 토지 등의 취득 및 보상에 관한 법률 제23조).

(4) 사업의 폐지 및 변경

사업인정고시가 있은 후 사업의 전부 또는 일부를 폐지하거나 변경함으로 인하여 토지등의 전부 또는 일부를 수용 또는 사용할 필요가 없게 된 때에는 사업시행자는 지체 없이 사업지역을 관할하는 시·도지사에게 신고하고, 토지소유자 및 관계인에게 이를 통지하여야 한다. 따라서 사업인정고시 후에도 사업의 전부 또는 일부를 폐지할 수 있다. 시·도지사는 이러한 신고가 있는 때에는 사업의 전부 또는 일부의 폐지나 변경이 있는 것을 관보에 고시하여야 하며, 이러한 신고가 없는 경우에도 사업시행자가 사업의 전부 또는 일부를 폐지하거나 변경함으로 인하여 토지를 수용 또는 사용할 필요가 없게 된 것을 안 때에는 미리 사업시행자의 의견을 들어 고시를 하여야 한다. 시·도지사는 위의 두 경우에 의한 고시를 한 때에는 지체 없이 그 사실을 국토교통부장관에게 보고하여야 한다. 이러한 고시가 있은 날부터 그 고시된 내용에 따라 사업인정의 전부 또는 일부는 그 효력을 상실한다. 또한, 사업시행자는 사업의 전부 또는 일부를 폐지·변경함으로 인하여 토지소유자 또는 관계인이 입은 손실을 보상한다(공익사업을 위한 토지 등의 취득 및 보상에 관한 법률 제24조).

(5) 토지등의 보전

사업인정고시가 있은 후에는 누구든지 고시된 토지에 대하여 사업에 지장을 초래할 우려가 있는 형질의 변경이나 제3조 제2호 또는 동조 제4호에 규정된 물건을 손괴 또는 수거하지 못한다(공익사업을 위한 토지 등의 취득 및 보상에 관한 법률 제24조 제1항).

2. 협의

(1) 의의

사업인정을 받은 사업시행자는 토지조서 및 물건조서의 작성, 보상계획의 공고·통지 및 열람, 보상액의 산정과 토지소유자 및 관계인과의 협의의 절차를 거쳐야 한다(공익사업을 위한 토지 등의 취득 및 보상에 관한 법률 제26조 제1항 제2문). 사업시행자는 토지 등에 대한 보상에 관하여 토지소유자 및 관계인과 성실하게 협의하여야 하며, 협의의 절차 및 방법 등 협의에 관하여 필요한 사항은 대통령령으로 정한다(공익사업을 위한 토지 등의 취득 및 보상에 관한 법률 제16조). 판례는 손실보상에 관한 당사자 사이의 협의는 행정청의 일방적 결정의 전단계로서 행해져야 하기 때문에 협의절차를 거치지 않고 재결신청을 할 수 없다고 본다.

(2) 성질
판례는 이를 매매계약, 즉 사법상 행위로 보고 있다.

(3) 협의성립의 확인
사업시행자와 토지소유자 및 관계인은 확인된 협의의 성립이나 내용을 다툴 수 없다. 또한 협의매수에 의한 토지수용의 경우 토지수용위원회로부터 협의성립의 확인을 받지 못한 경우 그 소유권은 원시취득할 수 없고 승계취득하는 데 불과하다.

3. 수용재결

(1) 의의
재결이란 수용에 관한 협의가 성립되지 아니한 경우에 행하는 공용수용의 최종 처분절차 중의 하나로서, 보상금의 지급을 조건으로 하여 당사자 사이에서 수용과 보상의 권리·의무를 발생시키는 형성적 행정행위를 말한다.

(2) 신청
재결의 신청은 ① 사업시행자만이 가능하고, ② 토지소유자 및 관계인은 재결신청이 불가능하며 단지 사업시행자에게 촉구만 할 수 있을 뿐이다.

(3) 재결신청의 청구
사업인정고시가 있은 후 협의가 성립되지 아니한 때에는 토지소유자 및 관계인은 대통령령이 정하는 바에 따라 서면으로 사업시행자에게 재결의 신청을 할 것을 청구할 수 있다(공익사업을 위한 토지 등의 취득 및 보상에 관한 법률 제30조 제1항). 재결신청의 청구가 있으면 공익사업시행자는 재결을 신청해야 한다(기속).

> **관련판례**
> 손실보상대상에 관한 이견으로 손실보상협의가 성립하지 아니한 경우에도 재결을 통해 손실보상에 관한 법률관계를 조속히 확정할 필요가 있는 점 등에 비추어 볼 때, '협의가 성립되지 아니한 때'에는 사업시행자가 토지소유자 등과 공익사업법 제26조에서 정한 협의절차를 거쳤으나 보상액 등에 관하여 협의가 성립하지 아니한 경우는 물론 토지소유자 등이 손실보상대상에 해당한다고 주장하며 보상을 요구하는데도 사업시행자가 손실보상 대상에 해당하지 아니한다며 보상대상에서 이를 제외한 채 협의를 하지 않아 결국 협의가 성립하지 않은 경우도 포함된다고 보아야 한다(대판 2011.7.14. 2011두2309).

(4) 재결기관(토지수용위원회)
토지 등의 수용과 사용에 관한 재결을 하기 위하여 국토교통부에 중앙토지수용위원회를, 시·도에 지방토지수용위원회를 둔다(공익사업을 위한 토지 등의 취득 및 보상에 관한 법률 제49조). 중앙토지수용위원회는 ① 국가 또는 시·도가 사업시행자인 사업, ② 수용 또는 사용할 토지가 2 이상의 시·도에 걸쳐 있는 사업의 재결에 관한 사항을 관장한다(공익사업을 위한 토지 등의 취득 및 보상에 관한 법률 제51조 제1항).

(5) 재결절차

① **공고와 열람**: 토지수용위원회는 재결신청서가 접수된 때에는 대통령령이 정하는 바에 따라 지체 없이 이를 공고하고 공고한 날부터 14일 이상 관계서류의 사본을 일반이 열람할 수 있도록 하여야 하며, 토지수용위원회가 이를 공고한 때에는 관계서류의 열람기간 중에 토지소유자 또는 관계인은 의견을 제시할 수 있다(공익사업을 위한 토지 등의 취득 및 보상에 관한 법률 제31조 제1·2항).

② **심리**: 토지수용위원회는 14일의 열람기간이 경과한 때에는 지체 없이 당해 신청에 대한 조사 및 심리를 하여야 하며 심리를 함에 있어서 필요하다고 인정하는 때에는 사업시행자·토지소유자 및 관계인을 출석시켜 그 의견을 진술하게 할 수 있다(공익사업을 위한 토지 등의 취득 및 보상에 관한 법률 제32조 제1·2항).

③ **재결**: 재결은 서면으로 행한다(공익사업을 위한 토지 등의 취득 및 보상에 관한 법률 제34조 제1항).

> 공익사업을 위한 토지 등의 취득 및 보상에 관한 법률 제50조【재결사항】① 토지수용위원회의 재결사항은 다음 각 호와 같다.
> 1. 수용 또는 사용할 토지의 구역 및 사용방법
> 2. 손실의 보상
> 3. 수용 또는 사용의 개시일과 기간
> 4. 그 밖에 이 법 및 다른 법률에서 규정한 사항
> ② 토지수용위원회는 사업시행자·토지소유자 또는 관계인이 신청한 범위안에서 재결하여야 한다. 다만, 제1항 제2호의 손실의 보상에 있어서는 증액재결을 할 수 있다.

[관련판례]

토지수용위원회는 그 사업인정이 취소되지 아니한 사업의 시행을 불가능하게 하는 내용의 재결을 행할 수 없음

구 토지수용법은 수용·사용의 일차 단계인 사업인정에 속하는 부분은 사업의 공익성 판단으로 사업인정기관에 일임하고 그 이후의 구체적인 수용·사용의 결정은 토지수용위원회에 맡기고 있는 바, 이와 같은 토지수용절차의 2분화 및 사업인정의 성격과 토지수용위원회의 재결사항을 열거하고 있는 같은 법 제29조 제2항의 규정 내용에 비추어 볼 때, 토지수용위원회는 행정쟁송에 의하여 사업인정이 취소되지 않는 한 그 기능상 사업인정 자체를 무의미하게 하는, 즉 사업의 시행이 불가능하게 되는 것과 같은 재결을 행할 수는 없다(대판 2007.1.11. 2004두8538).

④ **재결의 효과**: ㉠ 사업시행자에게는 보상금 지급을 조건으로 하여 토지에 대한 소유권을 원시취득하는 효과가, ㉡ 피수용자에게는 목적물의 이전 의무와 함께 손실보상 청구권과 환매권을 취득하는 효과가 각각 발생한다.

⑤ **재결의 실효**: 사업시행자가 수용 또는 사용의 개시일까지 관할 토지수용위원회가 재결한 보상금을 지급 또는 공탁하지 아니한 때에는 당해 토지수용위원회의 재결은 그 효력을 상실한다(공익사업을 위한 토지 등의 취득 및 보상에 관한 법률 제42조 제1항).

⑥ **화해의 권고**: 토지수용위원회는 그 재결이 있기 전에는 위원 3인으로 구성되는 소위원회로 하여금 사업시행자·토지소유자 및 관계인에게 화해를 권고하도록 할 수 있다(공익사업을 위한 토지 등의 취득 및 보상에 관한 법률 제33조 제1항 제1문).

> **관련판례** 수용재결 이전의 사업인정고시 등 절차의 진행으로 입은 영업상의 손실은 손실보상의 대상이 될 수 없음
>
> 구 토지수용법 제51조가 규정하고 있는 '영업상의 손실'이란 수용의 대상이 된 토지·건물 등을 이용하여 영업을 하다가 그 토지·건물 등이 수용됨으로 인하여 영업을 할 수 없거나 제한을 받게 됨으로 인하여 생기는 직접적인 손실을 말하는 것이므로 수용재결 이전의 사업인정고시 등 절차의 진행으로 입은 영업상의 손실에 대한 보상의 근거 규정이 될 수 없고 구 토지수용법이나 구 공공용지의 취득 및 손실보상에 관한 특례법, 같은 법 시행령 및 같은 법 시행규칙 등 관계 법령에서 수용재결 이전의 위와 같은 영업상의 손실에 대하여 보상청구를 할 수 있는 근거 규정이나 그 보상의 기준과 방법 등에 관한 규정이 없으므로, 이러한 영업상의 손실은 그 보상의 대상이 된다고 할 수 없다(대판 2005.7.29. 2003두2311).

4. 재결에 대한 불복

(1) 수용재결 그 자체에 대한 불복

① **재결**: 재결이란 처분을 의미하므로 이를 소송으로 다투는 경우 항고소송에 따라야 한다.

② **이의신청에 대한 재결(이의재결)**: 중앙토지수용위원회는 이의신청이 있는 경우, 이의재결이 행정심판의 결과물인 재결에 해당하므로, 이의재결 자체에 고유한 위법이 없는 한, 원처분인 수용재결을 대상으로 하여 항고소송을 제기하여야 한다.

(2) 보상금 증감소송(형식적 당사자소송)

수용재결에는 수용에 대한 내용뿐 아니라, 보상금에 대한 내용도 포함되어 있는바, 만약, 토지소유자가 수용 그 자체를 다투는 것이 아니라, 보상금액만을 다투고 싶은 경우라면 토지수용위원회를 피고로 하는 항고소송은 의미가 없으므로, 실제로 보상금을 지급하는 주체인 사업시행자를 피고로 하는 당사자소송을 제기할 필요가 있다. 판례는 이처럼 수용재결에서 보상금액만을 다투고자 하는 경우에 실질적으로는 수용재결을 다투는 것이지만 형식만 사업시행자를 피고로 하는 형식상 당사자소송을 인정한다.

> **관련판례** 재결절차를 거쳐야 불복수단을 동원할 수 있음
>
> 재결절차를 거친 다음 그 재결에 대하여 불복할 때 비로소 공익사업법 제83조 내지 제85조에 따라 권리구제를 받을 수 있을 뿐이며, 특별한 사정이 없는 한 이러한 재결절차를 거치지 않은 채 곧바로 사업시행자를 상대로 손실보상을 청구하는 것은 허용되지 않는다(대판 2014.9.25. 2012두24092).

6 손실보상의 기준과 내용

1. 손실보상의 기준

(1) 문제 제기
헌법 제23조 제3항에 규정된 '정당한 보상'은 그 자체로는 손실보상의 구체적 기준이 되지 못하여 정당한 보상의 내용이 무엇인지에 대해 학설이 대립한다.

(2) 학설
① **완전보상설(다수설)**: 미국의 수정헌법 제5조를 중심으로 발달한 견해로서, 재산권 침해에 대한 보상은 완전한 보상이어야 한다고 보는 견해이다.
② **상당보상설**: 독일 기본법상의 원칙에서 발달한 것으로서 침해행위의 공공성을 판단하여 사회국가원리에 비추어 볼 때, 당시의 사회통념상 객관적으로 공정·타당한 보상이면 족하다는 견해이다.
이는 다시 ㉠ 완전보상원칙설(완전보상이 원칙이나 합리적인 이유가 있으면 그 이하도 허용된다는 견해)과 ㉡ 합리적보상설(사회통념에 비추어 객관적으로 공정하고 타당한 것이면 된다는 견해)이 있다.

> **참고** 역대 헌법상 보상기준
> 1. 제1·2 공화국: '상당한 보상'
> 2. 제3공화국 및 현행 헌법: '정당한 보상'
> 3. 제4공화국(유신헌법): '보상의 기준과 방법은 법률로 정한다.'
> 4. 제5공화국: '보상은 공익 및 관계자의 이익을 정당하게 형량하여 법률을 정한다(이익형량보상).'

(3) 판례: 완전보상설

> **관련판례**
> 헌법 제23조 제3항이 규정한 '정당한 보상'이란 피수용재산의 객관적인 재산가치를 완전하게 보상하는 것이어야 한다는 완전보상을 뜻한다(헌재 1990.6.25. 89헌마107).

이에 따르면, 공시지가에 의한 보상도 정당한 보상이고, 표준지공시지가를 기준으로 한 금액이 개별공시지가보다 적어도 정당한 보상이 될 수 있다.

> **관련판례**
> 1. 토지수용으로 인한 손실보상액의 산정을 '공시지가'를 기준으로 한 것이 헌법상의 정당보상의 원칙에 위배되는 것이 아니다(헌재 1995.4.20. 93헌바20).
> 2. 토지수용보상액은 토지수용법 제46조 제2항 등 관계 법령에서 규정한 바에 따라 산정하여야 하는 것으로서, 지가공시 및 토지등의 평가에 관한 법률 제10조의 2 규정에 따라 결정·공시된 개별공시지가를 기준으로 하여 산정하여야 하는 것은 아니며, 관계 법령에 따라 보상액을 산정한 결과 그 보상액이 당해 토지의 개별공시지가를 기준으로 하여 산정한 지가보다 저렴하게 되었다는 사정만으로 그 보상액 산정이 잘못되어 위법한 것이라고 할 수는 없다(대판 2002.3.29. 2000두10106).

2. 보상의 내용

역사적으로 손실보상의 대상은 대인적 보상에서 대물적 보상으로, 대물적 보상에서 생활보상으로 변천해 왔다.

(1) 대인적 보상(19C의 영국)

대인적 보상이란 피수용자 스스로가 평가하는 주관적 가치를 기준으로 한 보상을 의미한다. 피수용자에게 만족한 보상이 될 수 있는 장점이 있으나, 보상액 산정의 객관적 기준이 없고 보상액이 통상 지나치게 고액이 됨으로써 공익사업의 시행에 장애를 가져오는 문제가 있어 현재는 채택되고 있지 않다. 이에 따라서 객관적인 교환가치에 따른 보상을 초래하였다.

(2) 대물적 보상(기본)

대물적 보상이란 시장에서의 객관적인 교환가치에 의한 보상을 의미한다. 오늘날에는 대물적 보상을 기본제도로 하고 있다. 이는 수용(침해)대상과 보상대상이 일치하며, 보상액 산정기준이 객관적이라는 장점이 있으나, 현실적으로 피수용자에게 만족한 보상이 되지 못하는 경우가 많다는 문제가 있다.

① 보상은 공시지가에 의한다. 토지가액의 평가시점은 협의에 의한 경우에는 협의 성립 당시, 재결에 의한 수용시에는 재결 당시의 가격을 기준으로 한다.

> 공익사업을 위한 토지 등의 취득 및 보상에 관한 법률 제67조【보상액의 가격시점 등】
> ① 보상액의 산정은 협의에 의한 경우에는 협의 성립 당시의 가격을, 재결에 의한 경우에는 수용 또는 사용의 재결 당시의 가격을 기준으로 한다.
> ② 보상액을 산정할 경우에 해당 공익사업으로 인하여 토지등의 가격이 변동되었을 때에는 이를 고려하지 아니한다.
>
> 제70조【취득하는 토지의 보상】① 협의나 재결에 의하여 취득하는 토지에 대하여는 부동산 가격공시에 관한 법률에 따른 공시지가를 기준으로 하여 보상하되, 그 공시기준일부터 가격시점까지의 관계 법령에 따른 그 토지의 이용계획, 해당 공익사업으로 인한 지가의 영향을 받지 아니하는 지역의 대통령령으로 정하는 지가변동률, 생산자물가상승률(한국은행법 제86조에 따라 한국은행이 조사·발표하는 생산자물가지수에 따라 산정된 비율을 말한다)과 그 밖에 그 토지의 위치·형상·환경·이용상황 등을 고려하여 평가한 적정가격으로 보상하여야 한다.
> ② 토지에 대한 보상액은 가격시점에서의 현실적인 이용상황과 일반적인 이용방법에 의한 객관적 상황을 고려하여 산정하되, 일시적인 이용상황과 토지소유자나 관계인이 갖는 주관적 가치 및 특별한 용도에 사용할 것을 전제로 한 경우 등은 고려하지 아니한다.
>
> 제71조【사용하는 토지의 보상 등】① 협의 또는 재결에 의하여 사용하는 토지에 대하여는 그 토지와 인근 유사토지의 지료(地料), 임대료, 사용방법, 사용기간 및 그 토지의 가격 등을 고려하여 평가한 적정가격으로 보상하여야 한다.

② 개발이익은 보상에서 제외된다. 개발이익은 국가 등의 공공투자 또는 사업시행자의 투자에 의해 발생하는 것으로서 피수용자의 노력이나 자본에 의해 발생하는 것이 아닌 불로소득이므로 그러한 개발이익은 형평의 관념에 비추어 토지소유자에게 귀속시키는 것은 바람직하지 못하다.

> **관련판례**
>
> 1. **당해 사업으로 개발이익이 생기는 경우 개발이익은 보상에서 제외**
>   공익사업의 시행으로 지가가 상승하여 발생하는 개발이익은 사업시행자의 투자에 의한 것으로서 피수용자인 토지소유자의 노력이나 자본에 의하여 발생하는 것이 아니어서 피수용 토지가 수용 당시 갖는 객관적 가치에 포함된다고 볼 수 없고, 따라서 그 성질상 완전보상의 범위에 포함되는 피수용자의 손실이라고 볼 수 없으므로, 이 사건 개발이익배제조항이 이러한 개발이익을 배제하고 손실보상액을 산정한다 하여 헌법이 규정한 정당보상의 원칙에 어긋나는 것이라고 할 수 없다(헌재 2010.12.28. 2008헌바57).
>
> 2. **다른 공익사업으로 발생한 개발이익은 보상대상에 포함**
>   공익사업을 위한 토지 등의 취득 및 보상에 관한 법률 제67조 제2항은 '보상액을 산정할 경우에 해당 공익사업으로 인하여 토지 등의 가격이 변동되었을 때에는 이를 고려하지 아니한다'라고 규정하고 있는바, 수용 대상 토지의 보상액을 산정함에 있어 해당 공익사업의 시행을 직접 목적으로 하는 계획의 승인, 고시로 인한 가격변동은 이를 고려함이 없이 재결 당시의 가격을 기준으로 하여 적정가격을 정하여야 하나, 해당 공익사업과는 관계없는 다른 사업의 시행으로 인한 개발이익은 이를 포함한 가격으로 평가하여야 하고, 개발이익이 해당 공익사업의 사업인정고시일 후에 발생한 경우에도 마찬가지이다(대판 2014.2.27. 2013두21182).

③ **농업손실의 보상**

> 공익사업을 위한 토지 등의 취득 및 보상에 관한 법률 제77조【영업의 손실 등에 대한 보상】② 농업의 손실에 대하여는 농지의 단위면적당 소득 등을 고려하여 실제 경작자에게 보상하여야 한다. 다만, 농지소유자가 해당 지역에 거주하는 농민인 경우에는 농지소유자와 실제 경작자가 협의하는 바에 따라 보상할 수 있다.

④ **광업권 등 보상**

> 공익사업을 위한 토지 등의 취득 및 보상에 관한 법률 제76조【권리의 보상】① 광업권·어업권·양식업권 및 물(용수시설을 포함한다) 등의 사용에 관한 권리에 대하여는 투자비용, 예상 수익 및 거래가격 등을 고려하여 평가한 적정가격으로 보상하여야 한다.

⑤ **건축물 등 보상**

> 공익사업을 위한 토지 등의 취득 및 보상에 관한 법률 제75조【건축물등 물건에 대한 보상】① 건축물·입목·공작물과 그 밖에 토지에 정착한 물건(이하 "건축물등"이라 한다)에 대하여는 이전에 필요한 비용(이하 "이전비"라 한다)으로 보상하여야 한다. 다만, 다음 각 호의 어느 하나에 해당하는 경우에는 해당 물건의 가격으로 보상하여야 한다.
> 1. 건축물등을 이전하기 어렵거나 그 이전으로 인하여 건축물등을 종래의 목적대로 사용할 수 없게 된 경우
> 2. 건축물등의 이전비가 그 물건의 가격을 넘는 경우
> 3. 사업시행자가 공익사업에 직접 사용할 목적으로 취득하는 경우

⑥ 영업손실보상

> 공익사업을 위한 토지 등의 취득 및 보상에 관한 법률 제77조【영업의 손실 등에 대한 보상】① 영업을 폐업하거나 휴업함에 따른 영업손실에 대하여는 영업이익과 시설의 이전비용 등을 고려하여 보상하여야 한다.

관련판례

1. 영업손실에 관한 보상에 있어 공특법 시행규칙 제24조 제2항 제1호 내지 제3호에 의한 영업의 폐지로 볼 것인지 아니면 영업의 휴업으로 볼 것인지를 구별하는 기준은 당해 영업을 그 영업소 소재지나 인접 시·군 또는 구 지역 안의 다른 장소로 이전하는 것이 가능한지의 여부에 달려 있고, 이러한 이전가능 여부는 법령상의 이전장애사유 유무와 당해 영업의 종류와 특성, 영업시설의 규모, 인접 지역의 현황과 특성, 그 이전을 위하여 당사자가 들인 노력 등과 인근 주민들의 이전 반대 등과 같은 사실상의 이전장애사유 유무 등을 종합하여 판단하여야 한다(대판 2001.11.13. 2000두1003).

2. 체육시설업의 영업주체가 영업시설의 양도나 임대 등에 의하여 변경되었음에도 그에 관한 신고를 하지 않은 채 영업을 하던 중에 공익사업으로 영업을 폐지 또는 휴업하게 된 경우라 하더라도, 그 임차인 등의 영업을 보상대상에서 제외되는 위법한 영업이라고 할 것은 아니다. 따라서 그로 인한 영업손실에 대해서는 법령에 따른 정당한 보상이 이루어져야 마땅하다(대판 2012.12.13. 2010두12842).

3. 일반지방산업단지 조성사업의 사업인정고시일 당시 사업지구 내에서 영업시설을 갖추고 제재목과 합판 등의 제조·판매업을 영위해 오다가 사업인정고시일 이후 사업지구 내 다른 곳으로 영업장소를 이전하여 영업을 하던 甲이 영업보상 및 지장물 보상을 요구하면서 수용재결을 청구하였으나 관할 토지수용위원회가 甲의 영업장은 임대기간이 종료되어 이전한 것으로 공익사업의 시행으로 손실이 발생한 것이 아니라는 이유로 甲의 청구를 기각한 사안에서, 사업인정고시일 당시 보상대상에 해당한다면 그 후 사업지구 내 다른 토지로 영업장소가 이전되었다고 하더라도 이전된 사유나 이전된 장소에서 별도의 허가 등을 받았는지를 따지지 않고 여전히 손실보상의 대상이 된다(대판 2012.12.27. 2011두27827).

(3) 생활보상(보충적)

① **개념**: 생활보상이란, 손실보상에 있어서 수용이 없었던 것과 같은 경제적 상태를 실현시켜 줌과 동시에 수용이 없었던 것과 같은 생활상태를 보장해 주는 것을 내용으로 하는 보상을 말한다. 이는 정책적 배려의 측면이 강하므로 생활보상을 할지에 대한 것은 입법재량에 속한다.

② 법적 근거
　㉠ **헌법**: ⓐ 헌법 제23조 제3항의 "공공필요에 의한 재산권의 수용·사용 또는 제한은 법률로써 하되, 정당한 보상을 지급하여야 한다."는 규정과, ⓑ 제34조 제1항의 "모든 국민은 인간다운 생활을 할 권리를 가진다."는 규정을 통하여 생존배려적인 측면을 인정할 필요가 있다 하여 일반적으로 생활보상의 헌법적 근거로 위의 두 규정을 든다. 한편, 법률적 근거를 갖지 않는 생활보상이 헌법조항만을 근거로 청구할 수 있는지 여부에 대하여는 견해 다툼이 있으나 일반적으로 헌법규정에 의해 직접적으로 청구할 수는 없으며 개별적 법적 근거가 있어야 한다는 것이 다수 학자들의 견해이다.
　㉡ **법률**: 우리의 보상에 관계된 법률이 종래 재산권 보상을 중심으로 정하여졌기 때문에 생활보상의 법률적 근거를 명시적으로 인정하고 있지는 않지만, 토지보상법상 생활비보상(이농비, 이어비), 주거이전비(주거용 건물 최저보상특례 등), 이주 대책(이주정착금) 등에 관한 규정은 생활보상을 인정한 법률적 근거로 해석된다.

③ **성질**: 생활보상은 대인적 보상에 비해 객관적이며, 대물적 보상에 비해서는 보상의 범위가 확대된다는 성질을 가진다.
　㉠ **생활권 보장의 성격**: 공공사업은 공공복리의 증진을 위해 시행하며, 공공사업의 시행으로 피수용자의 생활권이 위협을 받는다면 이는 헌법상 복리국가주의 원칙에 반하게 된다. 따라서 생활보상은 헌법상 복리국가원리에 근거한 국가적 과제의 실현에서 나오는 생활권 보장을 위한 당연한 요청인 것이다.
　㉡ **원상회복적 성격**: 생활보상은 공공사업의 시행이 없었던 것과 같은 재산상태를 확보하는 데 그치는 것이 아니라 공공사업의 시행이 없었던 것과 같은 생활상태를 유지해 주는 보상이라는 점에서 원상회복적 성격을 띤다. 따라서 공익사업의 시행으로 인하여 생활의 근거를 상실하는 자가 있을 때에는 종전과 같은 생활상태의 재건을 위하여 필요한 조치를 행해야 한다.

> **참고** 행정상 생활보상의 예
>
> 1. 전세입자에 대한 주거대책비
> 2. 이주대책 등 생활재건조치: 이주정착금 지급, 주거이전비 지급, 이농비·이어비 등의 지급, 국민주택기금의 우선적 지원, 직업훈련 및 고용알선, 보상금에 대한 조세감면조치 등
> 3. 잔여지보상: 동일소유자에 속하는 토지의 일부가 취득·사용됨에 따른 잔여지의 가격감소 및 잔여지에의 통로·도랑·담장 등 공사비용에 대한 보상/잔여지를 종래의 목적에 사용하는 것이 현저히 곤란한 때에 당해 토지소유자의 매수청구에 따른 매수보상(공익사업을 위한 토지 등의 취득 및 보상에 관한 법률 제73조, 제74조)
> 4. 이주 농민에 대한 이농비의 보상, 이주어민에 대한 이어비 보상
> 5. 소수잔존자 보상: 공익사업의 시행으로 인하여 1개 마을의 주거용 건축물이 대부분 공익사업시행지구에 편입됨으로써 잔여 주거용 건축물 거주자의 생활환경이 현저히 불편하게 되어 이주가 부득이한 경우에 당해 건축물 소유자의 청구에 의한 소유토지 등에 대한 보상(공익사업을 위한 토지 등의 취득 및 보상에 관한 법률 시행규칙 제61조)
> 6. 이직자보상: 공익사업으로 인해 사업장이 폐지·이전됨으로써 휴직·실직하는 근로자의 임금손실에 대한 보상(공익사업을 위한 토지 등의 취득 및 보상에 관한 법률 제77조 제3항)

④ **이주대책**

> 공익사업을 위한 토지 등의 취득 및 보상에 관한 법률 제78조 【이주대책의 수립 등】
> ① 사업시행자는 공익사업의 시행으로 인하여 주거용 건축물을 제공함에 따라 생활의 근거를 상실하게 되는 자(이하 "이주대책대상자"라 한다)를 위하여 대통령령으로 정하는 바에 따라 <u>이주대책을 수립·실시하거나 이주정착금을 지급하여야 한다</u>.
> ② 사업시행자는 제1항에 따라 이주대책을 수립하려면 미리 관할 지방자치단체의 장과 협의하여야 한다.
> ③ 국가나 지방자치단체는 이주대책의 실시에 따른 주택지의 조성 및 주택의 건설에 대하여는 주택도시기금법에 따른 주택도시기금을 우선적으로 지원하여야 한다.
> ④ 이주대책의 내용에는 이주정착지(이주대책의 실시로 건설하는 주택단지를 포함한다)에 대한 도로, 급수시설, 배수시설, 그 밖의 공공시설 등 <u>통상적인 수준의 생활기본시설이 포함되어야 하며, 이에 필요한 비용은 사업시행자가 부담한다</u>. 다만, 행정청이 아닌 사업시행자가 이주대책을 수립·실시하는 경우에 지방자치단체는 비용의 일부를 보조할 수 있다.

시행령 제40조 【이주대책의 수립·실시】 ① 사업시행자가 법 제78조 제1항에 따른 이주대책(이하 "이주대책"이라 한다)을 수립하려는 경우에는 미리 그 내용을 같은 항에 따른 이주대책대상자(이하 "이주대책대상자"라 한다)에게 통지하여야 한다.
② 이주대책은 국토교통부령으로 정하는 부득이한 사유가 있는 경우를 제외하고는 이주대책대상자 중 이주정착지에 이주를 희망하는 자의 가구 수가 <u>10호(戶) 이상</u>인 경우에 수립·실시한다. 다만, 사업시행자가 택지개발촉진법 또는 주택법 등 관계 법령에 따라 이주대책대상자에게 택지 또는 주택을 공급한 경우(사업시행자의 알선에 의하여 공급한 경우를 포함한다)에는 이주대책을 수립·실시한 것으로 본다.
⑤ 다음 각 호의 어느 하나에 해당하는 자는 이주대책대상자에서 제외한다.
1. 허가를 받거나 신고를 하고 건축 또는 용도변경을 하여야 하는 건축물을 허가를 받지 아니하거나 신고를 하지 아니하고 건축 또는 용도변경을 한 건축물의 소유자
2. 해당 건축물에 공익사업을 위한 관계 법령에 따른 고시 등이 있은 날부터 계약체결일 또는 수용재결일까지 계속하여 거주하고 있지 아니한 건축물의 소유자. 다만, 다음 각 목의 어느 하나에 해당하는 사유로 거주하고 있지 아니한 경우에는 그러하지 아니하다.
   가. 질병으로 인한 요양
   나. 징집으로 인한 입영
   다. 공무
   라. 취학
   마. 해당 공익사업지구 내 타인이 소유하고 있는 건축물에의 거주
   바. 그 밖에 가목부터 라목까지에 준하는 부득이한 사유
3. <u>타인이 소유하고 있는 건축물에 거주하는 세입자</u>. 다만, 해당 공익사업지구에 주거용 건축물을 소유한 자로서 타인이 소유하고 있는 건축물에 거주하는 세입자는 제외한다.

⑥ 제2항 본문에 따른 이주정착지 안의 택지 또는 주택을 취득하거나 같은 항 단서에 따른 택지 또는 주택을 취득하는 데 드는 비용은 이주대책대상자의 희망에 따라 그가 지급받을 보상금과 상계(相計)할 수 있다.

㉠ **요건**: 이주대책대상자 중 이주정착지에 이주를 희망하는 자의 가구수가 10호 이상이어야 한다.

㉡ **이주대책대상자의 범위**: 세입자는 포함되지 않는다(입법재량). 다만, 임의로 포함될 수는 있다.

> **관련판례**
> 이주대책은 헌법 제23조 제3항에 규정된 정당한 보상에 포함되는 것이라기보다는 이에 부가하여 이주자들에게 종전의 생활상태를 회복시키기 위한 생활보상의 일환으로서 국가의 정책적인 배려에 의하여 마련된 제도라고 볼 것이다. 따라서 이주대책의 실시 여부는 입법자의 입법정책적 재량의 영역에 속하므로 공익사업을 위한 토지등의 취득 및 보상에 관한 법률 시행령 제40조 제3항 제3호(이하 '이 사건 조항'이라 한다)가 이주대책의 대상자에서 세입자를 제외하고 있는 것이 세입자의 재산권을 침해하는 것이라 볼 수 없다(헌재 2006.2.23. 2004헌마19).

㉢ **이주대책대상자의 지위**: 이주대책대상자는 수분양권을 취득할 권리를 갖는다. 다만, 이를 취득하기 위해서는 사업시행자가 이주대책대상자로 확인·결정해야 한다.

> **관련판례**
> 1. 같은 법 제8조 제1항이 사업시행자에게 이주대책의 수립·실시의무를 부과하고 있다고 하여 그 규정 자체만에 의하여 이주자에게 사업시행자가 수립한 이주대책상의 택지분양권이나 아파트 입주권 등을 받을 수 있는 구체적인 권리(수분양권)가 직접 발생하는 것이라고는 도저히 볼 수 없으며, 사업시행자가 이주대책에 관한 구체적인 계획을 수립하여 이를 해당자에게 통지 내지 공고한 후, 이주자가 수분양권을 취득하기를 희망하여 이주대책에 정한 절차에 따라 사업시행자에게 이주대책대상자 선정신청을 하고 사업시행자가 이를 받아들여 이주대책대상자로 확인·결정하여야만 비로소 구체적인 수분양권이 발생하게 된다(대판 1994.5.24. 92다35783).
>
> 2. 이러한 생활대책대상자 선정기준에 해당하는 자는 사업시행자에게 생활대책대상자 선정 여부의 확인·결정을 신청할 수 있는 권리를 가지는 것이어서, 만일 사업시행자가 그러한 자를 생활대책대상자에서 제외하거나 선정을 거부하면, 이러한 생활대책대상자 선정기준에 해당하는 자는 사업시행자를 상대로 항고소송을 제기할 수 있다고 보는 것이 타당하다(대판 2011.10.13. 2008두17905).
>
> 3. 서울특별시의 "철거민에 대한 시영아파트 특별분양개선지침"은 서울특별시 내부에 있어서의 행정지침에 불과하고 지침 소정의 사람에게 공법상의 분양신청권이 부여되는 것이 아니라 할 것이므로 서울특별시의 시영아파트에 대한 분양불허의 의사표시는 항고소송의 대상이 되는 행정처분으로 볼 수 없다(대판 1993.5.11. 93누2247).

ⓔ 이주대책의무

> **관련판례**
>
> 1. 대판 2011.6.23. 2007다63089·63096 전합
>   ① 이주대책은 공익사업의 시행에 필요한 토지 등을 제공함으로 인하여 생활의 근거를 상실하게 되는 이주대책대상자들에게 종전 생활상태를 원상으로 회복시키면서 동시에 인간다운 생활을 보장하여 주기 위하여 마련된 제도이므로, 사업시행자의 이주대책 수립·실시의무를 정하고 있는 구 공익사업법 제78조 제1항은 물론 이주대책의 내용에 관하여 규정하고 있는 같은 조 제4항 본문 역시 당사자의 합의 또는 사업시행자의 재량에 의하여 적용을 배제할 수 없는 강행법규이다.
>   ② 이주대책대상자들과 사업시행자 또는 그의 알선에 의한 공급자에 의하여 체결된 택지 또는 주택에 관한 특별공급계약에서 구 공익사업법 제78조 제4항에 규정된 생활기본시설 설치비용을 분양대금에 포함시킴으로써 이주대책대상자들이 생활기본시설 설치비용까지 사업시행자 등에게 지급하게 되었다면, 사업시행자가 직접 택지 또는 주택을 특별공급한 경우에는 특별공급계약 중 분양대금에 생활기본시설 설치비용을 포함시킨 부분이 강행법규인 위 조항에 위배되어 무효이고, 사업시행자의 알선에 의하여 다른 공급자가 택지 또는 주택을 공급한 경우에는 사업시행자가 위 규정에 따라 부담하여야 할 생활기본시설 설치비용에 해당하는 금액의 지출을 면하게 되어, 결국 사업시행자는 법률상 원인 없이 생활기본시설 설치비용 상당의 이익을 얻고 그로 인하여 이주대책대상자들이 같은 금액 상당의 손해를 입게 된 것이므로, 사업시행자는 그 금액을 부당이득으로 이주대책대상자들에게 반환할 의무가 있다.
>
> 2. 공공용지의 취득 및 손실보상에 관한 특례법 제8조 제1항 및 같은 법 시행령 제5조 제5항에 의하여 실시되는 이주대책은 공공사업의 시행으로 생활근거를 상실하게 되는 자를 위하여 이주자에게 이주 정착지의 택지를 분양하도록 하는 것이고, 사업시행자는 특별공급 주택의 수량, 특별공급 대상자의 선정 등에 있어서 재량을 가진다(대판 1995.10.12. 94누11279).

ⓔ 주거이전비

> 공익사업을 위한 토지 등의 취득 및 보상에 관한 법률 제78조 【이주대책의 수립 등】
> ⑤ 제1항에 따라 이주대책의 실시에 따른 주택지 또는 주택을 공급받기로 결정된 권리는 소유권이전등기를 마칠 때까지 전매(매매, 증여, 그 밖에 권리의 변동을 수반하는 모든 행위를 포함하되, 상속은 제외한다)할 수 없으며, 이를 위반하거나 해당 공익사업과 관련하여 다음 각 호의 어느 하나에 해당하는 경우에 사업시행자는 이주대책의 실시가 아닌 이주정착금으로 지급하여야 한다.
> 1. 제93조, 제96조 및 제97조 제2호의 어느 하나에 해당하는 위반행위를 한 경우
> 2. 공공주택 특별법 제57조 제1항 및 제58조 제1항 제1호의 어느 하나에 해당하는 위반행위를 한 경우
> 3. 한국토지주택공사법 제28조의 위반행위를 한 경우

관련판례

1. 주거이전비 보상청구권은 공법상의 권리로서 그 보상을 구하는 소송은 행정소송법상 당사자소송에 의하여야 하고, 소유자의 주거이전비 보상에 관하여 재결이 이루어진 다음 소유자가 다투는 경우에는 토지보상법 제85조에 규정된 행정소송을 제기하여야 한다(대판 2019.4.23. 2018두55326).

2. 주택재개발사업 정비구역 안에 있는 주거용 건축물에 거주하던 세입자 甲이 주거이전비를 받을 수 있는 권리를 포기한다는 취지의 '이주단지 입주에 따른 주거이전비 포기각서'를 제출한 후 사업시행자가 제공한 임대아파트에 입주한 다음 별도로 주거이전비를 청구한 사안에서, 사업시행자는 주택재개발 사업으로 철거되는 주택에 거주하던 甲에게 임시수용시설 제공 또는 주택자금 융자알선 등 임시수용에 상응하는 조치를 취할 의무를 부담하는 한편, 甲이 공익사업을 위한 토지 등의 취득 및 보상에 관한 법률 시행규칙(이하 '공익사업법 시행규칙'이라 한다) 제54조 제2항에 규정된 주거이전비 지급요건에 해당하는 세입자인 경우, 임시수용시설인 임대아파트에 거주하게 하는 것과 별도로 주거이전비를 지급할 의무가 있고, 甲이 임대아파트에 입주하면서 주거이전비를 포기하는 취지의 포기각서를 제출하였다 하더라도, 포기각서의 내용은 강행규정인 공익사업법 시행규칙 제54조 제2항에 위배되어 무효이다(대판 2011.7.14. 2011두3685). → 이주대책과는 달리 주거이전비는 세입자에게도 인정된다.

(4) 간접손실보상

① **개념**: 공익사업으로 인하여 사업시행지 밖의 재산권자에게 가해지는 손실 중 공익사업으로 인하여 필연적으로 발생하는 손실이 간접손실이며 이 손실에 대한 보상이 간접손실보상이다. 간접손실도 공익사업이 원인이 되어 발생한 것이므로 특별한 희생에 해당하는 경우에는 공적부담 앞의 평등의 원칙상 보상하여야 한다.

② **인정여부**: 법원은 간접손실이라도 개별법상 간접침해에 대해 보상의 규정이 있거나 침해를 명백히 입증할 수 있는 경우에는 유사보상규정을 유추해서 보상을 인정하고 있다.

관련판례

1. 헌법 제23조 제3항에 근거해 간접손실보상을 긍정

   공공사업의 시행 결과 공공사업의 기업지 밖에서 발생한 간접손실에 대하여 사업시행자와 협의가 이루어지지 아니하고, 그 보상에 관한 명문의 법령이 없는 경우에는 피해자는 공공용지의 취득 및 손실보상에 관한 특례법 시행규칙상의 손실보상에 관한 규정을 유추적용하여 사업시행자에게 보상을 청구할 수 있는지 여부(적극)(대판 1999.11.15. 99다27231)

2. 토지소유자의 토지수용청구를 받아들이지 않은 토지수용위원회의 재결에 대하여 토지소유자가 불복하여 제기하는 소송의 성질(당사자소송) 및 그 상대방(사업시행자)

   공익사업을 위한 토지 등의 취득 및 보상에 관한 법률(이하 '토지보상법'이라고 한다) 제72조의 문언, 연혁 및 취지 등에 비추어 보면, 위 규정이 정한 수용청구권은 토지보상법 제74조 제1항이 정한 잔여지수용청구권과 같이

> 손실보상의 일환으로 토지소유자에게 부여되는 권리로서 그 청구에 의하여 수용효과가 생기는 형성권의 성질을 지니므로, 토지소유자의 토지수용청구를 받아들이지 아니한 토지수용위원회의 재결에 대하여 토지소유자가 불복하여 제기하는 소송은 토지보상법 제85조 제2항에 규정되어 있는 '보상금의 증감에 관한 소송'에 해당하고 피고는 토지수용위원회가 아니라 사업시행자로 하여야 한다(대판 2015.4.9. 2014두46669).

③ **근거 및 사례**: 현행 공익사업을 위한 토지 등의 취득 및 보상에 관한 법률은 이러한 간접손실에 대한 일반적 보상근거규정을 두고 있지는 않으나, 동법 및 동시행규칙에서 개별적으로 간접손실보상에 관련된 규정들을 두고 있다. 예컨대 소수잔존자 보상, 잔지보상, 잔여건축물에 대한 보상, 잔여공작물에 대한 보상, 잔여농지에 대한 보상 등이 있다.

④ **간접손실보상으로서 손실보상청구권**

> 공익사업을 위한 토지 등의 취득 및 보상에 관한 법률 제73조【잔여지의 손실과 공사비 보상】① 사업시행자는 동일한 소유자에게 속하는 일단의 토지의 일부가 취득되거나 사용됨으로 인하여 잔여지의 가격이 감소하거나 그 밖의 손실이 있을 때 또는 잔여지에 통로·도랑·담장 등의 신설이나 그 밖의 공사가 필요할 때에는 국토교통부령으로 정하는 바에 따라 그 손실이나 공사의 비용을 보상하여야 한다. 다만, 잔여지의 가격 감소분과 잔여지에 대한 공사의 비용을 합한 금액이 잔여지의 가격보다 큰 경우에는 사업시행자는 그 잔여지를 매수할 수 있다.
> ② 제1항 본문에 따른 손실 또는 비용의 보상은 관계 법률에 따라 사업이 완료된 날 또는 제24조의2에 따른 사업완료의 고시가 있는 날(이하 "사업완료일"이라 한다)부터 1년이 지난 후에는 청구할 수 없다.
> ③ 사업인정고시가 된 후 제1항 단서에 따라 사업시행자가 잔여지를 매수하는 경우 그 잔여지에 대하여는 제20조에 따른 사업인정 및 제22조에 따른 사업인정고시가 된 것으로 본다.
> ④ 제1항에 따른 손실 또는 비용의 보상이나 토지의 취득에 관하여는 제9조 제6항 및 제7항을 준용한다.
> ⑤ 제1항 단서에 따라 매수하는 잔여지 및 잔여지에 있는 물건에 대한 구체적인 보상액 산정 및 평가방법 등에 대하여는 제70조, 제75조, 제76조, 제77조, 제78조 제4항, 같은 조 제6항 및 제7항을 준용한다.

⑤ **간접손실보상으로서 잔여지수용·매수청구권**

> 공익사업을 위한 토지 등의 취득 및 보상에 관한 법률 제74조【잔여지 등의 매수 및 수용 청구】① 동일한 소유자에게 속하는 일단의 토지의 일부가 협의에 의하여 매수되거나 수용됨으로 인하여 잔여지를 종래의 목적에 사용하는 것이 현저히 곤란할 때에는 해당 토지소유자는 사업시행자에게 잔여지를 매수하여 줄 것을 청구할 수 있으며, 사업인정 이후에는 관할 토지수용위원회에 수용을 청구할 수 있다. 이 경우 수용의 청구는 매수에 관한 협의가 성립되지 아니한 경우에만 할 수 있으며, 사업완료일까지 하여야 한다.

> ② 제1항에 따라 매수 또는 수용의 청구가 있는 잔여지 및 잔여지에 있는 물건에 관하여 권리를 가진 자는 사업시행자나 관할 토지수용위원회에 그 권리의 존속을 청구할 수 있다.
> ③ 제1항에 따른 토지의 취득에 관하여는 제73조 제3항을 준용한다.
> ④ 잔여지 및 잔여지에 있는 물건에 대한 구체적인 보상액 산정 및 평가방법 등에 대하여는 제70조, 제75조, 제76조, 제77조, 제78조 제4항, 같은 조 제6항 및 제7항을 준용한다.

㉠ **요건**: 동일한 소유자에게 속하는 일단의 토지의 일부가 협의에 의하여 매수되거나 수용됨으로 인하여 잔여지를 종래의 목적에 사용하는 것이 현저히 곤란할 경우
㉡ **청구권의 법적 성질**: 이는 청구권으로 규정이 되어 있으나, 형성권적인 성질을 갖는다. 따라서 청구권을 행사하면 바로 효력이 생긴다.
㉢ **행사기간**: 해당사업 완료시까지
㉣ **절차**: 협의과정에서는 사업시행자를 상대로 매수청구권을 행사하고, 협의가 이루어지지 않아 수용단계로 넘어가는 경우에는 토지수용위원회에 수용을 청구한다.

관련판례 대판 2010.8.19. 2008두822

1. 구 '공익사업을 위한 토지 등의 취득 및 보상에 관한 법률'(2007.10.17. 법률 제8665호로 개정되기 전의 것) 제74조 제1항에 규정되어 있는 잔여지 수용청구권은 손실보상의 일환으로 토지소유자에게 부여되는 권리로서 그 요건을 구비한 때에는 잔여지를 수용하는 토지수용위원회의 재결이 없더라도 그 청구에 의하여 수용의 효과가 발생하는 형성권적 성질을 가지므로, 잔여지 수용청구를 받아들이지 않은 토지수용위원회의 재결에 대하여 토지소유자가 불복하여 제기하는 소송은 위 법 제85조 제2항에 규정되어 있는 '보상금의 증감에 관한 소송'에 해당하여 사업시행자를 피고로 하여야 한다.

2. 구 '공익사업을 위한 토지 등의 취득 및 보상에 관한 법률'(2007.10.17. 법률 제8665호로 개정되기 전의 것) 제74조 제1항에 의하면, 잔여지 수용청구는 사업시행자와 사이에 매수에 관한 협의가 성립되지 아니한 경우 일단의 토지의 일부에 대한 관할 토지수용위원회의 수용재결이 있기 전까지 관할 토지수용위원회에 하여야 하고, 잔여지 수용청구권의 행사기간은 제척기간으로서, 토지소유자가 그 행사기간 내에 잔여지 수용청구권을 행사하지 아니하면 그 권리가 소멸한다. 또한 위 조항의 문언 내용 등에 비추어 볼 때, 잔여지 수용청구의 의사표시는 관할 토지수용위원회에 하여야 하는 것으로서, 관할 토지수용위원회가 사업시행자에게 잔여지 수용청구의 의사표시를 수령할 권한을 부여하였다고 인정할 만한 사정이 없는 한, 사업시행자에게 한 잔여지 매수청구의 의사표시를 관할 토지수용위원회에 한 잔여지 수용청구의 의사표시로 볼 수는 없다.

7 손실보상의 방법과 불복절차

1. 토지보상법상의 보상방법

(1) 사업시행자 보상원칙

> 공익사업을 위한 토지 등의 취득 및 보상에 관한 법률 제61조【사업시행자 보상】공익사업에 필요한 토지등의 취득 또는 사용으로 인하여 토지소유자나 관계인이 입은 손실은 사업시행자가 보상하여야 한다.

(2) 현금보상 원칙

> 공익사업을 위한 토지 등의 취득 및 보상에 관한 법률 제63조【현금보상 등】① 손실보상은 다른 법률에 특별한 규정이 있는 경우를 제외하고는 현금으로 지급하여야 한다. 다만, 토지소유자가 원하는 경우로서 사업시행자가 해당 공익사업의 합리적인 토지이용계획과 사업계획 등을 고려하여 토지로 보상이 가능한 경우에는 토지소유자가 받을 보상금 중 본문에 따른 현금 또는 제7항 및 제8항에 따른 채권으로 보상받는 금액을 제외한 부분에 대하여 다음 각 호에서 정하는 기준과 절차에 따라 그 공익사업의 시행으로 조성한 토지로 보상할 수 있다.

(3) 사전보상의 원칙

> 공익사업을 위한 토지 등의 취득 및 보상에 관한 법률 제62조【사전보상】사업시행자는 해당 공익사업을 위한 공사에 착수하기 이전에 토지소유자와 관계인에게 보상액 전액(全額)을 지급하여야 한다. 다만, 제38조에 따른 천재지변 시의 토지 사용과 제39조에 따른 시급한 토지 사용의 경우 또는 토지소유자 및 관계인의 승낙이 있는 경우에는 그러하지 아니하다.

(4) 일시불지급의 원칙

일시불지급이 원칙이다.

(5) 개인별 보상의 원칙

> 공익사업을 위한 토지 등의 취득 및 보상에 관한 법률 제64조【개인별 보상】손실보상은 토지소유자나 관계인에게 개인별로 하여야 한다. 다만, 개인별로 보상액을 산정할 수 없을 때에는 그러하지 아니하다.

(6) 일괄보상 원칙

> 공익사업을 위한 토지 등의 취득 및 보상에 관한 법률 제65조【일괄보상】사업시행자는 동일한 사업지역에 보상시기를 달리하는 동일인 소유의 토지등이 여러 개 있는 경우 토지소유자나 관계인이 요구할 때에는 한꺼번에 보상금을 지급하도록 하여야 한다.

(7) 사업시행자의 이익과 상계금지

> 공익사업을 위한 토지 등의 취득 및 보상에 관한 법률 제66조 【사업시행 이익과의 상계금지】 사업시행자는 동일한 소유자에게 속하는 일단(一團)의 토지의 일부를 취득하거나 사용하는 경우 해당 공익사업의 시행으로 인하여 잔여지(殘餘地)의 가격이 증가하거나 그 밖의 이익이 발생한 경우에도 그 이익을 그 취득 또는 사용으로 인한 손실과 상계(相計)할 수 없다.

2. 토지의 수용 및 보상의 결정방법과 절차

(1) 협의

> 공익사업을 위한 토지 등의 취득 및 보상에 관한 법률 제26조 【협의 등 절차의 준용】
> ① 제20조에 따른 사업인정을 받은 사업시행자는 토지조서 및 물건조서의 작성, 보상계획의 공고·통지 및 열람, 보상액의 산정과 토지소유자 및 관계인과의 협의 절차를 거쳐야 한다. 이 경우 제14조부터 제16조까지 및 제68조를 준용한다.
> ② 사업인정 이전에 제14조부터 제16조까지 및 제68조에 따른 절차를 거쳤으나 협의가 성립되지 아니하고 제20조에 따른 사업인정을 받은 사업으로서 토지조서 및 물건조서의 내용에 변동이 없을 때에는 제1항에도 불구하고 제14조부터 제16조까지의 절차를 거치지 아니할 수 있다. 다만, 사업시행자나 토지소유자 및 관계인이 제16조에 따른 협의를 요구할 때에는 협의하여야 한다.

협의취득은 사법상의 계약이다.

(2) 토지수용위원회에 대한 재결신청

> 공익사업을 위한 토지 등의 취득 및 보상에 관한 법률 제28조 【재결의 신청】 ① 제26조에 따른 협의가 성립되지 아니하거나 협의를 할 수 없을 때(제26조 제2항 단서에 따른 협의 요구가 없을 때를 포함한다)에는 사업시행자는 사업인정고시가 된 날부터 1년 이내에 대통령령으로 정하는 바에 따라 관할 토지수용위원회에 재결을 신청할 수 있다.
>
> 제30조 【재결 신청의 청구】 ① 사업인정고시가 된 후 협의가 성립되지 아니하였을 때에는 토지소유자와 관계인은 대통령령으로 정하는 바에 따라 서면으로 사업시행자에게 재결을 신청할 것을 청구할 수 있다.
> ② 사업시행자는 제1항에 따른 청구를 받았을 때에는 그 청구를 받은 날부터 60일 이내에 대통령령으로 정하는 바에 따라 관할 토지수용위원회에 재결을 신청하여야 한다. 이 경우 수수료에 관하여는 제28조 제2항을 준용한다.

(3) 토지수용위원회의 수용재결
토지수용위원회의 수용재결은 행정처분에 해당한다.

> **관련판례**
>
> 수용재결이 있은 후에 사법상 계약의 실질을 가지는 협의취득 절차를 금지해야 할 별다른 필요성을 찾기 어려운 점 등을 종합해 보면, 토지수용위원회의 수용재결이 있은 후라고 하더라도 토지소유자 등과 사업시행자가 다시 협의하여 토지 등의 취득이나 사용 및 그에 대한 보상에 관하여 임의로 계약을 체결할 수 있다고 보아야 한다(대판 2017.4.13. 2016두64241).

(4) 재결에 대한 이의신청
토지수용위원회의 재결에 대한 이의신청은 특별행정심판이다.

> 공익사업을 위한 토지 등의 취득 및 보상에 관한 법률 제83조【이의의 신청】 ① 중앙토지수용위원회의 제34조에 따른 재결에 이의가 있는 자는 중앙토지수용위원회에 이의를 신청할 수 있다.
> ② 지방토지수용위원회의 제34조에 따른 재결에 이의가 있는 자는 해당 지방토지수용위원회를 거쳐 중앙토지수용위원회에 이의를 신청할 수 있다.
> ③ 제1항 및 제2항에 따른 이의의 신청은 재결서의 정본을 받은 날부터 30일 이내에 하여야 한다.

(5) 수용재결에 대한 불복절차

> 공익사업을 위한 토지 등의 취득 및 보상에 관한 법률 제85조【행정소송의 제기】 ① 사업시행자, 토지소유자 또는 관계인은 제34조에 따른 재결에 불복할 때에는 <u>재결서를 받은 날부터 90일 이내에, 이의신청을 거쳤을 때에는 이의신청에 대한 재결서를 받은 날부터 60일 이내에</u> 각각 행정소송을 제기할 수 있다. 이 경우 사업시행자는 행정소송을 제기하기 전에 제84조에 따라 늘어난 보상금을 공탁하여야 하며, 보상금을 받을 자는 공탁된 보상금을 소송이 종결될 때까지 수령할 수 없다.

① **수용재결 그 자체를 다투는 경우**: 수용재결은 처분이므로 이에 대한 소송은 항고소송으로 하여야 한다. 이때 피고는 처분을 한 행정청인 토지수용위원회이다. 다만, 수용재결에 대한 이의신청이 있었고 이에 대한 이의재결이 있는 경우, 이의재결 자체에 고유한 위법이 있다면 이의재결을 대상으로 항고소송을 제기할 수 있다.

② **보상금액을 다투는 경우**: 토지수용위원회의 보상금결정에 대한 증감을 다투는 소송은 실질은 처분을 다투는 항고소송이나, 사업시행자나 토지소유자를 상대로 하는 당사자소송의 형식을 가지므로 이를 형식적 당사자소송이라고 한다. 보상금 증액소송의 피고는 사업시행자가 될 것이고, 보상금 감액소송의 피고는 토지소유자가 될 것이다.

> **관련판례**
>
> 1. 공익사업을 위한 토지 등의 취득 및 보상에 관한 법률(이하 '토지보상법'이라고 한다) 제72조의 문언, 연혁 및 취지 등에 비추어 보면, 위 규정이 정한 수용청구권은 토지보상법 제74조 제1항이 정한 잔여지 수용청구권과 같이 손실보상의 일환으로 토지소유자에게 부여되는 권리로서 그 청구에 의하여 수용효과가 생기는 형성권의 성질을 지니므로, 토지소유자의 토지수용청구를 받아들이지 아니한 토지수용위원회의 재결에 대하여 토지소유자가 불복하여 제기하는 소송은 토지보상법 제85조 제2항에 규정되어 있는 '보상금의 증감에 관한 소송'에 해당하고, 피고는 토지수용위원회가 아니라 사업시행자로 하여야 한다(대판 2015.4.9. 2014두46669).
>
> 2. 어떤 보상항목이 공익사업을 위한 토지 등의 취득 및 보상에 관한 법령상 손실보상대상에 해당함에도 관할 토지수용위원회가 사실을 오인하거나 법리를 오해함으로써 손실보상대상에 해당하지 않는다고 잘못된 내용의 재결을 한 경우에는, 피보상자는 관할 토지수용위원회를 상대로 그 재결에 대한 취소소송을 제기할 것이 아니라, 사업시행자를 상대로 구 공익사업을 위한 토지 등의 취득 및 보상에 관한 법률(2013.3.23. 법률 제11690호로 개정되기 전의 것) 제85조 제2항에 따른 보상금증감소송을 제기하여야 한다(대판 2018.7.20. 2015두4044).

제3절 손해전보제도의 보완

앞에서 살펴본 손해전보제도는 현실에 있어서 행정작용으로 인하여 개인이 입게 되는 비의욕적 공용침해, 비재산적 법익에 대한 적법한 침해 등의 경우와 침해는 있었으나 보상 규정이 없는 경우에 있어서 적절한 수단이 되지 못한다. 이에, 기타 제도들을 통하여 이를 보충하고자 하여 아래와 같은 이론들이 등장하였다.

1 수용유사침해보상

1. 의의

수용유사침해이론이란 적법(보상규정의 존재)하다면 공용침해에 해당하였을 위법(보상규정의 부재)한 행위로 재산권이 직접 침해되고, 이러한 침해로 특별희생이 발생한 경우에 수용에 준하는 침해로 보아 손실보상을 하여야 한다는 것을 말한다. 즉, 손실보상의 요건은 갖추고 있으나, 손실보상규정을 결하고 있는 경우에 문제된다(예 개발제한구역지정 등 공용제한으로 재산권을 침해하는 규정만 두고 보상규정은 두고 있지 않은 경우를 말하므로 개발제한구역의 지정으로 개인이 입는 현격한 재산권의 제한은 수용유사침해의 법리를 수용하면 손실보상이 가능하다).

2. 독일에서의 논의(수용유사침해이론의 위축)

수용유사침해이론은 명시적인 법률의 근거 없이 독일의 판례에 의해 독일기본법 제14조 제3항에 따른 수용보상청구권의 유추의 형식으로 발전된 것이다. 따라서 이는 위법·유책한 침해에 대해서는 독일 기본법이 손해전보를 인정하고 있었으나 위법·무책인 침해에 대해서는 구제수단이 없었던 실정법상의 흠결을 보충하여 공용침해가 적법한 침해인가 위법한 침해인가를 가리지 않고 모두 보상되어야 함이 당연하다는 것에서 유래한 것이다. 따라서 수용유사침해이론은 후술할 수용적 침해이론과 함께 손해배상제도와 손실보상제도가 지닌 결함을 보완하기 위해 독일에서 성립·발전한 이론이다.

(1) 통상재판소의 판례

독일 통상재판소는 수용유사침해이론의 법리를 받아들였다. 따라서 적법하다면 공용침해에 해당하였을 위법한 행위에 의해 재산권이 직접 침해되었고 이러한 침해로 인하여 특별희생이 발생하였다면, 이러한 침해는 수용에 준하여 손실보상을 하여야 한다(당연보상의 법리)고 판시하였다.

(2) 연방헌법재판소의 판례 – 수용유사침해이론의 위축

독일 연방헌법재판소는 1981년 7월 15일의 자갈채취사건의 판결을 통하여 수용유사침해에 대한 입장을 표명하고 있다. 이 판결은 다음과 같은데, ① 법률이 재산권의 박탈이나 제한을 가능하게 규정하면서 손실보상에 관한 규정을 결하는 경우에는 위헌이며, ② 이에 따른 행정 작용도 위법이 된다. 이때 당사자는 손실보상규정이 없기 때문에 손실보상을 청구할 수 없고(독일 기본법 제14조 제3항에 따른 수용보상은 적법한 수용 즉, 보상규정을 갖는 법률에 의한 수용의 경우에만 적용), 당해 행위의 취소소송만을 제기할 수 있다. ③ 수용유사침해이론은 독일 연방사법재판소의 초기 판례에 의해 인정되었으나, 연방헌법재판소의 자갈채취사건 판결에 의해 기본법 제14조는 더 이상 수용유사침해이론의 법적 근거가 되지 못했다. 이에 독일민사 법원은 독일기본법 대신 관습법인 프로이센 일반란트법 제74조 및 제75조에 표현되어 있는 '희생보상의 원리'에 근거하여 수용유사침해이론을 일부 인정(제한적 인정)하고 있다.

(3) 우리나라에의 도입 논의

① **학설**: 긍정설과 부정설이 대립하고 있다.
② **판례(부정설에 근접)**: 대법원은 문화방송 주식의 강제취득에 대한 손해전보 사건에서 "과연 우리 법제하에서 수용유사침해이론을 채택할 수 있는 것인가는 별론으로 하더라도 …" 라고 하여 명시적 판단을 유보하였다. 이에 대하여 대법원은 수용유사침해 법리의 채택을 부정하여, 수용유사침해에 해당하는 경우에 이를 손실보상의 문제로 해결하기도 하고, 불법행위 내지 부당이득의 법리로 해결하기도 한다.
③ **검토**: 우리나라는 독일과 같이 희생보상청구권이라는 관습법이 존재하지 않아 인정하기 어렵다.

2 수용적 침해보상

1. 의의
(1) 개념

수용적 침해보상이란 수용보상이나 수용유사침해로 인한 보상이 불가능한 영역인 적법한 공행정작용의 비의도적인 부수적 효과로서 발생한 사인의 재산권에 대한 손실(결과적 침해)에 대한 영역에 대해서도 보상해 주기 위해서 관습법적으로 발전되어 온 희생보상제도를 근거로 하여 독일연방사법재판소가 고안해 낸 개념이다(예 지하철 공사의 장기화로 인한 인근 상인의 영업상 손실, 도시계획결정의 장기적 방치로 인한 고시지역 내 토지소유자의 재산상 불이익, 포사격으로 산림피해가 있는 경우, 지방자치단체의 적법한 굴착공사로 인하여 이웃주택에 균열이 발생한 경우, 경찰관의 적법한 총기사용에 의한 부수적인 차량파손 등). 따라서 적법한 공행정작용의 침해이나 이는 행위시에는 적법하나 결과적으로 위법한 것이며 이때 고의·과실은 불문하므로 고의·과실이 없더라도(무과실책임) 손해발생이라는 결과에 대한 손해배상책임을 의미하는 결과책임과 관련이 깊다고 할 수 있다.

(2) 수용유사침해와의 구별

수용은 적법한 침해이나, 수용유사침해의 경우에는 보상규정이 존재하지 않기 때문에 위법한 침해이다. 따라서 양자는 침해의 적법성 유무에서 차이가 난다.

2. 인정 여부
수용적 침해보상 인정에 대해 긍정설과 부정설이 대립하고 있다. 그러나 우리 판례는 수용적 침해의 법리를 인정한 바 없다.

3. 법적 근거
독일은 프로이센 일반란트법 제74조, 제75조의 희생보상청구권에서 찾고 있다.

3 희생보상청구권

1. 개념
(1) 개념

희생보상청구권이란 적법한 공권력행사로 인해 발생한 생명·건강·명예 등과 같은 비재산적 법익에 대한 손실을 보상해 주는 제도를 말한다(예 예방접종으로 인한 생명·신체에 대한 침해의 보상, 경찰관이 총기발사에 대한 적법한 요건을 구비하여 총기를 발사하였으나 총탄이 범인을 관통하여 범인이 아닌 사인에게 상해를 입힌 경우, 적법한 소방활동종사명령에 따라 소방활동에 종사한 자가 이로 인하여 사망하거나 부상을 입은 경우 등).

(2) 구별개념

① 손실보상과 수용유사침해·수용적 침해로 인한 보상은 재산권 침해에 대한 것이라는 점에서 ② 비재산적 법익에 대한 희생보상과는 구별된다.

(3) 연혁

① 희생보상법리는 독일의 판례에 의해 인정되고 발전된 것으로, 독일 관습법 상의 희생보상법리(공익을 위해 특별한 희생을 당한 자는 보상을 받아야 한다는 원리)에 근거를 두고 있다.

② 공공필요에 의한 재산적 법익침해에 대하여 보상을 하면서, 비재산적 법익의 침해를 구제하지 않는다면 이는 헌법상의 기본권보장·평등원칙과 법치국가원리 및 사회복지국가원리 등에 반한다고 할 수 있는 점을 논거로 한다.

2. 법적 근거

(1) 이론적 근거(학설)

이에 대한 학설로서 부정설과 긍정설을 들 수 있다. 우리나라는 개별법상 비재산권침해에 대한 보상근거가 있는 경우에 한하여 인정된다.

(2) 실정법적 근거

① **실정법**: 독일은 프로이센 일반란트법 제74조, 제75조를 그 근거로 보고 있다. 우리나라의 경우 실정법상 희생보상청구권에 대한 일반법은 없고, 개별법에서 인정하고 있다.

② **개별제도로서 희생보상청구권(개별법상 인정)**: 예방접종에 따른 건강피해에 대한 보상을 규정한 감염병의 예방 및 관리에 관한 법률 제71조, 소방기본법 제24조 제2항 등이 그 예에 해당한다.

> 감염병의 예방 및 관리에 관한 법률 제71조【예방접종 등에 따른 피해의 국가보상】① 국가는 제24조 및 제25조에 따라 예방접종을 받은 사람 또는 제40조 제2항에 따라 생산된 예방·치료 의약품을 투여받은 사람이 그 예방접종 또는 예방·치료 의약품으로 인하여 질병에 걸리거나 장애인이 되거나 사망하였을 때에는 대통령령으로 정하는 기준과 절차에 따라 다음 각 호의 구분에 따른 보상을 하여야 한다.
> 1. 질병으로 진료를 받은 사람: 진료비 전액 및 정액 간병비
> 2. 장애인이 된 사람: 일시보상금
> 3. 사망한 사람: 대통령령으로 정하는 유족에 대한 일시보상금 및 장제비

4 결과제거청구권(원상회복청구권)

1. 개념

(1) 의의

① 결과제거청구권은 위법한 공행정작용으로 인한 권리침해의 사실상의 결과, 즉 위법한 침해행위에 의하여 변경된 상태의 원상회복을 목적으로 하는 공권이다.

② 이 법리는, 초기에는 일단 집행된 행정행위가 이후 위법성으로 인하여 취소되었음에도 불구하고 잔존하는 위법한 사실상의 결과의 배제를 그 내용으로 하는 것이었으나 집행결과제거청구권 압수처분의 폐지 후(압수된 운전면허증의 반환), 그 적용범위가 확대되어 행정행위가 개재되지 않은 사실행위에도 적용되게 되었다.

(2) 배경

국가배상청구에 의한 금전배상이나 행정쟁송에서의 인용판결만으로는 원상회복적 효과가 발생하지 않으므로 결과제거청구권 인정이 필요하다. 예컨대, 토지수용재결이 취소되었음에도 불구하고 기업자인 행정주체가 그 토지를 반환하지 않고 있는 경우 또는 공직자가 직무수행 중의 발언으로 명예를 훼손당한 자가 그 발언의 철회를 요구하는 경우 등에 결과제거청구권이 유용하게 사용될 수 있다.

2. 성질

(1) 결과제거청구권의 법적 성질은 행정주체의 공행정작용으로 인하여 야기된 위법한 상태의 제거를 목적으로 한다는 점에서, 공권으로 보는 것이 학설의 일반적인 태도이나, 판례는 이를 사권으로 보고 이에 대한 소송은 민사소송으로 본다.

(2) 한편, 개인적 공권으로서 물권적 청구권에 상응하는 경우가 대부분이나, 명예훼손적 발언에 대하여 취소를 구하는 권리도 포함하고 있으므로 물권적 청구권보다는 포괄적 권리라는 것이 다수의 견해이다. 또한, 이는 위법한 침해에 대한 결과의 제거를 적극적으로 작위할 것을 요구한다는 점에서 단순한 방어청구권과는 구별되며, 고의·과실은 불문한다는 점에서는 손해배상청구권과도 구별된다.

3. 내용

(1) 요건

① **공법작용(행정주체의 공행정작용으로 인한 침해)**: 공행정작용에 의한 침해이다. 공행정작용에는 법적 행위·사실행위, 작위·부작위(예 행정주체가 타인의 승용차를 합법적으로 압류하였다가 압류의 폐지 후에도 반환하지 않은 경우), 권력작용(고권작용)·비권력작용(단순고권작용) 등을 포함한다. 그러나 행정주체의 사법적 활동으로 인한 침해는 결과제거청구권이 인정되지 아니하며, 민법상 방해배제청구권으로 해결한다.

② **법률상 이익의 침해**: 공행정작용으로 야기된 결과적 상태가 침해받은 자의 법률상 이익을 침해하고 있어야 한다. 법률상 이익은 재산권뿐만 아니라 명예나 신용 등의 정신적인 것도 포함한다.

③ **침해의 존속**: 공행정작용의 결과로 인하여 현재에도 침해가 계속되고 있고, 이로 인해 타인의 권리 또는 법률상 이익의 침해상태가 존속되고 있어야 한다. 이러한 침해상태가 더 이상 존속되고 있지 않은 경우에는 단지 손실보상이나 손해배상 등이 문제가 될 수 있을 뿐이다.

④ **위법한 상태의 존재 및 계속**
  ㉠ 여기에서의 위법성은 침해행위의 위법성을 의미하는 것이 아니라 결과상태의 위법성을 의미한다. 따라서 처음에는 적법이었을지라도 사후에 사정변경(예 기간의 경과, 해제조건의 성취, 행정행위의 철회) 등에 의하여 위법한 결과상태가 발생한 경우도 포함된다. 그러므로 위법상태의 발생에 가해자의 고의·과실과 같은 주관적 요건은 요하지 않는다.

ⓒ 취소사유 있는 행정행위는 공정력에 의하여 취소되기 전까지는 일단 유효하므로 그에 의해 야기된 상태에 대한 결과제거청구권은 성립되지 않는다. 따라서, 이러한 경우는 행정행위에 대한 취소쟁송을 먼저 제기하여 취소가 확정된 이후에 결과제거 청구권을 행사하거나 취소쟁송에 결과제거 청구를 병합하여 제기하여야 한다.

⑤ **결과제거의 가능성·허용성·수인가능성(기대가능성) – 결과제거청구권의 한계**: 결과제거 또는 원상회복이 가능하여야 하고, 법적으로 허용되어야 하며, 행정청의 수인한계 내의 것(비용 또는 공익적 관점)인 때에만 인정된다.

> **관련판례**
>
> **1. 원상회복 부정**
> 도로를 구성하는 부지에 대하여는 사권을 행사할 수 없으므로 그 부지의 소유자는 불법행위를 원인으로 하여 손해배상을 청구함은 별론으로 하고 그 부지에 관하여 그 소유권을 행사하여 인도를 청구할 수 없다(대판 1968.10.22. 68다1317).
>
> **2. 원상회복 인정**
> 대지소유자가 그 소유권에 기하여 그 대지의 불법점유자인 시에 대하여 권원없이 그 대지의 지하에 매설한 상수도관의 철거를 구하는 경우에 공익사업으로서 공중의 편의를 위하여 매설한 상수도관을 철거할 수 없다거나 이를 이설할 만한 마땅한 다른 장소가 없다는 이유만으로써는 대지소유자의 위 철거청구가 오로지 타인을 해하기 위한 것으로서 권리남용에 해당한다고 할 수는 없다(대판 1987.7.7. 85다카1383).

(2) **상대방**
① **청구권의 상대방**: 결과제거청구권은 일반적으로 결과를 야기한 행정주체가 그 상대방이 된다. 사후에 권한변동이 일어난 경우에는 이러한 결과제거를 하기 위한 필요한 작용에 대해 권한을 갖게 된 행정주체가 그 상대방이 될 것이다.
② **청구권의 경합**: 동 청구권의 내용은 원상회복에 미달할 수도 있으므로(예 차도를 연결하기 위하여 막힌 골목길을 무단으로 공사하여 그 골목길을 다니는 주민들의 권리가 침해된 경우 동 청구권은 다시 그 골목길을 복원하는 공사가 아니라 무단으로 공사된 도로의 폐쇄처분을 그 내용으로 하는 경우) 원상회복을 통하여 결과제거가 완전하게 가능한 경우에는 손해배상청구를 할 수 없으나, 결과제거가 불완전한 경우에는 손해배상청구를 할 수 있다(경합관계에 있음).

(3) **내용**
① **원상회복의 청구**: 결과제거청구권은 원상회복의 청구를 내용으로 한다.
② **직접적인 결과의 제거**: 결과제거청구권은 공행정작용의 직접적인 결과만을 그 대상으로 한다. 제3자에 의한 간접적인 이익 침해는 공법상 결과제거청구권이 아니라, 민법상 방해배제 청구권을 주장할 수 있을 뿐이다. 따라서 복효적 행정행위에서 제3자에게는 동청구권이 인정되지 않는다.

결과제거청구권이 인정되는 사례들
1. 개인의 토지에 시가 쓰레기를 적치한 경우
2. 토지수용처분이 취소된 후에도 기업자가 그 토지를 반환하지 않는 경우
3. 사유지의 지하에 시가 무단으로 하수도관을 매설한 경우
4. 징발영장에 의하지 아니하고 사실상 군부대가 토지를 점유·사용하고 있는 경우

4. 결과제거청구권의 실현(쟁송절차)

(1) 다수설은 결과제거청구권은 공권이므로 행정소송인 당사자소송에 의해야 한다고 본다. 그러나, 판례는 사권으로 보아 민사소송에 의해야 한다고 본다. 당사자소송에 의하든 민사소송에 의하든 피고는 모두 국가 또는 지방자치단체 등의 행정주체이다. 즉, 위법한 결과의 제거의무자는 국가·지방자치단체·공무수탁사인 등 행정주체이므로 결과제거청구는 위법한 결과를 야기한 행정청이 속한 행정주체를 상대방으로 하여야 한다.

(2) 한편, 처분 등의 취소소송에 관련청구소송으로서 결과제거청구소송을 병합하여 제기할 수도 있다(행정소송법 제10조).

gosi.Hackers.com

해커스공무원 학원·인강
gosi.Hackers.com

해커스소방 학원·인강
fire.Hackers.com

해커스 홍대겸 행정법총론 기본서

제6편
행정쟁송법

제1장 행정심판법
제2장 행정소송법

제1장 행정심판법

제1절 개설

1 의의

1. 개념

행정심판이란 행정법상의 분쟁에 대하여 행정기관이 심리하고, 재결하는 행정쟁송절차이다. 행정심판은 형식적 의미의 행정, 실질적 의미의 사법작용이다.

> 행정심판법 제1조【목적】이 법은 행정심판 절차를 통하여 행정청의 위법 또는 부당한 처분(處分)이나 부작위(不作爲)로 침해된 국민의 권리 또는 이익을 구제하고, 아울러 행정의 적정한 운영을 꾀함을 목적으로 한다.

2. 성격

행정심판은 분쟁에 대한 심판작용이므로 재판에 준하는 성격을 갖고 있으며, 이에 더하여 행정목적 실현을 위해 행정법관계를 규율하고 행정법질서를 유지·형성하는 한 수단이라는 점에서 행정행위로서의 성질도 가진다.

3. 헌법규정

헌법 제107조 제3항은 "재판의 전심절차로서 행정심판을 할 수 있다. 행정심판의 절차는 법률로 정하되 사법절차가 준용되어야 한다."라고 규정함으로써 행정심판절차의 헌법적인 근거를 마련하고 있다.

> **관련판례**
>
> **1. 행정심판절차의 필수성 여부**
>
> 헌법 제107조 제3항은 "재판의 전심절차로서 행정심판을 할 수 있다. 행정심판의 절차는 법률로 정하되, 사법절차가 준용되어야 한다."고 규정하고 있으므로, 입법자가 행정심판을 전심절차가 아니라 종심절차로 규정함으로써 정식재판의 기회를 배제하거나, 어떤 행정심판을 필요적 전심절차로 규정하면서도 그 절차에 사법절차가 준용되지 않는다면 이는 위 헌법조항, 나아가 재판청구권을 보장하고 있는 헌법 제27조에도 위반되며 … (헌재 2000.6.1. 98헌바8).
>
> **2. 이의신청과의 구별**
>
> 이의신청을 제기해야 할 사람이 처분청에 표제를 '행정심판청구서'로 한 서류를 제출한 경우라 할지라도 서류의 내용에 이의신청 요건에 맞는 불복취지와 사유가 충분히 기재되어 있다면 표제에도 불구하고 이를 처분에 대한 이의신청으로 볼 수 있다(대판 2012.3.29. 2011두26886).

4. 유사제도와의 구별

(1) 이의신청

행정심판은 피청구인이나 행정심판위원회에 청구하는 것을 원칙으로 하나 이의신청은 처분청에 재심사를 구하는 쟁송절차이다. 또한, 행정심판은 모든 위법 또는 부당한 처분 등에 대하여 인정되나, 이의신청은 각 개별법에서 정하고 있는 처분 등에 대해서만 인정된다. 이의신청이 인정되는 경우에도 행정심판을 제기할 수 있음이 일반적이다.

> 행정기본법 제36조 【처분에 대한 이의신청】 ① 행정청의 처분(「행정심판법」 제3조에 따라 같은 법에 따른 행정심판의 대상이 되는 처분을 말한다. 이하 이 조에서 같다)에 이의가 있는 당사자는 처분을 받은 날부터 30일 이내에 해당 행정청에 이의신청을 할 수 있다.
> ② 행정청은 제1항에 따른 이의신청을 받으면 그 신청을 받은 날부터 14일 이내에 그 이의신청에 대한 결과를 신청인에게 통지하여야 한다. 다만, 부득이한 사유로 14일 이내에 통지할 수 없는 경우에는 그 기간을 만료일 다음 날부터 기산하여 10일의 범위에서 한 차례 연장할 수 있으며, 연장 사유를 신청인에게 통지하여야 한다.
> ③ 제1항에 따라 이의신청을 한 경우에도 그 이의신청과 관계없이 「행정심판법」에 따른 행정심판 또는 「행정소송법」에 따른 행정소송을 제기할 수 있다.
> ④ 이의신청에 대한 결과를 통지받은 후 행정심판 또는 행정소송을 제기하려는 자는 그 결과를 통지받은 날(제2항에 따른 통지기간 내에 결과를 통지받지 못한 경우에는 같은 항에 따른 통지기간이 만료되는 날의 다음 날을 말한다)부터 90일 이내에 제1항의 처분(이의신청 결과 처분이 변경된 경우에는 변경된 처분으로 한다)에 대하여 행정심판 또는 행정소송을 제기할 수 있다.
> ⑤ 행정청은 제2항 또는 다른 법률에 따라 이의신청에 대한 결과를 통지할 때에는 대통령령으로 정하는 바에 따라 제4항에 따른 행정심판 또는 행정소송을 제기할 수 있는 기간 등 행정심판 또는 행정소송의 제기에 관한 사항을 함께 안내하여야 한다. 다만, 이의신청에 대한 결과를 통지하기 전에 이미 신청인이 행정심판 또는 행정소송을 제기한 경우에는 안내하지 아니할 수 있다.
> ⑥ 다른 법률에서 이의신청과 이에 준하는 절차에 대하여 정하고 있는 경우에도 그 법률에서 규정하지 아니한 사항에 관하여는 이 조에서 정하는 바에 따른다.
> ⑦ 제1항부터 제6항까지에서 규정한 사항 외에 이의신청의 방법 및 절차 등에 관한 사항은 대통령령으로 정한다.
> ⑧ 다음 각 호의 어느 하나에 해당하는 사항에 관하여는 이 조를 적용하지 아니한다.
> 1. 공무원 인사 관계 법령에 따른 징계 등 처분에 관한 사항
> 2. 「국가인권위원회법」 제30조에 따른 진정에 대한 국가인권위원회의 결정
> 3. 「노동위원회법」 제2조의2에 따라 노동위원회의 의결을 거쳐 행하는 사항
> 4. 형사, 행형 및 보안처분 관계 법령에 따라 행하는 사항
> 5. 외국인의 출입국·난민인정·귀화·국적회복에 관한 사항
> 6. 과태료 부과 및 징수에 관한 사항
> [시행일: 2025.9.19.]

(2) 청원

행정심판은 일반적으로 권리구제를 위한 행정쟁송제도로 행정심판법상의 일정한 구속을 받으나, 청원은 국정에 대한 국민의 정치적 의사표시를 보장하기 위한 제도로 심판절차·형식·내용에 관한 법적인 구속은 존재하지 아니한다. 또한, 행정심판의 판정내용은 불가쟁력·불가변력·기속력 등의 효력이 인정된다는 점에서 청원과 차이가 있다.

구분	행정심판	청원
본질(기능)	권리구제를 위한 행정쟁송제도	국가의 운영에 대한 국민의 정치적 의사표시 보장제도
제기권자	권리·이익이 침해된 자	권리·이익의 침해 외에도 제도개선·법령의 제정이나 개정 등을 청원할 수 있음
제기기간·제기권자	행정심판법에 규정된 기간 내에 처분청이나 위원회에 제기	제기기간의 제한 없이 어느 때라도 모든 정부기관에 제기 가능
절차·형식	행정심판법이 정하는 바에 따라 엄격하게 제한	절차와 형식에 관한 법적 기속이 없음
효력	불가쟁력·불가변력 등이 발생	불가쟁력, 불가변력 등이 발생하지 않음

(3) 진정

진정은 행정청에 대하여 어떤 희망을 진술하는 것으로 법적 구속력이나 효과가 발생하지 아니하는 사실행위인 점에서 행정심판과 차이가 있으나, 진정의 경우에도 그 실질적인 내용이 행정심판에 해당하는 것이라면 행정심판으로 보아야 한다는 대법원 판례가 있다. 진정의 경우 이를 받아들여서 구체적인 조치를 취할 것인지 여부는 국가기관의 자유재량에 속한다.

> **관련판례**
>
> 1. 진정서에는 처분청과 청구인의 이름 및 주소가 기재되어 있고, 청구인의 기명날인이 되어 있으며 그 진정서의 기재내용에 의하여 심판청구의 대상이 되는 행정처분의 내용과 심판청구의 취지 및 이유를 알 수 있고, 거기에 기재되어 있지 않은 재결청(행정심판위원회), 처분이 있는 것을 안 날, 처분을 한 행정청의 고지의 유무 및 그 내용 등의 불비한 점은 어느 것이나 그 보정이 가능한 것이므로, 처분청에 제출한 처분의 취소를 구하는 취지의 진정서를 행정심판청구로 보아야 한다(대판 1995.9.5. 94누16250).
>
> 2. 진정을 수리한 국가기관이 진정을 받아들여 구체적인 조치를 취할 것인지 여부는 국가기관의 자유재량에 속하고, 위 진정을 거부하는 "민원회신"이라는 제목의 통지를 하였다 하더라도 이로써 진정인의 권리의무나 법률관계에 하등의 영향을 미치는 것이 아니므로 이를 행정처분이라고 볼 수 없어 이는 행정소송의 대상이 될 수 없으므로 위 회신을 진정에 대한 거부처분으로 보아 그 취소를 구하는 소는 부적법하다(대판 1991.8.9. 91누4195).

(4) 행정심판과 행정소송 비교

구분	행정심판	행정소송
본질(기능)	행정의 적법성(1차적) + 국민의 권리 구제	국민의 권리 구제(1차적) + 행정의 적법성
성질	약식쟁송	정식쟁송
종류	취소심판, 무효등확인심판, 의무이행 심판 + 당사자 심판과 민중심판 및 기관심판에 관한 규정은 없으며 이는 개별법에 그에 관한 규정이 존재	취소소송, 무효등확인소송, 부작위위법확인소송, 당사자소송, 민중소송, 기관소송
쟁송대상	• 위법·부당한 처분 • 처분에 한정. 재결은 제외 • 대통령의 처분이나 부작위 제외(원칙)	• 위법한 처분 • 처분 등(재결 포함) • 대통령의 처분이나 부작위 포함
제기기간	• 취소심판·거부처분에 대한 의무이행 심판: 처분이 있음을 안 날로부터 90일, 처분이 있은 날로부터 180일 • 취소심판의 경우 불가항력에 관한 특칙이 규정 • 무효등확인심판·의무이행심판(부작위 대상): 기간제한 없음	• 취소소송: 처분이 있음을 안 날로부터 90일(재결서의 정본을 송달받은 날로부터 90일), 처분이 있은 날로부터 1년(재결이 있은 날로부터 1년) • 불가항력에 관한 특칙규정이 없으므로 민사소송법이 준용됨 • 무효등확인소송: 기간제한 없음
심판기관	행정청(위원회)	법원
피고경정 사유	청구인이 피청구인을 잘못 지정한 때 신청 또는 위원회의 직권에 의하여서도 가능	원고가 피고를 잘못 지정한 때 신청에 의해서만 가능
집행정지	신청의 이유에 대한 소명은 불요	신청의 이유에 대한 소명을 요함
제3자의 참가여부에 관한 통지규정	있음	없음
심판절차	구술 또는 서면심리 (해석상 비공개원칙)	구두변론주의(공개의 원칙)
기속력 확보수단	시정명령 + 직접처분권	간접강제 (법원에 의한 배상명령)
사정재결의 구제수단 규정	'상당한 구제방법'이라는 용어를 사용함으로써 구제수단을 추상적으로 규정	'손해배상, 제해시설이 설치 그 밖에 적당한 구제방법'이라고 규정함으로써 보다 구체적으로 구제수단을 규정

제3자의 재심청구 가능여부	재심판청구 금지	재심청구 가능
공통점	• 쟁송사항에 개괄주의 적용 • 청구인적격 · 원고적격(법률상 이익) • 집행부정지원칙 • 당사자의 신청에 의한 절차개시(처분권주의) • 대심주의 • 참가인제도 • 직권심리 • 불고불리의 원칙과 불이익변경금지 • 사정재결(판결) • 청구(소)의 변경 등	

(5) 존재이유

① **자율적 행정통제 – 행정내부의 적법성과 합목적성 통제**: 행정권 스스로 자기의 비위를 시정할 기회를 가짐으로 인하여 사법권의 간섭을 배제하고 행정권의 자율성을 보장받으려는 데 그 제도적 의의가 있다.

> **참고** 권력분립의 원칙과 행정심판제도
>
> 행정심판제도는 사법권으로부터 행정권의 독립성을 확보하기 위하여 행정권에 의한 행정작용의 적법성과 타당성을 행정권 스스로 통제하자는, 즉 행정의 '자율적 통제'를 보장하여 적극적인 또는 실질적인 권력분립의 원칙에 부합하기 위한 것이라 할 수 있으나 형식적 권력분립만을 강조하여 행정관청과 관련된 분쟁을 제3권력인 법원이 담당하는 것이 바람직하지 않다는 소극적인 또는 형식적인 권력분립적 사고에 따른 것은 아니다. 이와 같은 논리에 따르면 국민과 행정관청간의 분쟁은 제3권력인 법원이 담당하는 것이 오히려 권력분립적 측면에서는 바람직하기 때문이다.

② **행정능률의 확보**: 청구인이 사법기관에 소송을 제기하기 전에 행정기관 자체가 약식의 절차로서 행정심판을 하므로 간이 · 신속한 분쟁을 해결할 수 있다.

③ **행정청의 전문지식활용(사법기능의 보완)**: 현대국가는 행정의 전문화 · 복잡화 · 기술화가 진행됨에 따라 행정청은 사후구제에 머물러 있는 사법기능의 단점을 보완하기 위하여 행정청의 전문지식을 활용할 수 있다.

④ **소송경제의 확보(법원의 부담경감 및 구제의 신속성)**: 정식소송인 행정소송은 분쟁의 해결에 신중 · 공정을 기할 수 있지만 시간 · 노력 · 비용이 많이 드는 데 반하여 약식절차인 행정심판은 간이 · 신속하게 분쟁을 해결함으로써 소송에 따른 엄청난 부담을 절감할 수 있는 효과가 있다.

2 우리나라의 행정심판제도

1. 법원
헌법 제107조 제3항의 규정에 따라 일반법으로서 행정심판법이 있고, 특별법으로서 국세기본법 제55조, 제81조 등이 있다.

2. 특색
행정소송과 달리 의무이행심판을 인정하고 있다.

제2절 행정심판의 종류

1. 취소심판
2. 무효등확인심판
3. 의무이행심판

> 행정심판법 제5조 【행정심판의 종류】 행정심판의 종류는 다음 각 호와 같다.
> 1. 취소심판: 행정청의 위법 또는 부당한 처분을 취소하거나 변경하는 행정심판
> 2. 무효등확인심판: 행정청의 처분의 효력 유무 또는 존재 여부를 확인하는 행정심판
> 3. 의무이행심판: 당사자의 신청에 대한 행정청의 위법 또는 부당한 거부처분이나 부작위에 대하여 일정한 처분을 하도록 하는 행정심판

1 행정심판법상의 종류

1. 취소심판

(1) 의의
취소심판이란 행정청의 위법 또는 부당한 처분의 취소 또는 변경을 구하는 심판을 말한다(행정심판법 제5조 제1호).

(2) 성질
취소심판의 성격에 대해 확인적 쟁송으로 보는 견해도 있으나, 통설과 판례는 취소심판이란 위법·부당한 처분을 취소·변경함으로써 당해 법률관계를 소멸·변경시킨다는 점에서 형성적 쟁송으로 본다.

(3) 재결
위원회는 취소심판의 청구가 이유 있다고 인정할 때에는 처분을 취소 또는 변경하는 형성적 재결을 하거나 처분청에게 변경할 것을 명하는 이행적 재결을 할 수 있다(행정심판법 제43조 제3항).

(4) 특징
청구기간의 제한이 있고 집행부정지의 원칙을 채택하고 있으며 사정재결이 적용된다.

무효등확인심판에는 청구기간, 사정재결에 관한 규정이 적용되지 않는다.

2. 무효등확인심판

무효등확인심판이란 행정청의 처분 효력 유무 또는 존재 여부에 대한 확인을 하는 심판을 말한다.

3. 의무이행심판

(1) 의무이행심판이란 행정청의 위법 또는 부당한 거부처분이나 부작위에 대하여 일정한 처분을 하도록 명하는 재결을 구하는 심판을 말한다. 소극적 행정작용으로 인한 권익침해에 대한 쟁송수단의 필요로 인하여 규정되었다.

(2) 성질

의무이행심판은 행정청에 대하여 일정한 처분을 할 것을 명하는 재결을 구하기 위한 행정심판으로서 이행쟁송(급부쟁송)의 성질을 가진다. 다만, 이것은 현재에 대한 이행쟁송만 가능하며 장래에 대한 이행쟁송은 허용되지 아니한다.

(3) 심판의 대상

의무이행심판은 거부처분과 부작위를 그 대상으로 한다. 다만, 거부처분의 경우에는 취소심판 등으로도 가능하다.

(4) 심판청구의 제기

청구인은 거부처분이나 부작위에 대하여 일정한 처분을 구할 법률상 이익이 있는 자가 되고 피청구인은 상대방의 신청에 대하여 이를 거부·방치하고 있는 행정청이 된다. 또한, 제기기간은 거부처분의 경우에는 제기기간의 제한이 있으나 부작위의 경우에는 제기기간의 제한이 없다.

(5) 재결

① 의무이행심판에서 인용재결의 경우에는 ㉠ 형성재결 - 위원회가 스스로 원래의 신청에 따른 처분을 하거나(처분재결) ㉡ 이행재결 - 처분을 할 것을 명하는 재결(처분명령재결)을 한다(행정심판법 제43조 제5항).

② 처분명령재결의 경우 이행의무가 생긴 행정청은 지체 없이 그 재결의 취지에 따라 원신청에 대한 처분을 하여야 한다. 이때 위원회는 당해 행정청이 처분을 하지 아니하는 때에는 당사자의 신청에 따라 기간을 정하여 서면으로 행정청에게 시정을 명하고(처분 발령을 위한 기회를 부여) 그 기간 내에 이행하지 아니하는 경우에는 당해 처분을 할 수 있다(행정심판법 제49조 제2항).

(6) 특징

청구기간의 제한이 없고(단, 거부처분의 경우는 있음), 집행정지결정이 적용되지 아니하나 사정재결규정은 적용된다.

구분	취소심판	무효등 확인심판	의무이행심판	
			거부처분	부작위
제기기한 제한	○	×	○	×
집행정지	○	○	×	×
사정재결	○	×	○	○
재결의 종류	처분 취소· 변경재결, 처분변경명령재결	처분 무효·유효· 실효·존재· 부존재 확인재결	처분재결, 처분명령재결	
재결의 효력	취소·변경재결에는 형성력이 있으나 명령재결이나 확인재결에는 형성력이 없다.			

취소심판, 무효등확인심판은 집행부정지가 원칙이지만 요건충족시 집행정지가 가능하다.

2 각 개별법에 의한 이의신청

1. 의의

이의신청이란 위법·부당한 행정작용으로 인하여 권리가 침해된 자가 처분청에 대하여 그러한 행위에 대해 취소를 구하는 것을 말한다. 실정법상으로는 이의신청·불복신청·재결신청 등으로 표현된다.

2. 법적 근거

행정심판법은 행정심판의 제기를 개괄적으로 인정하고 있으므로 개별법에서 이의신청을 규정해야만 인정될 수 있다. 현행법상 이의신청을 규정하고 있는 경우는 국세기본법상의 이의신청(국세기본법 제66조 제1항)과 지방세법상 이의신청(지방세법 제73조), 국가공무원법(제76조) 및 지방공무원법(제67조)상의 소청, 특허법상 특허심판, 지방자치법상 이의신청(제131조) 등을 들 수 있다.

3. 절차

각 개별규정에 정해져 있는 이의신청기간·절차·형식 등을 따라야 한다.

4. 불복

이의신청에 대한 재결에 대하여 불복이 있는 경우 개별법에서 상급행정청에 행정심판을 제기할 수 있도록 규정된 경우도 있고 필요적 행정심판전치주의를 규정하기도 한다(국세기본법 제56조 제2항, 지방자치법 제148조 제5항). 물론 이러한 제한이 없는 경우에는 바로 행정소송을 제기할 수 있다(행정소송법 제18조). 또한, 이의신청에 대하여 불복이 있는 자는 행정심판을 거치지 아니하고 바로 행정소송을 제기하여야 한다고 규정한 경우도 있다.

관련판례

지방세법 제78조 제2항에 대한 위헌결정으로 인하여 지방세법상 부과처분취소소송 제기 시 이의신청 및 심사청구를 반드시 거쳐야 하는 것은 아님

행정소송법 제18조 제1항 본문에 따라 지방세법상의 이의신청 및 심사청구를 거치지 아니하고도 지방세법에 의한 처분에 대한 취소소송을 제기할 수 있게 되었고, 한편 종래에는 지방세법 제78조 제2항에 의하여 행정소송을 제기하기 위하여 반드시 거치도록 되어 있던 심사청구가 그 전제로서 이의신청을 거쳐야만 제기할 수 있었던 관계로 그 결과 이의신청과 심사청구를 불가분적으로 모두 거칠 수밖에 없었던 것이지만, 지방세법 제78조 제2항이 위와 같이 효력을 상실한 이상 납세자가 임의적으로 이의신청을 거치는 경우에 더 나아가 반드시 심사청구까지 거쳐야만 한다고 볼 근거규정도 없게 되었으므로, 지방세법에 의한 처분에 대한 취소소송을 제기하려는 납세자로서는 지방세법상의 이의신청 및 심사청구를 거치지 아니하고 취소소송을 제기하거나 혹은 임의적으로 이의신청 및 심사청구를 모두 거친 후 취소소송을 제기할 수 있을 뿐만 아니라, 임의적으로 이의신청만을 하여 그 결정을 받은 후 바로 취소소송을 제기할 수도 있는 것이라고 해석할 수밖에 없고, 납세자가 임의적으로 이의신청만을 거친 채 취소소송을 제기할 경우에는 행정소송법 제20조 제1항 본문 및 단서에 따라 그 제소기간은 이의신청에 대한 결정의 정본을 송달 받은 날부터 기산하여 90일 이내라고 보아야 한다(대판 2001.9.18. 2000두2662).

3 당사자심판

현행 행정심판법에는 그에 관한 규정이 없다. 사전 행정처분이 존재하여 다투는 절차는 아니고 처음부터 쟁송절차로 행정청의 재결을 구하는 것이기 때문에 시심적 쟁송이라 한다. 판례는 이를 인정하지 않는다.

제3절 행정심판의 대상

1 개설

일반적으로 행정심판은 행정청의 처분이나 부작위의 위법과 부당을 대상으로 한다. 행정심판의 대상에 있어서는 행정심판 사항을 한정하지 아니하는 개괄주의를 채택하고 있어 국민의 권리 구제가능성을 확대하고 있다.

2 행정청

행정심판은 행정청의 처분 또는 부작위를 대상으로 한다. 행정청에는 법령에 의하여 행정권한의 위임 또는 위탁을 받은 행정기관과 공공단체 및 그 기관 또는 사인이 포함된다.

3 처분

처분이라 함은 권력적 사실행위를 포함하는 구체적 사실에 관한 행정작용인 공권력의 행사와 공권력 행사의 거부 그리고 공권력의 행사에 준하는 행정작용을 말한다.

4 부작위

부작위라 함은 행정청이 당사자의 신청에 대하여 상당한 기간 내에 일정한 처분을 하여야 할 법률상 의무가 있음에도 불구하고 이를 하지 아니하는 것을 말한다.

구분	위법	부당
의의	행정행위가 근거법규를 위반하거나 행정법의 일반원칙을 위반한 경우로, 위법성의 정도에 따라 무효사유와 취소사유로 나눔	행정행위가 재량의 한계를 준수하여 적법하지만, 근거 규범의 목적에 비추어 재량권의 행사가 가장 합목적이라고 할 수 없는 경우
구별실익	• 행정소송법 제27조 '재량권의 한계를 넘거나 남용될 때에는 처분의 위법성 사유가 되어 법원의 심사가 가능하다.' • 재량권 한계를 준수한 처분의 경우에는 위법이 아닌 부당의 문제이기 때문에 행정소송이 아닌 행정심판을 통한 구제가 가능하다.	

> **참고** 행정심판의 대상에서 제외되는 것
>
> 1. 대통령의 처분·부작위·대통령의 처분 또는 부작위에 대하여는 다른 법률에 특별한 규정이 있는 경우를 제외하고는 행정심판을 제기할 수 없다(행정심판법 제3조 제2항). → 각부 장관을 피고로 해서 행정소송의 대상은 된다.
> 2. 행정심판의 재결, 재결의 대상인 동일한 처분·부작위·행정심판의 재결 및 재결의 대상인 동일한 처분 또는 부작위에 대하여는 다시 심판청구를 제기할 수 없다(행정심판법 제39조). → 행정소송의 대상은 된다.
> 3. 통고처분, 검사의 불기소처분·통고처분 및 검사의 불기소처분은 별도의 구제수단이 마련되어 있어 행정심판 및 행정소송의 대상이 되지 않는다(통설·판례).

제4절 행정심판위원회

1 개설

행정심판기관이란 행정심판의 청구를 수리하여 이를 심리·판정하는 권한을 가진 기관을 말한다. 현행 행정심판법은 행정심판에 관하여 심리기관과 재결기관으로 이원화되어 있던 것을 국민의 신속한 권리 구제를 위하여 행정심판위원회가 심리·재결하도록 함으로써 이를 일원화하였다.

2 행정심판위원회

1. 법적 지위

행정심판위원회는 행정심판을 심리·재결하기 위하여 설치된 비상설 합의제 행정청으로서의 성격을 가진다. 즉, 행정심판위원회는 복수의 위원으로 구성되어 각 위원들의 합의로 의사를 결정한다는 점에서 합의제 기관이며, 스스로 결정도 하고 외부에 표시도 하는 권한을 가지므로 행정청의 성격을 가진다.

2. 설치

(1) 해당 행정청 소속 행정심판위원회

> 행정심판법 제6조【행정심판위원회의 설치】① 다음 각 호의 행정청 또는 그 소속 행정청(행정기관의 계층구조와 관계없이 그 감독을 받거나 위탁을 받은 모든 행정청을 말하되, 위탁을 받은 행정청은 그 위탁받은 사무에 관하여는 위탁한 행정청의 소속 행정청으로 본다)의 처분 또는 부작위에 대한 행정심판의 청구에 대하여는 다음 각 호의 행정청에 두는 행정심판위원회에서 심리·재결한다.
> 1. 감사원, 국가정보원장, 그 밖에 대통령령으로 정하는 대통령 소속기관의 장
> 2. 국회사무총장·법원행정처장·헌법재판소사무처장 및 중앙선거관리위원회사무총장
> 3. 국가인권위원회, 그 밖에 지위·성격의 독립성과 특수성 등이 인정되어 대통령령으로 정하는 행정청

(2) 국민권익위원회 소속 중앙행정심판위원회

> 행정심판법 제6조【행정심판위원회의 설치】② 다음 각 호의 행정청의 처분 또는 부작위에 대한 심판청구에 대하여는 부패방지 및 국민권익위원회의 설치와 운영에 관한 법률에 따른 국민권익위원회(이하 "국민권익위원회"라 한다)에 두는 중앙행정심판위원회에서 심리·재결한다.
> 1. 제1항에 따른 행정청 외의 국가행정기관의 장 또는 그 소속 행정청
> 2. 특별시장·광역시장·특별자치시장·도지사·특별자치도지사(특별시·광역시·특별자치시·도 또는 특별자치도의 교육감을 포함한다. 이하 "시·도지사"라 한다) 또는 특별시·광역시·특별자치시·도·특별자치도(이하 "시·도"라 한다)의 의회(의장, 위원회의 위원장, 사무처장 등 의회 소속 모든 행정청을 포함한다)
> 3. 지방자치법에 따른 지방자치단체조합 등 관계 법률에 따라 국가·지방자치단체·공공법인 등이 공동으로 설립한 행정청. 다만, 제3항 제3호에 해당하는 행정청은 제외한다.

(3) 광역자치단체장 소속 행정심판위원회

> 행정심판법 제6조 【행정심판위원회의 설치】 ③ 다음 각 호의 행정청의 처분 또는 부작위에 대한 심판청구에 대하여는 시·도지사 소속으로 두는 행정심판위원회에서 심리·재결한다.
> 1. 시·도 소속 행정청
> 2. 시·도의 관할구역에 있는 시·군·자치구의 장, 소속 행정청 또는 시·군·자치구의 의회(의장, 위원회의 위원장, 사무국장, 사무과장 등 의회 소속 모든 행정청을 포함한다)
> 3. 시·도의 관할구역에 있는 둘 이상의 지방자치단체(시·군·자치구를 말한다)·공공법인 등이 공동으로 설립한 행정청

예컨대 서울특별시 동대문구청장의 처분에 대하여는 서울특별시장 소속 행정심판위원회가 행정심판기관이 된다. 이는 자치구가 아닌 구청장의 처분에 관하여서도 해당 광역자치단체장 소속 행정심판위원회가 행정심판기관이 된다. 또한 동대문구 휘경1동장의 처분에 대하여서도 동대문구청장이 아닌 서울특별시장 소속 행정심판위원회가 행정심판기관이 된다.

(4) 직근 상급행정기관에 두는 행정심판위원회

> 행정심판법 제6조 【행정심판위원회의 설치】 ④ 제2항 제1호에도 불구하고 대통령령으로 정하는 국가행정기관 소속 특별지방행정기관의 장의 처분 또는 부작위에 대한 심판청구에 대하여는 해당 행정청의 직근 상급행정기관에 두는 행정심판위원회에서 심리·재결한다.
>
> 시행령 제3조 【중앙행정심판위원회에서 심리하지 아니하는 특별지방행정기관의 처분 등】 "대통령령으로 정하는 국가행정기관 소속 특별지방행정기관"이란 법무부 및 대검찰청 소속 특별지방행정기관(직근 상급행정기관이나 소관 감독 행정기관이 중앙행정기관인 경우는 제외함)을 말한다.

(5)
개별 법률에 따라서는 행정심판의 객관성과 공정성을 기하기 위하여 제3의 행정기관을 행정심판기관으로 정하도록 하고 있는 경우가 있다. 예컨대 국세기본법상 조세심판원이나 국가공무원법상 소청심사위원회를 들 수 있다.

3. 구성

(1) 일반 행정심판위원회(행정심판법 제7조)

> 행정심판법 제7조 【행정심판위원회의 구성】 ① 행정심판위원회(중앙행정심판위원회는 제외한다. 이하 이 조에서 같다)는 위원장 1명을 포함하여 50명 이내의 위원으로 구성한다.
> ② 행정심판위원회의 위원장은 그 행정심판위원회가 소속된 행정청이 되며, 위원장이 없거나 부득이한 사유로 직무를 수행할 수 없거나 위원장이 필요하다고 인정하는 경우에는 다음 각 호의 순서에 따라 위원이 위원장의 직무를 대행한다.
> 1. 위원장이 사전에 지명한 위원

2. 제4항에 따라 지명된 공무원인 위원(2명 이상인 경우에는 직급 또는 고위공무원단에 속하는 공무원의 직무등급이 높은 위원 순서로, 직급 또는 직무등급도 같은 경우에는 위원 재직기간이 긴 위원 순서로, 재직기간도 같은 경우에는 연장자 순서로 한다)

③ 제2항에도 불구하고 제6조 제3항에 따라 시·도지사 소속으로 두는 행정심판위원회의 경우에는 해당 지방자치단체의 조례로 정하는 바에 따라 공무원이 아닌 위원을 위원장으로 정할 수 있다. 이 경우 위원장은 비상임으로 한다.

④ 행정심판위원회의 위원은 해당 행정심판위원회가 소속된 행정청이 다음 각 호의 어느 하나에 해당하는 사람 중에서 성별을 고려하여 위촉하거나 그 소속 공무원 중에서 지명한다.

1. 변호사 자격을 취득한 후 5년 이상의 실무 경험이 있는 사람
2. 고등교육법 제2조 제1호부터 제6호까지의 규정에 따른 학교에서 조교수 이상으로 재직하거나 재직하였던 사람
3. 행정기관의 4급 이상 공무원이었거나 고위공무원단에 속하는 공무원이었던 사람
4. 박사학위를 취득한 후 해당 분야에서 5년 이상 근무한 경험이 있는 사람
5. 그 밖에 행정심판과 관련된 분야의 지식과 경험이 풍부한 사람

⑥ 행정심판위원회는 제5항에 따른 구성원 과반수의 출석과 출석위원 과반수의 찬성으로 의결한다.

⑦ 행정심판위원회의 조직과 운영, 그 밖에 필요한 사항은 국회규칙, 대법원규칙, 헌법재판소규칙, 중앙선거관리위원회규칙 또는 대통령령으로 정한다.

(2) 중앙행정심판위원회(행정심판법 제8조)

행정심판법 제8조【중앙행정심판위원회의 구성】① 중앙행정심판위원회는 위원장 1명을 포함하여 70명 이내의 위원으로 구성하되, 위원 중 상임위원은 4명 이내로 한다.

② 중앙행정심판위원회의 위원장은 국민권익위원회의 부위원장 중 1명이 되며, 위원장이 없거나 부득이한 사유로 직무를 수행할 수 없거나 위원장이 필요하다고 인정하는 경우에는 상임위원(상임으로 재직한 기간이 긴 위원 순서로, 재직기간이 같은 경우에는 연장자 순서로 한다)이 위원장의 직무를 대행한다.

③ 중앙행정심판위원회의 상임위원은 일반직공무원으로서 국가공무원법 제26조의5에 따른 임기제공무원으로 임명하되, 3급 이상 공무원 또는 고위공무원단에 속하는 일반직공무원으로 3년 이상 근무한 사람이나 그 밖에 행정심판에 관한 지식과 경험이 풍부한 사람 중에서 중앙행정심판위원회 위원장의 제청으로 국무총리를 거쳐 대통령이 임명한다.

④ 중앙행정심판위원회의 비상임위원은 제7조 제4항 각 호의 어느 하나에 해당하는 사람 중에서 중앙행정심판위원회 위원장의 제청으로 국무총리가 성별을 고려하여 위촉한다.

⑤ 중앙행정심판위원회의 회의(제6항에 따른 소위원회 회의는 제외한다)는 위원장, 상임위원 및 위원장이 회의마다 지정하는 비상임위원을 포함하여 총 9명으로 구성한다.

📋 **간단 점검하기**

01 중앙행정심판위원회의 회의는 위원장, 상임위원 및 위원장이 회의마다 지정하는 비상임위원을 포함하여 총 15명으로 구성한다. (×)

02 중앙행정심판위원회는 위원장 1명을 포함하여 70명 이내의 위원으로 구성한다. (○)

03 중앙행정심판위원회의 비상임위원은 일정한 요건을 갖춘 사람 중에서 중앙행정심판위원회 위원장의 제청으로 국무총리가 성별을 고려하여 위촉한다. (○)

⑥ 중앙행정심판위원회는 심판청구사건(이하 "사건"이라 한다) 중 도로교통법에 따른 자동차운전면허 행정처분에 관한 사건(소위원회가 중앙행정심판위원회에서 심리·의결하도록 결정한 사건은 제외한다)을 심리·의결하게 하기 위하여 4명의 위원으로 구성하는 소위원회를 둘 수 있다.
⑦ 중앙행정심판위원회 및 소위원회는 각각 제5항 및 제6항에 따른 구성원 과반수의 출석과 출석위원 과반수의 찬성으로 의결한다.
⑧ 중앙행정심판위원회는 위원장이 지정하는 사건을 미리 검토하도록 필요한 경우에는 전문위원회를 둘 수 있다.
⑨ 중앙행정심판위원회, 소위원회 및 전문위원회의 조직과 운영 등에 필요한 사항은 대통령령으로 정한다.

참고 | 행정심판위원회의 구성

구분	일반행정심판위원회 (행정심판법 제7조, 제9조)	중앙행정심판위원회 (행정심판법 제8조, 제9조)
위원 수	위원장 1명 포함 50명 이내	• 위원장 1명 포함 70명 이내 • 상임위원 4명 이내
위원장	• 행정심판위원회 소속 행정청 • 시·도지사 소속으로 두는 행정심판위원회는 조례로 정하는 바에 따라 공무원이 아닌 위원을 위원장으로 정할 수 있음 → 비상임	국민권익위원회의 부위원장 중 1명
위원의 위촉·지명· 임명	해당 행정심판위원회가 소속된 행정청이 성별을 고려하여 위촉하거나 그 소속 공무원 중에서 지명	• 상임위원: 일반직 공무원으로 임기제 공무원 중 위원장의 제청으로 국무총리를 거쳐 대통령이 임명 • 비상임위원: 위원장의 제청으로 국무총리가 성별을 고려하여 위촉
임기	• 위촉된 위원: 2년, 2차에 한해 연임 가능 • 지명된 위원: 재직하는 동안	• 상임위원: 3년, 1차 연임 가능 • 비상임위원: 2년, 2차 연임 가능
위원장 직무대행	위원장이 사전에 지명한 위원 → 지명된 공무원인 위원(2명 이상인 경우 직급 또는 직무등급이 높은 위원 → 위원 재직기간이 긴 위원 → 연장자)의 순서	상임위원(상임으로 재직한 기간이 긴 위원 → 재직기간이 같은 경우에는 연장자의 순서)
위원회의 회의 구성	• 위원장과 위원장이 지정하는 8명의 위원으로 구성 • 예외적으로 6명의 위원으로 구성 가능	• 총 9명으로 구성 • 자동차운전면허 행정처분사건을 심리·의결하는 소위원회 4명
위원회의 회의정족수	구성원 과반수 출석과 출석위원 과반수 찬성으로 의결	구성원 과반수 출석과 출석위원 과반수 찬성으로 의결

(3) 위원의 임기 및 신분보장

> **행정심판법 제9조 【위원의 임기 및 신분보장 등】** ① 제7조 제4항에 따라 지명된 위원은 그 직에 재직하는 동안 재임한다.
> ② 제8조 제3항에 따라 임명된 중앙행정심판위원회 상임위원의 임기는 3년으로 하며, 1차에 한하여 연임할 수 있다.
> ③ 제7조 제4항 및 제8조 제4항에 따라 위촉된 위원의 임기는 2년으로 하되, 2차에 한하여 연임할 수 있다. 다만, 제6조 제1항 제2호에 규정된 기관에 두는 행정심판위원회의 위촉위원의 경우에는 각각 국회규칙, 대법원규칙, 헌법재판소규칙 또는 중앙선거관리위원회규칙으로 정하는 바에 따른다.
> ④ 다음 각 호의 어느 하나에 해당하는 사람은 제6조에 따른 행정심판위원회(이하 "위원회"라 한다)의 위원이 될 수 없으며, 위원이 이에 해당하게 된 때에는 당연히 퇴직한다.
> 1. 대한민국 국민이 아닌 사람
> 2. 국가공무원법 제33조 각 호의 어느 하나에 해당하는 사람
> ⑤ 제7조 제4항 및 제8조 제4항에 따라 위촉된 위원은 금고(禁錮) 이상의 형을 선고받거나 부득이 한 사유로 장기간 직무를 수행할 수 없게 되는 경우 외에는 임기 중 그의 의사와 다르게 해촉(解囑)되지 아니한다.

(4) 위원 등의 제척·기피·회피제도

> **행정심판법 제10조 【위원의 제척·기피·회피】** ① 위원회의 위원은 다음 각 호의 어느 하나에 해당하는 경우에는 그 사건의 심리·의결에서 제척(除斥)된다. 이 경우 제척결정은 위원회의 위원장(이하 "위원장"이라 한다)이 직권으로 또는 당사자의 신청에 의하여 한다.
> 1. 위원 또는 그 배우자나 배우자이었던 사람이 사건의 당사자이거나 사건에 관하여 공동 권리자 또는 의무자인 경우
> 2. 위원이 사건의 당사자와 친족이거나 친족이었던 경우
> 3. 위원이 사건에 관하여 증언이나 감정(鑑定)을 한 경우
> 4. 위원이 당사자의 대리인으로서 사건에 관여하거나 관여하였던 경우
> 5. 위원이 사건의 대상이 된 처분 또는 부작위에 관여한 경우
> ② 당사자는 위원에게 공정한 심리·의결을 기대하기 어려운 사정이 있으면 위원장에게 기피신청을 할 수 있다.
> ③ 위원에 대한 제척신청이나 기피신청은 그 사유를 소명(疏明)한 문서로 하여야 한다. 다만, 불가피한 경우에는 신청한 날부터 3일 이내에 신청 사유를 소명할 수 있는 자료를 제출하여야 한다.
> ④ 제척신청이나 기피신청이 제3항을 위반하였을 때에는 위원장은 결정으로 이를 각하한다.
> ⑤ 위원장은 제척신청이나 기피신청의 대상이 된 위원에게서 그에 대한 의견을 받을 수 있다.
> ⑥ 위원장은 제척신청이나 기피신청을 받으면 제척 또는 기피 여부에 대한 결정을 하고, 지체 없이 신청인에게 결정서 정본(正本)을 송달하여야 한다.
> ⑦ 위원회의 회의에 참석하는 위원이 제척사유 또는 기피사유에 해당되는 것을 알게 되었을 때에는 스스로 그 사건의 심리·의결에서 회피할 수 있다. 이 경우 회피하고자 하는 위원은 위원장에게 그 사유를 소명하여야 한다.
> ⑧ 사건의 심리·의결에 관한 사무에 관여하는 위원 아닌 직원에게도 제1항부터 제7항까지의 규정을 준용한다.

(5) 행정심판위원회의 권한

심리권	행정심판위원회는 청구된 사건을 심리한다.
의결·재결권	행정심판위원회는 청구된 사건을 의결하고 재결한다.
집행정지권과 임시처분권	행정심판이 청구되면 위원회는 처분의 집행을 정지하거나 임시처분을 할 수 있다.
사정재결에 관한 결정권	위원회는 사정재결을 할 수 있다.
시정명령권 및 직접처분권, 간접강제권	위원회는 이행재결명령을 하였음에도 행정청이 처분을 하지 않은 경우 시정명령, 직접처분, 간접강제를 할 수 있다.

(6) 위원회의 권한 승계

> 행정심판법 제12조【위원회의 권한 승계】① 당사자의 심판청구 후 위원회가 법령의 개정·폐지 또는 제17조 제5항에 따른 피청구인의 경정 결정에 따라 그 심판청구에 대하여 재결할 권한을 잃게 된 경우에는 해당 위원회는 심판청구서와 관계 서류, 그 밖의 자료를 새로 재결할 권한을 갖게 된 위원회에 보내야 한다.

제5절 당사자와 관계인

1. 행정심판: 청구인, 피청구인, 청구기간
2. 행정소송: 원고, 피고, 제소기간

1 당사자

1. 청구인

(1) 의의

청구인이란 심판청구의 대상인 처분 또는 부작위에 불복하여 그 취소 또는 변경 등을 구하는 심판청구를 제기하는 자로서 청구인은 처분의 상대방이나 제3자, 자연인 또는 법인 모두가 가능하다.

> 행정심판법 제14조【법인이 아닌 사단 또는 재단의 청구인 능력】법인이 아닌 사단 또는 재단으로서 대표자나 관리인이 정하여져 있는 경우에는 그 사단이나 재단의 이름으로 심판청구를 할 수 있다.

(2) 대표자의 선정(행정심판법 제15조)

> 행정심판법 제15조【선정대표자】① 여러 명의 청구인이 공동으로 심판청구를 할 때에는 청구인들 중에서 3명 이하의 선정대표자를 선정할 수 있다.
> ② 청구인들이 제1항에 따라 선정대표자를 선정하지 아니한 경우에 위원회는 필요하다고 인정하면 청구인들에게 선정대표자를 선정할 것을 권고할 수 있다.

③ 선정대표자는 다른 청구인들을 위하여 그 사건에 관한 모든 행위를 할 수 있다. 다만, 심판청구를 취하하려면 다른 청구인들의 동의를 받아야 하며, 이 경우 동의받은 사실을 서면으로 소명하여야 한다.
④ 선정대표자가 선정되면 다른 청구인들은 그 선정대표자를 통해서만 그 사건에 관한 행위를 할 수 있다.
⑤ 선정대표자를 선정한 청구인들은 필요하다고 인정하면 선정대표자를 해임하거나 변경할 수 있다. 이 경우 청구인들은 그 사실을 지체 없이 위원회에 서면으로 알려야 한다.

> **관련판례**
> 행정심판 절차에서 청구인들이 당사자가 아닌 원고 개인을 선정대표자로 선정한 바 있더라도 행정심판법 제11조에 의하면 선정대표자는 청구인 중에서 이를 선정하여야 하는 것이므로 당사자가 아닌 원고 개인에 대한 선정행위는 그 효력을 갖는 것은 아니어서 그 선정으로 말미암아 원고 개인이 위 행정심판 절차의 당사자가 되는 것도 아니다(대판 1991.1.25. 90누7791).

(3) 청구인적격(행정심판법 제13조)
① **취소심판의 청구인적격**: 취소심판청구는 처분의 취소 또는 변경을 구할 법률상 이익이 있는 자가 제기할 수 있다. 처분의 효과가 기간의 경과와 처분의 집행 그 밖의 사유로 인하여 소멸된 뒤에도 그 처분의 취소로 인하여 회복되는 법률상 이익이 있는 자의 경우 또한 같다.
② **무효등확인심판의 청구인적격**: 무효등확인심판청구는 처분의 효력 유무 또는 존재 여부에 대한 확인을 구할 법률상 이익이 있는 자가 제기할 수 있다.
③ **의무이행심판의 청구인적격**: 의무이행심판청구는 행정청의 거부처분 또는 부작위에 대하여 일정한 처분을 구할 법률상 이익이 있는 자가 제기할 수 있다.
④ **행정소송의 원고적격과 비교**: 행정심판의 청구인적격과 행정소송의 원고적격은 모두 법률상 이익을 요건으로 하고 있는데, 행정심판의 경우에는 부당한 처분으로 인한 법률상 이익의 침해도 인정될 수 있다는 점에서 차이가 있다.

(4) 청구인의 지위 승계(행정심판법 제16조)

> 행정심판법 제16조【청구인의 지위 승계】① 청구인이 사망한 경우에는 상속인이나 그 밖에 법령에 따라 심판청구의 대상에 관계되는 권리나 이익을 승계한 자가 청구인의 지위를 승계한다.
> ② 법인인 청구인이 합병(合倂)에 따라 소멸하였을 때에는 합병 후 존속하는 법인이나 합병에 따라 설립된 법인이 청구인의 지위를 승계한다.
> ③ 제1항과 제2항에 따라 청구인의 지위를 승계한 자는 위원회에 서면으로 그 사유를 신고하여야 한다. 이 경우 신고서에는 사망 등에 의한 권리·이익의 승계 또는 합병 사실을 증명하는 서면을 함께 제출하여야 한다.

> ④ 제1항 또는 제2항의 경우에 제3항에 따른 신고가 있을 때까지 사망자나 합병 전의 법인에 대하여 한 통지 또는 그 밖의 행위가 청구인의 지위를 승계한 자에게 도달하면 지위를 승계한 자에 대한 통지 또는 그 밖의 행위로서의 효력이 있다.
> ⑤ 심판청구의 대상과 관계되는 권리나 이익을 양수한 자는 위원회의 허가를 받아 청구인의 지위를 승계할 수 있다.

① **당연승계**: 청구인의 사망·법인의 합병 등의 경우에 지위의 승계를 인정하고 있다. 이때, 청구인의 지위를 승계한 자는 위원회에 서면으로 그 사유를 신고하여야 한다. 이 경우 신고서에는 사망 등에 의한 권리·이익의 승계 또는 합병 사실을 증명하는 서면을 함께 제출하여야 한다.

② **허가승계**: 처분에 관계되는 권리 또는 이익을 양수한 자는 위원회의 허가를 받아 청구인의 지위를 승계할 수 있다. 위원회는 지위 승계 신청을 받으면 기간을 정하여 당사자와 참가인에게 의견을 제출하도록 할 수 있으며, 당사자와 참가인이 그 기간에 의견을 제출하지 아니하면 의견이 없는 것으로 본다. 위원회는 지위 승계 신청에 대하여 허가 여부를 결정하고, 지체 없이 신청인에게는 결정서 정본을, 당사자와 참가인에게는 결정서 등본을 송달하여야 한다. 신청인은 위원회가 지위 승계를 허가하지 아니하면 결정서 정본을 받은 날부터 7일 이내에 위원회에 이의신청을 할 수 있다.

2. 피청구인(행정심판법 제17조)

(1) 피청구인적격

피청구인은 심판청구인의 상대편 당사자로서 심판청구는 처분 또는 부작위를 한 행정청을 피청구인으로 하여 제기하여야 한다. 다만, 그 처분이나 부작위와 관계되는 권한이 다른 행정청에 승계된 때에는 이를 승계한 행정청을 피청구인으로 하여야 한다.

(2) 피청구인의 경정

> 행정심판법 제17조【피청구인의 적격 및 경정】① 행정심판은 처분을 한 행정청(의무이행심판의 경우에는 청구인의 신청을 받은 행정청)을 피청구인으로 하여 청구하여야 한다. 다만, 심판청구의 대상과 관계되는 권한이 다른 행정청에 승계된 경우에는 권한을 승계한 행정청을 피청구인으로 하여야 한다.
> ② 청구인이 피청구인을 잘못 지정한 경우에는 위원회는 직권으로 또는 당사자의 신청에 의하여 결정으로써 피청구인을 경정(更正)할 수 있다.
> ⑤ 위원회는 행정심판이 청구된 후에 제1항 단서의 사유가 발생하면 직권으로 또는 당사자의 신청에 의하여 결정으로써 피청구인을 경정한다. 이 경우에는 제3항과 제4항을 준용한다.
> ⑥ 당사자는 제2항 또는 제5항에 따른 위원회의 결정에 대하여 결정서 정본을 받은 날부터 7일 이내에 위원회에 이의신청을 할 수 있다.

청구인이 피청구인을 잘못 지정한 때에는 위원회는 당사자의 신청 또는 직권에 의한 결정으로써 피청구인을 경정할 수 있다. 심판청구가 제기된 후에 권한이 승계된 때에는 당사자의 신청 또는 직권에 의한 결정으로써 피청구인을 경정한다. 위원회가 피청구인의 경정결정을 한 때에는 그 결정정본을 당사자와 새로운 피청구인에게 송달하여야 한다. 피청구인의 경정결정이 있으면 종전의 피청구인에 대한 심판청구는 취하되고 새로운 피청구인에 대한 심판청구가 처음에 심판청구를 한 때에 제기된 것으로 본다. 당사자는 위원회의 결정에 대하여 결정서 정본을 받은 날부터 7일 이내에 위원회에 이의신청을 할 수 있다.

2 행정심판의 관계인

1. 참가인(행정심판법 제20조 ~ 제22조)

> 행정심판법 제20조【심판참가】① 행정심판의 결과에 이해관계가 있는 제3자나 행정청은 해당 심판청구에 대한 제7조 제6항 또는 제8조 제7항에 따른 위원회나 소위원회의 의결이 있기 전까지 그 사건에 대하여 심판참가를 할 수 있다.
> ⑥ 신청인은 송달을 받은 날부터 7일 이내에 위원회에 이의신청을 할 수 있다.
>
> 제21조【심판참가의 요구】① 위원회는 필요하다고 인정하면 그 행정심판 결과에 이해관계가 있는 제3자나 행정청에 그 사건 심판에 참가할 것을 요구할 수 있다.
> ② 제1항의 요구를 받은 제3자나 행정청은 지체 없이 그 사건 심판에 참가할 것인지 여부를 위원회에 통지하여야 한다.

심판결과에 대하여 이해관계가 있는 제3자 또는 행정청은 위원회나 소위원회의 의결이 있기 전까지 위원회의 허가를 받아 그 사건에 대하여 심판참가를 할 수 있다. 심판참가를 하려는 자는 참가의 취지와 이유를 적은 참가신청서를 위원회에 제출하여야 하고 이 경우 당사자의 수만큼 참가신청서 부본을 함께 제출하여야 한다. 이에 위원회는 허가 여부를 결정하고, 지체 없이 신청인에게는 결정서 정본을, 당사자와 다른 참가인에게는 결정서 등본을 송달하여야 한다. 위원회는 필요하다고 인정할 때에는 그 심판결과에 대하여 이해관계가 있는 제3자 또는 행정청에게 그 사건에 참가할 것을 요구할 수 있다. 참가요구를 받은 제3자 또는 행정청은 지체 없이 그 사건에 참가하거나 참가하지 아니할 뜻을 위원회에 통지하여야 한다. 따라서 이러한 위원회의 참가요구에 반드시 참가하여야 하는 것은 아니라고 해석할 수 있다. 또한 참가 신청인은 불복시 송달을 받은 날부터 7일 이내에 위원회에 이의신청을 할 수 있다.

2. 대리인(행정심판법 제18조)

심판청구의 당사자인 청구인이나 피청구인은 대리인을 선임하여 당해 심판청구에 관한 행위를 할 수 있는데, 청구인은 법정대리인 외에 다음에 해당하는 자를 대리인으로 선임할 수 있다.

> 행정심판법 제18조【대리인의 선임】① 청구인은 법정대리인 외에 다음 각 호의 어느 하나에 해당하는 자를 대리인으로 선임할 수 있다.
> 1. 청구인의 배우자, 청구인 또는 배우자의 사촌 이내의 혈족
> 2. 청구인이 법인이거나 제14조에 따른 청구인 능력이 있는 법인이 아닌 사단 또는 재단인 경우 그 소속 임직원
> 3. 변호사
> 4. 다른 법률에 따라 심판청구를 대리할 수 있는 자
> 5. 그 밖에 위원회의 허가를 받은 자
> ② 피청구인은 그 소속 직원 또는 제1항 제3호부터 제5호까지의 어느 하나에 해당하는 자를 대리인으로 선임할 수 있다.
> ③ 제1항과 제2항에 따른 대리인에 관하여는 제15조 제3항 및 제5항을 준용한다.

이때 대리인은 청구인을 위하여 그 사건에 관한 모든 행위를 할 수 있으나 심판청구의 취하는 다른 청구인의 동의를 얻어야 하며, 이 경우 동의를 얻은 사실을 서면으로 소명하여야 한다.

> 행정심판법 제56조【주소 등 송달장소 변경의 신고의무】당사자, 대리인, 참가인 등은 주소나 사무소 또는 송달장소를 바꾸면 그 사실을 바로 위원회에 서면으로 또는 전자정보처리조직을 통하여 신고하여야 한다. 제54조 제2항에 따른 전자우편주소 등을 바꾼 경우에도 또한 같다.

제6절 행정심판의 청구

1 행정심판청구서의 제출 등(행정심판법 제23조)

1. 행정심판청구서의 제출

> 행정심판법 제23조【심판청구서의 제출】① 행정심판을 청구하려는 자는 제28조에 따라 심판청구서를 작성하여 피청구인이나 위원회에 제출하여야 한다. 이 경우 피청구인의 수만큼 심판청구서 부본을 함께 제출하여야 한다.
> ② 행정청이 제58조에 따른 고지를 하지 아니하거나 잘못 고지하여 청구인이 심판청구서를 다른 행정기관에 제출한 경우에는 그 행정기관은 그 심판청구서를 지체 없이 정당한 권한이 있는 피청구인에게 보내야 한다.
> ③ 제2항에 따라 심판청구서를 보낸 행정기관은 지체 없이 그 사실을 청구인에게 알려야 한다.
> ④ 제27조에 따른 심판청구 기간을 계산할 때에는 제1항에 따른 피청구인이나 위원회 또는 제2항에 따른 행정기관에 심판청구서가 제출되었을 때에 행정심판이 청구된 것으로 본다.

피청구인인 행정청 또는 위원회에 행정심판청구서를 제출하여야 한다(이 경우 피청구인의 수만큼 심판청구서 부본을 함께 제출). 행정청이 고지를 하지 아니하거나 잘못 알려서 청구인이 심판청구서를 다른 행정기관에 제출한 때에는 당해 행정기관은 그 심판청구서를 지체 없이 정당한 권한 있는 행정청에 송부하여야 한다. 이때 이 사실을 지체 없이 청구인에게 알려야 한다. 한편, 과거에는 피청구인인 행정청을 거쳐 심판청구를 제기하여야 한다는 처분청경유주의를 규정하고 있었으나 현행 행정심판법은 처분청으로부터 행정심판청구 취하의 압력을 받을 우려가 있다는 등의 이유로 처분청경유주의를 폐지하고 청구인의 판단에 따라 처분청을 경유하거나 위원회에 직접 청구할 수 있도록 하였다.

2. 심판청구의 방식(행정심판법 제28조)

(1) 서면주의

> 행정심판법 제28조【심판청구의 방식】① 심판청구는 서면으로 하여야 한다.

심판청구는 서면으로 하여야 하는 요식행위이다. 이때 서면에는 청구인·대표자·관리인·선정대표자 또는 대리인이 기명날인하여야 한다. 만약 심판청구서가 적법하지 아니하나 보정(補正)할 수 있다고 인정하면, 위원회는 기간을 정하여 청구인에게 보정할 것을 요구할 수 있다. 다만, 경미한 사항은 직권으로 보정할 수 있다.

관련판례

1. **행정심판청구서의 취지가 불명한 서면인 경우 가능한 한 제출자의 이익이 되도록 해석·처리하여야 함**

   행정소송의 전치요건인 행정심판청구는 엄격한 형식을 요하지 아니하는 서면행위로서 그 보정이 가능하다면 보정이 이루어지도록 하여야 하는 것이며, 더욱 전문적 법률지식을 갖지 못한 심판청구인에 의하여 제출된 행정심판청구서는 그 취지가 불명인 부분이 적지 아니할 것이고, 이러한 경우 행정청으로서는 그 서면을 가능한 한 제출자의 이익이 되도록 해석하고 처리하여야 할 필요가 있는 것이다(대판 1992.4.14. 91누7798).

2. 행정심판법 제19조, 제23조의 규정 취지와 행정심판제도의 목적에 비추어 보면 행정소송의 전치요건인 행정심판청구는 엄격한 형식을 요하지 아니하는 서면행위로 해석되므로, 위법 부당한 행정처분으로 인하여 권리나 이익을 침해당한 자로부터 그 처분의 취소나 변경을 구하는 서면이 제출되었을 때에는 그 표제와 제출기관의 여하를 불문하고 이를 행정소송법 제18조 소정의 행정심판청구로 보고, 불비된 사항이 보정가능한 때에는 보정을 명하고 보정이 불가능하거나 보정명령에 따르지 아니한 때에 비로소 부적법 각하를 하여야 할 것이며, 더욱이 심판청구인은 일반적으로 전문적 법률지식을 갖고 있지 못하여 제출된 서면의 취지가 불명확한 경우도 적지 않으나, 이러한 경우에도 행정청으로서는 그 서면을 가능한 한 제출자의 이익이 되도록 해석하고 처리하여야 한다(대판 2006.6.9. 98두2621).

(2) 구체적 처분에 따른 기재내용들

① 처분에 대한 심판청구의 경우 기재내용
  ㉠ 청구인의 이름 및 주소
  ㉡ 피청구인인 행정청과 위원회
  ㉢ 심판청구의 대상이 되는 처분의 내용
  ㉣ 처분이 있은 것을 안 날
  ㉤ 심판청구의 취지 및 이유
  ㉥ 처분을 한 행정청의 고지의 유무 및 그 내용

② 부작위에 대한 심판청구의 경우 기재내용
  ㉠ 청구인의 이름 및 주소
  ㉡ 피청구인인 행정청과 위원회
  ㉢ 심판청구의 취지 및 이유
  ㉣ 부작위의 전제가 되는 신청의 내용과 날짜

③ 청구인이 법인 등이거나 심판청구가 선정대표자 또는 대리인에 의하여 제기되는 것인 때 추가적 기재사항: ㉠과 ㉡의 경우 기재사항 이외에 대표자·관리인·선정대표자 또는 대리인의 이름과 주소를 추가적으로 기재

> 행정심판법 제52조【전자정보처리조직을 통한 심판청구 등】① 이 법에 따른 행정심판 절차를 밟는 자는 심판청구서와 그 밖의 서류를 전자문서화하고 이를 정보통신망을 이용하여 위원회에서 지정·운영하는 전자정보처리조직(행정심판 절차에 필요한 전자문서를 작성·제출·송달할 수 있도록 하는 하드웨어, 소프트웨어, 데이터베이스, 네트워크, 보안요소 등을 결합하여 구축한 정보처리능력을 갖춘 전자적 장치를 말한다. 이하 같다)을 통하여 제출할 수 있다.
> ② 제1항에 따라 제출된 전자문서는 이 법에 따라 제출된 것으로 보며, 부본을 제출할 의무는 면제된다.
> ③ 제1항에 따라 제출된 전자문서는 그 문서를 제출한 사람이 정보통신망을 통하여 전자정보처리 조직에서 제공하는 접수번호를 확인하였을 때에 전자정보처리조직에 기록된 내용으로 접수된 것으로 본다.
> ④ 전자정보처리조직을 통하여 접수된 심판청구의 경우 제27조에 따른 심판청구 기간을 계산할 때에는 제3항에 따른 접수가 되었을 때 행정심판이 청구된 것으로 본다.
> ⑤ 전자정보처리조직의 지정내용, 전자정보처리조직을 이용한 심판청구서 등의 접수와 처리 등에 관하여 필요한 사항은 국회규칙, 대법원규칙, 헌법재판소규칙, 중앙선거관리위원회규칙 또는 대통령령으로 정한다.

2 행정심판청구의 변경·취하

1. 변경(행정심판법 제29조)

현행 행정심판법은 청구인의 편의와 행정심판의 신속한 진행을 위하여 심판청구를 제기한 후에도 일정 사유가 발생하는 경우에는 새로운 행정심판을 청구하는 것 대신 계속 중인 심판청구를 변경할 수 있도록 규정하고 있다. 이를 구체적으로 살펴보면 다음과 같다.

(1) 청구의 변경
청구인은 청구의 기초에 변경이 없는 범위 안에서 청구의 취지 또는 이유를 변경할 수 있다.

(2) 처분변경(피청구인, 즉 행정청에 의한)으로 인한 청구의 변경
피청구인이 심판청구 후에 그 대상인 처분을 변경한 때에는 청구인은 변경된 처분에 맞추어 청구의 취지 또는 이유를 변경할 수 있다.

(3) 청구변경의 절차
청구의 변경은 서면으로 신청하여야 하며, 그 부본을 다른 당사자에게 송달하여야 한다. 위원회는 청구의 변경이 이유 없다고 인정할 때에는 신청 또는 직권에 의한 결정으로써 그 변경을 허가하지 아니할 수 있다. 따라서 청구의 변경은 위원회의 변경불허의 결정이 있기 전까지만 가능하다.

2. 취하(행정심판법 제42조)

청구인은 심판청구에 대한 재결이 있을 때까지 서면으로 심판청구를 취하할 수 있으며, 참가인은 심판청구에 대한 재결이 있을 때까지 서면으로 참가신청을 취하할 수 있다.

3 행정청(피청구인)의 접수

행정심판법 제24조【피청구인의 심판청구서 등의 접수·처리】① 피청구인이 제23조 제1항·제2항 또는 제26조 제1항에 따라 심판청구서를 접수하거나 송부받으면 10일 이내에 심판청구서(제23조 제1항·제2항의 경우만 해당된다)와 답변서를 위원회에 보내야 한다. 다만, 청구인이 심판청구를 취하한 경우에는 그러하지 아니하다.
② 제1항에도 불구하고 심판청구가 그 내용이 특정되지 아니하는 등 명백히 부적법하다고 판단되는 경우에 피청구인은 답변서를 위원회에 보내지 아니할 수 있다. 이 경우 심판청구서를 접수하거나 송부받은 날부터 10일 이내에 그 사유를 위원회에 문서로 통보하여야 한다.
③ 제2항에도 불구하고 위원장이 심판청구에 대하여 답변서 제출을 요구하면 피청구인은 위원장으로부터 답변서 제출을 요구받은 날부터 10일 이내에 위원회에 답변서를 제출하여야 한다.
④ 피청구인은 처분의 상대방이 아닌 제3자가 심판청구를 한 경우에는 지체 없이 처분의 상대방에게 그 사실을 알려야 한다. 이 경우 심판청구서 사본을 함께 송달하여야 한다.
⑤ 피청구인이 제1항 본문에 따라 심판청구서를 보낼 때에는 심판청구서에 위원회가 표시되지 아니하였거나 잘못 표시된 경우에도 정당한 권한이 있는 위원회에 보내야 한다.
⑥ 피청구인은 제1항 본문 또는 제3항에 따라 답변서를 보낼 때에는 청구인의 수만큼 답변서 부본을 함께 보내되, 답변서에는 다음 각 호의 사항을 명확하게 적어야 한다.
1. 처분이나 부작위의 근거와 이유
2. 심판청구의 취지와 이유에 대응하는 답변

3. 제4항에 해당하는 경우에는 처분의 상대방의 이름·주소·연락처와 제4항의 의무 이행 여부

⑦ 제4항과 제5항의 경우에 피청구인은 송부 사실을 지체 없이 청구인에게 알려야 한다.

⑧ 중앙행정심판위원회에서 심리·재결하는 사건인 경우 피청구인은 제1항 또는 제3항에 따라 위원회에 심판청구서 또는 답변서를 보낼 때에는 소관 중앙행정기관의 장에게도 그 심판청구·답변의 내용을 알려야 한다.

제25조【피청구인의 직권취소등】① 제23조 제1항·제2항 또는 제26조 제1항에 따라 심판청구서를 받은 피청구인은 그 심판청구가 이유 있다고 인정하면 심판청구의 취지에 따라 직권으로 처분을 취소·변경하거나 확인을 하거나 신청에 따른 처분("직권취소등"이라 함)을 할 수 있다. 이 경우 서면으로 청구인에게 알려야 한다.

② 피청구인은 제1항에 따라 직권취소등을 하였을 때에는 청구인이 심판청구를 취하한 경우가 아니면 제24조 제1항 본문에 따라 심판청구서·답변서를 보내거나 같은 조 제3항에 따라 답변서를 보낼 때 직권취소등의 사실을 증명하는 서류를 위원회에 함께 제출하여야 한다.

4 위원회의 심판청구서 등의 접수·처리

행정심판법 제26조【위원회의 심판청구서 등의 접수·처리】① 위원회는 제23조 제1항에 따라 심판청구서를 받으면 지체 없이 피청구인에게 심판청구서 부본을 보내야 한다.

② 위원회는 제24조 제1항 본문 또는 제3항에 따라 피청구인으로부터 답변서가 제출된 경우 답변서 부본을 청구인에게 송달하여야 한다.

5 청구기간의 계산

관련판례

행정심판청구에 대한 피청구인의 답변서 제출 및 송달은 행정심판위원회의 의결의 편의와 청구인에게 주장을 보충하고 답변에 대한 반박의 기회를 주기 위한 것일 뿐이므로 행정심판위원회가 피청구인이 아닌 자로부터 제출된 답변서를 청구인에게 송달하여 청구인으로 하여금 그 주장을 보충하고 답변서에 대하여 반박할 기회를 주었다면 청구인이 피청구인으로 한 자의 답변서 제출과 그 송달 없이 한 행정심판의 재결에 고유한 위법이 있다고 할 수 없다(대판 1992.2.28. 91누6979).

제7절 심판청구기간(행정심판법 제27조)

이러한 행정심판청구기간은 취소심판과 거부처분에 대한 의무이행심판에서 문제가 된다.

> 행정심판법 제27조 【심판청구의 기간】 ① 행정심판은 처분이 있음을 알게 된 날부터 90일 이내에 청구하여야 한다.
> ② 청구인이 천재지변, 전쟁, 사변(事變), 그 밖의 불가항력으로 인하여 제1항에서 정한 기간에 심판청구를 할 수 없었을 때에는 그 사유가 소멸한 날부터 14일 이내에 행정심판을 청구할 수 있다. 다만, 국외에서 행정심판을 청구하는 경우에는 그 기간을 30일로 한다.
> ③ 행정심판은 처분이 있었던 날부터 180일이 지나면 청구하지 못한다. 다만, 정당한 사유가 있는 경우에는 그러하지 아니하다.
> ④ 제1항과 제2항의 기간은 불변기간(不變期間)으로 한다.
> ⑤ 행정청이 심판청구 기간을 제1항에 규정된 기간보다 긴 기간으로 잘못 알린 경우 그 잘못 알린 기간에 심판청구가 있으면 그 행정심판은 제1항에 규정된 기간에 청구된 것으로 본다.
> ⑥ 행정청이 심판청구 기간을 알리지 아니한 경우에는 제3항에 규정된 기간에 심판청구를 할 수 있다.
> ⑦ 제1항부터 제6항까지의 규정은 무효등확인심판청구와 부작위에 대한 의무이행심판청구에는 적용하지 아니한다.

1 원칙적 심판청구기간

심판청구는 처분이 있음을 안 날부터 90일 이내, 처분이 있은 날로부터 180일 이내에 제기하여야 한다. 이 때 '처분이 있음을 안 날'이란 처분이 있음을 추상적으로 안 날이 아니라 '현실적으로 안 날'이며, '처분이 있은 날'이란 '처분이 효력을 발생하는 날'을 의미한다는 것이 판례이다. 이때 90일은 불변기간이며 두 경우 어느 하나라도 먼저 경과하면 심판청구를 할 수 없다.

2 예외적 심판청구기간

청구인이 천재지변·전쟁·사변 그 밖에 불가항력으로 인하여 90일 이내에 심판청구를 할 수 없었을 때에는 그 사유가 소멸한 날로부터 14일 이내에 심판청구를 제기할 수 있다. 다만, 국외에서의 심판청구에 있어서는 그 기간을 30일로 한다. 이러한 기간들은 불변기간이다. 또한 '정당한 사유'가 있는 경우에는 처분이 있은 날로부터 180일을 경과한 경우에도 심판청구가 가능하다. 이때 '정당한 사유'는 위의 천재지변 등 불가항력보다는 넓은 개념으로 보는 것이 일반적이다.

> **관련판례**
>
> 행정심판법 제18조 제1항 소정의 '처분이 있음을 안 날'이라 함은 당사자가 통지·공고 기타의 방법에 의하여 당해 처분이 있었다는 사실을 현실적으로 안 날을 의미하고, 추상적으로 알 수 있었던 날을 의미하는 것은 아니라 할 것이며, 다만 처분을 기재한 서류가 당사자의 주소에 송달되는 등으로 사회통념상 처분이 있음을 당사자가 알 수 있는 상태에 놓여진 때에는 반증이 없는 한 그 처분이 있음을 알았다고 추정할 수는 있다(대판 2002.8.27. 2002두3850).

3 제3자효 행정행위의 경우

행정처분의 상대방이 아닌 제3자는 행정심판법 제27조 제3항의 청구기간 내에 심판청구를 제기하지 아니하였다 하더라도 그 심판청구기간 내에 심판청구가 가능하였다고 볼 만한 특별한 사정이 없는 한, 동 조항 단서에서 규정하고 있는 기간을 지키지 못한 정당한 사유가 있는 경우에 해당한다고 보아 심판청구기간의 제한을 받지 않는다고 해석하여야 한다(대판 1988.9.27. 88누29). 이는 원칙적으로는 행정심판법상 청구기간의 제한을 받으나 판례가 제3자의 경우에는 현행 행정심판법상 제3자에 대한 통지의무가 없으므로 '정당한 사유'에 관하여 폭넓게 해석·적용하여 특별한 사정이 없는 한(처분이 있음을 알았거나 쉽게 알 수 있었기 때문에 심판청구를 제기할 수 있었다고 볼 만한) 처분이 있은 날로부터 180일이 경과하더라도 심판제기가 가능하다는 입장이라 할 수 있다. 이 경우에도 제3자가 처분이 있음을 현실적으로 알아서 처분이 있음을 안 날로부터 90일이 경과하였다면 위의 '정당한 사유'가 있어도 위와 같이 제소기간의 제한을 완화받지 못할 것이다.

> **관련판례**
>
> 1. 처분이 있음을 알게 된 날부터 90일
>
>   국세기본법의 적용을 받는 처분과 달리 행정심판법의 적용을 받는 처분인 과징금부과처분에 대한 심판청구기간의 기산점인 행정심판법 제18조 제1항 소정의 '처분이 있음을 안 날'이라 함은 당사자가 통지·공고 기타의 방법에 의하여 당해 처분이 있었다는 사실을 현실적으로 안 날을 의미하고, 추상적으로 알 수 있었던 날을 의미하는 것은 아니라 할 것이며, 다만 처분을 기재한 서류가 당사자의 주소에 송달되는 등으로 사회통념상 처분이 있음을 당사자가 알 수 있는 상태에 놓여진 때에는 반증이 없는 한 그 처분이 있음을 알았다고 추정할 수는 있다(대판 2002.8.27. 2002두3850).
>
> 2. 행정심판은 처분이 있음을 알게 된 날부터 90일 이내에 청구하여야 한다(행정심판법 제27조 제1항). 그런데 통상 고시 또는 공고에 의하여 행정처분을 하는 경우에는 그 처분의 상대방이 불특정 다수인이고, 그 처분의 효력이 불특정 다수인에게 일률적으로 적용되는 것이므로, 그 행정처분에 이해관계를 갖는 자는 고시 또는 공고가 있었다는 사실을 현실적으로 알았는지 여부에 관계없이 고시가 효력을 발생하는 날(고시 또는 공고가 있은 후 5일이 경과한 날)에 행정처분이 있음을 알았다고 보아야 하고, 따라서 그에 대한 취소소송은 그 날로부터 90일 이내에 제기하여야 한다(대판 2006.4.14. 2004두3847 ; 대판 2000.9.8. 99두11257).

3. 처분이 있었던 날부터 180일의 의미

건축허가처분과 같이 상대방이 있는 행정처분에 있어서는 달리 특별한 규정이 없는 한 그 처분을 하였음을 상대방에게 고지하여야 그 효력이 발생한다고 할 것이어서 위의 행정처분이 있은 날이라 함은 위와 같이 그 행정처분의 효력이 발생한 날을 말한다(대판 1977.11.22. 77누195).

4. 90일과 180일의 관계

처분이 있음을 알게 된 날부터 90일과 처분이 있었던 날부터 180일 중 어느 하나라도 경과하면 행정심판을 제기할 수 없다. 따라서 행정처분이 있음을 알게 된 날부터 90일이 지나서 제기한 행정심판은 처분이 있었던 날부터 180일이 경과하지 아니하였다 하더라도 부적법하다(대판 1971.6.30. 71누61).

5. 복효적 행정행위

행정심판법 제18조 제3항에 의하면 행정처분의 상대방이 아닌 제3자라도 처분이 있은 날로부터 180일을 경과하면 행정심판청구를 제기하지 못하는 것이 원칙이지만 … 행정처분의 직접 상대방이 아닌 제3자는 일반적으로 처분이 있는 것을 바로 알 수 없는 처지에 있으므로, 위와 같은 심판청구기간 내에 심판청구를 제기하지 아니하였다고 하더라도, 그 기간 내에 처분이 있은 것을 알았거나 쉽게 알 수 있었기 때문에 심판청구를 제기할 수 있었다고 볼 만한 특별한 사정이 없는 한, 위 법조항 본문의 적용을 배제할 "정당한 사유"가 있는 경우에 해당한다고 보아 위와 같은 심판청구기간이 경과한 뒤에도 심판청구를 제기할 수 있다(대판 1992.7.28. 91누12844).

6.

행정처분의 상대방이 아닌 제3자는 일반적으로 처분이 있는 것을 바로 알 수 없는 처지에 있으므로 처분이 있은 날로부터 180일이 경과하더라도 특별한 사유가 없는 한 구 행정심판법(1995.12.6. 법률 제5000호로 개정되기 전의 것) 제18조 제3항 단서 소정의 정당한 사유가 있는 것으로 보아 심판청구가 가능하나, 그 제3자가 어떤 경위로든 행정처분이 있음을 알았거나 쉽게 알 수 있는 등 같은 법 제18조 제1항 소정의 심판청구기간 내에 심판청구가 가능하였다는 사정이 있는 경우에는 그 때부터 60일 이내에 심판청구를 하여야 하고, 이 경우 제3자가 그 청구기간을 지키지 못하였음에 정당한 사유가 있는지 여부는 문제가 되지 아니한다(대판 2002.5.24. 2000두3641).

4 개별법상 청구기간

국가공무원법(제76조)이나 주민법(제17조의3)과 같이 개별법에 이러한 심판청구기간에 관한 특례가 규정되어 있는 경우 이러한 특례규정이 행정심판법상 청구기간에 우선한다.

제8절 행정심판청구의 효과

1 위원회 및 행정심판위원회에 대한 효과

행정심판청구가 제기되면 행정심판위원회는 이를 심리·의결하고 재결할 의무를 진다.

2 처분에 대한 효과(행정심판법 제30조)

> 행정심판법 제30조 【집행정지】 ① 심판청구는 처분의 효력이나 그 집행 또는 절차의 속행(續行)에 영향을 주지 아니한다. → 집행부정지의 원칙
> ② 위원회는 처분, 처분의 집행 또는 절차의 속행 때문에 중대한 손해가 생기는 것을 예방할 필요성이 긴급하다고 인정할 때에는 직권으로 또는 당사자의 신청에 의하여 처분의 효력, 처분의 집행 또는 절차의 속행의 전부 또는 일부의 정지(이하 "집행정지"라 한다)를 결정할 수 있다. 다만, 처분의 효력정지는 처분의 집행 또는 절차의 속행을 정지함으로써 그 목적을 달성할 수 있을 때에는 허용되지 아니한다.
> ③ 집행정지는 공공복리에 중대한 영향을 미칠 우려가 있을 때에는 허용되지 아니한다.
> ④ 위원회는 집행정지를 결정한 후에 집행정지가 공공복리에 중대한 영향을 미치거나 그 정지사유가 없어진 경우에는 직권으로 또는 당사자의 신청에 의하여 집행정지 결정을 취소할 수 있다.
> ⑤ 집행정지 신청은 심판청구와 동시에 또는 심판청구에 대한 제7조 제6항 또는 제8조 제7항에 따른 위원회나 소위원회의 의결이 있기 전까지, 집행정지 결정의 취소신청은 심판청구에 대한 제7조 제6항 또는 제8조 제7항에 따른 위원회나 소위원회의 의결이 있기 전까지 신청의 취지와 원인을 적은 서면을 위원회에 제출하여야 한다. 다만, 심판청구서를 피청구인에게 제출한 경우로서 심판청구와 동시에 집행정지 신청을 할 때에는 심판청구서 사본과 접수증명서를 함께 제출하여야 한다.
> ⑥ 제2항과 제4항에도 불구하고 위원회의 심리·결정을 기다릴 경우 중대한 손해가 생길 우려가 있다고 인정되면 위원장은 직권으로 위원회의 심리·결정을 갈음하는 결정을 할 수 있다. 이 경우 위원장은 지체 없이 위원회에 그 사실을 보고하고 추인(追認)을 받아야 하며, 위원회의 추인을 받지 못하면 위원장은 집행정지 또는 집행정지 취소에 관한 결정을 취소하여야 한다.
> ⑦ 위원회는 집행정지 또는 집행정지의 취소에 관하여 심리·결정하면 지체 없이 당사자에게 결정서 정본을 송달하여야 한다.

1. 원칙(집행부정지)

행정심판법은 "심판청구는 처분의 효력이나 그 집행 또는 절차의 속행에 영향을 주지 아니한다."라고 규정하여 행정심판의 남용 방지와 행정 목적의 원활한 수행을 위하여 집행부정지를 원칙으로 한다.

📋 간단 점검하기

행정심판청구는 처분의 효력이나 그 집행 또는 절차의 속행에 영향을 주지 않는다. (○)

2. 예외(집행정지)

위원회는 처분이나 그 집행 또는 절차의 속행으로 인하여 생길 중대한 손해를 예방하기 위하여 긴급한 필요가 있다고 인정할 때에는 당사자의 신청 또는 직권에 의하여 처분의 효력이나 그 집행 또는 절차의 속행의 전부 또는 일부의 정지를 결정할 수 있다. 다만, 처분의 효력정지는 처분의 집행 또는 절차의 속행을 정지함으로써 그 목적을 달성할 수 있는 때에는 허용되지 아니한다. 위원회가 이러한 집행정지에 관하여 심리·결정한 때에는 지체 없이 결정서를 당사자에게 통지하여야 한다.

(1) 집행정지결정의 요건
① **적극적 요건**: ㉠ 심판청구가 계속되어야 하며, ㉡ 정지의 대상인 처분이 존재하여야 하며(거부처분이나 부작위는 집행정지의 대상이 되는 처분이 아님), ㉢ 중대한 손해 예방의 필요나, ㉣ 긴급한 필요(재결을 기다릴 시간적 여유가 없는 것)가 있다.
② **소극적 요건**: ㉠ 집행정지로 인하여 공공복리에 중대한 영향을 미칠 우려가 없을 것(구체적 상황에 따른 공익과 사익의 비교형량에 따라 결정되어야 할 문제)과 ㉡ 본안에 이유 있을 것을 요하지는 않지만 본안에 이유 없음이 명백하지 않음을 요건으로 한다.

(2) 집행정지결정의 절차
집행정지결정은 당사자가 행정심판위원회에 집행정지신청을 하거나 위원회의 직권에 의한 위원회의 결정에 의한다.
① 당사자가 집행정지의 신청을 하고자 하는 때에는 심판청구와 동시 또는 심판청구에 대한 재결이 있기 전까지 신청의 취지와 원인을 기재한 서면에 심판청구서 사본 및 접수증명서를 첨부하여 위원회에 제출하여야 한다. 다만, 위원회에 심판청구서가 계속중인 경우에는 심판청구서 사본 및 접수증명서를 첨부하지 아니한다.
② 위원회의 심리·결정을 기다려서는 중대한 손해가 발생할 우려가 있다고 인정될 때에는 위원회의 위원장은 직권으로 심리·결정에 갈음하는 결정을 할 수 있다. 이 경우 위원장은 위원회에 그 사실을 보고하고 추인을 받아야 하며, 위원회의 추인을 받지 못한 때에는 위원장은 집행정지에 관한 결정을 취소하여야 한다.

(3) 집행정지의 효과
집행정지결정은 처분의 효력과 처분의 집행 또는 절차속행의 전부 또는 일부를 정지시킨다.

> **참고** 집행정지의 효력
> 1. 형성력: 집행정지 결정이 있게 되면 정지된 처분은 없었던 것과 같은 상태가 된다.
> 2. 시간적 효력: 그 효과는 결정주문에서 특별히 정함이 없으면 당해 심판의 재결이 확정될 때까지 지속한다.
> 3. 대인적 효력: 이러한 효과는 당사자뿐만 아니라 관계행정청과 제3자에게도 미친다.

(4) 집행정지의 취소

위원회는 집행정지결정을 한 후에 집행정지가 공공복리에 중대한 영향을 미치거나 그 정지사유가 없어진 때에는 당사자의 신청 또는 직권에 의하여 집행정지결정을 취소할 수 있다. 위원회가 이러한 집행정지의 취소에 관하여 심리·결정한 때에는 지체 없이 결정서를 당사자에게 통지하여야 한다.

① 당사자가 집행정지취소의 신청을 하고자 하는 때에는 집행정지결정 후 심판청구에 대한 재결이 있기 전까지 신청의 취지와 원인을 기재한 서면에 심판청구서 사본 및 접수증명서를 첨부하여 위원회에 제출하여야 한다. 다만, 위원회에 심판청구서가 계속중인 경우에는 심판청구서 사본 및 접수증명서를 첨부하지 아니한다.

② 위원회의 심리·결정을 기다려서는 중대한 손해가 발생할 우려가 있다고 인정될 때에는 위원회의 위원장은 직권으로 심리·결정에 갈음하는 결정을 할 수 있다. 이 경우 위원장은 위원회에 그 사실을 보고하고 추인을 받아야 하며, 위원회의 추인을 받지 못한 때에는 위원장은 집행정지의 취소에 관한 결정을 취소하여야 한다.

> **참고** 행정심판법상 집행정지와 행정소송법상 집행정지와의 차이점
> 1. 행정심판법상 집행정지는 행정소송법상 집행정지의 경우와 달리 이유소명은 요구되지 않는다.
> 2. 행정심판과 행정소송은 판정기관이 상이하므로 행정소송상 집행정지와 그 취소는 모두 법원의 결정에 의하나, 행정심판법상 집행정지와 그 취소는 모두 행정심판위원회의 결정에 의한다.

3 임시처분제도

> 행정심판법 제31조【임시처분】① 위원회는 처분 또는 부작위가 위법·부당하다고 상당히 의심되는 경우로서 처분 또는 부작위 때문에 당사자가 받을 우려가 있는 중대한 불이익이나 당사자에게 생길 급박한 위험을 막기 위하여 임시지위를 정하여야 할 필요가 있는 경우에는 직권으로 또는 당사자의 신청에 의하여 임시처분을 결정할 수 있다.
> ③ 제1항에 따른 임시처분은 제30조 제2항에 따른 집행정지로 목적을 달성할 수 있는 경우에는 허용되지 아니한다. → 임시처분과 집행정지는 보충성 관계

1. 의의

임시처분이란 처분 또는 부작위 때문에 당사자가 받을 우려가 있는 중대한 불이익이나 당사자에게 생길 급박한 위험을 막기 위하여 임시지위를 정하는 행정심판위원회의 결정을 말한다(행정심판법 제31조 제1항). 행정소송법에는 이와 같은 제도가 없다.

2. 인정필요성

행정소송은 거부처분이나 부작위에 대하여 거부처분취소소송 또는 부작위위법확인소송이라는 소극적 형태의 쟁송만 규정을 두고 있지만, 행정심판은 의무이행심판제도가 있음에도 불구하고 종래 적극적인 형태의 가구제 제도가 존재하지 않아 국민의 권리구제에 미흡한 점이 있었다. 이에 임시처분제도가 도입되기에 이르렀다.

3. 구별 개념

임시처분은 적극적으로 임시의 지위를 정하는 가구제라는 점에서 소극적으로 처분의 효력 등을 정지시키는 집행정지와 구별되고, 처분에 관한 분쟁을 대상으로 한다는 점에서 사법상의 분쟁을 그 대상으로 하는 민사집행법상의 가처분과 구별된다.

4. 임시처분의 대상

(1) 처분

임시처분은 거부처분만을 대상으로 규정하지 않고 처분이라고 규정하고 있으나, 적극적 처분의 경우에는 임시처분의 대상이 되기 어렵다. 왜냐하면, 행정심판법 제31조 제3항은 "임시처분은 제30조 제2항에 따른 집행정지로 목적을 달성할 수 있는 경우에는 허용되지 아니한다."라고 규정함으로써 임시처분에 보충성을 요하고 있기 때문이다. 적극적 처분의 경우에는 집행정지가 가능할 것이므로, 통상 임시처분의 대상이 되지 않는다. 처분발령이전에 예방적 금지를 구하면서 임시처분을 구하는 것을 생각해 볼 수 있으나, 임시처분은 행정심판청구를 전제로 신청할 수 있고(행정심판법 제31조 제2항, 제30조 제5항), 처분발령이전에는 아직 대상처분이 존재하지 않으므로 임시처분은 불가능하다고 할 것이다.

(2) 부작위

부작위란 행정청이 당사자의 신청에 대하여 상당한 기간 내에 일정한 처분을 하여야 할 법률상 의무가 있는데도 처분을 하지 아니하는 것을 말한다(행정심판법 제3조 제2호).

5. 임시처분의 요건

(1) 소극적 요건

① **공공복리에 중대한 영향을 미치지 아니할 것**: 임시처분이 공공복리에 중대한 영향을 미칠 우려가 없어야 한다. 집행정지에 관한 행정심판법 제30조 제3항 규정이 준용되기 때문이다.

② **집행정지로 목적을 달성할 수 없을 것**: 임시처분은 보충성으로 인하여 집행정지로 목적을 달성할 수 없는 경우에 한하여 인정된다(행정심판법 제31조 제3항). 따라서 적극적 처분은 임시처분의 대상이 되기 어렵다.

(2) 적극적 요건

① **행정심판이 적법하게 계속 중일 것**: 임시처분 신청은 심판청구와 동시에 또는 심판청구에 대한 제7조 제6항 또는 제8조 제7항에 따른 위원회나 소위원회의 의결이 있기 전까지 신청의 취지와 원인을 적은 서면을 위원회에 제출하여야 한다.

다만, 심판청구서를 피청구인에게 제출한 경우로서 심판청구와 동시에 임시처분신청을 할 때에는 심판청구서 사본과 접수증명서를 함께 제출하여야 한다(행정심판법 제31조 제2항, 제30조 제5항).

② **처분 또는 부작위가 위법·부당하다고 상당히 의심되는 경우**: 처분 또는 부작위의 하자가 상당히 의심되는 경우라야 한다. 위법 또는 부당이 명백히 입증될 필요는 없으나, 하자의 개연성이 없는 경우라면 임시처분이 허용되지 않는다. 집행정지의 경우에는 본안의 이유유무를 소극적인 요건으로 보는 반면, 임시처분은 적극적으로 위법이 의심되는 경우라야 한다.

③ 당사자가 받을 우려가 있는 중대한 불이익이나 당사자에게 생길 급박한 위험 불이익의 중대성 또는 위험의 급박성이 인정되어야 한다. 생명, 신체에 대한 침해 등의 경우는 물론 재산상의 피해도 중대한 경우 포함될 수 있다. 과거의 행정심판법은 집행정지의 경우 "회복하기 어려운 손해"라고 제한하였으나, 개정된 행정심판법은 집행정지와 임시처분 모두 "중대성"을 요건으로 하였다.

④ **임시의 지위를 정하여야 할 필요가 있을 것**: 중대한 불이익이나 급박한 위험을 피하기 위하여 임시의 지위를 정하여야 할 필요성이 존재하여야 한다. 민사집행법상의 가처분에서 말하는 보전의 필요성이 일응의 참고적인 기준이 될 수 있을 것이다.

6. 주장·소명책임

임시처분의 적극적 요건은 신청인이 주장·소명하여야 하고, 소극적 요건은 반대사실을 행정청이 주장·소명하여야 한다.

7. 절차

(1) 직권 또는 신청

임시처분은 행정심판위원회의 직권 또는 당사자의 신청으로 행하여진다.

(2) 임시처분 결정의 취소

위원회는 임시처분을 결정한 후에 임시처분이 공공복리에 중대한 영향을 미치거나 그 임시처분 사유가 없어진 경우에는 직권으로 또는 당사자의 신청에 의하여 임시처분결정을 취소할 수 있다.

(3) 위원장의 직권결정

위원회의 심리·결정을 기다릴 경우 중대한 불이익이나 급박한 위험이 생길 우려가 있다고 인정되면 위원장은 직권으로 위원회의 심리·결정을 갈음하는 결정을 할 수 있다. 이 경우 위원장은 지체 없이 위원회에 그 사실을 보고하고 추인을 받아야 하며, 위원회의 추인을 받지 못하면 위원장은 임시처분 또는 임시처분 취소에 관한 결정을 취소하여야 한다.

(4) 결정정본의 송달

위원회는 임시처분 또는 임시처분의 취소에 관하여 심리·결정하면 지체 없이 당사자에게 결정서 정본을 송달하여야 한다.

제9절 행정심판의 심리

1 의의

행정심판의 심리는 분쟁의 대상이 되는 사실관계와 법률관계를 분명히 하기 위해 당사자의 주장을 듣고, 이를 뒷받침하는 증거를 조사하는 일련의 과정을 말한다. 크게 요건심리와 본안심리로 나누어진다.

2 내용 및 범위

1. 내용

> 행정심판법 제32조【보정】① 위원회는 심판청구가 적법하지 아니하나 보정(補正)할 수 있다고 인정하면 기간을 정하여 청구인에게 보정할 것을 요구할 수 있다. 다만, 경미한 사항은 직권으로 보정할 수 있다.
> ② 청구인은 제1항의 요구를 받으면 서면으로 보정하여야 한다. 이 경우 다른 당사자의 수만큼 보정서 부본을 함께 제출하여야 한다.
> ③ 위원회는 제2항에 따라 제출된 보정서 부본을 지체 없이 다른 당사자에게 송달하여야 한다.
> ④ 제1항에 따른 보정을 한 경우에는 처음부터 적법하게 행정심판이 청구된 것으로 본다.
> ⑤ 제1항에 따른 보정기간은 제45조에 따른 재결 기간에 산입하지 아니한다.
> ⑥ 위원회는 청구인이 제1항에 따른 보정기간 내에 그 흠을 보정하지 아니한 경우에는 그 심판청구를 각하할 수 있다.
> 제32조의2【보정할 수 없는 심판청구의 각하】 위원회는 심판청구서에 타인을 비방하거나 모욕하는 내용 등이 기재되어 청구 내용을 특정할 수 없고 그 흠을 보정할 수 없다고 인정되는 경우에는 제32조 제1항에 따른 보정요구 없이 그 심판청구를 각하할 수 있다.

(1) 요건심리

요건심리는 당해 심판청구가 형식적 요건을 충족하는지 여부에 대한 심리를 말한다. 위원회는 요건심리의 결과 제기요건을 갖추지 못한 경우에는 부적합 심판청구가 되므로 각하하지만 보정할 수 있다고 인정되는 경우에는 기간을 정하여 청구인에게 보정할 것을 요구할 수 있다. 다만 보정할 사항이 경미한 경우에는 위원회의 직권으로 보정할 수 있다. 이러한 요건심리는 본안의 재결이 나기 전까지는 언제라도 가능하다.

(2) 본안심리

본안심리는 요건심리 후 심판청구를 적법한 것으로 받아들인 경우에 당해 심판청구의 내용에 관하여 실질적으로 심사하는 것(행정처분의 위법·부당여부)으로 이러한 본안심리를 거쳐 심판청구가 이유 있으면 인용재결을 하고 그렇지 않으면 기각재결을 한다. 하지만 위원회는 원처분에 제시된 법적 근거가 잘못된 경우라도 원처분이 정당하다면 잘못된 법적 근거를 정당한 법적 근거로 대체함으로써 기각판결을 할 수 있다. 이 경우에도 위원회는 원처분청이 고려하지 않은 사실을 근거로 원처분을 정당화할 수는 없다. 또한, 이러한 본안심리 중에도 형식적 요건을 충족하지 않은 것이 판명될 때에는 위원회는 언제든지 각하할 수 있다.

행정심판법 제33조【주장의 보충】① 당사자는 심판청구서·보정서·답변서·참가신청서 등에서 주장한 사실을 보충하고 다른 당사자의 주장을 다시 반박하기 위하여 필요하면 위원회에 보충서면을 제출할 수 있다. 이 경우 다른 당사자의 수만큼 보충서면 부본을 함께 제출하여야 한다.
② 위원회는 필요하다고 인정하면 보충서면의 제출기한을 정할 수 있다.
③ 위원회는 제1항에 따라 보충서면을 받으면 지체 없이 다른 당사자에게 그 부본을 송달하여야 한다.

제34조【증거서류 등의 제출】① 당사자는 심판청구서·보정서·답변서·참가신청서·보충서면 등에 덧붙여 그 주장을 뒷받침하는 증거서류나 증거물을 제출할 수 있다.
② 제1항의 증거서류에는 다른 당사자의 수만큼 증거서류 부본을 함께 제출하여야 한다.
③ 위원회는 당사자가 제출한 증거서류의 부본을 지체 없이 다른 당사자에게 송달하여야 한다.

제35조【자료의 제출 요구 등】① 위원회는 사건 심리에 필요하면 관계 행정기관이 보관 중인 관련 문서, 장부, 그 밖에 필요한 자료를 제출할 것을 요구할 수 있다.
② 위원회는 필요하다고 인정하면 사건과 관련된 법령을 주관하는 행정기관이나 그 밖의 관계 행정기관의 장 또는 그 소속 공무원에게 위원회 회의에 참석하여 의견을 진술할 것을 요구하거나 의견서를 제출할 것을 요구할 수 있다.
③ 관계 행정기관의 장은 특별한 사정이 없으면 제1항과 제2항에 따른 위원회의 요구에 따라야 한다.
④ 중앙행정심판위원회에서 심리·재결하는 심판청구의 경우 소관 중앙행정기관의 장은 의견서를 제출하거나 위원회에 출석하여 의견을 진술할 수 있다.

제36조【증거조사】① 위원회는 사건을 심리하기 위하여 필요하면 직권으로 또는 당사자의 신청에 의하여 다음 각 호의 방법에 따라 증거조사를 할 수 있다.
 1. 당사자나 관계인(관계 행정기관 소속 공무원을 포함한다. 이하 같다)을 위원회의 회의에 출석하게 하여 신문(訊問)하는 방법
 2. 당사자나 관계인이 가지고 있는 문서·장부·물건 또는 그 밖의 증거자료의 제출을 요구하고 영치(領置)하는 방법
 3. 특별한 학식과 경험을 가진 제3자에게 감정을 요구하는 방법

> 4. 당사자 또는 관계인의 주소, 거소·사업장이나 그 밖의 필요한 장소에 출입하여 당사자 또는 관계인에게 질문하거나 서류·물건 등을 조사·검증하는 방법
>
> ② 위원회는 필요하면 위원회가 소속된 행정청의 직원이나 다른 행정기관에 촉탁하여 제1항의 증거조사를 하게 할 수 있다.
> ③ 제1항에 따른 증거조사를 수행하는 사람은 그 신분을 나타내는 증표를 지니고 이를 당사자나 관계인에게 내보여야 한다.
> ④ 제1항에 따른 당사자 등은 위원회의 조사나 요구 등에 성실하게 협조하여야 한다.

관련판례 행정심판에 있어서 위법·부당 여부는 처분시를 기준으로 판단

행정심판에 있어서 행정처분의 위법·부당 여부는 원칙적으로 처분시를 기준으로 판단하여야 할 것이나, 재결청(행정심판위원회)은 처분 당시 존재하였거나 행정청에 제출되었던 자료뿐만 아니라, 재결 당시까지 제출된 모든 자료를 종합하여 처분 당시 존재하였던 객관적 사실을 확정하고 그 사실에 기초하여 처분의 위법·부당 여부를 판단할 수 있다(대판 2001.7.27. 99두5092).

2. 심리의 범위

> 행정심판법 제47조【재결의 범위】① 위원회는 심판청구의 대상이 되는 처분 또는 부작위 외의 사항에 대하여는 재결하지 못한다. → 불고불리의 원칙
> ② 위원회는 심판청구의 대상이 되는 처분보다 청구인에게 불리한 재결을 하지 못한다. → 불이익변경금지의 원칙

(1) 불고불리 및 불이익변경금지의 원칙

위원회는 심판청구의 대상이 되는 처분 또는 부작위 외의 사항에 대하여는 재결하지 못하고 심판청구의 대상이 되는 처분보다 청구인에게 불이익한 재결을 하지 못한다(행정심판법 제47조).

(2) 법률문제·재량문제

행정심판의 심리기관은 행정처분의 법률문제인 위법성 및 재량문제인 정당성(당·부당)을 포함한 사실문제에 관하여서도 심리할 수 있다.

(3) 심리기일의 지정과 변경

심리기일은 위원회가 직권으로 지정하나 심리기일의 변경은 직권으로 또는 당사자의 신청에 의하여 한다. 위원회는 심리기일이 변경되면 지체 없이 그 사실과 사유를 당사자에게 알려야 한다. 한편, 심리기일의 통지나 심리기일 변경의 통지는 서면으로 하거나 심판청구서에 적힌 전화, 휴대전화를 이용한 문자전송, 팩시밀리 또는 전자우편 등 간편한 통지방법(간이통지방법)으로 할 수 있다.

📋 **간단 점검하기**

행정심판위원회는 심판청구의 대상이 되는 처분보다 청구인에게 불리한 재결을 할 수 있다. (×)

3 심리절차 - 대심주의 원칙과 직권심리주의 보충

> **참고**
>
> 1. 대심주의의 원칙과 직권심리주의의 보충
>
>> 행정심판법 제39조【직권심리】위원회는 필요하면 당사자가 주장하지 아니한 사실에 대하여도 심리할 수 있다.
>
> 2. 서면심리주의와 구술심리주의
>
>> 행정심판법 제40조【심리의 방식】① 행정심판의 심리는 구술심리나 서면심리로 한다. 다만, 당사자가 구술심리를 신청한 경우에는 서면심리만으로 결정할 수 있다고 인정되는 경우 외에는 구술심리를 하여야 한다.

1. 대심주의(당사자주의)

대심주의란 서로 대립되는 분쟁당사자 쌍방에게 공격과 방어의 기회를 부여하여 심리를 진행시키는 제도를 말한다.

2. 직권심리주의

위원회는 필요하다고 인정할 때에는 당사자가 주장하지 아니한 사실에 대하여도 심리할 수 있다(행정심판법 제39조).

3. 구술심리주의와 서면심리(행정심판법 제40조)

> 행정심판법 제40조【심리의 방식】① 행정심판의 심리는 구술심리나 서면심리로 한다. 다만, 당사자가 구술심리를 신청한 경우에는 서면심리만으로 결정할 수 있다고 인정되는 경우 외에는 구술심리를 하여야 한다.

행정심판의 심리는 구술심리 또는 서면심리로 한다. 다만, 당사자가 구술심리를 신청한 때에는 서면심리만으로 결정할 수 있다고 인정되는 경우를 제외하고 당사자의 신청을 받아들여 구술심리를 하여야 한다. 위원회는 구술심리 신청을 받으면 그 허가 여부를 결정하여 신청인에게 알려야 한다.

4. 비공개주의 여부

행정심판법에는 직접적인 명문의 규정이 없지만, 직권심리주의와 서면심리주의를 규정하고 있다는 점에서 볼 때 심리의 능률화를 위해서 일반인이 방청할 수 없는 상태에서 행하는 비공개주의를 원칙으로 하는 것으로 해석하는 것이 통설적 견해이다.

5. 당사자의 절차적 권리

위원·직원에 대한 기피신청권, 구술심리신청권, 보충서면제출권, 증거서류제출권, 증거조사신청권이 있다.

4 심리절차의 병합·분리(행정심판법 제29조)

위원회는 필요하다고 인정할 때에는 관련되는 심판청구를 병합하여 심리하거나 병합된 관련청구를 분리하여 심리할 수 있다.

5 행정심판의 재결

1. 재결의 의의

행정심판의 재결은 심판청구에 대한 심리를 통해 형성된 결과에 대하여 행정심판위원회가 종국적으로 판단하는 행위를 말한다.

> 행정심판법 제2조 【정의】 이 법에서 사용하는 용어의 뜻은 다음과 같다.
> 3. "재결(裁決)"이란 행정심판의 청구에 대하여 제6조에 따른 행정심판위원회가 행하는 판단을 말한다.

2. 재결의 성질

이는 준법률행위적 행정행위 중 확인행위에 속하며, 준사법행위로서 처분에 해당한다. 따라서 이러한 재결 자체에 고유한 위법이 존재할 경우 행정소송의 대상이 된다.

3. 재결 기간(행정심판법 제45조)

> 행정심판법 제45조 【재결 기간】 ① 재결은 제23조에 따라 피청구인 또는 위원회가 심판청구서를 받은 날부터 60일 이내에 하여야 한다. 다만, 부득이한 사정이 있는 경우에는 위원장이 직권으로 30일을 연장할 수 있다.
> ② 위원장은 제1항 단서에 따라 재결 기간을 연장할 경우에는 재결 기간이 끝나기 7일 전까지 당사자에게 알려야 한다.

재결은 피청구인인 행정청 또는 위원회가 심판청구서를 받은 날부터 60일 이내에 하여야 한다. 다만, 부득이한 사정이 있을 때에는 위원장이 직권으로 30일을 연장할 수 있다. 위원장의 직권으로 재결기간을 연장한 때에는 재결기간이 만료되기 7일 전까지 당사자에게 이를 통지하여야 한다. 이때 보정명령이 존재하였을 경우에는 보정기간은 재결기간에 산입되지 아니한다.

4. 재결의 방식(행정심판법 제46조)

재결은 서면(재결서)으로 한다. 따라서 구두로 행한 재결은 무효라 할 것이다.

5. 재결의 범위(행정심판법 제47조)

불고불리의 원칙	행정심판법 제47조【재결의 범위】① 위원회는 심판청구의 대상이 되는 처분 또는 부작위 외의 사항에 대하여는 재결하지 못한다.
불이익변경금지의 원칙	행정심판법 제47조【재결의 범위】② 위원회는 심판청구의 대상이 되는 처분보다 청구인에게 불리한 재결을 하지 못한다.
재량행위에 대한 재결의 범위	행정심판위원회는 재량권 행사의 위법 여부뿐만 아니라 재량권 행사의 당·부당에 대해서도 판단할 수 있다.

6. 재결의 송달·효력발생 및 공지(행정심판법 제48조)

(1) 재결의 송달

① 위원회는 지체 없이 당사자에게 재결서의 정본을 송달하여야 한다. 이 경우 중앙행정심판위원회는 재결 결과를 소관 중앙행정기관의 장에게도 알려야 한다.

② 재결은 청구인에게 제1항 전단에 따라 송달되었을 때에 그 효력이 생긴다.

③ 위원회는 재결서의 등본을 지체 없이 참가인에게 송달하여야 한다.

> 행정심판법 제54조【전자정보처리조직을 이용한 송달 등】① 피청구인 또는 위원회는 제52조 제1항에 따라 행정심판을 청구하거나 심판참가를 한 자에게 전자정보처리조직과 그와 연계된 정보통신망을 이용하여 재결서나 이 법에 따른 각종 서류를 송달할 수 있다. 다만, 청구인이나 참가인이 동의하지 아니하는 경우에는 그러하지 아니하다.
> ② 제1항 본문의 경우 위원회는 송달하여야 하는 재결서 등 서류를 전자정보처리조직에 입력하여 등재한 다음 그 등재 사실을 국회규칙, 대법원규칙, 헌법재판소규칙, 중앙선거관리위원회규칙 또는 대통령령으로 정하는 방법에 따라 전자우편 등으로 알려야 한다.
> ③ 제1항에 따른 전자정보처리조직을 이용한 서류 송달은 서면으로 한 것과 같은 효력을 가진다.
> ④ 제1항에 따른 서류의 송달은 청구인이 제2항에 따라 등재된 전자문서를 확인한 때에 전자정보 처리조직에 기록된 내용으로 도달한 것으로 본다. 다만, 제2항에 따라 그 등재사실을 통지한 날부터 2주 이내(재결서 외의 서류는 7일 이내)에 확인하지 아니하였을 때에는 등재사실을 통지한 날부터 2주가 지난 날(재결서 외의 서류는 7일이 지난 날)에 도달한 것으로 본다.

(2) 재결의 효력

재결의 효력은 청구인에게 송달되었을 때에 생긴다(도달주의).

(3) 공지

① 법령의 규정에 의하여 공고된 처분이 재결로써 취소 또는 변경된 때에는 처분을 행한 행정청은 지체 없이 그 처분이 취소 또는 변경되었음을 공고하여야 한다.

② 법령의 규정에 의하여 처분의 상대방 외에 이해관계인에게 통지된 처분이 재결로써 취소 또는 변경된 때에는 처분을 행한 행정청은 지체 없이 그 이해관계인에게 그 처분이 취소 또는 변경되었음을 통지하여야 한다.

(4) 증거서류등의 반환

위원회는 재결을 한 후 증거서류 등의 반환 신청을 받으면 신청인이 제출한 문서·장부·물건이나 그 밖의 증거자료의 원본을 지체 없이 제출자에게 반환하여야 한다.

7. 재결의 종류

> 행정심판법 제43조【재결의 구분】① 위원회는 심판청구가 적법하지 아니하면 그 심판청구를 각하(却下)한다. → 각하재결
> ② 위원회는 심판청구가 이유가 없다고 인정하면 그 심판청구를 기각(棄却)한다. → 기각재결
> ③ 위원회는 취소심판의 청구가 이유가 있다고 인정하면 처분을 취소(처분취소재결, 형성재결) 또는 다른 처분으로 변경(처분변경재결, 형성재결)하거나 처분을 다른 처분으로 변경할 것을 피청구인에게 명한다(처분변경명령재결, 이행재결).
> ④ 위원회는 무효등확인심판의 청구가 이유가 있다고 인정하면 처분의 효력 유무 또는 처분의 존재 여부를 확인한다.
> ⑤ 위원회는 의무이행심판의 청구가 이유가 있다고 인정하면 지체 없이 신청에 따른 처분을 하거나(처분재결, 형성재결) 처분을 할 것을 피청구인에게 명한다(처분명령재결, 이행재결).
> 제44조【사정재결】① 위원회는 심판청구가 이유가 있다고 인정하는 경우에도 이를 인용(認容)하는 것이 공공복리에 크게 위배된다고 인정하면 그 심판청구를 기각하는 재결을 할 수 있다. 이 경우 위원회는 재결의 주문(主文)에서 그 처분 또는 부작위가 위법하거나 부당하다는 것을 구체적으로 밝혀야 한다.
> ② 위원회는 제1항에 따른 재결을 할 때에는 청구인에 대하여 상당한 구제방법을 취하거나 상당한 구제방법을 취할 것을 피청구인에게 명할 수 있다.
> ③ 제1항과 제2항은 무효등확인심판에는 적용하지 아니한다.

기각재결이 있은 후에도 처분청은 당해 처분을 직권으로 취소·변경할 수 있다 (기각재결에는 기속력이 없기 때문).

처분취소명령재결: 법 개정으로 삭제됨

(1) 각하재결(요건재결)

각하재결은 심판청구의 요건심리의 결과 심판청구가 부적법한 경우, 본안심리를 거부하는 것을 말한다.

(2) 기각재결

기각재결은 본안심리 결과 위원회가 심판청구가 이유 없다고 인정하여 청구를 배척하고 원처분을 인정하는 것을 말한다. 이는 원처분을 인정하는 것일 뿐, 기각재결이 있은 후에도 위원회는 직권으로 원처분을 취소·변경할 수 있다.

(3) 사정재결(행정심판법 제44조)

① **의의**: 사정재결은 위원회가 심판청구가 이유 있다고 인정하는 경우에도 이를 인용하는 것이 현저히 공공복리에 적합하지 아니하다고 인정하는 때에 그 심판청구를 기각하는 재결을 말한다. 따라서 사정재결 또한 기각재결의 일종이다. 사정재결은 공익과 사익의 조절제도로서 복리국가주의에 따른 공익사업의 확대로 인하여 이러한 사정재결의 필요성은 점점 높아지고 있다.

② **구제방법**: 사정재결을 하는 경우에는 재결의 주문에 그 처분 또는 부작위가 위법하거나 부당하다는 것을 구체적으로 밝혀야 한다. 따라서 이러한 위법·부당함을 위원회가 승인함으로써 청구인이 이후에 원처분의 위법·부당함을 다시 주장할 필요가 있을 때 재결서면으로도 충분한 증거방법이 될 수 있을 것이다. 이러한 사정재결을 하는 경우에는 청구인에 대하여 상당한 구제방법을 제시하거나, 피청구인에게 상당한 구제방법을 취할 것을 명할 수 있다.

> **참고**
>
> 1. 행정심판법상 사정재결
>
>   행정심판법 제44조【사정재결】② 위원회는 사정재결을 함에 있어서는 청구인에 대하여 상당한 구제방법을 취하거나, 피청구인에게 상당한 구제방법을 취할 것을 명할 수 있다.
>
> 2. 행정소송법상 사정판결
>
>   행정소송법 제28조【사정판결】③ 원고는 피고인 행정청이 속하는 국가 또는 공공단체를 상대로 손해배상, 제해시설의 설치 그 밖에 적당한 구제방법의 청구를 당해 취소소송 등이 계속된 법원에 병합하여 제기할 수 있다.

③ **적용대상**: 사정재결은 취소심판과 의무이행심판에만 인정되며 무효등확인심판에는 적용되지 않는다(사정판결과의 차이점: 부작위인 경우).

구분	사정재결	사정판결
요건	• 처분 또는 부작위의 위법·부당 • 인용이 공공복리에 크게 위배	• 처분의 위법 • 취소가 현저히 공공복리에 적합하지 아니한 경우
구제조치	위원회는 청구인에 대하여 상당한 구제방법을 취하거나 상당한 구제방법을 취할 것을 피청구인에게 명할 수 있다.	법원은 판결을 함에 있어서는 미리 원고가 그로 인하여 입게 될 손해의 정도와 배상방법, 그 밖의 사정을 조사하여야 한다.
적용 심판 및 적용 소송	• 취소심판 • 의무이행심판 • 무효등확인심판(적용불가)	• 취소소송 • 부작위법확인소송(적용불가) • 무효등확인소송(적용불가)

(4) 인용재결

인용재결은 본안심리 결과 심판청구가 이유 있다고 인정하여 청구의 취지를 받아들이는 것을 말한다.

① **취소·변경재결**
   ㉠ 위원회는 취소심판의 청구가 이유 있다고 인정할 때에는 처분을 취소 또는 변경하거나, 처분청에게 취소 또는 변경할 것을 명한다.
   ㉡ 위원회가 처분을 취소·변경하는 재결은 형성재결의 성질을 가지며, 처분청에게 처분을 변경할 것을 명하는 재결은 이행재결의 성질을 갖는다. 이행명령재결이 인정되는 점에서 이행명령판결이 인정되지 않는 행정소송(항고소송)과 차이가 있다.

ⓒ "취소"에는 전부취소 및 일부취소가 포함되며, "변경"에는 소극적 변경(일부취소)뿐 아니라 적극적 변경(예 영업허가취소처분을 3개월 영업정지처분으로 변경하는 것과 같이 원처분에 갈음하여 새로운 처분으로 대체하는 것)도 포함된다(통설).

> 행정심판법 제43조 【재결의 구분】 ③ 위원회는 취소심판의 청구가 이유가 있다고 인정하면 처분을 취소 또는 다른 처분으로 변경하거나 처분을 다른 처분으로 변경할 것을 피청구인에게 명한다.

② **무효등확인재결**: 위원회는 무효등확인심판의 청구가 이유 있다고 인정할 때에는 처분의 효력 유무 또는 존재 여부를 확인한다. 이러한 확인재결에는 유효확인재결, 무효확인재결, 실효확인재결 등이 있는데 실효확인재결은 명문의 규정이 아니라 학설상 인정되고 있는 것이다.

③ **의무이행재결**
  ㉠ 위원회는 의무이행심판의 청구가 이유 있다고 인정할 때에는 지체 없이 신청에 따른 처분을 하거나 이를 할 것을 명한다(행정심판법 제32조 제5항). 처분재결과 처분명령재결 중 어느 것을 선택할지는 위원회의 재량에 속한다.
  ㉡ 위원회가 신청에 따른 처분을 하는 처분재결은 형성재결의 성질을 가진 이행재결이나, 처분청 또는 부작위청에게 신청에 따른 처분을 할 것을 명하는 처분명령재결은 이행재결의 성질만을 갖는다.

8. 재결의 효력(행정심판법 제49조)

(1) 기속력

> 행정심판법 제49조 【재결의 기속력 등】 ① 심판청구를 인용하는 재결은 피청구인과 그 밖의 관계 행정청을 기속(羈束)한다.
> ② 재결에 의하여 취소되거나 무효 또는 부존재로 확인되는 처분이 당사자의 신청을 거부하는 것을 내용으로 하는 경우에는 그 처분을 한 행정청은 재결의 취지에 따라 다시 이전의 신청에 대한 처분을 하여야 한다.
> ③ 당사자의 신청을 거부하거나 부작위로 방치한 처분의 이행을 명하는 재결이 있으면 행정청은 지체 없이 이전의 신청에 대하여 재결의 취지에 따라 처분을 하여야 한다.
> ④ 신청에 따른 처분이 절차의 위법 또는 부당을 이유로 재결로써 취소된 경우에는 제2항을 준용한다.
> ⑤ 법령의 규정에 따라 공고하거나 고시한 처분이 재결로써 취소되거나 변경되면 처분을 한 행정청은 지체 없이 그 처분이 취소 또는 변경되었다는 것을 공고하거나 고시하여야 한다.
> ⑥ 법령의 규정에 따라 처분의 상대방 외의 이해관계인에게 통지된 처분이 재결로써 취소되거나 변경되면 처분을 한 행정청은 지체 없이 그 이해관계인에게 그 처분이 취소 또는 변경되었다는 것을 알려야 한다.

행정행위로서의 재결의 효력
1. 재결도 행정행위, 즉 처분의 일종
2. 재결이 갖는 효력: 구속력, 공정력, 불가쟁력, 불가변력, 형성력, 기속력
3. 기판력(기판력은 오직 판결에서만 발생)

기속력은 행정심판청구 당사자 기타 관계인이 그 재결의 취지를 따르도록 하는 효력을 말한다. 의무이행재결이 존재하면 피청구인인 행정청은 재결의 취지에 따라 원신청에 따른 처분을 하여야 한다. 또한 취소재결이 있게 되면 동일 상황 하에서 같은 내용의 처분을 재차 못 한다. 하지만 취소심판에서의 취소변경명령재결은 취소·변경하여야 한다. 그리고 구속력 있는 재결은 각하 또는 기각재결에는 인정되지 않지만 인용재결에는 인정된다.

당사자의 신청을 거부하거나 부작위로 방치한 처분의 이행을 명하는 재결이 있으면 행정청은 지체 없이 이전의 신청에 대하여 재결의 취지에 따라 처분을 하여야 한다. 또한 신청에 따른 처분이 절차의 위법 또는 부당을 이유로 재결로써 취소된 경우에도 재결의 취지에 따라 다시 처분을 하여야 한다. 이 때 기속행위인 경우에는 신청한 대로 처분을 하여야 하지만, 재량인 경우에는 신청한 대로 처분할 필요는 없으며 하자 없는 재량을 행사하면 된다.

> **관련판례** 기속력의 내용 - 반복금지효(소극적 의무)
>
> 1. 재결의 기속력은 재결의 주문 및 그 전제가 된 요건사실의 인정과 판단, 즉 처분 등의 구체적 위법사유에 관한 판단에만 미친다고 할 것이고, 종전 처분이 재결에 의하여 취소되었다 하더라도 종전 처분시와는 다른 사유를 들어서 처분을 하는 것은 기속력에 저촉되지 않는다. … 동일 사유인지 다른 사유인지는 종전 처분에 관하여 위법한 것으로 재결에서 판단된 사유와 기본적 사실관계에 있어 동일성이 인정되는 사유인지 여부에 따라 판단되어야 한다. … 재결에서 판단된 사유가 기본적 사실관계에 있어 동일성이 없으므로 새로운 처분이 종전 처분에 대한 재결의 기속력에 저촉되지 않는다(대판 2005.12.9. 2003두7705).
>
> 2. 양도소득세 및 방위세부과처분이 국세청장에 대한 불복심사청구에 의하여 그 불복사유가 이유 있다고 인정되어 취소되었음에도 처분청이 동일한 사실에 관하여 부과처분을 되풀이한 것이라면 설령 그 부과처분이 감사원의 시정요구에 의한 것이라 하더라도 위법하다(대판 1986.5.27. 86누127).
>
> 3. 구 국세기본법상의 심판청구 등에 대한 결정의 한 유형으로 실무상 행해지고 있는 재조사 결정은 재결청의 결정에서 지적된 사항에 관하여 처분청의 재조사결과를 기다려 그에 따른 후속 처분의 내용을 심판청구 등에 대한 결정의 일부분으로 삼겠다는 의사가 내포된 변형결정에 해당하므로, 처분청은 재조사 결정의 취지에 따라 재조사를 한 후 그 내용을 보완하는 후속 처분만을 할 수 있다. 따라서 처분청이 재조사 결정의 주문 및 그 전제가 된 요건사실의 인정과 판단, 즉 처분의 구체적 위법사유에 관한 판단에 반하여 당초 처분을 그대로 유지하는 것은 재조사 결정의 기속력에 저촉된다(대판 2017.5.11. 2015두37549).
>
> 4. 부과처분을 취소하는 재결이 있는 경우 당해 처분청은 재결의 취지에 반하지 아니하는 한, 그 재결에 적시된 위법사유를 시정·보완하여 정당한 조세를 산출한 다음 새로이 이를 부과할 수 있는 것이고, 이러한 새로운 부과처분은 재결의 기속력에 저촉되지 아니한다(대판 2001.9.14. 99두3324).

재결 취지에 따른 취소처분의 상대방이 재결 자체의 효력을 다투는 별소를 제기하였고 그 소송에서 판결이 확정되지 아니하였다 하여 재결의 취지에 따른 취소처분의 취소를 구하는 항고소송 사건을 심리하는 법원이 그 청구의 당부를 판단할 수 없는 것이라고 할 수 없다.

> **관련판례** 기속력의 내용 - 재처분의무(적극적 의무)

1. 재결의 취지에 따른 재처분의무

    > 행정심판법 제49조 【재결의 기속력 등】 ② 재결에 의하여 취소되거나 무효 또는 부존재로 확인되는 처분이 당사자의 신청을 거부하는 것을 내용으로 하는 경우에는 그 처분을 한 행정청은 재결의 취지에 따라 다시 이전의 신청에 대한 처분을 하여야 한다.
    > ③ 당사자의 신청을 거부하거나 부작위로 방치한 처분의 이행을 명하는 재결이 있으면 행정청은 지체 없이 이전의 신청에 대하여 재결의 취지에 따라 처분을 하여야 한다.

2. 당사자의 신청을 거부하는 처분을 취소하는 재결이 있는 경우에는 행정청은 그 재결의 취지에 따라 이전의 신청에 대한 처분을 하여야 하는 것이므로 행정청이 그 재결의 취지에 따른 처분을 하지 아니하고 그 처분과는 양립할 수 없는 다른 처분을 하는 것은 위법한 것이라 할 것이고 이 경우 그 재결의 신청인은 위법한 다른 처분의 취소를 소구할 이익이 있다(대판 1988.12.13. 88누7880).

3. 재결에 판결에서와 같은 기판력이 인정되는 것은 아니어서 재결이 확정된 경우에도 처분의 기초가 된 사실관계나 법률적 판단이 확정되고 당사자들이나 법원이 이에 기속되어 모순되는 주장이나 판단을 할 수 없게 되는 것은 아니다(대판 2015.11.27. 2013다6759).

> **관련판례**

1. 위원회의 시정명령권과 직접처분권

    > 행정심판법 제50조 【위원회의 직접 처분】 ① 위원회는 피청구인이 제49조 제3항에도 불구하고 처분을 하지 아니하는 경우(= 이행명령재결을 따르지 않는 경우)에는 당사자가 신청하면 기간을 정하여 서면으로 시정을 명하고 그 기간에 이행하지 아니하면 직접 처분을 할 수 있다. 다만, 그 처분의 성질이나 그 밖의 불가피한 사유로 위원회가 직접 처분을 할 수 없는 경우에는 그러하지 아니하다.
    > ② 위원회는 제1항 본문에 따라 직접 처분을 하였을 때에는 그 사실을 해당 행정청에 통보하여야 하며, 그 통보를 받은 행정청은 위원회가 한 처분을 자기가 한 처분으로 보아 관계 법령에 따라 관리·감독 등 필요한 조치를 하여야 한다.

2. 재결청이 직접 처분을 하기 위하여는 처분의 이행을 명하는 재결이 있었음에도 당해 행정청이 아무런 처분을 하지 아니하였어야 하므로, 당해 행정청이 어떠한 처분을 하였다면 그 처분이 재결의 내용에 따르지 아니하였다고 하더라도 재결청이 직접 처분을 할 수는 없다(대판 2002.7.23. 2000두9151).

간접강제제도의 채택

> 행정심판법 제50조의2 【위원회의 간접강제】 ① 위원회는 피청구인이 제49조 제2항(제49조 제4항에서 준용하는 경우를 포함한다) 또는 제3항에 따른 처분을 하지 아니하면 청구인의 신청에 의하여 결정으로 상당한 기간을 정하고 피청구인이 그 기간 내에 이행하지 아니하는 경우에는 그 지연기간에 따라 일정한 배상을 하도록 명하거나 즉시 배상을 할 것을 명할 수 있다.
> ② 위원회는 사정의 변경이 있는 경우에는 당사자의 신청에 의하여 제1항에 따른 결정의 내용을 변경할 수 있다.
> ③ 위원회는 제1항 또는 제2항에 따른 결정을 하기 전에 신청 상대방의 의견을 들어야 한다.

④ 청구인은 제1항 또는 제2항에 따른 결정에 불복하는 경우 그 결정에 대하여 행정소송을 제기할 수 있다.
⑤ 제1항 또는 제2항에 따른 결정의 효력은 피청구인인 행정청이 소속된 국가·지방자치단체 또는 공공단체에 미치며, 결정서 정본은 제4항에 따른 소송제기와 관계없이 민사집행법에 따른 강제집행에 관하여는 집행권원과 같은 효력을 가진다. 이 경우 집행문은 위원장의 명에 따라 위원회가 소속된 행정청 소속 공무원이 부여한다.
⑥ 간접강제 결정에 기초한 강제집행에 관하여 이 법에 특별한 규정이 없는 사항에 대하여는 민사집행법의 규정을 준용한다. 다만, 민사집행법 제33조(집행문부여의 소), 제34조(집행문부여 등에 관한 이의신청), 제44조(청구에 관한 이의의 소) 및 제45조(집행문부여에 대한 이의의 소)에서 관할 법원은 피청구인의 소재지를 관할하는 행정법원으로 한다.

(2) 형성력

형성력이란 기존의 법률관계에 변동을 가져오는 효력을 말하며, 처분취소재결이 확정되면 취소된 처분의 효력은 처분시까지 소급하여 소멸하고, 그에 따라 기존 법률관계의 변동이 있게 된다. 형성력 있는 재결은 처분취소·처분변경·의무이행심판에 있어서의 처분재결이 여기에 해당된다. 또한 확인재결의 효력도 당사자와 제3자에게 미친다.

(3) 확정력(불가변력·불가쟁력)

① **불가변력**: 불가변력이란 행정심판의 재결이 준사법행위이므로 위원회 자신도 임의로 취소·변경할 수 없는 제도를 말한다.
② **불가쟁력**: 불가쟁력이란 행정심판의 재결 후 제소기간이 경과된 재결은 형식적으로 확정되고 행정소송으로 다툴 수 없는 것을 말한다.

> **관련판례**
> 행정처분이나 행정심판재결이 불복기간의 경과로 인하여 확정된 경우, 그 확정력의 의미 일반적으로 행정처분이나 행정심판재결이 불복기간의 경과로 인하여 확정될 경우, 그 확정력은 그 처분으로 인하여 법률상 이익을 침해받은 자가 당해 처분이나 재결의 효력을 더 이상 다툴 수 없다는 의미일 뿐, 더 나아가 판결에 있어서와 같은 기판력이 인정되는 것은 아니어서 그 처분의 기초가 된 사실관계나 법률적 판단이 확정되고 당사자들이나 법원이 이에 기속되어 모순되는 주장이나 판단을 할 수 없게 되는 것은 아니다(대판 2000.4.25. 2000다2023).

(4) 공정력

행정심판의 재결은 행정행위의 일종이므로 공정력이 인정되고 있다. 공정력이란 행정행위에 흠이 있더라도 취소 전까지는 유효한 행위로 추정이 인정하는 것을 말한다.

9. 재결에 대한 불복

(1) 재심판청구금지

> 행정심판법 제51조【행정심판 재청구의 금지】심판청구에 대한 재결이 있으면 그 재결 및 같은 처분 또는 부작위에 대하여 다시 행정심판을 청구할 수 없다.

(2) 행정소송의 제기

재심판청구가 금지되므로 행정심판의 재결에 대한 불복은 행정소송을 제기할 수밖에 없으며, 이때의 행정소송의 대상은 원칙적으로 행정심판의 재결이 아닌, 원처분을 대상으로 제기하여야 한다. 다만, 행정심판 재결 자체에 고유한 위법이 존재시에는 재결의 취소를 구하는 행정소송을 제기할 수 있다.

참고 행정심판의 재결

재결기간	• 심판청구서를 받은 날로부터 60일 이내 • 부득이한 사정이 있는 경우 위원장이 직권으로 30일을 연장할 수 있다(위원장은 기간을 연장할 경우 7일 전까지 당사자에게 알려야 한다).
재결방식	서면주의(주문, 청구의 취지, 이유 등을 기재하고 위원회가 기명날인)
재결범위	• 당사자의 청구범위를 넘는 심리·판단 불가(불고불리의 원칙) • 원처분보다 불리한 변경 금지(불이익변경금지)
재결의 종류	• 각하재결(요건심리 결과 제기요건상에 흠결이 있어 부적법한 것일 때) • 기각재결(본안심리의 결과 심판청구가 이유 없을 때) • 사정재결(심판청구가 이유 있는 경우에도 인용이 현저히 공공복리에 적합하지 않으면 청구 기각) • 인용재결(본안심리의 결과 청구가 이유 있을 때 청구의 취지를 받아들이는 재결) • 취소·변경재결: 처분을 취소 또는 변경(여기서 변경은 적극적 변경을 의미하며 일부취소로서의 소극적 변경만 허용하는 행정소송과 다름

제10절 행정심판의 고지제도

1 의의(행정심판법 제58조)

고지제도란 행정청이 처분을 함에 있어서 당해 행정행위의 상대방에게 당해 처분에 대한 불복청구의 가능성 여부와 행정심판을 제기하고자 할 때 필요한 사항들을 알려야 할 의무를 갖는 제도를 말한다.

2 필요성

행정심판청구의 기회를 보장하고 행정청에 고지의무를 부과함으로써 처분을 함에 있어 신중을 기하게 하여 행정의 적정화를 도모할 수 있다.

3 법적 근거

고지는 행정심판법 제58조와 행정절차법 제26조, 공공기관의 정보공개에 관한 법률 제13조 제4항에 규정되어 있다.

4 성질

고지는 단지 비권력적 사실행위로서 법적 효과를 발생시키지 아니한다. 따라서 행정 행위를 위법하게 만드는 것이 아니며, 이러한 고지는 처분성이 부정됨이 통설적 견해이다. 하지만 이러한 고지에 대한 거부는 처분성이 인정되며 이때 고지에 관한 규정은 훈시규정이 아니라 강행규정이라는 것이 다수의 견해이다.

5 종류

1. 직권에 의한 고지

> 행정심판법 제58조【행정심판의 고지】① 행정청이 처분을 할 때에는 처분의 상대방에게 다음 각 호의 사항을 알려야 한다.
> 1. 해당 처분에 대하여 행정심판을 청구할 수 있는지
> 2. 행정심판을 청구하는 경우의 심판청구 절차 및 심판청구 기간
> ② 행정청은 이해관계인이 요구하면 다음 각 호의 사항을 지체 없이 알려 주어야 한다. 이 경우 서면으로 알려 줄 것을 요구받으면 서면으로 알려 주어야 한다.
> 1. 해당 처분이 행정심판의 대상이 되는 처분인지
> 2. 행정심판의 대상이 되는 경우 소관 위원회 및 심판청구 기간

(1) 대상

서면에 의한 처분(부담적인 처분뿐만 아니라 수익적이더라도 상대방에게 불리한 효과를 야기하는 부관이 수반되는 경우 포함)을 대상으로 한다.

(2) 내용

당해 처분에 대하여 행정심판을 제기할 수 있는지의 여부, 제기하는 경우의 심판청구절차 및 청구기간을 고지해 준다.

(3) 고지의 상대방

고지의 상대방은 당해 처분의 직접 상대방이며 복효적 행정행위의 경우에는 제3자에 대해서도 고지하는 것이 바람직하다.

(4) 방법

명문상 규정이 없어 다툼이 있으나 일반적으로 서면으로 함을 원칙으로 한다. 그러나 구두에 의한 고지도 가능하다.

(5) 시기

일반적으로 처분시에 고지함을 원칙으로 한다.

2. 신청에 의한 고지

행정청은 이해관계인으로부터 당해 처분이 행정심판의 대상이 되는 처분인지의 여부와 행정심판의 대상이 되는 경우에 위원회 및 청구기간에 관하여 알려줄 것을 요구받은 때에는 지체 없이 이를 알려야 한다(신청고지). 이 경우 서면으로 알려줄 것을 요구받은 때에는 서면으로 알려야 한다.

(1) 대상
서면에 의한 처분뿐만 아니라 기타 모든 처분을 포함한다.

(2) 내용
당해 처분이 행정심판의 대상이 되는 처분인지의 여부, 행정심판의 대상이 되는 경우에 위원회 및 청구기간을 고지해 준다.

(3) 신청권자
고지를 신청할 수 있는 자는 당해 처분의 이해관계인이다.

(4) 방법
특별한 제한은 없으나, 고지를 신청한 자가 서면에 의한 고지를 요구하면 반드시 서면으로 고지하여야 한다.

(5) 시기
일반적으로 신청시 지체 없이 고지함을 원칙으로 한다.

참고 직권고지와 신청고지의 비교

구분	직권에 의한 고지	신청에 의한 고지
상대방	처분의 직접 상대방	이해관계인, 단 서면에 의하지 않은 처분의 경우 또는 서면에 의한 행위라도 행정청이 불고지한 경우 상대방도 포함
시기	• 처분시 고지 • 처분 후에 행한 '불고지의 하자'는 상당한 기간 내에 사후고지가 있는 경우 그 하자가 치유된다고 봄	신청시 지체 없이 고지
방법	특별히 규정하고 있는바가 없음(서면 혹은 구술)	특별히 규정하는바가 없으나 신청자가 서면 요구시 반드시 서면으로 고지
내용	• 행정심판을 제기할 수 있는지 여부 • 제기하는 경우 심판청구절차 및 청구기간	• 당해 처분이 행정심판의 대상이 되는 처분인지의 여부 • 행정심판의 대상이 되는 경우에 위원회 및 청구기간

6 불고지 및 오고지의 효과

1. 불고지의 효과

(1) 의의
행정청이 행정심판에 대해 고지하지 아니한 경우(불고지)에는 심판청구기간 중 안 날로부터 90일은 적용받지 아니한다. 설령 불고지에도 불구하고 처분의 상대방인 국민이 현실적으로 처분을 알았더라도 안 날로부터 90일은 적용받지 아니한다.

(2) 청구기간

심판청구기간을 고지하지 아니한 때에는 심판청구기간은 당해 처분이 있은 날로부터 180일이다.

2. 오고지의 효과

(1) 제출기관

행정청이 잘못 알려서 청구인이 심판청구서를 다른 행정기관에 제출한 때에는 당해 행정기관은 그 심판청구서를 지체 없이 정당한 권한 있는 행정청에 송부하여야 한다. 그리고 송부할 때에는 지체 없이 그 사실을 청구인에게 통지하여야 한다.

(2) 청구기간

행정청이 소정의 심판청구기간보다 길게 고지한 경우에는 그 고지된 기간 내에 심판청구가 제기되면 적법하게 제기된 것으로 보고 짧게 고지한 경우는 법정기간(180일) 내에 심판청구를 제기하면 가능하다. 판례는 이러한 행정심판법 제18조 제5항의 규정이 행정소송의 제기에도 당연히 적용되는 규정이라고는 할 수는 없다는 입장이다. 또한, 행정심판을 제기할 필요가 없다고 잘못 고지한 경우에는 행정심판절차를 거치지 않고 바로 행정소송을 제기할 수 있다.

> **관련판례**
>
> **1. 행정심판청구기간에 관한 행정심판법 제18조 제5항의 오고지에 대한 규정이 행정소송 제기에도 당연히 적용되는 것은 아님**
>
> 행정청이 법정 심판청구기간보다 긴 기간으로 잘못 알린 경우에 그 잘못 알린 기간 내에 심판청구가 있으면 그 심판청구는 법정 심판청구기간 내에 제기된 것으로 본다는 취지의 행정심판법 제18조 제5항의 규정은 행정심판 제기에 관하여 적용되는 규정이지, 행정소송 제기에도 당연히 적용되는 규정이라고 할 수는 없다(대판 2001.5.8. 2000두6916).
>
> **2. 다른 법률에서 행정심판청구기간을 행정심판법보다 짧게 규정한 경우에도 불고지와 오고지의 효과가 그대로 적용**
>
> 도로점용료 상당 부당이득금의 징수 및 이의절차를 규정한 지방자치법에서 이의제출기간을 행정심판법 제18조 제3항 소정기간보다 짧게 정하였다고 하여도 같은 법 제42조 제1항 소정의 고지의무에 관하여 달리 정하고 있지 아니한 이상 도로관리청인 피고가 이 사건 도로점용료 상당 부당이득금의 징수고지서를 발부함에 있어서 원고들에게 이의제출기간 등을 알려주지 아니하였다면 원고들은 지방자치법상의 이의제출기간에 구애됨이 없이 행정심판법 제18조 제6항·제3항의 규정에 의하여 징수고지처분이 있은 날로부터 180일 이내에 이의를 제출할 수 있다고 보아야 할 것이다(대판 1990.7.10. 89누6839).

> **참고** 불고지 및 오고지의 청구기간의 비교

구분	불고지시	오고지시
청구기간	당해 처분이 있은 날로부터 180일	• 심판청구기간보다 길게 고지한 경우: 그 길게 고지된 기간 내 • 심판청구기간보다 짧게 고지한 경우: 법정기간 내 • 행정심판을 제기할 필요가 없다고 잘못 고지한 경우: 행정심판 절차를 거치지 않고 바로 행정소송을 제기할 수 있음

(3) 고지의무 위반

불고지와 오고지는 행정심판법상의 고지의무를 위반한 것이지만 판례는 고지의무 위반이 당해 처분 자체의 효력에는 아무런 영향을 미치지 않는다고 판시하였다.

(4) 특별행정심판에도 이러한 고지의무가 적용되는지 여부

특별법에 의하여 인정되는 이의신청·심사청구·재심청구의 경우에도 당해 특별법이 고지의무를 규정하고 있지 않아도 당해 처분을 한 행정청은 행정심판법에 규정된 고지의무를 진다는 것이 통설적 견해이다.

(5) 행정심판법과 행정절차법상 고지제도의 비교

행정절차법을 제정한 이상 이러한 고지제도를 행정심판법을 포함한 여러 개별 법률에 각각 규정을 둔 것은 입법체계상 바람직하지 못하므로 행정절차법상 규정된 고지제도로 단일화해야 한다는 비판이 제기된다.

구분	행정절차법	행정심판법
법률상 해당규정	제26조【고지】행정청이 처분을 하는 때에는 당사자에게 그 처분에 관하여 행정심판 및 행정소송을 제기할 수 있는지 여부, 기타 불복을 할 수 있는지 여부, 청구절차 및 청구기간, 기타 필요한 사항을 알려야 한다(직권고지).	제58조【행정심판의 고지】① 행정청이 처분을 할 때에는 처분의 상대방에게 다음 각 호의 사항을 알려야 한다. 1. 해당 처분에 대하여 행정심판을 청구할 수 있는지 2. 행정심판을 청구하는 경우의 심판청구 절차 및 심판청구 기간 ② 행정청은 이해관계인이 요구하면 다음 각 호의 사항을 지체 없이 알려 주어야 한다. 이 경우 서면으로 알려 줄 것을 요구받으면 서면으로 알려 주어야 한다. 1. 해당 처분이 행정심판의 대상이 되는 처분인지 2. 행정심판의 대상이 되는 경우 소관 위원회 및 심판청구 기간

	고지의 종류	직권고지(○), 신청고지(✕)	직권고지(○), 신청고지(○)
차이점	고지의 방법	• 서면(○), 구두(○) • 직권고지를 서면에 의한 처분에 제한하지 않고 구두에 의한 처분까지 확대	• 서면(○), 구두(○) • 단, 신청고지의 경우 신청자가 서면요구시 반드시 서면으로 고지
	고지의 내용	• 행정심판 및 행정소송을 제기할 수 있는지 여부 • 기타 불복할 수 있는지 여부 • 청구절차 및 청구기간 • 기타 필요한 사항: 상대적으로 고지의 대상을 포괄적으로 규정	• 행정심판을 제기할 수 있는지 여부 • 제기하는 경우 심판청구절차 및 청구기간 • 당해 처분이 행정심판의 대상이 되는 처분인지의 여부 • 행정심판의 대상이 되는 경우에 위원회 및 청구기간
	고지의무 위반에 대한 제재규정 여부	✕	○

제11절 특별행정심판

1 의의

특별행정심판은 각 개별법률에서 행정심판법이 정한 절차와 방법에 따라 행하는 것이 아니라 그 대상이 되는 사건의 전문적·기술적 성질을 고려하여 특별한 절차와 방법을 규정하여 그에 따른 절차와 방법에 따라 행하는 심판제도를 일컫는다.

> 행정심판법 제4조 【특별행정심판 등】 ① 사안의 전문성과 특수성을 살리기 위하여 특히 필요한 경우 외에는 이 법에 따른 행정심판을 갈음하는 특별한 행정불복절차(특별행정심판)나 이 법에 따른 행정심판 절차에 대한 특례를 다른 법률로 정할 수 없다.
> ② 다른 법률에서 특별행정심판이나 이 법에 따른 행정심판 절차에 대한 특례를 정한 경우에도 그 법률에서 규정하지 아니한 사항에 관하여는 이 법에서 정하는 바에 따른다.
> ③ 관계 행정기관의 장이 특별행정심판 또는 이 법에 따른 행정심판 절차에 대한 특례를 신설하거나 변경하는 법령을 제정·개정할 때에는 미리 중앙행정심판위원회와 협의하여야 한다.

2 종류

1. 국세에 대한 행정심판

국세기본법 제55조 【불복】 ① 이 법 또는 세법에 따른 처분으로서 위법 또는 부당한 처분을 받거나 필요한 처분을 받지 못함으로 인하여 권리나 이익을 침해당한 자는 이 장의 규정에 따라 그 처분의 취소 또는 변경을 청구하거나 필요한 처분을 청구할 수 있다. 다만, 다음 각 호의 처분에 대해서는 그러하지 아니하다.
1. 「조세범 처벌절차법」에 따른 통고처분
2. 「감사원법」에 따라 심사청구를 한 처분이나 그 심사청구에 대한 처분
3. 이 법 및 세법에 따른 과태료 부과처분
② 이 법 또는 세법에 따른 처분에 의하여 권리나 이익을 침해당하게 될 이해관계인으로서 다음 각 호의 어느 하나에 해당하는 자는 위법 또는 부당한 처분을 받은 자의 처분에 대하여 이 장의 규정에 따라 그 처분의 취소 또는 변경을 청구하거나 그 밖에 필요한 처분을 청구할 수 있다.
1. 제2차 납세의무자로서 납부고지서를 받은 자
2. 제42조에 따라 물적납세 의무를 지는 자로서 납부고지서를 받은 자
2의2. 「부가가치세법」 제3조의2에 따라 물적납세의무를 지는 자로서 같은 법 제52조의2 제1항에 따른 납부고지서를 받은 자
2의3. 「종합부동산세법」 제7조의2 및 제12조의2에 따라 물적납세의무를 지는 자로서 같은 법 제16조의2 제1항에 따른 납부고지서를 받은 자
3. 보증인
4. 그 밖에 대통령령으로 정하는 자
제56조 【다른 법률과의 관계】 ② 제55조에 규정된 위법한 처분에 대한 행정소송은 「행정소송법」 제18조 제1항 본문, 제2항 및 제3항에도 불구하고 이 법에 따른 심사청구 또는 심판청구와 그에 대한 결정을 거치지 아니하면 제기할 수 없다. 다만, 심사청구 또는 심판청구에 대한 제65조 제1항 제3호 단서(제80조의2에서 준용하는 경우를 포함한다)의 재조사 결정에 따른 처분청의 처분에 대한 행정소송은 그러하지 아니하다.

2. 노동행정심판

노동조합 및 노동관계조정법 제69조 【중재재정등의 확정】 ① 관계 당사자는 지방노동위원회 또는 특별노동위원회의 중재재정이 위법이거나 월권에 의한 것이라고 인정하는 경우에는 그 중재재정서의 송달을 받은 날부터 10일 이내에 중앙노동위원회에 그 재심을 신청할 수 있다.
제85조 【구제명령의 확정】 ① 지방노동위원회 또는 특별노동위원회의 구제명령 또는 기각결정에 불복이 있는 관계 당사자는 그 명령서 또는 결정서의 송달을 받은 날부터 10일 이내에 중앙노동위원회에 그 재심을 신청할 수 있다.

3. 소청심사

> 교원의 지위 향상 및 교육활동 보호를 위한 특별법 제9조【소청심사의 청구 등】① 교원이 징계처분과 그 밖에 그 의사에 반하는 불리한 처분에 대하여 불복할 때에는 그 처분이 있었던 것을 안 날부터 30일 이내에 심사위원회에 소청심사를 청구할 수 있다. 이 경우에 심사청구인은 변호사를 대리인으로 선임(選任)할 수 있다.
> 제10조【소청심사 결정 등】① 심사위원회는 소청심사청구를 접수한 날부터 60일 이내에 이에 대한 결정을 하여야 한다. 다만, 심사위원회가 불가피하다고 인정하면 그 의결로 30일을 연장할 수 있다.

관련판례

1. 특허처분은 하나의 특허출원에 대하여 하나의 특허권을 부여하는 단일한 행정행위이므로, 설령 그러한 특허처분에 의하여 수인을 공유자로 하는 특허등록이 이루어졌다고 하더라도, 그 특허처분 자체에 대한 무효를 청구하는 제도인 특허무효심판에서 그 공유자 지분에 따라 특허를 분할하여 일부 지분만의 무효심판을 청구하는 것은 허용할 수 없다(대판 2015.1.15. 2012후2432).

2. 구 공무원연금법상 공무원연금급여 재심위원회에 대한 심사청구 제도는 사안의 전문성과 특수성을 살리기 위하여 특히 필요하여 행정심판법에 따른 일반행정심판을 갈음하는 특별한 행정불복절차(행정심판법 제4조 제1항), 즉 특별행정심판에 해당한다(대판 2019.8.9. 2019두38656).

3. 교원소청심사위원회(이하 '위원회'라 한다)의 결정은 처분청에 대하여 기속력을 가지고 이는 그 결정의 주문에 포함된 사항뿐 아니라 그 전제가 된 요건사실의 인정과 판단, 즉 처분 등의 구체적 위법사유에 관한 판단에까지 미친다. 따라서 위원회가 사립학교 교원의 소청심사청구를 인용하여 징계처분을 취소한 데 대하여 행정소송이 제기되지 아니하거나 그에 대하여 학교법인 등이 제기한 행정소송에서 법원이 위원회 결정의 취소를 구하는 청구를 기각하여 위원회 결정이 그대로 확정되면, 위원회 결정의 주문과 그 전제가 되는 이유에 관한 판단만이 학교법인 등 처분청을 기속하게 되고, 설령 판결 이유에서 위원회의 결정과 달리 판단된 부분이 있더라도 이는 기속력을 가질 수 없다. 그러므로 사립학교 교원이 어떠한 징계처분을 받아 위원회에 소청심사청구를 하였고, 이에 대하여 위원회가 그 징계사유 자체가 인정되지 않는다는 이유로 징계양정의 당부에 대해서는 나아가 판단하지 않은 채 징계처분을 취소하는 결정을 한 경우, 그에 대하여 학교법인 등이 제기한 행정소송 절차에서 심리한 결과 징계사유 중 일부 사유는 인정된다고 판단이 되면 법원으로서는 위원회의 결정을 취소하여야 한다. 이는 설령 인정된 징계사유를 기준으로 볼 때 당초의 징계양정이 과중한 것이어서 그 징계처분을 취소한 위원회 결정이 결론에 있어서는 타당하다고 하더라도 마찬가지이다. 위와 같이 행정소송에 있어 확정판결의 기속력은 처분 등을 취소하는 경우에 그 피고인 행정청에 대해서만 미치는 것이므로, 법원이 위원회 결정의 결론이 타당하다고 하여 학교법인 등의 청구를 기각하게 되면 결국 행정소송의 대상이 된 위원회 결정이 유효한 것으로 확정되어 학교법인 등도 이에 기속되므로, 위원회 결정의 잘못은 바로잡을 길이 없게 되고 학교법인 등도 해당 교원에 대한 적절한 재징계를 할 수 없게 되기 때문이다(대판 2013.7.25. 2012두12297).

제12절 기타

1 전자서명 등

행정심판법 제53조【전자서명등】① 위원회는 전자정보처리조직을 통하여 행정심판 절차를 밟으려는 자에게 본인(本人)임을 확인할 수 있는 전자서명법 제2조 제2호에 따른 전자서명(서명자의 실지명의를 확인할 수 있는 것을 말한다)이나 그 밖의 인증(이하 이 조에서 "전자서명등"이라 한다)을 요구할 수 있다.
② 제1항에 따라 전자서명등을 한 자는 이 법에 따른 서명 또는 날인을 한 것으로 본다.
③ 전자서명등에 필요한 사항은 국회규칙, 대법원규칙, 헌법재판소규칙, 중앙선거관리위원회규칙 또는 대통령령으로 정한다.

2 전자정보처리조직을 이용한 송달 등

행정심판법 제54조【전자정보처리조직을 이용한 송달 등】① 피청구인 또는 위원회는 제52조 제1항에 따라 행정심판을 청구하거나 심판참가를 한 자에게 전자정보처리조직과 그와 연계된 정보통신망을 이용하여 재결서나 이 법에 따른 각종 서류를 송달할 수 있다. 다만, 청구인이나 참가인이 동의하지 아니하는 경우에는 그러하지 아니하다.
② 제1항 본문의 경우 위원회는 송달하여야 하는 재결서 등 서류를 전자정보처리조직에 입력하여 등재한 다음 그 등재 사실을 국회규칙, 대법원규칙, 헌법재판소규칙, 중앙선거관리위원회규칙 또는 대통령령으로 정하는 방법에 따라 전자우편 등으로 알려야 한다.
③ 제1항에 따른 전자정보처리조직을 이용한 서류 송달은 서면으로 한 것과 같은 효력을 가진다.
④ 제1항에 따른 서류의 송달은 청구인이 제2항에 따라 등재된 전자문서를 확인한 때에 전자정보처리조직에 기록된 내용으로 도달한 것으로 본다. 다만, 제2항에 따라 그 등재사실을 통지한 날부터 2주 이내(재결서 외의 서류는 7일 이내)에 확인하지 아니하였을 때에는 등재사실을 통지한 날부터 2주가 지난 날(재결서 외의 서류는 7일이 지난 날)에 도달한 것으로 본다.

제 2 장　행정소송법

제1절　개념

행정소송은 행정청의 위법한 처분 또는 부작위에 의한 권리침해를 구제하고, 공법상 법적분쟁을 해결하는 재판을 말한다.

1 행정소송의 기능

1. 민주주의원리와 행정절차(국민의 행정참여)
행정절차를 통해 행정의사의 결정에 다양한 이해관계인이 참여하게 되므로 행정절차는 행정의 민주화 실현에 이바지한다.

2. 권익구제와 행정절차(사법기능 보완으로 사전적 구제)
행정과정에서 이해관계인의 절차적 참여를 보장함으로써 권익침해에 대한 사전적 예방을 할 수 있게 되어 행정절차는 효과적인 권익구제에 이바지한다.

3. 적정한 행정과 행정절차(행정작용의 정당성 확보)
행정절차를 통해 행정의사의 결정에 이해관계인을 참여하게 함으로써 공익과 사익의 대립갈등에서 행정의 타당성을 확보하고 행정운영의 적정화에 이바지한다.

4. 효율적인 행정과 행정절차(행정작용의 능률화)
행정절차의 정립으로 인해 복잡·다양한 행정작용의 기준·절차를 표준화함으로써 행정작용을 간이·신속하게 수행할 수 있게 되어 행정의 능률화에 이바지한다. 다만, 지나친 사전절차는 행정의 신속성을 저하시킬 수 있다.

2 법적 근거

헌법 제12조 제1항, 제3항은 형사사건에 대한 적법절차를 규정하고 있어 행정절차에 관하여는 특별히 규정하고 있지 않지만, 헌법재판소는 헌법 제12조 제1항과 제3항이 행정절차에도 적용된다고 판시하고 있다. 그 외 개별법인 민원처리에 관한 법률, 부패방지 및 국민권익위원회의 설치와 운영에 관한 법률, 행정대집행법, 국토의 계획 및 이용에 관한 법률, 토지보상법 등에서는 고지·청문제도 등 행정절차에 관한 규정을 도입하여 채택하고 있다(행정절차의 헌법적 근거를 민주국가원리·법치국가원리 또는 인간의 존엄과 가치에 관한 헌법 제10조 등에서 찾는 견해가 있다).

3 법률의 적용순서

행정절차에 관한 일반법으로서 행정절차법과 개별법은 일반법과 특별법 관계에 있다. 그러므로 개별법에 규정되어 있는 경우는 개별법(특별법)을 우선 적용하고, 개별법이 없는 경우는 일반법인 행정절차법이 적용된다.

제2절 행정소송의 종류

> 행정소송법 제3조 【행정소송의 종류】 행정소송은 다음의 네가지로 구분한다.
> 1. 항고소송: 행정청의 처분등이나 부작위에 대하여 제기하는 소송
> 2. 당사자소송: 행정청의 처분등을 원인으로 하는 법률관계에 관한 소송 그 밖에 공법상의 법률관계에 관한 소송으로서 그 법률관계의 한쪽 당사자를 피고로 하는 소송
> 3. 민중소송: 국가 또는 공공단체의 기관이 법률에 위반되는 행위를 한 때에 직접 자기의 법률상 이익과 관계없이 그 시정을 구하기 위하여 제기하는 소송
> 4. 기관소송: 국가 또는 공공단체의 기관상호간에 있어서의 권한의 존부 또는 그 행사에 관한 다툼이 있을 때에 이에 대하여 제기하는 소송. 다만, 헌법재판소법 제2조의 규정에 의하여 헌법재판소의 관장사항으로 되는 소송은 제외한다.

1 항고소송

행정청의 처분등이나 부작위에 대하여 제기하는 소송을 말하고, 이는 취소소송, 무효등확인소송, 부작위위법확인소송으로 나뉜다.

2 당사자소송

행정청의 처분등을 원인으로 하는 법률관계에 관한 소송 그 밖에 공법상의 법률관계에 관한 소송으로서 그 법률관계의 한쪽 당사자를 피고로 하는 소송을 말한다.

3 민중소송

> 행정소송법 제45조 【소의 제기】 민중소송 및 기관소송은 법률이 정한 경우에 법률에 정한 자에 한하여 제기할 수 있다.

1. 의의

국가 또는 공공단체의 기관이 법률에 위반되는 행위를 한 때에 직접 자기의 법률상 이익과 관계없이 그 시정을 구하기 위하여 제기하는 소송이다.

2. 특징

법률에 규정이 있어야만 인정이 된다. 개인의 권리구제와는 무관하므로 이는 객관소송에 해당한다.

3. 민중소송의 예

선거소송, 국민투표 무효확인소송, 주민투표 무효확인소송 등이 있다.

4 기관소송

1. 의의

국가 또는 공공단체의 기관 상호간에 있어서의 권한의 존부 또는 그 행사에 관한 다툼이 있을 때에 이에 대하여 제기하는 소송을 말한다. 다만, 헌법재판소법 제2조의 규정에 의하여 헌법재판소의 관장사항으로 되는 소송은 제외한다.

2. 특징

개인의 권리구제와는 무관하므로 객관소송에 해당한다. 법률에 규정이 있어야만 인정이 된다.

3. 재판관할

대법원에서 단심으로 재판한다.

4. 권한쟁의심판사항 제외

헌법재판소법 제2조의 규정에 의하여 헌법재판소의 관장사항으로 되는 소송은 제외한다.

> 헌법 제111조 ① 헌법재판소는 다음 사항을 관장한다.
>   4. 국가기관 상호간, 국가기관과 지방자치단체 간 및 지방자치단체 상호간의 권한쟁의에 관한 심판

> 📋 **간단 점검하기**
> 민중소송 및 기관소송은 법률이 정한 자에 한하여 제기할 수 있다. (○)

제3절 항고소송

1 취소소송

1. 취소소송의 개념

(1) 의의

취소소송이란 행정청의 위법한 처분 등을 취소 또는 변경하는 소송(행정소송법 제4조)을 말한다.

(2) 종류

행정소송법상 처분 등이란 '처분'과 '재결'을 의미하므로 취소소송은 그 대상에 따라 ① 처분취소소송, ② 처분변경소송, ③ 재결취소소송, ④ 재결변경소송과 추가적으로 ⑤ 판례상의 무효선언을 구하는 의미의 취소소송으로 구분된다.

> **관련판례**
>
> **1. 선언적 의미의 취소소송**
>
> 무효인 행정행위는 처음부터 당연 무효이므로 소송의 형식을 빌리지 않더라도 그 행정행위의 효력 없음을 누구나 주장할 수 있으며, 소송의 형식을 빌리는 경우에도 이는 다만 법원의 공식적 무효선언을 확인하는 의미에 그친다. 이러한 무효인 처분은 무효등확인소송을 통해서 확인을 받는 것이 일반적이지만 다수설과 판례는 무효선언적 의미의 취소소송을 허용하고 있고 이를 취소소송의 한 형태로 보고 있다.
>
> **2. 사자(死者)에 대한 변상금부과처분에 관하여 그 상속인에게 위 처분이 외형적으로 존재함으로 인하여 발생할 수 있는 손해를 피하기 위하여 무효선언을 구하는 의미에서의 취소를 구할 법률상 이익 있음**
>
> 시유지에 관하여 관계법률에서 정한 대부 또는 사용·수익허가 등을 받지 아니하고 이를 무단 점유하였다는 이유로 지방재정법 제87조, 같은 법 시행령 제105조에 의하여 변상금을 부과하였으나 상대방이 그 부과처분 이전에 사망한 경우, 위 망인에 대한 변상금부과처분은 사망자에 대한 것으로서 당연무효라 할 것이고, 그 상속인으로서는 위 변상금부과처분이 외형적으로 존재함으로 인하여 발생할 수 있는 손해를 피하기 위하여 그 처분에 관하여 무효선언을 구하는 의미에서의 취소를 구할 법률상의 이익이 있다(대판 1998.11.27. 97누2337).

(3) 취소소송의 성질

① **주관적 소송**: 개인의 권익구제를 직접적인 목적으로 하는 소송이다.
② **복심적 소송**: 행정기관의 처분인지를 우선 심사하고 다시 이러한 처분에 대한 적법 여부를 재심사하는 소송이다.
③ **형성소송**: 유효한 처분 등의 효력을 소멸시키는 소송이다.
③에 관하여 취소소송은 확인소송(당해 처분의 위법성을 확인하는 소송)의 성질을 가진다는 견해와 확인소송과 형성소송의 성질을 모두 가진다는 견해도 있으나 형성소송설이 통설과 판례이다.

(4) 소송물

① **법적 분쟁의 동일성**: 소송의 대상을 소송물이라 한다. 법적 분쟁의 동일성은 소송물의 개념에 따라 정해진다. 즉 소송물의 개념은 행정소송 해당 여부, 관할법원, 소송의 종류, 소의 병합과 소의 변경, 소송계속의 범위, 그리고 기판력의 범위 및 그에 따른 판결의 기속력의 범위를 정하는 기준이 된다. 뿐만 아니라 처분이유의 추가·변경이 처분의 동일성의 범위 내에서 인정된다는 것도 소송물과 관련하여 의미를 갖는다.

취소소송에서 소송물의 의의
1. 행정소송 해당 여부
2. 관할법원
3. 소송의 종류
4. 소의 병합과 소의 변경
5. 소송을 계속할 범위
6. 기판력의 범위와 그에 따른 판결의 기속력의 범위

등을 정하는 중요한 기준이 되므로 이러한 소송물의 개념은 중요한 의미를 가진다.

② **소송물의 개념**: 다수설과 판례는 행정행위의 위법성 일반이라는 입장을 취한다. 취소소송의 소송물은 행정행위의 위법성의 일반이라고 보아, 하나의 행정행위에 대하여는 위법사유가 여러개 있더라도 소송물을 하나로 보는 것이 타당하다. 따라서 이는 객관적 위법성이 아니라 주관적 위법성이 그 대상임을 의미하며, 이때 '위법성 일반'에서 '일반'이란 처분의 확정적 위법이 아니라 위법성이 추정된다는 의미이다.

> **관련판례**
> 판례는 과세관청이 법인세법 제16조 제5호에 해당하는 손비를 같은 조 제4호의 손비로 잘못 판단하여 손금부인한 처분의 적부에서 과세처분 취소소송의 소송물은 그 취소원인이 되는 위법성 일반이라고 판시하였다(대판 1990.3.23. 89누5386).

(5) 타소송과의 관계

① 취소소송과 무효등확인소송의 관계

㉠ **병렬관계**: 처분의 무효확인과 취소는 법논리상 동시에 있을 수 없는 것(서로 양립할 수 없는 소송)으로 ⓐ 양자는 주위적·예비적 청구로서 결합이 가능하나, ⓑ 선택적 청구로서의 병합이나 단순병합은 허용되지 않는다. 이는 병합에서 후술하도록 하겠다.

㉡ 포괄관계

ⓐ **무효인 처분을 취소소송으로 다투는 경우**: 이러한 경우에 무효를 구하는 의미의 취소소송이 허용된다는 것이 일반적인 견해이다.

ⓑ **취소할 수 있는 행위를 무효등확인소송으로 다투는 경우**: 이러한 경우 역시 허용된다는 것이 일반적인 견해이다. 즉, 원고가 무효확인만을 구하는 것이 명백하지 않다면 취소를 구하는 취지까지 포함되어 있다고 보아야 한다는 것이다. 이때 역시 취소소송의 요건을 구비하여야 한다.

> **관련판례**
>
> **1. 확인을 구하는 소에는 그 취소를 구하는 취지도 포함되어 있는 것으로 보아야 함**
> 일반적으로 행정처분의 무효확인을 구하는 소에는 원고가 그 처분의 취소를 구하지 아니한다고 밝히지 아니한 이상 그 처분이 만약 당연무효가 아니라면 그 취소를 구하는 취지도 포함되어 있는 것으로 보아야 한다(대판 1994.12.23. 94누477).
>
> **2. 할 수 있는 행위를 무효등확인소송으로 다투는 경우 취소소송의 요건을 구비해야 함**
> 행정처분의 무효확인을 구하는 청구에는 특별한 사정이 없는 한 그 처분의 취소를 구하는 취지까지도 포함되어 있다고 볼 수는 있으나 위와 같은 경우에 취소청구를 인용하려면 먼저 취소를 구하는 항고소송으로서의 제소요건을 구비한 경우에 한한다(대판 1986.9.23. 85누838).

② **취소소송과 당사자소송과의 관계**: 행정행위의 효력 여부가 쟁점인 경우 즉, 부당이득과 같은 경우 행정행위의 하자가 단순위법인 하자, 즉 취소인 하자일 경우 행정행위에는 공정력이 존재하기 때문에 취소소송으로 그 효력을 부인하여야만 이후 당사자 소송으로서 권리 · 의무 관계를 다툴 수 있다.

2. 소송요건[취소소송의 소송요건(본안판단의 전제요건)]

(1) 의의
취소소송을 제기하여 법원으로부터 본안에 관한 승소판결을 받기 위해서는 본안판단의 전제요건과 본안요건을 모두 갖추어야 한다. 즉, 소송요건이란 소가 적법한 취급을 받기 위해 구비하여야 할 사항을 말하는 것으로 소송요건을 '적법요건'이라고도 한다.

(2) 성질
본안판단의 전제요건을 갖추었는지 여부는 법원에 의한 직권심사사항이다.

형식적 요건	실체적 요건
• 관할 법원 • 피고적격 • 예외적 행정심판전치주의 • 제소기간 • 일정한 형식(소장)	• 대상적격성 • 원고적격 • 소의 이익(좁은 의미의 소의 이익)

2 소송요건 1 - 대상적격성

1. 처분 등의 정의(행정소송법 제2조 제1항 제1호, 행정소송법 제19조)

"처분 등"이라 함은 ① 행정청이 행하는 구체적 사실에 관한 법집행으로서의 ② 공권력의 행사 또는 ③ 그 거부와 ④ 그 밖에 이에 준하는 행정작용 및 ⑤ 행정심판에 대한 재결을 말한다. 하지만 이러한 행정소송법상 "처분 등"에 속하더라도 행정소송 이외의 다른 절차에 의하여 불복할 것을 예정하고 있는 것이라면 이는 항고소송의 대상이 될 수 없을 것이다. 이때 처분 등이 존재하는지 여부는 법원의 직권심리사항에 속한다.

2. 요소

(1) 행정청의 행위

① 행정청
  ㉠ **개념**: 행정청이란 국가 또는 지방자치단체의 행정에 관한 의사를 결정하고 이를 외부에 표시할 수 있는 권한을 가진 행정기관을 말한다. 여기서 말하는 행정청은 행정조직법상의 행정청과 반드시 일치하는 개념은 아니고, 기능적 의미의 행정청을 의미하는 것이다.
  ㉡ **항고소송의 피고**: 항고소송의 피고는 행정청이 된다.
  ㉢ 검토
    ⓐ **합의제 기관**: 행정청은 원칙적으로 단독제 기관이지만 각급 노동위원회, 각급 토지수용위원회 등의 합의제 기관도 행정청에 속한다.

ⓑ **입법기관·법원**: 입법기관(국회, 지방의회)이나 법원도 기능적 의미의 행정청에 포함된다. 단, 국회의원은 헌법 제64조에 의하여 사법심사의 대상에서 제외된다. 반면 지방의회의원의 경우에는 지방의회의 장에 대한 불신임결의, 의장선출, 지방의회 의원의 징계 등에 대하여 항고소송이 인정된다.

　　ⓒ **조례에 대한 항고소송**: 처분적 조례에 대한 항고소송의 피고는 조례의 공포권을 가진 지자체의 장이 된다. 다만, 교육에 관한 조례의 경우는 피고는 교육조례에 관한 공포권을 가진 교육감이 된다. 판례는 두밀분교폐지 조례사건에서 경기도 교육감이 피고가 된다고 판시한 바 있다.

② **행정청의 행위**

　㉠ **교원징계**: ⓐ 공립학교 교원징계의 경우, 이는 행정청의 행위에 해당하므로 항고소송의 대상이 된다. 그 반면 ⓑ 사립학교 교원징계의 경우, 행정청의 행위에 해당하지 않으므로 항고소송의 대상이 되지 않는다.

　㉡ **공법인 등 공공단체의 행위**

　　ⓐ **항고소송**: 법령에 의하여 위임받은 권력적 행위는 공법관계에 해당하므로 행정소송을 통하여 분쟁을 해결한다.

　　　㉮ **입찰참가자격 제한조치**: 국가·지자체와의 계약을 위반한 사업자에 대한 입찰참가자격 제한조치에 대해서는 항고소송이 인정된다.

　　　㉯ **한국전력공사나 한국토지공사 등 공법인이 계약을 위반한 자에게 행하는 입찰참가자격 제한조치**: 판례는 이에 대해서는 법적 근거가 없으므로 항고소송의 대상이 되지 않는다고 판시하였다. 그러나 이 판결 이후 공공기관의 운영에 관한 법률 제20조 제2항에 근거법규가 마련되었으므로 이들의 조치 역시 항고소송의 대상이 된다는 견해가 유력하다. 하지만 최근의 판례 또한 위임받지 못한 수도권매립지관리공사는 공공기관에 해당하지 않으므로 입찰 참가자격을 제한하는 내용의 부정당업자제재처분을 사법상 행위로 보았다.

> **관련판례**
>
> 1. 한국전력공사 사장이 한 입찰참가자격 제한처분의 처분성 부정(대판 1999.11. 26. 99부3)
>
> 2. 수도권매립지관리공사가 甲에게 입찰참가자격을 제한하는 내용의 부정당업자제재처분
>
>   수도권매립지관리공사가 甲에게 입찰참가자격을 제한하는 내용의 부정당업자제재처분을 하자, 甲이 제재처분의 무효확인 또는 취소를 구하는 행정소송을 제기하면서 제재처분의 효력정지신청을 한 사안에서, 수도권매립지관리공사는 행정소송법에서 정한 행정청 또는 그 소속 기관이거나 그로부터 제재처분의 권한을 위임받은 공공기관에 해당하지 않으므로 수도권매립지관리공사가 한 위 제재처분은 행정소송의 대상이 되는 행정처분이 아니라 단지 甲을 자신이 시행하는 입찰에 참가시키지 않겠다는 뜻의 사법상의 효력을 가지는 통지에 불과하므로, 집행정지의 대상이 되지 아니한다(대결 2010.11.26. 2010무137).

ⓑ **민사소송**: 공법인과 그 임직원 간 내부 법률문제에 해당하는 사항들은 항고소송이 아닌 민사소송으로 다투어야 한다.
㉮ 공법인의 내규 등에 따른 자체적 행위
㉯ 한국조폐공사의 직원에 대한 징계처분, 의료보험관리공단직원의 근무관계 등은 공법상의 권한이 주어진 행위가 아니므로 항고소송의 대상이 아닌 민사소송의 대상에 해당한다.

> **관련판례** 처분성 인정사례
>
> 1. 행정소송의 대상이 되는 행정처분이란 행정청 또는 그 소속기관이나 법령에 의하여 행정권한의 위임 또는 위탁을 받은 공공단체 등이 국민의 권리·의무에 관계되는 사항에 관하여 직접 효력을 미치는 공권력의 발동으로서 하는 공법상의 행위를 말하며, 그것이 상대방의 권리를 제한하는 행위라 하더라도 행정청 또는 그 소속기관이나 권한을 위임받은 공공단체 등의 행위가 아닌 한 이를 행정처분이라고 할 수 없다(대판 2008.1.31. 2005두8269).
>
> 2. 한국토지주택공사(구 대한주택공사)의 이주대책자 확인·결정
>   사업시행자가 하는 확인·결정은 곧 구체적인 이주대책상의 수분양권을 취득하기 위한 요건이 되는 행정작용으로서의 처분인 것이지, 결코 이를 단순히 절차상의 필요에 따른 사실행위에 불과한 것으로 평가할 수는 없다. 따라서 수분양권의 취득을 희망하는 이주자가 소정의 절차에 따라 이주대책대상자 선정신청을 한 데 대하여 사업시행자가 이주대책대상자가 아니라고 하여 위 확인·결정 등의 처분을 하지 않고 이를 제외시키거나 또는 거부조치한 경우에는, 이주자로서는 당연히 사업시행자를 상대로 항고소송에 의하여 그 제외처분 또는 거부처분의 취소를 구할 수 있다고 보아야 한다(대판 1994.5.24. 92다35783).
>
> 3. 근로복지공단의 개별 사업장의 사업종류 변경결정
>   근로복지공단이 사업주에 대하여 하는 '개별 사업장의 사업종류 변경결정'은 행정청이 행하는 구체적 사실에 관한 법집행으로서의 공권력의 행사인 '처분'에 해당한다(대판 2020.4.9. 2019두61137).
>
> 4. 산업단지관리공단의 입주변경계약취소
>   입주변경계약 취소는 행정청인 관리권자로부터 관리업무를 위탁받은 산업단지관리공단이 우월적 지위에서 입주기업체들에게 일정한 법률상 효과를 발생하게 하는 것으로서 항고소송의 대상이 되는 행정처분에 해당한다(대판 2017.6.15. 2014두46843).
>
> 5. 소속 지방법무사회의 법무사 사무원 채용승인거부(취소)조치
>   법무사의 사무원 채용승인 신청에 대하여 소속 지방법무사회가 '채용승인을 거부'하는 조치 또는 일단 채용승인을 하였으나 법무사규칙 제37조 제6항을 근거로 '채용승인을 취소'하는 조치는 공법인인 지방법무사회가 행하는 구체적 사실에 관한 법집행으로서 공권력의 행사 또는 그 거부에 해당하므로 항고소송의 대상인 '처분'이라고 보아야 한다(대판 2020.4.9. 2015다34444).
>
> 6. 조달청장, 국방부장관, 지방자치단체장의 입찰자격제한조치(대판 1983.8.23. 83누239)

7. 한국수력원자력 주식회사의 등록취소 및 그에 따른 일정기간의 거래제한조치

① 한국수력원자력 주식회사는 한국전력공사가 그 주식 100%를 보유하고 있으며, 공공기관운영법 제5조 제3항 제1호에 따라 '시장형 공기업'으로 지정·고시된 '공공기관'이다. 한국수력원자력 주식회사는 공공기관운영법에 따른 '공기업'으로 지정됨으로써 공공기관운영법 제39조 제2항에 따라 입찰참가자격제한처분을 할 수 있는 권한을 부여받았으므로 '법령에 따라 행정처분권한을 위임받은 공공기관'으로서 행정청에 해당한다. … 한국수력원자력 주식회사가 자신의 '공급자관리지침'에 근거하여 <u>등록된 공급업체에 대하여 하는 '등록취소 및 그에 따른 일정 기간의 거래제한조치'</u>는 행정청이 행하는 구체적 사실에 관한 법집행으로서의 공권력의 행사인 '<u>처분</u>'에 해당한다(대판 2020.5.28. 2017두66541).

② 피고(한국수력원자력 주식회사)는 행정절차법에 따라 입찰참가자격 제한에 관한 절차를 진행하였고, 원고에게 입찰참가자격 제한 조치에 대한 불복방법으로 일정한 기간 내에 행정심판법 또는 행정소송법에 따라 행정심판을 청구하거나 행정소송을 제기하여야 한다고 안내하였다. … 피고가 한 <u>입찰참가자격 제한 조치</u>는 계약에 근거한 권리행사가 아니라 공공기관운영법 제39조 제2항에 근거한 <u>행정처분</u>으로 봄이 타당하다(대판 2018.10.25. 2016두33537).

관련판례 처분성 부정사례

1. 보훈심사위원회의 결정

국가보훈처(현 국가보훈부) 산하 보훈심사위원회는 국가보훈처장을 돕기 위해 필요한 사항을 심의 의결함에 불과하고 스스로 의사를 결정하고 이를 대외적으로 표시할 수 있는 기관이 아니어서 독립하여 행정처분이나 재결을 할 수 있는 행정청이라 할 수 없으므로 보훈심사위원회 위원장은 피고적격이 없다. 따라서 보훈심사위원회의 결정은 처분성이 인정되지 않는다(대판 1989.1.24. 88누3314).

2. 공공기관인 수도권매립지공사의 부정당업자 제재처분(입찰참가자격 제한)

수도권매립지공사는 공공기관의 운영에 관한 법률 제5조 제4항에 의한 '기타 공공기관'에 불과하여 같은 법 제39조에 의한 입찰참가자격 제한 조치를 할 수 없다. <u>수도권매립지공사가 행한</u> 부정당업자 제재처분은 행정소송의 대상이 되는 <u>행정처분이 아니라</u> 단지 신청인을 재항고인이 시행하는 입찰에 참가시키지 않겠다는 뜻의 사법상의 효력을 가지는 통지행위에 불과하다(대판 2010.11.26. 2010무137).

(2) 구체적 집행행위

① **의의**: 행정소송은 구체적 사건에 관한 법적 분쟁을 법에 의하여 해결하기 위한 것이므로 구체적 사실에 대한 법집행행위만이 소송의 대상이 된다.

② **구체적 검토**

㉠ **행정입법과 처분적 법규**: 행정입법 자체만으로는 구체적인 처분이 발생하지 않기 때문에 이에 대한 소송은 허용되지 않는다. 그러나 처분적 법규인 경우에는 처분과 동일한 효과가 발생하기 때문에 이에 대한 소송이 허용된다.

ⓒ **일반처분, 물적 행정행위(도시계획결정)**: 불특정 다수인에 대한 일반처분이나 물적 행위 역시 국민의 법률상 이익을 구체적으로 규제하는 효과가 있기 때문에 항고소송의 대상이 된다. 판례는 도시계획결정에 대해서 항고소송의 대상이 된다고 판시한 바 있다(대판 1982.3.9. 80누105).

구분		처분성 인정사례
구체적 사실에 관한 법집행	행정 입법	• 처분적 조례(두밀분교 폐지조례) • 부천시담배자동판매기설치금지조례에 대한 헌법소원인정 • 처분적 법규명령 • 보건복지가족부 고시인 약제급여·비급여목록 및 급여상한 금액표 • 항정신병 치료제의 요양급여 인정기준에 관한 보건복지가족부 고시 • 약제 및 치료재료의 산정기준 등에 관한 보건복지가족부 고시 • 청소년 보호법에 따른 청소년유해매체물 결정 및 고시
		부정사례: 행정입법은 원칙적으로 처분성 부정, 행정입법부작위(헌법소원은 가능), 행정규칙(서울특별시 자치구의 철거민에 대한 국민주택특별공급지침 등)의 처분성 부정
	행정 계획	• 도시계획결정(도시관리계획결정) • 환권계획(관리처분계획, 분양계획) • 국토이용계획 • 택지개발예정지구 지정
		부정사례: 도시기본계획, 농어촌도로기본계획, 대학입시기본계획 내의 내신성적산정지침, 환지계획, 종합계획, 광역도시계획, 하수도정비기본계획(참고: 국토이용관리법에 근거한 건설부장관의 기준지가 고시)

(3) 공권력적 행위

① **개념**: 공권력적 행위란 행정청이 법에 의하여 고권적 지위에서 한 공법상 행위를 말한다.

② **구체적인 검토**

ⓐ **사법상 행위·공법상 계약**: 행정청이 상대방과 대등한 지위에서 행하는 사법상 행위나 공법상 계약 등은 공권력적 행위에 해당하지 않는다. 따라서 국공유잡종재산의 대부, 매각 등은 사경제작용에 해당하기 때문에 처분개념에서 제외된다.

ⓑ **변상금 부과처분(일반재산 포함), 사용료 부과처분(일반재산 제외)**

ⓐ **변상금 부과처분**: 국유재산법 제51조와 지방재정법 제87조에 의한 변상금 부과처분은 행정주체가 우월적 지위에서 행하는 것이므로 항고소송의 대상이 된다.

ⓑ **사용료 부과처분**: 도로점용허가와 도로점용료부과처분 등에 대해서 사용료를 부과하는 것 역시 행정주체가 우월적 지위에서 행하는 것이므로 항고소송의 대상이 된다. 하지만 사물에 해당하는 일반재산에 대한 사용료는 항고소송의 대상이 되는 처분이 아니다.

행정행위

- 환지예정지 지정처분
- 조세경정처분(감액되고 남은 당초처분, 증액경정처분)
- 행정재산의 관리(국유재산의 관리청이 무단점유자에 대하여 하는 변상금 부과처분)
- 행정재산 사용·수익에 대한 사용료 부과처분
- 과징금 부과행위
- 대집행 비용납부명령
- 하천 또는 공유수면의 점용료 부과처분
- 행정재산의 사용·수익허가 취소
- 귀속재산의 매각행위(귀속재산불하의 보류처분은 처분성 없음)
- 공기업특허
- 토지수용재결
- 토지수용·사업인정
- 주택건설사업계획의 승인
- 수도료의 부과징수와 수도료의 납부관계
- 건설교통부장관의 항공노선 운수 배분처분
- 건설교통부장관 고속철도역 명칭변경
- 징계처분(감사원의 징계요구에 의한 징계처분, 국립교육대학 학생에 대한 퇴학처분, 국공립학교 교원에 대한 징계, 국가나 지방자치단체에 근무하는 청원경찰에 대한 징계 처분, 사립학교 교원의 징계에 대한 교원징계 재심위원회의 결정은 처분성을 인정한다. 하지만 사립학교 교직원에 대한 징계처분은 처분성을 부정했음에 주의를 요한다)
- 반복된 처분(반복된 거부처분은 처분성 인정, 반복된 계고처분은 처분성 부정하고 최초 계고처분만 처분성 인정)
- 부패방지 및 국민권익위원회의 설치와 운영에 관한 법률상(제72조)의 국민감사 청구에 대한 감사원장의 기각결정
- 예비결정: 폐기물처리업 허가 전의 사업계획에 대한 부적정 통보
- 부분허가: 원자력부지 사전승인제도(예비결정이라는 견해와 부분허가라는 견해 다툼이 있음)
- 산업재해보상보험법상 장해보상금 결정의 기준이 되는 장해등급결정
- 근로기준법상 평균임금결정
- 공무원연금법상 재직기간합산처분

부정사례

- 내부행위 및 중간처분: 국세기본법 제51조 및 제52조의 국세환급금 및 국세가산금결정이나 환급거부 결정, 교육공무원법상 총장과 학장이 교수 등 임용제청이나 그 철회, 택지개발촉진법상 택지개발사업시행자의 택지공급방법 결정 행위, 경제기획원장관의 정부투자기관에 대한 예산편성지침통보, 대학입시 기본계획 내의 내신성적산정지침, 금융감독위원회의 부실금융기관에 대한 파산신청, 정부의 수도권 소재 공공기관의 지방이전시책을 추진하는 과정에서 도지사가 도 내 특정시를 공공기관이 이전할 혁신도시 최종입지로 선정한 행위, 징계위원회의 결정, 독점규제 및 공정거래위원회에 관한 법률상 공정거래위원회의 고발조치 및 의결, 상급행정기관의 하급행정기관에 대한 승인·지시·동의, 국가유공자가 부상여부 및 정도를 판정받기 위하여 하는 신체검사판정, 군의관의 신체등위판정, 상이등급 재분류 과정에 있는 보훈병원장의 상이등급재분류판정, 광주민주화운동 관련자 보상심의위원회의 보상금지급신청에 대한 결정, 운전면허 행정처분처리대장상 벌점의 부과

주의
행정규칙에 의한 불문경고 조치는 처분성을 인정하였다.

		• 비권력적 행정지도: 구청장이 전기공급이 불가하다는 내용의 회신, 행정청이 전기·전화의 공급자에게 위법 건축물에 대한 전기·전화공급을 하지 말아 줄 것을 요청한 행위, 택시운송사업자에 대한 사업용자동차 증차배정조치, 경기도 대기환경 개선을 위해 황사기간 중 공장가동시간 1시간 줄이기운동 전개 협조요청, 공무원이 소속장관으로부터 받은 서면에 의한 경고 • 기타 사실행위: 추첨방식에 의하여 운수사업면허 대상자를 선정하는 경우에 있어서의 추첨행위, 지적측량성과검사 • 공법상 계약과 합동행위
준법률행위적 행정행위	확인	• 감사원의 변상판정에 대한 재검판정(병역법상 군의관의 신체등위 판정은 부정) • 도로구역결정, 하천구역 범위결정 • 행정심판재결
		부정사례: 공장배치 및 공장설립에 관한 법률에 의한 공장입지기준 확인
	공증	• 지적공부 소관청의 지목변경신청 반려행위 • 의료유사업자자격증 갱신발급행위 • 특허청장의 상표사용권설정등록행위 • 사회단체 등록신청 반려처분 • 지적공부 소관청의 토지분할신청 거부행위
		부정사례: 일반적으로 대장 기재나 등재
	통지	• 대집행영장에 의한 통지 • 대집행의 계고 • 독촉(강제징수) • 임용권자가 임용기간이 만료된 국·공립대학교수에 대한 재임용을 거부하는 취지의 임용기간만료의 통지 • 농지법상 농지처분의무통지 • 부당한 공동행위의 자진신고자가 한 감면신청에 대해 공정거래위원회가 감면불인정 통지 • 교통안전공단이 구 교통안전공단법에 의거하여 교통안전분담금 납부의무자에게 한 분담금납부통지
		부정사례 – 사실행위로서의 통지와 통보: 정년퇴직 발령, 당연퇴직의 통보와 인사발령, 자동차대여사업 등록실효 통지, 공무원연금관리공단이 공무원연금법령의 개정사실과 퇴직연금 수급자가 퇴직연금 중 일부 금액의 지급정지대상자가 되었다는 사실의 통보, 성업 공사(한국자산관리공사)의 공매 또는 재공매 통지, 반복된 대집행 계고처분
	수리	• 학교보건법상의 체육시설업 신고 • 건축법 시행규칙에 의한 건축주 명의 변경 신고 • 액화석유가스의 안전 및 사업관리법 제7조 제2항에 의한 사업양수에 의한 지위 승계신고 • 식품위생법 제25조 제3항에 의한 영업양도에 따른 지위승계신고
		부정사례 – 자족적 신고의 수리나 수리거부: 건축법상의 신고, 체육시설의 설치·이용에 관한 법률 제18조에 의한 골프연습장 이용료 변경 신고

(4) 공권력 행사의 거부
  ① 거부처분의 의의
    ㉠ 개념: 거부처분이란 공권력 행사의 신청에 대해서 요건 불비로 각하 또는 이유 없음을 이유로 하여 행정청이 신청한 행위를 하지 않을 것을 표시하는 행위를 의미한다. 현행 행정소송법 제2조 제1항에서는 거부처분이 취소소송의 대상이 됨을 규정하고 있다.
    ㉡ 구별개념: 부작위
      ⓐ 구별실익: 당사자소송의 경우에는 피고의 부작위에 대한 의무이행소송이 인정되므로 부작위와 거부처분의 구별실익이 존재하지 않는다. 그러나 항고소송의 경우에는 의무이행소송이 인정되지 않으므로 양자의 구별실익이 존재한다.
      ⓑ 구별기준: 행정청의 어떠한 행정행위도 존재하지 않을 경우에는 ㉮ 신청거절의 의사를 대외적으로 표시한 경우, ㉯ 행정청이 당해 신청을 거부한 것을 본인이 알았거나 알 수 있을 때, ㉰ 간주거부규정이 존재하는 경우 등에 해당하는 경우 거부처분을 행한 것으로 간주된다.

> **관련판례**
> 1. 반복된 거부처분의 경우, 독립된 새로운 거부처분으로 보아 처분성 인정
>   거부처분은 관할 행정청이 국민의 처분신청에 대하여 거절의 의사표시를 함으로써 성립되고, 그 이후 동일한 내용의 새로운 신청에 대하여 다시 거절의 의사표시를 한 경우에는 새로운 거부처분이 있는 것으로 보아야 한다. 토지개발공사가 이주대책대상자 선정 신청에 대하여 토지개발공사 이주자택지의 공급에 관한 예규 소정의 이주택지의 공급대상 적격자에 해당하지 아니한다는 이유로 당해 이주대책 대상자 선정신청자를 이주대책대상자로 선정하는 것이 불가하다는 통지를 하였는바, 위 공사의 위 선정신청자에 대한 이러한 통지는 독립한 새로운 거부처분으로서 취소소송의 대상이 된다고 하여 위 통지가 행정처분에 해당하지 않는다고 본 원심판결을 파기한 사례(대판 1998.3.13. 96누15251)
>
> 2. 건축협의 취소는 상대방이 다른 지방자치단체 등 행정주체라 하더라도 '행정청이 행하는 구체적 사실에 관한 법집행으로서의 공권력 행사'(행정소송법 제2조 제1항 제1호)로서 처분에 해당한다고 볼 수 있고, 지방자치단체인 원고가 이를 다툴 실효적 해결 수단이 없는 이상, 원고는 건축물 소재지 관할 허가권자인 지방자치단체의 장을 상대로 항고소송을 통해 건축협의 취소의 취소를 구할 수 있다(대판 2014.2.27. 2012두22980).

  ② 행정청의 신청거부가 처분이 되기 위한 조건
    ㉠ 공권력행사의 거부: 행정청의 거부가 작위인 처분과 동일시될 수 있기 위해서는 그 거부가 우선 공권력 행사의 거부에 해당하여야 한다.
    ㉡ 국민의 권리·의무에 변동이 있을 것: 그 거부가 국민의 권리·의무에 직접적으로 영향을 미치는 것이어야 한다.

ⓒ **국민에게 법규상·조리상 신청권이 존재할 것**: 법률상 이익의 침해를 인정하기 위해서는 법규상·조리상 신청권이 인정되어야 한다. 왜냐하면 신청권이 존재하는 자에 대한 거부일 경우에만 권리·의무에 영향이 있기 때문이다.

ⓔ **신청권의 존부 판단**: 신청권의 존부는 ⓐ 구체적 사건에서 신청인이 누구인가를 고려하지 않고, ⓑ 관계법규의 해석에 의하여 국민 일반에게 그러한 신청권을 인정하고 있는가를 살펴 추상적으로 결정되는 것이며, ⓒ 신청인이 그 신청에 따른 단순한 응답을 받을 권리를 넘어서 신청권의 인용이라는 결과를 얻을 권리를 의미하는 것은 아니다. ⓓ 나아가 신청의 대상이 된 행위가 권리·의무관계에 영향이 있는 것인 한 그에 대한 형식적 신청권은 항상 인정된다.

> **관련판례**
>
> **1. 거부행위의 처분성을 인정하기 위한 전제요건이 되는 '신청권의 존부'의 의미**
>
> 거부처분의 처분성을 인정하기 위한 전제요건이 되는 신청권의 존부는 구체적 사건에서 신청인이 누구인가를 고려하지 않고 관계 법규의 해석에 의하여 일반 국민에게 그러한 신청권을 인정하고 있는가를 살펴 추상적으로 결정되는 것이고, 신청인이 그 신청에 따른 단순한 응답을 받을 권리를 넘어서 신청의 인용이라는 만족적 결과를 얻을 권리를 의미하는 것은 아니므로, 국민이 어떤 신청을 한 경우에 그 신청의 근거가 된 조항의 해석상 행정발동에 대한 개인의 신청권을 인정하고 있다고 보이면 그 거부행위는 항고소송의 대상이 되는 처분으로 보아야 하고, 구체적으로 그 신청이 인용될 수 있는가 하는 점은 본안에서 판단하여야 할 사항이다(대판 2009.9.10. 2007두20638).
>
> **2. 거부행위의 처분성을 인정하기 위한 전제요건이 되는 '신청인의 법률관계에 어떤 변동을 일으키는 것'의 의미**
>
> '신청인의 법률관계에 어떤 변동을 일으키는 것'이라는 의미는 신청인의 실체상의 권리관계에 직접적인 변동을 일으키는 것은 물론, 그렇지 않다 하더라도 신청인이 실체상의 권리자로서 권리를 행사함에 중대한 지장을 초래하는 것도 포함한다(대판 2007.10.11. 2007두1316).

> **관련판례** 법규상·조리상 신청권을 인정한 사례
>
> **1.** 임용기간이 만료된 조교수에 대하여 재임용을 거부하는 취지로 한 임용기간만료의 통지(대판 2004.4.22. 2000두7735)
>
> **2. 국립서울교육대학교 상근강사의 정규교원 임용신청거부**
>
> 대학의 상근강사로서 근무를 마친 자가 정규교원에 임용하여 줄 것을 요청하는 내용의 탄원서에 대하여 교장이 민원서류 처리결과 통보의 형식으로 인사위원회에서 임용동의가 부결되어 임용하지 못한다는 설명을 담은 서신을 보낸 경우를 임용거부처분으로 보았다(대판 1990.9.25. 89누4758).

3. 대학교원의 신규채용에 있어서 유일한 면접심사 대상자로 선정된 임용지원자에 대한 교원신규 채용 중단조치

   임용지원자는 임용에 관한 법률상 이익을 가진 자로서 임용권자에 대하여 나머지 심사를 공정하게 진행하여 그 심사에서 통과되면 대학교원으로 임용해 줄 것을 신청할 조리상의 권리가 있다고 보아야 할 것이다(대판 2004.6.11. 2001두7053).

4. 상수원 수질보전을 위하여 필요한 지역 내 토지의 매수신청에 대한 거부 처분

   금강수계 중 상수원 수질보전을 위하여 필요한 지역의 토지 등의 소유자가 국가에 그 토지 등을 매도하기 위하여 매수신청을 하였으나 유역환경청장 등이 매수거절의 결정을 한 사안에서, 위 매수거절을 항고소송의 대상이 되는 행정처분으로 보지 않는다면 토지 등의 소유자로서는 재산권의 제한에 대하여 달리 다툴 방법이 없게 되는 점 등에 비추어, 그 매수 거부 행위가 공권력의 행사 또는 이에 준하는 행정작용으로서 항고소송의 대상이 되는 행정처분에 해당한다(대판 2009.9.10. 2007두20638).

5. 도시계획구역 내 토지소유자의 도시계획입안 신청에 대한 도시계획 입안권자의 거부행위

   구 도시계획법은 … 도시계획 입안제안과 관련하여서는 주민이 입안권자에게 도시계획의 입안을 제안할 수 있고, 위 입안제안을 받은 입안권자는 그 처리결과를 제안자에게 통보하도록 규정한다(대판 2004.4.28. 2003두1806).

6. 공공용지의 취득 및 손실보상에 관한 특례법 제8조에 의거한 특별분양신청에 대한 사업시행자의 거부행위

   사업시행을 위하여 토지 등을 제공한 자에 대한 이주대책을 세우는 경우 위 이주대책은 공공 사업에 협력한 자에게 특별공급의 기회를 요구할 수 있는 법적인 이익을 부여하고 있는 것이라고 보아야 할 것이므로 그들에게는 특별공급신청권이 인정되며 따라서 사업시행자가 위 조항에 해당함을 이유로 특별분양을 요구하는 자에게 이를 거부한 행위는 항고소송의 대상이 되는 거부처분이라 할 것이다(대판 1992.11.27. 92누3618).

7. 이주자의 이주대책대상자 선정신청에 대하여 사업시행자가 확인·결정 등의 처분을 하지 않고 이를 제외시키거나 거부조치한 경우

   수분양권의 취득을 희망하는 이주자가 소정의 절차에 따라 이주대책대상자 선정신청을 한데 대하여 사업시행자가 이주대책대상자가 아니라고 하여 위 확인 결정 등의 처분을 하지 않고 이를 제외시키거나 또는 거부조치한 경우에는, 이주자로서는 당연히 사업시행자를 상대로 항고소송에 의하여 그 제외처분 또는 거부처분의 취소를 구할 수 있다고 보아야 한다(대판 1994.5.24. 92다35783).

8. 문화재보호구역 내 토지 소유자의 문화재보호구역 지정해제 신청에 대한 행정청의 거부행위

   문화재보호법은 문화재의 보존 가치 외에도 보호구역의 지정이 재산권 행사에 미치는 영향 등을 고려하도록 규정하고 있는 점 등과 헌법상 개인의 재산권 보장의 취지에 비추어 보면, 문화재보호구역 내에 있는 토지소유자 등으로서는 위 보호구역의 지정해제를 요구할 수 있는 법규상 또는 조리상의 신청권이 있다고 할 것이고, 이러한 신청에 대한 거부행위는 항고소송의 대상이 되는 행정처분에 해당한다(대판 2004.4.27. 2003두8821).

9. **학력인정 학교형태의 평생교육시설의 설치자 명의변경 신청에 대한 행정청의 거부처분**

    현실적으로 설치자의 지위승계를 허용하여야 할 필요성도 있다고 할 것이므로 법규에 따른 적법성과 타당성의 요건을 구비하는 한 설치자의 지위승계가 허용된다고 보아야 할 것이고, 따라서 법규상 내지 조리상으로 신청인에게 학력인정 학교형태의 평생교육시설 설치자 명의의 변경을 요구할 권리가 있다고 할 것이며, 이러한 신청에 대한 거부처분은 신청인의 법률 관계에 영향을 주는 것으로서 항고소송의 대상이 된다(대판 2003.4.11. 2001두9929).

10. **실용신안권이 불법 또는 착오로 소멸등록된 경우 특허청장의 실용신안권의 회복신청 거부행위**

    실용신안권의 소멸등록의 회복은 실용신안권자의 권리관계에 직접 변동을 일으키는 행위라고 할 것이어서 실용신안권자는 이해상대방을 상대로 그의 신청에 의하여 불법 또는 착오로 말소된 실용신안권 등록의 회복을 청구할 수 있는 외에, 실용신안권이 특허청장의 직권에 의하여 불법 또는 착오로 소멸등록된 경우에 특허청장에 대하여 그 소멸등록된 실용신안권의 회복등록을 신청할 권리가 있다고 보아야 한다(대판 2002.11.22. 2000두9229).

11. **의료보호법상 진료기관의 보호비용 청구에 대한 보호기관의 지급 거부**

    진료기관의 보호기관에 대한 진료비지급청구권은 계약 등의 법률관계에 의하여 발생하는 사법상의 권리가 아니라 법에 의하여 정책적으로 특별히 인정되는 공법상의 권리라고 할 것이고, … 진료기관의 보호비용 청구에 대하여 보호기관이 심사 결과 지급을 거부한 경우에는 곧바로 민사소송은 물론 공법상 당사자소송으로도 지급 청구를 할 수는 없고, 지급거부 결정의 취소를 구하는 항고소송을 제기하는 방법으로 구제받을 수밖에 없다(대판 1999.11.26. 97다42250).

12. 수형자의 영치품에 대한 사용신청 불허처분 후 수형자가 다른 교도소로 이송되었다 하더라도 수형자의 권리와 이익의 침해 등이 해소되지 않은 점에 비추어, 위 영치품 사용신청 불허처분의 취소를 구할 이익이 있다(대판 2008.2.14. 2007두13203).

13. **불법유출된 주민등록번호 변경신청에 대한 거부**

    피해자의 의사와 무관하게 주민등록번호가 유출된 경우에는 조리상 주민등록번호의 변경을 요구할 신청권을 인정함이 타당하고, 구청장의 주민등록번호 변경신청 거부행위는 항고소송의 대상이 되는 행정처분에 해당한다(대판 2017.6.15. 2013두2945).

> **관련판례** 법규상·조리상 신청권을 부정한 사례

1. **교사특별채용 신청에 대한 거부행위**

    교사에 대한 임용권자가 교육공무원법 제12조에 따라 임용지원자를 특별채용할 것인지 여부는 임용권자의 판단에 따른 재량에 속하는 것이고, 임용권자가 임용지원자의 임용 신청에 기속을 받아 그를 특별채용하여야 할 의무는 없으며 임용지원자로서도 자신의 임용을 요구할 법규상 또는 조리상 권리가 있다고 할 수 없다(대판 2005.4.15. 2004두11626).

2. 국·공립 대학교원 임용지원자에 대한 거부행위

국·공립 대학교원에 대한 임용권자가 임용지원자를 대학교원으로 임용할 것인지 여부는 임용권자의 판단에 따른 자유재량에 속하는 것이어서, 임용지원자로서는 임용권자에게 자신의 임용을 요구할 권리가 없을 뿐 아니라, 임용에 관한 법률상 이익을 가진다고 볼 만한 특별한 사정이 없는 한, 임용 여부에 대한 응답을 신청할 법규상 또는 조리상 권리가 있다고도 할 수 없다(대판 2003.10.23. 2002두12489).

3. 과거에 법률에 의하여 당연퇴직된 공무원의 복직 또는 재임용신청에 대한 행정청의 거부행위(대판 2005.11.25. 2004두12421)

4. 세법에 근거하지 아니한 납세의무자의 경정청구에 대한 과세관청의 거부회신

국세기본법 또는 개별 세법에 경정청구권을 인정하는 명문의 규정이 없는 이상, 조리에 의한 경정청구권을 인정할 수는 없는 것이고, 이와 같이 세법에 근거하지 아니한 납세의무자의 경정청구에 대하여 과세관청이 이를 거부하는 회신을 하였다고 하더라도 이를 가리켜 항고소송의 대상이 되는 거부처분으로 볼 수 없다(대판 2006.5.11. 2004두7993).

5. 서울특별시의 시영아파트에 대한 분양불허의 의사표시

서울특별시의 '철거민에 대한 시영아파트 특별분양개선지침'은 서울특별시 내부에 있어서의 행정지침에 불과하고 지침 소정의 사람에게 공법상의 분양신청권이 부여되는 것이 아니라 할 것이므로 서울특별시의 시영아파트에 대한 분양불허의 의사표시는 항고소송의 대상이 되는 행정처분이라고 볼 수 없다(대판 1993.5.11. 93누2247).

6. 행정청이 인접 토지 소유자의 장애물 철거 요구를 거부한 행위

도시계획법, 건축법, 도로법 등 관계 법령상 주민에게 도로상 장애물의 철거를 신청할 수 있는 권리를 인정한 근거 법규가 없을 뿐만 아니라 조리상 이를 인정할 수도 없고, 따라서 행정청이 인접 토지 소유자의 장애물 철거 요구를 거부한 행위는 항고소송의 대상이 되는 거부 처분에 해당될 수 없다(대판 1996.5.14. 95누1378).

7. 산림 복구설계승인 및 복구준공통보에 대한 이해관계인의 취소신청을 거부한 행위 산림법령에는 채석허가처분을 한 처분청이 산림을 복구한 자에 대하여 복구설계서승인 및 복구준공통보를 한 경우 그 취소신청과 관련하여 아무런 규정을 두고 있지 않고, 원래 행정처분을 한 처분청은 그 처분에 하자가 있는 경우에는 원칙적으로 별도의 법적 근거가 없더라도 스스로 이를 직권으로 취소할 수 있지만, 그와 같이 직권취소를 할 수 있다는 사정만으로 이해관계인에게 처분청에 대하여 그 취소를 요구할 신청권이 부여된 것으로 볼 수는 없으므로, 처분청이 위와 같이 법규상 또는 조리상의 신청권이 없이 한 이해관계인의 복구준공통보 등의 취소신청을 거부하더라도, 그 거부행위는 항고소송의 대상이 되는 처분에 해당하지 않는다(대판 2006.6.30. 2004두701).

8. 산림훼손 용도변경신청을 반려한 행위

산림법이나 같은 법 시행령 등에는 산림훼손 용도변경신청에 관하여 아무런 규정을 두지 않고 있고, 산림청훈령인 '산림의 형질변경 허가 및 복구요령'은 법규로서의 효력이 없는 행정청 내부의 사무처리준칙에 불과하며, 처분 후에 원래의 처분을 그대로 존속시킬 수 없게 된 사정변경이 생겼다 하여 처분의 상대방에게 그 철회·변경을 요구할 권리가 생기는 것도 아니므로, 산림훼손허가를 얻은 자에게는 법규상 또는 조리상 산림훼손 용도변경신청권이 없고, 따라서 산림훼손 용도변경신청을 반려한 것은 항고소송의 대상이 되는 처분에 해당하지 아니한다(대판 1998.10.13. 97누13764).

9. 시외완행버스업체들이 구청장에게 시외버스 공용정류장 운영 회사에 대하여 자동차정류장법 제20조에 따른 사업개선명령을 내리도록 신청한 것을 거부한 경우(대판 1991.2.26. 90누5597)

거부처분 (신청권 인정)	• 환지 등기의 등기촉탁신청 거부행위 • 구속피고인에 대한 교도소장의 접견허가 거부처분 • 사회단체등록신청 반려행위 • 문화재보호구역 내 토지소유자의 문화재보호구역 지정해제신청에 대한 행정청의 거부행위 • 반복된 거부처분 • 소멸등록된 실용신안권 회복신청 거부 • 영업허가 갱신신청에 대한 거부행위 • 행정재산의 사용·수익에 대한 허가신청을 거부한 행위 • 공유수면점용기간 연장신청거부 • 자동차운송사업양도양수인가 신청에 대한 행정청의 내인가 취소 • 검사임용신청 거부 • 주민등록전입신고에 대한 등록거부행위 • 진료기관의 의료보호비용청구에 대한 지급거부 • 공무원 면접시험 면접불합격 결정 • 정보공개신청에 대하여 거부하는 행위 • 이주대책자 선정신청 • 주택공급규칙에 의한 아파트특별분양 거부처분 • 도시계획 입안신청거부행위(도시계획시설변경 입안) • 구 공공용지의 취득 및 손실보상에 관한 특례법상 이주대책대상자선정신청 • 특별분양신청에 대한 거부처분 • 방송법에 따른 방송통신위원회의 통합유선방송사업승인신청에 대한 거부처분 • 평생교육법상 학력인정시설의 설치자 명의변경신청에 대한 거부처분 • 국립대학 상근강사의 정규교원 임용신청거부 • 대학교원의 임용권자가 임용기간이 만료된 조교수에 대한 재임용을 거부하는 취지로 행한 임용기간만료의 통지 • 지방자치단체장의 건축협의 거부처분이나 취소처분(대판 2014.2.27. 2012두22980)

거부처분 (신청권 부정사례)	• 기부채납 부동산의 사용허가기간 연장신청 거부행위 • 서울교행 일반적인 계획변경청구 신청에 대한 거부행위 • 서울특별시 시영아파트에 대한 특별분양불허의 의사표시 • 서울특별시 자치구의 '철거민에 대한 국민주택특별공급지침'에 의한 주택공급신청 거부행위(모두 서울특별시 내부의 행정지침에 따라 분양 또는 공급되는 것이므로 그 지침 소정의 사람에게 공법상 분양신청권이 부여되는 것이 아니라 할 것이므로)
기타	권력적 사실행위(압류처분, 강제적 행정조사, 영업소 폐쇄조치, 대집행 실행, 즉시강제, 단수처분: 단, 판례는 권력적 사실행위라고 명시하지 않음), 처분법규(두밀분교 폐지조례), 일반처분, 개별적·추상적 규율, 구속적 행정계획
처분성 인정여부 변경	• 지적공부 소관청의 지목변경신청 반려행위가 항고소송의 대상이 되는 행정처분에 해당하는지 여부(처분성 인정) • 교원재임용거부(처분성 인정) • 소득금액변동통지(처분성 인정)

(5) 국민의 권리·의무에 직접 영향이 있는 법적 행위

① **의의**: 항고소송은 국민의 권리와 이익 구제를 위한 것이므로, 국민의 권리·의무에 영향이 없는 행정청의 행위는 항고소송의 대상이 되지 않는다.

> **관련판례**
>
> **반덤핑부과처분이 WTO협정에 위반된다는 이유만으로 사인이 직접 국내 법원에 그 처분의 취소를 구할 수 있는지 여부(소극)**
>
> 우리나라가 1994.12.16. 국회의 비준동의를 얻어 1995.1.1. 발효된 「1994년 국제무역기구 설립을 위한 마라케쉬협정」(Marrakesh Agreement Establishing the World Trade Organization, WTO협정)의 일부인 1994년 관세 및 무역에 관한 일반협정(General Agreement on Tariffs and Trade. GATT 1994) 제6조의 이행에 관한 협정은 국가와 국가 사이의 권리·의무관계를 설정하는 국제협정으로, 그 내용 및 성질에 비추어 이와 관련한 법적 분쟁은 WTO 분쟁해결기구에서 해결하는 것이 원칙이고, 사인(私人)에 대하여는 위 협정의 직접 효력이 미치지 아니한다고 보아야 할 것이므로, 위 협정에 따른 회원국 정부의 반덤핑부과처분이 WTO 협정위반이라는 이유만으로 사인이 직접 국내 법원에 회원국 정부를 상대로 그 처분의 취소를 구하는 소를 제기하거나 위 협정위반을 처분의 독립된 취소사유로 주장할 수는 없다(대판 2009.1.30. 2008두17936).

② **구체적 검토**

㉠ 행정청 내부행위나 중간처분

ⓐ (세무서장의) 과세표준결정, 보험료산정기준 사업변경처분, 해난심판원의 재결: 이러한 것들로 인하여 국민에게 의무나 불이익이 아직 발생한 것이 아니므로 항고소송의 대상이 되지 않는다.

> **관련판례**
>
> **행정자치부장관이나 시·도지사의 지방자치단체 또는 지방자치단체의 장 상호간 분쟁에 대한 조정결정은 항고소송의 대상이 되지 아니함**
>
> 지방자치법 제148조 제4항, 제7항, 제170조 제3항의 내용과 체계, 지방자치법 제148조 제1항에 따른 지방자치단체 또는 지방자치단체의 장 상호간 분쟁에 대한 조정결정(이하 '분쟁조정결정'이라 한다)의 법적 성격 및 분쟁조정결정과 이행명령 사이의 관계 등에 비추어 보면, 행정자치부장관이나 시·도지사의 분쟁조정결정에 대하여는 후속의 이행명령을 기다려 대법원에 이행 명령을 다투는 소를 제기한 후 그 사건에서 이행의무의 존부와 관련하여 분쟁조정결정의 위법까지 함께 다투는 것이 가능할 뿐, 별도로 분쟁조정결정 자체의 취소를 구하는 소송을 대법원에 제기하는 것은 지방자치법상 허용되지 아니한다. 나아가 분쟁조정결정은 상대방이나 내용 등에 비추어 행정소송법상 항고소송의 대상이 되는 처분에 해당한다고 보기 어려우므로, 통상의 항고소송을 통한 불복의 여지도 없다(대판 2015.9.24. 2014추613).

ⓑ **징계처분에 있어서 징계위원회의 결정, 군의관이 하는 신체등위 판정, 감사원의 징계요구 등**: 이는 행정기관의 내부행위에 불과하기 때문에 항고소송의 대상이 되지 않는다.

ⓒ **독점규제 및 공정거래에 관한 법률에 의한 공정위의 고발조치**: 이는 행정기관 상호간의 행위에 불과하므로 항고소송의 대상이 되지 않는다.

ⓓ 도지사가 군수의 국토이용계획변경결정 요청을 반려한 것은 행정기관 내부의 행위에 불과할 뿐 국민의 구체적인 권리·의무에 직접적인 변동을 초래하는 것이 아니므로, 항고소송의 대상이 되는 행정처분에 해당하지 않는다(대판 2008.5.15. 2008두2583).

ⓔ **중간처분이라도 국민의 권리제한, 의무부과시 항고소송 가능 여부**: 중간처분이라도 국민의 권리 제한, 의무부과에 해당하는 경우라면 항고소송이 가능하다.

> **관련판례**
>
> **행정청 내부행위나 중간처분이라도 국민의 권리제한·의무부과 시 처분성 인정**
>
> 1. **사업인정(토지수용)**
>   이로 인하여 수용할 목적물의 범위가 확정되고 기업자에게는 일종의 공법상 권리를 취득케 하는 반면, 토지소유자에게는 형질변경이 제한되는 등의 불이익이 따르므로 항고소송의 대상이 된다.
>
> 2. **중재회부 결정**
>   노동조합및노동관계조정법 제62조 3호에 의한 중재회부 결정 이후에는 쟁의행위가 금지되는 법률상의 제한이 따르므로 항고소송의 대상이 된다.
>
> 3. **개별공시지가 결정**
>   표준공시지가나 개별공시지가의 결정은 각종 부담금과 조세 산정의 기준이 되어 국민의 권리나 의무 또는 법률상의 이익에 직접 관계되는 것으로 항고소송의 대상이 된다.

- ⓒ 부분허가·확약
    - ⓐ **부분허가**: 사전에 요건 일부 심사, 적정통보를 받은 자만이 허가신청이 가능한 경우에는 이러한 부분허가나 그 신청에 대한 거부는 처분성을 인정한다. 다만, 항고소송 중 본허가가 나오면 소의 이익이 없다.
    - ⓑ **확약**: 판례는 확약에 대해 처분성을 부정한다.
- ⓒ **장부기재행위·기재내용의 수정요구 거부**: ⓐ 지적공부, ⓑ 자동차운전면허대장, ⓒ 부가가치세법상 사업자등록증교부행위나 ⓓ 사업자등록직권말소행위 등의 경우는 국민에게 구체적으로 어떤 권리를 제한하거나 의무를 발생시키는 것이 아니기 때문에 항고소송의 대상이 되지 않는다. 그러나 ⓐ 토지분할신청 거부, ⓑ 건축주명의 변경 신고·거부처분 등에 대해서는 항고소송의 대상이 된다는 것이 판례의 입장이다.
- ⓔ 비권력적 행위
    - ⓐ **내용**: 비권력적 사실행위에 대하여 처분성을 인정할 것이냐에 대하여는 학설의 대립이 있다. 일반적으로는 인정하지 아니하나 각각 개별적으로 검토되어야 할 문제이다.
    - ⓑ **구체적인 검토**: ㉮ 영업시간준수 재차촉구, ㉯ 단순 서면경고, ㉰ 세무당국이 소외 회사에 대해 원고와의 주류거래를 일정 기간 중단해 줄 것을 요청, ㉱ 단전요청 등은 권고적 성격의 행위에 불과하므로 항고소송의 대상이 되지 않는다.

> **관련판례** 행정규칙에 의한 불문경고조치는 처분성 인정
> 행정규칙에 의한 '불문경고조치'가 비록 법률상의 징계처분은 아니지만 위 처분을 받지 아니하였다면 차후 다른 징계처분이나 경고를 받게 될 경우에 징계감경사유로 사용될 수 있었던 표창 공적의 사용가능성을 소멸시키는 효과와 1년 동안 인사기록카드에 등재됨으로써 그동안은 장관 표창이나 도지사표창 대상자에서 제외시키는 효과 등이 있다는 이유로 항고소송의 대상이 되는 행정처분에 해당한다(대판 2002.7.26. 2001두3532).

행정규칙에 근거한 행위라도 그 상대방의 권리 의무에 직접 영향을 미치는 행위라면, 항고소송의 대상이 되는 행정처분에 해당한다.

- ⓕ 권리·의무와 관계가 없는 결정이나 단순한 관념의 통지
    - ⓐ **비권력적 사실행위에 대하여 처분성을 인정할 것이냐에 대하여 국세 환급금이나 가산금결정**: 국세기본법 제51조, 제52조나 부가가치세법 제24조에 의하여 세무서장이 하는 국세환급금이나 가산금 결정은 이미 확정된 환급금 및 가산금에 대한 과세관청의 내부적인 환급절차에 불과하고, 세무서장의 결정에 의하여 비로소 환급청구권이 확정되는 것이 아니므로, 환급금결정이나 환급거부결정은 항고소송의 대상이 되지 않는다. 따라서 환급을 거부당한 자는 국가를 상대로 민사소송으로 환급금청구소송을 제기할 수밖에 없다(대판 1989.6.15. 88누6436).
    - ⓑ **당연퇴직**: 국가공무원법 제69조에 규정된 일정한 결격사유가 발생하면 당연퇴직하도록 규정되어 있는 경우, 퇴직의 인사발령은 단순한 관념의 통지에 해당하므로 항고소송의 대상이 될 수 없다. 따라서 공무원지위확인은 당사자소송을 제기해야 한다.

ⓒ **보수나 연가보상비**: 공무원의 보수나 연가보상비 등은 법령에 정하여진 요건을 충족하면 구체적으로 발생하고 행정청의 지급결정에 의하여 발생하는 것이 아니므로 연가보상비지급청구에 대한 거부도 항고소송의 대상이 될 수 없다.

ⓑ **질의회신이나 진정에 대한 답변**: ⓐ 법령의 해석질의에 대한 답변, ⓑ 진정사건이나 청원에 대한 처리결과 통보 등은 모두 그로써 권리를 부여 또는 제한하거나 의무를 부담시키는 것이 아니어서 항고소송의 대상이 되지 못한다.

> **참고**
>
> 1. 외부에 법적 효과 미치는 행위
>   ① 공시지가 결정(개별공시지가, 표준공시지가)
>   ② 행정재산의 사용·수익에 대한 사용료부과처분
>   ③ 행정재산사용·수익허가 취소
>   ④ 제3자효를 수반하는 행정행위에 대한 인용재결
>   ⑤ 공무원 면접시험의 면접불합격 결정
>   ⑥ 공무원연금관리공단의 퇴직급여 결정
>   ⑦ 국가인권위원회의 성희롱 결정 시정조치권고
>   ⑧ 항공노선에 대한 운수권배분처분
>   ⑨ 토지거래계약에 관한 허가구역의 지정
>   ⑩ 주민등록전입신고에 따른 등록거부처분
>   ⑪ 주택건설사업계획 승인
>   ⑫ 정보통신윤리위원회의 매체물에 대한 청소년보호법상의 청소년유해매체물결정
>   ⑬ 지방노동위원회가 노동쟁의에 대하여 행한 중재회부결정
>   ⑭ 금융감독위원회가 부실금융기관에 대하여 내린 계약이전결정(금융감독위원회의 부실금융기관에 대한 파산신청은 처분성 부정)
>   ⑮ 친일반민족행위자 재산 조사위원회의 재산조사개시결정
>   ⑯ 금융기관의 임원에 대한 금융감독원장의 문책경고
>   ⑰ 과세관청의 소득처분에 대한 소득금액변동통지
>   ⑱ 구 문화재관리법상의 지방문화재에 대한 보호구역 지정처분
>   ⑲ 민주화운동관련자 명예회복 및 보상 등에 관한 법률상의 보상심의회의 결정(광주민주화운동관련자 보상심의위원회의 보상금지급신청에 대한 결정은 처분성 부정)
>   ⑳ 종합소득세 부과처분을 위한 과세관청의 세무조사결정(과세자료 수집에 동의할 법적 의무 발생)
>   ㉑ 공정거래위원회의 표준약관 사용권장행위
> 2. **부정사례**: 구 국토이용관리법상의 기준지가고시, 국토교통부장관의 항만명칭결정

관련판례 | 처분성 인정 사례

1. 정부 간 항공노선의 개설에 관한 잠정협정 및 비밀양해각서와 건설교통부 내부지침에 의한 항공노선에 대한 운수권배분처분

정부 간 항공노선의 개설에 관한 잠정협정 및 비밀양해각서와 건설교통부 내부지침에 의한 항공노선에 대한 운수권배분처분이 항고소송의 대상이 되는 행정처분에 해당한다(대판 2004.11.26. 2003두10251·10268).

2. 친일반민족행위자 재산조사위원회의 재산 조사개시결정이 행정처분으로서 항고소송의 대상이 된다.

친일반민족행위자재산조사위원회의 재산조사개시결정이 있는 경우 조사대상자는 위 위원회의 보전처분 신청을 통하여 재산권행사에 실질적인 제한을 받게 되고, 위 위원회의 자료제출 요구나 출석요구 등의 조사행위에 응하여야 하는 법적 의무를 부담하게 되는 점은 조사대상자의 권리·의무에 직접 영향을 미치는 독립한 행정처분으로서 항고소송의 대상이 된다고 봄이 상당하다(대판 2009.10.15. 2009두6513).

3. 과세관청의 소득처분에 따른 소득금액변동통지

원천징수의무자인 법인으로서는 소득금액변동통지서에 기재된 소득처분의 내용에 따라 원천징수세액을 그 다음달 10일까지 관할 세무서장 등에게 납부하여야 할 의무를 부담하며, 만일 이를 이행하지 아니하는 경우에는 가산세의 제재를 받게 됨은 물론이고 형사처벌까지 받도록 규정되어 있는 점에 비추어 보면, 소득금액변동통지는 원천징수의무자인 법인의 납세의무에 직접 영향을 미치는 과세관청의 행위로서, 항고소송의 대상이 되는 조세행정처분이라고 봄이 상당하다(대판 2006.4.20. 2002두1878).

4. 국토의 계획 및 이용에 관한 법률상 토지거래허가구역의 지정

토지거래계약에 관한 허가구역의 지정은 개인의 권리 내지 법률상의 이익을 구체적으로 규제하는 효과를 가져오게 하는 행정청의 처분에 해당하고, 따라서 이에 대하여는 원칙적으로 항고소송을 제기할 수 있다(대판 2006.12.22. 2006두12883).

5. 정보통신윤리위원회의 매체물에 대한 청소년보호법상의 청소년유해매체물결정

피고의 결정에 이은 고시 요청에 기하여 청소년보호위원회는 실질적 심사 없이 청소년유해매체물로 고시하여야 하고 이에 따라 당해 매체물에 관하여 구 청소년보호법상의 각종 의무가 발생하는 점, 피고는 이 사건 결정을 취소함으로써 구 청소년보호법상의 각종 의무를 소멸시킬 수 있는 권한도 보유하고 있는 점 등 관련 법령의 내용 및 취지와 사실관계에 비추어 볼 때, 피고의 이 사건 결정은 항고소송의 대상이 되는 행정처분에 해당한다고 봄이 상당하다(대판 2007.6.14. 2005두4397).

6. 금융기관의 임원에 대한 금융감독원장의 문책경고

금융기관의 임원에 대한 금융감독원장의 문책경고는 그 상대방에 대한 직업선택의 자유를 직접 제한하는 효과를 발생하게 하는 등 상대방의 권리의무에 직접 영향을 미치는 행위로서 항고소송의 대상이 되는 행정처분에 해당한다(대판 2005.2.17. 2003두14765).

비교
전 대표이사에 대한 문책경고

비교
광주민주화

7. '민주화운동관련자 명예회복 및 보상심의위원회'의 보상금 등의 지급 대상자에 관한 결정

민주화운동관련자 명예회복 및 보상 등에 관한 법률 제2조 제2호 각 목은 민주화운동과 관련한 피해 유형을 추상적으로 규정한 것에 불과하여 제2조 제1호에서 정의하고 있는 민주화운동의 내용을 함께 고려하더라도 그 규정들만으로는 바로 법상의 보상금 등의 지급 대상자가 확정된다고 볼 수 없고, '민주화운동관련자 명예회복 및 보상심의위원회'에서 심의·결정을 받아야만 비로소 보상금 등의 지급 대상자로 확정될 수 있다. 따라서 그와 같은 심의위원회의 결정은 국민의 권리의무에 직접 영향을 미치는 행정처분에 해당하므로, 관련자 등으로서 보상금 등을 지급받고자 하는 신청에 대하여 심의위원회가 관련자 해당 요건의 전부 또는 일부를 인정하지 아니하여 보상금 등의 지급을 기각하는 결정을 한 경우에는 신청인은 심의위원회를 상대로 그 결정의 취소를 구하는 소송을 제기하여 보상금 등의 지급대상자가 될 수 있다(대판 2008. 4.17. 2005두16185).

8. 국민감사청구에 대한 감사원의 기각결정

부패방지법(제40조)상의 국민감사청구제도는 일정한 요건을 갖춘 국민들이 감사청구를 한 경우에 감사원장으로 하여금 감사청구된 사항에 대하여 감사실시 여부를 결정하고 그 결과를 감사청구인에게 통보하도록 의무를 지운 것이다(헌재 2006.2.23. 2004헌마414).

9. 세무조사결정이 항고소송의 대상이 되는 행정처분에 해당하는지 여부(적극)

부과처분을 위한 과세관청의 질문조사권이 행해지는 세무조사결정이 있는 경우 납세의무자는 세무공무원의 과세자료 수집을 위한 질문에 대답하고 검사를 수인하여야 할 법적 의무를 부담하게 되는 점 … 등을 종합하면, 세무조사결정은 납세의무자의 권리·의무에 직접 영향을 미치는 공권력의 행사에 따른 행정작용으로서 항고소송의 대상이 된다(대판 2011.3.10. 2009두23617·23624).

10. 구 산업집적활성화 및 공장설립에 관한 법률 제42조 제1항 제6호에 따른 산업단지 입주계약의 해지통보가 행정처분에 해당한다고 한 사례

구 산업집적활성화 및 공장설립에 관한 법률(2009.2.6. 법률 제9426호로 개정되기 전의 것) 제30조 제1항 제1호, 제30조 제2항 제3호, 제38조 제1항, 제42조 제1항 제6호, 제42조 제2항, 제42조 제5항, 제43조, 제43조의3, 제52조 제10호, 제55조 제1항 제4호에서 알 수 있는 피고의 지위, 입주계약해지의 절차, 그 해지통보에 수반되는 법적 의무 및 그 의무를 불이행한 경우의 형사적 내지 행정적 제재 등을 종합적으로 고려하면 같은 법 제42조 제1항 제6호에 따른 산업단지 입주계약의 해지통보는 단순히 대등한 당사자의 지위에서 형성된 공법상 계약을 계약당사자의 지위에서 종료시키는 의사표시에 불과하다고 볼 것이 아니라 행정청인 관리권자로부터 관리업무를 위탁받은 피고가 우월적 지위에서 원고에게 일정한 법률상 효과를 발생하게 하는 것으로서 항고소송의 대상이 되는 행정처분에 해당한다(대판 2011.6.30. 2010두23859).

11. 총포·도검·화약류 등의 안전관리에 관한 법률 시행령 제78조 제1항 제3호, 제79조 및 총포·화약안전기술협회(이하 '협회'라 한다) 정관의 관련 규정의 내용을 위 법리에 비추어 살펴보면, 공법인인 협회가 자신의 공행정활동에 필요한 재원을 마련하기 위하여 회비납부의무자에 대하여 한 '회비납부통지'는 납부의무자의 구체적인 부담금액을 산정·고지하는 '부담금 부과처분'으로서 항고소송의 대상이 된다고 보아야 한다(대판 2021.12.30. 2018다241458).

12. 교육공무원법상 승진후보자 명부에 의한 승진심사 방식으로 행해지는 승진임용에서 승진후보자 명부에 포함되어 있던 후보자를 승진임용인사발령에서 제외하는 행위는 불이익처분으로서 항고소송의 대상인 처분에 해당한다고 보아야 한다(대판 2018.3.27. 2015두47492).

13. 대학의 추천을 받은 총장 후보자는 교육부장관으로부터 정당한 심사를 받을 것이라는 기대를 하게 된다. 만일 교육부장관이 자의적으로 대학에서 추천한 복수의 총장 후보자들 전부 또는 일부를 임용제청하지 않는다면 대통령으로부터 임용을 받을 기회를 박탈하는 효과가 있다. 이를 항고소송의 대상이 되는 처분으로 보지 않는다면, 침해된 권리 또는 법률상 이익을 구제받을 방법이 없다. 따라서 교육부장관이 대학에서 추천한 복수의 총장 후보자들 전부 또는 일부를 임용제청에서 제외하는 행위는 제외된 후보자들에 대한 불이익처분으로서 항고소송의 대상이 되는 처분에 해당한다고 보아야 한다(대판 2018.6.15. 2016두57564).

관련판례 처분성 부정 사례

1. 민원사무 처리에 관한 법률에서 정한 사전심사결과 통보

   행정청은 사전심사결과 가능하다는 통보를 한 때에도 구 민원사무처리법 제19조 제3항에 의한 제약이 따르기는 하나 반드시 민원사항을 인용하는 처분을 해야 하는 것은 아닌 점, 행정청은 사전심사결과 불가능하다고 통보하였더라도 사전심사결과에 구애되지 않고 민원사항을 처리할 수 있으므로 불가능하다는 통보가 민원인의 권리의무에 직접적 영향을 미친다고 볼 수 없고, 통보로 인하여 민원인에게 어떠한 법적 불이익이 발생할 가능성도 없는 점 등 여러 사정을 종합해 보면, 구 민원사무처리법이 규정하는 사전심사결과 통보는 항고소송의 대상이 되는 행정처분에 해당하지 아니한다(대판 2014.4.24. 2013두7834).

2. 대학입시기본계획 내의 내신성적산정지침

   위 지침에 의하여 곧바로 개별적이고 구체적인 권리의 침해를 받은 것으로는 도저히 인정할 수 없으므로, 현실적으로 특정인의 구체적인 권리의무에 직접적으로 변동을 초래케 하는 것은 아니라 할 것이어서 내신성적 산정지침을 항고소송의 대상이 되는 행정처분으로 볼 수 없다(대판 1994.9.10. 94두33).

3. 군의관의 신체등위판정

   병역법상 신체등위판정은 행정청이라고 볼 수 없는 군의관이 하도록 되어 있으며, 그 자체만으로 바로 병역법상의 권리의무가 정하여지는 것이 아니라 그에 따라 지방병무청장이 병역 처분을 함으로써 비로소 병역의무의 종류가 정하여지는 것이므로 항고소송의 대상이 되는 행정처분이라 보기 어렵다(대판 1993.8.27. 93누3356).

4. 운전면허 행정처분처리대장상 벌점의 배점

   국민에 대하여 구체적으로 어떤 권리를 제한하거나 의무를 명하는 등 법률적 규제를 하는 효과를 발생하는 요건을 갖춘 것이 아니어서 그 무효확인 또는 취소를 구하는 소송의 대상이 되는 행정처분이라고 할 수 없다(대판 1994.8.12. 94누2190).

5. 공정거래위원회의 고발조치·의결

   공정거래위원회의 고발조치는 사직 당국에 대하여 형벌권 행사를 요구하는 행정기관 상호간의 행위에 불과하여 항고소송의 대상이 되는 행정처분이라 할 수 없으며, 더욱이 공정거래위원회의 고발 의결은 행정청 내부의 의사결정에 불과할 뿐 최종적인 처분은 아닌 것이므로 이 역시 항고소송의 대상이 되는 행정처분이 되지 못한다(대판 1995.5.12. 94누13794).

6. 국세기본법 제51조 및 제52조의 국세환급금 및 국세가산금 결정이나 환급 거부 결정

국세기본법 제51조 및 제52조 국세환급금 및 국세가산금결정에 관한 규정은 이미 납세의무자의 환급청구권이 확정된 국세환급금 및 가산금에 대하여 내부적 사무처리절차로서 과세관청의 환급 절차를 규정한 것에 지나지 않고 그 규정에 의한 국세환급금(가산금 포함) 결정에 의하여 비로소 환급청구권이 확정되는 것은 아니므로, 국세환급금결정이나 이 결정을 구하는 신청에 대한 환급거부결정 등은 납세의무자가 갖는 환급청구권의 존부나 범위에 구체적이고 직접적인 영향을 미치는 처분이 아니어서 항고소송의 대상이 되는 처분이라고 볼 수 없다(대판 1989.6.15. 88누6436).

7. 전파주관청인 정보통신부장관이 국제공용자원인 위성궤도 및 주파수를 우리나라 자원으로 확보하기 위해 국제전기통신연합의 전파규칙에 따라 하는 위성망국제등록신청은 국민의 권리의무에 아무런 영향을 미치지 못하므로 이 사건 등록신청은 행정소송법상 취소소송의 대상이 되는 행정처분이라고 할 수 없다(대판 2007.4.12. 2004두7924).

8. 경제기획원장관의 정부투자기관에 대한 예산편성지침통보

정부투자기관관리기본법 제21조의 규정에 따른 경제기획원장관의 정부투자기관에 대한 예산편성지침통보는 정부투자기관의 경영합리화와 정부투자의 효율적 관리를 도모하기 위한 것으로서 그에 대한 감독작용에 해당할 뿐 그 자체만으로는 직접적으로 국민의 권리, 의무가 설정, 변경, 박탈되거나 그 범위가 확정되는 등 기존의 권리상태에 어떤 변동을 가져오는 것이 아니므로 이를 행정소송의 대상이 되는 행정처분이라고 할 수 없다(대판 1993.9.14. 93누9163).

9. 금융감독위원회의 부실금융기관에 대한 파산신청

금융감독위원회는 부실금융기관에 대하여 파산을 신청할 수 있는 권한을 보유하고 있는바, 위 파산신청은 그 성격이 법원에 대한 재판상 청구로서 그 자체가 국민의 권리·의무에 어떤 영향을 미치는 것이 아닐 뿐만 아니라, 위 파산신청으로 인하여 당해 부실금융기관이 파산절차 내에서 여러 가지 법률상 불이익을 입는다 할지라도 파산법원이 관할하는 파산절차 내에서 그 신청의 적법 여부 등을 다투어야 할 것이므로, 위와 같은 금융감독위원회의 파산신청은 행정소송법상 취소소송의 대상이 되는 행정처분이라 할 수 없다(대판 2006.7.28. 2004두13219).

10. 경기도지사의 통보

여객자동차 운송사업자 甲 주식회사가 시내버스 노선을 운행하면서 환승요금할인, 청소년요금할인을 시행한 데에 따른 손실을 보전해 달라며 경기도지사와 광명시장에게 보조금 지급신청을 하였으나, 경기도지사가 甲 회사와 광명시장에게 '甲 회사의 보조금 지급신청을 받아들일 수 없음은 기존에 회신한 바와 같고, 광명시에서는 적의 조치하여 주기 바란다.'는 취지로 통보한 사안에서, 경기도지사의 위 통보는 甲 회사의 권리·의무에 직접적인 영향을 주는 것이라고 할 수 없어 항고소송의 대상이 되는 처분으로 볼 수 없다(대판 2023.2.23. 2021두44548).

11. 정부의 수도권 소재 공공기관의 지방이전시책을 추진하는 과정에서 도지사가 도 내 특정시를 공공기관이 이전할 혁신도시 최종입지로 선정한 행위

이 사건 지침에는 공공기관의 지방이전을 위한 정부 등의 조치와 공공기관이 이전할 혁신도시 입지선정을 위한 사항 등을 규정하고 있을 뿐 혁신도시입지 후보지에 관련된 지역 주민 등의 권리의무에 직접 영향을 미치는 규정을 두고 있지 않으므로, 피고가 원주시를 혁신도시 최종입지로 선정한 행위는 항고소송의 대상이 되는 행정처분으로 볼 수 없다고 판단했다(대판 2007.11.15. 2007두10198).

12. **해양수산부장관의 항만 명칭결정**

    원고들의 권리의무나 법률상 지위에 직접적인 법률적 변동이 생기지도 아니하므로, 피고 해양수산부장관의 이 사건 항만 명칭결정을 항고소송의 대상이 되는 행정처분이라 할 수는 없다(대판 2008.5.29. 2007두23873).

13. 납골당설치 신고가 '수리를 요하는 신고'로서 수리거부의 처분성을 인정할 수 있으나 신고필증이 반드시 필요한 것은 아니며 신고사항 이행통지가 수리거부와 별도로 처분성을 인정해야 하는 것은 아니다(대판 2011.9.8. 2009두6766).

14. 재단법인 한국연구재단이 甲 대학교 총장에게 乙에 대한 대학자체 징계 요구(구속력이 없는 권유 또는 사실상의 통지의 성격) 등을 통보한 사안에서, 그에 대한 대학자체 징계 요구는 항고소송의 대상이 되는 행정처분에 해당하지 않는다(대판 2014.12.11. 2012두28704).

(6) 행정소송 이외에 특별불복절차가 따로 마련되어 있지 않을 것

① **내용**: 특별법 우선의 원칙에 따라 근거법률이 행정소송 이외의 다른 절차에 의하여 불복할 것을 규정한 경우에는 그러한 처분에 대해서 항고소송을 제기할 수 없다.

② **구체적 검토**

  ㉠ **검사 또는 사법경찰관의 구금, 압수 등**: 검사 또는 사법경찰관의 구금이나 압수 또는 압수물의 환부에 관한 처분에 대하여 불복은 형사소송법 등이 정하는 바에 의하여 법원에 준항고를 제기하여야 한다(형사소송법 제417조).

  ㉡ **검사의 기소처분이나 불기소처분 및 고등검찰청의 항고기각결정**: 검사의 기소처분이나 불기소처분 및 고등검찰청의 항고기각결정도 재정신청이나 헌법소원에 의하여 불복할 수 있을 뿐, 이들 역시 행정소송의 대상이 되지 않는다.

> **참고** 행정소송 이외에 특별한 불복절차가 마련되어 있는 경우 처분성 부정
>
> 1. 통고처분
> 2. 검사 또는 사법경찰관의 구금, 압수 또는 압수물의 환부에 관한 처분
> 3. 검사의 공소
> 4. 과태료 처분

3. 특수한 처분

(1) 구속적 행정계획

판례는 도시계획 등의 처분성을 인정하였다.

> **관련판례**
>
> **1. 도시기본계획**
> 도시기본계획은 도시의 기본적인 공간구조와 장기발전방향을 제시하는 종합계획으로서 그 계획에는 토지이용계획, 환경계획, 공원녹지계획 등 장래의 도시개발의 일반적인 방향이 제시되지만, 그 계획은 도시계획입안의 지침이 되는 것에 불과하여 일반 국민에 대한 직접적인 구속력은 없다(대판 2002.10.11. 2000두8226).
>
> **2. 환지계획은 처분 아님, 환지예정지 지정과 환지처분은 처분성 인정**
> 환지예정지 지정이나 환지처분은 그에 의하여 직접 토지소유자 등의 권리의무가 변동되므로 이를 항고소송의 대상이 되는 처분이라고 볼 수 있으나, 환지계획은 위와 같은 환지예정지 지정이나 환지처분의 근거가 될 뿐 그 자체가 직접 토지소유자 등의 법률상의 지위를 변동시키거나 또는 환지예정지 지정이나 환지처분과는 다른 고유한 법률효과를 수반하는 것이 아니어서 이를 항고소송의 대상이 되는 처분에 해당한다고 할 수가 없다(대판 1999.8.20. 97누6889).
>
> **3. 도시관리계획 (구 도시계획결정)**
> 도시계획법 제12조 소정의 고시된 도시계획결정은 특정 개인의 권리 내지 법률상의 이익을 개별적이고 구체적으로 규제하는 효과를 가져오게 하는 행정청의 처분이라 할 것이고, 이는 행정소송의 대상이 된다(대판 1982.3.9. 80누105).
>
> **4. 이전고시**
> 도시 및 주거환경정비법에 따른 이전고시는 준공인가의 고시로 사업시행이 완료된 이후에 관리처분계획에서 정한 바에 따라 종전의 토지 또는 건축물에 대하여 정비사업으로 조성된 대지 또는 건축물의 위치 및 범위 등을 정하여 소유권을 분양받을 자에게 이전하고 가격의 차액에 상당하는 금액을 청산하거나 대지 또는 건축물을 정하지 않고 금전적으로 청산하는 공법상 처분이다(대판 2016.12.29. 2013다73551).

(2) 의회의 의결

원칙적으로 국회의 의결에 대해서는 처분성을 인정하지 아니하나, 지방의회의원의 제명·징계의결처럼 직접 개인의 권리·의무에 영향을 미치는 경우는 가능하다고 본다.

(3) 법령·조례와 행정규칙

처분적 행정입법과 같이 구체적·개별적 성격이 인정되는 경우를 제외하고는 법령·조례에 대한 처분성을 부정하고 있다. 또한, 행정규칙에 대하여도 일반적으로 처분성을 부정하고 있다.

(4) 행정지도

처분성을 부정하는 것이 일반적이다.

(5) 경정처분

① **판례**: 종전판례에 의하면 증액경정처분에 대하여는 증액경정처분만을 대상으로 하고, 감액경정처분에 대하여는 감액되고 남은 당초 처분을 대상으로 하였다.

② **다수설**: 하지만 2002년 구 국세기본법 제22조의2(현행 제22조의3)가 신설됨으로써 다수설은 당초처분과 경정처분은 별개의 처분이라고 규정하고 있는 것으로 해석하므로 증액경정처분과 감액경정처분의 어느 경우에도 양자 모두를 소송의 대상으로 해석하고 있다. 따라서 판례의 입장을 묻는 것인지 다수설의 입장을 묻는 것인지를 주의할 필요가 있다.

> 국세기본법 제22조의3【경정 등의 효력】① 세법에 따라 당초 확정된 세액을 증가시키는 경정(更正)은 당초 확정된 세액에 관한 이 법 또는 세법에서 규정하는 권리·의무관계에 영향을 미치지 아니한다.
> ② 세법에 따라 당초 확정된 세액을 감소시키는 경정은 그 경정으로 감소되는 세액 외의 세액에 관한 이 법 또는 세법에서 규정하는 권리·의무관계에 영향을 미치지 아니한다.

관련판례 조세경정처분

1. 감액경정처분(유리하게 변경)의 경우 경정처분에 의해 취소되지 않고 남은 부분이 소송의 대상

과세표준과 세액을 감액하는 경정처분은 당초 부과처분과 별개 독립의 과세처분이 아니라 그 실질은 당초 부과처분의 변경이고, 그에 의하여 세액의 일부 취소라는 납세자에게 유리한 효과를 가져오는 처분이므로 그 감액경정처분으로도 아직 취소되지 아니하고 남아 있는 부분이 위법하다 하여 다투는 경우, 항고소송 대상은 당초의 부과처분 중 경정처분에 의하여 취소되지 않고 남은 부분이고, 경정처분이 항고소송의 대상이 되는 것은 아니며, 이 경우 적법한 전심절차를 거쳤는지 여부, 제소기간의 준수 여부도 당초 처분을 기준으로 판단하여야 한다(대판 2007.10.26. 2005두3585).

2. 증액경정처분(불리하게 변경)의 경우 증액경정처분만이 소송의 대상

증액경정처분은 당초 신고하거나 결정된 세액을 그대로 둔 채 탈루된 부분만을 추가하는 것이 아니라 증액되는 부분을 포함시켜 전체로서 하나의 세액을 다시 결정하는 것인 점 등을 종합하여 볼 때 국세기본법 제22조의2의 시행 이후에도 증액경정처분이 있는 경우 당초 신고나 결정은 증액경정처분에 흡수됨으로써 독립된 존재가치를 잃게 된다고 보아야 할 것이므로, 원칙적으로는 당초 신고나 결정에 대한 불복기간의 경과 여부 등에 관계없이 증액경정처분만이 항고소송의 심판대상이 되고, 납세의무자는 그 항고소송에서 당초 신고나 결정에 대한 위법사유도 함께 주장할 수 있다고 해석함이 타당하다(대판 2009.5.6. 2006두17390).

구 국세기본법 제22조의2 제1항이 지방세에 준용될 수 있다(대판 2011.4.19. 2008두22280).

3. 처분의 변경 시 소송의 대상

기존의 행정처분을 변경하는 내용의 행정처분이 뒤따르는 경우, 후속처분이 종전처분을 완전히 대체하는 것이거나 주요 부분을 실질적으로 변경하는 내용인 경우에는 특별한 사정이 없는 한 종전처분은 효력을 상실하고 후속처분만이 항고소송의 대상이 되지만, 후속처분의 내용이 종전처분의 유효를 전제로 내용 중 일부만을 추가·철회·변경하는 것이고 추가·철회·변경된 부분이 내용과 성질상 나머지 부분과 불가분적인 것이 아닌 경우에는 후속처분에도 불구하고 종전처분이 여전히 항고소송의 대상이 된다(대판 2015.11.19. 2015두295).

(6) 재량행위(행정소송법 제27조)

재량행위는 행정청의 의사결정의 자유를 인정한 것이기에 사법심사의 대상이 되지 않는 것이 원칙이지만 재량의 일탈·남용인 경우에는 사법심사의 대상이 된다.

(7) 특별권력관계 내부의 행위

원칙적으로 특별권력관계 내부의 행위는 사법심사의 대상이 되지 않으나, 개인의 법익에 개별적·직접적·구체적으로 영향을 미칠 경우에는 처분성이 인정되어 사법심사의 대상이 된다.

(8) 통치행위

권력분립상 고도의 정치성을 가진 통치행위는 처분성을 인정하지 아니한다. 다만, 헌재는 '대통령 긴급재정·경제명령'에서 국민의 기본권 침해와 직접 관련성이 있으면 헌재심판대상이 된다고 하였다.

(9) 반복된 행위

① **반복된 계고처분과 건물철거의무**: 1차 계고만 처분성이 인정되고, 2차와 3차 계고는 단순한 확인행위에 불과하다는 것이 판례의 입장이다.
② **거부처분**: 각각의 거부처분이 항고소송의 대상이 된다. 즉, 재신청에 대한 재거부도 처분성이 있다.

> **관련판례**
>
> 지방병무청장이 복무기관을 정하여 공익근무요원 소집통지를 한 후 소집대상자의 원에 의하여 또는 직권으로 그 기일을 연기한 다음 다시 한 공익근무요원 소집통지는 항고소송의 대상이 되는 독립된 행정처분이 아니다(대판 2005.10.28. 2003두14550).

(10) 신고수리행위

① **자체완성적 행정행위**: 행정절차법 제40조 제2항에 규정된 신고를 의미한다. 이에 대한 수리의 거부는 처분의 대상이 되지 않는다.
② **수리를 요하는 신고**: 행위요건적 행정행위로서의 신고를 의미한다. 이에 대한 수리의 거부는 행정행위의 효과 발생에 영향을 미치기 때문에 처분의 대상성을 긍정한다.

(11) 권력적 사실행위

권력적 사실행위는 일반적으로 취소소송의 대상이 된다. 권력적 사실행위의 경우에는 행정청이 자력강제의 수단으로 그에 불복하는 국민에 대하여 수인의무를 부과하는 일종의 절차적 효과가 수반되기 때문에 처분성을 인정하고 있다. 이에 대한 대표적인 사례로는 강제격리, 교도소 이송조치, 영업소 폐쇄, 단수처분 등을 들 수 있다. 반면, 비권력적 사실행위는 처분성이 인정되기 어렵다.

> **관련판례** 권력적 사실행위로서 처분성을 인정한 사례
>
> 1. 교도소장이 수형자 甲을 '접견내용 녹음·녹화 및 접견 시 교도관 참여대상자'로 지정한 사안에서, 위 지정행위는 수형자의 구체적 권리의무에 직접적 변동을 가져오는 행정청의 공법상 행위로서 항고소송의 대상이 되는 '처분'에 해당한다(대판 2014.2.13. 2013두20899).
>
> 2. 교도소 재소자 이송조치(대결 1992.8.7. 92두30)
>
> 3. 국가인권위원회는 법률상의 독립된 국가기관이고, 피해자인 진정인에게는 국가인권위원회법이 정하고 있는 구제조치를 신청할 법률상 신청권이 있는데 국가인권위원회가 진정을 각하 및 기각결정을 할 경우 피해자인 진정인으로서는 자신의 인격권 등을 침해하는 인권침해 또는 차별행위 등이 시정되고 그에 따른 구제조치를 받을 권리를 박탈당하게 되므로, 진정에 대한 국가인권위원회의 각하 및 기각결정은 피해자인 진정인의 권리행사에 중대한 지장을 초래하는 것으로서 항고소송의 대상이 되는 행정처분에 해당한다(헌재 2015.3.26. 2013헌마214).
>
> 4. 국가인권위원회의 성희롱결정과 이에 따른 시정조치의 권고는 불가분의 일체로 행하여지는 것인데 국가인권위원회의 이러한 결정과 시정조치의 권고는 성희롱 행위자로 결정된 자의 인격권에 영향을 미침과 동시에 공공기관의 장 또는 사용자에게 일정한 법률상의 의무를 부담시키는 것이므로 국가인권위원회의 성희롱결정 및 시정조치권고는 행정소송의 대상이 되는 행정처분에 해당한다고 보지 않을 수 없다(대판 2005.7.8. 2005두487).
>
> 5. 공정거래위원회의 '표준약관 사용권장행위'는 그 통지를 받은 해당 사업자 등에게 표준약관과 다른 약관을 사용할 경우 표준약관과 다르게 정한 주요내용을 고객이 알기 쉽게 표시하여야 할 의무를 부과하고, 그 불이행에 대해서는 과태료에 처하도록 되어 있으므로, 이는 사업자 등의 권리·의무에 직접 영향을 미치는 행정처분으로서 항고소송의 대상이 된다(대판 2010.10.14. 2008두23184).

> **관련판례** 비권력적 사실행위로서 처분성을 부정하는 사례
>
> 1. 구 국토해양부장관이 행한 국립공원지정처분에 따라 공원관리청이 행한 경계측량 및 표지의 설치 등은 행정처분이 아니다(대판 1992.10.13. 92누2325).
>
> 2. 임용권자가 당해인을 시험승진후보자명부에 삭제한 행위는 행정처분이 아니다(명부에 등재된 자에 대한 승진 여부를 결정하기 위한 행정청 내부의 준비과정에 불과)(대판 1997.11.14. 97누7325).

3. 행정청이 위법 건축물에 대한 시정명령을 하고 나서 위반자가 이를 이행하지 아니하여 전기·전화의 공급자에게 그 위법 건축물에 대한 전기·전화공급을 하지 말아 줄 것을 요청한 행위는 권고적 성격의 행위에 불과한 것으로서 전기·전화공급자나 특정인의 법률상 지위에 직접적인 변동을 가져오는 것은 아니므로 이를 항고소송의 대상이 되는 행정처분이라고 볼 수 없다(대판 1996.3.22. 96누433).

4. 세무당국이 소외 회사에 대하여 원고와의 주류거래를 일정기간 중지하여 줄 것을 요청한 행위는 권고 내지 협조를 요청하는 권고적 성격의 행위로서 소외 회사나 원고의 법률상의 지위에 직접적인 법률상의 변동을 가져오는 행정처분이라고 볼 수 없는 것이므로 항고소송의 대상이 될 수 없다(대판 1980.10.27. 80누395).

5. 재개발조합이 조합원들에게 '조합원 동·호수 추첨결과 통보 및 분양계약체결 안내'라는 제목으로 계약의 지연 등으로 인한 개인적 불이익을 당하지 않도록 유념해 달라는 내용의 통지를 한 경우, 위 통지는 조합원들에 대하여 관리처분계획에서 정한 바에 따라 위 기한까지 분양계약에 응하여 분양대금을 납부해 줄 것을 안내하는 것에 불과하고, 조합원들에게 분양계약의 체결 또는 분양금의 납부를 명하거나 기타 법률상 효과를 새로이 발생하게 하는 등 조합원들의 구체적인 권리의무에 직접적 변동을 초래하는 행정처분에 해당한다고 볼 수 없다(대판 2002.12.10. 2001두6333).

6. 상표원부에 상표권자인 법인에 대한 청산종결등기가 되었음을 이유로 상표권의 말소등록이 이루어졌다고 해도 이는 상표권이 소멸하였음을 확인하는 사실적·확인적 행위에 지나지 않고, 말소등록으로 비로소 상표권 소멸의 효력이 발생하는 것이 아니어서, 상표권의 말소등록은 국민의 권리의무에 직접적으로 영향을 미치는 행위라고 할 수 없다(대판 2015.10.29. 2014두2362).

4. 원처분주의와 재결주의

(1) 문제점

행정심판을 거쳐서 소송을 제기할 경우, 원처분과 행정심판의 재결은 모두 행정청의 공권력의 행사로서 다같이 항고소송의 대상이 될 수 있다(행정소송법 제19조, 제2조 제1항 제1호). 그러나 양자를 모두 소송의 대상으로 허용할 경우, 판결의 모순저촉이나 소송경제에 반하게 되는 문제가 발생하게 된다. 따라서 일정하게 소송의 대상을 제한할 필요가 있는데, 이에 관한 입법주의의 문제가 바로 원처분주의와 재결주의이다.

(2) 재결의 개념

재결이라 함은 행정심판의 청구에 대하여 행정심판위원회가 행하는 판단을 말한다(행정심판법 제2조 제1항 제3호).

(3) 원처분중심주의

취소소송은 처분 등을 소송의 대상으로 한다. 이에 원처분과 재결에 대하여 다 같이 소송을 제기할 수 있지만, 그 중에서 원처분에 대해 항고소송을 제기하는 것을 원처분주의라고 한다. 다만, 재결을 취소소송의 대상으로 하는 경우에는 재결 자체에 고유한 위법이 있음을 이유로 하는 경우에 한한다(행정소송법 제19조 단서). 즉, 재결 자체에 고유한 위법이 존재하지 아니하는 한 행정소송법은 취소소송의 대상에 대하여 원처분을 원칙으로 한다.

(4) 원처분주의의 예외(재결주의 적용)

> **관련판례** 법률상 재결주의를 취하고 있는 경우
>
> **1. 감사원의 변상판정에 대한 재심의 판정**
>
> 감사원의 변상판정처분에 대하여서는 행정소송을 제기할 수 없고, 재결에 해당하는 재심의 판정에 대하여서만 감사원을 피고로 하여 행정소송을 제기할 수 있다(대판 1984.4.10. 84누91).
>
> **2. 노동위원회의 처분에 대한 중앙노동위원회의 재심판정**
>
> 당사자가 지방노동위원회의 처분에 대하여 불복하기 위하여는 처분 송달일로부터 10일 이내에 중앙노동위원회에 재심을 신청하고 중앙노동위원회의 재심판정서 송달일로부터 15일 이내에 중앙노동위원장을 피고로 하여 재심판정취소의 소를 제기하여야 할 것이다(대판 1995.9.15. 95누6724).
>
> **3. 특허심판의 심결**
>
>> 특허법 제186조【심결 등에 대한 소】① 특허취소결정 또는 심결에 대한 소 및 특허취소신청서·심판청구서·재심청구서의 각하결정에 대한 소는 특허법원의 전속관할로 한다.
>> 제189조【심결 또는 결정의 취소】① 법원은 제186조 제1항에 따라 소가 제기된 경우에 그 청구가 이유 있다고 인정할 때에는 판결로써 해당 심결 또는 결정을 취소하여야 한다.
>
> 심판은 특허심판원에서 진행하는 행정절차로서 심결은 행정처분에 해당한다. 그에 대한 불복 소송인 심결 취소소송은 항고소송에 해당하여 그 소송물은 심결의 실체적·절차적 위법성 여부이다(대판 2020.4.9. 2018후11360).

> **관련판례** 교원 징계불복절차
>
> 교원의 징계에 대한 불복절차는 사립학교와 국공립학교인지 여부에 따라 차이가 있다.
>
> **1. 사립학교 교원에 대한 징계: 징계는 처분이 아님**
>
> 사립학교 교원에 대한 학교법인의 해임처분을 취소소송의 대상이 되는 행정청의 처분으로 볼 수 없고, 따라서 학교법인을 상대로 한 불복은 행정소송에 의할 수 없고 민사소송절차에 의할 것이다(대판 1993.2.12. 92누13707).
>
> **2.** 징계에 대해 교육부 내에 설치된 교원징계재심위원회에 재심청구를 하고 그 교원징계재심위원회의 결정에 불복하여 행정소송을 제기하는 방법도 있으나, 이 경우 행정소송의 대상이 되는 행정처분은 그 공원징계재심위원회의 결정이지 학교법인의 해임처분이 아니다. → 교원징계재심위원회나 교원소청심사위원회에 재심 청구 시 위원회의 결정에 대해서는 행정소송 제기 가능(대판 1993.2.12. 92누13707)

3. 교원징계재심위원회(이하 '재심위원회'라 한다)에 재심청구를 하고 이에 불복하여 행정소송을 제기하는 경우, 쟁송의 대상이 되는 행정처분은 학교법인의 징계처분이 아니라 재심위원회의 결정이므로 그 결정이 행정심판으로서의 재결에 해당하는 것은 아니라 할 것이고(대판 1993.2.12. 92누13707 참조), 이 경우 처분청인 재심위원회가 항고소송의 피고가 되는 것이며, 그러한 법리는 재심위원회의 결정이 있은 후에 당해 사립학교의 설립자가 국가나 지방자치단체로 변경된다고 하여(교육법 제85조 제3항 참조) 달라지지 아니하는 것이다(대판 1994.12.9. 94누6666).

4. 교원소청심사위원회의 결정에 대하여 행정소송을 제기할 수 있는 자에는 교원지위법 제10조 제3항에서 명시하고 있는 교원, 사립학교법 제2조에 의한 학교법인, 사립학교 경영자뿐 아니라 소청심사의 피청구인이 된 학교의 장도 포함된다고 봄이 상당하다(대판 2011.6.24. 2008두9317).

5. **국공립 교원에 대한 징계: 징계 자체가 처분**

   국립대학교 총장의 국립대학교 교원에 대한 징계 등 불리한 처분은 행정처분이므로 국립대학교 교원이 국립대학교 총장의 징계 등 불리한 처분에 대하여 불복이 있으면 교원소청심사위원회에 소청심사를 청구하고 위 심사위원회의 소청심사결정에 불복이 있으면 항고소송으로 이를 다퉈야 할 것이다(대판 2009.10.15. 2009두11829).

1. 소청심사: 교육부에 설치된 교원소청심사위원회에 소청을 제기해야 한다. → 필요적 소청(심판)전치주의
2. 행정소송: 소청심사를 거쳐야만 항고소송을 제기할 수 있다.
3. 소의 대상은 원처분인 징계처분이다.

> **참고** 사립학교 교원과 국공립학교 교원에 대한 징계와 불복절차
>
> | 구분 | 사립학교 교원 | 국공립학교 교원 |
> | --- | --- | --- |
> | 징계의 성격 | 처분 X | 처분 O |
> | 소청위원회 결정 | 처분 O | 행정심판재결 |
> | 항고소송 대상 | 소청위원회 결정 | • 징계 자체(원칙)
• 소청위원회 결정(예외) |

(5) 재결소송

① **의미**

> 행정소송법 제19조【취소소송의 대상】취소소송은 처분등을 대상으로 한다. 다만, 재결취소소송의 경우에는 재결 자체에 고유한 위법이 있음을 이유로 하는 경우에 한한다.

재결소송이란, 재결을 분쟁대상으로 하는 항고소송을 의미한다. 따라서 재결에 고유한 위법이 없는 경우에는 원처분을 다투어야 한다.

② **재결소송의 인정필요성**: 원처분중심주의의 예외로서 재결소송을 인정한 것은 원처분을 다툴 필요가 없거나 다툴 수 없는 자도 재결로 인하여 권리·의무에 영향을 받아 다툴 필요가 생겨날 수 있는데, 이 때 재결을 소의 대상으로 다툴 수 없게 한다면 이러한 자들을 위한 권리보호의 길은 막히기 때문이다. 요컨대 재결로 인하여 비로소 불이익을 받게 되는 경우에 재결소송은 인정된다.

> **관련판례** '재결 자체에 고유한 위법'의 의미
>
> 행정소송법 제19조에서 말하는 '재결 자체에 고유한 위법'이란 원처분에는 없고 재결에만 있는 재결청의 권한 또는 구성의 위법, 재결의 절차나 형식의 위법, 내용의 위법 등을 뜻하고, 그 중 내용의 위법에는 위법·부당하게 인용재결을 한 경우가 해당한다(대판 1997.9.12. 96누14661).

③ 사유
  ㉠ **재결 자체의 고유한 위법**: 재결에 대한 취소소송은 재결 자체에 고유한 위법이 있는 경우에 가능하다. 원처분의 사유와 동일한 재결사유는 재결 자체에 주체·절차·형식의 위법 또는 내용상의 위법이 있는 경우를 의미한다. 따라서 원처분의 위법을 이유로 재결의 취소를 구할 수는 없다(대판 1992.2.28. 91누6979). 만약 재결에 고유한 위법이 없다면 원처분을 다투어야 한다.
    ⓐ 주체상의 위법은 재결기관의 권한 또는 구성에 위법이 있는 경우를 말한다. 예컨대 행정심판위원회 구성원에 결격사유가 있는 경우, 정족수의 흠결이나 적법한 소집이 없는 경우 등이 이에 해당한다.
    ⓑ 절차상의 위법으로는 구두로 의견을 진술할 기회를 부여하도록 하고 있음에도 이를 행하지 않는 경우에 대비해 공개심리를 정해두고 있는데, 이를 지키지 않는 경우 등이 이에 해당한다.
    ⓒ 형식상의 위법은 행정심판법 제46조의 재결방식에 위반한 경우가 이에 해당한다. 예컨대 서면에 의하지 아니한 재결이나 재결서에 주요 기재사항이 누락된 경우, 전혀 이유를 붙이지 않은 경우, 기명날인을 하지 않은 경우 등을 말한다.
    ⓓ 내용상의 위법은 각하재결, 기각재결, 인용재결, 일부인용재결, 수정재결의 경우로 나누어 생각할 수 있다.
      ㉮ **각하재결**: 심판청구가 부적법하지 아니함에도 실체심리를 하지 아니 한 채 각하한 경우 재결 자체의 고유한 하자가 존재하게 되므로 취소소송의 대상이 된다.

> **관련판례**
>
> **적법한 행정심판청구를 각하한 재결은 재결 자체에 고유한 위법이 있는 경우에 해당**
>
> 행정심판청구가 부적법하지 않음에도 각하한 재결은 심판청구인의 실체심리를 받을 권리를 박탈한 것으로서 원처분에 없는 고유한 하자가 있는 경우에 해당하고, 따라서 위 재결은 취소소송의 대상이 된다(대판 2001.7.27. 99두2970).

      ㉯ **기각재결**: 기각재결에 대한 내용상의 위법을 주장하여 소송을 제기하면 원처분에 있는 하자와 동일한 하자를 주장하는 것이 될 것이기 때문에 재결 자체의 고유한 하자라 할 수 없다. 그러나 행정심판법 제47조에 위반하여 심판청구의 대상이 되지 않은 사항에 대하여 한 재결이나, 원처분보다 청구인에게 불리한 재결은 심판 범위를 위반한 재결 고유의 하자가 있으므로 그 취소를 구할

수 있고, 사정재결에 대하여는 원처분을 취소하더라도 현저히 공공복리에 적합하지 않은 것이 아니라는 등의 이유로 사정재결 취소의 소를 제기할 수 있다고 할 것이다.

ⓒ 인용재결
- 통상의 인용재결에 대하여 청구인에게는 불복할 이유도 그 취소 등을 구할 이익도 없다.
- **복효적 행정행위의 인용재결**: 그러나 상대방에게는 이익이 되고 제3자에게는 불이익이 되는 복효적 행정행위에서 인용재결이 나오면 처분이 취소가 되므로, 행정행위의 상대방이 법률상 이익을 침해받게 된다. 이러한 경우에 소송의 대상이 된 인용재결은 원처분과 내용을 달리하는 것으로 재결 자체의 위법을 인정하여 항고소송의 대상이 된다.

> **관련판례**
>
> **심판청구가 부적법하여 각하하여야 함에도 심리하여 인용재결을 한 경우 재결 자체에 고유한 위법이 있는 경우에 해당**
>
> 변경 허가연장조치는 원고가 인천시장에게 액화석유가스용기 충전소 현대화 시설연기 요청을 서면으로 제출한 데 대한 회신의 형식으로 그 서면상의 사항에 대한 인식을 위한 관념의 통지에 불과하고 새로운 권리를 설정하거나 의무를 부과하는 것이 아니므로 이를 행정처분이라고 볼 수 없는 것이라 할 것이어서, 이를 대상으로 하여 재결하고 그 취소를 명한 이 사건 재결은 그 처분대상을 결여한 것이라 할 것이며, 따라서 피고의 이 사건 재결은 그 절차에 있어서 위와 같은 점들을 간과한 잘못이 있어 그 재결 자체에 고유한 위법이 있는 경우에 해당한다(대판 1993.8.24. 92누1865).

- **처분대상을 오인한 인용재결**: 행정처분이 아닌 사항에 대하여 이를 취소한다는 인용재결은 행정심판법 제47조를 위반하여 심판청구의 대상이 되지 않는 사항에 대해 내린 것이므로 재결 자체에 고유한 위법이 있어 이에 대해 취소소송을 제기할 수 있다.

ⓓ **일부인용재결·수정재결**: 일부인용재결이나 수정재결도 원처분주의의 원칙상 재결은 소송의 대상이 되지 못하고 재결에 의하여 일부 취소되고 남은 원처분이나 수정된 원처분이 소송의 대상이 됨이 원칙이다. 수정재결이 행해진 경우에는 비록 양형은 달라졌지만 원처분의 본체 내지 기초는 변형된 형태로 남아 있고, 재결로 인하여 당사자의 권리나 이익이 새롭게 침해된 것이 아니기 때문이다. 다시 말해서 처분이 재결에 의하여 경감되기는 했지만 여전히 그 처분에 하자가 남는 것이라고 할 것 같으면, 그것은 어디까지나 원처분의 하자이지 재결 고유의 하자라고는 볼 수 없을 것이다.

> **관련판례**
>
> 항고소송은 원칙적으로 당해 처분을 대상으로 하나, 당해 처분에 대한 재결 자체에 고유한 주체, 절차, 형식 또는 내용상의 위법이 있는 경우에 한하여 그 재결을 대상으로 할 수 있다고 해석되므로, 징계혐의자에 대한 감봉 1월의 징계처분을 견책으로 변경한 소청결정 중 그를 견책에 처한 조치는 재량권의 남용 또는 일탈로서 위법하다는 사유는 소청결정 자체에 고유한 위법을 주장하는 것으로 볼 수 없어 소청결정의 취소사유가 될 수 없다(대판 1993.8.24. 93누5673).

ⓒ **원처분의 사유와 동일한 재결사유**: 재결의 고유한 위법이 아니다. 따라서 원처분의 위법을 이유로 재결의 취소를 구할 수 없다. 재결에 고유한 위법이 존재하지 않을 경우에는 원처분을 다투어야 한다.

> **관련판례**
>
> 1. **재심결정에 사실오인 또는 재량권 남용·일탈의 위법이 있다는 주장은 재심결정 자체의 고유한 위법사유가 되지 않음**
>
>   국공립학교교원에 대한 징계 등 불리한 처분은 행정처분이므로 국공립학교 교원이 징계 등 불리한 처분에 대하여 불복이 있으면 교원징계재심위원회에 재심청구를 하고 위 재심위원회의 재심 결정에 불복이 있으면 항고소송으로 이를 다투어야 할 것인데, 이 경우 그 소송의 대상이 되는 처분은 원칙적으로 원처분청의 처분이고, 원처분이 정당한 것으로 인정되어 재심청구를 기각한 재결에 대한 항고소송은 원처분의 하자를 이유로 주장할 수는 없고 그 재결 자체에 고유한 주체·절차·형식 또는 내용상의 위법이 있는 경우에 한한다고 할 것이므로, 도교육감의 해임처분의 취소를 구하는 재심청구를 기각한 재심결정에 사실오인의 위법이 있다거나 재량권의 남용 또는 그 범위를 일탈한 것으로서 위법하다는 사유는 재심결정 자체에 고유한 위법을 주장하는 것으로 볼 수 없어 재심결정의 취소사유가 될 수 없다(대판 1994.2.8. 93누17874).
>
> 2. **소청결정이 재량권남용 또는 일탈로서 위법하다는 주장은 소청결정 자체의 고유한 위법사유가 되지 않음**
>
>   항고소송은 원칙적으로 당해 처분을 대상으로 하나, 당해 처분에 대한 재결 자체에 고유한 주체·절차·형식 또는 내용상의 위법이 있는 경우에 한하여 그 재결을 대상으로 할 수 있다고 해석되므로, 징계혐의자에 대한 감봉 1월의 징계처분을 견책으로 변경한 소청결정 중 그를 견책에 처한 조치가 재량권의 남용 또는 일탈로서 위법하다는 사유는 소청결정 자체에 고유한 위법을 주장하는 것으로 볼 수 없어 소청결정의 취소사유가 될 수 없다(대판 1993.8.24. 93누5673).

④ **재결 자체의 위법이 없는데 제기한 재결소송 - 기각판결**: 원처분중심주의에 위반하여 재결소송을 제기하면 법원은 각하판결이 아니라 기각판결을 하여야 한다. 왜냐하면 재결 자체의 위법 여부는 본안판단사항이기 때문이다. 판례의 입장도 같다(대판 1994.1.25. 93누16901).

관련판례

1. **제3자효를 수반하는 행정행위에 대하여 제3자가 행정심판을 제기하여 그 처분이 취소되는 재결이 있자 그 원처분의 상대방이 위 재결에 대한 취소소송을 제기한 경우, 재결 자체의 고유한 하자를 주장하여 재결을 다툴 수 있음**

   ① 이른바 복효적 행정행위, 특히 제3자효를 수반하는 행정행위에 대한 행정심판청구에 있어서 그 청구를 인용하는 내용의 재결로 인하여 비로소 권리이익을 침해받게 되는 자는 그 인용 재결에 대하여 다툴 필요가 있고, 그 인용재결은 원처분과 내용을 달리하는 것이므로 그 인용재결의 취소를 구하는 것은 원처분에는 없는 재결에 고유한 하자를 주장하는 셈이어서 당연히 항고소송의 대상이 된다(대판 1997.12.23. 96누10911).

   ② 원처분의 상대방이 아닌 제3자가 행정심판을 청구하여 재결청이 원처분을 취소하는 형성재결을 한 경우에 그 원처분의 상대방은 그 재결에 대하여 항고소송을 제기할 수밖에 없고, 이 경우에 재결은 원처분과 내용을 달리 하는 것이어서 재결의 취소를 구하는 것은 원처분에 없는 재결 고유의 위법을 주장하는 것이 된다(대판 1998.4.24. 97누17131).

2. **복효적 행정행위에 대한 행정심판 인용재결에 대해 제3자가 권리이익을 침해받지 않는 경우는 취소를 구할 이익이 없음**

   제3자효를 수반하는 행정행위에 대한 행정심판청구의 인용재결에 대하여 제3자가 권리이익을 침해받게 되는 자는 재결의 당사자가 아니라고 하더라도 그 인용재결의 취소를 구할 수 있으나 권리 이익을 침해받지 아니하는 자인 경우에는 취소를 구할 이익이 없다(대판 1995.6.13. 94누15592).

3. **어업면허취소처분에 대한 면허권자의 행정심판청구를 인용한 재결에 대하여 제3자가 재결취소를 구할 소의 이익이 없다고 본 사례**

   처분상대방이 아닌 제3자가 당초의 양식어업면허처분에 대하여는 아무런 불복조치를 취하지 않고 있다가 도지사가 그 어업면허를 취소하여 처분상대방인 면허권자가 그 어업면허취소처분의 취소를 구하는 행정심판을 제기하고 이에 재결기관인 수산청장이 그 심판청구를 인용하는 재결을 하자 비로소 그 제3자가 행정소송으로 그 인용재결을 다투고 있는 경우, 수산청장의 그 인용재결은 도지사의 어업면허취소로 인하여 상실된 면허권자의 어업면허권을 회복하여 주는 것에 불과할 뿐 인용재결로 인하여 제3자의 권리이익이 새로이 침해받는 것은 없고, 가사 그 인용재결로 인하여 그 면허권자의 어업면허가 회복됨으로써 그 제3자에 대하여 사실상 당초의 어업면허에 따른 효과와 같은 결과를 초래한다고 하더라도 이는 간접적이거나 사실적·경제적인 이해관계에 불과하므로, 그 제3자는 인용재결의 취소를 구할 소의 이익이 없다(대판 1995.6.13. 94누15592).

3 소송요건 2 – 원고적격

1. 당사자와 참가인

(1) 지위

행정소송도 민사소송과 마찬가지로 원고와 피고가 대립하는 대심구조(소송법상 대립하는 양 당사자를 법정에 출석시켜 행하는 소송의 심리)를 취하여 구체적 사건을 다룬다. 하지만, 행정소송은 민사소송과 같이 원고와 피고 간의 권리 후 이익을 다투는 것이 아니다. 가령, 취소소송에서 원고는 처분 등의 위법을 이유로 그 취소·변경을 주장하는 반면, 피고는 자신이 한 처분의 적법성을 주장한다.

(2) 당사자능력(주체)

당사자능력이란 소송의 주체가 될 수 있는 능력을 말한다.
① 원고는 자기의 권리를 주장하는 자이다.
② 원고가 될 수 있기 위해서는 권리의 주체가 될 수 있어야 한다.

> **참고** 당사자능력이 인정되는 주체
> 1. 자연인
> 2. 법인
> 3. 법인격 없는 사단·재단: 대표자가 있고 대외적으로 독립적인 활동을 할 수 있다면 인정
> 4. 국가기관

관련판례

1. **천성산 도롱뇽 사건 – 자연물인 도롱뇽이나 그를 포함한 자연 그 자체는 당사자능력을 인정할 수 없음**

   천성산 터널 공사 금지 가처분 소송에 대해 대법원이 기각 결정을 내렸다. 재판부는 '터널공사가 천성산의 고산 늪지에 영향을 줄 것으로 보기 어렵다'고 밝혔다. 재판부는 또, '공사가 중단될 경우 연간 2조원에 가까운 손실이 생기는데 반해 환경 훼손 가능성은 크지 않다'고 판단했다. 재판부는 이어, 환경단체가 소송의 주체로 내세운 도롱뇽에 대해 '자연물에 대해 당사자 능력을 인정하는 현행 법률이나 관습법이 존재하지 않는다.'고 설명했다(대판 2006.6.2. 2004마1148·1149).

2. **복합화력발전소 공사계획 인가처분에 대한 검은머리물떼새의 취소 또는 무효확인을 구하는 소는 당사자적격을 인정할 수 없어 부적법하다고 한 사례**

   검은머리물떼새는 자연물이고, 비록 자연물에 대한 보호의 필요성이 크다고는 하나 자연 내지 자연물 자체에 대하여 당사자능력을 인정하고 있는 현행 법률이 없으며, 이를 인정하는 관습법도 존재하지 않으므로, 복합화력발전소 공사계획 인가처분에 대한 검은머리물떼새의 취소 또는 무효 확인을 구하는 소는 당사자적격을 인정할 수 없어 부적법하다(서울행법 2010.4.23. 2008구합29038).

3. **충북대학교 총장은 원고가 될 수 있는 당사자능력이 없음**

   충북대학교 총장의 소는, 원고 충북대학교 총장이 원고 대한민국이 설치한 충북대학교의 대표자일 뿐 항고소송의 원고가 될 수 있는 당사자능력이 없어 부적법하다(대판 2007.9.20. 2005두6935).

4. 국가가 국토이용계획과 관련한 기관위임사무의 처리에 관하여 지방자치단체의 장을 상대로 취소소송을 제기할 수 없음

건설교통부장관은 지방자치단체의 장에게 기간을 정하여 직무이행명령을 하고 지방자치단체의 장이 이를 이행하지 아니할 때에는 직접 필요한 조치를 할 수도 있으므로, 국가가 국토이용계획과 관련한 지방자치단체의 장의 기관위임사무의 처리에 관하여 지방자치단체의 장을 상대로 취소소송을 제기하는 것은 허용되지 않는다(대판 2007.9.20. 2005두6935).

(3) 당사자적격(자격)

당사자적격이란 특정사건에서 당사자로서 소송을 수행하고 본안판결을 받기에 적합한 자격을 말하며 소송요건에 해당하므로 법원은 직권으로 판단하여 흠결이 있는 경우 소를 각하하게 된다. 당사자적격은 본안판단을 구하는 것을 정당화시킬 수 있는 이익 내지 필요, 즉 넓은 의미에서의 소의 이익 개념에 포함된다.

2. 원고적격

행정소송법 제12조 【원고적격】 취소소송은 처분등의 취소를 구할 법률상 이익이 있는 자가 제기할 수 있다. 처분등의 효과가 기간의 경과, 처분등의 집행 그 밖의 사유로 인하여 소멸된 뒤에도 그 처분등의 취소로 인하여 회복되는 법률상 이익이 있는 자의 경우에는 또한 같다.

(1) 의의

행정소송법 제12조 제1문은 "취소소송은 처분의 취소를 구할 법률상 이익이 있는 자가 제기할 수 있다."라고 규정하여 "법률상 이익"이 무엇인가에 대해 논쟁이 있다.

> **참고** 기타 소송의 원고 적격
> 1. 무효등확인소송: 무효확인을 구할 법률상 이익이 있는 자
> 2. 부작위위법확인소송: 부작위의 위법의 확인을 구할 법률상 이익이 있는 자
> 3. 당사자소송: 법률관계의 한쪽 당사자
> 4. 민중소송: 개별법상 인정(예 선거소송에서 선거인·후보자·정당)
> 5. 기관소송: 개별법상 인정(예 지방자치단체장)

(2) 법률상 이익의 주체

① **규정의 성격**: '법률상 이익'이 있는 자만이 제기할 수 있다는 것은 취소소송이 주관적 소송임을 의미한다.
② **자연인과 법인**: 자연인·법인(공법인, 사법인, 지자체)뿐만 아니라 법 인격 없는 단체도 대표자를 통하여 원고가 될 수 있다.
③ **상대방과 제3자**: 처분의 상대방 외에도 법률상 이익이 침해된 제3자도 원고가 될 수 있다.

④ **다수인(공동소송)**: 수인의 청구 또는 수인에 대한 청구가 처분 등의 취소청구와 관련되는 청구인 경우에 한하여 그 수인은 공동소송인이 될 수 있다(행정소송법 제15조).

⑤ **행정청**
   ㉠ 원칙: 행정청은 처분의 주체이지 상대방이 아니므로 원고적격이 인정되지 않는 것이 원칙이다. 판례는 인용재결이 존재할 경우, 피청구인인 행정청은 재결의 기속력(행정심판법 제49조 제1항)으로 인하여 취소소송을 제기할 수 없다고 판시한 바 있다.
   ㉡ 다만, 예외적으로 행정청이 원고적격을 인정한 사례가 있다.

> **관련판례** 행정청이 원고적격을 가지는 경우
>
> **1. 소방청장**
> 국민권익위원회가 소방청장에게 인사와 관련하여 부당한 지시를 한 사실이 인정된다며 이를 취소할 것을 요구하기로 의결하고 그 내용을 통지하자 소방청장이 국민권익위원회 조치요구의 취소를 구하는 소송을 제기한 사안에서, 처분성이 인정되는 국민권익위원회의 조치요구에 불복하고자 하는 소방청장으로서는 조치요구의 취소를 구하는 항고소송을 제기하는 것이 유효·적절한 수단으로 볼 수 있으므로 소방청장이 예외적으로 당사자능력과 원고적격을 가진다(대판 2018.8.1. 2014두35379).
>
> **2. 선거관리위원장**
> 甲이 국민권익위원회에 부패방지 및 국민권익위원회의 설치와 운영에 관한 법률에 따른 신고와 신분보장조치를 요구하였고, 국민권익위원회가 乙 시·도선거관리위원회 위원장에게 '甲에 대한 중징계요구를 취소하고 향후 신고로 인한 신분상 불이익처분 및 근무조건상의 차별을 하지 말 것을 요구'하는 내용의 조치요구를 한 사안에서, 국가기관인 乙에게 위 조치요구의 취소를 구하는 소를 제기할 당사자능력, 원고적격 및 법률상 이익을 인정한다(대판 2013.7.25. 2011두1214).
>
> **3. 건축협의에서의 지방자치단체**
> 건축협의의 실질은 지방자치단체 등에 대한 건축허가와 다르지 않으므로, 지방자치단체 등이 건축물을 건축하려는 경우 등에는 미리 건축물의 소재지를 관할하는 허가권자인 지방자치단체의 장과 건축협의를 하지 않으면, 지방자치단체라 하더라도 건축물을 건축할 수 없다. 그리고 구 지방자치법 등 관련 법령을 살펴보아도 지방자치단체의 장이 다른 지방자치단체를 상대로 한 건축협의 취소에 관하여 다툼이 있는 경우에 법적 분쟁을 실효적으로 해결할 구제수단을 찾기도 어렵다(대판 2014.2.27. 2012두22980).

(3) 법률상 이익의 의미

법률상 이익이란 행정법상 법률관계에서 개인이 자신의 이익을 추구하기 위하여 행정주체에게 일정한 행위를 요구할 수 있는 법적인 힘을 말한다. 따라서 개인의 권리가 침해된 경우나 개인적 공권이 있는 경우에 대해 구제가 가능할 것이다.

① **법률상 이익에 관한 논의**: 취소소송은 처분 등의 취소를 구할 법률상 이익이 있는 자가 제기할 수 있다. 처분 등의 효과가 기간의 경과, 처분 등의 집행 그 밖의 사유로 인하여 소멸된 뒤에도 그 처분 등의 취소로 인하여 회복되는 법률상 이익이 있는 자의 경우에는 또한 같다. 이때 법률상 이익이 무엇을 의미하는지가 문제된다.

② **학설**

권리구제설 (권리향유회복설)	권리가 침해된 자가 원고적격을 가짐
법률상 이익설	법률에서 보호되고 있는 이익을 가진 자가 원고적격을 가짐(통설 및 판례)
보호가치가 있는 이익구제설	법률상 이익뿐 아니라 사실상 이익을 가진 자도 원고적격을 가짐
적법성 보장설	처분의 적법성 여부에 가장 밀접한 이해관계를 가진 자가 원고적격을 가짐
판례	법률상 이익구제설

③ **판례**: 법률상 보호되는 이익설의 입장을 취하고 있다. 이때 법률상 이익이란 당해 처분의 근거법률에 의해서 보호되는 직접적이고 구체적인 이익이 있는 경우를 의미한다고 판시하고 있다. 따라서 공익보호 결과인 반사적 이익은 법률상 이익에서 제외된다.

(4) 법률상 이익과 구별되는 개념인 반사적 이익

행정법규가 사익이 아닌 공익만을 위해 행정주체 또는 사인에게 일정한 의무를 부과한 결과, 그에 대한 반사적 효과로서 관계된 개인이 얻게 되는 이익을 말한다. 이는 법률상 이익과 구별되는 개념이다.

> **관련판례**
>
> **기본권 관련 판례 - 헌법상 자유권침해는 그 자체로 원고적격을 가지나 수익권의 침해는 기본권 자체로 원고적격을 가지지 못함**
>
> 1. 관계법률에 의존함 없이 헌법상 자유권으로부터 침익적·부담적 행정행위의 상대방의 원고적격을 인정한 사례(수익적 행정행위의 상대방은 원고적격 부정)
>
>   행정처분에 있어서 불이익처분의 상대방은 직접 개인적 이익의 침해를 받은 자로서 원고적격이 인정되지만 수익처분의 상대방은 그의 권리나 법률상 보호되는 이익이 침해되었다고 볼 수 없으므로 달리 특별한 사정이 없는 한 취소를 구할 이익이 없다(대판 1995.8.22. 94누8129).
>
> 2. 경쟁의 자유 - 원고적격 인정
>
>   헌법상 기본권인 경쟁의 자유로부터 행정청의 지정행위의 취소를 다툴 법률상 이익, 즉 사익보호성이 인정된다. 플라스틱 병마개의 제조회사가 국세청고시에 의해 납세병마개의 제조업자로 다른 두 회사만이 지정되고 자신은 이에 제외되자 이로 인해 기업 활동에 커다란 제한을 받게 되었다는 이유로 이를 다툰 사건에서, 설사 국세청장의 지정행위의 근거규범인 이사건 조항들이 단지 공익만을 추구할 뿐 청구인 개인의 이익을 보호하려는 것이 아니라는 이유로 청구인에게

취소소송을 제기할 법률상 이익을 부정한다고 하더라도, 청구인의 기본권인 경쟁의 자유가 바로 행정청의 지정행위의 취소를 구할 법률상 이익이 된다 할 것이다(헌재 1998.4.30. 97헌마141).

3. 알권리 – 원고적격 인정

확정된 형사소송기록의 복사신청에 대한 서울지방검찰청 의정부지청장의 거부행위는 청구인의 헌법상의 기본권인 "알권리"를 침해한 것이다(헌재 1991.5.13. 90헌마133).

4. 환경권 – 원고적격 부정

헌법 제35조 제1항에서 정하고 있는 환경권에 관한 규정만으로는 그 권리의 주체·대상·내용·행사방법 등이 구체적으로 정립되어 있다고 볼 수 없고, 환경정책기본법 제6조도 그 규정 내용 등에 비추어 국민에게 구체적인 권리를 부여한 것으로 볼 수 없다는 이유로, 환경영향평가 대상지역 밖에 거주하는 주민에게 헌법상의 환경권 또는 환경정책기본법에 근거하여 공유수면 매립면허처분과 농지개량사업 시행인가처분의 무효확인을 구할 원고적격이 없다(대판 2006.3.16. 2006두330).

5. 의료보험수급권 – 헌법상 기본권만으로 원고적격 부정

사회적 기본권의 성격을 가지는 의료보험수급권은 국가에 대하여 적극적으로 급부를 요구하는 것이므로 헌법 규정(제34조 제1항)만으로는 이를 실현할 수 없고 법률에 의한 형성을 필요로 한다. 의료보험수급권의 구체적 내용 즉, 수급요건·수급권자의 범위·급여금액 등은 법률에 의하여 비로소 확정된다(헌재 2003.12.18. 2002헌바1).

6. 산재보험수급권 – 헌법상 기본권만으로 원고적격 부정

헌법 제34조 제2항의 국가의 사회보장·사회복지 증진의무, 제6항의 국가의 재해예방 및 그 위험으로부터의 보호의무를 선언한 헌법상의 생존권적 기본권에 근거하여(산업재해를 당한 근로자와 그 가족의 생존권을 보장하는) 산업재해보상보험법에 의하여 구체화된 것이다(헌재 2005.11.24. 2004헌바97).

7.

법무사규칙 제37조 제4항이 이의신청 절차를 규정한 것은 채용승인을 신청한 법무사뿐만 아니라 사무원이 되려는 사람의 이익도 보호하려는 취지로 볼 수 있다. 따라서 지방법무사회의 사무원 채용승인 거부처분 또는 채용승인 취소처분에 대해서는 처분 상대방인 법무사뿐만 아니라 그 때문에 사무원이 될 수 없게 된 사람도 이를 다툴 원고적격이 인정되어야 한다(대판 2020.4.9. 2015다34444).

8. 수익처분의 상대방 – 원고적격 부정

수익처분의 상대방은 그의 권리나 법률상 보호되는 이익이 침해되었다고 볼 수 없으므로 달리 특별한 사정이 없는 한 취소를 구할 이익이 없다(대판 1995.8.22. 94누8129 ; 대판 2020.4.9. 2015다34444).

9. 문화재 지정에 의한 명예 – 원고적격 부정

설령 위 지정처분으로 인하여 어느 개인이나 그 선조의 명예 내지 명예감정이 손상되었다고 하더라도, 그러한 명예 내지 명예감정은 위 지정처분의 근거법규에 의하여 직접적·구체적으로 보호되는 이익이라고 할 수 없으므로 그 처분의 취소를 구할 법률상의 이익에 해당하지 아니한다(대판 2001.9.28. 99두8565).

(5) 원고적격의 주요 쟁점 – 제3자의 보호

① **내용**: 법률상 이익에 해당하기 위해서는 법률이 보호하는 이익이 개별적·직접적·구체적 이익이어야 한다. 간접적·사실적·경제적 이익은 여기에 포함되지 않는다.

② **법률상 이익을 판단하는 기준시**: 법률상 이익의 판단시점은 사실심변론종결시를 표준으로 한다.

③ **제3자의 보호**

㉠ **문제 제기**: 사익보호성과 관련하여 특히 문제되는 것은 제3자효 있는 행정행위이다. 행정행위의 직접적인 상대방이 아닌 제3자에게도 법률상 이익이 인정되는지를 검토하기 위해서는 적용되는 법규범이 제3자의 이익 보호도 목표로 하고 있는지를 살펴보아야 한다.

㉡ **경업자소송**

ⓐ **의의**: 허가를 받아 영업을 하고 있는 기존업자가 신규업자에 대한 인·허가 처분으로 인하여 불이익을 받게 되는 경우, 신규업자에 대한 인·허가처분에 대해서 다투는 소송을 말한다. 이 경우에는 기존업자의 원고적격, 즉 법률상 이익이 문제된다.

ⓑ **내용**: ㉮ 법령상 신규면허를 제한하는 취지가 ㉯ 기존업자의 ㉰ 경영합리화 등 사익보호성이 있는지를 해석하여 원고적격 여부를 판단하게 된다. 나아가 기존업자의 면허가 강학상 특허이면 법률상 이익을 인정하게 되고, 강학상 허가이면 반사적 이익에 불과한 것으로 평가하는 것이 통설과 판례의 태도이다.

ⓒ **판례**: 자동차운송사업면허처분에 대한 기존업자의 이익은 법률상 이익이라고 판시한 바 있다. 즉, ㉮ 자동차운수사업법 등에서 수요와 공급에 적합할 것을 면허기준으로 한 취지가 공공복리 증진과 동시에 ㉯ 기존업자의 ㉰ 경영합리화에도 목적이 있으므로 기존업자의 원고적격을 인정하였다.

㉢ **경원자소송**

ⓐ **의의**: 수익적 행정처분을 신청한 수인이 서로 경쟁관계에 있어서 일방에 대한 면허나 인·허가 등이 타방에 대한 불인가·불허가 등으로 귀결될 수밖에 없는 경우에 불허가 등으로 인한 법률상 이익의 침해를 다투는 소송을 말한다.

ⓑ **내용**: 경원자소송의 경우 ㉮ 허가처분을 받지 못한 자는 경원자에 대한 허가를 다툴 원고적격이 인정되지만, ㉯ 다른 신청인들과 비교했을 때 여전히 후순위여서 불인가·불허가처분에 대한 취소판결을 받더라도 불이익이 회복된다고 볼 수 없는 경우라면, 여전히 소의 이익이 없다. 판례 역시 이와 같은 입장을 취하고 있다.

ⓒ **판례**: 고흥군 LPG충전소사건에서 ㉮ 허가 등의 처분을 받지 못한 자는 충전소의 허가 등 처분의 상대방이 아닐지라도 당해 처분의 취소를 구할 법률상 이익이 있다고 볼 것이나, ㉯ 그 처분이 취소되더라도 허가 등의 처분을 받지 못한 불이익이 회복되기 어렵다면 당해 처분의 취소를 구할 정당한 이익이 없다고 판시한 바 있다(대판 1992.5.8. 91누13274).

ⓔ 이웃소송
- ⓐ **의의**: 이웃하는 자들 사이에서 특정인에게 주어지는 수익적 행위가 타인에게는 법률상 불이익을 초래하는 경우에 그 타인의 법률상 이익의 침해를 다투는 소송을 말한다.
- ⓑ **내용**: ㉮ 행정행위의 상대방에 대한 허가의 근거법령의 허가를 제한하는 규정으로부터(보호규범) ㉯ 인근 주민에 대해(원고적격자의 범위) ㉰ 사익보호성이 도출되는지(보호규범의 해당여부)를 판단한다.
- ⓒ **판례**

청주시연탄공장 사건에서 연탄공장허가	• 보호규범: 근거법인 도시계획법 및 건축법을 살펴보면, • 원고적격 범위 설정: 연탄공장건축허가를 제한하고 있는 규정의 해석상, 주거지역 내에 거주하는 사람들의 • 사익보호성 도출: 주거의 안녕과 생활환경을 보호하는 데에도 목적이 있음을 도출할 수 있기 때문에, 인근주민의 원고적격을 인정한 취지의 판시를 한 바 있다(대판 1975.5.13. 73누96·97).
인근 주민의 공설화장장설치 결정 처분 취소소송사건	• 보호규범: 도시계획법 제12조와 매장 및 묘지등에 관한 법률 및 같은 법 시행령을 살펴보면 • 원고적격 범위 설정: 20호 이상 인가밀집지역 등에 사는 주민들에 대해서 • 사익보호성 도출: 인근주민의 구체적 이익을 보호하기 위한 목적 역시 포함된다고 하여 이들에 대한 원고적격을 인정한 바 있다. • 특히 이 판례는 보호규범의 범위를 직접적인 근거규정(도시계획법)에서 관련법규(매장 및 묘지등에 관한 법률 및 같은 법 시행령)까지 확장한 판례로 큰 의의를 지니고 있다(대판 1995.9.26. 94누14544).
속리산 국립공원개발사업 허가 등 취소소송	• 보호규범: 자연공원법령 및 환경영향평가법을 살펴보면 • 원고적격 범위 설정: 개발사업으로 인한 환경피해를 입는 환경영향평가대상지역 내 주민들의 • 사익보호성 도출: 쾌적한 환경에서 생활할 수 있는 권리를 보호하기 위한 것이라고 판시하여 영향평가지역 내에 주민들의 대해서는 원고적격을 인정하였다. 그러나 환경보호단체나 환경영향 평가대상지역 밖의 주민들의 경우에는 법규의 해석상 이들에 대한 사익보호성을 도출할 수 없기 때문에 원고적격을 부정하였다(대판 1998.4.24. 97누3286).

경쟁자(경업자)소송
1. 기존업자가 법률상 이익을 누리고 있던 자라면 원고적격을 인정받는다.
2. 특허의 경우 일반적으로 기존업자의 법률상 이익을 인정한다.
3. 허가의 경우 일반적으로 기존업자의 법률상 이익을 인정하지 않는다.

관련판례 경쟁자(경업자)소송

일반적으로 면허나 인허가 등의 수익적 행정처분의 근거가 되는 법률이 해당 업자들 사이의 과당경쟁으로 인한 경영의 불합리를 방지하는 것도 목적으로 하고 있는 경우, 다른 업자에 대한 면허나 인허가 등의 수익적 행정처분에 대하여 미리 같은 종류의 면허나 인허가 등의 수익적 행정처분을 받아 영업을 하고 있는 기존의 업자는 경업자에 대하여 이루어진 면허나 인허가 등 행정처분의 상대방이 아니라고 하더라도 당해 행정처분의 무효확인 또는 취소를 구할 이익이 있다(대판 2020.4.9. 2019두49953).

경업자소송에서 법률상 이익을 인정한 사례(원고적격 인정)	경업자소송에서 법률상 이익을 부정한 사례(원고적격 부정)
• 버스 운송사업자의 이익 • 시외버스 운송사업자의 이익 • 사업용 화물자동차사업자의 이익 • 선박 운송사업자의 이익 • 중계유선방송사업자의 사업상 이익 (2004다11162) • 담배소매인의 이익(단, 동일 시설물 내 담배소매인의 이익은 부정) • 분뇨·축산폐수 수집·운반업자의 이익 • 약종상 영업허가자의 이익 • 기존 광산업자의 이익	• 공중목욕탕업자의 이익 • 석탄가공업자의 이익 • 여관업자의 이익 • 한의사의 이익 • 장의자동차 운송사업자의 영업이익 (91누13700) • A는 기존 하천부지점용업자였는데 점용허가의 효력이 상실되었다. 행정청은 B에게 행정청의 하천부지점용허가를 하였다. 이때 A의 이익은 법률상 이익이 아니다(89누7900). • 양곡가공업 허가업자(89누756) • 새로운 조미료 제조업자의 조미료 원료 수입허가를 다툰 기존 조미료 제조업자

경원자소송
법적 자격의 흠결로 신청이 인용될 수 없는 경우를 제외하고는 경원관계가 인정되면 원고적격을 인정받는다.

관련판례 경원자소송

인·허가 등 수익적 행정처분을 신청한 여러 사람이 서로 경원관계에 있어서 한 사람에 대한 허가 등 처분이 다른 사람에 대한 불허가 등으로 귀결될 수밖에 없을 때 허가 등 처분을 받지 못한 사람은 신청에 대한 거부처분의 직접 상대방으로서 원칙적으로 자신에 대한 거부처분의 취소를 구할 원고적격이 있고, … 특별한 사정이 없는 한 경원관계에서 허가 등 처분을 받지 못한 사람은 자신에 대한 거부처분의 취소를 구할 소의 이익이 있다(대판 2015.10.29. 2013두27517).

경원자소송에서 법률상 이익을 인정한 사례	경원자소송에서 법률상 이익을 부정한 사례
• 납세필 병마개 제조사업자의 이익 • LPG 충전사업 신규신청자의 이익 • 법학전문대학원 예비인가신청 대학교의 이익	• 수학교과용 도서 검정 합격처분에 대한 영어책 교과서 검정 신청자 • 국립대학교 교수임용에 있어서 기존 국립대학교 같은 과 교수 • 대학교 총장 교수임용의 세무대학교 학생

이웃소송
처분의 상대방이 아닌 제3자인 주민도 법률상 이익이 있는 경우 원고적격을 가진다.

관련판례 이웃소송

1. 토사채취 허가지의 인근 주민들 및 사찰인 원고들에게 이 사건 처분의 취소를 구할 법률상의 이익이 있다(대판 2007.6.15. 2005두9736).

2. 광업권설정허가처분과 그에 따른 광산 개발로 인하여 재산상·환경상 이익의 침해를 받거나 받을 우려가 있는 토지나 건축물의 소유자와 점유자 또는 이해관계인 및 주민들은 그 처분 전과 비교하여 수인한도를 넘는 재산상·환경상 이익의 침해를 받거나 받을 우려가 있다는 것을 증명함으로써 그 처분의 취소를 구할 원고적격을 인정받을 수 있다(대판 2008.9.11. 2006두7577).

이웃소송에서 법률상 이익을 인정한 사례(원고적격 인정)	이웃소송에서 법률상 이익을 부정한 사례(원고적격 부정)
• 연탄공장 허가에 대한 주민의 이익 • 레미콘 공장 설립승인처분에 대한 인근주민의 이익(대판 2007.5.11. 2005두11500) • LPG 충전허가에 있어서 주민의 이익 • 상수도보호구역 내 공설화장장 설치를 위한 도시계획결정에 대한 주민의 이익 • 환경영향평가 밖의 주민으로서 수인한도를 벗어난 환경피해를 입은 주민 • 양수발전소 건설승인처분에 있어서의 환경영향평가 내 주민의 이익 • 영광원자력발전소 건설부지 사전승인처분에 있어서 환경영향평가 내 주민의 이익 • 공유수면매립면허처분 및 새만금간척종합개발 사업인가처분에서 환경영향평가 내 주민의 이익 • 국립공원 집단시설 개발 승인결정에서 환경영향평가 내 주민의 이익 • 상수원 주변 공장설립승인처분에 있어서 환경영향평가 내 주민과 환경영향평가 밖 주민의 이익 • 아파트 건축허가 관련 주민의 이익 • 전원개발사업실시계획 관련 환경영향평가안의 주민의 이익(대판 1998.9.22. 97누19571) • 납골당 설치허가처분 관련 환경영향평가 내 주민의 이익 • 폐기물소각시설로부터 300m 이내 거주하는 주민(대판 2005.3.11. 2003두13489) • 폐기물소각시설로부터 300m 밖의 주민 중 환경영향평가법상 보호되는 법률상 이익이 있으면 폐기물소각시설 설치처분을 다툴 이익이 있다(대판 2005.5.12. 2004두14229).	• 상수원보호구역 변경처분에 있어서의 주민의 이익 • 환경영향평가 밖의 주민의 이익, 산악인과 사진작가의 이익 • 문화재 지정 관련 주민 • 甲이 乙 소유의 도로를 공로에 이르는 유일한 통로로 이용하였으나 甲 소유의 대지에 인접하여 새로운 공로가 개설되어 그 쪽으로 출입문을 내어 바로 새로운 공로에 이를 수 있게 된 경우, 甲이 乙 소유의 도로에 대한 도로폐지허가처분의 취소를 구할 법률상 이익은 없다(대판 1999.12.7. 97누12556). • 위락시설(유흥주점)로 건물용도를 변경하는 것을 허용하는 취지의 재결을 다투는 주민(대구고법 1997.8.25. 97부558)

관련판례 환경영향평가와 원고적격

1. 환경영향평가 대상지역 내 주민

   ① 대상지역 내 주민들이 공유수면매립면허처분 등과 관련하여 갖고 있는 위와 같은 환경상의 이익은 주민 개개인에 대하여 개별적으로 보호되는 직접적·구체적 이익으로서 그들에 대하여는 특단의 사정이 없는 한 환경상의 이익에 대한 침해 또는 침해우려가 있는 것으로 사실상 추정되어 공유수면매립면허처분 등의 무효확인을 구할 원고적격이 인정된다(대판 2006.3.16. 2006두330 전합).

   ② 환경상 이익에 대한 침해 또는 침해 우려가 있는 것으로 사실상 추정되어 원고적격이 인정되는 사람에는 환경상 침해를 받으리라고 예상되는 영향권 내의 주민들을 비롯하여 그 영향권 내에서 농작물을 경작하는 등 현실적으로 환경상 이익을 향유하는 사람도 포함된다. 그러나 <u>단지 그 영향권 내의 건물·토지를 소유하거나 환경상 이익을 일시적으로 향유하는 데 그치는 사람은 포함되지 않는다</u>(대판 2009.9.24. 2009두2825).

2. 환경영향평가 대상지역 밖 주민

① 환경영향평가 대상지역 밖의 주민이라 할지라도 공유수면매립면허처분 등으로 인하여 그 처분 전과 비교하여 수인한도를 넘는 환경피해를 받거나 받을 우려가 있는 경우에는, 공유수면매립면허처분 등으로 인하여 환경상 이익에 대한 침해 또는 침해우려가 있다는 것을 입증함으로써 그 처분 등의 무효확인을 구할 원고적격을 인정받을 수 있다(대판 2006.3.16. 2006두330 전합).

② 행정처분의 직접 상대방이 아닌 자로서 그 처분에 의하여 자신의 환경상 이익을 침해받거나 침해받을 우려가 있다는 이유로 취소소송을 제기하는 제3자는, 자신의 환경상 이익이 그 처분의 근거 법규 또는 관련 법규에 의하여 개별적·직접적·구체적으로 보호되는 이익, 즉 법률상 보호되는 이익임을 증명하여야 원고적격이 인정된다(대판 2018.7.12. 2015두3485).

관련판례 기본권과 원고적격

1. 병마개 제조업자

설사 국세청장의 지정행위의 근거규범인 이 사건 조항들이 단지 공익만을 추구할 뿐 청구인 개인의 이익을 보호하려는 것이 아니라는 이유로 청구인에게 취소소송을 제기할 법률상 이익을 부정한다고 하더라도, 청구인의 기본권인 경쟁의 자유가 바로 행정청의 지정행위의 취소를 구할 법률상 이익이 된다 할 것이다 (헌재 1998.4.30. 97헌마141).

2. 환경권에 근거한 원고적격 부정

환경영향평가 대상지역 밖에 거주하는 주민에게 헌법상의 환경권 또는 환경정책기본법에 근거하여 공유수면매립면허처분과 농지개량사업 시행인가처분의 무효확인을 구할 원고적격이 없다(대판 2006.3.16. 2006두330 전합).

관련판례 원고적격 인정

1. 법인의 주주가 당해 법인에 대한 행정처분의 취소를 구할 원고적격이 있는 경우

[1] 법인의 주주는 법인에 대한 행정처분에 관하여 사실상이나 간접적인 이해관계를 가질 뿐이어서 스스로 그 처분의 취소를 구할 원고적격이 없는 것이 원칙이라고 할 것이지만, 그 처분으로 인하여 법인이 더 이상 영업 전부를 행할 수 없게 되고, … 당해 법인이 종전에 행하던 영업을 다시 행할 수 없는 예외적인 경우에는 주주도 그 처분에 관하여 직접적이고 구체적인 법률상 이해관계를 가진다고 보아 그 효력을 다툴 원고적격이 있다.

[2] 부실금융기관의 정비를 목적으로 은행의 영업 관련 자산 중 재산적 가치가 있는 자산 대부분과 부채 등이 타에 이전됨으로써 더 이상 그 영업 전부를 행할 수 없게 되고, 은행업무정지처분 등의 효력이 유지되는 한 은행이 종전에 행하던 영업을 다시 행할 수는 없는 경우, 은행의 주주에게 당해 은행의 업무정지처분 등을 다툴 원고적격이 인정된다(대판 2005.1.27. 2002두5313).

2. 일반적으로 법인의 주주는 당해 법인에 대한 행정처분에 관하여 사실상이나 간접적인 이해관계를 가질 뿐이어서 스스로 그 처분의 취소를 구할 원고적격이 없는 것이 원칙이라고 할 것이지만, 그 처분으로 인하여 궁극적으로 주식이 소각되거나 주주의 법인에 대한 권리가 소멸하는 등 주주의 지위에 중대한 영향을 초래하게 되는데도 그 처분의 성질상 당해 법인이 이를 다툴 것을 기대할 수 없고

달리 주주의 지위를 보전할 구제방법이 없는 경우에는 주주도 그 처분에 관하여 직접적이고 구체적인 법률상 이해관계를 가진다고 보이므로 그 취소를 구할 원고적격이 있다(대판 2004.12.23. 2000두2648).

3. 기존 분뇨와 축산폐수 수집운송업자

일반적으로 면허나 인·허가 등의 수익적 행정처분의 근거가 되는 법률이 해당 업자들 사이의 과당경쟁으로 인한 경영의 불합리를 방지하는 것도 그 목적으로 하고 있는 경우, 다른 업자에 대한 면허나 인·허가 등의 수익적 행정처분에 대하여 이미 같은 종류의 면허나 인·허가 등의 수익적 행정처분을 받아 영업을 하고 있는 기존의 업자는 경업자에 대하여 이루어진 면허나 인·허가 등 행정처분의 상대방이 아니라 하더라도 당해 행정처분의 취소를 구할 원고적격이 있다(대판 2006.7.28. 2004두6716).

4. 로스쿨 예비인가신청 관련 대학교

인·허가 등의 수익적 행정처분을 신청한 수인이 서로 경쟁관계에 있어서 일방에 대한 허가 등의 처분이 타방에 대한 불허가 등으로 귀결될 수밖에 없는 때 허가 등의 처분을 받지 못한 자는 비록 경원자에 대하여 이루어진 허가 등 처분의 상대방이 아니라 하더라도 당해 처분의 취소를 구할 원고 적격이 있다(대판 2009.12.10. 2009두8359).

5. 약제급여고시와 제약회사

보건복지부 고시인 약제급여·비급여목록 및 급여상한금액표로 인하여 자신이 제조·공급하는 약제의 상한금액이 인하됨에 따라 위와 같이 보호되는 법률상 이익이 침해당할 경우, 제약회사는 위 고시의 취소를 구할 원고적격이 있다(대판 2006.9.22. 2005두2506).

6. 임차인대표회의

임차인대표회의는 행정청의 분양전환승인처분이 승인의 요건을 갖추지 못하였음을 주장하여 그 취소소송을 제기할 원고적격이 있다고 보아야 한다(대판 2010.5.13. 2009두19168).

7. 학교법인의 임원취임승인신청에 대한 관할청의 반려처분에 대해 임원으로 선임된 사람

관할청이 학교법인의 임원취임승인신청에 대하여 이를 반려하거나 거부하는 경우 학교법인에 의하여 임원으로 선임된 사람은 학교법인의 임원으로 취임할 수 없게 되는 불이익을 입게 되는바, 이와 같은 불이익은 간접적이거나 사실상의 불이익이 아니라 직접적이고도 구체적인 법률상의 불이익이라 할 것이므로 학교법인에 의하여 임원으로 선임된 사람에게는 관할청의 임원취임승인신청 반려처분을 다툴 수 있는 원고적격이 있다(대판 2007.12.27. 2005두9651).

8. 제3자의 접견허가신청에 대한 교도소장의 거부처분에 있어서 접견권이 침해되었다고 주장하는 구속된 피고인

구속된 피고인은 교도소장의 접견허가거부처분으로 인하여 자신의 접견권이 침해되었음을 주장하여 위 거부처분의 취소를 구할 원고적격을 가진다(대판 1992.5.8. 91누7552).

9. 채석허가를 받은 자에 대한 관할 행정청의 채석허가취소처분에 대하여 수허가자의 지위를 양수한 양수인

수허가자의 지위를 양수받아 명의변경신고를 할 수 있는 양수인의 지위는 단순한 반사적 이익이나 사실상의 이익이 아니라 산림법령에 의하여 보호되는 직접적이고 구체적인 이익으로서 법률상 이익이라고 할 것이고, 채석허가가 유효하게 존속하고 있다는 것이 양수인의 명의변경신고의 전제가 된다는 의미에서 관할 행정청이 양도인에 대하여 채석허가를 취소하는 처분을 하였다면 이는 양수인의 지위에 대한 직접적 침해가 된다고 할 것이므로 양수인은 채석허가를 취소하는 처분의 취소를 구할 법률상 이익을 가진다(대판 2003.7.11. 2001두6289).

10. 예탁금회원제 골프장

회원의 입회금을 상환하도록 정해져 있는 이른바 예탁금회원제 골프장에 있어서, 체육시설업자 또는 그 사업계획의 승인을 얻은 자가 회원모집계획서를 제출하면서 허위의 사업시설 설치공정확인서를 첨부하거나 사업계획의 승인을 받을 때 정한 예정인원을 초과하여 회원을 모집하는 내용의 회원모집계획서를 제출하여 그에 대한 시·도지사 등의 검토결과 통보를 받는다면 이는 기존회원의 골프장에 대한 법률상의 지위에 영향을 미치게 되므로, 이러한 경우 기존회원은 위와 같은 회원모집계획서에 대한 시·도지사의 검토결과 통보의 취소를 구할 법률상의 이익이 있다고 보아야 한다(대판 2009.2.26. 2006두16243).

11. 지위승계수리처분

유원시설업자 또는 체육시설업자 지위승계신고를 수리하는 처분은 종전의 유원시설업자 또는 체육시설업자의 권익을 제한하는 처분이라 할 것이고, 종전의 유원시설업자 또는 체육시설업자는 그 처분에 대하여 직접 그 상대가 되는 자에 해당한다(대판 2012.12.13. 2011두29144).

12. 관할청의 정식이사 선임처분에 관하여 '상당한 재산을 출연한 자'와 '학교 발전에 기여한 자'의 법률상 보호되는 이익

구 사립학교법 제25조의3은 정식이사 선임에 관하여 상당한 재산을 출연한 자 및 학교 발전에 기여한 자의 개별적·구체적인 이익을 보호하려는 취지가 포함되어 있는 것으로 보이고, 상당한 재산출연자 등은 관할청이 정식이사를 선임하는 처분에 관하여 법률상 보호되는 이익을 가진다고 봄이 상당하다(대판 2013.9.12. 2011두33044).

13. 허위명의 난민신청

미얀마 국적의 甲이 위명인 '乙' 명의의 여권으로 대한민국에 입국한 뒤 乙 명의로 난민 신청을 하였으나 법무부장관이 乙 명의를 사용한 甲을 직접 면담하여 조사한 후 甲에 대하여 난민불인정 처분을 한 사안에서, 처분의 상대방은 허무인이 아니라 '乙'이라는 위명을 사용한 甲이라는 이유로, 甲이 처분의 취소를 구할 법률상 이익이 있다(대판 2017.3.9. 2013두16852).

14. 사업시행계획

도시환경정비사업에 대한 사업시행계획에 당연무효인 하자가 있는 경우에는 도시환경정비사업조합은 사업시행계획을 새로이 수립하여 관할관청에게서 인가를 받은 후 다시 분양신청을 받아 관리처분계획을 수립하여야 한다. … 조합원의 지위를 상실한 토지 등 소유자도 그때 분양신청을 함으로써 건축물 등을 분양받을 수 있으므로 관리처분계획의 무효확인 또는 취소를 구할 법률상 이익이 있다(대판 2011.12.8. 2008두18342).

15. 공연을 위해 출국한 뒤 미국 시민권을 획득한 가수에 대한 사증발급 거부처분

원고는 대한민국에서 출생하여 오랜 기간 대한민국 국적을 보유하면서 거주한 사람이므로 이미 대한민국과 실질적 관련성이 있거나 대한민국에서 법적으로 보호가치 있는 이해관계를 형성하였다고 볼 수 있다. 또한 재외동포의 대한민국 출입국과 대한민국 안에서의 법적 지위를 보장함을 목적으로 재외동포의 출입국과 법적 지위에 관한 법률(이하 '재외동포법'이라 한다)이 특별히 제정되어 시행 중이다. 따라서 원고는 이 사건 사증발급 거부처분의 취소를 구할 법률상 이익이 인정되므로, 원고적격 또는 소의 이익이 없어 이 사건 소가 부적법하다는 피고의 주장은 이유 없다(대판 2019.7.11. 2017두38874).

비교판례 사증발급 거부처분을 다투는 외국인은, 아직 대한민국에 입국하지 않은 상태에서 대한민국에 입국하게 해달라고 주장하는 것으로, 대한민국과의 실질적 관련성 내지 대한민국에서 법적으로 보호가치 있는 이해관계를 형성한 경우는 아니어서, … 외국인에게는 사증발급 거부처분의 취소를 구할 법률상 이익이 인정되지 않는다(대판 2018.5.15. 2014두42506).

관련판례 원고적격 부정

1. 수익적 행정처분의 상대방

   행정처분이 수익적인 처분이거나 신청에 의하여 신청 내용대로 이루어진 처분인 경우에는 처분 상대방의 권리나 법률상 보호되는 이익이 침해되었다고 볼 수 없으므로 달리 특별한 사정이 없는 한 처분의 상대방은 그 취소를 구할 이익이 없다고 할 것이다(대판 1995.5.26. 94누7324).

2. 국유도로의 공용폐지

   일반적인 시민생활에 있어 도로를 이용만 하는 사람은 그 용도폐지를 다툴 법률상의 이익이 있다고 말할 수 없지만, 공공용재산이라고 하여도 당해 공공용재산의 성질상 특정개인의 생활에 개별성이 강한 직접적이고 구체적인 이익을 부여하고 있어서 그에게 그로 인한 이익을 가지게 하는 것이 법률적인 관점으로도 이유가 있다고 인정되는 특별한 사정이 있는 경우에는 그와 같은 이익은 법률상 보호되어야 할 것이다. … 원고가 이 사건 도로를 산책로 등으로 가끔 이용하였던 정도의 이해관계만으로는 이 사건 도로의 용도폐지처분을 다툴 법률상의 이익이 있다고 할 수 없다(대판 1992.9.22. 91누13212).

3. 甲이 乙 소유의 도로를 공로에 이르는 유일한 통로로 이용하였으나 甲 소유의 대지에 연접하여 새로운 공로가 개설되어 그 쪽으로 출입문을 내어 바로 새로운 공로에 이를 수 있게 된 경우, 甲이 乙 소유의 도로에 대한 도로폐지허가처분의 취소를 구할 법률상 이익은 없다(대판 1999.12.7. 97누12556).

4. 회사에 대한 과징금 부과처분과 구성원

   회사에 대하여 한 과징금부과처분으로 말미암아 당해 운전기사의 상여금지급이 제한되었다고 하더라도, 과징금부과처분의 직접 당사자 아닌 당해 운전기사로서는 그 처분의 취소를 구할 직접적이고 구체적인 이익이 있다고 볼 수 없다(대판 1994.4.12. 93누24247).

5. 신청대로 이루어진 처분

   매도인 역시 그 신청인이었고 처분의 내용도 그 신청대로라 할 것이므로 매도인이 그 처분으로 인하여 어떠한 권리나 법률상 보호되는 이익을 침해당하였다고 볼 수 없다(대판 1995.5.26. 94누7324).

6. 구성원에 대한 처분에 있어서 그 단체의 원고적격

두부제조업체들에 의하여 설립된 연식품협동조합이 식품위생법상의 식품위생이나 보건향상등에 의한 이익을 향수할 수 있는 주체도 아닐 뿐만 아니라 그 조합원에 대한 식품제조영업허가취소처분과는 직접적인 법률관계도 없다(대판 1987.5.26. 87누119).

7. 건강보험요양급여행위 및 그 상대가치점수 개정 고시의 취소에 있어 대한의사협회

사단법인 대한의사협회는 보건복지부 고시인 '건강보험요양급여행위 및 그 상대가치점수 개정'으로 인하여 자신의 법률상 이익을 침해당하였다고 할 수 없다는 이유로 위 고시의 취소를 구할 원고적격이 없다(대판 2006.5.25. 2003두11988).

8. 개발제한구역 중 일부 취락을 개발제한구역 내에서 해제하는 도시관리계획변경결정에 대해 해제대상에서 누락된 토지의 소유자

개발제한구역 중 일부 취락을 개발제한구역에서 해제하는 내용의 도시관리계획변경결정에 대하여, 개발제한구역 해제대상에서 누락된 토지의 소유자는 위 결정의 취소를 구할 법률상 이익이 없다(대판 2008.7.10. 2007두10242).

9. 원천징수의무자에 대한 납세고지에 대해 원천납세의무자의 원고적격

원천징수에 있어서 원천납세의무자는 과세권자가 직접 그에게 원천세액을 부과한 경우가 아닌 한 과세권자의 원천징수의무자에 대한 납세고지로 인하여 자기의 원천세납세의무의 존부나 범위에 아무런 영향을 받지 아니하므로 이에 대하여 항고소송을 제기할 수 없다(대판 1994.9.9. 93누22234).

10. 국세체납처분을 원인으로 한 압류등기 이후의 압류부동산 매수자

국세체납처분을 원인으로 한 압류등기 이후에 압류부동산을 매수한 자는 위 압류처분에 대하여 사실상이며 간접적인 이해관계를 가진데 불과하여 위 압류처분의 취소나 무효확인을 구할 원고적격이 없다(대판 1985.2.8. 82누524).

11. 행정심판의 인용재결에 대한 처분청의 원고적격

행정심판법 제49조 제1항은 "심판청구를 인용하는 재결은 피청구인과 그 밖의 관계 행정청을 기속한다."라고 규정하였고, 이에 따라 처분행정청은 재결에 기속되어 재결의 취지에 따른 처분의무를 부담하게 되므로 이에 불복하여 행정소송을 제기할 수 없다(대판 1998.5.8. 97누15432).

12. 과징금 부과처분을 취소하는 행정심판의 재결을 다룬 장의자동차 동종업자

A에 대해 과징금 부과처분이 있자 A는 부과처분을 취소하는 행정심판을 청구해 취소재결이 있었다. 장의자동차 운송업자인 B가 행정심판의 취소재결을 다툴 이익은 없다. 장의자동차 운송사업자의 사업구역제도는 각 지역 국민의 편익을 위한 것이고, 사업구역 위반으로 인한 과징금부과처분에 의하여 다른 사업구역의 동종업자의 영업이 보호되는 결과가 되더라도 그것은 면허의 조건으로 부가되는 사업구역제도의 반사적 이익에 불과하며 … 원고들에게 이 사건 재결의 취소를 구할 법률상의 이익이 없다(대판 1992.12.8. 91누13700).

13. 제주해군기지 건설을 위한 절대보존지역 변경처분에 대한 지역주민의 원고적격

절대보존지역의 유지로 지역주민회와 주민들이 가지는 주거 및 생활환경상 이익은 지역의 경관 등이 보호됨으로써 반사적으로 누리는 것일 뿐 근거 법규 또는 관련 법규에 의하여 보호되는 개별적·직접적·구체적 이익이라고 할 수 없으므로, 지역주민회 등은 위 처분을 다툴 원고적격이 없다(대판 2012.7.5. 2011두13187·13194).

14. 생태·자연도 등급권역 변경결정에 대한 지역주민의 원고적격

생태·자연도의 작성 및 등급변경의 근거가 되는 구 자연환경보전법에 의하면, 생태·자연도는 토지이용 및 개발계획의 수립이나 시행에 활용하여 자연환경을 체계적으로 보전·관리하기 위한 것일 뿐, 1등급 권역의 인근 주민들이 가지는 생활상 이익을 직접적이고 구체적으로 보호하기 위한 것이 아님이 명백하고, 1등급 권역의 인근 주민들이 가지는 이익은 환경보호라는 공공의 이익이 달성됨에 따라 반사적으로 얻게 되는 이익에 불과하므로, 인근 주민에 불과한 甲은 생태·자연도 등급권역을 1등급에서 일부는 2등급으로, 일부는 3등급으로 변경한 결정의 무효 확인을 구할 원고적격이 없다(대판 2014.2.21. 2011두29052).

15. 수녀원

공유수면매립목적 변경 승인처분으로 甲 수녀원에 소속된 수녀 등이 쾌적한 환경에서 생활할 수 있는 환경상 이익을 침해받는다고 하더라도 이를 가리켜 곧바로 甲 수녀원의 법률상 이익이 침해된다고 볼 수 없고, 자연인이 아닌 甲 수녀원은 쾌적한 환경에서 생활할 수 있는 이익을 향수할 수 있는 주체가 아니므로 위 처분으로 위와 같은 생활상의 이익이 직접적으로 침해되는 관계에 있다고 볼 수도 없다(대판 2012.6.28. 2010두2005).

④ **한계**: 종전에는 반사적 이익으로만 이해되었던 사항들에 대해서도 법률상 보호이익의 확대화 경향에 따라 보호규범의 범위 안에 포함되는 사항들이 증가하고 있다.

- ㉠ **도로**: 도로의 일반 사용이 권리로 인정되기는 어렵겠지만, 합리적인 이유 없이 도로의 사용이 배제된다면 그러한 배제를 제거할 수 있는 권리를 갖는다고 보는 것이 타당하다. 또한, 인접 주민의 고양된 보통사용권 역시 단순한 반사적 권리가 아닌, 일반인에 비해 보다 강화된 권리로 인정해야 한다.
- ㉡ **제3자효**: 전통적으로 제3자효는 반사적 이익으로 보았으나, 위에서 살펴보았듯이 법규상 사익보호성이 인정된다면 이 역시 법률상 이익으로 보아야 한다.
- ㉢ **생활보호**: 국가로부터 받는 배려에 대해서는 생활보호청구권을 인정하는 것이 바람직하다. 즉, 생존권과 관련된 사항이므로 단순한 반사적 이익으로만 보기는 어렵다.
- ㉣ **경찰허가**: 원칙은 반사적 이익이나 경우에 따라서 권리일 수도 있다.

> **관련판례** 기타 원고적격 인정사례

1. 법인의 주주가 당해 법인에 대한 행정처분의 취소를 구할 원고적격이 있는 경우

법인의 주주는 법인에 대한 행정처분에 관하여 사실상이나 간접적인 이해관계를 가질 뿐이어서 스스로 그 처분의 취소를 구할 원고적격이 없는 것이 원칙이라고 할 것이지만, 그 처분으로 인하여 법인이 더 이상 영업 전부를 행할 수 없게 되고, 영업에 대한 인·허가의 취소 등을 거쳐 해산·청산되는 절차 또한 처분 당시 이미 예정되어 있으며, 그 후속절차가 취소되더라도 그 처분의 효력이 유지되는 한 당해 법인이 종전에 행하던 영업을 다시 행할 수 없는 예외적인 경우에는 주주도 그 처분에 관하여 직접적이고 구체적인 법률상 이해관계를 가진다고 보아 그 효력을 다툴 원고적격이 있다(대판 2005.1.27. 2002두5313).

2. 제약회사는 보건복지부 고시인 약제급여·비급여목록 및 급여상한금액표의 취소를 구할 원고적격이 있음

보건복지부 고시인 약제급여·비급여목록 및 급여상한금액표는 다른 집행행위의 매개 없이 그 자체로서 국민건강보험가입자, 국민건강보험공단, 요양기관 등의 법률관계를 직접 규율하는 성격을 가지므로 항고소송의 대상이 되는 행정처분에 해당한다.

제약회사가 자신이 공급하는 약제에 관하여 국민건강보험법, 같은 법 시행령, 국민건강보험 요양 급여의 기준에 관한 규칙 등 약제상한금액고시의 근거 법령에 의하여 보호되는 직접적이고 구체적인 이익을 향유하는데, 보건복지부 고시인 약제급여·비급여목록 및 급여상한금액표로 인하여 자신이 제조·공급하는 약제의 상한금액이 인하됨에 따라 위와 같이 보호되는 법률상 이익이 침해 당할 경우, 제약회사는 위 고시의 취소를 구할 원고적격이 있다(대판 2006.9.22. 2005두2506).

3. 채석허가를 받은 자에 대한 관할 행정청의 채석허가 취소처분에 대하여 수허가자의 지위를 양수한 양수인에게 그 취소처분의 취소를 구할 법률상 이익이 있음

수허가자의 지위를 양수받아 명의변경신고를 할 수 있는 양수인의 지위는 단순한 반사적 이익이나 사실상의 이익이 아니라 산림법령에 의하여 보호되는 직접적이고 구체적인 이익으로서 법률상 이익이라고 할 것이고, 채석허가가 유효하게 존속하고 있다는 것이 양수인의 명의 변경신고의 전제가 된다는 의미에서 관할 행정청이 양도인에 대하여 채석허가를 취소하는 처분을 하였다면 이는 양수인의 지위에 대한 직접적 침해가 된다고 할 것이므로 양수인은 채석 허가를 취소하는 처분의 취소를 구할 법률상 이익을 가진다(대판 2003.7.11. 2001두6289).

4. 학교법인의 임원취임승인신청 반려처분에 대하여, 임원으로 선임된 사람이 이를 다툴 수 있는 원고적격이 있음

관할청의 임원취임승인행위는 학교법인의 임원선임행위의 법률상 효력을 완성케 하는 보충적 법률행위이다. 따라서 관할청이 학교법인의 임원취임승인신청에 대하여 이를 반려하거나 거부하는 경우 학교법인에 의하여 임원으로 선임된 사람은 학교법인의 임원으로 취임할 수 없게 되는 불이익을 입게 되는바, 이와 같은 불이익은 간접적이거나 사실상의 불이익이 아니라 직접적이고도 구체적인 법률상의 불이익이라 할 것이므로 학교법인에 의하여 임원으로 선임된 사람에게는 관할청의 임원취임승인신청 반려처분을 다툴 수 있는 원고적격이 있다(대판 2007.12.27. 2005두9651).

5. 도시 및 주거환경정비법상 조합설립추진위원회의 구성에 동의하지 아니한 정비구역 내의 토지 등 소유자에게 조합설립추진위원회 설립승인처분의 취소를 구할 원고적격 인정

도시 및 주거환경정비법 제13조 제1항 및 제2항의 입법경위와 취지에 비추어 하나의 정비 구역 안에서 복수의 조합설립추진위원회에 대한 승인은 허용되지 않는 점, 조합설립추진위원회가 조합을 설립할 경우 같은 법 제15조 제4항에 의하여 조합설립추진위원회가 행한 업무와 관련된 권리와 의무는 조합이 포괄승계하며, 주택재개발사업의 경우 정비구역 내의 토지 등 소유자는 같은 법 제19조 제1항에 의하여 당연히 그 조합원으로 되는 점 등에 비추어 보면, 조합설립추진위원회의 구성에 동의하지 아니한 정비구역 내의 토지 등 소유자도 조합 설립추진위원회 설립승인처분에 대하여 같은 법에 의하여 보호되는 직접적이고 구체적인 이익을 향유하므로 그 설립승인처분의 취소소송을 제기할 원고적격이 있다(대판 2007.1.25. 2006두12289).

6. **구 임대주택법상 임차인대표회의도 임대주택 분양전환승인처분에 대하여 취소소송을 제기할 원고적격이 있음**

   구 임대주택법(2009.12.29. 법률 제9863호로 개정되기 전의 것) 제21조 제5항, 제9항, 제34조, 제35조 규정의 내용과 입법 경위 및 취지 등에 비추어 보면, 임차인대표회의도 당해 주택에 거주하는 임차인과 마찬가지로 임대주택의 분양전환과 관련하여 그 승인의 근거 법률인 구 임대주택법에 의하여 보호되는 구체적이고 직접적인 이익이 있다고 봄이 상당하다. 따라서 임차인대표회의는 행정청의 분양전환승인처분이 승인의 요건을 갖추지 못하였음을 주장하여 그 취소소송을 제기할 원고적격이 있다고 보아야 한다(대판 2010.5.13. 2009두19168).

7. 국가기관인 시·도 선거관리위원회 위원장은 국민권익위원회가 그에게 소속직원에 대한 중징계요구를 취소하라는 등의 조치 요구를 한 것에 대해서 취소소송을 제기할 원고적격을 가진다(乙이 국민권익위원회의 조치요구를 다툴 별다른 방법이 없는 점)(대판 2013.7.25. 2011두1214).

(6) 원고적격을 부정한 예

① **경찰허가를 받은 경업자**: 객실 증설을 가능토록 한 숙박업 구조변경허가에 대한 인근 숙박업자, 양곡가공업허가에 대한 기존업자, 약사들의 한약조제권인정시험 합격처분에 대한 한의사

② **반사적 이익을 침해받은 자**: 도로용도폐지처분에 의하여 산책로를 이용할 이익을 침해받은 자나 주택건설사업계획승인처분에 의하여 문화재를 향유할 이익을 침해받은 자, 상수원보호구역변경처분에 관하여 그 상수원으로부터 급수를 받는 주민, 무자격전임강사의 임용처분으로 학습권이 침해되었음을 주장하는 학생, 국립대학교 부교수임용처분에 대하여 교수회의 구성원인 같은 학과 교수

③ **단체와 그 구성원 간**: 주식회사에 대한 위생접객업영업정지처분 취소처분에 대하여 대표이사, 의료보험조합에 대한 대표이사취임 불승인처분에 대하여 그 대표이사로 취임하지 못하게 된 자, 비법인사단인 주택조합에 대한 주택조합설립인가신청 반려처분에 대하여 그 주택조합의 조합원이나 대표자, 대한혼인상담연합회에 대한 법인설립허가신청 반려처분에 대하여 그 구성원이자 대표자

④ **간접적 이해관계인**: 회사에 대한 자동차운송사업면허처분 취소처분에 대하여 회사 소유의 택시를 양도받은 차주, 도로부지의 점용허가처분에 대하여 당해 도로부지의 기존 무단 점유자, 운전기사의 합승행위를 이유로 소속 운수 회사에 대하여 과징금부과처분이 있은 경우 당해 운전기사, 토지구획정리사업시행자가 행한 환지처분에 대하여 위 시행자로부터 공사를 도급받은 자

관련판례 기타 원고적격 부정사례

1. **대학생들이 전공이 다른 교수를 임용함으로써 학습권을 침해당하였다는 이유를 들어 교수임용처분의 취소를 구할 소의 이익이 없음**

    원고들이 조세정책과목을 수강하고 있는데 피고가 담당교수를 행정학을 전공한 교수로 임용함으로써 원고들의 학습권을 침해하였다는 것이나, 설령 피고의 임용처분으로 말미암아 원고들이 불이익을 받게 되더라도 그 불이익은 간접적이거나 사실적인 불이익에 지나지 아니하여 그것만으로는 원고들에게 이 사건 임용처분의 취소를 구할 소의 이익이 있다고 할 수 없다(대판 1993.7.27. 93누8139).

2. **사단법인 대한의사협회는 보건복지부 고시인 '건강보험요양급여행위 및 그 상대가치점수 개정'의 취소를 구할 원고적격이 없음**

    사단법인 대한의사협회는 의료법에 의하여 의사들을 회원으로 하여 설립된 사단법인으로서, 국민건강보험법상 요양급여행위, 요양급여비용의 청구 및 지급과 관련하여 직접적인 법률관계를 갖지 않고 있으므로, 보건복지부 고시인 '건강보험요양급여행위 및 그 상대가치점수 개정'으로 인하여 자신의 법률상 이익을 침해당하였다고 할 수 없다는 이유로 위 고시의 취소를 구할 원고적격이 없다(대판 2006.5.25. 2003두11988).

3. **운전기사의 합승행위를 이유로 소속 운수회사에 대하여 과징금부과처분이 있은 경우 당해 운전기사에게 그 과징금부과처분의 취소를 구할 이익이 없음**

    회사의 노사 간에 임금협정을 체결함에 있어 운전기사의 합승행위 등으로 회사에 대하여 과징금이 부과되면 당해 운전기사에 대한 상여금지급시 그 금액상당을 공제하기로 함으로써 과징금의 부담을 당해 운전기사에게 전가하도록 규정하고 있고 이에 따라 당해 운전기사의 합승행위를 이유로 회사에 대하여 한 과징금부과처분으로 말미암아 당해 운전기사의 상여금지급이 제한되었다고 하더라도, 과징금부과처분의 직접 당사자 아닌 당해 운전기사로서는 그 처분의 취소를 구할 직접적이고 구체적인 이익이 있다고 볼 수 없다(대판 1994.4.12. 93누24247).

4. **개발제한구역 해제대상에서 누락된 토지의 소유자**

    개발제한구역 중 일부 취락을 개발제한구역에서 해제하는 내용의 도시관리계획 변경 결정에 대하여, 개발제한구역 해제대상에서 누락된 토지의 소유자는 위 결정의 취소를 구할 법률상 이익이 없다(대판 2008.7.10. 2007두10242).

5. **구 주택법상 입주자나 입주예정자가 사용검사처분의 무효확인 또는 취소를 구할 법률상 이익이 없음**

    건물의 사용검사처분은 건축허가를 받아 건축된 건물이 건축허가 사항대로 건축행정 목적에 적합한지 여부를 확인하고 사용검사필증을 교부하여 줌으로써 허가받은 사람으로 하여금 건축한 건물을 사용·수익할 수 있게 하는 법률효과를 발생시키는 것이다. … 그러나 입주자나 입주 예정자들은 사용검사처분의 무효확인을 받거나 처분을 취소하지 않고도 민사소송 등을 통하여 분양계약에 따른 법률관계 및 하자 등을 주장·증명함으로써 사업주체 등으로부터 하자의 제거·보완 등에 관한 권리구제를 받을 수 있으므로, 사용검사처분의 무효확인 또는 취소 여부에 의하여 법률적인 지위가 달라진다고 할 수 없으며, 구 주택공급에 관한 규칙(2012.3.30. 국토해양부령 제452호로 개정되기 전의 것)에서 주택공급계약에 관하여 사용검사와 관련된 규정을 두고 있다고 하더라도 달리 볼 것은 아니다. … 위와 같은 사정들을 종합하여 볼 때, 구 주택법(2012.1.26. 법률 제11243호로 개정되기 전의 것)상 입주자나 입주예정자는 사용검사처분의 무효확인 또는 취소를 구할 법률상 이익이 없다(대판 2015.1.29. 2013두24976).

4 소송요건 3 – 소의 이익

> 행정소송법 제12조【원고적격】취소소송은 처분등의 취소를 구할 법률상 이익이 있는 자가 제기할 수 있다. 처분등의 효과가 기간의 경과, 처분등의 집행 그 밖의 사유로 인하여 소멸된 뒤에도 그 처분등의 취소로 인하여 회복되는 법률상 이익이 있는 자의 경우에는 또한 같다.

1. 소의 이익의 의미

(1) 의의
① 본안판결을 통해 실현되는 이익을 말한다. 처분의 취소를 통해 원고의 법률상 이익이 구제될 수 있다면 소의 이익이 인정된다.
② 소의 이익이 없다면 각하판결을 내려야 한다.

관련판례

1. 해당 처분을 다툴 법률상 이익이 있는지 여부는 직권조사사항으로 이에 관한 당사자의 주장은 직권발동을 촉구하는 의미밖에 없으므로, 원심법원이 이에 관하여 판단하지 않았다고 하여 판단유탈의 상고이유로 삼을 수 없다(대판 2017.3.9. 2013두16852).

2. 공공기관의 정보공개에 관한 법률 제6조 제1항은 "모든 국민은 정보의 공개를 청구할 권리를 가진다."고 규정하고 있는데, 여기에서 말하는 국민에는 자연인은 물론 법인, 권리능력 없는 사단·재단도 포함되고, 법인, 권리능력 없는 사단·재단 등의 경우에는 설립목적을 불문하며, 정보공개청구권은 법률상 보호되는 구체적인 권리이므로 청구인이 공공기관에 대하여 정보공개를 청구하였다가 거부처분을 받은 것 자체가 법률상 이익의 침해에 해당한다(대판 2003.12.12. 2003두8050).

(2) 근거
이러한 협의의 소의 이익은 신의성실의 원칙에 뿌리를 둔 '소송법의 제도적 남용의 금지'로부터 나온 것으로서 남소 방지와 법원의 부담 완화 및 원활한 행정작용을 위한 것이다. 그 반면에 소의 이익을 지나치게 제한적으로만 인정하면 재판청구권이 침해될 수 있어 그 조화가 중요하다.

2. 행정소송법 제12조 제2문의 '법률상 이익'의 의미

행정소송법 제12조는 원고적격이라는 제목하에 ① 제1문에는 '처분 등의 취소를 구할 법률상 이익이 있는 자가 소를 제기할 수 있다'고 규정되어 있는 반면, ② 제2문에는 '처분 등의 효력이 소멸된 뒤에도 그 처분등의 취소로 인하여 회복할 법률상 이익이 있는 자는 소를 제기할 수 있다'고 규정하고 있다. 이는 원고적격이라는 제목하에 제1문과 제2문 모두 '법률상 이익'이라는 표현을 사용하고 있다. 이 때 제2문의 법률상 이익에 대해 원고적격으로 보는 견해와 협의의 소익으로 보는 견해가 대립하고 있다.

3. 행정소송법 제12조 제2문의 '법률상 이익'의 범위

(1) 학설

행정소송법 제12조 제2문은 제1문과 달리 원고적격이 아닌, 협의의 소익에 관한 규정이라는 것은 위에서 살펴보았다. 따라서 협의의 소익의 범위를 어디까지 봐야 하는지가 문제된다. 이에 대해서는 ① 원고적격의 법률상 이익과 동일하게 파악하는 견해, ② 명예·신용 등의 인격적 이익과 경제적·정치적·사회적·문화적 이익까지 포함한다는 견해, ③ 원고적격의 법률상 이익과 동일하지는 아니하지만 엄격하게 법적으로 보호할 만한 가치 있는 이익에 한정하자는 견해 등이 존재한다. 과거에는 그 범위를 좁게 보아 법적 지위가 회복되어야 하는 것으로 보았으나, 오늘날에는 그것이 비록 부수적인 이익이라도 소의 이익을 인정해주기 위한 입법적 해결로 본다. 그러나 단순한 사실상의 이익은 제외된다.

(2) 판례

판례는 원칙적으로 사실상의 이익이나 명예·신용 등 인격적 이익에 불과한 경우에는 해당하지 않는다고 보지만, 고등학교 퇴학처분을 다투는 소송에서는 예외적으로 명예를 법률상 이익으로 인정하여 소의 이익을 인정한 바 있다.

> **관련판례**
>
> **1. 원칙적 판례**
> 자격정지처분의 취소청구에 있어 그 정지기간이 경과된 이상 그 처분의 취소를 구할 이익이 없고 설사 그 처분으로 인하여 명예나 신용 등 인격적인 이익이 침해되어 그 침해상태가 자격정지기간 경과 후까지 잔존하더라도 이와 같은 불이익은 동 처분의 직접적인 효과라고 할 수 없다(대판 1978.5.23. 78누72).
>
> **2. 예외적 판례**
> **고등학교에서 퇴학처분을 당한 후 고등학교졸업학력검정고시에 합격한 경우, 퇴학처분의 취소를 구할 소의 이익 있음**
> 고등학교졸업이 대학입학자격이나 학력인정으로서의 의미밖에 없다고 할 수 없으므로 고등학교졸업학력검정고시에 합격하였다 하여 고등학교 학생으로서의 신분과 명예가 회복될 수 없는 것이니 퇴학처분을 받은 자로서는 퇴학처분의 위법을 주장하여 그 취소를 구할 소송상의 이익이 있다(대판 1992.7.14. 91누4737).
>
> 3. 甲 주식회사로부터 '제주일보' 명칭 사용을 허락받아 신문 등의 진흥에 관한 법률에 따라 등록관청인 도지사에게 신문의 명칭 등을 등록하고 제주일보를 발행하고 있던 乙 주식회사가, 丙 주식회사가 甲 회사의 사업을 양수하였음을 원인으로 하여 사업자 지위승계신고 및 그에 따른 발행인·편집인 등의 등록사항 변경을 신청한 데 대하여 도지사가 이를 수리하고 변경등록을 하자, 사업자 지위승계신고 수리와 신문사업변경등록에 대한 무효확인 또는 취소를 구하는 소를 제기한 사안
>   ① 신문등록의 처분성 여부: 등록관청이 하는 신문의 등록은 신문을 적법하게 발행할 수 있도록 하는 행정처분에 해당한다. → 행정처분에 해당
>   ② 이미 등록된 신문 사업자와 새로운 사업자 사이에 명칭 사용 허락과 관련해 민사상 분쟁이 있는 경우, 등록관청이 신규사업자의 등록을 직권으로 취소·철회할 수 있는지 여부: 기존사업자와 신규사업자 사이에 명칭 사용 허락과 관련하여 민사상 분쟁이 있는 경우에는 이를 이유로 등록관청이 신규사업자의 신문

등록을 직권으로 취소·철회할 수는 없고, 그 다툼에 관한 법원의 판단을 기다려 그에 따라 등록취소 또는 변경등록 등의 행정 조치를 할 수 있을 뿐이며, 법원의 판단이 있기 전까지 신규사업자의 신문법상 지위는 존속한다고 보아야 한다. → 취소·철회 불가
③ 乙 회사가 무효확인 또는 취소를 구할 법률상 이익이 있는지 여부: 병 주식회사의 지위승계신고 수리처분은 乙 회사가 '제주일보' 명칭으로 신문을 발행할 수 있는 신문법상 지위를 불안정하게 만드는 것이므로, 乙 회사에는 무효확인 또는 취소를 구할 법률상 이익이 인정된다(대판 2019.8.30. 2018두47189). → 법률상 이익 있음

4. 취소소송과 협의의 소익 유무

(1) 소의 이익이 있는 경우
① 처분등의 효력이 존속하고 있고, ② 취소로써 원상회복이 가능하며, ③ 이익침해가 계속되고 있어야 한다.

(2) 소익이 없는 경우
① 처분효력이 소멸
　㉠ 원칙: 취소소송은 처분의 취소·변경을 구하는 소송으로 처분이 없어지면 소송을 할 현실적 이익이 없어진다. 예컨대, 영업정지기간이 지난 후 영업정지처분을 다투는 경우에는 처분의 효력이 소멸된 후이기 때문에 소송을 할 협의의 소익이 없게 된다.
　㉡ 가중처분의 요건인 경우: 당해 불이익처분이 가중처분의 요건인 경우에는 처분효력이 소멸한 후에도 협의의 소익을 인정하는 경우가 있을 수 있다. 즉, 처분의 효력이 계속되지 아니하여 소송을 할 현실적 이익이 없더라도 소송에서 패소하면 가중처분을 받을 가능성이 있고 소송에서 승소하면 가중처분을 받을 가능성이 없어진다면 소송을 할 이익이 있다.
　㉢ 부수적 이익: 공무원에 대한 징계처분이 있은 후 그 공무원이 자진 퇴직하였거나 정년 도래 등으로 법률상 당연 퇴직된 경우에는 징계처분을 취소함으로써 공무원의 지위를 회복할 수는 없으므로 원칙적으로 징계처분에 대한 취소소송을 제기할 소의 이익이 없다 할 수 있다. 그러나 징계처분 이후의 급료나 퇴직금 청구를 하거나 다른 공직에의 취임제한 등의 법률상 불이익을 배제하기 위해서는 당해 징계처분에 대한 취소판결을 받을 소의 이익이 인정되는 것이다.

> **관련판례** 소의 이익 부정사례
> 1. 행정처분에 그 효력기간이 정하여져 있는 경우, 기간이 경과한 처분의 취소를 구할 소익 없음
> 행정처분에 그 효력기간이 정하여져 있는 경우, 그 처분의 효력 또는 집행이 정지된 바 없다면 위 기간의 경과로 그 행정처분의 효력은 상실되므로 그 기간 경과 후에는 그 처분이 외형상 잔존함으로 인하여 어떠한 법률상 이익이 침해되고 있다고 볼 만한 별다른 사정이 없는 한 그 처분의 취소를 구할 법률상의 이익이 없다(대판 2002.7.26. 2000두7254).

소의 이익
1. 처분의 효력이 소멸된 경우: 소의 이익 × / 효력이 소멸된 처분이 가중적 제재사유가 되는 경우에는 소의 이익 ○
2. 원상회복이 가능한 경우: 소의 이익 ○
　원상회복이 불가능한 경우: 원칙 - 소의 이익 × / 해명필요, 반복위험 - 소의 이익 ○

2. 유효기간 만료 후 제기한 투전기업소 갱신허가신청을 거부한 불허가처분을 다툴 이익이 없음

사행행위등규제법 제7조 제2항의 규정에 의하면 사행행위영업허가의 효력은 유효기간 만료 후에도 재허가신청에 대한 불허가처분을 받을 때까지 당초 허가의 효력이 지속된다고 볼 수 없으므로 허가갱신신청을 거부한 불허처분의 효력을 정지하더라도 이로 인하여 유효기간이 만료된 허가의 효력이 회복되거나 행정청에게 허가를 갱신할 의무가 생기는 것도 아니라 할 것이니 투전기업소갱신허가불허 처분의 효력을 정지하더라도 불허 처분으로 입게 될 손해를 방지하는 데에 아무런 소용이 없고 따라서 불허처분의 효력정지를 구하는 신청은 이익이 없어 부적법하다(대판 1993.2.10. 92두72).

3. 토석채취허가취소처분 취소소송의 계속 중에 토석채취허가기간이 만료된 경우

사실심 변론종결일 현재 토석채취 허가기간이 경과하였다면 그 허가는 이미 실효되었다고 할 것이어서 새로 토석채취허가를 받지 아니하고는 채석을 계속할 수 없고, 나아가 토석채취허가 취소처분이 외형상 잔존함으로 말미암아 어떠한 법률상 불이익이 있다고 볼 만한 특별한 사정도 없다면 위 취소처분의 취소를 구하는 소는 소의 이익이 없다(대판 1993.7.27. 93누3899).

4. 중재재정 자체에 의하여 효력기간이 정하여져 있는 경우 중재재정이 유효기간이 경과로 실효된 경우, 노동관계 당사자가 중재재정의 취소를 구할 이익 없음

중재재정 자체에 의하여 효력기간이 정하여져 있는 경우에 그 중재재정은 유효기간의 경과로 효력이 상실되고, 이와 같이 중재재정이 실효된 이상 그 기간의 경과 후에 중재재정이 외형상 잔존함으로 인하여 어떠한 법률상의 이익이 침해되고 있다고 볼만한 특별한 사정이 없는 한 노동관계 당사자는 그 중재재정의 취소를 구할 법률상의 이익이 없다(대판 1997.12.26. 96누10669).

5. 보충역편입처분 및 공익근무요원소집처분의 취소를 구하는 소의 계속 중 병역처분변경신청에 따라 제2국민역편입처분으로 병역처분이 변경된 경우, 종전 보충역편입처분 및 공익근무요원 소집처분의 취소를 구할 소의 이익 없음

보충역편입처분 및 공익근무요원소집처분의 취소를 구하는 소의 계속 중 병역처분변경신청에 따라 제2국민역편입처분으로 병역처분이 변경된 경우, 보충역편입처분은 제2국민역편입처분을 함으로써 취소 또는 철회되어 그 효력이 소멸하였고. 공익근무요원소집처분의 근거가 된 보충역편입처분이 취소 또는 철회되어 그 효력이 소멸한 이상 공익근무요원소집처분 또한 그 효력이 소멸하였다는 이유로, 종전 보충역편입처분 및 공익근무요원소집처분의 취소를 구할 소의 이익이 없다(대판 2005.12.9. 2004두6563).

6. 납세자가 감액경정청구 거부처분에 대한 취소소송을 제기한 후 증액경정처분이 이루어져서 그 증액경정처분에 대하여도 취소소송을 제기한 경우, 감액경정청구 거부처분에 대한 취소를 구할 소의 이익 없음

납세자가 감액경정청구 거부처분에 대한 취소소송을 제기한 후 증액경정처분이 이루어져서 그 증액경정처분에 대하여도 취소소송을 제기한 경우에는 특별한 사정이 없는 한 동일한 납세의무의 확정에 관한 심리의 중복과 판단의 저촉을 피하기 위하여 감액경정청구 거부처분의 취소를 구하는 소는 그 취소를 구할 이익이나 필요가 없어 부적법하다(대판 2005.10.14. 2004두8972).

7. **항소심판결 선고 이후 개발부담금 감액경정처분이 이루어진 경우, 감액된 부분에 대한 개발부담금부과처분의 취소를 구할 소의 이익 없음**

    甲, 乙 토지에 대한 개발부담금부과처분 취소소송에서 항소심법원이 개발부담금부과처분 중 甲 토지에 대한 개발부담금을 초과하는 부분을 취소하는 판결을 선고한 후, 지방자치단체의 장이 당초의 개발부담금을 甲 토지에 대한 개발부담금으로 감액하는 경정처분을 하고서도 항소심판결의 패소 부분에 대하여 상고를 제기한 경우, 감액경정처분은 당초 처분의 일부(감액된 부분)를 취소하는 효력을 갖는 것이므로 감액된 부분에 대한 부과처분취소청구는 이미 소멸하고 없는 부분에 대한 것으로서 그 소의 이익이 없어 부적법하다(대판 2006.5.12. 2004두12698).

8. 행정청이 당초의 분뇨 등 관련영업 허가신청 반려처분의 취소를 구하는 소의 계속 중 사정변경을 이유로 위 반려처분을 직권취소함과 동시에 위 신청을 재반려하는 내용의 재처분을 한 경우, 당초의 반려처분의 취소를 구하는 소는 더 이상 소의 이익이 없다(대판 2006.9.28. 2004두5317).

9. **소음·진동배출시설에 대한 설치허가가 취소된 후 그 배출시설이 철거된 경우, 위 취소처분의 취소를 구할 소의 이익이 없음**

    소음·진동배출시설에 대한 설치허가가 취소된 후 그 배출시설이 어떠한 경위로든 철거되어 다시 복구 등을 통하여 배출시설을 가동할 수 없는 상태라면 이는 배출시설 설치허가의 대상이 되지 아니하므로 외형상 설치허가취소행위가 잔존하고 있다고 하여도 특단의 사정이 없는 한 이제와서 굳이 위 처분의 취소를 구할 법률상의 이익이 없다(대판 2002.1.11. 2000두2457).

10. **농지처분명령의 취소를 구하는 소를 제기하여 원고 패소의 판결이 확정된 이상, 그 전단계인 농지처분의무통지의 취소를 구하는 부분의 소는 더 이상 이를 유지할 이익이 없음**

    농지 처분의무통지와 농지처분명령은 동일한 행정목적을 달성하기 위하여 단계적인 일련의 절차로 연속하여 행하여지는 것으로서 서로 결합하여 원고에게 농지처분의무를 부과하는 법률효과를 발생시키는데, 원고가 종국처분인 위 농지처분명령의 취소를 구하는 소를 제기하여 이 사건 통지의 전제가 되는 위 제7호 소정의 사유가 있다는 판단을 받고 원고 패소의 판결이 확정된 이상, 이 사건 통지의 취소를 구하는 부분의 소는 더 이상 이를 유지할 이익이 없다고 보아야 할 것이다(대판 2003.11.24. 2001두8742).

11. **공정거래위원회가 부당한 공동행위를 한 사업자에게 과징금 부과처분(선행처분)을 한 뒤, 다시 자진신고 등을 이유로 과징금 감면처분(후행처분)을 한 경우, 선행처분의 취소를 구하는 소는 소익이 없음**

    공정거래위원회가 부당한 공동행위를 행한 사업자로서 구 독점규제 및 공정거래에 관한 법률 (2013.7.16. 법률 제11937호로 개정되기 전의 것) 제22조의2에서 정한 자진신고자나 조사 협조자에 대하여 과징금 부과처분(이하 '선행처분'이라 한다)을 한 뒤, 독점규제 및 공정거래에 관한 법률 시행령 제35조 제3항에 따라 다시 자진신고자 등에 대한 사건을 분리하여 자진신고 등을 이유로 한 과징금 감면처분(이하 '후행처분'이라 한다)을 하였다면, 후행처분은 자진신고 감면까지 포함하여 처분 상대방이 실제로 납부하여야 할 최종적인 과징금액을 결정하는 종국적 처분이고, 선행처분은 이러한 종국적 처분을 예정하고 있는 일종의 잠정적 처분으로서 후행처분이 있을 경우 선행처분은 후행처분에 흡수되어 소멸한다. 따라서 위와 같은 경우에 선행처분의 취소를 구하는 소는 이미 효력을 잃은 처분의 취소를 구하는 것으로 부적법하다(대판 2015.2.12. 2013두987).

> **관련판례** 소의 이익 인정사례

1. 행정처분에 정한 기간이 법원의 집행정지 가처분결정으로 인한 집행정지 중에 이미 지나간 경우 행정처분의 효력정지가처분결정은 일시 잠정적으로 그 처분의 집행 혹은 효력발생을 정지하는 것이므로 집행정지가처분으로 인하여 그 행정처분이 정한 기간이 그 집행정지중에 이미 지나갔다 하여도 그 행정처분의 당부에 대한 본안심판을 하여야 하고 본소를 각하하지 못한다(대판 1974.1.29. 73누202).

2. 중앙노동위원회의 원직복귀명령 및 임금지급명령에 관한 재심결정 중 원직복귀명령 부분이 근로계약종료로 인하여 실효된 경우 재심판정의 취소를 구할 법률상 이익 있음

   중앙노동위원회의 원직복귀명령 및 임금지급명령에 관한 재심결정 중 원직복귀명령이 사정변경으로 인하여 근로계약 종료일 이후부터 효력이 없게 되는 경우 해고 다음날부터 복직명령이 이행가능하였던 근로계약 종료시까지의 기간 동안에 임금지급명령에 기하여 발생한 구체적인 임금지급의무는 사정변경으로 복직명령이 실효되더라도 소급하여 소멸하는 것이 아니므로 사용자는 사업장이 폐쇄되어 근로계약이 종료한 이후에도 임금 상당액의 지급명령을 포함하는 노동위원회의 결정에 따를 공법상의 의무를 부담하고 있어서 사용자로서는 그 의무를 면하기 위하여 재심판정의 취소를 구할 법률상의 이익이 있다(대판 1993.4.27. 92누13196).

3. 도시계획시설사업의 시행자가 실시계획에서 정한 사업시행기간 내의 토지에 대한 수용재결 신청을 하였으나 그 신청을 기각하는 내용의 이의재결이 이루어져 그 취소를 구하던 중에 사업시행기간이 경과한 경우 이의재결의 취소를 구할 소의 이익 있음

   도시계획시설사업의 시행자가 도시계획시설사업의 실시계획에서 정한 사업시행기간 내에 토지에 대한 수용재결 신청을 하였다면, 그 신청을 기각하는 내용의 이의재결의 취소를 구하던 중 그 사업시행기간이 경과하였다 하더라도, 이의재결이 취소되면 도시계획시설사업시행자의 신청에 따른 수용재결이 이루어질 수 있어 원상회복이 가능하므로 위 사업시행자로서는 이의재결의 취소를 구할 소의 이익이 있다(대판 2007.1.11. 2004두8538).

4. 중앙노동위원회의 중재재심결정 중 임금인상 부분은 그 유효기간이 경과된 뒤라도 그 취소를 구할 법률상 이익이 있음

   임금인상에 관한 중재재정이 취소되어 협약 내용이 변경된다면 이미 경과한 중재재정의 유효기간 중에 미지급된 임금차액이 있는 경우 이를 사후에나마 청구할 수 있는 여지가 없어질 수 있으므로, 이로 인한 근로자들의 이익은 단순한 사실상의 이익이 아니라 단체교섭권 등에 기한 법률상의 이익이라고 보아야 한다(대판 1997.12.26. 96누10669).

5. 학교법인 임원취임승인의 취소처분 후 그 임원의 임기가 만료되고 구 사립학교법 제22조 제2호 소정의 임원결격사유기간마저 경과한 경우 또는 위 취소처분에 대한 취소소송 제기 후 임시이사가 교체되어 새로운 임시이사가 선임된 경우, 위 취임승인취소처분 및 당초의 임시이사선임처분의 취소를 구할 소의 이익이 있음

   선행처분과 후행처분이 단계적인 일련의 절차로 연속하여 행하여져 후행처분이 선행처분의 적법함을 전제로 이루어짐에 따라 선행처분의 하자가 후행처분에 승계된다고 볼 수 있어 이미 소를 제기하여 다투고 있는 선행처분의

위법성을 확인하여 줄 필요가 있는 경우 등에는 행정의 적법성 확보와 그에 대한 사법통제, 국민의 권리구제의 확대 등의 측면에서 여전히 그 처분의 취소를 구할 법률상 이익이 있다(대판 2007.7.19. 2006두19297).

건축사법에 의한 가중적 제재처분 → 소익 ○	처분의 효력이 소멸해도 협의의 소익 있음: 건축사법 제28조 제1항이 건축사 업무정지처분을 연 2회 이상 받고 그 정지기간이 통산하여 12월 이상이 될 경우에는 가중된 제재처분인 건축사사무소 등록취소처분을 받게 되도록 규정하여 건축사에 대한 제재적인 행정처분인 업무정지명령을 보다 무거운 제재처분인 사무소등록취소처분의 기준요건으로 규정하고 있는 이상, 건축사업무정지 처분을 받은 건축사로서는 위 처분에서 정한 기간이 도과되었다 하더라도 위 처분을 그대로 방치하여 둠으로써 장래 건축사사무소 등록취소라는 가중된 제재처분을 받게 될 우려가 있는 것이므로 건축사로서의 업무를 행할 수 있는 법률상 지위에 대한 위험이나 불안을 제거하기 위하여 건축사 업무정지처분의 취소를 구할 이익이 있다(대판 1991.8.27. 91누350).
법률에 규정되어도 현실화 가능성이 없는 경우 → 소익 ×	법률에 가중적 제재처분이 규정되어 있어도 실제로 가중된 제재처분을 받을 우려가 없게 된 경우에는 협의의 소익 없음: 건축사법 제28조 제1항이 건축사 업무정지처분을 연2회 이상 받고 그 정지기간이 통산하여 12월 이상이 될 경우에는 가중된 제재처분인 건축사사무소 등록취소처분을 받게 되도록 규정하여 건축사에 대한 제재적인 행정처분인 업무정지명령을 더 무거운 제재처분인 사무소등록취소처분의 기준요건으로 규정하고 있으므로, 건축사 업무정지 처분을 받은 건축사로서는 위 처분에서 정한 기간이 경과하였다 하더라도 위 처분을 그대로 방치하여 둠으로써 장래 건축사사무소 등록취소라는 가중된 제재처분을 받을 우려가 있어 건축사로서 업무를 행할 수 있는 법률상 지위에 대한 위험이나 불안을 제거하기 위하여 건축사 업무정지처분의 취소를 구할 이익이 있으나, 업무정지처분을 받은 후 새로운 업무정지처분을 받음이 없이 1년이 경과하여 실제로 가중된 제재처분을 받을 우려가 없어졌다면 위 처분에서 정한 정지기간이 경과한 이상 특별한 사정이 없는 한 그 처분의 취소를 구할 법률상 이익이 없다(대판 2000.4.21. 98두10080).
대통령령에 의한 가중적 제재처분 → ○	건설기술관리법 시행령에서 감리원에 대한 제재적인 업무정지 처분을 일반정지 처분과 가중정지처분의 2단계 조치로 규정하면서 전자의 제재처분을 좀 더 무거운 후자의 제재처분의 요건으로 규정하고 있는 이상, 감리원 업무정지처분에서 정한 업무정지기간이 도과되었다 하더라도 위 처분의 취소를 구할 법률상 이익이 있다고 보아야 할 것이다(대판 1999.2.5. 98두13997).

| 부령인 시행규칙 또는 지방자치단체의 규칙에 의한 제재적 행정처분 → ○ | 부령인 시행규칙 또는 지방자치단체의 규칙의 형식으로 정한 처분기준에서 제재적 행정처분을 받은 것을 가중사유나 전제요건으로 삼아 장래의 제재적 행정처분을 하도록 정하고 있는 경우, 제재적 행정처분의 제재기간 경과 후에도 그 취소를 구할 법률상 이익이 있다. 제재적 행정처분의 가중사유나 전제요건에 관한 규정이 법령이 아니라 규칙의 형식으로 되어 있다고 하더라도, 그러한 규칙이 법령에 근거를 두고 있는 이상 그 법적 성질이 대외적·일반적 구속력을 갖는 법규명령인지 여부와는 상관없이, 관할 행정청이나 담당공무원은 이를 준수할 의무가 있으므로 이들이 그 규칙에 정해진 바에 따라 행정작용을 할 것이 당연히 예견되고, 그 결과 행정작용의 상대방인 국민으로서는 그 규칙의 영향을 받을 수밖에 없다. 따라서 그러한 규칙이 정한 바에 따라 선행처분을 받은 상대방이 그 처분의 존재로 인하여 장래에 받을 불이익, 즉 후행처분의 위험은 구체적이고 현실적인 것이므로, 상대방에게는 선행처분의 취소소송을 통하여 그 불이익을 제거할 필요가 있다고 할 것이다(대판 2006.6.22. 2003두1684). |

② **원상회복이 불가능한 경우**: 처분을 취소하더라도 회복되는 것이 없다면 소송을 할 현실적 이익이 없다. 예컨대, 대집행 완료 후 대집행 계고처분을 다투는 것과 같이 이제는 더 이상 원상회복이 불가능한 것을 대상으로 소송을 하여도 협의의 소익이 없게 된다. 다만, 반복될 위험이 있어, 해명이 필요한 경우에는 예외적으로 소의 이익을 인정한다.

> **관련판례** 소의 이익 부정사례
>
> 1. **건축허가에 따른 건축공사 완료 후 이격거리위반을 이유로 건축허가의 취소를 구할 소의 이익 없음**
>
>   건축허가가 건축법 소정의 이격거리를 두지 아니하고 건축물을 건축하도록 되어있어 위법하다 하더라도 그 건축허가에 기하여 건축공사가 완료되었다면 그 건축허가를 받은 대지와 접한 대지의 소유자인 원고가 위 건축허가 처분의 취소를 받아 이격거리를 확보할 단계는 지났으며 민사소송으로 위 건축물 등의 철거를 구하는 데 있어서도 위 처분의 취소가 필요한 것이 아니므로 원고로서는 위 처분의 취소를 구할 법률상의 이익이 없다(대판 1992.4.24. 91누11131).
>
> 2. **위법한 건축허가처분을 취소한다 하더라도 원상회복이 불가능한 경우 소의 이익 없음**
>
>   위법한 행정처분의 취소를 구하는 소는 위법한 처분에 의하여 발생한 위법 상태를 배제하여 원상으로 회복시키고 그 처분으로 침해되거나 방해받은 권리와 이익을 보호·구제하고자 하는 소송이므로, 비록 그 위법한 처분을 취소한다 하더라도 원상회복이 불가능한 경우에는 그 취소를 구할 이익이 없다(대판 1996.11.29. 96누9768).

3. 이미 회사정리계획이 확정된 경우

   이미 회사정리계획이 확정된 이상 회사정리법 제122조 제1항에서 정한 징수의 권한을 가진 자의 동의를 받지 아니한 절차상의 하자가 있다는 사정만으로는 회사정리계획의 효력을 다툴 수 없다(대판 2005.6.10. 2005다15482).

4. 대집행의 실행이 완료된 경우(대판 1993.6.8. 93누6164)

5. 현역병입영대상자로 병역처분을 받은 자가 그 취소소송 중 모병에 응하여 현역병으로 자진 입대한 경우 소의 이익 없음

   소송 도중 원고가 지원에 의하여 현역병으로 채용되었을 뿐만 아니라 이 사건 처분이 취소된다고 하더라도 현역병으로 채용된 효력이 상실되지 아니하여 계속 현역병으로 복무할 수밖에 없으므로 더 이상 재판으로 이 사건 처분의 위법을 다툴 실제적인 효용 내지 실익이 사라졌다고 할 것이어서 이 사건 소는 결국 소의 이익이 없는 부적법한 소라고 할 것이다(대판 1998.9.8. 98두9165).

6. 상등병에서 병장으로의 진급요건을 갖춘 자에 대하여 그 진급처분을 행하지 아니한 상태에서 예비역으로 편입하는 처분을 한 경우, 진급처분부작위위법을 이유로 예비역편입처분취소를 구할 소의 이익 없음

   예비역편입처분취소를 통하여 회복하고자 하는 이익침해는 계급을 상등병에서 병장으로 진급시키는 진급권자에 의한 진급처분이 행하여져야만 보호받을 수 있는 것인데 비록 위 예비역편입처분이 취소된다 하더라도 그로 인하여 신분이 예비역에서 현역으로 복귀함에 그칠 뿐이고, 상등병에서 병장으로의 진급처분 여부는 원칙적으로 진급권자의 합리적 판단에 의하여 결정되는 것이므로 그와 같은 진급처분이 행하여지지 않았다는 이유로 위 예비역편입 처분의 취소를 구할 이익이 있다고 할 수 없다(대판 2000.5.16. 99두7111).

7. 대학교원이 구 교원지위향상을 위한 특별법 제9조에 의한 재심청구를 기각한 교원징계재심위원회를 상대로 기각결정의 취소를 구하는 행정소송을 제기한 후 그 사건의 상고심 계속 중에 대학교원의 정년이 되거나 지난 경우 소의 이익 없음

   구 교원지위향상을 위한 특별법(2005.1.27. 법률 제7354호로 개정되기 전의 것) 제9조에 의한 재심청구를 한 대학교원이 그 재심청구를 기각한 교원징계재심위원회(현재 명칭은 교원소청심사위원회이다)를 상대로 하여 당해 기각 결정의 취소를 구하는 행정소송을 제기한 후 그 사건의 상고심 계속 중에 나이가 이미 대학교원의 정년에 달하거나 정년을 초과하게 된 경우에는 가사 위 기각 결정이 취소되어 재임용심사를 다시 한다 하여도 대학교원으로서의 지위를 회복하는 것은 불가능하므로, 특별한 사정이 없는 한 그에 관한 행정소송은 소의 이익이 없어 부적법하다(대판 2008.8.11. 2006두18980).

관련판례 소의 이익 인정사례

1. **파면처분이 있은 후에 금고 이상의 형을 선고받아 당연퇴직된 경우에도 파면처분의 취소를 구할 소의 이익 있음**

   파면처분취소 소송의 사실심변론 종결 전에 동 원고가 허위공문서 등 작성죄로 징역 8월에 2년간 집행유예의 형을 선고받아 확정되었다면 원고는 지방공무원법 제61조의 규정에 따라 위 판결이 확정된 날 당연퇴직되어 그 공무원의 신분을 상실하고, 당연퇴직이나 파면이 퇴직 급여에 관한 불이익의 점에 있어 동일하다 하더라도 최소한도 이 사건 파면처분이 있은 때부터 위 법규정에 의한 당연퇴직일자까지의 기간에 있어서는 파면처분의 취소를 구하여 그로 인해 박탈당한 이익의 회복을 구할 소의 이익이 있다 할 것이다(대판 1985.6.25. 85누39).

2. **지방의회의원에 대한 제명의결처분 취소소송 계속 중 그 의원의 임기가 만료된 경우 소의 이익이 있음**

   지방자치법(2007.5.11. 법률 제8423호로 전부 개정되기 전의 것) 제32조 제1항(현행 지방자치법 제33조 제1항 참조)은 지방의회의원에게 지급하는 비용으로 의정활동비(제1호)와 여비(제2호) 외에 월정수당(제3호)을 규정하고 있는바, 이 규정의 입법연혁과 함께 특히 월정수당(제3호)은 지방의회의원의 직무활동에 대하여 매월 지급되는 것으로서, 지방의회의원이 전문성을 가지고 의정활동에 전념할 수 있도록 하는 기틀을 마련하고자 하는 데에 그 입법취지가 있다는 점을 고려해 보면, 지방의회의원에게 지급되는 비용 중 적어도 월정수당(제3호)은 지방의회의원의 직무활동에 대한 대가로 지급되는 보수의 일종으로 봄이 상당하다. 따라서 원고가 이 사건 제명의결 취소소송 계속 중 임기가 만료되어 제명의결의 취소로 지방의회의원으로서의 지위를 회복할 수는 없다 할지라도, 그 취소로 인하여 최소한 제명의 결시부터 임기만료일까지의 기간에 대해 월정수당의 지급을 구할 수 있는 등 여전히 그 제명의결의 취소를 구할 법률상 이익은 남아 있다고 보아야 한다(대판 2009.1.30. 2007두13487).

   비교판례 임기 만료된 지방의회의원이 군의회를 상대로 한 의원제명처분 취소소송에서 승소한다고 하더라도 군의회의원으로서의 지위를 회복할 수는 없는 것이므로 위 의원은 소를 유지할 법률상의 이익이 없어서 소를 각하한 원심이 정당하다(대판 1996.2.9. 95누14978).

3. **징계처분으로서 감봉처분이 있은 후 공무원의 신분이 상실된 경우, 감봉처분의 취소를 구할 소의 이익 있음**

   징계처분으로서 감봉처분이 있은 후 공무원의 신분이 상실된 경우에도 위법한 감봉처분의 취소가 필요한 경우에는 위 감봉처분의 취소를 구할 소의 이익이 있다(대판 1977.7.12. 74누147).

4. **대학입학고사 불합격처분의 취소를 구하는 소송계속 중 당해 연도의 입학시기가 지나고 입학 정원에 못들어가게 된 경우 소의 이익 있음**

   교육법 시행령 제72조, 서울대학교학칙 제37조 제1항 소정의 학생의 입학시기에 관한 규정이나 대학학생정원령 제2조 소정의 입학정원에 관한 규정은 학사운영 등 교육행정을 원활하게 수행하기 위한 행정상의 필요에 의하여 정해놓은 것으로서 어느 학년도의 합격자는 반드시 당해 연도에만 입학하여야 한다고 볼 수 없으므로 원고들이 불합격처분의 취소를 구하는 이 사건 소송

계속 중 당해 연도의 입학시기가 지났더라도 당해연도의 합격자로 인정되면 다음연도의 입학시기에 입학할 수도 있다고 할 것이고, 피고의 위법한 처분이 있게 됨에 따라 당연히 합격하였어야 할 원고들이 불합격처리되고 불합격되었어야 할 자들이 합격한 결과가 되었다면 원고들은 입학정원에 들어가는 자들이라고 하지 않을 수 없다고 할 것이므로 원고들로서는 피고의 불합격처분의 적법여부를 다툴만한 법률상의 이익이 있다고 할 것이다(대판 1990.8.28. 89누8255).

5. 한국방송공사 사장에 대한 해임처분의 무효확인 또는 취소소송 계속 중 임기가 만료되어 그 해임처분의 무효확인 또는 취소로 그 지위를 회복할 수는 없더라도 해임처분일부터 임기만료일까지 기간에 대한 보수 지급을 구할 수 있는 경우에는 해임처분의 무효확인 또는 취소를 구할 법률상 이익이 있다 (대판 2012.2.23. 2011두5001).

6. 공장등록이 취소된 후 그 공장시설물이 철거되었다 하더라도 대도시 안의 공장을 지방으로 이전할 경우에 조세특례제한법상의 세액공제 및 소득세 등의 감면혜택이 있고, 공업배치 및 공장설립에 관한 법률상의 간이한 이전절차 및 우선 입주의 혜택이 있는 경우에 그 공장 등록취소처분의 취소를 구할 법률상의 이익이 있다(대판 2002.1.11. 2000두3306).

7. **채석불허가처분의 취소를 구하는 임야 임차인이 소송 도중 임야의 사용권과 수익권을 잃어 허가요건이 불비된 경우 소의 이익 있음**

    채석불허가처분의 취소를 구하는 임야 임차인이 채석을 할 임야에 대한 사용·수익권을 잃는 등의 사정변경이 있어 허가요건을 구비하지 못하게 되었다면, 행정청은 이와 같은 새로운 사실에 근거하여 이를 이유로 다시 채석불허가처분을 하면 되고, 또 임야 임차인이 행정청의 채석불허가처분 후 사용·수익권을 잃었다고 하더라도 임야 임차인으로서는 다시 이를 취득하여 보완할 수도 있는 것이므로 임야 임차인이 소송 도중에 사용·수익권을 잃었다는 것만으로 위법한 채석불허가처분의 취소를 구할 소의 이익이 없게 되는 것은 아니다(대판 1996.10.29. 96누9621).

8. **현역입영대상자가 입영한 후에 현역입영통지처분의 취소를 구할 소의 이익 있음**

    현역 입영대상자로서는 현역병 입영통지처분이 위법하다 하더라도 법원에 의하여 그 처분의 집행이 정지되지 아니하는 이상 현실적으로 입영을 할 수밖에 없으므로 현역병입영통지처분에 대하여는 불복을 사실상 원천적으로 봉쇄하는 것이 되고, 또한 현역입영대상자가 입영하여 현역으로 복무하는 과정에서 현역병입영통지처분 외에는 별도의 다른 처분이 없으므로 입영한 이후에는 불복할 아무런 처분마저 없게 되는 결과가 되며, 나아가 입영하여 현역으로 복무하는 자에 대한 병적을 당해 군 참모총장이 관리한다는 것은 입영 및 복무의 근거가 된 현역병입영통지처분이 적법함을 전제로 하는 것으로서 그 처분이 위법한 경우까지를 포함하는 의미는 아니라고 할 것이므로, 현역입영대상자로서는 현실적으로 입영을 하였다고 하더라도, 입영 이후의 법률관계에 영향을 미치고 있는 현역병입영통지처분 등을 한 관할지방병무청장을 상대로 위법을 주장하여 그 취소를 구할 소송상의 이익이 있다 (대판 2003.12.26. 2003두1875).

9. **도시개발사업의 공사 등이 완료되고 원상회복이 사회통념상 불가능하게 된 경우, 도시개발사업의 시행에 따른 도시계획변경 결정처분과 도시개발구역지정 처분 및 도시개발사업 실시계획 인가처분의 취소를 구할 소의 이익 있음**

   도시개발사업의 시행에 따른 도시계획 변경결정처분과 도시개발구역 지정처분 및 도시개발 사업실시계획 인가처분은 도시개발사업의 시행자에게 단순히 도시개발에 관련된 공사의 시공권한을 부여하는 데 그치지 않고 당해 도시개발사업을 시행할 수 있는 권한을 설정하여 주는 처분으로서 위 각 처분 자체로 그 처분의 목적이 종료되는 것이 아니고 위 각 처분이 유효하게 존재하는 것을 전제로 하여 당해 도시개발사업에 따른 일련의 절차 및 처분이 행해지기 때문에 위 각 처분이 취소된다면 그것이 유효하게 존재하는 것을 전제로 하여 이루어진 토지수용이나 환지 등에 따른 각종의 처분이나 공공시설의 귀속 등에 관한 법적 효력은 영향을 받게 되므로, 도시개발사업의 공사 등이 완료되고 원상회복이 사회통념상 불가능하게 되었더라도 위 각 처분의 취소를 구할 법률상 이익은 소멸한다고 할 수 없다(대판 2005.9.9. 2003두5402·5419).

10. **부실금융기관에 대한 파산결정이 확정되고 이미 파산절차가 상당부분 진행되고 있는 경우에 금융감독위원회의 위 부실금융기관에 대한 영업인가의 취소처분에 대한 취소를 구할 소의 이익 있음**

    부실금융기관에 대한 파산결정이 확정되고 이미 파산절차가 상당부분 진행되고 있다 하더라도 파산종결이 될 때까지는 그 가능성이 매우 적기는 하지만 동의폐지나 강제화의 동의 방법으로 당해 부실금융기관이 영업활동을 재개할 가능성이 여전히 남아 있으므로, 금융감독위원회의 위 부실금융기관에 대한 영업인가의 취소처분에 대한 취소를 구할 소의 이익이 있다(대판 2006.7.28. 2004두13219).

③ **처분 후의 사정으로 이익침해 해소**: 취소소송은 침해를 해소하기 위하여 제기하는 것인데, 판결이 나기 전에 침해가 해소되어 버리면 소송을 할 현실적 이익이 없어진다. 예컨대, 사법시험 불합격처분 취소소송 중 사법시험에 합격한 경우와 같이 처분 후의 사정으로 이익침해가 해소되면 소송을 할 실익이 없어지게 된다. 하지만 예외적으로 고등학교에서 퇴학처분을 당한 후 검정고시에 합격한 경우에는 고등학교 학생이라는 신분과 명예의 구제를 위해 퇴학 처분에 대한 취소를 구할 소익이 있다.

> **관련판례** 소의 이익 부정사례
>
> 1. **사법시험 제1차 시험 불합격 처분 이후에 새로이 실시된 사법시험 제1차 시험에 합격한 경우, 불합격 처분의 취소를 구할 소익 없음**
>
>   사법시험 제1차 시험에 합격하였다고 할지라도 그것은 당회의 제2차 시험과 차회의 제2차 시험에 응시할 자격을 부여받을 수 있는 전제요건이 되는 데 불과한 것이고, 그 자체만으로 합격한 자의 법률상의 지위가 달라지게 되는 것이 아니므로, 제1차 시험 불합격 처분 이후에 새로이 실시된 사법시험 제1차 시험에 합격하였을 경우에는 더 이상 위 불합격 처분의 취소를 구할 법률상 이익이 없다(대판 1996.2.23. 95누2685).

2. **사법시험 제2차 시험 불합격처분 이후에 새로이 실시된 제2차와 제3차 시험에 합격한 사람은 불합격 처분의 취소를 구할 소의 이익 없음**

   사법시험에 최종합격한 것은 합격자가 사법연수생으로 임명될 수 있는 전제요건이 되는 것일 뿐이고, 그 자체만으로 합격한 자의 법률상의 지위가 달라지게 되는 것이 아니므로, 사법시험 제2차 시험에 관한 불합격처분 이후에 새로이 실시된 제2차 및 제3차 시험에 합격하였을 경우에는 더 이상 위 불합격처분의 취소를 구할 법률상 이익이 없다고 보아야 할 것이다(대판 2007.9.21. 2007두12057).

3. **불합격처분 이후 새로 실시된 치과의사국가시험에 합격한 경우, 불합격처분의 취소를 구할 소익 없음**

   치과의사국가시험 합격은 치과의사 면허를 부여받을 수 있는 전제요건이 된다고 할 것이나 국가시험에 합격하였다고 하여 위 면허취득의 요건을 갖추게 되는 이외에 그 자체만으로 합격한 자의 법률상 지위가 달라지게 되는 것은 아니므로, 불합격처분 이후 새로 실시된 국가시험에 합격한 자들로서는 더 이상 위 불합격처분의 취소를 구할 법률상의 이익이 없다(대판 1993.11.9. 93누6867).

4. **취소소송 제기 후 판결선고 전에 형성적 재결이 이루어진 경우, 더 이상 당해 처분의 효력을 다툴 소익 없음**

   행정처분에 대하여 그 취소를 구하는 행정심판을 제기하는 한편, 그 처분의 집행으로 생길 중대한 손해를 예방하여야 할 긴급한 필요가 있는 때에 해당한다 하여 행정소송법 제18조 제2항 제2호에 의하여 행정심판의 재결을 거치지 아니하고 그 처분의 취소를 구하는 소를 제기하였는데, 판결선고 이전에 그 행정심판절차에서 '처분청의 당해 처분을 취소한다'는 형성적 재결이 이루어졌다면, 그 취소의 재결로써 당해 처분은 소급하여 그 효력을 잃게 되므로 더 이상 당해 처분의 효력을 다툴 법률상의 이익이 없게 된다(대판 1997.5.30. 96누18632).

5. 공익근무요원 소집해제신청을 거부한 후에 원고가 계속하여 공익근무요원으로 복무함에 따라 복무기간 만료를 이유로 소집해제처분을 한 경우, 원고가 입게 되는 권리와 이익의 침해는 소집해제처분으로 해소되었으므로 위 거부처분의 취소를 구할 소의 이익이 없다(대판 2005.5.13. 2004두4369).

관련판례 소의 이익 인정사례

1. **고등학교에서 퇴학처분을 당한 후 고등학교졸업학력검정고시에 합격한 경우, 퇴학처분의 취소를 구할 소의 이익 있음**

   고등학교졸업이 대학입학자격이나 학력인정으로서의 의미밖에 없다고 할 수 없으므로 고등학교졸업학력검정고시에 합격하였다 하여 고등학교 학생으로서의 신분과 명예가 회복될 수 없는 것이니 퇴학처분을 받은 자로서는 퇴학처분의 위법을 주장하여 그 취소를 구할 소송상의 이익이 있다(대판 1992.7.14. 91누4737).

2. **징계에 관한 일반사면이 있은 후에 파면처분의 취소를 구할 소의 이익 있음**

   징계에 관한 일반사면이 있었다고 할지라도 사면의 효과는 소급하지 아니하므로 파면처분으로 이미 상실된 원고의 공무원지위가 회복될 수 없는 것이니 원고로서는 동 파면처분의 위법을 주장하여 그 취소를 구할 소송상 이익이 있다고 할 것이다(대판 1981.7.14. 80누536).

④ **재결 취소소송에서의 소의 이익**: 원처분 취소소송과 재결 자체의 고유한 위법을 이유로 한 재결 취소소송이 함께 제기된 경우 원처분이 위법하다는 이유로 원처분에 대한 취소판결이 확정된 때에는 재결 취소소송을 유지할 소의 이익이 없으므로 이 소는 각하된다.

> **관련판례** 진주의료원 폐업결정 사건
>
> 甲 도지사가 도에서 설치·운영하는 乙 지방의료원을 폐업하겠다는 결정을 발표하고 그에 따라 폐업을 위한 일련의 조치가 이루어진 후 乙 지방의료원을 해산한다는 내용의 조례를 공포하고 乙 지방의료원의 청산절차가 마쳐진 사안에서, 지방의료원의 설립·통합·해산은 지방자치단체의 조례로 결정할 사항이므로, 도가 설치·운영하는 乙 지방의료원의 폐업·해산은 도의 조례로 결정할 사항인 점 등을 종합하면, 甲 도지사의 폐업결정은 행정청이 행하는 구체적 사실에 관한 법집행으로서의 공권력 행사로서 입원환자들과 소속 직원들의 권리·의무에 직접 영향을 미치는 것이므로 항고소송의 대상에 해당하지만, 폐업결정 후 乙 지방의료원을 해산한다는 내용의 조례가 제정·시행되었고 조례가 무효라고 볼 사정도 없어 乙 지방의료원을 폐업 전의 상태로 되돌리는 원상회복은 불가능하므로 법원이 폐업결정을 취소하더라도 단지 폐업결정이 위법함을 확인하는 의미밖에 없고, 폐업결정의 취소로 회복할 수 있는 다른 권리나 이익이 남아있다고 보기도 어려우므로, 甲 도지사의 폐업결정이 법적으로 권한 없는 자에 의하여 이루어진 것으로서 위법하더라도 취소를 구할 소의 이익을 인정하기 어렵다(대판 2016.8.30. 2015두60617).

5 소송요건 4 - 피고적격

> 행정소송법 제13조【피고적격】① 취소소송은 다른 법률에 특별한 규정이 없는 한 그 처분등을 행한 행정청을 피고로 한다. 다만, 처분등이 있은 뒤에 그 처분등에 관계되는 권한이 다른 행정청에 <u>승계된</u> 때에는 이를 <u>승계한</u> 행정청을 피고로 한다.
> ② 제1항의 규정에 의한 행정청이 없게 된 때에는 그 처분등에 관한 사무가 <u>귀속되는 국가 또는 공공단체</u>를 피고로 한다.

1. 원칙 - 행정청(장)

행정소송법에 따라 다른 법률에 특별한 규정이 없는 한 취소소송에서는 그 처분 등을 행한 행정청이 피고가 된다(행정소송법 제13조 제1항). 논리상 피고는 권리주체인 국가나 공공단체가 되어야 할 것이나 행정소송수행의 편의상 행정소송법은 행정청을 피고로 규정하고 있다(대판 1995.3.14. 94누9962). 국회의 기관이나 법원의 기관도 행정적인 처분을 하는 범위 안에서는 여기의 행정청에 해당한다.

(1) 개념

행정청이란 국가 또는 지방자치단체의 행정에 관한 의사를 결정하고 이를 외부에 표시할 수 있는 권한을 가진 행정기관을 말한다. 여기서 말하는 행정청은 행정조직법상의 행정청과 반드시 일치하는 개념은 아니고, 기능적 의미의 행정청을 의미하는 것이다.

(2) 항고소송의 피고
항고소송의 피고는 행정청이 된다.

(3) 검토
① **합의제 행정청**: 행정청은 원칙적으로 단독제 기관이지만 각급 노동위원회나 각급 토지수용위원회, 공정거래위원회, 배상심의회 등의 합의제 기관도 행정청에 속한다. 이와 같은 합의제 행정청의 처분에 대해서는 합의제 행정청 그 자체가 피고가 된다. 다만, 특별한 규정이 있는 경우 위원장이 피고가 되는 경우도 있다(중앙노동위원회위원장).

> **관련판례**
>
> **1. 감사원(합의제 행정청)의 처분에 대한 피고는 감사원**
>
> 감사원의 변상판정처분에 대하여서는 행정소송을 제기할 수 없고, 재결에 해당하는 재심의 판정에 대하여서만 감사원을 피고로 하여 행정소송을 제기할 수 있다(대판 1984.4.10. 84누91).
>
> **2. 저작권 등록처분에 대한 무효확인소송에서 피고적격자(=저작권심의조정위원회)**
>
> 구 저작권법(2006.12.28. 법률 제8101호로 전문 개정되기 전의 것) 제97조의3 제2호는 '문화관광부장관은 대통령령이 정하는 바에 의하여 법 제53조에 규정한 저작권 등록업무에 관한 권한을 저작권심의조정위원회에 위탁할 수 있다'고 규정하고, 같은 법 시행령(2007.6.29. 대통령령 제20135호로 전문 개정되기 전의 것) 제42조는 '문화관광부장관은 법 제97조의3의 규정에 의하여 저작권 등록업무에 관한 권한을 저작권심의조정위원회에 위탁한다'고 규정하고 있으므로, '저작권심의조정위원회'가 저작권 등록업무의 처분청으로서 그 등록처분에 대한 무효확인소송에서 피고적격을 가진다(대판 2009.7.9. 2007두16608).
>
> **3. 중앙노동위원회의 처분에 대한 소송의 피고는 중앙노동위원회위원장**
>
> 노동위원회법 제19조의2 제1항의 규정은 행정처분의 성질을 가지는 지방노동위원회의 처분에 대하여 중앙노동위원장을 상대로 행정소송을 제기할 경우의 전치요건에 관한 규정이라 할 것이므로 당사자가 지방노동위원회의 처분에 대하여 불복하기 위하여는 처분 송달일로부터 10일 이내에 중앙노동위원회에 재심을 신청하고 중앙노동위원회의 재심판정서 송달일로부터 15일 이내에 중앙노동위원장을 피고로 하여 재심판정취소의 소를 제기하여야 할 것이다(대판 1995.9.15. 95누6724).

② **입법기관 - 법원**: 입법기관이나 법원도 기능적 의미의 행정청에 포함된다. 국회의원은 헌법 제64조에 의하여 사법심사의 대상에서 제외된다. 반면, 지방의회의 경우 ⑦ 지방의회의원에 대한 징계의결의 취소나 무효확인을 구하는 소, ⓒ 지방의회의장에 대한 불신임결의, ⓒ 의장선출 등에 대하여 항고소송이 인정되며, 이때 피고는 지방 의회가 된다.

③ **조례에 대한 항고소송**: 조례에 대한 항고소송의 피고는 조례의 공포권을 가진 지자체장이 된다. 다만, 교육에 관한 조례의 경우, 피고는 교육조례에 관한 공포권을 가진 교육감이 된다. 판례는 두밀 분교 폐지조례사건에서 경기도 교육감이 피고가 된다고 판시한 바 있다.

④ **재결의 경우 피고적격**: 재결에 고유한 하자가 있어 재결소송을 제기하는 경우 피고는 재결기관이다.
⑤ **처분청의 처분권한 유무**: 이는 법원의 직권조사사항이 아니라는 것이 판례의 입장이다(대판 1996.6.25. 96누570).

2. 예외

행정소송의 피고적격은 원칙적으로 행정청이지만, 경우에 따라서는 특별규정에 의해 처분청 이외의 자가 피고가 되는 경우도 존재한다. 이하에서는 이에 대해서 살펴보고자 한다.

(1) 다른 법률에 특별한 규정이 있는 경우

① 대통령의 처분 또는 부작위의 경우와 대통령이 공무원에 대하여 징계 기타 불이익처분을 한 경우는 소속장관을 피고로 한다(단, 대통령의 처분 또는 부작위에 대하여는 행정심판을 제기할 수는 없다).
② 중앙선거관리위원회 위원장의 처분 또는 부작위의 경우에는 중앙선거관리위원회 사무총장을 피고로 한다.
③ 국회의장이 처분청인 경우에는 국회 사무총장을 피고로 한다.
④ 대법원장이 행한 처분에 대한 행정소송의 피고는 법원 행정처장이 된다(국가공무원법 제16조, 법원조직법 제70조).
⑤ 헌법재판소장이 처분청인 경우 헌법재판소 사무처장이 피고가 된다.

> **관련판례**
>
> **대통령이 행한 처분에 대한 행정소송의 피고는 소속장관 → 검사임용거부처분에 대한 취소소송의 피고는 소속장관인 법무부장관**
>
> 검찰청법 제34조에 의하면, 검사의 임명 및 보직은 법무부장관의 제청으로 대통령이 행하고, 국가공무원법 제16조에 의하면 공무원에 대한 징계, 강임, 휴직, 직위해제, 면직 기타 본인의 의사에 반한 불리한 처분 중 대통령이 행한 처분에 대한 행정소송의 피고는 소속장관으로 하고, 같은 법 제3조 제2항 제2호에 의하면 검사는 그 법의 적용을 받는 특정직 공무원에 해당하며, 행정심판법 제3조 제2항에 의하면 대통령의 처분 또는 부작위에 대하여는 다른 법률에 특별한 규정이 있는 경우를 제외하고는 행정심판을 제기할 수 없도록 규정하고 있는 바, 위 규정 들의 취지를 종합하여 보면, 이 사건에서와 같은 검사임용거부처분에 대한 취소소송의 피고는 법무부장관으로 함이 상당하다(대판 1990.3.14. 90두4).

(2) 위임·대리(수임청, 피대리청)

위임·대리의 경우, 피고대상의 판단기준은 권한 귀속기준이다. 따라서 권한의 위임 또는 위탁이 있을 때에는 처분권한 자체가 이전되므로 이전을 받은 수임청이 피고가 된다. 그러나 대리의 경우에는 처분권 자체가 이전된 것이 아니므로 본인이 피고(피대리청)가 된다.

> **참고** 권한의 위임과 대리

1. 권한의 위임
권한의 위임이란 행정청이 자기의 권한 일부를 다른 행정기관에게 이전하여 이전을 받은 행정기관으로 하여금 그 권한을 행사하게 하는 것을 말한다. 권한의 위임이 있은 때에는 당해 행정청(위임기관)은 그 권한을 잃게 되고, 다른 행정기관(수임기관)이 그 권한을 자기의 권한으로 하여 자기의 이름과 책임으로 행사하게 된다. 권한의 위임은 법이 정한 권한의 분배를 실질적으로 변경하는 것이므로 법의 명시적인 근거가 필요하다. 따라서 어떠한 경우에 어떠한 사항에 관하여 누구에게 위임해야 하는가는 법이 정하는 바에 의한다.

2. 권한의 대리
권한의 대리는, 권한의 위임과는 달리, 법이 정한 권한의 분배에 변경이 발생하지 아니한다. 권한의 대리란 A행정청(피대리행정청)의 권한을 다른 행정기관인 B(대리행정청)이 A행정청을 위한 것임을 표시하여 자기(B)의 이름으로 상대방 C에게 이를 행사하고 그 행위는 피대리기관(A)의 행위로서 효력을 발생하는 것을 말한다.
① 대리행정청이 대리관계임을 밝히고 대리행위를 하는 경우 피대리행정청의 명의로 하는 것이므로 피고는 피대리행정청이 된다.
② 다만, 대리행정청이 대리관계를 밝히지 않고, 대리행정청 자신의 이름으로 처분을 하였다면, 상대방은 대리행정청만을 인식할 것이므로 이 경우 피고는 대리행정청이 된다.
③ 위 ②의 경우 만약 상대방이 그 행정처분이 피대리 행정청을 대리하여 한 것임을 알고 이를 받아들인 예외적인 경우에는 피대리 행정청이 피고가 된다.

3. 내부위임의 경우
① 내부위임이란 조직 내부에서 수임자가 위임자의 권한을 위임자의 명의와 책임으로 행사하는 것을 말한다. 따라서 권한이 수임자에게 이전되지 아니하며 위임자의 명의로 처분을 하게 되므로 보통 위임청이 피고가 된다.
② 하지만 내부위임을 받은 자가 자신의 명의로 권한을 행사한 경우에는 권한없이 행정처분을 한 경우로서 그 처분은 위법하게 되며 이때 피고는 실제로 처분을 한 하급행정청이 된다.
③ 결국, 내부위임에서 피고대상의 판단기준은 명의를 기준으로 한다. 즉, 위임기관의 명의로 처분을 하였다면 위임기관이 피고가 되고, 수임기관의 명의로 처분을 한 경우에는 수임기관이 피고가 된다.
④ 한편, 국가나 지방자치단체의 사무가 공법인에게 위임된 경우라면 공법인 그 자체가 피고가 된다.

> **관련판례** 권한의 위임·위탁의 경우 수임청이 피고

1. 에스에이치공사(구 서울특별시 도시개발공사)가 택지개발사업 시행자인 서울특별시장으로부터 이주대책 수립권한을 포함한 택지개발사업에 따른 권한을 위임 또는 위탁받은 경우, 위 공사 명의로 이루어진 이주대책에 관한 처분에 대한 취소소송의 정당한 피고는 위 공사이다(대판 2007.8.23. 2005두3776).

2. 성업공사가 체납압류된 재산을 공매하는 것은 세무서장의 공매권한 위임에 의한 것으로 보아야 할 것이므로, 성업공사가 한 그 공매처분에 대한 취소 등의 항고소송을 제기함에 있어서는 수임청으로서 실제로 공매를 행한 성업공사를 피고로 하여야 하고, 위임청인 세무서장은 피고적격이 없다(대판 1997.2.28. 96누1757).

3. 행정처분의 취소 또는 무효확인을 구하는 행정소송은 원칙적으로 소송의 대상인 행정처분 등을 외부적으로 그의 명의로 행한 행정청을 피고로 하여야 하는 것이고, 건축법 제9조의 규정에 의한 시장, 군수, 구청장의 건축신고 수리권한은 동장에게 위임되어 있는바, 기록에 의하면 원고는 위 신설동장에 대하여 이 사건 담장설치신고를 하였고, 그 신고서의 반려조치 역시 위 신설동장이 그 명의로 하였던 것임이 인정된다. 따라서 이 사건에서 피고로 된 동대문구청장은 건축법상 건축신고의 수리권자도 아닐 뿐더러 원고에 대하여 이 사건 반려처분을 한 바도 없으므로 그 피고적격이 없다고 할 것이다(대판 1995.3.14. 94누9962).

4. 고속국도 통행료징수권 및 체납통행료 부과를 다투는 소의 피고적격은 한국도로공사 양재 ~ 판교 간 경부고속국도 구간의 통행료징수권을 행사할 권한이 국가로부터 유료도로 통행료징수권이 포함된 유료도로관리권을 출자받은 한국도로공사에 있다(대판 2005.6.24. 2003두6641).

관련판례

내부위임의 경우 원칙적으로 위임청이 피고이나 예외적으로 명의를 기준으로 피고대상 판단

1. 인천직할시의 사업장폐쇄명령처분을 단순히 통지한 데 불과한 인천직할시 북구청장은 처분의 취소를 구하는 소의 피고적격이 없음

   피고인 인천직할시 북구청장이 인천직할시장으로부터 환경보전법상의 위법시설에 대한 폐쇄 등 명령권한의 사무처리에 관한 내부위임을 받아, 원고들이 공동으로 경영하는 공장에서 같은 법 제15조의 규정에 의한 허가를 받지 아니하고 배출시설을 설치하여 조업하고 있는 것을 적발하고, 인천직할시장 명의의 폐쇄명령서를 발부받아 "환경보전법 위반사업장 고발 및 폐쇄 명령"이란 제목으로 위 폐쇄명령서를 첨부하여 위 무허가배출시설에 대한 폐쇄명령통지를 하였다면 위 폐쇄명령처분을 한 행정청은 어디까지나 인천직할시장이고, 피고는 인천직할시장의 위 폐쇄명령처분에 관한 사무처리를 대행하면서 이를 통지하였음에 지나지 않으며, 위 폐쇄명령서나 그 통지서가 정부공문서규정이 정하는 문서양식에 맞지 않는다는 이유만으로 피고를 처분청으로 볼 수는 없으므로, 피고를 위 폐쇄명령처분을 한 행정청으로 보고 제기한 이 사건 소는 피고적격이 없는 자를 상대로 한 것이어서 부적법하다(대판 1990.4.27. 90누233).

2. 내부위임을 받은 하급행정청이 자기 명의로 처분을 한 경우에는 실제로 처분을 행한 하급행정청이 피고

   행정처분의 취소 또는 무효확인을 구하는 행정소송은 다른 법률에 특별한 규정이 없는 한 그 처분을 행한 행정청을 피고로 하여야 하며, 행정처분을 행할 적법한 권한 있는 상급행정청으로부터 내부위임을 받은데 불과한 하급행정청이 권한 없이 행정처분을 한 경우에도 실제로 그 처분을 행한 하급행정청을 피고로 하여야 할 것이지 그 처분을 행할 적법한 권한 있는 상급행정청을 피고로 할 것이 아니므로 부산직할시장의 산하기관인 부산직할시 금강공원 관리사업소장이 한 공단사용료 부과처분에 대하여 가사 위 사업소장이 부산직할시로부터 단순히 내부위임만을 받은 경우라 하더라도 이의 취소를 구하는 소송은 위 금강공원 관리사업소장을 피고로 하여야 한다(대판 1991.2.22. 90누5641).

> **관련판례**
>
> **대리관계를 명시적으로 밝히지 않았더라도 상대방이 그 행정처분이 피대리 행정청을 대리하여 한 것임을 알고 이를 받아들인 예외적인 경우에는 피대리 행정청이 피고가 됨**
>
> 1. 대리권을 수여받은 데 불과하여 그 자신의 명의로는 행정처분을 할 권한이 없는 행정청의 경우 대리관계를 밝힘이 없이 그 자신의 명의로 행정처분을 하였다면 그에 대하여는 처분명의자인 당해 행정청이 항고소송의 피고가 되어야 하는 것이 원칙이지만, 비록 대리관계를 명시적으로 밝히지는 아니하였다 하더라도 처분명의자가 피대리 행정청 산하의 행정기관으로서 실제로 피대리 행정청으로부터 대리권한을 수여받아 피대리 행정청을 대리한다는 의사로 행정처분을 하였고 처분명의자는 물론 그 상대방도 그 행정처분이 피대리 행정청을 대리하여 한 것임을 알고서 이를 받아들인 예외적인 경우에는 피대리 행정청이 피고가 되어야 한다.
>
> 2. 근로복지공단의 이사장으로부터 보험료의 부과 등에 관한 대리권을 수여받은 지역본부장이 대리의 취지를 명시적으로 표시하지 않고서 산재보험료 부과처분을 한 경우, 그러한 관행이 약 10년간 계속되어 왔고, 실무상 근로복지공단을 상대로 산재보험료 부과처분에 대한 항고소송을 제기하여 온 점 등에 비추어 지역본부장은 물론 그 상대방 등도 근로복지공단과 지역본부장의 대리관계를 알고 받아들였다는 이유로, 위 부과처분에 대한 항고소송의 피고적격이 근로복지공단에 있다(대판 2006.2.23. 2005부4).

(3) 승계행정청(승계 – 승계)

처분 후 관계권한이 다른 행정기관에 승계되면 이를 승계한 행정청이 피고가 된다(행정소송법 제13조 제1항 후단). 다만, 그 승계가 취소소송제기 후에 발생한 것이면 법원은 당사자의 신청 또는 직권에 의해 피고를 경정한다. 이때 종전의 소는 취하된 것으로 보며, 새로운 피고에 대한 소송은 처음에 소를 제기한 때에 제기한 것으로 본다(행정소송법 제14조 제6항).

> **관련판례**
>
> 처분 등이 있은 뒤에 행정기구의 개혁, 행정주체의 합병·분리 등에 의하여 처분청의 당해 권한이 타 행정청에 승계된 경우 뿐만 아니라 처분 등의 상대방인 사인의 지위나 주소의 변경 등에 의하여 변경 전의 처분 등에 관한 행정청의 관할이 이전된 경우 등을 말한다(대판 2000.11.14. 99두5481).

(4) 행정청이 없게 된 때(× – 귀속)

처분이나 재결을 한 행정청이 없어지게 되면 그 처분이나 재결에 관한 사무가 귀속되는 국가 또는 공공단체가 피고가 된다(행정소송법 제13조 제2항). 다만, 그 승계가 취소소송제기 후에 발생한 것이라면, 법원은 당사자의 신청 또는 직권에 의해 피고를 경정한다. 이때 종전의 소는 취하된 것으로 보며, 새로운 피고에 대한 소송은 처음에 소를 제기한 때에 제기한 것으로 본다(행정소송법 제14조 제6항, 대판 1991.10.8. 91누520 ; 대판 1995.12.22. 95누14688).

원칙	처분을 행한 행정청이 피고(처분청)	독임제(원칙)	합의제 행정청 그 자체가 피고
		합의제 행정청 (예외)	중앙노동위원회의 처분은 위원장이 피고
예외	위임·위탁		원칙적으로 수임기관이 피고
	내부위임과 위임전결		원칙적으로 위임기관이 피고('실제 명의'를 기준으로 피고를 정함)
	대리		원칙적으로 피대리청이 피고
	권한승계		승계 행정청이나 권한이 귀속되는 행정청이 피고
	기관폐지		행정청이 없어지면 국가나 공공단체가 피고
기타			대통령이 처분청인 경우에는 법률의 규정에 의해 소속장관이 피고
			중앙선거관리위원회 위원장의 처분 또는 부작위의 경우에는 중앙선거관리위원회 사무총장
			국회의장이 처분청인 경우에는 국회 사무총장
			대법원장의 처분에 대한 피고는 법원 행정처장
			헌법재판소장이 처분청인 경우에는 헌법재판소 사무처장
			지방의회의원의 징계의결의 경우는 지방의회
			조례가 항고소송의 대상이 되는 행정처분에 해당되는 경우 및 그 경우 조례무효확인소송의 피고적격: 지방자치단체의 장, 시·도 교육감

3. 피고경정

행정소송법 제14조 【피고경정】 ① 원고가 피고를 잘못 지정한 때에는 법원은 원고의 신청에 의하여 결정으로써 피고의 경정을 허가할 수 있다.
② 법원은 제1항의 규정에 의한 결정의 정본을 새로운 피고에게 송달하여야 한다.
③ 제1항의 규정에 의한 신청을 각하하는 결정에 대하여는 즉시항고할 수 있다.
④ 제1항의 규정에 의한 결정이 있은 때에는 새로운 피고에 대한 소송은 처음에 소를 제기한 때에 제기된 것으로 본다.
⑤ 제1항의 규정에 의한 결정이 있은 때에는 종전의 피고에 대한 소송은 취하된 것으로 본다.
⑥ 취소소송이 제기된 후에 제13조 제1항 단서 또는 제13조 제2항에 해당하는 사유가 생긴 때에는 법원은 당사자의 신청 또는 직권에 의하여 피고를 경정한다. 이 경우에는 제4항 및 제5항의 규정을 준용한다.

항고소송과 당사자소송에서 인정되는 피고의 경정이란 피고로 지정된 자를 소송의 계속 중에 다른 자로 변경하는 것을 말한다. 이는 피고경정을 허용하여 부적합한 소를 각하하지 않고 정당한 피고로 변경을 허용함으로써 원고 권리구제의 길을 넓혀주기 위한 것이라 할 수 있다.

(1) 원고가 피고를 잘못 지정한 경우

① 절차
- ㉠ 원고의 신청(법원의 직권이 아님)에 의하여 법원의 결정으로 피고의 경정을 허가할 수 있다.
- ㉡ 피고경정의 결정 시 결정의 정본을 피고인에게 송달하여야 하고 피고경정신청을 각하하는 결정에 대해서는 즉시항고할 수 있다.
- ㉢ 또한, 피고경정은 사실심 변론 종결시까지만 가능하다.

② 효과
- ㉠ 피고경정의 허가가 있으면 새로운 피고에 대한 소송은 처음에 소를 제기한 때 제기된 것으로 보며,
- ㉡ 아울러 종전의 피고에 대한 소송은 취하된 것으로 본다.
- ㉢ 한편, 행정심판에 있어서는 당사자의 신청이 있는 경우뿐만 아니라 행정심판위원회의 직권으로도 가능하다.

(2) 소의 변경의 경우

소의 변경으로 인하여 피고의 경정이 필요하게 된 경우에도 경정이 허용된다(행정소송법 제21조 제2항, 제4항). 예를 들어 교도소장의 서신검열에 대해서 취소소송을 제기한 후 국가배상청구소송의 소로 변경한다면 피고는 교도소장에서 국가로 경정된다.

(3) 권한 승계 등의 경우

소를 제기한 후 행정청의 권한변경 등으로 권한이 다른 기관에 승계된 경우에는 당해 처분의 권한을 승계한 행정청으로 피고를 변경하고, 행정조직상의 개편으로 행정청이 없어지게 될 때에는 처분 등에 관한 사무가 귀속되는 국가나 공공단체로 피고를 변경한다. 소제기 후 행정청의 권한변경, 소변경 등의 경우에는 당사자의 신청 또는 직권에 의하여 법원은 피고를 변경할 수 있다.

> **관련판례**
>
> **피고의 지정이 잘못된 경우 법원은 석명권을 행사하여 피고를 경정하게 해야 함**
>
> 세무서장의 위임에 의하여 성업공사가 한 공매처분에 대하여 피고 지정을 잘못하여 피고적격이 없는 세무서장을 상대로 그 공매처분의 취소를 구하는 소송이 제기된 경우, 법원으로서는 석명권을 행사하여 피고를 성업공사로 경정하게 하여 소송을 진행하여야 한다(대판 1997.2.28. 96누1757).

4. 소송참가

행정소송법 제16조 【제3자의 소송참가】 ① 법원은 소송의 결과에 따라 권리 또는 이익의 침해를 받을 제3자가 있는 경우에는 당사자 또는 제3자의 신청 또는 직권에 의하여 결정으로써 그 제3자를 소송에 참가시킬 수 있다.
② 법원이 제1항의 규정에 의한 결정을 하고자 할 때에는 미리 당사자 및 제3자의 의견을 들어야 한다.

③ 제1항의 규정에 의한 신청을 한 제3자는 그 신청을 각하한 결정에 대하여 즉시 항고할 수 있다.
④ 제1항의 규정에 의하여 소송에 참가한 제3자에 대하여는 민사소송법 제67조의 규정을 준용한다.

제17조【행정청의 소송참가】① 법원은 다른 행정청을 소송에 참가시킬 필요가 있다고 인정할 때에는 당사자 또는 당해 행정청의 신청 또는 직권에 의하여 결정으로써 그 행정청을 소송에 참가시킬 수 있다.
② 법원은 제1항의 규정에 의한 결정을 하고자 할 때에는 당사자 및 당해 행정청의 의견을 들어야 한다.
③ 제1항의 규정에 의하여 소송에 참가한 행정청에 대하여는 민사소송법 제76조의 규정을 준용한다.

(1) 일반론
　① **의의**: 소송참가란 소송의 계속 중에 행정청이나 제3자가 이해관계인의 이익보호, 충분한 소송자료의 확보, 자기의 법률상의 지위를 보호하기 위하여 그 소송에 참가하는 것을 의미한다. 소송참가에는 제3자의 소송참가와 행정청의 소송참가가 있다. 소송참가제도는 항고소송 및 당사자소송에 모두 인정된다.
　② **소송참가의 취지(목적)**: 취소소송에 있어 원고승소의 판결은 제3자에 대하여도 효력이 미친다. 따라서 제3자도 실질적인 당사자의 지위를 가지므로 소송에 참여할 기회를 제공해 권리를 보호함은 물론 소송에 참가하지 못한 제3자에 의한 재심청구를 미리 방지해 소송경제를 실현하기 위함이다.

(2) 소송참가의 종류
소송참가에는 ① 판결과 법적으로 이해관계를 갖는 자를 참가시킬 수 있는 단순참가와 ② 판결이 참가자에게도 단일의 내용이어야 하는 경우에 반드시 참가시켜야 하는 필요적 참가가 있다. 현행 행정소송법은 단순참가만을 규정하고 있다.

(3) 주체
　① 제3자
　　㉠ **의의**: 법원은 소송의 결과에 따라 권리나 이익의 침해를 받을 제3자를 소송에 참가시킬 수 있다. 이러한 제3자의 소송참가가 인정되는 이유는 취소판결의 효력이 제3자에게도 영향을 미치기 때문이다.
　　㉡ **요건**: 제3자가 소송에 참가하기 위해서는 ⓐ 타인의 취소소송이 계속 중이어야 하고, ⓑ 소송의 결과(판결의 효력 또는 판결에 따른 처분)에 따라 법률상 이익의 침해여부가 달라질 것이 요구된다.
　　㉢ **절차**
　　　ⓐ 법원은 당사자 또는 제3자의 신청 또는 법원 직권에 의한 결정으로써 그 제3자를 소송에 참가시킬 수 있다.
　　　ⓑ 법원이 이러한 결정을 하고자 할 때에는 미리 당사자 및 제3자의 의견을 들어야 한다.

ⓒ 제3자는 소송참가 신청이 기각되면 그 결정에 대하여 즉시항고할 수 있다.
ⓔ **소송상 지위**: 참가인의 지위는 공동소송적 보조참가와 비슷하다는 것이 우리나라 통설이다. 이에 의하면 참가인은 피참가인의 소송행위와 저촉되는 행위도 가능하지만, 소송의 당사자는 아니므로 소송물을 처분하는 행위는 할 수 없다. 즉, 소송참가인은 독자적 상소권이 있으나 집행정지 신청권은 없다.

> **관련판례**
>
> 1. **보조참가의 요건 - 법률상의 이해관계가 있어야 함**
>
>   특정 소송사건에서 당사자 일방을 보조하기 위하여 보조참가를 하려면 당해 소송의 결과에 대하여 이해관계가 있어야 하고, 여기서 말하는 이해관계라 함은 사실상, 경제상 또는 감정상의 이해관계가 아니라 법률상의 이해관계를 가리킨다(대판 2000.9.8. 99다26924).
>
> 2. **학교법인의 이사 겸 이사장에 대한 임원취임승인취소처분 취소소송에 대하여 관할청인 피고를 돕기 위하여 이사장직무대행자가 학교법인의 이름으로 보조참가를 하는 경우, 보조참가의 요건인 법률상 이해관계에 해당**
>
>   학교법인의 이사장직무대행자가 학교법인의 이름으로 관할청인 피고를 돕기 위하여 임원취임승인취소처분의 취소를 구하는 소송에 보조참가를 함에 있어 이사회의 특별수권결의를 거칠 필요는 없다고 할 것이고, 한편 임원취임승인취소처분이 취소되어 원고가 학교법인의 이사 및 이사장으로서의 지위를 회복하게 되면 학교법인으로서는 결과적으로 그 의사와 관계없이 이사회의 구성원이나 대표자가 변경되는 관계에 있다고 할 것이고, 이는 위 취소소송의 결과에 의하여 그 법률상의 지위가 결정되는 관계로서 보조참가의 요건인 법률상 이해관계에 해당한다(대판 2003.5.30. 2002두11073).

② **다른 행정청**
  ㉠ **의의**: 취소판결의 효력은 관계행정청도 기속하므로 행정소송법 제17조 제1항은 "법원은 다른 행정청을 소송에 참가시킬 필요가 있다고 인정할 때에는 당사자 또는 당해 행정청의 신청 또는 직권에 의하여 결정으로써 그 행정청을 소송에 참가시킬 수 있다."라고 규정하고 있다. 다른 행정청의 참가가 인정되는 것은 취소판결의 효력이 다른 관계행정청에게도 미치기 때문이다(행정소송법 제30조 제1항).
  ㉡ **요건**: 다른 행정청이 소송에 참가하기 위해서는 ⓐ 타인의 취소소송이 계속 중일 것, ⓑ 참가행정청은 피고행정청이 아닌 다른 행정청일 것, ⓒ 법원이 소송에 참가시킬 필요가 있다고 인정할 것(법원의 참가 결정) 등이 요구된다.
  ㉢ **절차**: ⓐ 법원은 다른 행정청을 소송에 참가시킬 필요가 있다고 인정할 때에는 ⓑ 당사자 또는 당해 행정청의 신청 또는 직권에 의하여 ⓒ 결정으로써 그 행정청을 소송에 참가시킬 수 있으며 ⓓ 이때 법원은 당사자 및 당해 행정청의 의견을 들어야 한다.

㉣ **소송상 지위**: 당해 행정청은 보조참가인의 지위에 선다. 따라서 참가인인 행정청은 소송에 관하여 공격·방어·이의·상소 기타의 소송행위를 할 수 있으나, 처분행정청의 소송행위와 저촉되는 행위는 할 수 없으며 저촉되는 행위를 하는 경우 그 행위는 효력을 가지지 아니한다(행정소송법 제17조 제2·3항).

(4) 소송참가의 시기

판결 선고 전에 참가할 수 있다.

6 소송요건 5 - 행정심판의 전치주의

1. 행정심판전치주의의 의의

행정심판전치주의란 행정소송을 제기하기에 앞서 행정심판을 필요적 전심절차로 하는 것을 말한다. 즉, 행정심판을 제기할 수 있는 경우에는 그에 대한 재결을 거치지 않고는 행정소송을 제기할 수 없다는 원칙을 의미한다. 구 행정소송법은 행정심판전치주의를 채택하고 있었으나, 1994년 7월 14일 행정소송법 개정으로 행정심판전치주의를 폐지하고 이를 임의적 절차로 하여 행정심판을 제기할 수 있는 경우에도 이를 거치지 아니하고 소송을 제기할 수 있게 되었다.

2. 기능

(1) 장점

① 행정권의 자율성 내지 자기통제
② 행정청의 전문성을 이용한 사법업무의 경감
③ 개인의 권리 보호

(2) 단점

① 단기(短期)의 심판청구기간의 경과로 소송제기가 봉쇄될 우려
② 행정심판의 심리·판단의 공정성 기대곤란
③ 권익구제의 지연우려(행정심판기관의 직무해태 시)

3. 행정심판전치주의의 법적 근거

행정심판전치주의의 헌법적 근거는 헌법 제107조 제3항(재판의 전심절차로서 행정심판을 할 수 있다. 행정심판의 절차는 법률로 정하되, 사법절차가 준용되어야 한다)이다. 이에 근거하여 제정된 일반적 근거규정이 바로 행정소송법 제18조(취소소송은 법령의 규정에 의하여 당해 처분에 대한 행정심판을 제기할 수 있는 경우에도 이를 거치지 아니하고 제기할 수 있다. 다만, 다른 법률에 당해 처분에 대한 행정심판의 재결을 거치지 아니하면 취소소송을 제기할 수 없다는 규정이 있는 때에는 그러하지 아니하다)이다.

4. 행정심판전치주의의 적용범위

(1) 일반적인 소송형태

① 취소소송(행정소송법 제18조 제1항)과 부작위위법확인소송(행정소송법 제38조 제2항)에는 특별규정이 있는 경우 행정심판 필수전치주의가 적용된다.

② 무효등확인소송(행정소송법 제38조 제2항)과 당사자소송에는 행정심판 필수전치주의가 적용되지 아니한다.

(2) 기타
① 제3자에 의한 소제기의 경우에도 행정심판전치주의가 적용된다.
② 둘 이상의 행정심판절차 규정 시, 둘 이상의 행정심판절차 가운데 하나만 거치면 된다.
③ 무효선언을 구하는 의미의 취소소송도 취소소송이므로 행정심판전치주의가 적용된다.

5. 특징

(1) 임의적 행정심판전치(원칙)
① **내용**: 취소소송은 법령의 규정에 의하여 당해 처분에 대한 행정심판을 제기할 수 있는 경우에도 이를 거치지 아니하고 제기할 수 있다(행정소송법 제18조 제1항 본문).
② **문제점**: 개별법에서 행정심판을 강제하는 경우에는 임의적 행정심판의 원칙의 의미는 반감된다. 따라서 의무적 행정심판전치를 규정하고자 하는 경우에는 신중을 기하여야 한다.

(2) 필요적 행정심판전치
① **내용**: 다른 법률에서 당해 처분에 대해 행정심판의 재결을 거치도록 강제하는 경우는 행정심판을 거쳐야 소송을 받아주는 필요적 행정심판전치주의가 적용된다(행정소송법 제18조 제1항 단서).
　㉠ 필요적 행정심판전치주의의 대상인 행정심판은 행정심판법상의 행정심판만이 아니라 개별법상의 행정심판(예 국세기본법상의 심사청구·심판청구, 국가공무원법상의 심사청구)도 포함된다.
　㉡ 그러나, 원칙적으로는 감사원법상의 심사청구는 행정소송의 전심절차인 행정심판에 해당하지 않으며, 국민권익위원회(구 국민고충처리위원회)에의 고충민원신청과 정부합동민원실에의 민원접수도 원칙적으로 행정소송의 전치절차로서 요구되는 행정심판청구에 해당하지 않는다(판례).
② **사례**
　㉠ **국가공무원법(공무원 징계처분의 전치절차)**: 국가공무원법 제16조(행정소송과의 관계)
　　ⓐ **제1항**: 제75조에 따른 처분, 그 밖에 본인의 의사에 반한 불리한 처분이나 부작위에 관한 행정소송은 소청심사위원회의 심사·결정을 거치지 아니하면 제기할 수 없다.
　　ⓑ **제2항**: ⓐ에 따른 행정소송을 제기할 때에는 대통령의 처분 또는 부작위의 경우에는 소속장관을, 중앙선거관리위원회 위원장의 처분 또는 부작위의 경우에는 중앙선거관리위원회 사무총장을 각각 피고로 한다.

- ⓒ **지방공무원법(공무원 징계처분의 전치절차)**: 지방공무원법 제20조의2 제67조의 규정에 의한 처분 기타 본인의 의사에 반한 불리한 처분 또는 부작위에 관한 행정소송은 심사위원회의 심사·결정을 거치지 아니하면 이를 제기할 수 없다.
- ⓒ **교원지위향상을 위한 특별법(교원징계처분의 전치절차)**: 교원지위향상을 위한 특별법 제10조 제3항
  교원은 심사위원회의 결정에 대하여 그 결정서의 송달을 받은 날부터 60일 이내에 행정소송법이 정하는 바에 의하여 소송을 제기할 수 있다.

  > **관련판례**
  > **재심결정에 대하여 교원에게만 행정소송을 제기할 수 있도록 하고 학교법인에게는 이를 금지한 교원지위향상을 위한 특별법 제10조 제3항은 헌법에 위배됨**
  > 학교법인에게 재심결정에 불복할 제소권한을 부여한다고 하여 이 사건 법률조항이 추구하는 사립 학교 교원의 신분보장에 특별한 장애사유가 생긴다든가 그 권리구제에 공백이 발생하는 것도 아니므로 이 사건 법률조항은 분쟁의 당사자이자 재심절차의 피청구인인 학교법인의 재판청구권을 침해한다. 또한 학교법인은 그 소속 교원과 사법상의 고용계약관계에 있고 재심절차에서 그 결정의 효력을 받는 일방 당사자의 지위에 있음에도 불구하고 이 사건 법률조항은 합리적인 이유 없이 학교법인의 제소권한을 부인함으로써 헌법 제11조의 평등원칙에 위배되고, 사립학교 교원에 대한 징계 등 불리한 처분의 적법여부에 관하여 재심위원회의 재심결정이 최종적인 것이 되는 결과 일체의 법률적 쟁송에 대한 재판권능을 법원에 부여한 헌법 제101조 제1항에도 위배되며, 행정처분인 재심결정의 적법여부에 관하여 대법원을 최종심으로 하는 법원의 심사를 박탈함으로써 헌법 제107조 제2항에도 아울러 위배된다(헌재 2006.2.23. 2005헌가7·2005헌마1163).

- ⓔ **국세기본법(조세소송)**: 국세기본법 제56조
  위법한 처분에 대한 행정소송은 행정소송법 제18조 제1항 본문·제2항 및 제3항의 규정에 불구하고 이 법에 의한 심사청구 또는 심판청구와 그에 대한 결정을 거치지 아니하면 이를 제기할 수 없다.

임의적	이의신청	불복의 사유를 갖추어 당해 처분을 하거나 하였어야 할 세무서장에게 하거나, 당해 세무서장을 거쳐 소관지방국세청장에게 하여야 한다. 여기서의 이의신청은 행정심판법과 달리 처분청경유주의를 채택하고 있고 임의적 절차이다.
필수적 (양자중 택일)	심사청구	불복의 사유를 갖추어 당해 처분을 하거나 하였어야 할 세무서장을 거쳐 국세청장에게 하여야 한다(처분청 경유주의 채택).
	심판청구	불복의 사유를 갖추어 그 처분을 하거나 하였어야 할 세무서장을 거쳐 조세심판원장에게 하여야 한다(처분청 경유주의 채택).
감사원에 대한 심사청구		감사원에 대한 심사청구는 행정심판으로 보아 감사원에 대한 심사청구를 거친 때에는 위의 절차(심사청구나 심판청구) 없이 행정소송을 제기할 수 있다.

관련판례

1. **의제배당소득임을 전제로 한 원천징수고지에 대하여 전심절차를 거친 경우에 의제배당소득을 포함한 종합소득세 부과처분취소소송에서 별도의 전심절차를 거쳐야 함**

   원고가 당초 국세심판원에 대한 심판청구로써 전심절차를 거친 원고의 소외 회사에 대한 주식 양도에 따른 의제배당소득과 관련한 원천징수고지와 이 사건 소로써 취소를 구하는 피고의 원고에 대한 위 의제배당소득과 관련한 이 사건 종합소득세 부과처분은 그 처분청과 처분의 상대방이 서로 다르고, 국세심판원이 원고의 심판청구를 당사자적격이 인정되지 않는다는 이유로 각하한 점에 비추어, 국세심판원으로 하여금 기본적 사실관계와 법률문제에 대하여 다시 판단할 수 있는 기회를 부여하였다고 보기 어려울 뿐만 아니라 원고로 하여금 또 전심절차를 거치게 하는 것이 가혹하다고 보이는 정당한 사유가 있다고 보기도 어렵다(대판 2009.5.28. 2007두25817).

2. **조세소송에서 납세의무자가 전심절차를 거치지 않고 과세처분 취소청구소송을 제기하기 위한 요건**

   국세청장과 국세심판소(현 조세심판원)로 하여금 기본적 사실관계와 법률문제에 대하여 다시 판단할 수 있는 기회를 부여하였을 뿐더러 납세의무자로 하여금 굳이 또 전심절차를 거치게 하는 것이 가혹하다고 보이는 등 정당한 사유가 있는 때에는 납세의무자가 전심절차를 거치지 아니하고도 과세처분의 취소를 청구하는 행정소송을 제기할 수 있다고 보아야 한다(대판 2000.9.26. 99두1557).

ⓜ 도로교통법(운전면허 취소·정지처분의 전심절차): 이 법에 의한 처분(운전면허취소 등)으로서 해당 처분에 대한 행정소송은 행정심판의 재결을 거치지 아니하면 이를 제기할 수 없다.

ⓑ 노동조합 및 노동관계조정법(노동위원회결정의 전치절차)
  ⓐ **노동조합 및 노동관계조정법 제85조 제1항**: "지방노동위원회 또는 특별노동위원회의 구제명령 또는 기각결정에 불복이 있는 관계 당사자는 그 명령서 또는 결정서의 송달을 받은 날부터 10일 이내에 중앙노동위원회에 그 재심을 신청할 수 있다.
  ⓑ **제2항**: ⓐ의 규정에 의한 중앙노동위원회의 재심판정에 대하여 관계 당사자는 그 재심판정서의 송달을 받은 날부터 15일 이내에 행정소송법이 정하는 바에 의하여 소를 제기할 수 있다.

ⓢ **지방자치법(사용료·수수료·분담금 부과 징수에 대한 불복)**
  ⓐ **지방자치법 제136조 제3항**: 사용료·수수료 또는 분담금의 부과 또는 징수에 대하여 이의가 있는 자는 그 처분의 통지를 받은 날로부터 90일 이내에 그 지방자치단체의 장에게 이의신청할 수 있다.
  ⓑ **제4항**: 지방자치단체의 장은 ⓐ의 이의신청을 받은 날로부터 60일 이내에 이를 결정·통지하여야 한다.
  ⓒ **제5항**: 사용료·수수료 또는 분담금의 부과 또는 징수에 대하여 행정소송을 제기하고자 하는 때에는 ⓑ의 규정에 의한 결정의 통지를 받은 날부터 90일 이내에 처분청을 당사자로 하여 소를 제기하여야 한다.

(3) 필요적 심판전치의 규정에 대한 예외
① **심판청구는 하되, 재결을 요하지 않는 경우**: 다음의 경우에 해당하는 때에는 취소소송을 제기하기 전에 행정심판을 제기한 것으로 충분하고 재결까지 요구하지는 않는다(행정소송법 제18조 제2항 제1호 내지 제4호).
  ㉠ 행정심판청구가 있은 날로부터 60일이 지나도 재결이 없는 때
  ㉡ 처분의 집행 또는 절차의 속행으로 생길 중대한 손해를 예방하여야 할 긴급한 필요가 있는 때
  ㉢ 법령의 규정에 의한 행정심판기관이 의결 또는 재결을 하지 못할 사유가 있는 때
  ㉣ 그 밖의 정당한 사유가 있는 때
② **심판청구조차 요하지 않는 경우**: 다음의 경우에는 심판조차 제기할 필요가 없이 바로 취소소송을 제기할 수 있다(행정소송법 제18조 제3항 제1호 내지 제4호).
  ㉠ 동종 사건에 관하여 이미 행정심판의 기각재결이 있은 때
  ㉡ 서로 내용상 관련되는 처분 또는 같은 목적을 위하여 단계적으로 진행되는 처분 중 어느 하나가 이미 행정심판의 재결을 거친 때
  ㉢ 행정청이 사실심의 변론종결 후 소송의 대상인 처분을 변경하여 당해 변경된 처분에 관하여 소를 제기하는 때
  ㉣ 처분을 행한 행정청이 행정심판을 거칠 필요가 없다고 잘못 알린 때

(4) 성질(직권조사사항)
취소소송의 제기요건으로서의 행정심판의 전치는 당사자의 주장여부에 관계없이 법원이 직권으로 조사하여야 한다.

> **관련판례**
>
> 1. **행정소송법 제18조 제3항 제1호에서 행정심판의 청구 없이도 행정소송을 제기할 수 있는 경우로 규정하고 있는 "동종사건"의 의미**
> 행정소송법 제18조 제3항 제1호에서 행정심판의 제기 없이도 행정소송을 제기할 수 있는 경우로 규정하고 있는 "동종사건에 관하여 이미 행정심판의 기각재결이 있은 때"에 있어서의 "동종사건"이라 함은 당해 사건은 물론 당해 사건과 기본적인 점에서 동질성이 인정되는 사건을 가리킨다(대판 1992.11.24. 92누8972).
>
> 2. **석유판매업 허가취소처분에 대한 행정심판절차를 거친 경우 위험물주유취급소 설치허가 취소처분의 취소소송에 앞서 별도의 행정심판절차를 거쳐야 함**
> 서울특별시장이 한 주유소의 석유판매업 허가의 취소 처분과 소방서장이 위험물주유취급소설치 허가의 취소처분은 그 처분행정청은 물론이고 그 처분에 대한 행정심판의 재결청을 각각 달리하고 있어 서울특별시장이 한 행정처분에 대하여 행정심판절차를 거쳤다 하여 소방서장이 한 행정처분에 대하여 처분행정청으로 하여금 스스로 재고시정의 기회를 부여한 것이라고 할 수 없을 뿐 아니라 두 행정처분 사이에 소방서장이 한 행정처분이 서울특별시장이 한 행정처분의 필연적 결과로 이루어진 것이라는 등 서로 일련의 상관관계가 있다고도 할 수 없으므로 서울특별시장이 한 행정처분에 대한 행정심판절차를 거쳤다 하여 소방서장이 한 위 행정처분에 대한 행정심판절차를 거칠 필요가 없다고 할 수는 없다(대판 1989.1.24. 87누322).

6. 한계
행정심판전치주의의 문제점으로는 ① 행정청이 자신이 한 일에 대해서 심판하므로 공정성에 문제가 생길 수 있으며, ② 행정심판의 전치가 오히려 국민의 권리구제에는 불이익이 될 수도 있을 뿐만 아니라, ③ 심판청구기간이 짧은 경우, 행정심판의 유용성이 감소한다는 점 등을 들 수 있다.

7. 행정소송과 행정심판의 관련성
(1) 행정심판청구의 적법성 여부
① 일반적인 경우
  ㉠ **행정심판에서 기각재결이 난 경우**: 행정심판에서 기각재결이 난 경우에는 적법한 행정심판을 거친 것이기 때문에 행정심판전치주의를 충족시킨 것으로 본다. 따라서 기각재결 이후 행정소송을 제기할 수 있다.
  ㉡ **각하재결**: 행정심판에서 각하재결이 난 경우 역시 적법한 행정심판을 거친 것이기 때문에 행정심판전치주의를 충족시킨 것으로 본다. 따라서 행정심판에서 각하재결이 난 경우 그 이후에 행정소송을 제기할 수 있다. 하지만 행정심판청구기간의 경과로 인하여 각하재결을 받은 경우에는 행정심판전치주의를 충족시키지 못한 것으로 본다. 따라서 이러한 경우에는 각하재결 이후에 행정소송을 제기할 수 없다.
② **제3자효 있는 행위**: 제3자효 있는 행정행위에 대해서 부적법한 행정심판청구에 대해서 인용재결이 난 경우, 제3자가 인용재결의 취소소송을 제기하려면 행정심판을 거쳐야 하는지가 문제된다. 이 경우에는 이미 행정청 스스로가 반성의 기회를 가졌기 때문에 '동종사건에 관하여 이미 행정심판의 기각결정이 있는 때'라는 행정심판법 규정이 유추적용되어 바로 행정소송을 제기할 수 있다고 봐야 한다.

(2) 사후재결의 구비
사후에 행정심판의 요건을 구비한 경우, 하자는 치유된 것으로 본다. 즉, 행정심판 절차의 이행여부의 판단기준시는 원칙적으로 제소시이지만 최종적으로 당해 취소소송의 사실심변론종결시까지 행정심판을 거친 경우에는 그 하자가 치유된다(대판 1987.4.28. 86누29).

(3) 사건의 동일성
① **사항적 관련성**: 행정심판에서 청구한 처분과 취소소송에서 제기한 처분이 동일할 것을 요구한다. 하지만 행정심판의 청구원인과 취소소송의 청구원인이 반드시 일치할 필요는 없으며 기본적인 점에서 동일성이 유지되면 족하다.
② **인적 관련성**: 소송을 제기하기 위해서는 행정심판의 청구인과 취소소송의 원고의 인적 관련성을 요구한다. 그러나 행정심판의 청구인과 취소소송의 원고가 반드시 동일인일 필요는 없다. 예컨대, 처분의 상대방 중 한쪽이 이미 행정심판을 거친 이상 다른 상대방은 행정심판을 거치지 않고 취소소송을 제기할 수 있고 공동소송인의 1인이 행정심판을 거쳤다면 다른 공동소송인은 직접 취소소송을 제기할 수 있다.

7 소송요건 6 - 제소기간

> 행정소송법 제20조 【제소기간】 ① 취소소송은 처분등이 있음을 안 날부터 90일 이내에 제기하여야 한다. 다만, 제18조 제1항 단서에 규정한 경우와 그 밖에 행정심판청구를 할 수 있는 경우 또는 행정청이 행정심판청구를 할 수 있다고 잘못 알린 경우에 행정심판청구가 있은 때의 기간은 재결서의 정본을 송달받은 날부터 기산한다.
> ② 취소소송은 처분등이 있은 날부터 1년(제1항 단서의 경우는 재결이 있은 날부터 1년)을 경과하면 이를 제기하지 못한다. 다만, 정당한 사유가 있는 때에는 그러하지 아니하다.
> ③ 제1항의 규정에 의한 기간은 불변기간으로 한다.

1. 제소기간의 의의

(1) 의의

제소기간이란 처분의 상대방 등이 소송을 제기할 수 있는 시간적 간격을 말한다.

(2) 필요성

제소기간이 경과되면 불가쟁력의 발생으로 더 이상 다툴 수 없게 된다. 따라서 이는 하자승계 논의와 관련된다.

2. 적용범위

(1) 상대방·제3자

제소기간의 요건은 ① 처분의 상대방이 소를 제기한 경우뿐만 아니라 ② 법률상 이익이 침해된 제3자가 소를 제기한 경우에도 적용된다.

(2) 무효인 처분

무효인 처분에는 제소기간이 원칙적으로 적용되지 않는다. 다만, 무효선언적 의미의 취소소송인 경우에는 제소기간이 적용된다.

(3) 특별법의 경우

공익사업을 위한 토지 등의 취득 및 보상에 관한 법률 제85조 1항은 '사업시행자·토지소유자 또는 관계인은 토지수용위원회의 재결에 대하여 불복이 있는 때에는 재결서를 받은 날부터 60일 이내에, 이의신청을 거친 때에는 이의신청에 대한 재결서를 받은 날부터 30일 이내에 각각 행정소송을 제기할 수 있다.'라고 하여 행정소송법과 달리 90일이 아닌 1개월로 규정하고 있다. 이때 제소기간이 행정소송법에 비해서 지나치게 짧은 것이 재판청구권을 침해하는지의 여부가 문제되었는데, 헌법재판소는 이에 대하여 합헌판결을 내린 바 있다.

> **참고** 기관소송의 제소기간

1. 민중소송
   ① 대통령, 국회의원 선거의 선거소송 또는 당선소송: 30일
   ② 지방의회의원, 지방자치단체장의 선거소송: 10일
   ③ 국민투표: 20일
2. 기관소송
   지방의회의 재의결이 법령에 위반하였음을 원인으로 지방자치단체장이 제기하는 기관소송의 제소기간은 20일로 지방자치법에 법정되어 있음

3. 처분 등을 안 날부터 90일

(1) 행정심판을 거치지 않은 경우

① **행정소송법 제20조 제1항의 규정**: 취소소송은 처분 등이 있음을 안 날부터 90일 이내에 제기하여야 한다.

② **처분 등이 있음을 안 날의 의미**: 이는 당해 처분이 있었다는 사실을 현실적으로 안 날을 의미한다. 따라서 통지, 공고 기타의 방법에 의하여 알 수 있어야 한다.

③ **판례**
   ㉠ 원칙: 처분 등이 있음을 안 날이란 당해 처분이 있었다는 사실을 현실적으로 안 날을 의미한다고 판시하였다(대판 1964.9.8. 63누196).
   ㉡ 고시·공고의 경우

> **참고** 고시·공고의 경우

1. 불특정다수인에게 고시·공고하는 경우
   불특정인에게 고시·공고하는 경우에는 현실적으로 알았는지와 관계없이 고시가 효력을 발생하는 날에 행정처분이 있음을 알았다고 본다. 하지만 개별공시지가의 경우에는 일반적인 고시·공고와 달리 현실적으로 알아야 한다고 판시한 바 있다.
2. 특정인에게 고시·공고하는 경우
   특정인에게 주소불명 등의 이유로 송달할 수 없어 공고한 경우에는 상대방이 처분이 있었다는 사실을 현실적으로 알아야 안 날이라고 하였다.

> **관련판례** '처분이 있음을 안 날'을 탄력적으로 해석한 판례

1. 아르바이트 직원이 납부고지서를 수령한 경우, 납부의무자는 그 때 부과처분이 있음을 알았다고 추정할 수 있다고 한 사례

   행정심판법 제18조 제1항 소정의 심판청구기간 기산점인 '처분이 있음을 안 날'이라 함은 당사자가 통지·공고 기타의 방법에 의하여 당해 처분이 있었다는 사실을 현실적으로 안 날을 의미하고, 추상적으로 알 수 있었던 날을 의미하는 것은 아니지만, 처분에 관한 서류가 당사자의 주소지에 송달되는 등 사회통념상 처분이 있음을 당사자가 알 수 있는 상태에 놓여진 때에는 반증이 없는 한 그 처분이 있음을 알았다고 추정할 수 있으므로, 위와 같이 원고의 주소지에서 원고의 아르바이트 직원이 납부고지서를 수령한 이상, 원고로서는 그 때 처분이 있음을 알 수 있는 상태에 있었다고 볼 수 있고, 따라서 원고는 그 때 처분이 있음을 알았다고 추정함이 상당하다(대판 1999.12.28. 99두9742).

2. 아파트 경비원이 과징금부과처분의 납부고지서를 수령한 날이 그 납부의무자가 '부과처분이 있음을 안 날'은 아니라고 한 사례

   아파트 경비원이 관례에 따라 부재중인 납부의무자에게 배달되는 과징금부과처분의 납부고지서를 수령한 경우, 납부의무자가 아파트 경비원에게 우편물 등의 수령권한을 위임한 것으로 볼 수는 있을지언정, 과징금부과처분의 대상으로 된 사항에 관하여 납부의무자를 대신하여 처리할 권한까지 위임한 것으로 볼 수는 없고, 설사 위 경비원이 위 납부고지서를 수령한 때에 위 부과처분이 있음을 알았다고 하더라도 이로써 납부의무자 자신이 그 부과처분이 있음을 안 것과 동일하게 볼 수는 없다(대판 2002.8.27. 2002두3850).

3. 고시 또는 공고에 의하여 행정처분을 하는 경우, 고시가 효력을 발생하는 날에 행정처분이 있음을 알았다고 봄

   통상 고시 또는 공고에 의하여 행정처분을 하는 경우에는 그 처분의 상대방이 불특정 다수인이고 그 처분의 효력이 불특정 다수인에게 일률적으로 적용되는 것이므로, 행정처분에 이해관계를 갖는 자가 고시 또는 공고가 있었다는 사실을 현실적으로 알았는지 여부에 관계없이 고시가 효력을 발생하는 날에 행정처분이 있음을 알았다고 보아야 한다(대판 2001.7.27. 99두9490).

4. 특정인에 대한 행정처분을 주소불명 등의 이유로 송달할 수 없어 공고한 경우, 상대방이 처분이 있었다는 사실을 현실적으로 안날에 처분이 있음을 알았다고 봄

   특정인에 대한 행정처분을 주소불명 등의 이유로 송달할 수 없어 관보·공보·게시판·일간 신문 등에 공고한 경우에는, 공고가 효력을 발생하는 날에 상대방이 그 행정처분이 있음을 알았다고 볼 수는 없고, 상대방이 당해 처분이 있었다는 사실을 현실적으로 안 날에 그 처분이 있음을 알았다고 보아야 한다(대판 2006.4.28. 2005두14851).

(2) 행정심판을 거친 경우(재결서 정본을 송달받은 경우)
 ① 행정소송법 제20조 제1항 단서: 심판청구가 있은 때의 기간은 재결서의 정본을 송달받은 날을 안 날이라 보고 그 때로부터 90일 이내에 제소하여야 한다.
 ② 적용 범위: ㉠ 다른 법률에 당해 처분에 대한 행정심판의 재결을 거치지 아니하면 취소소송을 제기할 수 없다는 규정이 있어 행정심판을 거쳐 취소소송을 제기한 경우, 그 밖에 ㉡ 행정심판청구를 할 수 있는 경우 또는, ㉢ 행정청이 행정심판청구를 할 수 있다고 잘못 알린 경우

> **관련판례**
>
> **행정심판을 거쳐 소송을 제기하는 경우의 기산점 = 재결서 정본 송달받은 날**
>
> 1. 개별공시지가에 대하여 이의가 있는 자가 행정심판을 거쳐 행정소송을 제기하는 경우 제소기간의 기산점은 행정심판 재결서 정본을 송달받은 날부터 기산한다(대판 2010.1.28. 2008두19987).
>
> 2. 행정청이 행정심판청구를 할 수 있다고 잘못 알려 행정심판청구를 한 경우 취소소송의 제소기간 기산점 - 재결서 정본 송달일
>
>   행정소송법 제20조 제1항에 의하면 취소소송은 원칙적으로 처분 등이 있음을 안 날부터 90일 이내에 제기하여야 하나, 행정청이 행정심판청구를 할 수 있다고 잘못 알려 행정심판의 청구를 한 경우에는 그 제소기간은 행정심판 재결서의 정본을 송달받은 날부터 기산하여야 한다(대판 2006.9.8. 2004두947).

> 3. 이미 제소기간이 지남으로써 불가쟁력이 발생하여 불복청구를 할 수 없었던 경우라면 그 이후에 행정청이 행정심판청구를 할 수 있다고 잘못 알렸다고 하더라도 그 때문에 처분 상대방이 적법한 제소기간 내에 취소소송을 제기할 수 있는 기회를 상실하게 된 것은 아니므로 이러한 경우에 잘못된 안내에 따라 청구된 행정심판 재결서 정본을 송달받은 날부터 다시 취소소송의 제소기간이 기산되는 것은 아니다. 불가쟁력이 발생하여 더 이상 불복청구를 할 수 없는 처분에 대하여 행정청의 잘못된 안내가 있었다고 하여 처분 상대방의 불복청구 권리가 새로이 생겨나거나 부활한다고 볼 수는 없기 때문이다(대판 2012.9.27. 2011두27247).

4. 처분 등이 있은 날부터 1년(처분이 있음을 알지 못한 경우)

(1) 행정심판을 거치지 않은 경우
① 행정소송법 제20조 제2항의 규정: 취소소송은 처분 등이 있은 날부터 1년이 경과하면 이를 제기하지 못한다.
② 처분 등이 있은 날의 의미: 여기서 처분 등이 있은 날이라 함은 상대방에게 도달되어 효력이 발생한 날을 의미한다.

(2) 행정심판을 거친 경우(정본을 송달받지 못한 경우)
행정심판을 거쳐 행정소송을 제기한 경우는 재결이 있은 날부터 1년이 경과하면 이를 제기하지 못한다(행정소송법 제20조 제2항 본문).

(3) 예외(정당한 사유가 있는 경우)
① 취소소송은 처분 등이 있은 날부터 1년이 경과하면 이를 제기하지 못한다. 다만, 정당한 사유가 있는 때에는 그러하지 아니하다(행정소송법 제20조 제2항 단서).
② 여기서 정당한 사유란 불확정개념으로서 어떠한 사유가 이에 해당하는지는 일률적으로 결정할 수 없고 당시에 존재하였던 정황들을 종합적으로 고려하여 판단하여야 한다. 판례는 소송행위를 하기 위하여 일반적으로 하여야 할 주의를 다하였음에도 불구하고 그 기간을 준수할 수 없었던 사유를 정당한 사유가 있는 것으로 볼 수 있다고 판시하였다.
③ 제3자효 행정행위에도 취소소송의 제소기간이 적용된다. 하지만 제3자는 행정행위의 직접 상대방이 아니므로 처분이 있음을 바로 알 수 없는 처지에 있다. 따라서 제3자의 경우에는 특별한 사정이 없는 한 정당한 사유가 있는 경우에 해당하여 1년이 경과하더라도 취소소송을 제기할 수 있다. 하지만 제3자가 어떠한 경위로든 처분이 있음을 알았다면 90일 이내에 취소소송을 제기하여야 한다.

5. 안 날과 있은 날의 관계

판례는 둘 중 하나라도 경과하면 제소기간이 도과된 것으로 본다. 즉 먼저 도래하는 기간 내에 소송을 제기하여야 한다.

6. 불변기간

처분 등이 있음을 안 날부터 90일 이내에 제기하여야 하며 이때 이 기간은 불변기간으로 한다. 그리고 행정소송에 관하여 이 법에 특별한 규정이 없는 사항에 대하여는 법원조직법과 민사소송법 및 민사집행법의 규정을 준용한다[행정소송법 제20조 제3항, 제8조 제2항(기간의 계산)].

8 소송요건 7 – 관할

1. 취소소송의 재판관할

(1) 행정법원

① **심급관할**

㉠ 원칙 – 3심제

ⓐ 행정소송법에서 정한 행정사건과 다른 법률에 의하여 행정법원의 권한에 속하는 사건은 행정법원이 1심으로 심판한다.

ⓑ 행정법원의 재판에 대하여는 고등법원에 항소할 수 있고 고등법원의 재판에 대하여는 대법원에 상고할 수 있다(법원조직법 제28조, 제14조).

ⓒ 행정법원이 설치되지 않은 지역에 있어서 행정법원의 권한에 속하는 사건은 행정법원이 설치될 때까지 해당 지방법원본원이 관할한다.

ⓓ 고등법원은 지방법원합의부·가정법원합의부 또는 행정법원의 제1심 판결·심판·결정·명령에 대한 항소 또는 항고사건을 심판하며, 대법원은 고등법원 또는 항소법원·특허법원의 판결에 대한 상고사건을 심판한다(법원조직법 제40조의4, 제28조, 제14조).

㉡ 예외

ⓐ 2심제: 특허소송, 선거소송일부(시·도의원, 시·군·구청장, 시·군·구의원)

ⓑ 단심제: 기관소송, 선거소송일부(대통령, 국회의원, 시·도지사)

② **사물관할**: 사물관할이란 제1심 법원에서 다룰 사물의 종류나 성질에 따라 재판권을 나누어 맡는 일을 말한다. 이는 단독판사와 합의부 중에서 누가 재판할 것인가의 구분이 주로 문제가 된다. 행정소송에서 사물관할의 제1심은 피고인 행정청의 소재지를 관할하는 지방법원급인 행정법원에서 관할하고 행정법원이 설치되지 않은 지역에 있어서의 행정법원의 권한에 속하는 사건은 행정법원이 설치될 때까지 해당 지방법원합의부에서 관할한다.

③ **토지관할**

㉠ 토지관할이란 소재지를 달리하는 같은 심급의 법원 사이에 재판권의 분담관계를 정해 놓은 것을 말한다. 취소소송의 관할법원은 피고인 행정청의 소재지를 관할하는 행정법원이다.

㉡ 다음 어느 하나에 해당하는 피고에 대하여 취소소송을 제기하는 경우에는 대법원소재지를 관할하는 행정법원에 제기할 수 있다.

임의관할
항고소송은 당사자의 합의나 피고의 응소에 의하여 피고의 소재지를 관할하는 지방법원 이외의 지방법원을 관할법원으로 결정할 수 있다. 토지관할은 전속관할이 아니고 임의관할이다.

ⓐ 중앙행정기관, 중앙행정기관의 부속기관과 합의제행정기관 또는 그 장
ⓑ 국가의 사무를 위임 또는 위탁받은 공공단체 또는 그 장
ⓒ 또한 토지의 수용 기타 부동산 또는 특정의 장소에 관계되는 처분 등에 대한 취소소송은 그 부동산 또는 장소의 소재지를 관할하는 행정법원에 이를 제기할 수 있다(행정소송법 제9조 제1·2항).

(2) 관할법원에의 이송

① **관할법원에의 이송**: 법원은 소송의 전부 또는 일부가 그 관할에 속하지 아니함을 인정할 때에는, 관할법원에 이송한다(행정소송법 제8조 제2항, 민사소송법 제31조 제1항). 또한 원고의 고의 또는 중대한 과실 없이 행정소송을 심급을 달리하는 법원에 잘못 제기한 경우에도, 법원은 관할법원에 이송한다(행정소송법 제7조).

> **관련판례**
>
> 1. 행정소송법상 항고소송으로 제기하여야 할 사건을 민사소송으로 잘못 제기한 경우에 수소법원이 항고소송에 대한 관할도 동시에 가지고 있다면, 전심절차를 거치지 않았거나 제소기간을 도과하는 등 항고소송으로서의 소송요건을 갖추지 못했음이 명백하여 항고소송으로 제기되었더라도 어차피 부적법하게 되는 경우가 아닌 이상, 원고로 하여금 항고소송으로 소 변경을 하도록 석명권을 행사하여 행정소송법이 정하는 절차에 따라 심리·판단하여야 한다(대판 2020.4.9. 2015다34444).
>
> 2. 원고가 고의 또는 중대한 과실 없이 행정소송으로 제기하여야 할 사건을 민사소송으로 잘못 제기한 경우, 수소법원으로서는 만약 그 행정소송에 대한 관할을 동시에 가지고 있다면 이를 행정소송으로 심리·판단하여야 하고, 그 행정소송에 대한 관할을 가지고 있지 아니하다면 당해 소송이 이미 행정소송으로서의 전심절차와 제소기간을 도과하였거나 행정소송의 대상이 되는 처분 등이 존재하지도 아니한 상태에 있는 등 행정소송으로서 소송요건을 결하고 있음이 명백하여 행정소송으로 제기되었더라도 어차피 부적법하게 되는 경우가 아닌 이상 이를 부적법한 소라고 하여 각하할 것이 아니라 관할법원에 이송하여야 한다(대판 2018.7.26. 2015다221569).
>
> 3. 해당 소송이 이미 행정소송으로서의 전심절차 및 제소기간을 도과하였거나 행정소송의 대상이 되는 처분 등이 존재하지도 아니한 상태에 있는 등 행정소송으로서의 소송요건을 결하고 있음이 명백하여 행정소송으로 제기되었더라도 어차피 부적법하게 되는 경우에는 이송할 것이 아니라 각하하여야 한다(대판 2020.10.15. 2020다222382).

② **소제기의 효력 발생 시기**: 이러한 경우, 소제기의 효력 발생 시기는 이송된 때이다(대판 1969.3.18. 64누51).

> **관련판례**
>
> **행정사건을 민사사건으로 오해하여 민사소송을 제기한 경우 수소법원이 취하여야 할 조치**
>
> 행정소송으로 제기되었더라도 어차피 부적법하게 되는 경우가 아닌 이상 이를 부적법한 소라고 하여 각하할 것이 아니라 관할 법원에 이송하여야 한다(대판 1997.5.30. 95다28960).

(3) 관련청구소송의 이송 및 병합

① 관련청구소송의 관념

㉠ 의의: 취소소송과 ⓐ 당해 처분이나 재결과 관련되는 취소소송과 ⓑ 당해 처분이나 재결과 관련된 손해배상·부당이득반환·원상회복 등의 관련청구소송이 각각 다른 법원에 계속되고 있는 경우에 관련청구소송이 계속된 법원이 상당하다고 인정하는 때에는 당사자의 신청 또는 직권에 의하여 이를 <u>취소소송이 계속된 법원으로</u> 이송할 수 있다.

> 행정소송법 제10조【관련청구소송의 이송 및 병합】① 취소소송과 다음 각 호의 1에 해당하는 소송이 각각 다른 법원에 계속되고 있는 경우에 관련청구소송이 계속된 법원이 상당하다고 인정하는 때에는 당사자의 신청 또는 직권에 의하여 이를 취소소송이 계속된 법원으로 이송할 수 있다.
> 1. 당해 처분등과 관련되는 손해배상·부당이득반환·원상회복등 청구소송
> 2. 당해 처분등과 관련되는 취소소송
> ② 취소소송에는 사실심의 변론종결시까지 관련청구소송을 병합하거나 피고외의 자를 상대로 한 관련청구소송을 취소소송이 계속된 법원에 병합하여 제기할 수 있다.

㉡ 제도의 취지: 관련청구소송의 이송 및 병합은 ⓐ 심리의 중복 및 재판상 모순을 방지하고, ⓑ 신속하게 재판을 진행하기 위한 것이다. 민사소송법에서는 수 개의 청구가 동종의 소송절차에 의하는 경우에 한하여 병합을 인정하지만 행정소송법은 행정소송의 특수성을 감안하여 관련 청구인에 한하여, 동종의 소송절차만이 아니라 이종의 소송절차도 관련청구소송을 인정하고 있다.

② 관련청구소송의 이송

㉠ 요건(행정소송법 제10조 제1항)

ⓐ 취소소송과 관련청구소송이 각각 다른 법원에 계속 중이고,

ⓑ 이송하는 데 관련청구소송이 계속된 법원이 상당성을 인정하여야 한다.

㉡ 절차·효과(행정소송법 제8조 제2항, 민사소송법 제40조 제1항)

ⓐ 관련청구 소송의 이송은 당사자의 신청 또는 직권에 의하여야 하며,

ⓑ 이송결정과 이송신청의 각하결정에 대하여는 즉시 항고(법원의 결정이나 재판관의 명령에 불복하는 방법)할 수 있다.

ⓒ 이송결정이 있으면 이송 받은 법원은 이에 기속되며,

ⓓ 당해 관련청구소송은 처음부터 이송을 받은 법원에 계속된 것으로 본다.
ⓔ 이송되는 법원은 취소소송이 계속된 행정법원이다(행정법원의 판사는 판사들 중 경력이 많은 엘리트만 갈 수 있다는 점을 고려).

③ 관련청구소송의 병합
㉠ 의의: 관련청구소송의 병합이란 관련청구소송을 병합하여 하나의 소송절차에서 심리하는 것이다. 즉, 1개의 소송절차에서 수 개의 청구에 대하여 일괄적으로 심판이 이루어지는 것을 말한다. 취소소송에 당사자소송을 병합하는 경우에는 취소소송이 적법하게 제기될 것이 요구된다. 그럼에도 불구하고 판례는 이 경우에 취소소송이 부적법하여도 당사자가 당사자소송으로의 소 변경을 의도한 것이라는 유연한 자세를 보이고 있다.

> **관련판례**
> 취소소송을 제기한 당사자가 당해 처분 등에 관계되는 사무가 귀속되는 국가 또는 공공단체에 대한 당사자소송을 행정소송법 제10조 제2항에 의하여 관련청구로서 병합한 경우에 위 취소소송 등이 부적합하다면 당사자는 위 당사자소송의 병합청구로서 같은 법 제21조 제1항에 의한 소변경을 할 의사를 아울러 가지고 있었다고 봄이 상당하고, 이러한 경우에 법원은 청구의 기초에 변경이 없는 한 당초의 청구가 부적법하다는 이유로 병합된 청구까지 각하할 것이 아니라 병합청구 당시 유효한 소변경청구가 있었던 것으로 받아들여 이를 허가함이 타당하다(대판 1992.12.24. 92누3335).

㉡ 특징: 행정소송법상의 병합은 민사소송에 대한 특별규정으로서 민사소송과 달리 동종 절차 및 공통관할권이 요구되지 않는다(예 행정소송과 민사소송의 병합).

㉢ 형태
ⓐ 객관적 병합과 주관적 병합(행정소송법 제10조 제2항)
㉮ 객관적 병합은 하나의 원고·피고 사이에 복수의 청구를 병합하는 것이다[예 甲(A소송+B소송): 같은 당사자의 행정소송과 민사소송, 항고소송과 당사자소송을 병합].
㉯ 주관적 병합은 복수당사자에 의한 청구의 병합을 말한다(예 甲의 A소송+乙의 B소송).
ⓑ 원시적 병합과 추가적 병합(행정소송법 제10조 제2항, 제15조): 원시적 병합은 처음부터 병합하여 제기하는 것이고, 추가적 병합은 소송의 계속 중에 병합하는 것을 말한다.

> **관련판례**
>
> 1. **동일한 행정처분에 대해 무효확인의 소를 제기하였다가 취소를 구하는 소를 추가적으로 병합한 경우, 주된 청구인 무효확인의 소가 적법한 제소기간 내에 제기되었다면 추가로 병합된 취소청구의 소도 적법하게 제기된 것으로 볼 수 있음**
>
>   하자 있는 행정처분을 놓고 이를 무효로 볼 것인지 아니면 단순히 취소할 수 있는 처분으로 볼 것인지는 동일한 사실관계를 토대로 한 법률적 평가의 문제에 불과하고, 행정처분의 무효확인을 구하는 소에는 특단의 사정이 없는 한 그 취소를 구하는 취지도 포함되어 있다고 보아야 하는 점 등에 비추어 볼 때, 동일한 행정처분에 대하여 무효확인의 소를 제기하였다가 그 후 그 처분의 취소를 구하는 소를 추가적으로 병합한 경우, 주된 청구인 무효확인의 소가 적법한 제소기간 내에 제기되었다면 추가로 병합된 취소청구의 소도 적법하게 제기된 것으로 봄이 상당하다(대판 2005.12.23. 2005두3554).
>
> 2. **본래의 당사자소송이 부적법하여 각하되면 병합된 관련 청구소송도 소송요건 흠결로 부적합하여 각하**
>
>   본래의 당사자소송이 부적법하여 각하되는 경우, 행정소송법 제44조, 제10조에 따라 병합된 관련청구소송도 소송요건 흠결로 부적합하여 각하되어야 하는지 여부(적극)(대판 2011.9.29. 2009두10963)

ⓒ **예비적 청구**
  ㉮ **의의**: 예비적 청구란 주위적 청구가 인용되지 않을 경우를 대비하여 예비적 청구를 병합하는 것을 의미한다.
  ㉯ **필요조건**: 양자 사이가 배척관계이면서, 심판순서에 있어서 후순위일 것이 요구된다. 그리고 기초되는 사실관계에 있어서 관련성이 요구된다.
  ㉰ **취소소송과 무효등확인소송**: 양자는 양립할 수 없는 관계이므로 주위적·예비적 청구로만 병합이 가능하고 선택적 청구로서의 병합이나 단순병합(병렬적으로 병합하여 판결을 구하는 것)은 허용되지 않는다.

> **관련판례**
>
> 논리적으로 전혀 관계가 없어 순수하게 단순병합으로 구하여야 할 수개의 청구를 선택적 또는 예비적 청구로 병합하여 청구하는 것은 부적법하여 허용되지 않는다(대판 2008.12.11. 2005다51495).

ⓓ **요건**: 병합을 위하여는 ⓐ 일단 본체인 취소소송이 적법하여야 하고, ⓑ 사실심의 변론종결시(1심과 2심을 통틀어 사실심이라 하며 당사자가 모든 주장과 증거를 제출하고 조사한 단계를 변론종결시라 함)까지 관련청구소송을 병합하여야 하며, ⓒ 취소소송이 계속 중인 법원에 병합하여야 한다.

ⓔ **적용법규**: 병합된 관련청구소송이 민사사건인 경우 ⓐ 병합심리는 재판상의 편의를 위한 것에 불과하고, ⓑ 병합한다고 하여 민사사건의 성질이 행정사건으로 변하는 것이 아니므로 병합된 청구에 대해서는 민사소송법이 적용되어야 할 것이다.

2. 소의 변경

(1) 의의
소의 변경이란 소송 중에 원고가 청구를 변경하는 것을 뜻한다.

(2) 소 변경의 종류
소의 종류를 변경하는 경우와 처분이 변경됨을 이유로 한 소의 변경이 있다.

(3) 소 종류의 변경

> 행정소송법 제21조【소의 변경】① 법원은 <u>취소소송</u>을 당해 처분등에 관계되는 사무가 귀속하는 국가 또는 공공단체에 대한 <u>당사자소송 또는 취소소송외의 항고소송으로 변경</u>하는 것이 상당하다고 인정할 때에는 청구의 기초에 변경이 없는 한 사실심의 변론종결시까지 <u>원고의 신청</u>에 의하여 결정으로써 소의 변경을 허가할 수 있다.
> ② 제1항의 규정에 의한 허가를 하는 경우 피고를 달리하게 될 때에는 법원은 새로이 피고로 될 자의 의견을 들어야 한다.
> ③ 제1항의 규정에 의한 허가결정에 대하여는 즉시항고할 수 있다.
> 제37조【소의 변경】제21조의 규정은 <u>무효등 확인소송이나 부작위위법확인소송을 취소소송 또는 당사자소송으로 변경</u>하는 경우에 준용한다.
> 제42조【소의 변경】제21조의 규정은 <u>당사자소송을 항고소송으로 변경</u>하는 경우에 준용한다.

행정소송법에 따르면 다음과 같은 유형의 소 종류의 변경이 인정된다.
① **취소소송**: 당사자소송, 무효등확인소송, 부작위위법확인소송
② **무효등 확인소송, 부작위위법확인소송**: 취소소송, 당사자소송
③ **당사자소송**: 항고소송

> **주의**
> 무효확인소송과 부작위위법확인소송 간에는 명문의 규정이 없기 때문에 변경이 불가능하다.

3. 처분사유의 추가·변경

(1) 의의
피고인 행정청이 처분 당시에 근거로 삼지 않은 처분사유를 행정소송 중에 추가하거나 변경하는 것을 말한다. 이는 소송에서 피고에게 유리한 사항이므로 이에 대한 입증책임은 피고인 행정청이 진다. 이에 대한 명문의 규정은 없으나, 판례는 이를 인정한다.

(2) 요건
① **처분은 그대로 유지되고, 처분사유만 추가 또는 변경되는 것이어야 함**: 처분사유의 변경은 처분의 동일성을 해치지 않는 범위 내에서 허용된다. 즉, 동일한 소송물의 범위 내에서만 가능하다. 따라서 처분사유의 변경으로 처분의 변경됨으로써 소송물이 변경되는 경우에는 청구가 변경되는 것이므로 소의 변경을 하여야 하며 처분사유의 변경은 허용될 수 없다.
② **추가·변경의 사유는 처분 시에 존재하였던 사유여야 함**: 추가·변경의 사유는 처분 상시에 객관적으로 존재하고 있었던 사유여야 한다. 따라서 처분 후 소송 계속 중에 발생한 새로운 사실적·법적 사유를 추가·변경할 수는 없다. 이 경우 처분청은 사정변경을 이유로 계쟁처분을 직권취소하고 이를 대체하는 새로운 처분을 할 수 있다.

③ **추가 · 변경은 사실심 변론종결시까지만 허용됨**: 과세관청은 소송 도중이라도 당해 처분에서 인정한 과세표준 또는 세액의 정당성을 뒷받침할 수 있는 새로운 자료를 제출하거나 처분의 동일성이 유지되는 범위 내에서 그 사유를 교환 · 변경할 수 있다고 할 것이나 이는 사실심 변론종결시까지만 허용된다(대판 1999.2.9. 98두16675).

(3) 처분사유의 추가 · 변경 허용 여부

처분사유의 추가변경은 기본적 사실관계의 동일성(기사동)이 인정되는 경우에만 허용이 된다.
① **기본적 사실관계의 동일성이 인정되는 경우**: 처분사유의 추가 변경 가능
② **기본적 사실관계의 동일성이 인정되지 않는 경우**: 처분사유의 추가 변경 불가능

> **관련판례**
>
> 1. 행정처분의 취소를 구하는 항고소송에서 처분청은 당초 처분의 근거로 삼은 사유와 기본적 사실관계가 동일성이 있다고 인정되는 한도 내에서만 다른 사유를 추가 또는 변경할 수 있고, 이러한 기본적 사실관계의 동일성 유무는 처분사유를 법률적으로 평가하기 이전의 구체적 사실에 착안하여 그 기초인 사회적 사실관계가 기본적인 점에서 동일한지에 따라 결정되므로, 추가 또는 변경된 사유가 처분 당시에 이미 존재하고 있었다거나 당사자가 그 사실을 알고 있었다고 하여 당초의 처분사유와 동일성이 있다고 할 수 없다(대판 2011.11.24. 2009두19021). 그리고 이러한 법리는 행정심판 단계에서도 그대로 적용된다(대판 2014.5.16. 2013두26118).
>
> 2. **개인택시사업면허취소사건: 기본적 사실관계의 동일성 여부와 상관없이 근거 법령만을 추가하는 경우**
>
>   개인택시사업자 A는 음주운전을 하다 사고를 냈다. 대전시장은 A의 개인택시사업면허를 취소하면서 처음에는 자동차운수사업법 제31조 제1항 제3호 소정의 면허 취소사유에 해당한다고 통지했다. 그 후 동법 제31조, 동법 시행규칙 제15조를 추가하여 A에게 통고하였다. … 행정처분이 적법한가의 여부는 특별한 사정이 없는 한 처분당시의 사유를 기준으로 판단하면 되는 것이고, 처분청이 처분당시에 적시한 구체적 사실을 변경하지 아니하는 범위 안에서 단지 그 처분의 근거법령만을 추가변경하는 것은 새로운 처분사유의 추가라고 볼 수 없으므로 이와 같은 경우에는 처분청이 처분당시에 적시한 구체적 사실에 대하여 처분후에 추가변경한 법령을 적용하여 그 처분의 적법여부를 판단하여도 무방하다(대판 1988.1.19. 87누603).
>
> 3. **'담합주도로 입찰을 방해'에서 '특정인을 위한 담합을 한 자'로 사유 변경**
>
>   행정처분의 취소를 구하는 항고소송에서 처분청은 당초 처분의 근거로 삼은 사유와 기본적 사실관계가 동일성이 있다고 인정되는 한도 내에서는 다른 사유를 추가하거나 변경할 수도 있으나, 기본적 사실관계가 동일하다는 것은 처분사유를 법률적으로 평가하기 이전의 구체적인 사실에 착안하여 그 기초적인 사회적 사실관계가 기본적인 점에서 동일한 것을 말하며, 처분청이 처분 당시에 적시한 구체적 사실을 변경하지 아니하는 범위 내에서 단지 그 처분의 근거 법령만을 추가 · 변경하거나 당초의 처분사유를 구체적으로 표시하는 것에 불과한 경우에는 새로운 처분사유를 추가하거나 변경하는 것이라고 볼 수 없다(대판 2008.2.28. 2007두13791).

4. **준농림지역이라는 사유로 산림형질변경허가 거부처분에서 자연환경보전이라는 사유 추가**

   주택신축을 위한 산림형질변경허가신청에 대하여 행정청이 거부처분을 하면서 당초 거부처분의 근거로 삼은 준농림지역에서의 행위제한이라는 사유와 나중에 거부처분의 근거로 추가한 자연경관 및 생태계의 교란, 국토 및 자연의 유지와 환경보전 등 중대한 공익상의 필요라는 사유는 기본적 사실관계에 있어서 동일성이 인정된다(대판 2004.11.26. 2004두4482).

5. 甲이 '사실상의 도로'로서 인근 주민들의 통행로로 이용되고 있는 토지를 매수한 다음 2층 규모의 주택을 신축하겠다는 내용의 건축신고서를 제출하였으나, 구청장이 '위 토지가 건축법상 도로에 해당하여 건축을 허용할 수 없다'는 사유로 건축신고수리 거부처분을 하자 甲이 처분에 대한 취소를 구하는 소송을 제기하였는데, … 구청장이 '위 토지가 인근 주민들의 통행에 제공된 사실상의 도로인데, 주택을 건축하여 주민들의 통행을 막는 것은 사회공동체와 인근 주민들의 이익에 반하므로 甲의 주택 건축을 허용할 수 없다'는 주장을 추가한 사안에서, 당초 처분사유와 구청장이 원심에서 추가로 주장한 처분사유는 위 토지상의 사실상 도로의 법적 성질에 관한 평가를 다소 달리하는 것일 뿐, 모두 토지의 이용현황이 '도로'이므로 거기에 주택을 신축하는 것은 허용될 수 없다는 것이므로 기본적 사실관계의 동일성이 인정된다(대판 2019.10.31. 2017두74320).

6. 과세관청이 과세대상 소득이 이자소득에 해당한다는 내용의 처분을 했다가, 이자소득이 아니라 대금업에 의한 사업소득에 해당한다고 처분사유를 변경한 것은, 처분의 동일성이 유지되는 범위 내에서의 처분사유 변경에 해당하여 허용된다(대판 2002.3.12. 2000두2181).

7. 액화석유가스판매사업 허가거부사유로 처음에 허가기준에 맞지 않는다는 내용을 제시했다가, 이후에 이격거리에 관한 허가기준 위배라는 새로운 사유로 변경한 경우, 처분사유의 변경이 인정된다(대판 1989.7.25. 88누11926).

8. **원천징수하는 법인세에 대한 징수처분사유를 제시한 과세관청이 소득금액 또는 수입금액의 수령자를 변경하여 다시 주장**

   징수처분의 취소를 구하는 항고소송에서도 과세관청은 처분의 동일성이 유지되는 범위 내에서 처분사유를 교환·변경할 수 있다. … 원천징수하는 법인세에서 소득금액 또는 수입금액의 수령자가 누구인지는 원칙적으로 납세의무의 단위를 구분하는 본질적인 요소가 아니라고 봄이 타당하다. 따라서 원천징수하는 법인세에 대한 징수처분 취소소송에서 과세관청이 소득금액 또는 수입금액의 수령자를 변경하여 주장하더라도 그로 인하여 소득금액 또는 수입금액 지급의 기초 사실이 달라지는 것이 아니라면 처분의 동일성이 유지되는 범위 내의 처분사유 변경으로서 허용된다(대판 2013.7.11. 2011두7311).

9. 폐기물 중간처분업체인 甲 주식회사가 허가받은 처분능력의 100분의 30을 초과하여 폐기물을 과다소각하였다는 이유로 한강유역환경청장으로부터 과징금 부과처분을 받았는데, 甲 회사가 이를 취소해 달라고 제기한 소송에서 한강유역환경청장이 '甲 회사는 변경허가를 받지 않은 채 소각시설을 무단 증설하여 과다소각하였으므로 구 폐기물관리법 시행규칙 제29조 제1항 제2호 (마)목 등 위반에 해당한다'고 주장한 경우, 한강유역환경청장의 위 주장은 소송에서 새로운 처분사유를 추가로 주장한 것이 아니라, 처분서에 다소 불명확하게 기재하였던 '당초 처분사유'를 좀 더 구체적으로 설명한 것이다(대판 2020.6.11. 2019두49359).

유사판례

토지형질변경 불허가처분의 당초의 처분사유인 국립공원에 인접한 미개발지의 합리적인 이용대책 수립시까지 그 허가를 유보한다는 사유와 그 처분의 취소소송에서 추가하여 주장한 처분사유인 국립공원 주변의 환경·풍치·미관 등을 크게 손상시킬 우려가 있으므로 공공목적상 원형유지의 필요가 있는 곳으로서 형질변경허가 금지 대상이라는 사유는 기본적 사실관계에 있어서 동일성이 인정된다(대판 2001.9.28. 2000두8684).

10. 추가·변경이 인정되지 않는 경우(기존 처분사유와 추가·변경된 사유 간 기본적 사실관계 동일성이 인정되지 않는 경우), 처분의 근거법령을 변경하는 것이 종전 처분과 동일성을 인정할 수 없는 별개의 처분을 하는 것과 다름없는 경우

행정청이 점용허가를 받지 않고 도로를 점용한 사람에 대하여 도로법 제94조에 의한 변상금 부과처분을 하였다가 처분에 대한 취소소송이 제기된 후 처분의 근거 법령을 도로의 소유자가 국가인 부분은 구 국유재산법 제81조와 그 시행령 등으로 변경하여 주장한 사안에서, 도로법과 구 국유재산법령 및 구 공유재산 및 물품관리법령의 해당 규정은 별개 법령에 규정되어 입법 취지가 다르고, 해당 규정내용을 비교하여 보면 변상금의 징수목적, 산정 기준금액, 징수 재량 유무, 징수절차 등이 서로 달라 위와 같이 근거 법령을 변경하는 것은 종전 도로법 제94조에 의한 변상금 부과처분과 동일성을 인정할 수 없는 별개의 처분을 하는 것과 다름 없어 허용될 수 없다(대판 2011.5.26. 2010두28106).

11. 대법원 재판 진행 중인 사안이라는 거부처분사유와, 대법원 재판과 별개 사건인 지방법원에서 진행 중인 재판에 관한 사안이라는 사유

정보공개를 청구에 대하여 금융위원회위원장 등이 현재 대법원에 재판 진행 중인 사안이 포함되어 있다는 이유로 공공기관의 정보공개에 관한 법률 제9조 제1항 제4호에 따라 공개를 거부한 사안에서, 금융위원회위원장 등이 위 정보가 대법원 재판과 별개 사건인 서울중앙지방법원에 진행 중인 재판에 관련된 정보에도 해당한다며 처분사유를 추가로 주장하는 것은 당초의 처분사유와 기본적 사실관계가 동일하다고 할 수 없는 사유를 추가하는 것이어서 허용될 수 없다(대판 2011.11.24. 2009두19021).

12. 군 부대장의 부동의사유와 공공 안전·군사시설 보호사유

피고는 석유판매업허가신청에 대하여 당초 사업장소인 토지가 군사보호시설구역 내에 위치하고 있는 관할 군부대장의 동의를 얻지 못하였다는 이유로 이를 불허가하였다가, 소송에서 위 토지는 탄약창에 근접한 지점에 위치하고 있어 공공의 안전과 군사시설의 보호라는 공익적인 측면에서 보아 허가신청을 불허한 것은 적법하다는 것을 불허가사유로 추가한 경우, 양자는 기본적 사실관계에 있어서의 동일성이 인정되지 아니하는 별개의 사유라고 할 것이므로 이와 같은 사유를 불허가처분의 근거로 추가할 수 없다(대판 1991.11.8. 91누70).

13. 토석채취허가신청 반려처분 취소소송에서 인근주민의 동의서 미제출사유와 자연경관이 훼손된다는 사유

토석채취허가신청에 대한 반려처분취소청구소송에서 처분청이 반려사유로 새로이 추가한 처분사유가 당초 반려처분의 근거로 삼은 사유와 기본적 사실관계에 있어서 동일성이 인정되지 아니하므로 반려처분의 근거로 추가할 수 없다(대판 1992.8.18. 91누3659).

14. 수납대장 미비치사유와 관계 서류 제출명령 불이행사유

본인부담금 수납대장을 비치하지 아니한 사실과 항고소송에서 새로 주장한 처분사유인 같은 법 제33조 제2항이 정하는 보건복지부장관의 관계서류 제출명령에 위반하였다는 사실은 기본적 사실관계의 동일성이 없다(대판 2001.3.23. 99두6392).

15. 교육부장관의 검정도서에 대한 가격조정명령에서 '예상 발행부수보다 실제 발행부수가 1,000부 이상 많다는 사유'와 '제조원가 중 도서의 개발 및 제조과정에서 실제 발생하지 아니한 제조원가가 차지하는 비율이 1,000분의 15 이상이라는 사유'

　교육부장관이 검정도서에 대한 가격조정명령의 사유로 위 제3호의 사유 외에 제1호의 사유를 추가한다고 주장한 경우, 당초 제3호의 사유는 교과용 도서의 실제 발행 부수가 예상 발행 부수보다 1,000부 이상 많다는 것인 데 반하여, 추가된 제1호의 사유는 제조원가 중 실제 발생하지 아니한 제조원가가 차지하는 비율이 1,000분의 15 이상이라는 것이어서 기본적 사실관계가 달라 처분사유 추가가 허용될 수 없다(대판 2019.1.31. 2016두64975).

16. 공무원 징계사유로서 학교위생정화구역 외의 허위표시사유와 상사의 결재 없는 거리표시 기입사유

　구청위생과 직원인 원고가 이 사건 당구장이 정화구역외인 것처럼 허위표시를 함으로써 정화위원회의심의를 면제하여 허가처분하였다는 당초의 징계사유와 정부문서규정에 위반하여 이미 결재된 당구장허가처분서류의 도면에 상사의 결재를 받음이 없이 거리표시를 기입하였다는 원심인정의 비위사실과는 기본적 사실관계가 동일하지 않다(대판 1983.10.25. 83누396).

17. 계약불이행사유와 뇌물증여사유

　입찰참가자격을 제한시킨 당초의 처분 사유인 정당한 이유 없이 계약을 이행하지 않은 사실과 항고소송에서 새로 주장한 계약의 이행과 관련하여 관계 공무원에게 뇌물을 준 사실은 기본적 사실관계의 동일성이 없다(대판 1999.3.9. 98두18565).

18. 주류면허 취소사유로서 무자료 주류판매사유와 무면허 판매업자에 대한 주류판매사유

　원고의 무자료 주류 판매를 이유로 피고에게 유보된 취소권을 행사하여 위 면허를 취소하였음이 분명한바, 피고가 이 사건 소송에서 위 면허의 취소사유로 새로 내세우고 있는 무면허 판매업자에게 주류를 판매한 때 해당한다는 것은 피고가 당초 위 면허취소처분의 근거로 삼은 사유와 기본적 사실관계가 다른 사유이므로 피고는 이와 같은 사유를 위 면허취소처분의 근거로 주장할 수 없다(대판 1996.9.6. 96누7427).

19. 중기취득세의 체납사유와 자동차세의 체납사유

　당초의 처분사유인 중기취득세의 체납과 그 후 추가된 처분사유인 자동차세의 체납은 각 세목, 과세년도, 납세의무자의 지위(연대납세의무자와 직접의 납세의무자) 및 체납액 등을 달리하고 있어 기본적 사실관계가 동일하다고 볼 수 없고, 중기취득세의 체납이나 자동차세의 체납이 다같이 지방세의 체납이고 그 과세대상도 다같은 지입중기에 대한 것이라는 점만으로는 기본적 사실관계의 동일성을 인정하기에 미흡하다(대판 1989.6.27. 88누6160).

20. 기존 중고자동차사업장과의 거리제한규정 저촉사유와 최소주차용지 미달사유

　피고의 이 사건 처분사유인 기존 공동사업장과의 거리제한규정에 저촉된다는 사실과 피고 주장의 최소 주차용지에 미달한다는 사실은 기본적 사실관계를 달리하는 것임이 명백하여 피고가 이를 새롭게 처분사유로서 주장할 수는 없는 것이다(대판 1995.11.21. 95누10952).

21. 특허권 존속기간 연장 불승인처분에서 당초 동일한 유효성분에 대하여 최초 허가를 이미 받았다는 사유와 연장신청이 특허법이 허용하는 범위를 넘어서는 부당한 특허권 존속기간 연장 전략의 일환이라는 사유

특허권 존속기간 연장신청에 대한 불승인처분에 있어서 당초 동일한 유효성분에 대하여 최초 허가를 이미 받았다는 사유와 연장신청이 특허법이 허용하는 범위를 넘어서는 부당한 특허권 존속기간 연장 전략의 일환이라는 사유는 기본적 사실관계가 달라 처분사유로 추가할 수 없다(대판 2018.10.4. 2014두37702).

22. 건축물대장기재신청서 반려처분사유로 행정심판 중이라는 사유와 불법적인 형질변경행위를 했다는 사유

원고의 건축신고와 관련된 행정심판이 계속 중이므로 그 건축신고 건이 종결되지 않은 상황에서 이 사건 신청을 처리할 수 없다는 당초의 이 사건 처분사유와 원고가 이 사건 건축물을 건축하면서 사전 허가 없이 국토의 이용 및 계획에 관한 법률상의 허가사항인 토지의 형질변경행위를 하였다는 사유 사이에는 각 기본적인 사실관계의 동일성이 인정되지 않는다는 이유로 피고의 추가 처분사유들이 허용되지 않는다(대판 2009.2.12. 2007두17359).

(4) 그 밖에 문제되는 경우

> **관련판례**
>
> **1. 처분사유 자체가 아니라 그 근거가 되는 기초사실 내지 평가요소의 추가 → 허용됨**
>
> 외국인 甲이 법무부장관에게 귀화신청을 하였으나 법무부장관이 심사를 거쳐 '품행 미단정'을 불허사유로 국적법상의 요건을 갖추지 못하였다며 신청을 받아들이지 않는 처분을 하였는데, 법무부장관이 甲을 '품행 미단정'이라고 판단한 이유에 대하여 제1심 변론절차에서 자동차관리법위반죄로 기소유예를 받은 전력 등을 고려하였다고 주장하였다가 원심 변론절차에서 불법 체류한 전력이 있다는 추가적인 사정까지 고려하였다고 주장한 사안에서, 법무부장관이 처분 당시 甲의 전력 등을 고려하여 甲이 구 국적법(2017.12.19. 법률 제15249호로 개정되기 전의 것, 이하 같다) 제5조 제3호의 '품행단정' 요건을 갖추지 못하였다고 판단하여 처분을 하였고, 그 처분서에 처분사유로 '품행 미단정'이라고 기재하였으므로, '품행 미단정'이라는 판단 결과를 위 처분의 처분사유로 보아야 하는데, 법무부장관이 원심에서 추가로 제시한 불법 체류 전력 등의 제반 사정은 불허가처분의 처분사유 자체가 아니라 그 근거가 되는 기초 사실 내지 평가요소에 지나지 않으므로, 법무부장관이 이러한 사정을 추가로 주장할 수 있다(대판 2018.12.13. 2016두31616).
>
> **2. 처분청 자신의 내부 시정절차상 처분사유의 추가·변경 → 허용됨**
>
> 산업재해보상보험법 규정의 내용, 형식 및 취지 등에 비추어 보면, 산업재해보상보험법상 심사청구에 관한 절차는 보험급여 등에 관한 처분을 한 근로복지공단으로 하여금 스스로의 심사를 통하여 당해 처분의 적법성과 합목적성을 확보하도록 하는 근로복지공단 내부의 시정절차에 해당한다고 보아야 한다. 따라서 처분청이 스스로 당해 처분의 적법성과 합목적성을 확보하고자 행하는 자신의 내부 시정절차에서는 당초 처분의 근거로 삼은 사유와 기본적 사실관계의 동일성이 인정되지 않는 사유라고 하더라도 이를 처분의 적법성과 합목적성을 뒷받침하는 처분사유로 추가·변경할 수 있다고 보는 것이 타당하다(대판 2012.9.13. 2012두3859).

4. 가구제

(1) 집행정지

> 행정소송법 제23조【집행정지】① 취소소송의 제기는 처분등의 효력이나 그 집행 또는 절차의 속행에 영향을 주지 아니한다. → 집행부정지의 원칙
> ② 취소소송이 제기된 경우에 처분등이나 그 집행 또는 절차의 속행으로 인하여 생길 회복하기 어려운 손해를 예방하기 위하여 긴급한 필요가 있다고 인정할 때에는 본안이 계속되고 있는 법원은 당사자의 신청 또는 직권에 의하여 처분등의 효력이나 그 집행 또는 절차의 속행의 전부 또는 일부의 정지(이하 "執行停止"라 한다)를 결정할 수 있다. 다만, 처분의 효력정지는 처분등의 집행 또는 절차의 속행을 정지함으로써 목적을 달성할 수 있는 경우에는 허용되지 아니한다.
> ③ 집행정지는 공공복리에 중대한 영향을 미칠 우려가 있을 때에는 허용되지 아니한다.
> ④ 제2항의 규정에 의한 집행정지의 결정을 신청함에 있어서는 그 이유에 대한 소명이 있어야 한다.
> ⑤ 제2항의 규정에 의한 집행정지의 결정 또는 기각의 결정에 대하여는 즉시항고할 수 있다. 이 경우 집행정지의 결정에 대한 즉시항고에는 결정의 집행을 정지하는 효력이 없다.
> ⑥ 제30조 제1항의 규정은 제2항의 규정에 의한 집행정지의 결정에 이를 준용한다.

① **행정소송법 규정**
  ㉠ **원칙**: 집행부정지(취소소송을 제기하여도 처분의 효력이나 집행이 정지되지 않음)
  ㉡ **예외**: 집행정지(당사자의 신청 또는 직권에 의함)

② **집행정지의 요건**
  ㉠ **정지대상인 처분의 존재**

처분	① 처분 전일 경우 집행정지 불가 ② 처분이 있으면 집행정지 가능 → 처분 소멸 시 집행정지 불가 ③ 처분 일부에 대한 집행정지도 가능
권력적 사실행위	집행정지의 대상
행정행위	처분이므로 집행정지의 대상
부관	부담인 부관은 집행정지의 대상
행정지도	비권력적 사실행위로서 처분이 아니므로 집행정지 불가
부작위	처분이 없으므로 집행정지 불가
거부처분	<u>거부처분은 집행정지 불가!</u> 거부처분에 대해서는 집행정지를 구할 이익이 없기 때문

관련판례 거부처분에 대한 집행정지는 불가

1. 신청에 대한 거부처분의 효력을 정지하더라도 거부처분이 없었던 것과 같은 상태, 즉 거부처분이 있기 전의 신청시의 상태로 되돌아가는 데에 불과하고 행정청에게 신청에 따른 처분을 하여야 할 의무가 생기는 것이 아니므로, 거부처분의 효력정지는 그 거부처분으로 인하여 신청인에게 생길 손해를 방지하는 데 아무런 보탬이 되지 아니하여 그 효력정지를 구할 이익이 없다(대결 1995.6.21. 95두26 ; 대결 2005.1.17. 2004무48).

2. 교도소장이 접견을 불허한 처분에 대하여 효력정지를 한다 하여도 이로 인하여 위 교도소장에게 접견의 허가를 명하는 것이 되는 것도 아니고 또 당연히 접견이 되는 것도 아니어서 접견허가거부처분에 의하여 생길 회복할 수 없는 손해를 피하는 데 아무런 보탬도 되지 아니하니 접견허가거부처분의 효력을 정지할 필요성이 없다(대결 1991.5.2. 91두15).

ⓒ 적법한 본안소송의 계속

관련판례

1. 행정처분의 효력정지나 집행정지를 구하는 신청사건에 있어서는 행정처분 자체의 적법 여부는 궁극적으로 본안재판에서 심리를 거쳐 판단할 성질의 것이므로 원칙적으로 판단할 것이 아니고, 그 행정처분의 효력이나 집행을 정지할 것인가에 관한 행정소송법 제23조 제2항 소정의 요건의 존부만이 판단의 대상이 된다고 할 것이지만, 나아가 집행정지는 행정처분의 집행부정지원칙의 예외로서 인정되는 것이고 또 본안에서 원고가 승소할 수 있는 가능성을 전제로 한 권리보호수단이라는 점에 비추어 보면 집행정지사건 자체에 의하여도 신청인의 본안청구가 적법한 것이어야 한다는 것을 집행정지의 요건에 포함시켜야 한다(대결 1999.11.26. 99부3 ; 대결 2013.1.31. 2011아73).

2. 행정처분의 집행정지는 행정처분집행 부정지의 원칙에 대한 예외로서 인정되는 일시적인 응급처분이라 할 것이므로 집행정지결정을 하려면 이에 대한 본안소송이 법원에 제기되어 계속중임을 요건으로 하는 것이므로 집행정지결정을 한 후에라도 본안소송이 취하되어 소송이 계속하지 아니한 것으로 되면 집행정지결정은 당연히 그 효력이 소멸되는 것이고 별도의 취소조치를 필요로 하는 것이 아니다(대결 2007.6.28. 2005무75).

ⓒ 신청인적격

관련판례

미결수용중 다른 교도소로 이송된 피고인이 그 이송처분의 취소를 구하는 행정소송을 제기하고 아울러 그 효력정지를 구하는 신청을 제기한 데 대하여 법원에서 위 이송처분의 효력정지신청을 인용하는 결정을 하였고 이에 따라 신청인이 다시 이송되어 현재 위 이송처분이 있기 전과 같은 교도소에 수용중이라 하여도 이는 법원의 효력정지 결정에 의한 것이어서 그로 인하여 효력정지신청이 그 신청의 이익이 없는 부적법한 것으로 되는 것은 아니다(대결 1992.8.7. 92두30).

ⓔ 회복하기 어려운 손해발생 우려

관련판례

1. '회복하기 어려운 손해'는 특별한 사정이 없는 한 금전으로 보상할 수 없는 손해로서 금전보상이 불가능한 경우 또는 금전보상으로는 사회관념상 행정처분을 받은 당사자가 참고 견딜 수 없거나 참고 견디기가 현저히 곤란한 경우의 유형, 무형의 손해를 일컫는다. 단, 손해의 규모 자체가 현저히 클 필요는 없다(대결 2018.7.12. 2018무600).

2. 당사자가 처분 등이나 그 집행 또는 절차의 속행으로 인하여 재산상의 손해를 입거나 기업 이미지 및 신용이 훼손당하였다고 주장하는 경우에 그 손해가 금전으로 보상될 수 없어 '회복하기 어려운 손해'에 해당한다고 하기 위해서는 그 경제적 손실이나 기업 이미지 및 신용의 훼손으로 인하여 사업자의 자금사정이나 경영전반에 미치는 파급효과가 매우 중대하여 사업자체를 계속할 수 없거나 중대한 경영상의 위기를 맞게 될 것으로 보이는 등의 사정이 존재하여야 한다(대결 2003.10.9. 2003무23).

3. 과징금납부명령과 같은 금전급부명령 처분도 회복하기 어려운 손해에 해당할 수 있다(대결 2001.10.10. 2001무29).

4. '회복하기 어려운 손해'라고 하는 것은 원상회복 또는 금전배상이 불가능한 손해는 물론 종국적으로 금전배상이 가능하다고 하더라도 그 손해의 성질이나 태양 등에 비추어 사회통념상 그러한 금전배상만으로는 전보되지 아니할 것으로 인정되는 현저한 손해를 가리키는 것으로서 이러한 <u>집행정지의 적극적 요건에 관한 주장·소명책임은 원칙적으로 신청인측에 있다</u>(대결 1999.12.20. 99무42).
↔ 이와 반대로, 집행정지의 소극적 요건에 관한 주장·소명책임(집행정지를 할 수 없는 요건)은 행정청 측에 있다.

ⓜ 긴급한 필요

관련판례

'긴급한 필요'라 함은 회복하기 어려운 손해의 발생이 절박하여 손해를 회피하기 위하여 본안판결을 기다릴 여유가 없는 것을 말한다(대결 1994.1.17. 93두79).

ⓑ 본안청구가 이유 없음이 명백하지 않을 것

관련판례

행정처분의 효력정지나 집행정지제도는 신청인이 본안 소송에서 승소판결을 받을 때까지 그 지위를 보호함과 동시에 후에 받을 승소판결을 무의미하게 하는 것을 방지하려는 것이어서 본안 소송에서 처분의 취소가능성이 없음에도 처분의 효력이나 집행의 정지를 인정한다는 것은 제도의 취지에 반하므로 효력정지나 집행정지사건 자체에 의하여도 신청인의 본안 청구가 이유 없음이 명백하지 않아야 한다는 것도 효력정지나 집행정지의 요건에 포함시켜야 한다(대결 2007.7.13. 2005무85 ; 대결 2008.5.6. 2007무147).

주의

1. 행정심판법상의 집행정지의 요건과 구별할 것
2. 행정심판법상의 집행정지의 요건: 중대한 손해를 예방하기 위함
↔ 행정소송법상의 집행정지의 요건: 회복하기 어려운 손해를 예방하기 위함

ⓢ 공공복리에 중대한 영향을 미칠 우려가 없을 것

> **관련판례**
> 집행정지의 소극적 요건인 공공복리에 중대한 영향을 미칠 우려가 있다는 것에 대한 주장·소명책임은 행정청에게 있다(대결 2008.5.6. 2007무147).

③ 집행정지의 요건

구분	적극적 요건	소극적 요건
요건	• 처분의 존재 • 적법한 본안소송의 계속 • 처분의 집행 등으로 인하여 회복하기 어려운 손해 • 긴급한 필요성	• 공공복리에 중대한 영향을 미칠 우려가 없을 것 • 본안청구가 이유 없음이 명백하지 않을 것
주장·소명책임	신청인	행정청

④ 집행정지결정의 내용 및 범위

처분의 효력정지	처분의 효력이 존재하지 않게 된다. 처분의 효력정지는 처분 등의 집행 또는 절차의 속행을 정지함으로써 목적을 달성할 수 있는 경우에는 허용되지 아니한다.
처분의 집행정지	처분을 집행할 수 없게 된다.
절차속행의 정지	후속절차의 집행을 정지한다.

⑤ 집행정지의 효력기간

> **관련판례**
> 1. 행정소송법 제23조에 의한 효력정지결정의 효력은 결정주문에서 정한 시기까지 존속하고 그 시기의 도래와 동시에 효력이 당연히 소멸하므로, 보조금 교부결정의 일부를 취소한 행정청의 처분에 대하여 법원이 효력정지결정을 하면서 주문에서 그 법원에 계속 중인 본안소송의 판결 선고 시까지 처분의 효력을 정지한다고 선언하였을 경우, 본안소송의 판결 선고에 의하여 정지결정의 효력은 소멸하고 이와 동시에 당초의 보조금 교부결정 취소처분의 효력이 당연히 되살아난다. 따라서 효력정지결정의 효력이 소멸하여 보조금 교부결정 취소처분의 효력이 되살아난 경우, 특별한 사정이 없는 한 행정청으로서는 보조금법 제31조 제1항에 따라 취소처분에 의하여 취소된 부분의 보조사업에 대하여 효력정지기간 동안 교부된 보조금의 반환을 명하여야 한다(대판 2017.7.11. 2013두25498).
>
> 2. 행정소송법 제23조에 의한 집행정지결정의 효력은 결정주문에서 정한 시기까지 존속하였다가 그 시기의 도래와 동시에 당연히 실효하는 것이므로, 일정기간 동안 업무를 정지할 것을 명한 행정청의 업무정지처분에 대하여 법원이 집행정지결정을 하면서 주문에서 당해 법원에 계속중인 본안소송의 판결선고시까지 처분의 효력을 정지한다고 선언하였을 경우에는 당초 처분에서 정한 업무정지기간의 진행은 그때까지 저지되다가 <u>본안소송의 판결선고에 의하여 위 정지결정의 효력이 소멸함과 동시에 당초 처분의 효력이 당연히 부활되어</u> 그 처분에서 정하였던 정지기간(정지결정 당시 이미 일부 진행

되었다면 나머지 기간)은 이때부터 다시 진행한다 할 것이다(대판 2005.6.10. 2005두1190).

3. 집행정지결정의 효력은 결정 주문에서 정한 기간까지 존속하다가 그 기간이 만료되면 장래에 향하여 소멸한다. … 항고소송을 제기한 원고가 본안소송에서 패소확정판결을 받았더라도 집행정지결정의 효력이 소급하여 소멸하지 않는다. 그러나 <u>제재처분에 대한 행정쟁송절차에서 처분에 대해 집행정지결정이 이루어졌더라도 본안에서 해당 처분이 최종적으로 적법한 것으로 확정되어 집행정지결정이 실효되고 제재처분을 다시 집행할 수 있게 되면, 처분청으로서는 당초 집행정지결정이 없었던 경우와 동등한 수준으로 해당 제재처분이 집행되도록 필요한 조치를 취하여야 한다.</u> … 반대로, 처분상대방이 집행정지결정을 받지 못했으나 본안소송에서 해당 제재처분이 위법하다는 것이 확인되어 취소하는 판결이 확정되면, 처분청은 그 제재처분으로 처분상대방에게 초래된 불이익한 결과를 제거하기 위하여 필요한 조치를 취하여야 한다(대판 2020.9.3. 2020두34070).

⑥ 집행정지결정의 효력
  ㉠ 형성력
    ⓐ 행정청의 별도 의사표시 없이 처분의 효력은 바로 정지됨
    ⓑ 장래적으로 처분의 집행 정지
    ⓒ 복효적 행정행위의 효력정지는 행정청뿐 아니라 제3자도 기속함(행정소송법 제29조 제3항)
  ㉡ 기속력
    ⓐ 집행정지결정은 피고 행정청과 그 밖의 행정청을 기속함
    ⓑ 단, 기판력은 인정되지 않음
⑦ 집행정지결정에 대한 불복 및 집행정지결정의 취소

관련판례

행정처분의 효력정지나 집행정지를 구하는 신청사건에서는 행정처분 자체의 적법 여부를 판단할 것이 아니고 행정처분의 효력이나 집행 등을 정지시킬 필요가 있는지 여부, 즉 행정소송법 제23조 제2항에서 정한 요건의 존부만이 판단대상이 된다. 나아가 '처분 등이나 그 집행 또는 절차의 속행으로 인한 손해발생의 우려' 등 적극적 요건에 관한 주장·소명 책임은 원칙적으로 신청인 측에 있으며, 이러한 요건을 결여하였다는 이유로 효력정지 신청을 기각한 결정에 대하여 행정처분 자체의 적법 여부를 가지고 불복사유로 삼을 수 없다(대결 2011.4.21. 2010무111 전합).

(2) 가처분 허용 여부

행정소송법에 관련 규정 없음 → 행정소송에서는 가처분 불허

관련판례

1. 항고소송의 대상이 되는 행정처분의 효력이나 집행 혹은 절차속행 등의 정지를 구하는 신청은 행정소송법상 집행정지신청의 방법으로서만 가능할 뿐 민사소송법상 가처분의 방법으로는 허용될 수 없다(대결 2009.11.2. 2009마596).

주의
1. 당사자소송은 가처분 인정
2. 행정심판법상의 가처분 허용 여부와 구별할 것: 행정소송법(가처분 불허) ↔ 행정심판법(가처분 허용)
3. 이 때 가처분을 준용할 수 있는 경우에는 집행정지를 준용할 수 없다(보충성 관계).

2. 민사소송법상의 보전처분은 민사판결절차에 의하여 보호받을 수 있는 권리에 관한 것이므로, 민사소송법상의 가처분으로써 행정청의 어떠한 행정행위의 금지를 구하는 것은 허용될 수 없다 할 것이다(대결 1992.7.6. 92마54).

3. 4대강 살리기 마스터플랜

국토해양부, 환경부, 문화체육관광부, 농림수산부, 식품부가 합동으로 2009.6.8. 발표한 '4대강 살리기 마스터플랜' 등은 4대강 정비사업과 주변 지역의 관련 사업을 체계적으로 추진하기 위하여 수립한 종합계획이자 '4대강 살리기 사업'의 기본방향을 제시하는 계획으로서, 행정기관 내부에서 사업의 기본방향을 제시하는 것일 뿐, 국민의 권리·의무에 직접 영향을 미치는 것이 아니어서 행정처분에 해당하지 않는다. 국토해양부 등에서 발표한 '4대강 살리기 마스터플랜'에 따른 '한강 살리기 사업' 구간 인근에 거주하는 주민들이 각 공구별 사업실시계획승인처분에 대한 효력정지를 신청한 사안에서, … 위 사업으로 인하여 토지 소유권 기타 권리를 수용당하고 이로 인하여 정착지를 떠나 타지로 이주를 해야 하며 더 이상 농사를 지을 수 없게 되고 팔당지역의 유기농업이 사실상 해체될 위기에 처하게 된다고 하더라도, 그러한 손해는 행정소송법 제23조 제2항에서 정하고 있는 효력정지 요건인 금전으로 보상할 수 없거나 사회관념상 금전보상으로는 참고 견디기 어렵거나 현저히 곤란한 경우의 유·무형 손해에 해당하지 않는다(대결 2011.4.21. 2010무111).

5. 취소소송의 심리

(1) 요건심리

(2) 본안심리

① 심리의 내용

㉠ 요건심리: 행정소송의 요건 심리, 충족되지 않을 경우 각하판결

㉡ 취소소송의 요건

형식적 요건	실체적 요건
• 관할 법원 • 피고적격 • 예외적 행정심판전치주의 • 제소기간	• 대상적격성 • 원고적격 • 소의 이익(좁은 의미의 소의 이익)

관련판례

1. 소송에서 당사자가 누구인가는 당사자능력, 당사자적격 등에 관한 문제와 직결되는 중요한 사항이므로, 사건을 심리·판단하는 법원으로서는 직권으로 소송당사자가 누구인가를 확정하여 심리를 진행하여야 한다(대판 2016. 12.27. 2016두50440).

2. 행정소송에서 쟁송의 대상이 되는 행정처분의 존부는 소송요건으로서 직권조사사항이고, 자백의 대상이 될 수 없는 것이므로, 설사 그 존재를 당사자들이 다투지 아니한다 하더라도 그 존부에 관하여 의심이 있는 경우에는 이를 직권으로 밝혀 보아야 할 것이고, 사실심에서 변론종결시까지 당사자가 주장하지 않던 직권조사사항에 해당하는 사항을 상고심에서 비로소 주장하는

경우 그 직권조사사항에 해당하는 사항은 상고심의 심판범위에 해당한다(대판 2004.12.24. 2003두15195).

ⓒ 본안심리: 처분의 위법 여부 심사

> **관련판례**
>
> 1. 어떠한 처분에 법령상 근거가 있는지, 행정절차법에서 정한 처분절차를 준수하였는지는 본안에서 당해 처분이 적법한가를 판단하는 단계에서 고려할 요소이지, 소송요건 심사단계에서 고려할 요소가 아니다(대판 2020.4.9. 2015다34444).
>
> 2. 여러 처분사유에 관하여 하나의 제재처분을 하였을 때 그중 일부가 적법하지 않다고 하더라도 나머지 처분사유들만으로도 그 처분의 정당성이 인정되는 경우에는 그 처분을 위법하다고 보아 취소하여서는 아니 된다(대판 2017.6.15. 2015두2826).

② 심리의 범위

불고불리의 원칙	• 법원은 소 제기가 없으면 심리할 수 없다. • 법원은 당사자의 청구범위를 넘어 심리·재판할 수 없다. 행정소송에 있어서도 행정소송법 제14조에 의하여 민사소송법 제188조가 준용되어 법원은 당사자가 신청하지 아니한 사항에 대하여는 판결할 수 없는 것이고, 행정소송법 제26조에서 직권심리주의를 채용하고 있으나 이는 행정소송에 있어서 원고의 청구범위를 초월하여 그 이상의 청구를 인용할 수 있다는 의미가 아니라 원고의 청구범위를 유지하면서 그 범위 내에서 필요에 따라 주장외의 사실에 관하여도 판단할 수 있다는 뜻이다(대판 1987.11.10. 86누491).
법률문제와 사실문제	• 법원은 행정행위가 법률에 적합한가 하는 법률심사를 한다. • 법원은 어떤 사실이 법률요건에 해당하는지 심사한다.
재량행위의 심리	• 법원은 위법한 행위가 아닌 한 처분의 당·부당에 대해 심사할 수 없다. • 법원은 재량행위에 대한 취소소송이 제기되었을 때, 재량하자가 있으면 인용판결을 하고, 재량하자가 없으면 기각해야 한다.

③ 심리의 절차

㉠ 심리에 관한 일반원칙

당사자주의	• 개념: 당사자주의는 소송절차에서 당사자가 주도하는 방식으로서 처분권주의와 변론주의를 내용으로 한다. • 내용 　- 처분권주의: 심판대상의 결정, 소송의 종결 등을 당사자의 의사에 맡기는 방식이다. 　- 변론주의: 소송자료의 수집·제출책임을 당사자에게 지우는 방식이다.

	• 판결서의 이유에 당사자의 모든 주장이나 공격·방어방법에 관한 판단이 표시되어야 하는지 여부(소극) 및 법원의 판결에 당사자가 주장한 사항에 대한 구체적·직접적 판단이 표시되어 있지 않지만 판결 이유의 전반적인 취지로 주장의 인용 여부를 알 수 있는 경우 또는 실제로 판단을 하지 않았지만 주장이 배척될 것이 분명한 경우, 판단누락의 위법이 있는지 여부(소극): 판결서의 이유에는 주문이 정당하다는 것을 인정할 수 있을 정도로 당사자의 주장, 그 밖의 공격·방어방법에 관한 판단을 표시하면 되고 당사자의 모든 주장이나 공격·방어방법에 관하여 판단할 필요가 없다(행정소송법 제8조 제2항, 민사소송법 제208조). 따라서 법원의 판결에 당사자가 주장한 사항에 대한 구체적·직접적인 판단이 표시되어 있지 아니하더라도 판결 이유의 전반적인 취지에 비추어 주장을 인용하거나 배척하였음을 알 수 있는 정도라면 판단누락이라고 할 수 없고, 설령 실제로 판단을 하지 아니하였더라도 주장이 배척될 경우임이 분명한 때에는 판결 결과에 영향이 없어 판단누락의 위법이 있다고 할 수 없다(대판 2020.6.11. 2017두36953).
공개심리주의	헌법 제109조에 따라 행정소송의 심리와 판결은 공개한다.
구술심리주의	• 원칙: 변론 및 증거조사를 구술로 진행하는 구술심리주의 • 예외: 서면심리

ⓒ 행정소송 심리의 특수한 절차

> **관련판례**
>
> 1. 행정소송에서 기록상 자료가 나타나 있다면 당사자가 주장하지 않았더라도 판단할 수 있고, 당사자가 제출한 소송자료에 의하여 법원이 처분의 적법 여부에 관한 합리적인 의심을 품을 수 있음에도 단지 구체적 사실에 관한 주장을 하지 아니하였다는 이유만으로 당사자에게 석명을 하거나 직권으로 심리·판단하지 아니함으로써 구체적 타당성이 없는 판결을 하는 것은 행정소송법 제26조의 규정과 행정소송의 특수성에 반하므로 허용될 수 없다(대판 2010.2.11. 2009두18035).
>
> 2. 행정소송법 제26조가 법원은 필요하다고 인정할 때에는 직권으로 증거조사를 할 수 있고, 당사자가 주장하지 아니한 사실에 대하여도 판단할 수 있다고 규정하고 있지만, 이는 행정소송의 특수성에 연유하는 당사자주의, 변론주의에 대한 일부 예외 규정일 뿐 법원이 아무런 제한 없이 당사자가 주장하지 아니한 사실을 판단할 수 있는 것은 아니고, 일건 기록에 현출되어 있는 사항에 관하여서만 직권으로 증거조사를 하고 이를 기초로 하여 판단할 수 있을 따름이고, 그것도 법원이 필요하다고 인정할 때에 한하여 청구의 범위 내에서 증거조사를 하고 판단할 수 있을 뿐이다(대판 1994.10.11. 94누4820; 대판 1985.2.13. 84누467).
>
> 3. 법원의 석명권 행사는 당사자의 주장에 모순된 점이 있거나 불완전·불명료한 점이 있을 때에 이를 지적하여 정정·보충할 수 있는 기회를 주고, 계쟁사실에 대한 증거의 제출을 촉구하는 것을 그 내용으로 하는 것으로, 당사자가 주장하지도 아니한 법률효과에 관한 요건사실이나 독립된 공격방어방법을

시사하여 그 제출을 권유함과 같은 행위를 하는 것은 변론주의의 원칙에 위배되는 것으로 석명권 행사의 한계를 일탈하는 것이 된다(대판 2001.1.16. 99두8107).

4. 같은 국가유공자 비해당결정이라도 그 사유가 공무수행과 상이 사이에 인과관계가 없다는 것과 본인 과실이 경합되어 있어 지원대상자에 해당할 뿐이라는 것은 기본적 사실관계의 동일성이 없다고 보아야 한다. 따라서 처분청이 공무수행과 사이에 인과관계가 없다는 이유로 국가유공자 비해당결정을 한 데 대하여 법원이 그 인과관계의 존재는 인정하면서 직권으로 본인 과실이 경합된 사유가 있다는 이유로 그 처분이 정당하다고 판단하는 것은 행정소송법이 허용하는 직권심사주의의 한계를 벗어난 것으로서 위법하다(대판 2013.8.22. 2011두26589).

5. 행정사건의 심리절차는 행정소송의 특수성을 감안하여 행정소송법이 정하고 있는 특칙이 적용될 수 있는 점을 제외하면 심리절차 면에서 민사소송 절차와 큰 차이가 없으므로, 특별한 사정이 없는 한 민사사건을 행정소송 절차로 진행한 것 자체가 위법하다고 볼 수 없다(대판 2018.2.13. 2014두11328).

④ 주장책임과 입증책임

㉠ 주장책임

관련판례

1. 항고소송에 있어서 원고는 전심절차에서 주장하지 아니한 공격방어방법을 소송절차에서 주장할 수 있고 법원은 이를 심리하여 행정처분의 적법 여부를 판단할 수 있는 것이므로, 원고가 전심절차에서 주장하지 아니한 처분의 위법사유를 소송절차에서 새롭게 주장하였다고 하여 다시 그 처분에 대하여 별도의 전심절차를 거쳐야 하는 것은 아니다(대판 1996.6.14. 96누754 ; 대판 1999.11.26. 99두9407).

2. 행정소송에 있어서 특단의 사정이 있는 경우를 제외하면 당해 행정처분의 적법성에 관하여는 당해 처분청이 이를 주장·입증하여야 하고, 행정소송에 있어서 직권주의가 가미되어 있다고 하여도 여전히 당사자주의, 변론주의를 기본 구조로 하는 이상 행정처분의 위법을 들어 그 취소를 청구함에 있어서는 직권조사사항을 제외하고는 그 취소를 구하는 자가 위법된 구체적인 사항을 먼저 주장하여야 한다(대판 1995.7.28. 94누12807).

㉡ 입증책임 – 취소소송상 입증책임의 분배

구분	입증책임	예
소송요건	원고	• 처분의 존재 • 제소기간의 준수
권한행사의 적법성	피고	• 과세처분의 적법성 • 과세처분의 근거 • 과세요건사실
권한장애사유의 존재	원고	비과세관행 또는 세금부과 대상이 아니라는 사실

권한행사를 해야 할 의무존재	원고	허가신청 거부처분에 대해 허가처분을 해야 할 법적 의무가 있다.
권한행사를 할 수 없었던 사유	피고	정보공개청구에 대해 정보공개법상 비공개사유라는 주장
재량권의 일탈·남용	원고	–
절차의 적법성	피고	납세고지서 송달 여부

관련판례

1. 민사소송법 규정이 준용되는 행정소송에서의 증명책임은 원칙적으로 민사소송 일반원칙에 따라 당사자 간에 분배되고, 항고소송의 경우에는 그 특성에 따라 처분의 적법성을 주장하는 피고에게 그 적법사유에 대한 증명책임이 있다. 피고가 주장하는 일정한 처분의 적법성에 관하여 합리적으로 수긍할 수 있는 일응의 증명이 있는 경우에는 그 처분은 정당하다고 볼 수 있고, 이와 상반되는 예외적인 사정에 대한 주장과 증명은 그 상대방인 원고에게 그 책임이 돌아간다(대판 2017.6.15. 2015두2826 ; 대판 2016.10.27. 2015두42817).

2. 행정소송에 있어서 특별한 사정이 있는 경우를 제외하면 당해 행정처분의 적법성에 관하여는 행정청이 이를 주장·입증하여야 할 것이나 행정소송에 있어서 직권주의가 가미되어 있다고 하더라도 여전히 변론주의를 기본구조로 하는 이상 행정처분의 위법을 들어 그 취소를 청구함에 있어서는 직권조사사항을 제외하고는 그 취소를 구하는 자가 위법사유에 해당하는 구체적 사실을 먼저 주장하여야 한다(대판 2001.1.16. 99두8107).

3. 과세처분의 위법을 이유로 취소를 구하는 행정소송에서 과세처분의 적법성과 과세요건사실의 존재에 대한 증명책임은 과세관청에게 있다(대판 2015.2.12. 2013두24495).

4. 과세관청이 구체적인 소송과정에서 과세요건사실을 직접 증명하거나 경험칙에 비추어 과세요건사실이 추정되는 사실을 밝히지 못하면 당해 과세처분은 과세요건을 충족시키지 못한 위법한 처분이 된다(대판 2013.3. 28. 2010두20805).

5. 구체적인 소송과정에서 경험칙에 비추어 과세요건사실이 추정되는 사실이 밝혀진 경우에는, 납세의무자가 문제로 된 사실이 경험칙을 적용하기에 적절하지 아니하다거나 사건에서 경험칙의 적용을 배제하여야 할 만한 특별한 사정이 있다는 점 등을 증명하지 못하는 한, 과세처분이 과세요건을 충족시키지 못한 위법한 처분이라고 단정할 수 없다(대판 2016.6.10. 2015두60341).

6. 성희롱을 사유로 한 징계처분의 당부를 다투는 행정소송에서 징계사유에 대한 증명책임은 그 처분의 적법성을 주장하는 피고에게 있다(대판 2018.4.12. 2017두74702).

7. 자유재량에 의한 행정처분이 그 재량권의 한계를 벗어난 것이어서 위법하다는 점은 그 행정처분의 효력을 다투는 자가 이를 주장·입증하여야 하고 처분청이 그 재량권의 행사가 정당한 것이었다는 점까지 주장·입증할 필요는 없다(대판 1987.12.8. 87누861).

6. 취소소송의 판결

(1) 판결의 유형

① 소송판결과 본안판결

㉠ 일부취소: 가분성이 있으면 가능

> **관련판례**
>
> 1. 여러 개의 상이에 대한 국가유공자 요건 비해당결정처분에 대한 취소소송에서 그 중 일부 상이에 대해서만 국가유공자 요건이 인정될 경우에는 비해당결정처분 중 요건이 인정되는 상이에 대한 부분만을 취소하여야 하고, 비해당결정처분 전부를 취소할 것은 아니다(대판 2016.8.30. 2014두46034 ; 대판 2012.3.29. 2011두9263).
>
> 2. 공정거래위원회가 위반행위에 대한 과징금을 부과하면서 여러 개의 위반행위에 대하여 외형상 하나의 과징금 납부명령을 하였으나 여러 개의 위반행위 중 일부의 위반행위에 대한 과징금 부과만이 위법하고 소송상 그 일부의 위반행위를 기초로 한 과징금액을 산정할 수 있는 자료가 있는 경우에는, 하나의 과징금 납부명령일지라도 그 일부의 위반행위에 대한 과징금액에 해당하는 부분만을 취소하여야 한다(대판 2019.1.31. 2013두14726).
>
> 3. 과세처분취소소송의 처분의 적법 여부는 과세액이 정당한 세액을 초과하느냐의 여부에 따라 판단되는 것으로서 당사자는 사실심 변론종결시까지 객관적인 조세채무액을 뒷받침하는 주장과 자료를 제출할 수 있고 이러한 자료에 의하여 적법하게 부과될 정당한 세액이 산출되는 때에는 그 정당한 세액을 초과하는 부분만 취소하여야 할 것이고 전부를 취소할 것이 아니다(대판 2000.6.13. 98두5811).
>
> 4. 법원이 행정청의 정보공개거부처분의 위법 여부를 심리한 결과 공개를 거부한 정보에 비공개대상정보에 해당하는 부분과 공개가 가능한 부분이 혼합되어 있고 공개청구의 취지에 어긋나지 아니하는 범위 안에서 두 부분을 분리할 수 있음을 인정할 수 있을 때에는, 위 정보 중 공개가 가능한 부분을 특정하고 판결의 주문에 행정청의 위 거부처분 중 공개가 가능한 정보에 관한 부분만을 취소한다고 표시하여야 한다(대판 2003.3.11. 2001두6425).
>
> 5. 행정청이 여러 개의 위반행위에 대하여 하나의 제재처분을 하였으나, 위반행위별로 제재처분의 내용을 구분하는 것이 가능하고 여러 개의 위반행위 중 일부의 위반행위에 대한 제재처분 부분만이 위법하다면, 법원은 제재처분 중 위법성이 인정되는 부분만 취소하여야 하고 제재처분 전부를 취소하여서는 아니 된다(대판 2020.5.14. 2019두63515).

㉡ 전부취소

> **관련판례**
>
> 1. 적법하게 부과될 정당한 부과금액이 산출되는 때에는 부과처분 전부를 취소할 것이 아니라 정당한 부과금액을 초과하는 부분만 취소하여야 하지만, 처분청이 처분시를 기준으로 정당한 부과금액이 얼마인지 주장·증명하지 않고 있는 경우에도 법원이 적극적으로 직권증거조사를 하거나 처분청에게 증명을 촉구하는 등의 방법으로 정당한 부과금액을 산출할 의무까지 부담하는 것은 아니다(대판 2016.7.14. 2015두4167).

2. 당사자가 사실심 변론종결시까지 객관적인 과세표준과 세액을 뒷받침하는 주장과 자료를 제출하지 아니하여 적법하게 부과될 정당한 세액을 산출할 수 없는 경우에는 과세처분 전부를 취소할 수밖에 없고, 그 경우 법원이 직권에 의하여 적극적으로 납세의무자에게 귀속될 세액을 찾아내어 부과될 정당한 세액을 계산할 의무까지 지는 것은 아니고, 이는 소득금액변동통지의 정당한 소득금액에 관하여도 마찬가지로 보아야 한다(대판 2020.8.20. 2017두44084).

3. 자동차운수사업면허조건 등을 위반한 사업자에 대하여 행정청이 행정제재수단으로 사업 정지를 명할 것인지, 과징금을 부과할 것인지, 과징금을 부과키로 한다면 그 금액은 얼마로 할 것인지에 관하여 재량권이 부여되었다 할 것이므로 과징금부과처분이 법이 정한 한도액을 초과하여 위법할 경우 법원으로서는 그 전부를 취소할 수밖에 없고, 그 한도액을 초과한 부분이나 법원이 적정하다고 인정되는 부분을 초과한 부분만을 취소할 수 없다(대판 1998.4.10. 98두2270).

4. 영업정지처분이 재량권 남용에 해당한다고 판단될 때에는 위법한 처분으로서 그 처분의 취소를 명할 수 있을 따름이고 재량권의 한계 내에서 어느 정도가 적정한 영업정지기간인가를 가리는 일은 사법심사의 범위를 벗어나는 것이다(대판 1982.6.22. 81누375).

② 형성판결, 확인판결, 이행판결

형성판결	확인판결	이행판결
법률관계를 형성, 변경, 소멸시키는 판결	법률관계의 존부를 확인하는 판결	피고에게 일정한 행위를 명하는 판결
취소소송	• 무효등확인소송 • 부작위위법확인소송 • 당사자소송	• 의무이행소송 → 현행법상 인정되지 않음 • 당사자소송에서 일정한 급부를 명하는 판결

③ 사정판결

> 행정소송법 제28조【사정판결】① 원고의 청구가 이유있다고 인정하는 경우에도 처분등을 취소하는 것이 현저히 공공복리에 적합하지 아니하다고 인정하는 때에는 법원은 원고의 청구를 기각할 수 있다. 이 경우 법원은 그 판결의 주문에서 그 처분등이 위법함을 명시하여야 한다. → 사정판결의 요건: 처분이 위법한 경우에도 처분의 취소가 공공복리에 현저히 적합하지 않은 경우
> ② 법원이 제1항의 규정에 의한 판결을 함에 있어서는 미리 원고가 그로 인하여 입게 될 손해의 정도와 배상방법 그 밖의 사정을 조사하여야 한다.
> ③ 원고는 피고인 행정청이 속하는 국가 또는 공공단체를 상대로 손해배상, 제해시설의 설치 그 밖에 적당한 구제방법의 청구를 당해 취소소송 등이 계속된 법원에 병합하여 제기할 수 있다.

㉠ 사정판결의 요건

> **관련판례**
> 1. 행정소송법 제28조에서 정한 사정판결은 행정처분이 위법함에도 불구하고 이를 취소·변경하게 되면 그것이 도리어 현저히 공공의 복리에 적합하지 않은 경우에 극히 예외적으로 할 수 있으므로, 그 요건에 해당하는지는 위법·부당한 행정처분을 취소·변경하여야 할 필요와 취소·변경으로 발생할 수 있는 공공복리에 반하는 사태 등을 비교·교량하여 엄격하게 판단하여야 한다(대판 2016.7.14. 2015두4167).
> 2. 재개발조합설립 및 사업시행인가처분이 처분 당시 법정요건인 토지 및 건축물 소유자 총수의 각 3분의 2 이상의 동의를 얻지 못하여 위법하나, 그 후 90% 이상의 소유자가 재개발사업의 속행을 바라고 있어 재개발사업의 공익목적에 비추어 그 처분을 취소하는 것은 현저히 공공복리에 적합하지 아니한 경우에는 사정판결을 할 수 있다(대판 1995.7.28. 95누4629).

㉡ 심리

> **관련판례**
> 행정처분이 위법한 경우에는 이를 취소하는 것이 원칙이고, 예외적으로 그 위법한 처분을 취소·변경하는 것이 도리어 현저히 공공복리에 적합하지 아니하는 경우에는 그 취소를 허용하지 아니하는 사정판결을 할 수 있고, 이러한 사정판결에 관하여는 당사자의 명백한 주장이 없는 경우에도 기록에 나타난 여러 사정을 기초로 직권으로 판단할 수 있는 것이다(대판 2006.12.21. 2005두16161 ; 대판 2006.9.22. 2005두2506).

㉢ 원고의 권익구제

> **관련판례**
> 사정판결은 처분이 위법하나 공익상 필요 등을 고려하여 취소하지 아니하는 것일 뿐 처분이 적법하다고 인정하는 것은 아니므로, … 원고는 행정소송법 제28조 제3항에 따라 손해배상, 제해시설의 설치 그 밖에 적당한 구제방법의 청구를 병합하여 제기할 수 있으므로, 당사자가 이를 간과하였음이 분명하다면 적절하게 석명권을 행사하여 그에 관한 의견을 진술할 수 있는 기회를 주어야 한다(대판 2016.7.14. 2015두4167).

㉣ 사정판결의 적용범위
  ⓐ 취소소송에서만 허용됨
  ⓑ 무효등확인소송, 부작위위법확인소송에서는 사정판결 불허

> **관련판례**
> 1. 법학전문대학원 설치 예비인가취소소송이 인용될 경우 이미 입학한 재학생의 불이익이 예상되고 총정원제로 운영되는 법학전문대학원의 시행에 중대한 지장을 초래할 우려가 있는 경우, 사정판결을 할 수 있다(대판 2009.12.10. 2009두8359).

2. 구 도시재개발법에 따른 재개발조합설립 및 사업시행인가처분이 처분 당시 법정요건인 토지 및 건축물 소유자 총수의 각 3분의 2 이상의 동의를 얻지 못하여 위법하나, 그 후 90% 이상의 소유자가 재개발사업의 속행을 바라고 있어 재개발사업의 공익목적에 비추어 그 처분을 취소하는 것은 현저히 공공복리에 적합하지 아니하다고 인정되는 경우 사정판결을 할 수 있다(대판 1995.7.28. 95누4629).

3. 이른바 '심재륜 사건'에서의 징계면직된 검사의 복직이 검찰조직의 안정과 인화를 저해할 우려가 있다는 등의 사정은 검찰 내부에서 조정·극복하여야 할 문제일 뿐이고 준사법기관인 검사에 대한 위법한 면직처분의 취소 필요성을 부정할 만큼 현저히 공공복리에 반하는 사유라고 볼 수 없다는 이유로, 사정판결을 할 경우에 해당하지 않는다(대판 2001.8.24. 2000두7704).

4. 위법한 관리처분계획의 수정을 위한 조합원총회의 재결의를 위하여 시간과 비용이 많이 소요된다는 등의 사정만으로는 사정판결의 필요성이 있다고 볼 수 없다(대판 2001.10.12. 2000두4279).

5. 신뢰보호의 원칙과 비례의 원칙에 반하는 위법한 생활폐기물처리업허가의 거부처분의 취소될 경우 … 기존의 동종업체에게 경쟁상대를 추가시킴으로써 일시적인 공급시설의 과잉현상이 나타나 어느 정도의 손해가 발생한 것임은 예상되지만, … 처분을 취소하는 것이 현저히 공공의 복리에 적합하지 않은 경우에 해당한다고는 할 수 없다(대판 1998.5.8. 98두4061).

(2) 취소소송에서 위법 판단의 기준시점

> 행정기본법 제14조 【법 적용의 기준】 ② 당사자의 신청에 따른 처분은 법령등에 특별한 규정이 있거나 처분 당시의 법령등을 적용하기 곤란한 특별한 사정이 있는 경우를 제외하고는 처분 당시의 법령등에 따른다.

관련판례

1. 항고소송에서 행정처분의 적법 여부는 특별한 사정이 없는 한 행정처분 당시를 기준으로 판단하여야 한다. 여기서 행정처분의 위법 여부를 판단하는 기준 시점에 관하여 판결 시가 아니라 처분 시라고 하는 의미는 행정처분이 있을 때의 법령과 사실상태를 기준으로 하여 위법 여부를 판단하며 처분 후 법령의 개폐나 사실상태의 변동에 영향을 받지 않는다는 뜻이지 처분 당시 존재하였던 자료나 행정청에 제출되었던 자료만으로 위법 여부를 판단한다는 의미는 아니다. 그러므로 처분 당시의 사실상태 등에 관한 증명은 사실심 변론종결 당시까지 할 수 있고, 법원은 행정처분 당시 행정청이 알고 있었던 자료뿐만 아니라 사실심 변론종결 당시까지 제출된 모든 자료를 종합하여 처분 당시 존재하였던 객관적 사실을 확정하고 그 사실에 기초하여 처분의 위법 여부를 판단할 수 있다(대판 2017.4.7. 2014두37122 ; 대판 2019.7.25. 2017두55077).

2. 행정소송에서 행정처분의 위법 여부는 행정처분이 있을 때의 법령과 사실상태를 기준으로 하여 판단하여야 하고, 처분 후 법령의 개폐나 사실상태의 변동에 의하여 영향을 받지는 않는다(대판 2010.8.26. 2010두2579 ; 대판 2012.10.11. 2011두8277).

3. 난민 인정 거부처분의 취소를 구하는 취소소송에서도 그 거부처분을 한 후 국적국의 정치적 상황이 변화하였다고 하여 처분의 적법 여부가 달라지는 것은 아니다(대판 2008.7.24. 2007두3930).

4. 또한 독점규제 및 공정거래에 관한 법률에 기한 공정거래위원회의 시정명령 및 과징금 납부명령 등이 재량권 일탈·남용으로 위법한지는 다른 특별한 사정이 없는 한 과징금 납부명령 등이 행하여진 '의결일' 당시의 사실상태를 기준으로 판단하여야 한다(대판 2015.5.28. 2015두36256).

① 구체적 문제

> 행정기본법 제14조【법 적용의 기준】③ 법령등을 위반한 행위의 성립과 이에 대한 제재처분은 법령등에 특별한 규정이 있는 경우를 제외하고는 법령등을 위반한 행위 당시의 법령등에 따른다. 다만, 법령등을 위반한 행위 후 법령등의 변경에 의하여 그 행위가 법령등을 위반한 행위에 해당하지 아니하거나 제재처분 기준이 가벼워진 경우로서 해당 법령등에 특별한 규정이 없는 경우에는 변경된 법령등을 적용한다.

관련판례

정당한 절차에 의하지 않고 구두에 의한 하도급계약을 체결하여 공사를 시작한 때에 건설업법 제34조 제3항의 위반행위를 범한 것이 되니 그 위반행위를 이유로 한 행정상의 제재처분(행위당시에는 필요적 취소사유)을 하려면 그 위반행위 이후 법령의 변경에 의하여 처분의 종류를 달리(영업정지 사유로) 규정하였다 하더라도 그 법률적용에 관한 특별한 규정이 없다면 위반행위 당시에 시행되던 법령을 근거로 처분을 하여야 마땅하다(대판 1983.12.13. 83누383).

② 항고소송의 위법상 판단 기준시점

소송	취소소송	무효등 확인소송	부작위위법 확인소송	사정판결
위법성 판단 기준시점	처분 시	처분 시	판결 시 (변론종결 시)	처분 시. 단, 사정판결의 필요성 판단 시점은 판결 시 (변론종결 시)

7. 판결의 효력

참고 판결확정의 효력

기판력	기속력
인용판결, 기각판결 모두	인용판결에만
법원, 당사자(원고, 피고) 모두를 구속	행정청만 구속
모순 금지 → 전소에서 확정된처분의 위법여부가	반복금지효, 재처분의무
주문에만 영향	주문과 이유까지 영향(다른 이유로 동일한 처분을 하더라도 기속력에 저촉되지 않음)
위반 시 무효	위반 시 무효

(1) 기판력(실질적 확정력)
    ① 내용
        ㉠ **당사자 기속**: 후소에서 판결내용과 모순되는 주장을 할 수 없다.
        ㉡ **법원 기속**: 전소와 후소의 소송물이 동일하지 아니하여도 전소의 기판력 있는 법률관계가 후소의 선결적 법률관계가 되는 때에는 전소의 판결의 기판력이 후소에 미쳐 후소의 법원은 전에 한 판단과 모순되는 판단을 할 수 없다(대판 2000.2.25. 99다55472).
    ② 적용범위

주관적 범위	• 원고, 피고, 당사자와 동일시할 수 있는 자에게 미친다. • 제3자에게는 미치지 않는다. 단, 소송에 참가한 제3자인 보조참가인에게는 기판력이 미친다. • 행정청이 속한 국가나 공공단체에 미친다. • 과세처분 취소소송의 피고는 처분청이므로 행정청을 피고로 하는 취소소송에 있어서의 기판력은 당해 처분이 귀속하는 국가 또는 공공단체에 미친다(대판 1998.7.24. 98다10854).
객관적 범위	• <u>인용판결과 기각판결에 모두</u> 기판력이 인정된다. • 기판력은 판결의 <u>주문에 한하여</u> 인정된다. 판결의 이유 중 사실인정, 법률관계의 존부에 대한 법원의 판단(=<u>주문사유</u>)은 기판력이 인정되지 않는다.
시간적 범위	기판력은 사실심 변론종결시를 표준으로 하여 발생한다. 즉 당사자는 사실심의 변론종결 시까지 소송자료를 제출할 수 있다.

> **관련판례**
>
> 1. 확정판결의 기판력은 그 판결의 주문에 포함된 것, 즉 소송물로 주장된 법률관계의 존부에 관한 판단의 결론 그 자체에만 생기는 것이고, 판결이유에 설시된 그 전제가 되는 법률관계의 존부에까지 미치는 것은 아니다(대판 2010.12.23. 2010다58889).
>
> 2. 종전 확정판결의 행정소송 과정에서 한 주장 중 처분사유가 되지 아니하여 판결의 판단대상에서 제외된 부분을 행정청이 그후 새로이 행한 처분의 적법성과 관련하여 새로운 소송에서 다시 주장한다고 하여 위 확정판결의 기판력에 저촉되지 않는다(대판 1991.8.9. 90누7326).
>
> 3. 확정된 종국판결은 그 기판력으로서 당사자가 사실심의 변론종결시를 기준으로 그때까지 제출하지 않은 공격방어방법은 그 뒤 다시 동일한 소송을 제기하여 이를 주장할 수 없다(대판 1992.2.25. 91누6108).
>
> 4. 과세처분의 취소소송은 과세처분의 실체적, 절차적 위법을 그 취소원인으로 하는 것으로서 그 심리의 대상은 과세관청의 과세처분에 의하여 인정된 조세채무인 과세표준 및 세액의 객관적 존부, 즉 당해 과세처분의 적부가 심리의 대상이 되는 것이며, 과세처분 취소청구를 기각하는 판결이 확정되면 그 처분이 적법하다는 점에 관하여 기판력이 생기고 그 후 원고가 이를 무효라 하여 무효확인을 소구할 수 없는 것이어서 과세처분의 취소소송에서 청구가 기각된 확정판결의 기판력은 그 과세처분의 무효확인을 구하는 소송에도 미친다(대판 1998.7.24. 98다10854; 대판 2003.5.16. 2002두3669).

(2) 기속력

> 행정소송법 제30조【취소판결 등의 기속력】① 처분등을 취소하는 확정판결은 그 사건에 관하여 당사자인 행정청과 그 밖의 관계행정청을 기속한다.

① **기속력과 기판력의 비교**

구분	기속력	기판력
규정	행정소송법 제30조	민사소송법에 규정되었으나, 행정소송에도 준용(행정소송법에 기판력 관련 규정 ×)
적용판결	인용판결에만 적용	인용판결, 기각판결 모두 적용
주관적 범위	관계 행정청 구속	원고·피고(=당사자), 법원 기속
객관적 범위	판결주문과 판결이유에 명시된 개개의 위법사유	판결주문에 표시된 처분의 위법 또는 적법성 일반 ↔ 주문의 사유에는 적용 ×
성격	실체적 구속력	소송법적 효력(기판력은 재결, 오직 판결에만 적용됨)
효력	반복금지효, 재처분의무	모순금지효

> **관련판례**
> 행정소송법 제30조 제1항은 "처분 등을 취소하는 확정판결은 그 사건에 관하여 당사자인 행정청과 그 밖의 관계행정청을 기속한다."라고 규정하고 있다. 이러한 취소 확정판결의 '기속력'은 취소 청구가 인용된 판결에서 인정되는 것으로서 당사자인 행정청과 그 밖의 관계행정청에게 확정판결의 취지에 따라 행동하여야 할 의무를 지우는 작용을 한다. 이에 비하여 행정소송법 제8조 제2항에 의하여 행정소송에 준용되는 민사소송법 제216조, 제218조가 규정하고 있는 '기판력'이란 기판력 있는 전소 판결의 소송물과 동일한 후소를 허용하지 않음과 동시에, 후소의 소송물이 전소의 소송물과 동일하지는 않더라도 전소의 소송물에 관한 판단이 후소의 선결문제가 되거나 모순관계에 있을 때에는 후소에서 전소 판결의 판단과 다른 주장을 하는 것을 허용하지 않는 작용을 한다(대판 2016.3.24. 2015두48235).

② **기속력의 내용**
  ㉠ 반복금지효

> **관련판례**
> 1. 징계처분의 취소를 구하는 소에서 징계사유가 될 수 없다고 판결한 사유와 동일한 사유를 내세워 행정청이 다시 징계처분을 한 것은 확정판결에 저촉되는 행정처분을 한 것으로서, 위 취소판결의 기속력이나 확정판결의 기판력에 저촉되어 허용될 수 없다(대판 1992.7.14. 92누2912).
>
> 2. 취소 확정판결의 기속력은 판결의 주문 및 전제가 되는 처분 등의 구체적 위법사유에 관한 판단에도 미치나, 종전 처분이 판결에 의하여 취소되었더라도 종전 처분과 다른 사유를 들어서 새로이 처분을 하는 것은 기속력에 저촉

되지 않는다. … 또한 새로운 처분의 처분사유가 종전 처분의 처분사유와 기본적 사실관계에서 동일하지 않은 다른 사유에 해당하는 이상, 처분사유가 종전 처분 당시 이미 존재하고 있었고 당사자가 이를 알고 있었더라도 이를 내세워 새로이 처분을 하는 것은 확정판결의 기속력에 저촉되지 않는다(대판 2016.3.24. 2015두48235).

3. 고양시장이 甲 주식회사의 공동주택 건립을 위한 주택건설사업계획승인 신청에 대하여 미디어밸리 조성을 위한 시가화예정 지역이라는 이유로 거부하자, 甲 회사가 거부처분의 취소를 구하는 소송을 제기하여 승소판결을 받았고 위 판결이 그대로 확정되었는데, 이후 고양시장이 해당 토지 일대가 개발행위허가 제한지역으로 지정되었다는 이유로 다시 거부하는 처분을 한 사안에서, 재거부처분은 종전 거부처분 후 해당 토지 일대가 개발행위허가 제한지역으로 지정되었다는 새로운 사실을 사유로 하는 것으로, 이는 종전 거부처분 사유와 내용상 기초가 되는 구체적인 사실관계가 달라 기본적 사실관계가 동일하다고 볼 수 없으므로, 행정소송법 제30조 제2항에서 정한 재처분에 해당하고 종전 거부처분을 취소한 확정판결의 기속력에 반하는 것은 아니다(대판 2011.10.27. 2011두14401).

4. 행정처분의 적법 여부는 그 행정처분이 행하여진 때의 법령과 사실을 기준으로 하여 판단하는 것이므로, 거부처분 후에 법령이 개정·시행된 경우에는 개정된 법령 및 허가기준을 새로운 사유로 들어 다시 이전의 신청에 대한 거부처분을 할 수 있으며, 그러한 처분도 행정소송법 제30조 제2항에 규정된 재처분에 해당된다. … 주택건설사업 승인신청 거부처분의 취소를 명하는 판결이 확정되었음에도 행정청이 그에 따른 재처분을 하지 않은 채 위 취소소송 계속중에 도시계획법령이 개정되었다는 이유를 들어 다시 거부처분을 한 사안에서, 종전 규정에 따른 재처분을 하여야 함에도 불구하고 개정 법령을 적용하여 새로운 거부처분을 한 것은 확정된 종전 거부처분 취소판결의 기속력에 저촉되어 당연무효이다(대결 2002.12.11. 2002무22).

ⓒ 재처분의무(적극적 관점의 기속력)

기속행위인 경우	인용하는 것이 원칙. 단, 다른 사유가 있는 경우 거부처분을 할 수 있다.
재량행위인 경우	재량권을 행사하여 거부처분을 할 수도 있음. 그러나 판결의 취지로 재량권의 축소가 이루어져 신청을 인용하는 것이 유일한 대안일 때는 인용처분을 해야 한다.
실체법상 하자를 이유로 거부처분을 취소한 경우	취소소송에서 소송의 대상이 된 거부처분을 실체법상의 위법사유에 기하여 취소하는 판결이 확정된 경우에는 당해 거부처분을 한 행정청은 원칙적으로 신청을 인용하는 처분을 하여야 하고, 사실심 변론종결 이전의 사유를 내세워 다시 거부처분을 하는 것은 확정판결의 기속력에 저촉되어 허용되지 아니한다(대판 2001.3.23. 99두5238).

절차상 하자를 이유로 거부처분을 취소한 경우	행정청의 거부처분을 취소하는 판결이 확정된 경우에는 그 처분을 행한 행정청이 판결의 취지에 따라 이전의 신청에 대하여 재처분할 의무가 있다고 할 것이나, 그 취소사유가 행정처분의 절차, 방법의 위법으로 인한 것이라면 그 처분 행정청은 그 확정판결의 취지에 따라 그 위법사유를 보완하여 다시 종전의 신청에 대한 거부처분을 할 수 있고, 그러한 처분도 위 조항에 규정된 재처분에 해당한다(대판 2005.1.14. 2003두13045).

ⓒ 기속력 위반 여부

위반인 것	위반이 아닌 것
위법사유를 반복하여 처분을 한 경우	• 처분 시에 존재한 다른 사유를 들어 동일한 내용의 처분을 하는 것 • 처분 이후 사유를 이유로 새로운 처분을 하는 것 • 절차상 하자를 이유로 처분이 취소된 후 처분청이 위법사유를 보완하여 동일한 내용의 처분을 하는 것

관련판례

어떤 행정처분을 위법하다고 판단하여 취소하는 판결이 확정되면 행정청은 취소판결의 기속력에 따라 그 판결에서 확인된 위법사유를 배제한 상태에서 다시 처분을 하거나 그 밖에 위법한 결과를 제거하는 조치를 할 의무가 있다(대판 2020.4.9. 2019두49953 ; 대판 2019.10.17. 2018두104).

ⓔ 기속력의 효력범위

주관적 범위	• 처분청 • 모든 관계 행정청
객관적 범위	• 주문 • 판결주문, 이유에 명시된 개개의 위법사유
시간적 범위	기속력은 처분시설에 따라 처분 당시까지의 위법사유에 대해서만 미친다. 따라서 처분 후 법률이 개정된 경우 개정된 법률에 따른 처분은 기속력에 반하지 않는다.

관련판례

행정소송법 제30조 제1항에 의하여 인정되는 취소소송에서 처분 등을 취소하는 확정판결의 기속력은 주로 판결의 실효성 확보를 위하여 인정되는 효력으로서 판결의 주문뿐만 아니라 그 전제가 되는 처분 등의 구체적 위법사유에 관한 이유 중의 판단에 대하여도 인정된다(대판 2001.3.23. 99두5238).

◎ 기속력에 반하는 처분은 당연무효

> **관련판례**
>
> 1. 기속력을 위반한 처분은 당연무효이다(대결 2002.12.11. 2002무22).
>
> 2. 확정판결의 당사자인 처분행정청이 그 행정소송의 사실심 변론종결 이전의 사유를 내세워 다시 확정판결과 저촉되는 행정처분을 하는 것은 허용되지 않는 것으로서 이러한 행정처분은 그 하자가 중대하고도 명백한 것이어서 당연무효라 할 것이다(대판 1990.12.11. 90누3560).

(3) 형성력의 효과

① 형성효

> **관련판례**
>
> 1. 행정처분을 취소한다는 확정판결이 있으면 그 취소판결의 형성력에 의하여 당해 행정처분의 취소나 취소통지 등의 별도의 절차를 요하지 아니하고 당연히 취소의 효과가 발생한다(대판 1991.10.11. 90누5443). → 형성력: 판결 시 별도의 절차나 의사표시 없이 바로 행정상 법률관계의 발생·변경·소멸을 가져오는 효과
>
> 2. 과세처분을 취소하는 판결이 확정되면 그 과세처분은 처분시에 소급하여 소멸하는 것이므로 과세처분을 취소하는 판결이 확정된 뒤에는 그 과세처분을 갱정하는 이른바 갱정처분을 할 수 없는 것이다. 과세처분이 법원의 확정판결에 의해 취소된 뒤 과세관청에서 그 과세처분을 갱정하는 갱정처분을 한 것이라면 이는 존재하지 아니하는 과세처분을 갱정한 것으로서 그 하자가 중대하고 명백한 당연무효의 처분이라고 보아야 할 것이다(대판 1989.5.9. 88다카16096).

② 소급효

> **관련판례**
>
> 1. 피고인이 행정청으로부터 자동차 운전면허취소처분을 받았으나 나중에 그 행정처분 자체가 행정쟁송절차에 의하여 취소되었다면, 위 운전면허취소처분은 그 처분시에 소급하여 효력을 잃게 된다(대판 1999.2.5. 98도4239). → 취소판결의 효과는 처분 시까지로 소급
>
> 2. 영업의 금지를 명한 영업허가취소처분 자체가 나중에 행정쟁송절차에 의하여 취소되었다면 그 영업허가취소처분은 그 처분시에 소급하여 효력을 잃게 되며, … 그 영업허가취소처분 이후의 영업행위를 무허가영업이라고 볼 수는 없다(대판 1993.6.25. 93도277).

(4) 집행력(간접강제)

① 간접강제의 행사요건

㉠ 인용판결
㉡ 행정청의 재처분의무 불이행
㉢ <u>당사자의 신청</u>

관련판례

1. 원심판결의 이유는 위법하지만 결론이 정당하다는 이유로 상고기각판결이 선고되어 원심판결이 확정된 경우 행정소송법 제30조 제2항(판결에 의하여 취소되는 처분이 당사자의 신청을 거부하는 것을 내용으로 하는 경우에는 그 처분을 행한 행정청은 판결의 취지에 따라 다시 이전의 신청에 대한 처분을 하여야 한다)에서 규정하고 있는 '판결의 취지'는 상고심판결의 이유와 원심판결의 결론을 의미한다(대판 2004.1.15. 2002두2444).

2. 거부처분에 대한 취소의 확정판결이 있음에도 행정청이 아무런 재처분을 하지 아니하거나, 재처분을 하였다 하더라도 그것이 종전 거부처분에 대한 취소의 확정판결의 기속력에 반하는 등으로 당연무효라면 이는 아무런 재처분을 하지 아니한 때와 마찬가지라 할 것이므로 이러한 경우에는 행정소송법 제30조 제2항, 제34조 제1항 등에 의한 간접강제신청에 필요한 요건을 갖춘 것으로 보아야 한다(대결 2002.12.11. 2002무22).

② 간접강제의 적용범위

관련판례

행정소송법 제38조 제1항이 무효확인 판결에 관하여 취소판결에 관한 규정을 준용함에 있어서 같은 법 제30조 제2항을 준용한다고 규정하면서도 같은 법 제34조는 이를 준용한다는 규정을 두지 않고 있으므로, 행정처분에 대하여 무효확인 판결이 내려진 경우에는 그 행정처분이 거부처분인 경우에도 행정청에 판결의 취지에 따른 재처분의무가 인정될 뿐 그에 대하여 간접강제까지 허용되는 것은 아니라고 할 것이다(대결 1998.12.24. 98무37).

③ 배상금의 의의

관련판례

행정소송법 제34조 소정의 간접강제결정에 기한 배상금은 확정판결의 취지에 따른 재처분의 지연에 대한 제재나 손해배상이 아니고 재처분의 이행에 관한 심리적 강제수단에 불과한 것으로 보아야 하므로, 간접강제결정에서 정한 의무이행기한이 경과한 후에라도 확정판결의 취지에 따른 재처분이 행하여지면 배상금을 추심함으로써 심리적 강제를 꾀한다는 당초의 목적이 소멸하여 처분상대방이 더 이상 배상금을 추심하는 것이 허용되지 않는다(대판 2010.12.23. 2009다37725 ; 대판 2004.1.15. 2002두2444). → 간접강제결정에서 정한 예고기간 경과 후 재처분을 한 경우, 배상금 추심은 불허

④ 판결의 효력과 소송유형

구분	기판력	기속력	형성효	제3자효	간접강제
취소소송	○	○	○	○	○
무효등확인소송	○	○	○	○	×
부작위위법확인소송	○	○	×	○	○
당사자소송	○	○	×	×	×
행정소송법에 규정	×	○	×	○	○

> 무효등확인소송에서 준용 안 되는 것
> 기사전간(제소기간, 사정판결, 심판전치, 간접강제)

제4절 무효등확인소송

1 종류와 성질

1. 종류

처분의 유효·무효확인소송, 처분등의 존재·부존재확인소송, 처분들의 실효확인소송이 있다.

2. 취소소송과 무효확인소송의 차이

> 행정소송법 제38조【준용규정】① 제9조, 제10조, 제13조 내지 제17조, 제19조, 제22조 내지 제26조, 제29조 내지 제31조 및 제33조의 규정은 무효등 확인소송의 경우에 준용한다.

구분	취소소송	무효등확인소송
제소기간 제한	○	×
사정판결	○	×
예외적 행정심판전치주의	○	×
간접강제	○	×
집행부정지·집행정지결정제도	○	○
제3자의 소송참가	○	○

2 소송요건

1. 대상적격

처분이 대상이 된다.

2. 원고적격

> 행정소송법 제35조【무효등 확인소송의 원고적격】 무효등 확인소송은 처분등의 효력 유무 또는 존재 여부의 확인을 구할 법률상 이익이 있는 자가 제기할 수 있다.

3. 소의 이익

(1) 폐기된 기존판례

부과된 세액을 이미 납부한 후에는 위 부과처분이 부존재함을 이유로 그 납부세금에 대한 부당이득반환청구를 함은 별문제로 하고, 위 부과처분의 부존재확인을 독립한 소송으로 구할 확인의 이익은 없다(대판 1982.3.23. 80누476).

(2) 변경된 헌재 판례

행정소송은 행정청의 위법한 처분 등을 취소·변경하거나 그 효력 유무 또는 존재 여부를 확인함으로써 국민의 권리 또는 이익의 침해를 구제하고, 공법상의 권리관계 또는 법 적용에 관한 다툼을 적정하게 해결함을 목적으로 하는 것이므로, 대등한 주체 사이의 사법상 생활관계에 관한 분쟁을 심판대상으로 하는 민사소송과는 그 목적, 취지 및 기능 등을 달리한다. 또한 행정소송법 제4조에서는 무효확인소송을 항고소송의 일종으로 규정하고 있고, 행정소송법 제38조 제1항에서는 처분 등을 취소하는 확정판결의 기속력 및 행정청의 재처분 의무에 관한 행정소송법 제30조를 무효확인소송에도 준용하고 있으므로 무효확인판결 자체만으로도 실효성을 확보할 수 있다. 그리고 무효확인소송의 보충성을 규정하고 있는 외국의 일부 입법례와는 달리 우리나라 행정소송법에는 명문의 규정이 없어 이로 인한 명시적 제한이 존재하지 않는다. 이와 같은 사정을 비롯하여 행정에 대한 사법통제, 권익구제의 확대와 같은 행정소송의 기능 등을 종합하여 보면, <u>행정처분의 근거 법률에 의하여 보호되는 직접적이고 구체적인 이익이 있는 경우에는 행정소송법 제35조에 규정된 '무효확인을 구할 법률상 이익'이 있다고 보아야 하고, 이와 별도로 무효확인소송의 보충성이 요구되는 것은 아니므로 행정처분의 무효를 전제로 한 이행소송 등과 같은 직접적인 구제수단이 있는지 여부를 따질 필요가 없다고 해석함이 상당하다.</u> … 원고로서는 부당이득반환청구의 소로써 직접 위와 같은 위법상태의 제거를 구할 수 있는지 여부에 관계없이 이 사건 처분의 근거 법률에 의하여 보호되는 직접적이고 구체적인 이익을 가지고 있어 행정소송법 제35조에 규정된 '무효확인을 구할 법률상 이익'을 가지는 자에 해당한다. 따라서 이 사건 처분에 대하여는 그 무효확인을 구할 수 있다고 보아야 하므로, 이를 구하는 예비적 청구에 관한 소는 적법하다(대판 2008.3.20. 2007두6342).

4. 예외적 행정심판전치와 제소기간

개별 법률이 행정심판을 거쳐 행정소송을 제기하도록 규정하고 있더라도 무효확인소송에서는 행정심판전치요건이 적용되지 않으므로 행정심판절차를 거치지 아니하고 무효확인의 소를 제기할 수 있다(행정소송법 제38조 제1항 참조).

구분	취소소송	무효확인소송
예외적 행정심판전치주의 요건	○	×
제소기간	○	×

3 소제기의 효과

소를 제기하였다고 하여 처분의 집행이 정지되지 않는다.

4 심리

(1) 처분의 하자가 중대하고 명백하여야 한다.

(2) 행정처분이 무효에 해당하는지 여부는 원고가 입증을 하여야 한다.

> **관련판례**
>
> 행정처분의 당연무효를 주장하여 그 무효확인을 구하는 행정소송에 있어서는 원고에게 그 행정처분이 무효인 사유를 주장·입증할 책임이 있다(대판 2010.5.13. 2009두3460).

(3) 무효확인소송은 취소소송으로 변경이 가능하다.

> 행정소송법 제21조【소의 변경】① 법원은 취소소송을 당해 처분등에 관계되는 사무가 귀속하는 국가 또는 공공단체에 대한 당사자소송 또는 취소소송외의 항고소송으로 변경하는 것이 상당하다고 인정할 때에는 청구의 기초에 변경이 없는 한 사실심의 변론종결시까지 원고의 신청에 의하여 결정으로써 소의 변경을 허가할 수 있다.
> 제37조【소의 변경】제21조의 규정은 무효등 확인소송이나 부작위위법확인소송을 취소소송 또는 당사자소송으로 변경하는 경우에 준용한다.

(4) 무효확인소송은 당사자소송으로 변경이 가능하다.

(5) 무효확인소송은 부작위위법확인소송으로 변경이 불가능하다.

(6) 무효등확인소송에서는 사정판결이 인정되지 않는다.

> **관련판례**
>
> 당연무효의 행정처분을 소송목적물로 하는 행정소송에서는 존치시킬 효력이 있는 행정행위가 없기 때문에 행정소송법 제28조 소정의 사정판결을 할 수 없다(대판 1996.3.22. 95누5509). → 무효등확인소송에서도 각하, 기각, 인용판결이 준용되나, 처분이 처음부터 효력을 가지지 않으므로 처분의 효력을 존속시키는 사정판결을 할 수 없다. 또한 무효등확인소송에서 간접강제는 허용되지 않는다.

5 취소소송과 무효확인소송의 관계

1. 무효사유에 해당하는 처분에 대해 취소소송을 제기한 경우

행정처분의 당연무효를 선언하는 의미에서 그 취소를 청구하는 행정소송을 제기한 경우에도 전심절차와 제소기간의 준수 등 취소소송의 제소요건을 갖추어야 한다 (대판 1990.12.26. 90누6279 ; 대판 1993.3.12. 92누11039).

2. 취소사유에 해당하는 처분에 대해 무효확인소송을 제기한 경우

일반적으로 행정처분의 무효확인을 구하는 소에는 원고가 그 처분의 취소를 구하지 아니한다고 밝히지 아니한 이상 그 처분이 만약 당연무효가 아니라면 그 취소를 구하는 취지도 포함되어 있는 것으로 보아야 하므로 ⋯ 원심으로서는 이 사건 수료

처분의 무효확인청구에 그 취소를 구하는 취지도 포함된 것으로 보아 위 수료처분에 취소사유가 있는지 여부에 관하여 심리판단하였어야 할 것이다(대판 1994.12.23. 94누477). → 제소기간 등 취소소송 제기요건을 충족한 경우 취소판결을 내리며, 반대로 취소소송 제기요건을 충족하지 못한 경우 기각판결을 내린다.

제5절 부작위위법확인소송

1 의의

부작위위법확인소송은 행정청의 부작위가 위법하다는 것을 확인하는 소송을 말한다.

> **부작위위법확인소송에서 준용 안 되는 것**
> 거기집사(거부처분, 제소기간, 집행정지, 사정판결. 단, 부작위위법확인소송이 행정심판을 거쳤을 경우에는 제소기간을 준용해야 함)

2 소송요건

1. 대상적격성

(1) 당사자의 신청이 있을 것
(2) 행정청에 일정한 처분을 할 법률상 의무가 있을 것
(3) 상당한 기간이 경과할 것
(4) 행정청이 아무런 처분을 하지 않을 것

> **관련판례**
> 1. 당사자가 행정청에 대하여 어떠한 행정처분을 하여 줄 것을 요청할 수 있는 법규상 또는 조리상의 권리를 갖고 있지 아니하거나 부작위의 위법확인을 구할 법률상의 이익이 없는 경우에는 항고소송의 대상이 되는 위법한 부작위가 있다고 볼 수 없거나 원고적격이 없어 그 부작위위법확인의 소는 부적법하다(대판 2000.2.25. 99두11455).
> 2. 국민이 행정청에 대하여 제3자에 대한 건축허가와 준공검사의 취소 및 제3자 소유의 건축물에 대한 철거명령을 요구할 수 있는 법규상 또는 조리상 권리는 인정되지 않는다. … 구 건축법 제69조 제1항 및 제70조 제1항은 각 조항 소정의 사유가 있는 경우에 시장·군수·구청장에게 건축허가 등을 취소하거나 건축물의 철거 등 필요한 조치를 명할 수 있는 권한 내지 권능을 부여한 것에 불과할 뿐, 시장·군수·구청장에게 그러한 의무가 있음을 규정한 것은 아니므로 위 조항들도 그 근거 규정이 될 수 없으며, 그 밖에 조리상 이러한 권리가 인정된다고 볼 수도 없다(대판 1999.12.7. 97누17568).
> 3. 4급 공무원이 당해 지방자치단체 인사위원회의 심의를 거쳐 3급 승진대상자로 결정되고 임용권자가 그 사실을 대내외에 공표까지 하였다면, 그 공무원은 승진임용에 관한 법률상 이익을 가진 자로서 임용권자에 대하여 3급 승진임용 신청을 할 조리상의 권리가 있다(대판 2008.4.10. 2007두18611).

4. 특정다목적댐법에 의하면 다목적댐 건설로 인한 손실보상을 대통령령으로 정하도록 되어 있다. 피고가 이를 제정하지 아니한 것은 행정입법부작위에 해당하는 것이라는 이유로 안동댐건설로 인한 피해자들이 제기한 대통령령입법부작위는 부작위위법확인소송의 대상이 되지 않는다. … 행정소송은 구체적 사건에 대한 법률상 분쟁을 법에 의하여 해결하는 것이므로 <u>부작위위법확인소송의 대상이 될 수 있는 것은 구체적 권리의무에 관한 분쟁이어야 하고 추상적인 법령에 관하여 제정의 여부 등은 그 자체로서 국민의 구체적인 권리의무에 직접적 변동을 초래하는 것이 아니어서 그 소송의 대상이 될 수 없다</u>(대판 1992.5.8. 91누11261). → 부작위는 처분부작위만을 의미하며, 입법부작위에는 부작위위법확인소송을 제기할 수 없다.

5. 원고 A의 피고(경기도지사)에 대한 이 사건 유선방송사업허가신청에 대하여 허가권자인 피고가 그 처리기간인 70일을 훨씬 지나 3년 가까이 되도록 허부의 결정을 하지 아니하고 있는 것은 위법하다(대판 1992.7.28. 91누7361).

> **참고** 처분 변경으로 인한 소의 변경 → 부작위위법확인소송에 준용 ✕
>
> 행정소송법 제22조【처분변경으로 인한 소의 변경】① 법원은 행정청이 소송의 대상인 처분을 소가 제기된 후 변경한 때에는 원고의 신청에 의하여 결정으로써 청구의 취지 또는 원인의 변경을 허가할 수 있다.
> ② 제1항의 규정에 의한 신청은 <u>처분의 변경이 있음</u>을 안 날로부터 60일 이내에 하여야 한다. → 이미 처분이 있었음을 전제로 하므로 부작위위법확인소송에 준용되지 않는 규정이다.

2. 원고적격

신청권이 있는 자에게 원고적격이 인정된다.

3. 소의 이익

> **관련판례**
>
> 1. 서울교육대학교 상근강사로 근무하던 A가 1년 기한으로 근무한 후 전임강사로 발령신청을 하였는데 응답이 없자 부작위위법확인소송을 제기한 경우, 서울교육대학에서는 전임강사 이상의 신규교원을 임용함에 있어 1년을 기한으로 상근강사로 근무시킨 뒤, 대학인사위원회의 동의를 얻어 정규교원으로 임용하게 되어 있는 제도가 있다. … 상근강사인 <u>A는 특별한 사정이 없는 한 위 기간의 종료와 더불어 바로 정규교원으로 임용될 권리를 취득</u>하고 임용권자는 이에 대응하는 법률상의 의무를 부담한다. 그러나 부작위위법확인소송의 사실심변론종결 이전에 처분이 발해진 경우, 소제기의 전후를 통하여 판결시까지 행정청이 <u>그 신청에 대하여 적극 또는 소극의 처분을 함으로써 부작위상태가 해소된 것이므로 소의 이익을 상실하게 되어</u> 당해 소는 각하를 면할 수가 없는 것이다(대판 1990.9.25. 89누4758). → 각하판결
>
> 2. 소제기의 전후를 통하여 판결시까지 행정청이 그 신청에 대하여 적극 또는 소극의 처분을 함으로써 부작위상태가 해소된 때에는 소의 이익을 상실하게 되어 당해 소는 각하를 면할 수가 없는 것이다(대판 1990.9.25. 89누4758). → 각하판결

4. 제소기간

(1) 행정심판을 거친 경우: 90일

(2) 행정심판을 거치지 않은 경우: 제소기간 제한 없음

3 소 제기의 효과

부작위는 집행정지의 대상이 아니므로 부작위위법확인소송에서는 집행정지를 제기할 수 없다.

4 판결

(1) 각하판결, 기각판결, 인용판결이 있다.

(2) 사정판결은 인정되지 않는다.

참고 취소소송과 부작위위법확인소송

구분	취소소송	부작위위법확인소송
소 종류의 변경	O(제21조)	O(제37조)
처분변경으로 인한 소 변경	O(제22조)	×
집행정지	O(제23조)	×
사정판결	O(제28조)	×
행정심판전치주의	O(제18조)	O(제38조 제2항)
제3자, 행정청의 소송참가	O(제16조, 제17조)	O(제38조 제2항)
간접강제	O(제34조)	O(제38조 제2항)
형성효	O	×
기속력	O(제30조)	O(제38조 제2항)
제3자효	O(제29조)	O(제38조 제2항)

제6절 당사자소송

1 의의

1. 개념

당사자소송이란 공법상의 법률관계에 관하여 의문이나 다툼이 있는 경우에 그 법률관계의 당사자가 원고 또는 피고의 입장에서 그 법률관계에 관하여 다투는 소송이다. 이는 행정청의 처분 등을 원인으로 하는 법률관계에 관한 소송과 그 밖에 공법상의 법률관계에 관한 소송이 있다(행정소송법 제3조 제2호).

2. 구별개념

당사자소송은 공법상 법률관계를 다투는 소송이므로, 사법상 법률관계를 다투는 민사소송과 구별된다. 또한, 당사자소송은 처분 등을 원인으로 하는 법률관계에 대한 소송이므로 행정처분 자체의 취소 등을 다투는 항고소송과는 구별된다.

2 종류

1. 실질적 당사자소송

(1) 처분 등을 원인으로 하여 발생한 법률관계소송

① 국가배상청구와 부당이득반환청구 → 민사소송에 의함

㉠ 국가배상법상 손해배상청구권을 공권으로 보는 다수설에 따르면 그 배상청구는 공법상 당사자소송의 절차에 따라야 한다. 그러나 판례는 사권설의 입장에서 민사소송절차에 의하고 있다(대판 1972.10.10. 69다701).

㉡ 조세부과처분이 당연무효임을 전제로 하여 이미 납부한 세금의 반환을 청구하는 것은 민사상의 부당이득반환청구로서 민사소송절차에 따라야 한다(대판 1995.4.28. 94다55019 ; 대판 2015.8.27. 2013다212639).

㉢ 부가가치세법령의 내용, 형식 및 입법 취지 등에 비추어 보면, 납세의무자에 대한 국가의 부가가치세 환급세액 지급의무는 그 납세의무자로부터 어느 과세기간에 과다하게 거래징수된 세액 상당을 국가가 실제로 납부받았는지와 관계없이 부가가치세법령의 규정에 의하여 직접 발생하는 것으로서, 그 법적 성질은 정의와 공평의 관념에서 수익자와 손실자 사이의 재산상태 조정을 위해 인정되는 부당이득 반환의무가 아니라 부가가치세법령에 의하여 그 존부나 범위가 구체적으로 확정되고 조세정책적 관점에서 특별히 인정되는 공법상 의무라고 봄이 타당하다. 그렇다면 납세의무자에 대한 국가의 부가가치세 환급세액 지급의무에 대응하는 국가에 대한 납세의무자의 <u>부가가치세 환급세액 지급청구는 민사소송이 아니라 행정소송법 제3조 제2호에 규정된 당사자소송의 절차에 따라야 한다</u>(대판 2013.3.21. 2011다95564 전합). → 단, 부가가치세 환급세액 지급청구는 당사자소송에 따른다.

② 손실보상청구

㉠ **수산업법상 어업권손실보상청구권**: 내수면어업면허 유효기간의 연장이 허가되지 아니함으로써 손실을 입은 자는 행정관청에 대하여 보상을 청구할 수 있다고 규정하고 있는바, 이러한 어업면허에 대한 처분 등이 행정처분에 해당된다 하여도 이로 인한 손실에 대한 보상청구권은 공법상의 권리가 아니라 <u>사법상의 권리</u>이다(대판 1996.7.26. 94누13848).

㉡ **하천법상 손실보상청구권의 소송형태**: 손실보상청구권은 … 관리청의 보상금지급결정에 의하여 비로소 발생하는 것은 아니므로, 위 규정들에 의한 손실보상금의 지급을 구하거나 손실보상청구권의 확인을 구하는 소송은 행정소송법 제3조 제2호 소정의 <u>당사자소송</u>에 의하여야 한다(대판 2006.5.18. 2004다6207 전합). → 하천법상 손실보상청구권은 당사자소송에 따른다.

(2) 공법상 금전급부청구소송 중 민사소송인 경우와 당사자소송인 경우

민사소송	당사자소송
• 국가배상청구소송(대판 1972.10.10. 69다701) • 공법상 부당이득반환(조세과오납금 환급) 청구소송(대판 1997.10.10. 97다26432 ; 대판 1995.4.28. 94다55019) • 수산업법상 손실보상청구소송(대판 2001.6.29. 99다56468 ; 대판 2005.9.29. 2002다73807) • 토지의 협의취득 시 보상금청구소송(대판 1999.3.23. 98다48866) • 환매권 존부확인소송 및 환매금액증감청구소송: 구 공공용지의 취득 및 손실보상에 관한 특례법하에서는 환매금액증감청구소송이 공법상 당사자소송이었다(대판 2002.6.14. 2001다24112). 그러나 현재의 공익사업을 위한 토지 등의 취득 및 보상에 관한 법률상으로는 환매권의 존부에 관한 확인을 구하는 소송 및 환매금액의 증감을 구하는 소송은 민사소송에 해당한다(대판 2013.2.28. 2010두22368). • 국 · 공유 일반재산(구 잡종재산)의 대부료 납부에 관한 소송(대판 2000.2.11. 99다61675 ; 대판 2010.11.11. 2010다59646)	• 부가가치세 환급세액 지급청구소송(대판 2013.3.21. 2011다95564 전합) • 하천법상 손실보상청구소송(대판 2006.5.18. 2004다6207 전합) • 공유수면매립사업으로 인한 관행어업권을 상실한 자의 보상금증감청구소송(대판 2001.6.29. 99다56468 ; 대판 2005.9.29. 2002다73807) • 공익사업을 위한 토지 등의 취득 및 보상에 관한 법률 제85조 제2항상의 보상금증감청구소송(대판 1991.11.26. 91누285): 형식적 당사자소송 • 석탄산업법에 의한 석탄가격안정지원금청구소송(대판 1997.5.30. 95다28960) • 석탄산업법령상 폐광된 광산에서 업무상 재해를 입은 근로자의 재해위로금지급청구소송(대판 1999.1.26. 98두12598) • 공무원연금법상 유족부조금청구소송(대판 1970.10.30. 70다833) • 법령의 개정에 따른 국방부장관의 퇴역연금액감액조치에 대한 퇴역연금수급권자의 차액지급청구소송(대판 2003.9.5. 2002두3522) • 사실상 교사의 업무를 담당하여 온 공립유치원 교사의 자격이 있는 자의 수령지체된 보수지급청구소송(대판 1991.5.10. 90다10766) • 지방소방공무원의 초과근무수당의 지급을 청구하는 소송(대판 2013.3.28. 2012다102629) • 보조금교부결정이 취소된 경우 보조금의 예산 및 관리에 관한 법률에 의한 보조사업자에 대한 중앙관서장의 보조금반환청구소송(대판 2012.3.15. 2011다17328) • 국책사업인 '한국형 헬기 개발사업'에 개발주관사업자 중 하나로 참여하여 국가 산하 중앙행정기관인 방위사업청과 '한국형 헬기 민군겸용 핵심구성품 개발협약'을 체결한 회사의 협약금액을 초과하는 비용에 대한 지급청구소송(대판 2017.11.9. 2015다215526)

- 주택재건축정비조합의 총회결의(조합 설립변경결의 또는 사업시행계획 결의)의 효력을 다투는 소송(대판 2009.9.17. 2007다2428 전합 ; 대판 2010.7.29. 2008다6328)
- 도시개발사업조합의 도시개발법에 따른 청산금지급청구소송(대판 2017.4.28. 2013다1211)
- 납세의무부존재확인소송(99두2765)
- 고용·산재보험료납부의무부존재확인소송(대판 2016.10.13. 2016다221658)
- 국토의 계획 및 이용에 관한 법률상 토지의 소유자 등이 사업시행자의 토지의 일시사용에 대한 동의의 의사표시를 할 의무의 존부를 다투는 소송(대판 2019.9.9. 2016다262550)

(3) 그 밖의 공법상 법률관계에 관한 소송

① 공법상 금전지급청구를 위한 소송

㉠ **지방소방공무원의 초과근무수당의 지급을 청구하는 소송**: 지방소방공무원의 보수에 관한 법률관계는 공법상의 법률관계라고 보아야 한다. … 지방소방공무원이 자신이 소속된 지방자치단체를 상대로 초과근무수당의 지급을 구하는 청구에 관한 소송은 행정소송법 제3조 제2호에 규정된 당사자소송의 절차에 따라야 한다(대판 2013.3.28. 2012다102629).

㉡ **공립유치원 전임강사의 수령지체된 보수지급청구소송**: 공립유치원의 임용기간을 정한 전임강사로 임용되어 지방자치단체로부터 보수를 지급받으면서 공무원복무규정을 적용받고 사실상 유치원 교사의 업무를 담당하여 온 유치원 교사의 자격이 있는 자는 교육공무원에 준하여 신분보장을 받는 정원 외의 임시직 공무원으로 봄이 상당하므로 그에 대한 해임처분의 시정 및 수령지체된 보수의 지급을 구하는 소송은 행정소송의 대상이지 민사소송의 대상이 아니다(대판 1991.5.10. 90다10766).

㉢ **석탄산업법령에 따른 석탄가격안정지원금 지급소송**: 지원금지급청구권은 석탄사업법령에 의하여 정책적으로 당연히 부여되는 공법상의 권리이므로, 석탄광업자가 석탄산업합리화사업단을 상대로 석탄산업법령 및 석탄가격안정지원금 지급요령에 의하여 지원금의 지급을 구하는 소송은 공법상의 법률관계에 관한 소송인 공법상의 당사자소송에 해당한다(대판 1997.5.30. 95다28960).

㉣ **석탄산업법상 재해위로금 지급청구소송**: 재해위로금에 대한 지급청구권은 공법상의 권리로서 그 지급을 구하는 소송은 공법상의 법률관계에 관한 소송인 공법상 당사자소송에 해당한다(대판 1999.1.26. 98두12598).

- ⓓ **한국전력공사의 수신료 징수권한 여부를 다투는 소송**: 수신료의 법적 성격, 피고 보조참가인의 수신료 강제징수권의 내용 등에 비추어 보면 수신료 부과행위는 공권력의 행사에 해당하므로, 피고가 피고 보조참가인으로부터 수신의 징수업무를 위탁받아 자신의 고유업무와 관련된 고지행위와 결합하여 수신료를 징수할 권한이 있는지 여부를 다투는 이 사건 쟁송은 민사소송이 아니라 공법상의 법률관계를 대상으로 하는 것으로서 행정소송법 제3조 제2호에 규정된 당사자소송에 의하여야 한다(대판 2008.7.24. 2007다25261).
- ⓔ **주거용 건물 세입자의 주거이전비 지급청구소송**: 세입자의 주거이전비 보상청구권은 공법상의 권리이고, 따라서 그 보상을 둘러싼 쟁송은 민사소송이 아니라 공법상의 법률관계를 대상으로 하는 행정소송, 즉 행정소송법 제3조 제2호에 규정된 당사자소송에 의하여야 한다(대판 2008.5.29. 2007다8129).
- ⓕ **주택재건축정비사업조합의 총회결의의 효력을 다투는 소송**: 조합 총회결의의 효력 등을 다투는 소송은 행정처분에 이르는 절차적 요건의 존부나 효력 유무에 관한 소송으로서 그 소송결과에 따라 행정처분의 위법 여부에 직접 영향을 미치는 공법상 법률관계에 관한 것이므로, 이는 행정소송법상의 당사자소송에 해당한다. … 단, 관리처분계획에 대하여 관할 행정청의 인가·고시까지 있게 되면 관리처분계획은 행정처분으로서 효력이 발생하게 되므로, 총회결의의 하자를 이유로 하여 행정처분의 효력을 다투는 항고소송의 방법으로 관리처분계획의 취소 또는 무효확인을 구하여야 하고, 그와 별도로 행정처분에 이르는 절차적 요건 중 하나에 불과한 총회결의 부분만을 따로 떼어내 효력 유무를 다투는 확인의 소를 제기하는 것은 특별한 사정이 없는 한 허용되지 않는다(대판 2009.9.17. 2007다2428 전합).

② 공법상 지위확인을 구하는 소송
- ㉠ **도시재개발조합원자격확인**: 조합을 상대로 한 쟁송에 있어서 강제가입제를 특색으로 한 조합원의 자격 인정 여부에 관하여 다툼이 있는 경우에는 그 단계에서는 아직 조합의 어떠한 처분 등이 개입될 여지는 없으므로 공법상의 당사자소송에 의하여 그 조합원 자격의 확인을 구할 수 있다(대판 1996.2.15. 94다31235 전합).
- ㉡ **甲 토지구획정리조합이 환지계획을 인가받으면서 체비지 겸 학교용지로 인가받은 토지에 대하여 체비지대장에 甲 조합을 토지의 소유자로 등재한 후 소유자 명의를 乙 주식회사 앞으로 이전하였는데, 환지처분이 이루어지지 않은 상태에서 丙 지방자치단체가 甲 조합을 상대로 환지처분의 공고 다음 날에 토지의 소유권을 원시취득할 지위의 확인을 구한 소송**: 토지구획정리사업에 따른 공공시설용지의 원시취득으로 형성되는 국가 또는 지방자치단체와 사업시행자 사이의 관계는 공법관계이므로, 위와 같은 지위의 확인을 구하는 것은 행정소송법상 당사자소송에 해당한다(대판 2016.12.15. 2016다221566).

비교판례
구 도시 및 주거환경정비법의 규정들이 재개발조합과 조합장 및 조합임원과의 관계를 특별히 공법상의 근무관계로 설정하고 있다고 볼 수도 없으므로, 재개발조합과 조합장 또는 조합임원 사이의 선임·해임 등을 둘러싼 법률관계는 사법상의 법률관계로서 그 조합장 또는 조합임원의 지위를 다투는 소송은 민사소송에 의하여야 할 것이다(대결 2009.9.24. 2009마168·169).

ⓒ 전문직 공무원인 공중보건의사의 채용계약 해지의 의사표시의 무효확인청구: 공중보건의사 채용계약 해지의 의사표시에 대하여는 대등한 당사자 간의 소송형식인 공법상의 당사자소송으로 그 의사표시의 무효확인을 청구할 수 있는 것이지, 이를 항고소송의 대상이 되는 행정처분이라는 전제하에서 그 취소를 구하는 항고소송을 제기할 수는 없다(대판 1996.5.31. 95누10617).

③ 공법상 신분·지위 등의 확인소송 중 당사자소송인 경우와 민사소송인 경우
   ㉠ 당사자소송
      ⓐ 재개발조합에 대한 조합원자격확인소송(대판 1996.2.15. 94다31235 전합)
      ⓑ 농지개량조합에 대한 직원지위확인소송(대판 1977.7.26. 76다3022)
      ⓒ 공무원지위확인소송(대판 1998.10.23. 98두12932)
      ⓓ 지방자치단체가 토지구획정리조합을 상대로 환지처분의 공고 다음 날에 토지의 소유권을 원시취득할 지위에 있음의 확인을 구한 소송(대판 2016.12.15. 2016다221566)
      ⓔ 한국전력공사가 한국방송공사로부터 수신료의 징수업무를 위탁받아 자신의 고유업무와 관련된 고지행위와 결합하여 수신료를 징수할 권한이 있는지 여부를 다투는 방송수신료통합징수권한부존재확인소송(대판 2008.7.24. 2007다25261)
      ⓕ 국가의 훈기부상 화랑무공훈장을 수여받은 것으로 기재되어 있는 자가 태극무공훈장을 수여받은 자임의 확인을 구하는 소송(대판 1990.10.23. 90누4440)
      ⓖ 재향군인회장과 국방부장관을 피고로 하여 제기한 영관생계보조기금권리자(연금수혜대상자)확인소송(대판 1991.1.25. 90누3041)
      ⓗ 전문직 공무원인 공중보건의사(국방일보의 발행책임자인 국방홍보원장·서울특별시의 경찰국 산하 서울대공전술연구소 연구위원)에 대한 채용계약 해지의 의사표시를 다투는 소송(대판 1996.5.31. 95누10617 ; 대판 2002.11.26. 2002두5948 ; 대판 1993.9.14. 92누4611)
      ⓘ 서울특별시립무용단원의 해촉을 다투는 소송(대판 1995.12.22. 95누4636)
      ⓙ 광주광역시립합창단원으로서 위촉기간이 만료되는 자들의 재위촉 신청에 대한 재위촉거부를 다투는 소송(대판 2001.12.11. 2001두7794)
   ㉡ 민사소송
      ⓐ 재개발조합 조합장과 조합임원의 선임 및 해임을 다투는 소송(대결 2009.9.24. 2009마168·169)
      ⓑ 서울특별시 지하철공사 사장의 소속 직원에 대한 징계처분(대판 1989.9.12. 89누2103)

2. 형식적 당사자소송 – 보상금증감청구소송

관련판례

구 '공익사업을 위한 토지 등의 취득 및 보상에 관한 법률'(2007.10.17. 법률 제8665호로 개정되기 전의 것) 제74조 제1항에 규정되어 있는 잔여지 수용청구권은 손실보상의 일환으로 토지소유자에게 부여되는 권리로서 그 요건을 구비한 때에는 잔여지를 수용하는 토지수용위원회의 재결이 없더라도 그 청구에 의하여 수용의 효과가 발생하는 형성권적 성질을 가지므로, 잔여지 수용청구를 받아들이지 않은 토지수용위원회의 재결에 대하여 토지소유자가 불복하여 제기하는 소송은 위 법 제85조 제2항에 규정되어 있는 '보상금의 증감에 관한 소송'에 해당하여 사업시행자를 피고로 하여야 한다(대판 2010.8.19. 2008두822).

3 요건

1. 원고적격

행정소송법에 규정이 없으며, 따라서 민사소송법상의 원고적격에 관한 규정이 적용된다.

> 행정소송법 제8조 제2항의 규정에 의해 민사소송법 규정이 적용되므로, 권리보호 이익이 있는 자가 원고가 될 수 있다.

2. 피고적격

> 행정소송법 제39조【피고적격】당사자소송은 국가·공공단체 그 밖의 권리주체를 피고로 한다.

관련판례

고용·산재보험료의 귀속주체, 즉 사업주가 각 보험료 납부의무를 부담하는 상대방은 근로복지공단이고, 국민건강보험공단은 단지 각 보험료의 징수업무를 수행하는 데에 불과하므로, 고용·산재보험료 납부의무 부존재확인의 소는 근로복지공단을 피고로 하여 제기하여야 한다(대판 2016.10.13. 2016다221658).

3. 제소기간

취소소송의 제소기간 규정이 적용되지 않는다.

> 행정소송법 제44조 제1항

4. 집행정지 등

집행정지, 사정판결은 당사자소송에 준용되지 않는다.

> 1. 당사자소송: 집행정지 ×, 가처분 ○
> 2. 항고소송: 집행정지 ○, 가처분 ×

관련판례

당사자소송에 대하여는 행정소송법 제8조 제2항에 따라 민사집행법상 가처분에 관한 규정이 준용되므로, 사업시행자는 민사집행법 제300조 제2항에 따라 현저한 손해를 피하기 위해 필요한 경우 '임시의 지위를 정하기 위한 가처분'을 통하여 공익사업을 신속하고 원활하게 수행할 수 있다(대판 2019.9.9. 2016다262550).

행정소송법 제44조 제2항

4 소의 변경 및 관련청구의 이송·병합

당사자소송과 항고소송 간의 소 변경은 가능하다.

5 재판관할

> 행정소송법 제40조 【재판관할】 제9조의 규정은 당사자소송의 경우에 준용한다. 다만, 국가 또는 공공단체가 피고인 경우에는 관계행정청의 소재지를 피고의 소재지로 본다.
> 제44조 【준용규정】 ① 제14조 내지 제17조, 제22조, 제25조, 제26조, 제30조 제1항, 제32조 및 제33조의 규정은 당사자소송의 경우에 준용한다.
> ② 제10조의 규정은 당사자소송과 관련청구소송이 각각 다른 법원에 계속되고 있는 경우의 이송과 이들 소송의 병합의 경우에 준용한다.

6 항고소송과 당사자소송

1. 판별의 기준

1. 처분성 인정: 항고소송
2. 처분성 부정: 당사자소송

관련판례

관계 법령의 해석상 급부를 받을 권리가 법령의 규정에 의하여 직접 발생하는 것이 아니라 급부를 받으려고 하는 자의 신청에 따라 관할 행정청이 지급결정을 함으로써 구체적인 권리가 발생하는 경우에는, 급부를 받으려고 하는 자는 우선 관계 법령에 따라 행정청에 급부지급을 신청하여 행정청이 이를 거부하거나 일부 금액만 인정하는 지급결정을 하는 경우 그 결정을 대상으로 항고소송을 제기하고, 취소·무효확인판결의 기속력에 따른 재처분을 통하여 구체적인 권리를 인정받은 다음 비로소 공법상 당사자소송으로 급부의 지급을 구하여야 하고, 구체적인 권리가 발생하지 않은 상태에서 곧바로 행정청이 속한 국가나 지방자치단체 등을 상대로 한 당사자소송이나 민사소송으로 급부의 지급을 소구하는 것은 허용되지 않는다(대판 2020.10.15. 2020다222382).

2. 민주화운동 보상대상자 결정

1. 민주화: 취소소송
2. 광주민주화: 당사자소송
※ 민/취/광/당

관련판례

1. 광주민주화운동 관련 보상(당사자소송)

   광주민주화운동 관련자보상등에 관한 법률 제15조 본문의 규정에서 말하는 광주민주화운동관련자보상심의위원회의 결정을 거치는 것은 보상금 지급에 관한 소송을 제기하기 위한 전치요건에 불과하다고 할 것이므로 위 보상심의위원회의 결정은 취소소송의 대상이 되는 행정처분이라고 할 수 없다. … 그에 관한 소송은 행정소송법 제3조 제2호 소정의 당사자소송에 의하여야 할 것이다. 위 법률에 의한 보상금등의 지급에 관한 법률관계의 주체는 피고 대한민국이라고 해석되고 지방자치단체인 광주직할시나 또는 국가기관으로서 보상금 등의 심의, 결정 및 지급 등의 기능을 담당하는 데 불과한 피고위원회 및 그 위원장등을 그 주체로 볼 수는 없다(대판 1992.12.24. 92누3335). → <u>광주민주화운동 보상대상자에 대한 결정은 당사자소송으로 다투어야 한다.</u>

2. 민주화운동 보상대상자 결정

'민주화운동관련자 명예회복 및 보상 등에 관한 법률' 규정들만으로는 바로 법상의 보상금 등의 지급 대상자가 확정된다고 볼 수 없고, '민주화운동관련자 명예회복 및 보상 심의위원회'에서 심의·결정을 받아야만 비로소 보상금 등의 지급 대상자로 확정될 수 있다. 따라서 그와 같은 심의위원회의 결정은 국민의 권리의무에 직접 영향을 미치는 행정처분에 해당한다(대판 2008.4.17. 2005두16185 전합).

3. 구 특수임무수행자 보상에 관한 법률 규정들만으로는 바로 법상의 보상금 등의 지급 대상자가 확정된다고 볼 수 없고, 특수임무수행자보상심의위원회의 심의·의결을 거쳐 특수임무수행자로 인정되어야만 비로소 보상금 등의 지급대상자로 확정될 수 있다. 따라서 그와 같은 위원회의 결정은 행정소송법 제2조 제1항 제1호에 규정된 처분에 해당하므로, 특수임무수행자 및 그 유족으로서 보상금 등을 지급받고자 하는 자의 신청에 대하여 위원회가 특수임무수행자에 해당하지 않는다는 이유로 이를 기각하는 결정을 한 경우, 신청인은 위원회를 상대로 그 결정의 취소를 구하는 소송을 제기하여 보상금 등의 지급대상자가 될 수 있다. 이와 달리 신청인이 국가를 상대로 직접 보상금 등의 지급을 구하는 소는 부적법하다(대판 2008.12.11. 2008두6554).

3. 공무원 퇴직금액결정

관련판례

1. 공무원 또는 군인의 퇴직급여결정 → 항고소송
   ① <u>공무원연금법령상 급여를 받으려고 하는 자는 우선 관계 법령에 따라 피고에게 급여지급을 신청하여 피고가 이를 거부하거나 일부 금액만 인정하는 급여지급결정을 하는 경우 그 결정을 대상으로 항고소송을 제기하는 등으로 구체적 권리를 인정받아야 할 것이고, 구체적인 권리가 발생하지 않은 상태에서 곧바로 피고를 상대로 한 당사자소송으로 그 권리의 확인이나 급여의 지급을 소구하는 것은 허용되지 아니한다.</u> 이러한 법리는 구체적인 급여를 받을 권리의 확인을 구하기 위하여 소를 제기하는 경우뿐만 아니라, 구체적인 급여수급권의 전제가 되는 지위의 확인을 구하는 경우에도 마찬가지로 적용된다(대판 2017.2.9. 2014두43264 ; 대판 2010.5.27. 2008두5636).
   ② 군인연금법의 관계 규정을 종합하면, 같은 법에 의한 퇴역연금 등의 급여를 받을 권리는 법령의 규정에 의하여 직접 발생하는 것이 아니라 각 군 참모총장의 확인을 거쳐 국방부장관이 인정함으로써 비로소 구체적인 권리가 발생하고, 위와 같은 급여를 받으려고 하는 자는 우선 관계 법령에 따라 국방부장관에게 그 권리의 인정을 청구하여 국방부장관이 그 인정 청구를 거부하거나 청구 중의 일부만을 인정하는 처분을 하는 경우 그 처분을 대상으로 항고소송을 제기하는 등으로 구체적 권리를 인정받은 다음 비로소 당사자소송으로 그 급여의 지급을 구하여야 할 것이고, 구체적인 권리가 발생하지 않은 상태에서 곧바로 국가를 상대로 한 당사자소송으로 그 권리의 확인이나 급여의 지급을 소구하는 것은 허용되지 아니한다(대판 2003.9.5. 2002두3522).
   ③ 유족연금수급권 이전청구에 대한 국방부장관의 결정은 선순위 유족의 수급권 상실로 청구인에게 유족연금수급권 이전이라는 법률효과가 발생하였는지 여부를 '확인'하는 행정행위에 해당하고, 이는 월별 유족연금액 지급이라는 후속 집행행위의 기초가 되므로, '행정청이 행하는 구체적 사실에 관한 법집행으로서의 공권력의 행사 또는 그 거부'(행정소송법 제2조 제1항 제1호)로서 항고소송의 대상인

처분에 해당한다고 보아야 한다. 그러므로 만약 국방부장관이 거부결정을 하는 경우 그 거부결정을 대상으로 항고소송을 제기하는 방식으로 불복하여야 하고, 청구인이 정당한 유족연금수급권자라는 국방부장관의 심사·확인 결정 없이 곧바로 국가를 상대로 한 당사자소송으로 그 권리의 확인이나 유족연금의 지급을 소구할 수는 없다(대판 2019.12.27. 2018두46780).

④ 구 군인연금법령상 급여를 받으려고 하는 사람이 관계 법령에 따라 국방부장관 등에게 급여지급을 청구하였으나 국방부장관 등이 이를 거부하거나 일부 금액만 인정하는 급여지급결정을 하는 경우, 국방부장관 등이 하는 급여지급결정은 단순히 급여수급 대상자를 확인·결정하는 것에 그치는 것이 아니라 구체적인 급여수급액을 확인·결정하는 것까지 포함한다. 구 군인연금법령상 급여를 받으려고 하는 사람은 우선 관계 법령에 따라 국방부장관 등에게 급여지급을 청구하여 국방부장관 등이 이를 거부하거나 일부 금액만 인정하는 급여지급결정을 하는 경우 그 결정을 대상으로 항고소송을 제기하는 등으로 구체적 권리를 인정받은 다음 비로소 당사자소송으로 그 급여의 지급을 구해야 한다. 이러한 구체적인 권리가 발생하지 않은 상태에서 곧바로 국가를 상대로 한 당사자소송으로 급여의 지급을 소구하는 것은 허용되지 않는다(헌재 2022.2.24. 2020헌가12).

2. 공무원 또는 군인 퇴직급여 감액결정 → 당사자소송

① 국방부장관의 인정에 의하여 퇴역연금을 지급받아 오던 중 군인보수법 및 공무원보수규정에 의한 호봉이나 봉급액의 개정 등으로 퇴역연금액이 변경된 경우에는 법령의 개정에 따라 당연히 개정규정에 따른 퇴역연금액이 확정되는 것이지 구 군인연금법(2000.12.30. 법률 제6327호로 개정되기 전의 것) 제18조 제1항 및 제2항에 정해진 국방부장관의 퇴역연금액 결정과 통지에 의하여 비로소 그 금액이 확정되는 것이 아니므로, 법령의 개정에 따른 국방부장관의 퇴역연금액 감액조치에 대하여 이의가 있는 퇴역연금수급권자는 항고소송을 제기하는 방법으로 감액조치의 효력을 다툴 것이 아니라 직접 국가를 상대로 정당한 퇴역연금액과 결정, 통지된 퇴역연금액과의 차액의 지급을 구하는 공법상 당사자소송을 제기하는 방법으로 다툴 수 있다(대판 2003.9.5. 2002두3522).

② 공무원연금관리공단이 퇴직연금 중 일부 금액에 대하여 지급거부의 의사표시를 하였다고 하더라도 그 의사표시는 퇴직연금 청구권을 형성·확정하는 행정처분이 아니라 공법상의 법률관계의 한쪽 당사자로서 그 지급의무의 존부 및 범위에 관하여 나름대로의 사실상·법률상 의견을 밝힌 것일 뿐이어서, 이를 행정처분이라고 볼 수는 없고, 이 경우 공무원의 미지급퇴직연금에 대한 지급청구권은 공법상 권리로서 그의 지급을 구하는 소송은 공법상의 법률관계에 관한 소송인 공법상 당사자소송에 해당한다(대판 2004.7.8. 2004두244).

③ 법관이 이미 수령한 수당액이 위 규정에서 정한 정당한 명예퇴직수당액에 미치지 못한다고 주장하며 차액의 지급을 신청함에 대하여 법원행정처장이 거부하는 의사를 표시했더라도, 그 의사표시는 명예퇴직수당액을 형성·확정하는 행정처분이 아니라 공법상의 법률관계의 한쪽 당사자로서 지급의무의 존부 및 범위에 관하여 자신의 의견을 밝힌 것에 불과하므로 행정처분으로 볼 수 없다. 결국 명예퇴직한 법관이 미지급 명예퇴직수당액에 대하여 가지는 권리는 명예퇴직수당 지급대상자 결정 절차를 거쳐 명예퇴직수당규칙에 의하여 확정된 공법상 법률관계에 관한 권리로서, 그 지급을 구하는 소송은 행정소송법의 당사자소송에 해당하며, 그 법률관계의 당사자인 국가를 상대로 제기하여야 한다(대판 2016.5.24. 2013두14863).

항고소송	당사자소송
• 민주화운동관련자명예회복 및 보상 등에 관한 법률에 따른 위원회의 보상결정 • 토지수용위원회의 수용결정 • 재건축조합의 관리처분계획 • 군인·공무원의 퇴직급여결정 • 과다지급된 공무원 퇴직연금 환수통지 (대판 2009.5.14. 2007두16202) • 진료기관의 보호비용청구에 대하여 보호기관의 지급을 거부한 결정(97다42250) • 사업시행자 지정행위 • 재활용자원시설의 민간위탁대상자 선정행위(2006두79731) • 지방공무원 보수삭감(2006두16328) • 특수임무수행자보상심의위원회결정 (대판 2008.12.11. 2008두6554)	• 광주민주화운동관련자보상에 관한 법률에 따른 보상 • 재건축조합 총회결의 • 퇴직연금감액결정 • 퇴직연금 일부 미지급결정 • 보상금증감청구소송 • 세입자의 주거이전비 보상청구소송(대판 2008.5.29. 2007다8129) • 명예퇴직한 법관이 미지급 명예퇴직수당액의 지급을 구하는 소송

7 가집행

1. 의의
종국판결에 확정판결과 같은 집행력을 인정하는 제도를 가집행이라고 한다.

2. 당사자소송에서 가집행 허용 여부

> 행정소송법 제43조 【가집행선고의 제한】 국가를 상대로 하는 당사자소송의 경우에는 가집행선고를 할 수 없다.

국가를 상대로 하는 당사자소송의 경우에는 가집행선고를 할 수 없다고 규정한 행정소송법 제43조는 헌법재판소에서 위헌결정을 받아 효력을 잃게 되었다.

관련판례

국가를 상대로 하는 당사자소송의 경우에는 가집행선고를 할 수 없다고 규정한 행정소송법 제43조는 재산권의 청구에 관한 당사자소송 중에서도 피고가 공공단체 그 밖의 권리주체인 경우와 국가인 경우를 다르게 취급한다. 가집행의 선고는 불필요한 상소권의 남용을 억제하고 신속한 권리실행을 하게 함으로써 국민의 재산권과 신속한 재판을 받을 권리를 보장하기 위한 제도이고, 당사자소송 중에는 사실상 같은 법률조항에 의하여 형성된 공법상 법률관계라도 당사자를 달리 하는 경우가 있다. 동일한 성격인 공법상 금전지급 청구소송임에도 피고가 누구인지에 따라 가집행선고를 할 수 있는지 여부가 달라진다면 상대방 소송 당사자인 원고로 하여금 불합리한 차별을 받도록 하는 결과가 된다. 재산권의 청구가 공법상 법률관계를 전제로 한다는 점만으로 국가를 상대로 하는 당사자소송에서 국가를 우대할 합리적인 이유가 있다고 할 수 없고, 집행가능성 여부에 있어서도 국가와 지방자치단체 등이 실질적인 차이가 있다고 보기 어렵다는 점에서, 심판대상조항은 국가가 당사자소송의 피고인 경우 가집행의 선고를 제한하여, 국가가 아닌 공공단체 그 밖의 권리주체가 피고인 경우에 비하여 합리적인 이유 없이 차별하고 있으므로 평등원칙에 반한다(헌재 2022.2.24. 2020헌가12).

3. 각 소송의 비교

구분	취소소송	무효등 확인소송	부작위위법 확인소송	당사자소송
행정심판 예외적 전치주의	○	×	○	×
취소소송 제소기간 적용	○	×	○	×
소의 변경	○	○	○	○
처분변경으로 인한 소의 변경	○	○	×	○
집행부정지원칙 / 집행정지제도	○	○	×	×
사정판결	○	×	×	×
판결의 대세적 효력(제3자효)	○	○	○	×
판결의 간접강제	○	×	○	×
제3자와 행정청 소송참가	○	○	○	○
기속력	○	○	○	○
기판력	○	○	○	○

4. 행정소송법상 당사자의 신청 또는 법원의 직권

관련청구소송의 이송과 병합(제10조)	당사자의 신청	법원의 직권
원고가 피고를 잘못 지정한 경우 피고의 경정(제14조)	원고의 신청 ○	×
행정청 권한승계 또는 행정청의 소멸에 의한 피고경정 (제14조 제6항)	당사자의 신청 ○	○
제3자의 소송참가(제16조)	당사자 또는 제3자의 신청 ○	○
행정청의 소송참가(제17조)	당해 행정청의 신청 ○	○
소의 변경(제21조)	원고의 신청 ○	×
처분변경으로 인한 소의 변경(제22조)	원고의 신청 ○	×
집행정지(제23조)	당사자의 신청 ○	○
집행정지취소(제24조)	당사자의 신청 ○	○
행정심판기록 제출명령(제25조)	당사자의 신청 ○	×
직권증거조사(제26조)	당사자의 주장이 없어도 ○	○
간접강제(제34조)	당사자의 신청 ○	×
사정판결(제28조)	• 법규정 없음 • 다수설은 행정청 신청 필요 • 판례: 법원이 직권으로 가능	

2026 대비 최신개정판

해커스
홍대겸
행정법총론 기본서

개정 2판 1쇄 발행 2025년 4월 21일

지은이	홍대겸 편저
펴낸곳	해커스패스
펴낸이	해커스공무원 출판팀
주소	서울특별시 강남구 강남대로 428 해커스공무원
고객센터	1588-4055
교재 관련 문의	gosi@hackerspass.com
	해커스공무원 사이트(gosi.Hackers.com) 교재 Q&A 게시판
	해커스소방 사이트(fire.Hackers.com) 교재 Q&A 게시판
	카카오톡 플러스 친구 [해커스공무원 노량진캠퍼스]
학원 강의 및 동영상강의	해커스공무원 gosi.Hackers.com
	해커스소방 fire.Hackers.com
ISBN	979-11-7244-990-2 (13360)
Serial Number	02-01-01

저작권자 ⓒ 2025, 홍대겸
이 책의 모든 내용, 이미지, 디자인, 편집 형태는 저작권법에 의해 보호받고 있습니다.
서면에 의한 저자와 출판사의 허락 없이 내용의 일부 혹은 전부를 인용, 발췌하거나 복제, 배포할 수 없습니다.

공무원 교육 1위,
해커스공무원 gosi.Hackers.com

⛉ 해커스공무원

· **해커스공무원 학원 및 인강** (교재 내 할인쿠폰 수록)
· 해커스 스타강사의 **공무원 행정법 무료 특강**
· 정확한 성적 분석으로 약점 극복이 가능한 **합격예측 온라인 모의고사**(교재 내 응시권 및 해설강의 수강권 수록)

소방공무원 1위,
해커스소방 fire.Hackers.com

⛉ 해커스소방

· 해커스 스타강사의 **소방 행정법 무료 특강**
· **해커스소방 학원 및 인강** (교재 내 인강 할인쿠폰 수록)

[공무원 교육 1위] 한경비즈니스 2024 한국품질만족도 교육(온·오프라인 공무원학원) 1위
[소방공무원 1위] 한경비즈니스 2024 한국품질만족도 교육(온·오프라인 소방학원) 1위

공무원 교육 1위* 해커스공무원

* [공무원 교육 1위 해커스공무원] 한경비즈니스 2024 한국품질만족도 교육(온·오프라인 공무원학원) 1위

공무원 수강료 최대 300% 환급
합격할 때까지 평생 무제한 패스

영어 비비안 | 국어 신민숙 | 한국사 이중석 | 행정법 김대현

해커스공무원 기출보카
어플 이용권 무료

7급 PSAT
기본서 3권 제공

* 교재 포함형 패스 구매시 제공

7급 합격생들이 극찬한 그 강좌!
PSAT 전 강좌 무료 제공

상황판단 길규범 | 언어논리 조은정 | 자료해석 김용훈

7급·군무원 응시자격 단기 달성
토익, 지텔프, 한능검 강좌 무료

G-TELP 비비안 | 한능검 안지영 | TOEIC 재키

실제 시험 유사성 100% 출제
합격예측 모의고사 무료 제공

모든 직렬별 수험정보를 한 권에 모아 담은
공무원 합격로드맵 무료 제공

각 기수별 추첨 제공

* PDF 제공

---

* [환급] 최초수강기간 내 합격 시, 제세공과금 본인부담 / [평생] 불합격 인증 시 1년씩 연장

상담 및 문의전화
1588-4055

해커스공무원 gosi.Hackers.com
수강료 0원으로 공무원 전문강좌 무제한 수강하기 ▶